2025년 K-IFRS 주요 계정과목별

회계처리와 세무실무

이항수(공인회계사) 저

SAMIL | 삼일인포마인

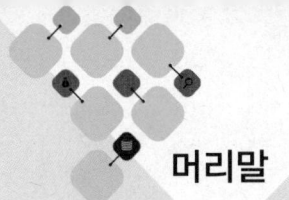

머리말

국제회계기준이 도입되어 2011년에 처음으로 결산을 마감하고 보니 '참 어려운 회계기준이구나'라는 생각이 들게 됩니다. 많은 실무자님들도 이 의견에 동의하실거라 봅니다. 특히 저자 판단에는 2011년의 법인세 세무조정은 우리나라 건립 이후 가장 어려웠던 세무조정이 아니었을까 짐작해 봅니다.

2009년부터 수많은 국제회계기준 강의 및 저서를 집필해 온 저자로서 국제회계기준의 회계 및 세법을 어떻게 연결하여 실무자님들께 설명할까 많은 고민을 하였고, 이에 본 저서를 집필하자는 결론을 내려 진심어린 노력을 기울여 2012년에 본 저서를 탈고하였고 이제 열세 번째로 개정 · 보완된 저서를 준비하였습니다.

실무자 여러분들께 자신있게 말씀드려도 될 것 같습니다. 여러분들이 반드시 아셔야 하는 국제회계기준의 중요한 내용에 대한 설명과 이에 따른 법인세 세무조정을 누락없이 기술하였습니다. 본 저서가 여러분들께 많은 도움이 될거라 믿습니다.

본 저서의 특징은 다음과 같습니다.

1. 2025년에 개정되어 적용되는 K-IFRS의 개정내용에 대하여 저서 맨 앞에 이를 설명하였고, 각각의 본문에 충실하게 설명하였습니다.

2. 일반 내용에 대한 해설서가 아니라 사례 위주의 해설서입니다. 모든 내용에 저자가 직접 만든 계산 사례를 첨부하여 실무적인 접근성을 높였습니다.

3. 한국회계기준원의 강의내용 중 주요 회계처리내용을 빠짐없이 기술하여 최근까지 발생된 주요 회계문제에 대한 파악이 가능하게 하였습니다.

4. 2012.4.15.부터 적용되는 개정상법내용 중 회계와 관련 있는 내용에 대해 상세한 설명을 하였습니다. 즉, 자기주식의 취득, 무액면주식의 발행, 자본준비금의 배당가능 및 배당가능이익 계산 시 미실현이익의 배제 등에 대한 설명을 통해 개정상법의 내용을 이해하실 수 있습니다.

5. 중요한 회계처리에 대한 법인세법상 세무처리를 빠짐없이 기술하여 회계처리와 동시에 법인세법에 대한 이해가 가능하도록 하였습니다.

6. 2025년 적용 법인세법 및 조세특례제한법의 개정내용에 대하여도 전부 설명하여 개정된 세법의 내용도 함께 공부하실 수 있습니다.

7. 2010.7.1. 이후의 합병 및 분할에 대한 법인세법상 내용을 상세하게 설명하여 기업인수 · 합병에 대한 전문적인 내용을 다룰 수 있게 하였습니다. 즉, 법인세법상 사업결합 시 발생하는 영업권 및 염가매수차익에 대한 처리를 적격합병 및 비적격합병으로 구분하여 상세한 회계처리와 세무조정을 하실 수 있게 됩니다.

8. 이연법인세 회계의 주요내용을 항목별로 설명하였고 법인세비용 계산 종합 사례를 첨부하고 주석공시내용도 첨부하여 법인세비용과 이연법인세 자산·부채금액을 계산하실 수 있도록 보완하였습니다.

9. 통합고용세액공제제도의 완벽한 설명과 사례풀이 및 최근 과세관청의 해석을 첨부하였습니다.

10. 2024년부터 적용되는 글로벌 최저한세에 대한 회계공시내용과 그 세액계산 절차에 대하여 개괄적인 설명과 사례를 첨부하였습니다.

11. 대주주의 저가감자와 회사의 자기주식을 이용한 경영권 이전 사례에 대한 검토 내용을 추가하였습니다.

12. 불균등증자, 제3자 배정에 따른 증자, 자기주식의 취득 및 소각, 차등배당에 따른 상세한 회계처리 및 증여세 과세에 대한 다양한 실지 적용 사례를 첨부하여 설명하였습니다.

13. 2016년부터 적용되는 업무용승용차 관련비용 세무처리에 대해 상세한 설명 및 여러 사례를 통해 주요내용을 이해하도록 하였습니다.

14. 2018년부터 적용되는 기준서 제1109호(금융상품), 기준서 제1115호(고객과의 계약에서 생기는 수익) 및 2019년부터 적용되는 기준서 제1116호(리스)에 대해 기존 기준서와의 차이에 대한 상세한 설명 및 세무조정을 통해 새로운 기준서에 대한 이해를 높이도록 하였습니다.

15. 한국회계기준원의 「질의회신」 및 「신속처리 질의답변」을 충실히 기재하여 실무에서의 적용에 대비하였습니다.

이상과 같은 내용을 본 저서를 통해 많은 실무자님들이 국제회계기준에 대한 이해와 세무조정업무를 완벽히 수행할 수 있는 실무능력이 배양되기를 본 저자는 진심으로 기도하겠습니다. 언제든지 본 저서에 대한 지적을 기다리며, 본 저서가 나올 수 있게 도와주신 삼일피더블유씨솔루션 이희태 대표이사님과 편집제작팀들께 진심어린 감사를 드립니다.

저자 옆에서 항상 따뜻한 응원을 해주는 사랑하는 아내 김현정과 아들 병준, 막내 청룡이에게 이 책을 바칩니다. 독자 여러분 항상 행복하시고 건강하시길 바랍니다.

2025년 3월
역삼동 사무실에서 저자

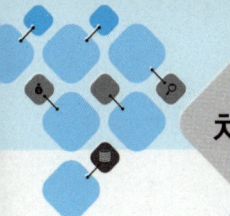

차 례

차 례

차 례

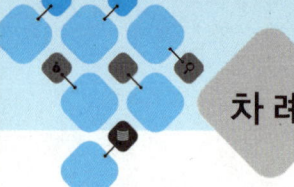

차 례

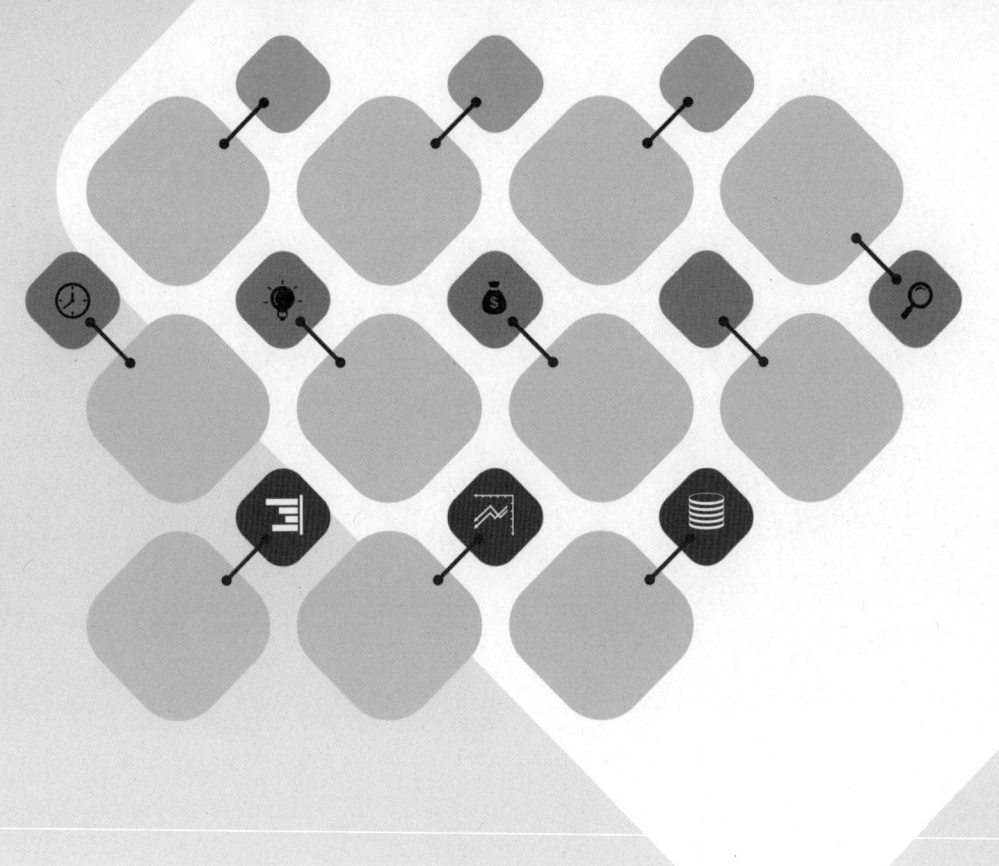

2025년 법인세법·조세특례제한법 개정내용

Ⅰ 법인세법 개정내용

법인세법
- 법　　률: 법률 제20613호, 2024.12.31. 공포
- 시 행 령: 대통령령 제35350호, 2025.2.28. 공포
- 시행규칙: 기획재정부령 제1112호, 2025.3.21. 공포

농어촌특별세법
- 시 행 령: 대통령령 제35360호, 2025.2.28. 공포

1. 비영리법인의 유·무형자산 처분수입 과세소득 제외 합리화(법인령 3 ②)

종 전	개 정
☐ 과세소득에서 제외되는 유·무형자산 처분수입의 범위	☐ 고유목적사업에 장기간 사용한 유·무형자산 처분수입 과세 합리화
1. 처분일 현재 3년 이상 계속 고유목적사업에 직접 사용한 유·무형자산의 경우 －고유목적사업 전입 후 발생한 처분수입 과세 제외* 　*비과세 처분수입 　＝양도가액－고유목적사업 전입 당시 시가 〈신설〉	1. (좌동) 2. 고유목적사업에 총 10년 이상 직접 사용(처분일 현재 고유목적사업에 직접 사용하지 않고 있는 경우 포함)한 유·무형자산의 경우 －자산의 보유기간 대비 고유목적사업 사용기간에 비례하여 처분수입 과세 제외* 　*비과세 처분수입＝① × ② 　　① 양도가액－고유목적사업 최초 전입 당시 시가 　　② 고유목적사업에 직접 사용일수÷보유일수

〈적용시기〉 2025.2.28. 이후 유·무형자산을 처분하는 분부터 적용

2. 신탁소득의 귀속자 예외규정(법인법 5 ②)

종 전	개 정
1. 원칙 : 신탁재산 귀속소득은 수익자가 납세의무를 짐 2. 예외 : 다음의 신탁은 신탁의 수탁자가 법인세 납세의무를 짐(단, 자본시장법 9 ⑱ 1호의 투자신탁은 제외 : 수익자 과세) 　① 목적신탁 　② 수익증권발행신탁 　③ 유한책임신탁 등	– 제외대상에 소득세법 17(배당소득) ① 5호의3(금전이 아닌 재산의 신탁계약)에 따른 수익증권이 발행된 신탁(조각투자상품인 수익증권이 발행된 신탁 : 소득세법상 배당소득) 추가

〈적용시기〉 2025.7.1.이 속하는 사업연도에 신탁재산에 귀속되는 소득부터 적용

3. 세금과 공과금 손금불산입 범위 명확화(법인법 21 5호)

법령에 따른 의무의 불이행 또는 금지·제한 등의 위반에 대한 제재로서 부과되는 공과금 → 법령에 따른 의무의 불이행 또는 금지·제한 등의 위반을 이유로 부과되는 공과금

4. 임직원 할인금액에 대한 과세합리화

법 개정내용(소득법 11·20)
1. 임직원 할인금액을 근로소득으로 규정하고 비과세 기준 마련
2. 비과세금액=Max(시가의 20%, 연 240만원)

(1) 수익의 범위 명확화(법인령 11, 소득령 51)

종 전	개 정
□ 수익의 범위 1. 한국표준산업분류에 따른 사업수입금액 　－매출에누리금액 등 제외 〈추가〉	□ 임직원 할인금액을 수익에 포함 • (좌동) －내국법인(사업자)의 임직원에 대한 내국법인이 생산·공급하는 재화·용역 등 할인금액[시가－판매(제공)가액]은 사업수입금액에 포함
2. 무상으로 받은 자산의 가액 3. 채무 면제 또는 소멸에 따른 부채감소액 4. 그 밖의 수익으로서 해당 법인(사업자)에 귀속되었거나 귀속될 금액	• (좌동)

〈적용시기〉 2025.1.1. 이후 재화를 판매·용역을 제공하는 분부터 적용

(2) 손비의 범위 명확화(법인령 19 3의3호, 소득령 55)

종 전	개 정
□ 손비의 범위 1. 판매한 상품·제품의 원료매입가액 및 부대비용 2. 판매한 상품·제품의 보관료, 포장비, 운반비 등 판매와 관련된 부대비용 3. 인건비 　*법인은 근로소득세가 원천징수된 해외법인 파견 임직원 인건비 포함	□ 임직원 할인금액을 손비에 포함 • (좌동)
〈추가〉	－법인(사업자)의 임직원에 대한 재화·용역 등 할인금액 －법인(사업자)이 계열회사에 지급하는 할인금액 상당액
4. 임직원 출산·양육지원금 5. 사업용 자산 임차료, 사업용 유·무형자산 감가상각비 등	• (좌동)

〈적용시기〉 2025.1.1. 이후 판매·제공하는 분부터 적용

5. 해외자원개발사업 수입배당금 익금불산입 적용(법인령 18 ②)

종 전	개 정
□ 외국자회사의 수입배당금 익금불산입 1. 익금불산입 대상 　－내국법인(모회사)이 외국자회사로부터 받은 배당소득 2. 익금불산입 제외 대상 　－특정외국법인의 배당간주 유보소득 등 　－특정외국법인 중 실제부담세액이 실제 발생소득의 15% 이하인 특정외국법인의 이익잉여금 처분 등에 따른 수입배당금 〈단서 신설〉	□ 익금불산입 대상 확대 1. (좌동) 2. 제외대상 조정 　－(좌동) • 다만, 특정외국법인인 외국자회사를 통해「해외자원개발 사업법」상 해외자원개발사업에 투자·출자(조특법 104의15 ① 2호·3호)한 내국법인(해외자원개발사업자)이 해당 외국자회사로부터 받은 이익잉여금 처분 등에 따른 수입배당금은 익금불산입

〈적용시기〉 2025.2.28. 이후 신고하는 분부터 적용

6. 주식매수선택권 손금인정 범위 명확화(법인령 19 19의2호)

종 전	개 정
□ 손금인정 범위 1. 대상 　－「상법」제340조의2 등에 따른 주식매수선택권* 및「근로복지기본법」에 따른 우리사주매수선택권 　*자사의 이사·집행임원·감사 또는 피용자에게 부여하는 주식매수선택권 〈추가〉 2. 손금액 : 약정된 주식의 매수가액과 시가의 차액	□ 손금인정 대상 확대 　－(좌동) 　－「상법」제542조의3에 따른 주식매수선택권*(자사 임직원에게 제공하는 경우만 해당) 　*상장회사가 자사 또는 관계 회사의 이사·집행임원·감사 또는 피용자에게 부여하는 주식매수선택권 2. (좌동)

〈적용시기〉 2025.2.28. 이후 주식매수선택권을 행사하는 경우부터 적용

7. 감가상각 대상 무형자산 범위 보완(법인령 24 ① · 26, 법인칙 별표3)

종 전	개 정
□ 감가상각 대상 무형자산 범위 1. 영업권, 특허권, 광업권, 유료도로관리권, 개발비, 사용수익기부자산가액 등 〈추가〉	□ 감가상각 대상 무형자산 범위 확대 1. (좌동) 2. 철도시설관리권 　*내용연수(30년)는 시행규칙에서 규정 3. 그 밖에 이와 유사한 무형자산 　－기업회계기준에 따른 내용연수에 따라 월할상각방법 적용(무신고시 5년 균등상각)

〈적용시기〉 2025.2.28.이 속하는 사업연도에 감가상각하는 분부터 적용

8. 공동경비 배분기준 보완(법인령 48 ① · ②, 법인칙 25 ②)

종 전	개 정
1. 특수관계가 있는 비출자공동 사업자간 공동경비 배분기준 　(1) ①~④ 중 선택, 미선택시 ③ 선택으로 간주 　　① 해당 사업연도 매출액 총액 　　② 해당 사업연도 총자산가액 　　③ 직전 사업연도 매출액 총액 　　④ 직전 사업연도 총자산가액 〈신설〉 2. 공동경비 분담 적용 손비 범위 　① 조직 · 사업 등의 공동 운영 · 영위에 따른 손비 〈추가〉	1. 공동경비 배분기준 합리화 　(1) (좌동) 　(2) 비출자공동사업자의 직전년도 매출액이 없는 경우 ①~② 중 선택, 미선택시 ① 선택으로 간주 　　① 해당 사업연도 매출액 총액 　　② 해당 사업연도 총자산가액 2. 공동소유자산을 공동경비 분담 대상으로 명시 　① (좌동) 　② 자산의 공동 운영에 따른 손비 　　가. 공동연구개발비 : 　　　공동연구개발 관련 사업부문(표준산업분류상 세분류)에서 발생한 매

종 전	개 정
	출액 비율 나. 유형자산(토지 및 건축물은 제외) 공동사용료 : -고정비 : 소유지분비율 -고정비 외 : 사용횟수비율

〈적용시기〉 1.은 2025.2.28. 이후 과세표준을 신고하는 분부터 적용

2.는 2025.2.28.이 속하는 사업연도에 공동경비를 지출하는 분부터 적용

9. 비영리법인 인건비 제한 적용 범위 합리화(법인령 56 ⑪)

종 전	개 정
□ 비영리법인 임직원 인건비 한도* 적용대상 　*임직원별 연간 총급여 8천만원 이하	□ 임직원 인건비 한도 적용 비영리법인 대상 확대
1. 해당 사업연도에 수익사업 소득*의 50%를 초과하여 고유목적사업준비금으로 손금산입한 비영리내국법인 　*이자 · 배당소득 제외	1. (좌동)
〈추가〉	2. 해당 사업연도와 직전 5개 사업연도 동안 수익사업 소득 합계액의 50%를 초과하여 고유목적사업준비금으로 손금산입한 비영리내국법인

〈적용시기〉 2025.2.28.이 속하는 사업연도에 인건비를 지출하는 분부터 적용

10. 의료기술협력단을 기부금 손금산입 대상에 포함(법인법 24 ②, 법인령 39 ①)

종 전	개 정
1. 특례기부금 단체 　① 국가 및 지방자치단체 　② 국립대학병원 　③ 서울대학교병원 　④ 사립학교가 운영하는 병원 　　　〈추가〉	1. 특례기부금 단체 추가 　• (좌동) 　⑤ 특례기부금 단체에 해당하는 병원이 설립한 「보건의료기술 진흥법」 28의2 ①에 따른 의료기술협력단
2. 일반기부금 단체 　① 사회복지법인 　② 어린이집, 유치원 　③ 의료법인	2. 일반기부금 단체 추가 　• (좌동)

〈적용시기〉 특례기부금 : 2025.1.1. 이후 과세표준을 신고하는 분부터 적용

　　　　　　일반기부금 : 2025.2.28. 이후 과세표준을 신고하는 분부터 적용

11. 보험회사 해약환급준비금의 손금산입 규정변경(법인법 32 ①)

종 전	개 정
해약환급준비금*을 세무조정계산서에 계상 → 보험회사 이익처분시 계상금액을 해약환급준비금 적립 → 적립금액을 결산손비계상으로 보아 손금산입 *K-IFRS17(보험계약)에 따라 보험회사가 보험부채를 현재시점의 가정과 위험을 반영한 할인율을 활용하여 보험부채를 현재가치로 측정하는 바 금리상승 등으로 보험회사가 적립하는 보험부채가 감소하여 해약환급금(보험회사가 보험계약 해약시 보험계약자에게 반환하는 금액)보다 작은 경우, 그 차액을 이익잉여금 내 해약환급금준비금으로 적립(법정적립금 : 보험업감독규정 제16-11조의6 ②)해야 함.	보험회사 이익처분시 해약환급준비금적립 → 적립금액 범위 내(선택) 세무조정계산서에 계상 → 계상금액을 결산손비계상으로 보아 손금산입

〈적용시기〉 2025.1.1.부터 시행

12. 자기주식 관련 적격인적분할 요건 합리화(법인법 46 ②, 법인령 82의2 ⑦)

종 전	개 정
□ 적격인적분할 관련 지분의 연속성 요건 1. 교부 : 분할대가 전액(분할합병의 경우 80% 이상)을 분할신설법인등의 주식으로 교부 2. 배정 : 분할법인등의 주주(분할합병의 경우 분할법인등의 지배주주등)가 소유하던 주식의 비율(지분비율)에 따라 배정 〈추가〉	□ 자기주식 관련 지분의 연속성 요건 합리화 • (좌동) －지분비율 산정시 분할법인등이 보유한 자기주식은 제외(자본시장법의 개정으로 인적분할시 자사주에 대한 신주배정을 제한함에 따라 적격분할요건에 이를 반영함)
3. 보유 : 분할법인등의 지배주주등이 분할등기일이 속하는 사업연도 종료일까지 보유	3. (좌동)

〈적용시기〉 2025.1.1. 이후 분할하는 소득 분부터 적용

13. 자기주식 관련 적격합병분할·주식교환 등 지분의 연속성 요건 합리화
(법인령 80의2 ④·82의2 ⑦, 조특령 35의2 ⑦)

종 전	개 정
□ 적격합병·분할·주식의 포괄적 교환 등* 관련 지분의 연속성 요건 *주식의 포괄적 교환 또는 이전 1. 교부 : 합병·분할·주식교환등 대가 중 80% 이상(단순분할은 전액)을 주식등으로 교부 2. 배정 : 피합병·분할법인 또는 완전자회사의 지배주주가 소유하던 주식등의 비율(지분비율)에 따라 배정 〈추가〉	□ 자기주식 관련 지분의 연속성 요건 합리화 • (좌동) －피합병·분할법인 또는 완전자회사가 보유한 자기주식에 주식을 배정하지 않는 경우 자기주식을 제외하고 지분비율 산정
3. 보유 : 배정받은 주식을 합병·분할. 주식교환일등이 속하는 사업연도 종료일까지 보유	3. (좌동)

〈적용시기〉 2025.1.1. 이후 발생하는 분부터 적용

14. 적격분할 주식승계 요건 합리화(법인칙 41 ⑧)

종 전	개 정
□ 적격분할로 인정되는 승계 가능한 주식등의 범위(법인령 82의5 ⑤)	□ 승계 가능 주식등의 범위 확대
① 분할사업부문이 법령상 의무로 보유하거나 인허가를 받기 위해 보유하는 주식등 ② 분할사업부문과의 직접거래(매입·매출) 비중이 30% 이상인 법인의 주식등	• (좌동)
〈신설〉	③ 분할법인이 완전지배*하고 있는 법인으로서, 분할사업부문과의 직접거래 비중이 20% 이상인 법인의 주식등 *자회사를 통한 간접지배 포함
〈신설〉	④ 분할법인이 완전지배하고 있는 법인으로서, ③에 해당하는 법인과의 직·간접 거래비중*이 20% 이상인 법인의 주식등 *예) A→B→C 순서로 매출할 경우 　　A와 C의 간접매출비중＝ 　　(A와 B의 매출비중)×(B와 C의 매출비중)
③ 분할사업부문과 동일 사업(표준산업분류상 세분류)을 영위하는 법인의 주식등	⑤ (좌동)
④ 분할존속법인이 지주회사로 전환하는 경우, 분할사업부문이 지배주주등으로서 보유하는 주식등	⑥ (좌동)
〈신설〉	⑦ 분할법인이 완전지배하고 있는 법인으로서, ③~⑤에 해당하는 법인*을 완전지배하고 있는 법인**의 주식등 *분할법인의 손자회사 **분할법인의 자회사로서, 분할법인의 손자회사를 지배하고 있는 중간지주회사

〈적용시기〉 규칙 시행일 이후 분할하는 분부터 적용

15. 적격외국금융회사등의 거래 · 보유 명세 변동 보고 의무 면제
(소득칙 86의2, 법인칙 66의2)

종 전	개 정
□ 적격외국금융회사등의 국채등 보유 · 거래명세 변동 보고 • 제출시기 : 변동일이 속한 분기의 마지막 달 말일까지	□ 보고 의무면제

〈적용시기〉 규칙 시행일 이후 제출하는 분부터 적용

16. 국채비과세 신청 시 제출 정보 간소화
(소득칙 별지 19호의13 서식 (1), 법인칙 72호의6 서식)

종 전	개 정
□ 비과세 신청 시 제출 정보* *정보 : 성명, 주소, 납세자 번호 등 1. 소득자 정보 2. 소득지급자 정보 3. 대리인 정보	□ 제출 정보 간소화 1. (좌동) • 〈삭제〉

〈적용시기〉 규칙 시행일 이후 제출하는 분부터 적용

17. 적격물적분할 · 현물출자 과세특례 압축기장충당금 사후관리 강화
(법인령 84 ⑲ · 84의2 ⑱)

종 전	개 정
□ 적격물적분할 · 현물출자 과세특례 적용시 양도차익 명세서 제출 의무 1. 분할법인 · 출자법인 및 분할신설법인 · 피출자법인은 과세특례 신청시 자산 양도차익 명세서 제출 ※ 적격구조조정을 통해 주식 또는 자산을 승계한 법인 포함 〈추가〉	□ 승계자산 처분시 자산 양도차익 명세서 제출 의무 신설 1. (좌동) −분할신설법인 · 피출자법인 또는 자산 승계 법인은 승계자산 처분시에도 자산 양도차익 명세서 제출

〈적용시기〉 2025.2.28. 이후 과세표준을 신고하는 분부터 적용

18. 배당금액 소득공제 적용 시 이월공제금액 명확화

(법인법 51의2 ④·⑤, 조특법 104의31 ③·④)

종 전	개 정
□ 유동화전문회사 등에 대한 배당금액 소득공제	□ 배당금액 소득공제시 이월공제 대상 명확화

1. 대상 : 유동화전문회사, 투자회사, 투자목적회사 등
 	
2. 요건 : 배당가능이익*의 90% 이상 배당
  *배당가능이익＝당기순이익＋이월이익잉여금－
              이월결손금－이익준비금
 	
3. 공제방법 : 배당금액을 해당 사업연도 소득금액에서 공제하고, 미공제액은 최대 5년간 이월공제(2022년 신설)
	• (좌동)

－ 이월공제대상 : 해당 사업연도 소득금액을 초과하는 배당금액(이월된 초과배당금액) － 이월된 초과배당금액은 각 사업연도에 발생한 배당액 및 나중에 발생한 초과배당금액보다 우선하여 소득금액에서 공제 － 해당 사업연도 소득금액이란, 이월결손금을 차감한 후의 소득금액임(사전법규법인－312, 2023.6.28.)	－ 해당 사업연도에 공제받지 못한 배당금액*(이월공제 배당금액) *각 사업연도 소득금액을 초과하는 이월결손금, 배당금액(당기분＋전기 미공제 이월분) 합계액 － 기존 해석을 법률로 명확히 함 － 각 사업연도 소득금액 80, 이월결손금 30, 당기 배당금액 100인 경우 이월공제해당금액은 50[100－(80－30)]

19. 부동산투자회사 배당가능이익 범위 합리화(법인령 86의3 ①)

종 전	개 정
□ 유동화전문회사 등에 대한 소득공제시 배당가능이익 제외 대상	□ 부동산투자회사 보유 자산 평가손익을 배당가능이익에서 제외
1. 자본준비금 감액 배당 2. 유가증권 평가손익 　－주식, 채권의 평가손익 　－「자본시장법」상 투자회사 등의 집합투자재산 평가손익 〈추가〉	• (좌동) －「부동산투자회사법」상 부동산투자회사*의 자산 평가손익 　*기업구조조정 부동산투자회사, 위탁관리 부동산 투자회사

〈적용시기〉 2025.2.28. 이후 과세표준을 신고하는 분부터 적용

20. 성실신고확인대상 소규모 법인에 대한 법인세 과표구간 · 세율 조정 (법인법 55 ①)

종 전	개 정
□ 법인세 과세표준 및 세율	□ 성실신고확인대상 소규모 법인*에 대한 법인세 과표구간 · 세율 조정 　*①~③ 요건을 모두 갖춘 법인(법인법 60의2 ① 1호) 　① 지배주주등 지분율 50% 초과 　② 부동산임대업이 주된 사업이거나 부동산 임대수입 · 이자 · 배당소득이 매출액의 50% 이상 　③ 상시근로자 수가 5인 미만

과세표준	세 율
2억원 이하	9%
2억원 초과 200억원 이하	19%
200억원 초과 3,000억원 이하	21%
3,000억원 초과	24%

과세표준	세 율
2억원 이하	9%
200억원 초과 3,000억원 이하	21%
3,000억원 초과	24%

〈적용시기〉 2025.1.1. 이후 개시하는 사업연도 분부터 적용

21. 단기민간임대주택 법인세 추가과세 배제(법인령 92의2 ②)

종 전	개 정
□ 임대주택 양도시 법인세 추가세율(20%) 적용 제외	□ 추가세율 적용 제외 임대주택 추가
1. 공공지원민간임대주택(10년형) 2. 장기일반민간임대주택(10년형, 건설형)	❳ • (좌동)
〈추가〉	3. 단기민간임대주택*(건설형)

구분	적용 요건(건설형만 적용)
임대기간	최소 6년
공시가격 상한	6억원
면적 기준	대지면적 298㎡ 이하, 주택 연면적 149㎡ 이하
최소 공급	2호
임대료 증가율	5% 이하

*「민간임대주택법」에 따라 아파트 제외

〈적용시기〉 2025.6.4.(민간임대주택법 시행일) 이후 민간임대주택으로 등록한 단기민간임대주택을 양도하는 경우부터 적용

22. 간접투자기구 소득에 대한 외국납부세액공제 계산방법 개선

(1) 외국납부세액공제액 계산방법 개선(소득령 117의2·189의2, 법인령 94의2·111)

종 전	개 정

□ 외국납부세액공제액* 계산시 공제율 및 원천징수세액 차감액** 계산시 차감율
  *외국납부세액공제액=외국납부세액×공제율
  **원천징수세액 차감액=외국납부세액×차감율
	□ 외국원천징수세율을 알 수 없는 경우 계산 방법 개선

① 외국원천징수세율이 확인되는 경우 : 실제 외국원천징수세율(ⓐ)과 국내원천징수세율(b) 간 차이 고려해 산출*
  *i) ⓐ〉ⓑ : (ⓑ/ⓐ)−ⓑ
  ii) ⓐ≦ⓑ : 1−국내세율**
  **i) 공제율 산출시 : 소득세율 또는 법인세율
  ii) 차감율 산출시 : 국내원천징수세율
	① (좌동)

② 외국원천징수세율을 알 수 없는 경우* : 1−국내세율 *신설 간접투자기구에 투자하는 경우 등	② 외국원천징수세율을 14%로 간주하여 ①에 따라 산출

〈적용시기〉 2025.2.28. 이후 간접투자회사등으로부터 지급받는 소득에 대한 간접투자외국법인세액을 공제하거나 원천징수하는 경우부터 적용

(2) 펀드등 간접투자시 외국납부세액공제액 계산방법 개선(소득령 117의2, 법인령 94의2)

종 전	개 정
□ 외국원천징수세율 계산방법	□ 계산방법 개선

① 재간접 투자 외의 경우 :
  • 외국원천징수세율=
 	
$$\dfrac{\text{펀드의 직전 사업연도의 외국납부세액}}{\text{해당 외납세액에 대응하는 국외원천소득금액}}$$
 	
② 재간접 투자*의 경우 :
  *간접투자회사등이 다른 간접투자회사등이 발행하는 증권을 취득
  • ①×평균 투자비율
③ ①과 ②가 혼합된 경우 :
  • 각각의 투자비율에 따른 ①과 ②의 가중평균
	① 재간접 투자 여부와 무관히 외국납부세액별 외국원천징수세율 산출
	  • 외국원천징수세율=현행 "재간접투자 외의 경우"와 동일
	    −다만, 외국원천징수세율을 알 수 없는 경우 14%로 간주
	② ①에 따라 계산된 세액별 외국원천징수세율을 외국납부세액 비율에 따라 가중평균

〈적용시기〉 2025.2.28. 이후 간접투자회사등으로부터 지급받는 소득에 대한 간접투자 외국법인세액을 공제하거나 원천징수하는 경우부터 적용

(3) ISA 계좌별 소득합산시 외국납부세액공제 적용기준 마련(소득령 189의2)

ISA 외국납부세액공제 적용

① 외국납부세액 : ISA 계좌 내 펀드별 외국납부세액을 합산

② 외국원천징수세율 : 14% 적용

〈적용시기〉 2025.2.28. 이후 간접투자회사등으로부터 지급받는 소득에 대한 간접투자 외국법인세액을 공제하거나 원천징수하는 경우부터 적용

(4) 증권매도시 소득금액 산출 명확화(소득령 117의2, 법인령 94의2)

종 전	개 정
□ 증권시장에 상장된 간접투자회사등의 증권의 매도에 따라 지급받은 소득 • 실제 매도가격 – 실제 매수가격	□ 증권의 매도에 따라 지급받은 소득의 산출방법 조정 • Min [①, ②] 　① (매도시 과세표준기준가격 – 매수시 과세표준기준가격)±직전 결산·분배 시 발생한 과세되지 아니한 투자자별 손익 　② (실제 매도가격 – 실제 매수가격)±직전 결산·분배 시 발생한 과세되지 아니한 투자자별 손익

〈적용시기〉 2025.2.28. 이후 간접투자회사등으로부터 지급받는 소득에 대한 간접투자 외국법인세액을 공제하거나 원천징수하는 경우부터 적용

23. 공시대상기업집단에 대한 법인세 중간예납 계산방법 합리화
(법인법 63의2 ① · ②, 76의 18 ① · ②, 법인령 100 ④ · 120의25 ③)

종 전	개 정
□ 중간예납세액 계산방법	□ 공시대상기업집단*의 중간예납 계산방법 합리화 *2024년 현재 88개 집단, 3,318개 법인
• (원칙) ①, ② 중 선택 　① 직전 사업연도(연결법인의 경우 연결사업연도) 산출세액 기준으로 계산 　② 해당 중간예납기간 법인세액 기준으로 계산 〈단서 신설〉	• (좌동)
	－ 다만, 직전 사업연도 종료일 현재 「독점규제 및 공정거래에 관한 법률」에 따른 공시대상기업집단(중소기업 규모 법인*은 제외)에 속하는 내국법인 · 연결법인** 및 합병법인 또는 피합병법인이 합병당시 공시대상기업집단에 해당하는 경우로서 해당 합병법인의 합병 후 최초의 사업연도인 경우에는 ② 방식 적용 *조특령 2 ① 1호의 요건을 갖춘 기업 **연결법인 중 어느 하나의 법인이 공시대상기업집단에 속하는 경우

〈적용시기〉 2025.1.1. 이후 개시하는 사업연도 분부터 적용

24. 연결법인에 대한 중소·중견기업 규정 적용방법 합리화(법인법 76의22 ①)

종 전	개 정
□ 연결법인에 대한 중소기업 규정 적용방법	□ 연결법인에 대한 중소·중견기업 규정 적용기준 신설
1. 적용기준 : 연결집단을 하나의 내국법인으로 보아 요건 충족여부 판별	1. (좌동)
2. 적용방법 : 　－연결집단이 중소기업 요건 충족하는 경우 연결법인에 대해 중소기업 규정 적용 〈추가〉	2. 적용방법 　－연결집단이 중소기업 요건 충족하는 경우 중소기업인 연결법인에 대해 중소기업 규정 적용 　－연결집단이 중견기업 요건 충족하는 경우 중소기업 또는 중견기업인 연결법인에 대해 중견기업 규정 적용

〈적용시기〉 2025.1.1. 이후 개시하는 연결사업연도 소득에 대한 법인세액을 계산하는 분부터 적용

25. 연결납세방식 적용 후 중소기업 규정 적용기간 확대(법인법 76의22 ②)

종 전	개 정
□ 연결납세방식 적용 후 중소기업 규정 적용기간 　최초 연결사업연도와 이후 3년간	□ 적용기간 확대 　이후 3년간 → 이후 5년간

〈적용시기〉 2025.1.1. 이후 개시하는 연결사업연도 소득에 대한 법인세액을 계산하는 분부터 적용

26. 연결법인 법인세액 계산방법 명확화(법인령 120의22 ②)

종 전	개 정
□ 연결법인의 산출세액 계산	□ 투상세 가산 명확화
• 산출세액 : ①+② 　① 과세표준 개별귀속액×연결세율 　② 토지등양도소득 법인세 　　　　　〈추가〉	• 산출세액 : ①+②+③ 　① (좌동) 　② (좌동) 　③ 투자·상생협력 촉진을 위한 과세특례 법인세액

27. 연결법인 간 결손금 이전에 따른 정산 예외 요건 완화(법인령 120의22 ⑤)

종 전	개 정
□ 결손금에 대한 정산금을 0으로 할 수 있는 경우	□ 정산 예외 요건 완화
1. 연결모법인이 모든 연결자법인을 완전지배하는 경우	1. (좌동)
2. 주주* 전부의 동의를 받은 경우 *연결집단 내 주주인 연결법인은 제외 －기한 : 연결사업연도 결산 전	2. 연결법인 외 주주 중 90% 이상의 동의를 받은 경우 －기한 : 신고기한(법인법 76의17 ①) 전

〈적용시기〉 2025.2.28. 이후 과세표준을 신고하는 분부터 적용

28. 비거주자·외국법인의 국채등 비과세 제도 합리화

(1) 국외투자기구의 비과세 신청 및 원천징수 절차 간소화(소득법 119의3, 법인법 93의3)

종 전	개 정
□ 비거주자·외국법인의 국채등 이자·양도소득 비과세	□ 비과세 신청절차 간소화
1. 대상 : 국채 및 통화안정증권 2. 투자방법 : 직접투자 또는 적격외국금융회사 통한 간접투자	• (좌동)
3. 국외투자기구 : 국외투자기구를 통한 투자시 비과세 신청방법 ① 사모국외투자기구를 통해 투자하는 경우 : 하위투자자별(실질귀속자별) 비과세 신청 ※ 투자자별 거주자증명서 취합·제출 ② (ⅰ) 공모국외투자기구 또는 (ⅱ) 하위투자자를 입증하기 어려운 사모국외투자기구를 통해 투자하는 경우 : 국외투자기구가 비과세 신청 ※ 국외투자기구의 거주자증명서만 제출	3. 사모국외투자기구도 공모국외투자기구와 동일한 절차 적용 －사모·공모국외투자기구(①&② 모두)를 통해 투자시 : 국외투자기구를 실질귀속자로 간주, 국외투자기구가 비과세 신청 ※ 투자자별로 신청할 필요 없으며, 국외투자기구의 거주자증명서만 제출
4. 원천징수 특례 : 국외투자기구 투자자 중 거주자·내국법인 포함시 소득지급자 원천징수 －공모국외투자기구 : 면제 －사모국외투자기구 : 원천징수 ※ 어느 경우든 거주자·내국법인은 직접 신고·납부 의무가 있음	－사모·공모국외투자기구 모두 원천징수 면제 ※ 거주자·내국법인은 현행과 같이 직접 신고·납부 의무가 있음

〈적용시기〉 2025.1.1. 이후 지급하는 분부터 적용

(2) 적격외국금융회사등(QFI)의 범위(소득령 179의2 · 3, 법인령 132의2 · 3)

① 국제예탁결제원(ICSD)을 제외한 수탁은행 등의 경우 QFI의 범위에서 제외

② QFI는 과세에 필요한 자료보관 및 제출 의무가 있으며, 수탁은행 등에게 해당 자료를 보관하도록 하고, 국세청이 자료 제출 요청시 해당 자료를 받아서 제출

(3) 비과세 신청서 관련 자료 제출절차 간소화(소득령 179의4, 법인령 132의4)

종 전	개 정
☐ 비거주자 · 외국법인의 국채등 비과세신청서 제출절차	☐ 제출절차 간소화

1. QFI를 통하지 않은 투자시 제출절차
  －사모펀드 : 펀드가 하위투자자별(실질귀속 자별) 비과세신청서를 제출받아 취합, 소득지급자를 통해 세무서장에게 제출
  －투자자 및 공모펀드 : 자신의 비과세신청서를 소득지급자를 통해 세무서장에게 제출
	1. 공모 · 사모 구분 폐지
	
	  －자신의 비과세신청서를 소득지급자를 통해 제출

2. QFI를 통한 투자시 제출절차
  －1단계 : 투자자 → QFI
  • 사모펀드 : 펀드가 하위투자자자별(실질귀속자별) 비과세신청서를 제출받아 취합, QFI에 제출
  • 투자자 및 공모펀드 : 자신의 비과세신청서를 QFI에 제출
  －2단계 : QFI → 세무서장
  • 투자자가 제출한 비과세신청서는 QFI가 보관
  • QFI는 자신의 비과세신청서를 작성 후 소득지급자를 통해 세무서장에게 제출
	2. 공모 · 사모 구분 폐지 및 자료 보관자 변경
	  －1단계 : 공모 · 사모 구분 폐지
	
	  • 자신의 비과세신청서를 QFI 또는 중간수탁외국금융회사에게 제출
	
	  －2단계 : 자료 보관자 변경
	  • 투자자가 제출한 비과세신청서는 QFI 또는 중간수탁외국금융회사가 보관
	  • (좌동)

3. 제출시기
  －소득지급자가 매월 세무서장에게 제출
	3. 제출시기 변경
	  －세무서장이 제출을 요청하는 경우 제출

〈적용시기〉 2025.2.28. 이후 비과세 적용 신청을 하는 경우부터 적용

(4) 거래보유명세서 작성 및 제출방법 개선(소득령 179의4, 법인령 132의4)

종 전	개 정
□ 비과세 적용을 위해 거래보유명세서를 세무서장에게 제출	□ 거래보유명세서 작성자 추가 및 제출절차 변경
1. 작성자 　- QFI를 통하지 않은 투자시 : 소득지급자 　- QFI를 통한 투자시 : QFI 　　　　　〈단서 신설〉	1. 작성자 확대 　- (좌동) 　• 중간수탁외국금융회사를 거쳐 투자하는 경우에는 해당 중간수탁외국금융회사가 작성
2. 제출시기 　- 소득지급자가 매월 세무서장에게 제출	2. 제출시기 변경 　- 세무서장이 제출을 요청하는 경우 제출

〈적용시기〉 2025.2.28. 이후 비과세 적용 신청을 하는 경우부터 적용

(5) QFI 준수사항 조정(소득령 179의3, 법인령 132의3)

종 전	개 정
□ QFI 승인시 준수사항	□ 준수사항 조정
1. 거주자증명서, 거래보유명세서 등 비과세 신청 관련 자료 보관 및 비치 2. 세무서장이 비과세 신청 관련 자료 제출 요구 시 제출 3. 승인조건 준수	• (좌동)
4. 거래보유명세자료 보고	〈삭제〉

〈적용시기〉 2025.2.28. 이후 소득을 지급받는 분부터 적용

(6) 경정청구 절차 신설

(소득법 119의3 ⑥·⑦, 법인법 93의3 ⑥·⑦, 소득령 179의4 ⑦·⑧, 법인령 132의4 ⑦·⑧ 신설)

종 전	개 정
□ 비거주자·외국법인의 국채등 이자·양도소득 비과세 〈신설〉 ※「국세기본법」에 따라 비거주자·외국법인은 직접 경정청구 불가, 원천징수의무자를 통한 환급만 가능	□ 비거주자·외국법인의 직접 경정청구 근거 마련 1. 경정청구 : 원천징수의무자 외 비거주자·외국법인이 직접 경정청구 가능 　① 청구자 : 비거주자·외국법인, 적격외국금융회사 또는 소득지급자 　② 청구기한 : 원천징수일이 속하는 달의 다음 달 11일부터 5년 이내 　③ 필요서류 : 경정청구서, 비과세 신청서, 거주자 증명서 등 2. 국채 비과세를 적용받지 못한 투자자의 경정청구 절차 신설 　① 제출서류 : 경정청구서, 비과세신청서 및 거주자증명서 등 　② 청구절차 : 비거주자·외국법인 비과세 및 제한세율 적용 관련 경정청구 절차 준용

〈적용시기〉 2025.1.1. 이후 경정청구하는 분부터 적용

29. 전자기부금영수증 발급 활성화

(소득법 160의3 ④, 소득령 208의3 ③, 법인법 112의2 ④, 법인령 155의2 ④)

종 전	개 정
□ 기부금영수증 발급방법 1. 종이영수증 또는 전자기부금 영수증 중 선택	□ 전자기부금영수증* 발급 의무화 　*연말정산간소화 서비스에 자동 반영 1. 대상 : 직전연도 기부금영수증 발급 합계액이 3억원 이상인 법인과 사업자 2. 발급기한 : 기부받은 날이 속하는 연도의 다음 연도 1월 10일

〈적용시기〉 2025.1.1. 이후 기부받은 분부터 적용

30. 신용카드매출전표 등 합산발급 적용 대상 확대(법인령 159 ②)

종 전	개 정
□ 신용카드매출전표·현금영수증 합산발급 적용 대상 사업자	□ 합산발급 적용 대상 확대
1. 「유통산업발전법」 제2조에 따른 대규모점포 운영 사업자	1. (좌동)
2. 「체육시설의 설치·이용에 관한 법률」 제3조에 따른 체육시설 운영 사업자	2. (좌동)
〈추가〉	3. 「관광진흥법」 제3조 제1항 제1호의 여행업 영위 사업자

〈적용시기〉 2025.2.28.이 속하는 사업연도에 재화나 용역을 공급하는 분부터 적용

31. 공공주택건설사업자에게 토지 양도시 과세특례 적용기한 연장
(조특법 97의9 ①, 법인령 92의2 ④)

종 전	개 정
□ 공공매입임대 건설을 위해 토지를 양도하여 발생한 소득에 대한 과세특례	□ 적용기한 연장
1. 요건 : 공공매입임대주택 건설사업자*에게 주택 건설 위한 토지 양도 *공공주택사업자(LH 등)와 공공매입임대주택을 건설하여 양도하기로 약정을 체결하고 해당 주택을 건설하는 자 2. 지원내용 ① 법인 : 양도소득에 대한 추가세율(비사업용 토지 10%) 적용 제외 ② 거주자 : 토지 양도로 발생한 소득에 대한 양도소득세 감면(10%)	• (좌동) → 2024.11.12. 개정
3. 적용기한 : 2024.12.31.	3. 2027.12.31.

32. 조세조약상 비과세·면제 신청시 실질귀속자 증명서류 인정범위 확대 및 국·영문본 제출 의무 신설(법인령 138의4)

종 전	개 정
1. 조세조약상 비과세·면제 적용 실질귀속자 증명서류의 범위	1. 증명서류 인정범위 확대
① 최근 3년간 거주지국에 제출한 감사보고서	① 감사보고서 외 세무신고서, 재무제표 및 부속서류도 인정
② 거주자증명서, 이사회·주주 현황, 사용료 소득의 원천이 되는 권리(저작권 등) 관련 정보	② (좌동)
〈신설〉	2. 증명서류 국·영문본 제출 • 국문본 제출 의무 －국세청장 인정 시 영문본만 제출 가능

〈적용시기〉 2025.2.28. 이후 제출하는 분부터 적용

33. 국내원천 인적용역소득에 대한 비과세·면제신청서 및 지급명세서 제출 의무화(소득법 156의2, 소득령 216의2, 법인법 98의4, 법인령 162의2)

종 전	개 정
1. 비거주자·외국법인의 조세조약상 비과세·면제 적용 신청* 의무 *① 비과세·면제 신청서 및 ② 국내원천소득의 실질귀속자 증명 서류 제출	1. 인적용역소득에 대한 비과세·면제 신청 의무화
• 신청의무 면제 대상소득 －국내원천 사업소득	• (좌동)
－국내원천 인적용역소득	〈삭제〉
2. 비거주자·외국법인에 소득 지급시 지급명세서 제출 의무	2. 인적용역소득에 대한 지급명세서 제출 의무화
• 제출의무 면제 대상소득 －국내사업장 귀속소득, 부동산소득, 조세조약에 따른 비과세·면제 신청한 소득 등 －국내원천 사업소득	• (좌동)
－국내원천 인적용역소득	〈삭제〉

〈적용시기〉 1. 2025.1.1. 이후 지급하는 분부터 적용

2. 2026.1.1. 전에 발생한 국내원천 인적용역소득에 대하여는 종전 규정에 따름

34. 가상자산 과세자료 제출의무 대상 가상자산사업자 범위 보완
(소득법 164의4 ①, 법인법 120의4 ①)

종 전	개 정
□ 가상자산 과세자료 제출의무	□ 제출의무 대상 범위 보완
1. 대상 : 「특정금융정보법」상 신고가 수리된 가상자산사업자	1. 「가상자산 이용자 보호 등에 관한 법률」에 따른 가상자산사업자
〈추가〉	− 자료제출 대상 거래기간 중 신고 직권말소 · 유효기간 경과 사업자 포함
2. 제출자료 : 거래자별 가상자산거래명세서 · 집계표	• (좌동)
3. 제출주기 : 분기별 · 연도별	
*해당 분기 · 연도 종료일의 다음다음달 말일까지 세무서장에게 제출	− 세무서장, 지방국세청장 또는 국세청장에게 제출

〈적용시기〉

　　(소득세법) 2027.1.1. 이후 발생하는 거래분부터 적용

　　(법인세법) 2025.1.1. 이후 발생하는 거래분부터 적용

35. 연구개발용 기계장치 가속상각 강화(법인칙 별표2)

종 전	개 정
□ 연구개발용자산의 내용연수	□ 기계장치 내용연수 단축
1. 5년 　−건물부속설비 　−구축물	• (좌동)
−기계장치	〈삭제〉
2. 3년 　−광학기기 　−시험기기 　−측정기기 　−공구 　−기타 시험연구용 설비	• (좌동)
〈추가〉	−기계장치

〈적용시기〉 규칙 시행일이 속하는 사업연도에 투자하는 분부터 적용

36. 이월세액공제에 대한 부과제척기간 특례 신설(국기법 26의2 ③)

(1) 이월세액공제*에 대한 부과제척기간** 특례

*납부세액이 없거나 최저한세로 인해 공제받지 못한 금액은 10년 이내에 이월하여 공제 가능
**과소신고 5년, 무신고 7년 등

(2) 세액공제액을 부과제척기간 만료 이후 이월하여 공제하는 경우 해당 세액공제액 관련 부과제척기간은 이월공제한 과세기간으로부터 1년

*세액공제액 이월시 해당 세액공제액이 발생한 과세기간에 대한 장부 및 증거서류는 동 특례의 적용시점까지 보관할 필요

〈적용시기〉 2025.1.1. 이후 개시하는 과세기간에 발생하는 세액공제액부터 적용

37. 세액공제액에 대한 경정청구 허용(국기법 45의2 ①)

종 전	개 정
□ 경정청구제도	
1. 의의 : 이미 신고·결정된 세액 등에 대하여 납세의무자가 과세관청에 정정을 요청하는 제도 2. 청구기한 : 법정신고기한이 지난 후 5년 이내	• (좌동)
3. 청구 대상	3. 청구 대상 확대
① 과세표준 및 납부세액을 과다신고한 경우 ② 결손금 또는 환급세액을 과소신고한 경우	• (좌동)
〈추가〉	③ 세액공제 금액을 과소신고한 경우

〈적용시기〉 2025.1.1. 이후 경정청구하는 분부터 적용

※ 경정청구에 관한 경과규정 : 2025.1.1. 이후 개시하는 과세기간에 대한 납부세액을 계산할 때 이월공제 가능한 세액공제액의 경우 2025.12.31.까지 경정청구 허용

38. 간주임대료 계산 및 주택임차자금 차입금 기준 이자율 조정(법인칙 6)

종 전	개 정
□ 임대보증금 등에 대한 간주임대료 계산 및 주택임차자금 차입금의 기준 이자율	□ 이자율 하향
• 연 3.5%	• 연 3.5% → 3.1% *「국세기본법 시행규칙」상 국세환급가산금 이자율과 동일

〈적용시기〉 2025.1.1. 이후 개시하는 사업연도 분부터 적용

39. 지주회사 종전의 수입배당금 익금불산입률 적용 유예기간 연장
(법률 제19193호 법인법 부칙 16)

종 전	개 정
□ 익금불산입률 적용 유예기간	□ 유예기간 연장
1. 수입배당금액에 대해 종전 규정에 따른 익금불산입률 적용 가능	1. (좌동)
2. 2023.12.31.까지	2. 2026.12.31.까지
3. 지주회사 수입배당금액 익금불산입률	3. (좌동)

구분	자회사에 대한 출자비율	익금불산입률
가. 주권상장법인	40퍼센트 이상	100퍼센트
	30퍼센트 이상 40퍼센트 미만	90퍼센트
	30퍼센트 미만	80퍼센트
나. 주권상장법인 외의 법인	80퍼센트 이상	100퍼센트
	50퍼센트 이상 80퍼센트 미만	90퍼센트
	50퍼센트 미만	80퍼센트

〈적용시기〉 법 시행일 이후 신고하는 분부터 적용

Ⅱ 조세특례제한법 개정내용(법인세 관련)

조세특례제한법
- 법　　률: 법률 제20617호, 2024.12.31. 공포
- 시 행 령: 대통령령 제35347호, 2025.2.28. 공포
- 시행규칙: 기획재정부령 제1119호, 2025.3.21. 공포

1. 용어정의(조특법 2 ① 10의2호 · 11호)

종 전	개 정
〈신설〉	10의2. "인구감소지역"이란 「지방자치분권 및 지역균형발전에 관한 특별법」 제2조 제12호에 따른 인구감소지역*을 말한다.
11. "연구개발"이란 과학적 또는 기술적 진전을 이루기 위한 활동과 새로운 서비스 및 서비스전달체계를 개발하기 위한 활동을 말하며, 대통령령으로 정하는 활동을 제외한다.	11. "연구개발"이란 과학적 · 기술적 진전 또는 새로운 서비스 및 서비스전달체계 개발을 위한 체계적이고 창의적인 활동을 말하며, 대통령령으로 정하는 활동을 제외한다.

*인구감소지역 : 인구감소로 인한 지역 소멸이 우려되는 시(특별시는 제외하고 광역시, 특별자치시 및 「제주특별자치도 설치 및 국제자유도시 조성을 위한 특별법」 제10조 제2항에 따른 행정시는 포함) · 군 · 구를 대상으로 출생률, 65세 이상 고령인구, 14세 이하 유소년인구 또는 생산가능인구의 수 등을 고려하여 대통령령 제3조(인구감소지역의 지정 등)이 정하는 지역

2. 연구개발의 개념 명확화(조특령 1의2 10호)

종 전	개 정
□ 조특법상 연구개발 개념 · 범위	□ 개념 · 범위 명확화
1. 정의 : 과학적 · 기술적 진전을 이루기 위한 활동	1. 과학적 · 기술적 진전을 이루기 위한 체계적 · 창의적인 활동
2. 제외되는 활동 　－일반적인 관리 및 지원활동 　－시장조사, 판촉활동 및 일상적인 품질시험 　－반복적인 정보수집 활동 　－경영이나 사업의 효율성을 조사 · 분석하는 활동 　－법률 및 행정 법무 　－광물 등 자원 매장량 확인, 위치 확인 등 조사 · 탐사 활동 　－위탁받아 수행하는 연구활동 　－이미 기획된 콘텐츠를 단순 제작하는 활동 　－기존에 상품화 · 서비스화된 소프트웨어 등을 복제하여 반복적으로 제작하는 활동	• (좌동)
〈추가〉	－이미 연구개발된 제품 · 기술 · 서비스 · 설계 · 디자인 등과 동일성을 유지하는 범위에서 이를 단순하게 보완 · 변형 · 개선하는 활동

46

3. 중소기업 등 범위 합리화(조특령 2 ①)

종 전	개 정
□ 조특법상 중소기업 범위 1. 규모 : 매출액 및 자산총액이 기준금액* 미만일 것 　*매출액 : 업종별 400~1,500억원 　자산총액 : 5,000억원 2. 독립성 : ①~③ 모두 충족 　① 공시대상기업집단이 아닐 것 　② 자산 5,000억원 이상 법인이 발행 주식의 30% 이상을 직·간접적으로 소유하면서 최대 주주인 기업이 아닐 것 　③ 관계기업과의 합산 매출액이 업종별로 400~1,500억원 이내일 것 3. 제외대상 　－소비성서비스업	□ 제외업종 및 범위제한 추가 • (좌동)
〈추가〉	－부동산 임대업 －성실신고확인대상 소규모 법인* 　*①~③ 요건을 모두 갖춘 법인(법인령 42 ②) 　① 지배주주 등 지분율 50% 초과 　② 부동산임대업이 주된 사업이거나 부동산 임대·이자·배당소득이 매출액의 50% 이상 　③ 상시근로자 수가 5인 미만

〈적용시기〉 1. 2025.2.28. 이후 개시하는 사업연도 분부터 적용

2. 1.에도 불구하고 2025.2.28. 이후 개시하는 과세연도 직전 과세연도의 종료일 이전에 다음의 어느 하나에 해당하는 규정에 따른 세액공제를 적용받고, 해당 규정에 따른 세액공제 대상 사업연도에 2025.2.28. 이후 개시하는 사업연도가 포함되는 경우의 중소기업 및 중견기업의 범위에 관하여는 제2조 제1항 및 제6조의4 제1항의 개정규정에도 불구하고 종전의 규정에 따른다.

① 법 제29조의7 제1항에 따른 고용을 증대시킨 기업에 대한 세액공제

② 법 제29조의8 제1항에 따른 통합고용세액공제

③ 법 제30조의4 제1항에 따른 사회보험료 세액공제

4. 중소기업 기준 초과시 중소기업 졸업유예기간 연장(조특령 2 ②)

종 전	개 정
□ 중소기업 졸업 유예	□ 졸업 유예기간 확대
1. 졸업요건 : 규모기준 초과 　① 매출액이 기준금액* 초과 　　*업종별 400~1,500억원 　② 자산총액 5,000억원 이상 　③ 관계기업과의 매출 합산액이 기준금액* 　　초과 　　*업종별 400~1,500억원	• (좌동)
2. 유예기간 : 졸업 후 3년	2. 3년 → 5년(코스피 · 코스닥 상장 기업은 7년) 　: 2024.11.12. 개정

〈적용시기〉 2024.11.12.이 속하는 사업연도에 최초로 중소기업 졸업요건에 해당하는 분부
터 적용

5. 중견기업 범위 조정(조특령 6의4 ① · 9 ④)

종 전	개 정
☐ 조특법상 중견기업 범위	☐ 제외업종 추가, 규모기준 조정
1. 제외업종	1. 업종 추가

－소비성서비스업
  －금융업, 보험 및 연금업, 금융 및 보험관련
    서비스업
 	
〈추가〉
	－(좌동)
	
	  －부동산임대업
	  －성실신고확인대상 소규모 법인*
	   *①~③ 요건을 모두 갖춘 법인
	   ① 지배주주 등 지분율 50% 초과
	   ② 부동산임대업이 주된 사업이거나 부동산
	     임대 · 이자 · 배당소득이 매출액의 50%
	     이상
	   ③ 상시근로자 수가 5인 미만

2. 규모 : 직전 3년 평균 매출액이 3,000억원
   (R&D세액공제의 경우 5,000억원) 미만일 것
3. 독립성 : 아래 ①, ② 모두 충족
  ① 상호출자제한기업집단에 속하지 아니할 것
  ② 자산총액 10조원 이상 법인이 발행주식의
    30% 이상을 직 · 간접적으로 소유하면서
    최대 주주인 기업이 아닐 것
	• (좌동)

〈적용시기〉 1. 2025.2.28. 이후 개시하는 사업연도 분부터 적용

          2. 상기 3. 적용시기 2. 와 동일

6. 창업중소기업 세액감면 제도 합리화(조특법 6)

종 전	개 정
□ 창업중소기업 세액감면	□ 감면율 정비 등 제도 합리화
1. 대상업종 : 제조업 등 20개	1. (좌동)
	2. ① 업종 우대감면 적용기한 종료 ② 수도권 감면율 축소 ③ 고용증대 추가감면 상향
2. 감면율 : 업종 · 지역별 차등	(1) 적용기한 종료
(1) 신성장서비스업 우대('24년까지) : 초기 3년간+25%p	
(2) 감면율	(2)
① 수도권과밀억제권역 밖에서 창업한 경우	① 2025.12.31. 이전에 창업한 경우
가. 수도권과밀억제권역 외의 지역에서 창업한 청년창업중소기업의 경우 : 100분의 100	(좌동)
나. 수도권과밀억제권역에서 창업한 청년창업중소기업 및 수도권과밀억제권역 외의 지역에서 창업한 창업중소기업의 경우 : 100분의 50	
	② 2026.1.1. 이후에 창업한 경우
	가. 수도권 외의 지역 또는 수도권의 인구감소지역에서 창업한 청년창업중소기업의 경우 : 100분의 100
	나. 수도권(수도권과밀억제권역과 인구감소지역은 제외한다)에서 창업한 청년창업중소기업의 경우 : 100분의 75
	다. 수도권과밀억제권역에서 창업한 청년창업중소기업과 수도권 외의 지역 또는 수도권의 인구감소지역에서 창업한 창업중소기업의 경우 : 100분의 50
	라. 수도권(수도권과밀억제권역과 인구감소지역은 제외한다)에서 창업한 창업중소기업의 경우 : 100분의 25
(3) 소규모 사업자의 감면율	(3)
가. 수도권과밀억제권역 외의 지역에서 창업	① 2025.12.31. 이전에 창업한 경우

종 전	개 정
한 경우 : 100분의 100 나. 수도권과밀억제권역에서 창업한 경우 : 100분의 50	(좌동) ② 2026.1.1. 이후에 창업한 경우 　가. 수도권 외의 지역 또는 수도권의 인구감소지역에서 창업한 경우 : 100분의 100 　나. 수도권(수도권과밀억제권역과 인구감소지역은 제외한다)에서 창업한 경우 : 100분의 75 　다. 수도권과밀억제권역에서 창업한 경우 : 100분의 50

(4) 고용증대 추가감면

종전

구분	기본 감면		추가 감면
	수도권과밀억제권역	수도권과밀억제권역 밖	
창업 중소기업	–	5년 50% (신성장서비스 우대)	상시 근로자 증가율 × 50%
청년·생계형	5년 50%	5년 100%	
벤처기업 등	5년 50% (신성장서비스업 우대)		

〈신설〉

4. 적용기한 : 2024.12.31.

개정

구분	기본 감면			추가 감면
	수도권과밀억제권역	수도권과밀억제권역 밖*		
창업 중소기업	–	5년 25%	5년 50%	상시 근로자 증가율 × 50%
청년·생계형	5년 50%	5년 75%	5년 100%	
벤처기업 등	5년 50% (신성장서비스업 우대)			

*수도권 인구감소지역 포함

3. 감면한도 : 연간 5억원

4. 2027.12.31.

〈적용시기〉 1. 2025.1.1. 이후 창업하는 분부터 적용

　　　　　2. 수도권 감면율 조정은 2026.1.1. 이후 창업하는 분부터 적용

7. 창업중소기업 세액감면 조문 정비(조특령 5 ② · ㉕)

종 전	개 정
□ 감면기간 중 요건 충족여부 변경시 감면방법	□ 법 개정에 따른 조문 정비
1. 청년창업자 요건 미충족시 잔존기간 적용 감면율	1. 창업일에 따라 구분

1. 청년창업자 요건 미충족시 잔존기간 적용 감면율

창업 지역	감면율
수도권과밀억제권역 밖	100분의 50
수도권과밀억제권역	감면배제

개정:

1. 창업일에 따라 구분

① 2025.12.31. 이전 창업한 경우 : 현행과 같음
② 2026.1.1. 이후 창업한 경우

창업 지역	감면율
수도권 밖 및 수도권 내 인구감소지역	100분의 50
수도권(과밀억제권역 및 인구감소지역 외)	100분의 25
수도권과밀억제권역	감면배제

종전:

2. 과밀억제권역으로 이전, 지점 또는 사업장 설치 시

 - 해당 사유 발생 연도부터 과밀억제권역 창업으로 간주

개정:

2. 감면율이 낮은 지역으로 사업장 이전, 지점 또는 사업장 설치(합병·분할·현물출자 또는 사업의 양수를 포함) 시

 - 해당 사유가 발생한 연도부터 감면율이 낮은 해당 지역 창업으로 간주

〈적용시기〉 2025.2.28.이 속하는 사업연도에 창업하는 분부터 적용

8. 업종명칭 현행화(조특법 6 ③ · 7 ① · 106 ⑤)

종 전	개 정
□ 조특법상 업종명(제10차 한국표준산업분류 기준)	□ 업종명 현행화(제11차 한국표준산업분류 기준)
1. 블록체인 기반 암호화자산 매매 및 중개업 등을 제외한 정보통신업	1. 가상자산 매매 및 중개업 등을 제외한 정보통신업
2. 용달 및 개별 화물자동차운송업, 기타 도로화물운송업	2. 도로화물운송업* *구체적인 범위는 시행규칙에 위임 (예 : 대형화물차운송 등은 제외)

9. 중기업 규모 출판업 지원 확대(조특법 7 ①)

종 전	개 정
□ 중소기업 특별세액감면	□ 수도권 출판업* 영위 중기업에 대한 세액감면 신설 　*일반서적 출판업 등 대통령령으로 정하는 출판업
1. 업종 : 제조업 등 48개	1. (좌동)
2. 감면율 : 5~30%	2. 수도권에서 출판업 영위하는 중기업에 대한 감면율 상향 : 0 → 10%

<table>
<tr><td colspan="2" rowspan="2">본점
소재지</td><td rowspan="2">업 종</td><td colspan="2">감면율(%)</td><td colspan="2">본점
소재지</td><td rowspan="2">업 종</td><td colspan="2">감면율(%)</td></tr>
</table>

본점 소재지	업 종	감면율(%)		본점 소재지	업 종	감면율(%)	
		소기업	중기업			소기업	중기업
수도권	• 도(소)매업, 의료기관 운영업	10	0	수도권	• 도(소)매업, 의료기관 운영업	10	0
	• 제조업 등	20	0		• 제조업 등	20	0
지방	• 도(소)매업, 의료기관 운영업	10	5		• 일반서적 출판업 등	20	10
	• 제조업 등	30	15	지방	• 도(소)매업, 의료기관 운영업	10	5
					• 제조업 등	30	15
					• 제조업, 출판업 등	30	15

3. 적용기한 : 2025.12.31.	3. (좌동)

〈적용시기〉 2025.1.1. 이후 개시하는 사업연도 분부터 적용

10. 연구 · 인력개발비 세액공제 점감구조 도입(조특법 10 ①)

종 전	개 정
□ 연구 · 인력개발비 세액공제 1. 대상 : 기업이 지출한 연구 · 인력개발비용 2. 공제율	□ 중소기업 졸업 후 공제율 점감구조 도입 1. (좌동) 2. 중소기업 졸업 후 3~5년간 점감구조 도입

종 전 (2. 공제율)

구분(%)	기본			추가[*1]
	대	중견	중소	
일반	2	8~15[*2]	25	-
신성장 · 원천기술	20	20	30	최대 10
국가전략기술	30		40	최대 10

*1. 추가분 : 최대 10%(R&D 지출액/매출액 × 3)
*2. (~3년)15%, (4~5년)10%, (6년~)8%

－코스닥상장 중견기업은 기본 25%, 추가 최대 15%

개 정 (2. 공제율)

구분(%)	기본			추가[*1]
	대	중견	중소	
일반	2	8~20[*2]	25	-
신성장 · 원천기술	20	20, 25[*3]	30	최대 10
국가전략기술	30	30, 35[*4]	40	최대 10

*1. (좌동)
*2. (~3년)20%, (4~5년)15%, (6년~)8%
*3. (~3년)25%, (4년~)20%
*4. (~3년)35%, (4년~)30%

〈삭제〉

〈적용시기〉 1. 점감구조 도입 : 2025.1.1. 이후 개시하는 사업연도에 최초로 중소기업에 해당하지 아니하게 된 경우부터 적용
2. 코스닥상장 우대 공제율 폐지에 관한 경과규정 : 2024.12.31.이 속하는 사업연도에 발생한 코스닥상장 중견기업이 지출한 비용은 종전 규정 적용

11. R&D 세액공제(신성장 · 원천기술, 국가전략기술) 및 통합투자세액공제 적용 시 중소기업 졸업유예기간 규정(조특령 9 ⑳ · 21 ⑫)

(1) R&D 세액공제 및 통합투자세액공제 적용시 최초로 중소기업에 해당하지 않는 경우에는 3년간 중소기업 적용 공제율과 중견기업 적용 공제율의 중간 수준 공제율 적용

(2) 구체적으로 최초로 중소기업에 해당하지 않는 경우는 시행령에 위임
신성장 · 원천기술 및 국가전략기술의 연구 · 인력개발비에 대한 세액공제와 통합투자세액공제 적용 시 중소기업 졸업유예기간
① 2023.12.31.이 속하는 과세연도 이전에 중소기업 규모기준을 초과한 경우 : 3년간 유예
② 2023.12.31.이 속하는 과세연도의 다음 과세연도 이후에 중소기업 규모기준을 초

과한 경우 : 5년간 유예(코스피·코스닥 상장 중소기업은 7년간 유예)

③ 「중소기업기본법 시행령*」 개정으로 졸업 : 3년간 유예

*중소기업 요건인 업종별 매출액 기준, 실질적 독립성 기준 등을 규정

〈적용시기〉 2025.2.28.이 속하는 사업연도부터 적용

12. 중소기업 졸업유예기간 관련 조문 정비(조특령 9 ⑧·126 ②)

종 전	개 정
□ 일반연구 및 인력개발비 세액공제, 최저한세 적용 시 중소기업 졸업유예기간	□ 인용조문 개정에 따른 조문정비
1. 규모기준 초과로 졸업 : 3년간 유예	1. 규모기준 초과로 졸업 : 5년간 유예(코스피·코스닥 상장 중소기업은 7년간 유예)
2. 「중소기업기본법 시행령*」 개정으로 졸업 : 3년간 유예 *중소기업 요건인 업종별 매출액 기준, 실질적 독립성 기준 등을 규정	2. (좌동)

〈적용시기〉 2024.12.31.에 속하는 사업연도에 최초로 중소기업에 해당하지 않게 된 사유가 발생한 경우부터 적용

13. R&D 세액공제 대상 비용 범위 확대

(조특령 9, 별표6, 조특칙 7 ④ · ⑮ · ⑯ · ⑳)

종 전	개 정
□ R&D 세액공제가 적용되는 비용	□ 적용범위 확대
1. 일반 분야 : ①~⑧ 국가전략기술, 신성장 · 원천기술 분야 : ①~③	1. 일반 분야 : ①~⑨ 국가전략기술, 신성장 · 원천기술 분야 : ①~⑨
① 위탁 · 공동 연구개발비 ② 재료비	• (좌동)
③ 인건비 *국가전략기술, 신성장 · 원천기술과 일반 R&D를 공동으로 수행하는 경우 일반 R&D 공제율 적용	③ 인건비 *50%를 초과하는 시간을 국가전략기술 또는 신성장 · 원천기술 R&D에 투입한 경우 투입시간 만큼 안분하여 R&D 공제율 적용. 다만, 국가전략기술 R&D 투입시간이 50% 미만인 경우에는 국가전략기술 R&D 투입시간을 신성장 · 원천기술 R&D 투입시간으로 간주
④ 소프트웨어 대여 · 구입비	④ 소프트웨어* 대여 · 구입비 *인사, 급여 등 사무사용 범용소프트웨어 제외(조특칙 12 ③ 7호) 가. 인사, 급여, 회계 등 지원업무용 소프트웨어 나. 문서, 도표 등 일반 사무용 소프트웨어 다. 컴퓨터 등 구동을 위한 기본운영체제 소프트웨어
- 단, 문화상품 제작 목적에 한정	〈삭제〉
⑤ R&D용 시설 임차료 ⑥ 기술정보비, 기술지도비 ⑦ 디자인 개발지도비 ⑧ 특허 조사 · 분석비	• (좌동)
〈추가〉	⑨ 클라우드 컴퓨팅서비스 이용료

〈적용시기〉 2025.2.28.이 속하는 사업연도에 발생하는 분부터 적용

14. 국가전략기술 등 공동·위탁 연구개발 적용범위 확대(조특칙 7 ⑥)

종 전	개 정
□ 공동·위탁 R&D 세액공제가 적용되는 전담기관의 범위 • 전담부서등 - 단, 국가전략기술, 신성장·원천기술의 경우 국가전략기술 또는 신성장·원천기술 연구개발업무만을 수행할 것	□ 전담기관의 범위 확대 • 전담부서등 〈삭제〉

〈적용시기〉 규칙 시행일이 속하는 과세연도에 발생하는 분부터 적용

15. 인력개발비 세액공제 적용범위 확대(조특령 별표6, 조특칙 7 ㉑)

종 전	개 정
□ 인력개발비 세액공제 1. 적용대상 - 연구요원의 위탁훈련비 - 사내직업능력개발훈련 및 직업능력개발훈련 소요 비용 - 중소기업에 대한 인력개발, 기술지도 비용 - 사내기술대학, 사내대학 운영비 - 산업수요 맞춤형 고등학교 등과의 계약을 통해 설치·운영되는 직업교육훈련과정, 학과 등 운영비 등 〈추가〉	□ 적용대상 추가 • (좌동) - 사내 교육프로그램을 임직원이 아닌 청년 등 일반에게 제공하는데 추가로 소요되는 비용* *(예) 강사에게 지급하는 강의료, 교재비, 실습재료비, 용품비. 단, 수익(수강료)은 차감
2. 공제율 : 대기업 : 최대 2% 　　　　　　중견기업 : 8~15% 　　　　　　중소기업 : 25%	2. (좌동)

〈적용시기〉 2025.2.28.이 속하는 사업연도에 발생하는 분부터 적용

16. 국가전략기술, 신성장·원천기술의 대상이 되는 소재·부품·장비 관련 기술의 범위 구체화(조특령 별표7·별표7의2)

종 전	개 정
□ 국가전략기술, 신성장·원천기술의 범위 1. 14개 분야 270개 기술 〈신설〉	□ 소재·부품·장비 관련 기술의 범위 명확화 1. (좌동) 2. 소재·부품·장비 관련 기술 : 첨단기술 또는 고부가가치 기술* 　*「소재부품장비산업법 시행령」 2 　　① 최종생산물의 고부가가치화에 기여가 큰 것 　　② 첨단기술 또는 핵심고도기술을 수반 + 기술 파급 효과 또는 부가가치 창출 효과가 큰 것

〈적용시기〉 2025.2.28.이 속하는 사업연도에 발생하는 분부터 적용

17. R&D 비용 세액공제 중 신성장·원천기술 범위 확대(조특령 별표7)

종 전	개 정
□ 신성장·원천기술 대상 • 14개 분야* 270개 기술 　*① 미래차, ② 지능정보, ③ 차세대S/W, ④ 콘텐츠, ⑤ 전자정보 디바이스, ⑥ 차세대 방송통신, ⑦ 바이오·헬스, ⑧ 에너지·환경, ⑨ 융복합소재, ⑩ 로봇, ⑪ 항공·우주, ⑫ 첨단 소재·부품·장비, ⑬ 탄소중립, ⑭ 방위 산업 〈추가〉	□ 신성장·원천기술 대상 확대 • 14개 분야 273개 기술 - 기술 : 신규 3개, 확대 3개 　• 신규 : 3개

분 야	세부기술
탄소 중립 (3개)	선박용 암모니아 기반 수소 생산 기술
	가스터빈 복합발전용 암모니아 기반 수소 생산 기술
	그린수소 생산 해양 플랫폼 설계기술

종 전	개 정
	• 확대 : 3개

분 야	세부기술
첨단소부장 (2개)	첨단 장비 설계·제조기술 → 국제기준 반영
탄소중립 (1개)	바이오케미칼 원료 생산기술 → 바이오 합성고무 추가

〈적용시기〉 2025.1.1. 이후 발생하는 분부터 적용

18. R&D 비용 세액공제 중 국가전략기술 범위 확대(조특령 별표7의2)

종 전	개 정
□ 국가전략기술 대상	□ 국가전략기술 대상 확대
• 7개 분야* 66개 기술	• 7개 분야 71개 기술
*① 반도체 22개, ② 이차전지 9개, ③ 백신 7개, ④ 디스플레이 6개, ⑤ 수소 9개, ⑥ 미래형이동수단 5개, ⑦ 바이오 의약품 8개	
〈추가〉	- 기술 : 신규 5개, 확대 5개
	• 신규 : 5개

분 야	세부기술
반도체 (1개)	차세대 3D 적층형 반도체 설계·제조 및 관련 신소재 개발 기술
이차전지 (1개)	양극재용 금속 화합물 제조·가공 기술
디스플레이 (2개)	하이브리드 커버 윈도우 소재 기술
	마이크로LED 소부장 기술
수소 (1개)	수소 처리 바이오에너지 생산 기술

종 전	개 정
	• 확대 : 5개 | 분 야	세부기술 | |---|---|
반도체 (4개)	차세대 메모리반도체 관련 소부장 설계·제조 기술 → HBM 등 추가
	에너지효율향상 전력 반도체 설계, 제조 기술 → 전력관리반도체(PMIC) 추가
	차세대 디지털기기 SOC 설계, 제조 기술 → UWB(ultra wide band) 추가
	고성능 마이크로 센서의 설계, 제조, 패키징 기술 → HDR(high dynamic range) 추가
바이오 (1개)	바이오의약품 소재 기술 → Buffer 소재 추가	

〈적용시기〉 2025.1.1. 이후 발생하는 분부터 적용

19. 소재·부품·장비 외국법인 인수 세액공제 범위 확대(조특칙 8의8)

종 전	개 정
□ 소재·부품·장비 관련 외국법인 인수 세액공제	□ 대상 확대
1. 특례내용 : 외국법인 주식 또는 사업·자산 양수 시 해당 금액의 5%(중견 7%, 중소 10%) 세액공제 　*인수가액 한도(건당) : 5천억원	1. (좌동)
2. 인수대상 외국법인	2.
① 소재부품장비산업법에 따른 핵심전략기술 품목의 매출액 비중이 50% 이상인 법인	① (좌동)
〈추가〉	② 공급망안정화법에 따른 경제안보 품목(소부장 품목 한정)의 매출액 비중이 50% 이상인 법인
② 국가전략기술을 활용한 사업에서 발생한 매출액 비중이 50% 이상인 법인	③ (좌동)
3. 적용기한 : 2025.12.31.	3. (좌동)

〈적용시기〉 규칙 시행일 이후 외국법인을 인수하는 분부터 적용

20. 국가전략기술에 새로운 분야 추가(조특법 10 ① 2호)

종 전	개 정
□ 국가전략기술 분야	□ 국가전략기술 분야 추가
1. 반도체 2. 이차전지 3. 백신 4. 디스플레이 5. 수소 6. 바이오의약품	・(좌동)
7. 미래형 이동수단	7. 미래형 운송 및 이동수단
〈추가〉	8. 인공지능

〈적용시기〉 2025.1.1. 이후 발생한 비용부터 적용

21. 국가전략기술 등 R&D 세액공제·통합투자세액공제 적용기한 연장
(조특법 10 ① · 24 ①)

종 전	개 정
1. R&D 비용 세액공제 ① 대상 : 국가전략기술(7개 분야) 및 신성장·원천기술(14개 분야) R&D 비용 ② 공제율 : 기업 규모별 차등	1. 적용기한 연장 • (좌동)

구분(%)	신성장·원천기술	국가전략기술
중소기업	30~40	40~50
중견기업	20~30	30~40
대기업		

종 전	개 정
③ 적용기한 : 2024.12.31.	③ 2029.12.31. 　－반도체분야는 2031.12.31.
2. 통합투자세액공제 ① 대상 : 국가전략기술(7개 분야) 사업화시설 투자 ② 공제율 : 기업 규모별 차등	2. 적용기한 연장 • (좌동)

구분(%)	기본			추가
	대	중견	중소	
국가전략기술	15		25	4

종 전	개 정
③ 적용기한 : 2024.12.31.	③ 2029.12.31.

22. 국가전략기술, 신성장·원천기술 관련 연구개발시설 투자에 대한 세액공제율 상향(조특법 24 ① 2호 1)·2))

종 전	개 정
□ 통합투자세액공제	□ 국가전략기술, 신성장·원천기술 관련 연구개발시설 투자에 대한 세액공제율 상향

(%)

구분(%)	기본			추가*
	대	중견	중소	
일반 (연구개발시설 전체)	1	5	10	10
신성장·원천기술 사업화시설	3	6	12	
국가전략기술 사업화시설	15		25	

*(당해연도 투자액 - 직전 3년 평균 투자액)

(%)

구분(%)	기본			추가*
	대	중견	중소	
일반 (일반 연구개발시설)	1	5	10	10
신성장·원천기술 사업화시설, 연구개발시설	3	6	12	
국가전략기술 사업화시설, 연구개발시설	15		25	

*(당해연도 투자액 - 직전 3년 평균 투자액)

〈적용시기〉 2025.1.1. 이후 발생하는 소득 분부터 적용

23. 국가전략기술 반도체 투자에 대한 세액공제율 상향(조특법 24 ① 2호 3))

종 전	개 정
□ 통합투자세액공제	□ 국가진략기술 반도체 분야 투자에 대한 공제율 상향

(%)

구분(%)	기본			추가*
	대	중견	중소	
일반	1	5	10	10
신성장·원천기술 사업화시설	3	6	12	
국가전략기술 사업화시설	15		25	

*(당해연도 투자액 - 직전 3년 평균 투자액)

(%)

구분(%)	기본			추가*
	대	중견	중소	
일반	1	5	10	10
신성장·원천기술 사업화시설	3	6	12	
국가전략기술 사업화시설	15		25	
반도체	20		30	

*(당해연도 투자액 - 직전 3년 평균 투자액)

〈적용시기〉 2025.1.1. 이후 투자하는 분부터 적용

24. 2024·2025년 중소·중견기업에 대한 임시투자세액공제 적용기한 연장 (조특법 24 ① 3호)

종 전	개 정
□ 임시투자세액공제	□ 중소·중견기업에 대한 임시투자세액공제 적용기한 연장
1. 2023년 투자	1. (좌동)

(%)

구분(%)	기본			추가*
	대	중견	중소	
일반	1 → 3	5 → 7	10 →12	3→10
신성장·원천기술 사업화시설	3 → 6	6 → 10	12 →18	
국가전략기술 사업화시설	15		25	4→10

*(당해연도 투자액 - 직전 3년 평균 투자액)

〈추가〉

개정

2. 2024·2025년 투자*

(%)

구분(%)	기본			추가**
	대	중견	중소	
일반	1	5 → 7	10 →12	3→10
신성장·원천기술 사업화시설	3	6 → 8	12 →14	
국가전략기술 사업화시설	15		25	4→10

*2024년 임시투자세액공제 적용시 신성장연구개발시설 및 국가전략기술연구개발시설은 구분 일반에 해당하는 공제율을 적용하고, 2025년 임시투자세액공제 적용시는 구분 신성장 및 국가전략기술의 공제율을 적용하며 국가전략기술 중 반도체분야에 투자하는 중소기업은 30%(중소기업 졸업 후 3년간은 25%), 중견·대기업은 20%의 공제율이 적용됨

**(당해연도 투자액 - 직전 3년 평균 투자액), 2025년부터는 임시투자세액공제와 관계없이 10%

〈적용시기〉

　(2024년 투자분) 2025.1.1. 이후 최초로 과세표준을 신고하는 분부터 적용

　(2025년 투자분) 2025.1.1. 이후 개시하는 과세연도에 투자하는 분부터 적용

25. R&D 출연금에 대한 과세특례 인정범위 확대
(조특법 10의2 ①, 조특령 9의2 삭제)

종 전	개 정
□ 연구개발 출연금 과세특례	□ 대상 출연금 확대
1. 내용 : 출연금 수령 시 익금불산입 후 지출 시 익금산입	1. (좌동)
2. 대상 －기초연구법 등*에 따른 출연금 　*「산업기술혁신촉진법」, 「중소기업기술혁신촉진법」, 「정보통신산업진흥법」 등 〈추가〉	• (좌동) －국가, 지방자치단체, 공공기관, 지방공기업으로부터 받은 연구개발 출연금
3. 적용기한 : 2026.12.31.	3. (좌동)

〈적용시기〉 2025.1.1. 이후 개시하는 사업연도에 출연받는 분부터 적용

26. 기술혁신형 중소기업 주식취득에 대한 세액공제 합리화
(조특법 12의4 ①, 조특령 11의4 ④·⑥)

종 전	개 정
1. 기술혁신형 중소기업 합병 세액공제	1. 기술혁신형 주식취득에 대한 세액공제 합리화
① 적용대상 : 기술혁신형 중소기업의 주식을 50% 이상(경영권 지배시 30%) 인수한 내국법인	① (좌동)
② 세액공제 : 피인수법인 기술가치금액의 10% －기술가치금액 : 직접법, 간접법 중 선택 가능 　• 직접법 : 기술평가기관이 평가한 특허권 등에 대한 평가액 합계 　• 간접법 : 양도가액－(피인수법인 순자산시가×120%)	② 기술가치금액의 10% → 5% －직접법으로 계산 　• (좌동) 〈삭제〉
③ 취득기간 : 최초 취득일이 속하는 사업연도의 다음 사업연도 종료일까지(최대 2년	③ 최초 취득일이 속하는 사업연도의 다음 사업연도 개시일부터 2년 이내에 끝나는 사

종 전	개 정
간 분할취득 가능)	업연도 종료일까지(최대 3년간 분할취득 가능)
④ 적용기한 : 2024.12.31.	④ 2027.12.31.
2. 기술혁신형 중소기업 주식취득 세액공제 요건	2. 지배주주 요건 완화
① 1년 이상 사업을 계속한 내국법인 간 주식 등* 취득 *주식 또는 출자지분	
② 피인수법인의 지분비율 50% 초과 취득 (경영권 지배 시 30%)	• (좌동)
③ 주식등 매입가액이 피인수법인 순자산시 가의 130% 이상	
④ 피인수법인이 기준충족사업연도 종료일까 지 사업을 계속	
⑤ 주식등의 최초취득일 기준 피인수법인의 지배주주등(A)이 기준충족사업연도 종료 일 이후 인수법인 또는 피인수법인의 지배 주주등에 미해당	⑤ (좌동)
－A가 기준충족사업연도 종료일 이후에도 피인수법인의 임원으로 계속 근무 시 요 건 미충족	－A가 기준충족사업연도 종료일 이후에도 피인수법인의 임원으로 계속 근무하더라 도 지분비율이 20% 이하인 경우에는 요 건 충족

〈적용시기〉

1. 취득기간 및 지배주주 요건 완화 : 2025.2.28. 이후 과세표준을 신고하는 분부터 적용

2. 공제율 : ① 2025.1.1. 이후 최초로 주식을 취득하는 분부터 적용

② 2025.1.1. 전에 주식 등을 최초 취득한 경우에는 종전의 규정을 따름

3. 가치금액 평가방법 : 2025.2.28. 이후 최초로 주식을 취득하는 분부터 적용

27. 기술혁신형 합병에 대한 세액공제 종료(조특법 12의3)

종 전	개 정
□ 기술혁신형 중소기업 합병 세액공제 1. 적용대상 : 기술혁신형 중소기업*을 합병한 내국법인 　*벤처기업, 신기술인증 중소기업 등 2. 세액공제 : 피합병기업 기술가치금액의 10% 3. 적용기한 : 2024.12.31.	□ 적용기한 종료

28. 에너지절약시설 감가상각비 손금산입 특례 종료(조특법 28의4)

종 전	개 정
□ 에너지절약시설 감가상각비 손금산입 특례 1. 대상자산 : 에너지절약시설 2. 특례내용 : 기준내용연수의 50%(중소·중견 75%) 이내 범위에서 신고한 내용연수 적용 (가속상각 허용) 3. 적용기한 : 2024.12.31.	□ 적용기한 종료

29. 성과공유 중소기업 경영성과급에 대한 세액공제 등의 적용기한 연장 및 재설계(조특법 19)

종 전	개 정
□ 성과공유 중소기업*이 지급하는 경영성과급**에 대한 세액공제 등 *경영성과급 지급 등을 통해 근로자와 성과를 공유하고 있거나 공유하기로 약정한 중소기업 **경영목표 설정 및 목표 달성에 따른 성과급 지급을 사전 서면 약정하고 근로자에게 지급하는 성과급	□ 적용기한 연장 등
1. 경영성과급을 지급한 중소기업에 대한 소득·법인세 세액공제 −공제율 : 15% 공제 −적용기한 : 2024.12.31.	1. 공제율 인하 및 적용기한 연장 −15% → 10% −2027.12.31.
2. 성과공유 중소기업에 종사하는 근로자*에 대한 소득세 감면 *총급여 7천만원 이상인 자, 최대주주 등 제외 −감면대상소득 : 성과공유제를 통한 경영성과급 지급액 −감면율 : 소득세 50% 상당 세액감면 −적용기한 : 2024.12.31.	2. 적용기한 연장 −(좌동) −2027.12.31.

⟨적용시기⟩ 1. 2025.1.1. 이후 개시하는 사업연도에 지급하는 분부터 적용

2. 2025.1.1. 전에 경영성과급을 지급한 경우의 세액공제는 종전의 규정을 따름

30. 통합투자세액공제 증가분 공제율 상향(조특법 24 ①)

종 전	개 정
□ 통합투자세액공제	□ 추가공제 공제율 상향
1. 대상 : 사업용 유형자산 등에 대한 투자	1. (좌동)
2. 공제율 : 기업 규모별 차등	2. 추가분 공제율 10%로 상향

구분(%)	기본			추가*
	대	중견	중소	
일반	1	5	10	3
신성장·원천기술 사업화시설	3	6	12	
국가전략기술 사업화시설	15		25	4

*(당해연도 투자액 – 직전 3년 평균 투자액)

구분(%)	기본			추가*
	대	중견	중소	
일반	1	5	10	10
신성장·원천기술 사업화시설	3	6	12	
국가전략기술 사업화시설	15		25	

*(당해연도 투자액 – 직전 3년 평균 투자액)

〈적용시기〉 2025.1.1. 이후 개시하는 사업연도에 투자하는 분부터 적용

31. 통합투자세액공제 점감구조 도입(조특법 24 ①)

종 전	개 정
□ 통합투자세액공제	□ 중소기업 졸업 후 공제율 점감구조 도입
1. 대상 : 사업용 유형자산 등에 대한 투자	1. (좌동)
2. 공제율	2. 중소기업 졸업 후 3년간 점감구조 도입

구분(%)	기본			추가[*1]
	대	중견	중소	
일반	1	5	10	3
신성장·원천기술	3	6	12	
국가전략기술	15		25	4

*1. (당해연도 투자액 – 직전 3년 평균 투자액)

구분(%)	기본			추가[*1]
	대	중견	중소	
일반	1	5, 7.5[*2]	10	10
신성장·원천기술	3	6, 9[*3]	12	
국가전략기술	15	15, 20[*4]	25	

*1. (좌동)
*2. (~3년) 7.5%, (4년~) 5%
*3. (~3년) 9%, (4년~) 6%
*4. (~3년) 20%, (4년~) 15%

〈적용시기〉 2025.1.1. 이후 개시하는 사업연도에 최초로 중소기업에 해당하지 아니하게 된 경우부터 적용

32. 통합투자세액공제 적용 제외되는 임대용 자산의 범위 설정
(조특법 24, 조특령 21)

(1) 통합투자세액공제 적용 대상이 되는 자산에서 시행령으로 정하는 임대용 자산 배제
(2) 통합투자세액공제 적용 제외되는 임대용 자산

임대사업용자산, 그 밖에 타인에게 임대할 목적으로 취득한 자산

〈적용시기〉 2025.1.1. 이후 개시하는 과세연도에 투자하는 분부터 적용

33. 바이오의약품 분야 통합투자세액공제 대상 명확화(조특칙 12 ③)

종 전	개 정
□ 기계장치 등 사업용 유형자산 외의 통합투자세액공제 적용대상	□ 바이오의약품 분야 적용대상 확대
1. 운수업 : 차량 및 운반구 2. 도매업 등 : 창고시설 등 3. 전문휴양업 : 숙박시설 등	• (좌동)
〈추가〉	4. 바이오 　-바이오의약품 제조 공정간 기계장치를 연결하는 배관시설 　-바이오의약품 제약용수 관련 설비(정제수 설비, 증기제조기 등)

34. 통합투자세액공제 중 신성장사업화시설 범위 확대(조특칙 별표6)

종 전	개 정
□ 통합투자세액공제 대상 신성장 사업화시설	□ 대상 확대
•14개 분야 182개 시설*	•14개 분야 183개 시설
*① 미래차, ② 지능정보, ③ 차세대S/W, ④ 콘텐츠, ⑤ 전자정보 디바이스, ⑥ 차세대 방송통신, ⑦ 바이오·헬스, ⑧ 에너지·환경, ⑨ 융복합소재, ⑩ 로봇, ⑪ 항공·우주, ⑫ 첨단 소재·부품·장비, ⑬ 탄소중립, ⑭ 방위산업	
〈추가〉	

개정 (계속):

-시설 : 신규 1개, 확대 1개

•신규 : 1개

분 야	사업화시설
탄소중립 (1개)	전기로 저탄소원료 활용 철강 제조 시설

•확대 : 1개

분 야	사업화시설
탄소중립 (1개)	바이오케미칼 원료 생산시설 → 바이오 합성고무 추가

〈적용시기〉 2025.1.1. 이후 투자하는 분부터 적용

35. 통합투자세액공제 중 국가전략기술 사업화시설 범위 확대(조특칙 별표6의2)

종 전	개 정
□ 통합투자세액공제 대상 국가전략기술 사업화시설	□ 대상 확대
• 7개 분야 54개 시설* *① 반도체 20개, ② 이차전지 9개, ③ 백신 3개, ④ 디스플레이 6개, ⑤ 수소 9개, ⑥ 미래형이동수단 3개, ⑦ 바이오의약품 4개	• 7개 분야 58개 시설

종전 〈추가〉

개정:
- 시설 : 신규 4개, 확대 1개
  - 신규 : 4개

분 야	사업화시설
이차전지 (1개)	양극재용 금속 화합물 제조·가공 시설
디스플레이(2개)	하이브리드 커버 윈도우 소재 제조 시설
	마이크로LED 소부장 제조 시설
수소 (1개)	수소 처리 바이오에너지 생산 시설

  - 확대 : 1개

분 야	사업화시설
반도체 (1개)	차세대 메모리반도체 관련 소부장 제조 시설 → HBM 등 추가

〈적용시기〉 2025.1.1. 이후 투자하는 분부터 적용

36. 국가전략기술사업화시설, 신성장사업화시설의 대상이 되는 소재·부품·장비 관련 시설의 범위 구체화(조특칙 별표6, 별표6의2)

종 전	개 정
□ 국가전략기술사업화시설, 신성장사업화시설의 범위	□ 소재·부품·장비 관련 기술의 범위 구체화
1. 국가전략기술사업화시설 : 7개 분야 54개 시설 　신성장사업화시설 : 14개 분야 185개 시설 〈신설〉	1. (좌동) 2. 소재·부품·장비 관련 시설 : 첨단기술 또는 고부가가치 시설* *「소재부품장비산업법 시행령」 2 ① 최종생산물의 고부가가치화에 기여가 큰 것 ② 첨단기술 또는 핵심고도기술을 수반 + 기술 파급 효과 또는 부가가치 창출 효과가 큰 것

〈적용시기〉 규칙 시행일이 속하는 과세연도에 발생하는 분부터 적용

37. 세제지원의 대상이 되는 경력단절자 범위 확대(조특법 29의8 ①·②, 30 ①)

종 전	개 정
□ 조세특례* 적용대상인 경력단절여성 　*통합고용세액공제 우대, 중소기업 취업자 소득세 감면	□ 경력단절자 범위 확대 경력단절근로자
① 성별 : 여성	〈삭제〉
② 업종 : 동일 업종* 기업에서 1년 이상 근무 　*표준산업분류상 중분류 동일	② 1년 이상 근무 　(동일 업종 기업 취업 요건 폐지)
③ 퇴직사유 　－결혼·임신·출산·육아·자녀교육 〈추가〉	③ 퇴직사유 추가 　－(좌동) 　－가족돌봄
④ 퇴직기간 : 퇴직 후 2년 이상 15년 미만일 것	④ (좌동)
⑤ 내국인의 최대주주등(개인사업자는 대표자) 또는 그와 특수관계인이 아닐 것	⑤ (좌동)

〈적용시기〉

　　(통합고용세액공제) 2025.1.1. 이후 개시하는 과세연도를 최초 공제연도로 하여 통합고용세액공제를 신청하는 분부터 적용

　　(중소기업취업자감면) 법 시행 이후 취업하여 지급받는 소득부터 적용

38. 북한이탈주민 통합고용세액공제 우대대상 추가(조특령 26의8)

종 전	개 정
□ 통합고용세액공제 우대대상	□ 북한이탈주민을 통합고용세액공제 우대대상에 추가
1. 청년 정규직·장애인·60세 이상·경력단절 근로자	1. (좌동)
〈추가〉	2. 북한이탈주민* 근로자 *「북한이탈주민의 보호 및 정착지원에 관한 법률」 제2조 제1호에 따른 북한이탈주민

〈적용시기〉 2025.1.1. 이후 개시하는 사업연도를 최초 공제연도로 하여 통합고용세액공제를 신청하는 분부터 적용

※ (경과규정) 2024.12.31. 이전에 개시하는 사업연도에 고용한 북한이탈주민에 대해서는 종전 규정 적용

39. 통합고용세액공제 신청시 제출서류 추가(조특령 26의8 ⑪)

종 전	개 정
□ 통합고용세액공제 신청서류	□ 신청시 제출서류 추가
1. 세액공제신청서, 공제세액계산서	1. (좌동)
〈추가〉	2. 상시근로자 명세서

〈적용시기〉 2025.2.28.이 속하는 사업연도의 과세표준신고를 하는 경우부터 적용

40. 피출자법인 금융채무 상환을 위한 출자법인의 자산매각 과세특례 신설 (조특법 34)

피출자법인 금융채무 상환 목적의 출자법인자산매각에 대한 양도차익 과세특례

1. **적용대상** : 재무구조개선계획에 따라 피출자법인 금융채무 상환을 위해 자산을 매각하는 출자법인

2. **특례내용** : 자산매각 양도차익에 대해 2년 거치 3년 분할 익금산입

3. **과세이연 요건** : 출자법인이 다음 중 어느 하나의 방식으로 피출자법인 지원

   ① 출자법인이 자산 양도 후 3개월 이내에 그 양도대금을 피출자법인에 출자하거나 대여 후 출자전환(영구채 전환 포함)

   ② 출자법인이 재무구조개선계획 승인일 전후 2년 이내에 차입한 금액을 피출자법인

에 출자하거나 대여 후 출자전환하고, 자산 양도대금을 1년 이내에 차입금 상환에 사용

4. **사후관리** : 다음 사유 발생 시 과세이연 종료 및 이자상당가산액 납부

① 출자법인이 대여 후 출자전환 등을 하지 아니하거나, 차입금을 상환하지 아니하는 경우

② 피출자법인이 재무구조개선계획에 따라 채무를 상환하지 아니한 경우

5. **적용기한** : 2026.12.31.

〈적용시기〉 법 시행일 이후 과세표준을 신고하는 분부터 적용

41. 지방이전지원세제 제도정비

(1) 수도권 내 이전에 대한 감면대상 축소(조특법 63, 조특령 60)

종 전	개 정
□ 공장을 지방으로 이전한 기업에 대해 소득·법인세 감면	□ 이전지역 범위 합리화
1. 대상 : 수도권 과밀억제권역에서 3년(중소기업은 2년) 이상 사업 영위한 기업	1. (좌동)
2. 감면율 : 이전지역에 따라 차등 　- 수도권 내(과밀억제권역 밖)* : 　　5년 100%+2년 50% 　　*중소기업이 공장과 본사를 모두 이전시키는 경우로 한정 　- 지방광역시, 수도권 연접지역, 대도시(인구 30만 이상) : 5년 100%+2년 50% 　- 지방광역시 및 대도시 중 낙후지역* : 　　7년 100%+3년 50% 　　*위기지역, 성장촉진지역, 인구감소지역 　- 그 외 낙후지역 : 10년 100%+2년 50%	2. (좌동) 　- 수도권 인구감소지역* : 　　5년 100%+2년 50% 　　*중소기업이 공장과 본사를 모두 이전시키는 경우로 한정 　- (좌동)

〈적용시기〉 1. 2025.1.1. 이후 이전하는 분부터 적용

2. 2024.12.31.까지 기존 공장을 철거·폐쇄하는 등 이전에 착수한 경우에는 종전 규정 적용

3. 2025.1.1. 이후 공장을 이전하는 경우로서 공장이전기업이 종전의 제63조 제1항을 적용받기 위하여 2025.1.1. 전에 다음의 어느 하나에 해당하는 행

위를 한 경우에는 제63조의 개정규정에도 불구하고 종전의 규정에 따름

① 공장을 신축하는 경우로서 제63조 제1항에 따라 이전계획서를 제출한 경우

② 공장 이전을 위하여 기존 공장의 부지나 공장용 건축물을 양도(양도계약을 체결한 경우를 포함한다)하거나 공장을 철거 또는 폐쇄한 경우

③ 공장 이전을 위하여 신규 공장의 부지나 공장용 건축물을 매입(매입계약을 체결한 경우를 포함한다)한 경우

④ 공장을 신축하기 위하여 건축허가를 받은 경우

⑤ ①부터 ④까지의 행위에 준하는 행위를 한 경우로서 실질적으로 이전에 착수한 것으로 볼 수 있는 경우

(2) 감면요건 정비(조특법 63 · 63의2, 조특령 60 · 60의2)

종 전	개 정
□ 공장 · 본사를 지방으로 이전한 기업에 대해 소득 · 법인세 감면	□ 대상 및 업종 요건 합리화
1. 대상 : 과밀억제권역에서 3년(공장이전 중소기업은 2년) 이상 사업을 영위한 기업	1. (좌동)
〈단서 신설〉	− 다만, 동일한 본사 · 공장에 대해 이전 전 10년 내에 감면을 적용받은 기업은 제외
2. 업종 : 이전 전 · 후 동일한 업종* 영위 *한국표준산업분류표 세분류 기준	2. 이전 전 2년(공장을 이전한 중소기업은 1년) 이상 영위한 업종과 동일한 업종 영위
3. (감면율) 이전지역에 따라 차등	3. (좌동)

이전지역	감면율
낙후지역	10년 100% +2년 50%
광역시, 인구 30만 이상 도시 內 낙후지역	7년 100% +3년 50%
수도권(과밀억제권역 밖)*, 광역시, 인구 30만 이상 도시 등	5년 100% +2년 50%

*중소기업이 공장과 본사를 모두 이전시키는 경우로 한정

→ 중소기업이 공장과 본사를 모두 이전시 수도권 인구감소지역이전시 적용

〈적용시기〉 1. 2025.1.1. 이후 이전하는 분부터 적용

2. 2024.12.31.까지 기존 공장 · 본사를 철거 · 폐쇄하는 등 이전에 착수한 경우

에는 종전 규정 적용

3. 2025.1.1. 이후 본사를 이전하는 경우로서 본사이전법인이 종전의 제63조의 2 제1항을 적용받기 위하여 2025.1.1. 전에 다음의 어느 하나에 해당하는 행위를 한 경우에는 제63조의2의 개정규정에도 불구하고 종전의 규정을 따름

① 본사를 신축하는 경우로서 제63조의2 제1항에 따라 이전계획서를 제출한 경우

② 본사 이전을 위하여 기존 본사의 부지나 본사용 건축물을 양도(양도계약을 체결한 경우를 포함한다)하거나 본사를 철거·폐쇄 또는 본사 외의 용도로 전환한 경우

③ 본사 이전을 위하여 신규 본사의 부지나 본사용 건축물을 매입(매입계약을 체결한 경우를 포함한다)한 경우

④ 본사를 신축하기 위하여 건축허가를 받은 경우

⑤ ①부터 ④까지의 행위에 준하는 행위를 한 경우로서 실질적으로 이전에 착수한 것으로 볼 수 있는 경우

42. 지방중소기업 특별지원지역의 범위 조정(조특칙 25)

종 전	개 정
□ 중소기업 특별지원지역 입주기업 세액감면(조특법 64 농공단지 입주기업에 대한 세액감면) 적용지역	□ 지정기간 만료지역 삭제, 신규지정지역 추가
1. 나주일반산업단지, 김제지평선일반산업단지 등	1. (좌동)
2. 담양일반산업단지, 대마전기자동차산업단지 　*지정기간 : 2023.3.21.~2025.3.20.	〈삭제〉
〈추가〉	3. 장성 동화·삼계·동화전자종합농공단지, 황룡면 월평 준공업지역

〈적용시기〉 1. 삭제지역은 규칙 시행일(또는 3.21. 중 빠른날) 이후 입주한 중소기업부터 적용(이전 입주기업은 종전 규정 적용)

2. 추가지역은 2024.7.22. 이후 최초로 입주한 중소기업부터 적용

43. 의료기술협력단에 대한 고유목적사업준비금 손금산입 특례 적용(조특법 74 ①)

종 전	개 정
□ 고유목적사업준비금 손금산입 특례* *수익사업 소득 전액을 고유목적사업준비금으로 손금산입 가능 1. 적용대상 － 사립학교 － 사회복지법인 － 국립대학병원 － 서울대학교병원 등 〈추가〉	□ 적용대상 추가 • (좌동) － 고유목적사업준비금 손금산입 특례를 적용받는 법인이 「보건의료 기술진흥법」 28의2에 따라 설립한 의료기술협력단

〈적용시기〉 2025.1.1. 이후 과세표준을 신고하는 소득 분부터 적용

44. 상가임대료 인하 임대사업자에 대한 세액공제 적용기한 연장(조특법 96의3 ①)

종 전	개 정
□ 상가임대료 인하 임대사업자의 임대료 인하액 세액공제 1. 공제액 : 임대료 인하액의 70% (종합소득금액 1억원 초과시 50%) 2. 임대인 : 「상가임대차법」상 부동산임대업 사업자등록을 한 임대사업자 3. 임차인 : 「소상공인기본법」상 소상공인, 임대차 계약 기간이 남은 폐업 소상공인 4. 적용기한 : 2024.12.31.	□ 적용기한 연장 • (좌동) 4. 2025.12.31.

45. 해운기업 법인세 과세표준 특례 재설계(조특법 104의10, 조특령 104의7)

종 전	개 정
□ 해운기업 법인세 과세표준계산 특례	□ 운항일 이익 조정 등 제도 재설계
1. 특례내용 : 해운기업 법인세 과세표준을 선박 톤수, 운항일이익 등을 기준으로 계산 *과세표준(선박표준이익) = ∑(개별선박의 순톤수 × 톤당 1운항일 이익 × 운항일수 × 사용률) －운항일 이익 : 모든 선박에 동일한 운항일 이익 적용	1. (좌동) －기준선박이 아닌 선박(용선)에 대한 운항일 이익 30% 인상

개별선박순톤수	톤당 1운항일 이익
1,000톤 이하분	14원
1,000~10,000톤	11원
10,000~25,000톤	7원
25,000톤 초과분	4원

개별선박순톤수	톤당 1운항일 이익	
	기준선박	기준선박 외
1,000톤 이하분	14원	18.2원
1,000~10,000톤	11원	14.3원
10,000~25,000톤	7원	9.1원
25,000톤 초과분	4원	5.2원

※ 기준선박 : 해당 기업 소유 선박+국적취득조건부 나용선+소유권 이전 연불조건부 리스 선박

종 전	개 정
2. 제출서류: 요건명세서, 해양수산부장관의 확인서 　*관할 세무서장에게 제출 〈추가〉	2. (좌동) －선박 보유 현황 및 기준선박 투자계획서 　*해양수산부장관에게 제출

〈적용시기〉 2025.1.1. 이후 개시하는 사업연도의 과세표준을 신고하는 경우부터 적용

46. 용역제공자 과세자료 제출에 대한 세액공제 확대(조특령 104의29 ①)

종 전	개 정
□ 용역제공자에 관한 과세자료 제출에 대한 세액공제	□ 세액공제 금액 확대
1. 공제금액 　용역제공자* 1인당 300원을 소득·법인세에서 공제 　*용역제공자 인적사항, 용역제공기간 등 기재하여야 할 사항을 기재하여 제출한 인원으로 한정	1. 　300원 → 500원
2. 공제한도 　사업자별 연간 200만원	2. (좌동)

〈적용시기〉 2025.2.28.이 속하는 사업연도에 과세자료를 제출하는 경우부터 적용

47. 기회발전특구 창업기업 세액감면 업종 추가(조특령 116의36)

종 전	개 정
□ 기회발전특구 창업기업 세액감면 대상 업종	□ 업종 추가
1. 제조업, 연구개발업, 기타 과학기술 서비스업 등 2. 신·재생에너지를 이용해 전기를 생산하는 사업	• (좌동)
〈추가〉	3. 신·재생에너지를 사업자에게 공급하는 사업 4. 천연가스를 사업자에게 공급하는 사업

〈적용시기〉 2025.2.28.이 속하는 사업연도에 발생하는 소득 분부터 적용

48. 조세특례 의무심층평가 면제대상 합리화(조특령 135 ③)

종 전	개 정
□ 의무심층평가 면제 대상	□ 면제 대상 추가
1. 지원대상의 소멸로 폐지가 명백한 사항 2. 남북교류협력에 관계되거나 국가 간 협약·조약에 따라 추진하는 사항 3. 2년 이내에 심층평가를 거친 사항으로, 조세특례의 내용에 중요한 변화가 없는 사항	• (좌동)
〈추가〉	4. 이중과세 조정 등 재정지원의 성격이 없는 사항

〈적용시기〉 2025.2.28.이 속하는 연도에 적용기한이 종료되는 조세특례에 대한 평가를 실시하는 경우부터 적용

49. 신용회복목적회사 출연 시 손금산입 특례 적용기한 연장(조특법 104의11)

종 전	개 정
□ 신용회복목적회사 출연 손금산입 특례	□ 적용기한 연장
1. 적용대상 : 금융회사등, 한국자산관리공사 2. 특례내용 : 신용회복목적회사에 출연 시 해당 출연 금액 손금산입 허용	• (좌동)
3. 적용기한 : 2024.12.31.	3. 2027.12.31.

50. 해외진출기업 국내복귀시 지원제도 적용기한 연장
(조특법 104의24 ① · 118의2 ①)

종 전	개 정
□ 해외진출기업이 국내* 복귀 시 소득 · 법인세 및 관세 감면 　*수도권 과밀억제권역 제외	□ 적용기한 연장
1. 대상 : ①, ②에 모두 해당하는 해외진출기업 　① 국외에서 2년 이상 경영하던 사업장을 폐쇄(완전복귀) 또는 축소 · 유지(부분복귀) 　② 국내에 창업 또는 사업장을 신 · 증설 2. 감면율 　−소득 · 법인세 : 7년간 100%+3년간 50%* 　　*수도권 안으로 부분복귀 시 3년간 100%+2년간 50% 　−관세 : 5년간* 완전복귀 100%, 부분복귀 50% 　　*「해외진출기업복귀법」 7에 따른 지원대상 국내복귀기업으로 선정된 날부터 5년	• (좌동)
3. 적용기한 : 2024.12.31.	3. 2027.12.31.

51. 정비사업조합 설립인가등의 취소에 따른 채권 손금산입 특례 적용기한 연장 (조특법 104의26)

종 전	개 정
□ 정비사업조합 설립인가등의 취소에 따른 채권 손금산입 특례	□ 적용기한 연장
1. 요건 : ①, ② 모두 충족 　① 정비사업조합 설립인가등이 취소*된 경우 　　*취소사유 : 정비구역 해제 등 　② 시공자등이 해당 조합 등에 대한 채권 포기 2. 특례내용 : 시공자등이 포기한 채권가액을 해당 사업연도 손금에 산입 　※ 채권포기로 조합 등이 얻는 이익은 증여 또는 익금으로 보지 아니함	• (좌동)
3. 적용기한 : 2024.12.31.	3. 2027.12.31.

52. 해외건설자회사 대여금 출자전환 손금산입 특례 신설(조특법 104의33)

해외건설자회사 대여금 출자전환 차액 상당액에 대한 손금산입 특례

1. **적용대상** : 해외건설사업자인 내국법인
2. **특례내용** : 출자전환한 해외건설자회사 대여금 출자전환 차액 상당액*을 손금으로 인정
   *출자전환한 주식등의 시가와 대여금등의 장부가액 간 차이 등을 고려하여 대통령령으로 규정
3. **적용요건** : 다음 요건 모두 충족
   ① 해외건설자회사의 사업비용으로 사용한 대여금을 출자전환
   ② 출자전환 이후 5년 이상 경과
   ③ 해외건설자회사가 최근 10년 동안 계속해서 완전자본잠식(순자산 〈 0)
4. **손금한도** : 매 사업연도마다 출자전환 차액 상당액의 10%를 한도*로 최대 10개 사업연도기간 동안 손금산입
   *매 사업연도 종료일 기준 해외건설자회사의 순자산 장부가액이 0보다 큰 경우 해당 금액을 차감
5. **사후관리** : ① 출자전환으로 취득한 주식등을 처분하거나, ② 출자전환 이후 순자산 장부가액이 증가하는 경우 해당 차액을 익금에 산입
〈적용시기〉 2025.1.1. 이후 개시하는 사업연도에 출자전환 차액 상당액을 손금에 산입하는 경우부터 적용

53. 이스포츠(e-sports)대회 운영비용 세액공제 신설(조특법 104의35 신설)

이스포츠대회 운영비용 세액공제

1. **적용대상** : 수도권 외 지역에서 이스포츠대회를 개최하는 내국법인

2. **특례내용** : 이스포츠대회 운영비용의 10%를 법인세에서 공제

3. **적용기한** : 2026.12.31.

〈적용시기〉 2025.1.1. 이후 발생하는 비용부터 적용

54. 중복지원 배제 개편(조특법 127 ④·⑫)

종 전	개 정
□ 세액감면과 세액공제간 중복적용 배제 1. 중복배제 적용 세액감면 　－창업중소기업 세액감면, 중소기업특별 세액감면 등 2. 중복배제 적용 세액공제 　－통합투자세액공제, 고용창출투자세액공제 등	□ 창업중소기업 세액감면과 통합고용세액공제 중복배제 확대 • (좌동)
3. 창업중소기업 세액감면 중 고용증대 추가감면과 통합고용세액공제 고용증대 중복 배제	3. 창업중소기업 세액감면과 통합고용세액공제 중복배제

〈적용시기〉 2025.1.1. 이후 개시하는 사업연도 분부터 적용

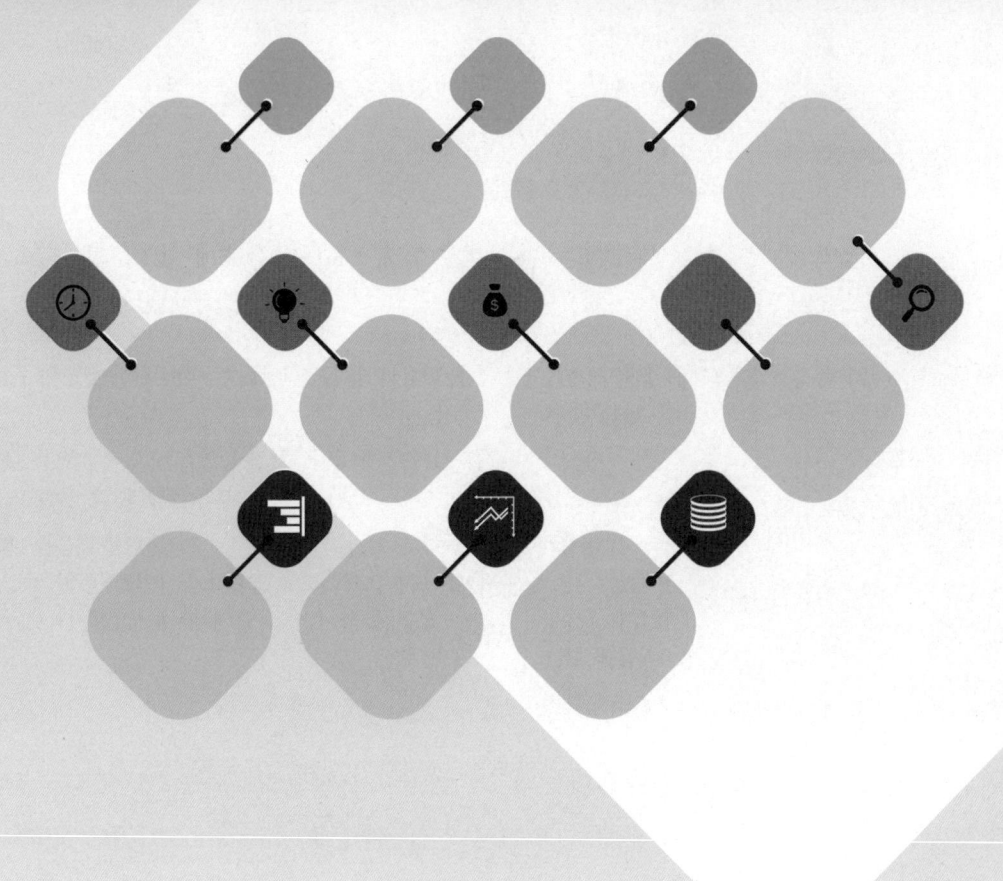

2025년 한국채택 국제회계기준
개정내용

I   한국채택국제회계기준(K-IFRS) 개정

구분	개정일	시행일*	공표일
〈금융상품 분류와 측정〉 1. K-IFRS 제1109호 '금융상품' 2. K-IFRS 제1107호 '금융상품: 공시'	2024.11.22.	2026.1.1.	2024.12.24.

* 조기적용 가능. 다만 '제4.1절 금융자산의 분류'의 적용지침에 대해서만 조기적용하는 것도 선택할 수 있도록 허용(K-IFRS 제1109호 문단 7.1.13(2). BC7.102)

II   금융상품(K-IFRS 제1109호)

다음의 금융상품 분류와 측정 요구사항을 명확히 함.

1. 계약상 현금흐름 특성을 평가할 때, 원리금 지급만으로 구성되어 있는 현금흐름(이하 'SPPI') 관련 규정 명확화

① 우발사건에 따라, 계약상 현금흐름의 시기나 금액을 변동시키는 계약조건(예: ESG 목표달성시 금리가 조정되는 금융상품)이 있는 경우 SPPI 평가 방법 명확화(문단 B4.1.10, B4.1.10A)

② 비소구(non-recourse) 특성[1]과 계약상 연계된 금융상품의 정의를 상세히 설명하고, 프로젝트파이낸싱(PF), 사회간접자본투자(SOC) 등의 사업을 기초자산으로 하는 금융자산에 대한 SPPI 평가원칙[2]을 명확히 함(문단 B4.1.16A, B4.1.17, B4.1.20, B4.1.20A).

[1] 채권자가 채무자로부터 현금흐름을 수취할 계약상 최종 권리(ultimate right)가 특정 자산이 창출하는 현금흐름으로 제한되는 특성

[2] 비소구 특성이 있더라도 기초자산에서 발생한 현금흐름의 부족분을 채무자가 발행한 후순위채무 또는 지분상품으로 충분히 보완 가능한 경우, SPPI 충족 가능

2. 전자지급시스템을 통한 금융부채결제시 지급지시와 실제 지급에 시차가 있는 경우

III 금융상품: 공시(K-IFRS 제1107호)

다음의 공시 요구사항을 추가함.

① 기타포괄손익-공정가치(FVOCI) 측정 지분상품의 투자 종류별 공정가치 변동 및 실현손익 정보의 공시 요구사항 추가(문단 11A, 11B)

② 우발사건의 발생에 따라, 계약상 현금흐름의 시기나 금액을 변경시키는 계약조건이 기업에 미치는 영향과 기업이 노출되는 정도를 금융상품의 각 종류별로 공시(문단 20C)*

  * 당기손익-공정가치 측정 금융상품(FVPL)은 이미 재무제표 이용자에게 충분한 정보를 제공하기 때문에 공시 범위에서 제외(문단 BC35ZZA)

IV 한국채택국제회계기준(K-IFRS) 연차개선

구분	개정일	시행일*	공표일
〈K-IFRS 연차개선〉 1. K-IFRS 제1101호 '한국채택국제회계기준의 최초채택' 2. K-IFRS 제1107호 '금융상품: 공시' 3. K-IFRS 제1109호 '금융상품' 4. K-IFRS 제1110호 '연결재무제표' 5. K-IFRS 제1007호 '현금흐름표'	2024.11.22.	2026.1.1.	2024.12.24.

* 조기적용 가능

1. 한국채택국제회계기준의 최초채택(K-IFRS 제1101호)

① K-IFRS 제1101호 문단 B5~B6을 개정하여, K-IFRS 제1109호의 문단을 올바르게 참조하도록 다음과 같이 수정하였음.

② 참조 문단(문단 B5→제1109호 문단 6.4.1(1) 참조, 문단 B6→제1109호 문단 6.4.1(2)~(3) 참조)을 명확하게 표시하고 용어(조건 → 적용조건)도 제1109호의 용어로 일치시킴.

2. 금융상품: 공시(K-IFRS 제1107호)

K-IFRS 제1107호 본문과 실무적용지침을 개정

① (본문) K-IFRS 제1107호 문단 B38이 과거 개정으로 삭제된 문단 27A를 참조하는 것을 K-IFRS 제1113호 문단 72~73을 참조하도록 수정하고, K-IFRS 제1113호에서 사용하는 문구*와 일관되게 수정

*유의적이지만 관측할 수 없는 투입변수

② (실무적용지침) K-IFRS 제1107호 문단 28과 용어 및 내용이 일관되도록 적용사례(IG14)를 개정하고, 실무적용지침이 같은 기준서의 모든 요구사항을 예시하는 것이 아니라는 점을 명확히 함.

3. 금융상품(K-IFRS 제1109호)

K-IFRS 제1109호 본문의 다음 두 가지 내용을 개정

① (리스부채의 제거) K-IFRS 제1109호 문단 2.1(2)(나)에서 문단 3.3.3을 추가*함으로써, 리스부채 제거시, K-IFRS 제1109호에 따라 제거손익(당기손익)을 인식한다는 점을 명확히 함.

*다음의 경우에는 이 기준서를 적용한다.
  (나) 문단 3.3.1과 3.3.3을 적용하는 리스이용자가 인식하는 리스부채의 제거

② (거래가격) K-IFRS 제1109호 부록 A(용어의 정의)에서 거래가격(K-IFRS 제1115호의 정의)을 삭제하고, 문단 5.1.3을 개정*하여 매출채권 측정과 관련하여 K-IFRS 제1115호와의 일관성 확보

*최초 인식시점에 매출채권이 유의적인 금융요소를 포함하지 않는 경우에는 기업회계기준서 제1115호를 적용하여 결정된 금액으로 측정하도록 함.

4. 연결재무제표(K-IFRS 제1110호)

① 문단 B74에 언급된 '사실상 대리인'에 대한 요구사항을 문단 B73과 보다 일관되게 수정
② 문단 B73은 '사실상 대리인'에 대해, 다른 당사자들과의 관계의 성격과 이해관계자 간 상호작용을 고려하여 판단하도록 요구하는 반면, 기존 문단 B74는 단정적인 표현으로 '사실상 대리인'이라고 규정하여 양 문단 간 표현이 일관되지 않은 점이 있었음.

5. 현금흐름표(K-IFRS 제1007호)

'원가법(cost method)' 용어를 삭제하고 이를 '원가(at cost)'로 대체(문단 37). 이는 과거 '종속기업, 공동기업 또는 관계기업에 대한 투자원가' 개정(K-IFRS 제1101호와 제1027호의 개정)으로 '원가법'의 정의가 삭제되었기 때문임.

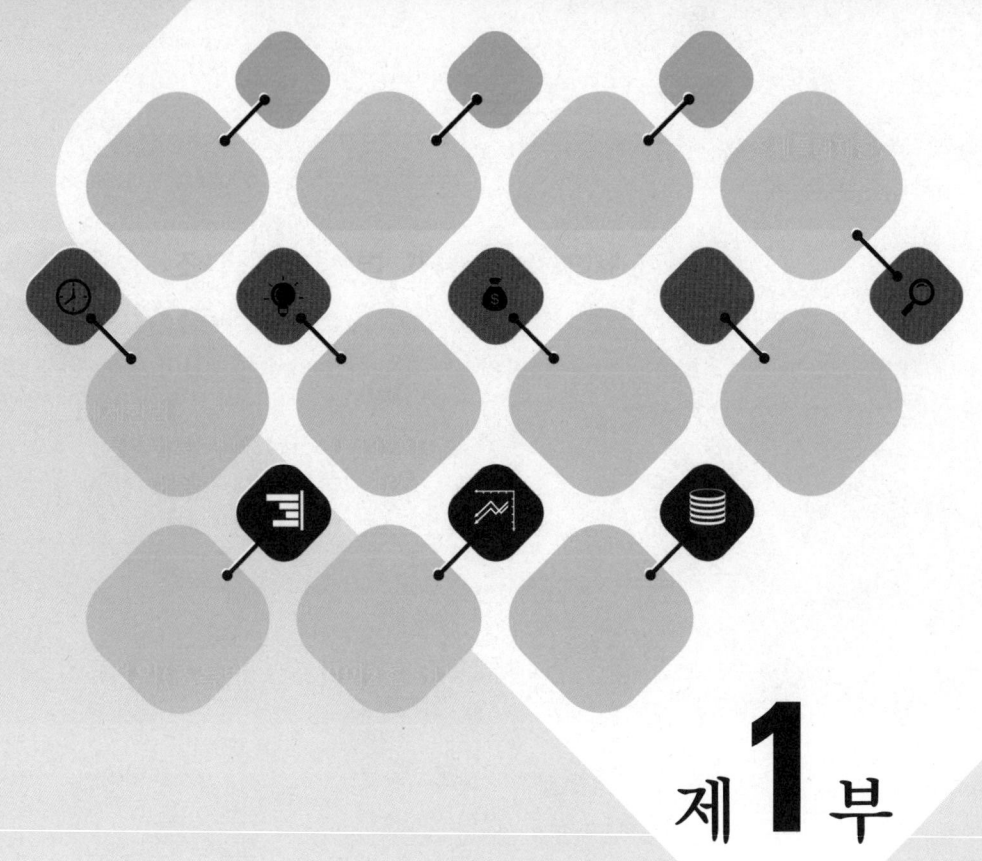

제**1**부

기업회계 및 세무조정

제1장

기업회계

제1절 회계(會計)의 의의 및 목적

1 의의

기업은 상품이나 제품 등을 구입 또는 제조하여 이를 판매함으로써 이익을 얻으려 한다. 이를 위해 종업원을 고용하고 기계나 건물을 구입하며 광고나 판촉도 한다. 또한 이러한 활동들을 하는데 필요한 자금을 얻기 위해 주식, 사채를 발행하거나 금융기관으로부터 차입하기도 한다. 기업의 이러한 활동들은 끊임없이 지속적으로 일어나기 때문에 기업을 경영하는 경영자는 이를 체계적이고 합리적으로 기록하여야 할 필요성을 느끼게 되며, 이러한 기록 등을 검토하고 분석함으로써 좀 더 체계적·합리적으로 경영을 할 수 있게 된다.

이렇게 복잡·다양한 기업의 경영활동을 인식·측정하여 기록하고 정리한 후 그 내용을 이용·분석하여 경영활동에 따른 경영성과와 재무상태를 파악하고 미래를 계획하고자 하는 것을 회계(Accounting)라 한다.

| 회계의 의미 |

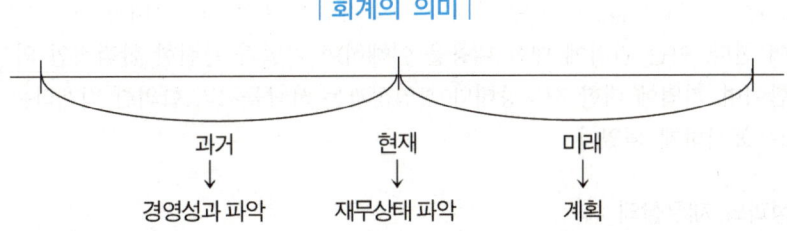

2 목적

기업의 다양한 활동을 기록한 회계정보를 필요로 하는 개인 및 단체에는 경영자 외에도 주주(투자자), 채권자, 정부기관, 종업원 등이 있으며 이들을 회계정보이용자라고 한다.

경영자는 회사의 재무상태와 경영성과를 파악하고 예산과 실적의 차이를 분석함으로써 합리적인 기업경영을 수행하기 위하여 그리고 제품 개발이나 새로운 설비투자 등에 대한 의사결정을 하기 위하여 기업에 관한 회계정보를 필요로 하게 된다.

주주 및 채권자는 기업의 주식을 구입하거나 자금을 대여하기 위한 의사결정을 하기 위하여 기업에 관한 회계정보를 필요로 하며, 정부기관은 세금을 부과하거나 기업경영활동에 관련된 각종 규제나 관리를 위하여 기업에 관한 회계정보를 필요로 한다.

종업원은 자신들이 공헌한 생산성 향상수준 및 회사의 지급능력 등을 평가하여 회사측과 노동계약, 근로조건 등에 대하여 협상을 하여야 하며, 때로는 다른 기업으로 옮기는 것이 유리한지를 결정하기 위해 기업에 관한 회계정보를 필요로 한다.

이렇게 기업의 회계정보를 필요로 하는 여러 이해관계자에게 경영성과와 재무상태에 대한 정보를 제공함으로써 이들이 합리적 의사결정을 내리는 데 도움이 되고자 하는 것이 회계의 목적이다.

```
                      ┌─ 내부이해관계자 ─ 경영자, 종업원
회계정보이용자 ─┤
                      └─ 외부이해관계자 ─ 주주, 채권자, 금융기관, 정부기관 등
```

저자주

재무보고 수단으로서의 재무제표

기업을 둘러싸고 있는 많은 이해관계자들은 그 기업에 대한 재무상태와 경영성과에 대해 알고 싶어 한다. 이는 기업에 대한 내용을 이해하여 기업과 관련한 합리적인 의사결정을 하기 위함이며, 기업에 대한 재무상태와 경영성과는 사람들끼리 합의한 회계라는 틀에 의해 숫자로 표시하게 되었다.

1. **경영성과와 재무상태**

   일정기간 동안의 기업의 다양한 경영활동 결과 발생된 순이익 또는 순손실을 경영성과라 하며, 그 결과 일정시점에서 기업이 가지고 있는 순자산의 상태를 재무상태라 한다. 이는 각각 포괄손익계산서(Profit or Loss and Other Comprehensive Income Statement)와 재무상태표(F/P, Financial Position)로 표시된다.

2. **재무상태표(F/P)**

   기업의 일정시점에서의 재무상태를 나타내는 회계상 양식의 하나이다.

재무상태표

2025년 12월 31일 현재

(차변)				(대변)
유동자산		유동부채		
현금및현금성자산	×××	매입채무		×××
매출채권	×××	기타채무		×××
기타채권	×××	단기금융부채		×××
단기금융자산	×××	단기충당부채		×××
재고자산	×××	당기법인세부채		×××
매각예정자산	×××	기타부채		×××
기타자산	×××			
		비유동부채		
비유동자산		확정급여부채		×××
관계 · 종속기업투자주식	×××	장기금융부채		×××
장기금융자산	×××	장기충당부채		×××
유형자산	×××	이연법인세부채		×××
무형자산	×××	기타부채		×××
투자부동산	×××	부 채 총 계		×××
이연법인세자산	×××			
기타자산	×××	자본금		×××
		기타자본구성요소		×××
		이익잉여금		×××
		자 본 총 계		×××
자 산 총 계	×××	부 채 와 자 본 총 계		×××

3. 포괄손익계산서(PL & OCIS)

기업의 일정기간 동안의 경영성과를 나타내는 또 하나의 회계상 양식이다.

포괄손익계산서(계정식)

2025년 1월 1일부터 2025년 12월 31일까지

(차변)		(대변)	
비　용	×××	수　익	×××
이　익(수익 – 비용)	×××		

재무상태표의 내용과 마찬가지로 사람들 간의 약속으로 수익은 대변에 기재하고 수익을 창출하기 위해 투입되는 비용은 차변에 기재하여 수익에서 비용을 차감한 이익을 계산하게 된다. 실제로는 다음과 같이 경영성과를 표시한다.

포괄손익계산서(보고식)

2025년 1월 1일부터 2025년 12월 31일까지

과 목	금 액
매출액	×××
매출원가	(×××)
매출총이익	×××
판매비와관리비	(×××)
영업이익	×××
기타수익	×××
기타비용	(×××)
금융수익	×××
금융비용	(×××)
관계기업투자손익	×××
법인세비용차감전순이익	×××
법인세비용	(×××)
당기순이익	×××
기타포괄손익	×××
기타포괄손익 – 공정가치금융자산평가손익	×××
확정급여채무의 재측정요소 등	×××
총포괄이익	×××
주당이익	×××

4. 회계의 의의 및 목적

상기의 내용과 같이 회계란 기업을 둘러싸고 있는 이해관계자들이 궁금해 하는 기업의 재무상태와 경영성과를 숫자로 표시한 일정한 양식으로 나타내는 것을 말한다.

제2절 국제회계기준(IFRS)

1 국제회계기준의 의의 및 구성

(1) 국제회계기준의 의의

자본시장의 세계화 추세에 따라 전 세계적으로 단일기준으로 작성된 신뢰성 있는 재무정보의 요구가 증대되어 왔음에 따라 '국제적으로 통일된 고품질의 회계기준 제정'이라는 목표 아래 감독기구와는 독립적으로 운영되는 국제적인 회계제정기구인 국제회계기준위원회(IASB, International Accounting Standards Board)가 설립되었다.

국제회계기준(IFRS, International Financial Reporting Standards)은 국제회계기준위원회가 제정한 국제회계기준서(Standards) 및 국제재무보고기준해석위원회(International Financial Reporting Interpretations Committee)가 제정한 국제회계기준해석서(Interpretations)를 통칭한다.

(2) 국제회계기준의 구성

1) 서문(Preface)

국제회계기준위원회의 목적, 국제회계기준의 범위와 권한, 기준제정절차, 적용시기, 사용언어 등에 대해 규정한다.

2) 개념체계(Framework)

외부이용자를 위한 재무제표의 작성과 표시에 있어 기초가 되는 개념을 정립하기 위하여 제정되었으며, 동 개념체계는 국제회계기준서에 우선하지 아니한다.

3) 국제회계기준서(45개, IFRS 및 IAS)

① IASB가 발행한 IFRS(International Financial Reporting Standards) 17개
② IASC가 발행한 IAS(International Accounting Standards) 28개

※ IAS(International Accounting Standards)
　IASB가 설립되기 이전까지 국제회계기준위원회(IASC, International Accounting Standards Committee)에서 제정·발표한 국제회계기준으로서 기준서인 IAS와 해석서인 SIC을 포괄하고 있고, 이 중 일부는 개정되어 현재에도 유효하다.

4) 국제회계기준해석서(28개, IFRIC 및 SIC)

① IFRIC(International Financial Reporting Interpretations Committee)에서 만들어 IASB가 승인한 IFRIC 해석서 20개

② SIC(International Interpretations Committee)에서 만들어 IASB 또는 IASC가 승인한 SIC 해석서 8개

2 국제회계기준의 주요 특징

(1) 대다수 국가의 협업을 통해 제정되는 기준

IASB는 기준 제정과정에서 미국, 영국, 캐나다, 호주, 일본 등 세계 각국의 회계기준제정기구와 공동작업을 하고 있다.

(2) 원칙중심의 기준체계(Principle-based Standards)

상세하고 구체적인 회계처리방법 제시보다는 회계담당자가 경제적 실질에 기초하여 합리적으로 회계처리할 수 있도록 회계처리의 기본원칙과 방법론을 제시(Principle-based)하는데 주력한다.

반면, US GAAP 등은 법률관계 및 계약의 내용에 따라 개별사안에 대한 구체적인 회계처리 방법과 절차를 세밀하게 규정(Rule-based)하고 있다.

국제회계기준을 도입하기 전의 우리나라 회계기준에서는 개별거래상황에 대해 구체적인 회계처리를 규정하고 있었다. 이에 반해 국제회계기준에서는 기업이 경제적 실질에 타당한 회계처리를 선택할 수 있어 동일한 상황에 대하여 기업 간의 회계처리가 다를 수 있게 된다. 이를 원칙중심의 기준체계라 한다.

(3) 연결재무제표 중심(Consolidated Financial Statements)

국제회계기준은 종속회사가 있는 경우 연결재무제표를 기본으로 한다.

이에 따라 사업보고서 등 모든 공시서류가 연결재무제표 기준으로 작성된다.

저자주 ◉

연결재무제표 중심의 의미

국제회계기준은 종속기업을 보유하고 있는 지배회사는 기업 외부에 재무제표를 공시하는 경우 종속기업의 재무제표를 합산한 연결재무제표를 주된 재무제표로 공시하도록 하고 있다. 그러므로 우리가 접하는 해외의 유명기업들의 재무제표는 모두 종속기업을 합한 연결재무제표이며, 국내기업과의 비교 시 국내기업들도 연결재무제표로 비교하여야 의미가 있는 것이다.

A법인(상장)　—— 50% 초과 보유 ——→　B법인(비상장)
(지배기업)　　　　　(지배력)　　　　　　(종속기업)

이때 작성되는 재무제표는 다음과 같다(한국에서의 경우임).
1. (A+B) 연결재무제표(12월 결산법인은 3.31.까지 작성)
2. A 별도재무제표
3. B 개별재무제표

유의할 점은 연결재무제표 작성 시 지배기업과 종속기업은 동일한 회계정책을 유지하여야 하므로, 비상장인 종속기업도 국제회계기준을 적용하여야 한다는 점이다.

(4) 공정가치 평가(Fair Value Accounting)

국제회계기준의 내용상 핵심은 자본시장의 투자자에게 기업의 재무상황 및 내재가치에 대한 의미있는 투자정보를 제공하는 것이다.

이를 위해 국제회계기준은 금융자산·부채와 유·무형자산 및 투자부동산에까지 공정가치[주] 측정을 의무화 또는 선택 적용할 수 있도록 하고 있다.

주) 공정가치: '측정일에 시장참여자 사이의 정상거래에서 자산을 매도하면서 수취하거나 부채를 이전하면서 지급하게 될 가격(유출가격)'을 의미한다.

> **저자주** 🔵
>
> ### 공정가치 평가의 의미
>
> 국제회계기준은 상당수의 자산·부채에 대하여 공정가치측정을 요구하거나 선택 적용을 하도록 하고 있다. 이에 따라 공정가치측정에 따른 금전적인 지출과 시간투입이 있어야 하는 문제점도 야기된다.
>
> **사례 1**
>
> 1. A법인은 2025.1.1.에 판매대리점인 B법인에게 ₩1,000,000을 3년 만기로 장기대여하였고 약정이자율은 4%이다.
> 2. 대여일의 시장이자율은 10%이다.
> 3. 장기대여금의 공정가치측정
>   장기대여금의 공정가치측정은 미래현금흐름액의 현재가치이다.
>   원금 1,000,000×0.75131(10%, 3년 연금현가계수)
>   +이자 40,000×2.48685(10%, 3년 연금현가계수)
>   = 공정가치 850,754
> 4. 2025.1.1. 회계처리
>
> | (차) 장기대여금 | 850,784 | (대) 현금 | 1,000,000 |
> |---|---|---|---|
> | 접대비 | 149,216[주) | | |
>
>   주) 공정가치와 현금지급액의 차이는 당기비용으로 처리함.
>
> 5. 2025.12.31. 회계처리
>
> | (차) 장기대여금 | 45,079[주) | (대) 이자수익 | 45,079 |
> |---|---|---|---|
>
>   주) 상각후원가법에 의해 공정가치와 현금지급액의 차액 ₩149,216을 유효이자율법에 따라 3년 동안 이자수익으로 처리함.
>
> **사례 2**
>
> 1. A법인의 토지 관련 자료
>   (1) 취득가액 300
>   (2) 공정가치 500
> 2. 원가모형 선택 시: 회계처리 없음.
> 3. 재평가모형 선택 시
>
> | (차) 토지 | 200 | (대) 재평가잉여금 | 200 |
> |---|---|---|---|

제3절 한국채택국제회계기준(K - IFRS)

1 한국채택국제회계기준의 의의

K-IFRS는 한국기업이 준수하여야 하는 회계처리기준으로서 국내 법체계상 효력을 갖추기 위해 법적 권위있는 기관이 공식적인 정규절차를 거쳐 한국에서 적용되는 회계기준으로 채택된 IFRS를 의미한다.

1. IFRS의 전면 도입취지를 살릴 수 있도록 그 명칭을 '한국채택국제회계기준'으로 하고, 영문 표시 대외명칭을 'K-IFRS(Korean International Financial Reporting Standards)'로 결정하였다.

2. 따라서 각 기준서에서 당해 K-IFRS를 준수하면 대응되는 IFRS를 준수하는 것이라고 명시하고 있으며, 기준서 제1001호 문단 한16.1에서는 "한국채택국제회계기준을 준수하여 작성된 재무제표는 국제회계기준을 준수하여 작성된 재무제표임을 주석으로 공시할 수 있다"고 명시하고 있다.

2 한국채택국제회계기준의 구조

K-IFRS는 '기업회계기준서' 42개와 '기업회계기준해석서' 19개 등 총 61개로 구성되어 있다.

1. 기업회계기준서(Standards) : 원칙적으로 목적, 적용범위, 회계처리방법, 공시, 부록 등으로 구성된다. 부록은 용어의 정의, 적용보충기준 등으로 구성되며, 기준서의 일부를 구성하지는 않지만 기준서를 적용함에 있어 편의를 제공하기 위한 실무지침으로서 서문, 결론도출근거, 적용사례, 실무적용지침 등이 제공된다.

2. 기업회계기준해석서(Interpretations) : 기업회계기준서에서 명시적으로 언급되지 않은 새롭게 인식된 재무보고 문제에 대하여 지침을 제공한다. 또한 구체적인 지침이 없다면 잘못 적용될 수 있는 내용에 대한 권위있는 지침을 제공한다.

한편, 「재무제표의 작성과 표시를 위한 개념체계」는 K-IFRS의 일부를 구성하지 아니하나, 외부이용자를 위한 재무제표의 작성과 표시에 있어 기초가 되는 개념을 정립해주는 역할을 제공하고 있다.

| K - IFRS의 구조 |

구 분	내 용	개 수
기업회계기준서 (총 42개)	IAS	25개
	IFRS	17개
기업회계기준해석서 (총 19개)	SIC Interpretation	4개
	IFRIC Interpretation	15개

3 한국채택국제회계기준의 번호체계

K-IFRS의 일련번호는 국제회계기준(IAS) 및 국제재무보고기준(IFRS)의 일련번호와 일관되게 부여하였다.

1. IAS에 대응하는 K-IFRS의 일련번호는 1001호부터 1099호를, IFRS에 대응하는 K-IFRS의 일련번호는 1101호부터 1999호를 사용

2. SIC Interpretation에 대응하는 K-IFRS의 일련번호는 2001호부터 2099호를, IFRIC Interpretation에 대응하는 K-IFRS의 일련번호는 2101호부터 2999호를 사용

| K - IFRS의 번호체계 |

구 분	기업회계기준서		기업회계기준해석서	
IFRS	IAS	IFRS	SIC Interpretation	IFRIC Interpretation
K-IFRS	1001~1099	1101~1999	2001~2099	2101~2999

4 한국채택국제회계기준의 구성

기업회계기준서	관련 국제회계기준서
제1001호 재무제표 표시	IAS 1 Presentation of financial statements
제1002호 재고자산	IAS 2 Inventories
제1007호 현금흐름표	IAS 7 Cash flow statements
제1008호 회계정책, 회계추정치의 변경 및 오류	IAS 8 Accounting policies, changes in accounting estimates and errors
제1010호 보고기간후사건	IAS 10 Events after the balance sheet date
-	IAS 11 Construction contracts

기업회계기준서	관련 국제회계기준서
제1012호 법인세	IAS 12 Income taxes
제1016호 유형자산	IAS 16 Property, plant and equipment
–	IAS 17 Leases
–	IAS 18 Revenue
제1019호 종업원급여	IAS 19 Employee benefits
제1020호 정부보조금의 회계처리와 정부지원의 공시	IAS 20 Accounting for government grants and disclosure of government assistance
제1021호 환율변동효과	IAS 21 The effects of changes in foreign exchange rates
제1023호 차입원가	IAS 23 Borrowing costs
제1024호 특수관계자 공시	IAS 24 Related party disclosures
제1026호 퇴직급여제도에 의한 회계처리와 보고	IAS 26 Accounting and reporting by retirement benefit plans
제1027호 별도재무제표	IAS 27 Separate financial statements
제1028호 관계기업과 공동기업에 대한 투자	IAS 28 Investments in associates and joint ventures
제1029호 초인플레이션 경제에서의 재무보고	IAS 29 Financial reporting in hyperinflationary economies
제1032호 금융상품: 표시	IAS 32 Financial instruments: presentation
제1033호 주당이익	IAS 33 Earnings per share
제1034호 중간재무보고	IAS 34 Interim financial reporting
제1036호 자산손상	IAS 36 Impairment of assets
제1037호 충당부채, 우발부채 및 우발자산	IAS 37 Provisions, contingent liabilities and contingent assets
제1038호 무형자산	IAS 38 Intangible assets
제1039호 금융상품: 인식과 측정	IAS 39 Financial instruments: recognition and measurement
제1040호 투자부동산	IAS 40 Investment property
제1041호 농림어업	IAS 41 Agriculture
제1101호 한국채택국제회계기준의 최초채택	IFRS 1 First-time adoption of international financial reporting standards
제1102호 주식기준보상	IFRS 2 Share-based payment

기업회계기준서	관련 국제회계기준서
제1103호 사업결합	IFRS 3 Business combinations
제1104호 보험계약	IFRS 4 Insurance contracts
제1105호 매각예정비유동자산과 중단영업	IFRS 5 Non-current assets held for sale and discontinued operations
제1106호 광물자원의 탐사와 평가	IFRS 6 Exploration for and evaluation of mineral resources
제1107호 금융상품: 공시	IFRS 7 Financial instruments: disclosures
제1108호 영업부문	IFRS 8 Operating segments
제1109호 금융상품	IFRS 9 Financial instruments
제1110호 연결재무제표	IFRS 10 Consolidated Financial Statements
제1111호 공동약정	IFRS 11 Joint Arrangements
제1112호 타 기업에 대한 지분의 공시	IFRS 12 Disclosure of Interest in Other Entities
제1113호 공정가치 측정	IFRS 13 Fair Value Measurement
제1114호 규제이연제정	IFRS 14 Regulatory deferral accounts
제1115호 고객과의 계약에서 생기는 수익	IFRS 15 Revenue from Contracts with Customers
제1116호 리스[주1]	IFRS 16 Leases
제1117호 보험계약[주2]	IFRS 17 Insurance Contracts
-	SIC 7 Introduction of Euro
제2010호 정부지원: 영업활동과 특정한 관련이 없는 경우	SIC 10 Government Assistance-No Specific Relation to Operating activities
-	SIC 15 Operating leases-Incentives
제2025호 법인세: 기업이나 주주의 납세 지위 변동	SIC 25 Income taxes-changes in the tax status of an entity or its shareholders
-	SIC 27 Evaluating the substance of transactions involving the legal form of a lease
제2029호 민간투자사업의 공시	SIC 29 Service concession arrangements: Disclosures
-	SIC 31 Revenue-barter transactions involving advertising services
제2032호 무형자산: 웹 사이트 원가	SIC 32 Intangible assets-web site costs
제2101호 사후처리 및 복구관련 충당부채의 변경	IFRIC 1 Changes in existing decommissioning, restoration and similar liabilities
제2102호 조합원 지분과 유사 지분	IFRIC 2 Members shares in co-operative entities and similar instruments

기업회계기준서	관련 국제회계기준서
–	IFRIC 4 Determining whether an arrangement contains a lease
제2105호 사후처리, 복구 및 환경정화를 위한 기금의 지분에 대한 권리	IFRIC 5 Rights to interests arising from decommissioning, restoration and environmental rehabilitation funds
제2106호 특정 시장에 참여함에 따라 발생하는 부채: 폐전기·전자제품	IFRIC 6 Liabilites arising from participating in a specific market–waste electrical and electronic equipment
제2107호 기업회계기준서 제1029호「초인플레이션 경제에서의 재무보고」에 따른 재작성 방법의 적용	IFRIC 7 Applying the restatement approach under IAS 29
–	IFRIC 9 Reassessment of embedded derivatives
제2110호 중간재무보고와 손상	IFRIC 10 Interim financial reporting and impairment
제2112호 민간투자사업	IFRIC 12 Service concession arrangements
–	IFRIC 13 Customer loyalty programmes
제2114호 기업회계기준서 제1019호:「확정급여자산한도, 최소적립 요건 및 그 상호작용」	IFRIC 14 IAS 19–The limit on a defined benefit asset, minimum funding requirements and their interaction
–	IFRIC 15 Agreements for the construction of real estate
제2116호 해외사업장 순투자의 위험회피	IFRIC 16 Hedges of a net investment
제2117호 소유주에 대한 비현금자산의 분배	IFRIC 17 Distribution of Non–cash Assets to Owners
–	IFRIC 18 Transfers of Assets from Customers
제2119호 지분상품에 의한 금융부채의 소멸	IFRIC 19 Extinguishing Financial Liabilities with Equity Instruments
제2020호 노천광산 생산단계의 박토원가	IFRIC 20 Stripping Costs in the Production Phase of a Surface Mine
제2121호 부담금	IFRIC 21 Levies
제2122호 외화거래와 선지급·선수취대가	IFRIC 22 Foreign Currency Transactions and Advance Consideration
제2123호 법인세처리의 불확실성	IFRIC 23 Uncertainly over Income Tax Treatments

주1) 제1116호는 2019.1.1. 이후 개시 회계연도부터 적용
주2) IFRS 17은 2023.1.1. 이후 개시하는 회계연도부터 적용(2022.2.11. 공포)

5 국제회계기준 적용대상

(1) 현행 외감법의 규정

> 제13조【회계처리의 기준】① 회사의 회계처리기준은 금융위원회가 증권선물위원회의 심의를 거쳐 정하며 다음 각 호의 회계처리기준을 말한다. 이 경우 제1항 제1호의 회계처리기준을 적용하여야 하는 회사 등의 범위와 회계처리기준의 적용방법은 대통령령으로 정한다.
> 1. 국제회계기준위원회의 국제회계기준을 채택하여 정한 회계처리기준
> 2. 제1호 외에 이 법에 따라 정한 회계처리기준
> ② 생략
> ③ 회사는 제1항 제1호 또는 제2호의 회계처리기준에 따라 재무제표 또는 연결재무제표를 작성하여야 한다.

(2) 적용대상

한국채택국제회계기준을 적용하여 재무제표 및 연결재무제표를 작성하여야 하는 회사는 주식회사등의외부감사에관한법률시행령(§6)에서 구체적으로 다음과 같이 규정하고 있다.

① 주권상장법인. 다만, 코넥스시장상장법인은 제외한다.
② 해당 사업연도 또는 다음 사업연도 중에 주권상장법인이 되려는 주식회사
③ 금융지주회사법에 따른 금융지주회사. 다만, 같은 법 제22조에 따른 전환대상자는 제외한다.
④ 은행법에 따른 은행
⑤ 자본시장과금융투자업에관한법률에 따른 투자매매업자, 투자중개업자, 집합투자업자, 신탁업자 및 종합금융회사
⑥ 보험업법에 따른 보험회사
⑦ 여신전문금융업법에 따른 신용카드업자

(3) 재무제표의 구성

기업과 관련된 다양한 이해관계자에게 회계정보를 체계적으로 전달하는 수단이 재무제표(F/S, financial statements)이다. K-IFRS상 재무제표는 다음과 같다.

① 기말 재무상태표

② 기간 포괄손익계산서

③ 기간 자본변동표

④ 기간 현금흐름표

⑤ 주석(중요한 회계정책정보와 그 밖의 설명정보로 구성, 이익잉여금처분계산서 포함)

⑥ 회계정책을 소급하여 적용하거나, 재무제표의 항목을 소급하여 재작성 또는 재분류하는 경우 가장 이른 비교기간의 기초 재무상태표

이 기준서에서 사용하는 재무제표의 명칭이 아닌 다른 명칭을 사용할 수 있다.

(4) 결산 확정절차

주) 재무제표의 작성(이사) → 이사회 승인 → 내부 및 외부감사인의 감사 → 본·지점 비치 → 정기 주주총회 승인

제출자	제출처	제출서류	제출기한 등	근거법령
이사	이사회	재무제표표,[주1] 영업보고서	(이사회 승인)	상법 §447·§447의2
이사	내부감사인	재무제표, 영업보고서	정기 주총일 6주간 전	상법 §447의3
회사	외부감사인	재무제표[주2]	정기 주총일 6주간 전[주3]	외감법 §7, 외감령 §6 1호
내부 감사인	이사	감사보고서	재무제표를 받은 날로부터 4주 내(=정기 주총일 2주간 전)	상법 §447의4
외부 감사인	회사(감사, 감사위원회 포함)	감사보고서	정기총회 1주일 전[주4]	외감법 §8 ①, 외감령 §7 ① 1호
이사	본점 / 지점	재무제표, 영업보고서, 감사보고서(내부, 외부)	정기 주총일 1주간 전부터 본점 5년, 지점 3년간 비치[주5]	상법 §448 ①, 외감법 §14 ①
이사	정기 주주총회	재무제표	(정기 주주총회 승인)[주6]	상법 §449 ①
		영업보고서	(정기 주주총회 보고)	상법 §449 ②
회사	증권선물위원회	정기총회의 승인을 받은 재무제표	정기총회 종료 후 2주일 이내	외감법 §8 ②, 외감령 §7 ②
외부 감사인	증권선물위원회, 한국공인회계사회	감사보고서	정기총회 종료 후 2주일 이내	외감법 §8 ①, 외감령 §7 ① 1호
이사	–	대차대조표	(공고)[주7]	상법 §449 ③

주1) 재무제표의 종류(외감법 §1의2, 외감령 §1의2)

   (1) 재무제표: ① 재무상태표 ② (포괄)손익계산서 ③ 자본변동표 ④ 현금흐름표 ⑤ 주석(註釋)

   (2) 연결재무제표: 주식회사와 다른 회사(조합 등 법인격이 없는 기업을 포함)가 지배·종속의 관계에 있는 경우 지배회사(주식회사만을 말함)가 작성하는 ① 연결재무상태표 ② (연결포괄)손익계산서 ③ 연결자본변동표 ④ 연결현금흐름표 ⑤ 주석(註釋)

     * 상법 및 법인세법에 따라 이익잉여금처분계산서(결손금처리계산서)의 작성이 요구됨[일반기업회계기준은 이를 주석으로 공시하도록 함(문단 2.89)].

       • 상법상 외부감사 대상 회사의 재무제표의 범위(상법 §447 ①, 상법 시행령 §16 ①): ① 대차대조표(재무상태표) ② 손익계산서 ③ 자본변동표 ④ 이익잉여금처분계산서(결손금 처리계산서) ⑤ 현금흐름표 ⑥ 주석(註釋)

       • 지배회사의 이사는 연결재무제표(聯結財務諸表)를 작성하여 이사회의 승인을 받아야 한다(상법 시행령 §16 ②).

주2) 회사의 재무제표 작성책임

   주권상장법인, 직전 사업연도 말 자산총액이 1천억 원 이상인 비상장회사 및 금융회사는 외부감사인에게 재무제표를 제출하기 전에 증권선물위원회에 재무제표를 제출하여야 함(외감법 §7 ③, 외감령 §6 ②).

주3) 연결재무제표의 제출기한(외감령 §6 2호): '회사 → 외부감사인'

   (1) K-IFRS 적용 법인: 정기 주총일 4주 전

   (2) K-IFRS 미적용 법인: 사업연도 종료일 후 90일(직전 사업연도 말 현재 자산총액 2조 원 이상 법인은 70일) 이내

주4) 연결재무제표에 대한 감사보고서의 제출기한(외감령 §7 ① 2호)

   (1) K-IFRS 적용 법인: 정기 주총일 1주 전(재무제표에 대한 감사보고서와 동시에 제출)

   (2) K-IFRS 미적용 법인: 사업연도 종료일 후 120일(직전 사업연도 말 현재 자산총액 2조 원 이상 법인은 90일) 이내

주5) 연결재무제표와 그에 대한 감사보고서의 비치: 위 '주3)'에 따른 제출기한이 지난 날부터 본점과 지점에 3년간 비치·공시(외감령 §7 ④ 2호)

주6) 재무제표 등의 승인에 대한 특칙: 재무제표의 승인은 주주총회결의로 하는 것이 원칙이나 회사는 정관으로 정하는 바에 따라 재무제표를 이사회의 결의로 승인할 수 있다. 다만, 이 경우에는 다음의 요건을 모두 충족하여야 하며, 이를 이사회가 승인한 경우에는 이사는 재무제표의 내용을 주주총회에 보고하여야 한다(상법 §449의2).

   ① 재무제표가 법령 및 정관에 따라 회사의 재무상태 및 경영성과를 적정하게 표시하고 있다는 외부감사인의 의견이 있을 것

   ② 감사(감사위원회 설치회사의 경우에는 감사위원을 말한다) 전원의 동의가 있을 것

주7) 재무제표의 공고

   ① 이사는 재무제표에 대한 주주총회의 승인을 얻은 때에는 지체 없이 대차대조표를 공고하여야 하며(상법 §449 ③), 재무상태표의 공고를 해태하거나 부정한 공고를 한 때에는 500만 원 이하의 과태료에 처한다. 다만, 그 행위에 대하여 형을 과(科)할 때에는 그러하지 아니한다(상법 §635 ① 2호).

   ② 회사가 상법에 따라 대차대조표를 공고하는 경우에는 감사인의 명칭과 감사의견을 병기(倂記)하여야 한다(외감법 §14).

   ③ 공고의 방법: 회사의 공고는 관보 또는 시사에 관한 사항을 게재하는 일간신문에 하여야 한다. 다만, 회사는 그 공고를 정관으로 정하는 바에 따라 전자적 방법으로 할 수 있다(상법 §289 ③~⑥).

> **상법 시행령 제6조【전자적 방법을 통한 회사의 공고】** ① 법 제289조 제3항 단서에 따라 회사가 전자적 방법으로 공고하려는 경우에는 회사의 인터넷 홈페이지에 게재하는 방법으로 하여야 한다.
> ② 법 제289조 제3항 단서에 따라 회사가 정관에서 전자적 방법으로 공고할 것을 정한 경우에는 회사의 인터넷 홈페이지 주소를 등기하여야 한다.

보론 | K-IFRS 최초채택(기준서 제1101호)

1. 개시 K-IFRS 재무상태표

기준서 제1101호 문단 13~19 그리고 부록 B~E에서 설명하고 있는 사항을 제외하고, 개시 한국채택국제회계기준 재무상태표를 작성할 때에는 다음 사항을 준수하여야 한다(문단 10).

(1) 한국채택국제회계기준에서 인식을 요구하는 모든 자산과 부채를 인식한다.

(2) 한국채택국제회계기준에서 인식을 허용하지 않는 항목을 자산이나 부채로 인식하지 아니한다.

(3) 과거회계기준에 따라 자산, 부채 또는 자본 구성요소의 한 종류로 인식되었으나, 한국채택회계기준에 따라 다른 종류의 자산, 부채 또는 자본 구성요소로 인식되는 항목들은 재분류한다.

(4) 인식된 모든 자산과 부채를 측정할 때 한국채택국제회계기준을 적용한다.

개시 한국채택국제회계기준 재무상태표에 적용하는 회계정책이 동일한 시점에 적용한 과거회계기준의 회계정책과 다를 수 있다. 이에 따른 조정금액은 한국채택국제회계기준 전환일 전에 발생한 사건과 거래에서 비롯된다. 따라서 한국채택국제회계기준 전환일에 그 조정 금액을 직접 이익잉여금(또는 적절하다면 자본의 다른 분류)에서 인식한다(문단 11).

2. 비교 정보

최초 한국채택국제회계기준 재무제표는 적어도 세 개의 재무상태표, 두 개의 포괄손익계산서, 두 개의 별도 손익계산서(표시하는 경우), 두 개의 현금흐름표 및 두 개의 자본변동표와 관련 주석(표시된 모든 재무제표에 대한 비교정보를 포함)을 포함하여야 한다(문단 21).

3. 한국채택국제회계기준으로의 전환에 대한 설명

과거회계기준에서 한국채택국제회계기준으로의 전환이 보고되는 재무상태, 재무성과와 현금흐름에 어떻게 영향을 미치는지 설명하여야 한다(문단 23).

4. 간주원가로서 공정가치의 사용

개시 한국채택국제회계기준 재무상태표에서 유형자산, 투자부동산, 무형자산, 사용권자산에 대하여 공정가치를 간주원가로 사용하는 경우, 최초 한국채택국제회계기준 재무제표는 개시 한국채택국제회계기준 재무상태표의 각 항목에 대해 다음 사항을 공시한다(문단 30).

(1) 공정가치의 총계

(2) 과거회계기준에 따라 보고한 장부금액에 대한 조정의 총계

5. 종속기업, 공동기업 및 관계기업에 대한 투자에 간주원가 사용

이와 유사하게, 기업이 별도재무제표에 있는 종속기업, 공동기업 또는 관계기업에 대한 투자의 간주원가를 개시 한국채택국제회계기준 재무상태표에서 사용하는 경우, 최초 한국채택국제회계기준 별도재무제표에 다음 사항을 공시한다(문단 31).

(1) 간주원가가 과거회계기준에 따른 장부금액인 경우 그러한 투자들의 간주원가 총계

(2) 간주원가가 공정가치인 경우 그러한 투자들의 간주원가 총계

(3) 과거회계기준에 따라 보고한 장부금액에 대한 조정의 총계

| 신속처리 질의 · 답변 |

K-IFRS 최초채택

1. 종속기업의 K-IFRS 최초채택

(1) 질의

지배기업은 K-IFRS를 적용하고 있고, 종속기업은 당기에 K-IFRS를 최초채택하려고 함. 지배기업은 유형자산에 원가법을 적용하고 있는 경우, 종속기업의 연결재무제표를 작성할 때 해당 유형자산의 금액은 최초 취득원가에 기초한 금액과 종속기업의 K-IFRS 전환일 공정가치에 기초한 금액 중 무엇이 적절한지?

(2) 회신

종속기업이 지배기업보다 늦게 최초채택기업이 되는 경우에는 다음 두 금액 중 하나를 적용함.
① 지배기업의 K-IFRS 전환일에 기초하여 지배기업의 연결재무제표에 포함될 장부금액
② 종속기업의 K-IFRS 전환일에 기초하여 K-IFRS 제1101호를 적용한 장부금액

2. K-IFRS 최초채택 시 토지의 간주원가

(1) 질의

일반기업회계기준을 적용하던 회사가 당기(2021년) 중 K-IFRS를 채택하여 재무제표를 전환하려고 함. 토지에는 재평가모형을 적용하였는데, 2018년도에 재평가를 한 이후 전환일까지 추가 재평가는 없었음. 회사가 K-IFRS를 채택하면서 토지를 원가모형으로 측정하려고 할 때, 2018년도의 재평가금액을 토지의 간주원가로 볼 수 있는지?

(2) 회신

2018년에 실시한 재평가금액이 ① 재평가일의 공정가치 또는 ② 일반물가지수 또는 개별물가지수 변동 등을 반영하여 조정한 K-IFRS에 따른 원가나 감가상각 후 원가와 대체로 동일하다면 재평가일의 간주원가로 사용할 수 있음(제1101호 문단 D6).

3. K-IFRS 최초채택 시 전환상환우선주의 회계처리

(1) 질의

회사는 2016년에 전환상환우선주를 발행함. 발행 당시 회사는 일반기업회계기준을 적용하여 전환상환우선주를 자본으로 분류함. 회사는 당기(2021년) 중 상장예정으로, K-IFRS를 최초로 적용하기로 결정함. K-IFRS를 적용하면 해당 전환상환우선주의 일부 요소는 부채로 분류됨. 이러한 상황에서 K-IFRS로 전환하는 경우, 전환상환우선주의 회계처리는 무엇인가(소급적용, 전진적용)?

(2) 회신

K-IFRS 제1101호 문단 7의 원칙에 따라 전환일의 재무상태표와 최초 한국채택국제회계기준 재무제표에 표시된 모든 회계기간에는 동일한 회계정책을 적용해야 함(소급적용). 다만, K-IFRS 제1101호 문단 13~19 그리고 부록 B~E와 D18에서는 소급적용의 예외 및 선택적 면제항목을 규정하고 있으나 해당 전환상환우선주는 전환일에 부채요소와 자본요소가 모두 존재하므로 소급적용 예외를 적용할 수 없음(제1101호 부록 D18).

제4절　재무보고를 위한 개념체계

1　개념체계의 의의

「개념체계」는 외부이용자를 위한 재무제표의 작성과 표시에 있어 기초가 되는 개념을 정립한다.

2　「개념체계」의 위상과 목적

개념체계는 일반목적재무보고의 목적과 개념을 서술한다. '개념체계'의 목적은 다음과 같다.

① 한국회계기준위원회가 일관된 개념에 기반하여 한국채택국제회계기준을 제·개정하는데 도움을 준다.

② 특정 거래나 다른 사건에 적용할 회계기준이 없거나 회계기준에서 회계정책 선택이 허용되는 경우에 재무제표 작성자가 일관된 회계정책을 개발하는데 도움을 준다.

③ 모든 이해관계자가 회계기준을 이해하고 해석하는데 도움을 준다.

'개념체계'는 회계기준이 아니다. 따라서 이 '개념체계'의 어떠한 내용도 회계기준이나 회계기준의 요구사항에 우선하지 아니한다.

'개념체계'는 회계기준위원회의 공식 임무에 기여한다. 이 임무는 전 세계 금융시장에 투명성, 책임성, 효율성을 제공하는 회계기준을 개발하는 것이다. 회계기준위원회의 업무는 세계 경제에서의 신뢰, 성장, 장기적 금융안정을 조성함으로써 공공이익에 기여하는 것이다. 개념체계는 다음과 같은 회계기준을 위한 기반을 제공한다.

① 투자자와 그 밖의 시장참여자가 정보에 입각한 경제적 의사결정을 내릴 수 있도록 재무정보의 국제적 비교가능성과 정보의 질을 향상시킴으로써 투명성에 기여한다.

② 자본제공자와 자본수탁자 간의 정보 격차를 줄임으로써 책임성을 강화한다. '개념체계'에 기반한 회계기준은 경영진의 책임을 묻기 위한 필요한 정보를 제공한다. 국제적으로 비교가능한 정보의 원천으로서 이 회계기준은 전 세계 규제기관에게도 매우 중요하다.

③ 투자자에게 전 세계의 기회와 위험을 파악하도록 도움을 주어 자본 배분을 향상시킴

으로써 경제적 효율성에 기여한다. 기업이 개념체계에 기반한 신뢰성 있는 단일의 회계 언어를 사용하면 자본비용이 낮아지고 국제보고 비용이 절감된다.

3 개념체계의 적용범위

이 개념체계는 다음의 사항을 다룬다.
① 일반목적 재무보고의 목적
② 유용한 재무정보의 질적특성
③ 재무제표와 보고기업
④ 재무제표 요소
⑤ 인식과 제거
⑥ 측정
⑦ 표시와 공시
⑧ 자본 및 자본유지의 개념

4 일반목적재무보고의 목적

일반목적재무보고의 목적은 현재 및 잠재적 투자자, 대여자와 그 밖의 채권자가 기업에 자원을 제공하는 것과 관련된 의사결정을 할 때 유용한 보고기업 재무정보를 제공하는 것이다.
그 의사결정은 다음을 포함한다.
① 지분상품 및 채무상품의 매수, 매도 또는 보유
② 대여 및 기타 형태의 신용 제공 또는 결제
③ 기업의 경제적자원 사용에 영향을 미치는 경영진의 행위에 대한 의결권 또는 영향을 미치는 권리 행사

5 유용한 재무정보의 질적특성

유용한 재무정보의 질적특성은 재무보고서에 포함된 정보(재무정보)에 근거하여 보고기업에 대한 의사결정을 할 때 현재 및 잠재적 투자자, 대여자와 그 밖의 채권자에게 가장 유용할 정보의 유형을 식별하는 것이다.

한편, 개념체계는 질적특성을 근본적 질적특성과 보강적 질적특성으로 구분하여 규정하고 있다.

(1) 근본적 질적특성

근본적 질적특성은 목적적합성과 표현충실성이다(문단 QC5).

① 목적적합성

목적적합한 재무정보는 정보이용자의 의사결정에 차이가 나도록 할 수 있다. 정보는 일부 정보이용자가 이를 이용하지 않기로 선택하거나 다른 원천을 통하여 이미 이를 알고 있다고 할지라도 의사결정에 차이가 나도록 할 수 있다(문단 QC6).

재무정보에 예측가치, 확인가치 또는 이 둘 모두가 있다면 그 재무정보는 의사결정에 차이가 나도록 할 수 있다.

가. 예측가치

정보이용자들이 미래 결과를 예측하기 위해 사용하는 절차의 투입요소로 재무정보가 사용될 수 있다면, 그 재무정보는 예측가치를 갖는다. 재무정보가 예측가치를 갖기 위해서 그 자체가 예측치 또는 예상치일 필요는 없다. 예측가치를 갖는 재무정보는 정보이용자 자신이 예측하는데 사용된다.

나. 확인가치

재무정보가 과거 평가에 대해 피드백을 제공한다면(과거 평가를 확인하거나 변경시킨다면) 확인가치를 갖는다.

다. 예측가치와 확인가치의 상호연관

재무정보의 예측가치와 확인가치는 상호 연관되어 있다. 예측가치를 갖는 정보는 확인가치도 갖는 경우가 많다. 예를 들어, 미래연도 수익의 예측 근거로 사용할 수 있는 당해 연도 수익 정보를 과거 연도에 행한 당해 연도 수익예측치와 비교할 수 있다. 그 비교 결과는 정보이용자가 그 과거 예측에 사용한 절차를 수정하고 개선하는데 도움을 줄 수 있다.

② 표현충실성

재무보고서는 경제적 현상을 글과 숫자로 나타내는 것이다. 재무정보가 유용하기 위해서는 목적적합한 현상을 표현하는 것뿐만 아니라 나타내고자 하는 현상을 충실하게 표현해야 한다. 완벽하게 표현충실성을 하기 위해서는 서술에 세 가지의 특성이 있어야 할 것이다.

서술은 완전하고, 중립적이며, 오류가 없어야 할 것이다. 물론 완벽은 이루기 매우 어렵다. 회계기준위원회의 목적은 가능한 한 이러한 그 특성을 극대화하는 것이다.

가. 완전한 서술

완전한 서술은 필요한 기술과 설명을 포함하여 정보이용자가 서술되는 현상을 이해하는 데 필요한 모든 정보를 포함하는 것이다. 예를 들어, 자산 집합의 완전한 서술은 적어도 집합 내 자산의 특성에 대한 기술과 집합 내 모든 자산의 수량적 서술, 그러한 수량적 서술이 표현하고 있는 기술 내용(예: 역사적 원가 또는 공정가치)을 포함한다. 일부 항목의 경우 완전한 서술은 항목의 질 및 성격, 그 항목의 질 및 성격에 영향을 줄 수 있는 요인과 상황 그리고 수량적 서술을 결정하는데 사용된 절차에 대한 유의적인 사실의 설명을 수반할 수도 있다.

나. 중립적 서술

중립적 서술은 재무정보의 선택이나 표시에 편의가 없는 것이다. 중립적 서술은, 정보이용자가 재무정보를 유리하게 또는 불리하게 받아들일 가능성을 높이기 위해 편파적이 되거나, 편중되거나, 강조되거나, 경시되거나 그 밖의 방식으로 조작되지 않는다. 중립적 정보는 목적이 없거나 행동에 대한 영향력이 없는 정보를 의미하지 않는다. 오히려 목적적합한 재무정보는 정의상 정보이용자의 의사결정에 차이가 나도록 할 수 있는 정보이다.

(2) 보강적 질적특성

비교가능성, 검증가능성, 적시성 및 이해가능성은 목적적합성과 나타내고자 하는바를 충실하게 표현하는 것 모두를 충족하는 정보의 유용성을 보강시키는 질적특성이다. 보강적 질적특성은 만일 어떤 두 가지 방법이 현상을 동일하게 목적적합한 정보이고 동일하게 충실한 표현을 제공하는 것이라면 어느 방법을 그 현상의 서술에 사용해야 할지를 결정하는 데에도 도움을 줄 수 있다.

① 비교가능성[1]

비교가능성은 이용자들이 항목 간의 유사점과 차이점을 식별하고 이해할 수 있게 하는 질적특성이다. 다른 질적특성과 달리 비교가능성은 단 하나의 항목에 관련된 것이 아니다.

---

1) 일관성은 비교가능성과 관련은 되어 있지만 동일하지는 않다. 일관성은 한 보고기업 내에서 기간 간 또는 같은 기간 동안에 기업 간 동일한 항목에 대해 동일한 방법을 적용하는 것을 말한다. 비교가능성은 목표이고, 일관성은 그 목표를 달성하는데 도움을 준다.

비교하려면 최소한 두 항목이 필요하다.

② 검증가능성

검증가능성은 정보가 나타내고자 하는 경제적 현상을 충실히 표현하는지를 이용자들이 확인하는데 도움을 준다. 검증가능성은 합리적인 판단력이 있고 독립적인 서로 다른 관찰자가 어떤 서술이 표현충실성에 있어, 비록 반드시 완전히 의견이 일치하지는 못하더라도 합의에 이를 수 있다는 것을 의미한다. 계량화된 정보가 검증가능하기 위해서 단일 추정치이어야 할 필요는 없다. 가능한 금액의 범위 및 관련된 확률도 검증될 수 있다.

③ 적시성

적시성은 의사결정에 영향을 미칠 수 있도록 의사결정자가 정보를 제때 이용가능하게 하는 것을 의미한다. 일반적으로 정보는 오래될수록 유용성이 낮아진다. 그러나 일부 정보는 보고기간 말 후에도 오랫동안 적시성이 있을 수 있다. 예를 들어, 일부 정보이용자는 추세를 식별하고 평가할 필요가 있을 수 있기 때문이다.

④ 이해가능성

정보를 명확하고 간결하게 분류하고, 특정 지으며, 표시하면 이해가능하게 된다.

일부 현상은 본질적으로 복잡하여 이해하기 쉽게 할 수 없다. 그 현상에 대한 정보를 재무보고서에서 제외하면 그 재무보고서의 정보를 더 이해하기 쉽게 할 수 있다. 그러나 그 보고서는 불완전하여 잠재적으로 오도할 수 있다.

재무보고서는 사업활동과 경제활동에 대해 합리적인 지식이 있고, 부지런히 정보를 검토하고 분석하는 이용자들을 위해 작성된다. 때로는 박식하고 부지런한 정보이용자도 복잡한 경제적 현상에 대한 정보를 이해하기 위해 자문가의 도움을 받는 것이 필요할 수 있다.

6 재무제표와 보고기업

(1) 재무제표

재무제표는 재무제표 요소의 정의를 충족하는 ① 보고기업의 경제적자원 ② 보고기업에 대한 청구권 및 ③ 경제적자원과 청구권의 변동에 관한 정보를 제공한다.

1) 재무제표의 목적과 범위

재무제표의 목적은 보고기업에 유입될 미래순현금흐름에 대한 전망과 보고기업의 경제적자원에 대한 경영진의 수탁책임을 평가하는데 유용한 보고기업의 자산, 부채, 자본, 수익 및 비용에 대한 재무정보를 재무제표이용자들에게 제공하는 것이다.

이러한 정보는 다음을 통해 제공된다.

① 자산, 부채 및 자본이 인식된 재무상태표

② 수익과 비용이 인식된 재무성과표

③ 다음에 관한 정보가 표시되고 공시된 다른 재무제표와 주석

㉮ 인식된 자산, 부채, 자본, 수익 및 비용, 그 각각의 성격과 인식된 자산 및 부채에서 발생하는 위험에 대한 정보를 포함한다.

㉯ 인식되지 않은 자산 및 부채, 그 각각의 성격과 인식되지 않은 자산과 부채에서 발생하는 위험에 대한 정보를 포함한다.

㉰ 현금흐름

㉱ 자본청구권 보유자의 출자와 자본청구권 보유자에 대한 분배

㉲ 표시되거나 공시된 금액을 추정하는데 사용된 방법, 가정과 판단 및 그러한 방법, 가정과 판단의 변경

2) 보고기간

재무제표는 특정 기간(보고기간)에 대하여 작성되며, 다음에 관한 정보를 제공한다.

① 보고기간 말 현재 또는 보고기간 중 존재했던 자산과 부채(미인식된 자산과 부채 포함) 및 자본

② 보고기간의 수익과 비용

3) 재무제표에 채택된 관점

재무제표는 기업의 현재 및 잠재적 투자자, 대여자와 그 밖의 채권자 중 특정 집단의 관점이 아닌 보고기업 전체의 관점에서 거래 및 그 밖의 사건에 대한 정보를 제공한다.

4) 계속기업 가정

재무제표는 일반적으로 보고기업이 계속기업이며 예측가능한 미래에 영업을 계속할 것이라는 가정하에 작성된다. 따라서 기업이 청산을 하거나 거래를 중단하려는 의도가 없으

며, 그럴 필요도 없다고 가정한다. 만약 그러한 의도나 필요가 있다면, 재무제표는 계속기업과는 다른 기준에 따라 작성되어야 한다. 그러한 경우라면, 사용된 기준을 재무제표에 기술한다.

(2) 보고기업

① 보고기업은 재무제표를 작성해야 하거나 작성하기로 선택한 기업이다. 보고기업은 단일의 실체이거나 어떤 실체의 일부일 수 있으며, 둘 이상의 실체로 구성될 수도 있다. 보고기업이 반드시 법적 실체일 필요는 없다.

② 한 기업(지배기업)이 다른 기업(종속기업)을 지배하는 경우가 있다. 보고기업이 지배기업과 종속기업으로 구성된다면 그 보고기업의 재무제표를 '연결재무제표'라고 부른다. 보고기업이 지배기업 단독인 경우 그 보고기업의 재무제표를 '비연결재무제표'라고 부른다.

③ 보고기업이 지배-종속관계로 모두 연결되어 있지는 않은 둘 이상 실체들로 구성된다면 그 보고기업의 재무제표를 '결합재무제표'라고 부른다.

④ 연결재무제표는 단일의 보고기업으로서의 지배기업과 종속기업의 자산, 부채, 자본, 수익 및 비용에 대한 정보를 제공한다. 이 정보는 지배기업의 현재 및 잠재적 투자자, 대여자와 그 밖의 채권자가 지배기업에 유입될 미래현금흐름에 대한 전망을 평가하는데 유용하다. 그 이유는 지배기업에 유입되는 순현금흐름에 지배기업이 종속기업으로부터 받는 분배가 포함되고, 그러한 분배는 종속기업에 유입되는 순현금흐름에 달려있기 때문이다.

⑤ 연결재무제표는 특정 종속기업의 자산, 부채, 자본, 수익 및 비용에 대한 별도의 정보를 제공하도록 만들어지지 않았다. 종속기업 자체의 재무제표가 그러한 정보를 제공하기 위해 만들어져 있다.

⑥ 비연결재무제표는 종속기업에 대해서가 아닌 지배기업의 자산, 부채, 자본, 수익 및 비용에 대한 정보를 제공하도록 만들어졌다. 그러한 정보는 다음의 이유로 지배기업의 현재 및 잠재적 투자자, 대여자와 그 밖의 채권자에게 유용할 수 있다.

㉮ 지배기업에 대한 청구권은 일반적으로 그 보유자에게 종속기업에 대한 청구권을 부여하지 않는다.

㉯ 일부 국가에서는 지배기업의 자본청구권 보유자에게 법적으로 분배될 수 있는 금액이 지배기업의 분배가능 잉여금(distributable reserves)에 달려있다.

지배기업만의 자산, 부채, 자본, 수익 및 비용의 일부 또는 전부에 대한 정보를 제공하는 또다른 방법은 그러한 정보를 연결재무제표의 주석에 기재하는 것이다.

⑦ 비연결재무제표에 제공되는 정보는 일반적으로 지배기업의 현재 및 잠재적 투자자, 대여자와 그 밖의 채권자의 정보수요를 충족하기에 충분하지 않다. 따라서 연결재무제표가 요구되는 경우에는 비연결재무제표가 연결재무제표를 대신할 수 없다. 그럼에도 불구하고, 지배기업은 연결재무제표에 추가하여 비연결재무제표를 작성해야 하거나 작성하기로 선택할 수 있다.

7 재무제표 요소

재무제표 요소는 다음과 같다.
① 보고기업의 재무상태와 관련된 자산, 부채 및 자본
② 보고기업의 재무성과와 관련된 수익(income) 및 비용

| 재무제표 요소 |

항 목	요소	정의 또는 설명
경제적자원	자산	과거사건의 결과로 기업이 통제하는 현재의 경제적자원. 경제적자원은 경제적효익을 창출할 잠재력을 지닌 권리이다.
청구권	부채	과거사건의 결과로 기업의 경제적자원을 이전해야 하는 현재의무
	자본	기업의 자산에서 모든 부채를 차감한 후의 잔여지분
재무성과를 반영하는 경제적자원 및 청구권의 변동	수익	자본의 증가를 가져오는 자산의 증가나 부채의 감소로서, 자본청구권 보유자의 출자와 관련된 것은 제외
	비용	자본의 감소를 가져오는 자산의 감소나 부채의 증가로서, 자본청구권 보유자에 대한 분배와 관련된 것은 제외
그 밖의 경제적자원 및 청구권의 변동	–	자본청구권 보유자에 의한 출자와 그들에 대한 분배
	–	자본의 증가나 감소를 초래하지 않는 자산이나 부채의 교환

(1) 자산의 정의

자산은 과거사건의 결과로 기업이 통제하는 현재의 경제적자원이며, 경제적효익을 창출할 잠재력을 지닌 권리이다.

1) 권리

경제적효익을 창출할 잠재력을 지닌 권리는 다음을 포함하여 다양한 형태를 갖는다.

① 다른 당사자의 의무에 해당하는 권리. 예를 들면 다음과 같다.

   ㉮ 현금을 수취할 권리

   ㉯ 재화나 용역을 제공받을 권리

   ㉰ 유리한 조건으로 다른 당사자와 경제적자원을 교환할 권리. 이러한 권리에는 예를 들어 현재 유리한 조건으로 경제적자원을 구매하는 선도계약 또는 경제적자원을 구매하는 옵션이 포함된다.

   ㉱ 불확실한 특정 미래사건이 발생하면 다른 당사자가 경제적효익을 이전하기로 한 의무로 인해 효익을 얻을 권리

② 다른 당사자의 의무에 해당하지 않는 권리. 예를 들면 다음과 같다.

   ㉮ 유형자산 또는 재고자산과 같은 물리적 대상에 대한 권리. 이러한 권리의 예로는 물리적 대상을 사용할 권리 또는 리스제공자산의 잔존가치에서 효익을 얻을 권리가 있다.

   ㉯ 지적재산 사용권

2) 경제적효익을 창출할 잠재력

① 경제적자원은 경제적효익을 창출할 잠재력을 지닌 권리이다. 잠재력이 있기 위해 권리가 경제적효익을 창출할 것이라고 확신하거나 그 가능성이 높아야 하는 것은 아니다. 권리가 이미 존재하고, 적어도 하나의 상황에서 그 기업을 위해 다른 모든 당사자들에게 이용가능한 경제적효익을 초과하는 경제적효익을 창출할 수 있으면 된다.

② 경제적효익을 창출할 가능성이 낮더라도 권리가 경제적자원의 정의를 충족할 수 있고, 따라서 자산이 될 수 있다. 그럼에도 불구하고, 그러한 낮은 가능성은 자산의 인식 여부와 측정방법을 포함하여, 자산과 관련하여 제공해야 할 정보와 그 정보를 제공하는 방법에 대한 결정에 영향을 미칠 수 있다.

3) 통제

기업은 경제적자원의 사용을 지시하고 그로부터 유입될 수 있는 경제적효익을 얻을 수 있는 현재의 능력이 있다면, 그 경제적자원을 통제한다. 통제에는 다른 당사자가 경제적자원의 사용을 지시하고 이로부터 유입될 수 있는 경제적효익을 얻지 못하게 하는 현재의 능

력이 포함된다. 따라서 일방의 당사자가 경제적자원을 통제하면 다른 당사자는 그 자원을 통제하지 못한다.

(2) 부채의 정의

부채는 과거사건의 결과로 기업이 경제적자원을 이전해야 하는 현재의무이다.
부채가 존재하기 위해서는 다음의 세 가지 조건을 모두 충족하여야 한다.
① 기업에게 의무가 있다.
② 의무는 경제적자원을 이전하는 것이다.
③ 의무는 과거사건의 결과로 존재하는 현재의무이다.

1) 의무

의무란 기업이 회피할 수 있는 실제 능력이 없는 책무나 책임을 말한다. 의무는 항상 다른 당사자(또는 당사자들)에게 이행해야 한다. 다른 당사자(또는 당사자들)는 사람이나 또 다른 기업, 사람들 또는 기업들의 집단, 사회 전반이 될 수 있다. 의무를 이행할 대상인 당사자(또는 당사자들)의 신원을 알 필요는 없다.

2) 경제적자원의 이전

① 이 조건을 충족하기 위해, 의무에는 기업이 경제적자원을 다른 당사자(또는 당사자들)에게 이전하도록 요구받게 될 잠재력이 있어야 한다. 그러한 잠재력이 존재하기 위해서는, 기업이 경제적자원의 이전을 요구받을 것이 확실하거나 그 가능성이 높아야 하는 것은 아니다. 예를 들어, 불확실한 특정 미래사건이 발생할 경우에만 이전이 요구될 수도 있다. 의무가 이미 존재하고, 적어도 하나의 상황에서 기업이 경제적자원을 이전하도록 요구되기만 하면 된다.
② 경제적자원을 이전해야 하는 의무는 다음의 예를 포함한다.
　㉮ 현금을 지급할 의무
　㉯ 재화를 인도하거나 용역을 제공할 의무
　㉰ 불리한 조건으로 다른 당사자와 경제적자원을 교환할 의무. 예를 들어, 이러한 의무는 현재 불리한 조건으로 경제적자원을 판매하는 선도계약 또는 다른 당사자가 해당 기업으로부터 경제적자원을 구입할 수 있는 옵션을 포함한다.
　㉱ 불확실한 특정 미래사건이 발생할 경우 경제적자원을 이전할 의무

㉺ 기업에게 경제적자원을 이전하도록 요구하는 금융상품을 발행할 의무

3) 과거사건으로 생긴 현재의무

현재의무는 다음 모두에 해당하는 경우에만 과거사건의 결과로 존재한다.

① 기업이 이미 경제적효익을 얻었거나 조치를 취했고,

② 그 결과로 기업이 이전하지 않아도 되었을 경제적자원을 이전해야 하거나 이전하게 될 수 있는 경우

(3) 자본의 정의

자본은 기업의 자산에서 모든 부채를 차감한 후의 잔여지분이다.

① 자본청구권은 기업의 자산에서 모든 부채를 차감한 후의 잔여지분에 대한 청구권이다. 즉, 부채의 정의에 부합하지 않는 기업에 대한 청구권이다. 그러한 청구권은 계약, 법률 또는 이와 유사한 수단에 의해 성립될 수 있으며, 부채의 정의를 충족하지 않는한, 다음을 포함한다.

㉮ 기업이 발행한 다양한 유형의 지분

㉯ 기업이 또다른 자본청구권을 발행할 의무

② 보통주 및 우선주와 같이 서로 다른 종류의 자본청구권은 보유자에게 서로 다른 권리, 예를 들어 다음 중 일부 또는 전부를 기업으로부터 받을 권리를 부여할 수 있다.

㉮ 배당금(기업이 적격한 보유자에게 배당금을 지불하기로 한 경우)

㉯ 청산 시점에 전액을 청구하거나, 청산이 아닌 시점에 부분적인 금액을 청구하는 자본청구권을 이행하기 위한 대가

㉰ 그 밖의 자본청구권

(4) 수익과 비용의 정의

① 수익은 자산의 증가 또는 부채의 감소로서 자본의 증가를 가져오며, 자본청구권 보유자의 출자와 관련된 것을 제외한다.

② 비용은 자산의 감소 또는 부채의 증가로서 자본의 감소를 가져오며, 자본청구권 보유자에 대한 분배와 관련된 것을 제외한다.

③ 이러한 수익과 비용의 정의에 따라, 자본청구권 보유자로부터의 출자는 수익이 아니며 자본청구권 보유자에 대한 분배는 비용이 아니다.

8 인식과 제거

(1) 인식 절차

인식은 자산, 부채, 자본, 수익 또는 비용과 같은 재무제표 요소 중 하나의 정의를 충족하는 항목을 재무상태표나 재무성과표에 포함하기 위하여 포착하는 과정이다. 인식은 그러한 재무제표 중 하나에 어떤 항목(단독으로 또는 다른 항목과 통합하여)을 명칭과 화폐금액으로 나타내고, 그 항목을 해당 재무제표의 하나 이상의 합계에 포함시키는 것과 관련된다. 자산, 부채 또는 자본이 재무상태표에 인식되는 금액을 '장부금액'이라고 한다.

재무상태표와 재무성과표는 재무정보를 비교가능하고 이해하기 쉽도록 구성한 구조화된 요약으로, 기업이 인식하는 자산, 부채, 자본, 수익 및 비용을 나타낸다. 이러한 요약의 구조상 중요한 특징은 재무제표에 인식하는 금액은 재무제표에 인식될 항목들이 연계되는 총계들과 (해당될 경우) 소계들에 포함된다는 점이다.

인식에 따라 재무제표 요소, 재무상태표 및 재무성과표가 다음과 같이 연계된다.

① 재무상태표의 보고기간 기초와 기말의 총자산에서 총부채를 차감한 것은 총자본과 같다.

② 보고기간에 인식한 자본변동은 다음과 같이 구성되어 있다.

㉮ 재무성과표에 인식된 수익에서 비용을 차감한 금액

㉯ 자본청구권 보유자로부터의 출자에서 자본청구권 보유자에의 분배를 차감한 금액

하나의 항목(또는 장부금액의 변동)의 인식은 하나 이상의 다른 항목(또는 하나 이상의 다른 항목의 장부금액의 변동)의 인식 또는 제거가 필요하기 때문에 재무제표들은 예를 들어 다음과 같이 연계된다.

① 수익의 인식은 다음과 동시에 발생한다.

㉮ 자산의 최초인식 또는 자산의 장부금액의 증가

㉯ 부채의 제거 또는 부채의 장부금액의 감소

② 비용의 인식은 다음과 동시에 발생한다.

㉮ 부채의 최초인식 또는 부채의 장부금액의 증가

㉯ 자산의 제거 또는 자산의 장부금액의 감소

| 인식에 따라 재무제표 요소들이 연계되는 방법 |

```
┌─────────────────────────────┐
│      보고기간 기초의 재무상태표      │
├─────────────────────────────┤
│        자산 – 부채 = 자본         │
└─────────────────────────────┘
               +
┌─────────────────────────────┐
│           재무성과표            │
├─────────────────────────────┤
│         수익 – 비용            │
└─────────────────────────────┘  ┐
               +                 ├ 자본의 변동
┌─────────────────────────────┐  │
│     자본청구권 보유자로부터의 출자    │
│    – 자본청구권 보유자에의 분배     │
└─────────────────────────────┘  ┘
               =
┌─────────────────────────────┐
│      보고기간 기말의 재무상태표      │
├─────────────────────────────┤
│        자산 – 부채 = 자본         │
└─────────────────────────────┘
```

(2) 인식기준

자산, 부채 또는 자본의 정의를 충족하는 항목만이 재무상태표에 인식된다. 마찬가지로 수익이나 비용의 정의를 충족하는 항목만이 재무성과표에 인식된다. 그러나 그러한 요소 중 하나의 정의를 충족하는 항목이라고 할지라도 항상 인식되는 것은 아니다.

요소의 정의를 충족하는 항목을 인식하지 않는 것은 재무상태표 및 재무성과표를 완전하지 않게 하고 재무제표에서 유용한 정보를 제외할 수 있다. 반면에, 어떤 상황에서는 요소의 정의를 충족하는 일부 항목을 인식하는 것이 오히려 유용한 정보를 제공하지 않을 수 있다. 자산이나 부채를 인식하고 이에 따른 결과로 수익, 비용 또는 자본변동을 인식하는 것이 재무제표이용자들에게 다음과 같이 유용한 정보를 모두 제공하는 경우에만 자산이나 부채를 인식한다.

① 자산이나 부채에 대한 그리고 이에 따른 결과로 발생하는 수익, 비용 또는 자본변동에 대한 목적적합한 정보(문단 5.12~5.17 참조)
② 자산이나 부채 그리고 이에 따른 결과로 발생하는 수익, 비용 또는 자본변동의 충실한 표현(문단 5.18~5.25 참조)

(3) 제거

제거는 기업의 재무상태표에서 인식된 자산이나 부채의 전부 또는 일부를 삭제하는 것이다. 제거는 일반적으로 해당 항목이 더 이상 자산 또는 부채의 정의를 충족하지 못할 때 발생한다.

① 자산은 일반적으로 기업이 인식한 자산의 전부 또는 일부에 대한 통제를 상실하였을 때 제거한다.

② 부채는 일반적으로 기업이 인식한 부채의 전부 또는 일부에 대한 현재의무를 더 이상 부담하지 않을 때 제거한다.

제거에 대한 회계 요구사항은 다음 두 가지를 모두 충실히 표현하는 것을 목표로 한다.

① 제거를 초래하는 거래나 그 밖의 사건 후의 잔여 자산과 부채(그 거래나 그 밖의 사건의 일부로 취득, 발생 또는 창출한 자산이나 부채 포함)

② 그 거래나 그 밖의 사건으로 인한 기업의 자산과 부채의 변동

9 측 정

재무제표에 인식된 요소들은 화폐단위로 수량화되어 있다. 이를 위해 측정기준을 선택해야 한다. 측정기준은 측정 대상 항목에 대해 식별된 속성(예: 역사적 원가, 공정가치 또는 이행가치)이다. 자산이나 부채에 측정기준을 적용하면 해당 자산이나 부채, 관련 수익과 비용의 측정치가 산출된다.

개별 기준서에는 그 기준서에서 선택한 측정기준을 적용하는 방법이 기술될 필요가 있을 것이다. 이 기술에는 다음을 포함할 수 있다.

① 특정 측정기준을 적용하여 측정치를 추정하기 위해 사용할 수 있거나 사용해야 하는 기법의 명시

② 우선하는 측정기준에 의해 제공되는 정보와 유사한 정보를 제공할 수 있는 단순화된 측정 접근법 명시

③ 측정기준을 수정할 수 있는 방법의 설명[예: 기업이 부채를 이행하지 못할 가능성(자신의 신용 위험)의 영향을 부채의 이행가치에서 배제]

(1) 역사적 원가

① 역사적 원가 측정치는 적어도 부분적으로 자산, 부채 및 관련 수익과 비용을 발생시키는 거래나 그 밖의 사건의 가격에서 도출된 정보를 사용하여 자산, 부채 및 관련 수익과 비용에 관한 화폐적 정보를 제공한다. 현행가치와 달리 역사적 원가는 자산의 손상

이나 손실부담에 따른 부채와 관련되는 변동을 제외하고는 가치의 변동을 반영하지 않는다.

② 자산을 취득하거나 창출할 때의 역사적 원가는 자산의 취득 또는 창출에 발생한 원가의 가치로서, 자산을 취득 또는 창출하기 위하여 지급한 대가와 거래원가를 포함한다. 부채가 발생하거나 인수할 때의 역사적 원가는 발생시키거나 인수하면서 수취한 대가에서 거래원가를 차감한 가치이다.

③ 역사적 원가 측정기준을 금융자산과 금융부채에 적용하는 한 가지 방법은 상각후원가로 측정하는 것이다. 금융자산과 금융부채의 상각후원가는 최초인식 시점에 결정된 이자율로 할인한 미래현금흐름 추정치를 반영한다. 변동금리상품의 경우, 할인율은 변동금리의 변동을 반영하기 위해 갱신된다. 금융자산과 금융부채의 상각후원가는 이자의 발생, 금융자산의 손상 및 수취 또는 지급과 같은 후속 변동을 반영하기 위해 시간의 경과에 따라 갱신된다.

(2) 현행가치

현행가치 측정치는 측정일의 조건을 반영하기 위해 갱신된 정보를 사용하여 자산, 부채 및 관련 수익과 비용의 화폐적 정보를 제공한다. 이러한 갱신에 따라 자산과 부채의 현행가치는 이전 측정일 이후의 변동, 즉 현행가치에 반영되는 현금흐름과 그 밖의 요소의 추정치의 변동을 반영한다. 역사적 원가와는 달리, 자산이나 부채의 현행가치는 자산이나 부채를 발생시킨 거래나 그 밖의 사건의 가격으로부터 부분적으로라도 도출되지 않는다.

현행가치 측정기준은 다음을 포함한다.

- 공정가치
- 자산의 사용가치 및 부채의 이행가치
- 현행원가

① 공정가치

공정가치는 측정일에 시장참여자 사이의 정상거래에서 자산을 매도할 때 받거나 부채를 이전할 때 지급하게 될 가격이다.

공정가치는 기업이 접근할 수 있는 시장의 참여자 관점을 반영한다. 시장참여자가 경제적으로 최선의 행동을 한다면 자산이나 부채의 가격을 결정할 때 사용할 가정과 동일한 가정을 사용하여 그 자산이나 부채를 측정한다.

일부의 경우, 공정가치는 활성시장에서 관측되는 가격으로 직접 결정될 수 있다. 다른 경우에는 다음의 요인을 모두 반영하는 측정기법(예: 현금흐름기준 측정기법)을 사용하여 간접적으로 결정된다.

㉮ 미래현금흐름 추정치

㉯ 측정 대상 자산이나 부채에 대한 미래현금흐름의 추정 금액이나 시기가 그 현금흐름에 내재된 불확실성으로 인해 변동할 가능성

㉰ 화폐의 시간가치

㉱ 현금흐름에 내재된 불확실성을 부담하는 것에 대한 가격(위험 할증 또는 위험 할인). 불확실성을 부담하기 위한 가격은 그 불확실성의 정도에 따라 달라진다. 이러한 가격은 투자자들이 일반적으로 현금흐름이 확실한 자산(부채)보다 현금흐름이 불확실한 자산(부채)을 취득하는(인수하는)데 더 적은(많은) 금액을 지급(요구)할 것이라는 사실도 반영한다.

㉲ 그 밖의 요소(예: 상황에 따라 시장참여자들이 유동성을 고려한다면 그 유동성)

② 사용가치와 이행가치

사용가치는 기업이 자산의 사용과 궁극적인 처분으로 얻을 것으로 기대하는 현금흐름 또는 그 밖의 경제적효익의 현재가치이다. 이행가치는 기업이 부채를 이행할 때 이전해야 하는 현금이나 그 밖의 경제적자원의 현재가치이다. 이러한 현금이나 그 밖의 경제적자원의 금액은 거래상대방에게 이전되는 금액뿐만 아니라 기업이 그 부채를 이행할 수 있도록 하기 위해 다른 당사자에게 이전해야 할 것으로 기대하는 금액도 포함한다.

사용가치와 이행가치는 직접 관측될 수 없으며, 현금흐름기준 측정기법으로 결정된다. 사용가치와 이행가치는 공정가치에 대해 기술한 것과 동일한 요소를 반영하지만, 시장참여자의 관점보다는 기업 특유의 관점을 반영한다.

③ 현행원가

자산의 현행원가는 측정일 현재 동등한 자산의 원가로서 측정일에 지급할 대가와 그 날에 발생할 거래원가를 포함한다. 부채의 현행원가는 측정일 현재 동등한 부채에 대해 수취할 수 있는 대가에서 그 날에 발생할 거래원가를 차감한다. 현행원가는 역사적 원가와 마찬가지로 유입가치이다. 이는 기업이 자산을 취득하거나 부채를 발생시킬 시장에서의 가격을 반영한다. 이런 이유로, 현행원가는 유출가치인 공정가치, 사용가치 또는 이행가치와 다르

다. 그러나 현행원가는 역사적 원가와 달리 측정일의 조건을 반영한다.

10 표시와 공시

(1) 정보소통 수단으로서의 표시와 공시

보고기업은 재무제표에 정보를 표시하고 공시함으로써 기업의 자산, 부채, 자본, 수익 및 비용에 관한 정보를 전달한다.

재무제표의 정보가 효과적으로 소통되면 그 정보를 보다 목적적합하게 하고 기업의 자산, 부채, 자본, 수익 및 비용을 충실하게 표현하는데 기여한다. 또한 이는 재무제표의 정보에 대한 이해가능성과 비교가능성을 향상시킨다. 재무제표의 정보가 효과적으로 소통되려면 다음이 필요하다.

① 규칙에 초점을 맞추기보다는 표시와 공시의 목적과 원칙에 초점을 맞춘다.

② 유사한 항목은 모으고 상이한 항목은 분리하는 방식으로 정보를 분류한다.

③ 불필요한 세부사항 또는 과도한 통합에 의해 정보가 가려져서 불분명하게 되지 않도록 통합한다.

(2) 분류

분류란 표시와 공시를 위해 자산, 부채, 자본, 수익이나 비용을 공유되는 특성에 따라 구분하는 것을 말한다. 이러한 특성에는 항목의 성격, 기업이 수행하는 사업활동 내에서의 역할(또는 기능), 이들 항목을 측정하는 방법이 포함되나 이에 국한되지는 않는다.

1) 자산과 부채의 분류

① 분류는 자산 또는 부채에 대해 선택된 회계단위별로 적용하여 분류한다. 그러나 자산이나 부채 중 특성이 다른 구성요소를 구분하여 별도로 분류하는 것이 적절할 수도 있다. 이것은 이러한 구성요소를 별도로 분류한 결과 재무정보의 유용성이 향상되는 경우에 적절할 것이다. 예를 들어, 자산이나 부채를 유동요소와 비유동요소로 구분하고 이러한 구성요소를 별도로 분류하는 것이 적절할 수 있다.

② 상계는 기업이 자산과 부채를 별도의 회계단위로 인식하고 측정하지만 재무상태표에서 단일의 순액으로 합산하는 경우에 발생한다. 상계는 서로 다른 항목을 함께 분류하는 것이므로 일반적으로는 적절하지 않다.

2) 자본의 분류

유용한 정보를 제공하기 위해 자본청구권이 다른 특성을 가지고 있는 경우에는, 그 자본 청구권을 별도로 분류해야 할 수도 있다.

3) 수익과 비용의 분류

수익과 비용의 분류에는 다음 '①' 또는 '②'가 적용된다.
① 자산이나 부채에 대해 선택된 회계단위에서 발생하는 수익과 비용
② 수익이나 비용의 구성요소의 특성이 서로 다르며 이들 구성요소가 별도로 식별되는 경우 그러한 수익과 비용의 구성요소, 예를 들어 자산의 현행가치 변동에는 가치변동 의 영향과 이자의 발생이 포함될 수 있다. 이 경우 그러한 구성요소를 별도로 분류하 면 결과적인 재무정보의 유용성이 향상될 수 있으므로 별도로 분류하는 것이 적절할 것이다.

수익과 비용은 분류되어 다음 중 하나에 포함된다.
① 손익계산서
② 손익계산서 이외의 기타포괄손익

(3) 통합

① 통합은 특성을 공유하고 동일한 분류에 속하는 자산, 부채, 자본, 수익 또는 비용을 합하는 것이다.
② 통합은 많은 양의 세부사항을 요약함으로써 정보를 더욱 유용하게 만든다. 그러나 통 합은 그러한 세부사항 중 일부를 숨기기도 한다. 따라서 목적적합한 정보가 많은 양의 중요하지 않은 세부사항과 섞이거나 과도한 통합으로 인해 가려져서 불분명해지지 않 도록 균형을 찾아야 한다.
③ 재무제표의 서로 다른 부분에서는 다른 수준의 통합이 필요할 수 있다. 예를 들어, 일 반적으로 재무상태표와 재무성과표는 요약된 정보를 제공하고 자세한 정보는 주석에 서 제공한다.

제5절 재무제표 표시

1 적용범위

이 기준서 제1001호「재무제표 표시」는 한국채택국제회계기준에 따라 작성하고 표시하는 일반목적재무제표에 적용한다.

2 용어의 정의

(1) 일반목적재무제표

특정 필요에 따른 특수보고서의 작성을 기업에 요구할 수 있는 위치에 있지 아니한 재무제표이용자의 정보요구를 충족시키기 위해 작성되는 재무제표이다.

(2) 실무적으로 적용할 수 없는

기업이 모든 합리적인 노력을 했어도 요구사항을 적용할 수 없는 경우, 그 요구사항은 실무적으로 적용할 수 없다.

(3) 한국채택국제회계기준

한국회계기준원 회계기준위원회가 국제회계기준을 근거로 제정한 회계기준으로, 다음과 같이 구성된다.
① 기업회계기준서
② 기업회계기준해석서

(4) 중요한

특정 보고기업에 대한 재무정보를 제공하는 일반목적재무제표에 정보를 누락하거나 잘못 기재하거나 불분명하게 하여, 이를 기초로 내리는 주요 이용자의 의사결정에 영향을 줄 것으로 합리적으로 예상할 수 있다면 그 정보는 중요하다.

중요성은 정보의 성격이나 크기 또는 둘 다에 따라 결정된다. 기업은 전체적인 재무제표의 맥락에서 정보가 개별적으로나 다른 정보와 결합하여 중요한지를 평가한다. 그 정보를 누락하거나 잘못 기재하는 것과 비슷한 영향을 재무제표 주요 이용자에게 줄 방식으로 정보가 소통된다면 그 정보는 불분명한 것이다. 다음은 중요한 정보가 불분명해질 수 있는 상황의 예이다.

① 중요한 항목, 거래, 그 밖의 사건에 관한 정보가 재무제표에 공시되지만 사용되는 언어가 모호하거나 불명확하다.

② 중요한 항목, 거래, 그 밖의 사건에 관한 정보가 재무제표 여러 곳에 흩어져 있다.

③ 서로 다른 항목, 거래, 그 밖의 사건이 부적절하게 통합되었다.

④ 비슷한 항목, 거래, 그 밖의 사건이 부적절하게 세분화되었다.

⑤ 주요 이용자가 어떤 정보가 중요한지를 판단할 수 없을 정도로 중요한 정보가 중요하지 않은 정보에 가려져 재무제표의 이해 가능성이 낮아진다.

정보가 특정 보고기업의 일반목적재무제표 주요 이용자의 의사결정에 영향을 줄 것으로 합리적으로 예상할 수 있는지를 평가할 때에 기업은 그 기업의 상황을 고려하면서 재무제표 주요 이용자의 특성도 고려해야 한다.

현재 및 잠재적 투자자, 대여자, 그 밖의 채권자 다수는 그들에게 직접 정보를 제공하도록 보고기업에 요구할 수 없고, 그들이 필요한 재무정보의 많은 부분을 일반목적재무제표에 의존해야 한다. 따라서 그들이 일반목적재무제표가 대상으로 하는 주요 이용자이다. 재무제표는 사업활동과 경제활동에 대해 합리적인 지식이 있고, 부지런히 정보를 검토하고 분석하는 이용자를 위해 작성된다. 때로는 충분한 지식을 가지고 있고 부지런한 이용자라 하더라도 복잡한 경제적 현상에 대한 정보를 이해하기 위해 조언자의 도움을 받는 것이 필요할 수 있다.

(5) 주석

재무상태표, 포괄손익계산서, 별개의 손익계산서(표시하는 경우), 자본변동표 및 현금흐름표에 표시하는 정보에 추가하여 제공된 정보. 주석은 상기 재무제표에 표시된 항목을 구체적으로 설명하거나 세분화하고, 상기 재무제표 인식요건을 충족하지 못하는 항목에 대한 정보를 제공한다.

(6) 기타포괄손익

다른 한국채택국제회계기준서에서 요구하거나 허용하여 당기손익으로 인식하지 않은 수익과 비용항목(재분류조정 포함)을 포함한다.

(7) 소유주

자본으로 분류되는 금융상품의 보유자

(8) 당기순손익

수익에서 비용을 차감한 금액(기타포괄손익의 구성요소 제외)

(9) 재분류조정

당기나 과거 기간에 기타포괄손익으로 인식되었으나 당기손익으로 재분류된 금액

(10) 총포괄손익

거래나 그 밖의 사건으로 인한 기간 중 자본의 변동(소유주로서의 자격을 행사하는 소유주와의 거래로 인한 자본의 변동 제외)

3 전체 재무제표

(1) 전체 재무제표는 다음을 모두 포함하여야 한다.

① 기말 재무상태표
② 기간 포괄손익계산서
③ 기간 자본변동표
④ 기간 현금흐름표
⑤ 주석(중요한 회계정책정보와 그 밖의 설명정보로 구성)
⑥ 회계정책을 소급하여 적용하거나, 재무제표의 항목을 소급하여 재작성 또는 재분류하는 경우 가장 이른 비교기간의 기초 재무상태표

(2) 각각의 재무제표는 전체 재무제표에서 동등한 비중으로 표시한다.

4 공정한 표시와 한국채택국제회계기준의 준수

① 재무제표는 기업의 재무상태, 재무성과 및 현금흐름을 공정하게 표시해야 한다. 공정

한 표시를 위해서는 '재무보고를 위한 개념체계'에서 정한 자산, 부채, 수익 및 비용에 대한 정의와 인식요건에 따라 거래, 그 밖의 사건과 상황의 효과를 충실하게 표현해야 한다. 한국채택국제회계기준에 따라 작성된 재무제표(필요에 따라 추가공시한 경우 포함)는 공정하게 표시된 재무제표로 본다.

② 한국채택국제회계기준을 준수하여 재무제표를 작성하는 기업은 그러한 준수 사실을 주석에 명시적이고 제한없이 기재한다. 재무제표가 한국채택국제회계기준의 요구사항을 모두 충족한 경우가 아니라면 한국채택국제회계기준을 준수하여 작성되었다고 기재하여서는 아니 된다.

③ 한국채택국제회계기준을 준수하여 작성된 재무제표는 국제회계기준을 준수하여 작성된 재무제표임을 주석으로 공시할 수 있다.

5 계속기업

경영진은 재무제표를 작성할 때 계속기업으로서의 존속가능성을 평가해야 한다. 경영진이 기업을 청산하거나 경영활동을 중단할 의도를 가지고 있지 않거나, 청산 또는 경영활동의 중단 외에 다른 현실적 대안이 없는 경우가 아니면 계속기업을 전제로 재무제표를 작성한다. 계속기업으로서의 존속능력에 유의적인 의문이 제기될 수 있는 사건이나 상황과 관련된 중요한 불확실성을 알게 된 경우, 경영진은 그러한 불확실성을 공시하여야 한다. 재무제표가 계속기업의 기준하에 작성되지 않는 경우에는 그 사실과 함께 재무제표가 작성된 기준 및 그 기업을 계속기업으로 보지 않는 이유를 공시하여야 한다.

6 발생기준 회계

기업은 현금흐름 정보를 제외하고는 발생기준 회계를 사용하여 재무제표를 작성한다.

7 중요성과 통합표시

유사한 항목은 중요성 분류에 따라 재무제표에 구분하여 표시한다. 상이한 성격이나 기능을 가진 항목은 구분하여 표시한다. 다만, 중요하지 않은 항목은 성격이나 기능이 유사한 항목과 통합하여 표시할 수 있다.

8 상 계

한국채택국제회계기준에서 요구하거나 허용하지 않는 한 자산과 부채 그리고 수익과 비용은 상계하지 아니한다.

9 보고빈도

전체 재무제표(비교정보를 포함)는 적어도 1년마다 작성한다. 보고기간 종료일을 변경하여 재무제표의 보고기간이 1년을 초과하거나 미달하는 경우 재무제표 해당 기간뿐만 아니라 다음 사항을 추가로 공시한다.
① 보고기간이 1년을 초과하거나 미달하게 된 이유
② 재무제표에 표시된 금액이 완전하게 비교가능하지는 않다는 사실

10 비교정보

한국채택국제회계기준이 달리 허용하거나 요구하는 경우를 제외하고는 당기 재무제표에 보고되는 모든 금액에 대해 전기 비교정보를 공시한다. 당기 재무제표를 이해하는데 목적적합하다면 서술형 정보의 경우에도 비교정보를 포함한다.

11 표시의 계속성

재무제표 항목의 표시와 분류는 다음의 경우를 제외하고는 매기 동일하여야 한다.
① 사업내용의 유의적인 변화나 재무제표를 검토한 결과 다른 표시나 분류방법이 더 적절한 것이 명백한 경우. 이 경우 기업회계기준서 제1008호에서 정하는 회계정책의 선택 및 적용요건을 고려한다.
② 한국채택국제회계기준에서 표시방법의 변경을 요구하는 경우

12 재무제표의 식별

① 재무제표는 동일한 문서에 포함되어 함께 공표되는 그 밖의 정보와 명확하게 구분되고 식별되어야 한다.

② 각 재무제표와 주석은 명확하게 식별되어야 한다. 또한 다음 정보가 분명하게 드러나야 하며, 정보의 이해를 위해서 필요할 때에는 반복 표시하여야 한다.

    가. 보고기업의 명칭 또는 그 밖의 식별 수단과 전기 보고기간 말 이후 그러한 정보의 변경내용

    나. 재무제표가 개별 기업에 대한 것인지 연결실체에 대한 것인지의 여부

    다. 재무제표나 주석의 작성대상이 되는 보고기간 종료일 또는 보고기간

    라. 기업회계기준서 제1021호에 정의된 표시통화

    마. 재무제표의 금액 표시를 위하여 사용한 금액 단위

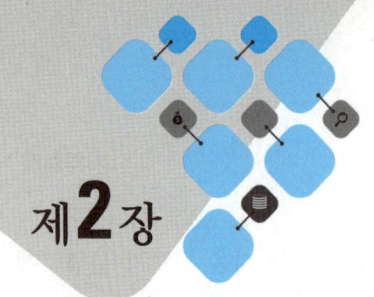

제**2**장

법인세의 신고 · 납부

제1절 신고 · 납부절차

법인세의 확정신고 · 납부하는 절차를 요약하면 다음과 같다.

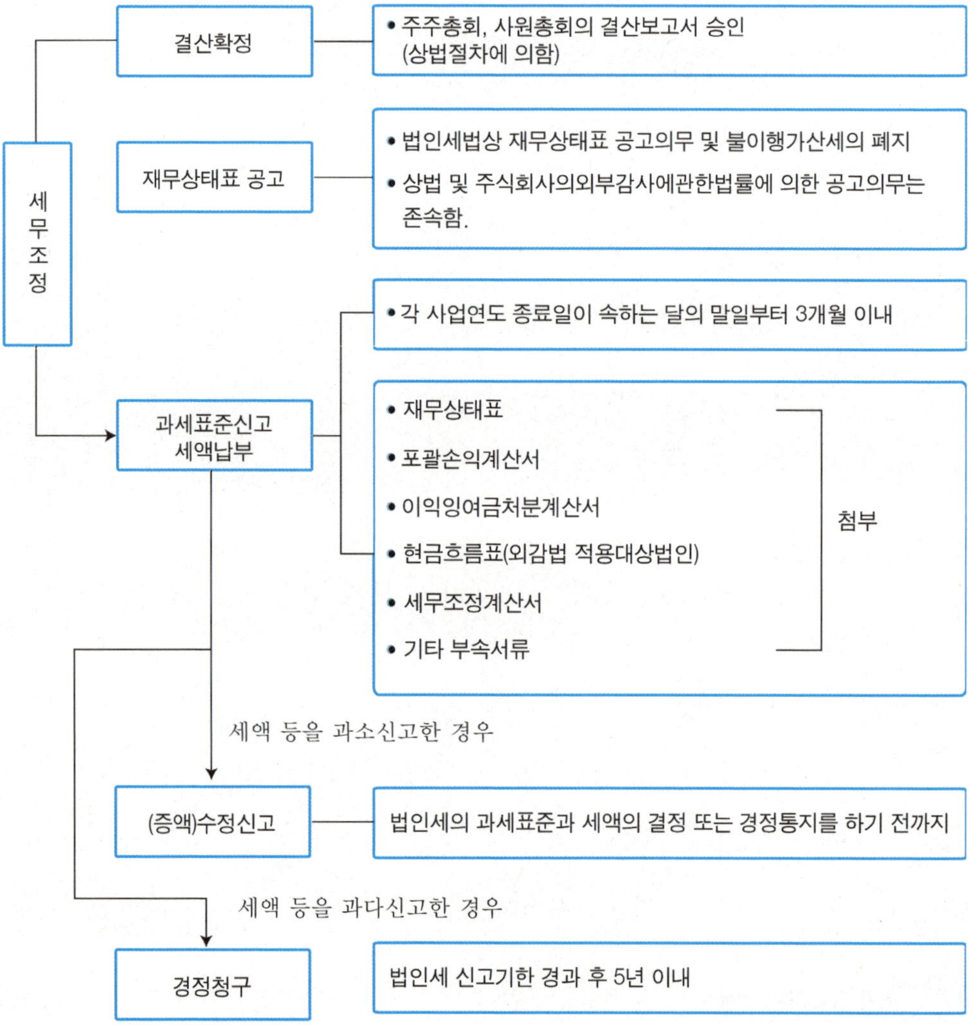

```
                     ┌── 결산확정 ────── • 주주총회, 사원총회의 결산보고서 승인
                     │                      (상법절차에 의함)
                     │
                     │                  • 법인세법상 재무상태표 공고의무 및 불이행가산세의 폐지
세무조정 ── ┤── 재무상태표 공고 ── • 상법 및 주식회사의외부감사에관한법률에 의한 공고의무는
                     │                      존속함.
                     │
                     │                  • 각 사업연도 종료일이 속하는 달의 말일부터 3개월 이내
                     │
                     └── 과세표준신고 ── • 재무상태표
                           세액납부          • 포괄손익계산서
                                            • 이익잉여금처분계산서       ┐ 첨부
                                            • 현금흐름표(외감법 적용대상법인)
                                            • 세무조정계산서
                                            • 기타 부속서류              ┘
```

세액 등을 과소신고한 경우

(증액)수정신고 ── 법인세의 과세표준과 세액의 결정 또는 경정통지를 하기 전까지

세액 등을 과다신고한 경우

경정청구 ── 법인세 신고기한 경과 후 5년 이내

1 결산확정

결산확정이란 법인이 상법 및 기업회계기준에 따라 결산을 완료하여 작성된 재무제표를 정기주주총회 또는 사원총회에서 승인을 받는 것을 말한다.

2 재무상태표의 공고

재무상태표 등 재무정보는 인터넷 등을 통하여 쉽게 접할 수 있으며, 재무상태표의 공고에 따른 법인의 부담을 경감하고자 2001.12.31.이 속하는 사업연도분부터 재무상태표의 공고의무 및 동 의무의 불이행에 대한 가산세규정을 폐지하였다.

그러나 상법 및 주식회사등의외부감사에관한법률상의 재무상태표 공고의무는 계속 존속하므로, 공고 여부에 대하여 유의하여야 할 것이다.

3 법인세의 신고 · 납부기한

법인은 각 사업연도 종료일이 속하는 달의 말일부터 3개월(성실신고확인서 제출대상 법인이 성실신고확인서를 제출하는 경우에는 4개월) 이내에 관할 세무서(본점 · 주사무소 담당세무서)에 법인세를 신고 · 납부하여야 한다(법법 §60 ①).

4 법인세 신고 시 반드시 제출해야 할 서류

법인세 신고는 '법인세 과세표준 및 세액신고서'에 다음 서류를 첨부하여야 한다(법법 §60 ②).

① 기업회계기준을 준용하여 작성한 개별 내국법인의 재무상태표 · 포괄손익계산서 및 이익잉여금처분(결손금처리)계산서
② 세무조정계산서([별지 제3호 서식] '법인세 과세표준 및 세액조정계산서'를 말함)
③ 세무조정계산서 부속서류
④ 기업회계기준에 의하여 작성한 현금흐름표(외감법 대상법인에 한정함)
⑤ 표시통화재무제표 및 원화재무제표
⑥ 재무제표, 기능통화재무제표, 원화재무제표 및 표시통화재무제표의 제출은 국세기본법 제2조 제9호에 따른 전자신고로 표준대차대조표 · 표준손익계산서 및 표준손익계

산서부속명세서(표준재무제표)를 제출하는 것으로 갈음할 수 있다(법령 §97 ⑪). 다만, 한국채택국제회계기준을 적용하는 법인은 표준재무제표를 제출하여야 한다.

⑦ 외감법에 따른 외부감사 대상법인이 전자신고 시에는 대표자가 서명날인한 법인세 과세표준 및 세액신고서를 서면으로 납세지 관할 세무서장에게 제출하여야 한다.

5 증액수정신고

신고기한 내에 법인세신고를 한 자가 과세표준 및 세액을 과소하게 신고한 때에는 관할 세무서장이 해당 법인세의 과세표준과 세액을 결정 또는 경정하여 통지를 하기 전까지 증액수정신고할 수 있다.

6 경정청구(감액수정신고)

신고기한 내에 법인세신고를 한 자가 과세표준 및 세액을 과다하게 신고한 경우 등 다음의 경우에는 신고기한 경과 후 5년 이내에 최초에 신고한 법인세 과세표준 및 세액 등의 결정 또는 경정을 관할 세무서장에게 청구할 수 있다(국기법 §45의2 ①).

1. 과세표준 및 납부세액을 과다신고한 경우
2. 결손금 또는 환급세액을 과소신고한 경우
3. 세액공제 금액을 과소신고한 경우

    (2025.1.1. 이후 개시하는 과세기간에 대한 납부세액을 계산할 때 이월공제 가능한 세액공제의 경우 2025.12.31.까지 경정청구 허용)

제 2 절 과세표준과 세액계산의 절차

[별지 제3호 서식] (2023.3.20. 개정)　　　　　　　　　　　　　　　(앞쪽)

사업 연도	. . . ~ . . .	**법인세 과세표준 및 세액조정계산서**	법인명	
			사업자등록번호	

왼쪽

구분	항목	코드	금액
① 각 사업연도 소득계산	⑩ 결산서상 당기순손익	01	
	소득조정금액 ⑪ 익금산입	02	
	⑫ 손금산입	03	
	⑭ 차가감소득금액 (⑩+⑪-⑫)	04	
	⑮ 기부금한도초과액	05	
	⑯ 기부금한도초과이월액 손금산입	54	
	⑰ 각 사업연도소득금액 (⑭+⑮-⑯)	06	
② 과세표준계산	⑱ 각 사업연도 소득금액 (⑱=⑰)		
	⑲ 이월결손금	07	
	⑩ 비과세소득	08	
	⑪ 소득공제	09	
	⑫ 과세표준 (⑱-⑲-⑩-⑪)	10	
	⑲ 선박표준이익	55	
③ 산출세액계산	⑬ 과세표준 (⑫+⑲)	56	
	⑭ 세율	11	
	⑮ 산출세액	12	
	⑯ 지점유보소득 (「법인세법」 제96조)	13	
	⑰ 세율	14	
	⑱ 산출세액	15	
	⑲ 합계 (⑮+⑱)	16	
④ 납부할세액계산	⑳ 산출세액 (⑫ = ⑲)		
	㉑ 최저한세 적용대상 공제감면세액	17	
	㉒ 차감세액	18	
	㉓ 최저한세 적용제외 공제감면세액	19	
	㉔ 가산세액	20	
	㉕ 가감계 (⑫-㉓+㉔)	21	
	기한내납부세액 ㉖ 중간예납세액	22	
	㉗ 수시부과세액	23	
	㉘ 원천납부세액	24	
	㉙ 간접투자회사등의 외국납부세액	25	
	㉚ 소계 (㉖+㉗+㉘+㉙)	26	
	㉛ 신고납부전가산세액	27	
	㉜ 합계 (㉚+㉛)	28	

오른쪽

구분	항목	코드	금액
	⑬ 감면분추가납부세액	29	
	⑭ 차감납부할세액 (⑮-⑫+⑬)	30	
⑤ 토지등양도소득에 대한 법인세 계산	양도차익 ⑮ 등기자산	31	
	⑯ 미등기자산	32	
	⑰ 비과세소득	33	
	⑱ 과세표준 (⑮+⑯-⑰)	34	
	⑲ 세율	35	
	⑭ 산출세액	36	
	⑪ 감면세액	37	
	⑫ 차감세액 (⑭-⑪)	38	
	⑬ 공제세액	39	
	⑭ 동업기업 법인세 배분액 (가산세 제외)	58	
	⑮ 가산세액 (동업기업 배분액 포함)	40	
	⑯ 가감계 (⑫-⑬+⑭+⑮)	41	
	기납부세액 ⑰ 수시부과세액	42	
	⑱ ( )세액	43	
	⑲ 계 (⑰+⑱)	44	
	⑮ 차감납부할세액 (⑯-⑲)	45	
⑥ 미환류소득 법인세	⑯ 과세대상 미환류소득	59	
	⑫ 세율	60	
	⑬ 산출세액	61	
	⑭ 가산세액	62	
	⑮ 이자상당액	63	
	⑯ 납부할세액 (⑬+⑭+⑮)	64	
⑦ 세액계	⑮ 차감납부할 세액계 (⑭+⑮+⑯)	46	
	⑮ 사실과 다른 회계처리 경정세액공제	57	
	⑬ 분납세액계산범위액 (⑮-⑫-⑬-⑮-⑮+⑬)	47	
	⑭ 분납할세액	48	
	⑮ 차감납부세액 (⑮-⑬-⑭)	49	

210mm×297mm[백상지 80g/㎡ 또는 중질지 80g/㎡]

1 결산서상 당기순손익

이는 결산확정된 손익계산서의 법인세비용차감 후 당기순이익(또는 당기순손실)을 말한다. 여기서 주의할 것은 절대로 법인세비용차감 전 순이익을 상기란에 기입하면 안된다는 것이다. 즉, '1'에는 당기순이익을 기재하고 법인세비용차감 전 순이익과 당기순이익의 차이인 법인세비용은 '2. 세무조정' 중 익금산입·손금불산입에 첫 번째로 손금불산입하여야 한다(소득처분은 기타사외유출).

2 세무조정

(1) 기업회계상 당기순이익에 세무조정사항을 가감하여 세무회계상 과세소득을 산정하는 절차를 말한다.

(2) 소득금액조정합계표[별지 제15호 서식]의 익금산입 및 손금불산입 합계는 ⑩익금산입란에, 손금산입 및 익금불산입 합계는 ⑩손금산입란에 기재한다. 다만, 기부금에 대한 세무조정에 있어 특례·일반기부금 한도초과액은 소득금액조정합계표에 나타나지 않지만, 손금불산입기부금의 손금불산입 및 특례·일반기부금 중 어음기부와 같은 귀속시기의 차이는 세무조정사항에 해당된다.

(3) 소득처분: 세무조정사항에 대해 소득의 귀속자를 결정하는 것을 말한다.

① 익금산입·손금불산입

가. 유보 – 자본금과 적립금조정명세서(을)

나. 배당·상여·기타소득

다. 기타사외유출

라. 기타

마. 임시유보(국조령 제22~25조)

바. 출자의 증가(국조령 제22~25조)

사. 이전소득 배당(국조령 제22~25조)

② 손금산입·익금불산입

가. 유보 – 자본금과 적립금조정명세서(을)

나. 기타

다. 출자의 증가

3 **차가감소득금액**

> 손익계산서상 당기순손익 + 익금산입 · 손금불산입금액 − 손금산입 · 익금불산입금액

4 **기부금한도초과액 계산**

[별지 제3호 서식]을 작성할 때 기부금과 관련하여 주의해야 할 사항은 다음과 같다.
① 특례 · 일반기부금 한도초과액은 절대로 세무조정사항들의 양식인 소득금액조정합계
표 [별지 제15호 서식]에 계상되지 않음에 유의하여야 한다.
② 손금불산입기부금은 이미 '2. 세무조정' 중 손금불산입에 포함되어 있다.
③ 기부금이월공제금액의 손금산입액은 '2. 세무조정'에서 반영되는 것이 아니라 [별지
제3호 서식]의 ⑩⑥기부금한도초과이월액손금산입란에 기재하여 각 사업연도소득금액
계산 시 차가감소득금액에서 차감하는 것이다.

5 **각 사업연도소득금액 = 차가감소득금액 + 기부금한도초과액**
− 기부금이월공제액

6 **이월결손금**

(1) 각 사업연도 개시일 전 15년(2019년 이전 발생분은 10년) 이내에 개시한 사업연도에
서 발생한 결손금을 말한다.
주) 결손금은 각 사업연도소득금액이 (−)금액을 말함.

(2) 2023.1.1. 이후 개시사업연도부터 이월결손금은 해당 사업연도 각 사업연도소득금액
의 80%(외국법인도 동일)까지만 공제된다. 단, 중소기업 등은 전액공제된다.

7 **비과세소득**

(1) 법인세법상 비과세소득

(2) 조세특례제한법상 비과세소득
① 중소기업창업투자회사 등이 중소기업창업자 등에게 출자 및 지분을 인수한 주식

또는 출자지분을 양도함으로써 발생하는 양도차익 등(조특법 §13 ③)

② 중소기업창업투자회사 등이 소재·부품·장비 관련 중소기업에 2025.12.31.까지 출자함으로써 취득한 주식의 양도차익 및 배당소득에 대한 비과세(조특법 §13의4)

8 소득공제

(1) 유동화전문회사 배당소득공제 등(법법 §51의2 ①)
(2) 프로젝트금융투자회사에 대한 소득공제(조특법 §104의31)

9 과세표준금액 = 각 사업연도소득금액 − 이월결손금 − 비과세소득 − 소득공제

10 각 사업연도소득에 대한 세율

과세표준금액이 2억 원까지 9%, 2억 원 초과 200억 원까지 19%, 200억 원 초과 3,000억 원까지 21%, 3,000억 원 초과 24%

11 산출세액합계 = 각 사업연도소득에 대한 법인세 + 토지 등 양도소득에 대한 법인세[주] + 미환류소득에 대한 법인세

주) 비사업용토지 및 주택양도차익에 대하여 10% 및 20% 세율적용 과세

12 결정세액과 납부세액의 구분

(1) 결정세액: 해당 사업연도의 법인세로 확정된 금액

① 산출세액[주] − 최저한세 적용대상 공제감면세액

주) 산출세액에는 각 사업연도소득에 대한 산출세액만을 말하며 법인세법 제55조의2에 의한 토지 등 양도소득에 대한 법인세와 조세특례제한법 제100조의32에 의한 투자·상생협력촉진에 대한 법인세는 제외됨에 유의

② 최저한세 = [과세표준 + 연구개발 관련 출연금 등 익금불산입액 + 조세특례제한법상 중소·중견기업·대기업 감가상각비 손금산입특례액 + 조세특례제한법상 공장·법인 본사 지방이전양도차익의 익금불산입 + 조세특례제한법상 비과세] × 세율[주]

주) 세율적용
1. 중소기업 및 사회적 기업: 7%
2. 중소기업이 최초로 중소기업에 해당하지 아니하게 된 경우
　(1) 중소기업에 해당하지 아니하게 된 사업연도부터 3년간: 8%
　(2) 그 다음 2년간: 9%
3. 중소기업 이외
　① 과세표준 100억 원 이하분: 10%
　② 과세표준 100억 원 초과 1천억 원 이하분: 12%
　③ 과세표준 1천억 원 초과분: 17%

③ 차감세액＝상기 '①'과 '②' 중 큰 금액

④ 결정세액＝차감세액－최저한세 적용 제외 공제감면세액＋가산세＋감면분추가납부
　　세액

(2) 납부세액: 해당 사업연도의 법인세 신고 시 납부하는 금액

> 납부세액＝결정세액－기납부세액(원천납부금액＋중간예납금액＋수시부과세액)

13 최저한세 적용대상 공제감면세액

최저한세가 적용되는 조세특례제한법상 세액감면 · 세액공제합계액

14 차감세액: 최저한세 적용금액

조세특례제한법상 각종 감면 후의 법인세액과 각종 감면 전 과세표준에 세율을 곱하여
계산한 세액 중 많은 금액이 차감세액이 된다.

15 최저한세 적용 제외 공제감면세액

최저한세 적용에서 제외되는 세액감면 · 세액공제금액

16 가산세액: 가산세액계산서상 가산세액

종 류	적용대상	가산세액
무기장가산세[주1] (법법 §75의3)	장부와 관계있는 중요한 증명서류의 비치·기장의무 위반	$\text{Max}\begin{bmatrix} ① 산출세액^{주2)} \times 20\% \\ ② 수입금액 \times 7/10,000^{주3)} \end{bmatrix}$
무신고가산세 (국기법 §47의2)	일반무신고가산세	$\text{Max}\begin{bmatrix} ① 무신고납부세액 \times 20\% \\ ② 수입금액 \times 7/10,000 \end{bmatrix}$
	부당무신고가산세	$\text{Max}\begin{bmatrix} ① 무신고납부세액 \times 40\%^{주4)} \\ ② 부당무신고수입금액 \\ \quad \times 14/10,000 \end{bmatrix}$
과소신고가산세[주5] (국기법 §47의3)	일반과소신고가산세	과소신고납부세액 × 10%
	부당과소신고가산세[주6]	$\text{Max}\begin{bmatrix} ① 과소신고납부세액 \times 40\% \\ ② 부당과소신고수입금액 \\ \quad \times 14/10,000 \end{bmatrix}$
납부지연가산세 (국기법 §47의4)	미납부·과소납부한 경우	미(과소)납부세액 × 기간[주7] × 22/100,000 + 미(과소)납부세액 × 3/100[주7]
환급불성실가산세 (국기법 §47의4)	초과환급받은 경우	초과환급세액×기간[주8]×22/100,000
원천징수 등 납부지연가산세 (국기법 §47의5)	원천징수세액의 미납·과소납부	$\text{Max}\begin{bmatrix} ① 미(과소)납부세액 \times 기간 \\ \quad \times 22/100,000 + 미(과소) \\ \quad 납부세액 \times 3\% \\ ② 미(과소)납부세액 \times 10\% \end{bmatrix}$
업무용승용차 관련 비용 명세서 미제출·불성실 제출가산세 (법법 §74의2)	명세서의 미제출·부실기재	미제출·부실기재 업무용승용차 관련 비용 손금산입액 × 1%
성실신고확인서 미제출가산세 (법법 §75)	사업연도 종료일부터 4개월 이내에 성실신고확인서를 제출하지 아니한 경우	$\text{Max}\begin{bmatrix} ① 법인세 산출세액^* \times 5\% \\ \quad ^*산출에는 토지 등 양도소 \\ \quad 득 및 미환류소득에 대한 \\ \quad 법인세는 제외 \\ ② 수입금액 \times 0.02\% \end{bmatrix}$

종 류	적용대상	가산세액
증명불비가산세[주9] (법법 §75의5)	법정증명서류 이외의 증명서류 수취 또는 사실과 다른 증명서류 및 허위 증명서류 수취	미수취 등 금액 중 손금으로 인정되는 금액×2%
주식등변동상황명세서 제출불성실가산세[주10] (법법 §75의2)	명세서의 미제출·누락제출·부실기재	미제출 등 주식 액면가액×1% (제출기한 경과 후 1월 이내에 제출 시: 0.5%)
지급명세서제출 불성실가산세[주11] (법법 §75의7)	지급명세서의 미제출·불분명·부실기재	미제출(부실기재) 지급금액×1% (제출기한 경과 후 1월 이내에 제출 시: 0.5%)
근로소득간이 지급명세서가산세 (법법 §75의7)	① 미제출·지연제출	미제출 시 지급금액×0.25% (제출기한 경과 후 1월 이내 제출 시: 0.125%)
	② 불분명·사실과 다른 기재	불분명·사실과 다른 기재금액 ×0.25%
계산서 등 불성실가산세[주12] (법법 §76 ⑨)	① 계산서 지연발급·미발급·기재불성실 ② 가공·위장계산서 수취	공급가액×1%(미발급, 위장 및 가공 발급 및 수수는 2%)
	③ 매출·매입처별계산서합계표의 미제출·기재불성실 ④ 매입처별세금계산서합계표의 미제출 등	공급가액×0.5%(제출기한 경과 후 1월 이내에 제출 시: 0.3%)
전자계산서미발급 가산세(법법 §75의8)	공급가액×2%(종이계산서발급은 1%)	
전자계산서 지연(미)전송가산세 (법법 §75의8)	• 지연전송: 공급가액×0.3% • 미전송: 공급가액×0.5%	
기부금영수증 불성실가산세[주13] (법법 §75의4)	비영리내국법인이 • 기부금영수증을 사실과 다르게 발급 • 기부법인별 발급내역을 미작성·미보관	• 사실과 다르게 발급된 금액×5% • 미작성·미보관 금액×2/1,000[주14]
신용카드 불성실가산세[주15] (법법 §75의6 ①)	신용카드가맹점이 • 신용카드에 의한 거래를 거부 • 사실과 다르게 발급	건별 발급거부금액 등×5% (건별 계산금액이 5천 원에 미달 시 →5천 원으로 한다)

종 류	적용대상	가산세액
현금영수증 불성실가산세[주16] (법법 §75의6 ②)	• 현금영수증가맹점에의 미가입 • 현금영수증 발급거부·사실과 달리 발급	• 미가맹 사업연도의 수입금액 ×1% × 비율[주17] • 건별 발급거부금액 등×5% (건별 계산금액이 5천 원에 미달 시→5천 원으로 한다)

주1) 무기장가산세
　　비영리내국법인에 대하여는 적용하지 아니한다.

주2) 산출세액
　　토지 등 양도소득에 대한 법인세액과 미환류소득에 대한 법인세액을 제외한다.

주3) 수입금액×7/10,000
　　산출세액이 없는 경우에는 수입금액×7/10,000을 적용한다.

주4) 부당한 방법으로 무신고한 과세표준
　　납세자가 국세의 과세표준 또는 세액 계산의 기초가 되는 사실의 전부 또는 일부를 은폐하거나 가장하는 것에 기초하여 국세의 과세표준 또는 세액의 신고의무를 위반하는 것으로서, 다음 중 어느 하나에 해당하는 방법을 말한다(국기령 §27 ②).
　　① 이중장부의 작성 등 장부의 거짓기록
　　② 거짓증명 또는 거짓문서("거짓증명 등"이라 함)의 작성
　　③ 거짓증명 등의 수취(거짓임을 알고 수취한 경우만 해당)
　　④ 장부와 기록의 파기
　　⑤ 재산의 은닉이나 소득·수익·행위·거래의 조작 또는 은폐
　　⑥ 그 밖에 국세를 포탈하거나 환급·공제받기 위한 사기 그 밖의 부정한 행위
　　한편, 동 '부당한 방법' 개념은 국세기본법상의 가산세 및 감면규정(국기법 §47 내지 §49)에 공통적으로 적용되는 개념이다.

주5) 무신고가산세를 적용하는 경우에는 과소신고가산세를 적용하지 않는다.

주6) 과소신고납부세액 등 중에 부정행위로 인한 과소신고납부세액 등과 그 외의 과소신고납부세액 등이 있는 경우로서 부정과소신고납부세액과 일반과소신고납부세액을 구분하기 곤란한 경우 부정과소신고납부세액은 다음 계산식에 따라 계산한 금액으로 한다.

$$과소신고납부세액 \ 등 \times \frac{부정행위로 \ 인하여 \ 과소신고한 \ 과세표준}{과소신고한 \ 과세표준}$$

주7) 기간
　　① 납부기한의 다음 날부터 납부일까지의 기간(납세고지일부터 납세고지서에 따른 납부기한까지의 기간은 제외)
　　② 미(과소)납부세액의 3%는 납세고지에 따른 납부기한까지 납부하지 않은 경우에 한함.

주8) 기간
　　환급받은 날의 다음 날부터 납부일까지의 기간(납세고지일부터 납세고지서에 따른 납부기한까지의 기간은 제외)

주9) 증명불비가산세
　　① 산출세액이 없는 경우에도 징수한다.
　　② 손금에 산입하지 아니한 접대비(법법 §25 ②)에 대하여는 동 규정을 적용하지 아니한다(법령 §120 ④).
　　③ 의무위반의 종류별로 5천만 원(비중소기업: 1억 원)을 한도로 한다(고의로 위반 시는 제외).

주10) 주식등변동상황명세서 불성실가산세

　　① 산출세액이 없는 경우에도 징수한다.

　　② 의무위반의 종류별로 5천만 원(비중소기업: 1억 원)을 한도로 한다(고의로 위반 시는 제외).

주11) 지급명세서제출불성실가산세

　　① 산출세액이 없는 경우에도 징수한다.

　　② 의무위반의 종류별로 5천만 원(비중소기업: 1억 원)을 한도로 한다(고의로 위반 시는 제외).

주12) 계산서 등 불성실가산세

　　① 산출세액이 없는 경우에도 징수한다.

　　② 매출ㆍ매입처별계산서합계표 관련 가산세가 적용되는 경우

　　　→ 계산서 미발급ㆍ기재불성실가산세(공급가액×1%)는 적용하지 아니한다.

　　③ 부가가치세법 제22조 제2항부터 제5항까지의 규정에 따라 가산세가 부과되는 부분을 제외한다.

　　④ 의무위반의 종류별로 5천만 원(비중소기업: 1억 원)을 한도로 한다(고의로 위반 시는 제외).

　　⑤ 법정증명서류 미수취가산세와 중복 시는 법정증명서류 미수취가산세만 부과

　　⑥ 계산서지연발급가산세: 사업연도 말의 다음 달 25일까지 지연발급한 경우 1% 가산세(2018.1.1. 이후 발급분부터 적용)

주13) 기부금영수증불성실가산세

　　① 산출세액이 없는 경우에도 징수한다.

　　② 의무위반의 종류별로 각각 5천만 원(비중소기업: 1억 원)을 한도로 한다(고의로 위반 시는 제외).

주14) 미작성ㆍ미보관 금액×1/1,000

　　상속세 및 증여세법(§78 ③ㆍ⑤) 규정에 의해 가산세가 부과되는 경우에는 적용하지 아니한다.

주15) 신용카드불성실가산세

　　① 산출세액이 없는 경우에도 징수한다.

　　② 2007.7.1. 이후 최초로 재화 또는 용역을 공급하는 분부터 적용한다.

주16) 현금영수증불성실가산세

　　① 산출세액이 없는 경우도 징수한다.

　　② 2007.7.1. 이후 가입의무를 이행하지 아니하는 현금영수증가맹점가입대상자부터 적용한다.

주17) 비율

　　다음 산식에 따른 비율을 말한다(법령 §120 ⑬).

$$\frac{\text{소득세법 시행령 [별표 3의2]에 따른 소비자상대업종 영위 요건에 해당하는 날부터 3개월이 지난 날의 다음 날부터 가맹한 날의 전일까지의 일수(둘 이상의 사업연도에 걸친 경우는 각 사업연도별로 적용)}}{\text{가맹하지 아니한 사업연도의 일수}}$$

17 중간예납세액

　사업연도 개시일로부터 6개월간의 중간예납기간에 대해 납부한 세액으로, 이는 법인세 납부세액 계산 시 결정세액에서 공제된다. 이때 직전 사업연도 법인세의 1/2 기준으로 계산한 중간예납세액이 50만 원 미만인 중소기업의 경우에는 중간예납의무가 면제된다(법법 §63).

18 원천납부세액

(1) 소득세법상 이자소득금액: 14%(단, 비영업대금이익은 25%)

(2) 투자신탁의 이익: 14%

19 감면분 추가납부세액 = 감면받았던 법인세본세 + 이자추징액

(1) 조세특례제한법: 공제감면세액에 대한 추가납부세액

① 투자세액공제받은 자산을 2년 이내에 처분(임대 포함)한 경우

　건물·구축물에 대한 투자세액공제 및 근로자복지증진시설투자세액공제 해당 자산은 5년 이내 처분 시 적용

② 고용증대(통합고용)세액공제 적용 후 상시근로자·청년근로자 수가 감소한 경우

③ 이자추징기간: 공제감면세액의 과세표준신고일의 다음 날부터 추징사유발생 사업연도의 과세표준신고일까지(②는 이자추징액 없음)

(2) 법인세법

① 기공제 원천납부세액 추가납부

② 신고기간 연장에 따른 이자상당가산액

③ 업무무관부동산 지급이자손금부인에 따른 증가세액

　업무무관부동산이 있는 법인은 양도한 날이 속하는 사업연도 이전에 종료한 각 사업연도의 업무무관비용 및 지급이자를 손금불산입 시 다음 '가.', '나.' 중 임의로 선택하여 양도한 날이 속하는 사업연도에 추가납부한다.

　가. 종전 사업연도 과세표준 등을 다시 계산함에 따라 산출되는 결정세액 - 종전 사업연도 결정세액(가산세 제외)

　나. (종전 사업연도 과세표준 + 지급이자손금불산입액) × 세율 - 종전 사업연도 산출세액(가산세 제외)

④ 이자추징기간: 사업연도 종료일 기준

20 차감납부할세액 = 결정세액 – 기납부세액(원천징수세액 + 중간예납세액 + 수시부과세액)

21 분 납

납부세액이 1천만 원을 초과하는 경우에 다음 금액을 납부기한 경과일로부터 1개월(중소기업은 2개월) 이내에 분납할 수 있다. 단, 가산세와 감면분 추가납부세액은 분납할 수 없다(법통 64-0…3).

① 납부세액이 2천만 원 이하 시: 1천만 원 초과액
② 납부세액이 2천만 원 초과 시: 50% 이하의 금액

사례 1 분 납

납부할 법인세	납부기한까지 납부할 세액	분납세액
① 900만 원	900만 원	–
② 1,500만 원	1,000만 원 이상	500만 원 이하
③ 2,600만 원	1,300만 원 이상	1,300만 원 이하
④ 1,400만 원 (지출증명불비가산세 150만 원 포함)	1,150만 원 이상	250만 원 이하[주1]
⑤ 3,000만 원 (지출증명불비가산세 300만 원 포함)	1,650만 원 이상	1,350만 원 이하[주2]

주1) • 분납대상세액: 1,400만 원－150만 원＝1,250만 원
　　 • 분납세액: 250만 원 이하
주2) • 분납대상세액: 3,000만 원－300만 원＝2,700만 원
　　 • 분납세액: 2,700만 원×50%＝1,350만 원 이하

제3절 세무조정

1 기업회계와 세무회계의 관계

(1) 기업회계와 세무회계의 개념

기업회계는 불특정다수인 이해관계자의 의사결정에 도움을 주기 위하여 목적타당성과 신뢰성을 갖춘 유용한 회계정보를 제공하는 것을 목적으로 하는데 반하여, 세무회계는 국가의 재정수요를 충당하기 위하여 세법규정에 따라 부담능력에 맞는 공평과세를 실현하면

서 적정한 과세소득과 세액을 산정하는 것을 목적으로 한다.

(2) 기업회계와 세무회계의 차이

일반적으로 기업회계라고 할 때는 재무회계를 지칭하며, 세무회계라고 할 때는 법인세회계를 말한다.

그러므로 기업회계와 세무회계의 차이라고 하면 재무회계의 결산상 당기순이익(net income)과 법인세회계의 각 사업연도소득(taxable income) 간의 차이를 말하는 것으로, 계산구조적인 측면에서 양자 간의 차이를 살펴보면 다음과 같다.

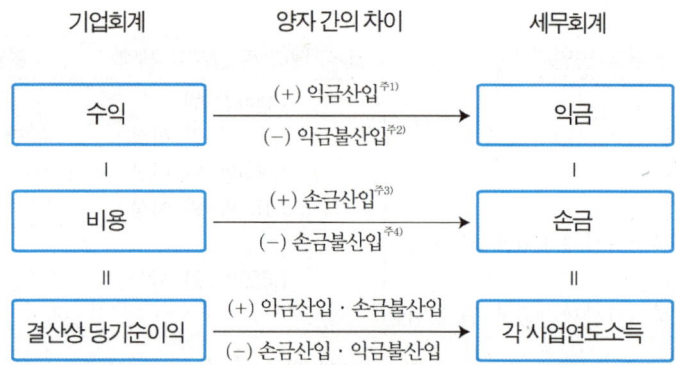

주1) 익금산입: 기업회계상 수익으로 계상하지 않았으나 세무회계상 익금에 해당하는 것
주2) 익금불산입: 기업회계상 수익으로 계상하였으나 세무회계상 익금에 해당하지 않는 것
주3) 손금산입: 기업회계상 비용으로 계상하지 않았으나 세무회계상 손금으로 인정하는 것
주4) 손금불산입: 기업회계상 비용으로 계상하였으나 세무회계상 손금으로 인정하지 않는 것

| 차이의 유형 |

구 분	내 용	사 례
일시적 차이	일정기간이 경과하면 그 차이가 해소되는 유형으로 세무조정금액은 유보로 소득처분	• 손익의 귀속시기 차이 • 자산과 부채에 관련된 세무조정 사항 등
영구적 차이	그 차이가 영구적으로 해소되지 않는 유형으로 세무조정금액은 사외유출로 소득처분	• 기부금 · 기업업무추진비의 손금한도 초과액 • 벌금 등의 손금불산입액 등

2 세무조정

세무조정이란 기업회계와 세무회계의 차이를 규명하고 이를 기업회계상의 당기순이익에 가감하여 세무회계상의 과세소득인 각 사업연도소득금액을 도출하는 과정을 말하는데, 기업회계와 세무회계의 차이를 조정하는 방법으로 결산조정과 신고조정이 있다.

(1) 결산조정

결산조정이란 특정 손비항목에 대하여 기업이 결산과정에서 이를 장부상 비용으로 계상한 경우에 한해서만 손금으로 인정하는 조정방법을 말한다.

법인세법에서 결산조정을 강제하고 있는 이유는 특정 손비항목을 과세소득 계산 시 손금으로 인정하여 주는 대신에 그 금액만큼을 장부에 비용계상하도록 강제함으로써 기업의 결산상 당기순이익을 감소시켜 회사 외부로 유출되는 것을 막기 위한 것이다.

특정 손비항목을 장부상 비용으로 계상하게 되면 기업회계와 세무회계 사이에 차이가 발생하지 않기 때문에 결산조정은 엄밀한 의미에서 볼 때 결산절차에 관한 것이지 세무조정은 아니다. 그러나 장부상 비용으로 계상되지 않는 경우에는 세무회계상 전혀 손금으로 인정되지 않는다는 점에서 결산조정사항은 세무조정에 직접적인 영향을 미치는 매우 중요한 사항이다.

법인세법은 일부 손금항목에 대해서만 결산조정을 강제하고 있는데, 그 내용은 다음과 같다(법통 19-19…42).

유형구분	결산조정사항
자산의 상각비	① 감가상각비[주1] ② 무형자산상각비
자산의 평가손실	① 재고자산의 평가손실[주2] ② 유형 · 무형자산의 평가손실[주3] ③ 매도가능증권평가손실[주4]
대손금	① 회수불능채권의 대손금[주5]
충당금의 설정	① 퇴직급여충당금 ② 대손충당금 ③ 구상채권상각충당금
준비금의 설정	① 법인세법상 준비금

주1) K-IFRS를 적용하는 기업의 감가상각비, 감가상각의제규정적용기업, 조세특례제한법상 서비스업 영위

법인 및 중소·중견·일반기업이 2018.7.1.부터 2021.12.31.까지 취득한 설비투자자산에 대한 감가상각비 손금산입특례, 일시상각충당금 및 조세특례제한법상 준비금의 손금산입은 예외적으로 신고조정을 허용하고 있다. 이들은 과세유예를 위하여 세법에서 특설한 규정인데 기업회계기준에서는 비용으로 인정하지 않고 있기 때문에, 기업회계와 세무회계의 차이를 해소하기 위하여 예외적으로 신고조정을 허용하고 있는 것이다.

주2) 파손·부패 등의 사유로 정상가격으로 판매할 수 없는 재고자산의 평가차손을 말한다. 재고자산의 평가방법의 차이는 신고조정사항에 해당한다.

주3) 천재·지변 등으로 인한 유형자산의 평가차손과 시설개체·시설낙후로 인한 생산설비의 폐기손실을 말한다.

주4) 중소기업 창업투자회사 등이 보유한 창업자 등의 주식에 대한 평가손실을 말한다.

주5) 대손금의 손금산입은 원칙적으로 결산조정사항이다. 그러나 소멸시효가 완성된 채권에 대해서는 반드시 그 소멸시효 완성일이 속하는 사업연도의 대손금으로 손금산입하여야 하므로 회사가 결산조정하지 않은 경우에는 신고조정으로 손금산입하여야 하며, 소멸시효 완성 후의 사업연도소득금액 계산 시에는 손금산입할 수 없다는 점을 유의하여야 한다.

저자주

1. 결산조정의 의미

상기 결산조정항목을 보면 전부 손금에 관계된 사항임을 알 수 있다. 법인세법상 손금에 대한 세무조정은 회사가 비용으로 계상한 금액에서 법인세법상 손금해당액(손금한도액)을 차감한 금액에 대하여 이루어진다.

$$\text{회사장부계상액} - \text{손금한도액} = \begin{cases} \oplus \text{인 경우} - \text{손금불산입} \\ \ominus \text{인 경우} \begin{cases} \text{손금산입가능: 신고조정사항} \\ \text{손금산입불능: 결산조정사항} \end{cases} \end{cases}$$

즉, 결산조정사항이란 비용에 대하여 세무상 한도액 범위 내에서 장부에 계상한 금액이 손금으로 인정되는 것이며, 한도미달액을 세무조정을 통해 손금산입할 수 없는 항목을 말한다.

2. 열거주의 개념

결산조정사항은 손금해당액 중 특정 손비항목에만 적용되는 열거주의적인 개념이다. 그러므로 결산조정사항에 해당하지 않는 것은 신고조정사항에 해당되므로, 당기 손금해당액을 장부에 비용으로 계상하지 않은 경우에는 세무조정을 통해 손금산입이 이루어져야 한다.

3. 결산조정의 적용사례

① 2025.7.1. 1년 만기 차입금 1억 원 차입(이자율 10%, 이자는 6개월에 5%씩 지급하기로 약정)

② 2025.12.31. 회사는 자금사정으로 이자 5,000,000원을 지급하지 못함.

③ 2025.1.1.~2025.12.31. 회사결산 시 이자비용계상액 없음(회사가 K-IFRS를 위배하여 미지급금 5,000,000원 계상누락).

④ 세무조정: 손금산입·이자비용·5,000,000원·△유보

(지급의무가 확정된 이자비용은 결산조정사항에 해당하지 않으므로 당기 손금해당액인 5,000,000원을 세무조정 시 손금산입한다. 이때 회사는 이자지급 사업연도인 2026년에 이자비용으로 10,000,000원을 계상할 것이므로 2025년에 손금산입한 5,000,000원을 손금불산입하여 유보를 정리한다)

4. 결산·신고조정 잘못 적용 시 발생문제점

(1) 사례

상기 '3.'의 경우에서 회사가 세무조정에서 손금산입을 실시하지 못한 경우

(2) 발생문제점(귀속시기 적용)

추후 세무조사 시 상기 사항 적출 시에는 2026년에 회사가 계상한 이자비용 5,000,000원을 손금불산입하여 법인세를 추징하고 동액을 2025년의 손금으로 귀속시켜 법인세를 경정한다.

(3) 가산세 및 국세환급금

법인이 손익의 귀속사업연도 적용착오로 법인세 과세표준과 세액을 앞당겨 신고·납부한데 대하여 과다하게 신고한 사업연도와 과소신고한 사업연도의 법인세 과세표준과 세액을 동시에 경정하는 경우에도 과소하게 신고한 사업연도에 있어서는 과소신고 및 납부지연가산세를 부과한다(법인 46012-2423, 2000.12.21.).

(2) 신고조정

신고조정이란 세무상 익금이나 손금에 해당하는 사항이 회사의 장부에 수익이나 비용으로 계상되지 아니한 경우에 이를 세무조정계산서에서 익금산입이나 손금산입으로 조정하거나 또는 세무상 익금이나 손금으로 보지 않는 사항이 회사의 장부상 수익이나 비용으로 계상되어 있는 경우에 이를 세무조정계산서에서 익금불산입이나 손금불산입으로 조정하는 것을 말한다.

| 결산조정과 신고조정의 비교 |

내 용	결산조정대상	신고조정대상
손금산입방법	회사장부에 비용으로 계상하여야만 손금으로 인정	장부에 비용으로 계상하거나 세무조정 시 손금산입하는 경우 모두 인정
법인세신고기한 후 경정청구(수정신고) 가능 여부	경정청구(수정신고)대상에서 제외됨(법인 46012－2607, 1994.9.13.).	경정청구(수정신고)대상에 해당됨.
추후 손금인정 여부	해당 사업연도에 비용으로 계상하지 않은 금액은 그 이후 사업연도에 결산상 비용으로 계상하면 손금으로 인정	해당 사업연도의 손금을 결산상 비용으로 계상하지 않고 세무조정 시에도 손금산입을 누락하면 그 이후 사업연도의 손금으로 인정되지 아니함.

제4절 소득처분

1 소득처분의 개념 및 유형

기업회계상 당기순이익과 세무회계상 각 사업연도소득의 차이인 세무조정사항에 대해 소득의 귀속을 결정하는 절차를 소득처분이라 한다. 세무조정에 의하여 발생된 소득이 법인 내부에 남아 있으면 유보라는 소득처분을 함으로써 법인의 세무상 순자산을 계산하게 되고, 이로써 사업연도소득과 청산소득 계산에 적정화를 기할 수 있다. 또한 세무조정에 의하여 발생된 소득이 사외유출된 경우에는 출자자·임원·직원 및 기타의 자 중 누구에게 귀속되는가를 파악하여 귀속자에 대한 소득세를 부과함으로써 조세부담의 공평을 기할 수 있는 것이다. 기업회계상 당기순이익 부분에 대하여는 주주총회에서 잉여금처분을 하므로 세무상 소득처분은 세무조정사항만을 대상으로 한다.

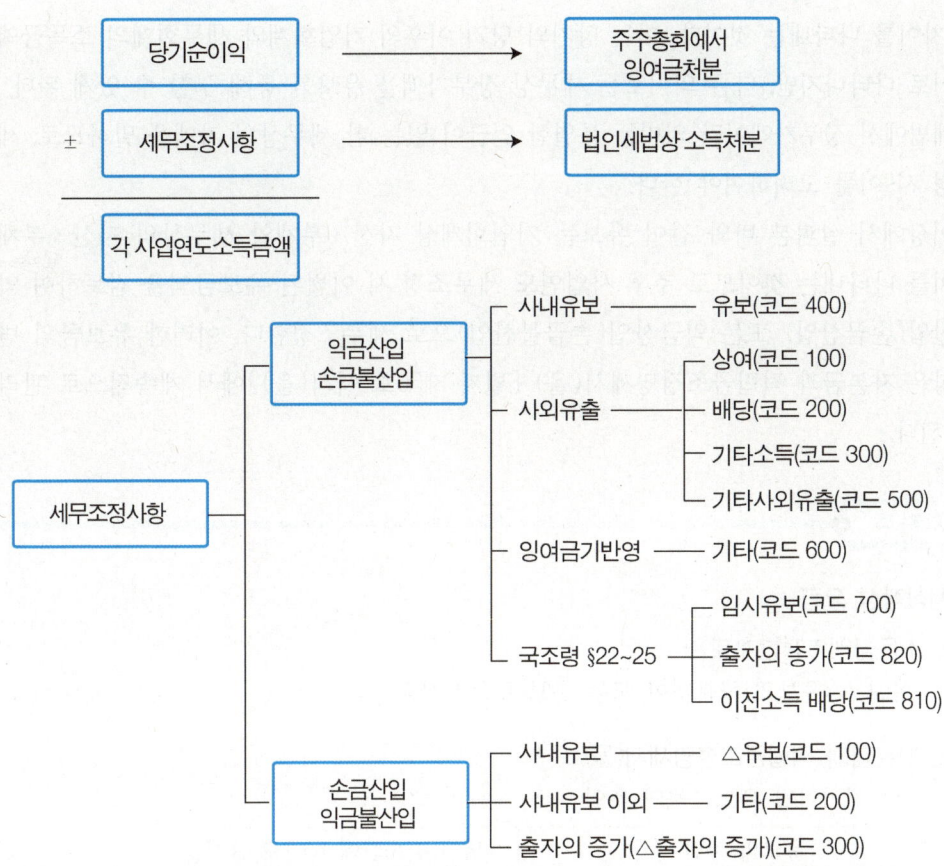

2 유 보

　유보·△유보는 세무조정에 의하여 재무상태표상의 자산과 부채가 세무상의 자산과 부채와 차이가 발생하는 경우에 행해지는 소득처분이다. 즉, 유보·△유보는 기업회계상 자산의 과소·과대계상·부채의 과대·과소계상을 통해 자본이 과소·과대계상되어 있는 경우 세무조정을 통해 자산을 증가·감소시키고 부채를 감소·증가시켜 자본을 증가·감소시키는 세무조정의 소득처분을 말하며, 그 금액이 기업외부에 유출되지 않고 기업내부에 남아 있는 것을 말한다.

> 기업회계상 자산(부채)가액 ± 유보금액＝세무회계상 자산(부채)가액

　소득처분 시 유보(또는 △유보)는 기업회계상 자산·부채와 세무회계상의 자산·부채와

의 차이를 나타내는 것이다. 이는 당기와 당기 이후의 기업회계와 세무회계의 소득금액의 차이로 나타나지만, 다른 의미로는 세무상 장부가액을 유보를 통해 구할 수 있게 된다. 법인세법에서 장부가액이란 의미는 특별한 언급이 없는 한 세무상의 가액을 말하므로, 세무조정 시 이를 고려하여야 한다.

이상에서 살펴본 바와 같이 유보는 기업회계상 자산·부채와 세무상의 자산·부채의 차이를 나타내는 것이므로 추후 사업연도 세무조정 시 이월된 유보금액을 검토하여 익금불산입(손금산입) 또는 익금산입(손금불산입)으로 세무조정한다. 이러한 유보금의 변동사항은 자본금과 적립금조정명세서(을) [별지 제50호 서식(을)]에서 계속적으로 관리하게 된다.

> **저자주**
>
> **서식작성 요령**
>
> 1. 소득금액조정합계표
>   유보, △유보의 구분없이 모두 유보로 표시한다.
>
> 2. 자본금과 적립금조정명세서(을)
>   (1) 전기이월 유보금액의 추인
>
> | 유보의 추인 | 당기 감소란에 (+)로 표시 |
> |---|---|
> | △유보의 추인 | 당기 감소란에 △로 표시 |
>
>   (2) 당기발생 유보금액
>
> | 유보의 발생 | 당기 증가란에 (+)로 표시 |
> |---|---|
> | △유보의 발생 | 당기 증가란에 △로 표시 |

3 사외유출

익금산입 및 손금불산입으로 인한 세무조정사항이 사외로 유출된 경우는 귀속자에 따라 주주면 배당, 임직원이면 상여, 법인의 소득이나 개인사업자의 소득을 구성하면 기타사외유출, 그 이외는 기타소득으로 처분한다.

세무조정사항이 사외유출된 경우 세무상의 자산·부채와 장부상의 자산·부채가 일치하게 되므로 유보와는 달리 그 이후 사업연도의 세무조정에는 영향을 미치지 아니하나, 그 소득의 귀속자에게 소득세를 과세하게 되므로 법인에게는 법인세가, 귀속자에게는 소득세가 이중으로 부과되게 된다.

(1) 상여

각 사업연도소득금액 계산상의 익금산입 또는 손금불산입으로 생긴 세무조정이 사외에 유출되어 직원 또는 임원에 귀속되었음이 분명한 경우는 해당 귀속자에게, 귀속이 불분명한 경우(기타사외유출로 처분하는 경우 제외)에는 대표자에게 귀속시켜 이를 잉여금처분에 의한 상여(인정상여)로 보게 된다.

1) 사례

① 임원상여금 한도초과액(급여지급기준 초과액)
② 가지급금인정이자
③ 증명불비경비
④ 임원퇴직금 한도초과액
⑤ 정관에 기재되지 아니한 발기인의 보수
⑥ 채권자불분명사채이자 및 지급받는 자가 불불명한 채권·증권의 이자와 할인액 중 원천징수세액 이외의 금액
⑦ 귀속이 불분명한 매출누락
⑧ 추계결정 시 당기순이익과 과세표준과의 차이
⑨ 임원 및 직원에 대한 저가양도 및 고가양수
⑩ 업무무관 접대비(기업업무추진비) 중 임직원사용액
⑪ 임직원의 골프 관련 비용 법인부담액
⑫ 업무용승용차 업무무관비용

2) 사후관리

① 해당 법인: 소득세 원천징수의무 발생
법인은 다음의 인정상여 지급의제일에 소득세를 원천징수하여 지급의제일 다음 달 10일까지 정부에 납부하여야 한다.
가. 신고조정 시에 처분된 상여: 법인세 과세표준 신고기일
나. 결정 또는 경정 시에 처분된 상여: 소득금액 변동통지받은 날

② 귀속자(임원·직원) : 근로소득으로 종합소득세 과세

상여처분금액은 귀속자의 근로제공연도의 근로소득에 포함하여 종합소득에 합산하여 확정신고하여야 한다.

저자주

인정상여

1. 소득의 구분

법인세법상 인정상여로 소득처분된 금액은 소득세법 제20조에 의거 근로소득에 해당된다.

2. 근로소득의 귀속시기

해당 임원이나 직원이 근로를 제공한 날이 속하는 연도의 근로소득에 해당된다(소령 §49 ① 1호). 이는 인정상여처분사례가 발생한 연도를 말한다.

3. 원천징수

회사는 인정상여처분자에 대해 '2.'의 귀속연도에 대한 연말정산을 다시 실시하여 추가 계산소득금액을 연말정산수정신고와 함께 납부하고 동액을 인정상여처분자로부터 회수하여야 한다(소통 135-192…3). 이 경우 해당 소득금액의 귀속사업연도소득에 대한 국세부과제척기간이 만료되면 원천징수의무도 소멸한다(서일-1079, 2004.8.5.).

4. 가산세 여부

'3.'의 연말정산수정신고기한까지 수정신고·납부분에 대하여는 가산세가 부과되지 않으나 그 이후의 신고·납부분에 대하여는 가산세가 부과된다. 이때 지급명세서제출불성실가산세 대상에는 해당되지 않는다(조심 2017중2780, 2017.10.10.).

5. 종합소득세와의 연결

(1) 법인세신고조정 시에 처분된 상여

연말정산수정신고내역이 종합소득신고기일 이전에 파악되므로, 새로 계산된 근로소득금액을 기초로 타소득과 합산하여 종합소득세를 신고·납부한다.

(2) 법인세 결정·경정 시 처분된 상여

소득금액변동통지서를 받은 날이 속하는 달의 다음다음 달 말일까지 새로 계산된 근로소득금액을 기초로 '2.'의 귀속연도에 대한 종합소득세수정신고를 하여야 한다(소령 §134 ①).

6. 사례(가지급금인정이자)

(1) 자료

① 사업연도 : 2025.1.1.~2025.12.31.

② 대표이사 해당 가지급금인정이자 100,000,000원

③ 2025년 대표이사 근로소득 과세표준금액 200,000,000원(인정이자금액 제외분)

(2) 세무조정 및 원천징수

① 세무조정

익금산입·인정이자·100,000,000·상여

② 원천징수

- 근로소득귀속시기: 2025년
- 원천징수납부일: 2026.4.10.
- 원천징수납부액: 100,000,000원×38%＝38,000,000원

  인정이자금액 가산 후의 근로소득금액이 소득세 세율 38% 적용구간이므로 38% 적용

이항수와 함께하는 K-IFRS 회계처리 및 세무실무지침

부당행위계산부인 적용 시 소득처분과 증여세와의 관계

1. 법인세법상 부당행위계산부인 규정(고가매입 및 저가양도) 시 소득처분

   (1) 특수관계인에게 저가양도 시

   시가－실지 양도가액＝익금산입·상여(임직원)

   　　　　　　　　　　　　• 배당(개인주주)

   　　　　　　　　　　　　• 기타소득(임직원 및 개인주주의 친족)

   　　　　　　　　　　　　• 기타사외유출(법인)

   (2) 특수관계인으로부터 고가매입 시

   실지 매입가액－시가＝손금산입·△유보

   　　　　　　　　　　　익금산입·상여, 배당, 기타소득 및 기타사외유출

2. 상속세 및 증여세법상 고가매입 및 저가양도 시 증여세

   (1) 특수관계인과의 거래 시

   타인으로부터 시가보다 낮은 가액으로 재산을 양수하거나, 타인에게 시가보다 높은 가액으로 재산을 양도함으로써 이익을 얻은 개인의 경우에는 증여세를 과세한다(상증법 §35 ① 1호·2호). 이때 낮은 가액 또는 높은 가액이란 시가와 대가와의 차액이 시가의 30% 이상이거나 3억 원 이상인 경우 그 대가를 말한다(상증령 §26 ①·②).

이 경우 증여재산가액은 시가와 양도·양수가액을 차감한 가액이 시가의 30% 이상과 3억 원 중 적은 금액을 뺀 가액으로 한다(상증령 §26 ③).

> 증여재산가액＝(시가－양도 또는 양수가액)－Min(시가×30%, 3억 원)

(2) 특수관계인과의 거래가 아닌 경우

특수관계인이 아닌 자 간에 재산을 양수하거나 양도한 경우로서 거래의 관행상 정당한 사유없이 시가보다 현저히 낮은 가액 또는 현저히 높은 가액(시가와의 차액이 시가의 30% 이상 차이가 나는 경우)으로 재산을 양수하거나 양도하는 경우 증여세를 과세한다(상증법 §35 ②).

> 증여재산가액＝(시가－양도 또는 양수가액)－3억 원

3. 상여 등 소득처분과 증여세 부과의 우선순위

(1) 부당행위부인대상이 고가매입 및 저가양도인 경우

상여 등 소득처분 〉 증여세 부과

2009.2.4. 법인세법 시행령 제106조 제1항 제3호 자목의 개정으로 법인세법상 고가매입 및 저가양도로 익금산입한 금액에 대하여 증여세 과세대상에 해당되는 경우에도 상여 등으로 소득처분하여 소득세를 과세하도록 하였다.

상증법에서도 수증자에게 소득세가 과세되는 경우 증여세 과세가 배제된다(상증법 §2 ②).

(2) 부당행위부인대상이 불공정자본거래에 해당하는 경우

증여세 부과 〉 상여 등 소득처분

법인세법상 불공정자본거래(증자·감자·합병·분할 등)에 따라 익금산입한 금액에 대하여 상증법상 증여세 과세대상에 해당하는 경우에는 증여세가 과세되어 법인세법상 소득처분 시는 기타사외유출로 소득처분한다.

이때 귀속자인 개인주주 등에게 증여세가 과세되지 않는 경우에는 그 귀속자에 따라 상여 등으로 소득처분하여야 한다.

4. 기부금 의제규정과 증여세 과세

법인세법상 특수관계인이 아닌 자와의 거래에서 기부금의제에 해당되어 익금산입되는 경우 기타사외유출로 소득처분하며, 이때 거래대상 개인에게는 상기 '2.'에 의한 증여세가 과세될 수 있다.

5. 사례 1
   ① A법인이 시가 20억 원인 토지를 대표이사에게 10억 원에 양도
   ② 법인세법상 처리
      익금산입·부당행위계산부인·10억 원·상여(소득세 과세)
   ③ 대표이사에 대한 증여세
      증여세 과세되지 않음

6. 사례 2
   ① A법인이 시가 20억 원 토지를 특수관계인이 아닌 개인 갑에게 정당한 사유없이
      10억 원에 양도
   ② 법인세법상 처리
      익금산입·손금불산입기부금·4억 원^{주)}·기타사외유출
      주) 정상가액 14억 원(시가 20억 원×70%) − 양도가액 10억 원=4억 원
   ③ 개인 갑에 대한 증여세
      • 증여금액=(20억 원−10억 원)−3억 원
              =7억 원
      • 증여세=1억 원×10%+4억 원×20%+2억 원×30%
            =1.5억 원(법정신고기한 내 신고·납부 시 3% 세액공제)

보 론 | **개인주식양도 시 양도소득세, 증여세 및 법인세 과세**

1. 내용

개인이 보유하던 주식을 다른 개인·법인에게 양도 시 각 세법상 특수관계 여부에 따라 다음과 같은 세금이 발생한다.

(1) 주식을 양도하는 개인

① 시가(비상장법인은 상증법상 평가금액)대로 양도한 경우: 양도소득세

(양도가액 – 취득가액) × 세율* = 양도소득세(10% 개인지방소득세 별도)

중점사항 **소득세법상 양도소득세 대주주의 범위(소령 §157 ④)**

소득세법상 2023.1.1. 이후 양도소득세 과세 시 대주주의 범위는 다음 '①~④'와 같다.
① 유가증권시장: 지분율 1% 이상 또는 시가총액 50억 원 이상
② 코스닥시장: 지분율 2% 이상 또는 시가총액 50억 원 이상
③ 코넥스시장: 지분율 4% 이상 또는 시가총액 50억 원 이상
④ 비상장주식: 지분율 4% 이상 또는 시가총액 50억 원 이상

이때 '①~③'의 경우에는 주식양도일의 직전 사업연도 종료일 현재 주주 1인(법인주주는 포함되지 않음. 소령 §157 ①, 금융세제과 – 450, 2024.8.29.) 및 법인세법시행령 제43조 제8항 제1호에 따른 특수관계인(주주 1인 등)의 소유주식 합계가 최대주주에 해당하는 경우에는 주주 1인 및 다음 관계에 있는 자의 주식을 합하여 다음 '①~③' 기준 해당 여부를 판단한다.
그러므로 최대주주에 해당하지 않는 경우에는 주주 1인 본인이 소유한 주식만을 기준으로 대주주 여부를 판단한다.
가. 국세기본법 시행령 제1조의2 제1항 각 호(친족관계)
나. 국세기본법 시행령 제1조의2 제3항 제1호(경영지배관계)
또한 '④'의 주권비상장법인의 대주주 해당 여부 판단 시 주주 1인 등의 소유주식합계가 최대주주인 경우에는 상기 가.~나. 보유주식을 합하여 '④' 기준 해당 여부를 판단하고 최대주주가 아닌 경우에는 다음 관계에 있는 자의 주식을 합하여 '④' 기준 해당 여부를 판단한다.
가. 직계존비속

나. 배우자(사실혼 포함)

다. 국세기본법 시행령 제1조의2 제3항 제1호에 해당하는 자(경영지배관계)

그리고 '①~④' 규정 적용 시 무의결권 우선주도 주식 수에 포함된다(재산세과-765, 2009.11.19. ; 조심 2017서592, 2017.3.22.).

⑤ 주식 양도소득세 세율

- 중소기업(상기 '①~④' 모두 해당. 서면부동산-1413, 2018.5.24.) : 대주주 20%(2020.1.1. 이후는 과세표준 3억 원 초과금액은 25%), 이외 10%
- 중소기업 외 법인 : 20%(과세표준 3억 원 초과금액은 25%), 대주주 1년 미만 보유 시는 30%

② 시가보다 낮은 가액으로 양도한 경우

　가. 양수인이 양도인과 소득세법상 특수관계인에 해당되는 경우

　　이는 소득세법상 양도소득에 대한 부당행위계산부인 규정에 해당되어 실거래가 액이 아닌 시가를 양도가액으로 보아 양도소득세가 과세된다.

　　(시가 – 취득가액) × 세율 = 양도소득세

　나. 특수관계인에 해당하지 않는 경우

　　'①'과 동일

③ 시가보다 높은 가액으로 양도한 경우 : 양도소득세 및 증여세

　이 경우에는 양수인과 상증법상 특수관계인(특수관계인 간 거래의 경우에는 양도가 액과 시가와의 차이가 시가의 30% 또는 3억 원 이상인 경우)의 해당 여부와 상관없 이(특수관계인과의 거래가 아닌 경우에는 양도가액과 시가와의 차액이 시가의 30% 이상 차이가 나는 경우로서 정당한 사유가 없는 경우에만 해당) 양도가액 중 시가해 당액과 취득가액과의 차이는 양도소득세가 과세되고, 양도가액과 시가해당액과의 차 이금액에 대하여는 증여세가 과세된다.

　가. 양도소득세

　　(실지거래가액 – 증여의제금액 – 취득가액) × 양도소득세 세율

　나. 증여세

- 양수인이 상증법상 특수관계인에 해당하지 않는 경우

　{(양도가액 – 시가 해당액) – 3억 원} × 증여세 세율

- 양수인이 상증법상 특수관계인에 해당하는 경우

　{(양도가액 – 시가 해당액) – Min(시가 × 30%, 3억 원)} × 증여세 세율

(2) 주식을 양수한 개인

① 시가대로 양수한 경우: 문제없음.

② 시가보다 높은 가액으로 양수한 경우: 문제없음.

③ 시가보다 낮은 가액으로 양수한 경우: 증여세

양도인이 소득세법상 양수인과 특수관계인(특수관계인 간 거래의 경우에는 시가와 양도가액의 차이가 시가의 30% 또는 3억 원 이상인 경우)에 해당되어 양도소득세를 부당행위부인 규정에 의해 시가에 의해 과세를 당한 것과 상관없이 양수인은 양도인 과 상증법상 특수관계 해당 여부와 상관없이(특수관계인과의 거래가 아닌 경우에는 시가와 양수가액의 차액이 시가의 30% 이상 차이가 나는 경우로서 정당한 사유가 없는 경우에만 해당) 증여세가 과세된다.

가. 양도인과 상증법상 특수관계인에 해당하지 않는 경우

{(시가 해당액 - 양수금액) - 3억 원} × 증여세 세율

나. 양도인과 상증법상 특수관계인에 해당하는 경우

{(시가 해당액 - 양수금액 - Min(시가 × 30%, 3억 원))} × 증여세 세율

(3) 주식을 양수한 법인

① 시가대로 양수한 경우: 문제없음.

② 시가보다 높은 가액으로 양수한 경우

가. 양도인이 법인세법상 특수관계인에 해당하는 경우

법인세법상 부당행위계산부인 규정에 해당되어 고가매입 해당액을 익금산입 · 상여 등으로 처분하고 과대계상된 유가증권을 감액하여 손금산입 · △유보로 처분한다.

- 익금산입 · 부당행위 · (양수금액 - 시가 해당액) · 상여 등
- 손금산입 · 유가증권 · (양수금액 - 시가 해당액) · △유보

나. 특수관계인에 해당하지 않는 경우

법인세법상 기부금의제규정에 해당되어 양수금액과 시가 해당액의 130% 금액과의 차이금액에 대해 손금불산입기부금으로 익금산입하고 유가증권을 감액하는 손금산입의 세무조정을 한다(정당한 사유가 있는 경우에는 세무조정 없음).

- 익금산입 · 기부금 · (양수금액 - 시가 해당액 × 130%) · 기타사외유출
- 손금산입 · 유가증권 · (양수금액 - 시가 해당액 × 130%) · △유보

③ 시가보다 낮은 가액으로 양수한 경우

가. 양도인이 법인세법상 특수관계인에 해당하는 경우

　　법인세법상 특수관계에 있는 개인으로부터 유가증권을 시가보다 낮은 가액으로 매입하는 경우 해당 매입가액과 시가와의 차액을 익금산입·유보로 처분한다.

나. 특수관계인에 해당하지 않는 경우: 문제없음.

2. 사례

(1) 내용

① 중소기업인 비상장법인 A의 주주구성

　　(총 100,000주, 액면가 5,000원, 상증법상 1주당 평가금액 100,000원)

　　갑: 80,000주

　　을: 20,000주(갑과 을은 친족에 해당하지 않음)

② 사례 1

　　을이 A법인의 임직원 병에게 10,000주를 주당 20,000원에 양도 시 양도소득세 및 증여세의 검토

③ 사례 2

　　갑이 A법인의 임직원 병에게 10,000주를 주당 20,000원에 양도 시 양도소득세 및 증여세의 검토

(2) 법인의 주주와 당해 법인의 임직원 간 소득세법상 특수관계인 해당 여부

① 단순히 특정법인의 서로 다른 임원이라는 사유만으로는 소득세법상 특수관계인에 해당하지 않음(서이 46012 – 11902, 2003.10.31.).

② 법인의 최대주주(대표이사) 및 그 자녀(주주)와 당해 법인의 임직원은 소득세법상 특수관계인에 해당하지 않음(조심 2016중3172, 2017.1.17.).

③ 법인의 임직원(생계를 함께하는 친족포함)은 법인과 소득세법상 특수관계인에 해당됨.

(3) 법인의 주주와 당해 법인의 임직원 간 상증법상 특수관계인 해당 여부

① 주주 1인 및 그와 특수관계에 있는 자가 30% 이상 출자하여 지배하고 있는 법인의 임원 및 사용인은 상증법상 당해 주주 등의 사용인(퇴직임원은 퇴직 후 3년간 특수관계인에 해당)으로서 특수관계자에 해당하는 것임(상증령 §2의2 ① 2호 및 ③).

② 대주주의 직계비속이 당해 법인의 주식을 보유하고 있지 않은 경우에도 과세관청은 상증법상 임직원과 특수관계에 해당한다 주장하나(재산세과 – 916, 2009.12.3.), 대법원은

주식을 보유하고 있지 않은 지배주주의 특수관계인은 해당 법인의 임직원과 특수관계에 해당하지 않는다 판결하였으므로 과세관청의 새로운 유권해석이 나와야 할 것임(대법원 2009두1617, 2011.1.27.).

③ 상증법 시행령 제2조의2 규정 중 출자에 의하여 지배하고 있는 법인의 사용인은 특수관계자에 해당하고 출자에 의하여 지배하고 있는 법인은 출자총액의 30% 이상을 출자하고 있는 법인으로 규정하고 있으므로 2명의 주주 지분율이 각각 50%로 동일한 경우, 각 50%로 동일한 경우, 각 50% 주주와 주식 양수인은 특수관계인에 해당된다는 조세심판원의 판단(조심 2008서1014, 2008.12.31.) 등에 따라 지배하고 있는 법인의 해석은 지배력과 관계없이 출자총액의 30% 이상을 출자하고 있는 법인의 사용인(대표이사 등 임원도 포함)은 특수관계인에 해당되어 저가양수에 따른 증여의제규정이 적용됨(조심 2021중527, 2021.3.16.).

(4) 사례 1

① 양도소득세

을과 병은 소득세법상 특수관계인에 해당하지 않으므로, 양도소득세는 실지 양도가액인 20,000원으로 계산한다.

(20,000원 × 10,000주 − 5,000원 × 10,000주) × 20% = 30,000,000원

② 증여세

병은 을로부터 시가보다 낮은 금액으로 주식을 양수하였으므로 증여세가 부과된다. 이때 을은 A법인의 주식을 30% 이상 소유하지 않으므로 을과 병은 상증법상 특수관계인에 해당되지 않아 증여금액에서 3억 원이 공제된다.

(100,000원 − 20,000원) × 10,000주 − 3억 원 = 5억 원(증여금액)

(5) 사례 2

① 양도소득세

갑과 병은 소득세법상 특수관계인에 해당하지 않으므로, 양도소득세는 실지 양도가액인 20,000원으로 계산한다.

(20,000원 × 10,000주 − 5,000원 × 10,000주) × 20% = 30,000,000원

② 증여세

병은 갑으로부터 시가보다 낮은 금액으로 주식을 양수하였으므로 증여세가 부과된다. 이때 갑은 A법인의 주식을 30% 이상 소유하고 있으므로 갑과 병은 상증법상 특수관

계인에 해당되어 시가인 10억 원의 30%와 3억 원 중 적은 금액을 공제한다.

(100,000원－20,000원) × 10,000주－3억 원 = 5억 원(증여금액)

(6) 소득세법상 특수관계인의 범위

① 소법 제41조(사업소득), 제21조(기타소득) 및 제101조(양도소득)에서 특수관계인과의 거래에 대하여는 부당행위계산부인 규정이 적용됨을 규정

② 소령 제98조 제1항에서 특수관계인의 범위는 국세기본법 시행령 제1조의2 제1항, 제2항 및 제3항 제1호에 따른 특수관계인을 말한다고 규정하고 있음.

③ 국기령 제1조의2 제1항: 친족

ㄱ. 4촌 이내 혈족

ㄴ. 3촌 이내 인척

ㄷ. 배우자(사실혼관계자 포함)

ㄹ. 친생자로서 다른 사람에게 친양자 입양된 자 및 그 배우자·직계비속

ㅁ. 혼외출생자의 생부·생모(본인의 금전이나 그 밖의 재산으로 생계를 유지하는 사람 또는 생계를 함께하는 사람으로 한정)

④ 국기령 제1조의2 제2항: 경제적 연관관계

ㄱ. 임원과 그 밖의 사용인

소득세법상 특수관계인의 범위에서 가장 문제가 되는 규정으로 양도소득 등이 발생한 거주자와 거래를 한 자가 당해 거주자의 임원과 그 밖의 사용인인 경우 특수관계인에 해당된다는 규정인데, 이때 임원 등이 누구를 지칭하는지에 문제가 있음.

가. 거주자가 개인사업자인 경우

양도소득 등이 발생한 거주자가 개인사업자인 경우 해당 사업체에 근무하는 임원 등이 해당된다 판단됨.

나. 거주자가 특정법인의 주주이거나 임원 등인 경우

과세관청은 상증법의 내용을 준용하여 특정법인의 주식을 친족 등과 함께 30% 이상을 출자하고 있는 경우 해당 법인의 임원 및 사용인은 그 출자자와 소득세법상 특수관계인에 해당된다 주장하고 있으나, 다음의 조세심판원 결정사례에 의하여 특수관계인에 해당되지 않음을 분명히 하고 있음.

1. 법인의 최대주주(대표이사) 및 그 자녀(주주)와 당해 법인의 임직원은 소득세법상 특수관계인에 해당하지 않음(조심 2016중3172, 2017.1.17.).

2. 단순히 특정법인의 서로 다른 임원이라는 사유만으로는 소득세법상 특수관

계인에 해당하지 않음(서이 46012-11902, 2003.10.31.).

3. 특수관계인의 범위는 쌍방관계로 규정되어 있어 해당법인의 주식보유와 상관없이 해당법인의 임직원(생계를 함께하는 친족포함)은 해당법인과 소득세법상 특수관계인에 해당됨.

ㄴ. 본인의 금전이나 그 밖의 재산으로 생계를 유지하는 자

ㄷ. 'ㄱ.' 및 'ㄴ.'의 자와 생계를 함께하는 친족

⑤ 국기령 제1조의2 제3항 제1호: 경영지배관계

ㄱ. 본인이 직접 또는 그와 친족관계 또는 경제적 연관관계에 있는 자를 통하여 법인의 경영에 대하여 다음과 같이 지배적인 영향력을 행사하고 있는 경우 그 법인

가. 법인의 발행주식총수 또는 출자총액의 30% 이상을 출자한 경우

나. 임원의 임면권의 행사, 사업방침의 결정 등 법인의 경영에 대하여 사실상 영향력을 행사하고 있다고 인정되는 경우

ㄴ. 본인이 직접 또는 그와 친족관계 또는 경제적 연관관계 또는 '①'의 관계에 있는 자를 통하여 법인의 경영에 대하여 지배적인 영향력을 행사하고 있는 경우 그 법인

(7) 상속세 및 증여세법상 특수관계인의 범위

① 상증법 제2조 제10호

특수관계인이란 본인과 친족관계, 경제적 연관관계 또는 경영지배관계 등 시행령으로 정하는 관계에 있는 자를 말함. 이때 본인도 특수관계인의 특수관계인으로 봄.

② 상증령 제2조의2 제1항

ㄱ. 상기 '(6)'의 '③'에 해당하는 친족 및 직계비속의 배우자의 2촌 이내의 혈족과 그 배우자(사돈을 말함)

ㄴ. 사용인(출자에 의하여 지배하고 있는 법인의 사용인 포함)이나 사용인 외의 자로서 본인의 재산으로 생계를 유지하는 자

가. 사용인이란 임원, 상업사용인, 그 밖에 고용계약관계에 있는 자를 말함(제2항).

나. 출자에 의하여 지배하고 있는 법인(제3항)

1. 본인, 'ㄱ.'부터 'ㅁ.'까지의 자 또는 본인과 'ㄱ.'부터 'ㅁ.'까지의 자가 공동으로 발행주식총수 등의 30% 이상을 출자하고 있는 법인

2. 본인, 'ㄱ.'부터 'ㅂ.'까지의 자 또는 본인과 'ㄱ.'부터 'ㅂ.'까지의 자가 공동으로 발행주식총수 등의 50% 이상을 출자하고 있는 법인

3. 'ㄱ.'부터 'ㅅ.'까지의 자가 발행주식총수 등의 50% 이상을 출자하고 있는 법인

ㄷ. 다음의 어느 하나에 해당하는 자

가. 본인이 개인인 경우: 본인이 직접 또는 본인과 'ㄱ.'에 해당하는 관계에 있는 자가 임원에 대한 임면권의 행사 및 사업방침의 결정 등을 통하여 그 경영에 관하여 사실상의 영향력을 행사하고 있는 기업집단의 소속 기업[해당 기업의 임원과 퇴직 후 3년(독점규제및공정거래에관한법률 제14조에 따른 공시대상 기업집단에 소속된 경우는 5년)이 지나지 않은 임원을 포함]

* 이때 기업집단의 소속기업이란 독점규제및공정거래에관한법률 시행령 제3조 각 호의 어느 하나에 해당하는 기업집단에 속하는 계열회사를 말함(상증규칙 §2): 동일인이 단독으로 또는 친족 등과 합하여 해당 회사의 발행주식(의결권 없는 주식은 제외) 총수의 30% 이상을 소유하는 경우로서 최다출자자인 회사 등

나. 본인이 법인인 경우: 본인이 속한 기업집단의 소속 기업(해당 기업의 임원과 퇴직임원을 포함)과 해당 기업의 임원에 대한 임면권의 행사 및 사업방침의 결정 등을 통하여 그 경영에 관하여 사실상의 영향력을 행사하고 있는 자 및 그와 'ㄱ.'의 관계에 있는 자

ㄹ. 본인, 'ㄱ.'부터 'ㄷ.'까지의 자 또는 본인과 'ㄱ.'부터 'ㄷ.'까지의 자가 공동으로 재산을 출연하여 설립하거나 이사의 과반수를 차지하는 비영리법인

ㅁ. 'ㄷ.'에 해당하는 기업의 임원 또는 퇴직임원이 이사장인 비영리법인

ㅂ. 본인, 'ㄱ.'부터 'ㅁ.'까지의 자 또는 본인과 'ㄱ.'부터 'ㅁ.'까지의 자가 공동으로 발행주식총수 등의 30% 이상을 출자하고 있는 법인

ㅅ. 본인, 'ㄱ.'부터 'ㅂ.'까지의 자 또는 본인과 'ㄱ.'부터 'ㅂ.'까지의 자가 공동으로 발행주식총수 등의 30% 이상을 출자하고 있는 법인

ㅇ. 본인, 'ㄱ.'부터 'ㅅ.'까지의 자 또는 본인과 'ㄱ.'부터 'ㅅ.'까지의 자가 공동으로 재산을 출연하여 설립하거나 이사의 과반수를 차지하는 비영리법인

③ 상증법 제45조의5(특정법인과의 거래를 통한 이익의 증여의제규정) 규정을 적용 시 특정법인과 거래하는 지배주주의 특수관계인 범위는 쌍방관계를 적용함(재산세과-705, 2023.5.19.).

ㄱ. 상증법 시행령 제2조의2(특수관계인의 범위)

제1항 제1호: 국세기본법 시행령 제1조의2 제1항 제1호부터 제4호까지의 어느 하나에 해당하는 자(친족) 및 직계비속의 배우자의 2촌 이내의 혈족과 그 배우자

ㄴ. 사례

- C법인(갑 60%, A법인 25%, B법인 15%)
  갑이 C법인의 지배주주임.
- 2025.10.7. 병(갑의 동생 을의 장인)이 A법인 주식을 특정법인 C에게 증여
- 병의 입장에서 지배주주 갑은 직계비속의 배우자의 2촌 이내 혈족으로 상증법 상 특수관계인에 해당되며, 지배주주 갑의 입장에서 병은 상증법상 특수관계인 으로 규정하고 있지 않음.

ㄷ. 상증법상 병이 갑의 특수관계인에 해당하는지 여부

상기 유권해석에 의해 쌍방관계로 해석되므로 병은 갑의 특수관계인에 해당됨.

(2) 배당

각 사업연도소득금액 계산상의 익금산입 또는 손금불산입으로 생긴 세무조정이 사외에 유출되어 개인출자자(직원과 임원 제외)[주]에 귀속되었음이 분명한 경우(기타사외유출로 처분되는 경우 제외)는 그 해당 출자자에 귀속시켜 이를 잉여금처분에 의한 배당(인정배당)으로 본다.

주) 직원과 임원이 해당 법인의 주주인 경우에는 소득처분이 상여와 배당이 동시에 해당되는데, 이 경우에는 상여가 우선 적용된다. 또는 내국법인이 주주인 경우에는 배당과 기타사외유출이 동시에 해당되며, 이때 에는 기타사외유출로 소득처분한다(법통 67-106…2).

1) 사례

① 출자자가 부담할 출연금을 부담한 경우
② 출자자에 대한 가지급금인정이자
③ 출자자에 대한 비지정기부금(법통 67-106…6)
④ 출자자에 대한 저가양도 및 고가양수

2) 사후관리

① 해당 법인: 소득세 원천징수의무 발생
   상여처분과 동일
② 귀속자(주주): 배당소득으로 종합소득세 과세
   배당처분금액은 해당 법인의 해당 사업연도 결산확정일을 귀속자의 배당소득 귀속시기로 하여 종합소득에 합산과세(금융소득이 2,000만 원 초과 시) 해당 시 종합소득세를 신고·납부하여야 한다.

3) 소득처분

귀속자가 개인주주인 경우에는 배당으로 소득처분하나, 법인주주에 대하여는 기타사외유출로 소득처분한다.

(3) 기타소득

각 사업연도소득금액 계산상의 익금산입 또는 손금불산입으로 생긴 세무조정소득이 사외에 유출되어 출자자·직원·임원 이외의 자에게 귀속되었음이 분명한 경우(기타사외유출로 처분되는 경우 제외)에는 그 귀속자에 대한 기타소득으로 처분한다.

1) 사례

① 출자자의 친족이 사용하는 사택의 유지관리비

② 출자자·직원·법인·사업영위 개인 이외의 개인에 대한 가지급금인정이자

③ 외국에 있는 자회사인 현지법인에 대한 소득처분

2) 사후관리

① 해당 법인: 소득세 원천징수의무 발생

　상여처분과 동일

② 귀속자(기타개인): 기타소득으로 종합소득세 과세

　기타소득처분금액은 해당 법인의 해당 사업연도 결산확정일을 귀속자의 기타소득 귀속시기로 하여 종합소득에 합산하여 확정신고하여야 한다.

제출서식: [별지 제55호 서식]

세무조정 시 상여·배당·기타소득으로 처분된 금액이 발생하면 회사는,

[별지 제55호 서식] 소득자료 $\left\{ \begin{array}{l} \text{인정상여} \\ \text{인정배당} \\ \text{기타소득} \end{array} \right\}$ 명세서를 제출하여야 한다.

---

(4) 기타사외유출

사외유출된 부분의 귀속자가 법인이거나 사업을 영위하는 개인으로서 유출된 금액이 해당 법인의 각 사업연도소득을, 개인의 경우는 사업소득을 구성하는 경우에는 이를 기타사외유출로 한다.

한편, 다음의 세무조정사항은 조세정책목적에서 비용의 한도를 규제하거나 익금에 산입하는 항목이므로, 그 소득의 귀속자가 따로 있다고 볼 수 없으므로 기타사외유출로 소득처분한다.

1) 사례(법정사유처분)

① 법인세 및 법인지방소득세와 농어촌특별세

② 벌금 및 과료

③ 법에서 정하는 공과금

④ 간주임대료의 익금산입액

⑤ 기부금의 손금불산입액

⑥ 기업업무추진비의 손금불산입액

⑦ 업무무관자산의 취득·보유 및 가지급금에 대한 차입금이자의 손금불산입액

⑧ 채권자가 분명하지 않은 사채의 이자로서 손금불산입되는 금액 중 동 이자에 대한 원천징수세액에 상당하는 금액

⑨ 수령자가 분명하지 않은 채권 등의 이자로서 손금불산입되는 금액 중 동 이자에 대한 원천징수세액에 상당하는 금액

⑩ 귀속자가 불분명하여 대표자에게 상여처분한 경우에 있어서 해당 법인이 그 처분에 따른 소득세 등을 대납하고 이를 손비로 계상하거나 그 대표자와의 특수관계가 소멸될 때까지 회수하지 아니함에 따라 익금에 산입한 금액

⑪ 자본거래로 인하여 주주 등인 법인이 특수관계자인 다른 주주 등에게 이익을 분여한 경우로서 귀속자에게 상속세 및 증여세법에 의하여 증여세가 과세되는 금액

⑫ 업무용승용차 관련 비용 중 리스차량과 렌트차량에 대한 감가상각비 한도초과액에 대한 손금불산입액 및 처분손실 한도초과액에 대한 손금불산입액

2) 사후관리

① 해당 법인: 사후관리 없음.

② 귀속자: 소득의 귀속자가 법인 또는 개인사업자인 경우에는 법인세와 종합소득세가 과세되며, 법정사유처분인 경우에는 납세의무 없음.

(5) 기타

기타란 익금산입(또는 손금불산입) 및 손금산입(또는 익금불산입)으로 인한 세무상의 소득이 법인의 잉여금으로 계상되어 있어 사후관리가 불필요한 경우에 행하는 소득처분이다.

1) 사례

① 익금산입·기타의 경우

　가. 자본잉여금으로 계상한 자기주식처분이익을 익금산입하는 경우

　나. 미처분이익잉여금 계상 시 전기이월이익잉여금에 가산한 전기오류수정이익을 익

금산입하는 경우

다. 기타포괄손익누계액으로 계상한 기타포괄손익 – 공정가치 금융자산평가이익을 익
금산입하는 경우

라. 기타포괄손익누계액으로 계상한 유형자산재평가잉여금을 익금산입하는 경우

② 손금산입·기타의 경우

가. 국세·지방세 과오납금 환급금이자

나. 지주회사·일반내국법인의 수입배당금액의 익금불산입액

2) 사후관리: 없음.

4 국제조세조정에 관한 법률상 소득처분

국조법 제6조(정상가격에 의한 신고 및 경정청구), 제9조(정상원가 분담액 등에 의한 결
정 및 경정), 제12조(체약상대국의 과세조정에 대한 대응조정) 및 제15조(사전승인 방법의
준수 등)에 따라 내국법인의 익금에 산입된 금액이 국외특수관계인으로부터 내국법인에
반환된 것임이 확인되지 아니하는 경우의 소득처분은 다음과 같다(국조법 §13, 국조령 §22~
§25).

(1) 임시유보

국조령 제22조에 따른 반환 여부를 확인하기 전까지의 소득처분

(2) 출자의 증가

국제거래의 상대방인 국외특수관계인이 내국법인이 출자한 법인에 해당하는 경우

(3) 이전소득 배당

국제거래의 상대방인 국외특수관계인이 내국법인의 주주에 해당하는 경우 및 이에 해당
하지 않는 경우

사례 2

1. 수진(주) 제10기 사업연도(2025.1.1.~2025.12.31.)

2. 전기로부터 이월된 세무상 유보금액의 기초잔액
   - (1) 손실충당금   10,000,000원
   - (2) 확정급여채무   20,000,000원
   - (3) 감가상각비   50,000,000원
   - (4) 대손금부인액   5,000,000원
   - (5) 제품평가감   3,000,000원
   - (6) 진행기준적용 매출차액   △3,000,000원
   - (7) 정기예금미수수익   △5,000,000원

3. 전기분 자본금과 적립금조정명세서(갑)상의 기말잔액
   - (1) 자본금   500,000,000원
   - (2) 재평가적립금   200,000,000원
   - (3) 이익준비금   100,000,000원
   - (4) 임의적립금   50,000,000원
   - (5) 배당금   100,000,000원
   - (6) 이월손익금   30,000,000원
   - (7) 손익미계상 법인세 등
     - ① 법인세   5,280,000원
     - ② 법인지방소득세   528,000원

4. 당기 세무조정
   - (1) 익금산입
     - ① 법인세비용   61,325,000원(기타사외유출)
     - ② 기업업무추진비한도초과   24,675,000원(기타사외유출)
     - ③ 손실충당금한도초과   12,000,000원(유보)
     - ④ 확정급여채무한도초과   5,000,000원(유보)
     - ⑤ 인정상여   10,000,000원(상여)
     - ⑥ 제품평가감부인액   5,000,000원(유보)
     - ⑦ 전기분 정기예금미수수익   3,000,000원(유보)
     - ⑧ 진행기준적용 매출차액   3,000,000원(유보)
     - ⑨ 일반기부금한도초과액   7,000,000원(기타사외유출)

    (2) 손금산입
        ① 전기손실충당금 손금추인   10,000,000원(유보)
        ② 전기감가상각비 손금추인   20,000,000원(유보)
        ③ 전기제품평가감 손금추인   3,000,000원(유보)
        ④ 정기예금미수수익   4,000,000원(유보)
        ⑤ 국세환급이자   1,000,000원(기타)

5. 당기 중 자본금증가액 200,000,000원

    동 자본금증가액은 액면금액기준 증자분으로서 해당 증자와 관련하여 발생한 신주발행비 5,000,000원은 주식발행초과금과 상계처리하였다.

6. 손익계산서상 당기순이익 190,000,000원

7. 당기 손익미계상 법인세 등
    (1) 법인세   3,000,000원
    (2) 법인지방소득세   300,000원

8. 선납법인세
    (1) 중간예납세액   20,000,000원
    (2) 원천징수세액   10,000,000원

9. 조세특례제한법상 공제·감면은 없다.

10. 가산세는 없다.

11. 수진(주)는 법인세를 분납하고자 한다.

12. 당기 이익잉여금 처분내용
    (1) 처분일: 2026.3.10.
    (2) 이익잉여금처분계산서

과 목		금 액
Ⅰ. 미처분이익잉여금		220,000,000
1. 전기이월미처분이익잉여금	30,000,000	
2. 당기순이익	190,000,000	
Ⅱ. 임의적립금이입액		–
합 계		220,000,000

과 목	금 액	
Ⅲ. 이익잉여금처분액		160,000,000
1. 이익준비금	10,000,000	
2. 배당금	90,000,000	
3. 임의적립금	60,000,000	
Ⅳ. 차기이월미처분이익잉여금		60,000,000

[별지 제3호 서식] (2023.3.20. 개정) (앞쪽)

사업연도	2025. 1. 1. ~ 2025. 12. 31.	법인세 과세표준 및 세액조정계산서	법인명	수진(주)
			사업자등록번호	

① 각 사업연도 소득계산				
	⑩ 결산서상 당기순손익	01	190 000 000
소득조정금액	⑫ 익금산입	02	124 000 000
	⑬ 손금산입	03	38 000 000
	⑭ 차가감소득금액(⑩+⑫-⑬)	04	276 000 000
	⑮ 기부금 한도초과액	05	7 000 000
	⑯ 기부금한도초과 이월액 손금산입	54	
	⑰ 각 사업연도소득금액 (⑭+⑮-⑯)	06	283 000 000

② 과세표준 계산			
⑱ 각사업연도 소득금액(⑱=⑰)			283 000 000
⑩ 이월결손금	07		
⑪ 비과세소득	08		
⑪ 소득공제	09		
⑫ 과세표준 (⑱-⑩-⑪-⑪)	10		283 000 000
⑲ 선박표준이익	55		

③ 산출세액 계산			
⑬ 과세표준(⑫+⑲)	56		283 000 000
⑭ 세율	11		
⑮ 산출세액	12		36 600 000
⑯ 지점유보 소득 (「법인세법」 제96조)	13		
⑰ 세율	14		
⑱ 산출세액	15		
⑲ 합계(⑮+⑱)	16		36 600 000

④ 납부할 세액 계산				
⑳ 산출세액(⑳=⑲)			36 600 000
㉑ 최저한세 적용대상 공제감면세액	17		
㉒ 차감세액	18		
㉓ 최저한세 적용제외 공제감면세액	19		
㉔ 가산세액	20		
㉕ 가감계(⑫-㉓+㉔)	21		36 600 000
기한내납부세액	㉖ 중간예납세액	22	20 000 000
	㉗ 수시부과세액	23	
	㉘ 원천납부세액	24	10 000 000
	㉙ 간접투자회사 등의 외국납부세액	25	
	㉚ 소 계 (㉖+㉗+㉘+㉙)	26	30 000 000
㉛ 신고납부 전 가산세액	27		
㉜ 합 계(㉚+㉛)	28		30 000 000

㉝ 감면분추가 납부세액	29		
㉞ 차감납부할 세액(㉕-㉜+㉝)	30		6 600 000

⑤ 토지등 양도소득에 대한 법인세 계산				
양도차익	㉟ 등 기 자 산	31	
	㊱ 미 등 기 자 산	32	
㊲ 비 과 세 소 득	33		
㊳ 과 세 표 준(㉟+㊱-㊲)	34		
㊴ 세 율	35		
㊵ 산 출 세 액	36		
㊶ 감 면 세 액	37		
㊷ 차 감 세 액(㊵-㊶)	38		
㊸ 공 제 세 액	39		
㊹ 동업기업 법인세 배분액(가산세 제외)	58		
㊺ 가 산 세 액(동업기업 배분액 포함)	40		
㊻ 가 감 계(㊷-㊸+㊹+㊺)	41		
기납부세액	㊼ 수 시 부 과 세 액	42	
	㊽ ( ) 세 액	43	
	㊾ 계 (㊼+㊽)	44	
㊿ 차감납부할 세 액(㊻-㊾)	45		

⑥ 미환류소득 법인세			
⑯ 과세대상 미환류소득	59		
⑯ 세 율	60		
⑯ 산 출 세 액	61		
⑯ 가 산 세 액	62		
⑯ 이 자 상 당 액	63		
⑯ 납부할 세액(⑯+⑯+⑯)	64		

⑦ 세액계			
⑤ 차감납부할 세액계(㉞+㊿+⑯)	46		6 600 000
⑯ 사실과 다른 회계처리 경정 세액공제	57		
⑯ 분납세액계산범위액 (⑤-㉜-㉝-㊿-⑯+⑯)	47		
⑯ 분 납 할 세 액	48		
⑯ 차 감 납 부 세 액 (⑤-⑯-⑯)	49		

210mm×297mm[백상지 80g/㎡ 또는 중질지 80g/㎡]

[별지 제15호 서식] (2022.3.18. 개정) (앞쪽)

사업연도	2025. 1. 1. ~ 2025.12.31.	소득금액조정합계표		법인명	수진(주)
				사업자등록번호	

익금산입 및 손금불산입				손금산입 및 익금불산입			
①과 목	②금 액	③소득처분		④과 목	⑤금 액	⑥소득처분	
		처분	코드			처분	코드
법인세비용	61 325 000	기타사외유출	500	대손충당금	10 000 000	유보	100
기업업무추진비 한도초과	24 675 000	〃	500	감가상각비	20 000 000	〃	100
대손충당금 한도초과	12 000 000	유보	400	제품평가감	3 000 000	〃	100
확정급여채무 한도초과	5 000 000	〃	400	미수수익	4 000 000	〃	100
인정상여	10 000 000	상여	100	국세환급이자	1 000 000	기타	200
제품평가감	5 000 000	유보	400				
미수수익	3 000 000	〃	400				
진행기준적용 매출차액	3 000 000	〃	400				
합 계	124 000 000			합 계	38 000 000		

210mm×297mm[백상지 80g/㎡ 또는 중질지 80g/㎡]

[별지 제50호 서식(갑)] (2025.3.21. 개정)　　　　　　　　　　　　　　　　　　　　　(앞 쪽)

사 업 연 도	2025. 1. 1. ~ 2025.12.31.	자본금과 적립금 조정명세서(갑)	법 인 명	수진(주)
			사업자등록번호	

Ⅰ. 자본금과 적립금 계산서

① 과목 또는 사항		코드	② 기초잔액	당 기 중 증 감		⑤ 기말잔액	비 고
				③ 감소	④ 증가		
자본금 및 잉여금등의 계산	1. 자 본 금	01	500,000,000		200,000,000	700,000,000	
	2. 자 본 잉 여 금	02	200,000,000	5,000,000		195,000,000	
	3. 자 본 조 정	15					
	4. 기타포괄손익누계액	18					
	5. 이 익 잉 여 금	14	280,000,000	100,000,000	190,000,000	370,000,000	
		17					
	6.　　　　계	20	980,000,000	105,000,000	390,000,000	1,265,000,000	
7. 자본금과 적립금명세서(을) (+) (병) 계		21	74,000,000	27,000,000	18,000,000	65,000,000	
손익 미계상 법인세 등	8. 법 인 세	22	5,280,000	5,280,000	3,000,000	3,000,000	
	9. 지 방 소 득 세	23	528,000	528,000	300,000	300,000	
	10.　　계 (8+9)	30	5,808,000	5,808,000	3,300,000	3,300,000	
11. 차 가 감 계(6+7-10)		31	1,048,192,000	126,192,000	404,700,000	1,326,700,000	

Ⅱ. (이월)결손금 계산서

1. (이월)결손금 발생 및 증감내역

※ [발생액]란에는 당해 사업연도에 발생한 결손금도 함께 작성하고, 공제기한이 경과한
이월결손금 잔액은 [⑰ 기한경과]란에 작성합니다.
('19.12.31.이전 개시하는 사업연도에 발생한 결손금은 10년간 이월공제)

⑥ 사업 연도	(이월)결손금			감 소 내 역						잔 액		
	발 생 액			⑩ 소급 공제	⑪ 차감계	⑫ 기 공제액	⑬ 당기 공제액	⑭ 보전	⑮ 계	⑯ 기한 내	⑰ 기한 경과	⑱ 계
	⑦ 계	⑧일 반 결손금	⑨ 배 분 한도초과결손금 (⑨=⑤)									
계												

2. 법인세 신고 사업연도의 결손금에 동업기업으로부터 배분한도를 초과하여 배분받은 결손금(배분한도 초과결손금)이 포함되어 있는 경우 사업연도별 이월결손금 구분내역

⑲ 법인세 신고 사업연도	⑳ 동업기업 과세연도 종료일	㉑ 손금산입한 배분한도 초과 결손금	㉒ 법인세 신고 사업연도 결손금	㉓ 합 계 (㉓=㉕+ ㉖)	배분한도 초과결손금이 포함된 이월결손금 사업연도별 구분		㉖법인세 신고 사업연도 발생 이월결손금 해당액 (⑧일반결손금으로 계상) (㉑≥㉒의 경우는 "0", ㉑<㉒의 경우는 ㉒-㉑)
					배분한도 초과결손금 해당액		
					㉔ 이월결손금 발생 사업연도	㉕이월결손금(㉕=⑨) ㉑과 ㉒ 중 작은 것에 상당하는 금액	

Ⅲ. 회계기준 변경에 따른 자본금과 적립금 기초잔액 수정

㉗과목 또는 사항	㉘코드	㉙전기말 잔액	기초잔액 수정		㉜수정후 기초잔액 (㉙+㉚-㉛)	㉝비 고
			㉚증가	㉛감소		

210mm×297mm[일반용지 70g/㎡(재활용품)]

* 서식상 '6. 계'와 기업회계상 자본총계

　　'⑤ 기말잔액'란은 표준F/P의 자본금 등과 일치하도록 규정하고 있다. 또한 표준F/P도 자본총계는 일반기업회계기준과 같이 이익잉여금을 처분하기 전의 내용을 반영하므로 자본금 등 각 과목의 기초금액, 기말금액 및 변동내용은 기업회계와 일치한다.

[별지 제50호 서식(을)] (1999.5.24. 개정)   (앞 쪽)

사 업 연 도	2025. 1. 1. ~ 2025.12.31.	자본금과 적립금조정명세서(을)	법인명	수진(주)

※ 관리 번호 □□ - □□   사업자등록번호 □□□ - □□ - □□□□□

※표시란은 기입하지 마십시오.

세무조정유보소득 계산

①과목 또는 사항	②기초잔액	당기 중 증감		⑤기말잔액 (익기초 현재)	비 고
		③감 소	④증 가		
손실충당금	10,000,000	10,000,000	12,000,000	12,000,000	
확정급여채무	20,000,000		5,000,000	25,000,000	
감가상각비	50,000,000	20,000,000		30,000,000	
대손금	5,000,000			5,000,000	
제품평가감	3,000,000	3,000,000	5,000,000	5,000,000	
진행기준적용 매출차액	△3,000,000	△3,000,000		−	
미수수익	△5,000,000	△3,000,000	△4,000,000	△6,000,000	
합 계	80,000,000	27,000,000	18,000,000	71,000,000	

22226－84011일
99.4.1. 개정승인

210mm×297mm
(신문용지 54g/㎡(재활용품))

보론 | 중소기업의 범위

Ⅰ. 중소기업에 대한 세제지원

현행 세법상 중소기업에 해당되면 법인세법과 조세특례제한법에서 규정하고 있는 다음과 같은 세제상의 혜택을 누릴 수 있다.

1. 법인세법상 지원

내 용	중소기업	일반법인
이월결손금 공제한도(법법 §13)	한도 없음.	각 사업연도소득금액의 80%
기업업무추진비 손금한도(법법 §25)	손금한도＝①＋②	
	① 36백만 원 ② 수입금액 0.03~0.3%	① 12백만 원 ② 좌동
결손금소급공제(법법 §72)	직전 사업연도로 소급공제 가능	해당 없음
법인세분납기간(법법 §64 ②)	납부기한이 지난 날부터 2개월 이내	납부기한이 지난 날부터 1개월 이내
핵심인력성과보상기금 손금산입(법령 §19 20호)	손금산입	해당 없음. (중견기업은 해당)
외상매출금 대손처리특례 (법령 §19의2 ① 9호)	1. 부도발생일 이전의 외상매출금은 부도발생일로부터 6개월 이상 지난 경우 대손처리 가능 2. 거래일로부터 2년이 경과한 외상매출금 및 미수금은 대손처리가능	1. 소멸시효완성 및 회수불능 입증 시 대손처리 2. 해당 없음
직원에 대한 주택구입·전세자금 대여금(법칙 §44)	업무무관가지급금 제외	업무무관가지급금 해당됨

2. 조세특례제한법상 지원내용 요약

내 용	중소기업	일반법인
중소기업의 IT화 사업지원 (조특법 §5의2)	중소기업이 중기청 등으로부터 정보화를 위한 출연금 등을 지원받아 투자하는 경우 일시상각충당금의 손금 산입 허용	해당 없음
창업중소기업에 대한 세액감면(조특법 §6)	1. 창업 후(벤처기업 확인을 받은 후) 최초로 소득이 발생한 연도와 그 후 4년간 50% 감면(고용증가 시 최대 100% 추가 감면) ① 2027.12.31. 이전에 수도권과밀억제권역 외 지역에서 창업한 중소기업 ② 2027.12.31.까지 벤처기업으로 확인받은 중소기업 2. 청년 창업중소기업은 5년간 100%, 수도권과밀억제권역 내 창업도 50% 감면 3. 감면한도: 연간 5억 원	해당 없음
중소기업에 대한 특별세액감면(조특법 §7)	제조업 등을 영위하는 중소법인의 제조업소득 등에 대하여 산출세액의 5~30% 감면(감면한도 1억 원)	해당 없음
상생결제 지급금액세액공제 (조특법 §7의4)	상생결제제도 지급금액×0.1~0.2%	해당 없음 (중견기업은 해당)
상생협력 투자세액공제 (조특법 §8의3 ③)	수탁업체 설치시설 투자금액의 7%	투자금액의 1% (중견기업은 3%)
일반연구 및 인력개발비 세액공제(조특법 §10)	① 선택 $\begin{cases} 총발생액×25\% \\ 증가발생분×50\% \end{cases}$ ② 신성장 R&D 비용은 30~40% ③ 국가전략기술 R&D 비용은 40~50%	①, ② 중 선택(중견기업은 ① 8%) ① 일반연구·인력개발비 $\times \{0\% + \dfrac{일반연구·인력개발비}{매출액} \times 50\%\}$ (한도: 일반연구·인력개발비×2%)

내 용	중소기업	일반법인
		② 증가발생분×25% (중견기업은 40%) ③ 신성장 R&D 비용은 20~30% ④ 국가전략기술 R&D 비용은 30~40%
중소기업기술이전·대여소득 세액감면(조특법 §12 ①)	특허권 등 기술이전·대여소득에 대해 2026.12.31.까지 50%·25% 감면	해당 없음(중견기업은 중소기업과 동일)
성과공유 중소기업 경영성과급 세액공제(조특법 §19)	경영성과급의 10%	해당 없음
통합투자세액공제 (조특법 §24)	① 기본공제 일반투자분 12% ② 신성장·원천기술 투자분 14% ③ 국가전략기술 투자분 25%	① 1%(중견기업은 7%) ② 대기업 3%, 중견기업 8% ③ 대기업 15%, 중견기업 15%
특성화고 등 졸업자 병역 이행 후 복직기업 세액공제 (조특법 §29의2)	복직 후 인건비의 30%	해당 없음 (중견기업은 15%)
근로소득 증대기업 세액공제(조특법 §29의4)	1. [해당연도 평균임금 − 직전연도 평균임금×(1+직전 3년 평균임금 증가율*)]×직전연도 근로자수×20% * 직전 3년 평균임금증가율 대신 3.2%를 적용할 수 있음(중소기업만 적용). 2. 정규직 전환 근로자 추가공제 정규직 전환 근로자 임금증가분 합계액×20%	1. 5%(중견기업은 10%) 2. 5%(중견기업은 10%)

내 용	중소기업	일반법인
통합고용 세액공제 (조특법 §29의8)	1. 기본공제 　① 고용증가 시 1인당 　　• 상시근로자: 850~950만 원 　　• 청년정규직 · 장애인 · 60세 　　　이상 · 경력단절근로자 · 북한 　　　이탈주민: 1,450~1,550만 원 　② 공제기간: 3년 2. 추가공제(고용증가 시 적용) 　① 정규직 전환 · 육아 휴직 복귀 　　자 인원×1,300만 원 　② 공제기간: 1년	1. 기본공제 　① 해당 없음(중견기업 　　은 450만 원) 　　400만 원(중견기업은 　　800만 원) 　② 2년(중견기업은 3년) 2. 추가공제(고용증가 시 적용) 　① 해당 없음(중견기업 　　은 900만 원) 　② 해당 없음(중견기업 　　은 1년)
고용유지 중소기업 세액공제(조특법 §30의3)	상시근로자 1인당 시간당 임금이 감 소하지 않은 경우 임금감소액의 10% 와 임금보전액의 15%를 세액공제	해당 없음 (위기지역 중견기업은 적용)
수도권 밖으로 공장을 이전 하는 기업에 대한 세액감면 (조특법 §63)	1. 2년 이상 수도권과밀억제권역 내 　공장을 영위한 기업의 이전 2. 수도권과밀억제권역 밖으로 이전	1. 3년 이상 2. 수도권 밖으로 이전
농공단지 입주기업 등에 대 한 세액감면(조특법 §64)	농공단지 또는 지방중소기업 특별지 원지역입주기업 등 입주 시 최초 소 득 발생연도와 그 후 3년간 법인세 50% 감면	농공단지 안에서 농어촌소득 원개발사업을 영위하는 내국 인은 최초 소득발생 연도와 그 후 3년간 법인세 50% 감면
중소기업 공장이전 양도차익 분할과세(조특법 §85의8)	2년 이상 사업영위공장을 수도권과 밀억제권역 밖 이전 시 및 3년 이상 운영공장을 동일 산업단지 내로 이전 시 양도차익에 대해 5년 거치 5년 균 등익금산입	해당 없음
위기지역 창업기업 법인세 감면(조특법 §99의9)	고용 또는 산업위기지역 내 창업기업 은 5년간 100%, 2년간 50% 감면 한도: 없음.	한도: 투자누계액×50%+ 상시근로자 수×1,500만 원 (청년 및 서비스업 상시근 로자는 2,000만 원)
수도권과밀억제권역 안의 투자에 대한 조세감면 배제 (조특법 §130)	1990.1.1. 이후 수도권과밀억제권역 안 에 새로이 사업장을 설치하거나 종전 사업장을 이전하여 설치하는 경우에도 대체투자에 대하여는 각종 투자세액공 제 가능(고용창출투자 세액공제는 배 제, 증설투자도 대부분 세액공제 허용)	1990.1.1. 이후 수도권과밀 억제권역 안에 새로이 사 업장을 설치하거나 종전사 업장을 이전하여 설치하는 경우 일부분 투자세액공제 배제

내 용	중소기업	일반법인
최저한세(조특법 §132)	①·② 중 많은 금액 ① 각종 감면 후의 세액 ② 감면 전의 과세표준×7% (유예기간 경과 후 3년간 8%, 이후 2년간 9%)	①·② 중 많은 금액 ① 각종 감면 후의 세액 ② 감면 전의 과세표준 　100억 원 이하 10%, 　1,000억 원 이하 12%, 　1,000억 원 초과 17%
최대주주의 주식할증평가 적용배제(상증법 §63 ③)	할증률 0%	할증률 20%(중견기업*은 0%) * 직전 3년 평균매출액이 5,000만 원 미만인 법인

이와 같은 중소기업에 대한 세제상 혜택을 적용받기 위해서는 해당 법인이 조세특례제한법 시행령 제2조에서 규정하고 있는 중소기업의 요건을 모두 충족하여야 한다.

Ⅱ. 중소기업판정기준(조특령 §2)

조세특례제한법은 다음의 요건을 모두 갖추어야 중소기업으로 보고 있는바, 그 요건을 요약하면 다음과 같다.

| 중소기업판정기준 |

1. 중소기업해당사업을 영위할 것
2. 해당연도 매출액이 업종별로 중소기업기본법 시행령 [별표 1]의 규모기준 이내일 것(중소기업기본법은 직전 3년 평균 매출액을 기준으로 함)
3. 실질적인 독립성이 조세특례제한법 시행령 제2조 제1항 제3호에 적합할 것
4. 중소기업 졸업기준(중소기업기본법도 자산총액만을 졸업기준으로 함)
   다음에 해당하는 법인은 중소기업에서 제외한다.
   • 자산총액: 5,000억 원 이상

이하에서는 중소기업의 요건에 대해 구체적으로 살펴보고자 한다.

1. 중소기업 해당 사업

중소기업이 되기 위한 첫 번째 요건은, 부동산 임대업 또는 소비성서비스업을 주된 사업으로 영위하지 않는 것과 성실신고확인대상 법인이 아닐 것이다.

(1) 소비성서비스업의 범위(조특령 §29 ③, 조특칙 §17)

① 호텔업 및 여관업(관광숙박업은 제외)
② 주점업(외국인전용유흥음식점업 및 관광유흥음식점업은 제외)
③ 오락 · 유흥 등을 목적으로 하는 사업(무도장 운영업, 마사지업 등)

(2) 성실신고확인대상 소규모 법인

①~③ 요건을 모두 갖춘 법인(법령 §42 ②)
① 지배주주 등 지분율 50% 초과
② 부동산임대업이 주된 사업이거나 부동산임대 · 이자 · 배당소득이 매출액의 50% 이상
③ 상시근로자 수가 5인 미만

비영리법인도 중소기업이 될 수 있다(서면2팀-391, 2006.2.21.).

2. 중소기업의 규모기준

중소기업기본법 시행령 [별표 1] (2017.10.17. 개정)

주된 업종별 평균매출액 등의 중소기업 규모 기준(제3조 제1항 제1호 가목 관련)

해당 기업의 주된 업종	분류기호	
1. 의복, 의복액세서리 및 모피제품 제조업	C14	평균매출액 등 1,500억 원 이하
2. 가죽, 가방 및 신발 제조업	C15	
3. 펄프, 종이 및 종이제품 제조업	C17	
4. 1차 금속 제조업	C24	
5. 전기장비 제조업	C28	
6. 가구 제조업	C32	
7. 농업, 임업 및 어업	A	평균매출액 등 1,000억 원 이하
8. 광업	B	
9. 식료품 제조업	C10	
10. 담배 제조업	C12	
11. 섬유제품 제조업(의복 제조업은 제외한다)	C13	
12. 목재 및 나무제품 제조업(가구 제조업은 제외한다)	C16	
13. 코크스, 연탄 및 석유정제품 제조업	C19	
14. 화학물질 및 화학제품 제조업(의약품 제조업은 제외한다)	C20	
15. 고무제품 및 플라스틱제품 제조업	C22	
16. 금속가공제품 제조업(기계 및 가구 제조업은 제외한다)	C25	
17. 전자부품, 컴퓨터, 영상, 음향 및 통신장비 제조업	C26	
18. 그 밖의 기계 및 장비 제조업	C29	
19. 자동차 및 트레일러 제조업	C30	
20. 그 밖의 운송장비 제조업	C31	
21. 전기, 가스, 증기 및 수도사업	D	
22. 수도업	E36	
23. 건설업	F	
24. 도매 및 소매업	G	

해당 기업의 주된 업종	분류기호	
25. 음료 제조업	C11	평균매출액 등 800억 원 이하
26. 인쇄 및 기록매체 복제업	C18	
27. 의료용 물질 및 의약품 제조업	C21	
28. 비금속 광물제품 제조업	C23	
29. 의료, 정밀, 광학기기 및 시계 제조업	C27	
30. 그 밖의 제품 제조업	C33	
31. 수도, 하수 및 폐기물 처리, 원료재생업(수도업은 제외한다)	E (E36 제외)	
32. 운수 및 창고업	H	
33. 정보통신업	J	
34. 산업용 기계 및 장비수리업	C34	평균매출액 등 600억 원 이하
35. 전문, 과학 및 기술 서비스업	M	
36. 사업시설관리, 사업지원 및 임대서비스업(임대업은 제외한다)	N (N76 제외)	
37. 보건업 및 사회복지 서비스업	Q	
38. 예술, 스포츠 및 여가 관련 서비스업	R	
39. 수리(修理) 및 기타 개인 서비스업	S	
40. 숙박 및 음식점업	I	평균매출액 등 400억 원 이하
41. 금융 및 보험업	K	
42. 부동산업	L	
43. 임대업	N76	
44. 교육 서비스업	P	

※ 비고
  1. 해당 기업의 주된 업종의 분류 및 분류기호는 통계법 제22조에 따라 통계청장이 고시한 한국표준산업 분류에 따른다.
  2. 위 표 제19호 및 제20호에도 불구하고 자동차용 신품 의자 제조업(C30393), 철도 차량 부품 및 관련 장치물 제조업(C31202) 중 철도 차량용 의자 제조업, 항공기용 부품 제조업(C31322) 중 항공기용 의자 제조업의 규모 기준은 평균매출액 등 1,500억 원 이하로 한다.

이때 평균매출액은 기업회계기준에 따라 작성된 해당연도의 손익계산서상 매출액(중소기업기본법상 중소기업 판정 시는 직전 3년의 평균매출액)을 말한다.

창업 · 분할 · 합병의 경우 그 등기일의 다음 날(창업의 경우에는 창업일)이 속하는 사업연도의 매출액을 연간 매출액으로 환산한 금액을 말한다(조특칙 §2 ④).

이때 합병 시 합병법인의 중소기업판정 시 매출액 판정은 상기 시행규칙을 적용하지 않고 해당 사업연도의 전체 매출액으로 한다는 과세관청의 해석이 있으므로 유의하여야 한다. 단, 이는 2019.9.4. 이후 신고·납부하는 분부터 적용된다(기준-2019-법령해석법인-0527, 2019.9.4. ; 사전법령법인-139, 2020.3.2.).

이에 대한 심판원의 결정은 과세관청의 유권해석은 행정관청 내부의 지침에 불과하여 법원이나 국민을 구속하는 법규적 효력이 없다 할 것이고(대법원 2007.6.14. 선고 2005두12718 판결) 유권해석의 적용시기는 종전 해석(서이 46012-10830, 2001.12.18.)을 신뢰한 납세자가 유권해석의 적용으로 인해 불리한 처분을 받을 수 있는 경우를 방지하고자 정한 것으로 볼 수 있는 점 등에 비추어 합병등기일의 다음 날이 속하는 과세연도가 1년에 미달하지 아니하는 합병존속법인의 경우에는 손익계산서상의 매출액에 따라 중소기업기준을 적용하는 것이 타당하다고 결정하였다(조심 2022인6630, 2023.4.6.).

중간예납기간 실적을 기준으로 중간예납세액을 계산하는 경우 조세특례제한법에 따라 세액감면 등의 특례를 적용받는 중소기업에 해당하는지를 판단할 필요가 있는 경우에 업종별 매출액은 중간예납기간의 매출액을 연간 매출액으로 환산한 금액으로 한다(규칙 §51 ⑤).

3. 졸업기준

졸업기준 적용 시 자산총액은 당해 사업연도 종료일 현재 재무상태표상의 자산총액을 말하며, 자산총액이 5,000억 원 이상 시는 중소기업에 해당하지 않는다.

4. 독립성기준((2)·(3)은 중소기업기본법 시행령 제3조 제1항 제2호에 적합)

(1) 독점규제및공정거래에관한법률에 따른 공시대상기업집단에 속하는 회사 또는 공시대상기업집단의 국내 계열회사로 편입·통지된 것으로 보는 회사가 아닐 것

　주) 공시대상기업집단: 공정거래위원회가 지정하는 계열사 자산총액이 5조 원 이상인 기업집단

(2) 당해 사업연도 종료일 현재 자산총액이 5,000억 원 이상인 법인(외국법인 포함)이 주식 등의 30% 이상을 직접 또는 간접적으로 소유한 경우로서 최다출자자인 기업이 아닐 것

① 최다출자자: 해당 기업의 의결권 있는 주식 등을 소유한 법인(또는 개인)이 단독 또는 주식 등을 소유한 법인의 임원(또는 주식 등을 소유한 개인의 친족)과 합산하여 해당 기업의 주식 등을 가장 많이 소유한 자를 말함.

　가. 임원 및 친족 등의 합산규정은 간접소유비율계산 및 소유비율 30% 이상 판정 시는 적용되지 않음.

나. A법인이 B법인 주식 25% 소유, A법인의 임원이 B법인 주식 75% 소유한 경우:
　　B법인은 A법인의 종속기업에 해당되지 않음.

② 주식 등 간접소유비율의 계산: 「국제조세조정에 관한 법률 시행령」 제2조 제2항을 준용한다.

가. A의 C에 대한 소유비율: 30%(직접) + 10%(간접) = 40%

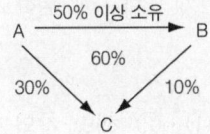

나. A의 C에 대한 소유비율: 30%(직접) + 10% × 40% = 34%

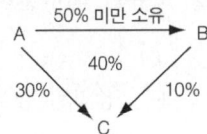

다. 간접소유로 인한 최다출자자 판정 시 각 단계별 기업이 최다출자자 요건을 충족하면 소유단계가 2단계 이상인 경우에도 적용하여야 함.

　　A ──80%──▶ B ──60%──▶ C: A, B 모두 자산총액이 5,000억 원 이상인지 검토

③ 외국법인의 자산총액을 원화로 환산할 경우: 해당 사업연도 종료일 현재 매매기준율을 적용(조세특례제한과-584, 2019.9.3., 조특칙 §2)

(3) 관계기업에 속하는 기업의 경우 중소기업기본법 시행령 제7조의4에 따라 관계기업 간에 합산한 당해 연도 매출액이 [별표 1]의 기준(지배기업과 종속기업 중 매출액이 큰 기업의 주된 업종을 지배기업과 종속기업 각자의 주된 업종으로 규모기준을 적용)에 맞는 경우

1) 관계기업

관계기업이란 외부감사대상기업이 다른 국내기업을 지배함으로써 지배·종속의 관계에 있는 기업의 집단을 말한다. 그러므로 지배기업이 외부감사대상기업에 한정됨에 따라 외국법인이 모회사인 경우는 외부감사대상기업이 아니므로 제외되며, 외국법인이 자회사인 경우도 관계기업기준을 적용하지 아니한다.

그리고 지배·종속의 관계란 지배기업이 다른 국내기업을 아래와 같이 지배하는 경우 지

배기업과 그 다른 국내기업(종속이업)의 관계를 말한다.

① 자회사

② 모회사가 자회사와 공동 소유하는 자회사

③ 손자회사

④ 개인 최다출자자 등이 자회사와 공동 소유하는 손자회사

⑤ 주권상장법인으로서 연결재무제표작성대상법인과 그 연결재무제표에 포함되는 기업

2) 지배·종속관계

당해 사업연도 말일 현재 지배기업이 단독으로 또는 다음의 '① · ②' 해당 자와 합산하여 종속기업주식 등을 30% 이상 소유하면서 최다출자자인 경우 등

① 단독 또는 친족과 합산하여 지배기업 주식 등을 30% 이상 소유한 최다출자자 개인

② '①'의 친족(배우자, 4촌 이내 혈족, 3촌 이내 인척)

③ 직전 사업연도 말일이 지난 후 창업, 합병, 분할, 폐업한 경우에는 창업일 등을 기준으로 지배·종속관계를 판단

④ 지배기업과 종속기업의 매출액 합산 시 업종이 다른 경우에는 매출액이 큰 기업의 주된 업종을 관계기업의 주된 업종으로 함.

⑤ 중소기업기본법상 평균매출액 등은 직전 3개 연도의 총매출액을 3으로 나눈 금액임.

⑥ 중소기업기본법상 자산총액은 직전 사업연도 말일 현재의 자산총액을 말하며, 상기 '(2)'의 외국법인에 대하여는 직전 5개년 평균환율을 적용하여 계산

3) 관계기업(지배기업+종속기업)의 매출액 산정(중기령 [별표 2])

① 형식적 지배(지배기업이 50% 미만 소유)

　가. 지배기업의 전체 매출액

　　지배기업의 매출액+종속기업 매출액×지배기업 지분율

　나. 종속기업의 전체 매출액

　　종속기업의 매출액+지배기업 매출액×지배기업 지분율

② 실질적 지배(지배기업이 50% 이상 소유)

　지배기업·종속기업 모두

　지배기업 매출액+종속기업 매출액

중점사항

1. 지배기업이 종속기업을 실질적 지배하는 경우
   ① A법인은 B법인 주식을 80% 보유
   ② A법인 업종: 운수업(기준매출액 800억 원)
   　 B법인 업종: 예술, 스포츠 및 여가 관련 서비스업(기준매출액 600억 원)
   ③ A법인 당기매출액: 700억 원
   　 B법인 당기매출액: 400억 원
   ④ 관계기업매출액: A, B법인 모두 1,100억 원(700＋400)
   　 주업종: 운수업
   ⑤ A, B법인 모두 기준매출액을 초과하므로 중소기업 해당 안 됨(유예기간 고려하지 않음 전제).

2. 지배기업이 종속기업을 형식적 지배하는 경우
   (1) 지배기업매출액이 종속기업매출액을 초과하는 경우
   　 ① A법인은 B법인 주식을 40% 보유
   　 ② A법인 업종: 운수업(기준매출액 800억 원)
   　　 B법인 업종: 예술, 스포츠 및 여가 관련 서비스업(기준매출액 600억 원)
   　 ③ A법인 당기매출액: 700억 원
   　　 B법인 당기매출액: 400억 원
   　 ④ 관계기업매출액: 주업종은 운수업
   　　 A법인＝700억 원＋400억 원×40%＝860억 원
   　　 B법인＝400억 원＋700억 원×40%＝680억 원
   　 ⑤ A법인은 기준매출액 800억 원을 초과하므로 중소기업 해당 안 됨.
   　　 B법인은 기준매출액 800억 원을 초과하지 않으므로 중소기업 해당됨.
   (2) 지배기업매출액이 종속기업매출액보다 적은 경우
   　 ① A법인은 B법인 주식을 40% 보유
   　 ② A법인 업종: 운수업(기준매출액 800억 원)
   　　 B법인 업종: 예술, 스포츠 및 여가 관련 서비스업(기준매출액 600억 원)
   　 ③ A법인 당기매출액: 300억 원
   　　 B법인 당기매출액: 500억 원
   　 ④ 관계기업매출액: 주업종은 예술, 스포츠 및 여가 관련 서비스업
   　　 A법인＝300억 원＋500억 원×40%＝500억 원
   　　 B법인＝500억 원＋300억 원×40%＝620억 원

> ⑤ A법인은 기준매출액 600억 원을 초과하지 않으므로 중소기업 해당됨.
>
> B법인은 기준매출액 600억 원을 초과하므로 중소기업 해당 안 됨.

3. 지배기업이 지배기업의 최대출자자인 개인(친족 포함)과 합산하여 종속기업의 최대출자자인 경우

    ① A법인(외감법 대상법인)이 B법인(국내법인) 주식을 20% 보유

       갑의 친족인 을이 B법인 주식 15% 보유

    ② A법인 업종: 운수업(기준매출액 800억 원)

       B법인 업종: 예술, 스포츠 및 여가 관련 서비스업(기준매출액 600억 원)

    ③ A법인 당기매출액: 700억 원

       B법인 당기매출액: 600억 원

    ④ 관계기업매출액: 주업종은 운수업

       A법인 = 700억 원 + 600억 원 × 20% = 820억 원

       • 관계기업매출액 계산 시는 지배기업의 직접투자 지분율만 합산함.

       B법인 = 600억 원 + 700억 원 × 20% = 740억 원

    ⑤ A법인은 기준매출액 800억 원을 초과하므로 중소기업 해당 안 됨.

       B법인은 기준매출액 800억 원을 초과하지 않으므로 중소기업 해당됨.

4) 관계기업의 매출액이 [별표 1] 기준을 초과하는 경우

유예기간 적용(해당연도 + 3년간)

상기 '(1) · (2)' 해당 시는 유예기간 없이 바로 중소기업에 해당하지 않음.

5) 지배기업의 또 다른 종속기업매출액 합산 여부

B법인은 A법인의 지배회사(A법인 주식의 33% 지분보유 최대주주)에 해당된다. C법인은 B법인이 100% 지분을 보유하고 있다.

당해연도 A법인의 중소기업판정 시 관계기업 매출액산정 시 A법인의 지배기업인 B법인이 100% 지분을 보유한 C법인의 매출액을 포함하여야 하는 지에 대해 중소기업기본법 시행령 제3조의2에 의한 지배 또는 종속관계가 성립되지 않으면 관계기업에 해당하지 않는 것이다(이 사례에서 C법인의 매출액을 합산하지 않는다는 의미임)(사전법규법인-44, 2023.5.2. ; 서면법인-21910, 2016.5.3.).

5. 중소기업으로 보는 유예기간

(1) 유예기간의 적용

다음에 해당되는 경우 최초로 그 사유가 발생한 날이 속하는 사업연도와 그 다음 5개 사업연도(최초로 그 사유가 발생한 날이 속하는 사업연도의 종료일부터 5년이 되는 날이 속하는 사업연도의 종료일 현재 해당 기업이 자본시장과 금융투자업에 관한 법률에 따른 유가증권시장 또는 코스닥시장에 상장되어 있는 경우에는 7개 사업연도)까지는 중소기업으로 보고(2024년부터 적용, 이전에는 3년만 적용), 유예기간이 경과한 후에는 사업연도별로 중소기업 해당 여부를 판정한다(조특령 §2 ② 각 호 외 부분 본문 및 ⑤).

① 중소기업이 그 규모의 확대 등으로 중소기업졸업기준에 해당되거나 또는 중소기업기준(중소기업기본법 시행령 [별표 1])을 초과하는 경우
② 중소기업이 위 '4. 독립성기준' 중 '(3) 관계기업'에 해당되어 중소기업기준을 초과하는 경우

(2) 유예기간 경과 후

중소기업에 대한 유예기간이 경과한 후에는 사업연도별로 위 '1.~4.'에 따라 중소기업 해당 여부를 판정하되, 중소기업이 다음 사유로 중소기업에 해당하지 아니하게 된 경우에는 유예기간을 적용하지 아니한다(조특령 §2 ② 각 호 외 부분 본문 단서).

① 중소기업이 중소기업기본법에 의한 중소기업 외의 기업과 합병하는 경우
② 중소기업이 유예기간 중에 있는 다른 중소기업과 합병하는 경우: 합병일이 속하는 사업연도부터 유예기간을 적용하지 아니함.
③ 위 '4. 독립성기준' 중 '(1)' 및 '(2)'에 적합하지 아니한 기업에 해당되는 경우
   • 중소기업이었던 법인이 독립성 기준 미충족으로 유예없이 비중소기업이 되었다가 다시 중소기업이 되었고, 이후 매출액 증가로 비중소기업이 된 경우 중소기업 졸업 유예기간(조특령 §2 ②) 적용이 불가함(조세특례제도과-371, 2024.5.3.).
④ 창업일이 속하는 사업연도 종료일부터 2년 이내의 사업연도 종료일 현재 중소기업기준 규모를 초과하는 경우(중소기업기본법은 1년 이내에 규모기준 초과 시 유예 제외)

Ⅲ. 소기업과 중기업의 구분

① 중소기업은 소기업과 중기업으로 구분한다(중기법 §2 ②).
② 소기업은 중소기업 중 해당 기업이 영위하는 주된 업종별 평균매출액(관계기업매출

액 합산하지 않음. 서면법인-5783, 2016.12.9.) 등이 [별표 3]의 기준에 맞는 기업으로 하며 중기업은 중소기업 중 소기업을 제외한 기업으로 한다(중기령 §8, 2015.6.30. 개정).
주) 상기 소기업의 구분기준은 2016.1.1.부터 시행

중소기업기본법 시행령 [별표 3] (2017.10.17. 개정)

주된 업종별 평균매출액 등의 소기업 규모 기준(제8조 제1항 관련)

해당 기업의 주된 업종	분류기호	규모 기준
1. 식료품 제조업	C10	평균매출액 등 120억 원 이하
2. 음료 제조업	C11	
3. 의복, 의복액세서리 및 모피제품 제조업	C14	
4. 가죽, 가방 및 신발 제조업	C15	
5. 코크스, 연탄 및 석유정제품 제조업	C19	
6. 화학물질 및 화학제품 제조업(의약품 제조업은 제외한다)	C20	
7. 의료용 물질 및 의약품 제조업	C21	
8. 비금속 광물제품 제조업	C23	
9. 1차 금속 제조업	C24	
10. 금속가공제품 제조업(기계 및 가구 제조업은 제외한다)	C25	
11. 전자부품, 컴퓨터, 영상, 음향 및 통신장비 제조업	C26	
12. 전기장비 제조업	C28	
13. 그 밖의 기계 및 장비 제조업	C29	
14. 자동차 및 트레일러 제조업	C30	
15. 가구 제조업	C32	
16. 전기, 가스, 증기 및 공기조절 공급업	D	
17. 수도업	E36	
18. 농업, 임업 및 어업	A	평균매출액 등 80억 원 이하
19. 광업	B	
20. 담배 제조업	C12	
21. 섬유제품 제조업(의복 제조업은 제외한다)	C13	
22. 목재 및 나무제품 제조업(가구 제조업은 제외한다)	C16	
23. 펄프, 종이 및 종이제품 제조업	C17	
24. 인쇄 및 기록매체 복제업	C18	
25. 고무제품, 및 플라스틱제품 제조업	C22	
26. 의료, 정밀, 광학기기 및 시계 제조업	C27	

해당 기업의 주된 업종	분류기호	규모 기준
27. 그 밖의 운송장비 제조업	C31	
28. 그 밖의 제품 제조업	C33	
29. 건설업	F	
30. 운수 및 창고업	H	
31. 금융 및 보험업	K	
32. 도매 및 소매업	G	평균매출액 등 50억 원 이하
33. 정보통신업	J	
34. 수도, 하수 및 폐기물 처리, 원료재생업(수도업은 제외한다)	E (E36 제외)	
35. 부동산업	L	평균매출액 등 30억 원 이하
36. 전문 · 과학 및 기술 서비스업	M	
37. 사업시설관리, 사업지원 및 임대 서비스업	N	
38. 예술, 스포츠 및 여가 관련 서비스업	R	
39. 산업용 기계 및 장비 수리업	C34	
40. 숙박 및 음식점업	I	평균매출액 등 10억 원 이하
41. 교육 서비스업	P	
42. 보건업 및 사회복지 서비스업	Q	
43. 수리(修理) 및 기타 개인 서비스업	S	

※ 비고

1. 해당 기업의 주된 업종의 분류 및 분류기호는 통계법 제22조에 따라 통계청장이 고시한 한국표준산업분류에 따른다.
2. 위 표 제27호에도 불구하고 철도 차량 부품 및 관련 장치물 제조업(C31202) 중 철도 차량용 의자 제조업, 항공기용 부품 제조업(C31322) 중 항공기용 의자 제조업의 규모 기준은 평균매출액 등 120억 원 이하로 한다.

Ⅳ. 중견기업판정기준(조특령 §6의4 ①)

조세특례제한법은 다음의 요건을 모두 갖추어야 중견기업으로 보고 있다.

1. 중소기업에 해당하지 않을 것
2. 다음의 어느 하나 해당 업종을 주업으로 영위하지 않을 것

   ① 소비성서비스업

   ② 중견기업성장촉진및경쟁력강화에관한특별법 시행령 제2조 제2항 제2호의 업종

   　가. 금융업

나. 보험 및 연금업

다. 금융 및 보험 관련 서비스업

③ 부동산 임대업

④ 둘 이상의 서로 다른 사업영위 시 수입금액이 큰 사업을 주업으로 판단

3. 성실신고확인대상 소규모 법인*이 아닐 것

  * ①~③ 요건을 모두 갖춘 법인
    ① 지배주주 등 지분율 50% 초과
    ② 부동산임대업이 주된 사업이거나 부동산임대·이자·배당소득이 매출액의 50% 이상
    ③ 상시근로자 수가 5인 미만

4. 상호출자제한기업진단 또는 채무보증제한기업집단에 속하지 아니하며 자산총액 10조 원 이상 법인이 해당 기업 지분의 30% 이상을 직접·간접 소유하면서 최다출자자인 기업이 아닐 것(중견기업성장촉진및경쟁력강화에관한특별법 시행령 §2 ② 1호)

5. 직전 3년 평균 매출액이 3,000억 원(R&D세액공제의 경우 5,000억 원) 미만일 것

6. 공공기관·지방공기업이 아닐 것

[별지 제51호 서식] (2025.3.21. 개정)

※ 제3쪽의 작성방법을 읽고 작성해 주시기 바랍니다.　　　　　　　　　　　　(4쪽 중 제1쪽)

| 사 업 연 도 | · · · ~ · · · | 중소기업 등 기준검토표 | 법 인 명 | |
| | | | 사업자등록번호 | |

구분	① 요 건	② 검 토 내 용	③ 적합 여부	④ 적정 여부
⑩ 사업 요건	①「조세특례제한법 시행령」제29조 제3항에 따른 소비성 서비스업을 주된 사업으로 영위하지 아니할 것 ②부동산임대업을 주된 사업으로 영위하지 아니할 것 ③「법인세법」제60조의2 제1항에 따른 성실신고확인대상 소규모 법인에 해당하지 아니할 것 ※ ②, ③은 2025.2.28. 이후 개시하는 사업연도분부터 적용	(표 생략) 구분 업태별 / 기준경비율 코드 / 사업 수입금액 (01) ( )업 (04) (07) (02) ( )업 (05) (08) (03) 그 밖의 사업 (06) (09) 계	(17) 적 합 (Y) 부적합 (N)	(26)
⑪ 규모 요건	○ 아래 요건 ①, ②를 동시에 충족할 것 ① 매출액이 업종별로 「중소기업기본법 시행령」별표 1의 규모기준("평균매출액등"은 "매출액"으로 봄) 이내일 것 ② 졸업제도 －자산총액 5천억 원 미만	가. 매 출 액 －당 회사(10) (억 원) －「중소기업기본법 시행령」별표 1의 규모기준(11) (억 원) 이하 나. 자산총액(12) (억 원)	(18) 적 합 (Y) 부적합 (N)	적 (Y)
⑬ 독립성 요건	○「조세특례제한법 시행령」제2조 제1항 제3호에 적합한 기업일 것	• 「독점규제 및 공정거래에 관한 법률」제14조 제1항에 따른 상호출자제한기업집단 등에 속하는 회사 또는 같은 법 제14조의3에 따라 상호출자제한기업집단 등의 소속회사로 편입통지된 것으로 보는 회사에 해당하지 아니할 것 • 자산총액 5천억 원 이상인 법인이 주식 등의 30퍼센트 이상을 직간접적으로 소유한 경우로서 최다출자자인 기업이 아닐 것 • 「중소기업기본법 시행령」제2조 제3호에 따른 관계기업에 속하는 기업으로서 같은 영 제7조의4에 따라 산정한 매출액이 「조세특례제한법 시행령」제2조 제1항 제1호에 따른 중소기업기준(⑩의 ① 기준) 이내일 것	(19) 적 합 (Y) 부적합 (N)	부 (N)
⑭ 유예기간	○「조세특례제한법 시행령」제2조 제2항 및 제5항에 따른 유예기간에 있는 기업일 것	① 중소기업이 규모의 확대 등으로 ⑩의 기준을 초과하는 경우 최초 그 사유가 발생한 사업연도와 그 다음 3개 [2024년 11월 12일이 속하는 사업연도에 최초로 사유가 발생한 경우부터는 5개(「자본시장과 금융투자업에 관한 법률」에 따른 유가증권시장 또는 코스닥시장에 상장되어 있는 경우에는 7개)] 사업연도까지 중소기업으로 보고 그 후에는 매년마다 판단 ② 「중소기업기본법 시행령」제3조 제1항 제2호, 별표 1 및 별표 2의 개정으로 중소기업에 해당하지 아니하게 되는 때에는 그 사유가 발생한 날이 속하는 사업연도와 그 다음 3개 사업연도까지 중소기업으로 봄 ○ 사유발생 연도(13) (년)	(20) 적 합 (Y) 부적합 (N)	

210mm×297mm[백상지 80g/㎡ 또는 중질지 80g/㎡]

구분	① 요 건	② 검 토 내 용	③ 적합 여부	④ 적정 여부
소 기 업	⑯ 사업요건 및 독립성요건을 충족할 것	중소기업 업종(⑩)을 주된사업으로 영위하고, 독립성요건(⑬)을 충족하는지 여부	(21) (Y), (N)	(27) 적 (Y) 부 (N)
	⑯ 자산총액이 5천억 원 미만으로서 매출액이 업종별로 「중소기업기본법 시행령」 별표 3의 규모기준("평균매출액 등"은 "매출액"으로 본다) 이내일 것	○ 매 출 액 －당 회사(14)　　（　　억 원） －「중소기업기본법 시행령」 별표 3의 규모기준(15)（　　억 원） 이하	(22) (Y), (N)	
중견 기업	⑰ 「조세특례제한법」상 중소기업 업종을 주된 사업으로 영위할 것	중소기업이 아니고, 중소기업 업종(⑩)을 주된 사업으로 영위하는지 여부	(23) (Y), (N)	(28) 적 (Y) 부 (N)
	⑱ 소유와 경영의 실질적인 독립성이 「중견기업 성장촉진 및 경쟁력 강화에 관한 특별법 시행령」 제2조 제2항 제1호에 적합할 것	• 「독점규제 및 공정거래에 관한 법률」 제14조 제1항에 따른 상호출자제한기업집단 등에 속하는 회사에 해당하지 아니할 것 • 「독점규제 및 공정거래에 관한 법률 시행령」 제17조 제1항에 따른 상호출자제한기업집단 지정기준인 자산총액 이상인 법인이 주식 등의 30% 이상을 직간접적으로 소유한 경우로서 최다출자자인 기업이 아닐 것(「중견기업 성장촉진 및 경쟁력 강화에 관한 특별법 시행령」 제2조 제3항에 해당하는 기업은 제외)	(24) (Y), (N)	
	⑲ 직전 3년 평균 매출액이 다음의 중견기업 대상 세액공제 요건을 충족할 것 ① 중소기업 등 투자세액공제(법 제5조 제1항): 1천5백억 원 미만(신규상장 중견기업에 한함) ② 연구인력개발비에 대한 세액공제(조특법 제10조 제1항 제3호 가목 2)): 5천억 원 미만 ③ 기타 중견기업 대상 세액공제: 3천원억 미만	직전 3년 과세연도 매출액의 평균금액 	직전 3년	직전 2년	직전 1년	평균
---	---	---	---
（　억 원）	（　억 원）	（　억 원）	（　억 원）		(25) (Y), (N)	

제5절 법인세 신고 시 제출서류

1 일반법인의 제출서류

[별지 제1호 서식] 「법인세 과세표준 및 세액신고서」에 재무제표[재무상태표, 포괄손익계산서, 이익잉여금처분계산서(결손금처리계산서) 및 현금흐름표(외부감사 대상법인에 한정)를 말함] 등 다음의 서류를 첨부하여 제출하여야 한다(법법 §60 ②, 법령 §97 ⑤).

① 기업회계기준을 준용하여 작성한 개별 내국법인의 재무상태표·포괄손익계산서 및 이익잉여금처분계산서(결손금처리계산서)

② [별지 제3호 서식] 「법인세 과세표준 및 세액조정계산서」(=세무조정계산서)

> 주) '①~②'를 미제출 시 무신고로 본다(법법 §60 ⑤). 다만, 사업소득 및 채권매매익이 발생하는 사업 (법법 §4 ③ 1호 및 7호)을 영위하지 아니하는 비영리내국법인은 그러하지 아니하다.

③ 기업회계기준에 따라 작성한 개별 내국법인의 현금흐름표(외부감사 대상법인에 한정)

④ 세무조정계산서 부속서류(법칙 §82 ① 4호~56호 및 60호): 재무제표('①')의 부속서류를 포함하며(법칙 §82 ① 56호), 부속서류 중 해당 사항이 없는 서류는 작성하지 아니함.

⑤ 표시통화재무제표 및 원화재무제표

⑥ 재무제표, 기능통화재무제표, 원화재무제표 및 표시통화재무제표의 제출은 「국세기본법」 제2조 제19호에 따른 국세정보통신망을 이용하여 표준재무상태표·표준손익계산서 및 표준손익계산서부속명세서(표준재무제표)를 제출하는 것으로 갈음할 수 있다. 다만, 한국채택국제회계기준을 적용하는 법인은 표준재무제표를 제출하여야 한다.

⑦ [별지 제24호 서식] 경비 등의 송금명세서(법칙 §79 10호)

⑧ 전산조직운용명세서[전자기록의 보전방법 등에 관한 고시(국세청 고시 제2023-8호, 2023.5.1.): 전산조직을 이용하여 장부와 증명서류를 작성한 법인]

> 주) 국제회계기준을 적용하는 법인은 반드시 표준재무제표를 제출하여야 하나, 국제회계기준 미적용 법인은 국세정보통신망(www.hometax.go.kr)을 이용하여 전자신고를 하는 경우 재무제표, 기능통화재무제표, 원화재무제표 및 표시통화재무제표의 제출에 갈음하여 표준재무제표(표준대차대조표·표준손익계산서 및 표준손익계산서 부속명세서)를 제출할 수 있다(법령 §97 ⑪).

중점사항

(1) ㉠ 세무조정계산서의 부속계산서·명세서의 제출 없이 세무조정계산서만 제출 시
도 적법한 신고로 인정하나, 다만 법인이 이를 허위로 작성 제출한 경우에는 그
러하지 아니함(통칙 60-97…2).

㉡ 세무조정계산서 부속서류(규칙 §82) 중 필요한 조정사항에 대한 서식이 없는 경
우에는 관련 서식을 준용하여 그 명세서·계산서를 별도로 작성하여야 함(통칙
60-97…4).

㉢ 기업회계기준을 준용하여 작성한 재무제표의 제출 시 합계잔액시산표와 재무제
표 부속명세서도 제출하는 것임.

㉣ 세무조정계산서 부속서류를 재무제표부속명세서로 갈음 가능 여부: 법인세 과
세표준 및 세액을 신고함에 있어 첨부하여야 할 세무조정계산서 부속서류를 기
업회계기준에 의한 재무제표부속명세서로 갈음하여 제출할 수 없음(법인 46012-
717, 1994.3.11.).

㉤ 외부조정대상법인이 자기조정을 한 경우: 무신고로 봄.

(2) 중요성·명료성원칙의 준수범위 내에서 계속성 원칙에 따라 일부 과목을 통·폐합
하여 재무제표 작성이 가능함(통칙 60-0…3).

(3) 비교식이 아닌 당기분 재무제표만을 제출하여도 보정요구의 대상일 뿐 무신고로 보
는 것은 아니므로 무신고가산세를 적용할 수 없음(법인 22601-128, 1991.1.12. ; 국심
90서1224, 1991.9.3.).

(4) 현금흐름표의 제출: 징수유예·납기연장 시 기업의 유동성(현금흐름 상황)을 반영
할 수 있도록 하기 위함이며, 미제출가산세는 부과하지 아니함.

(5) 보정요구: 납세지 관할 세무서장 및 관할 지방국세청장은 제출된 신고서 그 밖의 서
류에 미비 또는 오류가 있는 때에는 이를 보정할 것을 요구할 수 있다(법법 §60 ⑥).

(6) 법인이 작성한 재무상태표·손익계산서 및 이익잉여금처분계산서 등을 주주총회
승인절차를 거치지 아니하고 신고기한 내에 「법인세 과세표준 및 세액신고서」에 첨
부하여 제출한 경우 해당 재무상태표 등이 기업회계기준을 준용하여 작성된 경우에
는 이를 적법한 신고로 보는 것임(서이-1438, 2004.7.12. ; 서이-182, 2007.1.25.).

(7) 법인세 신고서에 첨부된 재무제표의 수정 가능 여부: 주주총회의 승인절차 등 적법
한 확정절차를 거치지 못한 상태로 법인세 과세표준과 세액을 신고한 법인이 추후
적법한 절차에 따라 재무제표가 확정된 경우라도, 법인세법에서는 법인세 신고서에
첨부한 재무제표에 대하여 세법에서 별도로 기업회계기준을 준용하였는지의 여부
및 주주총회의 결의를 거쳤는지를 검증하는 규정이 없으며, 법인이 당초 적법하게
법인세 신고서에 첨부한 재무제표를 수정하고 이를 근거로 수정신고 또는 경정청구
를 할 수 없는 것임(징세-709, 2010.7.14.).

2 **기능통화로 재무제표를 작성하는 법인의 제출서류**

기업회계기준에 따라 원화 외의 통화를 기능통화로 채택한 법인의 경우 기업회계기준을 준용하여 작성한 기능통화로 표시된 재무제표(=기능통화재무제표) 및 다음의 서류를 추가로 제출하여야 한다(법령 §97 ③, ⑤ 1호의2 및 1호의3).

① 원화를 표시통화로 하여 기업회계기준에 따라 기능통화재무제표를 환산한 재무제표(=표시통화재무제표)

② 과세표준을 계산함에 있어 원화 외의 기능통화를 채택하지 아니하였을 경우에 작성하여야 할 재무제표(=원화재무제표)를 기준으로 계산하는 방법(법법 §53의2 ① 1호)을 적용하는 법인의 경우에는, 원화 외의 기능통화를 채택하지 아니하고 계속하여 기업회계기준을 준용하여 원화로 재무제표를 작성할 경우에 작성하여야 할 재무제표(=원화재무제표)

※ "기능통화"란 영업활동이 이루어지는 주된 경제환경의 통화를 말함. 국내에서 영업을 하고 있는 기업이 미국달러를 기능통화로 선택하는 경우 원화는 외화가 되는 것으로, 해운회사나 항공회사 등 외화거래의 비중이 높은 기업이 환율변동에 따라 영업성과가 크게 변하는 문제가 있어 이러한 왜곡방지를 위해 K-IFRS와 일반기업회계기준 모두 기능통화에 의한 재무제표의 작성을 허용하고 있음.

3 **해외직접투자를 한 법인의 제출서류**

① 해외현지법인명세서(해외직접투자를 한 경우)(국조칙 별지 제47호 서식)

② 해외현지법인 재무상황표(지분율 10% 이상을 투자한 경우)(국조칙 별지 제48호 서식)

③ 손실거래명세서(국조칙 별지 제49호 서식)

④ 해외영업소 설치현황표(국조칙 별지 제50호 서식)

⑤ 해외부동산 취득·보유·투자운용(임대) 및 처분명세서(국조칙 별지 제51호 서식)

해당 사업연도 중에 외국에 있는 부동산이나 이에 대한 권리(해외부동산 등)를 취득하거나 처분(해외부동산 등 물건별 취득가액 또는 처분가액이 2억 원 이상인 경우로 한정)하거나 해외부동산 등을 투자운용(임대)한 사실이 있는 내국법인이 제출

　가. 취득·처분가액의 계산

　　• 취득가액: 법인세법 제41조에 따른 취득가액

　　• 처분가액: 소득세법 제118조의3에 따른 양도가액

이때 외화의 원화환산은 외화의 수령·지급일의 기준환율 또는 재정환율을 적용하여 계산

나. 과태료(한도 1억 원)

- 취득 시 미신고: 취득가액의 10%
- 운용(임대)소득 미신고: 운용(임대)소득의 10%
- 처분 시 미신고: 처분가액의 10%

⑥ 과태료: '①~④'에 대해 제출할 자료 건별로 1,000만 원(5천만 원 한도)

⑦ 사업연도 종료일 이후 6개월 이내에 제출

4 주식 등 변동상황명세서(별지 제54호·제54호 서식 부표)

① 사업연도 중에 주식 등의 변동사항이 있는 내국법인: 실제소유자기준(2012.2.2. 개정)으로 작성

② 가산세: 미제출, 누락제출, 불분명 제출 주식 등 액면가액의 1%

※ 명의신탁주식 실제소유자로 환원 시 명세서는 수정신고하고 가산세 적용(2012.2.2. 개정 전 것도 해당): 서면법령법인-123, 2016.2.29.

Expert Opinion Summary

주식보유지분 확인을 위한 정보공개 청구

대부분의 비상장법인의 경우 명의개서대리인을 두고 있지 않고 상법상의 주주총회도 정상적으로 개최되지 않는 경우가 대부분이다.

그러므로 실지로 법인의 주주임에도 본인이 해당법인의 주식을 몇 주나 보유하고 있는 지를 입증하기가 어려워 회사 및 대주주를 상대로 하는 권리행사에 어려움을 겪고 있다. 이 경우 다음과 같이 관할 세무서에 정보공개 청구를 통해 확인할 수 있으며, 국세청 hometax site(로그인 → 세금신고 → 상속세신고 → 신고도움자료조회 → 비상장주식보유내역조회)에서도 확인이 가능하다.

〈정보공개 청구 절차〉

공공기관의 정보공개에 관한 법률 시행규칙 별지 제1호의2 서식

「정보공개 청구서」상 청구 내용에 주식보유 현황을 파악하고자 하는 법인명과 확인대상 연도의 주식등 변동상황명세서상 청구인의 주식보유현황이라 기재하여 해당법인의 관할 세무서 법인세과에 제출하면 10일 이내에 답변을 받을 수 있다.

■ 공공기관의 정보공개에 관한 법률 시행규칙[별지 제1호의2 서식] (2021.6.23. 개정)   정보공개시스템(www.open. go.kr)에서도 청구할 수 있습니다.

<h2 style="text-align:center">정보공개 청구서</h2>

※ 색상이 어두운 칸은 신청인(대리인)이 작성하지 않습니다.

접수번호		접수일	처리기간
청구인	성명(법인 · 단체명 및 대표자 성명)		생년월일(성별) ( )
	여권 · 외국인등록번호(외국인의 경우 작성)		사업자(법인 · 단체)등록번호
	주소(소재지)		전화번호(또는 휴대전화번호)
	전자우편주소		팩스번호
청구 내용			
공개 방법	[ ]열람 · 시청 [ ]사본 · 출력물 [ ]전자파일 [ ]복제 · 인화물 [ ]기타( )		
수령 방법	[ ]직접 방문 [ ]우편 [ ]팩스 전송 [ ]정보통신망 [ ]전자우편 등( )		
수수료	[ ]감면 대상임 [ ]감면 대상 아님		
	감면 사유		
	※「공공기관의 정보공개에 관한 법률 시행령」제17조 제3항에 따라 수수료 감면 대상에 해당하는 경우에만 적으며, 감면 사유를 증명할 수 있는 서류를 첨부하시기 바랍니다.		

「공공기관의 정보공개에 관한 법률」제10조 제1항 및 같은 법 시행령 제6조 제1항에 따라 위와 같이 정보의 공개를 청구합니다.

년 월 일

청구인   (서명 또는 인)

---

5 **특수관계인 간 거래명세서**(별지 제52호 서식 (갑)(을))

6 **해외금융계좌신고서**(국조법 §34, 조처법 §16)

① 해외에 금융계좌를 보유한 경우 매월 말일 기준 계좌잔액합계가 5억 원 초과 시 다음 연도 6.1.~6.30.까지 해외금융계좌신고서(국조칙 별지 제21호 서식) 제출

② 2015.1.1. 이후부터 국내모회사가 특수관계인 보유분을 포함하여 직 · 간접으로 지분을 100% 소유한 외국법인(조세조약을 체결하고 시행하는 국가에 소재하는 경우에는 제외)이 보유하고 있는 해외금융계좌는 국내모회사를 실질적인 소유자로 간주하여

신고의무가 부여됨.

③ 과태료: 미신고금액 20억 원 이하(10%), 50억 원 이하(15%), 50억 원 초과 시 20%

④ 벌금: '①'의 기한 내에 신고하지 아니한 금액이나 과소신고한 금액이 50억 원을 초과하는 경우에는 2년 이하의 징역 또는 위반금액의 13~20%(1차 위반 시 신고의무 위반금액의 13%, 2차 위반 시 16%, 3차 이상 위반 시 20%)의 벌금에 처함(징역형과 벌금형 병과 가능).

7 국제거래명세서 및 국제거래정보통합보고서 제출의무
(국조법 §16 · §60, 국조령 §36 · §100, 국조칙 §26)

(1) 국외특수관계인과 국제거래가 있는 내국법인과 외국법인의 국내사업장(이하 '납세의무자')은 국제거래명세서를 사업연도 종료일 이후 6개월까지 제출하여야 하며 일정요건의 납세의무자는 국제거래정보통합보고서(통합기업보고서, 개별기업보고서, 국가별보고서)를 사업연도 종료일이 속하는 달의 말일부터 12개월 이내에 납세지 관할 세무서장에게 제출하여야 한다(국조법 §16 ①). 이때 납세지 관할 세무서장은 납세의무자의 부득이한 사유로 제출연장신청을 받은 경우에는 1년 범위에서 제출기한의 연장을 승인할 수 있다(국조법 §16 ③).

(2) 국제거래명세서 제출 면제
국외특수관계인과의 재화거래금액 합계 5억 원 이하, 용역거래금액 합계 1억 원 이하, 무형자산거래금액 합계 1억 원 이하인 경우

(3) 자료제출의무 불이행에 대한 과태료
① 국제거래명세서* 전부 · 일부를 미제출 또는 거짓 제출하는 경우 국외특수관계인별 500만 원
② 국제거래정보통합보고서** 전부 · 일부를 미제출 또는 거짓 제출하는 경우 보고서별 3,000만 원

 * 해당 법인과 국외특수관계인별로 작성
 ** 개별 · 통합기업보고서, 국가별보고서 등 총 3건

③ 과태료 한도: '①+②'가 1억 원 이내

8 **외국법인 연락사무소 현황자료 제출의무**(법인법 §94의2, 법인령 §133의2)

(1) 제출내용: 외국법인 연락사무소(국내에서 수익을 발생시키는 영업활동을 영위하지 않고 비영업적 기능만을 수행) 기본사항, 외국 본사현황 및 국내 다른 지점 현황, 국내거래처 현황 등

① 비영업적 기능의 정의
  • 업무연락, 시장조사, 연구개발활동, 정보수집 등
② 현황자료 범위
  • 작성 기준일: 매년 12월 31일
  • 제출내역: 다음 사항을 포함하는 외국법인 연락사무소 현황신고서
    – 연락사무소 기본 현황, 임차 현황, 직원 현황, 운영자금 현황
    – 외국법인 본사 현황, 국내 거래 현황, 국내 투자법인, 지점, 계약대리점 현황
    – 기타 연락사무소의 현황과 관련된 사항으로서 기획재정부령으로 정하는 사항

(2) 제출시기: 다음 연도 2월 10일

9 **외국법인의 국제내부거래 자료 제출**

(1) 제출내용: 외국법인의 내부거래 자료

① 내부거래: 외국법인의 국내사업장과 국외 본점 및 다른 지점 간 거래
② 제출서류: 내부거래명세서, 경비배분결산서 등

(2) 제출시기: 사업연도 종료일부터 6개월 이내

10 **전자신고와 제출서류의 축소**

(1) 해당 규정

홈택스 이용에 관한 규정(국세청 고시 제2024-30호, 2024.9.9.)

(2) 전자신고

① 전자신고는 해당 법인 또는 세무대리인이 과세표준신고서 등 [규정 별표 1] '전자신

고이용 제출대상 신고서'를 법정신고기간(공휴일 포함)의 매일 06시부터 24시까지 국세정보통신망(www.hometax.go.kr)에 의하여 신고하는 것을 말한다.

② 다음 법인은 전자신고하는 서류 중 기업회계기준을 준용하여 작성한 재무제표의 부속서류(결산보고서 및 부속명세서)를 4월 10일까지 [규정 별지 제1호 서식] '법인세전자신고에 따른 제출기한 연장서류 제출'에 첨부하여 관할 세무서장에게 제출하거나 국세청 홈택스를 통해 전자제출하여야 한다(법인세 전자신고 시 제출기한을 연장하는 서류 고시, 2025.2.1. 국세청 고시 제2025-1호).

- 외감법 해당 법인
- 주식회사 이외의 법인으로서 직전 사업연도 말 자산 총액이 100억 원 이상인 법인
- 상기 이외 법인으로 해당 사업연도 수입금액이 30억 원 이상인 법인

③ 외부감사대상 법인이 전자신고하는 때에는 [별지 제1호 서식] '법인세 과세표준 및 세액신고서'에 대표자가 서명날인하여 서면으로 관할 세무서장에게 제출하여야 한다.

(3) 제출서류 축소

전자신고로 법인세를 신고한 법인은 일정한 세무조정서류를 제출하지 아니할 수 있다.

11 지출증명서류 합계표(별지 제77호 서식)

2017.1.1. 이후 개시하는 사업연도부터 직전 사업연도 수입금액이 30억 원 이상인 법인이 법인 및 개인사업자에게 재화 및 용역대금지출 시 수취한 지출증명서류(신용카드매출전표 등, 현금영수증, 세금계산서, 계산서)에 대해 지출증명서류합계표를 작성·보관하여야 한다(법령 §158 ⑥).

- 지출증명서류의 수취특례거래 고시(국세청고시 제2025-2호, 2025.2.1.)

12 가상자산 거래내역 등의 제출

「가상자산 이용자 보호 등에 관한 법률」에 따른 가상자산사업자는 가상자산 거래내역 등 법인세 부과에 필요한 자료(거래자별 가상자산거래명세서·집계표)를 거래가 발생한 날이 속하는 분기 또는 연도의 종료일의 다음다음 달 말일까지 납세지 관할 세무서장, 지방국세청장 또는 국세청장에게 제출하여야 한다(법법 §120의4 ①).

[별지 제77호 서식] (2021.10.28. 개정) (앞쪽)

사 업 연 도	· · ~ · ·	지출증명서류 합계표 [ ]일반법인, [ ]금융·보험·증권업 법인	법인명	
			사업자등록번호	

1. 표준재무상태표 계정과목별 지출증명서류 수취금액

계정과목			지출증명서류 수취금액						⑩ 수취 제외대상 금액	⑪ 차이 (③-④- ⑩)
①코드	② 과목명	③ 금액	④ 계 (⑤+⑥+⑦ +⑧+⑨)	신용카드 등		⑦ 현금 영수증	⑧ 세금 계산서	⑨ 계산서		
				⑤ 법인	⑥ 개인					
⑫ 소 계										

2. 표준손익계산서 계정과목별 지출증명서류 수취금액

계정과목			지출증명서류 수취금액						㉒ 수취 제외대상 금액	㉓ 차이 (⑮-⑯- ㉒)
⑬코드	⑭ 과목명	⑮ 금액	⑯ 계 (⑰+⑱ +⑲+⑳+㉑)	신용카드 등		⑲ 현금 영수증	⑳ 세금 계산서	㉑ 계산서		
				⑰ 법인	⑱ 개인					
㉔ 소 계										

3. 표준손익계산서부속명세서(제조·공사원가 등) 계정과목별 지출증명서류 수취금액

계정과목				지출증명서류 수취금액						㉟ 수취 제외대상 금액	㊱ 차이 (㉘-㉙- ㉟)
㉕ 구분	㉖ 코드	㉗ 과목명	㉘ 금액	㉙ 계 (㉚+㉛+㉜+ ㉝+㉞)	신용카드 등		㉜ 현금 영수증	㉝ 세금 계산서	㉞ 계산서		
					㉚ 법인	㉛ 개인					
㉗ 소 계											

4. 합계금액

㊳ 합 계(1+2+3)	

210mm × 297mm[백상지 80g/㎡ 또는 중질지 80g/㎡]

제6절 기한후신고, 수정신고와 경정청구

1 기한후신고

> 법정신고기한까지 과세표준신고서를 제출하지 아니한 자는 관할 세무서장이 세법에 따라 과세표준과 세액을 결정하여 통지하기 전까지 기한후과세표준신고서를 제출할 수 있다(국기법 §45의3 ①).

주) 환급세액이 있는 자도 기한후신고를 할 수 있음.

(1) 기한후신고에 따른 추가자진납부

기한후신고를 한 자로서 납부할 세액이 있는 자는 법인세액과 가산세를 기한후과세표준신고서의 제출과 동시에 납부하여야 한다(국기법 §45의3 ②).

(2) 기한후납부

법인세 신고서를 법정신고기한 내에 제출하였으나 세액의 전부 또는 일부를 납부하지 아니한 자는 해당 세액과 가산세를 세무서장이 고지하기 전에 납부할 수 있다(국기법 §46 ③).

(3) 기한후신고에 따른 결정

납세의무자가 기한후과세표준신고서를 제출하고 해당 세액을 납부한 경우 관할 세무서장은 신고일부터 3개월 이내에 법인세의 과세표준과 세액을 결정하여야 한다(국기법 §45의3 ③). 이는 기한후신고가 납세의무를 확정하는 효력이 없기 때문이다.

(4) 기한후신고 및 납부에 따른 가산세 감면

기한후신고 및 납부를 한 경우 무신고가산세를 다음과 같이 감면한다(국기법 §48 ② 2호).
① 법정신고기한이 지난 후 1개월 이내에 기한후신고·납부를 한 경우: 50% 감면
② 법정신고기한이 지난 후 1개월 초과 3개월 이내에 기한후신고·납부를 한 경우: 30% 감면
③ 법정신고기한이 지난 후 3개월 초과 6개월 이내에 기한후신고·납부를 한 경우: 20% 감면

주) 1. 과세표준과 세액을 경정할 것을 미리 알고(=세무공무원이 조사에 착수한 것을 알고) 기한후과
세표준신고서를 제출한 경우는 가산세를 감면하지 아니한다(국기법 §48 ② 2호 단서).
2. 납부를 하지 아니하면 가산세를 감면하지 아니한다.

2 수정신고

> **저자주**
>
> 증액수정신고의 경우를 '수정신고'라 하고, 감액수정신고를 '경정청구'라 한다.

법인세 신고서를 법정신고기한 내에 제출한 자가 다음에 해당하는 경우 관할 세무서장이 해당 법인세의 과세표준과 세액을 결정·경정하여 통지하기 전으로서 국세부과제척기간(국기법 §26의2 ①)이 끝나기 전까지 수정신고 당시의 관할 세무서에 법인세 수정신고서를 제출할 수 있다(국기법 §45).

① 법인세 과세표준신고서에 기재된 과세표준과 세액이 법인세법에 의하여 신고하여야
할 과세표준과 세액에 미달하는 때

② 법인세 과세표준신고서에 기재된 환급세액 또는 결손금액이 법인세법에 의하여 신고
하여야 할 환급세액 또는 결손금액을 초과하는 때

③ 국고보조금, 공사부담금 및 토지재평가차액상당액을 익금과 손금에 동시에 산입하지
아니한 불완전신고의 경우(경정청구를 할 수 있는 경우를 제외)

주) 국세기본법 시행규칙 [별지 제16호 서식] 「과세표준수정신고서 및 추가자진납부계산서」를 사용

> **핵심예규**
>
> 1. 【재무제표를 수정한 경우】 적법절차에 따라 결산을 확정해 과세표준신고를 한 후에
> 는 당초 확정된 재무제표를 정정해 수정신고하거나 경정청구할 수 없음(서삼 46019-
> 10364, 2001.9.27.).
> 2. 【계정 오류 및 소득처분 오류 등】 수정신고는 과세표준이나 세액 산정의 직접적인 근
> 거가 되는 사항에 대한 오류 등이 있는 때에 한하여 할 수 있는 것이므로, 당초 신고한
> 과세표준이나 세액의 변동을 초래하지 않는 계정상의 단순한 오류 및 소득처분 오류
> 등은 수정신고를 할 수 없는 것임(징세 46101-108, 1999.9.21. ; 징세-955, 2009.2.17.).

이항수와 함께하는 K-IFRS 회계처리 및 세무실무지침

1. **국세부과제척기간**(국기법 §26의2)
   (1) 상속증여세 이외 국세
      ① 원칙: 5년(역외거래 시 7년)
      ② 무신고: 7년(역외거래 시 10년)
      ③ 사기 기타 부정행위: 10년(이에 따라 소득처분된 소득세 등도 부과할 수 있는 날부터 10년)
      ④ 역외거래에서 발생한 부정행위: 15년
         ※ 역외거래란 국조법 제2조 제1항 제1호에 따른 국제거래 및 거래 당사자 양쪽이 거주자(내국법인과 외국법인의 국내사업장 포함)인 거래로서 국외에 있는 자산의 매매·임대차, 국외에서 제공하는 용역과 관련된 거래를 말함.
      ⑤ 뇌물·알선수재·배임수재로 인한 소득(기타소득)에 대한 형사판결 시 확정된 경우: 확정판결일부터 1년
   (2) 상속증여세
      ① 원칙: 10년
      ② 무신고, 허위·누락, 사기 기타 부정행위: 15년
         ※ 국세부과제척기간이란 상기의 기간 종료 후에는 해당 국세를 부과할 수 없는 기간을 말하며, 해당 국세의 과세표준과 세액에 대한 신고기한 또는 신고서 제출기한의 다음 날부터 기산한다(국기령 §12의3).

2. **사기 그 밖의 부정행위**(국기령 §12의2, 조세범처벌법 §3 ⑥)
   사기나 그 밖의 부정한 행위란 조세범처벌법 제3조 제6항에 해당하는 행위로서, 조세의 부과와 징수를 불가능하게 하거나 현저히 곤란하게 하는 적극적 행위를 말한다.
   ① 이중장부의 작성 등 장부의 거짓 기장
   ② 거짓 증빙 또는 거짓 문서의 작성 및 수취
   ③ 장부와 기록의 파기
   ④ 재산의 은닉, 소득·수익·행위·거래의 조작 또는 은폐
   ⑤ 고의적으로 장부를 작성하지 아니하거나 비치하지 아니하는 행위 또는 계산서, 세금계산서 또는 계산서합계표, 세금계산서합계표의 조작
   ⑥ 조세특례제한법 제5조의2 제1호에 따른 전사적 기업자원 관리설비의 조작 또는 전자세금계산서의 조작
   ⑦ 그 밖에 위계(僞計)에 의한 행위 또는 부정한 행위
      주) 사기 그 밖의 부정행위 판단

가. 사기 그 밖의 부정한 행위란 조세의 부과징수를 불가능하게 하거나 또는 현저히 곤란하게 하는 위계 기타 부정한 적극적인 행위를 말하는 것이므로 어떤 다른 행위를 수반함이 없이 단순히 세법상의 신고를 하지 아니하거나 허위의 신고를 함에 그치는 것은 사기 기타 부정한 행위에 해당하지 아니하는 것인바, 처분청의 조사대상자 선정과정이나 결과에서도 알 수 있듯이 실적이 없는 청구법인이 인건비를 배우자, 장모, 외국인 명의로 계상한 것은 조세에 관한 전문가가 아니더라도 잘못된 것으로 판단할 수 있는 사항이며 세무조사 전에 이미 청구법인이 가공으로 인건비를 계상한 사실을 확인한 사항으로 세무조사 없이도 과세할 수 있었던 사항으로 사기 기타 부정한 방법으로 조세의 부과징수를 불가능하게 하거나 또는 현저히 곤란하게 한 것으로 보기는 어려우므로 10년의 부과제척기간을 적용하여 과세한 처분은 잘못이 있다고 판단된다.
  국세기본법 제47조의3 및 같은 법 시행령 제27조에서 부당과소신고가산세를 일반과소신고가산세와 달리 이중장부의 작성 등 허위기장이나 허위증빙 등의 작성 및 수취, 장부와 기록의 파기, 재산 은닉이나 소득ㆍ수익ㆍ행위ㆍ거래의 조작 등, 사기 그 밖에 부정한 행위 등 적극적인 방법에 의한 악의적인 신고의무위반에 대하여 가산세를 중과하도록 규정하고 있는 점을 감안할 때 청구법인의 경우 단순히 장부에 가공경비를 계상한 것으로서 이중장부를 작성한 것으로 볼 수 없어 부당과소신고가산세를 부과하는 것은 가혹하므로 일반과소신고가산세를 적용하는 것이 타당하다고 하겠다(조심 2016중256, 2016.6.23.).

나. 사적경비 또는 증빙 없는 가공비용을 계상하여 소득을 과소신고한 행위는 일반과소신고가산세 적용대상임(조심 2016중1490, 2016.11.8.).

다. 신용불량자 등재로 인해 타인명의 사업자등록 및 세무신고에 대해 타인명의소득을 실사업자소득에 합산추징 시 사기ㆍ기타 부정행위에 해당하지 않음(조심 2014서5789, 2016.12.16.).

라. 상장법인 대주주가 회사임원에게 명의신탁한 주식을 양도한 후 무신고한 것은 사기 기타 부정행위 해당(조심 2016서3481, 2016.12.28.)

마. 법인이 대표이사 지인의 명의 차명계좌를 사용하여 무자료매출과 과다매입자료를 통하여 부가가치세를 면탈한 것은 사기 기타 부정한 행위에 해당되어 국세부과제척기간을 10년으로 적용하는 것이 타당함(서울행법 2019구합53631, 2019.11.5.).

바. 판결은 청구법인들의 명목상 대표자들이 실제 근로를 제공하고 보수를 받았는지 여부를 다툰 것이 아니라 명목상 대표자들의 보수명목으로 계상한 인건비가 허위의 비용에 해당하는지 및 당해 행위를 사기 기타 부정한 행위로 볼 수 있는 지 여부에 대하여 다툰 것으로서 동 부분에 대하여 무죄를 선고받았다 하더라도 청구법인들의 대표자가 실질적으로 직무를 수행하지 아니한 명목상 대표자라는 사실관계는 변경되지 않는다는 점 등에 비추어 쟁점판결을 후발적 경정청구사유로 보기 어려워 청구법인의 법인세 등의 경정청구를 거부한 것은 정당함(조심 2021부936, 2021.5.10.).

  1. 내용

  청구법인의 실질소유자인 청구인이 명목상의 대표자를 선출하여 인건비를 지급한 건에 대하여 과세관청이 이를 손금불산입하고 청구인에 대한 배당으로 소득처분하여 법인세 및 소득세를 부과하고 청구인을 조세범처벌법 위반으로 고발한 건에 대하여 대법원의 청구인에 대한 형사처벌판결에서 조세범처벌법상 사기 기타 부정한 행위로 법인세를 포탈한 것으로 볼 수 없다는 대법원의 판결에 의하여 청구법인이 법인세 등의 후발적 경정청구를 제기한 것에 대하여 조세심판원이 해당 대법원 판결은 법인세 등 부과가 소급적으로 완전 소멸하지 않고 해당 행위가 조세범처벌법 위반에 해당하지 않음만을 판결한 것이어서 이는 법인세 등의 후발적 경정청구사유에 해당되지 않아 경정청구를 거부한 것은 타당하다는 조세심판원의 결정사례임.

2. 대법원의 판결사유

대법원은 그 대표이사들이 비록 명목상으로 선임된 이사라고 하더라도 그 보수 상당의 소득의 실질적인 귀속주체가 달라지는 것에 불과하므로 이를 사기 기타 부정한 행위로 법인세를 포탈한 것으로 볼 수 없다고 판시한 것임(대법원 2020도2600, 2020.5.14.).

사. 사실과 다른 세금계산서를 수취하거나 존재하지 않는 인건비를 지급한 것처럼 증빙자료를 작성하여 이를 기초로 법인세를 허위로 신고하는 것은 조세의 부과와 징수를 불가능하게 하거나 현저히 곤란하게 하는 적극적 행위(제척기간 10년 적용)에 해당함(부산고법 2022누21719, 2023.4.14. : 대법원 2023두41123, 2023.7.13.).

아. 법인이 수입금액 중 일부를 사업용계좌가 아닌 직원 명의의 차명계좌로 입금받고, 그 일부를 고의로 장부에 기재하지 않은 채 수년간 지속적으로 누락한 경우에는 사기 그 밖의 부당한 행위에 해당되어 10년의 제척기간과 부당과소신고가산세 적용이 타당함(조심 2023인−10150, 2024.5.7.).

자. 원고가 본인의 배우자 및 아들에 대한 인건비를 허위계상하였고, 이러한 행위는 조세의 부과와 징수를 현저히 곤란하게 하는 부정한 적극적인 행위에 해당하므로 원고에게 부당과소신고 가산세를 적용한 이 사건 처분은 적법함(수원고법 2022누12513, 2023.11.10.).

3. 조세범처벌법상 조세포탈 등에 대한 규정(조세범처벌법 §3 ① · ②)

사기나 그 밖의 부정한 행위로써 조세를 포탈하거나 조세의 환급 · 공제를 받은 자는 2년 이하의 징역 또는 포탈세액, 환급 · 공제받은 세액의 2배 이하에 상당하는 벌금에 처한다(정상에 따라 징역형과 벌금형 병과). 다만, 다음의 어느 하나에 해당하는 경우에는 3년 이하의 징역 또는 포탈세액 등의 3배 이하에 상당하는 벌금에 처한다.

① 포탈세액 등이 3억 원 이상이고, 그 포탈세액 등이 신고 · 납부하여야 할 세액(납세의무자의 신고에 따라 정부가 부과 · 징수하는 조세의 경우에는 결정 · 고지하여야 할 세액을 말한다)의 100분의 30 이상인 경우

② 포탈세액 등이 5억 원 이상인 경우

4. 조세 포탈의 가중처벌(특정범죄가중처벌등에관한법률 §8)

① 조세범처벌법 제3조 제1항, 제4조 및 제5조, 지방세기본법 제102조 제1항에 규정된 죄를 범한 사람은 다음의 구분에 따라 가중처벌한다.

1. 포탈하거나 환급받은 세액 또는 징수하지 아니하거나 납부하지 아니한 세액(이하 "포탈세액등"이라 한다)이 연간 10억 원 이상인 경우에는 무기 또는 5년 이상의 징역에 처한다.

2. 포탈세액등이 연간 5억 원 이상 10억 원 미만인 경우에는 3년 이상의 유기징역에 처한다.

② 제1항의 경우에는 그 포탈세액등의 2배 이상 5배 이하에 상당하는 벌금을 병과한다.

(1) 수정신고에 따른 추가자진납부

수정신고서를 제출하는 경우 법인세액과 가산세를 수정신고서 제출과 동시에 추가 납부하여야 하며(국기법 §46 ①), 납부하지 아니한 경우에도 아래 '(2)'의 가산세 감면규정을 적용받을 수 있다.

(2) 수정신고에 따른 가산세 감면

수정신고서의 제출시기에 따라 과소신고·초과환급신고가산세(국기법 §47의3)를 다음과 같이 감면한다(국기법 §48 ② 1호).

① 법정신고기한이 지난 후 1개월 이내에 수정신고한 경우: 90% 감면
② 법정신고기한이 지난 후 1~3개월 이내에 수정신고한 경우: 75% 감면
③ 법정신고기한이 지난 후 3~6개월 이내에 수정신고한 경우: 50% 감면
④ 법정신고기한이 지난 후 6개월~1년 이내에 수정신고한 경우: 30% 감면
⑤ 법정신고기한이 지난 후 1년~1년 6개월 이내에 수정신고한 경우: 20% 감면
⑥ 법정신고기한이 지난 후 1년 6개월~2년 이내에 수정신고한 경우: 10% 감면

주) 1. 과세표준과 세액을 경정할 것을 미리 알고(=세무공무원이 조사에 착수한 것을 알고) 과세표준수정신고서를 제출한 경우는 가산세를 감면하지 아니한다(국기령 §29).
　 2. 추가자진납부하여야 할 세액 중 일부만 추가자진납부한 경우에는 일부 추가자진납부에 의하여 수정된 범위 안에서 신고불성실가산세를 감면한다(국기통 45-0…2).

(3) 수정신고의 효력

법인세의 수정신고를 하는 경우 정부의 경정 여부 및 추가자진납부의 이행 여부와 무관하게 당연히 납세의무증액에 대한 확정력이 발생된다.

3 경정청구

(1) 원칙

법인세 신고서를 법정신고기한 내에 제출한 자가 다음에 해당하는 경우 법정신고기한 경과 후 5년 이내에 최초 신고 및 수정신고한 법인세의 과세표준과 세액의 결정·경정을 관할 세무서장에게 청구할 수 있다(국기법 §45의2 ①).

① 법인세 과세표준신고서에 기재된 과세표준과 세액이 법인세법에 의하여 신고하여야 할 과세표준과 세액을 초과하는 때

② 법인세 과세표준신고서에 기재된 환급세액 또는 결손금액이 법인세법에 의하여 신고 하여야 할 환급세액 또는 결손금액에 미달하는 때

주) 결정·경정으로 인하여 증가된 과세표준 및 세액에 대하여는 해당 처분이 있음을 안 날(처분의 통지를 받은 때에는 그 받은 날)부터 90일 이내(법정신고기한이 지난 후 5년 이내에 한함)에 한하여 경정을 청구할 수 있다.

저자주

1. 세액공제금액 반영시에도 결손금 또는 최저한세의 적용으로 경정청구대상 사업연도의 납부세액이 감소하지 않는 경우(회사는 세액공제 이월액의 증가를 원하는 경정청구를 요청)

   2024년까지는 경정청구대상에 해당되지 않음(서울행법 2017구합55107, 2017.7.13. ; 대법원 2007두18284, 2010.2.25. ; 대법원 2003두7651, 2006.5.12.).

2. 1.의 경우 회사는 차후 사업연도에 가서 이월세액공제액을 적용하여 법인세를 신고·납 부한 뒤 과세관청이 이를 부인하는 경정결정을 하면 이 결정에 대한 불복을 통해 다투 어야 함.

3. 2025년 세법개정에 의하여 세액공제 금액을 과소신고한 경우도 경정청구 대상에 포함 토록 개정됨(국기법 §45의2 ①).

※ (경정청구에 관한 경과규정) 2025.1.1. 이후 개시하는 과세기간에 대한 납부세액을 계 산할 때 이월공제 가능한 세액공제액의 경우 2025.12.31.까지 경정청구 허용

---

(2) 후발적 사유의 경우

최초의 신고·결정 또는 경정에 있어서 과세표준 및 세액의 계산근거가 된 거래 또는 행 위 등이 그에 관한 심사청구, 심판청구, 「감사원법」에 따른 심사청구에 대한 결정이나 심사 소송에 대한 판결(판결과 동일한 효력을 가지는 화해 기타 행위를 포함한다)에 의하여 다 른 것으로 확정된 때 또는 결정 또는 경정으로 인하여 그 결정·경정의 대상이 된 과세표준 및 세액과 연동된 다른 세목(같은 과세기간으로 한정)이나 연동된 다른 과세기간(같은 세 목으로 한정)의 과세표준 또는 세액이 세법에 따라 신고하여야 할 과세표준 또는 세액을 초과한 때 등 부득이한 사유로 법정신고기한 경과 후 5년 이내에 경정청구를 할 수 없는 경우에는 그 사유가 발생한 것을 안 날부터 3개월 이내에 청구할 수 있다(국기법 §45의2 ②, 국기령 §25의2).

주) 국세기본법 시행규칙 [별지 제16호의2 서식] 「과세표준 및 세액의 결정(경정)청구서」를 사용

후발적 사유에 의한 경정청구제도는 납세의무성립 후 일정한 후발적 사유의 발생으로 인하여 과세표준 및 세액의 산정기초에 변동이 생긴 경우 납세자로 하여금 그 사실을 증명하여 감액을 청구할 수 있도록 함으로써 납세자의 권리규제를 확대하기 위하여 도입된 제도이다(조심 2015중1347, 2015.7.2.). 즉, 납세의무 성립 후 소득이 실현되지 아니하는 것으로 확정됨으로써 당초 성립하였던 납세의무가 그 전제를 잃게 되는 경우에 적용되는 경정청구이다(대법원 2008두10133, 2010.12.9.).

① 부동산매매가액의 감액결정에 따른 후발적 사유(대법원 2011두1245, 2013.12.26.)
- 2015년 부동산매매(사용수익허가로 손익인식)·법인세 신고·납부
- 2016년 잔금지급 시 감액결정
- 후발적 경정청구 가능(2015년분 법인세 환급)

② 분양계약 해제에 따른 후발적 사유(대법원 2012두10611, 2014.3.13.)
- 2010년 APT분양 진행률에 의해 법인세 신고·납부
- 2011년 분양계약 해지 시 후발적 경정청구 가능(2010년분 법인세 환급)
- 법인세법 시행령 제69조 제3항이 2012.2.2. 신설되어 이후 사업연도부터는 계약해제일이 속하는 사업연도의 익·손금에 해당됨.

③ 원고가 회사의 대표자인 부친 등과 공모하여 회사로부터 상표권 사용료 명목의 돈을 지급받아 횡령한 경우 국세청은 해당 사용료를 손금불산입하고 기타소득으로 처분하여 원고에게 소득세를 부과하였음. 원고는 해당 사건으로 형사재판을 받게 되었고 그 항소심이 진행 중이던 중 채권양도 및 변제공탁의 방법으로 이 사건 사용료 상당액의 대부분을 회사에 지급하였고 국세청에 기타소득에 따른 소득세 취소의 경정청구를 제기함. 국세청은 이의 경정청구를 거부하였고 이에 대한 소송에서 대법원은 기존의 대법원판결(2014두5514, 2015.7.16.)은 수뢰·알선수재 등의 범행으로 얻은 뇌물이 추후 몰수·추징을 당한 경우에는 납세자는 후발적 경정청구로 기 납부한 소득세의 환급을 받을 수 있으나 본 사건처럼 원고가 스스로 회사에 이를 반환한 경우에는 위법소득으로 인한 경제적 이익을 포기하는 대신 양형상의 이익이라는 무형의 이익을 얻기 위한 행위이므로 이는 국세기본법 제45조의2 제2항 등이 정한 후발적 경정청구사유에 해당하지 않는다 판결하였음(대법원 2021두35346, 2024.6.17.).

저자주

결산조정사항에 대한 경정청구의 불가

법인세 과세표준신고서의 기재사항에 누락·오류가 있는 경우에도 그것이 결산조정사항이라면 그 경정을 청구할 수 없다. 결산조정사항은 장부에 기재하고 재무상태표 작성 시 이를 반영하여 신고하여야 하는데, 경정청구서를 제출하는 때에는 이미 재무상태표가 제출된 이후이므로 이를 수정할 수 없다. 예를 들어 감가상각비를 계상하지 아니하였거나 감가상각범위액에 미달하게 계상하여 과세표준을 신고한 후 이를 추가로 손금에 산입하기 위하여 경정을 청구하는 것은 불가능하다.

(3) 경정청구의 효력 및 결과의 통지

경정청구는 납세의무 감액의 확정력을 갖지 못하며, 경정청구를 받은 세무서장은 그 청구를 받은 날부터 2개월 이내에 과세표준 및 세액 등을 결(경)정하거나 결(경)정하여야 할 이유가 없다는 뜻을 그 청구를 한 자에게 통지하여야 한다(국기법 §45의2 ③).

(4) 불복청구의 제기

과세관청이 경정청구에 대하여 필요한 처분을 하지 않거나 그 처리결과가 만족스럽지 않은 경우 국세기본법에 따른 불복청구를 제기할 수 있다.

국세기본법 [별지 제16호 서식] (2017.3.15. 개정) (앞쪽)

과세표준수정신고서 및 추가자진납부계산서			처리기간
			즉시

신고인	① 성 명		② 주민등록번호 －	③ 사업자등록번호	
	④ 주 소(거소) 또는 영업소			⑤ 전화번호	
	⑥ 상 호				

신고내용			
⑦ 법정신고일		⑧ 최초 신고일	
⑨ 수정신고사유			
구 분	최초 신고		수정 신고
⑩ 세 목			
⑪ 과세표준			
⑫ 산출세액			
⑬ 가산세액			
⑭ 공제 및 감면세액			
⑮ 납부할세액			
⑯ 기납부세액			
⑰ 자진납부세액			
⑱ 추가자진납부세액			

「국세기본법 시행령」 제25조 및 제26조에 따라 위와 같이 신고하고 이에 따라   원을 추가로 자진납부합니다.

년   월   일

신고인   (서명 또는 인)

세무서장 귀하

구비서류: 최초 신고서 사본 및 자진납부계산서(수정된 내용을 함께 기입합니다)	수수료
※ 이 용지는 무료로 배부합니다.	없음

위임장	신고인의 위임을 받아 대리인이 과세표준수정신고 및 추가자진납부계산서를 제출하는 경우 아래 사항을 적어 주시기 바랍니다.					
	위임자 (신고인)	대리인				
		구분	성명	사업장 소재지	사업자등록번호 (전자우편)	전화번호 (휴대전화번호)
	(서명 또는 인)	세무사 공인회계사 변호사	(서명 또는 인)	(㉤)		

접수증(과세표준수정신고 및 추가자진납부계산서)			
성명		주소	
첨부서류 1. 최초 신고서 사본 ( ) 2. 자진납부계산서 ( )		접수자	
		접수일자인	

210mm×297mm(백상지 80g/㎡(재활용품))

국세기본법 [별지 제16호의2 서식] (2021.3.16. 개정)

(앞쪽)

과세표준 및 세액의 결정(경정)청구서

	처리기간
	2개월

청구인	① 성 명		② 주 민 등 록 번 호 –	③ 사 업 자 등 록 번 호
	④ 주소(거소) 또는 영업소			⑤ 전화번호
	⑥ 상 호			

신 고 내 용

⑦ 법 정 신 고 일			⑧ 최 초 신 고 일	
⑨ 결정(경정)청구이유				
구 분	최 초 신 고		결 정 (경 정) 청 구	
⑩ 세 목				
⑪ 과 세 표 준 금 액				
⑫ 산 출 세 액				
⑬ 가 산 세 액				
⑭ 공제 및 감면세액				
⑮ 납 부 할 세 액				
⑯ 국세환급금 계좌신고	거래은행	은행 지점	계좌번호	
⑰ 환 급 받 을 세 액				

「국세기본법」 제45조의2, 같은 법 시행령 제25조의3, 「소득세법」 제118조의15 및 같은 법 시행령 제178조의11에 따라 위와 같이 신고합니다.

년 월 일

청구인 (서명 또는 인)

세무서장 귀하

첨부서류	결정(경정)청구 사유 증명자료	수 수 료 없 음

위임장	신청인의 위임을 받아 대리인이 경정청구를 하는 경우 아래 사항을 적어 주시기 바랍니다.					
	위임자 (신청인)	대 리 인				
위임장		구분	성명	사업장 소재지	사업자등록번호 (전자우편)	전화번호 (휴대전화번호)
	(서명 또는 인)	[ ]세 무 사 [ ]공인회계사 [ ]변 호 사	(서명 또는 인)	(인)		

접수증(과세표준 및 세액의 결정(경정)청구서)

성 명		주 소	
구 비 서 류	결정(경정)청구사유 증명자료 [ ]	접 수 자	
		접 수 일 인	

210mm×297mm(백상지(80g/㎡) 또는 중질지(80g/㎡))

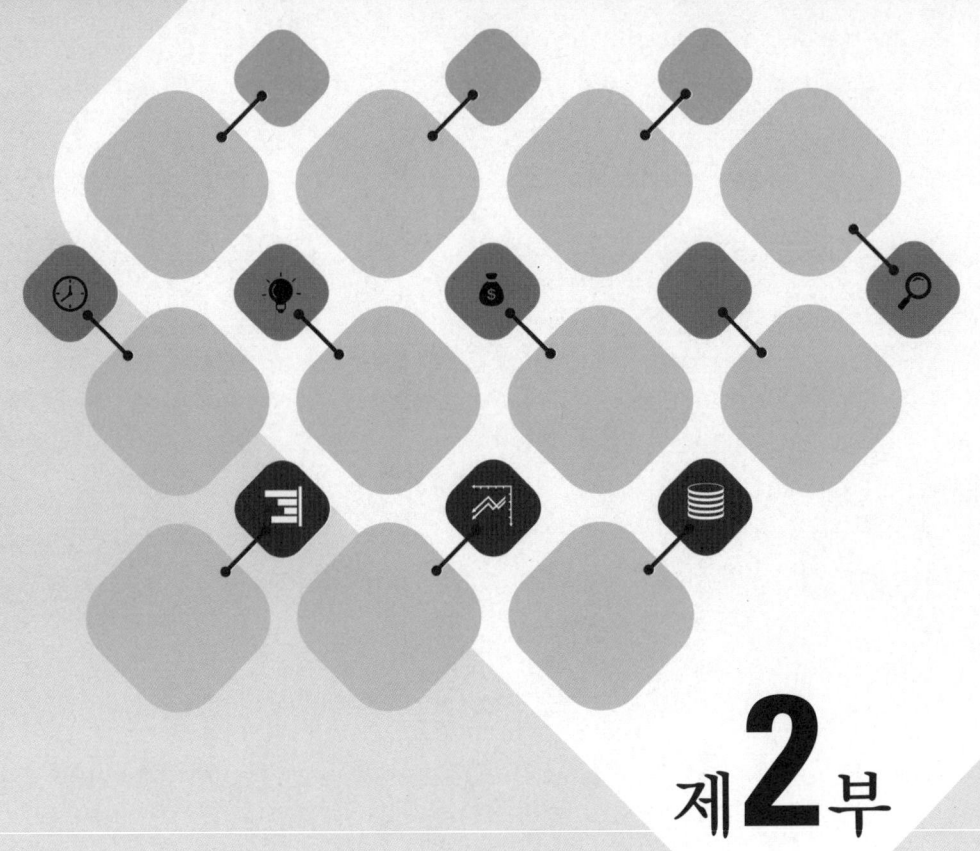

제**2**부

재무상태표

제3장

재무상태표의 의의

1 의 의

'재무상태표(a statement of financial position; F/P)'는 일정시점 현재 기업이 보유하고 있는 경제적 자원인 자산과 경제적 의무인 부채 그리고 자본에 대한 정보를 제공하는 재무제표이다.

2 유용성

재무상태표는 다음과 같은 유용한 정보를 제공한다.
① 정보이용자들이 기업의 유동성, 재무적 탄력성, 수익성과 위험 등을 평가하는데 유용한 정보를 제공한다.
② 다른 재무제표와 함께 기업가치의 평가에 유용한 정보를 제공한다.

3 한계점

재무상태표는 상기 2 의 유용성에도 불구하고 다음과 같은 한계점이 있다.
① 재무상태표에 나타난 자산과 부채의 가액만으로 기업실체의 가치를 직접 평가할 수 없다.
② 재무상태표는 불확실성이나 비용 대 효익의 고려 등으로 인해 모든 자산과 부채를 나타내지 않을 수 있다.

4 재무상태표의 구조

(1) 기본구조

재무상태표에는 적어도 다음에 해당하는 금액을 나타내는 항목을 표시한다.

자 산	부 채
(1) 유형자산	(1) 매입채무 및 기타채무
(2) 투자부동산	(2) 충당부채
(3) 무형자산	(3) 금융부채(단, (1)과 (2) 제외)
(4) 금융자산(단, (5), (8) 및 (9)를 제외)	(4) 당기법인세부채
(5) 지분법에 따라 회계처리하는 투자자산	(5) 매각예정부채
(6) 생물자산	(6) 이연법인세부채
(7) 재고자산	
(8) 매출채권 및 기타채권	**자 본**
(9) 현금및현금성자산	(1) 비지배지분
(10) 매각예정자산	(2) 지배기업의 소유주에게 귀속되는 납입
(11) 당기법인세자산	자본과 적립금
(12) 이연법인세자산	

(2) 추가표시

기업의 재무상태를 이해하는데 목적적합한 경우 재무상태표에 항목, 제목 및 중간합계를 추가하여 표시한다.

이 경우 추가항목으로 구분하여 표시할지 여부는 다음 요소를 고려하여 판단한다.

① 자산의 성격 및 유동성

② 기업 내에서의 자산기능

③ 부채의 금액, 성격 및 시기

5 자산(Asset)

자산은 과거 사건의 결과로 기업이 통제하고 있고 미래경제적효익이 기업에 유입될 것으로 기대되는 자원을 말한다.

자산을 구성하는 항목을 간단히 설명하면 다음과 같다.

① 현금및현금성자산

한국은행이 발행한 통화 및 통화대용증권(타인발행 당좌수표, 자기앞수표 등)과 당좌예금·보통예금 등을 말한다.

② 단기·장기예금

은행 등 금융기관이 취급하는 정기예금·정기적금·사용이 제한되어 있는 예금 및 기타 정형화된 상품 등으로, 재무상태표일 현재 만기가 1년 이내인 것은 단기예금, 그 이후에 도래하는 것은 장기예금이라고 한다.

③ 상각후원가측정금융자산/당기손익 – 공정가치측정금융자산/기타포괄손익 – 공정가치 측정금융자산

다른 회사가 발행한 20% 미만 주식·채권과 국가기관이 발행한 국·공채를 의미하며, 계약상 현금흐름 특성과 사업모형에 따라 상각후원가측정금융자산 / 당기손익 – 공정가치측정금융자산 / 기타포괄손익 – 공정가치측정금융자산으로 분류한다. 또한 이 중에서 재무상태표일로부터 1년 이내에 처분할 것이 거의 확실하거나 만기가 1년 이내인 유가증권은 유동자산으로, 그 외의 유가증권은 비유동자산으로 분류한다.

④ 매출채권·장기매출채권

일반적 상거래에서 발생한 외상매출금(신용거래)과 받을어음을 의미하며, 재무상태표일 현재 1년 이내에 현금화되는 것은 매출채권, 그 이후에 현금화되는 것은 장기매출채권이라고 한다.

⑤ 단기·장기대여금

타인에게 빌려준 자금을 의미하며, 회수기한이 1년 내인 것은 단기대여금, 그 이상인 것은 장기대여금으로 한다.

⑥ 미수금

일반적인 상거래 이외(유가증권 및 유형자산 등의 매각거래)에서 발생한 미수채권을 의미한다.

⑦ 상품

판매를 목적으로 다른 사람으로부터 구입한 물건을 의미한다.

⑧ 제품

판매를 목적으로 자신이 제조한 물건을 의미한다.

⑨ 관계기업투자주식

다른 회사에 대해 유의적인 영향력(일반적으로 20% 이상 보유하는 경우)을 행사할 수 있는 주식(지분법적용 대상 주식)을 의미한다.

⑩ 종속기업투자주식

다른 회사의 지분을 50% 초과하여 보유(또는 50% 이하여도 지배력을 보유하는 경우)함으로써 연결재무제표를 작성해야 하는 주식을 의미한다.

⑪ 토지

영업을 위하여 사용하는 대지·임야·전답·잡종지 등을 의미한다.

⑫ 건물

영업을 위하여 사용하는 공장이나 창고, 영업소·본사 등의 건물을 의미한다.

⑬ 기계장치

물건의 제조를 위하여 사용하는 여러 기계장치·운송설비(컨베이어, 기중기 등)를 의미한다.

⑭ 차량운반구

회사에서 사용하는 자동차(승용차, 트럭)를 의미한다.

⑮ 비품

회사에서 사용하는 컴퓨터, 복사기, 책상 등의 사무용품을 말한다.

⑯ 산업재산권

일정기간 독점적·배타적으로 이용할 수 있는 권리로서 특허권·실용신안권·디자인권 및 상표권 등으로 한다.

⑰ 개발비

신제품·신기술을 개발하기 위해 발생된 비용(인건비, 부품비, 감가상각비 등)을 의미한다.

⑱ 영업권

사업결합(합병·연결 등) 거래에서 취득한 순공정가치를 초과하여 이전대가를 지급하는 금액을 의미한다.

⑲ 보증금

부동산의 임대차계약 및 영업상의 계약에서 지급하는 금액을 의미한다.

⑳ 이연법인세자산

기업회계와 세무회계상의 손익귀속시기 차이 등에 따라 차기 이후에 법인세가 경감되는 금액을 의미한다.

㉑ 선급금

재고자산 등을 재화인도시기 이전에 지급한 금액을 의미한다.

㉒ 선급비용

당기에 지출된 차기 이후의 비용해당액을 의미한다.

㉓ 미수수익

당기에 귀속되어 차기 이후에 수령되는 수익해당액을 의미한다.

㉔ 투자부동산

임대수익이나 시세차익을 목적으로 보유하는 토지·건물을 말한다.

6 부채(Liability)

부채는 과거 사건에 의하여 발생하였으며, 경제적효익을 갖는 자원이 기업으로부터 유출됨으로써 이행될 것으로 기대되는 현재의무이다.

부채를 구성하는 항목을 간단히 설명하면 다음과 같다.

① 매입채무·장기매입채무

일반적 상거래에서 발생한 외상매입금과 지급어음을 의미하며, 재무상태표일 현재 1년 이내에 지급해야 되는 것은 매입채무, 그 이후에 지급해야 되는 것은 장기매입채무라고 한다.

② 단기·장기차입금

타인에게 빌려온 자금을 의미하며 만기일이 1년 이내인 것은 단기차입금, 그 이상인 것은 장기차입금으로 한다.

③ 사채

자금을 마련하기 위해 기업이 발행한 채권을 의미한다.

④ 확정급여부채

재무상태표일 현재 회사가 부담하여야 하는 확정급여채무의 현재가치금액에서 사외적립자산의 공정가치를 차감한 금액을 의미한다.

⑤ 미지급금

일반적인 상거래 이외(유가증권 및 유형자산 등의 취득거래)에서 발생한 채무를 의미한다.

⑥ 미지급비용

당기 해당비용으로써 차기 이후에 지급되는 금액을 의미한다.

⑦ 예수금

소득세원천징수 등 일시적으로 회사가 보유하고 차기 이후에 지급되는 금액을 의미한다.

⑧ 보증금

부동산임대차거래 및 영업상의 거래에서 수령한 금액으로 차기 이후에 지급되는 금액을 의미한다.

⑨ 당기법인세부채

당해 연도의 법인세부담액으로 차기 이후에 납부되는 금액을 의미한다.

⑩ 단기·장기충당부채

당기의 수익발생액에 대응되어 차기 이후에 지급되는 비용해당액으로써 1년 이내인 것은 단기충당부채, 그 이상인 것은 장기충당부채로 한다.

⑪ 이연법인세부채

기업회계와 세무회계의 손익귀속시기 차이 등에 의해 차기 이후에 추가로 납부하여야 하는 금액을 의미한다.

⑫ 선수금

차기 이후에 수익으로 인식되는 금액을 당기에 미리 수령한 금액을 의미한다.

⑬ 전환사채 · 신주인수권부사채

주식으로 전환할 수 있는 권리 또는 신주를 인수할 권리가 있는 사채를 말한다.

중점사항 **유동성 분류**

K-IFRS에서는 재무상태표일로부터 1년 및 정상적인 영업주기를 기준으로 하여 유동성과 비유동성으로 구분하고 있다. 이는 회계정보이용자들에게 기업의 자산과 부채에 대한 정보를 제공함에 있어 기업의 미래현금흐름이나 수익성을 쉽게 예측할 수 있도록 일정한 순서를 정하여 표시하는 것이 좋기 때문에 설정한 기준인 것이다. 이때 재무상태표일은 재무상태표를 작성하는 날짜를 의미하며, 보고기간 말일이라고도 한다.
① 재고자산 · 매출채권 등은 보고기간 후 12개월 이내 실현이 예상되지 않더라도 유동 자산으로 분류
② 보고기간 후 장기로 차환하는 약정 등을 맺었어도 보고기간 후 12개월 이내에 결제일 이 도래하면 유동부채에 해당
③ 보유자가 F/P일로부터 1년 이내에 행사가능한 조기상환청구권(풋옵션이 부여된 전 환상품 등의 부채요소는 유동부채에 해당)

7 자본(Capital)

자본은 기업이 소유하고 있는 자산총액에서 부채총액을 차감한 잔액으로, 소유주지분 (owners' equity) 또는 순자산이라고 한다. 또 기업의 자산은 주주들의 것이 아니라 기업 자신의 것이기 때문에 부채를 채권자 지분이라고 하듯이 주주지분(stock-holders' equity) 이라고도 한다.

K-IFRS에서는 자본에 대한 구체적인 정의가 없으며, 자산에서 부채를 차감한 금액으로 만 정의하고 있으나 일반기업회계기준에서는 자본을 다음과 같이 구분하고 있다.

Ⅰ. **자본금** 주주들이 납입한 법정자본금을 말하며, 반드시 보통주자본금과 우선주
자본금으로 구분하여 표시한다.

Ⅱ. **자본잉여금** 증자나 감자 등 주주와의 거래에서 발생하여 자본을 증가시키는 잉여금
을 말한다.
① 주식발행초과금
② 기타자본잉여금(감자차익 등)

Ⅲ. **자본조정** 항목의 성격으로 보아 자본거래에 해당하나 최종 납입된 자본으로 볼
수 없거나 자본의 가감 성격으로 자본금이나 자본잉여금으로 분류할 수
없는 항목을 말한다.
① 자기주식
② 기타자본조정(감자차손 등)

Ⅳ. **기타포괄손익** 포괄이익[주] 중 포괄손익계산서상 당기순이익에 포함되지 않은 포괄이
누계액 익을 말한다.
① 기타포괄손익 – 공정가치 금융자산평가손익
② 해외사업환산손익
③ 현금흐름위험회피 파생상품평가손익
④ 재평가잉여금
⑤ 지분법 자본변동
⑥ 재측정요소

Ⅴ. **이익잉여금** 손익계산서상 손익과 다른 자본항목에서 이입된 금액의 합계액에서 배
당, 자본전입 및 자본조정항목의 상각 등으로 처분된 금액을 차감한 잔
액을 말한다.
① 법정적립금
② 임의적립금
③ 미처분이익잉여금

주) 포괄이익: 기업실체가 일정기간 동안 소유주와의 자본거래를 제외한 모든 거래나 사건에서 인식한 자본
의 변동

위에서 언급한 자본을 구성하는 항목을 간단히 설명하면 다음과 같다.

① 자본금

자본금은 회사가 발행한 총주식수에 주식의 액면금액을 곱한 금액을 의미한다.

예를 들어, 발행한 총주식수가 1만주이고 1주당 액면금액이 5천 원이라면 자본금은 5천만 원이 되는 것이다.

② 주식발행초과금

주식발행 시 발행가액이 주식의 액면가액을 초과할 경우 그 초과하는 금액을 의미한다.

예를 들어, 액면금액이 5천 원인 주식 1만주를 6천 원에 발행할 경우 주식발행초과금은 1천만 원이 되는 것이다. 이때 자본금은 5천만 원만큼 증가하게 된다.

③ 법정적립금

상법의 규정에 의하여 적립된 금액으로서 이익준비금이 있다.

④ 미처분이익잉여금(미처리결손금)

기업이 재무상태표일 현재까지 창출한 이익 또는 결손의 총누계액으로 이익준비금 등을 제외한 금액을 의미한다.

⑤ 주식할인발행차금

주식의 발행가액이 액면금액 이하인 경우 그 미달하는 금액을 의미한다.

예를 들어, 액면금액이 5천 원인 주식 1만주를 4천 원에 발행할 경우 자본금은 5천만 원만큼 증가하고 주식할인발행차금은 1천만 원이 되는 것이다. 이때 주식할인발행차금은 자본의 차감항목으로 표시한다.

저자주 ●

이익준비금

회사는 경영활동 결과 벌어들인 이익을 주주총회 의결을 거쳐 주주들에게 배당할 수 있다. 이익배당에는 현금배당, 주식배당이 있는데 현금배당을 할 경우에는 자본금의 1/2이 될 때까지 현금배당의 1/10 이상을 이익준비금으로 적립해야 한다(상법 §458). 이렇게 적립된 이익준비금은 누적된 결손금을 보전하거나 자본금으로 전입(무상증자)만 할 수 있다.
한편, 상법이 2011년 4월에 개정되었는데, 개정 상법에 따르면 회사는 적립된 자본준비금 및 이익준비금의 총액이 자본금의 1.5배를 초과하는 경우에 주주총회의 보통결의(출석한 주주의결권의 과반수와 발행주식총수의 4분의 1 이상)에 따라 그 초과한 금액 범위에서 자본준비금과 이익준비금을 감액할 수 있다(상법 §461의2 · §368 ①).

8 재무상태표의 표시방법

(1) 원칙: 유동과 비유동의 구분(유동성 구분법)

유동자산과 비유동자산, 유동부채와 비유동부채로 재무상태표에 구분하여 표시한다. 이 경우 이연법인세자산(부채)은 비유동자산(부채)으로 분류한다.

일반적으로 유동성 구분법은 '자산 – 자본 – 부채' 순서로 표시하며, 자산과 부채는 '비유동 – 유동' 순서로 표시한다.

1) 유동자산

자산은 다음의 경우에 유동자산으로 분류한다.

① 기업의 정상영업주기[주1] 내에 실현될 것으로 예상하거나, 정상영업주기 내에 판매하거나 소비할 의도가 있다.

② 주로 단기매매목적으로 보유하고 있다.

③ 보고기간 후 12개월 이내에 실현될 것으로 예상한다.

④ 현금이나 현금성자산[주2]으로서 교환이나 부채상환목적으로의 사용에 대한 제한 기간이 보고기간 후 12개월 이상이 아니다.

> 주1) 정상영업주기: 영업주기는 영업활동을 위한 자산의 취득시점부터 그 자산이 현금이나 현금성자산으로 실현되는 시점까지 소요되는 기간이다. 정상영업주기를 명확히 식별할 수 없는 경우에는 그 기간이 12개월인 것으로 가정한다.
>
> 주2) 현금과 현금성자산
> 1. 현금: 보유현금과 요구불예금을 말한다.
> 2. 현금성자산: 유동성이 매우 높은 단기 투자자산으로서 확정된 금액의 현금으로 전환이 용이하고 가치변동의 위험이 중요하지 않은 자산을 말한다.

또한 유동자산은 주로 단기매매목적으로 보유하고 있는 자산(예: 단기매매항목으로 분류되는 일부 금융자산)과 비유동금융자산의 유동성대체부분을 포함한다.

2) 유동부채

부채는 다음의 경우에 유동부채로 분류한다.

① 정상영업주기 내에 결제될 것으로 예상하고 있다.

② 주로 단기매매목적으로 보유하고 있다.

③ 보고기간 후 12개월 이내에 결제하기로 되어 있다.

④ 보고기간 말 현재 보고기간 후 적어도 12개월 이상 부채의 결제를 연기할 수 있는 권리를 가지고 있지 않다. 그 밖의 모든 부채는 비유동부채로 분류한다.

| 신속처리 질의 · 답변 |

유동 · 비유동부채의 분류

1. 유동 · 비유동부채의 분류

(1) 질의

회사는 X1년 초 금융기관과 만기 3년인 차입계약을 체결함. 계약에 따르면 회사는 부채비율을 일정 수준 이하로 유지해야 하고, 이를 위반하면 즉시 상환해야 함. X1년 말 부채비율이 악화되어 약정을 위반하였으나, 금융기관은 즉시 상환을 요구하지 않기로 회사와 합의하고 6개월 내에 이를 개선할 것을 요구함. 회사가 부채비율을 개선할 수 있는지 불확실한 상황이라면, X1년 말 현재 회사는 해당 차입금을 유동부채로 분류해야 하는가?

(2) 회신

대여자가 즉시 상환에 대한 유예기간을 주는데 합의하였으나 유예기간이 12개월 미만이므로 유동부채로 분류함(제1001호 문단 74).

다만, 대여자가 보고기간 말 이전에 보고기간 후 적어도 12개월 이상의 유예기간을 주는데 합의하여 기업이 유예기간 내에 위반사항을 해소할 수 있고 유예기간 중에 대여자가 즉시 상환을 요구할 수 없다면 비유동부채로 분류함(제1001호 문단 75).

2. 유동 · 비유동부채의 분류

(1) 질의

회사는 X1년 초에 만기가 3년인 사채를 발행함. 만기시점에 해당 사채를 상환하기 어려운 상황에 처함에 따라, 사채인수 금융기관과 도래하는 매년 말 일정금액을 상환하면서 만기를 연장하기로 합의함. 이러한 경우, 해당 사채는 유동부채로 분류해야 하는가?

(2) 회신

만기를 연장하기 위해서는 사채 인수자와 상환 금액 및 시기에 대한 구체적인 합의가 필요함. 매년 말 일정금액을 상환하면서 만기를 연장한다고 합의하였을 뿐, 회사가 보고기간 후 적어도 12개월 이상 부채의 결제를 연기할 수 있는 권리를 가지고 있지 않으므로 유동부채로 분류함(제1001호 문단 69(4)).

3. 유동 · 비유동부채의 분류

(1) 질의

회사는 전환사채를 발행하고, 전환권을 별도 파생부채로 회계처리함. 사채의 만기일은 당기 말 현재 12개월 이후에 도래하고, 전환권은 12개월 이내에 행사할 수 있음. 이러한 경우, 전환권과 사채는 각각 유동부채로 분류해야 하는가?

(2) 회신

전환권을 12개월 이내로 행사할 수 있어서 회사가 보고기간 후 12개월 이상 부채의 결제를 연기할 수 있는 권리를 가지고 있지 않으므로 전환권은 유동부채로 분류함(제1001호 문단 69(4)은 부채의 결제에 해당함(제1001호 문단 76A(2))).

다만, 전환권이 K-IFRS 제1032호에 따라 자본으로 분류되어 사채와 분리하여 회계처리하는 경우에는 사채의 유동성 분류에 미치지 않으므로 사채는 비유동부채로 분류함.

4. 전환우선주의 유동 · 비유동 분류

(1) 질의

회사는 전환우선주를 발행하고 이를 부채로 분류함. 전환우선주 보유자는 발행일부터 10년 이내에 언제든지 회사의 보통주를 전환할 권리를 가짐. 회사는 전환우선주를 유동 · 비유동부채 중 무엇으로 분류해야 하는지? (2023.1.1. 이후 시행 기준서 적용)

(2) 회신

회사가 보고기간 말 현재 보고기간 후 적어도 12개월 이상 전환우선주 보유자가 전환옵션을 행사하는 것을 연기할 수 있는 권리를 가지고 있지 않다면(제1001호 문단 69(4)), 이를 유동부채로 분류해야 함.

5. 회수기간 변동에 따른 매출채권의 재분류

(1) 질의

회사는 X1년 6월 말 고객에게 제품을 판매하고 이에 대한 매출채권을 인식함. 정상영업주기는 1년이고, 해당 매출채권이 정상영업주기 이내에 회수될 것으로 기대하며 회사는 이를 최초 유동자산으로 인식함. 당기 보고기간 말(X1년 12월 말) 현재 매출채권이 1년 후에 회수될 것으로 예측이 변경된 경우, 회사는 이를 비유동자산으로 재분류해야 하는지?

(2) 회신

질의의 매출채권이 보고기간 말 현재 12개월 후에 실현될 것으로 예상된다면 재분류하고(제1001호 문단 66), 대손충당금 설정이 적절한지 검토함(제1109호 문단 5.5.3, 5.5.5).

6. 임대보증금의 유동성 분류

(1) 질의

회사(리스제공자)는 X1년 초 건물에 대하여 임차인(리스이용자)과 임대기간이 1년인 계약을 체결하고 임대보증금을 수령함. 계약에 따르면, 둘 중 하나라도 계약 종료일 4개월 전에 계약 종료를 통보하지 않으면 향후 2년간 계약이 자동 연장됨. X1년 9월 말 현재 계약 종료의 통보없이 임차인이 동 건물을 계속 임차할 의도를 가지고 있다면, 회사는 해당 보증금을 유동 · 비유동부채 중 무엇으로 분류해야 하는지?

(2) 회신

X1년 9월 말 현재 계약종료 통보기한이 경과하여 계약기간이 연장(2년)되었고, 그 결과 임차인이 1년 이내에 임대보증금을 요구할 권리가 없는 경우 해당 임대보증금을 비유동부채로 분류함(제1001호 문단 69).

7. 전환사채 및 관련 파생상품주채의 유동성 분류

(1) 질의

회사는 조기상환권이 부여된 전환사채를 발행함. 전환권은 확정대확정요건을 충족하지 않아 파생상품부채로 인식함. 조기상환청구가능일이 1년 이내에 도래하는 해당 전환사채를 유동 · 비유동부채 중 무엇으로 분류해야 하는가? (2023.1.1. 이후 시행 기준서 적용)

(2) 회신

보고기간 말 현재 12개월 이상 부채의 결제를 연기할 수 있는 권리를 가지고 있지 않다면 조기상환청구권 행사 가능시점을 고려하여 주계약인 사채를 유동부채로 분류함(제1001호 문단 69). 전환권도 조기상환권에 대한 영향을 고려하여 유동부채로 분류함.

8. 교환사채의 유동성 분류

(1) 질의

회사는 약정된 교환가격으로 사채를 투자주식(종속기업투자주식 아님)으로 교환할 수 있는 교환사채를 다음과 같은 조건으로 발행함.

1) 사채의 발행일: X1년 7월 1일
2) 사채의 만기일: X6년 6월 30일(사채의 발행일부터 5년이 되는 날)
3) 교환청구가능기간: 사채의 발행일로부터 1개월이 경과한 날부터 사채의 만기일 1개월 전까지 회사는 X1년 말에 교환사채를 유동·비유동부채 중 무엇으로 분류해야 하는지? (2023.1.1. 이후 시행 기준서 적용)

(2) 회신

회사는 교환사채 보유자가 사채를 투자주식으로 교환하도록 요청하는 것을 보고기간 말 현재 12개월 이상 연기할 수 있는 권리를 가지고 있지 않으므로, 이를 유동부채로 분류함(제1001호 문단 69).

9. 전기 재무제표 계정과목 재분류

(1) 질의

전기 현금흐름표의 영업활동 현금흐름 총액은 변동이 없으나, 세부 계정과목의 금액이 변동됨(예: 중요하지 않아 통합하여 기타자산으로 분류하던 선급금이 중요해져 당기부터 구분 표시하고 비교 재무제표에도 반영). 이 경우, 전기재무제표를 재작성하고 주석에 공시해야 하는지?

(2) 회신

당기 재무제표 항목의 표시나 분류 변경으로 비교금액이 재분류되어 전기 현금흐름표의 계정금액이 변동되었다면 재분류의 성격, 이유, 재분류된 개별 항목(군)의 금액을 공시해야 함(제1001호 문단41).

10. 주가 변동에 따라 행사가격이 조정되는 조건이 있는 금융상품의 공시

(1) 질의

회사는 회사의 주가 변동에 따라 행사가격이 조정되는 조건이 있는 전환사채를 발행하고, 전환권은 K-IFRS 제1032호의 금융부채 정의를 충족한다고 판단하여 금융부채로 분류함. 전환사채를 상환하거나 발행(또는 재발행)하면서 발생한 손익*도 K-IFRS 제1001호 문단 한138.5(2)의 평가손익으로 공시해야 하는지?

* 예: 사채상환손익, 거래당일손익(공정가치와 거래가격의 차액)

(2) 회신

K-IFRS 제1001호 문단 한138.5(2)에 따른 공시 대상은 공정가치로 측정함에 따라 생긴

평가손익에 한정되며, 공정가치 평가금액이 아닌 전환사채를 발행하거나 상환 시 발생한 손익은 한138.5(2)에 따른 공시 대상이 아님.

다만, 한138.5(2)에 따른 공시 대상은 아니나 정보이용자에게 중요하다고 판단한 경우, 공시해야 할 수 있음.

11. 매출채권보험 보상금과 매출채권 손상차손 상계 여부

(1) 질의

고객의 채무불이행으로 매출채권의 일부를 회수하지 못하게 되어 회사가 별도로 가입한 매출채권보험에서 손해금액을 보상받은 경우, 보상금 관련 수익을 해당 매출채권 손상차손과 상계할 수 있는지?

(2) 회신

K-IFRS에서 요구하거나 허용하지 않는 한 자산과 부채, 수익과 비용은 상계하지 않음 (제1001호 문단 32).

상계표시로 거래나 그 밖의 사건의 실질이 반영되는 경우를 제외하고는, 재무상태표에서의 상계표시는 발생한 거래, 그 밖의 사건과 상황을 이해하고 기업의 미래현금흐름을 분석할 수 있는 재무제표이용자의 능력을 저해함(제1001호 문단 33).

따라서 매출채권보험에서 받은 보상금은 매출채권 손상차손 비용과 상계할 수 없고, 별도 수익으로 표시해야 함.

3) 비유동자산(부채)

상기 '1)'과 '2)' 외의 모든 자산(부채)은 비유동항목으로 분류한다.

(2) 예외: 유동성 배열법

유동성 순서에 따른 표시방법이 신뢰성 있고 더욱 목적적합한 정보를 제공하는 경우에 적용한다. 일반적으로 유동성 배열법은 '자산-부채-자본' 순서로 표시하며, 이 경우 모든 자산과 부채는 유동성의 순서에 따라 표시한다.

(3) 혼합표시방법의 허용

신뢰성 있고 더욱 목적적합한 정보를 제공한다면 자산과 부채의 일부는 유동성·비유동성 구분법으로, 나머지는 유동성 순서에 따른 표시방법으로 표시하는 것이 허용된다. 이러한 혼합표시방법은 기업이 다양한 사업을 영위하는 경우에 필요할 수 있다.

9 유동성 구분법에 따른 재무상태표

재무상태표

제×기 2025년 12월 31일 현재
제×기 2024년 12월 31일 현재

××(주)   (단위: 원)

과 목	당 기	전 기
자 산		
비유동자산		
장기금융상품[주1]		
유형자산[주2]		
무형자산[주3]		
투자부동산		
관계기업·종속기업투자주식		
영업권		
이연법인세자산		
장기매출채권		
기타채권[주4]		
기타비유동자산		
유동자산		
현금및현금성자산[주5]		
단기금융상품[주6]		
매출채권[주7]		
기타채권[주8]		
재고자산[주9]		
매각예정비유동자산		
기타유동자산[주10]		
자산총계		
자 본		
자본금		
기타자본구성요소[주11]		
이익잉여금[주12]		
비지배지분[주13]		
자본총계		

부 채
비유동부채
　장기금융부채[14]
　장기매입채무
　기타채무[15]
　확정급여부채[16]
　이연법인세부채
　장기충당부채
　기타비유동부채
유동부채
　단기금융부채[17]
　매입채무[18]
　기타채무[19]
　단기충당부채
　당기법인세부채
　매각예정부채
　기타유동부채[20]

부채총계

부채 및 자본 총계

주1) 기타포괄손익 - 공정가치측정금융자산, 상각후원가측정금융자산 및 장기예금
주2) 토지, 건물, 구축물, 기계장치, 차량운반구, 비품 및 건설중인자산
주3) 특허권, 실용신안권, 디자인권, 상표권, 개발비 및 회원권
주4) 장기대여금, 장기미수금, 임차보증금 및 영업보증금
주5) 현금, 보통예금, 당좌예금 및 현금성자산
주6) 단기예금(정기예금 · 정기적금 등), 당기손익 - 공정가치측정금융자산, 1년 이내 처분예정인 기타포괄손
　　익 - 공정가치측정금융자산 및 상각후원가측정금융자산
주7) 외상매출금, 받을어음
주8) 단기대여금, 미수금, 미수수익 및 단기보증금
주9) 상품, 제품, 원재료, 부재료, 저장품, 재공품 및 미착품
주10) 선급금 및 선급비용 등
주11) 자본잉여금, 자본조정 및 기타포괄손익누계액
주12) 이익준비금, 기타적립금 및 미처분이익잉여금
주13) 연결재무상태표를 작성하는 경우에만 표시되며 지배회사의 별도재무상태표에는 나타나지 않는다.
주14) 장기차입금, 사채, 전환사채 및 신주인수권부사채
주15) 장기미지급금, 임대보증금 및 예수보증금
주16) 확정급여채무 - 사외적립자산
주17) 단기차입금, 유동성장기차입금, 유동성사채 등
주18) 외상매입금, 지급어음
주19) 미지급금, 예수금, 미지급비용 및 단기보증금
주20) 선수금 및 선수수익 등

저자주

재무상태표의 분류기준

한국채택국제회계기준에서는 재무상태표의 분류기준에 대해 명확한 규정이 없다. 이는 회사의 선택에 따라 분류기준이 다를 수 있고 이 또한 한국채택국제회계기준에 따른 재무상태표이다. 즉, 재무상태표는 반드시 구분표시하여야 하는 계정과목 이외에는 여러 개의 계정과목을 Grouping하여 분류하는 방법을 채택하고 있고 그중에서도 회사의 선택에 따라 별도의 계정과목을 표시할 수 있는 선택권이 회사에 있다. 그러므로 모든 기업의 재무상태표 양식은 전부 다를 수도 있는 것이다.

10 유동성 배열법에 따른 재무상태표

재무상태표

제×기 2025년 12월 31일 현재
제×기 2024년 12월 31일 현재

××(주)   (단위: 원)

과 목	당 기		전 기	
자 산		×××		×××
유동자산				
현금및현금성자산	×××		×××	
단기금융상품	×××		×××	
매출채권	×××		×××	
기타채권	×××		×××	
재고자산	×××		×××	
매각예정비유동자산	×××		×××	
기타유동자산	×××		×××	
…	×××		×××	
비유동자산		×××		×××
장기금융상품	×××		×××	
유형자산	×××		×××	
투자부동산	×××		×××	
무형자산	×××		×××	
영업권	×××		×××	
관계기업 · 종속기업투자주식	×××		×××	

이연법인세자산	×××		×××	
장기매출채권	×××		×××	
기타채권	×××		×××	
기타비유동자산	×××		×××	
…	×××		×××	
자산총계		×××		×××
부 채		×××		×××
유동부채				
단기금융부채	×××		×××	
매입채무	×××		×××	
기타채무	×××		×××	
당기법인세부채	×××		×××	
단기충당부채	×××		×××	
매각예정부채	×××		×××	
기타유동부채	×××		×××	
…	×××		×××	
비유동부채		×××		×××
장기금융부채	×××		×××	
확정급여부채	×××		×××	
이연법인세부채	×××		×××	
장기충당부채	×××		×××	
장기매입채무	×××		×××	
기타채무	×××		×××	
기타비유동부채	×××		×××	
…	×××		×××	
부채총계		×××		×××
자 본				
자본금	×××		×××	
기타자본구성요소	×××		×××	
이익잉여금	×××		×××	
비지배지분^{주)}	×××		×××	
자본총계		×××		×××
부채 및 자본 총계		×××		×××

주) 연결재무상태표를 작성하는 경우에만 나타나며, 지배기업의 별도재무상태표에는 나타나지 아니한다.

보 론 | **가상자산 관련 공시내용(신설)(기준서 제1001호 문단 한138.6)**

가상자산 관련 거래에 대해, 다른 기준서에서 요구하는 공시요구사항에 추가하여 다음 사항을 구분하여 공시한다. 이 문단에서 가상자산이란 가치나 권리를 전자적으로 표현한 것으로 암호화를 통해 보안된 분산원장 등 기술을 사용하고 대체가 가능한 특성을 지닌 전자적으로 이전 또는 저장될 수 있는 증표를 말하며, 동 문단에서 명시적으로 제시하는 경우 외에는 공시대상에 포함되는 가상자산은 관련 법률에서 정의하는 대상을 참고한다.

1. 가상자산을 보유하는 경우에는 다음 사항을 공시한다.

① 가상자산의 일반 정보(명칭, 특성, 수량 포함)

② 가상자산에 적용한 회계정책

③ 가상자산별 취득경로, 취득원가, 당기말 장부금액 및 공정가치 정보

④ 당기 중 가상자산 보유 또는 기중 거래(예: 매각)에 따라 당기손익으로 인식한 금액과 그 분류

⑤ 보유 가상자산 관련 위험에 대한 정보(예: 법적, 기술적, 물리적 위험 및 과거 유의적인 가격변동 등)와 중요한 계약내용(예: 권리 제한 등)

2. 가상자산을 고객을 대신하여 보유하는 경우에는 다음 사항을 공시한다.

① 고객과 체결한 계약 내용(이용약관 포함)

② 고객을 대신하여 보유한 가상자산에 적용한 회계정책

③ 고객을 대신하여 보유한 가상자산의 공정가치 정보

④ 보관에 따른 위험(예: 물리적 위험) 및 위험 관리 활동

⑤ 고객을 대신하여 보유하는 가상자산을 인터넷과 분리하여 보관하거나 외부에 보관한 경우 그 가상자산의 종류, 수량, 공정가치, 위탁한 외부기관에 대한 설명

3. 가상자산을 발행하는 경우에는 다음 사항을 공시한다.

① 발행 가상자산의 일반 정보(발행 규모, 유형, 특성 및 관련된 위험 포함)

② 가상자산 발행 관련 회계정책 및 진행 상황

③ 발행한 가상자산 매각 계약의 주요 내용

④ 발행한 가상자산 매각 관련 의무에 대한 기업의 판단 및 그 의무의 이행상황

⑤ 발행한 가상자산 매각 관련 수익인식의 시기 및 금액

⑥ 발행 후 내부 유보중인 가상자산의 수량, 회계정책, 중요한 계약내용 및 향후 활용 계획

⑦ 발행 후 재취득한 가상자산의 경우, 재취득방식(예: 매입 등), 수량, 적용한 회계정책 및 재무상태표에 인식한 금액

상기 개정내용은 2024.1.1. 이후 최초로 시작되는 회계연도부터 적용하되 조기 적용할 수 있다(한 139.4).

중점사항 **가상자산 회계처리 감독지침 신설**(2023.12.20.)(금융위원회・금융감독원・회계기준원)

Ⅰ. 적용범위 및 적용시기

가상자산 회계처리 감독지침은 한국채택국제회계기준(K-IFRS) 적용기업뿐만 아니라, 일반기업회계기준(K-GAAP) 적용기업도 적용이 의무화된다.

또한, 동 감독지침은 '24.1.1. 이후 최초로 개시되는 사업연도부터 의무적용(조기적용 적극 권장)되나, '가상자산 사업자(거래소)의 고객위탁 가상자산에 대한 사항'은 가상자산 사업자를 규율하는 「가상자산의 이용자 보호 등에 관한 법률」(가상자산법) 시행일인 '24.7.19. 이후를 재무보고일로 하는 재무제표부터 적용하도록 한다(12월 결산법인은 '24년 3분기 재무제표부터 적용).

Ⅱ. 주요 용어 해설

1. **(가상자산)** 가치나 권리를 전자적으로 표현한 것으로 분산원장 등 암호화 기술을 사용하여 전자적으로 이전・저장될 수 있는 증표

   → 코인과 토큰의 경우 엄밀하게는 전용 블록체인 네트워크를 보유하는지 여부(코인 ○, 토큰 ×)에 따라 구별되나, 실무상 혼용해서 쓰므로 편의상 '토큰'으로 통일하여 사용

   〈주요 유형〉
   ① 유틸리티 토큰(Utility Token): 특정 플랫폼, 재화나 용역에 접근하거나 이용가능한 권리를 나타내는 토큰(국내 기업이 발행하는 대부분의 유형)
   ② 지불형 토큰(Payment Token): 분산원장 기술을 통해 발행되어 지급결제

> 수단, 송금, 가치이전 목적으로 사용(보유자가 발행자에게 어떤 권리도 청
> 구(claim)할 수 없음)
> ③ 증권형 토큰(Security Token) : 분산원장 기술을 활용하여 자본시장법상 증
> 권을 디지털화한 것(이른바 "토큰 증권")

2. (블록체인 네트워크) P2P 네트워크를 통해 관리되는 분산 데이터베이스의 한 형
   태로, 거래정보를 담은 장부를 중앙서버 한 곳에 저장하지 않고 네트워크에 연결
   된 여러 개의 분산 컴퓨터(노드)에 저장 및 보관하는 기술

3. (플랫폼) 사용자에게 재화나 용역을 제공하는 일종의 소프트웨어로 사용자는 플
   랫폼에서 특정 토큰을 사용함.

4. (백서) 플랫폼 개발자가 작성한 기획서로 대중들에게 아이디어와 전반적인 가치
   를 제안하고, 개발 로드맵, 마일스톤 등을 설명

Ⅲ. 가상자산 회계감독지침 주요내용

1. 적용대상

   「가상자산 이용자 보호법(제2조 제1호)」상의 가상자산 중 세 가지 요건[*]을 모두 충
   족하는 디지털화한 가치나 권리

   * ❶ 분산원장 기술 사용, ❷ 암호화(Cryptography), ❸ 대체 가능(Fungible)

   ○ 분산원장기술을 활용하여 「자본시장법」상의 증권을 디지털화한 '토큰 증권'도
     적용대상에 포함

가상자산법상 가상자산[*]	감독지침 등 적용 대상
경제적 가치를 지닌 것으로 전자적으로 거래 또는 이전될 수 있는 전자적 증표(그에 관한 일체의 권리를 포함)	그중 ❶분산원장 기술 또는 이와 유사한 기술을 사용하고, ❷암호화되며, ❸대체 가능한 가치나 권리

   * CBDC, NFT 등은 가상자산의 범위에서 제외

2. 가상자산 발행기업의 회계처리

   (1) (개발) 가상자산(토큰) 및 플랫폼 개발 과정에서 지출된 원가는 무형자산 기준
       서(K-IFRS 제1038호 등)상 무형자산의 정의 및 인식기준을 충족하지 않거나,
       개발활동[*]에 해당한다는 명확한 근거를 제시할 수 없다면 발생 시 비용으로
       회계처리

       * ① 기술적 실현 가능성, ② 완성하여 사용·판매할 의도, ③ 사용·판매할 능력, ④ 미래
         경제적 효익 창출 방법, ⑤ 사용·판매 시까지 기술적·재정적 자원 입수 가능성, ⑥ 신
         뢰성 있는 측정 가능성 등 6가지 요건을 모두 충족하는 경우

   (2) (수익인식) 가상자산을 고객에게 판매한 경우 수익 기준서(K-IFRS 제1115호

등)를 적용하여 발행기업이 수행해야 할 의무[*]를 이행한 시점(또는 기간)에 관련 대가를 수익으로 인식(수익 인식 전까지는 수령한 대가를 부채로 계상)

[*] 백서(White paper), 판매 약정 등을 통해 확인 가능하며, 백서 등에 명시되지는 않았지만 회사가 고객에게 재화·용역을 이전할 것이라고 정당하게 기대하도록 하는 경우도 포함

발행기업은 토큰 판매 시점에 자신의 수행의무를 명확히 식별해야 하며, 판매 이후 백서의 중요한 변경 등 특별한 이유 없이 수행의무를 변경하는 경우 과거의 회계처리를 오류로 간주

| 수행의무 별 수익인식 시기 예시 |

수행 의무		수익인식 시기
토큰 이전(추가 의무 없음)	➡	토큰 이전 시점
토큰이 사용되는 플랫폼 구현을 약속	➡	플랫폼 활성화 시점
플랫폼에서 토큰 결제 시 재화·용역을 제공하기로 약속	➡	재화·용역 제공 시

(3) (유보 토큰) 생성되었지만 타인에게 이전하지 않고 발행기업이 보관 중인 가상자산[유보(Reserved) 토큰]은 자산으로 인식할 수 없음.

다만, 향후 제3자에게 이전될 경우 유통 중인 가상자산의 가치에 영향을 미칠 수 있으므로 유보 토큰의 수량 및 향후 활용계획 등을 주석으로 공시

(4) (토큰증권) 금융상품 기준서(K-IFRS 제1032호)상 금융상품의 정의를 충족할 경우에 금융부채 등으로 분류하고 이에 따라 회계처리

통상적으로 토큰 증권에 다음 중 하나의 계약상 의무가 있다면 금융부채로 분류될 가능성이 큼.

① 거래상대방에게 현금등 금융자산을 인도하기로 한 계약상 의무

② 잠재적으로 불리한 조건으로 거래상대방과 금융자산이나 금융부채를 교환하기로 한 계약상 의무

3. 가상자산 보유기업의 회계처리

(1) (분류) 가상자산을 취득한 목적이 무엇인지, 가상자산이 금융상품에 해당하는지에 따라 재고자산, 무형자산 또는 금융상품 등으로 분류

일반기업회계기준 적용 회사는 경영진이 회계정책을 개발하여 회계정보를 작성할 수 있으며, 가상자산의 특성을 나타낼 수 있는 계정과목(예: 기타자산)을 정하여 재무제표에 표시 가능

| 가상자산 유형별 분류 예시 | | |

가상자산 유형	취득 목적	계정 분류
유틸리티 토큰, 지불형 토큰 등	판매 목적 ➡	재고자산
	판매 목적 외 ➡	무형자산, 기타자산*
토큰 증권	투자 목적 ➡	금융자산

* 일반기업회계기준 적용 회사는 '기타자산'으로만 분류 가능

(2) **(최초 측정)** 취득 방식이나 경로에 따라 측정 방식이 상이

가상자산 최초 측정 방법

- (유상취득) 구입가격에 가상자산 취득에 직접 관련된 원가를 가산
- (채굴 등) 가상자산 취득에 직접 관련된 원가(서버 임차료, 전기요금, 전산 가동비 등)
- (용역제공 등) 가상자산 공정가치(공정가치를 합리적으로 측정할 수 없는 경우 제공한 용역 등의 개별 판매가격)
- (Airdrop) 수령 당시 ① 플랫폼 내에서 재화·용역을 자유롭게 사용 가능하고, ② 합리적으로 측정할 수 있는 경우 가상자산의 공정가치('①', '②' 중 하나라도 충족하지 않을 경우 영(0)으로 인식)

---

(3) **(후속 측정)** 취득한 토큰의 분류 방식에 따라 상이

가상자산 후속 측정 방법

- (재고자산) '취득원가'와 '순실현 가능가치' 중 낮은 금액
- (무형자산) '원가 모형'과 '재평가 모형*' 중 선택 가능(같은 유형은 일관되게 적용)
  * K-IFRS 적용 기업만 가능, 평가이익은 기타포괄손익, 평가손실은 당기손실 처리
- (기타자산) 활성시장이 존재하는 경우 공정가치(당기손익 반영), 그 외 원가로 측정
- (금융자산) 금융상품 기준서에 따라 '상각후 원가', '기타포괄손익-공정가치', '당기손익-공정가치' 중 하나로 분류·측정

---

4. 가상자산 사업자(거래소)의 회계처리(고객 위탁 가상자산)

(자산·부채 계상 여부) 고객이 위탁한 가상자산에 대한 통제권*이 거래소에 있다고 판단될 경우 거래소의 자산·부채로 인식

* 경제적 자원의 통제(Control of an economic resource) : 경제적 자원의 사용을 지시하고 그로부터 유입될 수 있는 경제적 효익을 얻을 수 있는 현재의 능력

(1) 경제적 자원의 통제는 통상 법적 권리를 행사할 수 있는 능력에서 비롯되며,

여러 지표*를 종합적으로 고려하여 누가 통제하는지를 판단해야 함(하나의 지표가 결정적인 것은 아님).

> * ❶ 사업자와 고객 간 사적 계약, ❷ 가상자산법, 특금법 등 사업자를 감독하는 법률 및 규정, ❸ 사업자의 고객 위탁 토큰에 대한 관리·보관 수준

(2) 고객이 매매를 위해 예탁하는 경우뿐만 아니라 스테이킹 등 부가서비스 이용을 위해 예치하는 경우도 통제권 유무를 판단

5. 공정가치 측정에 대한 고려사항

(1) (무형자산 재평가모형) ❶ 해당 가상자산에 대한 활성시장이 존재하는 경우에 한하여 ❷ 활성시장의 가격을 기초로 공정가치로 측정(Level 1*만 적용 가능)

> * (K-IFRS 제1113호 문단 76) 측정일에 동일한 자산이나 부채에 접근할 수 있는 활성시장의 공시가격

① (활성시장 판단) 거래소 상장 사실만으로 요건을 충족하는 것은 아니며 양적·질적 요건을 종합적으로 검토* 필요

> * 지속적으로 가격결정 정보를 제공하기에 충분할 정도의 빈도와 규모로 거래되는 시장(해외시장 포함, 거래 빈도·규모 등 양적요소 외에 데이터 신뢰도, 법화 교환 가능 등 질적 요건도 필요)

② (공정가치 측정) 측정일 현재 ❶ 접근 가능*한 ❷ 주된 시장 또는 가장 유리한 시장에서 자산을 매도하는 ❸ 시장참여자 사이의 ❹ 정상거래로 자산이 교환되는 것을 가정하여 측정

> * 다양한 거래소의 가상자산 관련 정보를 통합하여 보여주는 사이트의 가격이 회사가 접근 가능한 주된 시장(또는 가장 유리한 시장)과 괴리되지 않은 경우 적용 가능

(2) (기타) 무형자산의 순공정가치 또는 기타자산의 공정가치 측정 시에는 활성시장의 가격 이외에 관측되는 가격을 적용 가능

비슷한 가상자산의 활성시장 공시가격 또는 동일하거나 비슷한 가상자산의 비활성시장 공시가격*을 Level 2로 폭넓게 인정

> * 탈중앙거래소에서 형성되는 접근가능한 공신력 있는 가격 등

| 자산종류별 가상자산 공정가치 측정 방법 |

분 류	상 황	수 준
무형자산	재평가모형 적용(공정가치 측정)	Level 1
	원가모형 적용 시 손상 회수가능액 산정 (순공정가치 측정)	Level 1~3
기타자산	공정가치 적용	Level 1~2
금융자산 (토큰증권)	당기손익 또는 기타포괄손익-공정가치 측정	Level 1~3

6. 시행시기 및 경과조치

(1) (시행시기) '24.1.1. 이후 최초로 개시되는 회계연도부터 의무 적용하되, 가상
자산 관련 정보가 정보이용자에게 보다 투명하고 상세하게 제공될 수 있도록
조기 적용할 것을 적극 권장(12월 결산법인은 '24년 1분기 재무제표부터 적용
되지만 조기적용 가능)

다만, 거래소의 고객위탁 가상자산 회계처리는 '24.7.19.(가상자산이용자 보호
법 시행일) 이후를 재무보고일로 하는 재무제표부터 적용(12월 결산법인의
경우 '24년 3분기 재무제표부터 적용)

(2) (경과조치) 시행일 현재 가상자산을 발행하였거나 보유하고 있는 기업은 회
계정책(기준서 제1008호) 변경 시 요구하는 방식으로 소급 적용하거나 간편
소급법* 적용 가능

* 최초 적용 누적효과를 최초 적용일에 인식

Ⅳ. 가상자산 주석공시 모범사례

1. 가상자산 발행기업

(1) (배분 관련 회계정책) 유상매각, 용역대가 지급 및 무상배포별로 표준 기재사
항 예시 제공

> ▪ (무상배포) 무상배포의 경우 배분 당시에는 별도의 회계처리를 하지 않습니다.
> 만일 가상자산 백서에서 정하는 수행의무와 관련하여 배분물량의 귀속주체가
> 구분되지 않는 경우에는 수행의무 이행 정도를 반영하는 합리적인 방법(예시:
> 총배분물량에서 수행의무 제공물량 비중)으로 수익을 인식합니다.

(2) (유보물량 및 자체발행 가상자산 재취득 관련) 감독지침에서 명시하는 기준
에 대해 회계정책으로 기재하도록 예시

> ▪ (유보물량) 발행자가 보유하고 있는 유보분(reserved)과 관련하여 자산으로
> 인식한 금액은 없습니다.
> ▪ (자체발행 가상자산 재취득) 연결회사는 자체발행 가상자산을 ○○○(예시: 용
> 역대가 등)으로 재취득하는 경우가 있는데, 가상자산 취득과 관련한 교환가치
> 에 해당하는 금액을 무형자산으로 계상합니다. 다만, 수행의무 완료 이전 단
> 계에 발행자에게 재유입되는 경우, 계약부채의 잔액이 있다면 우선 계약부채
> 와 지급대가를 상계합니다.

(3) (발행 관련 위험) 메인넷이 활성화되지 않은 경우의 위험, 유보물량이 추가
배분되는 경우 희석요인 등에 대해 기재

> - (메인넷 관련) 연결회사는 ○○○○년 메인넷 ○○○ 및 가상자산 ○○○을 개발하였습니다. 가상자산 ○○○는 ○○○ 메인넷 이용 시 발생하는 각종 수수료의 지급수단으로 사용될 목적으로 개발되었습니다. 연결회사는 메인넷 활성화 등을 위해 ○○○ 등의 의무를 수행해야 합니다. 메인넷이 ○○○ 이유로 예상대로 활성화되지 않을 경우, 가상자산 사용가치가 낮아질 위험이 있습니다.
> - (유보물량 관련) 가상자산 ○○○ 유보물량은 총 발행물량의 ○○%이며, 추가 매각 등으로 유통되는 경우 거래소 시세의 희석요인으로 작용할 수 있습니다.

(4) (유보물량 현황) 유보물량 현황 및 향후 관리계획 기재

> - (유보물량) ×3년 말 연결회사가 발행한 가상자산 ○○○의 유보물량은 ○○○개입니다. 이 중 ○○○개는 초기 개발 용역회사인 ○○○에게 용역대가의 잔여 지급을 목적으로 ×4년 중 지급할 예정이며, ○○○개는 ×5년까지 소각할 예정입니다.

(5) (자체발행 가상자산 상장 현황) 자체발행 가상자산의 상장 현황 및 시가정보 등에 대해 기재

> - (상장 현황) 가상자산 ○○○은 국내 ○개 거래소 및 국외 ○개 거래소에 상장되어 거래되고 있습니다. ○○○○.○○.○○시 현재 ○○ 거래소가격(거래소명칭)은 ○○○입니다.
> - (시가정보) 총 배분된 물량(연결회사에 재유입된 ○○○포함)의 시가총액은 ○○○원입니다. 이 경우 유보물량은 시가총액에 포함하지 않았습니다.
> - (재유입 물량의 처분제한 정보) 총 배분된 물량 중 연결회사에 배분된 물량 및 재유입된 물량의 거래소가격은 ○○○원이나, 연결회사가 동 가상자산을 ○○○ 등의 방법으로만 처분할 수 있으므로 실현가치는 ○○○원입니다.

2. 가상자산 보유기업

(1) (무상수령 취득원가 회계정책) 일반적인 증여성 무상수령인 경우와 마케팅 목적의 Airdrop 과정에서의 무상수령의 경우를 각각 예시

> - (일반적인 무상수령) 연결회사는 무상으로 수령한 가상자산은 플랫폼 내에서 재화나 용역 이용대가로 자유롭게 사용할 수 있고 공정가치가 형성되어 있어 공정가치로 취득원가를 인식하였습니다.
> - (대규모 Airdrop으로 취득) 연결회사는 가상자산 ○○○개를 발행회사로부터 마케팅 목적으로 무상으로 수령하였으나, 상장물량 대비 대규모 Airdrop으로 시가에 영향을 줄 수 있다고 보아 취득원가를 0으로 인식하였습니다.

(2) (일반기업회계기준 적용회사 회계정책) 기타자산으로 분류하는 경우 취득원가 및 후속측정 관련 기재내용 예시

> • **(취득원가)** 연결회사는 경영진의 판단에 따라 취득한 가상자산을 ○○자산으로 분류하며, 취득시점에 가상자산에 제공한 대가의 공정가치로 측정하여 자산으로 인식합니다.
> • **(후속측정)** ○○자산으로 인식된 가상자산은 거래되는 항목이 동질적이고, 일반적으로 거래의사가 있는 구매자들과 판매자들을 언제든지 찾을 수 있으며, 가격이 공개되어 이용가능한 시장이 있어, 시장에서 공개되어 이용가능한 가격으로 평가하고 평가손익을 당기손익에 반영하고 있습니다.

(3) (가상자산 보유위험) 발행회사의 사업 관련 위험, 거래소위험, 가격변동위험 등에 대한 기재내용 예시

> • **(발행회사 사업위험)** 플랫폼 구축회사 및 가상자산 발행회사는 가상자산이 사용되는 생태계를 지속적으로 활성화하기 위해 ○○○ 의무가 있으나, 사업이 계획대로 진행되지 않을 경우 가상자산이 상장폐지되는 등 가치가 소멸될 수도 있는 상황입니다.
> • **(거래소위험)** 가상자산 거래소에 위탁 보관된 경우 거래소의 파산 및 해킹사고 발생 시 위탁한 가상자산을 반환받지 못할 위험이 있습니다.
> • **(가격변동위험)** 재평가모형 적용 시 공정가치의 변동성이 크기 때문에 회계연도 간 자산가액에 큰 영향을 줄 수 있으나, 이러한 유의적 변동이 재무제표에 미칠 영향을 예측할 수 없습니다. 회사의 재무제표에는 이러한 불확실성으로 인하여 발생 가능한 조정사항이 반영되어 있지 않습니다. 참고로 전년도의 최고가격은 ○○○, 최저가격은 ○○○이고 당해연도 최고가격은 ○○○, 최저가격은 ○○○입니다.

3. 가상자산 거래소

(고객위탁 가상자산) 고객위탁 가상자산을 자산·부채 미인식 또는 인식현황과 그 판단근거, 보관정책 및 관련위험 등을 기재

> • **(자산·부채 현황)** 연결회사가 고객위탁 자산 및 고객위탁 부채로 인식한 가상자산은 ○○○원이고, 연결회사 자산 및 부채로 계상하지 않은 가상자산의 거래소가격은 ○○○원입니다(경제적 통제권을 중심으로 판단근거를 상세기술).

(단위: 개, 원)

자산·부채 인식		주석기재	
장부금액	공정가치 (거래소가격)	수량	공정가치 (거래소가격)

> • (보관정책 예시) 연결회사는 회사 보유 가상자산과 고객위탁 가상자산을 분리하여 보관하고 있습니다. ○○○(콜드월렛 스토리지) 등을 통해 가상자산은 전용주소에 별도로 보관되며 독점적인 하드웨어 보안모듈 조합을 사용하여 원장에 기록됩니다.
> • (보관위험) 연결회사가 위탁받아 보관하고 있는 가상자산은 연결회사의 전자지갑에 연결회사 소유의 가상자산과 함께 혼합하여 보관되어 있어 연결회사의 파산 및 해킹사고 발생 시 고객에게 가상자산을 반환하지 못할 위험이 존재합니다. 암호키 정보의 파괴, 망실 및 연결회사가 위탁받아 보관하고 있는 가상자산의 도난 등이 연결회사의 지속적인 사업, 재무상태에 미칠 수 있는 잠재적인 영향은 ○○○원에 달할 수 있는 것으로 판단됩니다(잠재적 영향 판단 근거를 구체적으로 기술).

4. 경과규정
   (1) (중요한 회계정책) 소급법 또는 수정소급법 적용 시 회계정책 기재사항을 예시

   > • (수정소급법) 연결회사는 가상자산 회계처리에 대하여 「가상자산 회계처리 감독지침」을 적용하였습니다. 감독지침의 경과규정에 따라 가상자산 회계처리는 최초 적용으로 인한 누적효과를 기초자본에서 조정하였습니다. 그러므로 비교표시 기간의 정보는 재작성되지 않았습니다.

   (2) (재무제표에 대한 영향) 소급법을 적용할 경우, 전기말 재무제표와 당기초 수정 재무제표를 제시하고 비교하여 이익잉여금 효과를 표시
   수정소급법 적용할 경우, 계정별 감독지침 적용 전, 조정금액 및 조정 후 보고금액을 표시
   (3) (조기적용하지 않는 경우 사전공시) 개정기준서(K-IFRS 제1001호)의 적용 예정일 및 주석공시에 예상되는 영향을 기재

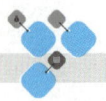

11 재무상태표(F/P; Financial Position) 작성 사례

재무상태표의 양식과 의미를 사례를 통해 살펴보기로 하자. 다음은 2023년 12월 31일 현재 삼성전자(주)의 연결재무상태표이다.

재무상태표(연결)

제55기 2023년 12월 31일 현재

삼성전자(주) (단위: 백만 원)

자 산		부채와 자본	
유동자산	195,936,557	**유동부채**	75,719,452
현금및현금성자산	69,080,893	매입채무	11,319,824
단기금융상품	22,690,924	단기차입금	7,114,601
단기상각후원가금융자산	608,281	미지급금	15,324,119
단기당기손익-공정가치금융자산	27,112	선수금	1,492,602
매출채권	36,647,393	예수금	892,441
미수금	6,633,248	미지급비용	26,013,273
선급비용	3,366,130	당기법인세부채	3,358,715
재고자산	51,625,874	유동성장기부채	1,308,875
기타유동자산	5,038,838	충당부채	6,524,876
매각예정분류자산	217,864	기타유동부채	2,308,472
		매각예정분류부채	61,654
비유동자산	259,969,423	**비유동부채**	16,508,663
기타포괄손익-공정가치 측정 비유동금융자산	7,481,297	사채	537,618
당기손익-공정가치금융자산	1,431,394	장기차입금	3,724,850
관계종속기업투자자산-지분법	11,767,444	장기미지급금	5,488,283
유형자산	187,256,262	순확정급여부채	456,557
무형자산	22,741,862	이연법인세부채	620,549
순확정급여자산	4,905,219	장기충당부채	2,878,450
이연법인세자산	10,211,797	기타비유동부채	2,802,356
기타비유동자산	14,174,148	**부채총계**	92,228,115
		자본	
		지배기업 소유주지분	353,233,775
		자본금	897,514

		우선주자본금	119,467
		보통주자본금	778,047
		주식발행초과금	4,403,893
		이익잉여금	346,652,238
		기타자본항목	1,280,130
		비지배지분	10,444,090
		자본총계	363,677,865
자산총계	455,905,980	자본과 부채총계	455,905,980

〈참조〉 Apple Inc 재무상태표

CONSOLIDATED BALANCE SHEETS- USD($) $ in Millions	Sep. 30. 2023
Current assets :	
Cash and cash equivalents	$ 29,965
Marketable securities	31,590
Accounts receivable, net	29,508
Vendor non-trade receivables	31,477
Inventories	6,331
Other current assets	14,695
Total current assets	143,566
Non-current assets:	
Marketable securities	100,544
Property, plant and equipment, net	43,715
Other non-current assets	64,758
Total non-current assets	209,017
Total assets	$ 352,583
Current liabilities:	
Accounts payable	62,611
Other current liabilities	58,829
Deferred revenue	8,061
Commercial paper	5,985
Term debt	9,822
Total current liabilities	145,308
Non-current liabilities:	
Deferred revenue	
Term debt	95,281
Other non-current liabilities	49,848
Total non-current liabilities	145,129
Total liabilities	290,437
Commitments and contingencies	
Shareholders' equity:	
Common stock and additional paid-in capita $0,00001 par value: 50,400,000 shares authorized; 15,550,061 and 15,943,425 shares issued and outstanding, respectively	73,812
Accumulated deficit	(214)
Accumulated other comprehensive income/(loss)	(11,452)
Total shareholders' equity	62,146
Total liabilities and shareholders' equity	$ 352,583

• 1 $: ₩1,300 전제

• 자산: 458조(현금예금 39조)

• 부채: 378조

• 자본: 80조(자본금 95조, 이익잉여금 ⊖0.1조, 기타자본 ⊖16)

※ Apple Inc 재무상태표 검색방법

www.sec.gov → 화면 가운데 표시되는 EDGAR 검색란에 'Apple Inc' 입력 → 자료 중 10-K Documents Interactive Data → Financial Statements 검색

제4장

현금예금

이 장에서는 현금및현금성자산과 장·단기예금의 회계처리에 대해 살펴보기로 한다.

1 현금및현금성자산

(1) 현금(Cash)

현금이란 유동성이 가장 높은 자산으로서 일반적으로 현금이라 하면 한국은행에서 발행한 지폐나 동전인 통화를 말한다. 그러나 회계상에서는 필요한 경우 통화와 언제든지 교환할 수 있는 통화대용증권도 현금에 포함시킨다. 여기서 통화대용증권이라 함은 통화는 아니지만 통화와 같은 효력으로 사용되어 언제든지 통화와 교환할 수 있는 것으로 타인발행당좌수표, 은행발행자기앞수표, 가계수표, 송금수표, 우편(전신)환증서, 만기 도래한 공·사채이자표 등이 있다.

(2) 보통예금

보통예금은 가입대상, 예치금액, 예치기간 및 입출금 등에 제한이 없는 예금으로 이자가 거의 발생하지 않는다. 일정기간 여유자금을 예치하여 이자소득을 발생시킬 만한 자금의 여유가 없이 바로 사용하여야 하는 자금을 예치하고 있는 예금이며, 현금및현금성자산 중 가장 빈번하게 사용되는 계정과목이다.

(3) 당좌예금

당좌예금은 현금의 수불이 빈번한 기업이 현금의 보관이나 출납의 번거로움과 위험성을 피하기 위해 이용하는 예금이지만 개설하는 데는 다른 예금과 달리 특별한 계약이 필요하다. 이자는 없으나, 당좌차월계약에 의하여 예금잔고 이상으로 발행한 수표나 어음에 대해서도 지불을 받을 수 있다는 장점이 있다.

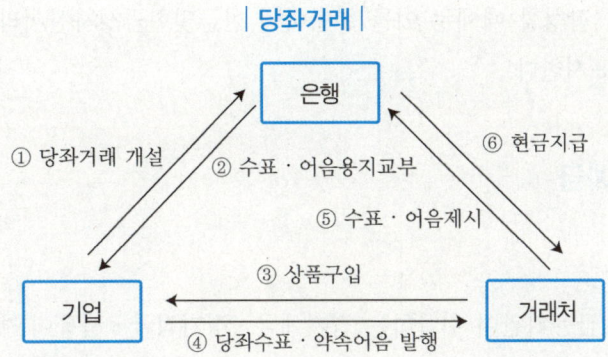

| 당좌거래 |

① 당좌거래 개설
② 수표 · 어음용지교부
⑤ 수표 · 어음제시
⑥ 현금지급
③ 상품구입
④ 당좌수표 · 약속어음 발행

저자주

당좌차월계약

은행이 당좌예금 거래처에 대하여 예금잔액 이상으로 발행된 수표나 어음에 대해서도 일정 한도까지 지불하여 주는 제도로 당좌차월을 받기 위해서는 사전에 은행과 당좌차월 한도를 정한 당좌차월 계약을 맺어야 하며, 이때 유가증권이나 정기예금 등을 근담보로 하는 것이 통상이다. 만약 당좌차월 계약없이 당좌예금을 초과하여 또는 당좌차월 한도를 넘어 수표나 어음을 발행하게 되면 동 수표나 어음은 부도수표나 부도어음이 된다.

기말에 재무상태표 작성 시 당좌예금은 현금및현금성자산으로 분류하고 당좌차월은 단기금융부채로 분류한다. 즉, 당좌차월은 은행에서 회사에 일시적으로 대여해 준 것이므로 회사 입장에서 은행에 단기간 내에 상환하여야 할 단기차입금이 된다.

따라서 서로 다른 은행에 대해 당좌예금 잔액이 (+)와 (−)가 같이 있을 경우 이를 순액으로 재무상태표에 보고하는 것이 아니라 당좌예금 잔액이 (+)인 경우는 현금및현금성자산으로, 당좌예금 잔액이 (−)인 것은 단기금융부채로 각각 보고해야 하는 것이다.

(4) 현금성자산

일반적인 회계기준에서는 큰 거래비용 없이 현금으로의 전환이 용이하고 이자율변동에 따른 가치변동의 위험이 중요하지 않은 금융상품을 현금성자산으로 정의하고 있다.

(5) 재무상태표상 표시

연도 중 회계처리 시에는 현금, 보통예금, 당좌예금 등 별도의 계정과목을 사용하지만 연말에 재무상태표를 작성할 때에는 이를 통합하여 현금및현금성자산이라는 과목으로 하고 반드시 구분하여 표시한다.

2 장·단기예금

(1) 의미

K-IFRS에서는 금융기관이 취급하는 정기예금·정기적금·사용이 제한되어 있는 예금 및 기타 정형화된 상품 등으로 단기적 자금운용목적으로 소유하거나 기한이 1년 내에 도래하는 것은 재무상태표에 단기금융자산(상품)으로 표시하고, 유동자산(현금및현금성자산, 단기금융자산)에 속하지 아니하는 금융상품을 비유동자산에 장기금융자산(상품)으로 표시하고 있다.

여기서 기타 정형화된 상품은 기업어음(CP), 양도성예금증서(CD), 어음관리계좌(CMA), 환매채(RP), 표지어음, 기업금전신탁 등을 의미하며, 사용이 제한된 예금의 예로는 당좌개설보증금, 차입금에 대한 담보로 제공된 예금, 감채기금, 양건예금 등이 있다.

(2) 이자수익의 발생

정기예금·정기적금 등과 같은 장·단기금융자산으로부터는 금융기관과의 약정된 이자율에 의거 이자소득이 발생하게 되는데, 이를 금융수익의 계정과목으로 포괄손익계산서에 기재하게 된다. 이때 이자수령 시 원천징수당한 금액(원천징수세율 14%＋특별징수세율 1.4%)은 선급법인세의 계정과목으로 처리하는데, 이는 기납부세액으로서 추후 납부할 법인세에서 차감 공제되기 때문이다.

> **예제 1** **정기예금이자**
>
> Ⅰ. 문제
> 　수진(주)는 은행에서 정기예금이자 10,000,000원 수령 시 1,540,000원을 세금으로 원천징수한 잔액을 현금으로 수령하였다. 이자수령 시 회계처리를 나타내시오.
>
> Ⅱ. 해답
>
> | (차) 현　금 | 8,460,000 | (대) 이자수익 | 10,000,000 |
> |---|---|---|---|
> | 선급법인세(유동자산) | 1,540,000 | （금융수익) | |

(3) 미수수익의 계상

예금 등 금융자산의 경우 이자수익이 발생할 수 있는데 실제 이자를 지급받지 않더라도 결산 시에는 기간경과분에 대한 이자수익을 미수이자로 계상하여야 한다(손익의 결산정리). 이때 미수이자는 유동자산(F/P)으로, 이자수익은 금융수익으로 처리한다. 참고로 정기예금과 정기적금의 미수이자 계산식은 다음과 같다.

- 정기예금 미수이자 = 정기예금 금액 × 이자율 × $\dfrac{\text{경과일수}}{\text{만기일수}}$

- 정기적금 미수이자 = 총이자수익[주] × $\dfrac{\{\text{실불입횟수} \times (\text{실불입횟수}+1)\}}{\{\text{총불입횟수} \times (\text{총불입횟수}+1)\}}$

주) 총이자수익=만기 시 지급받는 금액-만기까지 불입할 원금의 총합계액

예제 2 **정기예금 미수이자**

Ⅰ. 문제

수진(주)는 2025.6.1. A은행에 만기 1년, 이자율 6%의 정기예금 365,000,000원을 가입하였다. 결산 시 회계처리를 나타내시오.

Ⅱ. 해답

2025년 수진(주)의 정기예금에 대한 기간경과분 미수이자와 결산 시 회계처리는 다음과 같다.

(1) 미수이자=365,000,000원×6%×214 / 365=12,840,000원

(2) 결산 시 회계처리

(차) 미수수익	12,840,000	(대) 이자수익	12,840,000
(유동자산)		(금융수익)	

---

3 법인세법

(1) 금융기관 이외 법인이 계상한 미수수익: 익금불산입(△유보처분)

금융기관 이외 법인의 수입이자의 귀속시기는 소득세법 시행령 제45조에 따른 수입시기

에 해당하는 날이 속하는 사업연도로 하여(법령 §70 ① 1호) 실제로 이자가 수입된 기일에 익금산입하도록 규정하고 있다.

소득세법 시행령 제45조 【이자소득의 수입시기】

① 무기명 채권 등의 이자: 그 지급을 받은 날

② 기명 채권 등의 이자: 약정에 의한 지급일

③ 채권·어음(소득세법 시행령 제190조 제1호의 어음을 포함) 기타 증권의 이자: 약정에 의한 상환일. 다만, 기일 전에 상환하는 때에는 그 상환일

④ 보통예금·정기예금·적금 또는 부금의 이자

 • 실제로 지급받는 날

 • 원본에 전입하는 뜻의 특약이 있는 이자: 그 특약에 의하여 원본에 전입된 날

  다만, 개인연금저축의 이자소득은 당해 저축의 중도해약일 또는 연금 외의 형태로 지급받는 날

 • 해약으로 인하여 지급되는 이자: 그 해약일

 • 계약기간을 연장하는 경우: 그 연장하는 날

 • 정기예금연결정기적금의 경우: 해약되거나 저축기간이 만료되는 날

⑤ 통지예금의 이자: 인출일

⑥ 채권 또는 증권의 환매조건부매매차익: 약정에 의한 당해 채권 또는 증권의 환매수일 또는 환매도일

 다만, 기일 전에 환매수 또는 환매도하는 경우에는 그 환매수일 또는 환매도일

⑦ 저축성보험의 보험차익: 보험금 또는 환급금의 지급일

 다만, 기일 전에 해지하는 경우에는 그 해지일

⑧ 직장공제회초과반환금: 약정에 의한 공제회반환금의 지급일

⑨ 비영업대금의 이익: 약정에 의한 이자지급일

 다만, 이자지급일의 약정이 없거나 약정에 의한 이자지급일 전에 이자를 지급받는 경우에는 그 이자지급일

⑩ 중도매도하는 채권 등의 보유기간이자상당액: 해당 채권 등의 매도일 또는 이자 등의 지급일

---

1) 미수수익 계상 시 익금불산입

K-IFRS에서는 이자수익의 계상에 있어 발생주의를 적용하고 있어 예·적금, 채권 등에 대하여 현금미회수분에 대한 미수수익을 계상하도록 하고 있다. 그러나 법인세법에서는 실지로 이자가 수입된 기일에 익금산입을 규정하고 있으므로 세무조정에 의하여 익금불산입

의 조정을 하여야 한다. 이때 원천징수대상이 아닌 이자소득을 미수수익으로 계상한 경우에는 이를 계상한 연도의 익금으로 보아 익금불산입의 조정을 하지 않음에 유의하여야 한다.

2) 비영업대금의 이익

① 특수관계인에 대한 대여금의 이자

법인세법상 특수관계인에 대한 가지급금에 대하여는 인정이자의 문제가 발생한다. 그러나 인정이자의 과세 여부와는 별도로 약정에 의한 이자는 약정일이 속하는 연도의 이자소득에 해당되어 약정일 전에 미수이자 계상금액은 익금불산입된다(법인 46012-3731, 1999. 10.14.).

② 특수관계인이 아닌 자에 대한 대여금의 이자

법인세법상 비영업대금의 이익에 대하여는 약정에 의한 이자지급일이므로 회사가 기간경과분에 대한 미수이자를 계상하였다 하더라도 약정에 의한 이자지급일에 해당되지 않는다면 세무조정에 의해 익금불산입된다.

3) 채무증권 중 취득원가와 액면가액이 다른 경우

채무증권 중 취득원가와 액면가액이 다른 경우에 그 차이금액은 법인세법상 동 채권의 만기일이 속하는 사업연도의 익금에 해당되므로 기업회계상 상각후원가법에 의해 유효이자율법을 적용하여 취득원가에 계상한 이자수익 해당액은 세무조정 시 익금불산입(△유보)하여 채권만기 시(또는 매각 시) 익금산입하여 정리한다.

4) 전환사채발행자의 세무처리

전환사채 또는 신주인수권부사채(이하 "전환사채 등"이라 함)를 발행한 법인이 기업회계기준에 따라 전환권 또는 신주인수권(이하 "전환권 등"이라 함) 가치를 별도로 인식하고, 상환할증금을 전환사채 등에 부가하는 형식으로 계상한 경우 상환할증금 등에 대한 처리는 다음 각 호에 의한다(법통 40-71…2).

① 발행 시 전환사채 등의 차감계정으로 계상한 전환권 등 조정금액은 손금산입 유보처분하고 기타자본잉여금으로 계상한 전환권 등 대가는 익금산입 기타처분하며, 상환할증금은 손금불산입 유보처분한다.

② 만기일 전에 전환권 등 조정금액을 이자비용으로 계상한 경우 동 이자비용은 이를 손금불산입하고 유보처분한다.

③ 전환권 등을 행사한 경우 '①'의 규정에 의하여 손금불산입한 상환할증금 중 전환권 등을 행사한 전환사채 등에 해당하는 금액은 손금으로 추인하고, 주식발행초과금으로 대체된 금액에 대해서는 익금산입 기타처분하며, 전환권 등 조정과 대체되는 금액은 익금산입 유보처분한다.

④ 만기일까지 전환권 등을 행사하지 아니함으로써 지급하는 상환할증금은 그 만기일이 속하는 사업연도에 손금으로 추인한다.

(2) 금융기관이 계상한 미수수익: 원천징수 제외 이자금액에 대하여는 미수수익계상 허용(익금불산입의 세무조정을 하지 않는다는 의미)

금융기관의 수입이자에 대하여는 이자 등이 실제로 수입된 날을 귀속시기로 하며(현금주의), 선수입이자 등은 제외한다. 그러나 원천징수되는 이자 이외의 이자금액에 대하여 장부상 미수수익을 계상한 경우 미수이자계상이 허용된다(법령 §70 ① 1호).

제5장

금융자산

1 의의 및 용어정의

(1) 의의

금융자산은 다음의 자산을 말한다(기준서 제1032호 문단 11).

---

1. 현금
2. 다른 기업의 지분상품(20% 미만 주식 등)
3. 다음 중 하나에 해당하는 계약상 권리
   ① 거래상대방에게서 현금 등 금융자산을 수취할 계약상 권리
   ② 잠재적으로 유리한 조건으로 거래상대방과 금융자산이나 금융부채를 교환하기로 한 계약상 권리
4. 기업 자신의 지분상품(자기지분상품)으로 결제되거나 결제될 수 있는 다음 중 하나의 계약
   ① 수취할 자기지분상품의 수량이 변동가능한 비파생상품
   ② 확정수량의 자기지분상품에 대하여 확정금액의 현금 등 금융자산을 교환하여 결제하는 방법이 아닌 방법으로 결제되거나 결제될 수 있는 파생상품. 이러한 목적상 자기지분상품에는 다음의 금융상품은 포함되지 않는다.
     가. 문단 16A와 16B에 따라 지분상품으로 분류되는 풋가능 금융상품
     나. 발행자가 청산되는 경우에만 거래상대방에게 지분비율에 따라 발행자 순자산을 인도해야 하는 의무를 발행자에게 부과하는 금융상품으로서 문단 16C와 16D에 따라 지분상품으로 분류되는 금융상품
     다. 자기지분상품을 미래에 수취하거나 인도하기 위한 계약인 금융상품

그러므로 미래경제적효익이 현금 등 금융자산을 수취할 권리가 아니라 재화나 용역의 수취인 자산(선급금, 선급비용 등)은 금융자산에 해당하지 않는다.

(2) 용어의 정의

① 금융상품

거래당사자 일방에게 금융자산을 발생시키고 동시에 다른 거래상대방에게 금융부채나 지분상품을 발생시키는 모든 계약을 말한다.

② 지분상품

기업의 자산에서 모든 부채를 차감한 후의 잔여지분을 나타내는 모든 계약을 말한다.

③ 풋가능 금융상품

금융상품 보유자가 발행자에게 당해 금융상품의 환매를 요구하여 현금 등 금융자산을 수취할 권리가 부여된 금융상품 또는 불확실한 미래 사건이 발생하거나 금융상품 보유자가 사망하거나 퇴직하는 경우 발행자에게 자동으로 환매되는 금융상품을 말한다.

④ 금융보증계약

채무상품의 최초 계약조건이나 변경된 계약조건에 따라 지급기일에 특정 채무자가 지급하지 못하여 보유자가 입은 손실을 보상하기 위해 발행자가 특정금액을 지급하여야 하는 계약을 말한다.

⑤ 상각후원가와 유효이자율법

'상각후원가'란 금융자산이나 금융부채의 최초인식시점의 측정금액에서 상환된 원금을 차감하고, 최초인식금액과 만기금액의 차액에 유효이자율법을 적용하여 계산된 상각누계액을 가감한 금액을 말한다. 만약 손상차손이나 대손상각을 인식(직접 차감하거나 충당금을 설정)한 경우에는 그 금액을 차감한 금액을 말한다. 또한 '유효이자율'법은 금융자산이나 금융부채(또는 금융자산이나 금융부채의 집합)의 상각후원가를 계산하고 관련 기간에 걸쳐 이자수익이나 이자비용을 배분하는 방법을 말한다.

⑥ 유효이자율

유효이자율은 금융상품의 기대존속기간이나 적절하다면 더 짧은 기간에 예상되는 미래 현금유출과 유입의 현재가치를 금융자산 또는 금융부채의 순장부금액과 정확히 일치시키는 이자율을 말한다.

⑦ 제거

이미 인식된 금융자산이나 금융부채를 재무상태표에서 삭제하는 것을 말한다.

⑧ 공정가치

측정일에 시장참여자 사이의 정상거래에서 자산을 매도하면서 수취하거나 부채를 이전하면서 지급하게 될 가격을 말한다.

⑨ 정형화된 매입 또는 매도

관련 시장의 규정이나 관행에 의하여 일반적으로 설정된 기간 내에 당해 금융상품을 인도하는 계약조건에 따라 금융자산을 매입하거나 매도하는 것을 말한다.

⑩ 거래원가

금융자산이나 금융부채의 취득, 발행 또는 처분과 직접 관련된 증분원가를 말한다. 이때 증분원가는 금융상품의 취득, 발행 또는 처분이 없었다면 발생하지 않았을 원가를 말하며 대리인(판매대리인 역할을 하는 종업원 포함), 고문, 중개인 및 판매자에게 지급하는 수수료와 중개수수료, 감독기구와 증권거래소의 부과금 및 양도세 등이 포함된다. 그러나 채무할증액이나 채무할인액, 금융원가나 내부관리 및 보유원가는 포함되지 않는다.

⑪ 영어 약어

- CF: 현금흐름, Cash Flow
- BV: 장부금액, Book Value
- FV: 공정가치, Fair Value
- P&L: 당기손익, Profit or Loss
- OCI: 기타포괄손익, Other Comprehensive Income
- EIR: 유효이자율, Effective Interest Rate
- AC: 상각후원가, Amortised Cost
- FVPL: 당기손익 – 공정가치, Fair Value through Profit or Loss
- FVOCI: 기타포괄손익 – 공정가치, Fair Value through Other Comprehensive Income
- FVO: 공정가치선택권, Fair Value Option
- ECL: 기대신용손실, Expected Credit Loss
- PD: 채무불이행 발생확률, Probability of Default

- EAD: 채무불이행 발생 시 익스포저, Exposure At Default
- LGD: 채무불이행 발생 시 손실률, Loss Given Default
- SPPI: 원금과 원금잔액에 대한 이자지급으로만 구성, Solely Payments of Principal and Interest on the principal amount outstanding
- LTV: 담보인정비율, Loan To Value

2 금융자산의 분류

|금융상품의 분류와 측정 흐름도|

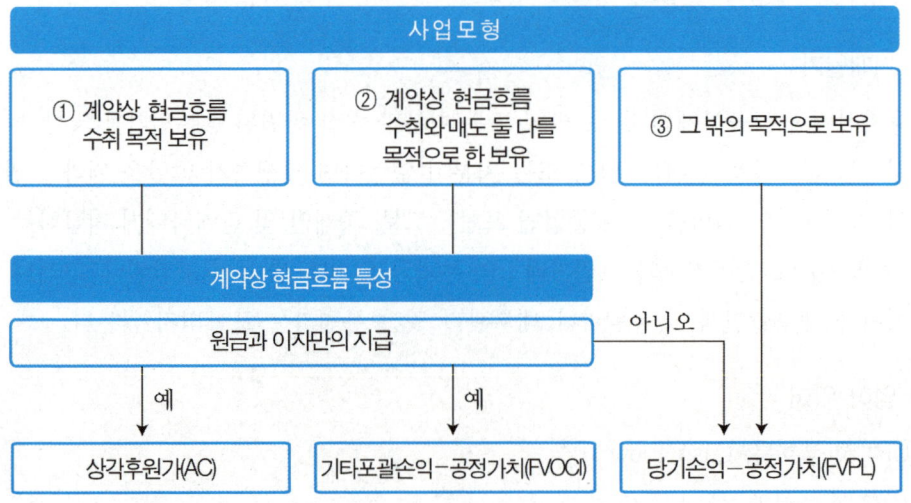

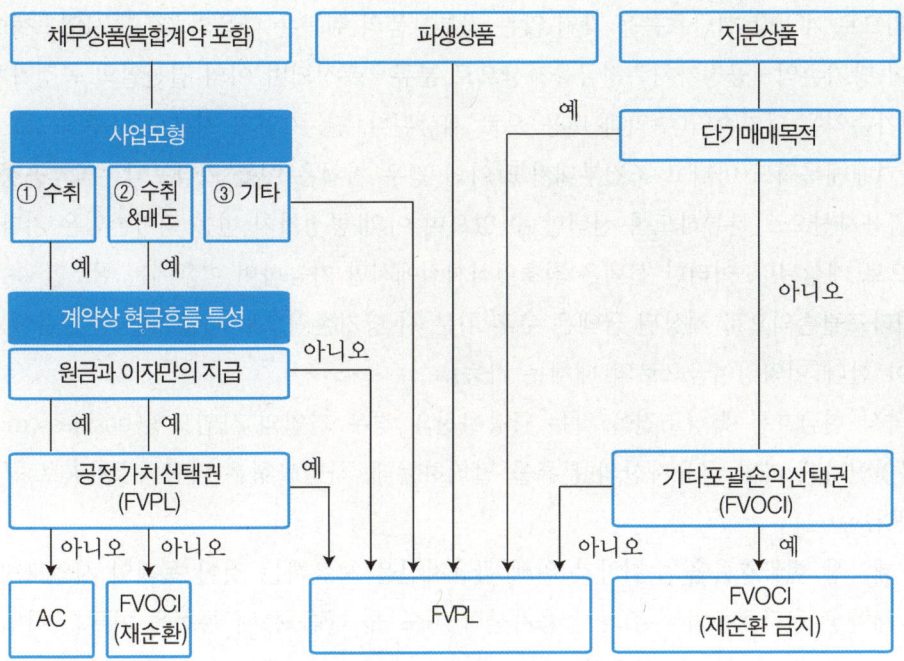

※ 출처: 한국회계기준원「금융상품」연수교재, 2016.9.21.

기준서 제1109호 금융상품에서는 금융자산을 다음의 세 가지 분류·측정범주로 구분하고 있다.

- 상각후원가측정 금융자산(AC: Amortised Cost)
- 기타포괄손익－공정가치측정금융자산(FVOCI: Fair Value through Other Comprehensive Income)
- 당기손익－공정가치측정금융자산(FVPL: Fair Value through Profit or Loss)

그리고 이의 구분은 다음 두 가지 기준에 따라 분류·측정한다.

- 계약상 현금흐름의 특성(원금과 이자로만 구성)
- 사업모형(금융상품의 보유목적)

(1) 사업모형 및 계약상 현금흐름 특성에 따른 분류

계약상 현금흐름 특성은 계약조건에 따라 원금과 이자 지급만의 현금흐름이 특정일에 생기는 특성을 말한다. 즉, 채무상품, 대여금, 수취채권 등과 같은 금융자산은 계약상 현금흐름 특성을 가지며 주식과 같은 지분상품은 계약상 현금흐름 특성을 갖지 않는다.

그러므로 계약상 현금흐름을 갖지 않는 지분상품의 취득은 다음의 '③'의 사업모형에 해당되어 당기손익-공정가치측정금융자산으로 분류·측정되며 이의 결산일의 공정가치 변동 평가손익은 당기손익(수익과 비용)으로 계상된다. 단, 기업의 지분상품(주식 등) 취득이 단기매매목적도 아니고 조건부대가도 아닌 경우 기업은 이를 기타포괄손익-공정가치측정금융자산으로 분류하도록 선택할 수 있으며 이의 공정가치 변동 평가손익은 기타포괄손익으로 계상된다. 이러한 선택은 최초인식시점에서만 가능하며 이후에는 취소할 수 없으며, 기타포괄손익으로 계상된 금액은 추후 처분 시 당기손익으로 재분류할 수 없음에 유의하여야 한다(이익잉여금으로의 대체는 가능).

계약상 현금흐름 특성조건을 갖는 금융자산의 경우 기업의 사업모형(business model)이 무엇인가에 따라 금융자산의 분류를 달리하는데, 사업모형은 다음의 3가지로 구분할 수 있다.

① 계약상 현금흐름을 수취하기 위해 금융자산을 보유하는 것이 목적인 사업모형
② 계약상 현금흐름의 수취와 금융자산의 매도 둘 다를 통해 목적을 이루는 사업모형
③ 기타의 사업모형(예: 금융자산의 적극적인 매입과 매도활동을 통한 현금흐름 실현이 목적인 사업모형 등)

계약상 현금흐름 특성조건을 충족하는 금융자산으로부터 현금흐름을 수취하는 것을 사업목적으로 하는 경우 당해 금융자산을 중도에 매각할 수도 있겠지만 중도 매각은 부수적인 사업의 일환이고, 당해 금융자산과 관련된 이자와 원금을 회수하는 것이 필수적인 사업임을 의미하므로 이러한 금융자산은 공정가치 변동을 인식하지 않고 유효이자율법을 적용한 상각후원가로 측정하는 금융자산으로 분류한다. 이에는 대여금, 수취채권 등과 같은 금융자산이 해당될 것이다.

사업모형이 원금 및 이자의 수취와 당해 금융자산의 매도를 통해 차익을 얻는 것 두 가지 모두를 목적으로 하는 금융자산은 공정가치 변동을 기타포괄손익으로 인식하는 금융자산으로 분류한다. 기업이 현금흐름 수취의 사업모형과 현금흐름 수취와 금융자산의 매도 둘 다의 사업모형 중 어떤 사업모형을 선택하는지에 관계없이 금융자산의 공정가치 변동이 당기손익에 미치는 영향에는 차이가 없도록 하기 위하여 사업모형이 원금 및 이자의 수취와 당해 금융자산의 매도 둘 다를 통해 목적을 이루는 경우 금융자산의 공정가치 변동은 기타포괄손익으로 계상하는 것이다. 이에는 국채, 공채, 사채 등과 같은 채무상품이 해당될 것이며, 기업은 사업모형에 따라 상각후원가측정 또는 기타포괄손익-공정가치측정금융자산으

로 분류할 것이다. 만일 기타포괄손익으로 계상된 금액은 추후 처분 시 당기손익으로 대체됨이 지분상품 중 기타포괄손익으로 지정된 경우의 처리와 다름에 유의하여야 한다.

【사례 1】 사업모형: 계약상 현금흐름 수취 목적 보유

기업의 활동	사업모형 충족 여부
신용위험의 증가로 인해 문서화한 투자정책을 충족하지 못하여 매도	○
예상치 못한 자본조달 필요(예: 스트레스시나리오)로 유의적 금액의 빈번하지 않은 매도	○
계약상 현금흐름 전부를 수취할 것으로 기대하지 않는 금융자산 포트폴리오의 매입	○
포트폴리오 현금흐름의 변경을 위한 파생상품계약 체결(예: 이자율스왑)	○
반복적인 사소한 금액의 매도	○
• 5년後 자본적 지출 예상, 5년後까지 단기금융상품에 투자 · 매도 · 재투자 전략 • 만기 이전에는 사소한 금액의 매도만이 발생, 만기시점의 대가를 자본적 지출에 사용	○
매일의 유동성 충족을 위해 유의적 금액의 빈번한 매도	×
감독당국의 요구로, 자산유동성 입증을 위해 유의적 금액의 일상적인 매도	×

【사례 2】 사업모형: 계약상 현금흐름 수취와 매도 목적 보유

기업의 활동	사업모형 충족 여부
• 5년後 자본적 지출 예상, 장 · 단기 금융자산에 투자하여 필요한 지출을 충당 • 계약상 CF수취를 위해 보유하나, 기회가 있는 경우 높은 수익률의 상품에 투자하기 위해 매도	○
• 매일의 유동성 충족을 위해 금융자산을 보유 • 유동성 관리원가 최소화를 위해 계약상 현금흐름을 수취하고 매도이익을 관리 • 보다 높은 수익의 자산에 재투자, ALM(Asset Liability Management)을 위해 매도 • 과거에 이러한 전략수행을 위해 유의적 금액의 빈번한 매도활동, 향후에도 계속 예상	○
• 보험계약부채의 결제재원 목적으로 금융자산을 보유 • 정기적으로 자산 포트폴리오를 재조정, 유의적인 매입 · 매도활동	○

【사례 3】계약상 현금흐름 특성: 원금과 이자로만 구성(SPPI)

계약상 현금흐름 특성	SPPI 충족 여부
【중도상환옵션】 • 중도상환금액: 미지급 원금, 이자, 조기청산에 대한 합리적 추가보상으로 구성	○
【연장옵션】 • 연장기간 동안 원금과 이자지급만이 존재, 계약연장에 대한 합리적 추가보상이 포함	○
【전환옵션】 • 발행자의 지분상품으로 전환가능	×
원금과 이자의 지급이 인플레이션지수와 연계(not leveraged), 원금보장	○
원금과 이자의 지급이 상대방의 순이익이나 주가지수에 연계	×
【변동이자율】 • 화폐의 시간가치, 신용위험, 기본적인 대여활동의 위험과 원가, 이윤으로 구성	○
【변동이자율】 • 3개월 기간에 대해 3개월 LIBOR 또는 1개월 기간에 대해 1개월 LIBOR 선택가능	○
【변동이자율】 • 3개월 기간에 대해 1개월 이자율로 재설정 • 5년 만기채권, 이자율 재설정 시 잔여만기가 아닌 5년 만기를 반영한 이자율로 재설정	△[주]

주) 이자율 재설정기간을 제외하고는 모든 것이 동일한 벤치마크 금융상품의 현금흐름과 비교 → 유의적 차이가 없으면 SPPI(Solely Payments of Principal and Interest) 충족

※ 출처: 한국회계기준원 「금융상품」 연수교재, 2016.9.21.

(2) 당기손익 - 공정가치측정금융자산으로의 지정

기업은 상각후원가측정 금융자산 또는 기타포괄손익 - 공정가치측정금융자산으로 분류될 항목 중 특정한 조건을 충족하는 경우에 이를 당기손익 - 공정가치측정금융자산으로 지정할 수 있다. 이는 금융부채에 대해서도 가능한데, 금융자산과 금융부채를 포함하는 금융상품집합이나 위험회피회계를 적용하는 경우에 이루어지는 경우가 많다.

특정한 조건이란 회계불일치를 제거하거나 유의적으로 줄이는 경우를 말한다. 즉, 금융상품집합에 금융자산과 금융부채가 모두 포함되어 있는데, 이자율이 상승하면 금융상품의 공정가치가 낮아져 금융자산에서는 평가손실이 발생하고, 금융부채에서는 평가이익이 발생하여 서로 상쇄되어야 할 것이다. 그런데 금융자산은 기타포괄손익으로 계상하고 금융부채는 당기손익으로 계상되어 평가이익과 평가손실이 상쇄되지 못하여 회계불일치가 발생하게 된다. 이를 방지하고자 기타포괄손익으로 계상되는 금융상품을 당기손익 - 공정가치

측정 항목으로 지정할 수 있게 한 것이며, 이러한 지정은 최초인식시점에서만 가능하며, 한 번 지정하면 이를 취소할 수 없다.

(3) 상각후원가측정(AC)금융자산

채무금융상품을 AC 금융자산과 FVOCI 금융자산 중 어느 것으로 분류하든 전체보유기간 동안 인식할 이자수익과 처분손익은 동일하다.

① 계약상 현금흐름 특성(계약조건에 따라 원금과 이자 지급만의 현금흐름이 특정일에 생기는 특성)을 갖고 사업모형이 계약상 현금흐름을 수취하기 위해 금융자산을 보유하는 것이 목적인 경우에 해당한다.

② 해당 계정과목

　가. 대여금

　나. 수취채권

　다. 국채, 공채, 사채 등 채무상품으로서 '①'의 사업모형을 가진 경우

③ 후속측정

　공정가치변동을 인식하지 않고 유효이자율법을 적용하여 이자수익을 인식한다.

(4) 기타포괄손익 – 공정가치측정(FVOCI)금융자산

① 사업모형이 원금 및 이자의 수취와 당해 금융자산의 매도를 통해 차익을 얻는 것 두 가지 모두를 목적으로 하는 경우에 해당한다.

② 금융자산이 현금흐름 특성을 가지고 있지 않은 지분상품(주식 등) 중 단기매매목적도 아니고 조건부대가도 아닌 지분상품은 최초인식시점에 당기손익 – 공정가치측정금융자산이 아닌 기타포괄손익 – 공정가치측정금융자산으로의 분류를 선택(FVOCI 선택 금융자산)할 수 있으며 이후에 취소는 불가능하다.

지분상품 취득 시 반드시 당기손익 – 공정가치측정금융자산으로 분류하여야 하는 단기매매목적은 다음의 경우를 말한다.

---

1. 주로 단기간에 매각하거나 재매입할 목적으로 취득하거나 부담한다.
2. 최초인식시점에 공동으로 관리하는 특정 금융상품 포트폴리오의 일부로 운용형태가 단기적 이익획득 목적이라는 증거가 있다.

---

3. 파생상품이다. 다만, 금융보증계약인 파생상품이나 위험회피수단으로 지정되고 위험회
  피에 효과적인 파생상품은 제외한다.

③ 해당 계정과목
    가. '①'의 사업모형을 가진 채무상품
    나. '②'에 의하여 선택한 지분상품
④ 후속측정
    가. 채무상품
       기중에는 상각후원가 측정방식으로 유효이자율법을 적용하여 이자수익을 당기손
       익으로 인식하고 기말 채무상품 공정가치 변동은 기타포괄손익으로 인식한다.
    나. 지분상품
       공정가치 변동을 기타포괄손익으로 인식하며 매도 시 당기손익으로의 재순환이
       금지된다. 이 경우 처분 시 처분시점의 공정가치 평가를 수행하여 장부금액을 재
       측정하며 수취대가가 금융자산의 장부금액과 다른 경우 처분손익을 인식한다.

(5) 당기손익 – 공정가치측정(FVPL)금융자산

① 계약상 현금흐름 특성이 있는 채무상품에 대해 금융자산의 매도를 통한 현금흐름 실
  현이 목적인 사업모형을 적용하는 경우에 해당한다.
② 현금흐름 특성을 가지고 있지 않은 지분상품(주식 등). 단, 선택에 의하여 '(4)'로 분
  류할 수 있으며 이의 선택은 최초인식시점에서만 가능하며 이후에 취소할 수 없다.
③ '(3), (4)'로 분류될 항목 중 회계불일치를 제거 또는 유의적으로 줄이는 경우에 '(5)'
  로 지정한 경우에 해당한다.
④ 해당 계정과목
    가. '①'의 사업모형을 가진 채무상품(채권형 수익증권, 전환사채, 상환우선주의 취득 등)
    나. '(4)'의 분류를 선택하지 않은 지분상품
    다. 위험회피회계가 적용되지 않는 파생금융상품
⑤ 후속측정
    가. 채무상품
       공정가치 변동을 당기손익으로 인식하고 이자수익의 인식에 대하여는 명시적 규
       정이 없으므로 유효이자 또는 표시이자를 선택하여 이자수익을 인식한다(당기손
       익에는 영향없음).

나. 지분상품

공정가치 변동을 당기손익으로 인식한다.

┃ 신속처리 질의 · 답변 ┃

증권회사가 운용하는 수익증권(만기 전 환매 불가능)에 투자하는 경우, 해당 수익증권은 채무상품으로 분류함.

(6) 증권회사의 투자일임 종합자산관리상품(Wrap Account) 보유

K-IFRS에서는 명시적 규정이 없으며, 일반적으로 투자자가 특정 투자일임계약자산의 구성자산을 직접 보유하고 있는 것으로 보아 회계처리(회사가 직접 계약당사자가 되어 개별 계약단위로 회계처리)한다.

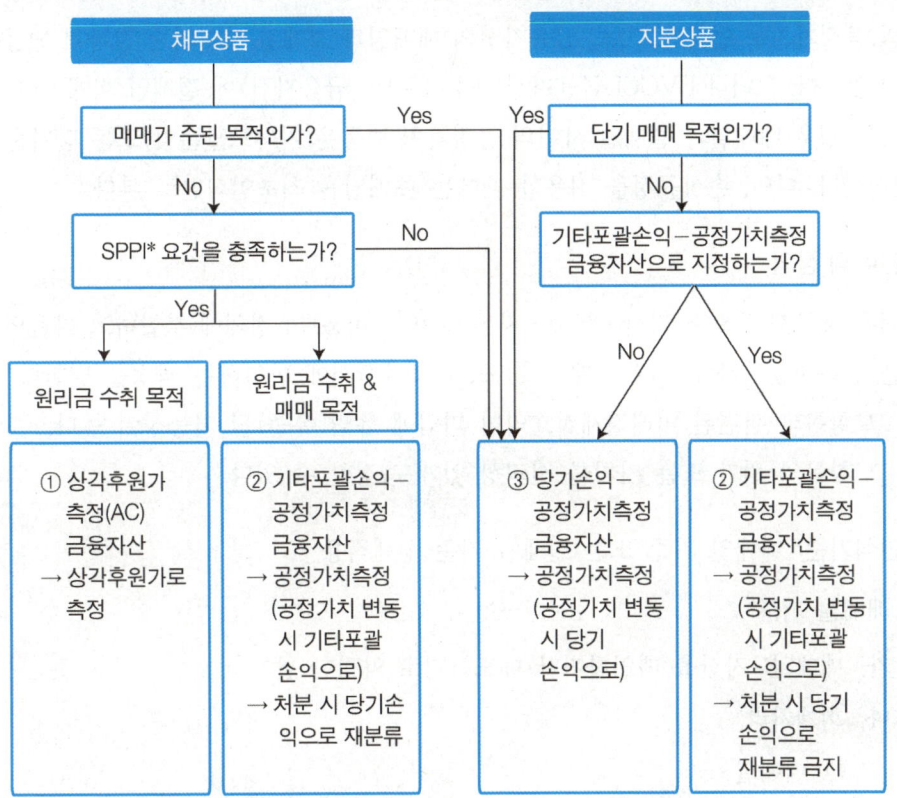

* SPPI(Contractual cash flows that are Solely Payments of Principal and Interest of the Principal amount outstanding): 금융상품의 계약상 현금흐름이 원금과 이자로만 구성 → 기본적인 금전대여의 성격

3 금융자산의 최초인식과 측정

(1) 인식(취득시기)

금융자산은 금융상품의 계약당사자가 되는 때에만 재무상태표에 인식한다(기준서 제1119호 문단 3.1.1). 만약 금융자산을 정형화된 매입을 통해 취득하는 경우 매매일 회계처리방법 또는 결제일 회계처리방법 중 하나를 사용하여 인식하며 사용한 방법은 같은 방식으로 분류한 금융자산의 매입(매도) 모두에 대하여 일관성 있게 적용한다.

따라서 FVOCI 금융자산에는 매매일 회계처리방법을 사용하고, FVPL 금융자산에는 결제일 회계처리방법을 사용할 수 있다. 단, FVPL 금융자산으로 지정한 금융자산은 지정하지 않은 FVPL 금융자산과 별도의 범주로 분류하며, FVOCI 선택 금융자산은 FVOCI 금융자산과 별도의 범주로 분류한다.

AC 금융자산에 결제일 회계처리방법을 적용하는 경우 해당 자산은 최초인식시점에 매매일의 공정가치로 인식하고 AC 금융자산의 매매일과 결제일 사이의 공정가치 변동은 인식하지 않는다. 그러나 FVOCI 금융자산(또는 FVPL 금융자산)에 결제일 회계처리방법을 적용하는 경우 매매일과 결제일 사이의 공정가치 변동은 기타포괄손익(또는 당기손익)으로 인식한다. 다만, 손상규정을 적용할 때에는 매매일을 최초인식일로 본다.

1) 인식의 정의

인식은 재무제표 요소(자산·부채·자본·수익·비용)의 정의에 부합하고 다음의 인식기준을 충족하는 항목을 재무상태표나 포괄손익계산서에 반영하는 과정을 말한다.

① 그 항목과 관련된 미래경제적효익이 기업에 유입(유출)될 가능성이 높다.

② 그 항목의 원가 또는 가치를 신뢰성 있게 측정할 수 있다.

2) 인식기준: 매매일 기준 또는 결제일 기준 선택적용

① 매매일 기준

　가. 매매일: 자산을 매입하거나 매도하기로 약정한 날

　나. 회계처리

　　㉠ 매매일

　　(차) FVOCI 금융자산 등　　×××　　(대) 현금및현금성자산　　×××
　　　　　　　　　　　　　　　　　　　　　　　또는 미지급금

ⓛ 결산일

후속측정에 따라 평가손익계상

② 결제일 기준

　가. 결제일: 자산을 인수하거나 인도하는 날

　나. 회계처리

　　㉠ 매매일(결제가 되지 않은 경우)

　　　회계처리 없음.

　　ⓛ 결산일(결제일이 결산일 후에 도래하는 경우)

　　　후속측정에 따라 평가손익을 장부에 반영

　　㉢ 결제일

　　(차) FVOCI 금융자산 등　　×××　　(대) 현금및현금성자산　　×××

사례 1　정형화된 매입

1. 자료

　(1) 2025.12.29. 금융자산을 약정(매매)일의 공정가치인 1,000원에 매입하는 계약을 체결하였으며 거래원가는 중요하지 않다.

　(2) 2025.12.31.(회계연도 말)과 2026.1.4.(결제일) 자산의 공정가치는 각각 1,002원과 1,003원이다.

2. 재무상태표

　자산에 대하여 기록할 금액은 다음과 같이 자산을 분류하는 방법과 매매일 회계처리방법 또는 결제일 회계처리방법 중 어느 것을 사용할 것인가에 따라 상이하게 된다.

　(1) 매매일 회계처리방법

계 정	AC 금융자산	FVOCI 금융자산	FVPL 금융자산
2025.12.29. 금융자산 금융부채	1,000 (1,000)	1,000 (1,000)	1,000 (1,000)

계 정	AC 금융자산	FVOCI 금융자산	FVPL 금융자산
2025.12.31.			
수취채권	–	–	–
금융자산	1,000	1,002	1,002
금융부채	(1,000)	(1,000)	(1,000)
자본(기타포괄손익)	–	(2)	–
이익잉여금(당기손익)	–	–	(2)
2026.1.4.			
수취채권	–	–	–
금융자산	1,000	1,003	1,003
금융부채	–	–	–
자본(기타포괄손익)	–	(3)	–
이익잉여금(당기손익)	–	–	(3)

(2) 결제일 회계처리방법

계 정	AC 금융자산	FVOCI 금융자산	FVPL 금융자산
2025.12.29.			
금융자산	–	–	–
금융부채	–	–	–
2025.12.31.			
수취채권	–	–	–
금융자산	–	2	2
금융부채	–	–	–
자본(기타포괄손익)	–	(2)	–
이익잉여금(당기손익)	–	–	(2)
2026.1.4.			
수취채권	–	–	–
금융자산	1,000	1,003	1,003
금융부채	–	–	–
자본(기타포괄손익)	–	(3)	–
이익잉여금(당기손익)	–	–	(3)

(2) 측정

금융자산은 최초인식시점의 공정가치로 측정한다. 다만, FVPL 금융자산이 아닌 경우 당해 금융자산의 취득과 직접 관련되는 거래원가는 최초인식하는 공정가치에 가산하여 측정(취득 시 부담하는 거래비용 등은 자산으로 회계처리한다는 의미이며, 처분 시 부담하는 수수료 등은 당기비용으로 처리)한다.

최초인식시점에 금융상품의 공정가치는 일반적으로 거래가격(제공하거나 수취한 대가의 공정가치)인데, 제공하거나 수취한 대가가 금융상품의 대가가 아니라 다른 것의 대가라면, 금융상품의 공정가치를 측정할 필요가 있다. 이때 명목금액과 공정가치의 차이금액에 대하여 자산의 인식기준을 충족하는지의 여부에 따라 무형자산, 선급비용 등의 자산 또는 비용으로 회계처리한다.

| 신속처리 질의 · 답변 |

골프장을 영위하는 회사가 5년 만기 상환우선주를 발행(무배당조건)하고 5년 동안 골프장 사용권리를 부여한 경우 상환우선주의 취득회사는 공정가치로 측정하여 금융상품을 인식하고 제공한 대가와 상환우선주의 공정가치와의 차이는 무형자산(골프장 사용권리)으로 인식함.

중점사항

1. 최초인식 시 공정가치

   최초인식 시 금융상품의 공정가치는 일반적으로 거래가격(제공하거나 수취한 대가의 공정가치)이다. 그러나 제공하거나 수취한 대가 중 일부가 금융상품이 아닌 다른 것에 대한 대가인 경우 평가기법을 사용하여 금융상품의 공정가치를 추정한다. 예를 들면, 이자를 지급하지 아니하는 장기대여금이나 장기수취채권의 공정가치는 비슷한 신용등급을 가진 비슷한 금융상품(통화, 기간, 이자율유형 및 그 밖의 요소에 관하여 비슷함)의 시장이자율로 할인한 미래 현금수취액의 현재가치로 추정할 수 있다(기준서 제1109호 문단 B5.1.1).

2. 거래원가

   금융자산의 거래원가는 다음과 같이 처리한다.
   (1) 수수료 및 중개수수료 등 금융자산의 취득과 직접 관련되는 증분원가는 최초로 인식하는 금액에 가산한다. FVPL 금융자산의 거래원가는 최초인식시점의 공정가치측정치에 가산하지 아니하며, 당기손익으로 처리한다.

(2) AC 금융자산 등 상각후원가를 장부금액으로 하는 금융상품에 대한 거래원가는 유효이자율법에 따른 상각후원가를 계산할 때 포함하여 실질적으로 금융상품의 보유기간에 걸쳐 상각하여 당기손익에 반영한다.

(3) FVOCI 금융자산에 대한 거래원가는 최초인식 후 재측정 시 공정가치 변동의 일부분으로 기타포괄손익으로 인식한다. 만기가 있고 지급금액이 확정되었거나 결정가능한 경우의 FVOCI 금융자산의 거래원가는 유효이자율법으로 상각하여 당기손익으로 인식한다. FVOCI 금융자산의 지급금액이 확정되지도 결정가능하지도 아니하며 만기가 없는 경우의 거래원가는 당해 자산이 제거되거나 손상되는 시점에 당기손익으로 인식한다.

(4) 금융상품을 양도하거나 처분할 때 발생할 것으로 예상되는 거래원가는 금융상품의 측정에 포함하지 아니한다.

1) 측정의 정의

측정은 재무상태표와 포괄손익계산서에 인식되고 평가되어야 할 재무제표 요소의 화폐금액을 결정하는 과정을 말한다.

2) 측정기준: 최초인식 시의 공정가치

취득원가 = 최초인식 시의 공정가치 + 취득 시 거래원가

기준서 제1113호 '공정가치측정'에서는 자산의 공정가치를 '주된(또는 가장 유리한) 시장에서의 정상거래에서 자산을 매도하면서 받게 될 가격(유출가격)'으로 정의하고 있으며, 자산의 거래가격을 '자산을 취득하면서 지급하는 가격(유입가격)'으로 정의하고 있다. 일반적으로 최초인식시점에서 거래가격은 공정가치와 동일할 것이지만, 특수관계자 간의 거래나 강박하에서 이루어지는 거래 등에서는 거래가격이 공정가치를 나타내지 못할 수 있으며, 기준서 제1113호에서는 다른 기준서에서 최초에 자산이나 부채를 공정가치로 측정할 것을 요구(또는 허용)하면서 거래가격이 공정가치와 다를 경우 해당 기준서에서 다르게 정하고 있지 않는 한 이로 인한 손익을 당기손익으로 인식하도록 규정하고 있다.

기준서 제1109호에서도 최초인식시점에 금융상품 공정가치의 최선의 추정치는 일반적으로 거래가격(제공하거나 수취한 대가의 공정가치)이지만 최초인식시점에 금융자산의 공정가치가 거래가격과 다른 경우에는 다음과 같이 회계처리한다(기준서 제1109호 문단 B5.1.2A).

① 공정가치가 같은 자산에 대한 활성시장의 공시가격(기준서 제1113호상 수준 1의 투입변수)에 따라 입증되거나 관측 가능한 시장의 자료만을 사용하는 평가기법에 기초한다면 금융자산은 최초인식시점에 공정가치로 인식하고, 공정가치와 거래가격 간의 차이를 당기손익으로 인식한다.

② 그 밖의 모든 경우에는 최초인식시점의 공정가치와 거래가격의 차이를 이연하기 위하여 공정가치에서 그러한 차이를 조정하여 회계처리한다. 최초인식 후에는 시장참여자가 자산이나 부채의 가격을 결정하는데 고려하는 요소(시간 포함)의 변동에서 생기는 정도까지만 이연된 차이를 손익으로 인식한다.

3) 대여금 및 수취채권의 공정가치

최초인식시점에 대여금 및 수취채권이 유의적인 금융요소를 포함하고 있지 않거나 기준서 제1115호 '고객과의 계약에서 생기는 수익'의 문단 63에 따라 실무적 간편법을 적용하여 금융요소의 효과를 조정하지 않는 경우에는 거래가격으로 측정한다. 예를 들어 1년 이내에 회수될 것으로 기대되는 매출채권의 경우 일반적으로 금융요소가 유의적이지 않을 것이므로(즉, 매출채권의 명목금액과 현재가치의 차이가 중요하지 않을 것이므로) 당해 매출채권을 공정가치(즉, 미래현금흐름의 현재가치)로 측정하지 않고, 거래가격으로 측정하여도 되는 것이다. 반면, 장기대여금 및 장기수취채권은 유사한 신용등급을 가진 유사한 금융상품의 시장이자율로 할인한 미래현금수취액의 현재가치를 공정가치로 측정하며 거래내용에 따라 다음과 같이 회계처리한다.

이때 시장이자율의 산정이 어려운 경우에는 차입금이 있는 경우 가중평균차입이자율을, 차입금이 없는 경우에는 평균금융상품의 투자수익률 등을 유효이자율로 사용이 가능하다.

① 장기매출채권의 경우

(차) 장기매출채권   ×××   (대) 매출   ×××

명목금액과의 차이는 유효이자율법에 의해 이자수익으로 처리한다.

(차) 장기매출채권   ×××   (대) 이자수익   ×××

② 종업원장기대여금의 경우

(차) 장기대여금   ×××   (대) 현금   ×××
      선급비용   ×××

장기대여금의 장부가액과 명목가액의 차이는 유효이자율법에 의해 대여기간 동안 이자수익으로 처리하고 선급비용은 정액법에 의해 급여 등의 비용으로 처리한다.

(차) 장기대여금	×××	(대) 이자수익	×××
(차) 급여	×××	(대) 선급비용	×××

③ 장기대여금의 경우

(차) 장기대여금	×××	(대) 현금	×××
기업업무추진비 등	×××		

장기대여금의 장부가액과 명목가액의 차이는 대가관계가 있는 경우에는 관련자산으로 처리하며, 대가관계가 없는 경우에는 기업업무추진비 등 적절한 계정과목으로 처리한다. 상대방이 관계기업 등인 경우에는 해당 투자주식에 가산하며 차이금액은 유효이자율법에 의해 대여기간 동안 이자수익으로 처리한다.

(차) 장기대여금	×××	(대) 이자수익	×××

④ 임차보증금의 경우

(차) 임차보증금	×××	(대) 현금	×××
사용권자산	×××		

임차보증금의 장부가액과 명목가액의 차이는 유효이자율법에 의해 임차기간 동안 이자수익으로 처리하고, 사용권자산은 정액법에 의해 비용처리한다.

(차) 임차보증금	×××	(대) 이자수익	×××
(차) 사용권자산상각비	×××	(대) 사용권자산	×××

⑤ 영업보증금의 경우

(차) 영업보증금	×××	(대) 현금	×××
기업업무추진비	×××		

영업보증금의 장부가액과 명목가액의 차이는 유효이자율법에 의해 예치기간 동안 이자수익으로 처리한다.

(차) 영업보증금	×××	(대) 이자수익	×××

사례 2

1. 2025.1.1. 관계회사에 대한 장기대여금 ₩1,000,000이 지급되었다.
   만기는 2026.12.31.이며 약정이자율은 3%(이자는 12.31.에 지급)이며 시장이자율은
   10%이다.

2. 최초인식 시 공정가치(미래현금흐름의 현재가치)

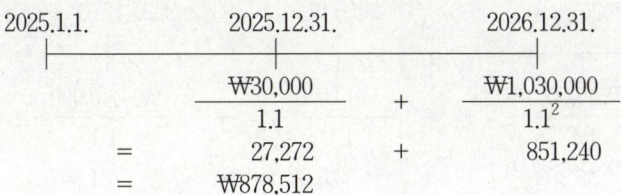

$$\begin{array}{ccc}
\text{2025.1.1.} & \text{2025.12.31.} & \text{2026.12.31.} \\
& \dfrac{₩30,000}{1.1} \quad + & \dfrac{₩1,030,000}{1.1^2} \\
= & 27,272 \quad + & 851,240 \\
= & ₩878,512 &
\end{array}$$

3. 2025.1.1. 회계처리

   (차) 장기대여금　　　　　878,512　　(대) 현금　　　　　　　　1,000,000
   　　기업업무추진비　　　121,488

4. 유효이자율법에 의한 상각후원가

일 자	기초가액	유효이자	액면이자	상각액	기말가액
2025.12.31.	878,512	87,851	30,000	57,851	936,363
2026.12.31.	936,363	93,637	30,000	63,637	1,000,000
				121,488	

5. 2025.12.31. 회계처리

   (차) 장기대여금　　　　　57,851　　(대) 이자수익　　　　　　87,851
   　　현금　　　　　　　　30,000

6. 세무조정(2025년)
   손금불산입 · 장기대여금(기업업무추진비) · 121,488 · 유보
   익금불산입 · 장기대여금(이자수익) · 57,851 · △유보(기업업무추진비 유보금액의 감액
   처리)

사례 3

1. 2025.1.1. 종업원장기대여금 ₩1,000,000이 지급되었다.

   만기는 2027.12.31.이며 약정이자율은 4%(이자는 12.31.에 지급)이며 시장이자율은 10%이다.

2. 최초인식 시 공정가치(미래현금흐름의 현재가치)

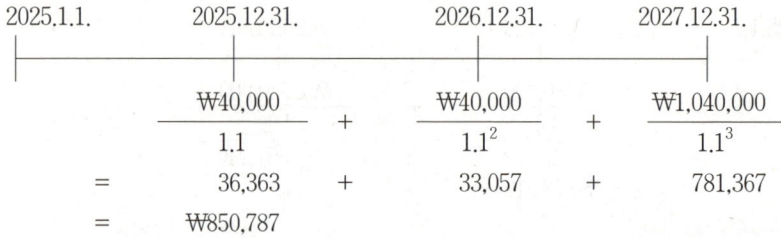

$$\frac{₩40,000}{1.1} + \frac{₩40,000}{1.1^2} + \frac{₩1,040,000}{1.1^3}$$

$$= 36,363 + 33,057 + 781,367$$

$$= ₩850,787$$

3. 2025.1.1. 회계처리

   (차) 장기대여금　　850,787　　(대) 현금　　　　　1,000,000
   　　 선급비용　　　149,213

4. 유효이자율법에 의한 상각후원가

일 자	기초가액	유효이자	액면이자	상각액	기말가액
2025.12.31.	850,787	85,079	40,000	45,079	895,866
2026.12.31.	895,866	89,588	40,000	49,588	945,454
2027.12.31.	945,454	94,546	40,000	54,546	1,000,000
				149,213	

5. 2025.12.31. 회계처리

   (차) 급여　　　　　49,738　　(대) 선급비용　　　49,738
   　　 장기대여금　　45,079　　　　 이자수익　　　45,079

6. 세무조정

   익금산입 · 장기대여금 · 149,213 · 유보
   손금산입 · 선급비용 · 149,213 · △유보
   손금불산입 · 선급비용(급여) · 49,738 · 유보
   익금불산입 · 장기대여금(이자수익) · 45,079 · △유보

사례 4

1. 2025.1.1. 임차보증금 ₩1,000,000이 지급되었다.
   임대차계약의 만기는 2026.12.31.이며 시장이자율은 6%이다.

2. 최초인식 시 공정가치

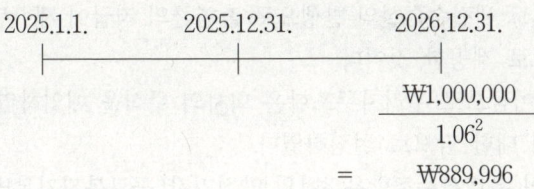

$$\frac{₩1,000,000}{1.06^2} = ₩889,996$$

3. 2025.1.1. 회계처리

   (차) 임차보증금   889,996   (대) 현금   1,000,000
       사용권자산   110,004

4. 유효이자율법에 의한 상각후원가

일 자	기초가액	유효이자	기말가액
2025.12.31.	889,996	53,400	943,396
2026.12.31.	943,396	56,604	1,000,000
		110,004	

5. 2025.12.31. 회계처리

   (차) 사용권자산상각비   55,002   (대) 사용권자산   55,002
       임차보증금   53,400   이자수익   53,400

6. 세무조정
   익금산입 · 임차보증금 · 110,004 · 유보
   손금산입 · 사용권자산 · 110,004 · △유보
   손금불산입 · 사용권자산(지급임차료) · 55,002 · 유보
   익금불산입 · 임차보증금(이자수익) · 53,400 · △유보

K-IFRS 질의회신 **우리사주조합대여금**

Ⅰ. 배경 및 질의

1. 회사는 20×1년에 경영정상화 특별합의서에 따라 인수합병(M&A) 격려금의 일환으로 회사의 우리사주조합에 200억 원을 대여하였다.

2. 사실 회사는 직전 사업연도 세전순이익 범위 내에서 우리사주조합에 출연금을 지급할 수 있으나 직전 사업연도 세전순손실의 발생으로 출연금의 지급이 제한됨에 따라 우리사주조합에 대여금으로 제공한 것이다.

3. 회사가 제공한 무이자 대여금으로 우리사주조합은 회사의 주식을 매입하였으며, 회사는 그 주식을 대여금에 대한 담보로 설정하였다.

4. 회사의 대여금과 관련하여 우리사주조합은 3년의 약정기간(근로복지기본법상 최대 7년까지 연장) 안에 회사에 전액 상환할 의무가 있으며, 회사의 출연 등을 통해 상환할 예정이다.

5. 만약 우리사주조합이 차입금을 약정 기간 내에 회사에 상환하지 못하면 회사는 담보 설정한 주식을 처분하여 상환에 사용할 수 있다.

6. 이러한 상황에서 회사는 우리사주조합에 대여한 경우를 어떻게 회계처리해야 하는지?

Ⅱ. 회신

회사가 대여 거래에서 실질적으로 우리사주조합에게서 현금 등 금융자산을 수취할 계약상 권리를 가진다면, 그 거래는 기업회계기준서 제1109호 '금융상품'에 따라 회계처리한다. 다만, 그 거래로 제공한 대가의 일부가 동 기준서 문단 B5.1.1에 따른 금융상품이 아닌 경우에는 기업회계기준서 제1019호 '종업원급여'에 따라 인식한다.

4) 채무상품의 측정

채무상품의 측정(취득가액)은 당해 채무상품의 공정가치이므로 당해 채무상품으로부터 발생하는 미래현금흐름(이자 및 원금)을 유효이자율로 할인한 현재가치금액이다.

이때 채무상품을 이자지급일 사이에 취득하는 경우에는 취득원가 중 직전 이자지급일부터 취득일까지의 기간경과분 이자수익은 차감하여 미수수익으로 계상하여야 한다.

사례 5 | **채무상품의 측정**

1. A법인은 2025.1.1. 발행된 만기가 2027.12.31.인 국공채 ₩1,000,000을 ₩850,000에 취득하였다.

2. 해당 국공채의 액면이자율은 3%이며, 취득일 현재 A법인의 유효이자율은 10%이다.

3. 회사는 이를 AC 금융자산으로 분류하기로 결정하였다.

4. 최초인식 시 공정가치 계산

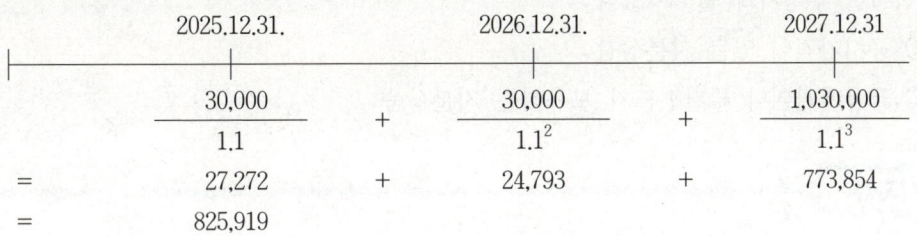

	2025.12.31.		2026.12.31.		2027.12.31
	$\dfrac{30,000}{1.1}$	+	$\dfrac{30,000}{1.1^2}$	+	$\dfrac{1,030,000}{1.1^3}$
=	27,272	+	24,793	+	773,854
=	825,919				

5. 2025.1.1. 회계처리

   (차) AC 금융자산   825,919   (대) 현금   850,000

      AC 금융자산손상차손   24,081

6. 세무조정

   익금산입 · AC 금융자산 · 24,081 · 유보

5) 지분상품의 측정

   FVPL 금융자산 및 FVOCI 금융자산 중 주권상장법인이 발행한 지분상품은 취득 당시 활성시장이 있어 공정가치를 파악할 수 있으므로 회계처리 시 문제되지 않는다.

   즉, 취득가액이 취득 당시의 공정가치보다 높은 경우에는 차액금액에 대해 바로 손상차손을 계상하여 비용으로 인식하면 된다.

   반면, 비상장법인이 발행한 지분상품을 취득하여 FVPL 금융자산 및 FVOCI 금융자산으로 분류하는 경우에는(대부분의 경우 비상장법인주식 취득 시는 FVOCI 금융자산으로 분류함) 지분상품에 대한 공정가치측정이 문제화된다. 즉, 활성시장이 존재하지 않아 공정가치를 측정하여야 하는 문제가 발생한다.

   이에 대해 기준서 제1109호에서는 지분상품에 대한 모든 투자와 해당 지분상품에 대한 모든 계약도 공정가치로 측정하도록 하고 있으나, 제한된 상황에서는 원가(cost)가 공정가치의 적절한 추정치가 될 수 있다고 하고 있다(기준서 제1109호 문단 B5.2.3). 제한된 상황의 예로는 공정가치를 결정하기 위해 이용할 수 있는 더 최근의 정보가 불충분하거나 가능한 공정가치 측정치의 범위가 넓고 그 범위에서 원가가 공정가치의 최선의 추정치를 나타내는 경우를 들 수 있다.

이때 유의할 점은 비상장주식의 측정기준으로 비상장주식의 취득원가를 인정한 것이 아니라 공정가치의 대용치로 원가를 사용하였다는 것이며, 다음의 경우에는 원가가 공정가치의 적절한 추정치가 될 수 없다.

① 공시가격이 있는 지분상품

② 금융기관이나 투자펀드가 보유하는 지분상품

저자주

비상장법인이 발행한 지분상품에 대한 공정가치 평가관련 내용

1. **공정가치 평가 면제 기준금액 여부**

   모든 회계처리에는 중요성원칙이 적용되어 기업이 보유하고 있는 비상장법인이 발행한 처분상품이 기업의 입장에서 중요하지 아니한 경우 공정가치 평가를 하지 아니할 수 있다. 이때 회사의 상황 및 개별 금융상품특성에 맞게 중요성원칙을 적용하며 공정가치 평가 면제 기준금액은 명시되어 있지 않다.

2. **투자기업이 직접 공정가치 평가 수행 여부**

   (1) 기준서 제1113호(공정가치)에서는 공정가치 평가주체에 대해 규정하지 않았다.

   (2) 투자기업이 제1113호 평가원칙에 따라 공정가치 평가를 합리적으로 수행할 수 있으면 투자기업의 자체평가도 가능하다. 단, 회사의 상황에 따른 실무적인 판단이 필요하다.

3. **원가가 공정가치의 최선의 추정치를 나타내는 경우의 입증**

   (1) 지분상품의 원가가 공정가치를 나타낸다고 볼 수 없는 상황(문단 B5.2.4)적인 증거가 있는지 먼저 검토한다.

   B5.2.4 원가가 공정가치를 나타내지 않을 수 있는 경우의 예는 다음과 같다.

   ① 예산, 계획, 주요 일정과 비교해 볼 때 피투자의 성과에 유의적인 변동이 있는 경우

   ② 피투자자가 이룰 제품의 기술적 수준에 대한 예상이 변동한 경우

   ③ 피투자자의 지분과 제품 또는 잠재 제품에 대한 시장에 유의적인 변동이 있는 경우

④ 국제 경제나 피투자자의 경제적 영업환경에 유의적인 변동이 있는 경우

⑤ 비교 가능한 기업의 성과나 전반적인 시장에 내재된 가치평가에 유의적인 변동이 있는 경우

⑥ 피투자자에게 부정, 상업분쟁, 소송, 경영진이나 전략의 변화와 같은 내부문제가 있는 경우

⑦ 피투자의 지분과 관련하여 제3자 간 지분상품의 이전이나(새로운 주식의 발행과 같은) 피투자자가 외부와의 거래에 따른 증거가 있는 경우

(2) 그러한 요소가 없다면 원가가 공정가치를 나타낸다고 판단이 가능하다. 그 결과 및 판단근거는 문서화한다.

(3) 이때 평가대상회사의 경영성과 및 기술수준변동, 영업환경 등 기업의 내외부정보를 종합적으로 판단한다.

4. 금융위원회의 비상장주식에 대한 공정가치 평가 가이드라인(2020.1.21.)

(1) 회계기준상 비상장주식의 평가원칙

일반기업회계기준 및 K-IFRS상 비상장주식은 원칙적으로 공정가치로 평가하도록 규정(제한된 특정상황에서만 원가로 측정가능)하고 있다.

(2) 금융위원회는 2020년 비상장주식을 원가로 측정할 수 있는 구체적 사례를 제시하였다.

1) 원가로 측정 가능한 조건

다음을 모두 충족하는 경우 원가로 측정이 가능함.

① 공정가치로 측정해야 하는 경우(K-IFRS 1109호 B5.2.4)가 아닌 때 또는 피투자기업으로부터 공정가치 측정을 위한 충분한 정보를 얻을 수 없는 경우

② 과거 또는 당기에 가치변동에 대한 명확한 증거(피투자기업의 유의적인 재무적 어려움, 채무불이행이나 연체 같은 계약위반, 파산 등)가 없는 경우

2) (상기 '1)'의 조건이 충족된다는 전제하에) 원가로 측정가능한 구체적인 사례

① 다음 중 하나에 해당하는 경우

가. 피투자기업의 직전 사업연도 말 자산총액이 120억 원 미만인 경우

나. 피투자기업이 설립된지 5년이 경과하지 않는 경우

다. 투자기업이 비상장주식을 취득한 시점부터 2년이 경과하지 않은 경우

② 다만, 정상적인 투자가 아닌 방법으로 제3자 등으로부터 비상장주식을 취득 시 원가를 공정가치로 사용할 수 없음.

③ 그 외, 비상장주식 금액이 투자기업의 재무제표 작성을 위한 중요성 판단기준에 미달하는 경우 원가로 측정할 수 있음.

3) 기업의 관련 문서화 내용

기업은 원가가 공정가치의 적절한 추정치라고 판단 시 다음의 내용을 문서화해
야 함.

① 비상장주식의 가치변동 여부에 대해 확인한 방법 및 판단근거

② 상기 '2)' 기준 적용 시 공정가치평가를 위해 피투자회사로부터 얻을 수 없
었던 정보의 내용 및 그 이유

③ 투자금액이 재무제표 중요성에 대한 판단기준에 미달 시 그 판단근거의 설명

(3) 법인세법상 가지급금 인정이자

특수관계인에게 무상 또는 낮은 이율로 금전을 대여한 경우에는 세법상의 인정이자율에
의하여 계산한 이자상당액을 익금으로 계상하여야 한다(법령 §88 ① 6호·§89 ③).

1) 인정이자의 익금산입액

① 가지급금인정이자 익금산입의 적용요건

① 인정이자 익금산입의 적용요건

(세법상 인정이자계산액
– 회사장부상 이자계상액) ➡ ⌈3억 원 이상 또는
　　　　　　　　　　　　　 ⌊세법상 인정이자계산액×5% 이상 ⌉ 인 경우

② 인정이자 익금산입액
(세법상 인정이자계산액 – 회사장부상 이자계상액)

② 인정이자의 계산방법

가지급금인정이자 익금산입액＝가지급금인정이자계산액－회사장부상 이자계상액

가지급금인정이자 계산액＝가지급금의 적수 × $\dfrac{\text{이자율}}{365(366)}$

가지급금 등과 가수금이 함께 있는 경우 가지급금 등과 가수금이 사실상 동일인의 것이
라고 볼 수 없는 경우 가지급금과 가수금을 상계하지 아니한다(법칙 §28 ②).

가. 이자율의 적용

2011.1.1. 이후 최초로 신고하는 사업연도분부터는 가지급금인정이자의 계산 시 적용하는 이자율은 가중평균차입이자율로 한다. 다만, 아래 '나, 다, 라'의 경우에는 해당 아래 '나, 다, 라'의 구분에 따라 당좌대출이자율을 적용한다(법령 §89 ③).

나. 가중평균차입이자율 적용이 불가능한 경우의 당좌대출이자율의 적용

가중평균차입이자율의 적용이 불가능한 경우로서 다음 각 호의 어느 하나에 해당하는 경우에는 해당 대여금 또는 차입금에 한하여 당좌대출이자율로 적용한다(법령 §89 ③ 1호, 법칙 §43 ②).

㉠ 특수관계인이 아닌 자로부터 차입한 금액이 없는 경우

이후 차입금이 발생한 경우에는 가중평균차입이자율의 적용이 가능함(법인세과−1090, 2009.9.30.).

㉡ 차입금 전액이 채권자가 불분명한 사채 또는 매입자가 불분명한 채권·증권의 발행으로 조달된 경우

㉢ 산출된 대여법인의 가중평균차입이자율과 대여금리가 해당 대여시점 현재 자금을 차입한 법인의 각각의 차입금 잔액(특수관계자로부터의 차입금은 제외)에 차입 당시의 각각의 이자율을 곱한 금액의 합계액을 해당 차입금 잔액의 총액으로 나눈 비율(차입법인의 가중평균차입이자율)보다 높은 때에 해당 사업연도의 가중평균차입이자율이 없는 것으로 보는 경우(법칙 §43 ④ 후단)

다. 대여한 날(계약을 갱신한 경우에는 그 갱신일을 말함)부터 해당 사업연도 종료일까지의 기간이 5년을 초과하는 대여금이 있는 경우(법령 §89 ③ 1의2호, 법칙 §43 ④)

해당 대여금 또는 차입금에 한정하여 당좌대출이자율을 시가로 적용한다.

주) 이 경우 대부이자율 조정 및 채권보전방법 변경 등이 계약갱신에 해당되는지 여부는 거래당사자 간 대여금에 대한 계약갱신 내용 등에 의해 사실판단한다(법인세과−617, 2009.5.25.).

라. 법인세 신고 시 당좌대출이자율을 선택한 경우(최초적용은 2010년)

㉠ 해당 법인이 법인세법 제60조에 따른 신고와 함께 법인세법 시행규칙 [별지 제19호 서식]의 가지급금인정이자 조정명세서(갑)를 작성하여 제출하면서 당좌대출이자율을 선택하는 경우에는 선택한 사업연도와 이후 2개 사업연도는 당좌대출이자율을 적용한다(법령 §89 ③ 2호).

㉡ 4년째 다시 당좌대출이자율을 선택 시 다시 3년간 이를 적용한다(법령해석과−3239, 2016. 10.12.).

2) 가중평균차입이자율과 당좌대출이자율

① 당좌대출이자율

현재 당좌대출이자율은 연 4.6%를 적용한다(법령 §89 ③, 법칙 §43 ②).

② 가중평균차입이자율

'가중평균차입이자율'이라 함은 법인이 대여시점 현재 각각의 차입금 잔액(특수관계인으로부터의 차입금은 제외)에 차입 당시의 각각의 이자율을 곱한 금액의 합계액을 해당 차입금 잔액의 총액으로 나눈 비율을 말한다(법칙 §43 ①).

$$\text{가중평균차입이자율} = \frac{\text{대여시점 현재 각각의 차입금 잔액} \times \text{차입 당시의 각각의 이자율}}{\text{대여시점 현재 각각의 차입금 잔액의 총액}}$$

대여시점 현재 각각의 차입금 잔액이란 인정이자의 계산대상이 되는 각 대여금이 발생할 때마다 각각의 차입금 잔액으로 하되, 다음의 차입금은 포함하지 아니한다(법칙 §43 ②).

㉠ 특수관계인으로부터의 차입금(법칙 §43 ①)

㉡ 채권자가 불분명한 사채(私債) 또는 매입자가 불분명한 채권·증권의 발행으로 조달된 차입금(법칙 §43 ②)

그리고 차입 당시의 각각의 이자율은 차입금의 차입 당시 각각의 이자율을 적용한다.

3) 인정이자 계산 시 제외되는 가지급금

인정이자 계산 시 제외되는 가지급금은 다음과 같다(법칙 §44).

① 미지급소득(배당소득, 상여금)에 대한 소득세 대납액(법칙 §44 1호)

$$\text{미지급소득에 대한 소득세액} = \text{종합소득 총결정세액} \times \frac{\text{미지급소득}}{\text{종합소득금액}}$$

② 내국법인이 국외 투자법인에 종사하거나 종사할 자에게 여비·급료·기타 비용을 가지급한 금액(법칙 §44 2호)

③ 우리사주조합 또는 그 조합원에게 해당 법인의 주식취득에 소요되는 자금을 가지급한 금액(법칙 §44 3호)

④ 국민연금법에 의해 근로자가 지급받은 것으로 보는 퇴직금전환금(법칙 §44 4호)

⑤ 사외로 유출된 금액의 귀속이 불분명하여 대표자에게 상여처분한 금액에 대한 소득세를 법인이 납부하고 가지급금으로 계상한 금액(법칙 §44 5호)

→ 특수관계가 소멸될 때까지의 기간에 상당하는 금액에 한한다.

⑥ 직원에 대한 월정급여액 범위 안의 일시적 급료 가불금(법칙 §44 6호)

⑦ 직원에 대한 경조사비의 대여액(법칙 §44 7호)

⑧ 직원(자녀 포함)에 대한 학자금의 대여액

⑨ 조특령 제2조에 따른 중소기업의 직원에 대한 주택구입·전세자금대여액

- 조특령 제2조에 따른 중소기업에 해당하는 내국법인이 소속 직원에게 주택 전세자금 용도로 금전을 대여하고 해당 직원이 그 대여액을 실제로 주택 전세자금 용도로 사용(질의내용은 소속 직원이 주소이전이 불가피하여 배우자명의로 계약한 경우)한 경우 인정이자 계산 대상이 아님. 단, 이에 해당하는 지는 사실판단할 사항임(사전법규법인-218, 2024.5.31.).

4) 상환기한 및 이자율 등의 약정이 없는 경우

① 회사가 이자수익을 계상하지 않은 경우

익금산입·인정이자·상여 등

② 회사가 임의로 미수수익을 계상한 경우

익금불산입·미수수익·△유보

익금산입·인정이자·상여 등

법인이 특수관계에 있는 자에게 상환기간 및 이자율에 대한 개별적인 약정이 없이 지급한 가지급금에 대한 이자상당액을 수입이자로 계상함과 동시에 가지급금으로 처리함으로써 실질적으로는 미수이자를 소비대차로 전환한 경우에는 법인세법 기본통칙(67-106…10)과 같이 동 수입이자는 익금불산입하고 법인세법 시행령 제89조의 규정에 의하여 계산한 인정이자 상당액을 익금에 산입하여 그 귀속자에게 소득처분하여야 한다(법인 46012-1889, 1998.7.9.).

5) 가지급금 이자를 실제 회수하지 않은 경우

법인이 특수관계인에 대한 가지급금 이자를 실제 회수함이 없이 장부상 미수이자를 계상하고 내년에 이를 가지급금원본에 가산하는 회계처리를 하는 경우, 가공자산에 해당하는 미수이자를 익금불산입하고 인정이자 상당액을 익금산입과 동시에 특수관계인에게 상여 등으로 소득처분한다(조심 2020중1482, 2021.1.15.).

6) 상환기한 및 이자율 등의 약정이 있는 경우

상기 '1)'의 익금산입액에 대해 익금산입의 세무조정을 실시하고 약정에 의한 이자지급기일에 도래하지 않아 미수수익계상된 금액은 익금불산입한다.

사례 6 **가지급금인정이자**

1. 자료

   (1) 수진(주)의 사업연도: 2025.1.1.~12.31.

   (2) 수진(주)는 대표이사 갑에게 다음과 같이 상환기간 및 이자율 등의 약정없이 자금을 무상대여하였다.

대여일자	대여액	회수액	대여금잔액
전기이월			300,000,000
2025.5.10.		100,000,000	200,000,000
2025.8. 1.	300,000,000		500,000,000

   (3) 수진(주)는 당좌대출이자율을 인정이자율로 신고하였다.

   (4) 수진(주)는 대표이사로부터 대여금에 대한 이자를 수령하지 않았다.

2. 가지급금에 대한 세무조정

   (1) 인정이자의 계산

   ① 가지급금적수의 계산

   3억 원 × 129일(1.1.~5.9.) = 38,700,000,000
   2억 원 × 83일(5.10.~7.31.) = 16,600,000,000
   5억 원 × 153일(8.1.~12.31.) = 76,500,000,000
   131,800,000,000

   ② 인정이자의 계산

   131,800,000,000 × 4.6% × 1/365 = 16,610,410

   (2) 세무조정

   〈익금산입〉· 가지급금인정이자 · 16,610,410 · 상여

중점사항

1. 가지급금 및 가지급금에 대한 미수이자계상액을 상당기간 회수하지 아니한 경우에는 회수하지 아니할 것으로 보고 상대방으로 이익을 귀속된 것으로 보아 다음과 같이 소득처분한다(법령 §11 · 9호, 법통 4-0…6).

- 가지급금의 경우 특수관계가 소멸할 때까지 회수되지 아니하면 특수관계가 소멸하는 날에 회수하지 아니하는 것으로 보아 익금에 산입한다.
- 특수관계가 소멸되지 아니한 경우로서 가지급금 인정이자를 이자발생일이 속하는 사업연도 종료일로부터 1년이 되는 날까지 회수하지 아니하면 당해 1년이 되는 날이 속하는 사업연도에 익금에 산입한다.

이때 익금으로 보는 미수이자를 그 후에 영수하는 때에는 이를 이월익금으로 보아 영수하는 사업연도의 익금에 산입하지 아니하며, 다른 상대방의 미지급이자는 이를 실제로 지급할 때까지는 채무로 보지 아니한다.

2. 특수관계 있는 자에게 금전을 수시로 대여하면서 이자율 등에 관한 약정을 체결하였으나, 그 상환기간을 구체적으로 정하지 아니하고 채무자가 임의로 상환할 수 있도록 한 때에는 당해 대여금에 대하여 결산상 미수이자를 계상한 경우에도 동 미수이자는 익금불산입하고 법인세법 시행령의 규정에 의하여 계산한 인정이자상당액을 익금에 산입하고 소득처분한다(법인 46012-2566, 1998.9.11.).

3. 청구법인이 특수관계법인에게 제품을 공급하고 계상한 매출채권에 대하여 장기간 회수가 이루어지지 않은 것에 대하여 과세관청이 이를 무이자대여금으로 보아 이에 상응하는 인정이자를 계산하여 익금에 산입한 처분은 타당하나 이를 업무무관 가지급금으로 보아 지급이자를 손금불산입한 처분은 잘못이 있다고 조세심판원은 결정하였다(조심 2022중8050, 2023.7.31.).

(4) 법인세법상 부당행위계산의 부인

1) 부당행위계산부인의 적용요건

부당행위계산의 부인은 다음 두 가지 요건을 모두 충족하는 거래에 대하여만 적용한다.

① 특수관계 있는 자와의 거래이어야 한다.
② 그 거래로 인하여 조세부담이 부당하게 감소되었다고 인정되어야 한다.

2) 부당행위계산의 부당성 판단기준 완화

가. 대상거래

다음에 해당하는 경우(이에 준하는 행위 또는 계산에 한함)에는 시가와 거래가액의 차액이 3억 원 이상이거나 시가의 100분의 5에 상당하는 금액 이상인 경우에 한하여 부당행위계산의 부인 규정을 적용한다(법령 §88 ③).

① 자산을 시가보다 높은 가액으로 매입 또는 현물출자받았거나 그 자산을 과대상각한 경우

② 자산을 무상 또는 시가보다 낮은 가액으로 양도 또는 현물출자한 경우. 단, 법령 제19
조 제19호의2 각 목 외의 부분에 해당하는 주식매수선택권 등의 행사 또는 지급에 따
라 주식을 양도하는 경우는 제외한다.

③ 금전 그 밖의 자산 또는 용역을 무상 또는 시가보다 낮은 이율·요율이나 임대료로
대부하거나 제공한 경우. 다만, 다음의 어느 하나에 해당하는 경우는 제외한다.

　　가. 법령 제19조 제19조의2 각 목 외의 부분에 해당하는 주식매수선택권 등의 행사
　　　 또는 지급에 따라 금전을 제공하는 경우

　　나. 주주 등이나 출연자가 아닌 임원 및 직원에게 사택(임차사택 포함)을 제공하는 경우

④ 금전 그 밖의 자산 또는 용역을 시가보다 높은 이율·요율이나 임차료로 차용하거나
제공받은 경우

⑤ 그 밖에 상기의 '①'부터 '④'에 준하는 행위 또는 계산 및 그 외에 법인의 이익을 분여
하였다고 인정되는 경우

나. 적용대상 제외 거래

위 '가.'의 판단기준 완화규정은 주권상장법인이 발행한 주식을 한국거래소에서 거래한
경우에는 적용하지 아니한다(법령 §88 ④).

3) 특수관계인의 범위

① 특수관계인의 정의(법법 §2 12호)

특수관계인이란 법인과 경제적 연관관계 또는 경영지배관계 등 다음 '②~⑧'에 해당하는
관계(법령 §2 ⑤)에 있는 자를 말한다. 이 경우 본인도 그 특수관계인의 특수관계인으로 본다.

② 실질적 지배자와 그 친족

임원(법령 §40 ①)의 임면권의 행사, 사업방침의 결정 등 해당 법인의 경영에 대하여 사실
상 영향력을 행사하고 있다고 인정되는 자(상법상 이사로 보는 자를 포함)와 그 친족.

이때 친족의 범위는 국세기본법 시행령 제1조의2 제1항에 해당하는 다음의 자를 말한다.

가. 4촌 이내의 혈족(血族): 부계(父系) 또는 모계(母系) 불문

나. 3촌 이내의 인척(姻戚): 인척은 혈족의 배우자, 배우자의 혈족, 배우자의 혈족의 배
　　우자를 말하며 촌수는 그 혈족에 대한 촌수를 따름(민법 §769·§771).

다. 배우자(사실상의 혼인관계에 있는 사람을 포함)

라. 친생자(親生子)로서 다른 사람에게 친양자(親養者) 입양된 자[＝출양자(出養者)] 및 그 배우자 · 직계비속

마. 혼외출생자의 생부 · 생모(본인의 금전이나 그 밖의 재산으로 생계를 유지하는 사람 또는 생계를 함께하는 사람으로 한정)

③ 소액주주등(법령 §50 ②)이 아닌 주주 또는 출자자(비소액주주등)와 그 친족

발행주식총수 또는 출자총액의 1% 미만 주식 또는 출자지분을 소유한 주주 또는 출자자(소액주주등)는 제외. 단, 지배주주 등의 특수관계에 있는 주주는 해당된다.

④ 다음에 해당하는 자 및 이들과 생계를 함께하는 친족

가. 법인의 임원 · 직원

나. 비소액주주등의 직원

- 비소액주주등이 영리법인인 경우에는 임원만 해당
- 비소액주주등이 비영리법인인 경우에는 그 이사 및 설립자

다. 법인 또는 비소액주주등의 금전이나 그 밖의 자산에 의해 생계를 유지하는 자

⑤ 해당 법인이 직접 또는 그와 '②'부터 '④'까지의 관계에 있는 자를 통하여 어느 법인의 경영에 대하여 지배적인 영향력(국기령 §1의2 ④)을 행사하고 있는 경우 그 법인

가. 영리법인인 경우

- 법인의 발행주식총수 또는 출자총액의 100분의 30 이상을 출자한 경우
- 임원의 임면권의 행사, 사업방침의 결정 등 법인의 경영에 대하여 사실상 영향력을 행사하고 있다고 인정되는 경우

나. 비영리법인인 경우

- 법인의 이사의 과반수를 차지하는 경우
- 법인의 출연재산(설립을 위한 출연재산만 해당한다)의 100분의 30 이상을 출연하고 그중 1인이 설립자인 경우

다. 대법원의 판례(대법원 2022두63386, 2024.7.25.)

최근 대법원 판례에서 소득세법상 양도소득의 부당행위관련 특수관계인의 범위(소득세법에서도 본인이 친족관계에 있는 자를 통하여 어느 법인의 경영에 대하여 지배적인 영향력을 행사하고 있는 경우 그 법인은 본인의 특수관계인에 해당) 판결에 있어서 본인의 친족이 30% 이상 출자한 법인이라도 본인이 그 법인에 대해 친족을 통

하여 지배적인 영향력을 행사하는 경우에만(입증책임은 과세관청이 짐) 해당 법인이 특수관계인에 해당된다 판결하였는바 법인세법에서도 이와 동일한 해석이 가능한지에 대한 문제가 있다.

⑥ 해당 법인이 직접 또는 그와 '②'부터 '⑤'까지의 관계에 있는 자를 통하여 어느 법인의 경영에 대하여 지배적인 영향력을 행사하고 있는 경우 그 법인

⑦ 해당 법인에 100분의 30 이상을 출자하고 있는 법인에 100분의 30 이상을 출자하고 있는 법인이나 개인

⑧ 해당 법인이 독점규제및공정거래에관한법률에 의한 기업집단에 속하는 법인인 경우에는 그 기업집단에 소속된 다른 계열회사 및 그 계열회사의 임원

가. 동일인이 회사인 경우 기업집단
　　동일인(회사)＋동일인이 사실상 사업내용을 지배하는 회사의 집단(30% 이상 보유 최대출자자)＝기업집단
　　→ 각 법인 각 특수관계성립 & 계열회사(서로의 상대방 회사) 임원도 해당

나. 동일인이 개인인 경우 기업집단
　　동일인(또는 동일인 관련자. 즉, 친족 포함)이 사실상 사업내용을 지배하는 (30% 이상 보유 최대출자자) 2개 이상의 회사(기업집단의 계열회사)의 집단＝기업집단
　　→ 각 법인 간 특수관계성립 & 계열회사(서로의 상대방 회사) 임원도 해당

다. 공시대상 기업집단
　　공정거래위원회가 지정하는 자산총액이 5조 원 이상인 기업집단

라. 상호출자제한 기업집단
　　공정거래위원회가 지정하는 자산총액이 10조 원 이상인 기업집단

| 특수관계인의 범위(법령 §2 ⑤) |

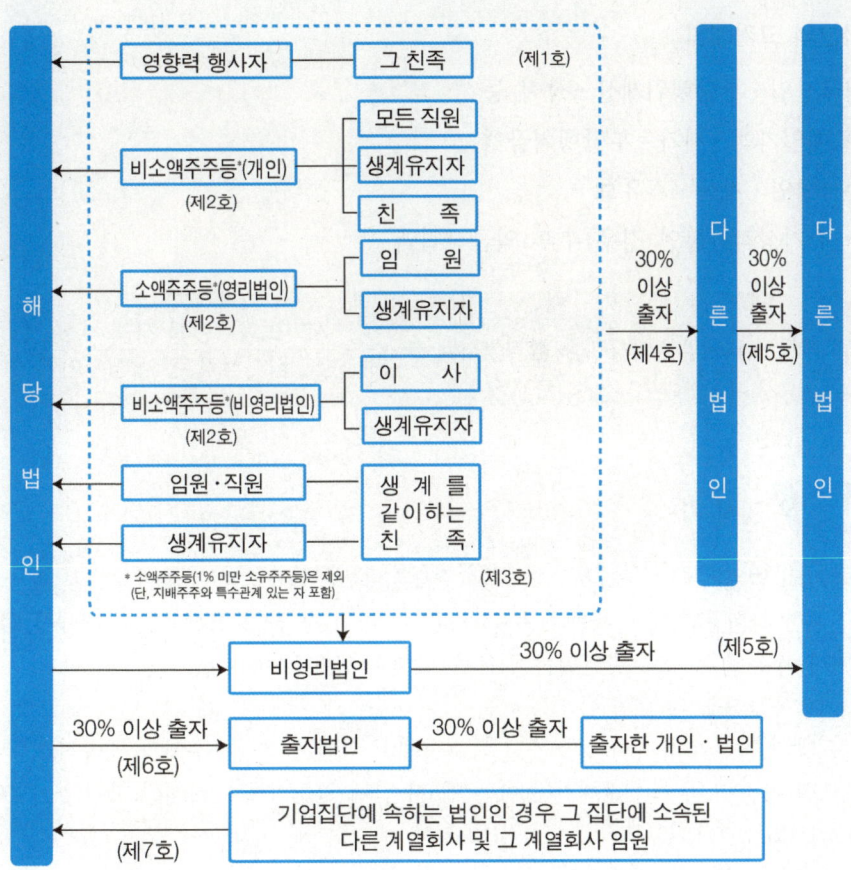

4) 조세의 부담을 부당히 감소시킨 것으로 인정되는 경우(법령 §88 ①): 예시규정임.

① 자산의 고가매입

　　익금산입 · 부당행위계산 · 상여 등

　　→ 매입가액 - 시가 = 부당행위금액

　　손금산입 · 자산 · △유보

　　→ 감가상각자산인 경우 추후 익금산입액

$$익금산입금액 = 회사계상 감가상각액 \times \frac{시가초과부인액\ 잔액}{당해\ 연도\ 감가상각\ 전의\ 장부가액}$$

> **중점사항**　**시 가**
>
> 1. 시가의 범위
>
>   건전한 사회통념 및 상관행과 특수관계인이 아닌 자 간의 정상적인 거래에서 적용되거나 적용될 것으로 판단되는 금액을 말한다(법법 §52 ②).
>
>   ① 부동산거래 시
>
>   　당해 거래와 유사한 상황에서 특수관계인 외의 불특정다수인과 계속적으로 거래한 가격 또는 특수관계인이 아닌 제3자 간에 일반적으로 거래된 가격(서이 46012-11909, 2003.11.4.)
>
>   ② 상장주식의 경우(법령 §89 ①)
>
>   　주권상장법인이 발행한 주식의 시가는 다음과 같다.
>
>   　주권상장법인이 발행한 주식을 다음의 어느 하나에 해당하는 방법으로 거래한 경우 해당 주식의 시가는 그 거래일의 자본시장과금융투자업에관한법률 제8조의2 제2항에 따른 거래소 최종시세가액(거래소 휴장 중에 거래한 경우에는 그 거래일의 직전 최종시세가액)으로 한다.
>
>   　가. 자본시장과금융투자업에관한법률 제8조의2 제4항 제1호에 따른 증권시장 외에서 거래하는 방법
>
>   　나. 자본시장과금융투자업에관한법률에 따른 거래소의 증권시장업무규정에 의하여 일정수량 또는 일정금액 이상의 요건을 충족하는 경우에 매매가 성립하는 거래*
>   　* 예: 장중/시간 외 경쟁대량매매 · 대량매매 · 바스켓매매
>
>   　다음과 같이 사실상 경영권의 이전이 수반되는 경우(해당 주식이 상증령 §53 ⑧에 따른 「중소기업기본법」 제2조에 따른 중소기업이거나 「중견기업 성장촉진 및 경

쟁력 강화에 관한 특별법」제2조에 따른 중견기업으로서 평가기준일이 속하는 사업연도 또는 직전 3개 사업연도의 평균매출액이 5천억 원 미만인 중견기업은 제외)에는 그 가액의 20%를 가산한다(법령 §89 ①, 법칙 §42의6). 단, 법령 §10 ① 1·2·3·6호에 해당하는 법인이 회생계획 등을 이행하기 위하여 거래하는 경우는 제외한다.

가. 상속세 및 증여세법 제62조 제3항에 따른 최대주주가 변경되는 경우

나. 상속세 및 증여세법에 따른 최대주주등 간의 거래에서 지분율이 1% 이상 변동되는 경우

③ 대손충당금 차감 후 채권의 장부가액을 시가로 인정

특수관계인에게 대손충당금 차감 후 채권의 장부가액으로 양도 시 부당행위에 해당하지 않는다(조심 2015서5797, 2016.5.2.).

2. 시가가 불분명한 경우

시가가 불분명한 경우에는 다음을 순차로 적용하여 계산한 금액에 의한다(법령 §89 ②).

① 부동산가격공시및감정평가에관한법률에 의한 감정평가법인 및 감정평가사의 감정가액(감정한 가액이 2 이상인 경우에는 평균액). 단, 주식 등은 제외. 이때 감정가액은 거래당시에 당해 자산의 가액을 감정한 것을 말한다(법인 46012-3539, 1999.9.20.).

② 상속세 및 증여세법상(상증법 §38~§39의3·§61~§66)의 평가액

상증법에서는 비상장주식의 거래가액이 액면가 기준으로 전체 주식의 1%와 3억 원 중 적은 금액 미만인 경우에는 시가로 인정하지 않고 있다(상증령 §49 1호 나목).

② 무수익자산의 취득 및 비용부담

③ 자산의 저가양도

익금산입·부당행위계산·상여 등

→ 시가 - 양도가액 = 부당행위금액

④ 불량자산의 차환 또는 불량채권의 양수

⑤ 출연금을 대신 부담한 경우

⑥ 자산의 저율대여·고율차입 및 용역의 저율공급·고율이용

가. 자산제공의 경우 시가계산

(시가 × 50% - 보증금) × 정기예금이자율(3.1%)

- 이때 시가는 임대차계약 체결시점에서의 시가를 말하며 계속 적용한다(재경부 법인-72, 2005.1.28.).
- 부동산 임대료의 시가가 불분명한 경우 소급감정을 한 후 소급감정금액을 시가로 보아 과세한다(적부 2019-0114, 2020.5.27.).

나. 용역제공의 경우: 다음 금액의 합계액
- 해당 용역의 제공에 소요된 원가(직접비·간접비 포함)
- 상기 원가 × 수익률 $\left(\dfrac{\text{기업회계기준에 의한 매출액} - \text{원가}}{\text{원가}} \right)$

다. 특수관계인으로부터 당좌대출이자율보다 높은 이자율로 차입하는 경우
- 법인이 특수관계에 있는 자로부터 국세청장이 정하는 당좌대출이자율보다 높은 이자율에 의하여 금전을 차입하는 경우에는 법인세법 시행령 제88조 제1항 제7호의 규정에 따라 당해 법인이 지급하는 이자와 당좌대출이자율에 의한 이자상당액과의 차액을 손금불산입한다(법인 46012-1797, 1999.5.12.).

⑦ 파생상품에 근거한 권리를 행사하지 아니하거나 그 행사기간을 조정하는 등의 방법으로 이익을 분여하는 경우. 이때 파생상품은 기업회계기준에 따른 선도거래, 선물, 스왑, 옵션, 그 밖에 이와 유사한 거래 또는 계약을 말한다.

⑧ 자본거래로 인한 이익분여

다음에 해당하는 자본거래로 인하여 주주 등인 법인이 특수관계인인 다른 주주 등에게 이익을 분여한 경우에는 익금의 감소를 통하여 조세부담을 부당하게 감소시킨 것으로 본다(법령 §88 ① 8호 및 8호의2).

가. 특수관계에 있는 법인 간의 합병(분할합병을 포함)에 있어서 주식 등을 시가보다 높거나 낮게 평가하여 불공정한 비율로 합병한 경우

나. 법인의 자본을 증가시키는 거래에 있어서 신주(CB·신주인수권부사채 또는 교환사채 등을 포함)를 배정·인수받을 수 있는 권리의 전부 또는 일부를 포기하거나, 신주를 시가보다 높은 가액으로 인수하는 경우

다. 법인의 감자에 있어서 주주 등의 소유주식 등의 비율에 의하지 아니하고 일부주주 등의 주식 등을 소각하는 경우

라. 상기 외의 경우로서 증자·감자, 합병(분할합병을 포함)·분할, 상속세 및 증여세법 제40조 제1항에 따른 전환사채 등에 의한 주식의 전환·인수·교환 등 자본거

래를 통해 법인의 이익을 분여하였다고 인정되는 경우

상기의 불공정자본거래로 인하여 이익이나 손실을 본 주주가 영리법인인 경우의 세무조정은 다음과 같다.
- 이익을 본 경우
  익금산입 · 유보
- 손실을 본 경우
  익금산입 · 기타사외유출

만일 주주가 개인이나 비영리법인인 경우에는 다음과 같다.
- 이익을 본 경우
  증여세 과세
- 손실을 본 경우
  규정 없음.

⑨ 특수관계인인 법인 간 (분할)합병 · 분할에 있어서 불공정한 비율로 합병 · 분할하여 합병 · 분할에 따른 양도손익을 감소시킨 경우

⑩ 기타 법인의 이익분여

중점사항   **자본거래와 관련한 부당행위계산부인**

1. 상속세 및 증여세법 준용

상기의 익금산입액은 1999.1.1. 이후부터 적용되는 개정세법의 내용으로 자본거래와 관련한 특수관계인 간의 이익분여행위에 대하여 부당행위계산부인 규정을 적용할 수 있도록 명확히 부당행위계산 유형에 추가된 것이며(법령 §88 ① 8호 및 8호의2), 그 분여된 이익을 획득한 법인에 대하여도 익금산입하여 법인세를 과세하도록 개정되었다. 이는 동일거래에 대하여 그 이익을 분여받은 자가 개인주주인 경우 이미 상속세 및 증여세법에서 증여의제규정을 적용하여 증여세를 과세하고 있는 것과 형평을 유지하기 위한 것이며, 익금산입액(분여이익)의 계산은 상속세 및 증여세법(§38 · §39)을 준용하도록 하고 있다.

2. 익금산입 시 소득처분

  (1) 부당행위계산부인 규정 적용법인(이익을 분여한 법인)

익금산입·부당행위계산부인·기타사외유출*

* 이익을 분여받은 자가 개인이더라도 소득처분을 기타사외유출(법령 §106 ① 3호 자목)로 처분하는 이유는 증여세를 과세할 수 있도록 하기 위한 것이다.

(2) 익금산입법인(이익을 분여받은 법인)

익금산입·유가증권·유보*

* 익금산입된 금액은 세무상 유가증권의 취득가액으로 간주되며, 동 주식을 처분 시 손금으로 추인된다.

3. 감자 시 부당행위 해당 여부

① 자기주식취득가액 〉 시가

특정주주로부터만 자기주식을 취득하여 소각하는 경우 부당행위계산부인 규정 적용하지 않음(재경부 법인 46012−115, 2002.6.20.).

② 자기주식취득가액 〈 시가

유가증권 시가미달 매입차액의 익금산입규정 및 부당행위계산부인 규정 적용되지 않음(서이−2066, 2004.10.11.). 감자대상법인도 부당행위계산부인 규정 적용 안하는데 감자대상 특정주주와 특수관계 있는 다른 주주에게 이익분여 인정 시는 부당행위에 해당됨(법인세제과−617, 2006.9.5.).

③ 개인주주의 소득세과세

상기 '①, ②' 경우 개인주주에게는 소득세법상 주식소각에 따른 의제배당으로 과세됨.

4. 증자 시 부당행위 해당 여부(주주의 입장에서)

(1) 신주인수대가 〉 시가

① 기존주주로서 자기지분 해당 신주를 다른 주주들과 함께 또는 단독으로(다른 주주는 포기) 인수하는 경우

부당행위계산부인 규정을 적용하지 않는다. 단, 당해 신주를 단기간 내에 특수관계인에게 시가로 양도하여 처분손실이 발생하는 등 조세부담을 부당히 감소시킨 것으로 인정되는 경우에는 부당행위계산부인 규정이 적용됨(재경부 법인 46012−159, 2000.10.17.).

② 기존주주가 아닌 경우 특수관계법인 주식을 신주인수방식(제3자 배정방식)으로 시가보다 고가로 인수한 경우

제3자 배정방식의 증자참여자가 특수관계법인이며 주식발행법인인 유상증자(시가 〈 액면가) 참여 시 신주를 고가로 인수하는 행위 자체는 부당행위대상이 아님. 단, 증자참여행위가 증자법인에게 자금무상지원하기 위한 것으로서 건전한 사회통념이나 상관행에 비추어 경제적인 합리성을 무시한 비정상적인 거래행위이고, 당해 신주인수법인의 소득금액에 영향을 미쳐 조세부담을 부

당히 감소시킨 것으로 인정 시 부당행위에 해당됨(서이-15, 2007.1.4.).

③ 기존주주가 아닌 경우 특수관계법인이 아닌 주식을 고가로 양수한 경우 고가양수에 의한 기부금의제규정도 적용되지 않음.

(2) 신주인수대가 〈 시가

문제 없음.

사례 7　증자를 통한 이익분여

Ⅰ. 기본자료

1. 증자 전 수진(주)의 주주구성은 다음과 같다.

구 분	주식수	비 고
갑법인	24,000주	액면가액: 5,000원
을법인	16,000주	
계	40,000주	

2. 수진(주)는 2025.10.1. 액면가액으로 100% 유상증자를 실시하였다.

Ⅱ. 물음: 신주 저가발행 시 분여이익의 계산

1. 증자 전 수진(주)의 1주당 평가액은 20,000원이었다.

2. 유상증자 시 갑·을법인 모두 각자 지분대로 유상증자 참여한 경우에 발생하는 세무조정은 무엇인가?

(해답) 유상균등증자이므로 아무런 세무조정이 발생하지 않는다.

3. 유상증자 시 을법인이 신주인수를 포기하여 갑법인에게 16,000주가 재배정되었다. 갑과 을법인은 특수관계법인에 해당되지 않는다.

(해답) 증자를 통한 이익분여규정은 특수관계인에 해당하는 경우에만 적용되므로 아무런 세무조정이 발생하지 않는다.

4. '3.'과 동일하되 갑과 을법인은 특수관계인에 해당된다.

(해답) 실권주를 특수관계인에게 재배정하면 다음 금액을 불공정증자의 이익분여액으로 계산한다. 이때 현저한 이익요건은 적용되지 않는다.

$$\left\{ \left(\begin{array}{c} \text{신주 1주당*} \\ \text{시가} \end{array} - \begin{array}{c} \text{신주 1주당} \\ \text{인수가액} \end{array} \right) \times \begin{array}{c} \text{실권주주의} \\ \text{실권주 총수} \end{array} \right\} \times \frac{\text{특수관계인이 재배정받은 주식수}}{\text{증자하는 법인의 실권주 총수}}$$

* 신주의 1주당 시가: 다음 산식에 의한 금액으로 한다. 다만, 증자하는 법인이 주권상장 법인인 경우로서 상증법상 보충적 평가방법에 의한 증자 후의 1주당 평가액이 다음 산식에 의한 금액보다 적은 경우에는 당해 평가액으로 한다.

$$\frac{(증자\ 전\ 1주당\ 평가액 \times 증자\ 전\ 발행주식총수) + (신주\ 1주당\ 인수가액 \times 증자에\ 의하여\ 증가된\ 주식수)}{증자\ 전\ 발행주식총수 + 증자에\ 의하여\ 증가된\ 주식수}$$

(1) 증자 후 1주당 평가액

$(20,000 \times 40,000주 + 5,000 \times 40,000주) \div 80,000주 = 12,500원$

(2) 1주당 평가차액

$12,500 - 5,000 = 7,500원$

(3) 분여이익

$$7,500 \times 16,000 \times \frac{16,000}{16,000} = 120,000,000원$$

(4) 세무조정
- 갑법인: 익금산입 · 유가증권 · 120,000,000 · 유보
- 을법인: 익금산입 · 부당행위계산부인액 · 120,000,000 · 기타사외유출

5. 유상증자 시 을법인이 신주인수를 포기하여 실권되었고 이를 재배정하지 않았다. 갑과 을법인은 특수관계인에 해당된다.

(해답) 실권주를 재배정하지 않으면 특수관계인인 다른 주주에게 현저한 이익을 분여한 경우에 한하여 다음 금액을 불공정증자의 이익분여액으로 계산한다. 이때 현저한 이익이란 균등증자하였다고 가정할 경우 1주당 평가차액(1주당 시가에서 신주 1주당 인수가액을 차감한 금액)이 균등증자 시 1주당 시가의 30% 이상이거나 특수관계인인 다른 주주가 얻은 이익의 총액이 3억원 이상인 경우를 말한다.

$$\left\{ \left(\begin{array}{c} 균등증자\ 시 \\ 1주당\ 시가 \end{array} - \begin{array}{c} 신주\ 1주당 \\ 인수가액 \end{array} \right) \times \begin{array}{c} 실권주주의 \\ 실권주식수 \end{array} \right\} \times \begin{array}{c} 특수관계인의 \\ 증자\ 후\ 지분비율 \end{array}$$

(1) 현저한 이익요건 충족 여부

균등증자 후 1주당 평가차액 7,500원(12,500 - 5,000)이 균등증자 후 1주당 평가액 12,500원의 60%에 해당되므로 현저한 이익요건에 해당된다.

(2) 분여이익

$7,500 \times 16,000주 \times 75\%^* = 90,000,000원$

* 갑법인의 증자 후 지분비율 48,000주 ÷ 64,000주 = 75%

(3) 세무조정

- 갑법인: 익금산입 · 유가증권 · 90,000,000 · 유보
- 을법인: 익금산입 · 부당행위계산부인액 · 90,000,000 · 기타사외유출

6. 유상증자 시 을법인이 신주인수를 포기하여 실권되었고, 이를 제3자 배정방식으로 병법인에게 배정하였다. 을과 병법인은 특수관계인에 해당된다.

(해답) 실권주를 제3자 배정방식으로 기존의 주주가 아닌 자에게 배정하고 실권한 법인과 배정받은 법인이 특수관계인에 해당하면 상기 '4.'의 재배정과 동일한 금액을 불공정증자의 이익분여액으로 계산한다. 이때 현저한 이익요건은 적용되지 않는다.

(1) 분여이익

$$7{,}500 \times 16{,}000 \times \frac{16{,}000}{16{,}000} = 120{,}000{,}000원$$

(2) 세무조정

- 을법인: 익금산입 · 부당행위계산부인액 · 120,000,000 · 기타사외유출
- 병법인: 익금산입 · 유가증권 · 120,000,000 · 유보

보론 │ 불균등 증자 등에 대한 증여세 및 법인세 과세

Ⅰ. 불균등 증자

1. 기본자료

(1) 수진(주)의 주주구성

A 60,000주
B 40,000주
100,000주

(2) 액면가액 5,000원

(3) 상증법상 평가금액 1주당 40,000원

(4) 100% 액면가액 유상증자 실시 100,000주

(5) 증자 후 1주당 평가금액

$$\frac{100,000주 \times 40,000 + 100,000주 \times 5,000}{200,000주}$$

$$= 22,500원$$

2. 주주 A, B가 개인이며, B가 신주인수권을 A에게 부여한 경우

(1) 1주당 증여이익

22,500 − 5,000 = 17,500원

(2) 주주가 개인인 경우에는 특수관계 상관없이 A에게 증여세 부과

① 17,500 × 40,000 = 7억 원(증여금액)

이 경우 3억 원 또는 시가의 30%를 증여금액에서 차감하지 않음.

② 증여세 세율

1억 원까지 10%
1억 원~5억 원까지 20%
5억 원~10억 원까지 30%
10억 원~30억 원까지 40%
30억 원 초과 50%

③ 증여세 계산

1억 원 × 10% + 4억 원 × 20% + 2억 원 × 30%

= 150,000,000원

(3) 증여한 B에게는 어떠한 세금도 부과되지 않음.

3. 주주 A, B가 법인이며, B가 신주인수권을 A에게 부여한 경우

(1) A, B가 법인세법상 특수관계인에 해당되는 경우

① A법인(법령 §11 8호)

익금산입 · 유가증권 · 7억 원 · 유보

② B법인(법령 §88 ① 10호)

익금산입 · 부당행위 · 7억 원 · 기타사외유출

(2) A, B가 특수관계인에 해당되지 않는 경우

B 모두 세무조정 없음.

4. 주주 A는 개인, B는 법인인 경우

(1) A개인

증여금액 7억 원에 대한 증여세 부과

(2) B법인

① A가 법인세법상 특수관계인에 해당하는 경우

익금산입 · 부당행위 · 7억 원 · 기타사외유출*

* 자본거래에 해당 시 상여 등에 따른 소득세가 아닌 증여세가 부과됨에 따라 기타사외유출로 처분

② A가 특수관계인에 해당하지 않는 경우

세무조정 없음.

5. 주주 A는 법인, B는 개인인 경우

(1) A법인

① B가 법인세법상 특수관계인에 해당하는 경우

익금산입 · 유가증권 · 7억 원 · 유보

② 특수관계인에 해당하지 않는 경우

세무조정 없음.

(2) B개인

어떠한 세금도 부과되지 않음.

Ⅱ. 제3자 배정에 의한 증자(Ⅰ)

1. 기본자료

(1) 수진(주)의 주주구성

A   60,000주
B   40,000주
     100,000주

(2) 액면가액 5,000원

(3) 상증법상 평가금액 1주당 20,000원

(4) 제3자 배정에 의한 유상증자 실시: C가 참여

① 증자주식수 20,000주

② 증자금액 1주당 200,000원

(5) 증자 후 1주당 평가금액

$$\frac{100,000주 \times 20,000 + 20,000주 \times 200,000}{120,000주}$$

= 50,000원

2. C가 기존주주(개인) A, B와 상증법상 특수관계인에 해당하는 경우

(1) 기존 개인주주 A, B는 증여세 부과

① A: (50,000원 − 20,000원) × 60,000 = 18억 원(증여금액)

② B: (50,000원 − 20,000원) × 40,000 = 12억 원(증여금액)

(2) C가 개인인 경우

C에게는 어떠한 세금도 부과되지 않음.

(3) C가 법인인 경우

① A, B가 법인세법상 C의 특수관계인에 해당하는 경우

익금산입 · 부당행위 · 30억 원* · 기타사외유출

* (200,000 − 50,000) × 20,000주 = 30억 원

손금산입 · 유가증권 · 30억 원 · △유보

② A, B가 특수관계인에 해당하지 않는 경우

과세문제 없음.*

* 1. 법인이 유상증자 시 고가발행 주식을 기존주주와 특수관계 없는 제3자에게 배정하는 경우에
   는 당해 주식의 인수법인에 법인세법 시행령 제35조 제2호의 기부금규정을 적용하지 아니함

(서면 인터넷방문상담2팀-2236, 2004.11.4.).

2. 상기 '1.' 해석에 불구하고 수진(주)의 1주당 증자금액에 대한 정당한 사유가 확인되지 않으면 과세관청이 이를 기부금의제로 보아 취득금액을 시가(10억 원)의 130%인 13억 원으로 보아 27억 원에 대한 익·손금의 세무조정을 주장할 것임.

3. C가 기존주주(개인) A, B와 상증법상 특수관계인에 해당하지 않는 경우

(1) 기존 개인주주 A, B에게는 증여세가 부과되지 않음.

단, 거래의 관행상 정당한 사유가 있다고 인정되지 아니하는 경우에는 기존주주에게 증여세가 과세됨.

이때 정당한 사유 여부는 1주당 신주인수가액을 결정하게 된 경위 및 고가로 증자에 참여하게 된 경위 등 구체적인 사실관계를 확인하여 판단할 사항임(서면상속증여-2744, 2019.2.25.).

(2) C가 개인인 경우

상기 '2. (2)' 동일

(3) C가 법인인 경우

상기 '2. (3)' 동일

4. 수진(주)에 대한 과세 여부

유상증자에 참여하여 신주를 고가로 인수한 행위에 대하여 부당행위계산부인 대상의 판단에 있어 자본거래인 신주발행의 법적 성격상 발행 법인이 발행가격을 높여 신주를 발행하였다 하더라도 발행법인과 신주인수인과의 관계에 있어 신주인수인이 발행법인에 이익을 분여한 것으로 보기 어려움(대법원 2018두56602, 2020.12.10. ; 감심 2018-947, 2016.10.20.).

Ⅲ. 제3자 배정에 의한 증자(Ⅱ)

1. 기본자료

(1) 수진(주)의 주주구성

A   60,000주
B   40,000주
　　 100,000주

(2) 액면가액 5,000원

(3) 상증법상 평가금액 1주당 20,000원

(4) 제3자 배정에 의한 유상증자 실시: C가 참여

    ① 증자주식수 200,000주

    ② 증자금액 1주당 5,000원

(5) 증자 후 1주당 평가금액

$$\frac{100,000주 \times 20,000 + 200,000주 \times 5,000}{300,000주}$$

    $=10,000원$

2. 기존주주 A, B가 개인이고 C가 개인인 경우

(1) 기존주주 A, B는 세금부과 없음.

(2) 개인 C에 대하여 증여세 부과

    (10,000원－5,000원) × 200,000주

    $=10억 원(증여금액)$

3. 기존주주 A, B가 개인이고 C가 법인인 경우

(1) 기존주주 A, B는 세금부과 없음.

(2) 법인 C와 A, B가 법인세법상 특수관계인에 해당하는 경우

    익금산입 · 유가증권 · 10억 원 · 유보

(3) 특수관계인에 해당하지 않는 경우

    세금조정 없음.

4. 기존주주 A, B가 법인이고 C가 개인인 경우

(1) 기존주주 A, B와 C가 법인세법상 특수관계인에 해당하는 경우

    ① A법인

        익금산입 · 부당행위 · 6억 원* · 기타사외유출

        * (20,000원－10,000원) × 60,000주＝6억 원

    ② B법인

        익금산입 · 부당행위 · 4억 원 · 기타사외유출

    ③ 개인 C에 대하여 증여세 부과

        10억 원(증여금액)

(2) 기존주주 A, B와 C가 법인세법상 특수관계인에 해당하지 않는 경우
　① A · B법인
　　세무조정 없음.
　② 개인 C에 대하여 증여세 부과
　　10억 원(증여금액)

5. 기존주주 A, B가 법인이고 C가 법인인 경우

(1) 법인세법상 특수관계인에 해당하는 경우
　① A · B법인
　　익금산입 · 부당행위 · 기타사외유출
　② C법인
　　익금산입 · 유가증권 · 유보
(2) 특수관계인에 해당하지 않는 경우
　세무조정 없음.

6. 상장법인의 제3자 배정방식에 의한 유상증자

코스닥시장 상장법인이 이사회의 결의로 제3자 배정방식의 유상증자(발행가액은 증권의 발행 및 공시 등에 관한 규정을 적용하여 결정)를 하였고 이에 참여한 청구인이 시가보다 저가로 인수한 것에 대하여 상증법 제39조의 증자에 따른 이익의 증여규정을 적용하여 주식대금 납입일을 기준으로 증여세를 고지한 것은 적법함(조심 2023인10285, 2024.5.16.).

7. 신주인수권부사채 행사이익

청구법인이 주식발행법인의 주주로서 주식발행법인이 발행한 신주인수권부사채(주주가 균등하게 배정받을 수 있는 조건)를 다른 개인주주(청구법인의 특수관계인에 해당함)가 이를 포기함에 따라 균등조건 배정수를 초과하여 신주인수권부사채를 배정받고 이를 행사하여 이익을 본 금액에 대하여 법인세법 시행령 제11조(수익의 범위) 제8호 및 제88조 제1항 제8호 각 목의 어느 하나 및 제8호의2에 따른 자본거래로 인하여 특수관계인으로부터 분여받은 이익으로 보아 법인세를 과세한 것은 타당함. 즉 법인세법 시행령 제11조 제9호에서 말하는 특수관계인은 법인 주주뿐만 아니라 개인 주주도 포함됨(대법원 2023두39809, 2024.6.13.).

5) 특수관계인 간의 거래명세서 제출 [별지 제52호 서식 (갑) · (을)]

특수관계인과 매출 · 매입 · 용역의 제공 · 자본거래 등에 대해 거래유형별 합계액명세서를 제출하고, 금전대부거래에 대하여는 금전채권 · 채무의 잔액을 기입한다.

4 금융자산의 후속측정

(1) 후속측정을 위한 금융자산의 분류

금융자산의 최초인식 후의 측정을 위해 금융자산을 다음 네 가지 범주 중 하나로 분류한다.

> 1. AC 금융자산
> 2. FVOCI 금융자산(채무상품)
> 3. FVOCI 금융자산(지분상품)
> 4. FVPL 금융자산

상기 범주는 측정과 당기손익의 인식에 적용하나, 재무제표에 표시할 경우에는 다른 계정과목을 사용하거나 다르게 분류할 수 있다.

(2) 후속측정

분 류	측 정	손 익
AC 금융자산	상각후원가(유효이자율법)	상각, 손상, 제거 → 당기손익(P&L)
FVOCI 금융자산 (채무상품)	1. 상각후원가(유효이자율법) 2. 공정가치	1. 상각, 손상, 제거 → 당기손익(P&L) 2. 공정가치 변동 → 기타포괄손익(OCI) 3. 처분 시 기타포괄손익은 당기손익으로 재분류
FVOCI 금융자산 (지분상품)	공정가치	1. 공정가치 변동 → 기타포괄손익(OCI) 2. 처분 시 기타포괄손익은 당기손익으로 재분류 불가(이익잉여금으로의 대체 가능)
FVPL 금융자산 (채무 · 지분상품)	1. 상각후원가(유효이자율법 또는 표시이자율법) 2. 공정가치	1. 상각, 손상, 제거 → 당기손익(P&L) 2. 공정가치 변동 → 당기손익(P&L)

① 채무상품을 FVOCI 금융자산 또는 FVPL 금융자산으로 분류 시 반드시 (先)상각후원가법(당기손익 반영) · (後)공정가치법(기타포괄손익 또는 당기손익 반영)을 적용함에 유의하여야 한다.

② FVOCI 금융자산 및 FVPL 금융자산으로 분류된 지분상품 중 제한된 상황에서 원가를 공정가치의 적절한 추정치로 사용하는 지분상품은 후속적으로 공정가치 변동을 인식하지 않는다. 공정가치를 결정하기 위해 이용할 수 있는 더 최근의 정보가 불충분하거나 가능한 공정가치 측정치의 범위가 넓고 그 범위에서 원가가 공정가치의 최선의 추정치를 나타낸다면 원가를 공정가치의 적절한 추정치로 사용하는 제한된 상황에서는 공정가치로 후속측정하지 않는 것이다.

③ FVOCI 금융자산(채무상품)을 매도 시 전기까지 인식한 기타포괄손익은 당기의 FVOCI 금융자산처분손익으로 재분류된다.

④ 지분상품을 FVOCI 금융자산으로 분류한 경우 추후 매도 시 처분시점의 공정가치평가를 수행하여 기타포괄손익을 인식하고, 인식한 기타포괄손익은 당기손익으로 재분류하지 않는다. 단, 이는 기준서상 명시규정은 없으나 이익잉여금으로 대체할 수 있을 것으로 판단된다.

매도 시 수취대가가 제거시점의 장부금액(매도 시 공정가치평가를 수행한 후의 장부금액)과 차이가 발생 시는 차이금액을 FVOCI 금융자산 처분손익으로 계상한다.

⑤ 채무상품을 FVPL 금융자산으로 분류한 경우 공정가치평가손익 및 이자수익도 인식하여야 하며, 이자수익은 유효이자율 또는 표시이자율을 적용하여 인식한다(공정가치평가손익을 합산하면 총손익은 동일함).

> **저자주** ●
>
> **FVOCI 금융자산의 제거 시 처분손익의 인식 여부**
>
> 1. 제거시점의 공정가치 = 수취대가 = 장부가액
>
> FVOCI 금융자산은 제거(매각) 시 금융자산의 장부금액을 제거일에 공정가치로 재측정하여 기타포괄손익을 계상해야 한다. 일반적으로는 제거 시 수취대가는 제거시점의 공정가치와 동일할 것이며, 이러한 경우에는 처분손익이 발생하지 않는다. 제거 시 발생하는 수수료는 당기비용으로 계상한다.
>
> ① 상장법인주식 10%를 1,000에 취득(수수료 포함)하고 FVOCI 금융자산으로 분류
>
> (차) FVOCI 금융자산   1,000   (대) 현금   1,000

② 12.31. 공정가치 1,200

  (차) FVOCI 금융자산   200   (대) FVOCI 금융자산평가이익   200

③ 4.20. 매각대가 1,500(공정가치와 동일. 장내시장에서 매각)

  (차) FVOCI 금융자산   300   (대) FVOCI 금융자산평가이익   300

  (차) 현금   1,500   (대) FVOCI 금융자산   1,500

  (차) FVOCI 금융자산평가이익 500   (대) 미처분이익잉여금   500

2. 제거시점의 공정가치 = 장부금액 ≠ 수취대가(상장법인의 경우)

제거시점의 공정가치로 FVOCI 금융자산의 장부금액을 수정한 경우 수취대가와 일치하지 않을 수 있다. 이는 상장법인의 주식을 장외거래로 매각하는 경우 등에 발생하며, 장부금액과 수취대가의 차이는 FVOCI 금융자산의 처분손익으로 계상한다.

① · ②: '1.'과 동일

③ 4.20. 매각대가 1,800(공정가치는 1,500. 장외거래로 매각)

  (차) FVOCI 금융자산   300   (대) FVOCI 금융자산평가이익   300

  (차) 현금   1,800   (차) FVOCI 금융자산   1,500

                                 FVOCI 금융자산처분이익(수익) 300

  (차) FVOCI 금융자산평가이익 500   (차) 미처분이익잉여금   500

3. 비상장법인의 경우

비상장법인이 발행한 주식을 보유하고 있는 회사는 결산일에 회계법인 등 또는 회사 자체적으로 공정가치 금액을 측정하여 평가손익을 기타포괄손익으로 계상한다.

해당 주식을 제거 시 제거시점의 공정가치를 평가하여 장부금액을 재조정하고 조정된 장부금액과 수취대가는 당연히 차이가 발생할 것이므로 차이금액은 처분손익으로 계상하는 것이 타당할 것이나 처분시점의 공정가치를 평가하여 처분손익을 계상하는 것의 실무상 적용 여부에 대해 많은 논의가 이루어지고 있으며, 저자의 생각으로는 제거 시 수취대가와 전기 말 결산시점의 장부금액의 차액을 당기손익으로 계상하는 것이 타당할 것으로 판단된다.

(3) 상각후원가와 유효이자율

① 상각후원가

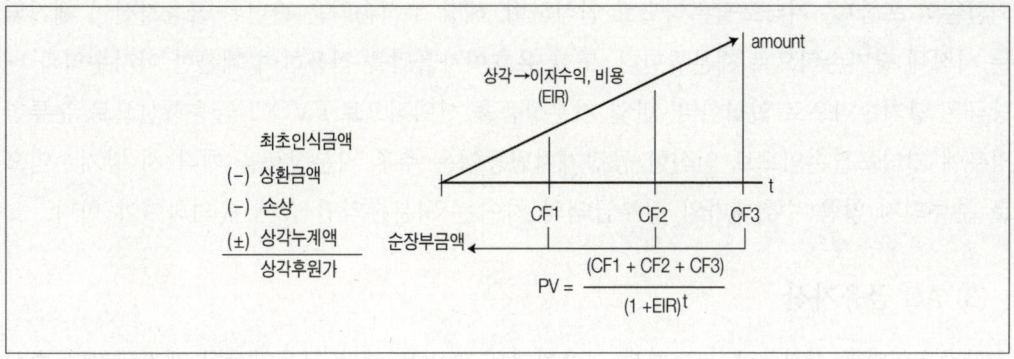

② 유효이자율(EIR)

가. 기대존속기간에 예상되는 미래현금흐름의 현재가치를 순장부금액과 일치시키는 이자율을 말한다.

나. 이미 발생한 대손을 거래가격에 반영한 경우, 대손을 추정현금흐름에 반영하여 유효이자율을 계산한다.

다. 현금흐름에 대한 추정변경 시, 변경된 현금흐름에 최초 유효이자율로 새로운 장부금액을 계산하고 이전 장부금액과의 차이는 당기손익으로 인식한다.

(4) 법인세법

법인세법에서는 자산 · 부채의 평가 시 원칙적으로 원가법을 적용하므로, K-IFRS상 후속측정 손익금액에 대하여 세무조정을 실시한다.

5 손 익

위험회피회계의 대상이 아닌 금융자산의 손익은 다음과 같이 회계처리한다.

(1) FVPL 금융자산

FVPL 금융자산의 공정가치 변동에 따른 손익과 배당금은 당기손익으로 인식한다. 만일 채무상품을 FVPL 금융자산으로 분류하였다면 유효이자율(또는 표시이자율)을 적용한 이자수익을 인식한다.

(2) FVOCI 금융자산

FVOCI 금융자산(채무상품)의 공정가치변동에 따른 손익(비화폐성 FVOCI 금융자산의 외환손익 포함)은 기타포괄손익으로 인식하며, 해당 누적손익은 관련된 금융자산이 제거되는 시점에 당기손익으로 재분류한다. 또한 유효이자율법을 적용하여 계산한 이자수익과 배당금은 당기손익으로 인식한다. 만일 지분상품을 선택적으로 FVOCI 금융자산으로 분류한 경우에 기타포괄손익으로 인식한 공정가치변동액은 추후 지분상품을 매각 시 당기손익으로 분류되지 않음(수취대가와 장부금액의 차이는 처분손익인식)에 유의하여야 한다.

(3) AC 금융자산

상각후원가를 장부금액으로 하는 금융자산의 손익은 해당 금융자산이 제거되거나 손상되었을 때 당기손익으로 인식하거나 상각과정을 거쳐 당기손익으로 인식한다.

사례 8 상각후원가 측정 금융자산

1. 자료

2025.1.1. 수진(주)는 다음과 같은 조건의 회사채를 9,500,000원에 취득하고 상각후원가 측정 금융자산으로 분류하였다.

   (1) 액면가액: 10,000,000원
   (2) 이자: 표시이자율 10%, 매년 말 후급
   (3) 만기: 2027.12.31.
   (4) 원금상환방법: 만기일시상환
   (5) 거래원가: 19,634원
   (6) 유효이자율: 12%

2. 유효이자율법에 의한 상각표

   AC 금융상품의 경우 거래원가를 취득원가에 가산하여 유효이자율법에 의해 상각하므로, 해당 회사채의 유효이자율법에 의한 상각표는 다음과 같다.

일 자	유효이자	액면이자	상각액	장부가액
2025.1.1.				9,519,634
2025.12.31.	1,142,356	1,000,000	142,356	9,661,990
2026.12.31.	1,159,439	1,000,000	159,439	9,821,429
2027.12.31.	1,178,571	1,000,000	178,571	10,000,000
합계	3,480,366	3,000,000	480,366	

3. 각 시점별 회계처리

일 자		회계처리				
2025.1.1.	(차)	AC 금융자산	9,519,634	(대)	현　금	9,519,634
2025.12.31.	(차)	AC 금융자산	142,356	(대)	이자수익	1,142,356
		현　　金	1,000,000			
2026.12.31.	(차)	AC 금융자산	159,439	(대)	이자수익	1,159,439
		현　　金	1,000,000			
	(차)	AC 금융자산 (유동자산)^{주)}	9,821,429	(대)	AC 금융자산 (비유동자산)	9,821,429
2027.12.31.	(차)	AC 금융자산	178,571	(대)	이자수익	1,178,571
		현　　金	1,000,000			
	(차)	현　　金	10,000,000	(대)	AC 금융자산	10,000,000

주) 재무상태표일로부터 1년 이내에 만기가 도래하므로 유동자산으로 분류한다.

4. 세무조정

(1) 2025년

　　익금불산입 · AC 금융자산 · 142,356 · △유보

(2) 2026년

　　익금불산입 · AC 금융자산 · 159,439 · △유보

(3) 2027년

　　익금불산입 · AC금융자산 · 178,571 · △유보

　　익금산입 · AC금융자산 · 480,366 · 유보

사례 9　기타포괄손익 – 공정가치측정금융자산(채무상품)

1. 자료

2025.1.1. 수진(주)는 다음과 같은 조건의 회사채를 9,500,000원에 취득하고 기타포괄손익 – 공정가치측정금융상품으로 분류하기로 하였다.

(1) 액면가액: 10,000,000원

(2) 이자: 표시이자율 10%, 매년 말 후급

(3) 만기: 2027.12.31.

(4) 원금상환방법: 만기일시상환

(5) 거래원가: 19,634원

(6) 유효이자율: 12%

(7) 2025.12.31.과 2026.12.31.의 공정가치는 각각 9,650,000원, 9,830,000원이다.

2. 유효이자율법에 의한 상각표

상기(사례 8)의 AC 금융자산과 동일하다.

3. 각 시점별 회계처리

일 자	회계처리
2025.1.1.	(차) FVOCI 금융자산 9,519,634 (대) 현 금 9,519,634
2025.12.31.	(차) FVOCI 금융자산 142,356 (대) 이자수익 1,142,356 현 금 1,000,000 (차) FVOCI 금융자산평가손실 11,990 (대) FVOCI 금융자산 11,990 (⊖기타포괄손익)
2026.12.31.	(차) FVOCI 금융자산 159,439 (대) 이자수익 1,159,439 현 금 1,000,000 (차) FVOCI 금융자산 20,561 (대) FVOCI 금융자산평가손실 11,990 FVOCI 금융자산평가이익 8,571 (⊕기타포괄손익) (차) FVOCI 금융자산 9,830,000 (대) FVOCI 금융자산 9,830,000 (유동자산)주) (비유동자산)
2027.12.31.	(차) FVOCI 금융자산 178,571 (대) 이자수익 1,178,571 현 금 1,000,000 (차) 현 금 10,000,000 (대) FVOCI 금융자산 10,008,571 FVOCI 금융자산평가이익 8,571

주) 재무상태표일로부터 1년 이내에 만기가 도래하므로 유동자산으로 분류한다.

4. 세무조정

(1) 2025년

손금산입 · FVOCI 금융자산평가손실 · 11,990 · 기타

익금산입 · FVOCI 금융자산 · 11,990 · 유보

익금불산입 · FVOCI 금융자산 · 142,356 · △유보

(2) 2026년

익금불산입 · FVOCI 금융자산 · 159,439 · △유보

손금산입 · FVOCI 금융자산 · 11,990 · 유보

익금산입 · FVOCI 금융자산 · 11,990 · 기타

익금산입 · FVOCI 금융자산평가이익 · 8,571 · 기타

손금산입 · FVOCI 금융자산 · 8,571 · △유보

(3) 2027년

익금불산입 · FVOCI 금융자산 · 178,571 · △유보

익금산입 · FVOCI 금융자산 · 8,571 · 유보

손금산입 · FVOCI 금융자산 · 8,571 · 기타

익금산입 · FVOCI 금융자산 · 480,366 · 유보

사례 10 당기손익 – 공정가치측정금융자산(지분상품)

1. 자료

(1) 수진(주)는 2025.12.28. 상장된 영봉(주) 주식 1,000주를 10,000,000원에 취득하였으며, 거래원가 1,000,000원이 발생하였다. 수진(주)는 이를 당기손익 – 공정가치측정금융자산으로 분류하였다.

(2) 2025.12.31. 현재 영봉(주)의 주식 1주당 시가는 11,000원이다.

(3) 2026.1.3. 주식 취득대금이 결제되었다.

(4) 2026.4.5. 영봉(주) 주식 1,000주를 12,000,000원에 추가로 취득하였으며, 거래원가 1,200,000원이 발생하였다.

(5) 2026.4.8. 주식 취득대금이 결제되었다.

(6) 2026.5.8. 영봉(주) 주식 1,000주를 14,000,000원에 매도하였으며, 거래원가 1,400,000원이 발생하였다.

(7) 2026.5.11. 주식 매도대금이 결제되다.

(8) 2026.6.8. 영봉(주) 주식 1,000주를 13,000,000원에 취득하였으며, 거래원가 1,300,000원이 발생하다.

(9) 2026.6.11. 주식 취득대금이 결제되다.

(10) 2026.12.31. 현재 영봉(주)의 주식 1주당 시가는 11,500원이다.

(11) 수진(주)는 매매일 회계처리방법을 채택하고 있으며, 처분 주식의 단가산정방법으로 이동평균법을 채택하고 있다.

2. 회계처리

각 시점별 수진(주)의 회계처리는 다음과 같다.

일 자	회계처리			
2025.12.28.	(차) FVPL 금융자산	10,000,000	(대) 미지급금	11,000,000
	금융상품거래원가 (비용)	1,000,000		

일 자	회계처리				
2025.12.31.	(차) FVPL 금융자산	1,000,000	(대) FVPL 금융자산 평가이익(수익)	1,000,000
2026.1.3.	(차) 미지급금	11,000,000	(대) 현 금	11,000,000
2026.4.5.	(차) FVPL 금융자산 금융상품거래원가 (비용)	12,000,000 1,200,000	(대) 미지급금	13,200,000
2026.4.8.	(차) 미지급금	13,200,000	(대) 현 금	13,200,000
2026.5.8.	(차) 미수금	14,000,000	(대) FVPL 금융자산 FVPL 금융자산 처분이익 미지급금	11,500,000* 1,100,000 1,400,000
2026.5.11.	(차) 현 금 미지급금	12,600,000 1,400,000	(대) 미수금	14,000,000
2026.6.8.	(차) FVPL 금융자산 금융상품거래원가 (비용)	13,000,000 1,300,000	(대) 미지급금	14,300,000
2026.6.11.	(차) 미지급금	14,300,000	(대) 현 금	14,300,000
2026.12.31.	(차) FVPL 금융자산 평가손실(비용)	1,500,000**	(대) FVPL 금융자산	1,500,000

$$* \ (10{,}000{,}000 + 1{,}000{,}000 + 12{,}000{,}000) \times \frac{1{,}000}{2{,}000} = 11{,}500{,}000$$

$$** \ 2{,}000주 \times 11{,}500 - (11{,}500{,}000 + 13{,}000{,}000) = (-)1{,}500{,}000$$

3. 세무조정

(1) 2025년

① FVPL 금융자산의 거래원가는 법인세법에서도 당기손금으로 인정된다.

② 익금불산입·FVPL 금융자산·1,000,000·△유보

(2) 2026년

익금산입·FVPL 금융자산·500,000[주]·유보

주) 11,500,000 − 11,000,000(22,000,000 × 50%) = 500,000

손금불산입·FVPL 금융자산·1,500,000·유보

<table>
<tr><td>사례 11</td><td colspan="2">기타포괄손익 – 공정가치측정 선택 금융자산(지분상품)</td></tr>
</table>

1. 자료

    (1) 수진(주)는 2025.12.28. 상장된 영봉(주) 주식 1,000주를 10,000,000원에 취득하였으며, 거래원가 1,000,000원이 발생하였다. 수진(주)는 이를 기타포괄손익 – 공정가치측정금융자산으로 분류하였다.

    (2) 2025.12.31. 현재 영봉(주)의 주식 1주당 시가는 11,500원이다.

    (3) 2026.1.3. 주식 취득대금이 결제되었다.

    (4) 2026.4.5. 영봉(주) 주식 1,000주를 12,000,000원에 추가로 취득하였으며, 거래원가 1,200,000원이 발생하였다.

    (5) 2026.4.8. 주식 취득대금이 결제되었다.

    (6) 2026.12.31. 현재 영봉(주)의 주식 1주당 시가는 11,000원이다.

    (7) 2027.5.8. 영봉(주) 주식 1,000주를 14,000,000원에 매도하였으며, 거래원가 500,000원이 발생하다.

    (8) 2027.5.11. 주식 매도대금이 결제되었다.

    (9) 2027.6.8. 영봉(주) 주식 1,000주를 13,000,000원에 취득하였으며, 거래원가 1,300,000원이 발생하다.

    (10) 2027.6.11. 주식 취득대금이 결제되었다.

    (11) 2027.12.31. 현재 영봉(주)의 주식 1주당 시가는 13,500원이다.

    (12) 수진(주)는 매매일 회계처리방법을 채택하고 있으며, 처분 주식의 단가산정방법으로 이동평균법을 채택하고 있다.

2. 회계처리

    각 시점별 수진(주)의 회계처리는 다음과 같다.

일 자	회계처리			
2025.12.28.	(차) FVOCI 금융자산	11,000,000	(대) 미지급금	11,000,000
2025.12.31.	(차) FVOCI 금융자산	500,000	(대) FVOCI 금융자산 평가이익 (⊕기타포괄손익)	500,000
2026.1.3.	(차) 미지급금	11,000,000	(대) 현금	11,000,000
2026.4.5.	(차) FVOCI 금융자산	13,200,000	(대) 미지급금	13,200,000
2026.4.8.	(차) 미지급금	13,200,000	(대) 현 금	13,200,000
2026.12.31.	(차) FVOCI 금융자산 평가이익	500,000	(대) FVOCI 금융자산	2,700,000*

일 자	회계처리					
		FVOCI 금융자산 평가손실 (⊖기타포괄손익)	2,200,000			
2027.5.8.	(차)	FVOCI 금융자산 미수금 FVOCI 금융자산 처분손실	3,000,000** 14,000,000 500,000***	(대)	FVOCI 금융자산 평가손실 FVOCI 금융자산 평가이익 FVOCI 금융자산 미지급금	1,100,000 1,900,000 14,000,000 500,000
2027.5.11.	(차)	현금 미지급금	13,500,000 500,000	(대)	미수금	14,000,000
2027.6.8.	(차)	FVOCI 금융자산	14,300,000	(대)	미지급금	14,300,000
2027.6.11.	(차)	미지급금	14,300,000	(대)	현 금	14,300,000
2027.12.31	(차)	FVOCI 금융자산	1,700,000	(대)	FVOCI 금융자산 평가이익 (⊕기타포괄손익)	1,700,000

  * 2,000주×11,000－(11,000,000＋500,000＋13,200,000)＝(－)2,700,000

  ** 1,000주×(14,000－11,000)＝3,000,000

*** 지분상품을 FVOCI 선택 금융자산으로 분류한 경우 지분상품을 매각한 경우에는 기 계상되었던 기타포괄손익은 FVOCI 금융자산처분손익으로 재분류되지 않음. 기준서에는 불분명하지만 기업의 선택에 따라 기타포괄손익해당액은 이익잉여금(실지 계정은 미처분이익잉여금)으로 대체가 가능할 것으로 판단됨.

3. 세무조정

(1) 2025년

　　익금산입 · FVOCI 금융자산평가이익 · 500,000 · 기타

　　손금산입 · FVOCI 금융자산 · 500,000 · △유보

(2) 2026년

　　익금산입 · FVOCI 금융자산 · 500,000 · 유보

　　손금산입 · FVOCI 금융자산 · 500,000 · 기타

　　손금산입 · FVOCI 금융자산평가손실 · 2,200,000 · 기타

　　익금산입 · FVOCI 금융자산 · 2,200,000 · 유보

(3) 2027년

　　손금산입 · FVOCI 금융자산 · 2,200,000 · 유보

　　익금산입 · FVOCI 평가손실 · 2,200,000 · 기타

익금산입 · FVOCI 금융자산 · 1,900,000* · 유보

    * 세무상 처분이익: $(14,000,000-500,000)-(11,000,000+13,200,000)\times50\%=1,400,000$
      장부상 처분이익: $(-)500,000$
      익금산입해당액: $1,400,000+500,000=1,900,000$
      익금산입 · FVOCI평가이익 · 2,500,000 · 기타
      손금산입 · FVOCI금융자산 · 2,500,000 · △유보

〈검증방법〉

1. 장부상 FVOCI 금융자산 잔액

   $27,000,000(11,000,000+500,000+13,200,000-2,700,000+3,000,000-14,000,000$
   $+14,300,000+1,700,000)$

2. 세무상 FVOCI 금융자산 잔액

   $26,400,000(1+4)(11,000,000+13,200,000-12,100,000+14,300,000)$

3. 차이$(1-2)$: 600,000

4. 유보잔액	$(-)$ 600,000
전기이월	$(+)2,200,000$
당기조정	$(-)2,200,000$
	$(+)1,900,000$
	$(-)2,500,000$
기말잔액	$(-)$ 600,000

저자주 ◗

이연법인세회계 적용 시 회계처리

1. 2025.10.1. A법인주식 1,000에 취득

(차) FVOCI 금융자산	1,000	(대) 현금	1,000

2. 2025.12.31. 공정가치 1,200(이연법인세 적용 시 평균세율 20% 전제)

(차) FVOCI 금융자산	200	(대) FVOCI 금융자산평가이익	160
		이연법인세부채	40

3. 2026.4.20. 1,500에 매각

(차) FVOCI 금융자산	300	(대) FVOCI 금융자산평가이익	240
		이연법인세부채	60
(차) 현금	1,500	(대) FVOCI 금융자산	1,500

| (차) | FVOCI 금융자산평가이익 | 400 | (대) | 미처분이익잉여금 | 400 |
| (차) | 이연법인세부채 | 100 | (대) | 법인세비용 | 100 |

4. 2025년 · 2026년 포괄손익계산서상 기타포괄손익 표시

기타포괄손익	2025년	2026년
당기손익으로 재분류되지 않는 항목		
기타포괄손익 – 공정가치금융자산평가이익	200	300
당기손익으로 재분류되지 않는 항목과 관련된 법인세	(40)	(60)

5. '1.'의 FVOCI 금융자산이 채무상품인 경우 매각 시 회계처리

(차)	현금	1,500	(대)	FVOCI 금융자산	1,200
	FVOCI 금융자산평가이익	160		FVOCI 처분이익	500
	이연법인세부채	40			

(4) 금융자산의 외환손익

① 화폐성 금융자산

기준서 제1021호에 따른 화폐성 항목이며, 외화로 표시되는 금융자산의 외환손익은 당기손익으로 인식한다. 따라서 화폐성 기타포괄손익 – 공정가치금융자산(예: 채무상품)의 외화기준 상각후원가의 변동에서 발생한 외환차이는 당기손익으로 인식하며, 기타 장부금액의 변동에서 발생한 차이는 기타포괄손익으로 인식한다.

② 비화폐성 금융자산

기준서 제1021호에 따른 화폐성 항목이 아닌 기타포괄손익 – 공정가치금융자산(예: 지분상품)의 외환손익은 기타포괄손익에 포함하여 처리한다.

③ 위험회피 금융자산

비파생화폐성자산과 비파생화폐성부채 사이에 위험회피관계가 있다면, 이러한 금융상품의 외환요소 변동은 당기손익으로 인식한다.

사례 12 **외화매도가능채권**

1. 자료

수진(주)가 보유하고 있는 외화채권의 자료는 다음과 같다.

(1) 유효이자율법에 의한 상각표

일 자	유효이자	액면이자	상각액	장부가액
2025.1.1.				$952
2025.12.31.	$114	$100	$14	$966
2026.12.31.	$116	$100	$16	$982
2027.12.31.	$118	$100	$18	$1,000
합계	$348	$300	$48	

(2) 각 시점별 공정가치 및 환율

일 자	공정가치	마감환율	평균환율
2025.1.1.	$952	1,000/$	
2025.12.31.	$970	1,200/$	1,100/$
2026.12.31.	$980	1,100/$	1,150/$
2027.12.31.	$1,000	1,300/$	1,200/$

2. 시점별 회계처리

일 자	회계처리			
2025.1.1.	(차) FVOCI 금융자산	952,000	(대) 현 금	952,000
2025.12.31.	(차) FVOCI 금융자산	5,400	(대) 이자수익	125,400
	현 금	120,000		
	(차) FVOCI 금융자산	201,800	(대) 외화환산이익	201,800
	(차) FVOCI 금융자산	4,800	(대) FVOCI 금융자산평가이익	4,800
2026.12.31.	(차) FVOCI 금융자산	23,400	(대) 이자수익	133,400
	현 금	110,000		
	(차) 외화환산손실	102,400	(대) FVOCI 금융자산	102,400
	(차) FVOCI 금융자산평가이익 4,800 FVOCI 금융자산평가손실 2,200		(대) FVOCI 금융자산	7,000
	(차) FVOCI 금융자산 (유동자산)	1,078,000	(대) FVOCI 금융자산 (비유동자산)	1,078,000

일 자	회계처리				
2027.12.31.	(차) FVOCI 금융자산	11,600	(대) 이자수익		141,600
	현 금	130,000			
	(차) 현 금	1,300,000	(대) FVOCI 금융자산		1,089,600
			FVOCI 금융자산평가손실		2,200
			외환차익		208,200

3. 세무조정

　(1) 2025년

　　① 2011년부터 법인세법에서는 화폐성 외화자산·부채와 화폐성 외화자산·부채의 환위험을 회피하기 위한 통화선도·통화스왑에 대하여 평가손익을 회사선택에 의하여 인식할 수 있도록 하고 있다.

　　② 익금불산입·FVOCI 금융자산·5,400·△유보

　　　익금산입·FVOCI 금융자산평가이익·4,800·기타

　　　손금산입·FVOCI 금융자산·4,800·△유보

　(2) 2026년

　　익금불산입·FVOCI 금융자산·23,400·△유보

　　익금산입·FVOCI 금융자산·4,800·유보

　　손금산입·FVOCI 금융자산·4,800·기타

　　손금산입·FVOCI 금융자산평가손실·2,200·기타

　　익금산입·FVOCI 금융자산·2,200·유보

　(3) 2027년

　　손금산입·FVOCI 금융자산·2,200·유보

　　익금산입·FVOCI 금융자산·2,200·기타

　　익금산입·FVOCI 금융자산·28,800·유보

사례 13   외화매도가능주식

1. 자료

  (1) 수진(주)는 2025.12.28. 해외 상장주식을 $1,000(환율 1,000/$)에 취득하였고,
      FVOCI 금융상품으로 분류하였다. 해당 주식취득대금 결제일은 2024.1.5.이다.

  (2) 2025.12.31. 해당 지분증권의 공정가치는 $1,100이며, 환율은 1,100/$이다.

  (3) 회사는 매매일 회계처리방법을 채택하고 있다.

2. 회계처리

일 자	회계처리			
2025.12.28.	(차) FVOCI 금융자산	1,000,000	(대) 미지급금	1,000,000
2025.12.31.	(차) FVOCI 금융자산	210,000	(대) FVOCI 금융자산평가이익	210,000[주]
	(차) 외화환산손실	100,000	(대) 미지급금	100,000

주) $1,100×1,100/$ −1,000,000＝210,000(평가이익)

---

(5) 법인세법상 유가증권의 평가

1) 평가방법 및 신고

① 평가원칙

- 주식: 총평균법, 이동평균법
- 채권: 총평균법, 이동평균법, 개별법

단, 자본시장과금융투자업에관한법률에 따른 투자회사 등이 보유한 법인세법 시행령 제73조 제2호 다목의 규정에 의한 집합투자재산의 평가는 시가법에 의하며(법령 §75 ③), 자기주식을 취득하고 별도로 자사주펀드에 의해 자기주식을 취득한 경우 취득가액은 총평균법에 의하여 계산한다(법인 46012−635, 2001.4.14.).

② 외국자회사 수입배당금을 익금불산입한 경우의 취득가액계산(법인령 §72 ②)

내국법인이 외국자회사를 인수하여 취득한 주식등으로서 그 주식등의 취득에 따라 내국법인이 외국자회사로부터 받은 법 제18조의4 제1항에 따른 수입배당금액이 다음의 요건을 모두 갖춘 경우에 해당하는 주식등은 해당 주식등의 매입가액에서 다음의 요건을 모두 갖춘 수입배당금액을 뺀 금액

가. 내국법인이 외국자회사의 의결권 있는 발행주식총수 또는 출자총액의 100분의 10 (「조세특례제한법」제22조에 따른 해외자원개발사업을 하는 외국법인의 경우에는 100분의 5) 이상을 최초로 보유하게 된 날의 직전일 기준 이익잉여금을 재원 (財源)으로 한 수입배당금액일 것

나. 법 제18조의4 제1항에 따라 익금에 산입되지 않았을 것

③ 신고기한
- 최초신고: 법인세신고기한까지 신고
- 변경신고: 변경사업연도 종료일 이전 3월까지 신고

④ 무신고 · 임의변경 시
- 무신고: 총평균법으로 평가한 가액
- 임의변경: Max[신고한 방법, 총평균법]

2) 유가증권평가손실의 인정

법인세법상 유가증권의 평가원칙은 원가법이나, 다음의 경우에는 평가손실을 손금으로 인정한다.

① 내국법인이 보유하는 주권상장법인, 특수관계가 없는 비상장법인(지분율 5% 이하 및 취득가액 10억 원 이하의 보유주식을 뜻함)이 발행한 주식 등의 발행법인에게 부도가 발생하거나 중소기업창업투자회사 · 신기술사업금융업자가 보유하는 창업자 · 신기술 사업자가 발행한 주식 등의 발행법인에게 부도가 발생한 경우 또는 채무자회생및파산 에관한법률에 따른 회생계획인가의 결정을 받았거나 기업구조조정촉진법에 따른 부실징후기업이 된 경우의 당해 주식 등: 당해 주식 등 발행법인별로 그 보유주식총액을 사업연도 종료일 현재 시가(주식 등 발행법인별로 보유주식총액의 시가평가액이 1천 원 이하인 경우에는 1천 원)로 평가하여 장부가액을 감액한다(법령 §78 ② · ③ 3호).

② 주식 등 발행법인이 파산한 경우: 사업연도 종료일 현재 시가(시가평가액이 1천 원 이하인 경우 1천 원)로 평가하여 장부가액을 감액한다(법령 §78 ③ 4호).

파산선고일이 속하는 사업연도에 손금산입되며, 폐업의 경우에는 인정되지 않는다(서 이 46012-10856, 2003.3.21.).

③ 간접투자자산운용업법에 의한 투자회사의 ㉠ 주식, ㉡ 채권, ㉢ 유가증권(주식 · 채권 제외), ㉣ 금융기관이 발행 · 매출 · 중개하는 어음 · 채무증서, ㉤ 외화증권: 시가법

(기업회계기준에 따라 시가로 평가한 가액을 평가액으로 하는 방법)에 의해 평가손실 계상이 가능하다.

④ 상기 이외의 유가증권평가손실은 손금산입될 수 없으며, 유가증권을 처분하거나 주식 발행법인이 해산하여 잔여재산의 분배가 완료된 때에 손금에 산입된다(서이 - 352, 2006. 2.15.). 해외현지법인에 대하여는 해산 및 청산절차를 거쳐 투자액을 회수할 수 없는 것으로 확정될 때 손금에 산입된다(서이 - 1402, 2005.8.31.).

⑤ 주식을 발행한 해외현지법인이 일정기간 영업활동을 계속하지 않아 해당 국가의 법률에 따라 기업등록이 말소된 후 자체적으로 청산절차를 이행하지 않은 경우 해외현지법인의 발행주식을 보유한 내국법인은 해외현지법인이 해당 국가의 법률에 따라 청산이 종료되고 배분가능한 잔여재산가액이 없는 것으로 확인되는 때에 해당 주식가액을 손금에 산입하는 것이다(사전 - 2015 - 법령해석법인 - 0057, 2015.6.11.).

⑥ 법인이 보유한 유가증권의 평가손실은 법인세법 시행령 제78조 제3항의 규정에 해당하는 경우를 제외하고는 원칙적으로 손금에 산입하지 않는 것으로 그 처분손실은 실제 유가증권을 처분하여 손익이 실현되거나 주식 발행법인이 해산하여 잔여재산의 분배가 완료된 때에 손금에 산입하는 것이며(조심 2014부4299, 2014.12.4.), 파산선고일에 잔여재산의 분배가 완료되는 것은 아니며 국세청의 집행기준 19의2 - 19의2 - 2(파산의 범위 및 대손금 처리)에서 파산이란 채무자회생및파산에관한법률에 따라 법원이 파산폐지 결정하거나 파산종결 결정하여 공고한 경우를 말한다라고 해석하고 있는 점 등을 비추어 파산법인의 주식에 대한 평가손실을 기본통칙 42 - 78 - 4(주식 등을 발행한 법인이 파산한 경우 당해 주식가액의 처리)에서 규정하고 있는 파산선고일이 속하는 사업연도의 손금으로만 산입하여야 하는 것은 아니다. 즉, 파산선고일과 파산종결일 중 선택할 수 있는 것이다(조심 2018서3374, 2019.6.11.).

⑦ 내국법인이 자회사를 흡수합병함에 있어 내국법인이 보유하고 있는 자회사의 주식(포합주식)에 대하여 합병신주를 교부하지 않고 소각하는 경우 내국법인이 합병등기일 전에 포합주식과 관련하여 익금불산입(△유보) · 손금불산입(유보)한 금액은 합병법인의 각 사업연도 소득금액계산 시 해당 금액을 익금산입(유보) · 손금산입(유보) 및 익금불산입(기타) · 손금불산입(기타)하는 것이다(사전법령법인 - 636, 2019.12.3. ; 서면법규법인 - 2491, 2024.6.27.).

⑧ 자본잠식상태에 있지 아니한 내국법인의 완전자회사(피합병법인)가 해당 내국법인의 다른 완전자회사(합병법인)에 무증자합병(합병비율 1 : 0)됨에 따라(피합병법인의 주식

을 시가보다 낮게 평가한 경우에 해당), 해당 내국법인이 보유한 피합병법인 주식이 전부 소멸된 경우에는 피합병법인 주식의 세무상 장부가액은 합병법인 주식의 장부가액에 가산하는 세무조정을 하여야 한다(사전법규법인-1013, 2023.1.27. ; 법인세제과-12, 2024.1.4.).

⑨ 무증자합병* 시 합병법인 주식의 가액은 다음과 같이 조정한다(법인령 §72 ⑤).

 * 법인세법 제44조 제3항 제2호에 해당하는 경우(동일한 내국법인이 발행주식총수를 소유하고 있는 서로 다른 법인 간에 합병하는 경우)로서 합병법인의 주식을 지급하지 않은 경우

 합병법인 종전 주식의 가액＋소각된 피합병법인 주식의 가액－현금 등 지급액

⑩ 청구법인(매도주주들)이 다른 주주들과 보유하고 있던 법인(매각대상법인) 주식을 매각하는 과정에서 매각대상법인과 합의하에 일정금액을 매각대상법인의 임직원에게 특별상여금을 지급한 금액에 대하여 이는 법인세법상 손금에 해당됨(조심 2022중5989, 2024.1.31.).

⑪ 주식 등의 발행법인이 폐업한 경우에는 해당 법인이 파산한 경우에 해당하지 않으므로 폐업법인의 주식에 대한 투자유가증권손상차손은 손금에 산입할 수 없다(서이 46012-10586, 2003.3.21.). 이때 법원이 해당 폐업법인을 「상법」에 의한 휴면회사로 보아 관보에 해산공고한 후 3년이 경과한 날에 청산종결의 등기를 하고 법인등기부등본을 폐쇄한 경우 그 폐쇄일이 속하는 사업연도에 손금산입한다(서이-769, 2005.6.3.). ; 참조 「휴면법인의 해산 등에 관한 사무처리지침」(등기예규 제1755호 2022.8.24.)

6 손 상

(1) 손상의 의의

기업이 계약상 이자와 원금의 현금흐름을 수취할 금융자산을 보유하고 있는데, 당해 금융자산 발행자의 신용위험이 높아지면 계약상 현금흐름을 계약기간 동안 모두 수취하지 못할 가능성이 높아지게 된다. 그러므로 매 보고기간 말에 금융자산의 신용위험을 평가하고 미래에 수취하지 못할 금액을 추정하여 이를 비용으로 인식하여야 하는데, 이를 손상차손이라 한다.

종전 기준서(제1039호)는 손상 사건이 발생한 결과 금융자산이 손상되었다는 객관적 증거가 있는 경우에만 손상차손을 인식하도록 하는 발생손실모형(incurred loss model)을 적용하여 금융자산에서 미래에 손상이 발생할 것으로 예상되더라도 보고기간 말 현재 금융자산이 손상되었다는 객관적 증거가 없다면 손상차손을 인식하지 못하는 문제가 있었다. 이러한 문제점을 해결하기 위하여 기준서 제1109호는 기대손실모형(expected credit loss model)을 도입하여 보고기간 말에 신용위험이 유의적으로 증가하였다고 판단되면 기대신용손실을 추정하여 이를 손상차손으로 인식하도록 규정하고 있다.

(2) 손상차손 인식대상 금융자산

공정가치 변동을 당기손익으로 인식하는 FVPL 금융자산은 신용위험의 증가가 공정가치 하락으로 평가손실을 당기손익으로 인식할 것이므로 별도로 손상차손을 인식하지 않는다. 또한 FVOCI 금융상품으로 분류된 지분상품은 계약상 현금흐름(즉, 이자 및 원금)이 발생하지 않기 때문에 손상규정을 적용하지 않는다. 따라서 AC 금융자산과 FVOCI 금융자산으로 분류되는 계약상 현금흐름이 발생하는 채무상품, 대여금, 수취채권 등이 손상차손을 인식하는 금융자산에 해당된다.

지분상품(주식 등)을 FVPL 금융자산으로 분류한 경우에는 결산일에 정확한 공정가치를 산출하여 평가손익을 당기손익으로 인식하여야 한다. 이 경우 비상장주식을 FVPL 금융자산으로 분류하였다면 외부의 전문가들로부터 공정가치금액을 산정받아 평가손익을 계상하여야 할 것이다. 대다수의 경우 비상장주식을 취득하는 경우 FVOCI 금융자산으로 분류할 것으로 판단되며, 이의 평가손익은 기타포괄손익으로 인식되어야 한다. 비상장주식의 발행법인이 부도발생 자본잠식 등의 사유가 발생하게 되면 이의 손상차손을 인식하느냐의 문제가 발생되며, 특히 원가를 공정가치의 대용치로 사용한 경우 더욱 판단하기 어려워짐에 유의하여야 한다.

(3) 기대신용손실

1) 기대신용손실의 추정

손상차손 인식대상 금융자산에 대해서 추정한 기대신용손실을 손실충당금(loss allowance, 종전에는 대손충당금의 계정사용)으로 인식하여야 한다.

---

① 당기말 기대신용손실 추정액〉장부상 손실충당금 잔액
  → 양자의 차이만큼 다음과 같이 손상차손 인식
  (차) 금융자산손상차손　　　×××　　　(대) 손실충당금　　　×××
② 당기말 기대신용손실 추정액〈장부상 손실충당금 잔액
  → 양자의 차이만큼 다음과 같이 손상차손환입 인식
  (차) 손실충당금　　　×××　　　(대) 금융자산손상차손환입　　　×××

기대신용손실은 다음과 같이 추정한다.

① 신용손실(Credit Loss)

현금부족액(계약상 받기로 한 금액 – 받을 것으로 예상하는 금액)을 최초 유효이자율로 할인한 현재가치를 말한다.

② 기대신용손실(Expected Credit Loss)

해당 신용손실을 채무불이행 발생위험으로 가중평균한 금액을 말하며, 이는 금융자산의 기대존속기간에 걸친 신용손실의 확률가중추정치를 말한다.

기대신용손실은 지급액과 지급시기를 고려하여 추정하는데, 이의 추정기간은 다음과 같다.

구 분		추정기간
일반적인 금융자산	최초인식 후 금융자산의 신용위험이 유의적으로 증가하지 않은 경우	12개월
	최초인식 후 금융상품의 신용위험이 유의적으로 증가한 경우	전체기간
	보고기간 말에 신용이 손상된 금융자산	전체기간
취득 시 신용이 손상되어 있는 금융자산		전체기간
간편법을 적용하는 매출채권, 계약자산, 리스채권		전체기간

금융자산을 최초인식한 후에 매 보고기간 말에 당해 금융자산의 신용위험이 유의하게 증가하였는지 평가한다. 만약 보고기간 말에 금융자산의 신용위험이 유의하게 증가하지 않았다면 12개월 기대신용손실(향후 12개월 내 채무불이행이 발생할 경우의 총현금부족액을 채무불이행 발생확률로 가중한 금액)에 해당하는 금액으로 손실충당금을 측정하며, 신용위험이 유의하게 증가하였다면 전체기간 기대신용손실에 해당하는 금액으로 손실충당금을 측정한다.

전체기간 기대신용손실은 금융상품의 기대존속기간에 발생할 수 있는 모든 채무불이행 사건에 따른 기대신용손실을 말하는데, 신용위험이 유의적으로 증가하지 않았다면 보고기간 말 이후 12개월 동안만 기대신용손실을 측정하도록 하여 기업의 실무상 어려움을 완화시켜주고 있다.

1. $12\text{-month ECL} = PD_{12\text{-month}} \times LGD \times EAD$
   - ECL: 기대신용손실, Expected Credit Loss
   - PD: 채무불이행 발생확률, Probability of Default
   - LGD: 채무불이행 발생 시 손실률, Loss Given Default
   - EAD: 채무불이행 발생 시 익스포저, Exposure At Default
2. 예: $\text{Lifetime ECL} = PD_{\text{lifetime}} \times LGD \times EAD$

| PD방식에 의한 12개월 or 전체기간(lifetime) 기대신용손실 |

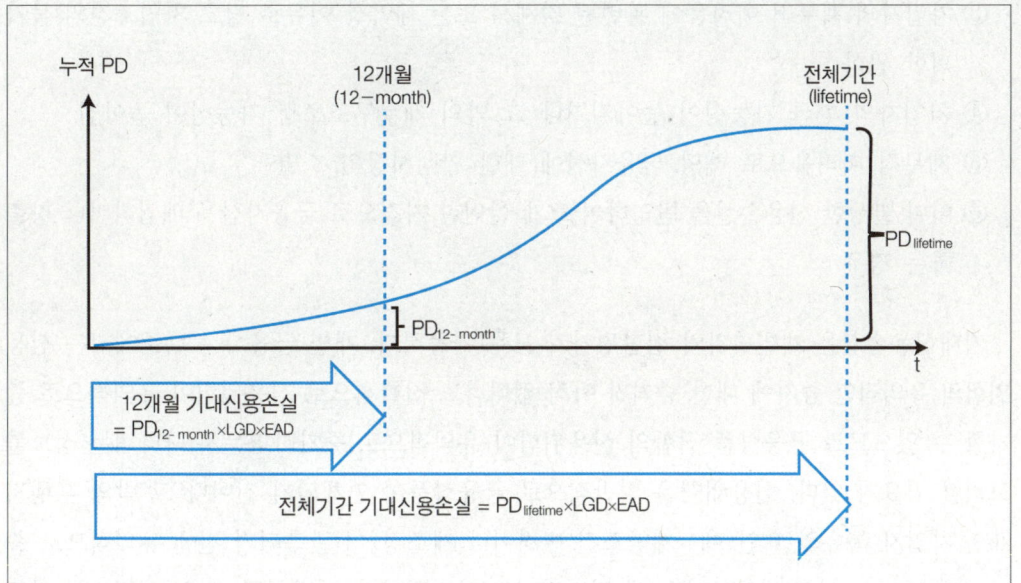

※ 출처: 한국회계기준원 「금융상품」 연수교재, 2016.9.21.

상기와 같이 기대신용손실의 추정기간을 결정하기 위해서는 금융상품의 신용위험이 유의적으로 증가하였는지에 대한 판단을 하여야 하는데, 이의 판단업무를 줄이고자 기준서 제1109호에서는 간편법을 적용하여 기대신용손실을 추정하는 경우에는 전체기간에 대하여 추정하도록 하여 기업의 부담을 줄여주고 있다.

간편법을 적용하여 기대신용손실을 추정하는 경우는 다음과 같다.
① 유의적인 금융요소를 포함하고 있지 않은 매출채권이나 계약자산
② 유의적인 금융요소를 포함하고 있는 매출채권이나 계약자산에 대해서 전체기간 기대신용손실금액으로 손실충당금을 측정하는 것을 회계정책으로 선택한 경우
③ 기준서 제1017호의 적용범위에 포함되는 리스채권에 대해서 전체기간 기대신용손실금액으로 손실충당금을 측정하는 것을 회계정책으로 선택한 경우

2) 신용위험의 유의적인 증가 여부의 판단

금융자산을 최초인식한 후 다음과 같은 사건이 발생할 경우 금융자산의 신용위험이 유의적으로 증가할 수 있다.
① 발행자나 차입자의 유의적인 재무적 어려움

② 채무불이행이나 연체 같은 계약 위반

③ 차입자의 재무적 어려움에 관련된 경제적 또는 계약상 이유로 당초 차입조건의 불가 피한 완화

④ 차입자의 파산 가능성이 높아지거나 그 밖의 재무구조조정 가능성이 높아짐.

⑤ 재무적 어려움으로 해당 금융자산에 대한 활성시장의 소멸

⑥ 이미 발생한 신용손실을 반영하여 크게 할인한 가격으로 금융자산을 매입하거나 창출 하는 경우

기대신용손실은 개별평가와 집합평가가 모두 가능하다. 개별 금융상품 수준에서는 신용 위험의 유의적인 증가에 대한 증거가 아직 없더라도 집합적으로 신용위험이 유의적으로 증 가할 수 있으므로 금융상품 집합의 신용위험이 유의적으로 증가하였는지 나타내는 정보를 고려할 필요가 있다. 신용위험은 일반적으로 금융상품이 연체되기 전이나 그 밖의 후행지 표인 차입자 특유의 요인(예: 계약조건 변경이나 재조정)이 관측되기 전에 유의적으로 증 가한다. 따라서 연체 정보보다 미래 전망적이고 합리적이며, 뒷받침될 수 있는 정보를 과도 한 원가나 노력 없이 이용할 수 있을 때 그러한 정보를 사용하여 신용위험의 변동을 평가해 야 한다. 일부 상황에서는 개별 금융상품의 전체기간 기대신용손실을 측정하기 위해 필요 한 과도한 원가나 노력 없이 이용할 수 있는 합리적이고 뒷받침될 수 있는 정보가 없을 수 있다. 이러한 경우에는 전체기간 기대신용손실은 포괄적인 신용위험정보를 고려하는 집합 기준으로 인식한다.

신용위험의 유의적인 증가를 평가할 때 기대신용손실액의 변동이 아니라 금융상품의 기 대존속기간에 걸친 채무불이행 발생위험의 변동을 사용한다. 이러한 평가를 하기 위해 보 고기간 말의 금융상품에 대한 채무불이행 발생위험을 최초인식일의 채무불이행 발생위험 과 비교하고, 최초인식 후에 신용위험의 유의적인 증가를 나타내는 정보로서 과도한 원가 나 노력 없이 이용할 수 있고 합리적이고 뒷받침될 수 있는 정보를 고려한다. 일반적으로 금융자산의 연체일수가 90일을 초과하는 경우에는 채무불이행이 발생하였다고 본다. 다만, 채무불이행이 연체된 후 90일보다 늦게 발생한다는 것을 입증하는 합리적이고 뒷받침될 수 있는 정보가 있다면 채무불이행이 발생하지 않았다고 할 수 있다.

1. 채무불이행(default)
   - 기준서에서 별도로 정의하지 않음.
   - 기업별 내부 신용위험관리 목적상 사용되는 정의와 일관되게 정의해야 함.
   - 채무의 미지급보다는 넓은 개념이며, 질적 지표(계약의 위반 등)도 고려 필요
   - 채무불이행은 연체일수 90일을 넘어서 정의될 수 없는 것으로 간주하며, 반증 가능함.

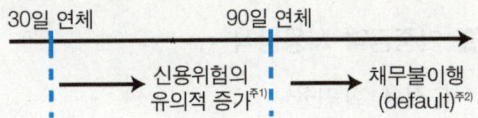

   주1) Stage 2 분류
   주2) Stage 3 분류

2. 기대신용손실 인식_Stage 1, 2, 3

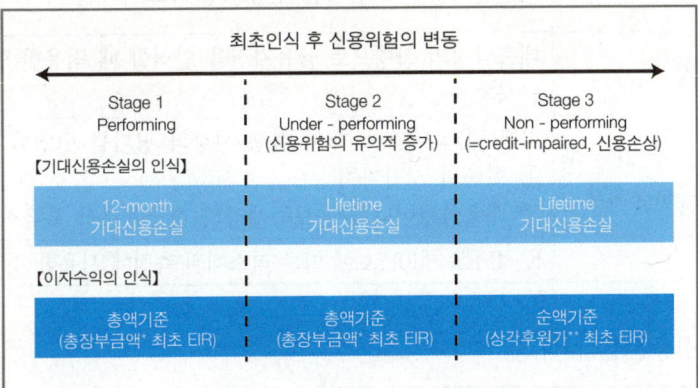

   * 신용위험의 변동(증가, 감소)에 따라 기대신용손실과 이자수익 인식의 대칭적 회계처리(stage 간 이동 가능)
   ** 상각후원가: 최초인식액 - 손실충당금

※ 출처: 한국회계기준원 「금융상품」 연수교재, 2016.9.21.

3) 기대신용손실의 측정방법

기준서 제1109호에서는 기대신용손실의 구체적인 추정방법에 대해서 언급하고 있지는 않다. 따라서 각 기업마다 합리적이고 일관된 접근법을 적용하면 될 것이다. 기준서에서는 기대신용손실을 측정할 때 실무적 간편법을 사용할 수 있는 경우를 언급하고 있다. 실무적 간편법의 예로서 충당금 설정률표(provision matrix)를 사용한 매출채권의 기대신용손실의 계산을 들 수 있다. 적절하다면 매출채권의 과거 신용손실 경험을 금융자산의 12개월 기대신용손실이나 전체기간 기대신용손실을 추정하는데 사용한다.

보고기간 말에 신용이 손상된 금융자산(취득 시 신용이 손상되어 있는 금융자산 제외)의 기대신용손실은 ① 해당 자산의 총장부금액과 ② 추정미래현금흐름을 최초 유효이자율로 할인한 현재가치의 차이로 측정한다. 보고기간 말 현재 금융자산의 신용이 손상되어 있다면 굳이 채무불이행 발생위험을 고려할 필요가 없으므로 '①'과 '②'의 차이로 전체기간의 기대신용손실을 측정하는 것이다.

① 채무불이행 발생확률 가중금액 사용방식

가. 신용손실 계산 시 적용 할인율

구 분	할인율
금융자산	최초인식시점에 산정한 유효이자율 또는 그 근사치
취득시 신용이 손상되어 있는 금융자산	최초인식시점에 산정한 신용조정 유효이자율
실행된 대출약정	대출약정의 실행으로 금융자산을 인식할 때 적용한 할인율 또는 그 근사치
유효이자율을 알 수 없는 대출약정이나 금융보증계약	다음 '①'과 '②'에 대한 현행 시장의 평가를 반영한 이자율 ① 화폐의 시간가치 ② 대출약정이나 금융보증계약의 현금흐름상 특유한 위험
리스채권	K-IFRS 제1017호에 따른 리스채권 측정에 사용한 것과 같은 할인율

나. 기대신용손실의 측정

구 분	기대신용손실의 측정
금융자산	다음 '①'과 '②'의 차이의 현재가치 ① 계약상 수취하기로 한 현금흐름 ② 수취할 것으로 예상하는 현금흐름
신용이 손상된 금융자산	다음 '①'과 '②'의 차이의 현재가치 ① 총장부금액 ② 추정미래현금흐름을 최초 유효이자율로 할인한 현재가치
미실행 대출약정	다음 '①'과 '②'의 차이의 현재가치 ① 실제 대출할 경우 지급할 계약상 현금흐름 ② 실제 대출할 경우 수취할 것으로 예상하는 현금흐름
금융보증계약	다음 '①'과 '②'의 차이의 현재가치 ① 발생한 신용손실로 피보증인에게 변제할 예상금액 ② 피보증인, 채무자에게서 수취할 예상금액

② 충당금 설정률표 방식

가. 매출채권 등에 대해 간편법을 적용하는 경우

- 유의적인 금융요소를 포함하고 있지 않은 매출채권이나 계약자산
- 유의적인 금융요소를 포함하고 있는 매출채권이나 계약자산에 대해서 전체기간 기대신용손실 금액으로 손실충당금을 측정하는 것을 회계정책으로 선택한 경우
- 기준서 제1017호의 적용범위에 포함되는 리스채권에 대해서 전체기간 기대신용손실 금액으로 손실충당금을 측정하는 것을 회계정책으로 선택한 경우

간편법은 금융상품의 신용위험 증가 여부를 판단하지 않고 전체기간에 대한 기대신용손실을 측정하는 것이다.

나. 간편법: 충당금 설정률표를 사용한 매출채권의 기대신용손실을 계산

구 분	매출채권장부금액	채무불이행률	손실충당금
미연체			
1~30일 연체			
31~60일 연체			
61~90일 연체			
91일 초과 연체			
합 계			

매 보고기간 말에 과거에 관측된 채무불이행률을 갱신하며 미래전망 추정치의 변동을 분석하여 추정한다. 이때 유사한 손실패턴을 가진 다양한 고객군별로(지리적 위치, 제품형태, 고객의 손실률, 담보형태 등) 충당금 설정률표를 작성해야 한다.

4) 손실충당금의 회계처리

기대신용손실 추정액은 손실충당금으로 인식하며, 보고기간 말의 손실충당금 잔액과의 차액을 손상차손 또는 손상차손환입으로 당기손익으로 인식한다. 손실충당금은 금융자산의 차감계정이며, 재무상태표에는 손실충당금을 차감한 순액으로 금융자산이 표시된다.

FVOCI 금융자산으로 분류된 채무상품 등에 대하여 인식하는 손상차손은 손실충당금을 인식하지 않고 기타포괄손익에서 조정한다. 즉, FVOCI 금융자산은 공정가치로 평가되어 (-)기타포괄손익으로 계상되어 있으므로 손상차손 해당액은 이미 공정가치평가금액에 반영되어 있다 할 것이므로 추가로 금융자산을 감액하지 않고 (-)기타포괄손익 해당액을 당

기비용인 손상차손으로 대체하여 주는 것이다. 즉, 공정가치평가와 손상의 회계처리 시는 먼저 공정가치평가를 하고 손상의 회계처리를 하여야 한다.

FVOCI 금융자산의 공정가치가 ₩100 하락하여 금융자산평가손실을 기타포괄손익으로 ₩100만큼 인식하였는데, ₩30의 손상차손을 인식하는 경우 이를 손실충당금의 변동으로 회계처리하지 않고 다음과 같이 공정가치 평가 시 인식했던 기타포괄손익과 상계한다.

① FVOCI 금융자산에 대한 평가손실 인식

(차) 금융자산평가손실(OCI)　　100　　(대) FVOCI 금융자산　　　　　100

② FVOCI 금융자산에 대한 손상차손 인식

(차) 금융자산손상차손(비용)　　30　　(대) 금융자산평가손실(OCI)　　　30

AC 금융자산 및 FVOCI 금융자산에 대하여 유효이자율법을 적용한 이자수익 계상 시 손상차손 인식 후 이자수익의 인식은 다음과 같이 계산한다.

① 신용이 손상되지 않은 경우(Stage 1 & Stage 2) : 손실충당금 차감 전 장부금액 × 유효이자율
② 신용이 손상된 경우(Stage 3) : 손실충당금 차감 후 장부금액 × 유효이자율(취득 시 신용이 손상되어 있는 경우에는 신용조정 유효이자율)

사례 14　채무상품의 손상차손

1. 자료
   (1) 수진(주)는 2025.1.1. 영상(주)가 발행한 회사채를 다음과 같이 취득하였으며, 취득 시 신용이 손상되어 있지는 않다.
   (2) 액면금액 : 10,000,000원
   (3) 상환일 : 2029.12.31. 일시상환
   (4) 이자율 : 3%, 이자는 매년 12.31.에 1회 지급
   (5) 유효이자율 : 5%

2. 물음 1
   수진(주)는 취득한 회사채를 AC 금융자산으로 분류하였다. 회사채의 취득금액과 상각후원가법에 따른 이자수익인식의 회계처리를 하라.
   (1) AC 금융자산의 취득금액(= 공정가치)

이자금액 300,000원 × 4.32948(5년, 5% 연금현가계수)

+만기 시 원금금액 10,000,000원 × 0.78353(5년, 5% 현가계수)

= 9,134,144원

(차) AC 금융자산	9,134,144	(대) 현금	9,134,144

(2) 상각후원가법에 따른 이자수익

일 자	유효이자(5%)	액면이자(3%)	차 액	장부금액
2025. 1. 1.				₩9,134,144
2025.12.31.	₩456,707	₩300,000	₩156,707	9,290,851
2026.12.31.	464,543	300,000	164,543	9,455,394
2027.12.31.	472,770	300,000	172,770	9,628,164
2028.12.31.	481,408	300,000	181,408	9,809,572
2029.12.31.	490,428*	300,000	190,428	10,000,000
	₩2,365,856	₩1,500,000	₩865,856	

* 단수 차이 조정

3. 물음 2

수진(주)는 2025.12.31. 이자는 수취하였으나 2025.12.31. 현재 AC 금융자산의 신용이 후속적으로 손상되었다고 판단하였다. 수진(주)는 채무불이행발생확률을 고려하여 2026년부터 2028년까지 매년 말에 수취할 이자의 현금흐름을 200,000원으로, 만기 시 원금현금흐름을 9,000,000원으로 추정하였다(실지 현금흐름도 이와 동일하게 수취되었음). 이에 따른 손상차손과 이자수익인식의 회계처리를 하라.

(1) 2025.12.31. 회계처리

(차) 현금	300,000	(대) 이자수익	456,707
AC 금융자산	156,707		

(2) 2025.12.31. 손상차손의 인식

① 2025.12.31. 미래 예상현금흐름의 현재가치

200,000원 × 3.54595(4년, 5% 연금현가계수)

+ 9,000,000원 × 0.8227(4년, 5% 현가계수)

= 8,113,490원

② 기대신용손실

9,290,851 − 8,113,490

=1,177,361원

③ 회계처리

(차) AC 금융자산   1,177,361   (대) 이자수익   1,177,361
　　　손상차손   (AC 금융자산 차감항목)

(3) 2026.12.31. 회계처리

(차) 현금   200,000   (대) 이자수익   405,674*
　　　AC 금융자산 205,674

* 8,113,490 × 5% = 405,674원

(4) 2027.12.31. 회계처리

(차) 현금   200,000   (대) 이자수익   415,958*
　　　AC 금융자산 215,958

* (8,113,490 + 205,674) × 5% = 415,958원

(5) 2028.12.31. 회계처리

(차) 현금   200,000   (대) 이자수익   426,756*
　　　AC 금융자산 226,756

* (8,319,164 + 215,958) × 5% = 426,756원

(6) 2029.12.31. 회계처리

(차) 현금   200,000   (대) 이자수익   438,122*
　　　AC 금융자산 238,122

* (8,535,122 + 226,756) × 5% = 438,122원(단수조정)

(차) 현금   9,000,000   (대) AC 금융자산 10,177,361
　　　손실충당금 1,177,361

4. 물음 3

상기 '물음 1, 2'에서 수진(주)는 취득한 회사채를 FVOCI 금융자산으로 분류하였고, 다른 모든 자료는 동일하다. 2025.12.31. 회사채의 공정가치는 7,800,000일 때(이후 기간도 동일) 회계처리를 하라.

(1) 2025.12.31. 회계처리

(차) 현금   300,000   (대) AC 금융자산 456,707
　　　FVOCI 금융자산 156,707

(2) 2025.12.31. 선공정가치평가 및 후손상차손 회계처리

(차) FVOCI 금융자산 평가손실 1,490,851*　　(대) FVOCI 금융자산　　1,490,851
　　(⊖OCI)

* 7,800,000 − 9,290,851 = (−)1,490,851원

(차) FVOCI 금융자산 손상차손 1,177,361*　　(대) FVOCI 금융자산 평가손실　1,177,361

* 상기 '물음 2'의 손상차손과 동일하며 손실충당금을 인식하지 않고 이미 인식한 금융자산평가손실(⊖OCI)에서 차감한다.

(3) 2026.12.31. 회계처리

(차) 현금　　　　　　200,000　　(대) 이자수익　　　　　405,674*
　　FVOCI 금융자산　205,674

* 8,113,490 × 5% = 405,674원

(4) 2027.12.31. 회계처리

(차) 현금　　　　　　200,000　　(대) 이자수익　　　　　415,958*
　　FVOCI 금융자산　215,958

* (8,113,490 + 205,674) × 5% = 415,958원

(5) 2028.12.31. 회계처리

(차) 현금　　　　　　200,000　　(대) 이자수익　　　　　426,756*
　　FVOCI 금융자산　226,756

* (8,319,164 + 215,958) × 5% = 426,756원

(6) 2029.12.31. 회계처리

(차) 현금　　　　　　200,000　　(대) 이자수익　　　　　438,122*
　　FVOCI 금융자산　238,122

* (8,535,122 + 226,756) × 5% = 438,122원(단수조정)

(차) 현금　　　　　　9,000,000　　(대) FVOCI 금융자산　　8,686,510
　　　　　　　　　　　　　　　　　　FVOCI 금융자산 평가손실　313,490

(4) 법인세법상 대손금

1) 대손사유(법령 §19의2 ①)

① 소멸시효완성

　가. 상사채권: 당해 채권의 권리를 행사할 수 있는 때부터 3년

> 주) 권리행사할 수 있는 때: 당해 매출거래의 발생사실이 관련 증빙서류 등에 의하여 객관적으로
> 확인되는 날

　나. 약속어음 · 환어음: 만기일로부터 3년

　　어음법 제70조(환어음의 시효기간) · 제77조(약속어음의 환어음규정 준용: 시효
　　포함)

　　㉠ 인수인에 대한 환어음(약속어음)상의 청구권: 만기일부터 3년

　　㉡ 소지인의 배서인과 발행인에 대한 청구권

　　　• 적법한 기간 내에 작성시킨 거절증서의 일자로부터 1년

　　　• 무비용상환의 문언이 기재된 경우는 만기일로부터 1년

　　㉢ 배서인의 다른 배서인과 발행인에 대한 청구권: 어음환수일 또는 제소된 날부
　　　터 6월

　다. 수표: 제시기간 경과 후 6월(지급보증인에 대한 청구권은 1년임)

　라. 대여금 · 선급금: 10년

---

1. 상법상 상사채권의 소멸시효

　① 운송 및 운송주선수수료의 소멸시효 완성: 1년(상법 §121 · §122 · §147)

　② 창고업의 창고사용료: 1년(상법 §166)

　③ 보험금액의 청구권과 보험료 또는 적립금의 반환청구권: 2년(상법 §662)

　④ 보험료의 청구권: 1년(상법 §662)

　⑤ 운송인의 송하인 또는 수하인에 대한 채권: 1년(상법 §814)

　⑥ 해상여객운송 수수료: 1년(상법 §826)

　⑦ 선박소유자의 용선자 또는 수하인에 대한 채권: 2년(상법 §840)

　⑧ 정기용선계약에 관하여 발생한 채권: 2년(상법 §846)

　⑨ 공동해손으로 인한 채권: 1년(상법 §875)

　⑩ 상기 사항 외의 상행위로 인한 채권: 5년(상법 §64) → 다른 법률에 단기시효가 있는
　　경우 시효단축. 따라서 민법상 시효(1년, 3년)를 적용

　　주) 당사자 쌍방에 대하여 모두 상행위가 되는 행위로 인한 채권뿐만 아니라 당사자 일방에 대하

여만 상행위에 해당하는 행위로 인한 채권도 상법 제64조 소정의 5년의 소멸시효기간이 적용되는 상사채권에 해당하는 것이고, 그 상행위에는 상법 제46조 각 호에 해당하는 기본적 상행위뿐만 아니라 상인이 영업을 위하여 하는 보조적 상행위도 포함되는 것이어서(대법원 2006다1381, 2006.4.27. 등 참조) 원고(농수산물 도매시장을 관리 · 운영법인)와 입주상인들 사이에 체결된 임대차계약은 보조적 상행위에 해당하므로 입주상인들이 원고에게 지급하는 임료와 관리비뿐만 아니라 그 과오납금(입주상인들이 이중으로 또는 과다하게 납입한 과오납 임료)도 상행위로 인해 발생한 채권에 해당하고, 그렇다면 그 채권은 민사상 소멸시효기간인 10년이 아니라 상사 소멸시효기간인 5년이 적용된다고 할 것이므로 과오납금이 발생한 때로부터 5년이 경과한 때에 이를 익금으로 계상하는 것임(대법원 2008두7434, 2008.8.21.).

2. 민법상 소멸시효

① 채권은 10년간 행사하지 아니하면 소멸시효가 완성한다(민법 §162).

② 민법상 3년의 단기 소멸시효(민법 §163) : 다음의 채권은 3년간 행사하지 아니하면 소멸시효가 완성한다.

　㉠ 이자, 부양료, 급료, 사용료 기타 1년 이내의 기간으로 정한 금전 또는 물건의 지급을 목적으로 한 채권

　㉡ 의사, 조산원, 간호사 및 약사의 치료, 근무 및 조세에 관한 채권

　㉢ 도급받은 자, 기사 기타 공사의 설계 또는 감독에 종사하는 자의 공사에 관한 채권

　㉣ 변호사, 변리사, 공증인, 공인회계사 및 법무사에 대한 직무상 보관한 서류의 반환을 청구하는 채권

　㉤ 변호사, 변리사, 공증인, 공인회계사 및 법무사의 직무에 관한 채권

　　주) 부동산임대료 미수금의 소멸시효는 3년, 세무사(감정평가사 포함) 수수료 미수금의 소멸시효는 5년을 적용함(서이-1275, 2004.6.18.).

　㉥ 생산자 및 상인이 판매한 생산물 및 상품의 대가

　㉦ 수공업자 및 제조업자의 업무에 관한 채권

③ 민법상 1년의 단기소멸시효(민법 §164) : 다음의 채권은 1년간 행사하지 아니하면 소멸시효가 완성한다.

　㉠ 여관, 음식점, 대석, 오락장의 숙박료, 음식료, 대석료, 입장료, 소비물의 대가 및 체당금의 채권

　㉡ 의복, 침구, 장구, 기타 동산의 사용료의 채권

　㉢ 노역인, 연예인의 임금 및 그에 공급한 물건의 대금채권

　㉣ 학생 및 수업자의 교육, 의식 및 유숙에 관한 교주, 숙주, 교사의 채권

④ 판결 등에 의하여 확정된 채권의 민법상 소멸시효 : 판결에 의하여 확정된 채권, 파산절차에 의하여 확정된 채권 및 재판상의 화해, 조정 기타 판결과 동일한 효력이 있는 것에 의하여 확정된 채권은 단기의 소멸시효에 해당하는 것이라도 판결확정 당시에 변제기가 도래한 채권의 경우에는 그 소멸시효를 10년으로 한다(민법 §165).

　㉠ 법원판결에 따라 채무자회생및파산에관한법률의 회생계획인가결정받은 외상매출채권은 민법에 따라 10년의 소멸시효가 적용된다. 단, 이전에 대손금이 확정되

는 경우에는 확정연도의 손금으로 인정된다(법인세과-512, 2013.9.26.).

　　ⓛ 법원으로부터 압류집행불능조서를 수령한 채권의 경우 압류집행불능조서를 수령
하고 대손금을 결산에 반영한 날이 속하는 사업연도에 손금에 산입하는 것임(서
면법인-3625, 2020.11.26.).

　⑤ 소멸시효의 중단사유(민법 §168) : 청구, 압류 또는 가압류·가처분, 승인

　　㉠ 청구 : 소제기

　　ⓛ 승인 : 채무를 인정하는 채무자의 행위(일부 변제, 지불각서 수령 등)

　　　내국법인이 동일 거래처 간 계속적인 거래로 다수의 채권·채무관계가 발생하였
고, 채무자인 해당 거래처가 거래 종류 이후에도 채무의 일부를 변제한 경우에는
기존의 모든 채무에 대하여 승인한 것으로서 변제 후 채무전액에 대하여 소멸시
효 중단의 효력이 생기는 것임(사전-2017-법령해석법인-0205, 2017.6.7.).

　　㉢ 파산절차에 참여 시(채무자회생및파산에관한법률 §32)

　⑥ 외상매출금 등 소멸시효의 중단사유 및 기산일은 민법의 규정을 따르며(법인 22601-
1360, 1985.5.7.), 소멸시효의 기산일은 해당 채권의 권리를 행사할 수 있는 때부터이고(민
법 §166) 따라서 해당 매출채권의 발생사실이 관련 증명서류 등에 의해 객관적으로 확인
되는 날부터 소멸시효를 기산하는 것이다(법인 46012-523, 1999.2.8.). 또한 판결에 의해
확정된 외상매출금의 소멸시효는 판결확정일부터 10년이다(국심 96경2035, 1997.2.5.). 거
래처와 채권의 변제기한이 정해진 채권의 경우에는 변제기한일부터 시효를 기산하고
변제기한이 정해지지 않은 채권에 대해서는 채권발생일부터 시효가 기산된다.

　⑦ 시효이익의 포기 : 발생채권에 대하여 당초 소멸시효가 완성되어 손금에 산입한 후,
채무자의 정당한 시효이익 포기로 익금산입대상인 해당 채권에 대하여 다시 「법인세
법 시행령」 제19조의2 제1항 제1호에 따라 회수할 수 없는 사유에 해당하는 경우에는
해당 사유가 발생한 사업연도의 소득금액을 계산할 때 손금에 산입하는 것이며, 이때
해당 채권의 소멸시효 완성 여부는 「민법」의 규정에 따라 판단하는 것임. 다만, 귀 질
의의 경우, 채권자와 채무자 사이에 시효이익의 포기행위가 정당한 의사표시에 의한
것인지 여부는 제반 사실관계에 따라 판단하여야 하는 것임(서면법규과-523, 2013.1.3.).

　⑧ 법원판결에 따라 채무자회생및파산에관한법률의 회생계획인가결정을 받은 외상매
출금은 민법에 따라 10년의 소멸시효가 적용되며, 시효완성 전에 대손이 확정되는
경우 대손금 계상 가능(법인세과-5112, 2013.9.26.)

3. 어음법상 소멸시효(어음법 §70)

　① 인수인에 대한 환어음상의 청구권은 만기일부터 3년간 행사하지 아니하면 소멸시효
가 완성한다.

　　주) 약속어음의 시효는 환어음을 준용(어음법 §77 ①)

　② 소지인의 배서인과 발행인에 대한 청구권은 적법한 기간 내에 작성시킨 거절증서의

날짜부터, 무비용상환의 문구가 적혀 있는 경우에는 만기일부터 1년간 행사하지 아니하면 소멸시효가 완성한다.

③ 배서인의 다른 배서인과 발행인에 대한 청구권은 그 배서인이 어음을 환수한 날 또는 그 자가 제소된 날로부터 6개월간 행사하지 아니하면 소멸시효가 완성한다.

4. 수표법상 소멸시효(수표법 §51)

① 소지인의 배서인, 발행인 기타의 채무자에 대한 상환청구권은 제시기간이 지난 후 6개월간 행사하지 아니하면 소멸시효가 완성한다.

② 수표의 채무자의 다른 채무자에 대한 상환청구권은 그 채무자가 수표를 환수한 날 또는 그 자가 제소된 날부터 6개월간 행사하지 아니하면 소멸시효가 완성한다.

5. 수표법상 지급보증인의 의무의 시효(수표법 §58)

지급보증을 한 지급인에 대한 수표상의 청구권은 제시기간이 지난 후 1년간 행사하지 아니하면 소멸시효가 완성한다.

저자주

1. 채권의 임의포기

매출채권에 대하여 채무자의 변제능력이 있음에도 불구하고 강제집행 등 채권의 회수조치를 강구하지 아니하고 소멸시효가 완성되었다 하여 대손금으로 계상한 경우에는 대손금으로 보지 아니하고 채권을 임의로 포기한 것으로 보아 접대비 또는 기부금으로 보며, 약정에 의하여 채권의 전부 또는 일부를 포기하는 경우에도 이를 대손금으로 보지 아니하며 기부금 또는 접대비로 본다. 다만, 특수관계인과의 거래에서 발생한 채권을 조기회수하기 위해 채권의 일부를 포기시 동 채권포기액은 대손금으로 손금산입할 수 없으나(서이 46012-11289, 2003.7.8.), 특수관계인 외의 자와의 거래에서 발생한 채권으로서 채무자의 부도발생 등으로 장래에 회수가 불확실한 어음·수표상의 거래 등을 조기에 회수하기 위하여 당해 채권의 일부를 불가피하게 포기한 경우 동 채권의 일부를 포기하거나 면제한 행위에 객관적으로 정당한 사유가 있는 때에는 동 채권포기액을 손금에 산입한다(서이 46012-11194, 2002.6.12.).

이때 정당한 사유에 해당하는지의 여부는 채권의 일부를 포기하게 된 부득이한 사유가 있었는지, 다른 채권자들과 동일한 기준에 의한 포기인지의 실질내용에 따라 판단할 사항이며(법인 46012-1610, 2000.7.20.), 채무자의 재무상황 및 영업환경 등을 고려하여 일부 채권의 포기는 이에 해당하지 못할 것으로 판단된다.

채권포기의 정당성		세무처리
정당성이 인정되는 경우		대손금(손금산입)
정당성이 인정되지 않는 경우	업무 관련	접대비[주]
	업무무관	기부금[주]

주) 한도범위 내에서는 손금산입되지만, 한도초과액은 손금불산입된다.

2. 소멸시효완성채권

(1) 소멸시효 완성 및 회수노력의 입증 여부

현행 법인세법의 규정으로는 소멸시효가 완성되면 당연히 손금인정이 되어야 하나, 과세관청에서는 채권의 회수를 위하여 조치를 취하였음에도 불구하고 회수가 안되는 채권에 대하여는 소멸시효 완성 시 대손처리를 인정하고 있다. 따라서 실무자들은 소멸시효의 완성만을 기다리지 말고 채권회수 노력을 함께 입증해야 손금인정됨에 유의해야 한다.

(2) 귀속시기

소멸시효가 완성된 채권은 완성된 사업연도에 장부상 대손처리하거나 세무조정 시 신고조정으로 손금산입하여야 한다. 만일 이를 하지 아니한 경우에는 그 다음 사업연도에 절대로 손금으로 인정되지 않음에 유의하여야 한다.

즉, 대손처리는 회사가 하고 싶은 사업연도에 손금산입이 되는 것이 아니라 법이 규정한 귀속시기에 반드시 손금산입이 되어야 하는 것이다.

만일 이를 놓친 경우에는 경정청구(신고기한부터 3년 이내)기간 이내에 경정청구를 통해야만 손금인정이 가능하다.

(3) 신고조정에 의한 세무조정의 가능

소멸시효가 완성되고 충분히 회수노력을 입증할 수 있는 채권에 대해 장부상 대손으로 처리하지 않은 경우에는 이를 세무조정 시 손금산입하여야 하므로 연말 현재 채권잔액에 대하여 소멸시효가 완성된 채권이 있는지에 대해 검토하여야 한다.

② 채무자의 상황 등으로 보아 회수할 수 없는 채권

가. 채무자회생및파산에관한법률에 따른 회생계획인가의 결정 또는 법원의 면책결정에 따른 회수불능채권

나. 민사집행법 제102조에 따라 채무자재산에 대한 경매가 취소된 압류채권

다. 채무자의 파산·강제집행·형의집행·사업의 폐지·사망·실종·행방불명으로 인하여 회수할 수 없는 채권

채무자의 파산 등의 사유로 인한 대손처리 시 주의할 점은 파산 등의 사유만으로

대손처리가 되는 것이 아니라 그로 인하여 채권을 회수할 수 없었음을 객관적으로 입증하여야 한다는 것이다.

주) 1. 채무자의 파산이란 법원의 파산선고를 받은 경우를 말한다(법통 34-62…1).
2. 내국법인이 채무자회생 및 파산에 관한 법률 제545조(제1항 : 법원은 파산선고 후에 파산재산으로써 파산절차의 비용을 충당하기에 부족하다고 인정되는 때에는 파산관재인의 신청에 의하거나 직권으로 파산폐지결정을 하여야 함)에 따른 법원의 파산폐지 결정으로 회수할 수 없는 채권의 금액은 파산폐지 결정일이 속하는 사업연도에 결산서 상 손비로 계상하여 대손금으로 손금산입할 수 있는 것임. 내국법인이 보유한 주식발행법인이 채무자회생 및 파산에 관한 법률 제545조에 따른 법원의 파산폐지 결정을 받은 경우 해당 주식의 가액은 파산폐지 결정일이 속하는 사업연도의 손금에 산입할 수 있음(법규법인-0873, 2024.3.20.).
3. 채무자의 파산폐지 또는 파산종결 공고일 이전이라도 관계서류 등에 의하여 채권자의 회수불능금액이 객관적으로 확인되는 경우에는 대손금으로 손금산입한다(사전법령법인-0725, 2020.1.28.).
4. 내국법인이 국외 특수관계법인과의 거래에서 발생한 외상매출금에 대해 2016년에 기업회계기준에 따라 손금으로 계상하였으나, 법인세법상 대손요건미비로 손금불산입한 경우로서 해당 사업연도 이후에 채권회수를 위한 제반절차를 취하였음에도 불구하고 2024사업연도에 채무법인의 청산이 종결됨에 따라 해당 외상매출금을 회수할 수 없게 된 경우 해당 사유가 발생하는 2024사업연도에 세무조정으로 손금에 산입할 수 있는 것임(사전법규법인-838, 2024.11.21.).

라. 회수기일 6월 이상 지난 채권 중 30만 원 이하(채무자별 채권가액 합계액을 기준으로 함)의 채권

③ 금융회사의 채권 중 감독기관으로부터 대손승인을 받은 채권

법인세법 시행령 제61조 제2항 각 호 외의 부분단서의 규정에 의한 금융회사의 채권(제61조 제2항 제13호에 따른 여신전문금융회사 중 신기술사업금융업자의 경우에는 신기술사업자에 대한 것에 한함) 중 다음 각 목의 1에 해당하는 채권으로서 대손으로 계상한 것

가. 금융감독원장이 기획재정부장관과 협의하여 정한 대손처리기준에 따라 금융기관이 금융감독원장으로부터 대손금으로 승인받은 것

나. 금융감독원장이 '가.'의 기준에 해당한다고 인정하여 대손처리를 요구한 채권으로서 금융기관이 대손금으로 계상한 것

④ 중소기업창업지원법에 따른 중소기업창업투자회사의 창업자에 대한 채권으로서 중소벤처기업부장관이 기획재정부장관과 협의하여 정한 기준에 해당한다고 인정한 것

⑤ 부도발생일로부터 6월 이상 지난 어음 등의 채권

가. 대상

부도발생일로부터 6월 이상 지난 어음 또는 수표상의 채권 및 외상매출금(중소기업의 외상매출금으로서 최초 부도발생일 이전에 확정된 외상매출금을 말함)으로서 채무자 재산에 대한 저당권설정이 없는 경우 대손인정(단, 1,000원은 공제). 이때 배서받은 어음으로 배서인에 대해 어음법 제43조상의 소구권을 행사할 수 있는 어음에 대하여도 대손처리 가능(법통 19의2 – 19의2…7)

나. 부도발생일

부도어음 등의 지급기일을 말함. 단, 지급기일 전에 금융회사로부터 부도확인받은 경우에는 부도어음확인일을 말함(법령 §19의2 ②).

동일거래처의 어음 중 일부만 부도확인받은 경우 나머지 어음도 대손금인정되며, 지급기일이 지난 후 제시하여 부도확인받은 경우에도 지급기일을 부도발생일로 봄(법인세제과 – 595, 2006.8.24.).

다. 부도발생일로부터 6월이 지난 날

부도발생일로부터 6월이 지난 날이란 6월이 되는 날의 다음 날을 의미

라. 저당권설정

저당권설정하고 있어도 부도발생 후 6월이 지나면 저당권담보된 채권최고액 초과금액은 대손가능

마. 회사정리절차 · 화의절차 개시

부도발생일로부터 6월이 지난 어음 등은 회사정리법 · 화의법에 의한 인가결정과 관계없이 대손금으로 계상한 사업연도에 대손가능

⑥ 회생계획인가의 결정, 법원의 면책결정에 따라 회수불능으로 확정된 채권

⑦ 「서민의 금융생활 지원에 관한 법률」에 따른 채무조정을 받아 신용회복지원협약에 따라 면책으로 확정된 채권(2019.7.1. 이후 면책확정된 채권부터 적용)

⑧ 재판상 화해 및 화해권고결정 등에 따라 회수불능으로 확정된 채권

가. 민사소송법에 따른 화해 및 화해권고결정

나. 민사조정법에 따른 결정 및 조정

⑨ 중소기업의 외상매출금 및 미수금으로서 회수기일이 2년 이상 지난 외상매출금 등. 다만, 특수관계인과의 거래로 인하여 발생한 외상매출금 등은 제외(2020.1.1. 이후 개시

　사업연도부터 적용하며 결산조정항목임)

- 이때 회수기일이 거래처 등과 합의하여 변경된 경우에는 변경된 회수기일을 말하며, 회수기일이 2년 이상 지난 외상매출금은 채무자의 무재산 등 회수불능 사실에 대한 입증이 없더라도(채무자가 사업을 계속 영위하는지 여부와도 상관없이) 대손요건을 충족하는 것으로 본다(서면법인-4044, 2020.11.30. ; 기준법령법인-209, 2020.10.21. ; 서면법인-0073, 2021.2.8.).

- 2020.2.11. 신설된 법인세법 시행령 제19조의2 제9호의2 규정에 의하여 중소기업의 외상매출금 등으로서 2년 이상 지난 외상매출금 등을 동조 제3항 제2호에 의해 손비로 계상한 날이 속하는 사업연도의 손금으로 산입하게 되어 있음을 근거로 2020년에 이미 소멸시효가 지난 상사채권 등을 장부상 대손금으로 손금산입한 금액에 대하여 과세관청에서는 채권에 대하여 소멸시효가 완성된 경우에는 시효가 완성된 연도의 대손금으로 손금산입하여야 하므로 소멸시효가 완성된 연도 이후에 장부상 대손처리한 금액을 손금불산입 과세하였고 이에 대하여 조세심판원에서도 동일한 내용으로 손금불산입이 타당하다고 결정함(조심 2024서368, 2024.4.25.).

- 중소기업이 특수관계가 없는 해외거래처에 대한 외상매출금에 대하여 채권회수조치를 취하였으나 회수기일이 2년 이상 지나도록 회수하지 못한 경우에는 법령 제19조의2 제9호의2에 따른 대손금에 해당함(서면법인-4032, 2023.4.28.).

　상기 '⑨'의 규정(법령 §19의2 9의2호)은 2020년에 신설된 규정으로 실무상 많은 논란이 되고 있는 내용이다. 이를 다음 사례로 설명하고자 한다.

Ⅰ. 자료

1. 2015년에 외상매출금(소멸시효 3년) 1,000 발생(VAT 무시)

2. 2018년까지 회수되지 않았으며 장부상 대손처리하지 않았고 신고조정으로 손금산입의 조정도 하지 않았음(회사는 비회계감사대상임).

3. 회사(중소기업에 해당)는 2020년에 외상매출금을 대손처리하였음.

　(차) 대손상각비　　　　　　　　　1,000　　(대) 외상매출금　　　　　　　　1,000

　　　(또는 대손충당금)

Ⅱ. 세무조정 주장 1

　소멸시효가 완성된 2018년에 손금산입의 신고조정을 하지 않았으므로 경정청구하고 2020년에는 손금불산입의 조정을 함.

1. 2018년 경정청구

   손금산입 · 외상매출금 · 1,000 · △유보

2. 2020년 세무조정

   손금불산입 · 외상매출금 · 1,000 · 유보

   → 이 경우 외상매출금의 발생연도가 2010년이라면 소멸시효 완성연도는 2013년이며 이의 경정청구기한은 2019.3.31.까지이므로 2020년에 대손처리시 경정청구는 불가능하며 2020년의 손금불산입 · 기타사외유출의 조정만 해야 됨.

Ⅲ. 세무조정 주장 2

1. 2020년에 영 제19조의2 제9호의2가 신설되어 중소기업의 외상매출 등으로서 회수기일이 2년 이상 지난 외상매출금 등을 결산조정으로 대손처리하면 손금으로 인정된다고 하였으므로 이를 문리해석대로 하면 소멸시효의 완성 등과 관계없이 회수기일이 2년 이상 경과한 채권이면 2020년부터 회사가 장부에 대손처리하면 그냥 그 연도의 손금인정 대손금에 해당된다는 주장임.

2. 1.에 의하면 상기 Ⅰ. 자료에 대한 세무조정은 없고 2020년의 손금으로 인정된다는 것임.

3. 실지로 상당한 회사에서 2020년에 과거 소멸시효 완성연도에 손금인정을 못 받은 채권 등을 전부 장부상 대손처리하여 손금인정의 세무조정을 하였음.

4. 채권이 2010년 발생분이더라도 2020년에 손금인정됨.

Ⅳ. 과세관청 및 조세심판원의 주장

2020.2.11. 신설된 법인세법 시행령 제19조의2 제9호의2 규정에 의하여 중소기업의 외상매출금 등으로서 2년 이상 지난 외상매출금 등을 동조 제3항 제2호에 의해 손비로 계상한 날이 속하는 사업연도의 손금으로 산입하게 되어 있음을 근거로 2020년에 이미 소멸시효가 지난 상사채권 등을 장부상 대손금으로 손금산입한 금액에 대하여 과세관청에서는 채권에 대하여 소멸시효가 완성된 경우에는 시효가 완성된 연도의 대손금으로 손금산입하여야 하므로 소멸시효가 완성된 연도 이후에 장부상 대손처리한 금액을 손금불산입 과세하였고 이에 대하여 조세심판원에서도 동일한 내용으로 손금불산입이 타당하다는 결정을 하였음(조심 2024서368, 2024.4.25.).

Ⅴ. 법원의 판결

과세관청에서는 영 제19조의2 제9호의2의 해석을 상기 Ⅱ로 하였고 조세심판원도 동일하게 결정하였다. 분명히 이 사례는 납세자가 법원의 판단을 물었을 것이며 앞으로 법원의 판결이 어떻게 나오는지에 대한 지속적인 관심이 있어야할 것이다.

⑩ 물품의 수출 또는 외국에서의 용역제공으로 발생한 채권으로서 무역에 관한 법령에 따라 한국무역보험공사로부터 회수불능*이 확인된 채권(법칙 §19의2)

　　가. 채무자의 파산·행방불명 등으로 채권회수가 불가능함을 현지 거래은행·상공회의소, 공공기관 또는 「무역보험법」 제53조 제3항에 따른 채권추심업을 수행하기로 한국무역보험공사와 협약을 체결한 해외채권추심기관 등이 확인

　　나. 분쟁 발생으로 중재기관·법원 등이 채권금액을 감면하기로 결정하거나 경비로 하기로 확정

　　다. 채무자의 지급거절 등으로 채권금액 회수가 불가능하거나, 거래당사자 간 합의로 채권금액을 감면하는 경우로서 현지 거래은행·상공회의소, 공공기관 또는 해외 채권추심기관 등이 확인

　* 「舊외국환거래규정」에서 외국환은행의 장이 회수가 불가능하다고 인정하는 경우와 동일

저자주

1. 압류재산 이외의 다른 재산이 없는 경우

채무자의 파산·강제집행·형의 집행·사업의 폐지·사망·실종·행방불명으로 인하여 채권회수를 위하여 채무자의 재산을 압류하였으나 압류한 자산의 시가가 채권액에 현저히 미달하고 압류한 재산 외의 재산이 없으며 보증인 등으로부터 구상권의 행사도 불가능한 경우에는 압류자산의 시가를 초과하는 금액은 손금산입된다. 이때 압류자산의 시가란 법원에서 당해 자산을 경매하기 위해 감정인 등으로부터 평가받은 가액 중 선순위채권의 가액(객관적으로 확인가능한 실제 채권가액)을 차감한 금액으로 한다.

2. 직원이 공금을 횡령한 경우

직원이 법인의 공금을 횡령한 경우로서 동 직원과 그 보증인에 대하여 횡령액의 회수를 위하여 법에 의한 제반절차를 취하였음에도 회수할 수 없는 경우에는 대손금으로 처리할 수 있으며, 대손처리된 금액에 대하여는 직원에 대한 근로소득으로 보지 아니한다 (법통 19의2-19의2…6). 이때 대손금 귀속시기는 횡령액을 회수할 수 없음이 객관적으로 인정되거나 소멸시효가 완성되는 사업연도에 손금산입한다.

3. 임원이 공금을 횡령한 경우

법인의 실질적 경영자인 대표이사 등이 법인의 자금을 횡령한 경우 횡령을 묵인하거나 추인하였다고 볼 수 있으므로 특별한 사정이 없는 한 처음부터 회수를 전제로 한 것이 아니어서 지출 시 사외유출에 해당한다. 그러나 횡령주체인 대표이사 등의 법인 내에서의 실질적인 지위 및 법인에 대한 지배 정도, 횡령행위에 이르게 된 경위 및 횡령 이후의 법인의 조치 등을 통하여 그 대표이사 등의 의사를 법인의 의사와 동일시하거나 대표이사 등과 법인의 경제적 이해관계가 사실상 일치하는 것으로 보기 어려운 경우에는 지출 자체를 사외유출로 보지 아니한다. 이러한 사실은 주장하는 법인이 입증해야 한다(대법원 2002두9254, 2004.4.9. ; 대법원 2007두23323, 2008.11.13.).

(1) 횡령액을 사외유출로 보는 경우

이는 대표이사 등의 의사와 법인의 의사가 동일하거나 경제적 이해관계가 일치하는 경우를 말한다.

- 횡령액을 자산으로 계상 시
  손금산입 · △유보
  손금불산입 · 상여
- 회수불능으로 비용 처리 시
  손금불산입 · 유보

(2) 횡령액을 유보로 보는 경우

이는 대표이사 등의 의사를 법인의 의사로 볼 수 없는 경우를 말한다.

- 횡령액을 자산으로 계상 시
  세무조정 없음.
- 회수불능시 비용으로 처리 시
  손금인정

2) 대손처리 제외채권

① 제외채권의 범위

가. 부가가치세 매출세액 미수금으로서 대손세액공제를 받은 금액(법령 §19 8호)

(차) 대손충당금	×××	(대) 매출채권	×××
부가세예수금	×××		

(매출세액)

법인세법상 대손처리를 한 후 부가가치세법상 대손세액공제를 받은 경우에는 대손세액공제를 받은 과세연도에 익금에 산입한다(법인 46012-2144, 1997.8.4.).

나. 채무보증으로 인한 구상채권(법법 §19의2 ② 1호)

　　단, 다음의 채무보증은 대손이 가능하다(법령 §19의2 ⑥).

- 독점규제및공정거래에관한법률 제10조의2 제1항 각 호의 어느 하나에 해당하는 채무보증
- 법인세법 시행령 제61조 제2항에 해당하는 금융회사가 행한 채무보증
- 법률에 따라 신용보증사업을 영위하는 법인이 행한 채무보증
- 대 · 중소기업상생협력촉진에관한법률에 따른 위탁기업이 수탁기업협의회의 구성원인 수탁기업에 대하여 행한 채무보증
- 건설업 및 전기통신업을 영위하는 자가 특수관계인 외의 자에게 건설사업과 직접 관련하여 제공한 채무보증(미분양주택 유동화에 따른 채무보증 포함). 단, 사회기반시설에대한민간투자법 제2조 제7호의 사업시행자 등에 대한 채무보증은 특수관계인에 대한 채무보증을 포함
- 전기통신업을 영위하는 법인이 특수관계인 외의 자에게 건설사업과 관련하여 제공한 채무보증
- 「해외자원개발사업법」에 따른 해외자원개발사업자가 해외자원개발사업과 직접 관련하여 해외에서 설립된 법인에 대하여 행한 채무보증
- 「해외건설촉진법」에 따른 해외건설사업자가 해외자원개발을 위한 해외건설업과 직접 관련하여 해외에서 설립된 법인에 대해 행한 채무보증

다. 특수관계인에 대한 업무무관가지급금(법법 §19의2 ② 2호)

　　내국법인이 특수관계법인에게 지급한 업무무관가지급금은 대손금으로 손금에 산입할 수 없는 것이므로, 특수관계법인이 법원의 파산종결결정으로 내국법인이 해당 업무무관가지급금을 대손금으로 결산서에 계상한 경우에는 이를 손금불산입하고 기타사외유출로 소득처분하는 것임. 업무무관가지급금을 대손금으로 장부에 계상한 이후부터는 이에 대한 인정이자 익금산입 및 지급이자 손금불산입 규정을 적용하지 않는 것임(서면법인-1074, 2023.6.14.).

② 법인세법 제19조의2 제2항 제2호에 따라 손금산입할 수 없는 특수관계인에 대한 업무무관가지급금인지 여부는 대여행위 당시를 기준으로 판단한다. 이는 2021.1.1. 이후 대여분부터 적용하며 2020.12.31. 이전 대여분은 대손사유가 발생한 당시를 기준으로 특수관계인이어야 함을 유의하여야 한다(대법원 2012두6247, 2014.7.24.).

③ 대손요건불비채권에 대한 세무조정

대손충당금과 상계하거나 대손상각비로 계상한 대손요건불비채권에 대한 대손처리에 대하여는 손금불산입·대손금(채권)·유보로 처리하고 추후 대손요건 구비 시 손금산입한다.

저자주 ●

1. 특수관계법인에 대한 업무무관가지급금 등을 장부상 대손처리시
   ① 회계처리: 쌍방 대여금등 회수포기 합의가 있는 전제
   　　(차) 대손충당금　　　　　　1,000　　　(대) 대여금 등　　　　1,000
   　　　　(또는 대손상각비)
   ② 세무조정
   　　손금불산입·대여금 등·1,000·기타사외유출
   　　(이후부터는 지급이자 손금불산입 및 인정이자 조정 없음)
   ③ 특수관계법인은 채무면제이익으로 회계처리하며 세무조정은 없음.
   ④ 특수관계법인이 파산종결시도 ①·②의 처리를 함(서면법인-1074, 2023.6.14.).
2. 특수관계법인에 대한 업무무관가지급금 등을 장부상 대손처리시
   ① 회계처리: 상기 1. ① 동일(회수포기 합의 전제)
   ② 세무조정
   　　손금불산입·대여금 등·1,000·상여 등
   　　(이후부터는 지급이자 손금불산입 및 인정이자 조정 없음)
   ③ 특수관계법인은 상여 등 소득처분에 의한 소득세를 부담함.
3. 만일 2.에서 회수포기 합의가 없이 특수관계가 유지되는 상황에서 장부상 대손처리시는 손금불산입·대여금 등(가지급금)·1,000·유보처분하여 추후 회수포기 합의가 있거나 특수관계가 소멸될 때까지 지급이자 손금불산입 및 인정이자의 조정을 해야 하며 포기합의 및 소멸시에 손금·1,000·유보 및 익금·1,000·상여 등으로 처분하여 소득세를 부담함.
4. 법인이 특수관계자에 대한 업무무관가지급금에 대하여 대손충당금을 설정한 경우 손금불산입하고 유보처분하는 것이며, 이후 특수관계가 소멸되거나 채권의 포기시 귀속자에게 소득처분하는 것임(법인세과-903, 2009.8.11.).

3) 대손금의 손금귀속시기

① 대손사유 발생 시 손금산입항목(법령 §19의2 ③ 1호)

가. 적용대상 대손금

- 상법에 따른 소멸시효(3년)가 완성된 외상매출금 및 미수금
- 어음법에 따른 소멸시효(3년)가 완성된 어음
- 수표법에 따른 소멸시효(6월)가 완성된 수표
- 민법에 따른 소멸시효(10년)가 완성된 대여금 및 선급금
- 채무자회생및파산에관한법률에 따른 회생계획인가의 결정 또는 법원의 면책결정에 따라 회수불능으로 확정된 채권
- 서민의금융생활지원에관한법률에 따른 채무조정을 받아 신용회복지원협약에 따라 면책으로 확정된 채권
- 민사집행법 제102조에 따라 채무자의 재산에 대한 경매가 취소된 압류채권

나. 신고조정에 의한 손금산입 가능

상기에 해당하는 대손항목은 그 대손사유가 발생한 날이 속하는 사업연도의 대손으로 인정되며, 회사가 장부에 대손처리를 하지 아니한 경우에도 세무조정 시 신고조정에 의한 손금산입이 가능하다.

또한 대손사유가 발생한 날이 속하는 사업연도에 손금산입하지 못한 경우에도 국세기본법 제45조의2에 의하여 경정청구가 가능하다. 그리고 법인이 보유하고 있는 어음상의 채권으로서 소멸시효가 완성될 때까지 회수하지 못한 채권은 그 소멸시효가 완성된 날이 속하는 사업연도에 대손금으로 손금산입하는 것으로서 그 후의 사업연도의 손금에 산입할 수 없는 것이나, 소멸시효가 완성된 날이 속하는 사업연도가 국세기본법 제26조의2의 규정에 의한 국세부과의 제척기간이 만료되지 아니한 경우에는 납세지 관할 세무서장이 이를 해당 사업연도의 손금에 산입하여 법인세 과세표준 및 세액을 경정할 수 있다(법인 46012-3103, 1998.10.22.).

② 대손사유가 발생하여 장부상 손금계상 시 손금산입항목(법령 §19의2 ③ 2호)

가. 적용대상 대손금

- 채무자의 파산, 강제집행, 형의 집행, 사업의 폐지, 사망, 실종 또는 행방불명으로 회수할 수 없는 채권

㉠ 회수가능판단일과 소멸시효완성일 중 빠른 날이 속하는 사업연도에 장부에

계상하면 되고 소멸시효완성일 전까지는 법인의 판단에 따라 대손가능함.

ⓒ 파산은 파산선고받은 것으로 법원의 파산종결결정일까지는 대손으로 인정 안됨. 단, 파산채권확정결과 배당가능성이 전혀 없는 경우에는 대손으로 인정됨.

- 부도발생일로부터 6월 이상 지난 수표 또는 어음상의 채권 및 외상매출금(중소기업의 외상매출금으로서 부도발생일 이전의 것에 한함). 다만, 당해 법인이 채무자의 재산에 대하여 저당권을 설정하고 있는 경우를 제외
- 중소기업의 외상매출금 및 미수금으로서 회수기일이 2년 이상 지난 외상매출금 등. 단, 특수관계인과의 거래에서 발생한 외상매출금 등은 제외
- 해외발생채권으로 회수불능이 확인된 채권
- 재판상 화해 등 확정판결과 같은 효력을 가지는 것으로서 회수불능으로 확정된 채권
  - ㉠ 민사소송법상 화해 및 화해권고
  - ㉡ 민사조정법상 결정 및 조정
- 회수기일을 6월 이상 지난 채권 중 채권가액이 30만 원 이하의 채권
- 법인세법 시행령 제61조 제2항 각 호 외의 부분 단서에 따른 금융회사의 채권 (제61조 제2항 제13호에 따른 여신전문금융회사 중 신기술사업금융업자의 경우에는 신기술사업자에 대한 것에 한함) 중 다음에 해당하는 채권
  - ㉠ 금융감독원장이 기획재정부장관과 협의하여 정한 대손처리기준에 따라 금융기관이 금융감독원장으로부터 대손금을 승인받은 것
  - ㉡ 금융감독원장이 '㉠'의 기준에 해당한다고 인정하여 대손처리를 요구한 채권으로서 금융기관이 대손금으로 계상한 것
- 중소기업창업지원법에 의한 중소기업창업투자회사의 창업자에 대한 채권으로서 중소기업청장이 기획재정부장관과 협의하여 정한 기준에 해당한다고 인정한 것

나. 결산조정에 의한 손금산입만 인정

상기에 해당하는 대손항목은 그 대손사유가 발생하여 장부에 손금으로 계상한 날이 속하는 사업연도의 대손으로 인정되며, 장부에 대손처리를 하지 아니한 경우에는 세무조정 시 신고조정에 의한 손금산입을 할 수 없다.

다. 내국법인이 보유하고 있는 채권이 법인세법 시행령 제19조의2 제1항 제8호에 따른 "채무자의 파산으로 회수할 수 없는 채권"에 해당하는 경우로서, 채무자가 파산한 날이 속하는 사업연도에 손비로 계상하지 아니하고 그 다음 사업연도(채권의 소멸시효완성 전)에 손비로 계상한 경우, 대손금은 동조 제3항 제2호에 따라 손비로 계상한 날이 속하는 사업연도의 손금에 산입하는 것이다(사전법규법인-949, 2022.11.30.).

Expert Opinion Summary

결산조정항목 대손금의 귀속시기

「법인세법」상 대손금 손금요건이 영 §19의2 ① 8호의 채무자의 파산, 강제집행, 형의 집행, 사업의 폐지, 사망, 실종 또는 행방불명으로 회수할 수 없는 채권에 해당하면 영 §19의2 ③ 2호에 의해 해당 사유가 발생하여 손금으로 계상한 날이 속하는 사업연도의 손금에 해당(결산조정)된다.

결산조정항목의 대손금 손금산입에 있어 유의할 점은 다음과 같다.

1. 회수불능 사유가 확정된 연도에 장부상 대손계상된 경우 손금으로 인정됨.
2. 회수불능 사유가 확정된 연도 이전에 장부상 대손계상된 경우 손금불산입(유보) 처리하고 확정된 연도에 손금산입의 조정을 하면 손금으로 인정됨.
3. '1., 2.'의 처리를 하지 않고 회수불능 사유가 확정된 연도에 장부상 대손계상하지 않은 경우에는 확정연도 이후의 사업연도에 장부상 대손계상한 경우 손금으로 인정됨.
4. 단, '3.'의 경우 회수불능 사유가 확정된 사업연도에 대손계상하지 않고 추후 장부상 대손계상한 경우 그 이전에 소멸시효가 완성된 경우에는 세무조정으로 손금산입하여야 함.

이항수와 함께하는 K-IFRS 회계처리 및 세무실무지침

1. 소멸시효완성채권에 대한 경정청구

소멸시효가 완성된 채권의 경우에는 해당 사업연도의 손금으로 산입하여야 하며, 신고조정에 의한 손금산입도 허용된다.

(1) 자료
① 2022.7.1. 발생채권 1억 원(VAT 무시)
② 2025.12.31.까지 회수되지 아니함.

(2) 원칙적인 회계처리 및 세무조정

   ① 2025년 회계처리

     (차) 대손충당금　100,000,000　　　(대) 외상매출금　　100,000,000

   ② 세무조정

    없음.

(3) '(2)'의 회계처리를 하지 않은 경우

   손금산입 · 외상매출금(대손금) · 100,000,000 · △유보

(4) '(3)'의 세무조정을 2025년에 하지 않은 경우

   2026년 이후에 이를 장부상 대손처리 시는 귀속시기의 잘못으로 손금불산입하여야 한다. 그러므로 2025사업연도에 대한 경정청구(2031.3.31.까지 가능)를 실시하여 2025년분 법인세액을 20,000,000(1억 원×20%)원 환급받고 추후 장부상 대손처리 시 이를 손금불산입하여야 한다.

2. 대손금입증서류 구비 여부

실무상 대다수의 대손금은 소멸시효완성 시 이루어진다. 이는 법인세법상 대손요건에 해당되어 당연 손금인정되어야 하나 과세관청에서는 이의 실질적인 회수노력을 입증하는 서류제출을 요구하고 있는 실정이다.

이에 대해 과세관청의 공식적인 입장은 소멸시효완성으로 대손처리 시는 입증서류제출을 요구하고 있지 않으나 실지 세무조사 시에는 회수노력이 입증되지 않는 경우에는 임의채권포기에 해당된다고 보아 기업업무추진비로 간주하여 손금불산입 처분하고 있는 경우도 빈번히 발생한다.

이는 회사가 실지로는 채권회수 후 장부상으로만 대손처리하는 것을 방지하고자 하는 당연한 조사절차로 파악되는바 회사에서는 소멸시효완성 시까지 발생하는 다양한 내용 등을 기록하고 보관하여 입증하는 것이 필요할 것이다.

3. 채권포기 시 정당한 사유입증

거래처에 대한 채권포기 시 정당한 사유가 있는 경우에는 이를 손금에 산입한다 하고 있으나 실무상 인정되는 경우는 부도 등에 의한 사유발생 시 채권을 조기회수하기 위해 일부 채권을 포기하는 아주 예외적인 사례만 이에 해당되므로 실지로는 거의 채권포기는 접대비로 간주됨에 유의하여야 한다.

4. 임원 및 직원의 횡령금액에 대한 처리

   ① 직원의 횡령금액

    실지 회수불가능한 경우 손금인정되고 근로소득에도 해당되지 않음.

   ② 임원의 횡령금액(임원의 의사와 법인의 의사가 동일하다고 보는 경우)

    손금불산입되고 상여로 소득처분되어 원천징수의무 발생

5. 대손요건을 구비하지 못한 채권의 대손처리 시 세무조정

　(차) 대손충당금　　　　　　100,000　　　(대) 매출채권　　　　　　100,000
　　　　익금산입 · 매출채권 · 100,000 · 유보

　(차) 대손상각비　　　　　　100,000　　　(대) 매출채권　　　　　　100,000
　　　　손금불산입 · 매출채권 · 100,000 · 유보

상기 두 경우 모두 익금산입(손금불산입)하고, 추후 대손요건 구비 시 손금으로 추인한다.
이때 대손요건이 구비된 사업연도(소멸시효 완성 전 사업연도를 의미)에 손금산입을 하지 않은 경우에는 동 채권이 결산조정항목에 해당 시는 추후 소멸시효가 완성되는 사업연도에 손금산입을 하여야 함에 유의하여야 한다.

6. 부가가치세법상 대손세액공제 해당
채무자회생및파산에관한법률에 의한 법원의 회생계획인가결정에 따라 채권을 출자전환하는 경우 채권의 장부가액과 주식의 시가와의 차액은 부가가치세법 제45조의 대손세액 공제특례 대상에 해당하는 것이다(부가가치세제과-153, 2015.2.16. ; 부령 §87).

(5) 계약상 현금흐름의 변경(채권 · 채무조정)

금융자산의 계약상 현금흐름이 재협상되거나 변경되는 경우가 발생할 수 있다. 예를 들어 채무자의 재무적 곤경으로 인하여 채권자가 보유하는 금융자산의 이자나 원금을 제대로 회수하기 어렵다고 판단되는 경우 채권자와 채무자가 당해 금융자산의 만기 연장, 원금 감면, 이자율 하향 조정 등에 합의하는 경우가 있다. 금융자산의 계약상 현금흐름의 변경이 실질적인 변경에 해당되어 금융자산을 제거해야 하는 경우와 그렇지 않은 경우로 나눌 수 있다.

1) 계약상 현금흐름의 변경으로 금융자산이 제거되는 경우

기존의 금융자산을 제거하고, 후속적으로 변경된 금융자산을 새로운 금융자산으로 인식한다. 변경된 금융자산에 손상 요구사항을 적용할 때 변경일을 해당 금융자산의 최초인식일로 보아 변경일에 일반적으로 12개월 기대신용손실을 측정하고, 보고기간 말에 신용위험의 유의적인 증가 여부를 고려하여 12개월 또는 전체기간 기대신용손실을 측정한다.

2) 계약상 현금흐름이 변경되더라도 금융자산이 제거되지 않는 경우

변경된 금융자산은 기존 금융자산의 연속으로 보아 변경일에 금융자산의 장부금액과 재협상 또는 변경된 계약상 현금흐름을 최초 유효이자율(또는 취득 시 신용이 손상되어 있는 금융자산의 경우에는 신용조정 유효이자율)로 할인한 현재가치의 차이를 변경손익의 과목으로 당기손익으로 인식한다. 그리고 발생한 원가나 수수료는 변경된 금융자산의 장부금액에 반영하여 해당 금융자산의 남은 존속기간에 상각한다.

① 채무자의 세무조정

기업회계기준에 의한 채무의 재조정에 따라 채무의 장부가액과 현재가치의 차액을 채무면제익으로 계상한 채무법인은 이를 익금에 산입하지 아니한다(법통 19의2-19의2…9). 따라서 조건의 변경에 해당되어 인식한 채무면제이익은 익금불산입(유보)한 후 동액을 기업회계기준에 따라 유효이자율법에 의해 상각하여 이자비용으로 계상 시 손금불산입(유보)한다.

② 채권자의 세무조정

내국법인이 기업회계기준에 따른 채권의 재조정에 따라 채권의 장부가액과 현재가치의 차액을 대손금으로 계상한 경우에는 이를 손금에 산입하며(2001.12.31.이 속하는 사업연도 개시일 전에 발생한 금액은 손금불산입처리되었음), 손금에 산입한 금액은 기업회계기준의 환입방법에 따라 이를 익금에 산입한다(법령 §19의2 ⑤). 따라서 채무자와 달리 세무조정이 발생하지 않는다.

이때 기업회계기준은 채권재조정에 대한 규정이 있는 일반기업회계를 뜻하며, 채권재조정에 대한 규정이 없는 K-IFRS(기준서 제1039호)에 대하여는 상기 법인세법 시행령 제19조의2 제5항을 적용할 수 없어 세무조정이 발생하였다(법인세과-573, 2012.9.21.).

그러나 2018년부터 적용되는 기준서 제1109호에는 계약상 현금흐름의 변경규정(문단 5.4.3.)이 있어 변경손익을 당기손익으로 인식하므로 법인세법에서도 이를 인정하여야 할 것이다.

채권자인 법인이 기업회계기준에 의한 채권·채무의 조정과 관련하여 원금의 일부를 감면한 경우는 약정에 의한 채권의 임의포기로 보아(법통 19의2-19의2…8), 이를 대손금으로 보지 아니하며 기부금 또는 기업업무추진비로 본다.

| 조건변경으로 인한 채권·채무조정 시 세무조정 |

구 분	채무자	채권자
원리금 감면액	세무조정 없다.	정당한 사유가 있는 경우를 제외하고는 대손금으로 보지 않는다. 즉, 약정에 의한 채권의 임의포기로 보아 기부금 또는 기업업무추진비로 본다.
채무(채권)장부가액과 현재가치와의 차액	익금불산입(△유보)한 후 상각 시 손금불산입(유보)	세무조정 없다.

사례 15 채권·채무조정

1. 자료

　(1) 상장법인인 수진(주)는 2025.1.1.에 종속기업인 영진(주)에게 다음과 같이 10,000,000원을 대여하였고 AC 금융자산으로 분류하였다.

　　① 만기일: 2027.12.31.

　　② 이자율: 5%, 12.31. 이자수취

　　③ 시장이자율: 10%

　(2) 2026.12.31.에 수진(주)와 영진(주)는 대여금의 만기일을 2030.12.31.로 3년 연장하였고 이자율도 3%로 변경하였다. 이러한 변경은 금융자산의 제거조건을 충족하지 않는다.

2. 회계처리

　(1) 2025.1.1.

　　① 대여금의 공정가치

　　　이자금액 500,000원 × 2.48685(3년, 10% 연금현가계수)

　　　+만기 시 원금금액 10,000,000원 × 0.75131(3년, 10% 현가계수)

　　　=8,756,525원

　　（차) 장기대여금　　　　8,756,525　　　（대) 현금　　　　　　10,000,000
　　　　　종속기업투자주식　 1,243,475*

　　* 10,000,000 − 8,756,525 = 1,243,475
　　　공정가치금액과 명목가액금액의 차이는 종속기업투자주식으로 분류하기로 함.

② 상각후원가법에 따른 이자수익

일 자	유효이자(10%)	액면이자(5%)	차 액	장부금액
2025. 1. 1.				₩8,756,525
2025.12.31.	₩875,653	₩500,000	₩375,653	9,132,178
2026.12.31.	913,218	500,000	413,218	9,545,396
2027.12.31.	954,604*	500,000	454,604	10,000,000
	₩2,743,475	₩1,500,000	₩1,243,475	

* 단수 차이 조정

(2) 2025.12.31.

(차) 현금	500,000	(대) 이자수익	875,653
장기대여금	375,653		

(3) 2026.12.31.

① 이자수익인식

(차) 현금	500,000	(대) 이자수익	913,218
장기대여금	413,218		

② 변경된 현금흐름의 현재가치

이자금액 300,000원×3.16987(4년, 10% 연금현가계수)

+만기 시 원금금액 10,000,000원×0.68301(4년, 10% 현가계수)

=7,781,061원

③ 변경손실해당액

7,781,061 − (8,756,525 + 375,653 + 413,218)

=(−)1,764,335원

(차) 장기대여금변경손실	1,764,335	(대) 장기대여금	1,764,335

(4) 2027.12.31.

(차) 현금	300,000	(대) 이자수익	778,106*
장기대여금	478,106		

* 7,781,061×10%=778,106원

(5) 2028.12.31.

(차) 현금	300,000	(대) 이자수익	825,917*
장기대여금	525,917		

* (7,781,061 + 478,106)×10%=825,917원

(6) 2029.12.31.

    (차) 현금   300,000   (대) 이자수익   878,509

            장기대여금   578,509

(7) 2030.12.31.

    (차) 현금   300,000   (대) 이자수익   936,407

            장기대여금   636,407

    (차) 현금   10,000,000   (대) 장기대여금   10,000,000

3. 세무조정

  (1) 2025년

    익금산입 · 장기대여금 · 1,243,475 · 유보

    손금산입 · 종속기업투자주식 · 1,243,475 · △유보

    익금불산입 · 장기대여금 · 375,653 · 유보

  (2) 2026년

    익금불산입 · 장기대여금 · 413,218 · 유보

    손금불산입 · 장기대여금 · 1,764,335 · 유보

3) 조정방법

원칙적으로 채권 · 채무조정은 개별 채권 · 채무에 대하여 별도로 회계처리하는 것이지만, 모든 채권자에 대해 동일한 조건으로 채권 · 채무조정이 이루어진다면 하나의 채무로 보아 회계처리할 수 있다.

또한 채권 · 채무조정은 다음과 같은 여러 방법이 단독으로 혹은 결합되어 사용될 수 있다.
① 자산의 이전
② 출자전환(원래 조건에 따라 채무를 지분증권으로 전환하기로 한 경우를 제외)
③ 조건의 변경
  가. 이자율 인하
  나. 이자율 인하를 동반한 만기연장
  다. 원금의 감면
  라. 발생이자의 감면

4) 출자전환 시 회계처리

채무자가 채무를 변제하기 위하여 채권자에게 지분증권을 발행하는 출자전환 경우의 회계처리는 다음과 같다(문단 6.87).

(차) 채무	$\times\times\times$[주1]	(대) 자본금	$\times\times\times$[주2]
		주식발행초과금	$\times\times\times$[주3]
		채무조정이익	$\times\times\times$[주4]

주1) 변제채무의 장부금액
주2) 발행한 지분증권의 액면금액
주3) 발행한 지분증권 공정가치 - 발행한 지분증권 액면금액
　　한편, 지분증권의 발행과 관련하여 직접적으로 발생한 비용은 지분증권의 발행가액에서 차감함(문단 6.93).
주4) 변제채무의 장부금액 - 발행한 지분증권 공정가치
주5) 무상감자 등이 이루어진 후 지분증권이 발행될 경우 발행한 지분증권의 공정가치는 조정시점(조정시점 이전에 거래정지가 된 경우에는 거래정지일)의 종가에 감자비율을 반영한 이론상의 주가로 함(질의회신 2001-153, 2001.12.4. ; 질의회신 2001-155, 2001.12.5.).

이 경우 시장성이 없는 지분증권의 공정가치를 신뢰성 있게 측정할 수 없는 경우에는 발행되는 지분증권을 변제되는 채무의 장부가액으로 회계처리하도록 하여 채무조정이익을 인식하지 않도록 하고 있으며, 발행될 주식의 공정가치가 변제채무의 장부가액을 초과하는 경우에는 자산이전의 경우와 마찬가지로 채권·채무조정으로 보지 않는다.

법인세법에서는 2004.1.1. 이후 채무를 출자전환하는 분부터 채무의 출자전환으로 주식을 발행하는 경우로서 해당 주식의 시가가 액면가액 이상이고 발행가액 이하에 해당하는 경우에는 시가에서 액면가액을 차감한 금액을 주식발행액면초과액으로 보아 익금불산입되며, 발행가액과 시가의 차이는 채무면제이익으로 익금에 해당된다(법법 §17 ①, 법령 §15 ①).

① 주식발행액면초과액 = (시가 - 액면가액) × 주식수

② 채무면제이익 = (발행가액 - 시가) × 주식수

한편, 시가가 액면가액에 미달하는 경우에는 발행가액에서 액면가액을 차감한 금액을 채무면제이익으로 한다(서이-1658, 2006.8.30.).

내국법인이 특수관계 있는 법인의 회생계획인가 결정에 따라 업무무관가지급금의 출자전환으로 주식을 취득하고 주식의 가액을 시가로 계상한 후 제3자에게 해당 주식을 처분함에 따라 발생하는 손실은 손금산입 가능하다(서면법규과-849, 2014.8.12.).

사례 16   **출자전환**

1. 자료

(1) 채무가액: 15,000원

(2) 출자전환조건: 채무액 15,000원당 1주 교부

(3) 주식의 발행가: 1주당 15,000원

(4) 주식의 출자전환 당시 시가: 1주당 7,000원

(5) 주식의 액면가: 1주당 5,000원

(6) 채권자는 출자전환으로 취득한 주식을 장기투자목적으로 보유할 예정이다.

2. 채무자 입장

(1) 출자전환 시 회계처리

(차) 채무	15,000	(대) 자본금	5,000
		주식발행초과금	2,000
		채무조정이익	8,000

(2) 세무조정

① 일반 출자전환인 경우

세무조정 없음.

② 이월결손금 보전에 충당한 경우

익금불산입 · 채무조정이익 · 8,000 · 기타

③ 특정출자전환(다음 '중점사항 Ⅱ. 3.')에 해당되는 경우

이월결손금이 없어도 선택적으로 다음의 세무조정을 할 수 있다.

익금불산입 · 채무조정이익 · 8,000 · △유보

(추후 결손금 발생 시 익금산입)

3. 채권자 입장

(1) 출자전환 시 회계처리

(차) 기타포괄손익–공정가치금융자산	7,000	(대) 채권	15,000
대손(손실)충당금	8,000[주]		

주) 대손(손실)충당금 잔액이 없다면 대손상각비로 처리함.

(2) 세무조정

출자전환으로 소멸한 채권의 가액이 그 주식의 취득 당시의 시가를 초과하는 금액은 부당행위 여부 및 그 정당성 여부에 따라 부당행위계산부인 또는 대손금, 기

부금, 접대비로 본다(법인 46012-248, 2003.4.18. ; 재경부 법인 46012-147, 2003.9.5.).
그러나 다음 '중점사항 Ⅰ. 3. (1)'의 요건에 해당하는 법인의 출자전환인 경우에는
채권의 장부가액(채권이 구상채권 가지급금인 경우에는 시가로 계상)을 주식의
취득가액으로 하여 차액해당액을 주식의 처분 시까지 손익처리를 유예한다.

① 출자전환의 정당성이 인정되는 경우
   세무조정 없음(실무상 이의 인정이 되는 경우가 발생할지에 대한 검토요구됨).

② 특수관계인 간 부당행위에 해당되는 경우
   손금불산입

③ 출자전환의 정당성이 인정되지 않아 접대비 간주 시
   대손충당금감소액 8,000원을 접대비명세서에 포함하여 한도초과 시는 손금불
   산입됨.

④ 중점사항의 요건구비 법인으로 취득가액 인정 시
   익금산입 · 유가증권 · 8,000 · 유보
   (추후 주식처분 시 손금으로 인정)

중점사항　　채권의 출자전환 시 채권법인의 주식취득가액과 채무법인의 채무면제 이익의 처리

Ⅰ. 채권법인

1. 주식취득가액(아래 '3. (1)'은 제외)
   출자전환 당시의 시가에 의함.

2. 채권소멸가액 〉 주식취득가액
   차액은 그 정당성 여부에 따라 대손금, 기부금, 접대비로 본다(재경부 법인 46012-
   147, 2003.9.5.).

3. 다음 요건 구비 시의 주식취득가액: 출자전환된 채권의 장부가액
   (1) 요건(특정출자 전환, 법령 §15 ①)
      ① 채무자회생및파산에관한법률에 의한 회생계획인가의 결정을 받은 법인
      ② 기업구조조정촉진법에 의한 부실징후기업
      ③ 채권금융기관과 경영정상화 이행협약 체결법인의 출자전환
      ④ 기업활력제고를위한특별법에 따른 사업재편계획승인을 받은 법인
   (2) 주식취득가액
      출자전환된 채권의 장부금액으로 처리하여 차액은 처분 시에 손익을 인식한

다(법령 §72 ② 4호의2).

이때 출자전환 채권의 장부가액은 출자전환일이 속하는 사업연도의 직전 사업연도 종료일 현재의 출자전환된 채권의 세무상 장부가액을 말한다(법인세제과-88, 2014.2.19.).

(3) 세무조정

회사가 비용(또는 대손충당금차감)처리 시 손금불산입·유가증권·유보로 처리하여 주식처분 시 손금으로 추인된다.

4. 내국법인이 해외 완전 자회사에 대한 대여금 채권을 출자전환함에 따라 취득한 주식의 시가가 그 대여금 채권가액에 미달하여 발생한 차액은 자회사에 대한 채무의 면제에 해당하므로 국조법 제4조 제2항 및 국조령 제4조 제1호(자산의 무상이전 또는 채무면제는 법인세법 제52조 부당행위계산부인 규정을 적용)에 따라 법인세법 제52조의 부당행위계산의 부인 적용대상이 되는 것이며, 부당행위계산의 부인여부는 사실판단할 사항임(서면법규국조-2595, 2024.4.18.).

5. 청구법인은 해외현지법인에 대한 구상채권 등을 출자전환하면서 취득한 주식의 시가와 채권 장부가액의 차액(출자전환손실)을 회계상 비용으로 인식하고 법인세신고시 손금불산입(유보)으로 세무조정을 하였으며 추후 출자전환손실금액에 대하여 경제적 합리성(정당한 사유)이 인정되므로 이는 손금산입의 대상이라 판단하고 기존의 세무조정에 대한 경정청구를 제기하였고 과세관청은 이 거래는 국제거래에 해당하여 국조법상 출자전환손실금액은 출자전환으로 취득한 주식을 양도하거나 쟁점해외법인이 청산하는 시점에 손금으로 산입하여야 한다 하므로 이를 거부한 건에 대하여 조세심판원은 법인세법 제41조 및 시행령 제72조 제2항 제4의2호에서 채무의 출자전환에 따라 취득한 주식 등의 취득가액은 취득당시의 시가로 한다고 규정하고 있고 그 단서규정에서 채무자회생 및 파산에 관한 법률에 따라 출자전환한 경우에는 출자전환된 채권의 장부가액으로 한다라고 규정하고 있는 바 이 건의 해외현지법인의 출자전환은 이에 해당하지 않고 경제적 합리성이 인정되어 원칙적으로 그 취득가액을 취득 당시의 시가로 함이 타당하고 이 건 출자전환은 국조법 제9조의 규정이 적용되지 않는 거래이며 전환손실은 출자전환시점에 손익을 인식함이 타당하다 결정함(조심 2023서9444, 2024.7.9.).

Ⅱ. 채무법인

1. 주식발행가액

출자전환 당시의 소멸된 채무의 가액

2. 주식발행가액 〉 주식의 시가

채무면제이익으로 그 출자전환일이 속하는 연도의 익금에 해당한다. 이때 시가

가 액면가액에 미달하는 경우에는 액면가액과의 차액이 채무면제이익에 해당한
다(서이-1658, 2006.8.30.).

3. 다음 요건 구비 시의 채무면제이익의 처리

(1) 요건

상기 'Ⅰ. 3. (1)'과 동일

(2) 이월결손금보전에 충당한 경우

상기 '2.'의 채무면제이익을 출자전환 사업연도의 이월결손금보전에 충당한
경우에는 익금불산입 처리

(3) 이월결손금보전에 충당하지 않은 경우

채무면제이익 해당액을 익금에 산입하지 아니하고 그 이후의 발생되는 결손
금의 보전에 충당할 수 있다(법법 §17 ②). 이때 결손금의 보전에 충당하기 전
에 사업을 폐지하거나 해산하는 경우에는 그 사유가 발생한 날이 속하는 사업
연도에 결손금의 보전에 충당하지 아니한 금액 전액을 익금에 산입한다(법령
§15 ②).

Ⅲ. 특정출자전환 시 부가가치세 대손세액공제 허용

상기 'Ⅰ. 3.'에 따른 특정출자전환 시 소멸되는 채권가액에 포함되어 있는 부가가치
세해당액에 대한 대손세액공제 적용에 대하여 과세관청은 지속적으로 대손세액공
제 적용을 인정하지 않았다. 이에 대해 조세심판원에서는 매출채권의 장부가액과
출자전환으로 취득한 주식의 시가와의 차액은 사실상 회수불능으로 확정된 채권에
해당되어 부가가치세 매출세액은 대손세액공제 적용대상에 해당한다고 판결하였
고(조심 2012서2200, 2013.9.11. ; 조심 2014서905, 2014.4.24.), 이에 대해 국세청에서도 유
권해석을 변경하여 특정출자전환에 대하여는 대손세액공제를 허용하였고(부가가치
세과-153, 2015.2.16.), 현재는 부가령 제87조 제1항 제2호에 명문으로 규정되어 있다.

1. 자료

(1) 채권가액 110,000

(2) 특정출자전환에 해당

(3) 주식시가 77,000(액면가액 50,000)

2. 기업회계기준에 따른 회계처리 및 세무조정

(차) FVOCI 금융자산	77,000	(대) 채권	110,000
예수부가세	3,000		
손실충당금	30,000		

> • 익금산입 · FVOCI금융자산 · 30,000 · 유보
>
> 3. 세법에 따른 회계처리 및 세무조정
>
> (차) FVOCI 금융자산　107,000　　　(대) 채권　　　　　　110,000
>
> 　　　예수부가세　　　　3,000

(6) 법인세법상 대손충당금의 처리

1) 대손충당금 설정대상채권(법령 §61 ①)

① 외상매출금

② 금전소비대차계약 등에 의해 타인에게 대여한 금액

③ 어음상의 채권 · 미수금 · 그 밖에 기업회계기준에 의한 대손충당금 설정대상채권
  • 건설업을 영위하는 내국법인이 K-IFRS에 따라 손실충당금 인식대상인 계약자산으로 계상한 미청구공사는 법인세법 시행령 제61조 제1항에 따른 대손충당금 설정대상채권에 해당됨(서면법인-1079, 2023.8.23.).
  • K-IFRS에서는 어음할인시 차입거래에 해당되어 받을어음을 차감하지 않고 어음할인금액을 단기차입금으로 계상하고 받을어음금액이 장부상 계상되므로 이는 대손충당금 설정대상채권에 해당됨.

2) 설정대상 제외채권(법법 §19의2 ②)

① 채무보증으로 인하여 발생한 구상채권

② 특수관계인에게 해당 법인의 업무와 관련없이 지급한 가지급금

③ 특수관계인과의 거래에서 시가초과액에 상당하는 채권

3) 대손충당금 손금산입한도(법령 §61 ②)

> • 설정대상채권잔액 × 1%
> • 설정대상채권잔액 × 대손실적률 　} 중 큰 금액

① 채권잔액

> 장부가액의 합계액 + 당기말 현재 대손금손금부인누계액

② 대손실적률

$$\frac{\text{해당 사업연도의 대손금손금용인액}}{\text{직전 사업연도 종료일 현재의 채권잔액}}$$

③ 은행 · 증권 · 신탁 · 보험 · 여신전문금융 · 종합금융의 경우 한도액

$$\text{채권잔액} \times Max(1\%, \ \text{대손실적률}, \ \text{금융감독규정상 적립률})$$

4) 대손충당금 시부인계산

$$\text{회사계상액} - \text{세무상 손금산입한도액} = \begin{matrix} (+) \ \text{손금불산입 · 대손충당금 · 유보} \\ (-) \ \text{세무조정 없음(결산조정사항)} \end{matrix}$$

① 회사계상액

재무상태표상 대손충당금계정의 기말잔액(당기 설정액이 아님)

② 전기의 대손충당금한도초과액

총액법을 적용하여 전기의 대손충당금한도초과액은 당기에 손금산입된다.

사례 17 손실충당금한도계산

1. 자료

(1) 수진(주)의 당기 중 손실충당금계정의 변동내용은 다음과 같다.

(단위: 원)

당기상계액	5,000,000	전기이월	18,000,000
차기이월	25,000,000	당기설정	12,000,000
계	30,000,000	계	30,000,000

(2) 전기이월금액 중 손실충당금 한도초과액 및 대손금부인액은 없다.

(3) 당기상계액 중 2,000,000원은 세무상 대손요건을 구비하지 못했다.

(4) 기말 현재 재무상태표상 손실충당금 설정대상채권잔액은 20억 원이다.

(5) 전기말 현재 재무상태표상 손실충당금 설정대상채권잔액은 18억 원이다.

2. 대손금 세무조정

당기에 대손요건을 구비하지 못한 채권을 대손충당금과 상계하였으므로 이를 익금산입하고 유보처분하여 추후 대손요건 구비 시 손금산입한다.

익금산입 • 대손금 • 2,000,000 • 유보

3. 대손충당금 세무조정

(1) 대손충당금 설정대상채권잔액

재무상태표상 채권잔액 2,000,000,000 + 대손금부인액 2,000,000 = 2,002,000,000원

(2) 대손충당금 손금산입한도액: Max(①, ②) = 20,020,000원

① 설정대상채권잔액 2,002,000,000 × 설정률 1% = 20,020,000원

② 설정대상채권잔액 2,002,000,000 × 대손실적률 0.167%[주] = 3,336,666원

　　주) 3,000,000/1,800,000,000

(3) 회사계상액

재무상태표상 손실충당금 기말잔액인 25,000,000원

(4) 대손충당금 시부인계산

회사계상액 − 세무상 대손충당금한도액

= 25,000,000 − 20,020,000 = 4,980,000원(한도초과액)

(5) 세무조정

손금불산입 • 대손충당금 • 4,980,000 • 유보

5) 대손요건을 구비하지 못한 채권의 대손처리 시 세무조정

상기의 세무상 대손요건을 구비하지 못한 채권을 장부상 대손처리 시는 대손충당금과 상계처리하든 대손상각비로 처리하든 세무조정 시 손금불산입하고 추후 대손요건 구비 시 손금산입하여 정리한다.

사례 18 대손금 세무조정

1. 대손요건 불비 대손발생액을 당기비용 처리 시

(1) 회계처리

(차) 대손상각비　　　　　1,000　　(대) 외상매출금　　　　　1,000

(2) 세무조정

손금불산입 • 대손금(외상매출금) • 1,000 • 유보

2. 대손요건 불비 대손발생액을 손실충당금과 상계처리 시
  (1) 회계처리

    (차) 손실충당금   1,000   (대) 외상매출금   1,000

  (2) 세무조정
    익금산입[주] · 대손금(외상매출금) · 1,000(유보)

  주) 대손요건 불비액을 손실충당금과 상계처리 시 익금산입하는 것은 법인세법상 대손충당금은 총액법을 적용하므로 대손충당금과 상계한 금액만큼 장부상 환입액이 감소하기 때문이다.

6) 대손금의 회수

대손금으로 처리한 금액 중 회수된 금액은 회수된 날이 속하는 사업연도에 익금에 산입한다. 만일, 대손처리 시 대손요건의 불비로 손금불산입된 금액이 회수되는 경우에는 기업회계에서 대손충당금의 증가로 회계처리하여도 익금불산입의 세무조정을 하여 유보금액을 정리한다.

기업회계에서는 대손금을 회수한 경우 이를 상각채권추심이익(기타수익)으로 계상하지 않고 대손충당금을 증가시키는 회계처리를 하도록 하고 있는데, 법인세법상으로는 상각채권추심이익과 기말 대손상각비전입액이 동시에 과소계상되어 당기순손익에 영향이 없기 때문에 별도의 세무조정이 필요없다. 이때 [별지 제34호 서식] 작성 시에는 대손충당금을 증가시킨 상각채권추심이익 해당액과 당기말의 추가설정액을 합산하여 '④ 당기계상액'에 기입하여 대손충당금 한도초과액을 계산하면 된다.

사례 19   대손금 회수 시 대손충당금 세무조정

1. 수진(주)의 2025사업연도의 손실충당금 내역

손실충당금

대손	10,000[주1]	전기이월	40,000(부인액 10,000)
		회 수	20,000[주2]
차기이월	80,000	전입액	30,000
계	90,000	계	90,000

주1) 대손요건 충족
주2) 전기에 대손요건을 충족하여 대손처리한 금액을 당기에 회수하였다.

2. 당기 대손충당금 세무상 한도액: 60,000원

3. 대손충당금 환입액에 대한 세무조정

 (1) 총액법하의 회사계상 대손충당금 환입액

  $(40,000 + 20,000) - 10,000 = 50,000$원

 (2) 법인세법상 대손충당금 환입액

  $(40,000 - 10,000^{주3)} + 20,000) - 10,000 = 40,000$원

  주3) 기초시점의 대손충당금부인액

 (3) 세무조정

  익금불산입 · 대손충당금 · $10,000^{주4)}$ · 유보

  주4) 이 금액은 결국 전년도 세무조정 시 손금부인된 것과 동일금액이다.

4. 대손충당금 전입액에 대한 세무조정

 (1) 회사계상 손실충당금 전입액: 80,000원

 (2) 세무상 한도액: 60,000원

 (3) 대손충당금 시부인

  $80,000 - 60,000 = 20,000$원(한도초과액)

 (4) 세무조정

  손금불산입 · 대손충당금 · 20,000 · 유보

(7) 해외건설자회사에 지급한 대여금등에 대한 대손충당금 손금산입 특례 신설
(조특법 §104의33 신설, 조특령 §104의30)

1) **(적용대상)** 해외건설자회사를 둔 국내건설모회사(해외건설촉진법 §2 5호)

2) **(적용요건)** '①~④'까지 모두 해당하는 경우

 ① 국내건설모회사가 해외건설자회사(다음 4))에 2022.12.31. 이전에 지급한 대여금 (이자 포함) 등 채권이 있을 것(다음 5))

 ② 최초 회수기일 이후 5년 이상 경과됐을 것

 ③ 해외건설자회사의 사업(공사 또는 운영자금)에 사용했을 것(법법 §28 ① 4호 나목 의 업무무관가지급금에 해당하지 않을 것)

 ④ 해외건설자회사의 완전자본잠식(순자산 〈 0) 등 대여금 회수가 현저히 곤란하다고 인정되는 경우(다음 6))

3) (손금산입한도: 결산조정)

① (요건을 충족하는 대여금의 기말채권잔액 – 해외건설자회사의 해당 차입금 외 순자산 장부가액*) × 손금산입 비율**

  * 자산총액 – 해당 차입금(국내모회사의 대여금등을 말함)을 제외한 부채총액(0보다 적은 경우에는 0으로 함)

  ** 연도별 손금산입 비율: 매년 10% 상향

연도	2024년	2025년	2026년	~	2033년 이후
비율	10%	20%	30%	~	100%

② 대손충당금을 손금에 산입한 모회사는 해당 대여금 등의 대손금이 발생한 경우 그 대손금을 손금에 산입한 대손충당금과 먼저 상계하고 남은 대손충당금액은 다음 사업연도에 익금산입

4) (해외건설자회사 요건)

– 「해외건설촉진법」 제2조 제6호에 따른 현지법인일 것

– 국내건설모회사가 출자지분의 90% 이상* 보유한 법인일 것

  * 대여금을 지급한 법인이 물적분할로 신설된 경우 분할존속법인인 지주회사가 출자지분의 90% 이상 보유하는 해외건설사 포함

5) (특례가 인정되는 채권의 범위)

– 대여금 및 그 이자

– 국내건설모회사가 해외건설자회사로 파견한 임직원에게 해외건설자회사를 대신하여 지급한 인건비로 인하여 발생한 채권

6) (회수가 곤란하다고 인정되는 범위) '①' 또는 '②'

① 대손충당금을 손금에 산입한 사업연도 종료일 직전 10년 동안 계속해서 자본잠식*인 경우

  * 누적 결손금이 순자산 시가보다 큰 경우이거나, 순자산 평가금액이 0보다 적은 경우

② '①'에 준하는 경우로서 해외채권추심기관(법칙 §10의4 ① 1호)으로부터 회수불가능 확인을 받은 경우

  * 해외채권추심기관: 무역보험법 제37조에 따른 한국무역보험공사와 동법 제53조 제3항에 따른 대외채권 추심업무 수행에 관한 협약을 체결한 외국기관

7) (신청절차 및 제출서류)

- 과세표준 신고와 함께 대손충당금 손금산입 특례 적용신청서(별지 제64호의 29)에 상기 '6)'의 사실을 확인할 수 있는 서류를 첨부하여 납세지 관할 세무서장에 제출

〈적용시기〉 2024.1.1. 이후 개시하는 사업연도에 대손충당금을 손금에 산입하는 분부터 적용

저자주 ●

2024년에 신설된 해외건설자회사에 지급한 대여금 등에 대한 대손충당금 손금산입 특례 규정(조특법 §104의33, 조특령 §104의30)에 대하여 많은 논란이 있는 바 이를 사례로 설명한다.

Ⅰ. 자료
  1. 국내건설모회사(A법인)가 2015년에 해외건설자회사(B법인)에 100억의 대여금 지급
  2. A법인은 B법인에 대한 대여금에 대하여 100억 원의 대손충당금을 계상하고 있음.
  3. B법인은 10년 이상 계속 자본잠식인 상태임.
  4. B법인의 2025.12.31. 재무상태표상 자산 300억, 부채 350억(A법인 차입금 100억 포함), 자본 △50억임.

Ⅱ. A법인의 B법인 대여금이 업무무관가지급금에 해당하는 경우
  1. 대여금이 법법 §28 ① 4호 나목의 업무무관가지급금에 해당되어 2023년까지 세무조정이 이루어진 경우에는 2024년 신설된 조특법 §104의33 규정은 적용되지 않음.
  2 2024년까지 계상된 대손충당금 100억은 전액 손금불산입으로 조정되었을 것임.

Ⅲ. A법인의 B법인 대여금이 업무무관가지급금에 해당하지 않는 경우
  1. 조특법 §104의33 규정이 적용됨.
  2. 2025년 대손충당금 손금산입한도액
    [100억 - (300억 - 250억)] × 10% = 5억
  3. 2024.12.31. 재무상태표상 대여금의 계상
    장기대여금　　　　100억
    (-)대손충당금　　　100억*

    * 법인세법상 손금한도를 1% 전제시 손금불산입 · 대손충당금 · 99억 · 유보
  4. 2025년 세무조정 주장 1.
    조특법 §104의33 규정은 대손충당금을 손비로 계상한 경우에 상기 2.의 한도금액을 손금에 산입할 수 있다 규정하고 있으므로 회사는 2024년에도 전기와 동일한 회계처리를 하여 대여금에 대한 추가 대손충당금 계상금액이 없으므로 손금산입의 세

무조정은 없음.

5. 2025년 세무조정 주장 2.

법인세법상 대손충당금은 총액법을 적용하여 전기 계상 대손충당금을 환입하고 당기 계상 대손충당금에 대한 전입액을 계상하므로 전기 손금불산입금액 99억을 당기 손금산입하고(익금불산입) 당기분 계상 100억에 대하여는 상기 2. 손금한도액 5억을 적용하여 95억을 손금불산입한다는 주장

→ 4. 및 5.의 주장에 대해 곧 과세관청의 해석이 있을 것으로 판단되므로 유의하기 바란다.

7 금융자산의 재분류

기준서 제1109호에서는 금융자산을 관리하는 사업모형을 변경하는 경우에만 금융자산의 재분류를 허용하고 있다.

사업모형의 변경은 사업계열의 취득, 처분, 종결과 같이 영업에 유의적인 활동을 시작하거나 중단하는 경우에만 발생할 것이다. 그러나 특정 금융자산과 관련된 의도의 변경(시장상황이 유의적으로 변경되는 상황도 포함), 금융자산에 대한 특정 시장의 일시적 소멸, 서로 다른 사업모형을 갖고 있는 기업에서 부문 간 금융자산의 이전 등은 사업모형의 변경에 해당되지 않는다.

금융자산을 재분류하는 경우에는 그 재분류를 재분류일부터 전진적으로 적용한다. 이때 재분류일이란 금융자산의 재분류를 초래하는 사업모형의 변경 후 첫 번째 보고기간의 첫 번째 날을 말한다.

재분류 전	재분류 후		회계처리
상각후원가 측정 금융자산	공정가치 측정 금융자산	당기손익	재분류일의 공정가치로 측정하고, 재분류 전 상각후원가와 공정가치의 차이를 당기손익으로 인식
		기타포괄손익	재분류일의 공정가치로 측정하고, 재분류 전 상각후원가와 공정가치의 차이를 기타포괄손익으로 인식. 재분류에 따라 유효이자율과 기대신용손실 측정치는 조정하지 않음.

재분류 전	재분류 후	회계처리
기타포괄손익 - 공정가치측정 금융자산	상각후원가 측정금융자산	재분류일의 공정가치로 측정하고, 재분류 전에 인식한 기타포괄손익누계액은 자본에서 제거하고 재분류일의 금융자산의 공정가치에서 조정. 재분류에 따라 유효이자율과 기대신용손실 측정치는 조정하지 않음.
	당기손익 - 공정가치측정 금융자산	계속 공정가치로 측정. 재분류 전에 인식한 기타포괄손익누계액은 재분류일에 재분류조정으로 자본에서 당기손익으로 재분류
당기손익 - 공정가치측정 금융자산	상각후원가 측정금융자산	재분류일의 공정가치가 새로운 총장부금액이 되며, 이를 기초로 유효이자율 계산
	기타포괄손익 - 공정가치 측정금융자산	계속 공정가치로 측정하고, 재분류일의 공정가치에 기초하여 유효이자율 계산

8 금융자산의 제거

(1) 판단순서

금융자산의 제거는 금융자산의 권리가 소멸되거나 금융자산을 양도함으로써 금융자산을 재무제표에서 제거하는 것을 말한다.

금융자산 제거의 판단순서는 다음과 같다.

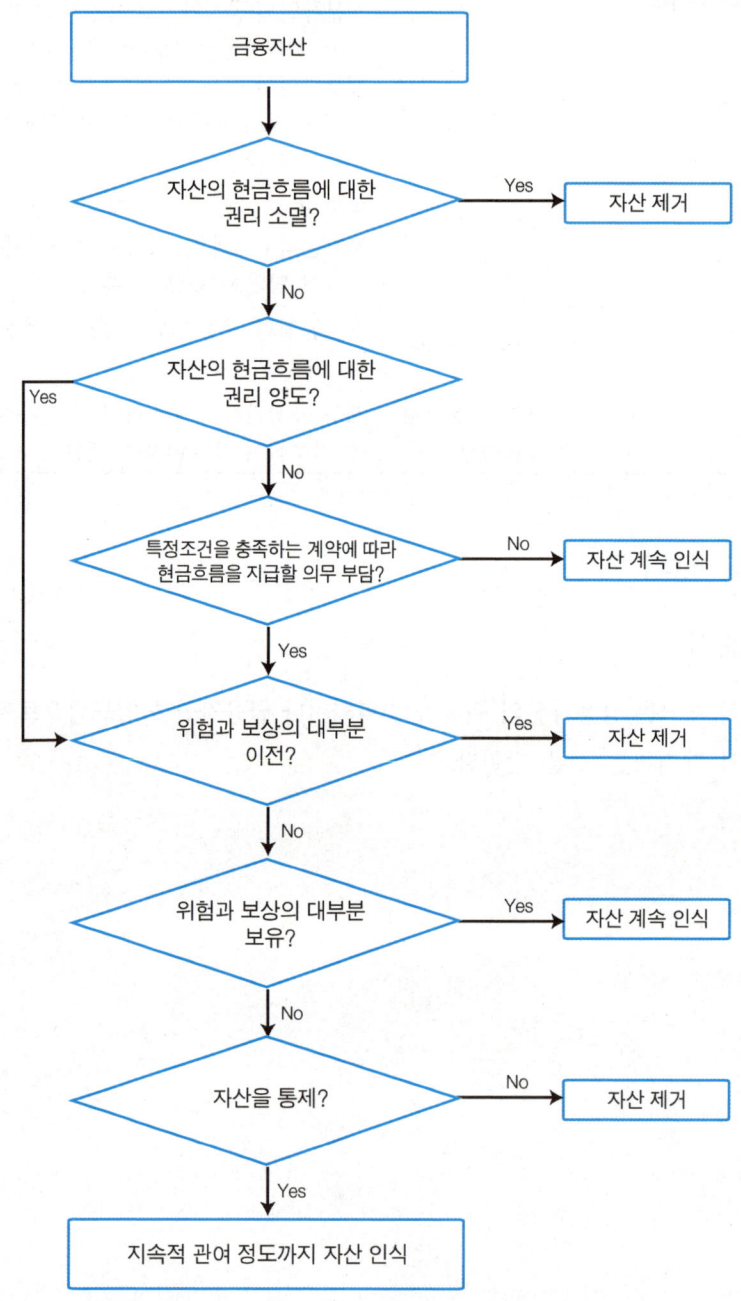

또한 금융자산의 제거 여부를 판단하기 전에 금융자산 전체에 대해서 제거규정을 적용할 것인지, 아니면 금융자산의 일부에 대해서만 제거규정을 적용할 것인지 판단해야 한다.

금융자산의 현금흐름에 대한 계약상 권리가 소멸되었다면 금융자산을 제거한다. 즉, 대여금의 만기에 원금과 이자를 모두 회수했다면 계약상 권리가 소멸되었으므로 대여금을 제거한다.

그러나 금융자산을 양도하였을 경우에는 형식적으로만 금융자산이 양도되었을 수 있으므로 실질적인 양도 여부를 판단해야 한다. 금융자산의 현금흐름을 수취할 계약상 권리를 양도했고, 양도자가 금융자산의 소유에 따른 위험과 보상의 대부분을 이전했다면 당해 금융자산을 제거한다. 그러나 금융자산을 양도했더라도 양도자가 위험과 보상의 대부분을 보유하고 있다면 금융자산을 계속하여 인식한다.

구 분	사 례
위험과 보상의 대부분을 이전하는 경우	① 금융자산을 아무런 조건 없이 매도한 경우 ② 양도자가 매도한 금융자산을 재매입시점의 공정가치로 재매입할 수 있는 권리를 보유하고 있는 경우 ③ 양도자가 매도한 금융자산에 대한 콜옵션을 보유하고 있거나 양수자가 당해 금융자산에 대한 풋옵션을 보유하고 있지만, 당해 콜옵션이나 풋옵션이 깊은 외가격 상태이기 때문에 만기 이전에 당해 옵션이 내가격 상태가 될 가능성이 매우 낮은 경우
위험과 보상의 대부분을 보유하는 경우	① 양도자가 매도 후에 미리 정한 가격 또는 매도가격에 양도자에게 금전을 대여하였더라면 그 대가로 받았을 이자수익을 더한 금액으로 양도자산을 재매입하는 거래의 경우 ② 유가증권대여계약을 체결한 경우 ③ 시장위험 익스포저를 양도자에게 다시 이전하는 총수익스왑 체결과 함께 금융자산을 매도한 경우 ④ 양도자가 매도한 금융자산에 대한 콜옵션을 보유하고 있거나 양수자가 해당 금융자산에 대한 풋옵션을 보유하고 있으며, 당해 콜옵션이나 풋옵션이 깊은 내가격 상태이기 때문에 만기 이전에 당해 옵션이 외가격 상태가 될 가능성이 매우 낮은 경우 ⑤ 양도자가 양수자에게 발생 가능성이 높은 신용손실의 보상을 양수자에게 보증하면서 단기 수취채권을 매도한 경우

양도자가 금융자산을 양도하지 않아 현금흐름에 대한 계약상 권리를 계속 보유하고 있으나, 수취한 현금흐름을 제3자에게 지급해야 할 계약상 의무가 있다면 이는 제3자를 위해 현금흐름 수취를 대행하는 것이나 다름없기 때문에 양도거래로 보며, 다음의 세 가지 조건

을 모두 충족한다면 이를 양도거래로 보고 상기에서 설명한 위험과 보상의 대부분을 이전·보유하는 경우에 따라 처리한다.

① 양도자는 금융자산에서 회수하지 못한 금액을 최종 수취인에게 지급할 의무가 없다.

② 양도자는 금융자산을 매도하거나 담보물로 제공할 수 없다.

③ 양도자는 최종 수취인을 대신해서 회수한 금액을 중요하게 지체하지 않고 최종 수취인에게 지급할 의무가 있으며, 해당 현금을 재투자할 권리가 없다.

양도자가 금융자산의 소유에 따른 위험과 보상의 대부분을 보유하지도 않고 이전하지도 않은 불분명한 상태라면, 당해 금융자산의 통제 여부에 대한 판단에 따라 제거 여부를 결정한다. 이때 금융자산의 통제 여부는 양수자가 그 자산을 매도할 수 있는 능력이 있는지에 따라 결정한다. 양수자가 양수한 금융자산을 자유롭게 매도할 수 있는 능력이 있다면 양도자는 양도자산에 대한 통제를 상실한 것이므로 양도자산을 제거한다. 반면에 양수자가 양수한 금융자산을 자유롭게 매도할 수 있는 능력이 없다면 양도자가 양도자산을 통제하고 있는 것이므로 양도자는 양도자산에 대해서 지속적으로 관여하는 정도까지 양도자산을 계속하여 인식한다. 이때 지속적 관여 정도는 양도자산의 가치 변동에 양도자가 노출되는 정도를 말하는데, 양도자가 다음과 같이 지속적으로 관여하는 정도까지 자산을 인식하는 경우 관련 부채도 함께 인식한다.

- 지속적 관여의 정도: Min(①, ②)

  ① 양도자산 장부가액

  ② 수취한 대가 중 상환을 요구받을 수 있는 최대금액(보증금액)

- 관련 부채

  보증금액 + 보증의 공정가치(일반적으로 보증의 대가로 수취한 금액)

│ 신속처리 질의 · 답변 │

B사의 지분 100%를 보유하는 A사가 자신의 주주 C에게 B사 지분 100%를 양도하고 C가 보유한 A사의 지분 전부를 자기주식으로 매입하는 교환계약(상업적 실질있는 거래)을 체결한 경우 A사의 별도재무제표에서는 교환시점의 B사 지분의 공정가치금액(자기주식인식금액)과 장부금액의 차액을 당기손익으로 인식함.

(2) 받을어음의 할인 시 회계처리

① 제거요건 충족 시

(차) 현　　　　　금	×××	(대) 받을어음	×××
매출채권처분손실	×××		

② 제거요건 미충족 시

(차) 현　　　금	×××	(대) 단기차입금	×××
이자비용	×××		

(3) 법인세법상 처리

법인세법에서는 자산유동화, 받을어음할인거래에 대하여 원칙적으로는 매각거래로 처리하며, 예외로 기업회계기준에 따라 차입거래로 회계처리한 경우 차입거래로 인정하고 있다 (법령 §71 ④).

그러므로 회계처리에 따른 세무조정은 발생하지 않으나 차입거래로 처리한 경우 어음할인이자는 지급이자에 해당할 것이므로 지급이자손금불산입대상 지급이자에 포함하여야 하는 문제가 발생하게 된다.

사례 20

1. 기본자료
   (1) A법인은 매출채권 1,000,000을 B법인에게 950,000에 양도. 이때 B법인은 제3자에게 매도권한이 제한됨.
   (2) B법인은 회수가 지연되면 A법인으로부터 채권금액의 10%를 지급받을 수 있음.
   (3) 회수지연위험의 공정가치는 8,000

2. 제거 여부
   A법인은 회수지연위험을 계속보유하고 있고 매출채권 관련 위험과 보상의 대부분을 보유하지도 않고 이전하지도 않으며 B법인에 대해 통제를 하고 있으므로 지속적관여 정도까지 자산과 부채를 인식하여야 함.

3. 지속적관여자산: Min{(1), (2)}=100,000
   (1) 장부가액 1,000,000
   (2) 보증금액　100,000

4. 지속적관여자산 관련 부채인식

　　보증금액＋보증의 공정가치

　　＝100,000＋8,000

　　＝108,000

5. 양도 시 회계처리

(차) 현　　　　　금	950,000	(대) 매출채권	1,000,000
지속적관여자산	100,000	지속적관여부채	108,000
매출채권처분손실	58,000		

6. 보증공정가치 수익인식

(차) 지속적관여부채	8,000	(대) 보증료수익*	8,000

* 보증기간 동안 수익인식

7. 회수지연이 없는 경우

(차) 지속적관여부채	100,000	(대) 지속적관여자산	100,000

8. 회수지연되어 지급 시

(차) 지속적관여부채	100,000	(대) 지속적관여자산	100,000
(차) 보증손실	100,000	(대) 현　　　　　금	100,000

9. 세무조정

　　법인세법상 회계처리

(차) 현　　　　　금	950,000	(대) 매출채권	1,000,000
매출채권처분손실	50,000		

• 익금산입 · 지속적관여부채 · 108,000 · 유보

　→ 추후 보증료수익 계상 시 익금불산입 · 8,000 및 '7., 8.' 발생 시 각각 손금산입 · 익금산입 100,000하여 유보정리

• 손금산입 · 지속적관여자산 · 100,000 · △유보

9 파생상품

(1) 정의

파생상품이란 다음의 세 가지 특성을 모두 가진 금융상품이나 기타계약을 말한다.

① 기초변수(underlying)의 변동에 따라 가치가 변동한다. 기초변수는 이자율, 금융상품가격, 일반상품가격, 환율, 가격 또는 비율의 지수, 신용등급 또는 신용지수나 그 밖의 변수를 말한다. 다만, 비금융변수의 경우에는 계약의 당사자에게 특정되지 아니하여야 한다.

② 최초 계약 시 순투자금액이 필요하지 않거나 시장요소의 변동에 비슷한 영향을 받을 것으로 예상되는 다른 유형의 계약보다 적은 순투자금액이 필요하다.

③ 미래에 결제된다.

(2) 기업회계상 분류

파생상품계약은 미래에 현금 등 금융자산을 수취할 권리발생 또는 잠재적으로 유리한 조건으로 거래상대방과 금융자산과 금융부채를 교환할 계약상 권리를 갖는 경우를 말하며, 기업회계에서는 이를 당기손익 - 공정가치측정금융자산(부채)으로 분류한다. 단, 위험회피수단으로 지정되고 위험회피에 효과적인 파생상품은 당기손익 - 공정가치측정금융자산(부채)이 아닌 다른 금융자산(부채)으로 분류한다.

(3) 파생상품의 인식

파생상품은 금융상품에 해당되므로 계약당사자가 될 때 인식한다. 파생상품의 대표적인 계약인 선도(선물)계약의 경우 계약일에 자산 · 부채를 인식하여야 하나, 계약일의 자산 · 부채의 순공정가치가 0이어서 계약일에는 자산 · 부채를 인식하지 않고 추후 선도(선물)계약의 순공정가치가 변동 시 자산 · 부채를 인식한다.

(4) 파생상품의 측정

파생상품은 공정가치로 측정한다. 이때 공정가치는 파생상품으로 발생하는 미래현금흐름을 적절한 이자율로 할인한 현재가치금액을 말하며, 공정가치변동에 따른 손익은 당기손익으로 인식한다. 단, 추후 10 에서 설명하는 현금흐름 위험회피수단으로 지정된 공정가치변동 중 위험회피에 효과적인 부분은 자본항목으로 인식한다.

사례 21

1. 자료

(1) 12월 결산법인인 수진(주)는 2025.11.1. US$100 상품을 수출하고 대금은 5개월 후에 받기로 하였다.

(2) 한편, 수진(주)는 US$수출대금의 ₩에 대한 환율변동을 회피하기 위하여 다음과 같은 통화선도거래계약을 체결하였다.

① 통화선도거래계약 체결일: 2025.11.1.

② 계약기간: 5개월(2025.11.1.~2026.3.31.)

③ 계약조건: US$100를 @₩1,150/US$1(Forward rate)로 매도하기로 하였다.

④ 법인세법상으로는 사업연도종료일의 환율로 평가함을 선택하였다.

(3) 환율에 대한 자료는 다음과 같다.

일 자	현물환율(₩/$)	통화선도환율(₩/$)
2025.11. 1.	1,100	1,150(만기 5개월)
2025.12.31.	1,080	1,120(만기 3개월)
2026. 3.31.	1,180	

2. 각 시점별 회계처리

일 자	내 역	차변		대변	
2025.11.1.	일반상거래	매출채권	110,000	매 출	110,000
	통화선도거래	회계처리 없음.			
2025.12.31.	일반상거래	외화환산손실	2,000	매출채권	2,000
	통화선도거래	통화선도(유동자산)	3,000	통화선도평가이익(수익)	3,000*
2026.3.31.	일반상거래	현 금	118,000	매출채권 외환차익	108,000 10,000
	통화선도거래	통화선도거래손실 (비용)	6,000	통화선도 현금	3,000 3,000

* US$미지급액 변동액 US$100 × (1,120 - 1,150) = (-)3,000

3. 세무조정

법인세법상 화폐성 외화자산·부채와 환위험회피용 통화선도 등에 사업연도 종료일의 매매기준율환율로 평가함을 선택한 경우이므로 기업회계에서는 통화선도환율을 적용하여 평가이익을 3,000을 계상하였지만 법인세법에서는 매매기준율을 적용하여 평가이익을 2,000을 계상하여야 한다. 그러므로 1,000만큼 평가이익이 과대계상되어 익금불산입·통화선도·1,000·(-)유보의 세무조정을 하고 2026년에 익금산입·1,000의 세무조정을 하여야 한다.

10 위험회피

(1) 의의

위험회피란 위험회피대상으로부터 발생하는 공정가치 또는 현금흐름의 변동위험과 반대 방향으로 위험회피수단에서 공정가치 또는 현금흐름의 변동을 발생시킴으로써 양자의 변동을 상쇄시키는 것을 말한다.

(2) 분류

위험회피는 다음과 같이 구분한다.

① 공정가치위험회피

특정위험에 기인하고 당기손익에 영향을 줄 수 있는 것으로서, 인식된 자산이나 부채 또는 인식되지 않은 확정계약의 전체 또는 이러한 항목의 구성요소의 공정가치 변동 익스포저에 대한 위험회피를 말한다.

이는 특정위험으로 인한 위험회피대상항목의 공정가치 변동이 위험회피수단인 파생상품 등의 공정가치 변동과 상계되도록, 특정위험으로 인한 위험회피대상항목의 평가손익을 위험회피수단의 평가손익과 동일한 회계기간에 대칭적으로 인식하는 것이다.

확정계약의 외화위험회피에 공정가치위험회피회계 또는 현금흐름위험회피회계를 적용할 수 있다.

② 현금흐름위험회피

특정위험에 기인하고 당기손익에 영향을 줄 수 있는 것으로서, 인식된 자산이나 부채 또는 발생가능성이 매우 큰 예상거래의 현금흐름 변동익스포저에 대한 위험회피를 말한다. 인식된 부채에서 발생한 미래현금흐름의 변동의 예로는 변동금리부 채무상품에서 발생한 미래이자지급액의 전체나 일부를 들 수 있다.

③ 해외사업장순투자의 위험회피

해외사업장의 순자산에 대한 보고기업의 지분 해당 금액을 말하며 기업이 해외사업장으로부터 수취하거나 해외사업장에 지급할 화폐성항목 중에서 예측할 수 있는 미래에 결제할 계획이 없고 결제될 가능성이 낮은 항목은 실질적으로 그 해외사업장에 대한 순투자의 일부로 본다. 다만, 이러한 화폐성항목에는 장기채권이나 대여금은 포함될 수 있으나 매출채권과 매입채무는 포함되지 아니한다.

(3) 적용요건

다음의 조건을 모두 충족하는 위험회피관계에 대해서만 위험회피회계를 적용한다.

① 위험회피관계는 적격한 위험회피수단과 적격한 위험회피대상항목으로만 구성된다.

② 위험회피의 개시시점에 위험회피관계와 위험회피를 수행하는 위험관리의 목적과 전략을 공식적으로 지정하고 문서화한다. 이 문서에는 위험회피수단, 위험회피대상항목, 회피대상위험의 특성과 위험회피관계가 위험회피효과에 대한 요구사항을 충족하는지를 평가하는 방법(위험회피의 비효과적인 부분의 원인 분석과 위험회피비율의 결정 방법 포함)이 포함되어야 한다.

③ 위험회피관계는 다음의 위험회피효과에 관한 요구사항을 모두 충족한다.

　가. 위험회피대상항목과 위험회피수단 사이에 경제적 관계가 있다.

　나. 신용위험의 효과가 위험회피대상항목과 위험회피수단의 경제적 관계로 인한 가치 변동보다 지배적이지 않다.

　다. 위험회피관계의 위험회피비율은 기업이 실제로 위험을 회피하는 위험회피대상항목의 수량과 위험회피대상항목의 수량의 위험을 회피하기 위해 기업이 실제 사용하는 위험회피수단의 수량의 비율과 같다. 그러나 위험회피대상항목과 위험회피수단의 가중치의 불균형은 위험회피의 비효과적인 부분(인식 여부와 관계없이)을 만들어 내고 위험회피회계의 목적과 일치하지 않는 회계처리 결과를 가져올 수 있으므로 지정할 때 가중치의 불균형을 반영해서는 안 된다.

(4) 위험회피회계

위험회피수단과 위험회피대상항목 사이에 위험회피관계가 지정된 경우 위험회피수단과 위험회피대상항목의 공정가치 변동에 따른 손익의 상쇄효과를 다음과 같이 회계처리한다.

① 위험회피대상: 위험을 갖고 있는 자산, 부채, 확정계약, 발생가능성이 매우 높은 예상거래 또는 해외사업장에 대한 순투자를 말한다.

② 위험회피수단: 위험회피를 위해 이용하는 파생상품 및 비파생상품을 말한다.

1) 공정가치위험회피회계

① 위험회피수단의 변동

공정가치위험회피가 회계기간에 위험회피회계조건을 충족하면 다음과 같이 회계처리한다.

위험회피수단	당기손익 인식금액
파생상품	재측정에 따른 공정가치의 변동
비파생금융상품	장부금액의 변동 중 외화요소

단, 공정가치 변동을 기타포괄손익으로 인식하는 지분상품의 외화위험이나 주식가격 변동위험에 대해 위험회피회계 적용 시 위험회피수단의 손익은 기타포괄손익으로 인식하며, 당기손익으로 재순환하지 않는다.

② 위험회피대상항목의 변동

회피대상위험으로 인한 위험회피대상항목의 손익은 위험회피대상항목의 장부금액에서 조정하여 당기손익으로 인식한다.

위험회피대상항목이 기타포괄손익 – 공정가치측정금융자산(또는 그 구성요소)인 경우에는 회피대상위험으로 인한 위험회피대상항목의 손익은 당기손익으로 인식한다. 그러나 위험회피대상항목이 공정가치변동을 기타포괄손익에 표시하기로 선택한 지분상품인 경우에는 그 금액을 기타포괄손익에 남겨둔다. 위험회피대상항목이 인식되지 않은 확정계약(또는 그 구성요소)인 경우에는 지정 후 위험회피대상항목의 공정가치 누적변동분을 자산이나 부채로 인식하고, 이에 상응하는 손익은 당기손익으로 인식한다.

③ 위험회피회계 적용의 의미

가. 위험회피회계를 적용하지 않는 경우(회계불일치 발생)

위험회피대상항목(일반회계)	위험회피수단(파생상품)
공정가치변동액을 기타포괄손익이나 변동액을 인식하지 않는 처리를 함(변동액을 당기손익으로 처리하는 경우에는 위험회피회계를 적용할 이유 없음).	공정가치변동액을 당기손익(또는 기타포괄손익)으로 인식

나. 위험회피회계를 적용하는 경우

위험회피회계를 적용하는 경우에는 위험회피대상항목에서 발생하는 공정가치변동액을 당기손익(또는 기타포괄손익)으로 인식하여 파생상품의 처리와 동일하게 하여 회계불일치를 해소하게 된다.

④ 공정가치위험회피회계 적용사례

가. 보유재고자산의 가격을 고정하는 선물매도계약

나. 보유금융자산의 가격하락위험을 회피하는 풋옵션매입계약

다. 외화설비자산 수입 확정계약체결에 따른 외화매수 통화선도계약

라. 외화채권·채무에 대한 통화선도계약(이는 일반회계에서도 당기손익으로 인식하므로 위험회피회계의 지정은 실익이 없음)

⑤ 법인세법상 통화선도 등 평가손익인정 여부 정리

금융회사 등 외의 법인(일반법인)이 보유하는 화폐성 외화자산·부채와 그 화폐성 외화자산·부채의 외환위험을 회피할 목적으로 보유하는 통화선도, 통화스왑 및 환변동보험(이하 "통화선도 등")의 평가로 인하여 발생하는 평가차익 또는 평가차손은 위험회피회계 적용 여부에 관계없이 법인세법 시행령 제76조에 따라 해당 사업연도의 익금 또는 손금에 산입할 수 있다.

다만, 법인이 평가한 통화선도 등이 환위험회피목적에 해당되는지 여부는 계약 내용 등에 따라 사실판단할 사항이다(서면법규-209, 2014.3.7.).

사례 22

1. 2025.10.1. 수진(주)는 보유하고 있는 재고자산(원가 100,000)의 시가하락 위험을 회피(2026.3.31. 판매예정인 재고자산임)하고자 2026.3.31. 선물매도계약(150,000)을 체결하였다.
2. 2025.12.31. 보유 재고자산의 공정가치는 120,000이고, 동일자의 2026.3.31. 선물매도계약의 공정가치는 160,000이다.
3. 2026.3.31. 재고자산의 현물가격은 130,000이다.
4. 회사는 이를 공정가치위험회피회계를 적용하도록 선택하였다.
5. 회계처리
   ① 2025.12.31.

| (차) 재고자산 | 20,000 | (대) 재고자산평가이익 (수익) | 20,000 |

| (차) 파생상품평가손실 (비용) | 10,000 | (대) 파생상품 (유동부채) | 10,000 |

② 2026.3.31.

| (차) 현금 | 20,000 | (대) 파생상품거래이익 | 30,000 |
| 파생상품 | 10,000 | (수익) | |

| (차) 현금 | 130,000 | (대) 매출 | 130,000 |
| 매출원가 | 120,000 | 재고자산 | 120,000 |

③ 손익분석
- 2025년: $20,000-10,000=(+)10,000$
- 2026년: $30,000+130,000-120,000=(+)40,000$
- 결론: 100,000의 재고자산을 150,000에 매각한 결과이므로 총 (+)50,000의 이익이 발생

6. 세무조정
(1) 2025년
익금불산입·재고자산·20,000·△유보
손금불산입·파생상품·10,000·유보
(2) 2026년
익금산입·재고자산·20,000·유보
손금산입·파생상품·10,000·유보

2) 현금흐름위험회피회계

현금흐름위험회피가 위험회피회계 적용조건을 충족한다면 위험회피관계는 다음과 같이 회계처리한다.

① 위험회피대상항목과 관련된 별도의 자본 요소(현금흐름위험회피적립금)는 다음 중 적은 금액(절대금액 기준)으로 조정한다.
가. 위험회피 개시 이후 위험회피수단의 손익누계액
나. 위험회피 개시 이후 위험회피대상항목의 공정가치(현재가치) 변동 누계액(위험회피대상 미래예상현금흐름의 변동 누계액의 현재가치)

② 위험회피수단의 손익 중 위험회피에 효과적인 부분('①'에 따라 계산된 현금흐름위험회피적립금의 변동에 따라 상쇄되는 부분)은 기타포괄손익으로 인식한다.

③ 위험회피수단의 손익의 나머지(또는 '①'에 따라 계산된 현금흐름위험회피적립금의 변동을 맞추기 위한 손익)는 위험회피에 비효과적인 부분이며 당기손익으로 인식한다.

④ '①'에 따른 현금흐름위험회피적립금 누계액은 다음과 같이 회계처리한다.

　가. 위험회피대상 예상거래로 인해 후속적으로 비금융자산이나 비금융부채를 인식하게 되거나, 비금융자산이나 비금융부채에 대한 위험회피대상 예상거래가 공정가치위험회피회계를 적용하는 확정계약이 된다면, 현금흐름위험회피적립금에서 그 금액을 제거하고 관련 자산 또는 부채의 최초 원가나 그 밖의 장부금액에 그 금액을 직접 포함한다. 이것은 재분류조정이 아니며, 따라서 기타포괄손익에 영향을 미치지 않는다.

　나. '가.'가 적용되지 않는 현금흐름위험회피의 경우에 해당 금액은 위험회피대상 미래예상현금흐름이 당기손익에 영향을 미치는 기간(예: 이자수익이나 이자비용을 인식하는 기간이나 예상매출이 생긴 때)에 재분류조정으로 현금흐름위험회피적립금에서 당기손익에 재분류한다.

　다. 그러나 현금흐름위험회피적립금이 차손이며 그 차손의 전부나 일부가 미래 기간에 회복되지 않을 것으로 예상된다면, 회복되지 않을 것으로 예상되는 그 금액을 재분류조정으로 즉시 당기손익으로 재분류한다.

현금흐름위험회피에 대한 위험회피대상항목에 대하여 일반회계에서는 인식이 불가능하며 파생상품처리는 당기손익으로 인식하여 회계불일치가 발생하게 되므로 위험회피회계를 적용하여 파생상품의 공정가치 변동액을 당기손익이 아닌 기타포괄손익으로 인식하여 회계불일치를 해소할 수 있게 된다.

사례 23

1. 자료

　(1) 12월 결산법인인 수진(주)는 제조공정에 사용하기 위한 금을 시장을 통하여 매입하고 있는데, 향후 예상매출을 고려했을 때 금 10ounces(OZ)를 2026.2.28.에 매입할 것이 거의 확실하다.

　(2) 한편, 수진(주)는 2026.2.28.에 매입할 금의 시장가격변동에 따른 미래현금위험을

회피하기 위하여 다음과 같은 조건으로 장외시장에서 금선도계약을 체결하였다.

① 금선도거래계약 체결일: 2025.9.1.

② 계약기간: 6개월(2025.9.1.~2026.2.28.)

③ 계약조건: 결제일에 금 10OZ의 선도거래 계약금액과 결제일시장가격과의 차액을 현금으로 수수한다(금선도계약가격 ₩310,000/1OZ).

(3) 금의 현물가격, 선도가격 및 선도계약의 공정가치에 대한 자료는 다음과 같다.

일 자	현물가격(₩/1OZ)	선도가격(₩/1OZ)	금선도거래의 공정가치
2025. 9. 1.	300,000	310,000(만기 6개월)	–
2025.12.31.	310,000	315,000(만기 2개월)	50,000
2026. 2.28.	330,000	–	200,000

(4) 금선도거래는 위험회피에 효과적이며, 현재시점의 현물가격은 미래시점의 기대현물가격과 같다고 가정한다.

2. 각 시점별 회계처리

일 자	내 역	차 변		대 변	
2025.9.1.	금선도거래	회계처리 없음.			
2025.12.31.	금선도거래	금선도(유동자산)	50,000	금선도평가이익(OCI)	50,000[주1]
2026.2.28.	금선도거래	금선도(유동자산) 현금	150,000 200,000	금선도평가이익(OCI) 금선도	150,000[주2] 200,000
	금선도거래	금 금선도평가이익(OCI)	3,100,000 200,000	현금	3,300,000

주1) 현재시점의 현물가격이 미래기대가격과 일치한다고 가정하였으므로 누적미래예상 현금흐름변동액은 100,000원이고, 이는 금선도계약의 누적평가이익 50,000원은 100,000원 이내이므로 전액을 기타포괄손익누계액으로 계상함.

주2) 금선도계약의 누적평가이익은 200,000원으로서 위험회피대상 재고자산구입거래에 따른 현금흐름변동액의 현가 300,000원 이내이므로 전액을 기타포괄손익누계액으로 계상함.

3. 세무조정

(1) 2025년

익금산입 · 금선도평가이익 · 50,000 · 기타

손금산입 · 금선도 · 50,000 · △유보

(2) 2026년

손금산입 · 금선도평가이익 · 50,000 · 기타

익금산입 · 금선도 · 50,000 · 유보

익금산입 · 금 · 200,000 · 유보

(5) 해외사업장순투자의 위험회피

1) 내용

해외사업장순투자의 위험회피(기준서 제1021호에 따라 순투자의 일부로 회계처리하는 화폐성항목의 위험회피 포함)는 다음과 같이 현금흐름위험회피와 유사하게 회계처리한다 (기준서 제1039호 문단 102).

위험회피수단의 손익	회계처리
위험회피에 효과적인 부분	기타포괄손익으로 인식한 후 향후 해외사업장의 처분시점에 당기손익으로 재분류
위험회피에 비효과적인 부분	당기손익으로 인식

2) 해외사업장에 대한 순투자

해외사업장에 대한 순투자에는 해외사업장(해외소재지점 및 해외소재종속기업을 뜻함)의 식별가능한 순자산과 해외사업장의 순자산을 구성하는 영업권 그리고 해외사업장에 지급하거나 수취한 화폐성 항목 중에서 예측할 수 있는 미래에 결제할 계획이 없고 결제할 가능성이 낮은 항목을 포함한다.

3) 해외지점에 대한 순투자를 위험회피로 지정하는 경우

해외지점에 대한 순투자를 외화차입금으로 조달한 경우 본점에서는 외화차입금에 대한 환산손익이 수익과 비용으로 계상되는데, 이를 위험회피로 지정하면 환산손익을 기타포괄손익으로 대체하여야 한다.

4) 해외종속기업에 대한 순투자를 위험회피로 지정하는 경우

① 해외종속기업에 대한 출자를 외화차입금으로 조달한 경우

　가. 출자일(1 $ 차입금으로 출자·현물환율 ₩1,100)

　　(차) 종속기업투자주식　　1,100　　(대) 차입금　　　　　1,100

　나. 별도재무제표

　　• 종속기업투자주식은 원가법으로 처리

　　• 차입금에 대한 외화환산(₩1,120)

　　(차) 외화환산손실(비용)　　20　　(대) 차입금　　　　　20

다. 연결재무제표

(차) 해외사업환산손실   20   (대) 외화환산손실   20
(⊖기타포괄손익)

② 해외종속기업에 대한 대여금(순투자 해당)을 외화차입금으로 조달한 경우

별도재무제표에는 대여금과 차입금에 대하여 각각 환산손익을 수익과 비용으로 인식하고, 연결재무제표 작성 시 이를 해외사업환산손익(기타포괄손익)으로 대체하여 연결재무제표를 작성하면 된다.

| 신속처리 질의 · 답변 |

금융상품

1. 건설회사가 보유한 공제조합 주식의 분류

(1) 질의

건설회사는 각종 이행 보증증권의 발급을 위해 관련 공제조합의 주식을 보유하고 있는데, 해당 보유주식은 발행자에게 언제든지 환매를 요구할 수 있는 권리가 있음. 건설회사가 보유한 공제조합 주식을 어떻게 회계처리하는지?

(2) 회신

공제조합 주식이 풋가능 금융상품에 해당하여 발행자가 해당 금융상품을 지분상품으로 분류하였더라도(제1032호 문단 11, 16A), 보유자 입장에서 풋가능 금융상품은 지분상품의 정의를 충족하지 않음(제1109호 문단 BC5.21).

공제조합 주식은 특정일에 표시된 원금과 이자만을 지급하는 것이 아니므로 계약상 현금흐름 특정 조건을 충족하지 못하여 상각후원가 또는 기타포괄손익 – 공정가치로 측정할 수 없으며, 당기손익 – 공정가치측정금융상품으로 분류됨(제1109호 문단 4.1.1, 4.1.4).

2. 당좌예금과 당좌차월의 상계

(1) 질의

당좌예금과 당좌차월은 상계가 가능한지?

(2) 회신

당좌예금과 당좌차월에 대해 법적으로 집행가능한 상계권리를 현재 가지고 있으며, 차액으로 결제하거나 당좌예금을 실현하는 동시에 당좌차월을 상환할 의도가 있으면 당좌예금과 당좌차월을 상계하고 재무상태표에 순액으로 표시함(제1032호 문단 42, 45).

3. 매출채권의 손상평가방법(간편법 VS 실무적 간편법)

(1) 질의

매출채권의 손상평가 시, 간편법과 실무적 간편법은 같은 의미인가?

(2) 회신

간편법과 실무적 간편법은 서로 다른 개념임.

간편법(Simplified Approach)은 유의적인 금융요소가 없는 매출채권에, 항상 전체기간 기대 신용손실*에 해당하는 금액으로 손실충당금을 측정하는 방법을 의미함(제1109호 문단 5.5.15).

* 전체기간 기대신용손실: 금융상품의 기대존속기간에 발생할 수 있는 모든 채무불이행 사건에 따른 기대신용손실(제1109호 부록 A. 용어의 정의)

실무적 간편법(Practical Expedient)은 기대신용손실을 측정하는 방법 중 하나이며, 대표적인 예로 충당금 설정률표가 있음(제1109호 문단 B5.5.35).

실무적 간편법은 일반적인 접근법*이나 간편법(전체기간 기대신용손실 측정) 적용 여부와 관계없이 모두 사용할 수 있음.

* 일반적인 접근법: 최초인식 후에 신용위험이 유의적으로 증가하지 않은 경우에는 보고기간 말에 12개월 기대신용손실에 해당하는 금액으로 손실충당금을 측정하고, 신용위험이 유의적으로 증가한 경우에는 전체기간 기대신용손실에 해당하는 금액으로 손실충당금을 측정(제1109호 문단 5.5.3, 5.5.5)

4. 매출채권에 대한 기대신용손실 측정 방법

(1) 질의

매출채권에 실무적 간편법을 적용하여 기대신용손실을 측정하고자 함. 충당금 설정률표를 사용하여 기대신용손실을 계산하는 경우, 과거 채무불이행률만 충당금 설정률표에 고려해도 되는지?

(2) 회신

과거 신용손실 경험을 근거로 충당금 설정률표를 작성하고 이를 사용하여 기대신용손실을 계산할 수 있으나, 과거의 신용손실 경험(채무불이행률)뿐만 아니라 현재 상황 및 미래 상황에 대한 예측을 반영하여야 함.

5. 전환사채 전환으로 취득한 지분증권의 분류

(1) 질의

회사는 전환사채 투자자로서 전환사채를 당기손익 – 공정가치측정금융자산(FVPL)으로 분류하여 측정하였고, 이후 전환권을 행사하여 지분증권을 취득함. 전환권 행사로 취득한 지분증권을 기타포괄손익 – 공정가치측정금융자산(FVOCI)으로 분류할 수 있는지?

(2) 회신

전환권 행사로 기존 금융자산(전환사채)의 현금흐름에 대한 계약상 권리가 소멸한 경우, 기존 금융상품 제거 후 새로운 금융상품을 취득한 것임(제1109호 문단 3.2.3).

따라서 전환으로 취득한 지분상품에 대한 투자가 단기매매항목이 아니라면, 최초인식시점에 FVOCI로 분류를 선택할 수 있음. 다만, 이후에 이를 취소할 수 없음(제1109호 문단 5.7.5).

6. 담보가 있는 채권

(1) 질의

회사는 아파트를 담보로 한 대출채권을 보유하고 있음. 담보가치로 대출채권의 전체를 회수할 수 있다면, 담보대출채권에 대해 손실충당금을 인식하지 않아도 되는지?

(2) 회신

가치가 높은 담보를 보유하고 있어도 대출채권의 신용위험을 고려하여 손실충당금을 인식해야 함(제1109호 문단 B5.5.22).

기대신용손실을 측정하는 과정에서 기대 현금 부족액을 측정할 때, 담보나 그 밖의 신용보강에서 기대되는 현금흐름을 반영해야 함(제1109호 문단 B5.5.55).

또한 회사는 매 보고기간 말 대출채권의 신용위험이 유의적으로 증가하였는지 평가해야 하는데, 신용위험이 유의적으로 증가한 경우에는 대출채권의 기대존속기간에 발생하는 기대신용손실금액으로 손실충당금을 측정함(제1109호 문단 5.5.3).

7. 상환청구권이 있는 매출채권팩토링

(1) 질의

회사는 A사에 재고자산을 판매하고 인식한 매출채권을 금융회사에 즉시 양도함. 금융회사는 특정한 상황(예: A사의 부도)으로 인해 A사가 외상대금 지급 약속을 어기는 경우, 회사에 전액 상환청구권을 행사할 수 있음. 이러한 경우, 회사는 금융회사에게 매출채권을 매각한 것으로 판단하여 재무제표에서 제거하는지?

(2) 회신

회사가 매출채권 소유에 따른 위험과 보상의 대부분을 보유한다면 팩토링한 매출채권을 제거할 수 없으므로 금융회사로부터 받은 대가는 부채로 인식함(제1109호 문단 3.2.6).

8. 기타포괄손익 - 공정가치측정금융자산 처분 시 회계처리

(1) 질의

회사는 지분상품(기타포괄손익 - 공정가치측정금융자산)을 보유 중임. 해당 지분상품을 처분하는 경우, 관련 기타포괄손익은 K - IFRS 제1109호 문단 B5.7.1A에 따라 당기손익으로 재분류 가능한지?

(2) 회신

K - IFRS 제1109호 문단 B5.7.1A는 기타포괄손익 - 공정가치로 측정하는 채무상품에 적용되는 것임.

질의 금융상품에는 K - IFRS 제1109호 문단 B5.7.1을 적용하므로 관련 기타포괄손익누계액을 당기손익으로 재분류할 수 없으나, 자본 내에서 누적손익을 이전(예: 이익잉여금으로 대체)할 수는 있음.

9. 장기대여금의 공정가치

(1) 질의

회사는 A사에 무이자로 자금을 장기 대여하였으며, 관련 자산의 최초인식시점에 K -

IFRS 제1109호 문단 B5.1.1의 예시에 따라 장기대여금의 공정가치를 측정하려고 함. 해당 문단에서 기술하는 '시장이자율'은 어떤 기업(회사 아니면 A사)을 기준으로 판단하는지?

(2) 회신

K-IFRS 제1109호 문단 B5.1.1에서 언급하는 시장이자율은 보유한 금융상품과 유사한 신용등급을 갖는 금융상품의 시장이자율을 의미하므로, 질의에서는 상환할 기업인 A사를 기준으로 할인율을 적용함.

이때, 해당 문단에서는 현재가치기법 중 미래 모든 현금수취액(계약상 현금흐름)을 위험 조정 할인율로 할인하여 공정가치를 측정하는 방법(할인율조정기법)을 하나의 예로 설명하고 있는 것이며, 그 밖의 현재가치기법은 K-IFRS 제1113호 문단 B17 등을 참고할 수 있음.

10. 종업원에 제공하는 무이자 대여금의 공정가치측정

(1) 질의

회사는 종업원에 무이자로 자금을 대여하였음. 이 금융자산을 어떻게 측정해야 하는가?

(2) 회신

비슷한 신용등급을 가진 비슷한 금융상품(통화, 기간, 이자율유형, 그 밖의 요소에 관하여 비슷함)의 시장이자율로 할인한 미래 모든 현금수취액의 현재가치로 측정함(제1109호 문단 B5.1.1).

11. 받을어음을 외상매입금의 대가로 지불 시 회계처리

(1) 질의

회사가 받을어음 중 일부를 매입업체에 배서하여 외상매입금을 지급함. 추후 해당 어음이 부도가 발생하면 회사가 상환할 의무가 있음. 이때, 배서어음의 회계처리는?

(2) 회신

받을어음 배서(양도) 이후 위험과 보상을 대부분 보유하고 있기 때문에, 받을어음을 제거하지 않는다면 그 양도자산 전체를 계속 인식함(제1109호 문단 3.2.15).

12. FVOCI 금융자산 처분 시 거래원가

(1) 질의

회사는 기타포괄손익-공정가치측정(FVOCI)금융자산으로 분류한 지분상품을 당기 중에 처분함. 해당 지분상품 처분에 직접 관련되어 발생한 거래원가(예: 거래수수료와 증권거래세)의 회계처리는?

(2) 회신

K-IFRS 제1109호 문단 B5.2.2에 따르면, 금융상품을 양도하거나 처분할 때 생길 것으로 예상되는 거래원가는 금융상품측정에 포함하지 않는다고 규정하고 있음.

따라서 FVOCI 금융자산 처분 시 발생하는 수수료 등의 직접 관련원가는 당기손익으로 인식함.

13. 기타포괄손익 – 공정가치측정금융자산의 유상감자 및 청산

(1) 질의

회사는 A사가 발행한 지분상품(기타포괄손익 – 공정가치측정금융자산)을 보유하였는데 A 사가 이를 전액 유상감자함. 장부금액과 회사가 받은 감자대가의 차액에 투자원가의 회수가 포함되지 않은 경우, 회사의 회계처리는?

(2) 회신

A사가 전액 유상감자함에 따라, 회사의 A사 지분상품에 대한 계약상 권리를 양도한 경우, 해당 지분상품을 제거함(제1109호 문단 3.2.3).

지분상품 전체를 제거하는 경우, 제거일에 재측정한 금융자산의 장부금액과 받은 감자대가의 차액이 있다면 이를 당기손익으로 인식함(제1109호 문단 3.2.12).

다만, 기타포괄손익으로 표시하는 금액은 후속적으로 당기손익으로 이전되지 않음(재순환 금지).

14. 지분상품 매도 회계처리

(1) 질의

회사는 당기손익 – 공정가치측정(FV – PL) 지분상품 매도계약을 체결함. 매매대금의 10% (계약금)를 매도계약 체결일에 받고 3개월 후 잔금 90%를 받음. 이 지분상품을 재무제표에서 제거하는 시점은?

(2) 회신

매매대금 수령시점에 관계없이, 해당 매각 대상 지분상품의 현금흐름에 대한 회사의 계약상 권리가 소멸한 시점에 재무제표에서 제거함(제1109호 문단 3.2.3).

15. 손상채권에 대한 미수이자 인식

(1) 질의

회사는 상각후원가로 측정하는 금융자산에 대해 유효이자율법으로 이자수익을 인식하고 있음. 만약 금융자산의 신용이 후속적으로 손상된 경우, 관련 미수이자 및 이자수익을 인식해야 하는지?

(2) 회신

금융자산을 최초 취득한 이후에 신용이 손상된 경우, 미래 기대현금흐름에서 회수불가능한 부분(손실충당금)을 제외한 금액(상각후원가 = 총장부금액 – 손실충당금)에 대해서만 유효이자율을 적용하여 이자수익을 인식함(제1109호 문단 5.4.1).

한편, 신용이 손상되었더라도 회사에 기간 경과분에 해당하는 이자수익을 수취할 계약상 권리가 있다면, 미수이자(금융자산)를 인식함(제1109호 문단 3.1.1).

- 예시

〈현황〉

회사는 ×1년 말 현재 장기채권 100억 원(이자율 10%)을 보유(잔여 만기: 5년)

×1년 말 해당 채권이 손상되어, 손실충당금 40억 원을 인식

연 도	×1년 말	×2년 말
채권 장부금액	100	100
미수이자 인식액	–	10
총 장부금액	100	110
손실충당금	(40)	(44)
상각후원가	60	66
이자수익	–	6

〈×2년 말의 이자수익 인식 회계처리〉

(차) 미수수익[주1]　　　　　10　　　　　(대) 이자수익[주2]　　　　6

　　　　　　　　　　　　　　　　　　　　(대) 대손충당금　　　　　4

주1) 100×10%＝10
주2) (100−40)×10%＝6, 상각후원가 증가분만큼만 이자수익 인식

16. 투자일임계약자산의 회계처리

(1) 질의

회사는 여유자금을 운용하기 위해, 다음과 같은 특성을 가진 증권사의 투자일임 종합자산관리(일임형 랩 어카운트(wrap account)) 상품을 보유하고 있음.

1) 회사는 일임계약자산에 대한 투자판단을 모두 증권에 위탁하여 증권사가 운용하지만 투자자의 명의와 계산으로 자산을 취득·처분함.

2) 법적인 투자주체 및 계산주체는 투자자 본인이며, 법률적 효력은 회사에 귀속

3) 회사는 투자대상 선정 등 운용과정에 개입하고, 주식에 대한 의결권 행사 가능

회사가 취득한 투자일임 종합자산관리(일임형 랩 어카운트)의 회계처리는?

(2) 회신

금융상품은 금융상품 정의에 따라 개별 금융자산 단위로 분류·측정하며, 계약당사자가 되는 때에만 회사의 재무제표에 인식함(제1109호 문단 3.1.1, 제1032호 문단 11).

투자일임계약은 별도의 실체(entity)가 아니며, 회사가 직접 계약당사자가 되는 일임형 랩 어카운트 안에 포함된 개별 금융자산 단위로 회계처리하는 것이 타당함.

17. 금융상품 보유자의 분류

(1) 질의

금융상품 보유자는 그 금융상품이 채무상품인지 아니면 지분상품인지를 발행자의 공시 등을 통해 확인하여 분류를 일치시켜야 하는지?

(2) 회신

K-IFRS 제1109호에서는 채무상품, 지분상품과 같은 금융상품의 분류와 정의는 K-IFRS 제1032호의 정의를 따르도록 함.

발행자의 공시와 무관하게 금융상품 보유자는 K-IFRS 제1032호를 적용하여 그 분류를 판단해야 함(제1109호 부록A, 용어의 정의, 제1032호 문단Ⅱ).

18. 조건부지분인수계약(SAFE) 투자자의 분류

(1) 질의

회사는 피투자기업(발행자)과 다음과 같은 특성을 가진 조건부지분인수계약(SAFE, Simple Agreement for Future Equity)을 체결함.

1) 투자자는 피투자기업의 기업가치가 정해지지 않은 상태에서 투자금을 선지급하고, 이후 다른 투자자의 회사에 대한 후속투자나 회사의 상장 등으로 기업가치가 결정되면, 선투자자의 지분율을 결정함.

2) 다음과 같은 상황이 벌어지면 회사는 투자자에게 변동 가능한 수량의 신주를 발행하거나 투자금을 상환할 의무가 있음.

상 황	투자자의 권리
① 후속투자 발생	SAFE 투자자에게 변동 가능한 수량의 신주발행
② 상장(IPO) 실패	SAFE 투자자에게 변동 가능한 수량의 신주발행 또는 금전지급
③ 경영권 변경	

회사(발행자)가 SAFE를 금융부채로 분류하였을 때, 투자자는 SAFE를 어떻게 분류해야 하는지?

(2) 회신

회사는 SAFE 투자로 금융자산을 취득한 것이며, 최초취득 시 공정가치로 측정함(제1109호 문단 5.1.1).

계약상 현금흐름이 원리금 지급(SPPI)만으로 구성되지 않으므로 당기손익 – 공정가치측정금융자산으로 분류함(제1109호 문단 4.1.1~4.1.4).

19. 조건부지분인수계약(SAFE) 발행자의 분류

(1) 질의

회사(발행자)는 투자자와 다음과 같은 특성을 가진 조건부지분인수계약(SAFE, Simple Agreement for Future Equity)을 체결함.

1) 투자자는 피투자기업의 기업가치가 정해지지 않은 상태에서 투자금을 선지급하고, 이후 다른 투자자의 회사에 대한 후속투자나 회사의 상장 등으로 기업가치가 결정되면, 선투자자의 지분율을 결정함.

2) 다음과 같은 상황이 벌어지면 회사는 투자자에게 변동 가능한 수량의 신주를 발행하거나 투자금을 상환할 의무가 있음.

상 황	발행자의 권리
① 후속투자 발생	SAFE 투자자에게 변동 가능한 수량의 신주발행
② 상장(IPO) 실패	SAFE 투자자에게 변동 가능한 수량의 신주발행 또는 금전지급
③ 경영권 변경	

회사는 SAFE를 금융부채와 자본 중 무엇으로 표시해야 하는지?

(2) 회신

회사가 투자자에게 신주발행이나 금전으로 지급하는 상황을 회피할 수 있는 무조건적인 권리를 가지고 있지 않다면 금융부채로 분류함(제1032호 문단 16, 19).

20. 종속기업이 보유한 지분상품의 분류

(1) 질의

지배기업 P의 종속기업 S는 지분상품 A를 취득하여 기타포괄손익 - 공정가치측정항목 (FVOCI)으로 지정함. 지배기업 P는 동일한 지분상품 A를 당기손익 - 공정가치측정항목 (FVPL)으로 분류·측정함. 지배기업 P의 연결재무제표에서 종속기업 S가 보유한 지분상품을 FVPL 항목으로 분류·측정을 일치시켜야 하는지?

(2) 회신

K - IFRS 제1109호 적용범위에 포함되는 지분상품은 문단 B 5.7.1에 따라 상품별(주식별)로 금융자산의 분류·측정을 선택할 수 있음.

따라서 지분상품 A가 K - IFRS 제1109호의 적용범위라면, P의 연결재무제표 관점에서 지분상품 A의 분류·측정을 선택할 수 있음. 다만, 한번 선택한 것은 이후에 취소할 수 없음.

21. 신종자본증권 보유자의 분류

(1) 질의

영구채의 성격(예: 만기가 없으며, 이자의 지급도 영구적으로 연기할 수 있음)을 가지고 있는 신종자본증권을 발행자가 자본으로 분류한 경우, 보유자의 분류는?

(2) 회신

신종자본증권 보유자는 발행자 입장에서 신종자본증권이 K - IFRS 제1032호 문단 11의 금융부채 정의를 충족하는지 판단하며, 금융부채의 정의를 충족하지 않는다면 지분상품으로 분류함.

즉, 발행자의 판단을 수용하는 것이 아니라 보유자 본인의 판단이 필요함.

22. 복합금융상품에 부여된 제삼자 지정 콜옵션의 양도

(1) 질의

회사는 전환사채를 발행하면서 동시에, 회사가 지정하는 제삼자가 특정 행사가격으로 해당 전환사채를 매수할 수 있는 콜옵션계약을 전환사채 투자자와 체결함. 해당 콜옵션은 전환사채와 독립적으로 양도할 수 있으므로, 회사는 K - IFRS 제1109호 문단 4.3.1에 따라 별도의 금융상품(파생상품자산)으로 인식함.

회사가 지배주주(임직원은 아니고, 주주로서의 자격을 행사하는 소유주임)를 제삼자로 지정하여 무상으로 콜옵션을 양도한 경우의 회계처리는?

(2) 회신

콜옵션 양도가 K - IFRS 제1109호 문단 3.2.3에 따른 금융자산의 제거요건을 충족하였다면, 콜옵션(파생상품자산)을 재무제표에서 제거함(제1109호 문단 3.2.3).

회사가 특정주주에게만 콜옵션을 무상으로 양도한 것은 동일한 종류의 지분상품의 소유주가 모두 동등하게 취급된 것이 아니므로, 소유주에 대한 분배가 아닌 교환거래의 성격에 가까움(제2117호 문단 BC6).

따라서 제거된 금융자산의 장부금액(제거일에 측정)과 수취한 대가의 차액을 당기손익으로 인식함(제1109호 문단 3.2.12).

23. 동일한 지분상품 중 일부만 기타포괄손익-공정가치 측정 항목으로 지정 가능한지

(1) 질의

회사의 트레이딩 부서는 20X1년에 A사 지분상품을 10억원에 최초 취득하고 당기손익 – 공정가치 측정(FVPL) 금융자산으로 분류함. 20X2년 회사는 A사 채권에 대한 출자전환으로 A사 지분상품을 취득하였는데 해당 지분은 전략적 투자목적으로 중장기 보유할 계획임. 회사는 X2년에 취득한 A사 지분상품을 기타포괄손익 – 공정가치 측정(FVOCI) 금융자산으로 분류할 수 있는지?

(2) 회신

지분상품에 대한 '기타포괄손익-공정가치(이하 'FVOCI') 선택권'은 상품별(주식별) [Instrument-by-instrument (Share-by-share) Basis]로 판단함(제1109호 문단 B5.7.1). 'FVOCI 선택권'은 회사가 재량권을 가지고 결정하는 것이므로, 20X2년도에 취득한 A사의 주식을 기타포괄손익 – 공정가치 측정(FVOCI) 금융자산으로 분류할 수 있음.

24. 비상장주식의 최근 매매가격을 공정가치로 활용할 수 있는지

(1) 질의

회사는 사용 가능한 공시가격이 없는 비상장주식의 후속 평가 시 이 비상장주식의 실제 거래가격(최근 매매가격)을 공정가치 측정에 활용할 수 있는지?

(2) 회신

보고일에 사용 가능한 공시가격이 없는 비상장주식의 공정가치를 측정하는 경우, 최근 거래가격(매매사례가격)을 공정가치 측정에 활용할 수 있는지는 거래의 사실과 상황을 고려하여 판단함(제1113호 문단 9, B4).

최초 인식시점의 공정가치가 거래가격과 동일한지를 판단할 때 고려하는 다음의 요소를 참고할 수 있음.

① 해당 거래가 특수관계자 사이의 거래인지

② 강박에 의해 거래를 하거나 매도자가 거래가격을 받아들이도록 강요받는 경우의 거래인지

③ 거래가격이 나타내는 회계단위가 공정가치로 측정하는 자산이나 부채의 회계단위와 다른 경우인지

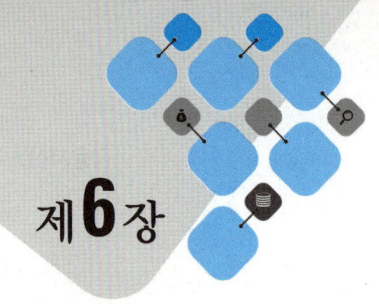

제6장

재고자산

1 매출총이익

(1) 의의

매출총이익은 매출액에서 매출원가를 차감한 금액을 말한다. 매출액이란 상품 및 제품의 판매대금을 말하며, 매출원가란 판매한 상품 및 제품의 원가를 말한다.

> 매출총이익＝매출액－매출원가

(2) 계산방법

1) 매출액

매출액은 총매출액에서 매출에누리와 환입 및 매출할인을 차감한 순매출액을 의미한다. 이때 매출에누리 등이 중요한 경우에는 총매출액에서 차감하는 형식으로 표시하거나 주석으로 기재한다.

2) 매출원가

매출원가는 기초상품·제품재고액에 당기상품매입액·당기제품제조 원가를 합한 금액, 즉 판매가능상품·제품액에서 기말상품·제품재고액을 차감한 금액을 말한다.

〈매출원가 산정을 위한 결산 수정분개〉

(차) 매출원가 　　　　　　　 ×××　　(대) 상품(또는 제품)　　　　　 ×××

(3) 포괄손익계산서 보고

매출총이익은 포괄손익계산서에 다음과 같이 보고한다.

포 괄 손 익 계 산 서

2025년 1월 1일부터 2025년 12월 31일까지

회사명

Ⅰ. 매출액		×××
Ⅱ. 매출원가		
1. 기초상품 · 제품재고액	×××	
2. 당기상품매입액 · 당기제품제조 원가	×××	
계	×××	
3. 기말상품 · 제품재고액	(×××)	×××
Ⅲ. 매출총이익		×××

2 재고자산의 정의

한국채택기업회계기준서(이하 "기준서"라 함) 제1002호 「재고자산」에서는 다음과 같이 개념정의를 하고 있다(문단 6).

① 정상적인 영업과정에서 판매를 위하여 보유 중인 자산

② 정상적인 영업과정에서 판매를 위하여 생산 중인 자산

③ 생산이나 용역제공에 사용될 원재료나 소모품

재고자산은 상품, 완제품, 재공품, 원재료, 소모품 및 기타 자산을 포함한다.

3 취득원가

재고자산의 취득원가는 매입원가, 전환원가 및 재고자산을 현재의 장소에 현재의 상태로 이르게 하는데 발생한 기타 원가 모두를 포함한다(문단 10).

(1) 매입원가

재고자산의 매입원가는 매입가격에 수입관세와 제세금(과세당국으로부터 추후 환급받을 수 있는 금액은 제외), 매입운임, 하역료 그리고 완제품, 원재료 및 용역의 취득과정에 직접 관련된 기타 원가를 가산한 금액이다. 매입할인, 리베이트 및 기타 유사한 항목은 매입원가를 결정할 때 차감한다(문단 11).

중점사항　리베이트 등과 관련한 회계처리

1. 자료

① 수진(주)는 영봉(주)와 제품구매계약을 맺고 제품을 매입하고 있다. 한편, 수진(주)는 당해 계약에 의한 구매량 이상을 구매할 가능성이 어느 정도인지 판단하려고 한다.

② 영봉(주)는 계약수량 이상을 구매할 경우 구매량의 5%를 리베이트로 제공하려고 한다.

③ 제품의 단가는 @₩100,000이다.

2. 향후에 수진(주)가 계약수량 이상으로 구매할 가능성이 높은(50% 초과) 경우

① 수진(주)는 매입시점에 다음과 같은 회계처리를 한다.

(차) 재고자산	95,000	(대) 현금(외상매입금)	100,000
미수금	5,000		

② 추후 수진(주)가 계약수량보다 적게 구매하여 리베이트를 받지 못하는 경우에 수진(주)는 다음의 회계처리를 한다.

(차) 재고자산(또는 매출원가)	5,000	(대) 미수금	5,000

③ 법인세법

12.31. 현재 상기 '①'의 회계처리만 있는 경우에 법인세법에서는 실지로 장려금이 확정될 때 익금에 해당하므로 장려금추정액을 손금산입('①'의 회계처리에서 결산 시 매출원가로 대체되었을 전제)하여야 한다.

손금산입 · 판매장려금 · 5,000 · △유보

3. 향후에 수진(주)가 계약수량 이상으로 구매할 가능성이 높지 않은(50% 이하) 경우

① 수진(주)는 매입시점에 다음과 같은 회계처리를 수행한다.

(차) 재고자산	100,000	(대) 현금(또는 외상매입금)	100,000

② 추후 수진(주)가 계약수량 이상으로 구매하여 리베이트를 받게 되는 경우 수진(주)는 다음의 회계처리를 한다.

(차) 현금	5,000	(대) 매출원가	5,000

(2) 전환원가(cost of conversion = 제조 원가)

1) 의미

제조업의 경우 재공품 및 제품을 구성하는 원가요소를 의미하며 직접원재료원가뿐만 아니라 직접노무원가 등 생산량과 직접 관련된 원가와 원재료를 완제품으로 전환하는데 발생하는 고정 및 변동 제조간접원가의 체계적인 배부액을 포함한다.

① 고정제조간접원가

공장건물이나 기계장치의 감가상각비와 수선유지비 및 공장 관리비처럼 생산량과는 상관없이 비교적 일정한 수준을 유지하는 간접제조 원가를 말한다.

② 변동제조간접원가

간접재료원가나 간접노무원가처럼 생산량에 따라 직접적으로 또는 거의 직접적으로 변동하는 간접제조 원가를 말한다.

2) 고정제조간접원가와 변동제조간접원가의 배부

① 고정제조간접원가

생산설비의 정상조업도에 기초하여 전환원가에 배부하는데 실제조업도가 정상조업도와 유사한 경우에는 실제조업도를 사용가능하다.

② 정상조업도

정상적인 상황에서 상당한 기간 동안 평균적으로 달성할 수 있을 것으로 예상되는 생산량을 말하는데, 계획된 유지활동에 따른 조업도 손실을 고려한 것을 말한다.

③ 생산단위당 고정제조간접원가 배부액

낮은 조업도나 유휴설비로 인해 증가되지 않으며, 배부되지 않은 고정제조간접원가는 발생한 기간의 비용으로 인식한다. 다만, 비정상적으로 많은 생산이 이루어진 기간에는 재고자산이 원가 이상으로 측정되지 않도록 생산단위당 고정제조간접원가 배부액을 감소시켜야 한다.

④ 변동제조간접원가

생산설비의 실제 사용에 기초하여 각 생산단위에 배부한다.

사례 1 **정상조업에 의한 고정제조간접원가의 배분**

Ⅰ. 자료

1. 제조업을 영위하는 수진(주)의 2025년(2025.1.1.~2025.12.31.) 중 고정제조간접원가 내역은 다음과 같다.

   ① 감가상각비   ₩500,000,000

   ② 공장관리비   ₩300,000,000

   ③ 기타고정제조간접원가   ₩200,000,000

2. 조업도 내역은 다음과 같다.

   ① 정상조업도: 100,000단위

   ② 실제조업도: 95,000단위

3. 수진(주)는 실제원가계산제도를 채택하고 있다.

4. 수진(주)는 기능별 포괄손익계산서를 작성하고 있다.

Ⅱ. 고정제조간접원가의 배부

1. 전환원가 배부액

   ① 생산단위당 고정제조간접원가 배부액

       10억 원÷정상조업도 100,000단위=₩10,000

   ② 전환원가 배부

       ₩10,000×95,000단위=₩950,000,000

       전환원가로 배부된 ₩950,000,000 중에서 판매해당분은 매출원가로 계상하고, 미판매분은 기말재고로 계상한다.

2. 당기 비용 계상액

   고정제조간접원가 발생액 10억 원 중 전환원가로 배부되지 아니한 5,000만 원은 비용으로 인식한다. 이때 비용으로 계상 시 매출원가로 처리하도록 하고 있다.

K-IFRS 질의회신 **생산중단에 따른 고정제조간접비 등의 영업손익 분류**

Ⅰ. 배경 및 질의

1. 코로나19의 확산으로 인한 중국 방역당국의 강제 조치에 따라 회사의 종속회사(중국)는 공장가동을 일시 중단(Shut down)하였다.

2. 이러한 이유로 공장가동이 중단된 기간 중 고정적으로 발생하는 ① 생산직·관리직 인건비, ② 기계장치 감가상각비, ③ 수도광열비와 ④ 약속한 주문량에 미달하여 지급하는 외주업체 보상비는 영업비용인지, 영엉외비용인지?

Ⅱ. 회신

공장 운영이 중단된 기간 중 고정적으로 발생하는 인건비, 감가상가비, 수도광열비와 외주업체 보상비는 모두 영업비용으로 분류한다.

3) 연산품, 주산물, 부산물

① 연산품이 생산되거나 주산물과 부산물이 생산되는 경우처럼 하나의 생산과정을 통하여 동시에 둘 이상의 제품이 생산될 수도 있는데 제품별 전환원가를 분리하여 식별할 수 없는 경우에는 전환원가를 합리적이고 일관성 있는 방법으로 각 제품에 배부한다.
예: 각 제품을 분리하여 식별가능한 시점 또는 완성시점의 제품별 상대적 판매가치를 기준으로 배부가능

② 대부분의 부산물은 본래 중요하지 않은데, 이 경우 부산물은 순실현가능가치로 측정하며 주산물의 원가에서 차감한다.

(3) 기타원가

재고자산을 현재의 장소에 현재의 상태로 이르게 하는데 발생한 범위 내에서만 취득원가에 포함된다.

(4) 취득원가에 포함할 수 없는 경우

재고자산의 취득원가에 포함할 수 없으며 발생기간의 비용으로 인식하여야 하는 원가의 예는 다음과 같다.
① 재료원가, 노무원가 및 기타 제조 원가 중 비정상적으로 낭비된 부분
② 후속 생산단계에 투입하기 전에 보관이 필요한 경우 이외의 보관원가
③ 재고자산을 현재의 장소에 현재의 상태로 이르게 하는데 기여하지 않은 관리간접원가
④ 판매원가

(5) 표준원가법의 적용

① K-IFRS

원가측정방법으로서의 표준원가법은 그러한 방법으로 평가한 결과가 실제원가와 유사한 경우에 편의상 사용할 수 있다. 표준원가는 정기적으로 검토하여야 하며 필요한 경우 현재 상황에 맞게 조정한다.

② 법인세법

법인세법에서는 표준원가법을 인정하지 않으므로 실지원가와 표준원가차이 기말재고금액에 대하여 익금·손금산입의 세무조정을 하여야 한다.

(6) 재고자산의 인식시점

기준서 제1002호에서는 재고자산의 인식시점에 대해 구체적인 내용이 규정되어 있지 않다. 그러므로 이는 기준서 제1115호 「수익」에서 규정하는 재화의 수익인식기준을 준용하여 인식하면 될 것이다. 기준서 제1115호에서는 재화판매에 있어 다음의 수익인식과정을 통해 수익을 인식하므로 구매자의 입장에서도 이 조건들이 충족되는 시점에서 매입처리를 하면 될 것이다.

① 고객과의 계약 식별
② 수행의무 식별
③ 거래가격 산정
④ 거래가격 배분
⑤ 수익인식

4 재고자산의 금액

(1) 재고자산 금액의 계산

재고자산단가기록 방법은 물량흐름의 가정에 따라 개별법, 선입선출법, 가중평균법(이동평균법, 총평균법)이 있으며, 각각의 원가흐름 가정하에 기중에 계속 기록하는 방법과 기말에 일괄하여 기록하는 두 가지 방법이 있어 총 6가지의 방법이 있다.

상품재고장 기록방법		
입 고	수량, 단가, 금액	모두 기록
출 고	수량	판매량과 잔고량을 계속 기록
	단가	원가흐름의 가정과 기록방법에 따라 기록(6가지)

| 단가 기록방법 |

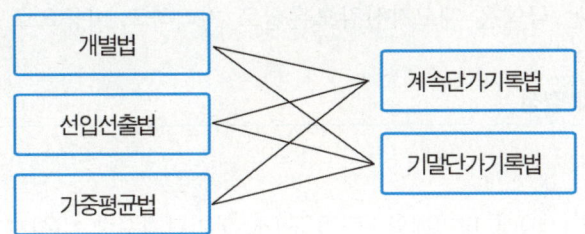

재고자산금액＝재고자산수량 × 단위당원가

(2) 수량의 결정

기말상품재고수량을 결정하는 방법으로 계속기록법, 실지재고조사법, 혼합법이 있다.

1) 계속기록법

계속기록법은 상품재고장에 상품의 입·출고가 발생할 때마다 수량을 계속 기록하여 계산된 상품재고장의 재고수량으로 기말재고수량을 결정하는 방법이다.

2) 실지재고조사법

실지재고조사법은 기말에 판매되지 않고 남아 있는 실제 상품의 수량을 파악하여 이를 기말재고수량으로 결정하는 방법이다.

3) 혼합법

대부분의 경우 도난·분실 또는 파손 등에 의해서 계속기록법에 의한 장부상 재고수량과 실지재고조사법에 의한 실제 재고수량이 일치하지 않게 된다. 이것을 재고감모량이라고 하는데, 계속기록법에 의할 경우 실지재고조사를 하지 않기 때문에 감모량이 기말재고에 포함되어 기말재고가 과대평가되며, 실지재고조사법은 실제 재고량을 제외한 모든 상품이 판매된 것으로 간주하기 때문에 감모량이 판매수량에 포함되어 매출원가가 과대평가된다. 이러한 단점을 극복하는 방법이 계속기록법과 실지재고조사법을 병행하는 혼합법이며, 혼합법에 의할 경우 다음 식에 의해 감모량을 파악할 수 있게 된다.

기초재고수량＋당기매입수량＝당기판매수량＋기말실제재고수량＋감모량

감모량에 해당하는 금액은 재고자산감모손실로 처리하고 비용으로 인식한다.

예제 1 수량의 결정

Ⅰ. 문제
　기초재고수량 1,000개, 당기매입수량 5,780개, 당기판매수량 4,320개, 기말 실제재고수량 2,010개일 때 계속기록법, 실지재고조사법, 혼합법에 의한 수량을 파악하라.

Ⅱ. 해답

구 분	계속기록법	실지재고조사법	혼합법
기초재고수량	1,000	1,000	1,000
당기매입수량	5,780	5,780	5,780
당기판매수량	4,320	4,770	4,320
기말재고수량	2,460	2,010	2,010
감모량	0	0	450

(3) 단가의 결정

1) 개별법(specific identification method)

개별법이란 재고자산에 가격표(price tag) 등을 붙여 매입상품별로 매입가격을 알 수 있도록 하여 매입가격별로 판매분과 기말재고분을 구별하여 매출원가와 기말재고액을 평가하는 방법이다. 가장 이상적인 방법이나 재고자산의 수량이 많고 거래가 빈번한 경우에는 현실적으로 사용하기가 거의 불가능하다.

2) 선입선출법(first – in first – out method, FIFO)

선입선출법은 실제 물량흐름과 상관없이 먼저 매입(입고)한 상품이 먼저 판매(출고)된

다는 가정하에 기말재고액과 매출원가를 산정하는 방법이다.

즉, 매출원가는 오래전에 구입한 상품의 원가로 구성되며, 기말재고액은 최근에 구입한 상품의 원가로 구성된다.

3) 가중평균법(weighted average cost method)

가중평균법이란 일정기간 동안의 재고자산 원가를 평균한 평균단가로 매출원가와 기말재고액을 평가하는 방법이다. 평균법에도 계속단가기록법과 기말단가기록법이 모두 있는데 전자를 이동평균법, 후자를 총평균법이라고 한다.

① 계속단가기록법 - 이동평균법

이동평균법은 구입이 이루어질 때마다 평균단가를 구하여 출고 시 이를 출고단가로 적용하는 방법이다.

$$단가 = \frac{당해 \ 매입(생산) \ 직전 \ 재고금액 + 당해 \ 매입(생산)금액}{당해 \ 매입(생산) \ 직전 \ 재고수량 + 당해 \ 매입(생산)수량}$$

② 기말단가기록법 - 총평균법

총평균법은 월별·분기별·연도별로 판매가능상품총액을 판매가능상품수량으로 나눈 단가를 매출원가와 기말재고에 일괄적용하는 방법이다.

$$단가 = \frac{기초재고금액 + 일정기간 \ 구입금액}{기초재고수량 + 일정기간 \ 구입수량}$$

4) 매출가격환원법

매출가격환원법은 실제 원가가 아닌 추정에 의한 원가결정방법으로 신뢰성이 낮아 원칙적으로 많은 종류의 상품을 취급하여 실제 원가에 기초한 원가결정방법의 사용이 곤란한 유통업종에서만 사용하고 있다. 매출가격환원법에서도 물량흐름의 가정으로 선입선출법, 가중평균법을 사용할 수 있다.

예제 2　매출가격환원법

유통(주)는 재고자산을 매출가격환원법에 의해 평가하고 있다. 다음은 2025년의 재고자산에 관한 자료이다. 단, 평균법으로 원가율을 계산한다.

(단위: 천 원)

구 분	원 가	매 가
기초재고	4,000	5,000
매입	180,000	240,000
가격인상액		2,000
가격인하액		(1,000)
매출액		220,000

매출가격환원법에 의한 매출원가와 기말재고액(원가)은 다음과 같이 산정된다.

- 기말재고액(원가)=기말재고액(판매가격)×원가율
- 기말재고액(판매가격)={기초재고액+매입액+가격인상액−가격인하액}−매출액
- 원가율=$\dfrac{(원가)}{(판매가격)}\dfrac{기초재고액+매입액}{기초재고액+매입액+가격인상액−가격인하액}$

따라서 [예제 2]의 경우 매출원가와 기말재고액(원가)은 다음과 같다.

　가. 기말재고액(판매가격)

$={기초재고액(판매가격)+매입액(판매가격)+가격인상액−가격인하액}−매출액$

$=(₩5,000+₩240,000+₩2,000−₩1,000)−₩220,000=₩26,000$

　나. 원가율

$=\dfrac{(원가)}{(판매가격)}\dfrac{기초재고액+매입액}{기초재고액+매입액+가격인상액−가격인하액}$

$=\dfrac{₩184,000}{₩246,000}=74.8\%$

　다. 기말재고액(원가)

$=기말재고액(판매가격)×원가율=₩26,000×74.8\%=₩19,448$

라. 매출원가

＝기초재고액(원가)＋매입액(원가)－기말재고액(원가)

＝₩184,000－₩19,448＝₩164,552

중점사항 **제조업의 원가계산**

제조업의 매출원가 계산은 상기업보다 훨씬 복잡한 원가계산 절차를 거쳐야 하는데, 이를 도표로 표시하면 다음과 같다.

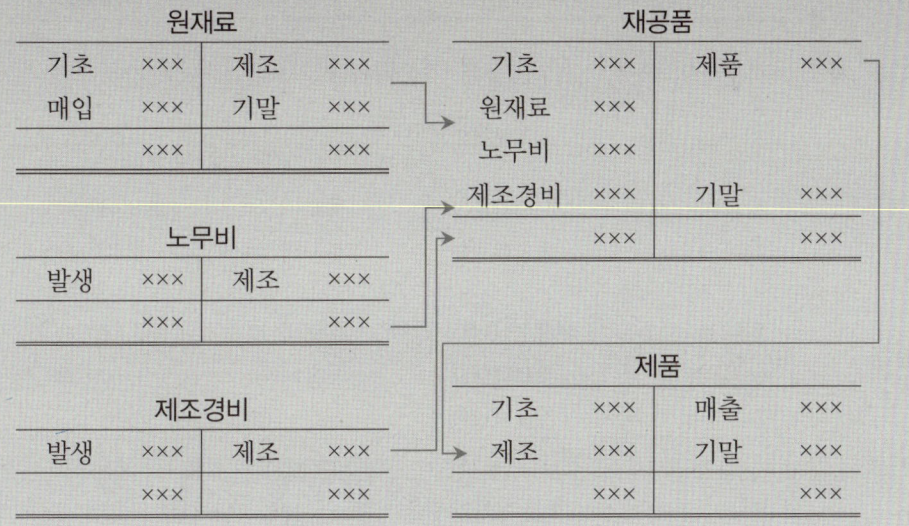

제조업의 원가계산절차를 간단한 예를 통해 살펴보자.

(1) 원재료(가중평균법 적용): 원재료는 제조 초기에 투입

원재료

기초:	200개	제조:	700개
	@10,000		@11,600
	₩2,000,000		₩8,120,000
매입:	800개	기말:	300개
	@12,000		@11,600
	₩9,600,000		₩3,480,000
	1,000개		1,000개
	₩11,600,000		₩11,600,000

(2) 노무비

노무비

발생	₩3,000,000	제조	₩3,000,000
	₩3,000,000		₩3,000,000

(3) 제조경비

제조경비

발생	₩2,000,000	제조	₩2,000,000
	₩2,000,000		₩2,000,000

(4) 제조(가중평균법 적용): 기말재공품 가공비의 진척도는 50%로 가정[주1]

제조(재공품)

기초		제품	900개
재료비	₩2,000,000	재료비	₩8,280,000
가공비	1,000,000	가공비	5,400,000
당기		기말	200개
원재료	₩8,120,000	재료비	₩1,840,000[주2]
노무비	3,000,000	가공비	600,000[주2]
제조경비	2,000,000		
	₩16,120,000		₩16,120,000

주1) 가공비는 노무비와 제조경비를 합한 금액을 뜻하는 것이며, 기말재공품의 진척도가 50%라는 것은 기말에 제품으로 완성되지 못한 재공품들은 완성도가 제각각 다를 것이므로 이를 평균 50% 정도 완성되었다는 것으로 가정하여 기말재공품 200개에 대한 가공비 계산 시 완성된 제품 100개(이를 완성품환산량이라고 하며, 기말재공품수량에 진척도를 곱하여 산출한다)에 대한 가공비를 계산하라는 의미이다.

주2) 기말재공품 평가

재료비: $(₩2,000,000 + ₩8,120,000) \times \dfrac{200}{900 + 200} = ₩1,840,000$

가공비: $(₩1,000,000 + ₩5,000,000) \times \dfrac{200 \times 50\%}{900 + 200 \times 50\%} = ₩600,000$

(5) 제품(가중평균법 적용)

<table>
<tr><td colspan="4" align="center">제품</td></tr>
<tr><td>기초:</td><td align="right">100개</td><td>매출:</td><td align="right">800개</td></tr>
<tr><td></td><td align="right">@14,500</td><td></td><td align="right">@15,130</td></tr>
<tr><td></td><td align="right">₩1,450,000</td><td></td><td align="right">₩12,104,000</td></tr>
<tr><td>제조:</td><td align="right">900개</td><td>기말:</td><td align="right">200개</td></tr>
<tr><td></td><td align="right">@15,200</td><td></td><td align="right">@15,130</td></tr>
<tr><td></td><td align="right">₩13,680,000</td><td></td><td align="right">₩3,026,000</td></tr>
<tr><td></td><td align="right">1,000개</td><td></td><td align="right">1,000개</td></tr>
<tr><td></td><td align="right">₩15,130,000</td><td></td><td align="right">₩15,130,000</td></tr>
</table>

(6) 결산수정분개

(차)	재공품	8,120,000	(대)	원재료	8,120,000
(차)	재공품	3,000,000	(대)	노무비	3,000,000
(차)	재공품	2,000,000	(대)	제조경비	2,000,000
(차)	제품	13,680,000	(대)	재공품	13,680,000
(차)	매출원가	12,104,000	(대)	제품	12,104,000

(7) 제조원가명세서

제조원가명세서

(단위: 원)

과 목	당 기		전 기	
Ⅰ. 재료비		×××		×××
1. 기초재료재고액	×××		×××	
2. 당기재료매입액	×××		×××	
계				
3. 기말재료재고액	×××		×××	
Ⅱ. 노무비		×××		×××
1. 급여	×××		×××	
2. 퇴직급여	×××		×××	
3. ………………………………………	……		……	
Ⅲ. 경비		×××		×××
1. 전력비	×××		×××	
2. 가스수도비	×××		×××	
3. 운임	×××		×××	
4. 감가상각비	×××		×××	
5. 수선비	×××		×××	
6. 소모품비	×××		×××	
7. 세금과공과	×××		×××	
8. 임차료	×××		×××	
9. 보험료	×××		×××	
10. 복리후생비	×××		×××	
11. 여비교통비	×××		×××	
12. 통신비	×××		×××	
13. 특허권사용료	×××		×××	
14. ……	……		……	
15. 잡비		×××		×××
Ⅳ. 당기총제조비용		×××		×××
Ⅴ. 기초재공품원가		×××		×××
Ⅵ. 합계		×××		×××
Ⅶ. 기말재공품원가		×××		×××

과 목	당 기	전 기
Ⅷ. 유형자산(또는 타계정)대체액	×××	×××
Ⅸ. 당기제품제조 원가	×××	×××

〈기재상의 주의〉
1. 개별원가 계산제도를 채용하는 경우에는 당기총제조비용은 이를 직접재료비·직접노무비·제조간접비로 구분하여 기재할 수 있다.
2. 공정별 종합원가 계산제도를 채용하는 경우에는 이에 적합한 내용으로 기재한다. 표준원가 계산제도를 채용하는 경우에도 또한 같다.

5 저가법의 적용

(1) 평가손실의 인식

재고자산은 다음의 상황이 발생한 경우 순실현가능가치(net realizable value)가 취득원가보다 낮아질 수도 있다.
① 물리적으로 손상된 경우
② 완전히 또는 부분적으로 진부화된 경우
③ 판매가격이 하락한 경우
④ 완성하거나 판매하는데 필요한 원가가 상승한 경우

이러한 경우에는 다음과 같이 저가법을 적용하여 재고자산의 장부금액을 순실현가능가치로 감소시키고 재고자산평가손실을 인식하는 회계처리를 한다.

(차) 재고자산평가손실　　　×××　　（대) 재고자산평가충당금　　　×××

즉, 재고자산은 취득원가와 순실현가능가치 중 낮은 금액으로 측정하는 저가법을 적용한다(문단 9).
여기서 순실현가능가치란 다음과 같이 계산한 금액을 말한다.

순실현가능가치=정상적인 영업과정의 예상판매가격−예상추가원가와 판매비용

1) 순실현가능가치의 추정

순실현가능가치를 추정할 때에는 재고자산으로부터 실현가능한 금액에 대하여 추정일 현재 사용가능한 가장 신뢰성 있는 증거에 기초하여야 한다. 또한 순실현가능가치는 재고자산의 보유목적도 고려하여 다음과 같이 추정한다.

① 확정판매계약 또는 용역계약을 이행하기 위하여 보유하는 재고자산

계약가격에 기초하여 추정

② 보유하고 있는 재고자산의 수량이 확정판매계약의 이행에 필요한 수량을 초과하는 경우

초과수량의 순실현가능가치는 일반 판매가격에 기초하여 추정

완성될 제품이 원가 이상으로 판매될 것으로 예상하는 경우에는 그 생산에 투입하기 위해 보유하는 원재료 및 기타 소모품에 대해서는 순실현가능가치가 장부가액보다 낮은 경우에도 평가손실을 인식하지 않는다. 그러나 원재료 가격이 하락하여 제품의 원가가 순실현가능가치를 초과할 것으로 예상된다면 해당 원재료를 순실현가능가치로 감액한다. 이 경우 원재료의 현행대체원가(replacement cost)는 순실현가능가치에 대한 최선의 이용가능한 측정치가 될 수 있다.

2) 평가손실의 환입

기업은 매 후속기간에 순실현가능가치를 재평가하여 재고자산의 감액을 초래했던 상황이 해소되거나 경제상황의 변동으로 순실현가능가치가 상승한 명백한 증거가 있는 경우에는 최초의 장부금액을 초과하지 않는 범위 내에서 평가손실을 환입(매출원가에서 차감)한다(문단 33).

(2) 항목별 저가법과 조별 저가법

1) 적용순위

① 원칙: 항목별 저가법

항목별 저가법이란 재고자산의 품목별로 시가가 원가보다 하락한 경우에 평가손실을 계상하여야 하는 처리방법이다.

② 선택: 재고항목들이 서로 유사하거나 관련되어 있는 경우에는 조별 저가법 적용가능

따라서 저가법은 총액기준으로 적용할 수 없다.

2) 조별 저가법 적용요건

재고항목이 유사한 목적 또는 용도를 갖는 동일한 제품군과 관련되고, 동일한 지역에서 생산되어 판매되며, 동일한 제품군에 속하는 다른 항목과 구분하여 평가할 수 없는 경우에 조별 저가법의 적용이 가능하며, 이를 적용한 경우에는 계속성을 유지하여야 한다.

3) 항목별 저가법과 조별 저가법의 비교

① 자료

조 별	항목별	취득원가	순실현가능가치
갑	A	100	110
	B	200	230
	계	300	340
을	C	300	280
	D	400	500
	계	700	780
병	E	500	550
	F	600	530
	계	1,100	1,080
	총계	2,100	2,200

② 평가손실액

가. 항목별 저가법 적용 시

C(300 − 280) + F(600 − 530) = 90

나. 조별 저가법 적용 시

병(1,100 − 1,080) = 20

4) 조별 저가법의 선택 여부

상기 '2)'에서 규정된 조별 저가법의 적용요건이 구비된 경우에는 회사의 당기 손익상황을 검토하여 조별 저가법의 적용을 검토하여야 한다.

즉, 대부분의 경우에는 조별 저가법상 평가손실금액이 종목별 저가법의 평가손실금액보다 적게 계상되므로 기업의 공표이익을 극대화할 수 있는 방법에 해당되는 것이다.

사례 2 기말재고 저가평가

1. 자료

수진(주)의 2025사업연도의 상품에 대한 자료는 다음과 같다.
단, 매 사업연도는 1.1.~12.31.이다.

구 분	2025년	
	취득원가	순실현가능가치
기초상품재고액	1,500	1,100
당기상품매입액	3,000	
기말상품재고액	2,000	1,500

2. 수진(주)의 2025년 말 회계처리 및 세무조정

(1) 회계처리

(차) 매출원가   2,100[주1] (대) 상품   2,100

(차) 매출원가(또는 기타비용) 500[주2] (대) 평가충당금   500

주1) 재무상태표상 기초가액(＝전기말 순실현가능가치) 1,100＋매입액 3,000
－기말재고액 2,000＝2,100원
주2) 장부가액 2,000－시가 1,500＝500원

(2) 세무조정

법인세법상 재고자산의 평가방법을 저가법으로 신고한 경우에는 별도의 세무조정은 없으며, 원가법으로 신고한 경우에는 손금불산입의 세무조정을 실시한다.

3. 환입 시 회계처리

(1) 자료

① 2026년 12월 말 현재 상기 '1.'의 2025년 말 재고를 계속 보유하고 있다.
② 2026년 12월 말 현재 순실현가능가치＝2,200이 되었다.

(2) 회계처리

(차) 상품   500   (대) 매출원가[주]   500

주) 환입액
1. 순실현가능가치 2,200－직전 장부가액 1,500＝700을 환입하여야 하나 최초의 장부금액(2,000)을 초과하지 않는 범위 내에서 평가손실을 환입해야 하므로 500만 환입한다. 그 결과 새로운 장부금액＝Min(취득원가, 수정된 순실현가능가치)가 된다(문단 33).

> 2. 평가손실의 환입은 비용으로 인식된 재고자산 금액의 차감액으로 인식한다(문단 34). 따라서 환입 시에는 기타비용보다는 매출원가 과목으로 처리하는 것이 옳은 것으로 판단된다.

(3) 재고자산 평가손실과 감모손실

① 재고자산을 순실현가능가치로 감액한 평가손실과 모든 감모손실은 감액이나 감모가 발생한 기간에 비용으로 인식한다.

여기서 비정상적인 감모손실의 경우에는 매출액과의 연관성을 추적하기 어렵기 때문에 포괄손익계산서상 '기타비용' 항목으로 처리하는 것이 타당할 것으로 판단된다.

② 법인이 시장가치가 상실되어 판매가 불가능한 재고자산을 폐기처분하는 경우에는 그 사실이 객관적으로 입증될 수 있는 증빙을 갖추어 당해 재고자산의 장부가액을 소득금액 계산상 손금에 산입할 수 있는 것이며, 이에 해당하는지 여부는 상품가치, 시장교환성 유무 및 폐기처분규정 등의 객관적인 증빙 여부에 따라 사실 판단할 사항이다(서면법인-238, 2019.10.31.).

K-IFRS 질의회신   화재에 따른 재고자산 소실 등의 영업외비용 해당 여부

Ⅰ. 배경 및 질의

1. 회사의 해외종속회사에서 화재가 발생하여 보유하던 재고자산이 전소(全燒)되었다. 따라서 회사는 이미 체결된 매출계약의 납품 일정을 맞추기 위해, 제품을 새로 생산한 후 회사의 일반적인 운송방식(선박)이 아닌 더 빠른 운송방식(항공)을 선택하여 고객에게 운송하였다.

2. 위와 같은 화재에 따른 ① 재고자산 소실에 따른 비용과 ② 긴급운송비가 영업비용에 해당되는지 아니면 영업외비용에 해당되는지?

Ⅱ. 회신

화재에 따른 재고자산 감모손실은 영업외비용으로 표시하고, 납기지연에 따른 손해배상을 회피하기 위해 고객에게 재고자산을 운송할 때 발생한 긴급운송비는 영업손익에 포함한다.

중점사항 **타계정 대체**

상품이나 제품을 타인에게 매매하지 않고 다른 목적으로 대가를 받지 않으면서 상품 등을 인도하는 경우가 발생한다. 주로 거래처에 견본용이나 접대용 또는 광고선전용으로 이루어지는데 이를 타계정대체라 부르며, 다음과 같이 회계처리한다.

(차) 견본비 등	×××	(대) 상품(또는 제품)	×××

이는 포괄손익계산서에 다음과 같이 표시된다.

Ⅰ. 기초상품재고액   ×××
Ⅱ. 당기상품매입액   ×××
      계   ×××
Ⅲ. 기말상품재고액   ×××
Ⅳ. 타 계 정 대 체 액   ×××
Ⅴ. 매출원가(Ⅰ + Ⅱ - Ⅲ - Ⅳ)   ×××

(4) 재고자산 매입약정관련 손실부담계약

1) 내용

기업회계에서는 재고자산의 매입약정과 관련한 손실부담계약을 체결한 경우에는 관련된 현재의무를 충당부채로 인식하도록 하고 있다(문단 14.16, K-IFRS 제1037호 66-69).

통상적인 구매주문과 같이 상대방에게 보상 없이 해약할 수 있는 계약은 아무런 의무가 발생하지 아니한다. 반면 당사자 간에 권리와 의무를 발생시키는 계약도 있으며 그런 계약이 특정 사건으로 인하여 손실부담계약이 될 경우 이 기준서의 적용부채를 인식하지 않는다.

손실부담계약은 계약상의 의무에 따라 발생하는 회피 불가능한 원가가 당해 계약에 의하여 얻을 것으로 기대되는 경제적효익을 초과하는 계약으로 회피 불가능한 원가는 계약을 종료하기 위한 최소순원가로서 다음의 '①'과 '②' 중에서 적은 금액을 말한다.

① 계약을 이행하기 위하여 필요한 원가
② 계약을 이행하지 못하였을 때 지급하여야 할 보상금 또는 위약금

계약을 이행하는데 드는 원가는 계약에 직접 관련되는 원가로 구성된다. 계약에 직접 관련되는 원가는 다음 '①'과 '②'로 구성된다.

① 그 계약을 이행하는데 드는 증분원가(예: 직접 노무원가 및 재료원가)

② 계약을 이행하는데 직접 관련되는 그 밖의 원가 배분액(예: 그 계약을 이행하는데 사용하는 유형자산 항목의 감가상각비 배분액)

손실부담계약에 대한 별도 충당부채를 설정하기 전에 해당 손실부담계약을 이행하는데 사용하는 자산에서 생긴 손상차손을 먼저 인식한다(기업회계기준서 제1036호 참조).

2) 회계처리

① 자료

A법인은 2025.11.1.에 2026.2.28.을 인도일로 하는 원재료매입계약을 체결하였다. 수량은 10,000개이며 매입단가는 개당 50,000원이다. 매입계약은 취소불능조건이며, 취소 시 개당 3,000원의 해지위약금을 부담하여야 한다.

2025.12.31. 해당 원재료의 공정가치는 45,000원이다.

② 충당부채인식금액: Min(가, 나)=30,000,000

가. 공정가치하락액

$10,000 \times (50,000 - 45,000) = 50,000,000$

나. 확정계약해지위약금

$10,000 \times 3,000 = 30,000,000$

③ 회계처리

(차) 손실부담충당부채전입액 30,000,000   (대) 손실부담충당부채   30,000,000

④ 손금불산입·손실부담충당부채·30,000,000·유보

6 특수한 상품 매매거래

(1) 미착상품(goods in transit)

미착상품이란 상품을 주문하였으나 아직 운송 중에 있어 도착하지 않은 상품을 말한다. 기말시점에 미착상품이 있을 경우 기말재고자산에의 포함 여부가 문제가 되는데, 이것을 판단하는 기준으로 선적지인도기준과 도착지인도기준이 있다.

선적지인도기준이란 선적시점에서 상품의 소유권이 매입자에게 이전되는 것을 말한다. 따라서 미착상품은 매입자의 기말재고자산에 포함되어야 하며 판매자는 매출을 인식하여야 한다. 반면, 도착지인도기준이란 목적지에 도착한 시점에서 상품의 소유권이 매입자에게 이전되는 것을 말한다. 따라서 미착상품은 매입자의 기말재고자산에 포함되어서는 안되며, 판매자의 기말재고자산에 포함되어야 한다.

| 미착상품의 구분 |

구 분		선적지인도기준	도착지인도기준
매입자	매입	당기매입	차기매입
	당기 기말재고	포함	제외
판매자	매출	당기매출	차기매출
	당기 기말재고	제외	포함

(2) 위탁판매(consignment sales) - 대리관계

위탁판매란 자신(위탁자 또는 판매자)의 상품을 다른 사람(수탁자 또는 구매자)에게 위탁하여 상품을 판매하는 것을 말하며, 위탁된 상품을 위탁품이라고 한다. 기준서 제1115호 「수익」에서는 대리관계에서 위임자를 대신하여 받는 금액 등은 수익으로 보지 않는다고 하고 있으므로 기업이 재화의 소유에 따른 위험과 효익을 가지지 않고 타인의 대리인 역할을 수행하여 재화를 판매하는 경우에는 판매가액 총액을 수익으로 계상할 수 없으며 판매수수료만을 수익으로 인식해야 한다. 따라서 수출업무를 대행하는 종합상사, 인터넷상에서 공급받은 제품을 중개판매하고 수수료만을 수취하는 전자쇼핑몰 운영회사, 백화점 등 유통업체의 수수료매장매출, 대리점 계약에 의해 위탁판매를 하는 회사는 판매수수료만을 수익으로 인식해야 한다.

| 위탁판매 회계처리 요약 |

구 분	위탁자	수탁자
적송 시	적송운임은 원가에 포함	회계처리 없음.
인수 시	회계처리 없음.	제비용은 수탁판매계정(차변)으로 처리
판매 시 또는 매출계산서 수령 시	총액으로 매출인식, 제비용(판매수수료 포함)은 판매수수료계정으로 처리	제비용(판매수수료 포함)을 제외한 금액은 수탁판매계정(대변)으로, 판매수수료는 수수료수익계정으로 처리
송금 시	관련 채권·채무에 관해 회계처리	송금액은 수탁판매계정(차변)으로 처리
결산 시	미판매 적송품은 기말재고에 포함하여 매출원가 산정	회계처리 없음.

사례 3 **대리관계**

영봉(주)는 보란백화점(주)와 골프용품 판매에 대한 수수료매장계약을 체결하였으며, 수수료율은 30%로 결정하였다. 2025.12.1.에 다음과 같은 상품이 백화점에 입고되었으며, 2025.12.31.에 A 및 C상품이 정상적으로 판매(현금판매 전제)되었다.

판매대금은 2024.1.30.에 지급되었다.

품 명	백화점 판매가	백화점 입고가	제조 원가
A	1,000,000	700,000	400,000
B	2,000,000	1,400,000	800,000
C	3,000,000	2,100,000	1,200,000
계	6,000,000	4,200,000	2,400,000

1) 영봉(주)의 회계처리

① 2025.12.1.

매출에 대한 회계처리는 없다. 단, 부가가치세법상으로 재화의 인도에 해당하는 계약으로 세금계산서는 교부되며, 이에 따른 회계처리는 발생한다.

　　(차) 미수금　　　　　　　420,000　　(대) 부가세예수금　　　　　　420,000

② 2025.12.31.

　　(차) 매출채권　　　　4,000,000[주1]　(대) 매출　　　　　　　　4,000,000
　　　　지급수수료　　　1,200,000　　　　　미지급금　　　　　　　1,200,000[주2]

주1) 최종소비자에게 판매된 시점에서 판매된 상품에 대한 매출금액을 인식한다.

1,000,000(A상품)＋3,000,000(C상품)＝4,000,000원

이때 백화점에 인도되었지만 판매되지 않은 B상품의 재고금액 800,000원은 기말재고자산금액에 포함된다.

주2) 4,000,000(백화점 판매가)×30%(수수료율)＝1,200,000원

2) 보란백화점(주)의 회계처리

① 2025.12.1.

매입에 대한 회계처리는 없다. 단, 부가가치세법상 재화의 공급에 해당되어 세금계산서가 교부되므로 입고금액에 대하여는 회계처리가 없어도 부가가치세 금액에 대하여는 회계처리를 하여야 한다.

(차) 부가세대급금	420,000	(대) 미지급금	420,000

② 2025.12.31.

(차) 현금및현금성자산	4,000,000	(대) 수수료매출	1,200,000[주)
		미지급금	2,800,000

주) 판매가 4,000,000 × 수수료율 30%＝1,200,000원

(3) 시용판매

시용판매란 주문을 받지 않고 상품을 고객에게 인도하여 고객이 그 상품을 사용하여 보고 매입하겠다는 의사표시를 함으로써 판매가 성립되는 특수한 형태의 판매를 말하며, 시용판매를 위해 인도한 상품을 시송품이라고 한다. 이러한 시용판매는 매입자가 매입하겠다는 의사표시를 한 날 수익을 인식하며, 그 이전에는 판매자의 재고자산에 포함하여야 한다.

7 법인세법

(1) 취득원가

법인세법상 재고자산의 취득가액 산정은 법인세법 제41조(자산의 취득가액)가 적용된다.

(2) 재고실사 시 장부상 재고수량과 실제 재고수량과의 차이 발생 시

① 장부상 수량〉실제 재고수량

재고부족분에 대한 구체적이고 객관적인 사유가 없는 한 부족수량을 매출누락으로 보아 다음의 세무조정 실시

익금산입 · 매출누락 · 시가 · 상여 등
손금산입 · 매출원가 · 원가 · △유보

② 장부상 수량〈실제 재고수량

매출원가를 과다계상한 것이므로 초과수량 원가분을 손금불산입(유보) 처분한다.

(3) 평가방법신고

1) 신고방법

다음 자산의 종류별 · 영업장별로 원가법(개별법 · 선입선출법 · 후입선출법 · 이동평균법 · 총평균법 · 매출가격환원법)과 저가법(시가와 비교되는 원가법을 함께 신고) 중 평가방법을 납세지 관할 세무서장에게 신고해야 한다(무신고 및 임의변경의 경우에는 선입선출법 적용. 단, 매매목적 부동산은 개별법 적용)(법령 §74 ②).
① 제품 및 상품(부동산매매업자의 매매목적 소유 부동산 포함)
② 반제품 및 재공품
③ 원재료
④ 저장품

종목별 또는 영업장별로 다른 평가방법신고 시는 종목별 · 영업장별로 제조원가명세서와 손익계산서를 작성해야 한다.

2) 변경신고

평가방법을 변경할 때에는 사업연도 종료일 이전 3월이 되는 날까지 납세지 관할 세무서장에게 변경신고해야 한다(법령 §74 ③ 2호).

(4) 재고자산평가손실에 대한 세무조정

기업회계상 재고자산평가손실계상에 대하여 법인세법상 저가법신고한 경우에 한하여 손

금인정되며, 저가법을 신고하고 이를 적용하지 아니한 경우에는 임의변경으로 본다.

그러므로 원가법으로 신고된 경우에는 장부에 계상된 평가손실은 손금불산입(유보)처리되며 추후 매각 시 손금추인된다.

(5) 정상가액으로 판매할 수 없는 자산의 평가

파손·부패 등의 사유로 정상가액으로 판매할 수 없는 재고자산에 대하여는 원가법으로 신고해도 시가로 평가하며 평가손실을 손금에 산입할 수 있다(법법 §42 ③ 1호).

이는 반드시 장부에 비용으로 계상하여야만 손금으로 인정된다.

(6) 연불조건으로 수입하는 경우 발생이자

원자재를 연불조건으로 수입하는 경우 D/A Bill과 Usance Bill과 같은 이자비용이 발생하게 되는데, 이에 대한 회계처리는 다음과 같다.

구 분	D/A Bill	Shipper's Usance Bill	Banker's Usance Bill
일반기업회계기준	차입원가	차입원가	차입원가
법인세법	취득원가	취득원가	취득원가

상기 내용처럼 법인세법에서는 모든 이자비용을 취득원가로 계상하는 것을 원칙으로 하지만, 회사가 이자비용을 금융비용으로 회계처리하는 경우에는 이를 세무조정하지 않도록 하여 기업회계를 인정하고 있다.

(7) 차입원가자본화

기준서 제1023호 「차입원가」에서는 적격자산의 취득, 건설 또는 생산과 관련하여 제조, 매입, 건설 또는 개발이 개시된 날로부터 의도된 용도로 사용하거나 판매할 수 있는 상태가 될 때까지 1년 이상의 기간이 소요되는 재고자산, 유형·무형자산 등에 대해 발생된 금융비용을 자본화하도록 하고 있다.

이에 따라 회사가 재고자산에 대해 발생된 금융비용을 자본화한 경우 법인세법에서는 이를 인정하지 않으므로 세무조정 사항이 발생될 수 있다.

구 분	세무조정
금융비용을 기간비용으로 한 경우	세무조정 없음.
금융비용을 자본화한 경우	자본화 금액을 손금산입 △유보로 세무조정하고, 판매시점에서 손금불산입 유보로 추인

이항수와 함께하는 K-IFRS 회계처리 및 세무실무지침

1. 법인세법상 재고자산평가방법 저가법 적용 여부

기업회계에서는 재고자산평가에 대해 저가법을 적용함이 원칙으로 되어 있다. 그러므로 재고자산의 순실현가능가치 또는 현행대체원가가 장부가액보다 낮은 경우에는 그 차액을 당기비용(매출원가)으로 계상하고 재고자산에서 차감 표시(평가충당금)한다. 법인세법에서는 이에 대해 2019.9.30.까지 재고자산평가방법변경신고서를 관할 세무서에 제출하여 기존에 신고한 평가방법을 저가법(원가계산 적용방법도 함께 기재)으로 변경한 경우에는 기업회계상 비용처리액을 손금으로 인정하고 있다.

결산담당자는 반드시 세무상 저가법신고 여부를 확인하여 세무조정 여부를 결정하고 당기에 저가법신고가 이루어지지 않은 경우에는 내년 9.30.까지 변경신고서를 제출하는 것을 검토하여야 할 것이다.

2. 기말 재고자산을 과대계상하여 이익을 증가시키는 경우

실제 재고자산수량보다 장부상 수량을 의도적으로 과대계상하면 장부상 당기순이익이 과대계상되는 전형적인 분식회계에 해당한다. 이에 대해 대다수의 기업들은 세금을 과다하게 납부한 것이므로 추후 적발 시에도 세무상은 Risk가 없다고 판단하나, 이는 잘못된 판단으로 '장부상 재고수량'인 경우 차이 수량을 기업이 장부외 매출하여 대표이사가 가져간 것으로 보아 다음의 세무조정이 발생할 수 있다.

- 익금산입 · 매출누락 · 상여

즉, 기업이 분식회계했다는 것을 입증하기가 실무상 쉽지 않다는 것으로 막연히 세금을 더 납부한 것으로 이해해서는 안되는 것이다. 또한 당기의 기말재고과대계상은 당기순이익을 증가시켜 당기의 법인세는 증가하지만 내년에는 기초재고의 과대계상에 해당되어 매출원가를 증가시켜 당기순이익을 감소하게 하여 당연 법인세도 과소 납부하게 된다. 이러한 경우 분식회계를 인정한다 해도 당기분 법인세는 경정청구를 통해 환급되고 내년분 법인세는 수정신고대상이 되어 본세는 환급세액과 충당이 되나 경정청구 시보다 많이 높은 가산세(신고불성실가산세 40%, 납부불성실가산세 연 9.125%)를 부담하는 문제가 발생됨에 반드시 유의하여야 한다.

3. 재고자산 감모손실의 세무상 인정 여부

기업회계에서는 실제 재고수량이 장부상 수량보다 적은 경우 감모라 하여 당기비용 처리하도록 하고 있다. 이에 대해 세법에서는 감모의 사유가 도난, 온도 변화 등으로 정당한 사유가 있는 경우에만 인정되고 그렇지 아니한 감모손실의 경우에는 매출누락·상여로 처분하므로 재고자산 감모손실의 계상 시 많은 주의를 요하고 있다.

8 농림어업(기준서 제1041호)

(1) 목적

농림어업활동과 관련된 회계처리와 공시에 관한 사항을 정하는데 있다. 여기서 어업에는 양식업만 해당이 되고 원양어업은 농림어업활동에 해당하지 않는다.

(2) 적용범위

다음 사항이 농림어업활동과 관련되는 경우의 회계처리에 적용한다.

1) 생물자산(생산용식물은 제외하며 생산용식물에서 자라는 생산물은 적용)

생물자산은 살아 있는 동물이나 식물(동물원의 관람용 동물·식물은 유형자산에 해당)을 말하며, 다음과 같이 구분할 수 있다.

① 소비용 생물자산

수확물로 수확하거나 생물자산으로 판매할 자산을 말하며, 정육용 가축, 판매용 가축, 양식장의 어류, 옥수수 같은 곡물, 목재용으로 재배된 나무 등이 그 예에 해당된다.

② 생산용 생물자산(유형자산에 해당)

소비용 생물자산을 제외한 생물자산으로, 착유용 가축 등이 그 예에 해당된다.

③ 생산용 식물(유형자산에 해당)

수확물을 생산·공급하는데 사용하고 여러 회계기간에 생산물을 생산할 것으로 예상되며, 부수적 폐물로 판매되는 경우 외에는 그 자체가 수확물로 판매될 가능성이 거의 없는 살아있는 식물(팜오일, 고무나무 등)을 말한다.

2) 수확시점의 수확물

수확물은 생물자산에서 수확한 생산물을 말한다.

3) 생물자산과 관련된 정부보조금

(3) 생물자산, 수확물 및 수확 후 가공품의 예시

생물자산	수확물	수확 후 가공품[주)]
조림지의 나무	벌목된 나무	원목, 목재
목화	수확한 면화	실, 의류
사탕수수	수확한 사탕수수	설탕
젖소	우유	치즈
돼지	돈육	소시지, 햄
담배식물	수확한 잎	담배
관목	수확한 잎	차
포도나무	포도	포도주
과수	수확한 과일	과일 가공품
기름야자나무	수확한 과일	야자유
고무나무	수확한 유액	고무제품

주) 수확시점 후 수확물의 가공과정은 농림어업활동에 포함되지 않는다.

(4) 인식과 측정

1) 인식요건

다음의 조건이 모두 충족되는 경우에 한하여 생물자산이나 수확물을 인식한다.

① 과거 사건의 결과로 자산을 통제한다.

② 자산과 관련된 미래경제적효익의 유입가능성이 높다.

③ 자산의 공정가치나 원가를 신뢰성 있게 측정할 수 있다.

2) 생물자산의 측정

① 생물자산은 최초인식시점과 매 보고기간 말에 공정가치에서 처분부대원가를 뺀 금액으로 측정하여야 한다.

매각부대원가는 중개(판매)상 수수료, 양도 시 세금을 포함한다.

② 생물자산을 키우고 관리하는데 발생한 원가는 자산화 또는 비용처리 모두가 가능하다.

③ 평가손익은 발생한 기간의 당기손익에 반영한다.

3) 수확물의 측정

① 생물자산에서 수확된 수확물은 어떠한 경우에도 수확시점의 공정가치에서 처분부대
원가를 뺀 금액으로 측정하여야 한다.

이러한 측정치는 기준서 제1002호 「재고자산」이나 적용가능한 다른 기준서를 적용하
는 시점의 원가가 된다.

② 수확시점 후에는 기준서 제1002호 「재고자산」이나 적용가능한 다른 기준서를 적용한다.

③ 수확물을 최초인식시점에 공정가치에서 처분부대원가를 뺀 금액으로 인식하여 발생
하는 평가손익은 발생한 기간의 당기손익에 반영한다.

(5) 생물자산 및 수확물의 평가이익 회계처리

1) 축산업을 영위하는 경우

① 수진(주)는 한우송아지 10마리를 ₩1,000,000에 구입하였다.

(차) 재공품(송아지)	1,000,000	(대) 현금	1,000,000

② 송아지 10마리가 출산되었다(공정가치 = ₩1,000,000).

(차) 재공품(송아지)	1,000,000	(대) 송아지평가이익(CIS)	1,000,000

③ 사육비 ₩500,000이 발생하였다.

(차) 재공품(송아지)	500,000	(대) 현금	500,000

④ 12.31. 현재 송아지는 한우로 성장하였으며, 이때의 공정가치는 ₩4,000,000이다. 한편
수진(주)는 이 중 2마리를 종우(번식우)로 대체하였다.

(차) 재공품(송아지)	1,500,000	(대) 송아지평가이익	1,500,000
(차) 종우(번식우)	400,000[주]	(대) 재공품(송아지)	400,000

주) 종우대체금액: {(1,000,000 + 1,000,000 + 500,000 + 1,500,000) ÷ 20마리} × 2마리 = 400,000

2) 조경업을 영위하는 경우

① 수진(주)는 조림 후 매각할 목적으로 수목을 ₩1,000,000에 구입하였다.

매각 시 추정비용은 ₩100,000이다.

(차) 수목	1,000,000	(대) 현금	1,000,000
(차) 수목평가손실(CIS)	1,000,000	(대) 수목	1,000,000

② 조림비용 ₩500,000이 발생하였다.

(차) 수목	500,000	(대) 현금	500,000

③ 12.31. 현재 매각이 가능한 상태이며 공정가치는 ₩2,000,000이다.

(차) 수목	600,000	(대) 수목평가이익(CIS)	600,000

④ 다음 해 12.31.의 공정가치는 ₩3,000,000이다.

(차) 수목	1,000,000	(대) 수목평가이익(CIS)	1,000,000

(6) 세무조정

법인세법상 익금의 귀속시기는 권리의 확정시점이므로, 생물자산 등의 판매 전의 수익계상금액에 대해 익금불산입의 세무조정이 이루어져야 한다.

1) 축산업의 경우

익금불산입 · 재공품 · 2,350,000 · △유보

익금불산입 · 종우 · 150,000 · △유보

2) 조경업의 경우

① 첫째 해

익금불산입 · 수목 · 500,000 · △유보

② 둘째 해

익금불산입 · 수목 · 1,000,000 · △유보

│ 신속처리 질의 · 답변 │

재고재산

1. 재고자산 평가방법의 변경

(1) 질의

재고자산 평가방법(원가배분방법)을 "선입선출법"을 적용하고 있으나 "이동평균법"으로 변경하고자 함. 회계처리방법의 변경을 소급적용하여야 하는가? 과거연도의 누적재고를 "이동평균법"으로 재계산하는 방식은 기업 내부에서 합리적으로 시행하기 어려움.

(2) 회신

재고자산 원가계산방식을 선입선출법에서 이동평균법으로 변경하는 것은 회계정책의 변경으로 보는 것이 적절함.

회계정책의 변경을 특정기간에 미치는 영향이나 누적효과를 실무적으로 결정할 수 없는 경우를 제외하고는 소급적용함(제1008호 문단 23). 만약, 비교표시되기는 하나 이상의 과거기간의 비교 정보에 대해 특정기간에 미치는 회계정책 변경의 영향을 실무적으로 결정할 수 없는 경우, 실무적으로 소급적용할 수 있는 가장 이른 회계기간의 자산 및 부채의 기초장부금액에 새로운 회계정책을 적용하고, 그에 따라 변동하는 자본 구성요소의 기초금액을 조정함.

실무적으로 결정할 수 없는 경우인지는 회사가 판단할 사항임.

2. 파손된 재고자산에 대한 보험금 인식시점

(1) 질의

1월에 일어난 사고로 고객에 운송 중이던 재고자산이 파손되었음. 파손된 재고자산은 모두 폐기하였고, 이에 대한 보험금을 8월에 수령하였음. 이 보험금의 회계처리는?

(2) 회신

보험금을 수취할 권리가 발생하는 시점(경제적 효익의 유입이 거의 확실하게 되는 경우)에 그 자산과 관련 이익을 인식함.

K-IFRS에는 보험계약에서의 보험계약자 회계처리에 대한 몇 가지 사항을 규정하고 있음. 질의의 경우, K-IFRS 제1016호의 손상, 상실 또는 포기한 유형자산에 대해 제3자에게서 받는 보상을 참고할 수 있음(제1104호 문단 BC73).

유형자산과 관련된 손상차손이나 기타 손실, 제3자에 대한 보상청구나 그 보상금의 수령은 각각 구분되는 경제적 사건이므로 분리하여 회계처리함(제1016호 문단 66).

3. 재고자산의 인식 여부

(1) 질의

원재료의 일부가 회사가 아닌 보세구역에 보관되어 있음. 회사는 이 원재료를 재고자산으로 인식할 수 있는가?

(2) 회신

물리적으로 회사에 있지 않더라도, 회사가 해당 자산을 통제*하고 재고자산의 정의(제

1002호 문단 6)를 충족한다면 재고자산으로 인식함.

*통제: 자산을 사용하도록 지시하고 자산의 나머지 효익의 대부분을 획득할 수 있는 능력(제1115호 문단 33)

한편, 재고자산에 대한 통제가 회사로 이전되었으나 아직 회사에 도착하지 않은 운송 중인 재고자산은 재고자산의 하위분류인 미착상품으로 회계처리할 수 있음(제1102호 문단 6).

4. 저가법 적용의 회계단위

(1) 질의

회사는 제품 A와 B를 모두 국내에서 생산하고, 판매 시에는 구분없이 무게단위로 국내에 판매하고 있음. 제품(재고자산)에 저가법을 적용하기 위해 순실현가능가치를 산정할 때, A와 B가 유사한 용도로 사용되는 제품이라면 이를 통합하여 순실현가능가치를 산정하는 것이 가능한가?

(2) 회신

재고자산을 순실현가능가치로 감액하는 저가법은 항목별로 적용해야 함(제1002호 문단 29). 다만, 비슷한 목적 또는 최종 용도를 가지는 동일 제품군과 관련되고 동일 지역에서 생산 · 판매되며, 실무적으로 구분하여 평가하기 어려운 경우에 해당한다면, 통합하여 적용하는 것이 적절할 수 있음.

5. 재고자산 평가손실과 감모손실

(1) 질의

보고기간 말 재고자산을 실사한 결과, 재고자산감모손실과 재고자산평가손실이 동시에 발생하였다면 둘 중 무엇을 먼저 인식하여야 하는가?

(2) 회신

먼저 재고자산의 실제 재고수량이 장부상 재고수량보다 적은 경우, 그 차이금액을 감모손실로 발생기간의 비용으로 인식함(제1002호 문단 34).

실제 재고수량을 기준으로 재고자산의 원가를 회수하기 어려울 수 있는 경우에는 재고자산을 취득원가와 순실현가능가치 중 낮은 금액으로 측정하고 평가손실은 발생기간의 비용으로 인식함(제1002호 문단 9, 28, 34).

6. 환급 가능한 관세

(1) 질의

회사는 해외 거래처로부터 제품을 수입하여 판매하고 있음. 제품을 수입하는 과정에서 발생한 추후 환급 가능한 관세는 재고자산의 원가에 포함되는가?

(2) 회신

추후 환급이 가능한 관세는 매입원가를 구성하지 아니하므로 재고자산의 원가에 포함하지 않음(제1002호 문단 11).

7. 수입물품의 부대비용 인식

(1) 질의

육가공 기계를 수입해서 국내에 판매하는 회사임. 식품전시회에 전시 후 반납예정으로 특정 기계를 수입함. 그러나 신고한 기한 내에 반납을 할 수 없어 관세청에 재수출기한 연장 신청을 했으나 기각되어 관세, 수입부가세를 지급함. 회사는 해당 기계를 구매하지 않고, 당초 계획대로 반납할 예정임. 기계 수입 시에 발생한 부대비용의 인식은?

(2) 회신

수입한 기계장치를 반납할 예정이라면 수입 시에 발생한 부대비용은 비용으로 처리함. 수입한 기계장치를 판매할 목적으로 보유한다면 기계 구입대금과 취득 과정에서 정상적으로 발생한 부대비용은 재고자산의 취득원가로 회계처리함(제1002호 문단 10, 11).

8. 해외에서 매입한 재고자산의 반품 시 적용 환율

(1) 질의

전기 중 해외에서 매입한 재고자산을 당기 중 반품함. 반품 회계처리 시 재고자산에 적용해야 하는 환율은 무엇인지? (제거되는 매입채무와 동일한 환율을 적용하는지, 아니면 재고자산 매입 시점의 환율을 적용하는지?)

(2) 회신

해외에서 매입한 재고자산은 거래일의 환율로 환산함(제1021호 문단 23).

따라서 반품 거래로 제거되는 재고자산은 재고자산의 최초인식시점의 환율을 적용함.

9. 생산용 식물에서 자라고 있는 수확물

(1) 질의

회사는 사과나무를 생산용 식물로 유형자산으로 분류하고, 수확한 사과를 재고자산으로 분류함. 그렇다면 수확하기 전에 사과나무에서 자라고 있는 사과의 분류 및 측정방법은?

(2) 회신

사과나무에서 자라고 있는 사과는 생물자산(소비용 생물자산)으로(제1041호 문단 44), K-IFRS 제1041호 문단 10의 요건을 모두 충족하기 전까지 별도로 인식하지 않음.

요건을 충족하는 경우, 생물자산은 각각 최초인식시점 및 보고기간 말에, 수확된 수확물은 수확시점에 공정가치에서 처분부대원가를 뺀 금액으로 측정함*(제1041호 문단 12, 13).

* (생물자산) 공정가치를 신뢰성 있게 측정할 수 없는 경우(제1041호 문단 30) 제외

10. 살아있는 동물의 자산 분류

(1) 질의

회사는 돼지를 매입하여 사육한 후 냉장육 형태로 판매함. 이때 매입한 돼지와 냉장육의 분류는?

(2) 회신

살아있는 동물은 생물자산으로 분류하므로 매입한 돼지는 생물자산으로 분류함(제1041호 문단 4, 5).

수확물인 냉장육은 수확시점에 공정가치에서 처분부대원가를 뺀 금액으로 측정하고(제1041호 문단 13), 통상적인 영업활동에서 판매를 위해 보유 중인 자산이라면 재고자산으

로 분류함(제1002호 문단 20).

11. 나무 자체 등으로 판매가 가능할 경우 생산용 식물로의 분류 여부

(1) 질의

수목은 수확물 생산(약용으로 나뭇잎, 가지 등 생산)을 위해 사용되며, 시장에서 뿌리, 나무밑동, 나무 자체*도 판매가 가능하나 판매한 이력은 존재하지 않음. 이 경우, 해당 수목을 생산용 식물로 분류해야 하는가?

* 뿌리 및 나무 밑둥은 폐물이 아니며, 나무 자체는 조경수로 판매 가능

(2) 회신

수확물(약용 나뭇잎, 가지) 생산이나 공급 외의 방식으로 식물이 판매 가능(생물자산으로 자체 판매 가능)하고 수확물(뿌리, 나무밑동)로 판매될 가능성이 희박하지 않다면 해당 수목은 생산용 식물이 아닌 생물자산으로 분류함.

과거 판매 이력이 없어도 수확물로 판매될 가능성이 희박하다고 단정할 수 없음.

12. 공급처의 귀책사유로 폐기한 재고자산에 대한 보상

(1) 질의

회사는 대가를 지급하고 해외에서 원재료를 구입하였는데, 공급처의 귀책사유로 변질된 원재료를 수령하고 공급처와 합의하여 전부 폐기 함. 이에 대한 보상으로, 회사가 지급한 대가만큼 내년에 구매하기로 계약하는 물량에 대한 지급액에서 차감하기로 함. 회사는 내년에 원재료를 취득할 때 이익을 인식할 수 있는지?

(2) 회신

폐기한 원재료에 대하여 보상받을 권리가 있다면, 회사는 해당 권리와 관련된 자산을 인식하고 내년에 원재료를 인식하는 시점에는 이익을 인식하지 아니함.

제7장

관계기업 및 공동기업에 대한 투자

유가증권을 취득한 결과 피투자자에 대하여 공동지배적이나 유의적인 영향력을 행사할 수 있게 된 경우에는 한국채택국제회계기준(이하 "기준서"라 함) 제1028호 「관계기업과 공동기업에 대한 투자」의 규정에 따라 지분법에 의해 회계처리한다.

1 적용범위

피투자자에 대하여 공동지배력이나 유의적인 영향력을 갖는 기업은, 관계기업이나 공동기업에 대한 투자가 다음의 면제규정을 충족하는 경우를 제외하고, 그 투자에 대하여 지분법을 사용하여 회계처리한다.

기업이 기업회계기준서 제1110호 문단 4(1)의 적용범위 제외에 따라 연결재무제표 작성이 면제되는 지배기업(비상장 차상위 지배기업)이거나 다음의 조건을 모두 충족하는 경우, 관계기업이나 공동기업에 대한 투자에 지분법을 적용할 필요가 없다.

① 기업이 그 자체의 지분 전부를 소유하고 있는 다른 기업의 종속기업이거나, 그 자체의 지분 일부를 소유하고 있는 다른 기업의 종속기업이면서 그 기업이 지분법을 적용하지 않는다는 사실을 그 기업의 다른 소유주들(의결권이 없는 소유주 포함)에게 알리고 그 다른 소유주들이 그것을 반대하지 않는 경우

② 기업의 채무상품 또는 지분상품이 공개시장(국내·외 증권거래소나 장외시장. 지역시장 포함)에서 거래되지 않는 경우

③ 기업이 공개시장에서 증권을 발행할 목적으로 증권감독기구나 그 밖의 감독기관에 재무제표를 제출한 적이 없으며, 현재 제출하는 과정에 있지도 않은 경우

④ 기업의 최상위 지배기업이나 중간 지배기업이 한국채택국제회계기준을 적용하여 공용 가능한 재무제표에 이 기준서에 따라 종속기업을 연결하거나 종속기업을 공정가치로 측정하여 당기손익을 반영한 경우

벤처캐피탈 투자기구나 뮤추얼펀드, 단위신탁 및 이와 유사한 기업(투자와 연계된 보험펀드 포함)이 관계기업이나 공동기업에 대한 투자를 보유하거나 이 같은 기업을 통하여 간

접적으로 보유하는 경우, 기업은 이러한 관계기업과 공동기업에 대한 투자를 기업회계기준서 제1109호에 따라 공정가치측정 당기손익인식항목으로 선택할 수도 있다. 이 경우 기업은 관계기업이나 공동기업에 대한 투자를 최초인식할 때 각각의 관계기업이나 공동기업에 대하여 개별적으로 선택한다.

관계기업이나 공동기업에 대한 다른 금융상품(지분법을 적용하지 않는 금융상품)은 K-IFRS 제1109호 「금융상품」의 적용대상이며, 관계기업이나 공동기업에 대한 순투자의 일부를 구성하는 장기투자지분(우선주, 장기수취채권, 장기대여금으로서 예측가능한 미래에 상환받을 계획도 없고 상환가능성도 높지 않은 항목)의 손상 회계처리에 대해 K-IFRS 제1028호의 요구사항보다 K-IFRS 제1109호를 우선하여 적용한다.

2 용어의 정의

이 기준서에서 사용하는 용어의 정의는 다음과 같다.

(1) 관계기업

투자자가 유의적인 영향력을 보유하는 기업

(2) 연결재무제표

지배기업과 그 종속기업의 자산, 부채, 자본, 수익, 비용 및 현금흐름을 단일 경제적 실체의 것으로 표시하는 연결실체의 재무제표

(3) 지분법

투자자산을 최초에 원가로 인식하고, 취득시점 이후 발생한 피투자자의 순자산 변동액 중 투자자의 몫을 해당 투자자산에 가감하여 보고하는 회계처리방법이다. 투자자의 당기순손익에는 피투자자의 당기순손익 중 투자자의 몫에 해당하는 금액을 포함하고, 투자자의 기타포괄손익에는 피투자자의 기타포괄손익 중 투자자의 몫에 해당하는 금액을 포함한다.

(4) 공동약정

둘 이상의 당사자들이 공동지배력을 보유하는 약정

(5) 공동지배력

약정의 지배력에 대한 계약상 합의된 공유로서, 관련활동에 대한 결정에 지배력을 공유하는 당사자들 전체의 동의가 요구될 때에만 존재한다.

(6) 공동기업

약정의 공동지배력을 보유하는 당사자들이 그 약정의 순자산에 대한 권리를 보유하는 공동약정

(7) 공동기업 참여자

공동기업의 공동지배력을 보유하고 있는 그 공동기업의 당사자

(8) 유의적인 영향력

피투자자의 재무정책과 영업정책에 관한 의사결정에 참여할 수 있는 능력을 말한다. 그러나 그러한 정책의 지배력이나 공동지배력은 아니다.

중점사항 **재무제표 명칭의 구분에 대하여**

한국채택국제회계기준에서는 연결재무제표를 주된 재무제표로 규정하고 있다. 이와 관련하여 기준서를 이해함에 있어서 다음 세 가지 종류의 재무제표 명칭의 구분을 정확히 숙지할 필요가 있다.
1. 재무제표
2. 별도재무제표
3. 연결재무제표
상기 세 종류의 재무제표 의미를 설명하면 다음과 같다.

1. 재무제표
   재무제표는 다음의 두 가지 상황과 관련되어 있다.
   첫째: 종속기업과 관계기업이 없는 일반적인 기업의 재무제표
   둘째: 관계기업이 있는 기업이 지분법을 적용하여 작성한 재무제표

2. 별도재무제표
   별도재무제표는 종속기업과 관계기업이 있는(또는 종속기업만 있는) 회사가 투자주

식에 대해 원가법, 지분법 또는 공정가치법을 적용하여 작성한 재무제표를 말한다. 이와 관련하여 기준서 제1027호 「별도재무제표」에 따르면 지배기업(P사)과 종속기업(S사)을 연결하는 경우에 대외적으로 공표되는 재무제표는 연결재무제표(P+S 합산)와 재무제표(S사)이고, 지배기업 고유의 재무제표는 선택에 따라 공표할 수 있다. 이때 지배기업이 별도로 공표하는 재무제표를 별도재무제표라 한다.

3. 연결재무제표

종속기업이 있는 회사가 작성한 재무제표를 말한다.

4. 예시

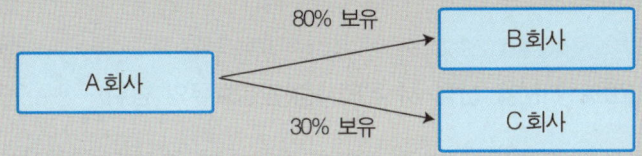

① (A＋B) 연결재무제표
   C기업에 대하여 지분법 적용
② A기업 별도재무제표
   B · C기업 투자주식에 대해 지분법, 원가법 또는 공정가치법 선택 적용
③ B · C기업 개별재무제표

3 유의적인 영향력이 있는 기업(관계기업)의 판단

(1) 지분율 기준

기준서 제1028호는 의결권의 20%를 기준으로 유의적인 영향력의 여부를 판단하고 있는 바, 이를 요약하면 다음과 같다.

구 분	의결권의 20%[주] 이상	20%[주] 미만
원칙	유의적인 영향력이 있는 것으로 간주	유의적인 영향력이 없는 것으로 간주
예외	유의적인 영향력이 없음을 명백하게 제시할 수 있으면 제외 → 따라서 지분법의 적용을 배제한다.	유의적인 영향력이 있음을 명백하게 제시할 수 있으면 제외 → 따라서 지분법을 적용한다.

[주] 투자자가 직접 또는 간접(예: 종속기업을 통하여)으로 소유하고 있는 비율을 말한다. 한편, 연결실체가 소유하고 있는 관계기업 지분은 연결실체 내 지배기업과 종속기업이 소유하고 있는 지분을 단순합산한 것이다.

(2) 실질적인 기준

투자자가 다음 중 하나 이상에 해당하는 경우 일반적으로 유의적인 영향력이 있다는 것이 입증된다.

① 피투자자의 이사회나 이에 준하는 의사결정기구에 참여
② 배당이나 다른 분배에 관한 의사결정에 참여하는 것을 포함하여 정책결정과정에 참여
③ 투자자와 피투자자 사이의 중요한 거래
④ 경영진의 상호 교류
⑤ 필수적 기술정보의 제공

중점사항 20% 지분율 산정 시 유의사항(간접보유의 범위)

본문에서 보듯이 기준서 제1028호는 20%를 산정할 때 종속기업을 통하여 투자한 비율만 합산하도록 규정하고 있다.

1. 자료
지배기업(P), P사가 80% 지분을 보유하고 있는 종속기업(S)은 영봉(주)에 대해 각각 15%와 10% 지분을 소유하고 있다.

2. 내용
(1) P사 입장
　　종속기업과 합산하여 영봉(주)에 대한 지분율이 20% 이상이므로 연결재무제표 작성 시 영봉(주)에 대하여 단순지분율의 합산인 25%에 대한 지분법을 적용한다. 이때 지배기업에 해당하는 지분법손익은 실질지분율에 해당하는 23%이며, 비지배지분에 해당하는 지분법손익은 2%이다.
　　실질지분율 = 15% + 10% × 80% = 23%
(2) S사 입장
　　종속기업(S) 입장에서는 S가 지배하는 다른 종속기업이 없으므로 S 자신이 소유하고 있는 영봉(주)에 대한 지분율만을 가지고 지분법 적용 여부를 판단해야 하는데, 10%를 소유하고 있으므로 S는 영봉(주)에 대해 지분법을 적용할 수 없다.

4 **공동지배력이 있는 기업(공동기업)의 판단**

(1) 정의

공동기업은 약정의 공동지배력을 보유하는 투자자들이 약정의 순자산에 대한 권리를 보유하는 공동약정을 가진 기업이다. 공동약정이란 둘 이상의 투자자가 공동지배력을 보유하기로 한 약정을 말한다. 그리고 공동지배력이란 계약상 합의에 의하여 약정의 지배력을 공유하는 것이다. 관련 활동에 대한 의사결정에 지배력을 공유하고 있는 당사자 전체의 동의가 필요할 때에만 존재하는 것이다. 즉, 공동기업은 공동기업에 대한 공동참여자(주주)들이 중요한 재무정책이나 영업정책을 결정할 때 공동참여자 전원의 동의가 있을 때만 그 의사결정이 유효하다. 이러한 공동지배력에 대한 계약상 합의(공동약정)는 기업의 정관에서 규정하여도 되고 공동참여자 간의 별도 계약에 의하여도 성립된다. 공동참여자란 공동기업의 공동지배력을 보유하는 그 공동기업에 대한 당사자를 의미한다. 결론적으로 공동기업인지 아닌지에 대한 판단은 공동약정에 의하여 결정된다.

여기에서 특별한 약정이 없더라도 양 당사자의 지분율이 50%로 동일하다면 공동기업에 해당한다. 공동기업은 종전의 조인트벤처 중 공동지배기업 중 일부요건을 충족하는 기업이다.

(2) 공동기업의 운영 등

공동기업은 법인, 파트너십 또는 각 참여자가 지분을 소유하는 그 밖의 형태의 기업으로 설립된 것이다. 공동기업은 참여자 사이의 계약상 합의사항을 통하여 경제활동에 대한 공동지배가 성립된다는 것을 제외하고는 다른 기업과 동일하게 운영된다. 즉, 공동기업의 자산을 지배하고 부채와 비용을 발생시키며 수익을 획득한다. 또한 공동기업의 활동을 위하여 자신의 명의로 계약을 체결하거나 자금조달을 할 수 있다.

공동참여자는 공동기업의 성과에 대하여 분배를 받을 권리가 있으나, 경우에 따라서는 공동기업의 산출물에 대하여 분배하기도 한다.

공동기업은 일반 다른 기업처럼 자체의 회계기록을 유지하고 재무제표를 작성한다.

공동지배기업의 예로는 공동참여자들이 특정한 사업부문에 있어서의 각 참여자의 사업활동을 결합하기 위해 관련된 자산과 부채를 공동기업으로 이전하는 경우나 한 기업이 외국에서 그 나라의 정부 또는 그 밖의 정부기관과 공동으로 지배하는 별도의 기업을 설립하여 사업을 시작하는 경우 등이 있다.

(3) 공동기업에 대한 지분율

공동기업에 대한 공동지배력은 반드시 동일한 지분율에 의하여 이루어지는 것이 아니라 공동약정에 의하여 이루어진다. 예를 들면 공동기업에 대하여 A기업의 지분율은 50%이고 B기업과 C기업의 지분율은 각각 30%와 20%라고 하더라도 공동약정에 의하여 공동지배하기로 하였다면 공동기업이 된다. 즉, 영업이나 재무에 대한 의사결정을 하기 위해서는 A기업뿐만 아니라 B기업과 C기업 전원의 동의가 반드시 필요하다면 공동지배력인 것이다.

(4) 공동기업에 대한 지분법 적용 시 주의사항

참여자가 지분법을 적용하여 공동기업에 대한 지분을 인식할 경우 적용할 지분율은 단순히 소유하고 있는 지분율이 아니라 계약에 의해 합의된 지분율이다. 예를 들어 참여자의 지분율이 25%인데 계약에 의해 공동기업의 이익의 30%에 대한 권리를 가질 수 있다. 이 경우 참여자는 지분법 적용 시에 특정계약사항을 반영하여 공동기업 이익의 30%에 대하여 지분법이익을 인식한다. 또한 내부거래에 따른 미실현손익을 제거할 때도 미실현손익의 30%에 대하여 지분법을 적용한다. 이러한 회계처리가 계약내용의 경제적 실질과 지분법회계를 제대로 반영할 수 있기 때문이다. 결국 지분법 적용 시 적용할 지분율은 공동약정의 내용에 따라 달라지는 것이다.

(5) 공동영업

공동영업은 약정의 공동지배력을 보유하는 당사자(공동영업자)들이 약정의 자산에 대한 권리와 부채에 대한 의무를 보유하는 공동약정유형의 하나이다.

공동영업은 지분법을 적용하지 않고 자산·부채·수익·비용 중 자산의 몫을 인식하는 회계처리를 한다.

아래의 상황을 분석하고, 회계처리를 해보자.
- A와 B는 건설용역을 제공하는 회사이다.
- 이 둘은 정부와의 도로공사 계약을 이행하기 위하여 함께 작업하기로 공동약정을 체결하고, 약정을 수행하기 위하여 별도기구(기업 C)를 설립한다.
- 정부와의 계약은 기업 C가 체결하고 약정에 관련된 자산·부채는 기업 C에 귀속된다.
- 기업 C의 자산에 대한 권리와 부채에 대한 책임은 당사자 A와 B가 보유한다.

① 분석

기업 C의 자산에 대한 권리와 부채에 대한 책임은 당사자 A와 B가 보유한다. 따라서 공동약정은 공동영업으로 분류한다.

② 회계처리

당사자 A와 B는 각각 자신의 재무제표에 합의된 참여 몫에 근거하여 자신의 몫에 해당하는 자산 및 부채를 인식한다.

또한 기업 C를 통해 정부에 제공된 건설용역에 따른 수익과 비용 중 자신의 몫을 각각 인식한다.

공동영업 관련 자산에 대한 권리와 부채에 대한 의무를 보유하다가 해당 공동영업(사업의 정의 충족)에 대한 지배력을 획득하는 것은 단계적으로 이루어지는 사업결합이므로, 취득자는 공동영업에 대하여 이전에 보유하고 있던 지분 전부를 재측정한다.

┤ 신속처리 질의 · 답변 ├

회사가 공동영업에 대해 60%의 지분을 보유하고 있는 경우, 공동영업이 100의 용역제공대가를 수취하면 40%에 대한 매출관련손익을 인식함.

5 지분법의 기본 회계처리

지분법에 의한 기본적인 회계처리는 다음과 같다.

(1) 투자주식을 취득한 경우

　(차) 관계(공동)기업투자주식　×××　　(대) 현금및현금성자산　　　　　×××

(2) 관계(공동)기업의 당기손익 발생 시

① 당기순이익 발생 시

　(차) 관계(공동)기업투자주식[주)] ×××　　(대) 지분법이익　　　　　　　×××
　　　　　　　　　　　　　　　　　　　　　(포괄손익계산서상 관계기업투자수익 ⊕)

　주) 관계(공동)기업 당기순이익 × 투자회사의 지분율

② 당기순손실 발생 시

    (차) 지분법손실   ×××   (대) 관계(공동)기업투자주식   ×××
      (관계기업투자수익 ⊖)

(3) 관계기업의 기타포괄손익누계액이 증가한 경우

    (차) 관계(공동)기업투자주식 ×××   (대) 지분법자본변동[주1]   ×××[주2]
                                  (기타포괄손익누계액 ⊕)
                                이연법인세부채   ×××[주3]

주1) 실무상 관계기업의 기타포괄손익 증감에 대하여는 「지분법기타포괄손익」의 계정으로 표시하고 있다.
주2) 관계기업 증가액 × 투자회사의 지분율 × (1 − 평균세율)
주3) 관계기업 증가액 × 투자회사의 지분율 × 평균세율(실제는 한계세율)

(4) 관계기업의 기타포괄손익누계액이 감소한 경우

    (차) 부의지분법자본변동   ×××   (대) 관계기업투자주식   ×××
      (기타포괄손익누계액 ⊖)
      이연법인세자산   ×××

(5) 관계기업으로부터 현금배당이 결정된 경우

    (차) 미수금   ×××   (대) 관계기업투자주식   ×××

(6) 취득가액에 포함된 (+)투자차액의 상각[주]

회계처리 없음.

  주) 영업권은 상각을 하지 않는다.

(7) 취득가액에 포함된 평가차액의 상각

    (차) 지분법손실   ×××   (대) 관계기업투자주식   ×××

(8) 취득가액에 포함된 (−)투자차액의 환입[주]

    (차) 관계기업투자주식   ×××   (대) 지분법이익   ×××

  주) 취득시점에서 일시에 환입한다.

(9) 상호거래미실현손익의 제거

　　(차) 지분법손실　　　　　　×××　　(대) 관계기업투자주식　　　　×××

　　또는

　　(차) 관계기업투자주식　　　×××　　(대) 지분법이익　　　　　　×××

(10) 손상차손 발생 시(영업권상각의 ⊕투자차액은 고려하지 아니함)

　　(차) 관계기업투자주식손상차손 ×××　　(대) 관계기업투자주식　　　　×××
　　　　(관계기업투자수익 ⊖)

(11) 손상차손환입 발생 시

　　(차) 관계기업투자주식　　　×××　　(대) 관계기업투자주식손상차손환입　×××
　　　　　　　　　　　　　　　　　　　　(관계기업투자수익 ⊕)

저자주

기준서 제1028호에 따른 지분법을 적용할 때 가장 유의해야 할 것은, 관계기업의 재무제표가 K-IFRS에 의해 작성되어야 한다는 점이다.

관계기업이 비상장법인에 해당하는 경우 K-IFRS의 적용 여부는 선택사항이므로 K-IFRS가 적용되지 않은 관계기업의 재무제표를 자료로 지분법회계처리를 할 수 없다. 이 경우에는 관계기업의 재무제표를 K-IFRS가 적용된 재무제표로 전환하여(전환된 재무제표도 당연히 CPA 확인을 득한 것이어야 할 것임) 지분법을 적용해야 한다.

그러므로 이런 경우에는 처음부터 관계기업도 K-IFRS를 적용하여 재무제표를 작성하는 것이 바람직하다 할 것이며, 이의 내용은 연결재무제표 작성대상이 되는 종속기업의 경우에도 동일하게 적용된다.

6　별도재무제표 작성 시 관계기업투자 등에 대한 회계처리

종속기업투자주식을 보유하고 있는 지배기업은 연결재무제표를 작성하여야 한다. 연결재무제표 작성 시 종속기업이 아닌 관계기업에 대하여는 당연히 지분법을 적용하여 연결재무제표를 작성하여 공시한다.

기준서 제1027호「별도재무제표」에서는 별도재무제표의 작성을 의무화하고 있지 않다. 그러나 국내에서는 주식회사등의외부감사에관한법률에 의해 지배기업의 재무제표인 별도재무제표를 공시하도록 규정되며 이때 공시되는 별도재무제표에서는 종속기업, 공동기업 및 관계기업에 대한 투자는 반드시 지분법을 적용하지 않고 다음 방법 중 어느 하나를 선택하여 회계처리할 수 있다. 이때 지분법의 적용은 2016.1.1. 이후 시작 사업연도부터 적용가능하며 2015년에 조기적용이 가능하다. 지분법을 최초적용 시는 기준서 제1008호에 따라 소급하여 적용하여야 한다.

투자자산의 각 범주별로 동일한 회계처리방법(관계·공동·종속기업별로 다음 '①, ②, ③'을 선택 적용가능)을 적용하여야 한다. 원가법 또는 지분법을 사용하여 회계처리된 투자자산은 기업회계기준서 제1105호, '매각예정비유동자산과 중단영업'에 따라 매각예정이나 분배예정으로 분류(또는 매각예정이나 분배예정으로 분류되는 처분자산집단에 포함)되는 경우 기업회계기준서 제1105호에 따라 회계처리한다.

① 원가법
② 공정가치법(기준서 제1109호에 따른 방법)
③ 지분법

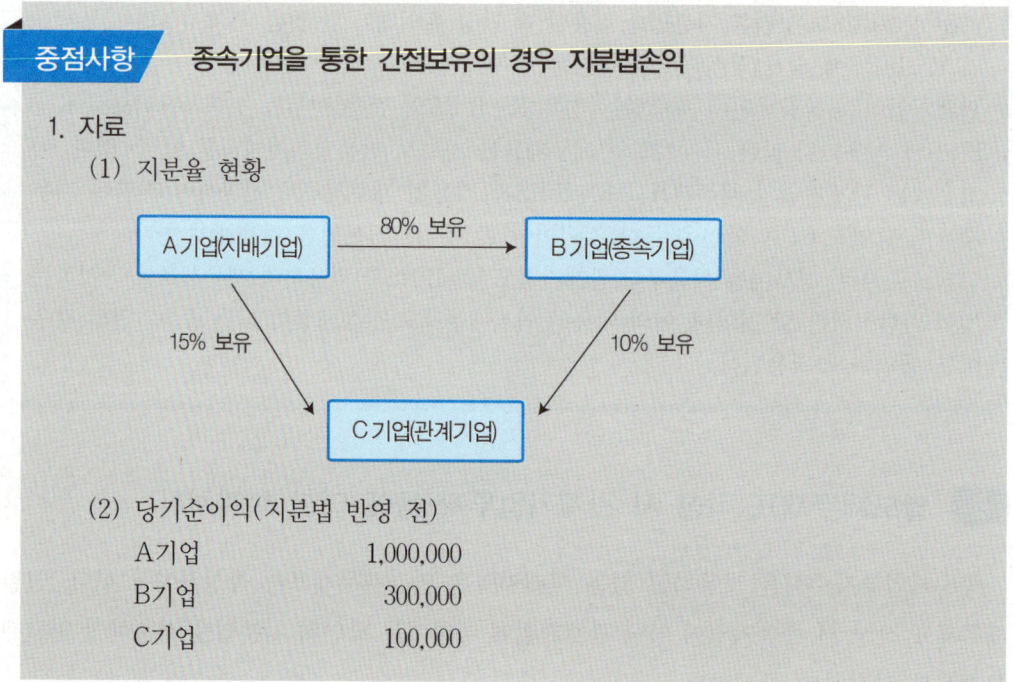

중점사항　　**종속기업을 통한 간접보유의 경우 지분법손익**

1. 자료
   (1) 지분율 현황

   A기업(지배기업) ── 80% 보유 ──→ B기업(종속기업)
   A기업 ── 15% 보유 ──→ C기업(관계기업)
   B기업 ── 10% 보유 ──→ C기업(관계기업)

   (2) 당기순이익(지분법 반영 전)
   A기업　　　　1,000,000
   B기업　　　　　300,000
   C기업　　　　　100,000

2. K-IFRS에 따른 회계처리(원가법을 적용한 경우)

(1) A기업 별도재무제표상 지분법손익

별도재무제표에서는 지분법을 적용하지 않으므로 지분법손익의 계상은 없다.

(2) A기업 연결재무제표상 지분법손익계상

(차) 관계기업투자주식　25,000　　　(대) 지분법이익　　　　　　　25,000[주)]

주) A기업과 B기업의 단순지분율합산인 25%만큼 연결분개에서 지분법이익을 계상한다.

(3) A기업 연결재무제표상 연결당기순이익 등

A기업 I/S (별도재무제표)	B기업 I/S (개별재무제표)	연결분개 차	연결분개 대	연결 I/S (연결재무제표)
당기순이익		(차) 관계기업투자주식		연결당기순이익
1,000,000	300,000	25,000		1,325,000[주1)]
		(대) 지분법이익		• 지배주주지분 당기순이익
			25,000	1,263,000[주2)]
				• 비지배지분 당기순이익
				62,000[주3)]

주1) 1,000,000 + 300,000 + 25,000 = 1,325,000
주2) 1,000,000 + 240,000 + 23,000 = 1,263,000
주3) 60,000 + 2,000 = 62,000

3. K-IFRS에 따른 회계처리(지분법을 적용한 경우)

(1) A기업개별재무제표상 지분법손익

가. B기업에 대한 지분법이익: 240,000

300,000 × 80% = 240,000

나. C기업에 대한 지분법이익: 23,000

100,000 × 실질지분율 23%[주)] = 23,000

주) 15% + 10% × 80% = 23%

(2) '(1)' 반영 A기업 재무제표상 당기순이익

1,000,000 + 240,000 + 23,000 = 1,263,000

(3) A기업 연결재무제표상 연결당기순이익 등

	A기업 I/S	B기업 I/S	연결분개		연결 I/S
			차	대	
당기순이익	1,263,000	300,000	(차) 지분법이익주) 240,000		연결당기순이익 1,323,000
			(대) 관계기업투자주식 240,000		• 지배주주지분 당기순이익 1,263,000
					• 비지배지분 당기순이익 60,000

주) 연결분개에서 개별재무제표에서 계상한 종속기업에 대한 지분법손익을 취소하는 분개를 행함.

⇒ 상기 '(3)'에 대한 문제점은 다음과 같다.

연결재무제표란 A기업과 B기업이 실질적으로 하나의 기업으로 보아 C기업에 대한 지분법손익은 25%로 인식하여야 하고 이 중 A기업 해당액은 23%, B기업의 비지배지분 해당액은 2%로 구분하여야 한다. 그런데 A기업의 개별재무제표에서 C기업에 대한 실질지분율을 23%만 인식하였기 때문에 연결손익계산서상 지배주주지분 당기순이익은 정확하나 연결당기순이익이 C기업의 당기순이익 100,000 중 2%인 2,000만큼 과소계상되고 비지배지분도 2,000만큼 과소계상되는 문제점이 발생하게 된다. 그러므로 이를 해소하기 위해서는 연결분개에서 지분법이익을 2,000만큼 추가계상하여 연결당기순이익과 비지배지분 당기순이익을 증가시키는 것이 타당하다고 판단한다.

│ 신속처리 질의 · 답변 │

A사는 B사를 지배하며, B사는 C사를 지배하고 있으며 A · B사 모두 종속기업에 대해 별도재무제표에서 지분법을 적용하고 있음. B사의 별도재무제표 시 C사에 대한 지분은 영(0)으로 감소하여 추가 지분법손실을 중단한 경우 A사의 별도재무제표에서 B사에 대한 지분은 B사의 연결재무제표를 이용하여 지분법을 적용함(C사에 대한 투자지분 이상의 손실을 모두 인식).

7 지분법의 적용

(1) 적용원칙

투자회사는 관계기업(공동기업)투자주식을 원가로 인식하고, 관계기업(공동기업)투자주식의 취득시점 이후 발생한 지분변동액을 당해 관계기업(공동기업)투자주식에 가감하여 보고한다.

1) 취득 시 회계처리(유의적인 영향력을 행사할 수 있는 경우)

(차) 관계기업(공동기업)투자주식 ×××　　(대) 현금및현금성자산　　　　×××

2) 취득시점 이후 지분변동액이 발생된 경우

① 관계기업이 (+)의 순자산가액이 변동된 경우

(차) 관계기업투자주식[주)]　　×××　　(대) 지분법이익　　　　　　×××
　　　　　　　　　　　　　　　　　　　　또는
　　　　　　　　　　　　　　　　　　　지분법자본변동　　　　×××

　주) 관계기업의 순자산가액변동액×투자회사의 지분율

② 관계기업이 (−)의 순자산가액이 변동된 경우

(차) 지분법손실　　　　　×××　　(대) 관계기업투자주식　　×××
　　또는
　　부의지분법자본변동　　×××

상기의 회계처리 시 유의할 사항은 관계기업투자주식의 취득 이후 지분변동액이 발생된 경우 그 금액이 투자회사의 입장에서 중요하던 중요하지 않던 모두 관계기업투자주식에 반영하여야 한다는 점이다.

(2) 관계기업의 순자산변동에 대한 회계처리

1) 원칙

관계기업의 순자산변동에 따른 투자회사의 지분변동액은 관계기업투자주식에 가감하고 지분법피투자회사의 순자산가액변동의 원천에 따라 회계처리한다.

2) 당기순손익의 발생

관계기업에 당기순이익 또는 당기순손실이 발생한 경우에 투자회사의 지분율에 해당하는 금액은 지분법이익 또는 지분법손실로 처리한다.

평가차액의 상각액 또는 (−)투자차액의 환입액도 지분법손익에 반영된다.

사례 1

Ⅰ. 자료

① 2025.3.1. A법인이 신설되었다.

② A법인의 자본금은 100,000,000원이며, 이 중 30%를 B법인이 보유하고 있다.

③ 2025.3.1.~2025.12.31. 발생 당기순이익 40,000,000원이다.

④ 2025.12.31. 현재 기타포괄손익 – 공정가치금융자산평가이익 잔액은 10,000,000원이다.

⑤ 2026.3.10. 주주총회에서 배당금 10,000,000원을 결정하고 3.20.에 지급하였다.

⑥ B법인의 평균법인세율은 20%로 가정한다.

Ⅱ. 회계처리(B법인)

① 주식취득 시(2025.3.1.)

(차) 관계기업투자주식　30,000,000　　(대) 현금및현금성자산　30,000,000

② A법인의 당기순이익 발생에 대한 처리(2025.12.31.)

(차) 관계기업투자주식　12,000,000[주)]　(대) 지분법이익　　　　12,000,000

주) A법인 당기순이익 40,000,000×B법인 지분율 30%=12,000,000원

③ 기타포괄손익누계액 발생 및 배당에 대한 처리는 추후 설명

┤ **신속처리 질의 · 답변** ├

회사의 관계기업이 종속기업을 보유하여 연결재무제표를 작성하고 있는 경우, 회사의 몫에 해당하는 관계기업의 당기순손익은 관계기업의 연결당기순손익에서 비지배지분에 귀속되는 부분을 차감한 후에 지분법을 적용함.

3) 배당금의 수령

투자회사는 관계기업이 배당금 지급을 결의한 시점에 받을 배당금액을 투자주식에서 직접 차감한다. 다만, 투자주식의 장부가액이 받을 배당금액에 미달하는 경우 동 미달액은 당기이익으로 인식한다.

관계기업의 주식배당으로 신주를 취득하는 경우에는 관계기업의 순자산 장부가액이 변동하지 않았으므로 투자주식에서 차감하지 않는다.

① 2026.3.10.

| (차) 미수금 | 3,000,000 | (대) 관계기업투자주식 | 3,000,000 |

② 2026.3.20.

| (차) 현금및현금성자산 | 3,000,000 | (대) 미수금 | 3,000,000 |

4) 기타포괄손익누계액의 발생

관계기업의 순자산가액의 변동이 기타포괄손익누계액의 증감으로 발생하는 경우, 동 지분변동액에 대한 투자회사지분액은 지분법자본변동의 과목으로 하여 기타포괄손익누계액으로 처리한다.

지분법자본변동은 투자주식을 처분하거나 손상차손을 인식하는 경우, 관계기업주식처분손익이나 관계기업투자주식손상차손과 상계되어 당기손익으로 처리된다.

단, 관계기업의 자본변동이 당기손익으로 재분류되지 않는 기타포괄손익에 해당하면 이의 변동으로 계상된 지분법자본변동 역시 당기손익으로 재분류하지 않고 매각 시 미처분이익잉여금으로 대체하고 이연법인세부채 역시 법인세비용과 상계처리한다.

① 기타포괄손익누계액이 발생한 경우

(차) 관계기업투자주식	×××	(대) 지분법자본변동	×××[주1]
		(기타포괄손익누계액)	
		이연법인세부채	×××[주2]

주1) (+)기타포괄손익누계액 발생금액 × 투자회사 지분율 × (1 - 평균세율)
주2) (+)기타포괄손익누계액 발생금액 × 투자회사 지분율 × 평균세율

② (-)의 기타포괄손익누계액이 발생한 경우

(차) 부의지분법자본변동	×××	(대) 관계기업투자주식	×××
((-)기타포괄손익누계액)			
이연법인세자산	×××		

관계기업이 자본잉여금을 결손보전에 사용한 경우에는 관계기업의 순자산가액에 변동이 없으므로 투자회사는 별도의 회계처리를 하지 않는다.

③ 사례상 회계처리

가. 2025.12.31.

(차) 관계기업투자주식　　3,000,000[주1]　(대) 지분법자본변동　　　　2,400,000
　　　　　　　　　　　　　　　　　　　이연법인세부채　　　　　600,000[주2]

주1) 관계기업 기타포괄손익 – 공정가치금융자산평가이익 10,000,000×투자회사 지분율 30%=3,000,000원
주2) 3,000,000×20%=600,000원

나. 추후 투자주식을 50,000,000원에 매각 시 회계처리

(차) 현금및현금성자산　　50,000,000　　(대) 관계기업투자주식　　42,000,000[주1]
　　　지분법자본변동　　　2,400,000[주2]　　관계기업주식처분이익　11,000,000
　　　이연법인세부채　　　　600,000[주2]

주1) 취득가액 30,000,000+지분법이익 12,000,000−배당금수령 3,000,000+지분법자본변동 3,000,000
　　=42,000,000
주2) 후속적으로 당기손익으로 재분류되는 항목에 해당하는 기타포괄손익에 대해 투자자가 인식한 지
　　분법자본변동 및 해당 이연법인세부채금액은 투자주식처분 시 당기손익으로 재분류된다.

8 취득 시 투자차액 등의 처리

(1) 관계기업투자주식 취득원가의 구성

2025.1.1. A법인이 B법인의 주식 20%를 3,000,000에 취득하였고, 주식취득일 현재 B법인의 재무상태표는 다음과 같다고 한다.

재무상태표

2025.1.1. 현재

자산		부채	
Ⅰ. 유동자산		Ⅰ. 유동부채	3,000,000
(1) 기타자산	4,000,000	Ⅱ. 비유동부채	1,000,000
(2) 재고자산	2,000,000		
Ⅱ. 비유동자산		자본	
(1) 기타자산	3,000,000	Ⅰ. 자본금	4,000,000
(2) 유형자산	5,000,000	Ⅱ. 이익잉여금	6,000,000
	14,000,000		14,000,000

1) 관계기업의 순자산의 장부가액과 공정가치가 일치하는 경우

관계기업의 주식취득시점의 재무상태표상 자산·부채의 장부상 금액과 공정가치가 일치한다는 전제를 말한다. 그렇다면 상기 사례에서 A법인이 B법인의 주식을 인수 시 B법인의 장부상 순자산가액(자산－부채)이 공정가치와 일치한다면 2,000,000만 지급하면 될 것인데, 이를 취득하면서 3,000,000을 지급하였다는 것은 차이금액인 1,000,000만큼 B법인의 미래 초과수익력 등을 인정하여 영업권의 대가로 지급한 것이라는 결론에 도달한다. 이처럼 초과지급한 금액을 투자차액이라 한다.

| 관계기업의 순자산의 장부가액과 공정가치가 일치하는 경우 |

투자회사의 관계기업투자주식 취득원가의 구성
= 관계기업의 순자산장부가액(＝공정가치)×투자회사지분율＋투자차액
= 10,000,000×20%＋1,000,000
= 3,000,000

2) 관계기업의 순자산의 장부가액과 공정가치가 일치하지 않는 경우

일반적으로 어느 회사의 자산·부채의 장부가액과 공정가치가 일치하기는 쉽지 않다. 특히 재고자산이나 유형자산(특히 토지 및 건물)이 있는 경우에는 일치하지 않는 것이 일반적이므로 관계기업의 주식을 인수 시 기본적으로 관계기업의 자산·부채를 공정가치로 평가하여 계산된 순자산 공정가치를 기초로 인수대가를 결정하게 된다.

상기 사례에서 자산·부채의 공정가치는 다음과 같다고 하자.

구 분	장부가액	공정가치
자산		
Ⅰ. 유동자산		
(1) 기타자산	4,000,000	4,000,000
(2) 재고자산	2,000,000	3,000,000
Ⅱ. 비유동자산		
(1) 기타자산	3,000,000	3,000,000
(2) 유형자산	5,000,000	7,000,000
	14,000,000	17,000,000
부채		
Ⅰ. 유동부채	3,000,000	3,000,000
Ⅱ. 비유동부채	1,000,000	1,000,000
	4,000,000	4,000,000
순자산가액(자산－부채)	10,000,000	13,000,000

이 경우 B법인의 주식취득시점에서의 순자산의 공정가치 13,000,000에 A법인 지분율 20%를 곱한 금액인 2,600,000과 A법인의 주식인수대가 3,000,000의 차이 400,000이 B법인의 미래 초과수익력 등을 인정하여 영업권의 대가로 지급한 것이 된다.

즉, A법인의 B법인 주식 취득가액 3,000,000은 B법인의 순자산장부가액 중 A법인 지분액에 해당하는 2,000,000과 B법인의 순자산장부가액과 공정가치의 차액 중 A법인 지분액에 해당하는 600,000과 영업권 해당액 400,000으로 구성된다.

본 교재는 영업권 해당액은 투자차액으로, 관계기업의 순자산장부가액과 공정가치의 차액에 대한 투자회사의 지분율에 해당하는 금액은 평가차액으로 정의하기로 한다.

| 관계기업의 순자산의 장부가액과 공정가치가 일치하지 않는 경우 |

투자회사의 관계기업투자주식 취득원가의 구성
 =관계기업의 순자산장부가액×투자회사 지분율
  +관계기업의 순자산(공정가치−장부가액)×투자회사 지분율(=평가차액)+투자차액
 =10,000,000×20%+(13,000,000−10,000,000)×20%+400,000
 =3,000,000

3) 투자차액 계산 시 적용 재무제표

관계기업투자주식 취득 시 취득시점의 관계기업의 정확한 재무제표가 있어야만 투자차액 등을 계산할 수 있다. 국제회계기준에서는 주식취득일 전후의 재무제표를 이용한다는 간주취득일의 개념이 없어 실제 취득일의 재무제표가 작성되어야 하는 문제가 발생된다.

(2) 투자차액의 계산 및 처리

1) (+)투자차액의 처리방법

(+)의 투자차액금액이 발생한 경우는 투자회사가 관계기업의 주식을 인수하면서 지급한 금액이 관계기업의 순자산 공정가치의 지분금액보다 많이 지급된 경우로서 이는 관계기업의 미래의 초과수익력 등에 기인한 것이다. 이는 일반적인 회계에서는 무형자산인 영업권에 해당되어 일정기간 동안 상각한다.

그러나 기준서 제1028호에서는 기준서 제1103호 「사업결합」의 내용에 따라 영업권에 해당하는 (+)투자차액에 대해 상각을 허용하지 않으므로, 관계기업의 당기순손익에 대한 투자자의 지분상당액 결정에 포함하지 않는다.

2) (−)투자차액의 처리방법

(−)의 투자차액이 발생한 경우는 투자회사가 관계기업의 주식을 인수하면서 지급한 대가금액이 관계기업의 순자산 공정가치의 지분금액보다 적게 지급된 경우로서 이는 관계기업의 미래의 손실가능성 또는 투자회사의 협상능력 등에 기인하여 자산을 염가로 취득한 것에 해당된다.

이와 관련하여 기준서 제1028호에서는 (−)투자차액은 관계기업투자주식을 취득한 회계기간의 관계기업 당기순손익 중 투자회사의 지분상당액을 결정할 때 수익에 포함하도록 규정하고 있다.

사례 2 (−)투자차액 발생 시 지분법이익 계산

Ⅰ. 자료

① 수진(주)는 2025.1.1. 영봉(주)의 주식 30%를 ₩2,400,000에 취득하였다. 주식취득일 현재 영봉(주)의 식별가능한 순자산가액은 ₩10,000,000이며, 장부가액과 공정가치는 일치한다.

② 영봉(주)의 2025회계연도(1.1.~12.31.) 중 당기순이익은 ₩1,000,000이다.

Ⅱ. 회계처리

① 취득 시

(차) 관계기업투자주식   2,400,000   (대) 현금   2,400,000

② 기말(12.31.)

(차) 관계기업투자주식   900,000   (대) 지분법이익   900,000[주)]

주) (−)투자차액 해당액 = ₩2,400,000 − 10,000,000×30% = (−)600,000
관계기업 당기순이익에 대한 지분법 이익 = ₩1,000,000×30% = ₩300,000
따라서 지분법이익 = ₩600,000 + 300,000 = ₩900,000

---

(3) 평가차액의 계산 및 처리

평가차액은 상기 '(1) 관계기업투자주식 취득원가의 구성'에서 설명한 바와 같이 관계기업투자주식의 취득시점에서 관계기업의 순자산가액의 장부가액과 공정가치의 차이금액에 투자회사 지분율을 곱한 금액을 말하며, 투자주식의 취득원가를 구성하고 있다.

> 투자회사의 투자주식 취득원가
> ＝ 관계기업의 순자산장부가액×투자회사 지분율＋평가차액(관계기업의 순자산 공정가치와
>   장부가액의 차이×지분율)＋투자차액

평가차액은 관계기업 순자산의 장부가액과 공정가치의 차이를 말하므로 보통 관계기업의 비화폐성자산인 재고자산, 유형자산 및 무형자산에서 발생하게 된다.

또한 (＋)와 (－)가 발생하는 투자차액과 달리 평가차액에 있어서는 (－)의 평가차액은 거의 발생하지 않을 것으로 판단되며, (＋)의 평가차액은 관계기업의 처리방법에 따라 일정기간 동안 상각하여 투자주식을 감소시켜야 한다.

(차) 지분법이익 ×××　　(대) 관계기업투자주식 ×××

이때 관계기업의 처리방법이란 다음과 같다.

구 분	처리방법
재고자산	매각연도에 일시상각
토지	〃
상각자산(건물 등)	잔존내용연수 동안 정액법에 의한 상각

사례 3 관계기업의 장부가액과 공정가치가 일치하지 않는 경우

Ⅰ. 자료

1. 2025.1.1. A법인이 B법인의 주식 20%를 3,000,000에 취득하였고, 주식취득일 현재 B법인의 재무상태표는 다음과 같다.

재무상태표

2025.1.1. 현재

자산		부채	
Ⅰ. 유동자산		Ⅰ. 유동부채	3,000,000
(1) 기타자산	4,000,000	Ⅱ. 비유동부채	1,000,000
(2) 재고자산	2,000,000		
Ⅱ. 비유동자산		자본	
(1) 기타자산	3,000,000	Ⅰ. 자본금	4,000,000
(2) 유형자산	5,000,000	Ⅱ. 이익잉여금	6,000,000
	14,000,000		14,000,000

2. 취득시점의 관계기업 B법인의 자산·부채의 공정가치는 다음과 같다.

구 분	장부가액	공정가치
자산		
Ⅰ. 유동자산		
(1) 기타자산	4,000,000	4,000,000
(2) 재고자산	2,000,000	3,000,000
Ⅱ. 비유동자산		
(1) 기타자산	3,000,000	3,000,000
(2) 유형자산	5,000,000	7,000,000
	14,000,000	17,000,000
부채		
Ⅰ. 유동부채	3,000,000	3,000,000
Ⅱ. 비유동부채	1,000,000	1,000,000
	4,000,000	4,000,000
순자산가액(자산－부채)	10,000,000	13,000,000

3. 구체적인 유형자산의 내역은 다음과 같다.

구 분	장부가액	공정가치	잔존내용연수
토지	1,000,000	2,000,000	－
건물	1,000,000	1,500,000	10년
기계장치	3,000,000	3,500,000	5년
	5,000,000	7,000,000	

4. B법인의 2025.1.1. 현재 재고자산은 2025년에 전량 매각처리되었다.

5. B법인의 2025.1.1.~2025.12.31. 발생 당기순이익은 ₩2,000,000이다.

6. 영업권 해당액에 대한 손상차손은 없다.

7. 이연법인세는 고려하지 않는다.

Ⅱ. 처리

1. 투자차액의 계산

투자차액＝투자주식의 취득원가－관계기업 순자산 공정가치×지분율

＝₩3,000,000 － 13,000,000×20%

＝₩400,000

2. 평가차액의 계산

(1) 평가차액＝관계기업 순자산(공정가치－장부가액)×지분율

＝(₩13,000,000 － 10,000,000)×20% ＝ ₩600,000

(2) 평가차액의 자산별 배분

구 분	공정가치와 장부가액의 차이	평가차액 해당액
재고자산	1,000,000	200,000
토　지	1,000,000	200,000
건　물	500,000	100,000
기계장치	500,000	100,000
	3,000,000	600,000

3. 회계처리

　(1) 2025.1.1. 주식취득 시

　　(차) 관계기업투자주식　3,000,000[주)]　　(대) 현금　　　　　　　　3,000,000

　　주) 투자차액 400,000과 평가차액 600,000이 포함되어 있다.

　(2) 2025.12.31. 결산 시

　　① B법인의 당기순이익에 대한 처리

　　　(차) 관계기업투자주식　400,000[주)]　　(대) 지분법이익　　　　　400,000

　　　주) 2,000,000×20%＝400,000

　　② 투자차액상각에 대한 회계처리

　　　투자차액(영업권)상각에 대한 회계처리는 없다.

　　③ 평가차액상각액에 대한 처리

　　　㉠ 상각액의 계산

구 분	상각방법	상각액
재고자산	매각연도 일시상각	200,000
토　지	〃	－
건　물	잔존내용연수(100,000÷10)	10,000
기계장치	잔존내용연수(100,000÷5)	20,000
		230,000

　　　㉡ 회계처리

　　　(차) 지분법이익　　230,000　　　(대) 관계기업투자주식　　230,000

(4) 자기주식의 취득 및 처분

1) 자료

① 2025.1.1. A법인이 B법인 주식 20%를 3,000,000에 취득

2025.1.1. B법인 F/P

자산	14,000,000	부채	4,000,000
		자본	10,000,000
	14,000,000		14,000,000

　　순자산 장부금액과 공정가치는 일치

② 2025.1.1.~12.31. B법인 당기순이익 1,000,000 발생

③ 2026.1.1. B법인이 자기주식 20% 3,500,000에 취득

④ 2026.1.1.~12.31. B법인 당기순이익 1,200,000 발생

⑤ 2027.1.1. B법인 자기주식 4,000,000에 처분

2) A법인 회계처리

① 2025.1.1.

　　(차) 관계기업투자주식　　3,000,000　　(대) 현금　　　　　　　　3,000,000

　　　　(순자산장부가액 2,000,000, 투자차액 1,000,000)

② 2025.12.31.

　　(차) 관계기업투자주식　　200,000　　(대) 지분법이익　　　　　　200,000

③ 2026.1.1.

　　회계처리는 없음.

　　가. 유효지분율: 20/80＝25%

│ 신속처리 질의·답변 │

지분법 적용 시 관계기업 등이 자기주식을 취득한 경우, 자기주식을 분모에서 차감한 유효지분율을 적용함.

　나. 5% 추가취득 간주원가: 3,500,000×20%=700,000

　다. 기존주식 장부금액: 3,200,000-700,000=2,500,000

　라. '나.' 영업권 해당액: 700,000-7,500,000(11,000,000-3,500,000)×5%=325,000

　마. 관계기업투자주식 장부금액: 3,200,000

　　（순자산장부금액 7,500,000×25%=1,875,000, 투자차액 1,325,000）

④ 2026.12.31.

　　（차）관계기업투자주식　　　300,000　　（대）지분법이익　　　　　300,000

　　（1,200,000×25%=300,000）

⑤ 2027.1.1.

　가. B법인 자본총계

　　2027.1.1. 8,700,000+4,000,000=12,700,000

　나. A법인 유효지분율: 20%(5%는 처분간주)

　다. 자기주식처분대가 중 A법인 간주수령금액: 4,000,000×20%=800,000

　라. '다.' 자기주식처분 장부금액: 3,500,000×5/25=700,000

　마. 처분이익: 100,000

　　　（차）관계기업투자주식　　　100,000　　（대）지분법주식처분이익　　　100,000

　바. 관계기업투자주식 장부금액: 3,600,000

　　（순자산장부금액 12,700,000×20%+투자차액 1,325,000×20/25=3,600,000）

3) 결론

　결론적으로 관계기업이 자기주식을 취득 시 투자회사는 별도의 회계처리가 발생하지 않으나, 자기주식의 처분 시는 투자회사의 처분손익 해당액에 대한 회계처리를 하여야 한다.

9 단계적 취득에 의해 유의적인 영향력을 행사하게 된 경우 투자차액 산정

(1) 일괄법의 적용

　투자회사가 관계기업의 주식을 단계적으로 취득하여 처음으로 유의적인 영향력을 행사하게 된 경우에는 유의적인 영향력을 행사하게 된 시점의 관계기업 자본총액에 투자지분율을 곱한 금액과 총취득대가의 차이를 투자차액(영업권)으로 인식하는 일괄법과 각 단계별로 관계기업투자를 취득한 것으로 보아 투자차액을 산정하는 단계법의 적용이 있을 수 있는데 기준서 제1028호에는 이에 대한 규정이 없다. 이때 기준서 제1103호와 일반기업회계기준에서는 일괄법을 적용하도록 하고 있어 대부분의 기업은 일괄법을 적용하고 있다.

이는 기준서 제1103호 「사업결합」 문단 41과 42에서 단계적으로 이루어지는 사업결합에서 취득자는 이전에 보유하고 있던 피취득자에 대한 지분을 취득일의 공정가치로 재측정하고 그 결과 차손익이 있다면 당기손익으로 인식하는 일괄법을 적용하도록 규정하고 있다는 것을 준용하기 때문이며, 추가 주식취득 시 발생하는 거래원가는 당기비용으로 처리하여야 한다.

(2) 기타포괄손익 – 공정가치측정금융자산의 관계기업투자주식 대체

관계기업의 주식취득 시 유의적인 영향력을 행사하지 못하는 경우에는 기타포괄손익 – 공정가치측정금융자산 등으로 회계처리하는 것이 일반적일 것이다. 주식을 추가취득하여 유의적인 영향력을 행사하게 된 경우에는 기존의 취득금액 및 기타포괄손익 – 공정가치측정금융자산평가손익으로 취득금액에 반영된 금액을 관계기업투자주식으로 대체하여야 한다. 이때 대체되는 금액은 주식의 추가취득시점의 공정가치로 평가하여 대체하여야 한다.

유의적인 영향력을 행사할 수 있게 된 날까지 보유하고 있던 관계기업의 투자주식을 추가취득시점의 공정가치로 평가함에 따라 발생한 미실현보유손익은 당기손익으로 재분류할 수 없음에 유의하여야 한다.

이는 투자회사가 관계기업의 주식을 단계적으로 취득하여 유의적인 영향력을 행사할 수 있게 된 경우 기존주식을 매각하고 추가지분을 포함하여 새로이 주식을 취득하는 거래로 보기 때문이며, 기타포괄손익 – 공정가치측정금융자산의 처분 시 기발생된 평가손익(기타포괄손익)은 당기손익으로 재분류할 수 없기 때문이다.

사례 4 **일괄법에 의한 기타포괄손익 – 공정가치측정금융자산의 처리**

1. 자료
    ① 보아(주)는 2025.1.1. 영봉(주)의 보통주 10%(300주)를 1주당 10,000원에 취득하였다. 취득시점의 영봉(주) 순자산금액은 다음과 같다.

자본금	15,000,000원
이익잉여금	5,000,000원
	20,000,000원

    ② 2025.12.31.의 영봉(주)의 주가는 12,000원이다.

③ 2026.3.1. 보아(주)는 영봉(주)의 보통주 15%(450주)를 1주당 16,000원에 추가 취득함으로써 유의적인 영향력을 획득하게 되었다.

한편, 추가 취득시점의 영봉(주) 순자산금액은 다음과 같다.

자본금	15,000,000원
이익잉여금	11,000,000원
	26,000,000원

2. 보아(주)의 시점별 회계처리

① 2025.1.1.

(차) 기타포괄손익 –   3,000,000[주)   (대) 현금   3,000,000
　　공정가치측정금융자산

주) 2023.1.1.에는 지분법을 적용하지 않고 유가증권에 관한 회계처리를 한다.

② 2025.12.31.

(차) 기타포괄손익 –   600,000   (대) 기타포괄손익 – 공정가치   600,000[주)
　　공정가치측정금융자산　　　　　　측정금융자산평가이익
　　　　　　　　　　　　　　　（기타포괄손익누계액）

주) 시가차액 2,000(12,000 – 10,000)×기존주식 300주 = 600,000원

③ 2026.3.1. 추가 취득 시

㉠ (차) 기타포괄손익 –   1,200,000   (대) 기타포괄손익 – 공정가치   1,200,000[주)
　　　공정가치측정금융자산　　　　　　측정금융자산평가이익
　　　　　　　　　　　　　　　（기타포괄손익누계액）

　주) (16,000 – 12,000)×300주 = 1,200,000원

위의 회계처리는 2025.1.1.에 취득한 주식에 대해 유의적인 영향력을 획득하게 된 시점인 2026.3.1.의 공정가치인 16,000원을 반영하기 위한 것이다.

㉡ (차) 관계기업투자주식 4,800,000   (대) 기타포괄손익 –   4,800,000
　　　　　　　　　　　　　　　　공정가치측정금융자산

위의 회계처리는 기타포괄손익 – 공정가치측정금융자산에서 관계기업투자주식으로 계정분류하는 것이다. 이때 기타포괄손익누계액으로 계상되었던 기타포괄손익 – 공정가치측정금융자산평가이익은 당기손익계정으로 재분류할 수 없음에 유의한다.

ⓒ (차) 관계기업투자주식 7,200,000[주]   (대) 현금   7,200,000

　　주) 16,000×450주=7,200,000원

ⓔ 투자차액 산정

위의 회계처리를 완료하면 비로소 투자차액을 구할 수 있다.

∴ 투자차액=(300주+450주)×16,000-26,000,000×25%=5,500,000원

(3) 관계기업투자주식의 종속기업투자주식 대체

기타포괄손익-공정가치측정금융자산 또는 관계기업투자주식으로 처리하던 피투자기업의 주식을 추가로 취득하여 종속기업투자주식(의결권 지분의 50% 초과 등)으로 대체하는 경우에는 지분법 등의 사용을 중단하고 기준서 제1103호 「사업결합」과 제1110호 「연결재무제표」에 따라 회계처리하여야 한다(문단 22).

즉, 주식의 추가 취득시점의 공정가치와 장부가액과의 차액을 당기손익으로 인식하고 기타포괄손익(지분법자본변동)으로 인식했던 금액 역시 당기손익으로 재분류하여야 한다.

사례 5　**일괄법에 의해 연결재무제표 작성 시 종속기업투자주식의 처리**

Ⅰ. 자료

1. A법인은 2025.1.1. B법인의 주식 20%를 600,000원에 취득하였다.

2. 2025.1.1. 현재 B법인의 자본은 다음과 같다.

　• 자본금　　　　　1,000,000원
　• 이익잉여금　　　1,600,000원
　　　　　　　　　　2,600,000원

3. 2025년 B법인의 당기순이익은 200,000원이며 FVOCI금융자산(채무상품)평가이익이 300,000원이 발생하였다.

4. 2025.1.1. 및 2026.1.1. 현재 B법인 자산의 공정가치와 장부가액은 일치한다.

5. 2026.1.1. A법인은 B법인의 주식 60%를 2,400,000원에 추가로 취득하여 지배력을 획득하였다. 상기 취득금액은 지배력획득 대가없이 공정가치로 취득한 것이다.

6. 2026년 B법인의 당기순이익은 300,000원이다.

7. 비지배지분의 측정은 B법인의 순자산 중 비지배지분의 비례적 지분으로 측정하기로 한다.

Ⅱ. 2025년 회계처리

1. 취득 시

(차) 관계기업투자주식	600,000	(대) 현금	600,000

2. 2025.12.31.

(차) 관계기업투자주식	100,000	(대) 지분법이익	40,000[주1]
		지분법자본변동	60,000[주2]
		(기타포괄손익)	

주1) B법인 당기순이익 200,000×20%＝40,000
주2) B법인 자본잉여금 300,000×20%＝60,000

Ⅲ. 2026년 별도재무제표 작성 시 회계처리

1. 2026.1.1.

(차) 종속기업투자주식	2,400,000	(대) 현금	2,400,000
(차) 종속기업투자주식	800,000[주1]	(대) 관계기업주식처분이익	160,000
지분법자본변동	60,000[주2]	관계기업투자주식	700,000

주1) 단계적으로 이루어지는 사업결합에서 취득자는 기준서 제1103호 「사업결합」 문단 42에 의해 취득일 이전에 보유하고 있던 피취득자에 대한 지분을 취득일의 공정가치로 재측정하여 차손익을 당기손익으로 인식한다.
- 취득일 이전 보유지분의 공정가치: (2,400,000÷0.6)×20%＝800,000
- 취득일 이전 투자주식의 장부가액: 700,000
- 당기손익 인식액: 800,000－700,000＝100,000원

주2) 기준서 제1103호 문단 42에 의해 피취득자에 대한 지분가치 변동을 기타포괄손익으로 인식한 금액은 당기처분손익으로 인식한다.

2. 2026.12.31.

지배력을 행사하는 B법인에 대하여 A법인은 연결재무제표를 작성하므로, 별도재무제표에서는 기준서 제1027호 「별도재무제표」에 의해 원가 또는 공정가치로 회계처리한다.

Ⅳ. 2026년 연결조정분개

1. 투자계정과 자본계정의 상계

(차) 자본금	1,000,000	(대) 종속기업투자주식	3,200,000[주1]
자본잉여금	300,000	비지배지분	620,000[주2]
이익잉여금	1,800,000		
영업권	720,000[주3]		

주1) 600,000＋100,000＋100,000＋2,400,000＝3,200,000

주2) 비지배지분: $(1,000,000 + 300,000 + 1,800,000) \times 20\% = 620,000$
주3) 영업권의 계산: B법인 주식취득금액 - B법인 순자산가액 중 A법인 해당액
$= 3,200,000 - (1,000,000 + 300,000 + 1,800,000) \times 80\% = 720,000$

단계적인 취득에 의해 지배력을 획득하는 사업결합 시 영업권의 계산은 취득단계마다 계산하는 것이 아니라, 기준서 제1103호 문단 41과 42에 의해 지배력을 획득하는 시점에서 일괄하여 계산하는 일괄법을 적용한다.

2. B법인 당기순이익의 비지배지분 대체

(차) 이익잉여금　　　　　　60,000　　　(대) 비지배지분　　　　　　60,000[주]

주) $300,000 \times 20\% = 60,000$

10　지분법의 중지와 재개 및 손상

(1) 중지

관계기업의 손실 중 투자자의 지분이 관계기업 투자지분과 같거나 초과하는 경우 투자자는 관계기업 투자지분 이상의 손실에 대하여 인식을 중지한다(문단 38). 즉, 관계기업 투자지분이 '0' 이하가 되는 경우에는 지분법을 중지한다.

그러나 투자자가 관계기업에 대해서 실질적으로 투자자의 순투자의 일부를 구성하는 장기투자지분을 보유하고 있다면 그러한 자산의 장부금액이 '0'이 될 때까지 추가로 지분법손실을 인식한다. 투자자의 순투자의 일부를 구성하는 장기투자지분에는 우선주, 장기수취채권 및 장기대여금이 포함되나 매출채권 및 담보부대여금은 제외한다.

장기대여금이 있는 경우 지분법손실인식

(차) 지분법손실　　　　　　×××　　　(대) 손실(대손)충당금　　　×××
　　　　　　　　　　　　　　　　　　　　(장기대여금 ⊖)

(2) 재개

관계기업이 추후에 이익을 보고할 경우 투자자는 투자자의 지분에 해당하는 이익의 인식을 재개하되, 인식하지 못한 손실을 초과한 금액만을 이익으로 인식한다(문단 30).

(3) 손상차손

일반적인 지분증권은 기준서 제1109호에 의해 손상을 인식하지 않지만, 관계기업투자주식은 기준서 제1028호에 의해 손상차손을 인식하여야 한다. 다만, 관계기업투자의 장부금액에 포함되어 있는 영업권은 분리하여 인식하지 않으므로 기준서 제1036호 '자산손상'에서 언급하고 있는 영업권의 손상차손 규정을 적용하지 않는다. 그 대신에 금융자산 기준서를 적용하여 관계기업투자의 회수가능액(순공정가치와 사용가치 중 큰 금액)을 추정하고, 그 회수가능액이 관계기업투자의 장부금액에 미달할 경우 미달액을 손상차손으로 인식한다.

관계기업투자에 대해서 인식하는 손상차손은 관계기업투자 장부금액의 일부를 구성하는 어떠한 자산(영업권)에도 배분하지 않는다. 따라서 이 손상차손의 모든 환입도 이러한 투자자산의 회수가능액이 후속적으로 증가하는 만큼 인식한다.

관계기업투자주식에 대한 손상차손의 인식은 지분변동액에 대한 지분법적용을 먼저 한 후에 감액평가를 하여 손상차손을 인식한다. 즉, 先 지분변동에 대한 지분법적용, 後 감액평가에 의한 손상차손인식을 하는 것이다.

> 손상차손인식액=당해 연도 지분법적용 후 관계기업투자주식의 장부가액−회수가능액
> 회수가능액=Max(순공정가치,[주1] 사용가치[주2])

주1) 매각으로부터 수취할 수 있는 금액－처분부대원가
주2) 자산(현금창출단위)에서 창출될 것으로 기대되는 미래현금흐름의 기대가치

관계기업에 대한 장기투자항목(우선주, 장기대여금, 장기수취채권 등)이 없는 경우 관계기업투자주식에 대한 손상차손의 인식은 제1109호 금융상품 기준서를 먼저 적용(공정가치평가 또는 손상)한 후에 제1028호 관계기업 기준서에 따라 피투자기업의 추가 손실을 반영하여야 한다.

사례 6

1. 수진(주)가 보유하고 있는 관계기업에 대한 보통주식과 장기대여금의 2025.1.1. 장부금액은 각각 ₩1,000과 ₩2,000이다. 2025.12.31. 관계기업에 대한 장기대여금의 회수가능액은 ₩1,500으로 추정되며, 당해 연도 관계기업의 손실로 수진(주)가 반영할 지분법손실은 ₩1,400이다.

2. 손상차손 인식

(차) 대손상각비	500	(대) 장기대여금 대손충당금	500

3. 지분법 적용

(차) 지분법손실	1,400	(대) 관계기업투자주식	1,000
		장기대여금 대손충당금	400

11 상호거래 손익

투자자(투자자의 연결대상 종속기업 포함)와 관계기업이나 공동기업 사이에 발생한 상호거래(상향거래 또는 하향거래)의 결과로 발생한 관계기업의 당기손익 중 투자자의 지분은 제거한다(문단 28).

투자회사 및 관계기업 간의 거래에서 발생한 손익에 투자회사의 지분율을 곱한 금액 중 재무상태표일 현재 보유자산의 장부가액에 반영되어 있는 부분은 투자회사의 미실현손익으로 본다. 이 경우 미실현이익은 관계기업투자주식에서 차감하고, 미실현손실은 관계기업투자주식에 가산한다.

이와 같이 상호거래미실현손익을 제거하는 이유는 상호거래의 결과 당해 자산을 투자회사 또는 관계기업에서 계속 보유하고 있다면 투자회사의 보유지분을 통해 그 자산의 위험과 효익을 계속 보유하고 있는 것과 동일한 실질을 가지므로 투자회사의 지분율에 해당하는 금액은 실현되지 않은 것으로 보기 때문이다.

상호거래미실현손익금액＝상호거래발생손익[주1] × 투자회사 지분율×자산보유율[주2]

주1) 상향판매 및 하향판매손익 모두 해당
 • 상향판매: 관계기업이 투자회사에 매각하는 거래
 • 하향판매: 투자회사가 피투자회사에 매각하는 거래
주2) 결산일 현재 상호거래자산의 보유율을 말함.

상호거래미실현손익의 회계처리

1. 미실현이익의 경우

   (차) 지분법이익   ×××   (대) 관계기업투자주식   ×××

2. 미실현손실의 경우

   (차) 관계기업투자주식   ×××   (대) 지분법이익   ×××

12 관계기업투자주식의 처분

(1) 처분손익의 계산

관계기업투자주식의 일부 또는 전부를 처분하는 경우에 처분가액과 투자주식의 장부가액과의 차액은 관계기업투자주식처분손익으로 처리한다. 이때 처분된 관계기업투자주식과 관련하여 기타포괄손익누계액에 계상되어 있는 지분법자본변동금액은 피투자자가 관련 자산이나 부채를 직접 처분한 경우의 회계처리와 동일한 기준으로 회계처리한다.

즉, 후속적으로 당기손익으로 재분류되는 항목에 해당하는 피투자자가 인식한 기타포괄손익에 대해 투자자가 인식한 지분법자본변동은 처분 시 당기손익으로 재분류되지만 후속적으로 당기손익으로 재분류되지 않는 항목에 대한 지분법자본변동은 당기손익으로 재분류하지 않는다.

$$\text{관계기업투자주식처분손익} = \text{투자주식의 처분가액} - \text{투자주식의 장부가액}$$
$$+ (+)\text{지분법자본변동}^{주)}$$
$$- (-)\text{지분법자본변동}^{주)}$$

주) 재무상태표에 계상된 (±)지분법자본변동(당기손익으로 재분류되는 항목) × $\dfrac{\text{처분주식수}}{\text{보유주식수}}$

(2) 일부 투자주식처분 후 보유주식에 대한 처리

1) 유의적인 영향력을 유지하는 경우

관계기업투자주식 중 일부를 처분한 이후에도 계속 유의적인 영향력을 행사하는 경우에는 보유 중인 잔여 투자주식은 계속 기준서 제1028호를 적용하여 처리한다.

$$지분법이익 = 관계기업의\ 당기순이익 \times 보유\ 중인\ 투자회사지분율$$

2) 유의적인 영향력을 상실하는 경우

관계기업투자주식 중 일부를 처분한 경우로서 유의적인 영향력을 상실하는 경우에는 기준서 제1109호에 따라 보유하는 관계기업투자주식을 기타포괄손익 – 공정가치측정금융자산 또는 당기손익 – 공정가치측정금융자산으로 분류변경한다. 기타포괄손익 – 공정가치측정금융자산 등으로 분류변경한 투자주식은 유의적인 영향력을 상실하게 된 시점의 공정가치를 금융자산의 최초인식 시의 취득원가로 보며 그 차이를 당기손익으로 인식한다. 또한, 당기손익 재분류 가능 기타포괄손익에 해당하는 지분법자본변동에 대하여는 처분한 부분에 해당되는 금액만 제거하여 당기손익(관계기업투자주식처분손익)으로 대체한다.

13 유(무)상증자(감자) 시 투자회사의 지분율의 변화

유상증자 등의 경우 유상증자 등의 전후 지분율이 변동하지 않는다면 투자차액 또는 지분변동액의 차액이 발생하지 않는 것이 일반적이나, 예외적으로 주당 유상증자 등이 주주들 간에 서로 다르다면 투자차액 등이 발생할 수 있다.

즉, 유(무)상증자(감자) 시 투자회사의 지분율이 증가하는 경우에는 투자주식의 추가취득에 해당하므로 투자차액을 계산하여 처리하여야 하며, 반대로 투자회사의 지분율이 감소하는 경우에는 투자주식의 처분에 해당하므로 처분손익을 계산하여야 한다.

(1) 지분율이 증가하는 경우

투자기업이 관계기업에 유의적인 영향력을 행사하게 된 이후에 관계기업주식을 추가로 취득하거나 유상증자 등을 통하여 지분율이 증가하는 경우에 대하여 기준서 제1028호에는 특별한 언급이 없다. 그러므로 지분증감액을 기준서 제1110호 「연결재무제표」를 준용하여 자본잉여금으로 처리할지 아니면 지분법손익으로 처리할지 명확하지 않으나, 일반적으로는 지분율의 증가는 취득에 해당하므로 추가 취득에 따른 영업권(⊕투자차액)이 발생하면 기존과 동일하게 별다른 처리하지 않고, 염가매수차익(⊖투자차액)이 발생하면 지분법이익으로 처리하는 것이 바람직할 것이다.

• (-)의 투자차액 발생 시: 당해 연도에 일시환입

(차) 관계기업투자주식　　　×××　(대) 지분법이익　　　　　　　×××

(2) 지분율이 감소하는 경우

유상증자(감자) 등을 통하여 관계기업투자기업의 지분율이 감소한 경우에도 관계기업투자주식의 처분과 동일하게 회계처리한다. 즉, 유상감자 시 수령금액과 지분변동액의 차액에 대하여 처분손익으로 인식하면 된다. 이때 이전에 기타포괄손익으로 인식했던 금액에 대하여 지분율감소와 관련된 비례적 금액해당액은 처분손익으로 재분류하여야 함에 유의하여야 하며, 재평가잉여금해당액은 당기손익이 아닌 이익잉여금의 증가로 처리하여야 한다.

① (+)의 지분변동액차액 발생 시: 처분손실계상

(차) 관계기업투자주식처분손실　×××　(대) 관계기업투자주식　　　　×××

② (-)의 지분변동액차액 발생 시: 처분이익계상

(차) 관계기업투자주식　　　×××　(대) 관계기업투자주식처분이익　×××

14 해외소재 피투자기업에 대한 지분법 적용

해외에 소재하는 피투자기업의 외화표시 재무제표를 환산하여 지분법을 적용하는 경우 자산 및 부채는 투자기업의 재무상태표일 현재의 환율, 지분취득 당시의 자본은 취득 당시의 환율, 지분취득 이후에 증가한 이익잉여금 이외의 자본은 거래발생 당시의 환율을 적용하여 환산한다. 손익항목은 거래발생 당시의 환율 또는 당해 회계기간의 평균환율을 적용하여 환산할 수 있다.

다만, 투자기업과 피투자기업의 재무상태표일이 다르고 두 재무상태표일 현재의 환율차이가 중요하지 않은 경우에는 피투자기업의 재무상태표일 현재의 환율을 사용할 수 있다. 원화로 환산한 후 자산에서 부채를 차감한 금액과 자본총계 금액과의 차이 중 투자기업의 지분에 상당하는 금액은 지분법자본변동의 과목으로 하여 기타포괄손익누계액으로 처리한다.

사례 7

1. 2025.2.10. 수진(주)는 미국 캘리포니아주에 소재한 Sun Valley, Ltd의 보통주식 30%를 $1,000,000에 취득하였다. 2024.12.31. 현재 Sun Valley, Ltd의 순자산액은 $3,000,000이며 장부가액과 공정가치는 일치한다.

2. 2025년 발생 Sun valley, Ltd의 당기순이익은 $400,000이다.

3. 2026년 발생 Sun Valley, Ltd의 당기순이익은 $300,000이다.

4. 시점별 환율자료는 다음과 같다.
   2025.2.10. ₩950/$
   2025.12.31. ₩1,000/$
   2025년 평균환율 ₩980/$
   2026.12.31. ₩1,020/$
   2026년 평균환율 ₩1,010/$

5. 회계처리
   (1) 2025.2.10. Sun Valley, Ltd 주식취득 시

   (차) 관계기업투자주식 970,000,000[주1]　　(대) 현금 및 현금성자산 970,000,000[주2]

   주1) 투자차액의 계산: 970,000,000 − $3,000,000×950×30%
   　　　　　　　　　　　　 =970,000,000 − 855,000,000
   　　　　　　　　　　　　 =115,000,000원
   주2) $1,000,000×970=970,000,000원

   (2) 2025.12.31. 결산 시
   ① 2025.12.31. 재무상태표의 원화환산

재무상태표

Sun Valley, Ltd　　　　　　　　　　2025.12.31.　　　　　　　　　　(단위: 원)

순자산 $3,400,000 × 1,000 =	3,400,000,000	취득 당시 자본 $3,000,000×950 =	2,850,000,000
		당기순이익 $400,000×980 =	392,000,000
		해외사업환산이익	158,000,000
	3,400,000,000		3,400,000,000

② 당기순이익에 대한 처리

(차) 관계기업투자주식 117,600,000[주]　　(대) 지분법이익　　117,600,000

주) 392,000,000×30%=117,600,000원

③ 해외사업환산이익에 대한 처리

　　(차) 관계기업투자주식　47,400,000[주)]　　(대) 지분법자본변동　　　47,400,000

　　주) 158,000,000×30%＝47,400,000원

(3) 2026.12.31. 결산 시

① 2026.12.31. 재무상태표의 원화환산

재무상태표

Sun Valley, Ltd	2026.12.31.		(단위: 원)
순자산 $3,700,000×1,020＝	3,774,000,000	취득 당시 자본 $3,000,000×950＝	2,850,000,000
		2025년 당기순이익 $400,000×980＝	392,000,000
		2026년 당기순이익 $300,000×1,010＝	303,000,000
		해외사업환산이익	229,000,000
	3,774,000,000		3,774,000,000

② 당기순이익에 대한 처리

　　(차) 관계기업투자주식　90,900,000[주)]　　(대) 지분법이익　　　　　90,900,000

　　주) 303,000,000×30%＝90,900,000원

③ 해외사업환산이익에 대한 처리

　　(차) 관계기업투자주식　21,300,000[주)]　　(대) 지분법자본변동　　　21,300,000

　　주) 229,000,000×30% - 전기말 계상분 47,400,000＝21,300,000원

│ 신속처리 질의 · 답변 │

관계기업투자주식 및 연결재무제표

1. 별도재무제표와 지분법 적용

(1) 질의

　A사는 B사의 지분을 100% 소유하고 있고, 당기에 B사는 C사의 지분 중 30%를 취득하여 C사에 대해 유의적인 영향력을 보유하게 됨. A사의 별도재무제표를 작성할 때, B사에 대한 투자자산을 지분법으로 회계처리할 경우, C사에 대한 투자에 대해 A사가 직접 지분법을 적용하여 회계처리할 수 있는가?

(2) 회신

　별도재무제표를 작성할 때, 관계기업에 대한 투자자산을 제1028호에서 규정하는 지분법으로 회계처리할 수는 있으나, 종속기업을 통해 간접적으로 투자한 관계기업을 자신이 직접 보유한 것처럼 회계처리할 수 없음(제1027호 문단 7).

A사의 별도재무제표에 C사에 대한 투자주식이 표시되지는 않으므로 종속기업인 B사가 보유한 C사의 지분을 A사의 별도재무제표에 직접 지분법을 적용하여 회계처리할 수 없음. 다만, A사가 B사에 대한 투자주식에 지분법을 적용할 때, C사에 대한 투자주식에 지분법을 적용한 B사의 재무제표를 이용하므로 A사의 재무제표에 C사에 대해 간접적으로 지분법이 적용됨.

2. 의결권 없는 지분에 대한 지분법 적용

(1) 질의

회사는 피투자기업에 대한 지분을 40% 보유하고 있으나 주주 간 약정에 따라 의결권을 행사하지 못하며, 재무정책과 영업정책의 의사결정기구에 참여하지 못함(피투자기업의 이익에 대한 우선배당권과 잔여이익에 대한 배당청구권은 소유). 이 경우 피투자기업에 대해 지분법으로 회계처리할 수 있는지?

(2) 회신

지분법 대상 기업을 판단할 때는 의결권을 기준으로 유의적인 영향력을 판단하며, 약정에 따라 의결권이 없을 경우에는 유의적인 영향력을 보유하고 있다는 사실을 명백하게 제시할 수 없다면 지분법으로 회계처리할 수 없음(제1028호 문단 5).

기업이 피투자자의 재무정책과 영업정책의 의사결정에 참여할 수 있는 능력을 상실하면 피투자자에 대한 유의적인 영향력을 상실하며, 계약상 약정으로 유의적인 영향력을 상실할 수 있음(제1028호 문단 9).

3. 집합투자기구에 출자할 경우 유의적인 영향력 판단

(1) 질의

회사는 집합투자기구에 20% 이상 출자하고 있으며 조합원총회에서 출자 지분율만큼 의결권이 있으나, 업무집행사원이 아닌 유한책임사원임. 이때, 회사는 집합투자기구에 유의적인 영향력을 보유하는지?

(2) 회신

회사가 투자조합인 집합투자기구의 의결권 20% 이상을 소유하고 있다면, 유의적인 영향력이 없다는 사실을 명백하게 제시할 수 없는 한 유의적인 영향력을 보유하는 것으로 봄(제1028호 문단 5).

4. 유의적인 영향력 판단 시 피투자자가 보유한 자기주식

(1) 질의

A사는 B사에 대한 의결권 있는 지분 20% 이상을 보유하여 지분법을 적용하고 있으나, B사는 A사가 보유한 B사 주식을 취득하여 자기주식으로 보유할 예정임. B사가 자기주식을 취득할 경우, A사의 B사에 대한 발행주식수(자기주식 포함) 기준 지분율은 18%이나, 유통주식수(자기주식 제외) 기준 지분율은 36%임. 유의적인 영향력을 판단할 때 적용할 지분율은?

(2) 회신

A사가 B사에 유의적인 영향력을 보유하는지 여부는 B사에 대한 의결권을 기준으로 판단함(제1028호 문단 5).

상법상 회사가 가진 자기주식은 의결권이 없으므로, 투자자는 피투자자의 총발행주식수를 기준으로 지분율을 산정하는 것은 적절하지 않으며, 피투자자의 자기주식을 차감한 유통주식수를 기준으로 지분율을 산정하여 유의적인 영향력을 판단하는 것이 적절함.

5. 별도재무제표에서 투자자산 회계처리

(1) 질의

회사는 별도재무제표를 작성할 때 종속기업에 대한 투자자산은 원가법을 선택하여 회계처리하고 있음. 당기 중 회사가 관계기업을 취득하였는데, 회사의 별도재무제표에서 관계기업에 대한 투자자산도 반드시 원가법으로 회계처리해야 하는가?

(2) 회신

투자자산의 각 범주(종속기업, 공동기업, 관계기업)별로 동일한 회계처리 방법(원가법, 기업회계기준서 제1109호에 따른 방법, 제1028호에서 규정하는 지분법)을 적용하여야 함(제1027호 문단 10).

따라서 종속기업에 대한 투자자산의 회계처리에 원가법을 선택하였더라도, 관계기업에 대한 투자자산에는 이와 다른 회계처리 방법을 선택할 수 있음.

6. 관계기업투자의 동일지배거래 적용

(1) 질의

A사는 B사 주식을 취득하고 기타포괄손익 – 공정가치측정금융자산으로 분류하였음. 이후 A사는 B사 주식을 추가 취득한 결과 지분율이 20%를 초과하여 B사에 대해 유의적인 영향력을 보유하게 됨. A사와 B사 모두 동일한 개인이 지배하는 경우, A사는 동일지배하의 사업결합에 대한 면제규정을 고려하여 B사의 장부금액을 기초로 투자차액을 인식할 수 있는지?

(2) 회신

질의 거래는 동일지배하의 거래에 해당하지만, A법인의 관점에서는 유의적 영향력의 획득일 뿐 사업에 대한 지배력의 획득이 아니므로 동일지배하의 사업결합에 해당하지 않음(제1103호 문단 2). 따라서 K – IFRS 제1028호 '관계기업과 공동기업에 대한 투자'의 일반적인 규정을 고려하여 투자차액을 산정함.

7. 별도재무제표에서 현물출자로 취득한 관계기업투자주식의 취득원가

(1) 질의

회사는 별도재무제표에서 종속 · 관계기업 투자에 대해 원가법을 적용하고 있음. 회사가 종속기업투자주식(A사)을 B사에 현물출자하여 B사 주식을 최초 취득함. B사가 관계기업의 정의를 충족할 때, 현물출자로 취득한 관계기업투자주식(B사)의 취득원가는 어떻게 측정하는지? (단, 해당 거래는 상업적 실질이 존재한다고 가정)

(2) 회신

K-IFRS 제1027호에 관계기업투자에 대해 원가법을 적용하는 경우, 최초측정 시 원가를 어떻게 산정하는지에 대한 구체적인 규정이 없으므로 경영진이 회계정책을 개발하여 적용함.

회계정책의 하나로 교환거래를 다루고 있는 K-IFRS 제1016호 '유형자산' 용어의 정의 및 문단 24를 참고하여 취득한 자산(관계기업투자주식(B사))의 취득원가는 제공한 자산(종속기업투자주식(A사))의 공정가치로 측정할 수 있음.

만약, 제공한 자산의 공정가치가 불확실한 경우 취득한 자산의 공정가치를 취득원가로 할 수 있으며, 취득한 자산과 제공한 자산 모두의 공정가치를 신뢰성 있게 측정할 수 없는 경우 제공한 자산의 장부금액으로 취득원가를 측정할 수 있음.

8. 공공기업에 지분법 적용 시 지분율

(1) 질의

회사는 A사와 공동으로 아래와 같은 약정에 따라 B사를 설립함.

A사: 현금(1,000원) 및 부동산(2,000원) 출자

회사: 현금(1,000원) 출자

A사와 회사는 회사가 B사에게 기술력을 이전(1,000원의 가치로 약정)하는 것을 고려하여 6 : 4로 손익을 배분하기로 약정

B사의 재무상태표상 자본은 4,000원(현금 및 부동산)이며, 지분에 기초한 회사의 지분율은 25%임. 회사가 B사를 공동기업으로 보아 지분법을 적용할 때, 수입 배분율인 40%로 인식 가능한지?

(2) 회신

공동기업에 대한 투자에 지분법을 적용할 경우, 취득일 이후에 발생한 피투자자의 성과 중 투자자의 몫에 해당하는 금액을 인식함(제1028호 문단 10).

회사가 B사에 대해 공동지배력을 보유하고 있다면 B사의 성과에 대한 지분을 인식할 때 적용할 지분율은 단순히 소유하고 있는 지분율이 아니라 약정에 의해 합의된 비율(40%)에 따라 피투자자의 성과를 인식하는 것이 적절함.

9. 관계기업의 손상차손 인식과 지분법 회계처리

(1) 질의

회사는 A사 지분의 18%를 보유 중이며 유의적인 영향력이 있다고 판단하여 관계기업으로 분류하고 지분법을 적용함. 관계기업투자주식에 대한 손상이 발생하여 관계기업에 대한 손상차손을 인식할 때, 회수가능액이 지분법손익을 인식한 후의 장부금액보다 낮은 경우 지분법손익인식 회계처리를 하지 않아도 되는지?

(2) 회신

관계기업에 대한 지분법 적용과 관계기업투자주식에 대한 손상차손 인식은 별도로 고려해야 하므로, 지분법을 적용한 이후 관계기업에 대한 추가적인 손상차손을 인식할 필요가 있는지 결정함(제1028호 문단 40).

10. 손상을 인식한 관계기업투자주식의 지분법 회계처리

(1) 질의

회사는 전기에 관계기업투자주식에 대하여 손상차손을 인식하였으나, 당기에 관계기업이 당기순이익을 보고한 경우 손상차손환입을 하는지?

(2) 회신

먼저 과거 기간에 인식한 손상차손이 더는 존재하지 않거나 감소되었을 수 있는 징후가 있는지에 대한 검토를 함(제1036호 문단 110).

손상차손환입은 K-IFRS 제1036호에 따라 관계기업 순투자자산의 회수가능액이 후속 적으로 증가하는 만큼 인식함(제1028호 문단 42).

과거 기간에 인식한 손상차손은 손상차손의 회수가능액을 산정하기 위해 사용한 추정치가 달라진 경우에만 환입하므로 당기순이익의 증가가 회수가능액을 산정하기 위해 사용한 추정치의 변경과 관련이 없다면 당기순손익의 증가로 손상차손을 환입하지 않음(제1036호 문단 114).

11. 관계기업투자주식 일부의 매각예정비유동자산 분류

(1) 질의

회사는 40% 지분을 보유 중인 관계기업의 지분 20%를 매도하기로 결정하였고, 매도할 지분은 K-IFRS 제1005호의 매각예정비유동자산 요건을 충족함. 한편, 회사는 별도재 무제표에서 관계기업에 대한 투자지분에 지분법을 적용하고 있음. 회사의 별도재무제표 에서 관계기업지분을 매각예정비유동자산으로 분류하는 경우, 전체 보유 지분을 매각예 정비유동자산으로 분류하여야 하는지, 아니면 처분예정인 지분 20%만 매각예정비유동 자산으로 분류해야 하는지?

(2) 회신

관계기업이나 공동기업에 대한 투자 또는 그 투자의 일부가 매각예정분류 기준을 충족하 는 경우에는 K-IFRS 제1105호를 적용하므로, 처분예정인 20% 지분을 매각예정비유동 자산으로 분류해야 함.

매각예정으로 분류되지 않은 관계기업의 잔여 보유분은 매각예정으로 분류된 부분이 매 각될 때까지 지분법을 적용함. 다만, 매각 후 잔여 보유분이 K-IFRS 제1109호 '금융 상품'의 적용 대상이 된다면, 해당 기준서에 따라 회계처리함(제1028호 문단 20).

12. (별도재무제표) 단계적 취득에 따른 종속기업투자자산의 측정

(1) 질의

A사는 B사 주식(당기손익-공정가치측정금융자산) 10%를 보유하고 있는데, B사 주식 50%를 추가 매입하여 지배력을 획득함(단계적 취득에 따른 사업결합). A사는 별도재무 제표에서 종속기업투자자산을 원가법으로 측정하는 경우, 지배력 획득시점에 A사 별도재 무제표에서 B사 주식의 측정방법은?

(2) 회신

종속기업투자자산에 대해 원가법을 적용하는 경우, 단계적 취득에 따른 지배력 획득시점에 종속기업투자자산에 대한 측정은,

① 최초 지분의 공정가치와 추가 지분에 대해 지급한 원가의 합계로 측정(간주원가로서 공정가치 접근법)하거나,

② 최초 지분에 대해 지급한 대가(원래 대가)와 추가 지분에 대해 지급한 대가의 합계로 측정(누적원가 접근법)하는 방법 중 선택 적용함.

13. 연결재무제표상 종속회사의 신주발행비

(1) 질의

① 사례 1: 지배기업 P사가 지분 100%를 보유하는 종속기업 S사는 당기 중 P사에게 유상증자를 실시하고, 신주발행비를 주식발행초과금에서 차감함. P사의 연결재무제표에서 S사의 신주발행비 회계처리는?

② 사례 2: 지배기업 P사가 지분 100%를 보유하는 종속기업 S사는 당기 중 제3자에게 유상증자를 실시하고, 신주발행비를 주식발행초과금에서 차감함. S사에 대한 P사의 지배력은 유지되나 지분율이 80%로 변동되었을 때, P사의 연결재무제표에서 S사의 신주발행비 회계처리는?

(2) 회신

① 사례 1: 종속기업의 유상증자로 지배기업의 소유지분이 변동하지 않는다면 이는 연결실체 관점에서 자본거래에 해당하지 않으므로, 종속기업의 신주발행비는 비용으로 인식함.

② 사례 2: 지배기업이 종속기업에 대한 지배력을 상실하지 않는 소유지분의 변동은 자본거래(제1110호 문단 23)이므로, 해당 거래와 직접 관련된 거래원가(예: 신주발행비)는 자본에서 차감함(제1032호 문단 37).

14. 연결실체와 관계기업 간 하향거래 시 손익 조정

(1) 질의

P사는 S1사(지분율 60%)와 S2사(지분율 80%)의 지배기업이며, R사(지분율 30%)는 S2사의 관계기업임. S1사가 R사에 유형자산 매각하며 처분이익 100원을 인식하였을 때, P사 연결재무제표에서 조정할 손익은?

(2) 회신

연결실체 관점에서 R사에 대한 유형자산 매각거래는 기업(기업의 연결대상 종속기업 포함)과 관계기업 간 하향거래이므로, 관계기업에 대한 지분과 무관한 손익까지만 재무제표에 인식함(제1028호 문단 28).

따라서 처분이익 100원 중 30원(100원 × 30%)을 내부거래미실현손익으로 차감함.

15. 종속기업의 청산

(1) 질의

지배기업의 종속기업들 중 일부가 당기 중에 청산하였음. 당기 중에 청산한 종속기업의

손익을 연차 연결재무제표에 포함해야 하는지?

(2) 회신

K-IFRS 제1110호 문단 25에서는 지배력을 상실했을 때 종전 종속기업의 자산과 부채를 제거한다고 규정할 뿐, 지배력 상실 이전의 관련 손익을 제거하도록 규정하지 않음. 연결은 투자자가 피투자자에 대한 지배력을 획득하는 날부터 시작하여 투자자가 피투자자에 대한 지배력을 상실할 때 중지하므로 지배력을 상실하기 이전 종속기업의 손익은 연결재무제표에 포함함(제1110호 문단 20).

K-IFRS 제1105호 문단 32(1)~(3)의 중단영업 요건을 충족한다면, 연결재무제표에서 종속기업의 손익은 중단영업으로 표시함.

16. 연결재무제표 표시의 예외

(1) 질의

K-IFRS 제1110호 '연결재무제표' 문단 4(1)의 조건을 모두 충족하여 과거에는 연결재무제표를 작성하지 않던 회사가 공개시장 신규상장(IPO)을 위해 지정감사를 신청하였음. 이 경우, 연결재무제표를 작성하지 않을 수 있는지?

(2) 회신

IPO를 위한 과정(K-IFRS 제1110호 문단 4(1)(다))이 진행 중이라면, 회사는 증권감독기관에 재무제표를 제출하였거나 그 과정에 해당될 것임.

이 경우 회사는 연결재무제표 표시 제외 대상에 해당하지 않으므로, 연결재무제표를 작성해야 함(제1110호 문단 4).

17. 연결재무제표 작성 시 영업손익 분류

(1) 질의

지배기업은 제조업, 종속기업은 금융업인 경우, 연결재무제표에서 종속기업의 금융수익(종속기업의 영업수익)을 영업수익으로 표시할 수 있는지?

(2) 회신

지배기업의 연결실체 관점에서 주된 영업이 복수로 식별될 수 있으며, 연결실체 관점에서 해당 금융수익이 주된 영업활동에서 발생하는 수익이라면 지배기업의 연결재무제표에서 종속기업의 금융수익을 영업수익에 포함함.

18. 종속기업을 통해 다른 종속기업의 지분을 보유할 때 영업권 측정

(1) 질의

P사의 종속기업 S1사(P사의 지분 60%)는 90원에 S2사의 지분 90%를 취득하여 S2사에 대한 지배력을 보유하게 됨. S2사의 식별가능한 순자산 공정가치 금액이 80원일 때, P사의 연결재무제표에서 인식할 S2사에 대한 영업권은 얼마인지? (단, P사는 비지배지분을 측정할 때 피투자자의 식별할 수 있는 순자산 금액 중 비례적 몫으로 측정함)

(2) 회신

영업권은 K-IFRS 제1103호 문단 32에 따라 18원(① + ② - ③)으로 측정함.

① 이전대가: 90원

② S2사 순자산 중 S2사의 비지배지분 몫: 8원(80원 × (1 - 90%))

③ S2사 순자산 공정가치: 80원

| 연결 회계처리 |

S2 순자산 ③ 80원	현금 ① 90원
영업권 18원	비지배지분 ② 8원

19. 최초 연결재무제표의 비교표시

(1) 질의

회사가 당기 중 A사 주식 100%를 인수하여 처음으로 연결재무제표를 작성해야 할 경우, 비교 표시를 위해 어떤 재무제표를 제시해야 하는가?

한편, 회사가 전기 중 B사의 주식 30%를 취득하여 지분법을 적용하여 개별재무제표만을 작성하다가 당기에 주식 30%를 추가 취득하여 연결재무제표를 작성해야 하는 경우라면, 이 경우 회사는 비교재무제표를 제시해야 하는가?

(2) 회신

전기에 연결재무제표 작성의무가 없다가 당기에 연결재무제표 작성의무를 갖게 된 경우, K-IFRS에는 비교표시 재무제표에 대한 별도의 규정이 없음.

K-IFRS에서는 당기 재무제표에 보고되는 모든 금액에 대해 전기 비교정보를 포함하도록 하고(제1001호 문단 38), 비교가능하며 이해가능한 정보를 표시하도록 하므로(제100호 문단 17), 질의의 두 경우 모두 회사는 전기 개별재무제표*와 연결재무제표를 비교표시하는 것이 적절함

* K-IFRS에서 재무제표는 연결재무제표, 별도재무제표가 있음. 여기서, 개별재무제표는 공동기업 및 관계기업에 대한 투자에 K-IFRS 제1028호를 적용하여 표시한 재무제표이고, 별도재무제표는 종속기업, 공동기업 및 관계기업에 대한 투자를 원가법, K-IFRS 제1109호에 따른 방법, K-IFRS 제1028호에서 규정하고 있는 지분법 중 어느 하나를 적용하여 표시한 재무제표(제1027호 문단 4)임.

20. 별도재무제표에서 지분법 평가 시 종속기업에 대한 매출채권 대손상각비 조정 여부

(1) 질의

회사는 별도재무제표에서 종속기업 투자에 대해 지분법을 적용함. 회사가 종속기업에 대한 매출채권에 대손상각비를 인식했다면, 지분법 평가 시 조정하는지?

(2) 회신

종속기업에 대한 매출채권(지분법을 적용하지 않은 금융상품)에는 K-IFRS 제1109호를 적용함(제1028호 문단 14A).

종속기업 매출채권에 대한 대손상각비는 내부거래로 인하여 발생한 손익이 아니므로 조정하지 않음.

또한 일반기업회계기준*과 달리 K-IFRS는 별도재무제표에서 종속기업 투자에 대해 지

분법을 적용할 때 지분법을 적용한 별도재무제표의 당기순손익 및 순자산이 연결재무제표와 일치되도록 하는 별도의 지침이 없으므로, 종속기업 매출채권에 대한 대손상각비는 지분법 평가 시 조정하지 아니함.

* 일반기업회계기준은 8.35(5)에 따라 종속기업 매출채권에 대한 대손상각비는 지분법적용투자주식에 가산하고 당기이익(지분법이익)에 반영함.

21. 출자전환으로 인한 지배력 획득 시 피투자자의 채무면제이익

(1) 질의

A사의 손상차손을 인식하고 있던 B사에 대한 채권의 일부를 채권·채무조정을 통해 면제해 주었음. 이후 A사는 B사에 대한 채권을 출자전환하여 지배력을 획득하였으며(출자전환 전 지분 관계 없음), 지배력 획득 시점에 B사의 순자산을 공정가치로 측정하였음. 채권·채무조정을 통해 B사가 인식한 채무면제이익을 연결재무제표에 어떻게 표시해야 하는지?

(2) 회신

사업결합 시 피투자자의 순자산을 K-IFRS 제1103호에 따라 공정가치 등으로 인식하므로 B사의 채무면제이익은 고려하지 않음.

피투자자와의 연결은 투자자가 피투자자에 대한 지배력을 획득한 날부터 시작되므로 지배력 획득 전에 발생한 피투자자의 손익은 지배회사의 연결재무제표에 반영되지 않음(제1110호 문단 20).

22. 출자전환으로 취득한 종속기업투자주식

(1) 질의

회사 A는 과거 종속기업 B에 10억 원을 대여하였는데 대여금과 투자주식 전액을 손상인식함(장부금액=0). 이후 B가 대여금 전체를 출자전환하여 A는 B의 보통주식을 수령하였고 출자전환 시점 대여금의 공정가치는 3억 원임. A의 별도재무제표에서 종속기업투자주식을 원가법으로 회계처리할 때, A가 별도재무제표에 인식할 종속기업투자주식 취득원가는?

(2) 회신

별도재무제표에서 종속기업투자주식의 취득원가는 K-IFRS 제1027호에 따라 회계처리함(제1027호 문단 10).

해당 기준서에는 원가의 정의가 없으므로 K-IFRS 제1008호 문단 10~12에 따라 회계정책을 개발하여 적용하는데, 제공한 자산의 누적원가나 제공한 자산의 공정가치를 취득원가 측정 시 고려할 수 있음.

대여금은 K-IFRS 제1109호 문단 3.2.12에 따라 제거일에 대여금의 공정가치인 3억 원으로 측정해야 하며, 종속기업투자주식의 취득원가 측정 시 이를 고려할 수 있음.

23. (별도재무제표) 지배력을 상실시점의 잔여 투자자산 측정

(1) 질의

A사는 보유하던 B사의 지분 90% 중 45%를 매도하여 지배력을 상실함(유의적인 영향력은 보유). A사는 별도재무제표에서 종속·관계기업투자에 원가법을 적용하는 경우, 지배력 상실시점에 A사 별도재무제표에서 B사 주식의 측정방법은 무엇인가?

(2) 회신

별도재무제표에서 종속기업과 관계기업에 원가법을 선택하여 회계처리하는 경우, 지배력 상실시점에 보유하고 있는 B사 주식(45%)에 대한 기존 원가로 인식함.

24. 벤처캐피탈 투자기구인 종속기업을 통하여 취득한 관계기업에 대한 지분법 면제 규정 적용 여부

(1) 질의

회사(A사)의 종속기업(B사)은 벤처캐피탈 투자기구에 해당하여 관계기업에 대해 지분법을 적용하지 않고 공정가치로 측정함. A사는 벤처캐피탈 투자기구나 이와 유사한 기업이 아님에도 B사를 통해 보유하는 관계기업에 대해 지분법 면제 규정을 적용할 수 있는지?

(2) 회신

회사의 종속기업이 벤처캐피탈 투자기구에 해당하는 경우, 회사(A사)는 그 종속기업(B사)을 통해 보유하는 관계기업에 대해 지분법 면제규정을 적용할 수 있음(제1028호 문단 18).

25. 동일주식보유 시 연결재무제표 표시

(1) 질의

지배기업인 A사(제조업)와 그 종속기업인 B사(벤처캐피탈 투자기구)는 C사 주식을 각각 보유하고 있음. A사는 C사에 유의적인 영향력이 있다고 판단하여 A사 별도재무제표에서 관계기업투자주식으로 분류하고 지분법손익(영업외손익)을 인식함. 한편, B사 재무제표에서는 C사 지분을 공정가치측정금융자산으로 분류하고 지분투자를 주된 영업으로 판단하여 C사 투자손익을 영업손익으로 표시함.

A사 연결재무제표 작성할 때 C사 주식은 일괄 관계기업투자주식으로 분류하고 지분법손익을 인식하여야 하는지? 그리고 지분법손익은 영업손익으로 표시하여야 하는지?

(2) 회신

1. 지분법에 따라 피투자자의 순자산 중 투자자의 몫을 인식하는 경우, 연결실체의 몫은 연결실체 내 지배기업과 종속기업의 소유지분을 단순 합산한 것이므로, 원칙적으로 연결재무제표에서 전체 지분에 대해 지분법을 적용해야 함(제1028호 문단 10, 27). 다만, B사가 벤처캐피탈 투자기구에 해당하면 B사가 보유하는 C사 주식에 대해서는 공정가치측정 당기손익인식항목으로 선택할 수 있음(제1028호 문단 19).

2. 지배기업의 연결실체 관점에서 관계기업투자주식으로 분류한 C사 주식 보유가 주된 영업활동에 해당하는지를 판단하여 영업손익으로 표시할지를 결정함.
   연결실체 관점에서 주된 영업은 복수로 식별될 수 있음.

26. 지분법 적용 시 피투자자의 주식보정비용 고려 여부

(1) 질의

회사는 피투자자에 대한 20% 투자주식에 지분법을 적용하고 있음. 당기 피투자자가 피투자자의 종업원에게 주식결제형 주식선택권을 부여한 결과 주식보상비용(10원)과 자본 (10원)의 증가를 인식함. 당기 피투자기업 순자산 변동이 100원[주식보상비용 10원이 반영된 당기순이익은 110원]일 때, 지분법을 어떻게 적용하는지?

(2) 회신

K-IFRS 제1028호 '관계기업과 공동기업에 대한 투자'에는 해당 거래에 대한 구체적인 규정은 없으므로 제1008호 문단 10~12에 따라 회계정책을 개발할 수 있음.

주식기준보상으로 피투자자자가 인식한 당기손익(110원)에 대한 지분법손익(22원=110원×20%)만 반영하는 방법을 고려할 수 있으며, 향후 종업원의 주식선택권 행사 결과로 지분감소가 발생할 경우, 부여일부터 투자자에게 영향을 미친 효과를 고려한 지분감소 회계처리가 필요함.

주식기준보상으로 피투자자의 자본변동까지 고려해야 한다는 관점도 존재함.

27. 지분법 적용 관계기업투자주식 손상차손 인식 시, 지분법자본변동 실현 여부

(1) 질의

지분법 적용 관계기업투자주식의 장부금액이 100*, 회수가능액이 70일 때, 장부금액과 회수가능액의 차이(30)를 손상차손으로 인식하는지? 아니면 지분법자본변동 실현 후 차액(20)만 손상차손으로 인식하는지?

* 관계기업의 기타포괄손익-공정가치 측정 지분상품의 평가이익에 대한 지분법자본변동 10 포함

(2) 회신

K-IFRS 제1028호 문단 42에 따르면, 관계기업투자주식 손상 회계처리에는 K-IFRS 제1036호가 적용됨.

이 기준서 문단 59~60에 따라 관계기업투자주식 장부금액과 회수가능액의 차이(30)를 손상차손(당기손익)으로 인식함.*

* 한편, 일반기업회계기준에서는 지분법자본변동이 실현된 것으로 보아 차액(20)만 손상차손으로 인식함.

28. 회생 중인 법인 인수에 대한 지배력 판단

(1) 질의

회사는 보고기간 중 관할법원의 회생계획 인가를 받아 회생 중인 법인의 지분 100%를 취득함. 다만 보고기간 말에는 회생절차가 종결되지 않았고 회생계획을 수행 중인 상태임. 이 경우, 회사는 회생 중인 법인에 대한 지배력이 있는지?

(2) 회신

회생 중인 법인의 관련 활동을 지시할 수 있는 실질적인 권리가 누구에게 있는지 검토해야 함(제1110호 문단 B37).

정부, 법원, 관재인, 채권자, 청산인, 감독당국 등의 외부 당사자가 회생 중인 법인의 관련

활동을 지시하는 현재의 능력을 갖게 하는 현존 권리를 보유한다면 회사는 지배력을 보유하지 않음.

29. 종속기업 요약재무정보의 공시

(1) 질의

지배기업 A는 연결재무제표에서 종속기업 B의 비지배지분이 중요하여 종속기업 B의 요약재무정보를 주석에 추가로 공시함.

종속기업 B가 종속기업 C를 보유한 경우, 요약재무정보는 종속기업 B의 연결재무제표를 의미하는지? 종속기업 B의 별도재무제표를 의미하는지?

(2) 회신

종속기업 B의 요약재무정보는 종속기업 B의 비지배지분이 보고기업인 A의 연결재무제표에서 중요한 경우에 공시해야 하는 사항임.

따라서 종속기업 B의 연결실체의 활동과 현금흐름에 대한 비지배지분 몫을 이용자들이 이해할 수 있도록 하는 요약재무정보를 공시함(제1112호 문단 12, B10, IFRS 해석위원회 논의의 결과 참조).

30. 지분법 적용 면제

(1) 질의

지배기업인 A사는 K-IFRS를 적용하여 작성한 공용 가능한 재무제표에 그 종속기업인 B사를 K-IFRS 제1110호에 따라 연결하고, B사의 관계기업인 C사에 지분법을 적용하여 회계처리함.

B사의 재무제표에서 K-IFRS 제1028호 문단 17(4)의 요건을 충족한다고 보아 B사의 C사에 대한 투자가 지분법 적용 면제 대상이 되는지? (K-IFRS 제1028호 문단 17의 나머지 지분법 적용 면제 요건은 모두 충족한다고 가정)

(2) 회신

A사(지배기업)가 공용 가능한 재무제표에 B사(종속기업)를 제1110호에 따라 연결한 경우, B사는 제1028호 문단 17(4)의 요건을 충족하므로 B사의 재무제표에서 피투자기업 C에 지분법 적용 면제가 가능함.

31. 영업권이 포함된 지분법 적용 관계기업투자주식의 손상검사 주기

(1) 질의

회사는 관계기업투자주식을 취득하면서 영업권을 관계기업투자주식 장부금액에 포함하였음. K-IFRS 제1036호에 따라 관계기업투자주식은 매년 손상검사를 수행하는지?

(2) 회신

관계기업투자주식이 손상될 수도 있는 징후가 발생할 때마다 (영업권을 포함한) 관계기업투자주식의 전체 장부금액을 기준서 제1036호에 따라 단일 자산으로서 회수가능액과 비교하여 손상검사를 수행(K-IFRS 제1028호 문단 42)

관계기업투자주식 장부금액의 일부를 구성하는 영업권은 분리하여 인식하지 않으므로 K

－IFRS 제1036호 '자산손상'에 따른 영업권의 손상검사 규정을 적용하지 않기 때문임.

32. 기말 현물환율이 하락한 경우, 추가 손상 인식 여부

(1) 질의

지배기업 A는 보고기간 중 해외 소재 종속기업 B의 손상 징후를 발견하여 9월 말 기준으로 손상검토를 하고, 그 시점에 측정된 사용가치 기준으로 손상차손을 인식함.

보고기간 말인 12월 말 현물환율이 9월 말 대비 급격히 하락하였다면, 12월 말 기준으로 사용가치를 재측정하여 추가 손상차손을 인식해야 하는지?

(2) 회신

회계기간 중 현물환율의 급격한 하락은 기업이 영업하는 해외 시장 환경이 기업에 불리한 영향을 미치는 유의적 변화가 일어났거나 가까운 미래에 일어날 것으로 예상되는 손상징후에 해당할 수 있음(제1036호 문단 12).

자산손상 징후가 있다면 해당 자산의 회수가능액은 재추정해야 함. 사용가치는 사용가치 계산일의 현물환율을 사용하여 현재가치를 환산하므로 기말 현물환율로 환산된 자산의 회수가능액이 장부금액에 못 미치는 경우에는 추가 손상차손을 인식함(제1036호 문단 54).

제**8**장

유형자산(차입원가 및 자산손상 포함)

1 유형자산의 정의 및 분류

(1) 정의

유형자산은 재화나 용역의 생산이나 제공, 타인에 대한 임대 또는 관리활동에 사용할 목적으로 보유하는 물리적 형태가 있는 자산으로서 한 회계기간을 초과하여 사용할 것이 예상되는 자산을 말한다.

기준서 제1016호 「유형자산」에서는 유형자산의 인식, 장부금액과 감가상각액의 결정 및 손상차손에 관한 내용에 대해 규정하고 있다.

(2) 분류

기준서 제1016호는 유형자산을 영업상 유사한 성격과 용도로 분류하도록 규정하고 있는데, 다음은 개별분류의 예이다.

① 토지   ② 토지와 건물   ③ 기계장치
④ 선박   ⑤ 항공기   ⑥ 차량운반구
⑦ 집기   ⑧ 사무용비품

상기의 분류 중 중요하지 않은 것은 기준서 제1001호 문단 29에 따라 통합하여 표시할 수 있다.

이하에서는 상기의 분류에 따른 유형자산에 대하여 살펴본다.

① 토지

일반적으로 토지란 지적공부에 등록된 28지목의 토지를 말하는데, 이때의 토지는 국토 전체를 가리킨다. 그러나 자연상태의 토지는 개별성이 없으므로 인위적으로 구획된 토지인 필지를 등록단위로 하여 등록하도록 하고 있다. 하지만 한국채택국제회계기준상 토지계정에는 지목 또는 등기 여부에 관계없이 사용한다.

기준서 제1016호 「유형자산」에서는 토지의 정의를 따로 규정하지 않고 있으나 측량·수로조사 및 지적에 관한 법률에 의한 토지의 정의에 입각하여 해석하면 될 것으로 판단된다. 그러나 측량·수로조사 및 지적에 관한 법률상 토지라 해서 모두 한국채택국제회계기준상 유형자산의 토지로 계상되는 것은 아니다. 즉, 유형자산으로서 토지계정에 계상되기 위하여는 영업활동목적으로 취득된 자산이어야 한다.

② 건물

건물이란 통상적으로 토지에 정착하는 공작물 중 사실상 준공된 것으로서 지붕 및 기둥 또는 벽이 있는 것과 이에 딸린 시설물과 건축물을 말한다(건축법 §2 ① 2호). 기준서 제1016호 「유형자산」에서는 건물에 대한 정의를 구체적으로 규정한 바는 없으므로 건축법에서 규정하는 정의를 준용하면 될 것으로 판단되며, 그 건물의 일부를 이루는 전기설비, 배·급수, 위생 또는 가스설비, 냉·온방설비 또는 보일러설비, 승강기 등은 건물의 부대설비로서 건물계정에 포함한다.

③ 구축물

구축물이란 기업이 자기의 경영목적을 위하여 토지 위에 정착·건설한 건물 이외의 토목설비, 공작물 및 이들의 부속설비를 처리하는 계정이다.

통상 교량, 궤도, 갱도, 정원설비 및 기타의 토목설비 또는 공작물 등 외에 선거, 안벽, 저수지, 연통, 침전지, 샘, 상하수도, 용수설비, 도로, 저탄장, 제방, 터널, 전주, 지하도관, 신호장치 등을 포함하며 대체로 직접적인 자체의 작업은 하지 않고 주로 보조적 작용을 하는 것을 말한다.

④ 기계장치

기계장치계정은 영업용으로 사용하는 기계, 부속설비를 처리하는 계정이다. 기계장치는 제조업에 있어서 가장 기본적인 설비로서 직접 또는 간접으로 제조목적에 사용하는 기계장치 및 이에 부속하는 제생산설비를 말한다.

기계와 장치의 구별은 매우 애매하기 때문에 주로 전문기술자의 판단에 의할 수밖에 없는 것이 많다. 기계와 장치는 대부분의 경우 일체가 되어 활동하는 것이므로 기준서 제1016호에서는 양자를 하나로 묶어서 기계장치란 과목으로 예시하고 있다.

기계장치 이외에 컨베이어, 호이스트, 기중기 등과 같은 「운송설비」도 기계장치의 일부로 보고 차량운반구에 계상하지 않는다. 이들은 공장 내에 고정되어 있는 설비이기 때문이다.

⑤ 건설중인자산

건설중인자산은 일종의 가계정으로 미완성 유형자산을 말하는데 사업용 유형자산의 건설을 위하여 지급한 재료비, 노무비, 경비뿐만 아니라 건설을 위하여 지출한 도급금액 등 유형자산을 취득하기 위하여 지출한 계약금 및 중도금도 포함하여 처리한다.

⑥ 선박 및 항공기

유형자산의 과목은 업종의 특성 등을 반영하여 신설하거나 통합할 수 있으며 그 예로 항공회사의 경우에는 항공기를, 해운회사의 경우에는 선박을 별도의 과목으로 표시할 수 있다.

⑦ 기타 자산

그 외에 업종에 따라 별도의 과목을 사용할 수 있는 예를 들면 다음과 같다.

① 건설업의 경우: 건설용 장비 과목

② 관광업의 경우: 동물 과목(관상용 동물), 식물 과목(관상용 식물)

③ 철도업 등의 경우: 발전설비, 배전설비, 변전설비 과목

④ 맥주·음료 등의 운반·보관 용기인 회수조건부 공병: 공병 과목

⑤ 임차건물의 내부시설(개보수비용, 칸막이공사, 실내장치 등)을 위하여 지출한 비용은 임차시설물 등의 유형자산으로 계상하고, 임차기간 동안에 걸쳐 감가상각한다.

2 유형자산의 인식

유형자산으로 인식되기 위해서는 다음의 인식기준을 모두 충족하여야 한다.

(1) 자산으로부터 발생하는 미래경제적효익이 기업에 유입될 가능성이 높다.

(2) 자산의 원가를 신뢰성 있게 측정할 수 있다.

유형자산과 관련된 모든 원가는 그 발생시점에 인식원칙을 적용하여 평가한다. 이러한 원가에는 유형자산을 매입하거나 건설할 때 최초로 발생하는 원가뿐만 아니라 후속적으로 증설, 대체 또는 수선·유지와 관련하여 발생하는 원가를 포함한다.

예비부품, 대기성장비 및 수선용구와 같은 항목은 유형자산의 정의를 충족하면 이 기준서에 따라 인식한다. 그렇지 않다면 그러한 항목은 재고자산으로 분류한다.

예비부품 중 한 회계기간 이상 사용할 것으로 예상되는 중요한 예비부품은 유형자산으로

인식하고 그 내용연수에 따라 취득시점부터 상각하고, 아닌 경우에는 재고자산으로 분류하여 사용 시 수선비로 비용처리한다.

발전설비에 사용되는 기계장치의 필수적 예비부품으로서 기업회계기준상 유형자산으로 분류되고 범용성이 없어 다른 기계장치에 전용할 수 없는 등 본연의 기계장치에 전적으로 종속되는 예비부품은 취득 시부터 본연의 기계장치와 함께 감가상각할 수 있는 것이고, 부품 교체를 포함하여 발전설비의 성능을 유지하기 위해 주기적 외주방식에 의해 유지보수용역을 제공받는 경우로서 내용연수를 연장시키거나 해당 자산의 가치를 현실적으로 증가시키지 않는 경우에는 수익적지출로 보는 것이다(법인세과-286, 2009.1.22. ; 서면법인-1725, 2017.10.20. ; 사전법령법인-1040, 2020.12.14.).

3 취득원가

(1) 원가의 개념

원가는 자산을 취득하기 위하여 자산의 취득시점이나 건설시점에서 지급한 현금 또는 현금성자산이나 제공한 기타 대가의 공정가치를 말하는데(문단 6), 인식하는 유형자산은 원가로 측정하도록 규정하고 있다(문단 15).

(2) 취득원가의 구성

취득원가는 다음과 같이 구성된다(문단 16).
1) 관세 및 환급불가능한 취득 관련 세금을 가산하고 매입할인과 리베이트를 차감한 구입가격
2) 경영진이 의도하는 방식으로 자산을 가동하는데 필요한 장소와 상태에 이르게 하는데 직접 관련되는 원가
3) 자산을 해체, 제거하거나 부지를 복구하는데 소요될 것으로 최초에 추정되는 원가(복구원가)

| 중점사항 | 복구원가에 대하여 |

1. 기준서 내용

(1) 유형자산을 취득한 시점 또는 특정한 기간 동안 사용한 복구원가는 유형자산의 취득원가에 포함된다.

(2) 특정기간 동안 재고자산을 생산하기 위해 유형자산을 사용한 결과로 동 기간에 발생한 그 유형자산을 해체, 제거하거나 부지를 복구할 의무의 원가에 대하여는 기준서 제1002호를 적용한다(문단 18).

2. 복구비용의 자산화

(1) 인식요건

원자력발전소, 해상구조물, 쓰레기매립장, 저유설비 등 토양, 수질, 대기, 방사능 오염 등을 유발할 가능성이 있는 시설물 등의 유형자산은 사용이 종료된 후에 환경보전을 위하여 반드시 원상을 회복시켜야 한다. 이러한 원상회복을 위해 지출될 것으로 추정되는 원가를 복구원가라고 하는데, 기준서에서는 이러한 원가를 관련 유형자산의 취득원가에 가산하도록 하고 있다.

(2) 복구비용에 대한 회계처리

① 취득 시	(차) 유형자산	×××	(대) 복구충당부채	×××
② 기말시점	(차) 감가상각비	×××	(대) 감가상각누계액	×××
	복구충당부채전입액	×××	복구충당부채	×××
③ 복구비용	(차) 복구충당부채	×××	(대) 현 금	×××
지출시점	복구공사손실	×××	복구공사이익	×××

| 사례 1 | 복구원가 |

1. 자료

(1) 수진(주)는 2025.1.1. 저유설비를 5억 원에 설치하였다. 동 저유설비는 10년간 사용한 후에 토지에 대해 원상복구를 해야 할 의무가 있다. 10년 후 복구비용으로 지출할 금액은 1억 원으로 추정하였다. 복구비용의 현재가치 계산 시 적용될 할인율은 10%라고 가정한다.

(2) 저유설비는 정액법으로 감가상각하며, 잔존가치는 없다.

2. 회계처리 및 세무조정

(1) 2025.1.1. 설치 시

　　　(차) 자산　　　　　　538,554,000　　　(대) 현금　　　　　　500,000,000
　　　　　　　　　　　　　　　　　　　　　　　　　복구충당부채　　　38,554,000[주)]

　　주) 1억 원×0.38554(10년, 10%에 대한 현재가치)

(2) 2025.12.31.

　　　(차) 감가상각비　　　　53,855,400[주1)]　　　(대) 감가상각누계액　　53,855,400
　　　　　복구충당부채전입액　3,855,400[주2)]　　　　　복구충당부채　　　　3,855,400

　　주1) 538,554,000÷10＝53,855,400
　　주2) 38,544,000×10%＝3,855,400

(3) 세무조정

　　　익금산입 · 복구충당부채 · 38,554,000 · 유보

　　　손금산입 · 자산 · 38,554,000 · △유보

　　　손금불산입 · 자산 · 3,855,400 · 유보

　　　손금불산입 · 복구충당부채 · 3,855,400 · 유보

3. 저유설비 복구 시 복구비용이 1억 5천만 원인 경우(할인율이 변동없다는 전제)

　　　(차) 복구충당부채　　100,000,000　　　(대) 현금　　　　　　150,000,000
　　　　　복구공사손실　　　50,000,000

상기 '(2) 취득원가의 구성' 중 '2)'에 해당하는 원가의 예는 다음과 같다.

① 유형자산의 매입 또는 건설과 직접적으로 관련되어 발생한 종업원급여

② 설치장소 준비원가

③ 최초의 운송 및 취급 관련 원가

④ 설치원가 및 조립원가

⑤ 유형자산이 정상적으로 작동되는지 여부를 시험하는 과정(예: 자산의 기술적 · 물리적 성능이 재화나 용역의 생산이나 제공, 타인에 대한 임대 또는 관리활동에 사용할 수 있는 정도인지를 평가)에서 발생하는 원가(조기적용 전에는 시험생산재화의 순매각금액은 당해 원가에서 차감)

이때 경영진이 의도한 방식으로 유형자산을 가동할 수 있는 장소와 상태에 이르게 하는 동안에 생산된 재화(시제품 등)를 판매하여 얻은 매각금액과 그 재화의 원가는 당기손익으로 인식한다(문단 20A. 2022.1.1. 이후부터 적용하되 조기적용가능하며 개정

내용을 처음 적용하는 재무제표에 표시된 가장 이른 기간의 시작일 이후에 경영진이 의도된 방식으로 가동할 수 있는 장소와 상태에 이른 유형자산에 대해서만 소급적용하여 이익잉여금의 기초잔액을 조정하여 인식함).

또한 법인세법 기본통칙(23-31-1)에서는 시운전에서 발생된 시제품의 매각금액은 기계장치의 자본적지출에서 차감한다고 규정하고 있어 K-IFRS 적용법인이 시제품의 매각금액과 원가를 당기손익으로 처리한 경우 기본통칙에 의한 세무조정을 하여야 하는 것에 대한 판단이 필요하다.

⑥ 전문가에게 지급하는 수수료

유형자산이 경영진이 의도하는 방식으로 가동될 수 있는 장소와 상태에 이른 후에는 원가를 더 이상 인식하지 않는다.

> **│ 신속처리 질의·답변 │**
>
> 한 사업장에서 사용하던 유형자산을 다른 사업장으로 이전하기 위해 해체, 이전, 재설치비용이 발생하는 경우 해당 비용은 유형자산의 원가에 포함되지 않음.

(3) 구체적인 취득원가 산정

1) 외부구입의 경우

가장 일반적으로 유형자산을 구입하는 방법이다. 이러한 경우 취득원가는 매입가액에 매입에 따른 수수료, 취득세, 등록세, 운송비뿐 아니라 본래 의도한 목적에 사용할 수 있는 상태가 되도록 하기 위한 설치비, 시운전비 등도 포함한 가액이 되어야 한다.

2) 자가건설의 경우

기업이 자산의 영업활동을 위해 필요한 유형자산을 자가건설할 경우도 있다. 이러한 경우에는 제작에 소요된 재료비, 노무비, 기타 경비 등을 취득원가에 포함시켜야 한다. 다만, 제작이 완료되기 전까지는 건설중인자산이라는 계정으로 처리하여야 하며, 완성되어 사용가능한 시점에서 본 계정으로 대체한다.

3) 교환거래로 취득하는 경우

다음 중 하나에 해당하는 경우를 제외하고는 공정가치로 측정한다(문단 24).

① 교환거래에 상업적 실질이 결여된 경우
② 취득한 자산과 제공한 자산 모두의 공정가치를 신뢰성 있게 측정할 수 없는 경우

한편, 취득한 자산을 공정가치로 측정하지 않는 경우에는 제공한 자산의 장부금액으로 원가를 측정한다.

상기의 내용을 요약하여 하나 이상의 비화폐성자산 또는 화폐성자산과 비화폐성자산이 결합된 대가와 교환하여 하나 이상의 유형자산을 취득하는 경우의 회계처리는 다음과 같이 나타낼 수 있다.

| 자산교환 시 회계처리 요약 |

1. 상업적 실질이 있거나 신뢰성 있는 공정가치 측정이 가능한 경우

(차) (취득한)자산 ×××[주1]　　(대) (제공한)자산 ×××[주2]
　　　　　　　　　　　　　　　　　　　유형자산처분이익 ×××[주3]

주1) 취득한 자산의 공정가치가 더 명백한 경우를 제외하고는 취득한 자산의 원가를 제공한 자산의 공정가치로 측정한다(문단 26).
주2) 제공한 자산의 장부금액
주3) 제공한 자산의 공정가치 – 장부금액

2. 상업적 실질이 결여되었거나 신뢰성 있는 공정가치 측정이 불가능한 경우

(차) (취득한)자산 ×××[주]　　(대) (제공한)자산 ×××

주) 취득한 자산을 공정가치로 측정하지 않으므로 제공한 자산의 장부금액으로 원가를 측정한다(문단 24). 따라서 유형자산처분손익이 발생하지 않는다.

4) 정부보조금을 수령하는 경우

유형자산의 장부금액은 취득원가에서 정부보조금만큼 차감될 수 있다(문단 28)고 규정하고 있다. 이와 관련하여 기준서 제1020호 「정부보조금의 회계처리와 정부지원의 공시」 문단 24에서는 "자산관련정부보조금(공정가치로 측정되는 비화폐성 보조금 포함)은 재무상태표에 이연수익으로 표시하거나 자산의 장부금액을 결정할 때 차감하여 표시한다."라고 규정하고 있으며, 두 가지 방법 모두 재무제표에 표시하는 것을 인정하고 있다. 이연수익으로 표시하는 경우에는 자산의 내용연수에 걸쳐 체계적이고 합리적인 기준으로 수익을 인식한다(기준서 제1020호 문단 24~26).

중점사항	정부보조금을 이연수익으로 표시하는 경우

1. 이연수익항목은 재무상태표에 비유동부채로 계상한다(기준서 제1001호 문단 69).
2. 재무상태표에 부채항목으로 계상하는 경우에는 부채비율이 증가하므로, 이연수익으로 표시하지 말고 자산차감항목으로 처리하는 것이 유리하다.

사례 2	정부보조금 수령 시 회계처리

1. 자료

(1) 수진(주)는 2025.6.1.에 기계장치 구입목적으로 정부보조금 10억 원을 수령하였다.
(2) 수진(주)는 2025.10.1.에 기계장치를 30억 원에 취득하였다(정액법, 5년).
(3) 수진(주)는 2027.10.1.에 동 기계장치를 9억 원에 처분하였다.
(4) 기계장치의 잔존가치는 0으로 가정한다.

2. 회계처리

일 자	자산차감항목으로 계상하는 경우	이연수익으로 계상하는 경우
2025.6.1.	(차) 현금　　　　　10억 원 　(대) 정부보조금　　　10억 원 　　　(현금차감)	(차) 현금　　　　　10억 원 　(대) 이연수익　　　　10억 원 　　　(비유동부채)
2025.10.1.	(차) 기계장치　　30억 원 　(대) 현금　　　　　30억 원 (차) 정부보조금　10억 원 　　　(현금차감) 　(대) 정부보조금　　　10억 원 　　　(기계차감)	(차) 기계장치　　30억 원 　(대) 현금　　　　　　30억 원
2025.12.31.	(차) 감가상각비　1.5억 원[주1] 　(대) 감가상각누계액　1.5억 원 (차) 정부보조금　0.5억 원[주2] 　(대) 감가상각비　　0.5억 원 주1) $30억 원 \times \frac{1}{5} \times \frac{3개월}{12개월} = 1.5억 원$ 주2) 감가상각비 $1.5억 원 \times \frac{\overset{정부보조금}{10억 원}}{\underset{30억 원}{상각대상액}} = 0.5억 원$	(차) 감가상각비　1.5억 원[주1] 　(대) 감가상각누계액　1.5억 원 (차) 이연수익　　0.5억 원[주2] 　　　(비유동부채) 　(대) 정부보조금수익[주3] 0.5억 원 　　　(기타수익) 주1) $30억 원 \times \frac{1}{5} \times \frac{3}{12}$ 주2) 5년에 걸쳐 상각하는 것으로 처리하였다. 주3) 저자가 편의상 처리한 계정과목이며, 기타수익에 계상한다.

일 자	자산차감항목으로 계상하는 경우	이연수익으로 계상하는 경우
	재무상태표 2025.12.31. 현재 기계장치　　　　　　30억 원 감가상각누계액　　(1.5억 원) 정부보조금　　(9.5억 원) 19억 원	재무상태표 2025.12.31. 현재 기계장치 30　　　｜ 비유동부채 감·누(1.5) 28.5억 원 ｜ 　　　　　　　　　｜ 　　　　　　　　　｜ 이연수익 9.5억 원
2026.12.31.	(차) 감가상각비　　　6억 원 　　(대) 감가상각누계액　　6억 원 (차) 정부보조금　　　2억 원 　　(기계차감) 　　(대) 감가상각비　　　　2억 원	(차) 감가상각비　　　6억 원 　　(대) 감가상각누계액　　　6억 원 (차) 이연수익　　　　2억 원 　　(비유동부채) 　　(대) 정부보조금수익　　2억 원 　　　　(기타수익)
2027.10.1.	(1) 2027.9.30.까지 감가상각비 반영 (차) 감가상각비　　4.5억 원 　　(대) 감가상각누계액　4.5억 원 (차) 정보보조금　　1.5억 원 　　(기계차감) 　　(대) 감가상각비　　　1.5억 원 (2) 2027.10.1. 처분 시 (차) 현금　　　　　9억 원 　　감·누　　　12억 원 　　정부보조금　6억 원 　　처분손실　　3억 원 　　(대) 기계장치　　　　30억 원	(1) 2027.9.30.까지 감가상각비 반영 (차) 감가상각비　　4.5억 원 　　(대) 감가상각누계액　4.5억 원 (차) 이연수익　　　1.5억 원 　　(대) 정부보조금수익　1.5억 원 (2) 2027.10.1. 처분 시 (차) 현금　　　　　9억 원 　　감·누　　　12억 원 　　처분손실　　9억 원 　　(대) 기계장치　　　　30억 원 (차) 이연수익　　　6억 원 　　(대) 정부보조금수익　6억 원[주)] 주) 기계장치를 처분하는 시점에서 잔존 이 　연수익금액을 전액 수익으로 계상한다.

중점사항	정부보조금의 상환 시 회계처리

상환의무가 발생하게 된 정부보조금은 회계추정의 변경으로 회계처리한다(문단 32).

1. 자산관련보조금을 상환하는 경우

   상환금액만큼 자산의 장부금액을 증가시키거나 이연수익에서 차감하여 기록한다. 보조금이 없었더라면 현재까지 당기손익으로 인식했어야 하는 추가 감가상각누계액은 즉시 당기손익으로 인식한다.

2. 수익관련보조금을 상환하는 경우

   보조금과 관련하여 인식된 미상각 이연계정에 먼저 적용한다. 이러한 이연계정을 초과하거나 이연계정이 없는 경우에는 초과금액 또는 상환금액을 즉시 당기손익으로 인식한다.

5) 법인세법상 국고보조금 등에 대한 일시상각충당금

가. 국고보조금 등의 범위

국고보조금 등이란 다음에서 규정하는 법률에 의하여 국가 이외의 자가 행하는 사무 또는 사업에 대하여 국가나 지방자치단체가 이를 조정하거나 재정상의 원조를 하기 위하여 무상으로 교부하는 보조금을 말한다(법법 §36 ①, 법령 §64 ② · ⑥).

① 보조금의예산및관리에관한법률

② 지방재정법

③ 농어촌전기공급사업촉진법

④ 전기사업법

⑤ 사회기반시설에대한민간투자법

⑥ 한국철도공사법

⑦ 농어촌정비법

⑧ 도시및주거환경정비법

⑨ 산업재해보상보험법

⑩ 환경정책기본법

⑪ 산업기술혁신촉진법

나. 국고보조금 등의 손금산입대상법인

내국법인이 상기 '가.'에 해당하는 국고보조금 등을 지급받아 사업용자산(사업용 유형자산 및 무형자산과 석유류)의 취득·개량에 사용한 경우 또는 사업용자산을 취득·개량하고 이에 대한 국고보조금을 사후에 지급받은 경우에는 일시상각충당금을 설정할 수 있으며(법법 §36 ①, 법령 §64 ①) 국고보조금 등을 금전 이외의 자산으로 받아 사업에 사용한 경우에도 이를 사업용자산의 취득 또는 개량에 사용한 것으로 보나(법법 §36 ④), 금융리스에 의하여 구입한 고정자산은 제외된다(법인 222601-294, 1987.2.4.).

또한 국고보조금으로 취득한 사업용자산가액에는 법인세법 시행령 제24조 제1항 제2호 바목의 개발비가 포함되나 이는 보조금의예산및관리에관한법률에 의한 경우이며, 기술개발촉진법 등에 의한 경우는 제외된다(서이 46012-10700, 2003.4.3.). 따라서 국고보조금 등의 수령 시 기업회계에서 자산을 차감해도 신고조정에 의해 익금산입하여야 한다(법인 46012-0732, 2000.3.17.).

다. 국고보조금 등의 손금산입한도 및 손금산입시기

국고보조금 등을 지급받은 날이 속하는 사업연도의 종료일까지 사업용자산을 취득하거나 개량하지 아니한 내국법인이 그 사업연도의 다음 사업연도 개시일부터 1년 이내에 사업용 자산을 취득하거나 개량하려는 경우에는 취득 또는 개량에 사용하려는 국고보조금 등의 금액을 손금에 산입할 수 있다(법법 §36 ①·②). 이때 손금에 산입하는 금액은 개별사업용자산별로 해당 사업용 자산의 가액 중 그 사업용 자산의 취득 또는 개량에 사용된 국고보조금 등에 상당하는 금액으로 한다(법령 §64 ②).

국고보조금 등에 대한 일시상각충당금(감가상각자산 이외: 압축기장충당금)의 손금산입시기는 국고보조금 등을 지급받은 사업연도이므로, 국고보조금 등의 사용은 국고보조금 등을 지급받은 사업연도와 다음 사업연도 말일까지 사용하면 되지만, 손금산입은 국고보조금 등을 수령한 사업연도로 한다.

다만, 법인이 가격안정을 위하여 정부로부터 교부받은 국고보조금의 익금귀속시기는 동 국고보조금의 교부통지를 받은 날이 속하는 사업연도로 한다(법통 40-71…7).

또한 국고보조금을 지급받은 날이 속하는 사업연도에 일시상각충당금(압축기장충당금)을 설정하여 손금산입하지 아니한 경우에는 그 후 사업연도에 손금산입할 수 없다.

① 법인세법 제37조(공사부담금으로 취득한 사업용자산가액의 손금산입) 규정은 강행규정이 아니고 임의규정이므로, 법인의 선택에 의하여 적용받거나 적용받지 않는 것으로 선택할 수 있으며, 동 규정을 적용받지 않는 경우에는 해당 공사부담금은 익금으로 산입하여야 하고, 공사부담금으로 취득한 자산은 법인의 일반 사업용자산과 같이 감가상각하여야 하는 것임(서면법인-3193, 2024.4.8.).

② 내국법인이 사업용 고정자산에 해당하는 전기자동차를 취득하면서 국가나 지방자치
단체로부터 국고보조금을 지급받은 경우 당해 사업용 고정자산의 가액 중 그 사업용
고정자산의 취득에 사용된 국고보조금등에 상당하는 금액은 법인세법 제36조(국고보
조금등으로 취득한 사업용자산가액의 손금산입)를 적용하여 일시상각충당금을 계상
하여 손금에 산입할 수 있음(서면법인-619, 2024.8.28.).

라. 국고보조금 등의 손금산입방법

국고보조금 등의 손금산입방법은 결산조정에 의하여 손금산입하는 방법과 신고조정에
의하여 손금산입하는 방법이 있는데, 기업회계기준에 의한 회계처리를 하면 세무상의 방법
과 동일하므로 신고조정에 의한 세무조정을 하게 된다.

국고보조금으로 유형자산 및 무형자산을 취득한 법인이 재무상태표를 작성함에 있어서
기업회계기준에 따라 국고보조금을 취득한 비유동자산에서 차감하는 형식으로 표시한 경
우 이에 대한 세무조정방법은 다음과 같다(법통 36-64…1).

구 분	기업회계기준		세무조정
수령 시 (수령 2,000)	(차) 현금 　(대) 정부보조금 　　(현금차감계정)	2,000 2,000	• 국고보조금(현금차감계정) 2,000 　익금산입(유보)
자산취득 시 (취득 2,000)	(차) 기계장치 　(대) 현금 (차) 정부보조금 　(현금차감계정) 　(대) 정부보조금 　　(자산차감계정)	2,000 2,000 2,000 2,000	• 국고보조금(현금차감계정) 2,000 　손금산입(△유보) • 국고보조금(자산차감계정) 2,000 　익금산입(유보) • 일시상각충당금 2,000 　손금산입(△유보)
결산 시 (상각 400)	(차) 감가상각비 　(대) 감가상각누계액 (차) 정부보조금 　(자산차감계정) 　(대) 감가상각비	400 400 400 400	• 일시상각충당금 400 　익금산입(유보) • 국고보조금(자산차감계정) 400 　손금산입(△유보)
매각 시 (매각 2,000)	(차) 현금 　(대) 기계장치 (차) 감가상각누계액　400 　정부보조금　1,600 　(자산차감계정) 　(대) 처분이익	2,000 2,000 2,000	• 일시상각충당금 1,600 　익금산입(유보) • 국고보조금(자산차감계정) 1,600 　손금산입(△유보)

마. 국고보조금 등 수령 투자지출금액 투자세액공제 적용배제

국고보조금 및 공사부담금을 수령하여 투자에 지출하는 경우, 통합투자세액공제 등의 적용 시 투자금액에서 차감한다(조특법 §127 ① 1호·4호).

바. 일시상각충당금으로 계상하여 신고하지 않은 경우

국고보조금을 교부받은 당해 사업연도에 이를 익금에 산입하고 일시상각충당금으로 계상하여 법인세 신고를 하지 아니한 이상 일시상각충당금의 손금산입요건을 충족하지 못하였다고 할 것이다(서울고등법원 2016누75946, 2017.12.31.).

이 판례는 회사가 국고보조금을 수령하고 익금산입의 세무조정을 하지 않아 조사 시 이를 익금산입하여 법인세를 경정 시 일시상각충당금의 손금산입을 경정청구로 할 수 있느냐에 대해 회사가 스스로 손금산입의 세무조정을 하지 않은 경우에는 경정청구할 수 없다는 판결이며 과거 조세심판원의 결정사례에서는 손금산입이 가능하다는 사례(조심 2009부3431, 2011.11.21.)가 있었다.

6) 연구개발 관련 정부출연금 등의 손금산입특례

가. 내용

내국인이 2026.12.31.까지 연구개발 등을 목적으로 국가, 지방자치단체, 공공기관, 지방공기업으로부터 받은 연구개발출연금을 지급받은 경우로서 해당 연구개발출연금 등을 구분경리하는 경우에는 연구개발출연금 등에 상당하는 금액을 해당 사업연도의 소득금액을 계산할 때 익금에 산입하지 아니할 수 있다(조특법 §10의2 ①, 조특령 §9의2 ①).

나. 익금산입

상기 '가.'의 규정에 따라 익금에 산입하지 아니한 금액은 다음 각 호의 방법에 따라 익금에 산입하여야 한다(조특법 §10의2 ②, 조특령 §9의2 ③).

① 연구개발출연금 등을 해당 연구개발비로 지출하는 경우

해당 지출액에 상당하는 금액을 해당 지출일이 속하는 사업연도의 소득금액을 계산할 때 익금에 산입하는 방법

② 연구개발출연금 등으로 해당 연구개발에 사용되는 자산을 취득하는 경우

㉠ 상각자산: 감가상각 시 감가상각비상당액 익금산입(처분 시에는 잔액 전액 익금산입)

㉡ 비상각자산: 처분 시 전액 익금산입

다. 제출서류

과세표준신고 시 출연금등익금불산입명세서 [별지 제3호의3 서식]을 제출하여야 한다.

라. 연구인력개발비 세액공제 배제(조특령 §9)

상기 '가.'에 따라 지원받은 출연금에 대하여는 연구인력개발비 세액공제 적용을 배제한다. 또한 조세특례제한법 제10조의2에 근거하지 않은 출연금에 대하여도 2013년부터 세액공제를 배제한다.

7) 임차인이 토지사용료를 지급하고 건축물을 신축하여 사용한 후 토지 사용기간 종료 시 건축물의 소유권을 무상으로 이전하는 경우 취득가액 및 임대료 익금산입액

매월 일정액의 토지사용료를 받고 토지사용기간 만료 시에 토지 임차인이 신축한 건축물의 소유권을 무상이전받기로 한 경우 후불로 받는 임대료는 건축물의 신축가액이 아닌 사용기간 만료시점의 건축물의 시가이므로, 그 임대료 지급기간이 1년을 초과하는 경우에 납세자가 건축물의 신축가액을 토지사용기간으로 안분한 금액을 수입임대료로 신고한 경우에는 사용기간 만료 시의 건축물의 시가를 토지사용기간으로 안분한 금액을 수입임대료로 하여 경정청구 가능하다. 이 경우 부가가치세 과세표준은 매월 수령한 토지사용료와 사용기간 만료 시 시가를 토지사용기간으로 안분한 금액의 합계이다(대법원 2018두39027, 2022.1.27.).

4 차입원가

(1) 차입원가에 대한 기준서 제1023호의 핵심원칙

적격자산의 취득, 건설 또는 생산과 직접 관련되는 차입원가는 당해 자산원가의 일부로 자본화하여야 하며, 기타 차입원가는 발생기간에 비용으로 인식하여야 한다(문단 8).

(2) 적용범위

이 기준서는 차입원가의 회계처리에 적용한다(문단 2).

자본(부채로 분류되지 않는 우선주자본금 포함)의 실제원가 또는 내재원가는 이 기준서의 적용범위에 해당되지 아니한다.

다음 자산의 취득, 건설 또는 생산과 직접 관련되는 차입원가에는 이 기준서를 반드시 적용하여야 하는 것은 아니다.

① 공정가치로 측정되는 적격자산(예: 생물자산)

② 반복해서 대량으로 제조되거나 다른 방법으로 생산되는 재고자산

(3) 용어의 정의

이 기준서에서 사용하는 용어의 정의는 다음과 같다(문단 6).

1) 차입원가

자금의 차입과 관련하여 발생하는 이자 및 기타 원가를 말한다.

이때 차입원가는 다음과 같은 항목을 포함할 수 있다.

① 기준서 제1109호에 기술된 유효이자율법을 사용하여 계산된 이자비용

② 기준서 제1017호「리스」에 따라 인식하는 금융리스 관련 금융비용

③ 외화차입금과 관련되는 외환차이 중 이자원가의 조정으로 볼 수 있는 부분[주]

> 주) 외환차이 중 이자원가의 조정으로 볼 수 있는 부분
> 해당 외화차입금에 대한 이자비용에 외화차입금과 관련된 환율변동손익을 가감한 금액이 유사한 조건의 원화차입금에 대한 이자율 또는 원화차입금의 가중평균이자율을 적용하여 계산한 이자비용을 초과하지 않는 범위까지의 금액을 말한다.

2) 적격자산

의도된 용도로 사용하거나 판매가능한 상태에 이르게 하는데 상당한 기간을 필요로 하는 자산을 말한다.

가. 적격자산이 될 수 있는 자산

다음 자산은 경우에 따라 적격자산이 될 수 있다.

① 재고자산
② 제조설비자산
③ 전력생산설비
④ 무형자산
⑤ 투자부동산

나. 적격자산에서 제외되는 자산

① 금융자산
② 단기간 내에 제조되거나 다른 방법으로 생산되는 재고자산
③ 취득시점에 의도된 용도로 사용할 수 있거나 판매가능한 상태에 있는 자산

(4) 자본화가능 차입원가

1) 특정차입금 관련 차입원가

적격자산을 취득하기 위한 목적으로 특정하여 차입한 자금에 한하여 회계기간 동안 그 차입금으로부터 실제 발생한 차입원가에서 당해 차입금의 일시적 운용에서 생긴 투자수익을 차감한 금액을 자본화가능차입원가로 결정한다(문단 12).

> **┤ 신속처리 질의 · 답변 ├**
>
> 특정차입금 1,000을 차입하여 적격자산 취득에 1차적으로 600을 지출한 경우 차입원가는 특정차입금 1,000으로부터 실제 발생한 차입원가에서 당해 차입금의 일시적 운용에서 생긴 투자수익을 차감한 금액을 자본화가능 차입원가로 결정함.

이때 적격자산을 의도된 용도로 사용(또는 판매) 가능하게 하는데 필요한 대부분의 활동이 완료되면, 해당 자산을 취득하기 위해 특정 목적으로 차입한 자금은 일반차입금에 포함된다.

> **특정차입금 관련 자본화가능 차입원가＝차입원가－일시적 운용 투자수익**

2) 일반차입금에 대한 차입원가

가. 의의

① 일반적인 목적으로 자금을 차입하고 이를 적격자산의 취득을 위해 사용하는 경우에 한하여 당해 자산 관련 지출액에 자본화이자율을 적용하는 방식으로 자본화가능 차입원가를 결정한다. 자본화이자율은 회계기간 동안 차입한 자금(적격자산을 취득하기 위해 특정목적으로 차입한 자금 제외)으로부터 발생된 차입원가를 가중평균하여 산정한다. 회계기간 동안 자본화한 차입원가는 당해 기간 동안 실제 발생한 차입원가를 초과할 수 없다(문단 14).

② 차입원가의 가중평균을 산정함에 있어 지배기업과 종속기업의 모든 차입금을 포함하는 것이 적절할 수도 있고, 개별 종속기업의 차입금에 적용되는 차입원가의 가중평균을 사용하는 것이 적절할 수도 있다(문단 15).

③ 적격자산을 취득하기 위하여 특정목적차입금을 차입하였으나 그 자산이 현재 의도된 용도로 사용(또는 판매) 가능하게 되는 경우 취득목적을 달성한 특정목적차입금을 일

반목적차입금에 포함시킨다.

나. 산정방법

일반차입금에 대한 차입원가 중 자본화할 수 있는 차입원가는 회계기간 동안의 자본화대상자산에 대한 평균지출액 중 특정차입금을 사용한 평균지출액을 초과하는 부분에 자본화이자율을 적용하는 방식으로 산정한다. 즉, 다음의 순서로 한다.

① 적격자산에 대한 지출액 산정

② 적격자산에 대한 특정차입금 사용지출액 산정

③ 자본화이자율 산정

④ 자본화대상 차입원가 한도 산정

⑤ 자본화대상 차입원가 산정

$$\text{일반차입금 자본화대상 차입원가} = \text{Min}[(① - ②) \times ③, ④]$$

다. 적격자산에 대한 지출액

적격자산에 대한 지출액은 현금의 지급, 다른 자산의 제공 또는 이자부 부채의 발생 등에 따른 지출액을 의미한다. 적격자산과 관련하여 수취하는 정부보조금과 건설 등의 진행에 따라 수취하는 금액은 적격자산에 대한 지출액에서 차감한다. 회계기간 동안 적격자산의 평균장부금액(이미 자본화된 차입원가 포함)은 일반적으로 자본화이자율을 적용하고자 하는 당해 기간 동안 지출액의 적절한 근사치이다(문단 18).

① 원칙적인 적격자산지출액의 계산

적격자산에 대한 지출액은 원칙적으로 당해 기간 동안 지출된 금액의 연평균금액으로 계산하여야 한다.

㉠ 적격자산에 대한 연평균지출액

$$\text{적격자산에 대한 연평균지출액} = \text{연평균지출액} - \text{정부보조금 등의 연평균수령액}$$

㉡ 연평균지출액(전기 이전에 자본화한 차입원가는 제외하여 계산)

$$연평균지출액 = 지출액 \times \frac{지출일부터\ 자본화\ 종료일까지의\ 기간}{365}$$

② 간편방법: 적격자산의 평균장부금액

상기 '①'의 원칙적인 방법은 실무상 적용하기 어려운 방법에 해당한다. 그러므로 기준서 제1023호에서는 평균장부금액(건설중인자산 원장상 매월 말 잔액을 합산하여 12로 나눈 금액)으로 적격자산에 대한 지출액을 산출하는 간편법을 인정하고 있다. 이 경우에는 전기 이전에 자본화한 차입원가를 포함하여 계상하는 것이 타당하다.

사 례 3 **평균장부가액**

1. 2024.12.31. 공장신축 관련 건설중인자산의 잔액은 200,000이다. 이 중에는 2024년분 자본화된 차입원가 30,000이 포함되어 있다.

2. 2025년에 공장신축을 위한 지출금액은 다음과 같고, 준공은 2026년에 이루어진다.
   ① 2025.3.30.   100,000 지출
   ② 2025.6.20.   200,000 지출
   ③ 2025.8.20.   100,000 지출
   ④ 2025.10.20.   400,000 지출

3. 2025년의 일반차입금의 자본화이자율은 10%이다.
   2025년의 일반차입금의 이자비용지급액은 250,000이다.

4. 평균장부금액(매월 말 건설중인자산 장부금액의 연평균금액)
   $$\frac{200{,}000 \times 2 + 300{,}000 \times 3 + 500{,}000 \times 2 + 600{,}000 \times 2 + 1{,}000{,}000 \times 3}{12} = 541{,}666$$

5. 자본화대상 차입원가: 541,666×10%=54,166

6. 회계처리
   (차) 건설중인자산   54,166   (대) 이자비용   54,166

라. 자본화대상 자산에 대한 특정차입금 사용 지출액 산정

자본화대상 자산에 대한 특정차입금 사용 지출액은 자본화대상 자산을 취득할 목적으로 차입한 특정차입금의 당해 회계연도 중 자본화기간 동안의 평균 사용 금액을 의미한다. 즉, 당해 회계연도 중 자본화기간에 해당되는 기간 동안의 특정차입금의 평균 차입금액에서 특

정차입금의 일시적 운용이 있는 경우 당해 평균 운용금액을 차감한 금액으로 한다.

마. 자본화이자율

자본화이자율은 회계기간 동안 상환되었거나 미상환된 일반차입금에 대하여 발생된 차입원가를 가중평균하여 산정한다. 이때 자본화기간 동안의 차입금만을 고려하여 산정하는 것이 아니라 회계기간 전체의 차입금을 고려하여 산정함에 유의한다.

$$\text{자본화이자율} = \frac{\text{일반차입금에 대한 회계기간 중 발생한 차입원가}}{\text{일반차입금의 연평균차입액}}$$

바. 자본화대상 차입원가 한도

일반차입금에서 발생한 차입원가는 직접 자본화하는 것이 아니라 간접적으로 자본화대상 자산에 대한 평균지출액에서 특정차입금을 초과하는 부분에 대해 자본화이자율을 적용하여 계산하므로 전액을 자본화하는 것이 아니라 적절한 한도 내에서 자본화하게 된다. 이때 한도금액은 자본화이자율 산정에 포함된 일반차입금으로부터 회계기간 동안 발생한 차입원가로 하되, 특정차입금과 달리 자금의 일시적 운용에서 생긴 수익은 차감하지 않는다.

사. 자본화대상 차입원가

일반차입금에서 발생한 자본화대상 차입원가는 다음의 금액으로 한다.

$$\text{일반차입금 자본화대상 차입원가} = \text{Min}[(①-②)×③, ④]$$

① 적격자산에 대한 평균지출액
② 적격자산에 대한 지출액 중 특정차입금 평균사용액
③ 자본화이자율
④ 자본화이자율 산정에 포함된 일반차입금에서 회계기간 동안 발생한 차입원가

사례 4   **차입원가계산**

1. 2025년에 공장신축 관련(완성은 2027년) 지출액은 다음과 같다.
   ① 2025.3.20. 5억 원 지출
   ② 2025.10.10. 3억 원 지출

2. 2025.4.10. 건설 관련 4억 원 차입(이자율 6%)

3. 일반차입금 차입현황(2025.1.1. 현재)
  ① 차입금 A 30억 원(이자율 8%)
  ② 차입금 B 50억 원(이자율 6%)

4. 회계처리
  (1) 신축 관련 지출 시

     (차) 건설중인자산   800,000,000   (대) 현금   800,000,000

  (2) 평균지출액 계산

$$\frac{5억\ 원 \times 287 + 3억\ 원 \times 83}{365} = 460,109,289$$

  (3) 특정차입금이자 지급 시

     (차) 건설중인자산   17,490,410[주)]   (대) 현금   17,490,410

    주) 4억 원 × 6% × 266/365 = 17,490,410

  (4) 일반차입금전용 지출액 계산

    460,109,289 − 4억 원 × 266/365 = 168,602,439

  (5) 자본화이자율 계산

$$\frac{2.4억\ 원 + 3억\ 원}{80억\ 원} = 6.75\%$$

  (6) 일반차입금 차입원가 해당액

    168,602,439 × 6.75% = 11,380,664

     (차) 건설중인자산   11,380,664   (대) 이자비용   11,380,664

  (7) 2025.12.31. 건설중인자산 잔액

    800,000,000 + 17,490,410 + 11,380,664 = 828,871,074

5. 2026.6.1.에 공장신축관련 6억 원 지출 시 평균지출액 계산(간편방법을 적용했다는 전제)

$$\frac{828,871,074^{주)} \times 12 + 600,000,000 \times 7}{12} = 1,178,871,074$$

주) 전기 이전에 자본화한 차입원가도 당기 적격자산의 평균지출액에 포함한다.

사례 5 **외환차이 중 차입원가의 조정**

1. 자료

① 2025.1.1. $1,000,000 건설 관련 차입(특정차입금), 1$대 환율 ₩1,100

② 이자지급 12.31. 이자율 5%

③ 2025.12.31. 1$대 환율 ₩1,130

④ 2025.1.1. $차입금 대신 ₩차입금 조달 시 조달가능이자율 6%

2. 회계처리

① 2025.1.1.

| (차) 현금 | 1,100,000,000 | (대) 장기차입금 | 1,100,000,000 |

② 2025.12.31.

| (차) 이자비용 | 56,500,000[주) | (대) 현금 | 56,500,000 |

주) $1,000,000 × 5% × 1,130 = 56,500,000

| (차) 외화환산손실 | 30,000,000[주) | (대) 장기차입금 | 30,000,000 |

주) $1,000,000 × (1,130 − 1,100) = 30,000,000

③ 차입원가대체액 결정

가. 대상액

56,500,000 + 30,000,000 = 86,500,000

나. 차입원가조정액(한도)

$1,000,000 × 1,100 × 6% = 66,000,000

이는 $차입금이 아닌 ₩차입금으로 건설 관련 차입금을 조달 시 회사가 부담해야 하는 이자비용 66,000,000원을 한도로 차입원가를 자본화하여야 한다는 것이다.

다. 회계처리

| (차) 건설중인자산 | 66,000,000 | (대) 이자비용 | 56,500,000 |
| | | 외화환산손실 | 9,500,000 |

---

(5) 자본화대상기간

기준서 제1023호는 자본화대상기간을 판정함에 있어서 자본화의 개시, 중단, 종료로 구분하여 설명하고 있다.

1) 자본화의 개시

차입원가는 자본화 개시일에 적격자산 원가로 처리한다. 자본화 개시일은 최초로 다음 조건을 모두 충족시키는 날이다(문단 17).

① 적격자산에 대하여 지출하고 있다.

② 차입원가를 발생시키고 있다.

③ 적격자산을 의도된 용도로 사용하거나 판매가능한 상태에 이르게 하는데 필요한 활동을 수행하고 있다.

2) 자본화의 중단

적격자산에 대한 적극적인 개발활동을 중단한 기간에는 차입원가의 자본화를 중단한다. 따라서 이 기간 동안 발생한 차입원가는 기간비용으로 처리한다.

3) 자본화의 종료

적격자산을 의도된 용도로 사용하거나 판매가능한 상태에 이르게 하는데 필요한 대부분의 활동이 완료된 시점에 차입원가의 자본화를 종료한다(문단 22).

적격자산이 물리적으로 완성된 경우라면 일상적인 건설 관련 후속 관리업무 등이 진행되고 있더라도 당해 자산을 의도된 용도로 사용할 수 있거나 판매가능한 상태에 있는 것으로 본다.

한편, 적격자산의 건설활동을 여러 부분으로 나누어 완성하고, 남아있는 부분의 건설활동을 계속 진행하고 있더라도 이미 완성된 부분이 사용가능하다면 당해 부분을 의도된 용도로 사용하거나 판매가능한 상태에 이르게 하는데 필요한 대부분의 활동을 완료한 시점에 차입원가의 자본화를 종료한다.

즉, 완성된 부분에 대해서만 자본화를 종료한다.

이와는 반대로 전체공정이 완료되는 시점까지 자본화를 하는 상황이 발생할 수도 있다. 즉, 개별부분이 사용되기 위해 자산 전체의 건설활동이 완료되어야 하는데, 이러한 예로는 제철소와 같이 동일한 장소에서 여러 생산부문별 공정이 순차적으로 이루어지는 여러 생산공정을 갖춘 산업설비를 들 수 있다.

참고로 토지, 건물, 기계장치에 대한 자본화대상기간은 다음과 같다.

자 산	자본화대상기간
토지	계약금의 지급일~잔금지급일 또는 사업제공일 중 빠른 날 단, 잔금지급일 이후부터 건물(또는 기계장치) 자본화대상기간에 대한 토지 관련 차입원가는 건물(또는 기계장치)의 취득원가로 계상한다.
건축물	착공일~준공일 또는 사용개시가능일 중 빠른 날
기계장치	설치일~정상제품생산가능일

(6) 법인세법

법인세법에서는 건설자금이자(차입원가)의 자본화에 있어 특정차입금에 대해서는 자본화를 강제하지만, 일반차입금에 대해서는 자본화 여부를 기업이 선택할 수 있게 하여 세무조정의 부담을 완화하여 주고 있다.

즉, 회사가 원할 경우 자본화한 금액을 손금산입·△유보처분하여 추후 감가상각 시 손금불산입할 수 있고, 세무조정을 하지 않는 방법도 선택할 수 있게 하고 있다.

5 후속원가

유형자산을 취득하여 사용하는 중에 그 자산과 관련된 여러 가지 지출이 발생하게 된다. 이를 후속원가라 하며 후속원가가 일반적인 유형자산의 인식요건을 충족하는 경우에는 유형자산의 원가에 포함하고, 그렇지 않은 경우에는 발생시점에 당기비용으로 인식한다.

(1) 유형자산의 주요 부품 등에 대한 정기적 교체가 필요한 경우

1) 내용

① 일부 유형자산의 경우 주요 부품이나 구성요소의 정기적 교체가 필요할 수 있다. 예를 들면 용광로의 경우 일정시간 사용 후에 내화벽돌의 교체가 필요할 수 있으며, 항공기의 경우에도 좌석과 취사실 등의 내부설비를 항공기 동체의 내용연수 동안 여러 번 교체할 필요가 있을 수 있다.

② 또한 유형자산이 취득된 후 반복적이지만 비교적 적은 빈도로 대체(예: 건물 인테리어 벽 대체)되거나 비반복적으로 대체되는 경우도 있다.

2) 회계처리

① 대체 시

유형자산의 일부를 대체할 때 발생하는 원가가 인식기준을 충족하는 경우에는 이를 해당 유형자산의 장부금액에 포함하여 인식한다.

② 제거되는 부분의 장부금액 제거

유형자산 항목의 일부에 대한 대체원가를 자산의 장부금액으로 인식하는 경우 대체되는 부분이 별도로 분리되어 상각되었는지 여부와 관계없이 대체된 부분의 장부금액은 제거한다. 대체된 부분의 장부금액을 결정하는 것이 실무적으로 불가능한 경우에는 대체된 부분을 취득하거나 건설한 시점의 원가를 추정하기 위한 지표로 그 대체원가를 사용할 수도 있다(문단 70). 이때 유형자산의 제거로 인하여 발생하는 손익은 순매각금액과 장부금액의 차이로 결정한다(문단 71).

(2) 정기적인 종합검사가 필요한 경우

항공기와 같은 유형자산을 계속적으로 가동하기 위해서는 당해 유형자산의 일부가 대체되는지 여부와 관계없이 결함에 대한 정기적인 종합검사가 필요할 수 있다. 정기적인 종합검사과정에서 발생하는 원가가 인식기준을 충족하는 경우에는 유형자산의 일부가 대체되는 것으로 보아 해당 유형자산의 장부금액에 포함하여 인식한다. 이 경우 직전에 이루어진 종합검사에서의 원가와 관련되어 남아 있는 장부금액(물리적 부분의 장부금액과는 구별됨)을 제거한다. 이러한 회계처리는 해당 유형자산을 매입하거나 건설할 때 종합검사와 관련된 원가를 분리하여 인식하였는지 여부와 관계가 없다(문단 14).

사례 6 **유형자산 주요 부품 교체**

Ⅰ. 자료
1. 수진(주)는 3년 전 용광로를 설치하면서 내화벽돌을 1,000개 사용하였으며, 내화벽돌의 취득원가는 1,000억 원이었다(1개당 원가: 1억 원).
   한편, 수진(주)는 내화벽돌에 대해 정액법(내용연수 5년, 잔존가치＝0)으로 회계처리하기로 하였다.
2. 2025년 말 내화벽돌 중 200개를 새로이 교체하였으며, 이에 대한 지출로 300억 원이 소요되었다.

Ⅱ. 2025년의 회계처리

　　1. 기존 내화벽돌의 제거

　　　(차) 감가상각누계액　　120억 원　　　(대) 구축물(내화벽돌)　　200억 원
　　　　　처분손실　　　　　　80억 원

　　2. 신규 내화벽돌 비용 지출

　　　(차) 구축물　　　　　　300억 원　　　(대) 현금　　　　　　　　300억 원

Ⅲ. 세무조정

　　법인세법에서는 교체에 따른 명확한 장부금액이 구분되지 않는다면 이를 감가상각비
　　로 손금인정받아야 하므로 한도초과액(유형자산처분손실계상액) 80억 원을 손금불산
　　입하여야 한다.

　　손금불산입 · 감가상각비 · 80억 원 · 유보

(3) 법인세법상 자본적지출 및 수익적지출

1) 의미

　감가상각자산(유형자산 및 무형자산, 법령 §24 ①)에 대한 취득 이후의 지출 중 법인이 소유하는 감가상각자산의 내용연수를 연장시키거나 해당 자산의 가치를 현실적으로 증가시키기 위하여 지출한 수선비를 '자본적지출'이라 하며(법령 §31 ②), 동 자본적지출액은 취득가액에 포함된다. 반면, 해당 고정자산의 원상을 회복하거나 능률유지를 위하여 지출한 수선비는 '수익적지출'이라고 하며, 동 수익적지출은 당기 손금으로 처리한다.

2) 자본적지출 해당 사례(법령 §31 ②)

① 본래의 용도를 변경하기 위한 개조

② 엘리베이터 또는 냉 · 난방장치의 설치

③ 빌딩 등에 있어서 피난시설 등의 설치

④ 재해 등으로 인하여 멸실 또는 훼손되어 본래의 용도에 이용가치가 없는 것의 건축
　물 · 기계 · 설비 등의 복구

⑤ 그 밖에 개량 · 확장 · 증설 등 '①~④'까지의 지출과 유사한 성질의 것[주]

　　주) 토지 관련 매입세액(토지의 취득 및 형질변경, 공장부지 및 택지의 조성, 토지만을 사용할 목적으
　　　로 건물을 취득 시의 건물취득 및 철거 등에 관한 매입세액)은 토지의 매입부대비용으로 처리함
　　　(부법 §17 ② 6호, 부령 §60 ⑥ 2호).

3) 수익적지출 해당 사례

가. 법인세법 시행규칙 제17조

① 건물 또는 벽의 도장

② 파손된 유리나 기와의 대체

③ 기계의 소모된 부속품의 대체와 벨트의 대체

④ 자동차 타이어의 대체

⑤ 재해를 입은 자산에 대한 외장의 복구, 도장, 유리의 삽입

⑥ 기타 조업가능한 상태의 유지 등 전 각 호와 유사한 것

나. 법인세법 기본통칙 23-31…2

① 새로운 공장으로 기계시설 등을 이전하기 위해 지출한 운반비와 인건비

② 임대차계약 해지 시 임차자산에 대한 자본적지출 미상각잔액

③ 분쇄기에 투입하는 강구(steel ball)비

④ 유리제조업체의 병형(틀)비

⑤ 법인세법 기본통칙 23-31…1 제1호 이외의 사유로 기존건축물을 철거하는 경우 기존 건축물의 장부가액과 철거비용

4) 세무상 처리

① 자본적지출과 수익적지출의 세무상 처리

구 분	자본적지출로 처리	수익적지출로 처리
자본적지출 해당액	감가상각을 통해 비용화	가. 수선비특례규정(법령 §31 ③)에 해당되는 경우 세무조정 없이 당기손금으로 인정 나. 특례규정에 해당되지 않는 경우 취득 즉시 감가 상각한 것으로 보아 상각시부인(법령 §31 ①)
수익적지출 해당액	손금산입(△유보)하고 감가상각 범위액 계산 시 동액을 취득가액 에서 차감하여 한도액을 계산	세무조정 없음.

② 수선비특례 규정

각 사업연도에 지출한 수선비가 다음에 해당하는 경우로서 그 수선비를 해당 사업연도의 손비로 계상한 경우에는 해당 수선비가 자본적지출에 해당하더라도, 이를 수익적지출로 보아 당기의 손금으로 인정한다(법령 §31 ③).

　가. 개별자산별로 수선비로 지출한 가액이 600만 원 미만인 경우

　나. 개별자산별로 수선비로 지출한 가액이 직전 사업연도 종료일 현재 F/P상 자산가액
　　{취득가액 - 감가상각누계액상당액}의 5%에 미달하는 경우

　다. 3년 미만의 기간마다 주기적인 수선을 위하여 지출하는 경우

5) 즉시상각의제 예외규정

　다음에 해당하는 자산은 취득 시 바로 손금으로 계상한 경우에도 즉시상각의제에 해당하지 않는다. 즉, 감가상각비로 보아 시부인계산하지 않고 당기손금으로 인정한다.

① 소액자산

　거래단위별로 취득가액이 100만 원 이하인 감가상각자산에 대하여는 이를 그 사업에 사용한 날이 속하는 사업연도의 손비로 계상한 경우에는 손금에 산입한다(법령 §31 ④).

　이때 '거래단위'라 함은 취득한 자산을 독립적으로 사업에 직접 사용할 수 있는 것을 말한다(법령 §31 ⑤). 따라서 부분품 등의 경우에는 독립적으로 사용할 수 없으므로 이에 해당되지 아니한다. 단, 다음에 해당하는 자산의 경우는 즉시상각을 인정하지 아니하므로 자산으로 계상한 후 감가상각하여야 한다.

　가. 그 고유업무의 성질상 대량으로 보유하는 자산

　나. 그 사업의 개시 또는 확장을 위하여 취득한 자산

② 어구 · 공구 등

　다음의 어구 · 공구 등에 대하여는 위 '①'의 단서규정에도 불구하고 이를 사업에 사용한 날이 속하는 사업연도의 손비로 계상한 것에 한하여 손금에 산입한다(법령 §31 ⑥).

　가. 어업에 사용되는 어구(어선용구를 포함)

　나. 영화필름, 공구, 가구, 전기기구, 가스기기, 가정용 기구 · 비품, 시계, 시험기기, 측정
　　기기 및 간판

　다. 대여사업용 비디오테이프 및 음악용 컴팩트디스크(CD)로서 개별자산의 취득가액이
　　30만 원 미만인 것

　라. 전화기(휴대용 전화기 포함) 및 개인용컴퓨터(그 주변기기를 포함)

　마. 장식 · 환경미화 등의 목적으로 사무실 · 복도 등 여러 사람이 볼 수 있는 공간에 항상
　　전시하는 미술품의 취득가액을 그 취득한 날이 속하는 사업연도의 손비로 계상한 경
　　우 그 취득가액(거래단위별 취득금액이 1,000만 원 이하인 것)(법령 §19 17호)

저자주

법인세법 시행령 제31조 제6항이 개정(2020.2.11.)되어 즉시상각대상인 공구의 범위에서 금형이 제외됨에 따라 금형의 기준내용연수가 변경된 경우라 하더라도 개정된 법인세법 시행령 시행일 이전에 금형의 내용연수를 신고하여 적용하고 있는 경우에는 법인세법 시행령 제28조 제4항에 따라 당초 적용하고 있는 신고내용연수(자산별 내용연수)를 적용하는 것임(법인세제과-352, 2023.6.22.).

이의 내용은 2020.2.11. 개정되기 전의 법인세법 시행령 제31조 제6항 제2호에 금형은 공구에 해당되어 동법 시행규칙 별표 5(건축물 등의 내용연수)의 내용연수를 적용하여 4~6년의 내용연수 중 기업이 선택하여 상각하였다. 그런데 2020.2.11. 시행령의 개정으로 금형이 즉시상각대상인 공구에서 제외되었고 감가상각 자산으로 계상한 금형의 내용연수를 기계장치(질의자의 업종은 자동차부품 제조업체로 별표 6상 내용연수범위는 9~15년임)의 내용연수를 적용하여야 하는 지에 대한 과세관청의 해석(서면법인-4554, 2021.7.20.)에서 금형에 대한 개정세법의 내용은 2020.1.1. 이후 개시하는 사업연도부터 적용하는 것이며, 자산의 기준내용연수가 변경됨에 따라 기존에 적용하던 신고내용연수가 개정된 기준내용연수에 다른 신고내용연수 범위 내에 해당되는 경우에는 별도의 신고없이 기존 신고내용연수를 적용할 수 있는 것이나, 기존 신고내용연수가 그 범위 내에 해당되지 않아 개정된 기준내용연수에서 25%를 가감한 내용연수를 적용받고자 하는 경우에는 동법 시행령 제28조 제3항에 따라 내용연수신고서를 납세지 관할 세무서장에게 제출하여야 한다고 하였다. 그러므로 질의법인의 경우 기존의 신고내용연수(4~6년 중 신고한 내용연수)는 별표 6의 자동차부품제조업의 내용연수인(9~15년)에 해당되지 않아 내용연수 변경신고서를 제출하여 승인을 받아야만 했다. 이에 대해 기재부에서는 금형의 내용연수가 변경되었지만 2020.1.1. 이전에 금형의 내용연수를 신고한 경우에는 당초 신고한 내용연수를 계속 적용한다고 해석을 하였고 국세청에서는 기존해석을 삭제하였다.

그리고 2024년 3월 법인세법 시행규칙 별표 5를 개정하여 2024년부터 취득하는 금형은 기준내용연수 5년(4~6년)을 적용하는 공구 등에 포함하도록 하였다.

③ 생산설비의 폐기 등

가. 시설의 개체 또는 기술낙후로 인하여 생산설비의 일부를 폐기한 경우 및 사업의 폐지 또는 사업장의 이전으로 임대차계약에 따라 임차한 사업장의 원상회복을 위하여 시설물을 철거하는 경우에는 당해 자산의 장부가액에서 1천 원을 공제한 금액을 폐기일이 속하는 사업연도의 손금에 산입할 수 있다(법령 §31 ⑦). 이때 폐기일이라 함은 동 생산설비를 철거하여 본래의 용도로 재사용되지 아니하게 되는

등 현실적으로 유형자산으로서의 효용이 없어지는 날을 말한다.

나. 의류소매업을 영위하는 법인이 새로운 인테리어설비를 설치하기 위해 행거, 카운터, 신발진열대 등 기존 인테리어설비를 폐기처분함으로써 발생한 손실금액은 폐기처분일이 속하는 사업연도의 손금에 산입된다(사전법규법인-0558, 2023.11.16.).

④ 법인이 손상차손을 계상한 경우

감가상각자산이 진부화, 물리적 손상 등에 따라 시장가치가 급격히 하락하여 법인이 기업회계기준에 따라 손상차손을 계상한 경우에는 해당 금액을 감가상각비로서 손비로 계상한 것으로 보아 감가상각시부인을 한다. 다만, 유형자산으로서 천재지변·화재 등의 사유로 파손되거나 멸실된 것에 대해 장부가액을 감액하는 경우는 제외한다(법령 §31 ⑧).

⑤ 화재보험에 가입된 유형자산의 재해손실

보험회사에서 보험금이 확정된 사업연도에 멸실된 유형자산의 장부금액과 확정된 보험금의 차액에 대하여 익금 또는 손금에 해당된다(법인세과-419, 2009.4.8.).

6 감가상각

(1) 의미

① 기업회계

유형자산은 기업에 장기간 경제적 효익을 제공하는 자산이다. 따라서 유형자산을 취득함과 동시에 전액을 비용으로 처리하는 것보다는 기업에 효익을 제공할 것이라고 생각되는 기간(내용연수) 동안 합리적이고 체계적인 방법(감가상각방법)으로 배분하여 유형자산이 제공하는 효익(수익)에 대응시켜 비용(감가상각비)을 인식하여야 할 것이다. 이것을 감가상각이라고 한다. 즉, 감가상각은 유형자산의 가치를 평가하는 과정이 아니라 자산의 취득원가를 사용가능기간에 합리적이고 체계적으로 원가를 배분하는 과정이다.

유형자산을 구성하는 일부의 원가가 당해 유형자산 전체원가에 비교하여 중요하다면 해당 유형자산을 각 부분별로 구분하여 감가상각한다.

항공기의 동체와 엔진은 별도 구분하여 감가상각하는 것이 적절할 수 있다.

또한, 유형자산의 전체원가에 비교하여 해당 원가가 유의적이지 않은 부분도 별도로 분리하여 감가상각할 수 있다.

② 법인세법상 시부인계산

> 감가상각비 회사계상액－세무상 한도액(상각범위액)
> ＝(＋) 상각부인액: 손금불산입 · 유보
> 　(－) 시인부족액: 세무조정 없음. 단, 시인부족액 범위 내에서 전기상각부인액을 손금산
> 　　　　　　　　 입. 일부 자산에 대해 전기상각부인액이 없는 경우에도 신고조정으로
> 　　　　　　　　 손금산입 적용

(2) 내용연수

1) 기업회계

　내용연수는 유형자산의 경제적 효익이 발생하는 기간을 말하며, 회사는 당해 자산의 성격과 업종을 고려하여 객관적이고 합리적으로 정해야 한다. 내용연수는 적어도 매 회계연도 말에 재검토하며, 재검토결과 추정치가 종전의 추정치와 다르다면 그 차이는 회계추정의 변경으로 회계처리한다.

중점사항　　**기준서 제1016호상 내용연수의 결정**

유형자산의 미래경제적효익은 주로 사용함으로써 소비하는 것이 일반적이다. 그러나 자산을 사용하지 않더라도 기술적 또는 상업적 진부화 및 마모나 손상 등의 요인으로 인하여 자산으로부터 기대하였던 경제적효익이 감소될 수 있다. 따라서 자산의 내용연수를 결정할 때에는 다음의 요소를 모두 고려한다(문단 56).
(1) 자산의 예상 생산능력이나 물리적 생산량을 토대로 한 자산의 예상사용수준
(2) 자산을 교대로 사용하는 빈도, 수선 · 유지계획과 운휴 중 유지보수 등과 같은 가동요소를 고려한 자산의 예상 물리적 마모나 손상
(3) 생산방법의 변화, 개선 또는 해당 자산에서 생산되는 제품 및 용역에 대한 시장수요의 변화로 인한 기술적 또는 상업적 진부화
(4) 리스계약의 만료일 등 자산의 사용에 대한 법적 또는 이와 유사한 제한

2) 법인세법상 내용연수

가. 규정

법인세법은 회사가 자의적으로 내용연수를 선택함으로써 기간손익을 왜곡하거나 기간 간 비교가능성을 저해하는 것을 방지하기 위해 내용연수에 대한 구체적 규정을 두고 있는 바, 법인세법상 내용연수에는 다음과 같은 것이 있다.

구 분	의 의	내 용
기준내용연수	1. 시험연구용자산과 무형자산: 내용연수 2. '1.' 외의 감가상각자산: 구조 또는 자산별·업종별로 법인세법 시행규칙 별표에서 정하는 내용연수 (법령 §28 ①·②)	1. 무신고 시 적용하는 내용연수 2. 건축물 등[별표 5], 업종별 자산[별표 6], 시험연구용 자산[별표 2], 무형고정자산[별표 3]으로 구분하여 규정하고 있다. 3. 기준내용연수는 계속 적용(법령 §28 ④)
신고내용연수	기준내용연수 또는 내용연수범위 내에서 법인이 연단위로 선택하여 납세지 관할 세무서장에게 신고한 내용연수 (법령 §28 ①·⑤)	1. 신설법인 및 자산별·업종별로 기준내용연수가 다른 고정자산 신규취득 시 또는 새로운 업종 사업개시 시 신고(법령 §28 ③) 2. 기준내용연수±25% 단, [별표 2], [별표 3] 자산 제외 3. 신고내용연수는 계속 적용 (법령 §28 ④)
승인내용연수	법소정 사유에 해당 시 납세지 관할 지방국세청장의 승인을 얻어 사업장별로 내용연수범위와 달리 적용하는 내용연수(법령 §29 ①)	• 기준내용연수±50% • K-IFRS 최초 적용 연도에 결산 내용연수를 변경 또는 기준내용연수 변경 경우 기준내용연수±25%
수정내용연수	중고자산 또는 합병·분할에 의해 자산을 인수한 경우 납세지 관할 세무서장에게 신고한 내용연수(법령 §29의2 ①)	기준내용연수±50%~기준내용연수

나. 승인내용연수

① 승인신청이 가능한 사유(법령 §29 ①)

㉠ 사업장의 특성으로 자산의 부식·마모 및 훼손의 정도가 현저한 경우

㉡ 영업개시 후 3년이 경과한 법인으로서 당해 사업연도의 생산설비(건축물 제외)의 가동률이 직전 3개 사업연도의 평균가동률보다 현저히 증가한 경우

이때 가동률은 다음의 방법 중 법인이 선택한 가동률을 말한다(법칙 §16).

$$\bullet \quad \frac{\text{당해 사업연도 실제생산량}}{\text{연간 생산가능량}} \times 100$$

$$\bullet \quad \frac{\text{연간 작업시간}}{\text{연간 작업가능시간}} \times 100$$

ⓒ 새로운 생산기술 및 신제품의 개발·보급 등으로 기존 생산설비의 가속상각이 필요한 경우

ⓔ 경제적 여건의 변동으로 조업을 중단하거나 생산설비의 가동률이 감소한 경우

ⓜ 감가상각자산[주]에 대하여 한국채택국제회계기준을 최초로 적용하는 사업연도에 결산 내용연수를 변경한 경우. 다만, 결산내용연수가 연장된 경우 내용연수를 연장하고 결산내용연수가 단축된 경우 내용연수를 단축하는 경우만 해당하되, 내용연수를 단축하는 경우에는 결산내용연수보다 짧은 내용연수로 변경할 수 없다.

ⓗ 감가상각자산[주]에 대한 기준내용연수가 변경된 경우. 다만, 내용연수를 단축하는 경우로서 결산내용연수가 변경된 기준내용연수의 100분의 25를 가감한 범위 내에 포함되는 경우에는 결산내용연수보다 짧은 내용연수로 변경할 수 없다.

주) 감가상각자산: 시험연구용자산, 무형자산을 제외한 감가상각자산을 말한다.

내국법인이 2014.1.1. 이후 취득한 업종별 감가상각자산에 대해 2013.2.23. 기획재정부령 제325호로 개정된 「법인세법 시행령」[별표 6]의 내용연수를 적용함에 있어 기준내용연수에서 100분의 25를 가감한 내용연수를 적용받고자 하는 경우에는 2014.1.1. 이후 해당 자산을 취득한 날이 속하는 최초 사업연도의 법인세 과세표준 신고기한까지 내용연수신고서를 납세지 관할세무서장에게 제출하여야 하는 것으로 해당 신고기한 내에 신고를 하지 아니한 경우(회사는 2013년까지 취득분에 대하여 기준내용연수 10년·신고내용연수 8년을 적용하여 상각하였고 2013.3.23. 별표6의 개정(2014.1.1. 이후 취득분부터 적용)으로 기준내용연수가 12년으로 변경되었고 내용연수 신고없이 9년의 내용연수로 감가상각함)에는 「법인세법 시행령」 제28조 제1항 제2호 단서 및 같은령 같은 조 제4항에 따라 기준내용연수와 그에 따른 상각률을 적용하는 것이다(사전법령법인-848, 2018.2.9.).

② 승인신청기한·신청방법

내용연수범위 적용을 위한 승인 또는 변경신청은 법인세법 시행령 제28조 제3항 각 호의 날(영업개시일 또는 새로운 업종 영업개시일, 신규취득자산 취득일)부터 3월 또는 그 변경

할 내용연수를 적용하고자 하는 최초 사업연도의 종료일까지 납세지 관할 세무서장을 거쳐 관할 지방국세청장에게 [별지 제63호 서식]인 내용연수승인(변경승인)신청서를 제출(국세정보통신망에 의한 제출 포함)하여야 한다. 이 경우 내용연수의 승인·변경승인의 신청은 연단위로 하여야 한다(법령 §29 ②). 당초 신고하지 않은 법인도 승인(변경)사유 해당 시에는 승인신청하여 변경할 수 있다(법인 46012-4151, 1998.12.30.).

③ 승인결정·통지

'②'의 신청서를 접수한 납세지 관할 세무서장은 신청서의 접수일이 속하는 사업연도 종료일부터 1개월 이내에 관할 지방국세청장으로부터 통보받은 승인 여부에 관한 사항을 통지하여야 한다(법령 §29 ③).

④ 승인내용연수 재변경 금지기간

감가상각자산의 내용연수를 변경(재변경 포함)한 법인이 당해 자산의 내용연수를 다시 변경하고자 하는 경우에는 변경한 내용연수를 최초로 적용한 사업연도 종료일부터 3년이 경과하여야 한다(법령 §29 ⑤).

중점사항　　**적격합병 등에 의해 취득한 자산의 상각범위액 계산(법령 §29의2 ②)**

1. **적격합병 등의 범위**
   적격합병, 적격분할, 적격물적분할 또는 적격현물출자(법법 §47의2 ① 각 호의 요건을 모두 갖추어 양도차익에 해당하는 금액을 손금에 산입하는 현물출자)를 말한다.

2. **상각범위액 계산**
   (1) 취득가액
   　　적격합병 등에 의하여 자산을 양도한 법인(양도법인)의 취득가액으로 한다.
   (2) 미상각잔액 계산
   　　양도법인의 양도당시의 장부가액[주] - 양수법인이 감가상각비로 산입한 금액
   　　주) 양도당시의 시가 - 자산조정계정
   (3) 해당 자산의 상각범위액
   　　다음 중 어느 하나의 방법으로 정할 수 있으며, 선택한 방법은 그 후 사업연도에도 계속 적용한다.
   　　① 양도법인이 상각범위액을 승계하는 방법. 이 경우 상각범위액은 양도법인이 적용하던 상각방법 및 내용연수에 의하여 계산한 금액으로 한다.

> ② 양수법인의 상각범위액을 적용하는 방법. 이 경우 상각범위액은 양수법인이
> 적용하던 상각방법 및 내용연수에 의하여 계산한 금액으로 한다.

사례 7 정액법 상각 시 내용연수 변경

1. 자료

① 2023.1.1. 차량운반구 10,000,000원 취득, 내용연수 5년, 정액법 적용

② 2024.12.31. 현재 감가상각누계액은 4,000,000원이다.

③ 2025년에 내용연수를 4년으로 변경하였다.

④ 기취득자산은 내용연수변경시점의 잔존내용연수를 적용하기로 한다.

2. 회계처리

① 2025년의 감가상각비

$$(10,000,000 - 4,000,000) \times \frac{1}{2^{주)}} = 3,000,000원$$

주) 변경내용연수 4년 - 경과내용연수 2년 = 잔존내용연수 2년

② 회계처리

(차) 감가상각비	3,000,000	(대) 감가상각누계액	3,000,000

3. 세무조정

(1) 내용연수 변경승인을 얻은 경우

① 세무상 상각범위액(한도액)

10,000,000×0.250(4년, 정액법) = 2,500,000원

즉, 법인세법에서는 내용연수를 변경해도 취득가액(정액법인 경우)에 변경된
내용연수(잔존내용연수가 아님)의 상각률을 곱하여 상각범위액을 계산한다.

② 시부인계산

회사계상액 3,000,000 - 한도액 2,500,000 = 한도초과액 500,000원

③ 세무조정

손금불산입 · 감가상각비 · 500,000 · 유보

(2) 내용연수 변경승인을 얻지 못한 경우

① 세무상 상각범위액(한도액)

10,000,000×0.200(5년, 정액법) = 2,000,000원

내용연수 변경승인을 얻지 못했으므로 세무상 신고내용연수인 5년의 상각률을
곱하여 상각범위액을 계산한다.

② 시부인계산

회사계상액 3,000,000 – 한도액 2,000,000 = 한도초과액 1,000,000원

③ 세무조정

손금불산입 · 감가상각비 · 1,000,000 · 유보

사례 8 **정률법 상각 시 내용연수 변경**

1. 자료

① 2022.1.1. 기계장치 10억 원 취득, 내용연수 6년, 정률법 신고(상각률 0.394)

② 2024.12.31. 현재 감가상각누계액은 777,454,984이다.

③ 2025년에 내용연수 8년으로 변경, 상각방법은 정률법으로 동일하다.

④ 기취득자산은 내용연수변경시점의 잔존내용연수를 적용하기로 한다.

2. 회계처리

① 2025년의 감가상각비

$(1,000,000,000 - 777,454,984) \times 0.451$(잔존내용연수 5년, 정률법) = 100,367,802원

② 회계처리

(차) 감가상각비　　　100,367,802　　　(대) 감가상각누계액　　　100,367,802

[별표 5] 건축물 등의 기준내용연수 및 내용연수범위표(법칙 §15 ③ 관련)

구분	기준내용연수 및 내용연수범위 (하한~상한)	구조 또는 자산명
1	5년 (4~6년)	차량 및 운반구[운수업, 임대업(부동산 제외)에 사용되는 차량 및 운반구를 제외한다], 공구, 기구, 금형 및 비품
2	12년 (9~15년)	선박 및 항공기[어업, 운수업, 임대업(부동산 제외)에 사용되는 선박 및 항공기를 제외]
3	20년 (15~25년)	연와조, 블록조, 콘크리트조, 토조, 토벽조, 목조, 목골모르타르조, 기타 조의 모든 건물(부속설비를 포함한다)과 구축물
4	40년 (30~50년)	철골 · 철근콘크리트조, 석조, 연와석조, 철골조의 모든 건물(부속설비를 포함한다)과 구축물

1. 이 표를 적용할 때 건물(부속설비를 포함한다)과 구축물이 그 기준내용연수 및 내용연수 범위가 서로 다른 둘 이상의 복합구조로 구성되어 있는 경우에는 주된 구조에 의한 기준 내용연수 및 내용연수범위를 적용한다.

2. 이 표 제3호 및 제4호를 적용할 때 부속설비에는 해당 건물과 관련된 전기설비, 급배수·위생설비, 가스설비, 냉방·난방·통풍 및 보일러설비, 승강기설비 등 모든 부속설비를 포함하고, 구축물에는 하수도, 굴뚝, 경륜장, 포장도로, 교량, 도크, 방벽, 철탑, 터널 그 밖에 토지에 정착한 모든 토목설비나 공작물을 포함한다.

   다만, 부속설비를 해당건물과 구분하여 업종별 자산으로 회계처리하는 경우에는 [별표 6]을 적용할 수 있다.

3. 다음 각 목의 어느 하나에 해당하는 건물(부속설비를 포함한다) 또는 구축물에 대해서는 이 표 제3호의 기준내용연수 및 내용연수범위(하한~상한)를 10년(8년~12년)으로 하고, 이 표 제4호의 기준내용연수 및 내용연수범위(하한~상한)를 20년(15년~25년)으로 한다.

   가. 건물 중 변전소, 발전소, 공장, 창고, 정거장·정류장·차고용 건물, 폐수 및 폐기물처 리용건물, 유통산업발전법 별표에 따른 대형마트 또는 전문점(해당 대형마트 또는 전문점의 지상층에 주차장이 있는 경우로 한정한다), 국제회의산업 육성에 관한 법 률에 따른 국제회의시설, 무역거래기반 조성에 관한 법률에 따른 무역거래기반시설 (별도의 건물인 무역연수원을 제외한다), 축사

   나. 구축물 중 하수도, 굴뚝, 경륜장, 포장도로, 폐수 및 폐기물처리용구축물

   다. 건물 또는 구축물 중 진동이 심하거나 부식성 물질에 심하게 노출된 것

주) 1. [별표 5]의 자산은 '구분 1·2·3·4 각 호'에 열거한 「구조 또는 자산명」 단위로 동일내용연수를 적용 하는 것이며, 예를 들어 구분 1호에서 "차량 및 운반구"와 "공구"는 각각 별개의 자산이므로 내용연수 범위 내에서 각각 다른 내용연수를 선택할 수 있으나, 차량 및 운반구에 속하는 모든 차량은 같은 내용 연수를 적용하여야 함(법통 23-28…4).
   [예시] 구분 '1' 중 차량 및 운반구→4년, 공구→5년, 기구 및 비품→6년: 가능
 2. 공장건물의 기준내용연수는 20년임(조심 2017중4180, 2017.11.2.).
 3. 내국법인이 임차한 나대지를 주차장 및 물류 하치장으로 사용하기 위하여 포장공사비를 지출한 경우 해당 주차장 및 물류하치장의 포장노면은 법인령 제24조 제1항 제1호 가목의 구축물에 포함됨. 또한 임대차 계약조건에 따라 임차기간 종료시 원칙적으로 원상복구의무가 있는 경우에는 임차법인이 해당 구축물을 감가상각하는 것이며, 이 경우 시행규칙 별표5에 따라 20년의 기준내용연수를 적용함(사전법 규법인-145, 2024.5.13.).

[별표 6] 업종별 자산의 기준내용연수 및 내용연수범위표(법칙 §15 ③ 관련)

구분	기준내용연수 및 내용연수범위 (하한~상한)	적용대상자산 (다음에 규정된 한국표준산업분류상 해당 업종에 사용되는 자산)	
		대분류	중분류
1	4년 (3~5년)	제조업	15. 가죽, 가방 및 신발제조업. 다만, 원피가공 및 가죽제조업(1511)은 구분 4(6~10년)를 적용한다.
		교육서비스업	85. 교육서비스업
2	5년 (4~6년)	농업, 임업 및 어업	01. 농업. 다만, 과수의 경우에는 구분 9(15~25년)를 적용한다. 02. 임업
		광업	05. 석탄, 원유 및 천연가스 광업
		제조업	18. 인쇄 및 기록매체복제업 21. 의료용 물질 및 의약품 제조업
		수도, 하수 및 폐기물 처리, 원료 재생업	37. 하수·폐수 및 분뇨 처리업 38. 폐기물 수집운반, 처리 및 원료재생업. 다만, 해체, 선별 및 원료재생업(383) 중 재생용 금속·비금속 가공원료 생산업은 구분 5(8~12년)를 적용한다. 39. 환경 정화 및 복원업
		건설업	42. 전문직별 공사업
		도매 및 소매업	45. 자동차 및 부품 판매업 46. 도매 및 상품중개업 47. 소매업(자동차는 제외한다)
		운수업 및 창고업	49. 육상 운송 및 파이프라인 운송업. 다만, 철도운송업(491) 및 도시철도 운송업(49211)은 구분 9(15~25년)를 적용하고 택배업(49401) 및 늘찬 배달업(49402)은 구분 4(6~10년)를 적용한다.
		정보통신업	58. 출판업 59. 영상·오디오 기록물 제작 및 배급업 60. 방송 및 영상·오디오물 제공 서비스업 62. 컴퓨터 프로그래밍, 시스템 통합 및 관리업 63. 정보서비스업
		금융 및 보험업	64. 금융업 65. 보험업 66. 금융 및 보험 관련 서비스업
		전문, 과학 및	70. 연구개발업

구분	기준내용연수 및 내용연수범위 (하한~상한)	적용대상자산 (다음에 규정된 한국표준산업분류상 해당 업종에 사용되는 자산)	
		대분류	중분류
2	5년 (4~6년)	기술 서비스업	71. 전문 서비스업 72. 건축기술, 엔지니어링, 기타 과학기술 서비스업 73. 기타 전문, 과학 및 기술 서비스업
		사업시설관리, 사업지원 및 임대서비스업	74. 사업시설관리 및 조경 서비스업 75. 사업지원 서비스업. 다만, 여행사 및 기타 여행 보조 서비스업(752)은 구분 4(6~10년)를 적용한다. 76. 임대업(부동산은 제외한다)
		공공행정, 국방 및 사회보장행정	84. 공공행정, 국방 및 사회보장행정
		보건업 및 사회 복지 서비스업	86. 보건업 87. 사회복지사업
		예술, 스포츠 및 여가 관련 서비스업	90. 창작, 예술 및 여가 관련 서비스업 91. 스포츠 및 오락 관련 서비스업
		협회 및 단체, 수리 및 기타 개인 서비스업	94. 협회 및 단체 96. 기타 개인 서비스업
		가구 내 고용활동 및 달리 분류되지 않은 자가소비 생산활동	97. 가구 내 고용활동 98. 달리 분류되지 않은 자가소비를 위한 가구의 재화 및 서비스 생산활동
		국제 및 외국기관	99. 국제 및 외국기관
3	6년 (5~7년)	제조업	26. 전자부품, 컴퓨터, 영상, 음향 및 통신장비 제조업. 다만, 마그네틱 및 광학 매체 제조업(2660)은 구분 4(6~10년)를 적용하고, 전자코일, 변성기 및 기타 전자유도자 제조업(26293) 및 유선 통신장비 제조업(26410) 중 중앙통제실 송신용 침입 및 화재경보 시스템 제조는 구분 5(8~12년)를 적용한다.
		정보통신업	61. 우편 및 통신업
4	8년 (6~10년)	제조업	14. 의복, 의복 액세서리 및 모피제품 제조업. 다만, 편조 의복 제조업(143) 및 편조의복 액세서리 제조업(1441)

구분	기준내용연수 및 내용연수범위 (하한~상한)	적용대상자산 (다음에 규정된 한국표준산업분류상 해당 업종에 사용되는 자산)	
		대분류	중분류
4	8년 (6~10년)	제조업	은 구분 5(8~12년)를 적용한다. 20. 화학물질 및 화학제품 제조업(의약품은 제외한다). 다만, 살균·살충제 및 농약 제조업(2032)은 구분 1(3~5년)을 적용하고, 화약 및 불꽃제품 제조업(20494) 중 성냥 제조는 구분 5(8~12년)를 적용한다. 34. 산업용 기계 및 장비 수리업
		건설업	41. 종합건설업
		운수 및 창고업	52. 창고 및 운송관련 서비스업
		숙박 및 음식점업	55. 숙박업 56. 음식점 및 주점업
		부동산업	68. 부동산업
		협회 및 단체, 수리 및 기타 개인 서비스업	95. 개인 및 소비용품 수리업
5	10년 (8~12년)	농업, 임업 및 어업	03. 어업. 다만, 내수면 양식 어업(03212) 중 수생파충류 및 개구리 양식은 구분 2(4~6년)를 적용한다.
		광업	06. 금속광업 07. 비금속 광물광업(연료용을 제외한다). 다만, 그 외 기타 비금속광물 광업(0729) 중 토탄 채굴은 구분 2(4~6년)를 적용한다. 08. 광업 지원 서비스업. 다만, 광업지원서비스업(08000) 중 채굴목적 광물탐사활동, 유·무연탄 채굴 지원 서비스 및 갈탄 및 토탄 채굴 지원 서비스는 구분 2(4~6년)를 적용한다.
		제조업	10. 식료품 제조업 11. 음료 제조업 13. 섬유제품 제조업(의복을 제외한다). 다만, 섬유제품 염색, 정리 및 마무리 가공업(134)은 구분 4(6~10년)를 적용한다. 16. 목재 및 나무제품제조업(가구는 제외한다) 17. 펄프, 종이 및 종이제품 제조업 22. 고무 및 플라스틱제품 제조업 23. 비금속 광물제품 제조업. 다만, 기타 산업용 유리제품

구분	기준내용연수 및 내용연수범위 (하한~상한)	적용대상자산 (다음에 규정된 한국표준산업분류상 해당 업종에 사용되는 자산)	
		대분류	중분류
5	10년 (8~12년)	제조업	제조업(23129) 중 평판 디스플레이용 유리의 제조업과 브라운관용 벌브유리의 제조업은 구분 2(4~6년)를 적용한다. 24. 1차 금속 제조업. 다만, 기타 비철금속 제련, 정련 및 합금 제조업(24219) 중 우라늄 제련 및 정련업은 구분 4(6~10년)를 적용한다. 25. 금속가공제품 제조업(기계 및 가구는 제외한다) 27. 의료, 정밀, 광학기기 및 시계 제조업 28. 전기장비 제조업 29. 기타 기계 및 장비 제조업 31. 기타 운송장비 제조업 32. 가구 제조업 33. 기타 제품 제조업
6	12년 (9~15년)	제조업	12. 담배제조업. 다만 니코틴에 함유된 전자담배 기기용 용액 제조는 구분 4(6년~10년)를 적용한다. 30. 자동차 및 트레일러 제조업
		운수업	50. 수상 운송업. 다만, 외항화물운송업(50112)은 구분 9(15~25년)를 적용한다. 51. 항공 운송업
7	14년 (11~17년)	제조업	19. 코크스, 연탄 및 석유정제품 제조업. 다만, 코크스 및 연탄 제조업(1910) 중 연탄, 갈탄·토탄의 응집 유·무연탄 및 기타 유·무연탄 제조는 구분 2(4~6년)를 적용한다.
8	16년 (12~20년)	전기, 가스, 증기 및 공기조절 공급업	35. 전기, 가스, 증기 및 공기조절 공급업
9	20년 (15~25년)	수도, 하수 및 폐기물 처리, 원료재생업	36. 수도사업

※ 비고
1. 이 표는 [별표 3]이나 [별표 5]의 적용을 받는 자산을 제외한 모든 감가상각자산에 대하여 적용한다.
2. 내용연수범위가 서로 다른 2 이상의 업종에 공통으로 사용되는 자산이 있는 경우에는 그 사용기간이나 사용 정도의 비율에 따라 사용비율이 큰 업종의 기준내용연수 및 내용연수범위를 적용한다.

> **저자주** ●
>
> **태양광설비의 감가상각**
>
> 태양광으로 전기를 생산하는데 사용되는 태양광 발전설비는 법인세법 시행규칙 별표 6의 자산으로 보아 법인세법 시행령 제26조 및 제28조에 의한 감가상각방법과 내용연수에 따른 상각률을 적용하는 것임(기준법무법인-194, 2023.3.6.).
>
> 이는 종전의 과세관청은 전기를 생산하는데 사용되는 토지에 정착된 태양광발전설비는 법인세법 시행규칙 별표 5의 자산(구축물)으로 보아 내용연수를 적용한다는 유권해석을 발표하였으나(법인세과-582, 2010.6.25. 등) 조세심판원에서는 이를 기계장치로 인정하는 결정을 하여(조심 2017전4319, 2018.12.12.) 차이가 있었으나 국세청이 조세심판원의 결정을 수용한 유권해석을 내려 종전의 유권해석을 폐기하였다.

(3) 잔존가치

잔존가치는 내용연수 경과 후 유형자산 처분 시의 추정 처분가액에서 처분과 관련된 비용을 차감한 가액을 말하며 회사는 당해 자산의 성격과 업종 등을 고려하여 객관적이고 합리적으로 추정해야 하며, 적어도 매 회계연도 말에 재검토한다. 재검토결과 추정치가 종전 추정치와 다르다면 그 차이는 회계추정의 변경으로 회계처리한다. 잔존가치를 추정한다는 것은 매우 어려운 일이므로 실무적으로는 대부분 영(0)으로 하고 있다.

(4) 감가상각대상금액

감가상각대상금액은 유형자산 취득원가에서 잔존가치를 차감한 금액을 말하는데, 감가상각대상금액은 내용연수에 걸쳐 체계적인 방법으로 배분한다(문단 50).

(5) 감가상각 시 고려사항

1) 감가상각대상자산

모든 유형자산이 감가상각의 대상이 되는 것이 아니라 기업의 영업활동에 사용되어 수익을 창출하는데 기여하고 있으며, 시간이 경과함에 따라 또는 계속적으로 사용함에 따라 그 가치가 감소하는 자산을 대상으로 한다. 따라서 토지, 골동품, 서화 등은 시간이 지남에 따라 그 가치가 감소하지 않기 때문에, 건설중인자산은 아직 건설이 완료되어 수익창출에 기여를 하지 않기 때문에 감가상각대상자산이 되지 않는다.

2) 감가상각의 시작과 중지

① 기업회계

가. 시작

유형자산의 감가상각은 자산이 사용가능한 때부터 시작한다. 즉, 경영진이 의도하는 방식으로 자산을 가동하는데 필요한 장소와 상태에 이른 때부터 시작한다.

> **┤ 신속처리 질의·답변 ├**
>
> 제약·바이오 생산업체의 경우 공장을 완공한 후에도 제조는 가능하지만, 일정절차 및 인증을 완료한 후에야 상업용으로 생산이 가능한 경우 감가상각개시시점을 상업용으로 생산이 가능한 시점인지의 결정은 회사가 사실관계를 파악하여 결정해야 함.

나. 중지

감가상각은 매각예정자산으로 분류되는(또는 매각예정으로 분류되는 처분자산집단에 포함되는) 날과 자산이 제거되는 날 중 이른 날에 중지한다. 따라서 유형자산이 가동되지 않거나 유휴상태가 되더라도 감가상각이 완전히 이루어지기 전까지는 감가상각을 중단하지 않는다. 그러나 유형자산의 사용 정도에 따라 감가상각을 하는 경우에는 생산활동이 이루어지지 않을 때 감가상각액을 인식하지 않을 수 있다.

② 법인세법

가. 시작

기업회계와 동일하게 사용일부터 세무상 상각범위액을 계산한다.

나. 감가상각 가능 유휴설비

부정기적인 휴업으로 가동 일시중단 또는 수주 격감 등으로 조업도 조정에 따라 가동중단 시 상시 재가동이 가능한 상태의 자산에 대해서는 일반적인 감가상각시부인을 적용한다. 단, 이에 해당하는지의 여부는 일시적인 가동중단상태·상시 재가동 가능상태에 있는지 여부를 사실판단하여 결정하여야 한다(서이-1971, 2005.12.5.).

다. 감가상각 불능 유휴설비

특정제품이 완전히 생산중단 또는 사업의 폐업으로 인하여 사업에 공하지 않는 자산·재가동불능의 사실상 폐기자산에 대한 감가상각비(또는 손상차손)계상액에 대하여는 법인세법상 감가상각대상자산에 해당하지 않아 비용계상액을 전액 손금불산입한다.

다만, 시설의 개체 또는 기술의 낙후로 인하여 생산설비의 일부를 폐기한 경우에는 당해 자산의 장부가액에서 1천 원을 공제한 금액을 폐기일(생산설비를 철거하여 본래의 용도로 재사용되지 아니하게 되는 등 현실적으로 유형자산으로서의 효용이 없어지는 날(서이 46012-11062, 2002.5.21.)이 속하는 사업연도의 손금에 산입한다(법령 §31 ⑦).

(6) 감가상각방법

1) 기업회계상 감가상각방법

감가상각방법은 감가상각대상금액을 내용연수 동안 합리적이고 체계적인 방법으로 배분하기 위한 방법으로 당해 자산의 특성과 생산활동에의 투입방법 등을 고려하여 합리적으로 채택하여야 한다. 감가상각방법에는 다음과 같은 방법이 있다.

① 정액법

② 가속상각법: 정률법, 이중체감법, 연수합계법

③ 비례법: 생산량비례법, 작업시간비례법

④ 기타: 연금법, 상각기금법, 종합상각법 등

유형자산의 감가상각방법은 적어도 매 회계연도 말에 재검토한다. 재검토결과 자산에 내재된 미래경제적효익의 예상되는 소비형태에 유의적인 변경이 있다면 감가상각방법을 변경한다. 이러한 감가상각방법의 변경은 회계추정의 변경이므로 전진법을 적용하여 회계처리한다.

2) 법인세법상 감가상각방법

법인세법에서는 내용연수와 마찬가지로 감가상각대상 자산별로 감가상각방법을 구체적으로 규정하고 있는데, 이는 다음과 같다(법령 §26 ①, ②).

구 분		신고가능방법	무신고 시 적용방법
유형 자산	건축물	정액법	좌동
	광업용 유형자산	정액법, 정률법, 생산량비례법	생산량비례법
	폐기물 매립시설	정액법, 생산량비례법	
	이외의 자산	정액법, 정률법	정률법
무형 자산	광업권	정액법, 생산량비례법	생산량비례법
	개발비	관련 제품의 판매 또는 사용 가능한 시점부터 20년의 범위에서 연단위	관련 제품의 판매 또는 사용 가능한 시점부터 5년 동안 매

구 분	신고가능방법	무신고 시 적용방법
	로 신고한 내용연수에 따라 매 사업연도별 경과월수에 비례하여 상각하는 방법	년 균등액 상각
주파수이용권, 공항(항만) 시설관리권	사용기간에 따라 균등액 상각	좌동
사용수익기부자산	해당자산의 사용수익기간(그 기간에 관한 특약이 없는 경우 신고내용연수를 말한다)에 따라 균등하게 안분한 금액	좌동

이때, 법인은 법인설립 시 또는 신규 감가상각자산을 취득하는 때에 감가상각자산별로 하나의 방법을 선택하여 납세지 관할 세무서장에게 영업을 개시한 날 또는 취득일이 속하는 사업연도의 법인세과세표준의 신고기한까지 감가상각방법신고서를 제출(국세정보통신망에 의한 제출 포함)하여야 한다(법령 §26 ③).

3) 정액법

정액법은 매기 동일한 금액을 상각하는 것으로서 감가상각대상금액을 내용연수 동안 균등하게 배분하는 방법이다. 즉, 정액법은 자산의 경제적 효익이 내용연수 동안 균등할 것으로 가정하는 방법인 것이다. 정액법에 의한 매기의 감가상각비는 다음과 같다.

$$감가상각비(정액법) = \frac{취득원가 - 잔존가치}{내용연수}$$

4) 정률법

정률법은 자산의 초기에 경제적 효익이 크고 시간이 경과할수록 경제적 효익이 감소한다고 가정하여, 내용연수 초기에는 감가상각비를 많이 인식하고 후반으로 갈수록 적게 인식하는 방법이다. 매기의 감가상각비는 다음과 같이 계산한다. 단, n은 내용연수이다.

$$매기 감가상각비 = 장부가액 \times 정률(상각률)$$
$$= (취득원가 - 전기말 감가상각누계액) \times 정률(상각률)$$
$$정률(상각률) = 1 - \sqrt[n]{잔존가치 \div 취득원가}$$

5) 생산량비례법

생산량비례법은 자산의 예상조업도(예상생산량)에 근거하여 감가상각액을 계상하는 방법이다. 이 방법에 따르면 실제 생산량에 근거하여 감가상각비를 계상하므로 기중에 취득한 경우에도 월할상각을 하지 아니한다. 생산량비례법에 의한 매기의 감가상각비는 다음과 같다.

$$매기\ 감가상각비 = 당해\ 연도\ 생산량(채굴량\ 또는\ 매립량) \times 단위당\ 감가상각비$$

$$단위당\ 감가상각비 = \frac{취득원가 - 잔존가치}{추정총생산량(채굴량\ 또는\ 매립량)}$$

6) 감가상각비의 배분

감가상각비는 그 발생원인에 따라 관련 계정으로 배분되어야 한다. 즉, 제조활동과 관련된 감가상각비는 제조원가로, 연구개발활동과 관련된 감가상각비는 연구비, 경상개발비 또는 개발비로, 일반활동과 관련된 감가상각비는 관리비로 배분되어야 한다.

구 분		감가상각비 회계처리
제조활동에 사용		제조원가
연구개발활동에 사용	무형자산 인식요건 충족	개발비
	그 외	연구비 또는 경상개발비
이외		관리비

7) 감가상각방법의 변경

① 기업회계

유형자산의 감가상각방법은 적어도 매 회계연도 말에 재검토한다. 재검토결과 자산에 내재된 미래경제적효익의 예상되는 소비형태에 유의적인 변경이 있다면 감가상각방법을 변경한다. 이러한 감가상각방법의 변경은 회계추정의 변경이므로 전진법을 적용하여 회계처리한다(문단 61).

② 법인세법

관할 세무서장의 승인을 받아 감가상각방법을 변경하는 경우의 상각범위액은 다음과 같이 계산한다(법령 §27 ⑥). 다만, 법인이 변경승인을 얻지 아니하고 상각방법을 변경한 경우에는 상각범위액은 변경 전의 상각방법에 의하여 계산한다(법령 §27 ⑤).

가. 정액법으로 변경하는 경우

정률법 또는 생산량비례법을 정액법으로 변경하는 경우의 상각범위액은 다음과 같이 계산한다.

> 상각범위액＝(감가상각누계액을 공제한 장부가액＋전기이월상각한도초과액)
> × 신고내용연수(내용연수 신고기한까지 신고하지 아니한 경우에는 기준내용연수)의 정액법 상각률

나. 정률법으로 변경하는 경우

정액법 또는 생산량비례법을 정률법으로 변경하는 경우의 상각범위액은 다음과 같이 계산한다.

> 상각범위액＝(감가상각누계액을 공제한 장부가액＋전기이월상각한도초과액)
> × 신고내용연수(내용연수 신고기한까지 신고하지 아니한 경우에는 기준내용연수)의 정률법 상각률

주) 내국법인이 K-IFRS를 최초로 적용하는 사업연도에 건축물 외의 유형자산에 대한 결산상 감가상각방법으로 종전과 동일하게 정률법을 적용하고, 그 이후 사업연도에 결산상 감가상각방법을 정률법에서 정액법으로 변경한 경우 이는 법인세법 시행령 제27조(감가상각방법의 변경) 제1항 제5호(K-IFRS를 최초로 적용한 사업연도에 결산상각방법을 변경하는 경우 상각방법의 변경을 인정)가 적용되지 않는 것임(사전법령법인-1099, 2020.12.18.).

(7) 자본적지출액에 대한 감가상각비 계상

1) 자료

① 2024.1.1. 기계장치 10억 원에 취득 후 사용

② 내용연수 5년 · 정액법 적용

③ 2025.7.1. 자본적지출액 2억 원 발생(회사는 기계장치로 계상)

④ 2024년에 감가상각비 2억 원 계상

⑤ 자본적지출이 발생하여도 내용연수변경은 없음.

2) 기업회계상 감가상각

① 2025.1.1.~2025.6.30.까지 감가상각비

$$10억\ 원 \times \frac{1}{5} \times \frac{6}{12} = 1억\ 원$$

② 2025.7.1.~2025.12.31.까지 감가상각비

$$(10억\ 원 - 2억\ 원 - 1억\ 원 + 2억\ 원) \times \frac{6}{42}^{주)} = 128,571,428$$

주) 2024.7.1. 현재 잔존내용연수는 42개월이며, 이 중 6개월치의 감가상각비를 계산함.

③ 2026년 감가상각비

$$(10억\ 원 - 2억\ 원 - 1억\ 원 + 2억\ 원) \times \frac{12}{42} = 257,142,857$$

3) 법인세법상 감가상각비 한도액

① 2025년

$$(10억\ 원 + 2억\ 원) \times \frac{1}{5} = 240,000,000$$

법인세법에서는 자본적지출액을 기초가액에 합산하여 한도액을 계산함.

② 2026년: 240,000,000

4) 세무조정

① 2025년

회사계상액 228,571,428 − 한도액 240,000,000 = 시인부족액 11,428,572(세무조정 없음)

② 2026년

회사계상액 257,142,857 − 한도액 240,000,000 = 상각부인액 17,142,857(손금불산입·유보)

7 법인세법상 감가상각비 신고조정허용 및 감가상각의제

(1) K-IFRS 도입기업 유·무형자산 감가상각비 신고조정 허용(법법 §23)

K-IFRS 도입 기업에 대해서는 결산조정의 원칙을 유지하되 다음과 같이 신고조정을

허용한다. 신고조정특례규정은 경정청구로 손금산입이 가능하다(법령해석과-3077, 2016.9.29.).

1) 대상

① 유형자산

② 비한정 내용연수 무형자산^{주)}

주) 내용연수가 비한정인 무형자산
   1. 범위(법령 §24 ① 2호)
      ① 영업권(합병 또는 분할로 인하여 합병법인 등이 계상한 영업권은 제외)
      ② 디자인권, 실용신안권, 상표권
      ③ 특허권, 어업권, 채취권, 유료도로관리권, 수리권, 전기가스공급시설이용권, 공업용수도시설이용권, 수도시설이용권, 열공급시설이용권
      ④ 광업권, 전신전화전용시설이용권, 전용측선이용권, 하수종말처리장시설관리권, 수도시설관리권
      ⑤ 댐사용권
      ⑥ 개발비
      ⑦ 사용수익기부자산가액
      ⑧ 주파수이용권, 공항시설관리권, 항만시설관리권
   2. 요건
      상기 '1.'의 무형자산 중에서 결산내용연수(=감가상각비를 손금으로 계상할 때 적용하는 내용연수)를 확정할 수 없는 것으로서, 다음 요건을 모두 갖춘 것을 말한다(법령 §24 ②, 법칙 §12 ②).
      ① 법령 또는 계약에 따른 권리로부터 발생하는 무형자산으로서, 법령 또는 계약에 따른 사용기간이 무한하거나, 무한하지 아니하더라도 취득가액의 100분의 10 미만의 비용으로 그 사용 기간을 갱신할 수 있을 것
      ② 한국채택국제회계기준에 따라 내용연수가 비한정인 무형자산으로 분류될 것
      ③ 결산을 확정할 때 해당 무형자산에 대한 감가상각비를 계상하지 아니할 것
      ④ K-IFRS 최초 적용 이전에 발생한 영업권(법령 §24)

2) 신고조정 시 한도

① 2013년 이전 취득자산: K-IFRS 도입 이전 결산상 감가상각방법 및 내용연수 한도로 신고조정 허용

② 2014년 이후 취득자산: 세법상 기준 내용연수 한도로 신고조정 허용
   현행 회계상 내용연수와 기준내용연수의 차이가 큰 경우 기준내용연수를 조정

3) 영업권에 대한 해석

① K-IFRS 도입 기업이 K-IFRS 도입 전 취득한 영업권을 신고조정으로 손금산입한 금액은 국세기본법상 수정신고 대상에 해당하지 않으며, K-IFRS 도입 이후 취득한 영업권의 감가상각비를 신고조정으로 손금산입한 경우에는 법인세법과 달리 손금산입한 것이므로 수정신고 대상에 해당한다(서면법령법인-2043, 2020.11.18.).

② 「법인세법 시행령」 제3항 제1호에 따라 사업에 사용하지 아니하는 자산은 감가상각자산에 포함되지 아니하는 것인바, 영업권을 취득한 후 쟁점영업권 관련 사업을 실제 개시하지 않은 채 영업권 관련 사업을 준비하고 있는 기간 동안은 영업권 감가상각비를 손금인정할 수 없다(조심 2021중5759, 2021.12.15.).

(2) 감가상각의제

감가상각의제란 법인세를 면제 · 감면받은 법인이 그 해당 사업연도의 감가상각비 한도액(상각범위액)을 반드시 장부에 비용으로 계상하거나 신고조정으로 손금산입(장부에 비용으로 계상하지 않은 경우)하여야 하는 강제규정을 말한다.

그러므로 비용으로 계상하거나 세무조정 시 손금산입하지 아니한 금액은 추후 장부에 감가상각비계상 시 손금불산입(기타사외유출로 소득처분)되며, 이는 양도 시에도 손금으로 추인할 수 없는 금액임에 유의하여야 한다(법인세과-760, 2012.12.7.).

이때 법인세를 면제 · 감면받은 법인이 K-IFRS를 적용하는 법인인 경우에는 법인세법 제23조 제2항 규정에 따른 감가상각비 신고조정 손금산입액(장부상 감가상각비계상액-세무상 상각범위액=손금산입 · △유보) 규정적용 시 선택적으로 손금산입을 할 수 있으며, 손금산입을 하지 않은 경우에도 상기 의제규정을 적용하지 않는다(법령 §30).

8 유형자산의 평가방법

회사는 원가모형이나 재평가모형 중 하나를 회계정책으로 선택하여 유형자산 분류별로 동일하게 적용한다.

원가모형과 재평가모형 모두 손상차손 · 환입에 관한 기준서 제1036호 「자산손상」 규정이 적용됨에 유의하여야 한다.

(1) 원가모형

최초인식 후에 유형자산은 원가에서 감가상각누계액과 손상차손누계액을 차감한 금액을 장부금액으로 한다(문단 30).

(2) 재평가모형

1) 내용

재평가모형을 적용하는 경우에는 다음의 금액을 장부금액으로 한다.

> 장부금액 = 재평가일의 공정가치 − 감가상각누계액 − 손상차손누계액

재평가는 보고기간 말에 자산의 장부금액이 공정가치와 중요하게 차이가 나지 않도록 주기적으로 수행한다(문단 31).

2) 재평가모형 적용 시 유의할 점

재평가모형을 적용할 때에는 다음의 사항에 유의하여야 한다.

- 첫째: 특정 유형자산을 재평가할 때 해당 자산이 포함되는 유형자산 분류 전체를 재평가한다(문단 36).

  예를 들어 유형자산 중 기계장치에 대하여 재평가모형을 적용한다면 기계장치 전체에 대하여 재평가를 해야 하는 것이다.

- 둘째: 동일한 분류 내의 유형자산은 동시에 재평가한다. 그러나 재평가가 단기간에 수행되며 계속적으로 갱신된다면 동일한 분류에 속하는 자산을 순차적으로 재평가할 수 있다(문단 38).

- 셋째: 법인세효과를 반영한다(문단 42).

(3) 공정가치 결정(문단 32)

① 토지와 건물의 경우

시장에 근거한 증거를 기초로 수행된 평가에 의해 결정된다. 이 경우 평가는 보통 전문적 자격이 있는 평가인에 의해 이루어진다.

② 설비장치와 기계장치의 경우

일반적으로 감정에 의한 시장가치이다.

(4) 감가상각누계액에 대한 회계처리

유형자산에 대해 재평가모형을 적용할 때 재평가시점의 감가상각누계액은 다음 중 하나

의 방법으로 회계처리한다(문단 35).

한편, 비례조정법 또는 제거법을 사용함에 따라 조정되는 감가상각누계액은 장부금액의 증감에 포함하여 회계처리한다.

1) 비례조정법

비례조정법은 감가상각누계액과 총장부금액을 비례적으로 수정하여 '재평가 후 자산의 장부금액＝재평가금액'이 되도록 하는 방법을 말한다(문단 35(1)).

최초 평가 시 장부금액이 증가하는 경우를 상정하여 비례조정법에 따른 회계처리를 나타내면 다음과 같다.

(차) 유형자산 　　　　×××[주1] (대) 감가상각누계액 　　　×××[주2]
　　　　　　　　　　　　　　　　　재평가잉여금 　　　　　×××[주3]
　　　　　　　　　　　　　　　　　이연법인세부채 　　　　×××[주4]

[주1] 지수 $\left(= \dfrac{\text{재평가 후 공정가치}}{\text{재평가 전 장부금액}} \right)$ 를 적용하여 계산한다.

예를 들어 건물의 취득가액＝100, 재평가 후 공정가치＝150이고, 재평가 전 장부금액＝50이라고 하면

지수 $= \dfrac{150}{50} = 3$이 되므로 차변에 계상되는 유형자산 조정액은 취득가액×(지수－1)＝100×(3－1) ＝ 200이 된다.

[주2] 감가상각누계액의 조정액＝(100－50)×2＝100으로 처리한다.

[주3] 재평가 후 공정가치와 재평가 전 장부금액의 차이＝150－50＝100(이연법인세를 고려하지 않는 경우)이 된다. 한편, 동 금액은 자본의 기타포괄손익에 분류된다.

[주4] 재평가잉여금×세율

2) 제거법

제거법은 총장부금액에서 기존의 감가상각누계액을 제거하여 자산의 순장부금액이 재평가금액이 되도록 수정하는 방법을 말한다(문단 35 (2)).

최초 평가 시 장부금액이 증가하는 경우를 상정하여 제거법에 따른 회계처리를 나타내면 다음과 같다.

(차) 유형자산 　　　　　　×××[주1] (대) 재평가잉여금 　　　　×××
　　　감가상각누계액 　　×××[주2] 　　　이연법인세부채 　　×××

[주1] 재평가 후 공정가치와 같은 금액이 되도록 유형자산의 취득원가를 조정한다. 비례조정법에서의 경우를 예로 들면 재평가 후 공정가치 150－취득가액 100＝50이 계상된다.

[주2] 재평가 전 장부에 기 계상되어 있는 감가상각누계액을 전액 제거한다.

(5) 재평가로 장부금액이 변동하는 경우의 처리

1) 장부금액이 증가된 경우(문단 39)

① 증가액은 기타포괄손익으로 인식하고 재평가잉여금의 과목으로 자본에 가산한다.

  (차) 유형자산   ×××   (대) 재평가잉여금   ×××
                                        (기타포괄손익)

② 동일한 자산에 대하여 이전에 당기손익으로 인식한 재평가감소액이 있다면, 그 금액을 한도로 재평가증가액만큼 당기손익으로 인식한다.

2) 장부금액이 감소된 경우(문단 40)

① 감소액은 당기손익으로 인식한다.

  (차) 재평가손실   ×××   (대) 유형자산   ×××
     (기타비용)

② 그 자산에 대한 재평가잉여금의 잔액이 있다면, 그 금액을 한도로 재평가감소액을 기타포괄손익으로 인식한다.

(6) 세무조정

① 재평가잉여금 계상 시
   익금산입 · 재평가잉여금 · 기타
   손금산입 · 유형자산 · △유보

② 재평가손실 계상 시
   손금불산입 · 유형자산 · 유보

(7) 재평가자산을 폐기 또는 처분 시

재평가자산을 폐기 또는 처분 시는 전기 말까지 계상됐던 재평가잉여금은 이익잉여금으로 대체 가능하며(선택) 당기 매각금액과 매각 시 장부금액(재평가자산을 매각 시 공정가치로 재측정하지 않음)의 차이는 처분손익으로 계상된다. 매각자산의 재평가잉여금에 대해 계상되었던 이연법인세부채는 매각 시 법인세비용과 상계처리하여 제거한다.

사 례 9 **토지에 대해 원가모형과 재평가모형 적용**

Ⅰ. 자료

수진(주)는 2024.3.5. 업무용 토지를 10억 원에 취득하였다. 매년 말 토지의 공정가치가 다음과 같은 경우 원가모형을 적용하는 경우와 재평가모형을 적용하는 경우의 회계처리를 하라. 법인세율은 20%로 한다.

	2024.12.31.	2025.12.31.	2026년 매각
사례 Ⅰ: 공정가치	9억 원	12억 원	15억 원
사례 Ⅱ: 공정가치	12억 원	9억 원	15억 원

Ⅱ. 원가모형 적용 시

1. '사례 Ⅰ'의 경우

① 2024.12.31.

(차) 토지손상차손(CIS) 100,000,000[주]   (대) 토지   100,000,000

주) 포괄손익계산서(기능별 구분)상 기타비용에 분류한다.

② 2025.12.31.

(차) 토지   100,000,000   (대) 토지손상차손환입   100,000,000

③ 2026년

(차) 현금   1,500,000,000   (대) 토지   1,000,000,000
                                        토지처분이익   500,000,000[주]

주) 포괄손익계산서(기능별 구분)상 기타수익에 분류한다.

2. '사례 Ⅱ'의 경우

① 2024.12.31.

회계처리 없음.

② 2025.12.31.

(차) 토지손상차손   100,000,000   (대) 토지   100,000,00

③ 2026년

(차) 현금   1,500,000,000   (대) 토지   900,000,000
                                        토지처분이익   600,000,000

Ⅲ. 재평가모형 적용 시

1. '사례 Ⅰ'의 경우

① 2024.12.31.

(차) 재평가손실	100,000,000[주]	(대) 토지		100,000,000

주) 포괄손익계산서(기능별 구분)상 기타비용에 분류한다.

② 2025.12.31.

(차) 토지	300,000,000	(대) 재평가이익	100,000,000[주1]
		이연법인세부채	44,000,000[주2]
		재평가잉여금(FP·OCI)	156,000,000[주3]

주1) 포괄손익계산서(기능별 구분)상 기타수익에 분류한다.
주2) 재평가잉여금해당액 200,000,000×평균세율 22%＝이연법인세부채 해당액 44,000,000
주3) 재무상태표상 자본의 기타포괄손익으로 분류하고, 포괄손익계산서에는 기타포괄손익에 계상된다.

③ 2026년(매각)

(차) 현금	1,500,000,000	(대) 토지	1,200,000,000
		토지처분이익	300,000,000

(차) 재평가잉여금(FP·OCI)	156,000,000	(대) 미처분이익잉여금	156,000,000[주1]
이연법인세부채	44,000,000	법인세비용	44,000,000[주2]

주1) 재무상태표상 이익잉여금으로 대체 가능하다.
주2) 토지의 처분으로 당기에 익금산입·2억 원이 반영되어 법인세비용이 44,000,000원 증가되는데 이를 기 계상되어 있는 이연법인세부채와 상계처리하여야 당기의 법인세비용이 과대계상되지 않게 된다.

2. '사례 Ⅱ'의 경우

① 2024.12.31.

(차) 토지	200,000,000	(대) 재평가잉여금(FP·OCI)	156,000,000[주]
		이연법인세부채	44,000,000

주) 재무상태표상 자본의 기타포괄손익으로 분류하고, 포괄손익계산서에는 기타포괄손익에 계상된다.

② 2025.12.31.

(차) 재평가잉여금   156,000,000   (대) 토지   300,000,000
    이연법인세부채   44,000,000
    재평가손실   100,000,000 ^{주)}

주) 포괄손익계산서(기능별 구분)상 기타비용에 분류한다.

③ 2026년

(차) 현금   1,500,000,000   (대) 토지   900,000,000
                                          토지처분이익   600,000,000

사례 10 건물에 대해 재평가모형 적용

Ⅰ. 자료

1. 수진(주)는 2025.1.1. 유형자산인 건물에 대하여 재평가모형을 적용하기로 하였다.
2. 2024.12.31. 현재 건물에 대한 내역은 다음과 같다.

① 취득가액: 1,000,000,000원

② 감가상각누계액: 500,000,000원

③ 잔존가치 0, 내용연수 20년(경과내용연수 10년)

④ 감가상각방법: 정액법

⑤ 법인세율은 20%이다.

건물의 공정가치는 다음과 같으며, 내용연수는 재평가시점의 잔존내용연수를 적용하기로 한다.

	2025.1.1.	2026.12.31.
사례 Ⅰ: 공정가치	15억 원	9.6억 원
사례 Ⅱ: 공정가치	4억 원	6억 원

재평가잉여금은 건물의 사용에 따라 재분류하기로 하며 2023년, 2024년의 회계처리를 하라.

Ⅱ. 비례조정법을 적용하여 재평가모형 적용 시

1. '사례 Ⅰ'의 경우

(1) 지수

$$\frac{\text{재평가 후 공정가치}}{\text{재평가 전 장부가액}} = \frac{1,500,000,000}{500,000,000} = 3$$

(2) 2025.1.1.

(차) 건물	2,000,000,000[주1]	(대) 감가상각누계액	1,000,000,000[주2]
		재평가잉여금(FP · OCI)	800,000,000[주3]
		이연법인부채	200,000,000[주4]

주1) 건물조정액: 취득가액×(지수−1)=1,000,000,000×2=2,000,000,000
주2) 감가상각누계액조정액: 500,000,000×2=1,000,000,000
주3) 재무상태표상 자본의 기타포괄손익에 분류된다.
주4) 재평가잉여금 1,000,000,000×평균(한계)세율 20%=200,000,000원

(3) 2025.12.31.

① 감가상각 전 재무상태표상 표시

건물	3,000,000,000	
(−)감가상각누계액	1,500,000,000	1,500,000,000

② 감가상각비 계산

장부가액 1,500,000,000÷잔존내용연수 10년=150,000,000

(차) 감가상각비	150,000,000	(대) 감가상각누계액	150,000,000

③ 재평가잉여금의 이익잉여금 대체

재평가잉여금 800,000,000÷잔존내용연수 10년=80,000,000

(차) 재평가잉여금	80,000,000	(대) 미처분이익잉여금	80,000,000[주]

주) 재무상태표상 이익잉여금으로 대체

④ 이연법인세부채의 이익잉여금 대체

이연법인세부채 200,000,000÷잔존내용연수 10년=20,000,000

(차) 이연법인세부채	20,000,000	(대) 법인세비용	20,000,000[주]

주) 장부상 감가상각비가 세무상 감가상각비보다 1억 원이 과다계상되어 손금불산입·1억 원이 반영되어 법인세비용이 20,000,000원 증가되는데, 이를 기 계상되어 있는 이연법인세부채와 상계처리하여야 당기의 법인세비용이 과대계상되지 않게 된다.

⑤ 감가상각 후 재무상태표상 표시

재무상태표

〈자산〉			〈부채〉	
건물	3,000,000,000		이연법인세부채	180,000,000
(-)감가상각누계액	<u>1,650,000,000</u>	1,350,000,000	〈자본〉	
			기타포괄손익누계액	
			• 재평가잉여금	720,000,000
			이익잉여금	
			• 재평가잉여금	80,000,000

(4) 2026.12.31.

① 감가상각비 계산(재평가는 선상각·후평가의 원칙임)

150,000,000원(2025년의 상각비와 동일함)

(차) 감가상각비　　150,000,000　　(대) 감가상각누계액　　150,000,000

② 재평가잉여금의 이익잉여금 대체

80,000,000원(2025년의 대체액과 동일함)

(차) 재평가잉여금　　80,000,000　　(대) 미처분이익잉여금　　80,000,000

③ 이연법인세부채의 이익잉여금대체

20,000,000원(2025년의 대체액과 동일함)

(차) 이연법인세부채　20,000,000　　(대) 법인세비용　　20,000,000

④ 감가상각 후 건물장부가액

건물　　　　　　　　3,000,000,000

(-)감가상각누계액　<u>1,800,000,000</u>　　1,200,000,000

⑤ 건물의 재평가차액

공정가치 9.6억 원-장부가액 12억 원=재평가손실 2.4억 원

• 지수계산

$$\frac{재평가 후 공정가치 9.6억 원}{재평가 전 장부가액 12억 원}=0.8$$

(차) 감가상각누계액　　360,000,000[주2]　(대) 건물　　　　　　600,000,000[주1]

　　재평가잉여금(FP·OCI) 192,000,000[주3]

　　이연법인세부채　　48,000,000[주4]

주1) 건물 (-)조정액: 3,000,000,000원×(0.8-1)=(-)600,000,000원

주2) 감가상각누계액 (－)조정액: 1,800,000,000원×(0.8－1)＝(－)360,000,000원
주3) 재평가잉여금 (－)조정액: 재평가손실 240,000,000×0.8(1－평균세율 0.2)＝192,000,000
주4) 이연법인세부채 (－)조정액: 재평가손실 240,000,000원×0.2＝48,000,000원

2. '사례 Ⅱ'의 경우

(1) 지수

$$\frac{재평가\ 후\ 공정가치\ 400,000,000}{재평가\ 전\ 장부가액\ 500,000,000}=0.8$$

(2) 2025.1.1.

(차) 감가상각누계액 100,000,000[주2] (대) 건물 200,000,000[주1]
　　재평가손실 100,000,000[주3]

주1) 건물 (－)조정액: 1,000,000,000×(0.8－1)＝(－)200,000,000
주2) 감가상각누계액조정액: 500,000,000×(0.8－1)＝(－)100,000,000
주3) 포괄손익계산서(기능별 분류)상 기타비용에 분류

(3) 2025.12.31.

① 감가상각 전 재무상태표상 표시

　　건물　　　800,000,000
　(－)감가상각누계액　400,000,000　　400,000,000

② 감가상각비 계산
　장부가액 400,000,000÷잔존내용연수 10년＝40,000,000

(차) 감가상각비 40,000,000　(대) 감가상각누계액 40,000,000

(4) 2026.12.31.

① 감가상각비 계산(재평가는 선상각·후평가의 원칙임)
　40,000,000원(2025년의 상각비와 동일함)

(차) 감가상각비 40,000,000　(대) 감가상각누계액 40,000,000

② 감가상각 후 건물장부가액

　　건물　　　800,000,000
　(－)감가상각누계액　480,000,000　　320,000,000

③ 건물의 재평가차액

공정가치 600,000,000 − 장부가액 320,000,000 = 재평가잉여금 280,000,000

• 지수계산

$$\frac{\text{재평가 후 공정가치 } 600,000,000}{\text{재평가 전 장부가액 } 320,000,000} = 1.875$$

(차) 건물	700,000,000[주1]	(대) 감가상각누계액	420,000,000[주2]
		재평가이익	80,000,000[주3]
		재평가잉여금(FP·OCI)	160,000,000[주4]
		이연법인세부채	40,000,000[주5]

주1) 건물조정액: 800,000,000×(1.875−1) = 700,000,000
주2) 감가상각누계액조정액: 480,000,000×(1.875−1) = 420,000,000
주3) 재평가이익 계산 시 유의점
    1. 2025년 재평가손실 1억 원으로 인한 2025년과 2026년 감가상각비감소액

	2025년	2026년
재평가를 안한 경우	50,000,000원	50,000,000원
재평가를 한 경우	40,000,000원	40,000,000원
감가상각비감소액	10,000,000원	10,000,000원

    2. 재평가이익 계산 시 한도액
       종전 재평가손실계상액 − 감가상각비과소계상액
       = 100,000,000원 − 20,000,000원 = 80,000,000원
       즉, 이는 손상차손계상 후 손상차손환입액 계산 시 새로운 공정가치와 손상차손을 반영하지 않은 손상차손환입액 계산 시의 장부가액 중 적은 금액을 한도로 환입액을 계산하는 논리와 동일하다.
       ① 재평가손실반영 후 2026.12.31. 건물장부가액

건물	800,000,000	
(−)감가상각누계액	480,000,000	320,000,000

       ② 재평가손실이 계상되지 않은 경우 2026.12.31. 건물장부가액

건물	1,000,000,000	
(−)감가상각누계액	600,000,000	400,000,000

       ③ 재평가이익 계산 시 한도액: ②−① = 400,000,000 − 320,000,000
                                     = 80,000,000
주4) 재평가잉여금 해당액 200,000,000×(1−평균세율 0.2) = 160,000,000
    이는 재무상태표상 자본 중 기타적립금 또는 기타포괄손익에 분류되며, 포괄손익계산서상 기타포괄손익에 계상된다.
주5) 재평가잉여금 200,000,000×평균세율 20% = 40,000,000

Ⅲ. 제거법을 적용하여 재평가모형 적용 시

  1. '사례 Ⅰ'의 경우

    (1) 2025.1.1.

(차) 건물	500,000,000	(대) 재평가잉여금(FP · OCI)	800,000,000
감가상각누계액	500,000,000	이연법인세부채	200,000,000

    (2) 이후 모든 회계처리는 비례조정법과 동일하다.

  2. '사례 Ⅱ'의 경우

    (1) 2025.1.1.

(차) 감가상각누계액	500,000,000	(대) 건물	600,000,000
재평가손실	100,000,000		

    (2) 이후 모든 회계처리는 비례조정법과 동일하다.

9 손상차손 및 환입

(1) 의의

손상차손이란 자산의 장부금액이 회수가능액을 초과하는 금액을 말한다. 따라서 유형자산이 진부화, 물리적인 손상 및 시장가치의 급격한 하락 등의 원인으로 인하여 자산의 손상을 시사하는 징후가 있으면 회수가능액을 추정하여 장부가액을 회수가능액으로 조정하고 그 차액을 손상차손으로 처리하여야 한다. 향후에 손상차손이 더 이상 존재하지 않거나 감소된 것을 시사하는 징후가 있는지를 검토하여 그 회수가능액을 추정하여 손상차손을 환입한다.

기준서 제1036호(자산손상)는 이처럼 손상차손의 인식 및 손상된 자산의 환입 등에 대하여 규정하고 있다.

(2) 용어의 정의

1) 사용가치

자산이나 현금창출단위에서 창출될 것으로 기대되는 미래현금흐름의 현재가치를 말한다.

2) 손상차손

자산이나 현금창출단위의 장부금액이 회수가능액을 초과하는 금액을 말한다.

3) 공정가치

측정일에 시장참여자 사이의 정상거래에서 자산을 매도할 때 받거나 부채를 이전할 때 지급하게 될 가격을 말한다.

4) 장부금액

감가상각누계액(또는 상각누계액)과 손상차손누계액을 뺀 후 인식되는 자산금액을 말한다.

5) 처분부대원가

자산 또는 현금창출단위의 처분에 직접 기인하는 증분원가를 말한다. 다만, 금융원가와 법인세비용은 제외한다.

6) 현금창출단위

다른 자산이나 자산집단에서의 현금유입과는 거의 독립적인 현금유입을 창출하는 식별가능한 최소자산집단을 말한다.

7) 자산 또는 현금창출단위의 회수가능액

공정가치에서 처분부대원가를 뺀 금액과 사용가치 중 더 많은 금액을 말한다.

중점사항

1. 손상차손의 측정단위

개별자산

독립적인 현금흐름을 창출하는 개별자산은 거의 없음. 따라서 개별
자산의 회수가능액을 추정할 수 없다면 그 자산이 속하는 CGU의 회
수가능액을 결정

현금창출단위(Cash Generating Unit=CGU)

다른 자산이나 자산집단에서의 현금유입과 거의 독립적으로 현금유
입을 창출하는 식별가능한 최소자산집단

예: 유통업 – 점포단위

제조업 – 공장 또는 process 단위, case별 판단 필요

운송업 – 경로

모바일 통신사 – 개별국가나 라이선스 지역별 구분

CGU집단

- 둘 이상의 현금창출단위와 관련된 무형자산(예: 브랜드)
- 영업권(이때 CGU 집단은 영업부문보다 클 수는 없음)

2. CGU 식별기준

① 경영진이 기업의 영업을 감독하는 방법(예: 제품라인별, 사업별, 지역별로 구분하
여 감독) 등을 고려

② 산출물 사내이전의 경우

- 산출물의 활성거래시장이 존재한다면 산출물을 생산하는 자산(집단)은 CGU로
식별
- 내부이전가격의 영향이 있다면 미래 공정가격에 대한 경영진의 최선의 추정치
를 사용하여 미래현금흐름 추정

③ CGU는 매기 일관되게 식별

(3) 손상가능성이 있는 자산의 식별

1) 자산손상 징후 검토

매 보고기간 말마다 자산손상을 시사하는 징후가 있는지를 검토한다. 만약 그러한 징후가 있다면 당해 자산의 회수가능액을 추정한다.

자산손상을 시사하는 징후가 있는지를 검토할 때는 최소한 다음을 고려한다(문단 12).

① 외부정보

　가. 회계기간 중에 자산의 시장가치가 시간의 경과나 정상적인 사용에 따라 하락할 것으로 기대되는 수준보다 유의적으로 더 하락하였다.

　나. 기업 경영상의 기술·시장·경제·법률 환경이나 해당 자산을 사용하여 재화나 용역을 공급하는 시장에서 기업에 불리한 영향을 미치는 유의적 변화가 회계기간 중에 발생하였거나 가까운 미래에 발생할 것으로 예상된다.

　다. 시장이자율(시장에서 형성되는 그 밖의 투자수익률을 포함. 이하 같음)이 회계기간 중에 상승하여 자산의 사용가치를 계산하는 데 사용되는 할인율에 영향을 미쳐 자산의 회수가능액을 중요하게 감소시킬 가능성이 있다.

　라. 기업의 순자산 장부금액이 당해 시가총액보다 크다.

② 내부정보

　가. 자산이 진부화되거나 물리적으로 손상된 증거가 있다.

　나. 회계기간 중에 기업에 불리한 영향을 미치는 유의적 변화가 자산의 사용범위 및 사용방법에서 발생하였거나 가까운 미래에 발생할 것으로 예상된다. 이러한 변화에는 자산의 유휴화, 당해 자산을 사용하는 영업부문을 중단하거나 구조조정하는 계획, 예상시점보다 앞서 자산을 처분하는 계획 그리고 비한정 내용연수를 유한 내용연수로 재평가하는 것 등을 포함한다.

　다. 자산의 경제적 성과가 기대수준에 미치지 못하거나 못할 것으로 예상되는 증거를 내부보고를 통해 얻을 수 있다.

2) 회수가능액의 측정

기준서 제1036호에서는 회수가능액을 다음과 같이 정의하고 있다.

회수가능액=Max〔(공정가치-처분부대원가), 사용가치〕

회수가능액을 측정할 때에 항상 공정가치에서 처분부대원가를 뺀 금액과 사용가치 모두를 추정할 필요는 없다. 두 금액 중 하나의 금액이 장부금액을 초과한다면 자산이 손상되지 않았으므로 다른 금액을 추정할 필요가 없다(문단 19). 한편, 공정가치에서 처분부대원가를 뺀 금액을 측정하지 못하는 경우에는 해당 자산의 사용가치를 회수가능액으로 측정할 수 있다.

(4) 개별자산의 손상차손인식, 측정 및 환입

1) 손상차손의 인식과 측정

① 손상차손의 처리

자산의 회수가능액이 장부금액에 미달하는 경우 자산의 장부금액을 회수가능액으로 감소시킨다. 이때 당해 감소금액은 손상차손에 해당하는데, 손상차손은 즉시 당기손익으로 인식한다(문단 59, 60).

| (차) 손상차손 | ××× | (대) 손상차손누계액 | ××× |
| (기타비용) | | | |

② 감가상각비의 조정

수정된 장부금액에서 잔존가치를 차감한 금액을 자산의 잔여내용연수에 걸쳐 체계적인 방법으로 배분하기 위해서 손상차손을 인식한 후에 감가상각비 또는 상각비를 조정한다(문단 63).

2) 손상차손의 환입

매 보고일에 자산에 대해 과거에 인식한 손상차손이 더 이상 존재하지 않거나 감소된 것을 시사하는 징후가 있는지를 검토한다. 징후가 있는 경우 당해 자산의 회수가능액을 추정한다(문단 110).

① 손상차손이 존재하지 않는 징후의 검토

자산에 대해 과거기간에 인식한 손상차손이 더 이상 존재하지 않거나 감소된 것을 시사하는 징후가 있는지를 검토한다.

② 손상차손환입

가. 환입의 조건

자산에 대하여 과거기간에 인식한 손상차손은 직전 손상차손의 인식시점 이후 회수가능액을 결정하는데 사용된 추정치에 변화가 있는 경우에만 환입한다.

나. 환입의 한도

자산의 손상차손환입으로 증가된 장부금액은 과거에 손상차손을 인식하기 전 장부금액의 감가상각 또는 상각 후 잔액을 초과할 수 없다(문단 117).

다. 환입액의 회계처리

자산의 손상차손환입은 즉시 당기손익으로 인식한다(문단 119).

(차) 손상차손누계액 　　　　×××　　（대) 손상차손환입 　　　　×××
　　　　　　　　　　　　　　　　　　　　（기타비용）

(5) 법인세법

① 기업회계상 손상차손인식 시

법인세법에서는 기업회계상 손상차손은 감가상각비로 보아 시부인계산을 통해 세무조정한다.

② 화재로 인한 재고자산·유형자산 손실금액

보험에 가입된 자산이 화재 등으로 소실 시 해당 자산의 손실금액은 보험금 지급이 확정된 사업연도의 손익으로 하며, 손해보험금은 법원의 판결이 확정된(대법원 판결일자 또는 상소제기의 기한이 종료된 날) 사업연도의 익금으로 한다(사전법령법인-427, 2016.4.6.).

사례 11　자산손상과 환입 – 개별자산인 경우

1. 자료
   A법인의 기계장치 취득 및 손상에 관한 내용은 다음과 같다.
   (1) 취득일 2023.1.1.
   (2) 취득금액 100,000,000원(잔존가치 없음)
   (3) 내용연수 8년·정액법상각(원가법 적용)
   (4) 2025년에 기계장치의 손상징후가 발견되어 손상 여부를 검토하였다.
   　① 2025.12.31. 공정가치 55,000,000원(처분부대원가 없음)
   　② 사용가치추정액 50,000,000원
   (5) 2026년에 시장상황의 변경으로 기계장치의 공정가치가 60,000,000원으로 회복되었다.

2. 2023년과 2024년의 회계처리

(1) 2023.1.1.

（차）기계장치   100,000,000   （대）현금및현금성자산   100,000,000

(2) 2023.12.31.

（차）감가상각비   12,500,000   （대）감가상각누계액   12,500,000

(3) 2024.12.31.

（차）감가상각비   12,500,000   （대）감가상각누계액   12,500,000

3. 2025년 감가상각 및 손상검토

감가상각비를 먼저 계상 후 손상 여부를 검토해야 한다.

(1) 2025년 감가상각비

（차）감가상각비   12,500,000   （대）감가상각누계액   12,500,000

(2) 손상차손 해당액

① 회수가능액

Max[（공정가치 – 처분부대원가）, 사용가치] = 55,000,000

② 손상차손

장부가액 – 회수가능액

$= (100,000,000 - 37,500,000) - 55,000,000$

$= 7,500,000$

③ 회계처리

（차）기계장치손상차손   7,500,000   （대）손상차손누계액   7,500,000

4. 2026년 감가상각 및 손상회복 검토

(1) 2026년 감가상각비

손상차손 반영 후 장부가액 55,000,000 ÷ 잔존내용연수 5년(8 – 3) = 11,000,000

（차）감가상각비   11,000,000   （대）감가상각누계액   11,000,000

(2) 손상차손환입 검토

① 2026.12.31. 장부가액

$55,000,000 - 11,000,000 = 44,000,000$

② 2025년에 손상차손을 인식하지 않은 경우 2025.12.31. 장부가액

$100,000,000 - 50,000,000(100,000,000 \times 1/8 \times 4) = 50,000,000$

③ 2026.12.31. 공정가치 60,000,000

④ 환입대상액

③ - ① = 16,000,000

⑤ 환입한도

② - ① = 6,000,000

⑥ 회계처리

(차) 손상차손누계액　6,000,000　　(대) 손상차손환입　　6,000,000
　　　　　　　　　　　　　　　　　　　(기타수익)

재무상태표상 표시

기계장치	100,000,000	
(-)감가상각누계액	48,500,000	
(-)손상차손누계액	1,500,000	50,000,000

5. 세무조정

(1) 2025년 손상차손 계상 시

회사계상액(12,500,000 + 7,500,000) - 상각범위액 12,500,000

= 손금불산입 · 감가상각비 · 7,500,000 · 유보

(2) 2026년

회사계상액 11,000,000 - 상각범위액 12,500,000

= 손금산입 · 감가상각비 · 1,500,000 · 유보

(3) 2027년 손상차손환입분

익금불산입 · 감가상각비 · 6,000,000 · 유보

(6) 현금창출단위의 손상차손 인식과 환입

1) 손상차손 인식

현금창출단위의 회수가능액이 장부금액에 미달하는 경우에는 손상차손을 인식한다. 손상차손은 다음과 같은 순서로 배분하여 현금창출단위(또는 현금창출단위집단)에 속하는 자산의 장부금액을 감소시킨다(문단 104).

① 우선 현금창출단위(또는 현금창출단위집단)에 배분된 영업권의 장부금액을 감소시킨다.

② 그 다음 현금창출단위(또는 현금창출단위집단)에 속하는 다른 자산에 각각 장부금액에 비례하여 배분한다.

이러한 장부금액의 감소는 개별자산의 손상차손으로 회계처리하고, 손상차손은 즉시 당기손익으로 인식한다.

2) 인식된 손상차손 배분 시 개별자산 감소의 범위

상기 '1)'의 내용에 따라 현금창출단위(또는 현금창출단위집단)의 손상차손을 배분할 때 개별자산의 장부금액은 다음 중 가장 큰 금액 이하로 감소시킬 수 없다(문단 105).

① 공정가치에서 처분부대원가를 뺀 금액(측정할 수 있는 경우)

② 사용가치(측정할 수 있는 경우)

③ 영(0)

이러한 제약으로 인해 특정 자산에 배분되지 않은 손상차손은 현금창출단위(또는 현금창출단위집단) 내의 다른 자산에 각각 장부금액에 비례하여 배분한다.

3) 손상차손의 환입

매 보고일에 영업권을 제외한 현금창출단위에 대해 과거에 인식한 손상차손이 더 이상 존재하지 않거나 감소된 것을 시사하는 징후가 있는지를 검토한다. 징후가 있는 경우 당해 현금창출단위의 회수가능액을 추정한다(문단 110 준용).

① 손상차손 환입

현금창출단위의 손상차손 환입은 현금창출단위를 구성하는 자산들(영업권 제외)의 장부금액에 비례하여 배분한다. 이러한 장부금액의 증가는 개별자산의 손상차손 환입으로 회계처리하고, 즉시 당기손익으로 인식한다.

② 손상차손 환입의 배분 시 개별자산 증가의 범위

상기 '①'에 따라 현금창출단위의 손상차손 환입을 배분할 때 개별자산의 장부금액은 다음 중 적은 금액을 초과하여 증가시킬 수 없다(문단 123).

　　가. 회수가능액(산정할 수 있는 경우)

　　나. 과거기간에 손상차손을 인식하지 않았다면 현재 기록되어 있을 장부금액(감가상각 또는 상각 후)

이러한 제약으로 인해 특정 자산에 배분되지 않은 손상차손 환입액은 현금창출단위 내의 영업권을 제외한 다른 자산에 각각 장부금액에 비례하여 배분한다.

중점사항　　**영업권의 손상차손 환입 여부**

영업권에 대해 인식한 손상차손은 후속기간에 환입할 수 없다(문단 124).
기준서 제1036호는 영업권에 대해 손상차손을 인식하고 난 후 후속기간에 증가된 회수가능액은 사업결합으로 취득한 영업권의 손상차손 환입액이 아니라 내부적으로 창출된 영업권 증가액일 것으로 보며, 이는 기준서 제1038호「무형자산」에 따르면 내부적으로 창출된 영업권은 자산으로 인식하지 아니하기 때문이다(문단 125).

사례 12　　**자산손상 - 현금창출단위 경우**

Ⅰ. 자료

　1. 2024.1.1. A사는 유통업에 진출하여 B사로부터 Mart사업부를 인수하였다. Mart는 지역별로 5개의 Mart를 인수하였으며 총인수대금은 1,000억 원이다. 실사결과 합의된 Mart별 인수가액은 다음과 같다.

Mart 1	300억 원
Mart 2	100억 원
Mart 3	180억 원
Mart 4	20억 원
Mart 5	200억 원
	800억 원

총인수대금과 Mart별 인수대금의 차이 200억 원은 영업권금액으로 지급된 금액이다.

2. 2025년에 Mart 2에 심각한 영업상 문제점이 발생하기 시작했고 A사의 경영진은 앞으로 2028년 말까지만 영업이 가능하다고 판단하고 2028년 연말에 Mart 2를 매각하는 것으로 결정하였다.

3. 2024.1.1. 현재 Mart 2의 인수내역은 다음과 같다.

토지	20억 원
건물	30억 원
기계장치 1	12억 원
기계장치 2	8억 원
기계장치 3	10억 원
비품	20억 원
	100억 원

4. 감가상각 관련자료는 다음과 같다.
   ① 내용연수(잔존가치는 없음)

건물	40년
기계장치	8년
비품	5년

   ② 상각방법: 정액법

5. 손상징후를 검토하는 2025.12.31. 현재 Mart 2의 공정가치(처분부대원가는 없음)는 다음과 같다.

토지	20억 원
건물	25억 원
기계장치 1	10억 원
기계장치 2	5.5억 원
기계장치 3	5억 원
비품	10억 원
	75.5억 원

6. 2026년부터 2028년까지의 Mart 2의 추정 순현금흐름은 다음과 같다.

2026년	20억 원
2027년	16억 원
2028년	12억 원
	48억 원

7. A사의 할인이자율은 6%로 결정하였다.

8. 2028년 연말 Mart 2의 예상매각금액은 40억 원이다.

Ⅱ. 현금창출단위의 결정 및 영업권의 배분

1. 현금창출단위

유통업에서는 점포단위가 현금창출단위에 해당된다. 그러므로 Mart 1~Mart 5가 현금창출단위이다.

2. 영업권의 배분

영업권 200억 원을 Mart별 인수가액으로 안분하면 Mart별 배분된 영업권은 다음 과 같다.

Mart 1	75억 원
Mart 2	25억 원
Mart 3	45억 원
Mart 4	5억 원
Mart 5	50억 원
	200억 원

Ⅲ. 손상징후 검토일인 2025.12.31. 현재 Mart 2의 장부가액

1. 토지   20억 원

2. 건물   28.5억 원
   ① 취득가액   30억 원
   ② 감가상각누계액   1.5억 원[주)]
      주) 30억 원×1/40×2=150,000,000

3. 기계장치   22.5억 원(=①+②+③)
   ① 기계장치 1   9억 원
      ㉠ 취득가액   12억 원
      ㉡ 감가상각누계액   3억 원[주)]
         주) 12억 원 × 1/8 × 2 = 3억 원
   ② 기계장치 2   6억 원
      ㉠ 취득가액   8억 원
      ㉡ 감가상각누계액   2억 원[주)]
         주) 8억 원 × 1/8 × 2 = 2억 원

③ 기계장치 3   7.5억 원
　　㉠ 취득가액   10억 원
　　㉡ 감가상각누계액 2.5억 원[주)]
　　　　주) 10억 원×1/8×2＝2.5억 원

4. 비품   12억 원
　　㉠ 취득가액   20억 원
　　㉡ 감가상각누계액 8억 원[주)]
　　　　주) 20억 원×1/5×2＝8억 원

5. 영업권   25억 원[주)]
　　주) 영업권은 상각하지 않음.

6. 장부가액   108억 원

Ⅳ. 회수가능액의 결정

1. Max(공정가치, 사용가치)
2. 공정가치: 75.5억 원
3. 사용가치

2025.12.31.　　　2026.12.31.　　　2027.12.31.　　　2028.12.31.

$$\text{손상징후검토일}\quad \frac{20억\ 원}{(1+0.06)} + \frac{16억\ 원}{(1+0.06)^2} + \frac{(12억\ 원+40억\ 원)}{(1+0.06)^3} = 7{,}676{,}807{,}027$$

4. 회수가능액＝Max(2., 3.)＝7,676,807,027

Ⅴ. 손상차손액의 결정 및 배분

1. 손상차손액
　　장부가액 108억 원－회수가능액 7,676,807,027＝3,123,192,973

2. 영업권에의 배분
　　2,500,000,000원(손상차손은 영업권에 우선적으로 배분한다)

3. 자산별 배분
　　① 영업권에 배분되고 남은 손상차손은 다른 자산의 장부가액 비율로 배분한다. 이
　　　때 배분 후의 장부가액이 자산별 공정가치보다 적어서는 안된다.
　　② 손상차손 추가배분금액
　　　3,123,192,973－2,500,000,000＝623,192,973

③ 자산별 장부가액과 공정가치 비교

구 분	장부가액	공정가치
토지	20억 원	20억 원
건물	28.5억 원	25억 원
기계장치 1	9억 원	10억 원
기계장치 2	6억 원	5.5억 원
기계장치 3	7.5억 원	5억 원
비품	12억 원	10억 원
	83억 원	75.5억 원

④ 손상차손배분에서 제외되는 자산

　　토지와 기계장치 1

⑤ 손상차손배분 대상자산 장부가액 및 손상차손배부액

구 분	장부가액	손상차손배분액
건물	28.5억 원	328,907,402
기계장치 2	6억 원	69,243,663
기계장치 3	7.5억 원	86,554,579
비품	12억 원	138,487,329
	54억 원	623,192,973

⑥ 손상차손배분 후 장부가액과 공정가치의 비교

구 분	배분 후 장부가액	공정가치
건물	2,521,092,598	2,500,000,000
기계장치 2	530,756,337	550,000,000
기계장치 3	663,445,419	500,000,000
비품	1,061,512,673	1,000,000,000
	4,776,807,027	4,550,000,000

기계장치 2는 손상차손배분 후의 장부가액이 공정가치보다 낮으므로 공정가치금액인 5.5억 원까지인 50,000,000만 기계장치 2에 손상차손을 배분하고 차액 19,243,663은 건물, 기계장치 3 및 비품에 장부가액 비율로 다시 배분한다.

건물	11,425,926
기계장치 3	3,006,822
비품	4,810,915
	19,243,663

⑦ 손상차손배분 후 장부가액

구 분	배분 전 장부가액	1차 배분액	2차 배분액	배분 후 장부가액
토지	2,000,000,000	–	–	2,000,000,000
건물	2,850,000,000	328,907,402	11,425,926	2,509,666,672
기계장치 1	900,000,000	–	–	900,000,000
기계장치 2	600,000,000	50,000,000		550,000,000
기계장치 3	750,000,000	86,554,579	3,006,822	660,438,599
비품	1,200,000,000	138,487,329	4,810,915	1,056,701,756
영업권	2,500,000,000	2,500,000,000		–
	10,800,000,000	3,103,949,310	19,243,663	7,676,807,027

⑧ 회계처리

(차) 자산손상차손   3,123,192,973   (대) 영업권   2,500,000,000
    (기타비용)   건물손상차손누계액   340,333,328
                                기계장치손상차손누계액   139,561,401
                                비품손상차손누계액   143,298,244

⑨ 세무조정(2025년)

가. 영업권에 해당하는 손상차손

영업권은 K-IFRS상 상각하지 않고 손상만을 검토하므로 당기 손상차손계상액 25억 원이 세무상 한도액 40억 원(200억 원÷5년)에 미달하므로 별도의 세무조정은 없다.

나. 기타자산에 해당하는 손상차손

모두 세무상 한도액을 초과하므로 손금불산입함.

손금불산입 · 손상차손 · 340,333,328(건물) · 유보

손금불산입 · 손상차손 · 139,561,401(기계장치) · 유보

손금불산입 · 손상차손 · 143,298,244(비품) · 유보

10 처 분

(1) 기업회계상 유형자산의 처분

보유하고 있는 유형자산을 처분할 경우에는 기초시점부터 처분 시까지는 영업활동에 사용되었기 때문에 처분 시점까지 감가상각비를 인식하여야 하며, 장부가액과 순매각 금액과

의 차액을 유형자산처분손익으로 인식하여야 한다. 즉, 처분 시 회계처리는 다음과 같다.

① 감가상각비 인식

| (차) 감가상각비 | ××× | (대) 감가상각누계액 | ××× |

② 처분손익 인식

(차) 현금	×××	(대) 유형자산	×××
감가상각누계액	×××	유형자산처분이익	×××
유형자산처분이익	×××	(기타수익)	
(기타비용)			

(2) 법인세법상 유형자산의 양도손익 귀속시기

대금청산일, 소유권이전등기(등록)일, 인도일 또는 사용수익일 중 빠른 날로 한다(영 §68 ① 3호).

이때 부동산을 양도하고 잔금을 어음으로 받은 경우 "대금청산일"은 해당 어음의 결제일을 말하는 것이며(법인-110, 2010.2.4.) 사용수익일은 당사자 간의 계약에 의하여 사용수익을 하기로 약정한 날을 말하는 것이나, 별도의 약정이 없는 경우에는 자산을 양도하는 법인의 사용 승낙으로 인하여 매수인이 해당 자산을 실질적으로 사용할 수 있게 된 날을 말한다(통칙 40-68…4).

주) 토지거래허가 전에 대금을 청산한 경우라도 법인세법은 순자산 증가설에 의하여 수익을 인식하고, 소득세법상 양도소득세 규정(토지거래허가 전 대금청산한 경우에는 허가일부터 2개월 내 양도소득세 신고)을 준용할 수 없으므로 대금을 청산한 날이 속하는 사업연도의 익금임(조심 2022서0133, 2022.4.19. ; 대법원 2022두41577, 2022.8.12.).

> ▶ **이항수와 함께하는 K-IFRS 회계처리 및 세무실무지침**
>
> 1. 감가상각개시일
>   - 기업회계상 감가상각개시일: 사업에 사용가능한 날
>   - 법인세법상 감가상각개시일: 사업에 사용한 날
>   이때 사업에 사용한 날이란 정상제품의 생산 등을 위해 실제 가동한 날(기계장치 및 공장용 건축물의 경우)을 말하며, 기업회계에서는 실제 가동하지 않아도 모든 가동준비가 완료된 상태를 말하는 것이다.

그러므로 차량운반구나 비품 등과 같이 취득 즉시 사용하는 경우에는 문제없으나 취득 후 사용가능일까지 상당기간이 걸리는 기계장치 등에 대하여는 생산부서로부터 사용가능일에 대한 공식문서를 접수받아 회계상 감가상각개시시점을 결정하여야 한다. 실무상으로는 다음과 같은 처리가 바람직하다.

① 기계장치 취득일(보통 세금계산서수취일)의 회계처리

   (차) 건설중인자산   ×××   (대) 현금(또는 미지급금)   ×××

② 사용가능일의 회계처리

   (차) 기계장치   ×××   (대) 건설중인자산   ×××

2. 영업권

(1) 기업회계

기업회계에서는 사업결합(M&A) 시에만 영업권의 계상이 허용된다. 이때 사업결합에는 다음의 것들을 말한다.

① 합병(분할 포함)

② 연결

③ 사업양도·양수

(2) 법인세법

법인세법에서는 2010.7.1. 이후 합병 또는 분할에서 발생하는 영업권은 감가상각대상에서 제외되었다(이에 대한 설명은 '제10장'에서 설명). 연결회계는 세법과 상관없으므로 결국 법인세법에서는 사업의 양수도과정에서 발생한 영업권과 설립인가, 면허 취득 등과 관련한 기금 등에 대한 영업권만을 규정하고 있다. 이때 설립인가 등에 대한 부담금은 기업회계상 영업권이 아닌 다른 무형자산으로 계상될 것이므로 이에 대한 세무조정(법인세법상 영업권의 내용연수는 5년)에 유의하여야 한다.

3. 자본적지출액에 대한 감가상각비 계상

(1) 자료

① 2024.1.1. 기계장치 10억 원에 취득 후 사용

② 내용연수 5년·정액법 적용

③ 2025.7.1. 자본적지출액 2억 원 발생(회사는 기계장치로 계상)

④ 2024년에 감가상각비 2억 원 계상

(2) 기업회계상 감가상각

① 2025.1.1.~2025.6.30.까지 감가상각비

$$10억 \ 원 \times \frac{1}{5} \times \frac{6}{12} = 1억 \ 원$$

② 2025.7.1.~2025.12.31.까지 감가상각비

$$(10억 \ 원 - 2억 \ 원 - 1억 \ 원 + 2억 \ 원) \times \frac{6}{42}^{주)} = 128,571,428$$

주) 2025.7.1. 현재 잔존내용연수는 42개월이며, 이 중 6개월치의 감가상각비를 계산함.

③ 2026년 감가상각비

$$(10억 \ 원 - 2억 \ 원 - 1억 \ 원 + 2억 \ 원) \times \frac{12}{42} = 257,142,857$$

(3) 법인세법상 감가상각비 한도액

① 2025년

$$(10억 \ 원 + 2억 \ 원) \times \frac{1}{5} = 240,000,000$$

법인세법에서는 자본적지출액을 기초가액에 합산하여 한도액을 계산함.

② 2026년: 240,000,000

(4) 세무조정

① 2025년

회사계상액 228,571,428 - 한도액 240,000,000 = 시인부족액 11,428,572
(세무조정 없음)

② 2026년

회사계상액 257,142,857 - 한도액 240,000,000 = 상각부인액 17,142,857
(손금불산입·유보)

4. 개발비

(1) 기업회계상 개발비(무형자산) 해당액을 당기비용(연구비 등)으로 계상 시

① 기업회계상 인정 여부: 자산의 인식요건을 구비한 개발비 해당액을 발생연도의 비용으로 계상한 것에 대해 기업회계에서 이를 인정할 수 있느냐에 대한 문제가 있음에도 불구하고 일부 기업들은 이를 당기의 비용으로 처리하고 있다.

② 법인세법상 손금인정 여부: 회계상 자산에 해당하는 금액을 비용으로 계상한 것은 즉시상각의제에 해당되어 손금불산입된다(서울고법 2016누39766, 2017.5.31.).

(2) 개발비손상차손에 대한 처리

① 기업회계: 개발비 계상액 중 자산성이 소멸한 경우에는 즉시 손상차손을 인식한다.

② 법인세법: 개발비 계상사업이 전부 처분 등으로 소멸한 경우에는 손상차손금액을 손금으로 인정하고, 사업이 존속 시에는 한도초과액은 손금불산입처리한다.

| 신속처리 질의 · 답변 |

유형자산

1. 사업장 폐쇄 시 유형자산의 감가상각

(1) 질의

회사는 운영 중인 공장의 일부 기계장치를 폐기하기로 결정함. 해당 고정자산은 감가상각이 완료되지 않았으나, 이전하여 설치하기가 불가능한 시설이라 대부분 고철로 처분될 것으로 예상됨. 폐기하는 고정자산에 대한 감가상각은?

(2) 회신

고정자산을 폐기하기로 한 결정은 손상 징후일 수 있으므로, 자산에 대한 손상검사를 우선적으로 고려하여야 함(제1036호 문단 12).

고정자산 폐기 결정으로 감가상각대상금액과 감가상각기간이 달라질 수 있으므로, 해당 자산의 잔존가치와 내용연수를 재검토해야 함.

재검토 결과 추정치가 종전 추정치와 다르다면 그 차이는 회계추정치의 변경으로 회계처리함(제1016호 문단 51).

2. 유형자산 취득과정에서 수취한 지체상금의 회계처리

(1) 질의

회사는 시공사와 유형자산 건설 계약을 체결함. 해당 유형자산 건설이 지연됨에 따라, 회사는 지연기간을 고려하여 원래 계약금액의 3%를 시공사로부터 지체상금을 수취함. 회사는 지체상금을 유형자산의 취득원가에서 차감해야 하는지, 아니면 당기수익으로 인식해야 하는지?

(2) 회신

해당 지체상금은 리베이트 및 매입할인과 유사하게 취득원가에서 차감함(제1016호 문단 16(1)).

3. 정부보조금 원금 반환에 따른 이자납부액의 분류

(1) 질의

자산 취득 관련 정부보조금을 수령한 후, 회사는 관련 조건을 유지하지 못하여 일부 금액을 반환해야 함. 이때, 반환원금에 대한 이자도 함께 지급해야 하는 경우, 해당 이자납부액을 영업 · 영업외비용 중 무엇으로 분류해야 하는가?

(2) 회신

해당 이자비용 등의 금융원가가 주된 영업활동으로부터 발생한 비용이 아니라면 영업외비용으로 분류함(제1001호 문단 82(2)).

4. 생산활동 중단 중에 발생한 원가

(1) 질의

회사는 신공장을 건축하기 위해 구공장을 철거함. 철거기간에 구공장의 생산활동은 중단하였으나 최소 인력에 대한 인건비, 신공장으로 이전할 기계장치 감가상각비는 비용으로 인식하고 있음. 철거기간 동안 구공장의 고정비는 영업비용에 해당하는가?

(2) 회신

철거되는 구공장의 철거기간에 발생한 고정비는 영업비용에 해당함.

일시적으로 공장운영이 중단된 기간에 고용관계를 유지하기 위해 지급한 근로자에 대한 인건비(직접노무원가)와 철거되는 구공장의 기계장치에 대한 감가상각비와 같이 배부되지 않은 제조간접원가(감가상각비 등)는 매출원가에 포함됨(제1002호 문단 38).

영업과 명백히 관련되어 있으나 비정기적으로 또는 드물게 발생하거나 금액이 비경상적이라는 이유로 영업활동에서 배제하는 것은 적절하지 않으며, 재고자산감액, 구조조정 및 재배치비용이 그 예에 해당함(제1001호 문단 BC56).

5. 자산손상 이후 감가상각

(1) 질의

개별 자산 및 현금창출단위의 손상검사를 통하여 손상차손을 인식함. 자산손상 이후 해당 자산의 감가상각비(정액법)는 자산손상 전의 장부금액을 기준으로(월 감가상각비의 변동 없이) 계산하는지, 아니면 자산손상 후의 장부금액과 잔여내용연수를 기준으로 계산하는지?

(2) 회신

자산손상 인식 후 장부금액에서 잔존가치를 뺀 금액이 자산의 남은 내용연수에 걸쳐 체계적으로 배분되도록 감가상각액을 미래 기간에 조정함(제1036호 문단 63).

6. 유형자산 판매를 위해 소요된 비용의 인식시기

(1) 질의

해외공장에서 사용 중이던 기계장치를 판매하기 위하여 해외에서 국내로 반입하는 운반원가가 발생함. 운반원가는 2017년에 발생하였고, 해당 유형자산은 2018년에 매각되어 유형자산처분손익은 2018년에 발생함. 동 운반원가의 비용인식시점은 2017년(발생시점)인가? 아니면 수익－비용 대응을 위해 2018년(수익이 발생하는 시점)에 인식하는가?

(2) 회신

기계장치를 판매하기 위해 발생한 원가는 해당 비용이 자산의 정의를 충족하지 않는 한 발생시점에 비용으로 인식함.

7. 이연지급계약의 유형자산 취득원가

(1) 질의

기계장치를 취득하고 구입대가로 약속어음을 발행(연이자율 10%, 2년 후에 일시불로 1억 원 지급)한 경우, 유형자산 취득원가에 금융비용 요소의 반영 여부와 회계처리는?

(2) 회신

유형자산의 취득원가는 인식시점의 현금가격상당액임.

취득시점에 대금지급이 일반적인 신용기간을 초과하여 이연되는 경우에는 현금가격상당 액과 총지급액과의 차액은 K－IFRS 제1023호에 따른 차입원가로 자본화하지 않는 한 신용기간에 걸쳐 이자비용으로 인식함(제1016호 문단23).

8. 회사가 직접 수취하지 않는 자산관련보조금의 회계처리

(1) 질의

회사는 지방자치단체(정부)로부터 자산관련보조금을 지원받았으나, 지방자치단체는 보조 금을 회사에 지급하지 않고, 자산 판매회사에게 직접 지급함. 회사는 자산 판매회사에 해당 보조금을 차감한 금액을 지급함. 이와 같이 회사가 직접 수취하지 않은 자산관련보 조금을 어떻게 회계처리하는지?

(2) 회신

정부보조금을 회사가 직접 수취하여 자산을 매입하는 것과, 정부보조금이 자산 판매회사 에 지급되어 회사의 자산 구입가격이 줄어드는 것은 경제적 실질이 동일함.

해당 자산관련보조금은 재무상태표에 이연수익으로 표시하거나 자산의 장부금액을 결정 할 때 차감하여 표시함(제1020호 문단 24).

9. 자산관련보조금으로 취득한 자산의 매각

(1) 질의

수취한 자산관련보조금(반환조건은 없음)을 취득한 유형자산의 장부금액에 차감하여 표 시한 경우, 해당 유형자산을 매각할 때 자산관련보조금의 회계처리는?

(2) 회신

유형자산 제거(처분)로 인하여 발생하는 손익은 순매각금액과 장부금액의 차이로 결정됨 (제1016호 문단 71).

정부보조금이 제거(처분)되는 유형자산의 장부금액에 이미 차감되어 있으므로, 해당 자산 처분 시 유형자산처분손익에 반영될 것임(제1016호 문단 68).

10. 유형자산 취득 시 수령한 지체상금

(1) 질의

회사는 A사로부터 설비를 취득하기로 하고 1억 원을 지급함. A사의 설비 납품이 계약상 일정보다 지체되어 회사는 A사로부터 지체상품 2천만 원을 수령한 경우, 이 금액을 설비 의 취득원가에 반영하는지?

(2) 회신

유형자산의 원가는 매입할인과 리베이트를 차감한 구입가격으로 구성됨(제1016호 문단 16). 지체상금이 설비 납품 지연으로 인해 회사에게 실제 발생한 비용을 보상하는 것이 아니라 계약상 일정의 지연으로 구입가격을 할인해준 것이라면, 유형자산의 취득원가에 서 차감함.

11. 유형자산 처분 시 중개수수료의 처분손익

(1) 질의

장부금액 80원인 유형자산의 처분금액은 100원이며 중개수수료는 1원임. 자산처분 부대비용인 중개수수료가 처분손익에 영향을 미치는지? 또한, 처분금액의 지급방식(총처분금액 100원 입금 후 중개수수료 1원 지급 vs 중개수수료 1원을 제외한 99원만 입금)이 처분손익에 영향을 미치는지?

(2) 회신

유형자산의 처분손익은 순매각금액과 장부금액의 차이로 결정하며, 현금의 지급방식은 유형자산의 처분손익을 결정하는데 영향을 미치지 않음.

12. 유형자산 처분 시 재평가잉여금 대체

(1) 질의

회사는 토지에 재평가모형을 적용하고 있으며, 당기에 재평가된 토지를 처분하고 자본에 인식되어 있는 재평가잉여금을 이익잉여금으로 직접 대체한 경우, 이익잉여금으로 직접 대체한 재평가잉여금의 감소를 포괄손익계산서에 표시하는지?

(2) 회신

자산을 처분할 때 재평가잉여금을 이익잉여금으로 대체하는 경우, 그 금액은 당기손익으로 인식하지 않으므로 포괄손익계산서에 표시하지 아니함(제1016호 문단 41).

과거기간에 기타포괄손익으로 인식한 금액을 당기손익으로 재분류하는 것을 재분류조정이라고 하는데, 재분류조정은 포괄손익계산서나 주석에 표시할 수 있음(제1001호 문단 94). 그러나 K-IFRS 제1016호에 따라 인식한 재평가잉여금 변동에 의해서는 재분류조정이 발생하지 않음(제1001호 문단 96).

13. 사용중단 기계장치의 감가상각비 회계처리

(1) 질의

회사는 A제품의 생산을 일시(3개월) 중단 후 A제품 전용 기계장치의 성능을 향상시켜 공정을 재편하고자 할 때, 해당 기계장치의 감가상각을 중단하는지? 만약 중단하지 않는다면 성능 향상을 위한 개발 기간 동안 발생한 A제품 전용 기계장치 감가상각비의 분류는?

(2) 회신

일시 생산중단 관련 기계장치는 감가상각을 중단하지 않으며, 감가상각비는 배부되지 않은 제조간접원가에 해당하므로 영업손익에 반영함.

기계장치가 운휴 중이어도 감가상각이 완전히 이루어지기 전까지는 감가상각을 중단하지 않음(제1016호 문단 55).

매출원가에는 배부되지 않은 제조간접원가도 포함됨(제1002호 문단 38).

참고로 K-IFRS 질의회신 [2020-I-KQA005] '생산중단에 따른 고정제조간접비 등의 영업손익 분류'에서 '공장 운영이 중단된 기간 중 고정적으로 발생하는 감가상각비는 영업비용으로 분류한다' 회신함.

14. 신축 중인 건물의 일부 사용 시 감가상각 여부

(1) 질의

회사는 건물을 신축하던 중 건물의 일부를 임시 사용승인받아 사용하고 있는 중임. 이때 임시 사용 중인 부분을 감가상각하는지?

(2) 회신

유형자산을 구성하는 일부의 원가가 당해 유형자산의 전체원가에 비교하여 유의적이라면, 해당 유형자산을 감가상각할 때 그 부분은 별도로 구분하여 감가상각함(제1016호 문단 43). 유형자산의 감가상각은 자산이 사용가능한 때부터 시작하므로 일부 사용된 건물에 대해서는 감가상각하는 것이 적절함(제1016호 문단 55).

15. 부수되는 토지의 분류

(1) 질의

회사는 하나의 건물을 보유목적에 따라 투자부동산(임대)과 유형자산(자가사용)으로 분류함. 이 경우, 해당 건물에 부수되는 토지도 투자부동산과 유형자산으로 각각 분류해야 하는지?

(2) 회신

투자부동산은 임대수익이나 시세차익 또는 둘 다를 얻기 위하여 소유자가 보유하거나 리스이용자가 사용권자산으로 보유하는 부동산으로 정의되므로(제1040호 문단 5), 임대 관련 토지 및 건물 또는 둘 다 투자부동산에 포함됨.

건물에 부수되는 토지를 부분으로 분리하여 매각(또는 금융리스로 제공)할 수 있으면, 각 부분을 분리하여 회계처리함(제1040호 문단 10).

– 부수되는 토지도 각각 투자부동산 및 유형자산으로 분류함.

16. 기존 건물 철거 후 신축 시 기존 건물의 장부금액의 회계처리

(1) 질의

회사는 기존에 이용하던 창고가 노후화되어 기존 건물을 철거하고 같은 자리에 새 건물을 건설하고자 함. 이때 기존 건물의 장부금액의 회계처리는?

(2) 회신

유형자산의 장부금액은 미래경제적효익이 기대되지 않을 때 제거하므로, 기존 건물의 장부금액은 제거하고 관련 손익은 당기손익으로 인식함(제1016호 문단 67~68).

다만, 기존 건물의 장부금액이 남아있으나 기존 건물의 내용연수 추정이 오류가 아니었다면, 건물 철거가 예상된 시점에 건물에 대한 손상검사 및 내용연수 변경의 효과를 고려하여 기존 건물의 장부금액을 조정함(제1016호 문단 51 · 57, 제1036호 문단 12).

17. 차입원가 대상 항목

(1) 질의

리스부채 관련 이자비용이 자본화대상 차입원가 항목에 포함될 수 있는지?

(2) 회신

K-IFRS 제1116호 '리스'에 따라 인식하는 리스부채 관련 이자는 자본화대상 차입원가에 포함됨(제1023호 문단 6).

18. 적격자산에 대한 지출 전에 발생한 차입금 이자

(1) 질의

회사는 건물을 건축하는데 ×2.6.1.에 처음으로 관련 지출이 있었고, ×2.1.1.에 차입한 일반차입금이 존재함. 해당 차입금에서 발생한 이자를 자본화할 수 있는지? (건설 중인 적격자산에 해당하며, ×2.1.1.에 차입한 일반차입금에서 매월 이자비용 10원 발생)

(2) 회신

적격자산에 대한 자본화는 자본화개시일부터 가능하며, 자본화개시일은 ① 적격자산에 대해 지출이 있고, ② 차입원가가 발생하며, ③ 적격자산을 의도된 용도로 사용(또는 판매) 가능하게 하는데 필요한 활동을 수행한다는 세 요건을 모두 충족하는 날임(제1023호 문단 17). 따라서 적격자산에 대한 지출 전 발생한 일반차입금의 이자비용(×2.1.1.~×2.5.31. 발생 이자 50원)은 자본화할 수 없고, 적격자산 지출 이후 일반차입금에 대한 차입원가 자본화 금액은 적격자산 지출액에 자본화이자율을 적용하는 방식으로 산정됨. 다만, 실제 발생한 이자(×2.6.1.~×2.12.31. 발생이자 70원)를 초과할 수 없음(제1023호 문단 14).

19. 유형자산 원가의 구성요소

(1) 질의

회사는 부가가치세 과세사업과 면세사업을 겸업하는 사업자로 두 사업에 함께 사용되는 유형자산을 취득할 때 부담하는 부가가치세 공통매입세액을 유형자산의 원가에 포함해야 하는지?

(2) 회신

부가가치세 공통매입세액 중 면세사업에 관련된 매입세액으로 확정된 부분이 환급 불가능한 취득 관련 세금이라면, 유형자산의 원가를 구성함(제1016호 문단 16(1)).

20. 생산 후 폐기되는 시제품

(1) 질의

판매 목적으로 생산되지 않고 생산 후 폐기되는 시제품의 원가도 K-IFRS 제1016호 '유형자산' 문단 20A에 따라 당기손익으로 인식해야 하는지?

(2) 회신

유형자산을 신규 취득하는 과정에서 시제품을 생산 후 폐기하는 것이 K-IFRS 제1016호 문단 17(5)에 따른 유형자산 정상 작동 여부를 시험하는 과정에 포함되어 해당의 경영진이 의도하는 방식으로 자산을 가동하는데 필요한 장소와 상태에 이르게 하는데 직접 관련되는 원가에 해당하면 유형자산의 원가에 포함함.

같은 기준서 문단 20A는 이러한 과정에서 생산된 재화의 매각이 예상되는 경우에 적용하는 문단임.

21. 후속적으로 충족한 정부보조금 인식요건

(1) 질의

회사는 20×0년 초에 자산을 취득하면서 자산관련정부보조금을 받았으나, 정부보조금 인식요건을 충족하지 못하여 부채로 인식하였음. 이후 20×1년 초에 정부보조금 인식요건을 충족하였을 때의 회계처리는?

(2) 회신

자산취득 후 후속적으로 자산관련보조금 인식요건을 충족했다면, 정부보조금 인식 전에 발생한 자산의 감가상각비만큼은 이미 발생한 비용에 대한 보전으로 보아 당기손익으로 인식하고(제1020호 문단 20), 자산관련보조금 인식 이후에는 자산관련정부보조금을 표시하는 방법에 따라 내용연수에 걸쳐 당기손익에 인식하거나, 감가상각비를 차감하는 방식으로 인식함(제1020호 문단 26~27).

22. 자산손상 징후 검토 시 시가총액 기준

(1) 질의

회사는 외부정보원천에 따른 자산손상 징후를 검토하기 위해 K-IFRS 제1036호 문단 12(4)에 따라 순자산 장부금액과 기업의 시가총액을 비교하려고 함. 이때 시가총액은 보고기간 평균 시가총액과 보고기간 말 시가총액 중 무엇인지?

(2) 회신

보고기간 말에 자산손상 징후가 있는지를 검토하므로, 보고기간 말 순자산 장부금액과 비교하는 기업의 시가총액은 보고기간 말 시가총액을 의미함(제1036호 문단 9).

23. 종속기업이 지급한 배당금을 받은 경우, 종속기업투자주식의 손상징후 발생 여부

(1) 질의

P사는 S사 지분 100%를 소유하였는데, 해당 주식의 취득원가는 100원이고 P사의 별도 재무제표에서 종속기업투자주식에는 원가법을 적용함. ×1년에 S사는 일부 자산을 처분하여 P사에 현금배당 20원을 지급함. S사의 ×1년 총포괄이익이 영(0)인 경우, S사 주식에 손상징후가 있는 것인지?

(2) 회신

회사가 종속기업에서 받은 배당이 선언된 기간에 해당 종속기업의 총포괄이익을 초과하는 경우는 종속기업투자주식의 손상징후에 해당함(제1036호 문단 12(8)(나), 제1027호 문단 BC20).

종속기업의 총포괄이익이 없는 상황에서 종속기업에서 배당금을 받았고 이로 인해 자산의 장부금액이 회수가능액을 초과할 것으로 예상된다면, 종속기업투자주식에 손상징후가 식별되었으므로, 정식으로 회수가능액을 추정하여야 함(제1036호 문단 8).

24. 상표권의 손상차손환입

(1) 질의

회사는 외부에서 상표권을 취득하고 손상차손을 인식함. 후속 기간에 관련 프랜차이즈의 수가 증가한 경우, 손상차손을 환입할 수 있는지?

(2) 회신

프랜차이즈 수의 증가가 손상차손이 더는 존재하지 않거나 감소되었을 수 있는 징후에 해당하는지 검토가 필요함(제1036호 문단 110).

징후가 있는 경우에는 상표권의 회수가능액을 추정하고, 상표권의 장부금액을 회수가능액으로 증액하면서 손상차손 환입을 인식할 수 있음(제1036호 문단 114).

다만, 프랜차이즈 수의 증가가 회수가능액을 산정하기 위해 사용한 추정치의 변경과 관련이 있는 경우에만 환입 가능(제1036호 문단 114).

25. 유형자산 처분대가로 대출채권을 수령한 경우

(1) 질의

회사가 유형자산 처분대가로 매수자가 보유하는 대출채권을 받은 경우, 대출채권의 회수시기를 고려하여 유형자산 처분손익 인식시점을 이연해야 하는지? (유형자산의 통제를 이전하는 시점에 대출채권의 권리도 이전받음)

(2) 회신

유형자산 처분일인 K-IFRS 제1115호의 수행의무 이행시기를 판단하는 규정에 따라 매수자가 해당 자산을 통제하게 되는 날이며, 그날에 처분손익을 당기손익으로 인식함(제1016호 문단 67~69).

회사가 받은 대출채권은 공정가치로 인식하고, 대출채권의 공정가치는 회수시기, 회수가능성 등을 고려하여 측정함(제1016호 문단 71, 제1115호 문단 66).

26. 사용 목적으로 보유한 백금도가니 수선원가

(1) 질의

회사는 제품을 생산할 때 필요한 백금도가니를 유형자산으로 분류함. 이 백금도가니는 사용함에 따라 감모와 형태 변형이 생겨 주기적으로 수선하는데, 이 수선원가를 당기손익으로 분류하여야 하는지? 그리고 이 백금도가니를 감가상각해야 하는지?

(2) 회신

백금도가니의 주기적 수선원가가 일상적인 수선·유지 과정에서 발생하는 원가라면, 발생시점에 당기손익으로 인식함(제1016호 문단 12).

다만, 이러한 지출이 주요 구성요소의 정기적인 교체로 발생하는 원가라면 유형자산 인식기준을 충족할 때는 해당 유형자산의 장부금액에 포함함(제1016호 문단 7, 13).

백금도가니가 유형자산의 정의(한 회계기간을 초과하여 재화 생산에 사용)를 충족하면 내용연수에 걸쳐 감가상각을 해야 함.

27. 경영진이 의도한 방식으로 사용하기 전에 생산된 재화에 대한 공시

(1) 질의

경영진이 의도한 방식으로 유형자산을 가동할 수 있는 장소와 상태에 이르게 하는 동안에 재화가 생산됨. 생산된 재화는 기업의 통상적인 활동의 산출물로 관련 매각금액과 원가를 각각 매출과 매출원가로 표시한 경우, K-IFRS 제1016호 문단 74A(2)에 따른 공시를 해야 하는지?

(2) 회신

기업의 통상적인 활동의 산출물로 생산된 재화를 판매할 경우, K-IFRS 제1115호와 제1002호가 적용될 것이기 때문에 K-IFRS 제1016호 문단 74A(2)에 따른 공시를 하지 아니함.

28. 재평가모형 적용 유형자산의 감가상각시점

(1) 질의

20×2년 말에 유형자산을 재평가하는 회계정책을 처음 적용한 경우, 20×2년 말까지 감가상각을 한 후에 해당 자산을 재평가해야 하는지? 아니면 직전 보고기간 말 장부금액을 기준으로 재평가해야 하는지?

(2) 회신

원가모형에 따라 재평가일까지 감가상각을 완료한 후에 해당 장부금액을 재평가금액으로 조정, 유형자산을 재평가할 때, 그 자산의 장부금액을 재평가금액으로 조정해야 하는데, 20×2년 말 자산의 장부금액은 그 시점까지의 감가상각누계액과 손상차손누계액을 뺀 후에 인식되는 자산 금액임(K-IFRS 제1016호 문단 6).

29. 시운전 과정에서 생산된 부산물 매각

(1) 질의

회사는 당기 중에 공장 및 설비를 구입하였고, 해당 유형자산이 정상적으로 작동되는지를 시험하는 과정에서 부산물이 생산됨. 해당 부산물은 회사의 통상적인 활동의 산출물인데 이를 외부에 판매하는 경우의 회계처리는?

(2) 회신

경영진이 의도한 방식으로 유형자산을 가동할 수 있는 장소와 상태에 이르게 하는 동안에 생산된 재화가 회사의 통상적인 활동의 산출물이라면 해당 재화를 판매하여 얻은 매각금액과 그 재화의 원가는 K-IFRS 제1115호와 K-IFRS 제1002호에 따라 각각 매출과 매출원가로 인식함.

30. 재평가모형 적용 유형자산의 처분

(1) 질의

재평가모형을 적용하는 유형자산 처분시점에 재평가를 수행하여야 하는지? (처분시점의 공정가치와 직전 보고기간 말 장부금액의 차이가 중요하지 않음)

(2) 회신

재평가하는 유형자산은 처분시점에 반드시 재평가해야 하는 것은 아님.

31. 유형자산(토지) 재평가

(1) 질의

회사가 보유한 토지는 국토의 이용 및 계획에 관한 법률에 따라 자연녹지지역으로 지정되어 개발에 제한을 받음. 토지 재평가를 위한 공정가치 측정 시, 이러한 제한을 고려해야 하는지?

(2) 회신

공정가치는 측정일에 시장참여자 사이의 정상거래에서 자산을 매도할 때 받거나 부채를 이전할 때 지급하게 될 가격임(제1113호 문단 15).

법률상 또는 계약상 매도나 사용에 제약이 있다면 그러한 제약은 자산에 포함되어 시장참여자에게 이전되므로, 자산의 공정가치 측정 시 제약으로 인한 영향을 고려함(제1113호 문단 11).

32. 공유제 콘도회원권의 계정 분류

(1) 질의

회사가 임직원의 복리후생을 위해 공유제 콘도회원권을 구입함. 이 회원권은 특정 객실(주로 평형별로 구분)을 여러 명이 공유하는 형태로, 회사는 건물과 토지의 일정 비율만큼 소유권 이전 등기를 함. 회원권으로 1년 동안 숙박할 수 있는 일수는 제한되어 있음. 이러한 공유제 콘도회원권은 유형자산인지?

(2) 회신

공유제 콘도회원권이 유형자산에 해당하는지는 사실관계에 따라 판단할 사항임.

유형자산은 재화나 용역의 생산이나 제공, 타인에 대한 임대 또는 관리활동에 사용할 목적으로 보유하는 물리적 형태가 있는 자산(제1016호 용어의 정의)이고, 자산은 기업이 통제하는 현재의 경제적자원을 의미함.

통제란 경제적자원의 사용을 지시하고 그로부터 유입될 경제적효익을 얻을 수 있는 현재의 능력을 말하며, 회원권 보유로 보유 지분만큼 건물과 토지를 통제할 수 있다면, 유형자산으로 분류함(재무보고를 위한 개념체계 문단4.3, 문단4.20).

33. 종속기업 토지 취득 관련 차입금 이자비용 자본화 가능 여부

(1) 질의

A사는 종속기업인 B사의 토지 취득 자금을 지원하기 위해 금융기관에서 차입하여 B사에 출자함. A사 연결재무제표에서 A사의 차입금 이자비용을 B사가 취득한 토지원가의 일부로 자본화함. 이 경우, A사 별도재무제표에서 해당 차입금 이자비용을 자본화할 수 있는지? (해당 토지 외에 A사 연결재무제표에서 취득 중인 적격자산은 없음)

(2) 회신

A사 연결재무제표에서는 B사가 취득 중인 적격자산(토지) 관련 차입원가를 자본화하더라도, 별도재무제표에서는 B사를 종속기업투자주식으로 인식하며, 이는 A사의 적격자산에 해당하지 않으므로 관련 차입원가를 자본화할 수 없음(제1023호 문단 5, 12).

34. 자본화 대상 일반차입금의 범위

(1) 질의

회사는 적격자산에 해당하는 임대주택을 건설함. A현장의 임대주택은 의도된 용도로 사용 가능하고, B현장의 임대주택(적격자산)은 공사 중임.

A현장을 위한 특정차입금은 약정상 A현장의 운용자금으로만 사용할 수 있으나, A현장 임대주택 준공 후에도 상환하지 않아 이자가 발생함.

A현장을 위한 특정차입금은 용도가 제한되어 있고, B현장의 임대주택 취득과 관련이 없으므로 차입원가 자본화를 위한 일반차입금 범위에서 제외해야 하는가?

(2) 회신

회사가 최초에 특정 목적으로 차입금을 조달하였더라도 회사에 적격자산이 존재하는 한 일반차입금의 자본화이자율에서 제외할 수 없음.

K-IFRS 제1023호 문단 14, 문단 BC14C~BC14D에서는 자본화가능차입원가 계산 시 '아직 의도된 용도로 사용(또는 판매) 가능하지 않은 적격자산을 취득하기 위해 특정 목적으로 차입한 자금을 제외하고는 존재하는 기업의 모든 차입금'과 '적격자산을 의도된 용도로 사용(또는 판매) 가능한 후에도 특정 차입금이 남아 있다면 그 차입금'을 계산에 포함할 것을 요구함.

35. 리스부채 관련 이자비용 자본화

(1) 질의

회사는 공장을 건설 중인데 해당 자산은 적격자산에 해당함. 적격자산 건설과 무관하게 영업 목적으로 건물과 차량을 리스하여 리스부채 이자비용이 발생한 경우, 이 이자비용은 적격자산의 자본화 가능 차입원가에 해당하는지?

(2) 회신

리스부채 관련 이자는 차입원가에 포함되고, 적격자산 건설과 무관한 리스부채는 일반적인 목적으로 차입한 자금에 해당함(제1023호 문단 6).

일반적인 목적으로 차입한 자금은 자산 관련 지출액에 자본화이자율을 적용하는 방식으로 자본화가능차입원가를 결정함.

자본화이자율은 회계기간에 존재하는 기업의 모든 차입금에서 발생된 차입원가(의도된 용도로 사용·판매 가능하게 하는 데 필요한 대부분의 활동이 완료되기 전까지 적격자산을 취득하기 위해 특정 목적으로 차입한 자금에서 생기는 차입원가 제외)를 가중평균하여 산정함.

따라서 리스부채와 관련 이자를 포함하여 자본화이자율을 산정함. 다만, 회계기간에 자본화한 차입원가는 그 기간에 실제 발생한 차입원가를 초과할 수 없음(제1023호 문단 6, 14).

11 리 스

(1) 의의

'리스'란 리스제공자가 자산의 사용권을 합의된 기간 동안 리스이용자에게 이전하고 리스이용자는 그 대가로 사용료를 리스제공자에게 지급하는 계약을 말한다.

종전 기준서 제1017호에서는 리스이용자가 리스의 조건에 따라 운용리스와 금융리스 중 하나로 분류하여 회계처리하도록 규정하였다. 이에 개정 기준서 제1116호는 단기리스나 소액리스를 제외한 모든 리스에 대해서 리스이용자가 사용권자산과 리스부채를 인식하도록 하였다. 이에 반해 리스제공자의 회계처리는 종전과 마찬가지로 리스 조건에 따라 운용리스 또는 금융리스로 분류하도록 하였다.

(2) 적용범위

이 기준서는 다음을 제외한 모든 리스(전대리스에서 사용권자산의 리스를 포함함)에 적용한다.

① 광물, 석유, 천연가스, 이와 비슷한 비재생 천연자원을 탐사하거나 사용하기 위한 리스
② 리스이용자가 보유하는, 기업회계기준서 제1041호 '농림어업'의 적용범위에 포함되는 생물자산 리스
③ 기업회계기준해석서 제2112호 '민간투자사업'의 적용범위에 포함되는 민간투자사업
④ 리스제공자가 부여하는, 기업회계기준서 제1115호 '고객과의 계약에서 생기는 수익'의 적용범위에 포함되는 지적재산 라이선스
⑤ 기업회계기준서 제1038호 '무형자산'의 적용범위에 포함되는, 라이선싱 계약에 따라 영화필름, 비디오 녹화물, 희곡, 원고, 특허권, 저작권과 같은 항목에 대하여 리스이용자가 보유하는 권리

(3) 용어의 정의

이 기준서에서 사용하는 용어의 정의는 다음과 같다.

1) 경제적 내용연수

하나 이상의 사용자가 자산을 경제적으로 사용할 수 있을 것으로 예상하는 기간이나 자산에서 얻을 것으로 예상하는 생산량 또는 이와 비슷한 단위 수량

2) 고정리스료

리스기간의 기초자산 사용권에 대하여 리스이용자가 리스제공자에게 지급하는 금액에서 변동리스료를 뺀 금액

3) 공정가치

이 기준서의 리스제공자 회계처리 요구사항을 적용하기 위하여, 합리적인 판단력과 거래의 사가 있는 독립된 당사자 사이의 거래에서 자산이 교환되거나 부채가 결제될 수 있는 금액

4) 금융리스

기초자산의 소유에 따른 위험과 보상의 대부분을 리스이용자에게 이전하는 리스를 말하며, 리스가 일반적으로 금융리스로 분류되는 상황(개별적으로나 결합되어)의 예는 다음과 같다.

① 리스기간 종료시점 이전에 기초자산의 소유권이 리스이용자에게 이전되는 리스

② 리스이용자가 선택권을 행사할 수 있는 날의 공정가치보다 충분히 낮을 것으로 예상되는 가격으로 기초자산을 매수할 수 있는 선택권을 가지고 있고, 그 선택권을 행사할 것이 리스약정일 현재 상당히 확실한 경우

③ 기초자산의 소유권이 이전되지는 않더라도 리스기간이 기초자산의 경제적 내용연수의 상당 부분(major part)을 차지하는 경우

④ 리스약정일 현재, 리스료의 현재가치가 적어도 기초자산 공정가치의 대부분에 해당하는 경우

⑤ 기초자산이 특수하여 해당 리스이용자만이 주요한 변경 없이 사용할 수 있는 경우

리스가 금융리스로 분류될 수 있는 상황의 지표(개별적으로나 결합되어)는 다음과 같다.

① 리스이용자가 리스를 해지할 수 있는 경우에 리스이용자가 해지에 관련되는 리스제공자의 손실을 부담하는 경우

② 잔존자산의 공정가치 변동에서 생기는 손익이 리스이용자에게 귀속되는 경우(예: 리스 종료시점에 매각대가의 대부분에 해당하는 금액이 리스료 환급의 형태로 리스이용자에게 귀속되는 경우)

③ 리스이용자가 시장리스료보다 현저하게 낮은 리스료로 다음 리스기간에 리스를 계속할 능력이 있는 경우

5) 기초자산

리스제공자가 리스이용자에게 자산의 사용권을 제공하는, 리스의 대상이 되는 자산

6) 단기리스

리스개시일에 리스기간이 12개월 이하인 리스로, 매수선택권이 있는 리스는 단기리스에 해당하지 않는다.

7) 무보증잔존가치

리스제공자가 실현할 수 있을지 확실하지 않거나, 리스제공자의 특수관계자만이 보증한 기초자산의 잔존가치 부분

8) 미실현 금융수익

리스총투자와 리스순투자의 차이

9) 변경 유효일

두 당사자가 리스변경에 동의하는 날

10) 변동리스료

리스기간에 기초자산의 사용권에 대하여 리스이용자가 리스제공자에게 지급하는 리스료의 일부로서 시간의 경과가 아닌 리스개시일 후 사실이나 상황의 변화 때문에 달라지는 부분

11) 리스

대가와 교환하여 자산(기초자산)의 사용권을 일정기간 이전하는 계약이나 계약의 일부

12) 리스개설직접원가

리스를 체결하지 않았더라면 부담하지 않았을 리스체결의 증분원가. 다만, 금융리스와 관련하여 제조자 또는 판매자인 리스제공자가 부담하는 원가는 제외

13) 리스개시일(개시일)

리스제공자가 리스이용자에게 기초자산을 사용할 수 있게 하는 날

14) 리스기간

리스이용자가 기초자산 사용권을 갖는 해지불능기간과 다음 기간을 포함하는 기간

① 리스이용자가 리스 연장선택권을 행사할 것이 상당히 확실한 경우에 그 선택권의 대상 기간

② 리스이용자가 리스 종료선택권을 행사하지 않을 것이 상당히 확실한 경우에 그 선택권의 대상 기간

┤ 신속처리 질의·답변 ├

리스계약기간 이후 리스기간이 자동으로 1년 단위로 연장되며, 각 리스당사자는 언제든지 해약가능한 경우 그 리스는 더는 집행할 수 없음.

---

15) 리스료

기초자산 사용권과 관련하여 리스기간에 리스이용자가 리스제공자에게 지급하는 금액으로, 다음 항목으로 구성

① 고정리스료(실질적인 고정리스료를 포함하고, 리스 인센티브는 차감)

② 지수나 요율(이율)에 따라 달라지는 변동리스료

③ 리스이용자가 매수선택권을 행사할 것이 상당히 확실한 경우에 그 매수선택권의 행사가격

④ 리스기간이 리스이용자의 종료선택권 행사를 반영하는 경우에, 그 리스를 종료하기 위하여 부담하는 금액

리스이용자의 경우에 리스료는 잔존가치보증에 따라 리스이용자가 지급할 것으로 예상되는 금액도 포함한다. 리스이용자가 비리스요소와 리스요소를 통합하여 단일 리스요소로 회계처리하기로 선택하지 않는다면 리스료는 비리스요소에 배분되는 금액을 포함하지 않는다.

리스제공자의 경우에 리스료는 잔존가치보증에 따라 리스이용자, 리스이용자의 특수관계자, 리스제공자와 특수관계에 있지 않고 보증의무를 이행할 재무적 능력이 있는 제삼자가 리스제공자에게 제공하는 잔존가치보증을 포함한다. 리스료는 비리스요소에 배분되는 금액은 포함하지 않는다.

16) 리스변경

변경 전 리스 조건의 일부가 아니었던 리스의 범위 또는 리스대가의 변경(예: 하나 이상

의 기초자산 사용권을 추가하거나 종료함, 계약상 리스기간을 연장하거나 단축함)

17) 리스순투자

리스총투자를 리스의 내재이자율로 할인한 금액

18) 리스약정일(약정일)

리스계약일과 리스의 주요 조건에 대하여 계약당사자들이 합의한 날 중 이른 날

19) 리스의 내재이자율

리스료 및 무보증잔존가치의 현재가치 합계액을 다음 '①'과 '②'의 합계액과 동일하게 하는 할인율
① 기초자산의 공정가치
② 리스제공자의 리스개설직접원가

20) 리스이용자

대가와 교환하여 기초자산의 사용권을 일정기간 얻게 되는 기업

21) 리스이용자의 증분차입이자율

리스이용자가 비슷한 경제적 환경에서 비슷한 기간에 걸쳐 비슷한 담보로 사용권자산과 가치가 비슷한 자산 획득에 필요한 자금을 차입한다면 지급해야 하는 이자율

22) 리스 인센티브

리스와 관련하여 리스제공자가 리스이용자에게 지급하는 금액이나 리스의 원가를 리스제공자가 보상하거나 부담하는 금액

23) 리스제공자

대가와 교환하여 기초자산 사용권을 일정기간 제공하는 기업

24) 리스총투자

금융리스에서 리스제공자가 받게 될 리스료와 무보증잔존가치의 합계액

25) 사용기간

고객과의 계약을 이행하기 위하여 자산이 사용되는 총 기간(비연속적인 기간을 포함함)

26) 사용권자산

리스기간에 리스이용자가 기초자산을 사용할 권리(기초자산 사용권)를 나타내는 자산

27) 선택권 리스료

리스를 연장하거나 종료하는 선택권의 대상 기간(리스기간에 포함되는 기간은 제외)에 기초자산 사용권에 대하여 리스이용자가 리스제공자에게 지급하는 리스료

28) 운용리스

기초자산의 소유에 따른 위험과 보상의 대부분을 이전하지 않는 리스

29) 잔존가치보증

리스제공자와 특수관계에 있지 않은 당사자가 리스제공자에게 제공한 리스종료일의 기초자산 가치(또는 가치의 일부)가 적어도 특정 금액이 될 것이라는 보증

30) 전대리스

리스이용자(중간리스제공자)가 기초자산을 제삼자에게 다시 리스하는 거래로, 상위리스제공자와 리스이용자 사이의 리스(상위리스)는 여전히 유효

(4) 리스의 실질

기준서 제1116호에서는 리스를 대가와 교환하여 식별되는 자산(기초자산)의 사용통제권을 일정기간 이전하는 계약으로 정의하고 있다. 종전 기준서 제1017호에서는 리스의 실질이 임대차와 유사하다면 이를 운용리스라 하여 자산과 부채를 인식하지 않고 리스료를 비용으로만 처리하였고, 리스의 실질이 자산의 할부구입과 유사하다면 이를 금융리스라 하여 자산과 부채를 인식하여 자산은 감가상각으로 비용화하고 부채는 상환 시 이자비용을 인식하는 처리를 하였다. 이에 대해 상당수 비행기 및 선박을 업무에 이용하는 기업들이 리스를 운영리스로 분류되도록 하여 자산·부채를 인식하지 않는 문제가 발생하게 되어 기존 기준서 제1017호를 대체하는 새로운 기준서 제1106호를 제정하여 2019년부터 이를 적용하게 되었다. 기준서 제1106호에서는 리스이용자에 대하여 모든 리스거래에 있어 자산과 부채를 인식

하는 회계처리를 하도록 규정하고 있다.

| (차) 사용권자산 | ××× | (대) 리스부채 | ××× |
| 이연법인세자산 | ××× | 이연법인세부채 | ××× |

즉, 리스이용자의 입장에서는 운용리스 또는 금융리스의 구분을 적용하지 않고 자산과 부채를 인식하는 단일의 회계처리만을 규정하였다.

반면에 리스제공자의 입장에서 종전 기준서 제1017호의 규정을 그대로 유지하여 자산의 소유에 따른 위험과 보상의 대부분을 계속 보유하고 있다면 운용리스로 분류하고, 자산의 소유에 따른 위험과 보상의 대부분을 리스이용자에게 이전하면 금융리스로 분류하여 회계처리하도록 규정하고 있다.

(5) 인식 면제

다음의 리스에 대해서는 사용권자산과 리스부채를 인식하지 않는 회계처리를 선택할 수 있다.

① 단기리스
② 소액 기초자산 리스

단기리스(short-term lease)란 리스개시일 기준으로 리스기간이 12개월 이하인 리스를 말하며, 매수선택권이 있는 리스는 단기리스에 해당되지 않는다. 한편, 소액 기초자산 리스에서 소액이 얼마를 의미하는지 기준서에는 명시적인 언급이 없으며, 자동차 리스는 소액자산 리스에 해당되지 않을 것이나, 태블릿·개인 컴퓨터, 소형 사무용 가구, 전화기 등은 소액 기초자산에 해당된다고 예시하고 있다.

이에 해당하면 리스료를 리스기간에 걸쳐 정액기준 등으로 비용으로 인식한다.

단기리스 인식 면제 규정을 적용하는 경우, 다음 중 하나에 해당하면 리스이용자는 그 리스를 새로운 리스로 본다.

① 리스변경이 있는 경우
② 리스기간에 변경이 있는 경우(예: 리스이용자가 전에 리스기간을 산정할 때에 포함되지 않았던 선택권을 행사)

(6) 리스의 식별

특정 계약에 대해 기준서 제1116호를 적용할 것인지를 판단하기 위해서 계약의 약정시점에 계약 자체가 리스인지, 계약이 리스를 포함하는지 판단한다. 계약에서 대가와 교환하여 식별되는 자산의 사용 통제권을 일정기간 이전한다면 그 계약은 리스이거나 리스를 포함하며, 계약이 식별되는 자산의 사용통제권을 일정기간 이전하는지를 판단하기 위하여 고객이 사용기간 내내 다음의 두 가지 권리를 모두 갖는지를 판단한다.

① 식별되는 자산의 사용으로 생기는 경제적 효익의 대부분을 얻을 권리
② 식별되는 자산의 사용을 지시할 권리

자산은 일반적으로 계약에서 분명히 특정하여 식별된다. 그러나 고객이 자산을 사용할 수 있는 시점에 암묵적으로 특정하여 식별될 수도 있다. 자산이 특정되더라도 공급자가 그 자산을 실질적으로 대체할 권리(대체권)를 사용기간 내내 가지면, 고객은 식별되는 자산의 사용권을 가지지 못한다. 이러한 경우 고객은 자산 사용권을 갖지 못한다.

식별되는 자산의 사용을 통제하려면, 고객은 사용기간 내내 자산의 사용으로 생기는 경제적 효익의 대부분을 얻을 권리를 가질 필요가 있다. 즉, 사용기간 내내 그 자산을 배타적으로 사용할 수 있어야 한다. 또한 다음 중 하나에 해당하는 경우에만 고객이 사용기간 내내 식별되는 자산의 사용을 지시할 권리를 갖는다.

① 고객이 사용기간 내내 자산을 사용하는 방법 및 목적을 지시할 권리를 갖는다.
② 자산을 사용하는 방법 및 목적에 관련되는 결정이 미리 내려지고, 다음 중 어느 하나에 해당한다.
　가. 고객이 사용기간 내내 자산을 운용할 권리를 가지며, 공급자는 그 운용 지시를 바꿀 권리가 없다.
　나. 고객이 사용기간 내내 자산을 사용할 방법 및 목적을 미리 결정하는 방식으로 자산을 설계하였다.

1) 리스식별 요약

식별되는 자산	자산이 특정됨.	분명히 특정 또는 암묵적 특정	
	공급자의 실질적 자산대체권 없음('①' 또는 '②').	① 공급자가 자산을 대체할 실질적 능력이 없음.	
		② 공급자가 대체권 행사로 경제적 효익이 없음.	
사용 통제권	고객이 자산 사용으로 생기는 경제적 효익의 대부분을 얻음.		
	고객이 사용 지시권 가짐('①' 또는 '②' 또는 '③').	① 고객이 자산의 사용 방법 및 목적을 지시할 권리를 가짐.	
		사용 방법 및 목적이 미리 결정됨.	② 고객의 자산 운용권
			③ 고객이 자산을 설계

※ 출처: 한국회계기준원, 2017.11.21. 기준서 제1116호 강의 교재 p.21

2) 리스식별 순서도

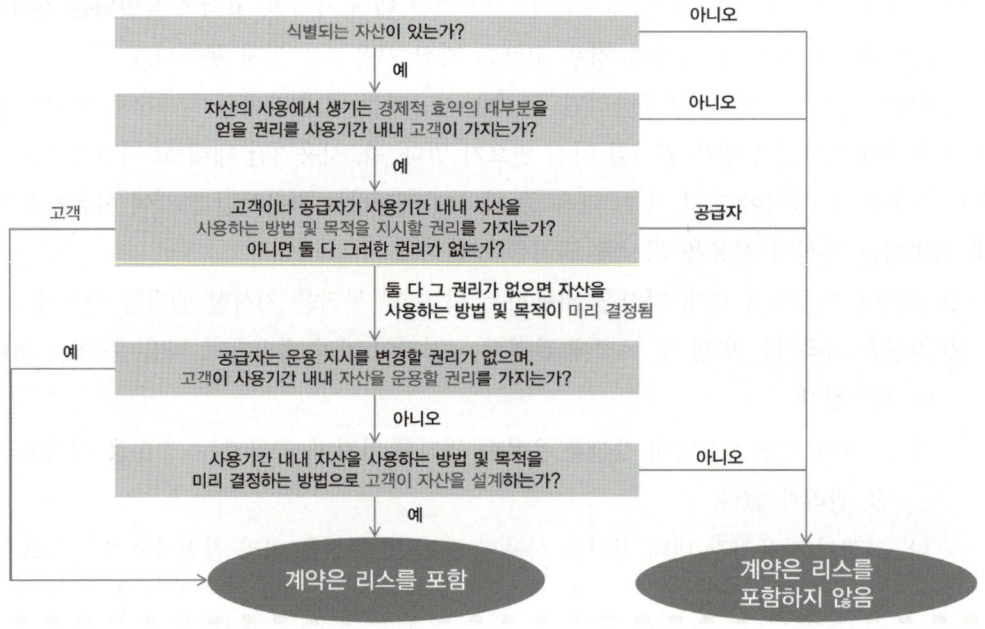

※ 출처: 한국회계기준원, 2017.11.21. 기준서 제1116호 강의 교재, p.22

사례 13

1. 자료*

   고객과 공급자(항공기 소유자)는 특정 항공기 사용 계약(2년)을 체결함.

   ① (계약) 항공기 내·외부규격을 상세히 열거함, 비행 목적지에 대한 계약상·법적 제약 있음.

   ② 공급자는 언제든지 항공기(계약 규격 충족) 대체가능(항공기가 작동하지 않으면 반드시 대체해주어야 함)

   ③ 공급자의 항공기 중 하나를 고객의 규격에 맞추는데 상당한 원가가 발생

   ④ 고객은 제약조건에 따라 항공기의 비행일정(언제/어디로)과 항공기로 운송할 승객·화물을 결정함.

   ⑤ 공급자는 자신의 승무원을 활용하여 항공기를 운용할 책임

   ⑥ 고객이 항공기 운용자를 고용하거나 직접 항공기를 운용하는 것은 금지됨.

2. 식별되는 자산의 유무

   (1) 자산의 특정 여부

   계약상 항공기가 특정됨: 분명히 특정됨.

   (2) 공급자의 자산 대체권 유무

   ① 공급자는 항공기를 대체할 권리가 있고, 다른 항공기를 보유함.

   자산을 대체할 실질적 능력이 있음.

   ② 다른 항공기를 규격대로 맞추는데 드는 원가가 상당함.

   대체권 행사로 경제적 효익 없음.

   ③ 공급자의 실질적인 자산 대체권 없음.

   (3) 식별되는 자산이 있음.

3. 사용통제권의 유무

   (1) 경제적 효익

   사용기간 내내 항공기를 독점 사용하므로 이는 고객이 자산 사용으로 생기는 경제적 효익의 대부분을 얻는 경우에 해당함.

   (2) 사용지시권

   ① 계약상 비행 목적지에 대한 제약 있음(항공기의 사용권 범위를 정함). 사용권의 범위에서 고객은 운송하는 승객·화물, 비행 여부, 비행 목적지를 결정함.

   ② 공급자의 항공기 운용이 효율적인 사용에 반드시 필요하더라도, 이 결정이 항공기의 사용 방법 및 목적을 지시하지 않음.

   ③ 고객이 사용기간 내내 자산 사용 방법 및 목적을 지시할 권리를 가짐.

(3) 고객에게 사용통제권이 있음.

4. 해당 자료 검토결과 계약은 리스를 포함하고 있음.

※ 출처: 한국회계기준원, 2017.11.21. 기준서 제1116호 강의 교재 pp.23~24

(7) 계약의 구성요소 분리

리스이거나 리스를 포함하는 계약을 식별하였다면, 동 계약에서 계약의 각 리스요소(each lease component)를 리스가 아닌 요소(비리스요소, non-lease component)와 분리하여 리스로 회계처리한다. 하나의 리스요소와 하나 이상의 추가 리스요소나 비리스요소를 포함하는 계약의 경우 리스이용자는 리스요소의 상대적 개별가격과 비리스요소의 통합 개별 가격에 기초하여 계약 대가를 각 리스요소에 배분한다. 실무적 간편법으로 리스이용자는 비리스요소를 리스요소와 분리하지 않고, 각 리스요소와 이에 관련되는 비리스요소를 하나의 리스요소로 회계처리하는 방법을 기초자산의 유형별로 선택할 수 있다. 한편, 리스제공자는 기준서 제1115호를 적용하여 거래가격의 수행의무 배분 방법을 적용하여 계약 대가를 배분한다.

다음의 조건을 모두 충족한 경우에 기초자산 사용권은 별도 리스요소이다.

① 리스이용자가 기초자산 그 자체를 사용하여 효익을 얻거나 리스이용자가 쉽게 구할 수 있는 다른 자원을 함께 사용하여 효익을 얻을 수 있다.

② 그 기초자산은 그 계약의 다른 기초자산에 대한 의존도나 다른 기초자산과의 상호관련성이 매우 높지는 않다.

예를 들어 계약에서 리스이용자에게 재화나 용역을 이전하지 않는 관리업무에 대한 요금을 리스이용자가 부담하는 총 지급액에 포함시킬 수 있다. 이는 비리스요소에 해당하므로 리스로 회계처리하지 않는다.

(8) 리스기간

리스이용자가 리스부채를 인식하거나 리스제공자가 금융리스채권을 인식할 때 미래의 리스료를 현재가치로 평가하므로 리스기간에 따라 리스부채 등의 금액이 달라진다.

리스기간(lease term)은 해지불능기간과 다음 기간(리스이용자의 선택권 기간)을 포함하여 산정한다.

① 리스이용자가 리스 연장선택권을 행사할 것이 상당히 확실한 경우에 그 선택권의 대상 기간

② 리스이용자가 리스 종료선택권을 행사하지 않을 것이 상당히 확실한 경우에 그 선택권의 대상 기간

즉, 계약상 리스기간이 8년인데 리스이용자가 8년 후에 리스기간을 2년 더 연장할 수 있는 권리(리스 연장선택권)가 있고 이러한 권리를 행사할 것이 상당히 확실하다면, 리스기간을 10년으로 보고 회계처리를 한다. 이에 반해 계약상 리스기간이 10년인데, 리스기간이 8년 경과한 시점에서 남은 2년에 대해 리스이용자가 리스를 종료할 수 있는 권리(리스 종료선택권)가 있으나 이러한 권리를 행사하지 않을 것이 상당히 확실하다면, 리스기간을 10년으로 보고 회계처리를 한다.

리스개시일 현재 리스 연장(종료)선택권 행사 가능성의 평가는 다음을 고려하여 판단한다.

① 더 긴 기간으로 리스할 경제적 유인의 유무

예: 시장 요율과 비교하여 유리함, 유의적인 리스개량, 종료/이전 원가, 특수 자산, 대체 자산 사용 제한

② 다른 고려요소: 다른 계약조건과의 관계, 과거 관행, 해지불능기간 장단

다음과 같은 사유가 발생하여 리스의 해지불능기간이 달라지는 경우에는 리스기간을 변경한다.

① 선택권 기간 평가에 영향을 미치는 사건 발생, 상황의 변화가 유의적일 때

② 예상과 다른 선택권 행사/미행사

(9) 리스이용자의 회계처리

리스이용자는 단기리스와 소액 기초자산 리스에 대하여 별도회계처리를 선택하지 않는다면 모든 리스계약에 대하여 리스개시일에 사용권자산과 리스부채를 인식한다.

(차) 사용권자산 　　　　　×××　　(대) 리스부채 　　　　　×××

1) 리스부채의 최초 측정

리스이용자는 리스개시일에 그날 현재 지급되지 않은 리스료의 현재가치로 리스부채를 측정한다. 리스료의 현재가치를 측정할 때, 그 리스의 내재이자율(implicit rate)을 쉽게 산

정할 수 있는 경우에는 그 이자율로 리스료를 할인하며, 내재이자율을 쉽게 산정할 수 없는 경우에는 리스이용자의 증분차입이자율(incremental borrowing rate)을 사용한다.

리스부채의 최초 측정에 포함되는 리스료는 다음 금액으로 구성된다.

---

① 고정리스료
② 지수나 요율(이율)에 따라 달라지는 변동리스료
③ 잔존가치보증에 따라 리스이용자가 지급할 것으로 예상되는 금액
④ 리스이용자가 매수선택권을 행사할 것이 상당히 확실한 경우 그 매수선택권의 행사가격
⑤ 리스기간이 리스이용자의 종료선택권 행사를 반영하는 경우에 그 리스를 종료하는 데 드는 위약금

---

① 고정리스료

리스이용자가 리스기간 동안 지급하는 리스료는 일반적으로 고정되어 있으며, 이를 고정리스료(fixed lease payments)라고 한다. 고정리스료에는 실질적인 고정리스료도 포함되는데 이는 형식적으로는 변동성을 포함하나, 실질적으로 회피할 수 없는 지급액을 말한다.

② 변동리스료

지수(index)나 요율(rate)에 따라 달라지는 변동리스료(variable lease payment)는 처음에는 리스개시일의 지수나 요율(이율)을 사용하여 측정한다. 이에는 소비자물가지수에 연동되는 지급액, 벤치마크 이자율(예: LIBOR)에 연동되는 지급액, 시장 대여요율(market rental rate)의 변동을 반영하기 위하여 변동되는 지급액 등이 있다. 리스개시일에는 변동리스료가 얼마가 될지 알 수 없기 때문에 리스부채의 최초 측정금액에 변동리스료가 포함되지 않는 것이며, 이후 리스료가 변동되는 경우 변동되는 시점에서 리스부채를 재평가하는 회계처리를 한다.

③ 리스이용자가 지급할 것으로 예상되는 보증잔존가치

리스기간이 종료될 때 리스이용자가 사용하던 리스자산을 리스제공자에게 반환하는 약정인 경우 리스기간 종료 시 당해 자산의 잔존가치가 리스개시일에 예상했던 잔존가치보다 낮을 수 있다. 이와 같은 경우 리스제공자는 이러한 위험을 회피하기 위해 리스 계약단계에

서 리스이용자로 하여금 잔존가치의 전부 또는 일부를 보증하도록 요구할 수 있는바, 리스이용자가 지급할 것으로 예상되는 금액을 리스료로 보아 리스부채의 최초금액에 포함시킨다. 리스개시일에 리스이용자의 입장에서 실제 잔존가치가 보증한 잔존가치에 미달하여 차액만큼 지급할 것이라고 예상하는 경우는 없다 할 것인데, 리스기간에 자산을 사용하면서 자산의 가치가 감소하여 보증잔존가치의 예상이 바뀌는 경우 리스부채 재측정의 회계처리를 적용한다.

④ 행사가 상당히 확실한 매수선택권의 행사가격

리스계약에서 리스이용자가 사용하던 자산의 소유권을 리스종료 시에 리스이용자에게 당해 자산을 매수할 수 있는 권리를 부여하는 경우, 리스개시일에 리스이용자가 미래에 매수선택권을 행사할 것이 상당히 확실하다면 매수선택권 행사가격도 리스료로 보아 리스부채의 최초금액에 포함시킨다.

⑤ 리스 중도 종료 시 드는 위약금

마지막으로 리스기간이 리스이용자의 종료선택권 행사를 반영하는 경우에 그 리스를 종료하는데 드는 위약금을 리스부채의 최초금액에 포함시킨다.

⑥ 현재가치 할인율

가. 원칙: 리스의 내재이자율

내재이자율은 리스료 및 무보증잔존가치의 현재가치를 기초자산의 공정가치와 리스제공자의 리스개설직접원가의 합계액과 동일하게 하는 할인율을 말한다. 이는 실질적인 리스제공자의 투자수익률을 의미한다.

> 기초자산 공정가치＋리스제공자의 리스개설직접원가
> ＝ 리스료의 현재가치＋무보증잔존가치의 현재가치(이때 할인율을 내재이자율이라 함)

나. 허용: 리스이용자의 증분차입이자율

리스이용자의 증분차입이자율이란 리스이용자가 비슷한 경제적 환경에서 비슷한 기간에 걸쳐 비슷한 담보로 사용권자산과 가치가 비슷한 자산 획득에 필요한 자금을 차입하기 위하여 지급해야 하는 이자율(예: 리스하는 자산과 같은 유형의 자산을 구매하기 위하여 자금을 차입하여 지급하였거나 지급할 이자율, 부동산리스에 적용할 할인율을 산정할 때의 부동산 수익률)을 말한다.

┤ 신속처리 질의 · 답변 ├

차입금이 없는 기업도 증분차입이자율을 적용하여 리스부채를 측정함.

2) 사용권자산의 최초 측정

리스이용자는 리스개시일에 사용권자산(right-of-use asset)을 원가로 측정한다. 사용권자산의 원가는 다음의 항목으로 구성된다.

> ① 리스부채 최초 측정금액
> ② 리스개시일이나 그 전에 지급한 리스료(받은 리스 인센티브는 차감)
> ③ 리스이용자가 부담하는 리스개설직접원가
> ④ 리스 기초자산의 원상복구에 소요될 원가 추정치

리스료의 현재가치로 리스부채를 최초 측정하고 이 금액으로 사용권자산을 최초 측정하는데, 다음의 경우 리스부채의 최초 측정금액과 사용권자산의 최초 측정금액이 일치하지 않을 수 있다.

① 선급한 리스료 또는 받은 리스 인센티브

리스개시일이나 그 전에 지급한 리스료가 있다면 이를 사용권자산으로 인식한다. 리스개시일 전에 지급한 리스료를 선급비용으로 회계처리하고 리스개시일에 선급비용을 사용권자산으로 대체한다. 반면에 리스 인센티브가 있다면 사용권자산에서 차감한다. 리스 인센티브란 리스와 관련하여 리스제공자가 리스이용자에게 지급하는 금액이나, 리스의 원가를 리스제공자가 보상하거나 부담하는 금액을 말한다.

② 리스이용자가 부담하는 리스개설직접원가

리스개설직접원가란 리스를 체결하지 않았더라면 부담하지 않았을 리스체결의 증분원가를 말하며, 이는 자산의 취득부대비용이나 다름없기 때문에 사용권자산의 최초 측정금액에 포함시킨다.

③ 원상복구에 소요될 원가 추정치

리스 조건에서 기초자산을 해체 또는 제거하거나 기초자산이 위치한 부지를 복구하거나 기초자산 자체를 복구하도록 요구하는 경우, 리스이용자가 부담하는 원가 추정치를 사용권자산의 최초 측정금액에 포함시킨다.

┤ **신속처리 질의 · 답변** ├

점포임차 시 이전 세입자에게 임차권리금 해당액을 지급한 금액이 리스개설직접원가에 해당하는 경우 사용권자산의 원가에 포함함.

사례 14

1. 자료

수진(주)는 2025년 초에 다음과 같은 조건으로 리스계약을 체결하고 기계장치를 리스하였다.

(1) 리스기간: 2025.1.1.부터 2029.12.31.까지
(2) 리스료: 연간 고정리스료 ₩10,000,000을 매년 1월 1일에 지급
(3) 할인율: 내재이자율을 쉽게 산정할 수 없어 수진(주)의 증분차입이자율 5%를 적용
(4) 리스개시일에 수진(주)는 ₩2,000,000의 리스개설직접원가를 지출하였음.
(5) 수진(주)는 리스종료일에 리스자산을 ₩5,000,000의 행사가격으로 매수할 수 있는 권리를 가지며, 매수선택권을 행사할 가능성이 상당히 확실한 것으로 가정함.

2. 리스부채의 최초 측정

고정리스료의 현재가치 + 구매선택권의 현재가치

= {10,000,000 + 10,000,000 × 3.54595(기간 4, 5% 연금현가계수)} + 5,000,000
　　× 0.78353(기간 5, 5% 현가계수)

= 45,459,500 + 3,917,650

= 49,377,150

3. 사용권자산의 최초 측정

리스부채 최초 측정금액 - 리스인센티브 + 리스개설직접원가

= 49,377,150 + 2,000,000

= 51,377,150

4. 리스개시일 회계처리

(차) 사용권자산	51,377,150	(대) 리스부채	49,377,150
		현금	2,000,000
(차) 리스부채	10,000,000	(대) 현금	10,000,000

3) 리스부채의 후속측정

리스부채를 최초 측정한 후에는 다음과 같이 유효이자율법에 따라 리스부채의 이자비용을 인식하고 장부금액을 조정하는 회계처리를 한다. 이때 유효이자율은 당초 리스부채를 최초 측정할 때 사용한 할인율(내재이자율 또는 리스이용자의 증분차입이자율)을 적용한다.

(차) 이자비용	×××	(대) 현금	×××
리스부채	×××		

4) 사용권자산의 후속측정

리스이용자는 리스개시일 후에 원가모형을 적용하여 사용권자산을 측정한다. 그러나 사용권자산이 기준서 제1016호 '유형자산'의 재평가모형을 적용하는 유형자산의 유형에 관련되는 경우에, 리스이용자는 그 유형자산의 유형에 관련되는 모든 사용권자산에 재평가모형을 적용하기로 선택할 수 있다. 또한 리스이용자가 투자부동산에 대해서 기준서 제1040호 '투자부동산'의 공정가치모형을 적용하는 경우, 모든 투자부동산에 대해서 공정가치모형을 적용해야 하므로 투자부동산의 정의를 충족하는 사용권자산에 대해서도 공정가치모형을 적용한다.

공정가치모형을 적용하는 투자부동산으로 분류되는 사용권자산에 대해서는 상각을 하지 않으나, 유형자산으로 분류되는 사용권자산에 대해서는 기준서 제1016호 '유형자산'의 감가상각에 대한 규정을 적용하고, 기준서 제1036호 '자산손상'에 따라 손상차손(환입)의 회계처리를 한다. 사용권자산을 상각할 경우 상각기간은 다음과 같이 결정한다.

구 분	상각기간
리스기간 종료시점까지 리스이용자에게 기초자산의 소유권을 이전하는 경우 또는 사용권자산의 원가에 리스이용자가 매수선택권을 행사할 것임이 반영되는 경우	리스개시일부터 기초자산의 내용연수 종료시점까지 상각
그 밖의 경우	리스개시일부터 기초자산의 내용연수 종료일과 리스기간 종료일 중 이른 날까지 상각

사례 15

1. 자료

(1) 기본 내용은 상기 [사례 14]와 동일함.

(2) 리스기간 동안 리스부채의 장부금액을 조정하라.

(3) 기계장치의 내용연수는 8년(잔존가치는 없음)이며, 사용권자산의 감가상각비를 계상하라.

(4) 리스종료 시 수진(주)가 구매선택권을 행사할 때의 회계처리를 하라.

2. 리스부채의 장부금액 조정

(1) 조정표

일 자	연간리스료	이자비용(5%)	원금상환액	리스부채 장부금액
2025. 1. 1.	10,000,000			39,377,150
2025.12.31.		1,968,858	1,968,858	41,346,008
2026. 1. 1.	10,000,000			31,346,008
2026.12.31.		1,567,300	1,567,300	32,913,308
2027. 1. 1.	10,000,000			22,913,308
2027.12.31.		1,145,665	1,145,665	24,058,973
2028. 1. 1.	10,000,000			14,058,973
2028.12.31.		702,949	702,949	14,761,922
2029. 1. 1.	10,000,000			4,761,922
2029.12.31.		238,078	238,078	5,000,000
계	50,000,000	5,622,850	5,622,850	

(2) 회계처리

① 2025.12.31.

(차) 이자비용　1,968,858　(대) 리스부채　1,968,858

② 2026. 1. 1.

(차) 리스부채　10,000,000　(대) 현금　10,000,000

3. 사용권자산 상각비

51,377,150÷8＝6,422,143

(차) 사용권자산 상각비　6,422,143　(대) 사용권자산　6,422,143

4. 구매선택권 행사 시 회계처리(2029.12.31.)

(차) 리스부채	5,000,000	(대) 현금	5,000,000
(차) 기계장치	19,266,435	(대) 사용권자산	19,266,435[주)]

주) 51,377,150 − 6,422,143×5 = 19,266,435

5) 임차인의 임차보증금 회계처리 시 적용 기준서

임차인의 임차보증금 회계처리 시 임차보증금의 현재가치상당액은 기준서 제1109호상의 금융자산에 해당하며, 명목가액과 현재가치상당액의 차이금액은 기준서 제1116호상 사용권자산에 해당된다.

사무실용 건물의 임대차계약기간이 1년이고 계약서에 연장·종료선택권이 명시되지 않은 경우에 상가건물임대차보호법상 임차인의 계약갱신요구권은 리스기간 연장선택권에 해당되는 것으로 판단되며, 리스기간산정 시 연장선택권의 행사가능성에 대한 판단이 실무상 중요한 문제에 해당된다.

6) 법인세법과의 불일치

법인세법에서는 기업회계기준의 변경과 상관없이 종전 감가상각 방식을 유지하도록 규정하고 있다.

① 금융리스: 리스이용자의 감가상각자산으로 처리
② 운용리스: 리스제공자의 감가상각자산으로 처리

그러므로 K-IFRS 적용법인의 경우 운용리스에 해당하는 리스에 대해 리스이용자가 이를 금융리스로 회계처리하는 경우에 법인세법에서는 리스기간에 걸쳐 정액법으로 손금에 산입하도록 규정하고 있어(법칙 §35) 세무조정이 발생하게 된다.

• 전대리스(관계기업이 부동산을 임대하여 당해법인에게 전대함)로 부동산을 임차하고 있는 법인이 K-IFRS를 적용하여 사용권자산과 리스부채를 계상하여 회계처리하는 경우 전대리스 이용자의 법인세법상처리는 다음 기재부의 해석에 따른다.

　K-IFRS를 적용받는 법인의 금융리스 외의 리스자산에 대한 리스료는 법인세법 시행규칙 제35조 제1항 단서에 따라 리스기간에 걸쳐 정액기준으로 손금에 산입하는 것임. 이 경우 금융리스 외의 리스자산에 대한 판단은 리스회사의 리스자산에 대한 K-

IFRS를 따르는 것임(기재부 법인세제과-347, 2023.6.22.). 이 해석에 따라 금융리스로 처리할 경우 해당 리스자산은 K-IFRS에 따른 내용연수를 적용하여 감가상각하는 것임(서면법규법인-6993, 2023.6.26.).

| **신속처리 질의·답변** |

부동산임대차 거래 시 매월 지급하는 관리비는 리스부채의 측정치에 포함되는 리스료에 해당하지 않음. 매출에 따라 정산되는 변동리스료는 리스부채 측정 시 제외함.

사례 16 사무실 임대차 거래

1. 자료

(1) A법인은 2025.1.1. 건물소유주인 B법인과 다음과 같은 사무실 임대차계약을 체결하였다.

(2) 임대기간: 2025.1.1.~2027.12.31.

(3) 임대보증금 1억 원, 연간 임차료 20,000,000원(매년 12.31.에 지급)

(4) A법인의 2025.1.1. 현재 증분차입이자율 10%

2. 회계처리

(1) 임차보증금에 대한 회계처리

① 임차보증금(금융자산)의 공정가치

$$\frac{1억 원}{1.1^3} = 75,131,480원$$

② 2025.1.1. 회계처리

(차) 임차보증금	75,131,480	(대) 보통예금	100,000,000
사용권자산	24,868,520[주)		

주) 기준서 제1116호에 의해 임차보증금 명목가액 1억 원과 공정가치(현재가치) 75,131,480원의 차액은 사용권자산으로 회계처리함.

③ 2025.12.31. 회계처리

(차) 사용권자산상각비	8,289,507[주1)	(대) 사용권자산	8,289,507
임차보증금	7,513,148[주2)	이자수익	7,513,148

주1) 사용권자산금액을 임대차기간(리스기간) 3년 동안 균등상각
주2) 금융자산인 임차보증금을 유효이자율법을 적용한 상각후원가로 후속측정하여 이자수익을 계상함.

④ 2026.12.31. 회계처리

| (차) 사용권자산상각비 | 8,289,507 | (대) 사용권자산 | 8,289,507 |
| 임차보증금 | 8,264,463 | 이자수익 | 8,264,463 |

⑤ 2027.12.31. 회계처리

| (차) 사용권자산상각비 | 8,289,506 | (대) 사용권자산 | 8,289,506 |
| 임차보증금 | 9,090,909 | 이자수익 | 9,090,909 |

(2) 사무실 임차에 따른 리스기준서 적용 회계처리

① 리스의 식별

K-IFRS 기준서 제1116호 "리스"에서 리스는 대가와 교환하여 자산(기초자산)의 사용권을 일정기간 이전하는 계약이나 계약의 일부로 정의하고 있어 대부분의 사무실 임차나 차량의 렌트는 리스거래에 해당한다.

② 사용권자산 및 리스부채의 측정

가. 2025.12.31. 현재가치

$20,000,000/1.1 = 18,181,818$

나. 2026.12.31. 현재가치

$20,000,000/1.1^2 = 16,528,925$

다. 2027.12.31. 현재가치

$20,000,000/1.1^3 = 15,026,296$

라. 현재가치합계 = 49,737,039

③ 2025.1.1. 회계처리

| (차) 사용권자산 | 49,737,039 | (대) 리스부채 | 49,737,039 |

④ 2025.12.31. 회계처리

| (차) 사용권자산상각비 | 16,579,013[주) | (대) 사용권자산 | 16,579,013 |

주) 리스기간 동안 정액법으로 상각

| (차) 리스부채 | 15,026,296[주) | (대) 보통예금 | 20,000,000 |
| 이자비용 | 4,973,704 | | |

주) 리스부채조정표

일 자	연간리스료	이자비용	원금상환액	리스부채 장부금액
2025. 1. 1.				49,737,039
2025.12.31.	20,000,000	4,973,704	15,026,296	34,707,743
2026.12.31.	20,000,000	3,471,074	16,528,926	18,181,817
2027.12.31.	20,000,000	1,818,183	18,181,817	-
	60,000,000	10,262,961	49,737,039	

⑤ 2026.12.31. 회계처리

(차) 사용권자산상각비	16,579,013	(대) 사용권자산	16,579,013
(차) 리스부채	16,528,926	(대) 보통예금	20,000,000
이자비용	3,471,074		

⑥ 2027.12.31. 회계처리

(차) 사용권자산상각비	16,579,013	(대) 사용권자산	16,579,013
(차) 리스부채	18,181,817	(대) 보통예금	20,000,000
이자비용	1,818,183		

3. 법인세법상 회계처리

법인세법상 상기 거래는 (금융)리스거래에 해당하지 않아 K-IFRS 제1116호의 회계처리를 인정하지 않음.

4. 세무조정

(1) 임차보증금에 대한 세무조정

① 2025년

익금산입 · 임차보증금 · 24,868,520 · 유보

손금산입 · 사용권자산 · 24,868,520 · (-)유보

손금불산입 · 사용권자산 · 8,289,507 · 유보

익금불산입 · 임차보증금 · 7,513,148 · 유보

② 2026년

손금불산입 · 사용권자산 · 8,289,507 · 유보

익금불산입 · 임차보증금 · 8,264,463 · 유보

③ 2027년

손금불산입 · 사용권자산 · 8,289,506 · 유보

익금불산입 · 임차보증금 · 9,090,909 · 유보

(2) 리스회계처리에 대한 세무조정

① 2025년

가. 장부상 비용계상액: 21,552,716(16,579,012+4,973,704)

나. 세무상 손금해당액: 20,000,000

다. 차액(가.-나.): 1,552,716

손금산입 · 사용권자산 · 49,737,039 · 유보

익금산입 · 리스부채 · 49,737,039 · △유보

> 손금불산입 · 사용권자산 · 16,579,013 · 유보
> 손금산입 · 리스부채 · 15,026,296 · 유보
> ② 2026년(2025년과 동일한 개념)
> 　손금불산입 · 사용권자산 · 16,579,013 · 유보
> 　손금산입 · 리스부채 · 16,528,926 · 유보
> ③ 2027년(2025년과 동일한 개념)
> 　손금불산입 · 사용권자산 · 16,579,013 · 유보
> 　손금산입 · 리스부채 · 18,181,817 · 유보

(10) 리스부채의 재평가

리스이용자는 리스개시일 후에 리스료에 변동이 생기는 경우 수정리스료를 산정하여 리스부채를 다시 측정하고 사용권자산의 장부금액을 조정하여 인식한다. 이때 사용권자산의 장부금액이 0으로 줄어들고, 리스부채의 측정치가 그보다 많이 줄어드는 경우에 리스이용자는 나머지 재측정 금액을 당기손익으로 인식한다.

| (차) 리스부채 | 700 | (대) 사용권자산 | 600 |
| | | 리스부채조정이익 (수익) | 100 |

리스이용자가 리스부채를 재측정하는 상황과 할인율적용은 다음과 같다.

수정리스료를 수정할인율로 할인	수정리스료를 원래 할인율로 할인
1. 리스기간 변경 2. 매수선택권 행사 가능성 변동 3. 변동이자율의 변동으로 리스료가 변경	1. 잔존가치보증에 따른 지급 예상 금액 변동 2. 지수나 요율(이율)에 연동하여 미래 리스료 변동

이때 수정할인율은 남은 리스기간의 내재이자율을 적용하되, 내재이자율을 쉽게 산정할 수 없는 경우에는 재평가시점의 증분차입이자율을 적용한다.

사례 17

1. 자료

수진(주)는 2025년 초에 다음과 같은 조건으로 리스계약을 체결하고 기계장치를 리스하였다.

(1) 리스기간: 2025.1.1.부터 2029.12.31.까지
(2) 리스료: 매년 12.31.에 ₩10,000,000씩 지급
(3) 기계장치 내용연수 8년
(4) 할인율: 내재이자율을 쉽게 산정할 수 없어 수진(주)의 증분차입이자율 4%를 적용
(5) 리스개설직접원가 ₩2,000,000을 부담함.
(6) 연장선택권: 리스기간 종료 후 2년간 리스기간의 연장이 가능하며, 이 경우에는 매년 12.31.에 ₩9,000,000의 리스료 지급

2. 리스개시일 현재 수진(주)가 리스기간의 연장선택권을 행사할 것이 상당히 확실하지 않다고 판단 시 회계처리

(1) 리스부채 최초 측정금액

10,000,000×4.45182(기간 5, 4% 연금현가계수)=44,518,200

(2) 사용권자산 최초 측정금액

44,518,200+2,000,000=46,518,200

(3) 리스부채 조정표

일 자	연간리스료	이자비용(4%)	원금상환액	리스부채 장부금액
2025. 1. 1.				44,518,200
2025.12.31.	10,000,000	1,780,728	8,219,272	36,298,928
2026.12.31.	10,000,000	1,451,957	8,548,043	27,750,885
2027.12.31.	10,000,000	1,110,035	8,889,965	18,860,920
2028.12.31.	10,000,000	754,437	9,245,563	9,615,357
2029.12.31.	10,000,000	384,643	9,615,357	–
계	50,000,000	5,481,800	44,518,200	

(4) 사용권자산 상각비

46,518,200÷8=5,814,775

(5) 회계처리

① 2025.1.1.

	(차) 사용권자산	46,518,200	(대) 리스부채	44,518,200
			현금	2,000,000

② 2025.12.31.

	(차) 리스부채	8,219,272	(대) 현금	10,000,000
	이자비용	1,780,728		

	(차) 사용권자산상각비	5,814,775	(대) 사용권자산	5,814,775

3. 2028년 초에 수진(주)의 영업환경의 변화로 리스기간의 연장선택권을 행사할 것이 상당히 확실하게 변동되었다. 이 시점의 수진(주) 증분차입이자율은 5%이다.

(1) 2028.1.1. 리스기간 변경 전 리스부채 장부금액

18,860,920

(2) 2028.1.1. 리스기간 변경 전 사용권자산 장부금액

$46,518,200 \times 5/8 = 29,073,875$

(3) 2028.1.1. 리스부채 재측정금액

$10,000,000 \times 1.85941$(기간 2, 5% 연금현금계수) $+ 9,000,000 \times (3.54595 - 1.85941)$
$= 33,772,960$

(4) 리스부채 조정액

$33,772,960 - 18,860,920 = 14,912,040$

(5) 사용권자산 조정 후 금액

$29,073,875 + 14,912,040 = 43,985,915$(잔존내용연수 5년간 상각)

(6) 2028.1.1. 회계처리

	(차) 사용권자산	14,912,040	(대) 리스부채	14,912,040

(7) 2028.12.31. 회계처리

	(차) 사용권자산상각비	8,797,183	(대) 사용권자산	8,797,183
	(차) 이자비용	1,688,648[주)	(대) 현금	10,000,000
	리스부채	8,311,352		

주) $33,772,960 \times 5\% = 1,688,648$

(11) 리스변경

리스변경(lease modification)이란 하나 이상의 기초자산 사용권의 추가 또는 종료, 계약상 리스기간 연장 또는 단축 등으로 리스의 범위나 리스대가가 변경되는 것을 말한다. 리스변경 시 다음 조건을 모두 충족하면 별도 리스로 회계처리한다.

> ① 하나 이상의 기초자산 사용권이 추가되어 리스의 범위가 넓어진다.
> ② 넓어진 리스범위의 개별 가격에 상응하는 금액과 특정한 계약의 상황을 반영하여 그 개별 가격에 적절히 조정하는 금액만큼 리스대가가 증액된다.

위의 조건을 모두 충족하면 추가된 기초자산 사용권을 별도의 리스로 보고, 사용권자산과 리스부채를 인식하며, 기존의 리스에 대해서는 아무런 조정을 하지 않는다. 그러나 위의 조건을 모두 충족하지 못하면 별도의 리스로 회계처리하지 않고, 기존 리스에서 수정리스료를 산정하고 수정할인율로 리스부채를 다시 측정하여 리스부채 재평가의 회계처리를 준용하여 처리한다.

리스부채를 다시 측정할 때 적용할 할인율은 남은 기간의 내재이자율로 하되, 내재이자율을 쉽게 산정할 수 없는 경우에는 리스변경 유효일 현재 리스이용자의 증분차입이자율로 산정한다.

별도 리스로 회계처리하지 않는 리스의 범위를 좁히는 리스변경에 대해서는 사용권자산과 리스부채의 장부금액을 감소되는 비율만큼 감액하고, 차액을 당기손익으로 인식한다. 그리고 감액 후 나머지 리스부채의 장부금액과 변경된 리스부채의 재평가금액의 차액을 사용권자산에서 조정한다.

그 밖의 모든 리스변경에 대해서는 사용권자산에 상응하는 조정을 한다.

| 신속처리 질의 · 답변 |

3년 사용계약의 임대기간 중 영업이 악화되어 당기말에 임대차 계약을 종료하기로 합의하고 위약금을 지급(기존 계약에는 없음)하기로 한 경우, 이는 리스변경으로 보아 리스변경 유효일에 리스부채를 다시 측정(위약금 반영)하여 사용권자산의 장부금액을 줄이고 관련 차손익을 당기손익으로 인식함.

사례 18

1. 자료

구 분	최초 리스 약정	리스 변경(6차연도 초)
리스대상	사무실 공간 1,500평	
리스기간	10년	
잔존 리스기간	5년	
리스료 지급	매년 말 100,000원	매년 말 95,000원
증분차입이자율	연 6%	연 7%

2. 리스대가 변동: 사용권자산에서 조정

변경시점 회계처리	변경 전 장부금액	변경 후 장부금액	차 액
리스부채	PV(6%, 5, 100,000) =421,236원	PV(7%, 5, 95,000) =389,519원	389,519－421,236 =△31,717원(감소)
사용권자산	A원	A원－31,717원	

※ 출처: 한국회계기준원, 2017.11.21. 기준서 제1116호 강의 교재 p.38

사례 19

1. 자료

구 분	최초 리스 약정	리스 변경(7차연도 초)
리스대상	사무실 공간 1,500평	
리스기간	10년	14년(4년 연장)
잔존 리스기간	4년	8년
리스료 지급	매년 말 100,000원	
증분차입이자율	연 6%	연 7%

2. 리스대가 변동: 사용권자산에서 조정

변경시점 회계처리	변경 전 장부금액	변경 후 장부금액	차 액
리스부채	PV(6%, 4, 100,000) =346,511원	PV(7%, 8, 100,000) =597,130원	597,130－346,511 =250,619원(증가)
사용권자산	A원	A원＋250,619원	

※ 출처: 한국회계기준원, 2017.11.21. 기준서 제1116호 강의 교재 p.39

사례 20

1. 자료

구 분	최초 리스 약정	리스 변경(6차연도 초)
리스대상	사무실 공간 1,500평	사무실 공간 750평
리스기간	10년	
잔존 리스기간	5년	
리스료 지급	매년 말 50,000원	매년 말 30,000원
증분차입이자율	연 6%	연 5%

2. 리스 범위 축소 및 리스대가 변동: 사용권자산 조정 및 차손익 당기손익인식

변경시점 회계처리	변경 전 장부금액	리스범위 축소	변경 후 장부금액	차 액
리스부채	PV (6%, 5, 50,000) =210,618원	210,618원×50% =105,309원	PV (5%, 5, 30,000) =129,884원	129,884 − 105,309 =24,575원
사용권자산	A원	A원×50%	A원×50% +24,575원	

$$\text{당기손익} = \frac{\text{리스부채 조정액}}{(210,618-105,309)} - \frac{\text{사용권자산 조정액}}{(A-A\times50\%)}$$

※ 출처: 한국회계기준원, 2017.11.21. 기준서 제1116호 강의 교재 p.40

(12) 리스이용자의 표시 및 공시

1) 표시

리스이용자는 재무상태표에 사용권자산을 다른 자산과 구분하여 표시하거나 주석으로 공시한다. 또한 리스부채를 다른 부채와 구분하여 표시하거나 주석으로 공시한다. 그리고 포괄손익계산서에서 리스이용자는 리스부채에 대한 이자비용을 사용권자산의 감가상각비와 구분하여 표시한다.

리스이용자는 현금흐름표에서 리스부채의 원금에 해당하는 현금지급액을 재무활동으로 분류하고, 리스부채의 이자에 해당하는 현금지급액은 기준서 제1007호 '현금흐름표'의 이자지급에 관한 요구사항(재무활동 또는 영업활동 분류기능)을 적용하여 분류한다. 그리고 리스부채 측정에 포함되지 않은 단기리스료, 소액자산 리스료 및 변동리스료는 영업활동으로 분류한다.

2) 공시

공시의 목적은 리스가 리스이용자의 재무상태, 재무성과, 현금흐름에 미치는 영향을 재무제표이용자가 평가할 때 기초가 되는 정보를 재무상태표, 포괄손익계산서, 현금흐름표에 제공하는 정보와 함께 주석에 공시하게 하는 것이다. 리스이용자는 보고기간의 다음 금액을 공시한다.

① 기초자산 유형별 사용권자산의 감가상각비
② 리스부채에 대한 이자비용
③ 단기리스 관련 비용
④ 소액자산 리스 관련 비용
⑤ 리스부채 측정에 포함되지 않은 변동리스료에 관련되는 비용
⑥ 사용권자산의 전대리스에서 생기는 수익
⑦ 리스의 총 현금유출
⑧ 사용권자산의 추가
⑨ 판매후리스 거래에서 생기는 차손익
⑩ 기초자산 유형별 보고기간 말 현재 사용권자산의 장부금액

(13) 판매후리스 거래

1) 회계처리

판매후리스(sale and leaseback) 거래란 기업이 보유하는 자산을 상대방에게 판매하고, 그 자산을 즉시 리스하여 계속 사용하는 거래를 말한다.

종전 기준서 제1017호는 판매후리스 거래에서 리스거래가 리스이용자의 입장에서 볼 때 금융리스로 분류되면 판매거래에서 발생한 이익을 리스기간 동안 이연환입하고, 리스거래가 운용리스로 분류되면 판매거래에서 발생한 손익을 즉시 인식하도록 하였다. 기준서 제1116호에서는 판매거래에 대해서 기준서 제1115호 '고객과의 계약에서 생기는 수익'을 준용하여 판매에 해당되는 경우에는 일부 판매 관련 손익을 인식하고, 판매에 해당되지 않는 경우에는 자산의 판매에 대한 회계처리를 하지 않도록 규정하고 있다.

자산 이전이 판매인 경우와 판매가 아닌 경우, 판매후리스 거래의 회계처리는 다음과 같다.

자산이전	판매인 경우	판매가 아닌 경우
판매자-리스이용자	계속 보유하는 사용권에 관련되는 자산의 종전 장부금액에 비례하여 판매후리스에서 생기는 사용권자산 측정. 구매자-리스제공자에게 판매한 이전한 권리에 관련되는 차손익금액만을 인식	이전된 자산을 계속 인식하고, 이전 대가와 같은 금액으로 금융부채 인식
구매자-리스제공자	자산의 매입에 적용할 수 있는 기준서를 적용하고, 리스제공자 회계에 대한 요구사항 적용	이전된 자산을 인식하지 않고, 이전 대가와 같은 금액으로 금융자산 인식

리스개시일 후에 판매자-리스이용자는 판매후리스에서 생기는 사용권자산에 문단 29~35(사용권자산의 후속측정: 원가·공정가치·재평가모형)를, 판매후리스에서 생기는 리스부채에 문단 36~46(리스부채의 후속측정, 리스부채 재평가, 리스변경)을 적용한다.

문단 36~46을 적용할 때, 리스지급액에 변동리스료(매출액이나 자산사용량에 따라 달라지는 지급액)가 포함되는 경우 판매자-리스이용자는 어떠한 차손익 금액도 인식하지 않는 방식으로 리스료나 수정리스료를 산정(수정리스료 산정에 대한 회계정책 필요)한다(문단 102A).

수정리스료 산정의 접근법은 다음의 경우를 이용할 수 있다.

1. 접근법 Ⅰ: 개시일에 추정한 예상리스료
    ① 리스부채 후속측정: 예상리스료를 반영하여 리스부채 감액
    ② 실제 리스지급액과 예상리스료의 차이를 당기손익으로 인식
2. 접근법 Ⅱ: 리스기간에 걸쳐 동일한 리스료
    ① 리스부채 후속측정: 동일한 리스료를 반영하여 리스부채 감액
    ② 실제 리스 지급액과 동일리스료의 차이를 당기손익으로 인식

상기 판매후리스 거래에 대한 개정내용(문단 102A)은 2024.1.1. 이후 최초로 시작되는 회계연도부터 적용(조기적용가능)하되(C1D), 기준서 제1008호에 따라 소급하여 적용한다(C20E).

기준서 제1115호에 따르면 선도나 콜옵션이 있는 거래를 다음과 같이 회계처리하므로, 이슈에서 예시한 약정은 담보부차입으로 회계처리한다.

| 판매자가 선도나 콜옵션 보유 |

재매입가격* < 판매가격	재매입가격* ≥ 판매가격
• 판매후리스의 일부가 아니라면 K-IFRS 제1116호 '리스'에 따른 리스로 처리 • 판매후리스의 일부라면 기업은 자산을 계속 인식, 받은 대가는 금융부채로 인식	금융약정으로 처리(기업은 자산을 계속 인식, 받은 대가는 금융부채로 인식)

* 화폐의 시간가치 고려

자산 이전이 판매인 경우 판매자-리스이용자의 회계처리(자산의 판매금액이 자산의 공정가치와 동일하고, 판매한 자산을 건물로 가정)를 제시하면 다음과 같다.

(차) 현금	×××[주1]	(대) 건물	×××[주2]
사용권자산	×××[주4]	금융(리스)부채	×××[주3]
		판매차익	×××[주4]

주1) 자산의 판매대금
주2) 판매자산의 장부금액
주3) 리스료의 현재가치
주4) 판매자산의 장부금액×(리스료의 현재가치/판매자산 공정가치)
주5) 대차일치 금액이나 다음과 같이 계산 가능
　　판매자산 공정가치와 장부금액의 차이×{(판매자산 공정가치 - 리스료의 현재가치)/판매자산 공정가치}

사례 21

1. 건물을 판매하고 해당 건물을 리스하는 거래

매각금액	2,000,000원	리스기간	18년
매각시점 공정가치	1,800,000원	연간 리스료	120,000원
매각시점 장부금액	1,000,000원	내재이자율	연 4.5%

(1) 자산 이전의 판매 여부
　　K-IFRS 제1115호에서 판매로 회계처리하게 하는 요구사항을 충족

(2) 자산 판매대가와 자산 공정가치를 비교
　　공정가치를 초과하여 받은 판매대가 200,000원은 추가 금융에 해당

연간 리스료의 현재가치 =PV(4.5%, 18년, 120,000원)=1,459,200원	추가 금융 부분=200,000원
	리스 부분=1,259,200원

2. 판매자−리스이용자의 회계처리

   (1) 사용권자산: 계속 보유하는 사용권을 건물의 종전 장부금액에 비례하여 측정

      1,000,000원(건물의 장부금액)×1,259,200원(리스부분→계속 보유)

      ÷1,800,000원(전체 건물 공정가치)=699,555원(사용권자산)

   (2) 판매차익: 건물의 판매차익 중 구매자−리스제공자에게 이전된 권리 부분만 손익으로 인식

      (1,800,000원−1,000,000원)×{(1,800,000원−1,259,200원)÷1,800,000원}

      =240,355원(판매차익)

   (3) 리스개시일 회계처리

(차) 현금	2,000,000	(대) 건물	1,000,000
사용권자산	699,555	금융부채	1,459,200
		판매차익	240,355

3. 구매자−리스제공자의 회계처리

   (1) 리스 분류: 운용리스

   (2) 리스개시일 회계처리

(차) 건물	1,800,000	(대) 현금	2,000,000
금융자산	200,000		

   (3) 후속 회계처리 → 연간 리스료 120,000원을 리스부분과 금융자산부분으로 나누어 회계처리

분류	연간 수령액	회계처리
리스	120,000원×1,259,200원/1,459,200원 =103,553원	리스료 회계처리
금융자산	120,000원×200,000원/1,459,200원 =16,447원	금융자산(200,000원) 결제를 위해 받은 지급액과 이자수익으로 회계처리

※ 출처: 한국회계기준원, 2017.11.21. 기준서 제1116호 강의 교재 pp.51∼53

2) 법인세법상 처리

① 통칙 23-24…1 ⑦

취득 또는 사용하던 자산을 리스회사에 매각하고 리스거래를 통하여 재사용하는 "판매 후리스 거래"의 경우 회계처리는 다음 각 호에 의한다.

가. 금융리스에 해당하는 판매후리스 거래의 경우 매매에 따른 손익을 리스실행일에 인식하지 아니하고 해당 리스자산의 감가상각기간 동안 이연하여 균등하게 상각 또는 환입한다.

나. 판매후리스 거래가 운용리스에 해당하고 리스료 및 판매가격이 시가에 근거하여 결정된 경우 '가.'의 규정에 불구하고 당해 매매와 관련된 손익을 인식할 수 있다.

② 서면법령법인-3034, 2020.5.28.

내국법인이 임대조건부 매각계약을 체결하여 본사 사옥(토지와 건물)을 부동산투자회사에 매각하고, 동시에 투자회사로부터 동 사옥을 임차하여 사용하는 "금융리스에 해당하는 판매후리스 거래"를 한 경우 리스이용자는 금융리스자산 중 토지에 대한 감가상각비를 손금에 산입할 수 없으며 리스기간 종료일 현재 토지의 장부가액도 손금에 산입할 수 없으며 금융리스에 해당하는 판매후리스 거래에서 발생한 토지의 매각차익은 리스기간 동안 이연하여 균등하게 환입하는 것이다.

(14) 리스제공자의 회계처리

1) 금융리스와 운용리스의 분류기준

리스제공자는 기초자산을 취득하여 이를 리스이용자가 일정기간 사용할 수 있도록 이전한다. 기초자산이 리스이용자에게 이전되더라도 법적 소유권은 리스제공자가 계속 보유한다. 기초자산의 소유에 따른 위험과 보상의 대부분을 리스이용자에게 이전하는지의 여부에 따라 리스를 분류하도록 규정하고 있다. 즉, 기초자산의 소유에 따른 위험과 보상의 대부분을 리스이용자에게 이전하는 리스는 금융리스(finance lease)로 분류하고, 이전하지 않는 리스는 운용리스(operating lease)로 분류한다.

기초자산을 일정기간 동안 사용하도록 리스이용자에게 이전하면서 그 자산의 소유에 따른 위험과 보상의 대부분을 리스이용자에게 이전한다면 이는 당해 자산을 리스이용자에게 할부조건으로 매각한 것이나 다름없으므로 리스제공자는 소유 자산을 제거하고 리스기간 동안 수취할 리스료의 현재가치로 리스채권을 인식하며, 리스기간 동안 리스채권에 대한 이자수익을 인식하는 회계처리를 한다(금융리스). 반면에 기초자산을 일정기간 동안 사용하도록 리스이용자에게 이전하지만 그 자산의 소유에 따른 위험과 보상의 대부분을 리스이용자에게 이전하지 않는다면 이는 당해 자산을 리스이용자에게 빌려준 것이나 다름없다. 따라서 리스제공자는 자산을 리스이용자에게 임대한 것과 유사하게 회계처리한다(운용리스).

2) 금융리스 분류기준

리스는 계약의 형식보다 거래의 실질에 따라 금융리스 또는 운용리스로 분류되는데, 일반적으로 금융리스로 분류되는 상황(개별적으로나 결합되어)의 예는 다음과 같다.

① 리스기간 종료시점까지 기초자산의 소유권이 리스이용자에게 이전되는 리스

② 리스이용자가 선택권을 행사할 수 있는 날의 공정가치보다 충분히 낮을 것으로 예상되는 가격으로 기초자산을 매수할 수 있는 선택권을 가지고 있고, 그 선택권을 행사할 것이 리스약정일 현재 상당히 확실한 경우

③ 기초자산의 소유권이 이전되지는 않더라도 리스기간이 기초자산의 경제적 내용연수의 상당부분(major part)을 차지하는 경우

④ 리스약정일 현재, 리스료의 현재가치가 적어도 기초자산 공정가치의 대부분(substantially all)에 해당하는 경우

⑤ 기초자산이 특수하여 해당 리스이용자만이 중요한 변경 없이 사용할 수 있는 경우

3) 금융리스로 분류될 수 있는 상황의 지표

리스가 금융리스로 분류될 수 있는 상황의 지표(개별적으로나 결합되어)는 다음과 같다.

① 리스이용자가 리스를 해지할 수 있는 경우에 리스이용자가 해지에 관련되는 리스제공자의 손실을 부담하는 경우

② 잔존자산의 공정가치 변동에서 생기는 손익이 리스이용자에게 귀속되는 경우(예: 리스 종료시점에 매각대가의 대부분에 해당하는 금액이 리스료 환급의 형태로 리스이용자에게 귀속되는 경우)

③ 리스이용자가 시장리스료보다 현저하게 낮은 리스료로 다음 리스기간에 리스를 계속할 능력이 있는 경우

4) 운용리스로 분류되는 경우

계약의 다른 속성들을 고려할 때 기초자산의 소유에 따른 위험과 보상의 대부분을 이전하지 않는다는 점이 분명하다면 그 리스는 운용리스로 분류한다.

① 리스기간 종료시점에 기초자산의 소유권을 그 시점의 공정가치에 해당하는 변동 지급액으로 이전하는 경우

② 변동리스료가 있고 그 결과로 리스제공자가 기초자산의 소유에 따른 위험과 보상의 대부분을 이전하지 않는 경우

5) 토지와 건물을 모두 포함하는 리스의 분류

리스가 토지 요소와 건물 요소를 모두 포함할 때 금융리스와 운용리스 중 무엇으로 분류할지 판단한다.

토지 및 건물의 리스를 분류하고 회계처리를 하기 위해서 리스제공자는 약정일에 리스의 토지 요소와 건물 요소에 대한 임차권의 상대적 공정가치에 비례하여 토지 및 건물 요소의 리스료(일괄 지급된 선수리스료 포함)를 배분한다. 두 요소에 리스료를 신뢰성 있게 배분할 수 없는 경우에는 두 요소가 모두 운용리스임이 분명하지 않다면 전체 리스를 금융리스로 분류한다.

6) 금융리스의 회계처리

① 최초 측정

리스제공자가 리스이용자와 리스계약을 체결하면, 우선 기초자산의 제조·판매자로부터 당해 자산을 취득할 것이며, 리스개설직접원가를 부담하기도 할 것이다. 리스제공자는 리스개시일에 금융리스에 따라 보유하는 자산을 리스순투자와 동일한 금액의 리스채권으로 인식한다.

> 리스채권의 최초 측정 = 리스순투자
>   = 리스료의 현재가치 + 무보증잔존가치의 현재가치
>   = 기초자산 공정가치 + 리스개설직접원가

리스제공자의 회계처리를 예시(기초자산 취득일과 리스개시일이 다르고 리스개설직접원가발생 가정)하면 다음과 같다.

> 〈기초자산 취득 시〉
> (차) 선급리스자산   ×××   (대) 현금   ×××

〈리스개설직접원가 발생〉

(차) 리스개설직접원가 　　×××　　(대) 현금　　　　　　×××

〈리스개시일〉

(차) 리스채권 　　　　　　×××　　(대) 선급리스자산　　　×××
　　　　　　　　　　　　　　　　　　　　 리스개설직접원가　×××

② 후속 측정

리스채권에 대해서 리스기간에 걸쳐 다음과 같이 금융수익을 인식한다. 즉, 수취하는 리스료에 대해서 금융수익과 리스채권의 원금회수로 구분하여 회계처리한다.

〈금융수익의 인식〉

(차) 현금　　　　　　　　×××　　(대) 이자수익　　　　×××[*]
　　　　　　　　　　　　　　　　　　　　 리스채권　　　　×××

[*] 리스채권 장부금액×내재이자율

③ 제조자 또는 판매자인 리스제공자

제조자나 판매자는 흔히 고객이 자산의 구매나 리스 중 하나를 선택할 수 있게 하기도 한다. 제조자 또는 판매자인 리스제공자가 제공하는 자산을 금융리스하는 경우에, 적용할 수 있는 수량할인 또는 거래할인을 반영한 정상 판매가격으로 기초자산을 일반 판매하여 생기는 손익과 동일한 손익이 생기게 된다.

제조·판매자가 리스제공자인 경우에는 리스개시일에 매출과 매출원가를 모두 인식하고, 이후에는 일반적인 금융리스와 동일하게 유효이자율법을 적용하여 이자수익과 리스채권의 회수를 구분하여 다음과 같이 회계처리한다.

〈리스개시일〉

(차) 리스채권　　　　　　×××　　(대) 매출　　　　　　×××
　　　매출원가　　　　　　×××　　　　(재고)자산　　　　×××

리스료 회수

(차) 현금	×××	(대) 이자수익	×××
		리스채권	×××

7) 운용리스의 회계처리

① 인식과 측정

금융리스와 달리 운용리스는 리스제공자가 기초자산을 리스이용자에게 빌려주고 그 대가만 받는 거래이므로, 리스제공자는 정액기준이나 다른 체계적인 기준으로 운용리스의 리스료를 수익으로 인식한다. 리스제공자는 운용리스 체결과정에서 부담하는 리스개설직접원가를 기초자산의 장부금액에 더하고, 리스료 수익과 같은 기준으로 리스기간에 걸쳐 비용으로 인식한다.

운용리스 대상 기초자산의 감가상각 정책은 리스제공자가 소유한 비슷한 자산의 감가상각 정책과 일치하여야 한다. 또한 리스제공자는 운용리스 대상 기초자산이 손상되었는지 판단하고 식별된 손상차손을 회계처리한다.

제조자 또는 판매자인 리스제공자는 운용리스를 체결할 때 매출이익을 인식하지 않는다. 왜냐하면 이는 판매와 동일하지 않기 때문이다.

리스제공자의 운용리스 회계처리를 예시(기초자산 취득일과 리스개시일이 다르고 리스개설직접원가 발생 가정)하면 다음과 같다.

〈기초자산 취득 시〉

(차) 선급리스자산	×××	(대) 현금	×××

〈리스개설직접원가 발생〉

(차) 리스개설직접원가	×××	(대) 현금	×××

〈리스개시일〉

(차) 운용리스자산	×××	(대) 선급리스자산	×××
		리스개설직접원가	×××

〈리스료 수익 인식〉

(차) 현금	×××	(대) 리스료수익	×××

〈운용리스자산의 감가상각〉

(차) 감가상각비　　　　　×××　　　　(대) 감가상각누계액　　　　×××

② 운용리스 기초자산의 재무상태표 표시

리스제공자는 기초자산의 특성에 따라 재무상태표에 운용리스 대상 기초자산을 표시한다. 따라서 운용리스 대상 기초자산이 부동산이라면 재무상태표에는 투자부동산에 포함하여 표시하고, 부동산 이외의 자산이라면 유형자산 등으로 표시한다.

┤ **신속처리 질의 · 답변** ├

리스

1. 리스 식별 및 분류

(1) 질의

　A사는 의료장비를 구입하여 B의학센터에 설치하고 계약기간 10년 하자보수관리 의무를 부담하기로 함. A사는 이에 대한 대가로 월 고정금액과 일정 비율의 수익금을 배분받기로 하고, 계약기간 종료 후 장비소유권은 B사의 추가 지급액 없이 이전하는 계약을 체결함. 의료장비에 대한 A사의 회계처리는?

(2) 회신

　해당 계약에서 대가와 교환하여 식별되는 자산의 사용통제권을 일정 기간 이전하기로 했다면 계약에 리스가 포함된 것임(제1116호 문단 9).

　A사(리스제공자) 입장에서 기초자산의 소유에 따른 위험과 보상의 대부분을 이전하였다면*, 금융리스로 분류하고(제1116호 문단 62, 63), 리스개시일에 리스순투자와 동일한 금액의 수취채권**으로 표시함(제1116호 문단 67).

　이 경우, A사(리스제공자)는 K-IFRS 제1115호 문단 73~90에 따라 계약대가(월 고정금액과 일정 비율의 수익금)를 리스요소와 비리스요소에 배분하고(K-IFRS 제1116호 문단 17), 리스요소에 배분된 금액 중 고정리스료와 지수나 요율에 따라 달라지는 변동리스료를 K-IFRS 제1116호 문단 70에 따라 리스순투자에 포함함.

　 * 예: 리스기간 종료시점에 기초자산 소유권이 리스이용자에게 이전되는 리스

　** 의료장비는 A사의 유형자산으로 표시되지 않음.

2. 리스기간 연장

(1) 질의

　리스계약 만기 1개월 전에 동일한 기초자산을 대상으로 하되 기간만 연장하기로 결정한 경우에 회계처리는?

(2) 회신

　기존 계약상 권리 행사에 따라 기간이 연장되었다면 리스부채의 재평가로 회계처리하며,

기존 계약과 무관한 새로운 합의로 연장되었다면 리스변경으로 회계처리 함. 재평가로 보아 사용권자산을 조정하여 리스부채의 재측정으로 회계처리 함(제1116호 문단 21, 39).

새로운 합의로 연장되었다면 리스 범위의 변경이며, 리스기간이 변경된 경우에는 별도 리스로 회계처리하지 않는 리스변경으로 회계처리 함(제1116호 문단 44~46).

3. 리스기간 중 자산 인수 시 취득원가 산정

(1) 질의

회사는 차량을 리스로 이용하다가 리스기간 중에 해당 차량을 인수하기로 함. 최초 계약 시점에 납입한 보증금과 추가 부담금을 대가로 리스차량을 인수하여 기존 리스계약이 해지되는 경우에 차량의 취득원가는?

(2) 회신

해지시점 보증금 잔액, 추가 부담금과 사용권자산 장부금액에서 리스부채 장부금액을 차감한 금액을 유형자산의 취득원가에 포함함(제1016호 문단 16).

4. 리스이용자의 증분차입이자율

(1) 질의

리스를 최초로 측정할 때 리스의 내재이자율을 쉽게 산정할 수 없는 경우에는 리스이용자의 증분차입이자율을 적용해야 하는데, 리스이용자는 차입이 없어 이자율이 없는 경우 리스의 내재이자율을 어떻게 산정하는지?

(2) 회신

리스의 내재이자율을 쉽게 산정할 수 없는 경우에 리스이용자는 리스이용자의 증분차입이자율을 사용해야 하며, 이때 리스이용자의 증분차입이자율은 실제 발생한 차입 관련 이자율에 한정되지 않음.

리스이용자의 증분차입이자율은 리스이용자가 비슷한 경제적 환경에서 비슷한 기간에 걸쳐 비슷한 담보로 사용권자산과 가치가 비슷한 자산 획득에 필요한 자금을 차입한다면 지급해야 하는 이자율을 말하며, 리스하는 자산과 같은 유형의 자산을 구매하기 위하여 자금을 차입하여 지급하였거나 지급할 이자율 등을 참조하여 산정할 수 있음(제1116호 문단 BC162).

5. 리스개량자산의 내용연수

(1) 질의

회사의 사옥 임대차기간은 총 8년이며, 현재 임대차계약은 3년을 경과하였음. 회사가 당기 건설한 리스개량자산의 경제적 내용연수가 8년으로 예상되는 경우, 리스개량자산에 대한 감가상각기간은?

(2) 회신

리스개량자산이 유형자산인 경우, 내용연수(기업이 자산을 사용할 수 있을 것으로 예상하는 기간)에 걸쳐 감가상각을 함.

내용연수 산정 시 리스계약의 만료일 등 자산의 사용에 대한 법적 또는 이와 유사한 제한을 고려해야 하고, 리스기간을 초과하여 리스개량자산을 사용할 것으로 예상하는지 검토하여 관련한 리스의 리스기간을 초과하여 리스개량자산을 사용할 것으로 예상되지 않는다면, 잔여 임대차기간(리스기간)을 내용연수로 추정함(제1016호 문단 56, 57).

6. 3개월 리스 갱신 매장의 리스기간

(1) 질의

회사는 고정임차료와 매출액에 비례하는 변동임차료를 지급하는 형태로 3개월마다 갱신하는 백화점 매장 리스 계약을 체결함. 계약은 3개월 단위이나 실제 1년 이상 영업을 지속한 경우에 해당 계약의 리스기간은?

(2) 회신

3개월마다 이루어지는 갱신이 계약에 이미 존재하는 연장(종료)선택권 행사(미행사)를 의미한다면, 리스기간은 해지불능기간(3개월)과 리스이용자가 연장(종료)선택권을 행사(미행사)할 것이 상당히 확실한 기간을 더하여 산정함(제1116호 문단 18).

리스기간을 산정하고 리스의 해지불능기간의 길이를 평가할 때, 계약의 정의를 적용하여 계약이 집행 가능한(enforceable) 기간을 산정함(제1116호 문단 B34).

약간의 불이익만 감수하면 리스이용자와 리스제공자가 각각 다른 당사자의 동의 없이 리스를 종료할 권리를 가지는 경우에 그 리스를 더는 집행할 수 없음.

그러나 리스이용자와 리스제공자 모두가 아니라, 한 당사자만 약간의 금액을 부담하면 다른 당사자의 동의 없이 리스를 종료할 권리를 가지는 경우에는 그 당사자의 종료가능일을 초과하여 집행 가능하기 때문에 리스기간은 3개월을 초과할 수 있음.

7. 1년 단위로 갱신되는 리스계약의 단기리스 여부

(1) 질의

회사는 특정 자산을 1년간 임차하는 계약을 20X1년 1월 1일에 최초로 체결함. 임차계약에 계약 갱신과 매수선택권에 대한 언급은 없고 법률적으로도 회사에 갱신할 권리가 부여되지 않음.

회사는 최초 계약 이후(20X1년 1월 1일) 1년 단위로 갱신하여 자산을 사용해 왔음. 이러한 계약을 리스이용자가 계약기간이 12개월 이하인 단기리스로 회계처리할 수 있는가?

(2) 회신

회사가 최초기간에 단기리스라고 판단하여 자산과 부채를 인식하지 않았다면, K-IFRS 제1116호 문단 7(1)에 따라 리스변경이 있는 경우 새로운 리스로 회계처리 함.

갱신에 동의한 날에 기존 리스의 잔여기간과 연장된 기간을 더해서 단기리스인지를 판단해야 함.

– 예를 들어 20X1년 10월 말에 갱신을 동의했다면, 기존 리스의 잔여기간 2개월과 갱신기간 12개월을 더하여 단기리스인지를 판단해야 하며, 갱신에 동의한 10월 말부터 자산과 부채를 인식해야 함.

8. 임대대행수수료의 비용인식

(1) 질의

부동산 임대업자가 임대차 대행업체를 통해 신규 임차인을 구하고, 신규 임대차 계약(운용리스)이 체결되는 시점에 임대대행수수료를 지급함. 해당 수수료를 지급시점에 비용으로 전액 인식해야 하는지 아니면 자산화하여 임대차 기간에 걸쳐 비용으로 인식해야 하는지?

(2) 회신

임대대행수수료가 리스개설직접원가에 해당하는지 검토가 필요함.

* 리스를 체결하지 않았더라면 부담하지 않았을 리스체결의 증분원가, 다만 금융리스와 관련하여 제 조자 또는 판매자인 리스제공자가 부담하는 원가는 제외

운용리스 체결과정에서 부담하는 리스개설직접원가는 기초자산의 장부금액에 더하고, 리스료 수익과 같은 기준으로 리스기간에 걸쳐 비용으로 인식함(제1116호 문단 83).

리스개설직접원가가 아니라면 지급시점에 비용으로 인식함.

9. 리스부채의 범주별 장부금액 및 손익 공시

(1) 질의

K-IFRS 제1109호에서는 K-IFRS 제1116호 적용대상인 '리스'를 적용하는 리스에 따른 권리와 의무는 적용범위에서 제외(리스채권의 제거와 손상, 리스부채의 제거 등은 제1109호 적용)하고 있으나, K-IFRS 제1107호(금융상품: 공시)와 K-IFRS 제1032호(금융상품: 표시)에서는 리스를 포함함.

리스부채도 금융부채로 보아 제1107호에 따른 공시를 해야 하는지? 리스부채의 범주는 '상각후원가 측정 금융부채'로 구분하는지?

(2) 회신

리스부채는 K-IFRS 제1032호의 금융부채 정의에 부합하며(제1032호 문단 11) K-IFRS 제1107호에 따른 공시를 제공해야 함.

그러나 리스부채는 K-IFRS 제1109호에 따른 금융부채의 인식과 측정 규정을 적용하지 않고, K-IFRS 제1107호에서 리스부채 범주를 구체적으로 정하고 있지 않으므로, 회계정책을 개발하여 일관되게 적용함(제1109호 문단 2.1.(2), 제1107호 문단 3, 8, 20).

리스부채가 중요(material)하다면 별도의 범주로 구분하나, 중요하지 않다면 다른 항목들과 같이 공시할 수 있음.

10. 유형자산의 운용리스 전환

(1) 질의

자가사용하던 유형자산 설비를 타사에 운용리스로 제공하는 경우, 해당 리스대상 자산을 그 밖의 유형자산과 구분하여 별도로 표시해야 하는지?

(2) 회신

리스제공자는 기초자산의 특성에 따라 재무상태표에 운용리스 대상 기초자산을 표시하므로(문단 88), 운용리스로 제공하는 설비가 유형자산에 해당한다면 그 밖의 유형자산과

별도로 표시할 필요는 없음.

다만, 유형자산의 각 유형을 운용리스 대상 자산과 운용리스 대상이 아닌 자산으로 세분화하여 공시하여야 함(제1116호 문단 95, 문단 BC256).

11. 실무적 간편법 적용

(1) 질의

회사는 리스를 포함하는 계약을 체결하여 사업장을 임차하고 있으며, 실무적 간편법을 적용하여 리스요소와 비리스요소를 분리하지 않고 회계처리 함. 추가 사업장 임차를 위해 신규 계약을 체결한 경우, 신규 계약에 실무적 간편법을 적용하지 않아도 되는지?

(2) 회신

신규 사업장 임차로 추가되는 리스의 기초자산이 기존 리스의 기초자산과 특성과 용도가 비슷하다면 실무적 간편법을 적용해야 함.

이러한 실무적 간편법은 기초자산의 유형(기업의 영업에서 특성과 용도가 비슷한 기초자산의 집합)별로 선택할 수 있기 때문임(제1116호 문단 8, 문단 15).

12. 운용리스 수익인식

(1) 질의

리스기간 동안 리스료가 매년 고정적으로 3% 인상될 때, 운용리스 제공자는 리스료 수익을 어떻게 인식하여야 하는지?

(2) 회신

기초자산의 사용으로 생기는 효익이 감소되는 형태를 더 잘 나타내는 다른 체계적인 기준이 없다면, 정액 기준으로 인식함(제1116호 문단 81).

정액 기준이 적절한 경우, 리스기간에 걸쳐 인식할 총 리스료 수익은 고정적인 인상률을 고려하여 산정하고 이를 리스기간으로 나누어 매년 인식할 리스료 수익을 산정함.

13. 사용기간이 정해져 있는 임차계약

(1) 질의

회사는 크레인과 지게차를 임차하여 사용하고 있는데 하루 중 오전 8시부터 오후 5시까지만 사용할 수 있도록 사용시간에 제한이 있음. 정해진 시간 외에는 임대인과 합의하여 추가 비용을 지급하고 사용할 수 있음. 해당 계약이 리스계약인지?

(2) 회신

회사가 사용기간 내내 가지는 권리를 판단하여 K-IFRS 제1116호 문단 B9의 리스 식별 요건을 모두 충족한다면 리스로 식별함.

고객이 계약기간 중 일부 기간에만 식별되는 자산의 사용 통제권을 가지는 경우에 그 계약은 그 일부 기간에 대한 리스를 포함함(제1116호 문단 B10).

사용시간 제한이 해당 자산이나 그 밖의 자산에 대한 공급자의 지분을 보호하려는 의도로 포함된 공급자의 방어권에 해당하는지에 따라 리스기간에 대한 판단이 달라질 수 있음.

14. 리스개시일

(1) 질의

리스료가 부과되는 기간 전에 렌트프리 기간*이 존재하는 리스계약에서 리스이용자의 리스개시일은 리스료가 부과되기 시작하는 날인지, 아니면 렌트프리 기간 시작일인지?

* 임차인의 인테리어를 위해 임대인이 임대료를 면제해주는 기간

(2) 회신

리스개시일은 리스제공자가 리스이용자에게 기초자산을 사용할 수 있게 하는 날이므로, 리스이용자가 렌트프리 시작일부터 임차자산을 사용할 수 있다면 렌트프리 기간 시작일을 리스개시일로 봄(제1116호 부록A, 문단 B36).

보 론 │ 업무용승용차 관련비용의 손금불산입 등 특례

1. 적용대상 업무용승용차

(1) 관련비용 등 손금불산입특례적용 승용자동차

업무용승용차 관련비용의 손금불산입 등 특례가 적용되는 승용자동차는 개별소비세법 제1조 제2항 제3호에 해당하는 승용자동차(운수업, 자동차판매업 등에서 사업에 직접 사용하는 승용자동차로서 다음 '(2)'에 해당하는 것은 제외하며, 이하 "업무용승용차"라 함)를 말하며(법법 §27의2 ①), 국외사업장 보유·운영승용차는 적용대상에서 제외한다(기재부 법인세과-320, 2017.3.6.).

개별소비세법 제1조 제2항 제3호

가. 배기량이 2,000cc를 초과하는 승용자동차와 캠핑용 자동차

나. 배기량이 2,000cc 이하인 승용자동차와 이륜자동차

　- 배기량이 1,000cc 이하의 것으로 대통령령이 정하는 것은 제외

다. 전기승용자동차(자동차관리법 제3조 제2항에 따른 세부기준을 고려하여 대통령령이 정하는 것은 제외)

　그러므로 지프형이 아닌 9인승 이상 승합차, 배기량 1,000cc 이하 경차, VAN형 차량, 화물자동차는 이에 해당하지 않는다.

중점사항

부가가치세법 제17조 제2항 제4호에서 비영업용 소형승용자동차의 구입과 임차 및 유지에 관한 매입세액불공제 조문에서도 동일한 개별소비세법 조문을 규정하고 있으며, 1,000cc 이하 경차(모닝 등)는 매입세액공제를 허용하고 있다.

이와 동일하게 신설된 법인세법상 손금불산입특례 적용 시도 경차는 제외됨이 타당하다.

(2) 특례적용 제외 승용자동차

상기 '(1)'의 업무용승용차 관련비용의 손금불산입 특례가 적용 제외되는 것은, 다음의 어느 하나에 해당하는 승용자동차를 말한다(법령 §50의2 ①).

1) 부가가치세법 시행령 제19조 각 호에 해당하는 다음의 업종 또는 여신전문금융업법 제2조 제9호에 따른 시설대여업에서 사업상 수익을 얻기 위하여 직접 사용하는 승용자동차
   ① 운수업
   ② 자동차 판매업
   ③ 자동차 임대업(렌트카업)
   ④ 운전학원업
   ⑤ 경비업법 제2조 제1호 라목에 따른 기계경비업무를 하는 경비업
   ⑥ 위 '①'부터 '⑤'까지의 업종과 유사한 업종

2) 한국표준산업분류상 장례식장 및 장의관련 서비스업을 영위하는 법인이 소유하거나 임차한 운구용 승용차(법칙 §27의2 ①)

3) 연구개발을 목적으로 자동차관리법 제27조 제1항 단서에 따라 국토교통부장관의 임시운행허가를 받은 자율주행자동차

중점사항

회사소유나 리스·렌트한 차량이 아닌 임직원 개인소유차량에 대한 회사의 차량유지비 지원금액의 특례적용 해당 여부
→ 이는 손금불산입특례대상 관련비용에 해당하지 않고, 개인에 대한 근로소득의 과세 문제(월 20만 원 초과 시 과세)만 있다.

---

2. 업무용승용차 관련비용 손금불산입

1. 관련비용
   감가상각비, 임차료, 유류비, 보험료, 수선비, 자동차세, 통행료, 금융리스부채에 대한 이자비용 등
2. 업무전용자동차보험 미가입 시
   관련비용 전액 손금불산입·해당 임직원에 대해 상여로 소득처분
3. 업무전용자동차보험 가입 시
   (관련비용－관련비용×업무사용비율)＝손금불산입·해당 임직원 상여소득처분
   (1) 운행기록 작성 시 업무사용비율

$$\frac{\text{승용차별 운행기록상 업무상 주행거리}}{\text{승용차별 총주행거리}}$$

(2) 운행기록 미작성 시 업무사용비율
   ① 관련비용이 1천 5백만 원 이하 시: 100%(관련비용 전액 손금인정)
   ② 관련비용이 1천 5백만 원 초과 시: 1천 5백만 원÷관련비용(관련비용 중 1천 5백만 원은 손금인정)

4. 법인업무용 전용번호판을 부착하지 않는 경우 관련비용 전액을 손금불산입하고 상여로 소득처분

(1) 업무용승용차 관련비용의 범위

내국법인이 업무용승용차를 취득하거나 임차하여 해당 사업연도에 손금에 산입하거나 지출한 감가상각비, 임차료, 유류비, 보험료, 수선비, 자동차세, 통행료 및 금융리스부채에 대한 이자비용 등 업무용승용차의 취득·유지를 위하여 지출한 비용을 말한다(법법 §27의2 ②, 법령 §50의2 ②).

관련비용은 승용차(차량번호)별로 취합하여 법인세법 시행규칙 [별지 제29호 서식] '업무용승용차 관련비용 명세서'에 기재하여야 한다.

⑩업무용승용차 관련비용							
⑪감가상각비	⑫임차료	⑭유류비	⑮보험료	⑯수선비	⑰자동차세	⑱기타	⑲합계
	⑬감가상각비 상당액						

중점사항

1. 관련비용은 차량번호별로 취합하여 명세서에 기재하여야 하니, 회계처리 시 반드시 차량번호별로 구분하여 처리해야 함에 유의해야 한다.
2. 관련비용에 회사소속 운전기사 급여, 인력파견회사소속 운전기사수수료, 대리운전기사수수료, 운전관련 범칙금 등의 포함 여부
   → 현행규정상 포함되지 않는다.
3. 금융리스부채에 대한 이자비용의 관련비용 포함 여부
   → 기업회계상 업무용승용차에 대한 금융리스 시 발생되는 이자비용은 차량의 취득

> 원가가 아닌 금융비용에 해당되므로 업무용승용차의 관련비용에서 차감되어야 할 것으로 판단되나, 시행령에 관련비용으로 명시되어 있으므로 포함하여야 한다. 이는 운용리스의 경우 이자비용 해당액도 임차료에 포함되어 관련비용에 포함되므로 이와의 형평성을 갖춘 것으로 보이며 명세서에는 '⑱기타란'에 기재한다.

1) 2016.1.1. 이후 개시하는 사업연도에 취득하는 업무용승용차의 감가상각비

2016.1.1. 이후 개시하는 사업연도에 취득하는 업무용승용차에 대한 감가상각비의 경우 해당 사업연도의 소득금액을 계산할 때 법인세법 시행령 제26조 제1항 제2호(상각방법의 선택) 및 제28조 제1항 제2호(내용연수의 선택)에도 불구하고 정액법을 상각방법으로 하고 내용연수를 5년으로 하여 계산한 금액을 감가상각비로 하여 손금에 산입하여야 한다(법법 §27의2 후단, 법령 §50의2 ③, 소령 §78의3 ③).

이는 기존에 회사가 선택한 세무상 내용연수 및 상각방법에 불구하고 2016.1.1. 이후 개시하는 사업연도에 취득하는 업무용승용차는 내용연수 5년·정액법을 적용하여 상각범위액을 계산하여 회사계상 감가상각비가 상각범위액을 초과 시는 손금불산입하고 미달 시는 손금산입하여 상각범위액 금액을 반드시 관련비용에 포함시키도록 하는 강제상각(감가상각의제)규정이다.

$$상각범위액 = (취득원가 + 자본적지출액의\ 누계액) \times 0.2 \times \frac{해당\ 사업연도\ 사용월수}{12}$$

사례 1

1. 2016.1.1. 승용차 1억 원 취득

2. 2015년까지의 상각방법·내용연수와 달리 2016년부터 정액법·5년 적용 시
   (1) 회사가 장부상 감가상각비 0.2억 원을 계상한 경우
       별도 세무조정없이 손금불산입특례대상 감가상각비에 0.2억 원을 포함
   (2) 회사가 장부에 감가상각비를 계상하지 않은 경우
       손금산입 · 감가상각비 · 0.2억 원 · △유보
       관련비용에 감가상각비로 0.2억 원 포함

3. 2015년까지는 4년·정액법을 선택했고, 2016년에도 기업회계상 동일하게 처리 시

(1) 회계처리

　(차) 감가상각비　　　　25,000,000　　　(대) 감가상각누계액　　　25,000,000

(2) 세무조정

　손금불산입 · 감가상각비 · 5,000,000[주] · 유보

　주) 25,000,000 − 20,000,000 = 5,000,000

　관련비용에 감가상각비로 0.2억 원 포함

4. 2015년까지는 5년 · 정률법을 선택했고 2016년에도 기업회계상 동일하게 처리 시

(1) 회계처리

　(차) 감가상각비　　　　45,100,000　　　(대) 감가상각누계액　　　45,100,000

(2) 세무조정

　손금불산입 · 감가상각비 · 25,100,000 · 유보

　관련비용에 감가상각비로 0.2억 원 포함

　　2) 2015.12.31. 이전에 개시하는 사업연도에 취득한 업무용승용차의 감가상각비

　2015.12.31. 이전에 개시하는 사업연도에 취득한 업무용승용차의 관련비용 해당 감가상각비는 법인세법 시행령 제26조 제1항 제2호(법인이 선택 신고한 상각방법)와 법인세법 시행령 제28조 제1항 제2호(법인이 선택 신고한 내용연수)에 따라 계산된 상각범위액 한도 내 회사가 손금(비용)으로 계상한 금액을 말한다.

　이 경우, 정률법에 따른 상각범위액 계산 시 미상각잔액은 취득가액에서 이미 감가상각비로 손금에 산입한 금액과 후술되는 업무사용금액에 해당되지 않아 손금불산입된 감가상각비 및 업무용사용금액에 포함된 감가상각비 중 한도초과액에 해당되어 손금불산입된 감가상각비도 모두 차감하여 계산하여야 한다(법령 §26 ② 2호).

　2015.12.31. 이전 취득 승용차에 대한 관련비용 해당 감가상각비는 2016.1.1. 이후 취득 승용차에 대한 강제상각(감가상각의제)규정이 적용되지 않음에 유의하여야 한다. 즉, 상각범위액보다 장부상 감가상각비가 과소계상 시 신고조정으로 손금산입되지 않고 장부상 계상액 중 손금해당액만큼만 관련비용의 감가상각비로 포함되는 것이다.

(2) 업무용승용차 관련비용 중 업무사용금액의 범위

　업무용승용차 관련비용 중 다음 각 호의 구분에 따른 사용금액(이하 "업무사용금액"이라 함)에 해당하지 아니하는 금액은 해당 사업연도의 소득금액을 계산할 때 손금에 산입하지 아니한다(법법 §27의2 ②, 법령 §50의2 ④).

1) 업무전용자동차보험에 가입한 경우

해당 사업연도 전체 기간(임차한 승용차의 경우 해당 사업연도 중에 임차한 기간을 말함) 동안 해당 법인의 임원 또는 사용인이 직접 운전한 경우 또는 계약에 따라 타인이 해당 법인의 업무를 위하여 운전하는 경우 및 해당 법인의 운전자 채용을 위한 면접에 응시한 지원자가 운전하는 경우에만 보상하는 자동차보험(이하 "업무전용자동차보험"이라 함)에 가입한 경우에는 업무용승용차 관련비용에 다음 '(3)'에서 설명하는 업무사용비율을 곱한 금액을 손금산입하고, 동 금액을 초과하는 비용은 손금불산입한다(법령 §50의2 ④ 1호).

> 업무전용자동차보험에 가입한 경우
> 손금산입되는 업무사용금액 = 업무용승용차 관련비용 × 업무사용비율

해당 사업연도 전체기간(임차한 승용차의 경우 해당 사업연도 중에 임차한 기간을 말함) 중 일부기간만 업무전용자동차보험에 가입한 경우, 업무사용금액은 다음의 계산식에 따라 산정한 금액으로 한다(법령 §50의2 ⑨).

> 업무용승용차 관련비용 × 업무사용비율 × (해당 사업연도에 실제로 업무전용자동차보험에 가입한 일수 ÷ 해당 사업연도에 업무전용자동차보험에 의무적으로 가입하여야 할 일수)

2) 업무전용자동차보험에 가입하지 아니한 경우(개인사업자는 해당 없음)

업무전용자동차보험에 가입하지 아니한 경우에는 관련비용 전액을 손금불산입하고 그 귀속자에 대한 상여로 처분한다(법령 §50의2 ④ 2호). 단, 해당 사업연도 중 일부기간만 업무전용자동차보험에 가입한 다음 금액은 손금으로 인정한다.

$$업무용승용차\ 관련비용 \times 업무사용비율 \times \frac{해당\ 사업연도\ 실제가입일수}{해당\ 사업연도에\ 의무적\ 가입일수}$$

3) 국토교통부장관이 정하는 기준[*]에 따른 법인업무용 전용번호판을 부착하지 않은 경우 관련비용 전액을 손금불산입하고 상여로 처분한다(법칙 §27의2).

[*] 자동차 등록번호판 등의 기준에 관한 고시(국토부)
- (대상) 취득가액 8,000만 원 이상
- (요건) 연녹색 전용번호판 미부착
- (시행시기) '24.1.1. 이후 등록 및 대여한 자동차부터 적용

(3) 업무사용비율의 산정

업무전용자동차보험에 가입한 경우 관련비용을 손금으로 인정받을 수 있는 업무사용비율은 다음과 같이 산정한다.

1) 운행기록을 작성·비치한 경우의 업무사용비율

① 업무사용비율

업무사용비율은 운행기록 등에 따라 확인되는 총 주행거리 중 업무용 사용거리가 차지하는 비율로 한다(법령 §50의2 ⑤).

여기서 운행기록 등이란 국세청장이 정하는 운행기록 방법을 말한다(법칙 §27 ②).

$$업무사용비율 = \frac{승용차별\ 운행기록등상의\ 업무용\ 사용거리}{승용차별\ 총\ 주행거리}$$

위 산식에서 업무용 사용거리란 제조·판매시설 등 해당 법인의 사업장 방문, 거래처·대리점 방문, 회의 참석, 판촉 활동, 출·퇴근 등 직무와 관련된 업무수행(접대관련 운행도 포함되는 것으로 판단. 법인, 법령해석과-2338, 2016.7.18.)을 위하여 주행한 거리를 말한다(법칙 §27의2 ④).

② 운행기록 등의 작성·비치

업무전용자동차보험에 가입하고 업무사용금액을 손금으로 인정받으려는 내국법인은 업무용승용차별로 운행기록 등을 작성·비치하여야 하며, 납세지 관할 세무서장이 요구할 경우 이를 즉시 제출하여야 한다(법령 §50의2 ⑥).

본 규정은 2016.4.1.부터 시행한다(법령 부칙 §1, 2016.2.12.).

국세청고시 제2022－9호(2022.4.1.)

업무용승용차 운행기록 방법에 관한 고시

「법인세법」 제27조의2 제2항, 같은 법 시행령 제50조의2 제5항, 같은 법 시행규칙 제27조의2 제3항의 위임에 따라 업무용승용차 운행기록 방법을 다음과 같이 개정하여 고시합니다.

2022년 4월 1일
국 세 청 장

제1조 【목적】 이 고시는 「법인세법」 제27조의2 제2항, 같은 법 시행령 제50조의2 제5항, 같은 법 시행규칙 제27조의2 제3항에서 국세청장에게 위임한 업무용승용차 운행기록 방법을 정함을 목적으로 한다.

제2조 【운행기록 방법 및 서식】 '업무용승용차 운행기록 방법'은 별지 서식 「업무용승용차 운행기록부」를 작성하는 것으로 하되, 별지 서식상의 차종, 자동차등록번호, 사용일자, 사용자, 운행내역이 포함된 별도의 서식으로 작성할 수 있다.

제3조 【업무목적 소명】 법인은 과세관청의 요청 시 업무용승용차 관리 규정, 출장명령서 등을 통하여 업무목적을 소명하여야 한다.

제4조 【재검토 기한】 「훈령·예규 등의 발령 및 관리에 관한 규정」(대통령 훈령 제334호)에 따라 이 고시 발령 후의 법령이나 현실여건의 변화 등을 검토하여 이 고시의 폐지, 개정 등의 조치를 하여야 하는 기한은 2025년 3월 31일까지로 한다.

부 칙(2022.4.1. 국세청고시 제2022－9호)

제1조 【시행일】 이 고시는 고시한 날부터 시행한다.

제2조 【종전 고시의 폐지】 종전의 「업무용승용차 운행기록 방법에 관한 고시」(국세청고시 제2019－16호)는 이를 폐지한다.

【업무용승용차 운행기록부에 관한 별지 서식】 (2016.4.1. 제정)

사업연도	· · ~ · ·	업무용승용차 운행기록부	법인명	
			사업자등록번호	

1. 기본정보

①차 종	②자동차등록번호

2. 업무용 사용비율 계산

③ 사용 일자 (요일)	④사용자		운 행 내 역					
	부서	성명	⑤주행 전 계기판의 거리(㎞)	⑥주행 후 계기판의 거리(㎞)	⑦주행거리 (㎞)	업무용 사용거리(㎞)		⑩비 고
						⑧출·퇴근용 (㎞)	⑨일반 업무용(㎞)	
		⑪사업연도 총주행 거리(㎞)			⑫사업연도 업무용 사용거리(㎞)		⑬업무사용 비율(⑫/⑪)	

(뒤 쪽)

작 성 방 법

1. ① 업무용승용차의 차종을 적습니다.

2. ② 업무용승용차의 자동차등록번호를 적습니다.

3. ③ 사용일자를 적습니다.

4. ④ 사용자(운전자가 아닌 차량이용자)의 부서, 성명을 적습니다.

5. ⑤ 주행 전 자동차 계기판의 누적거리를 적습니다.(당일 동일인이 2회 이상 사용하는 경우 ⑤란을 적지 않고 ⑦란에 주행거리의 합만 적을 수 있습니다.)

6. ⑥ 주행 후 자동차 계기판의 누적거리를 적습니다.(당일 동일인이 2회 이상 사용하는 경우 ⑥란을 적지 않고 ⑦란에 주행거리의 합만 적을 수 있습니다.)

7. ⑦ 사용시마다 주행거리(⑥-⑤)를 적거나, 사용자별 주행거리의 합을 적습니다.

8. ⑧ 업무용 사용거리 중 출·퇴근용(원격지 출·퇴근을 포함) 사용거리를 적습니다.

9. ⑨ 업무용 사용거리 중 제조·판매시설 등 해당 법인의 사업장 방문, 거래처·대리점 방문, 회의 참석, 판촉 활동, 업무관련 교육·훈련 등 일반업무용 사용거리를 적습니다.

10. ⑪~⑬ 해당 사업연도의 주행거리 합계, 업무용 사용거리 합계, 업무사용 비율을 각각 적습니다.

210mm×297mm[백상지 80g/㎡ 또는 중질지 80g/㎡]

2) 운행기록을 작성·비치하지 아니한 경우의 업무사용비율

업무전용자동차보험에 가입하였으나 운행기록 등을 작성·비치하지 아니한 경우 해당 업무용승용차의 업무사용비율은 위 '1)'의 규정에도 불구하고 다음 각 호의 구분에 따른 비율로 한다(법령 §50의2 ⑦).

① 해당 사업연도의 업무용승용차 관련비용이 1천 5백만 원(해당 사업연도가 1년 미만인 경우에는 1천 5백만 원에 해당 사업연도의 월수를 곱하고 이를 12로 나누어 산출한 금액을 말하고, 사업연도 중 일부기간 동안 보유하거나 임차한 경우에는 1천 5백만 원에 해당 보유기간 또는 임차기간월수를 곱하고 이를 사업연도 월수로 나누어 산출한 금액을 말함) 이하인 경우: 100%

② 해당 사업연도의 업무용승용차 관련비용이 1천 5백만 원을 초과하는 경우

$$\frac{\text{1천 5백만 원}}{\text{업무용승용차 관련비용}}$$

3. 업무용승용차 감가상각비 손금불산입 특례

(1) 감가상각비 손금불산입액의 산정

상기 '2. 업무용승용차 관련비용 손금불산입' 규정 적용 시 관련비용에 포함되었던 다음에서 설명하는 감가상각비 또는 감가상각비상당액(이는 리스·렌트차량의 임차료 중 감가상각비 해당액을 말함)에 업무사용비율을 곱하여 산출된 금액(감가상각비 등으로 관련비용에서 손금산입된 금액을 뜻함)이 해당 사업연도에 각각 800만 원(해당 사업연도가 1년 미만인 경우 및 취득·처분·임차 시에는 800만 원에 해당 사업연도의 월수(보유·임차월수)를 곱하고 이를 12로 나누어 산출한 금액을 말하고 사업연도 중 일부 기간 동안 보유하거나 임차한 경우에는 800만 원에 해당 보유기간 또는 임차기간 월수를 곱하고 이를 사업연도 월수로 나누어 산출한 금액을 말하며, 다음 '제19장 4. 기업업무추진비 (2) 4) ②' 단서 규정의 부동산임대업은 400만 원으로 함)을 초과하는 경우 그 초과하는 금액(이하 "감가상각비 한도초과액"이라 함)은 해당 사업연도의 손금에 산입하지 아니하고 다음 '(3)'에서 정하는 방법에 따라 이월하여 손금에 산입한다(법법 §27의2, 법령 §50의2 ⑧·⑩).

$$\text{감가상각비} \atop \text{한도초과액} = \left\{ {\text{업무용승용차별} \atop \text{감가상각비 또는} \atop \text{감가상각비상당액}} \times {\text{업무사용} \atop \text{비율}} \right\} - 800만 원 \times \frac{\text{해당 사업연도의 개월수}}{12}$$

내국법인이 업무용승용차를 취득하면서 지급받은 국고보조금에 대하여 「법인세법」 제36조 제1항 및 같은 법 시행령 제64조 제3항에 따라 일시상각충당금을 설정한 경우에는 일시상각충당금과 상계하기 전 같은 법 시행령 제50조의2 제3항에 따른 상각범위액을 기준으로 해당 업무용승용차 감가상각비 손금불산입 금액을 먼저 계산한 후 법인세법상 손금으로 인정되는 감가상각비를 기준으로 일시상각충당금 환입에 대한 세무조정을 하는 것이다(서면법령법인-1435, 2020.6.12.).

1) 업무용승용차별 감가상각비

감가상각비 한도초과액 계산 시 내국법인이 소유한 업무용승용차별 감가상각비는 다음과 같이 계산한다.

① 2016.1.1. 이후 개시하는 사업연도에 취득한 업무용승용차의 경우 정액법과 내용연수 5년을 적용하여 계산한 상각범위액

② 2015.12.31. 이전에 개시하는 사업연도에 취득한 업무용승용차의 경우 종전에 신고한 상각방법과 내용연수를 적용하여 계산하여 장부상 비용계상액 중 손금인정액

2) 업무용승용차별 임차료 중 감가상각비상당액

업무용승용차별 임차료 중 감가상각비상당액은 리스차량 또는 렌트차량의 승용차별 감가상각비상당액을 말하며, 이는 보험료와 자동차세 등을 제외한 금액으로서 다음에 따른 금액을 말한다(법령 §50의2 ⑫, 법칙 §27의2 ③).

① 여신전문금융업법 제3조 제2항에 따라 등록한 시설대여업자로부터 임차한 승용차임차료에서 해당 임차료에 포함되어 있는 보험료, 자동차세, 수선유지비를 차감한 금액. 다만, 수선유지비를 별도로 구분하기 어려운 경우 임차료(보험료와 자동차세를 차감한 금액을 말함)의 100분의 7을 수선유지비로 계산할 수 있다.

② 여객자동차운수사업법 제28조에 따라 등록한 자동차대여사업자로부터 임차한 승용차

$$\text{렌트차량의 감가상각비상당액} = \text{승용차임차료} \times 70\%$$

(2) 감가상각비 손금불산입의 소득처분

상기 '(1)'에 따른 감가상각비 손금불산입액은 다음과 같이 소득처분한다.

① '(1)' '1)'에 따른 업무용승용차별 감가상각비 손금불산입액 유보로 소득처분

② '(1)' '2)'에 따른 업무용승용차별 임차료 중 감가상각비상당액 손금불산입액

　　기타사외유출로 소득처분(법령 §106 ① 3호 다목)

(3) 감가상각비 한도초과액의 손금추인

상기 '(1)'에 따른 감가상각비 한도초과액은 다음의 방법에 따라 산정된 금액을 한도로 이월하여 손금에 산입한다(법령 §50의2 ⑪).

1) 업무용승용차별 손금불산입 감가상각비 이월액

해당 사업연도의 다음 사업연도부터 해당 업무용승용차의 업무사용금액 중 감가상각비가 800만 원에 미달하는 경우, 그 미달하는 금액을 한도로 하여 손금으로 추인한다.

2) 업무용승용차별 임차료 감가상각비상당액 이월액

해당 사업연도의 다음 사업연도부터 해당 업무용승용차의 업무사용금액 중 감가상각비상당액이 800만 원에 미달하는 경우, 그 미달하는 금액을 한도로 손금에 산입하고 기타로 소득처분한다.

3) 임차승용차 취득세

임차하여 사용하던 업무용승용차를 사업연도 중에 취득하여 사용하는 경우 해당 업무용승용차의 임차기간에 대한 감가상각비 상당액 한도초과 이월액은 다음 사업연도부터 연간 800만 원을 한도로 하여 손금에 산입한다(사전법령법인-295, 2020.10.19.).

4. 업무용승용차 처분손실 손금불산입특례

(1) 업무용승용차 처분손실 손금불산입액의 산정

업무용승용차를 처분하여 발생하는 손실로서 업무용승용차별로 800만 원(해당 사업연도가 1년 미만인 경우 800만 원에 해당 사업연도의 월수를 곱하고 이를 12로 나누어 산출한 금액을 말하며, 다음 '제19장 4. 기업업무추진비 (2) 4) ②' 단서규정의 부동산임대업은 400만 원으로 함)을 초과하는 금액은 해당연도의 손금에 산입하지 아니하며(법법 §27의2 ④), 기타사외유출로 소득처분한다(법령 §106 ① 3호 다목).

> 업무용승용차 처분손실 손금불산입액＝업무용승용차 처분손실－800만 원
> 1. 업무용승용차 처분손실＝세무상 장부가액－양도가액
> 2. 세무상 장부가액
>   재무상태표상 취득가액
>   － 재무상태표상 감가상각누계액
>   ＋ 일반세무조정에 의한 감가상각비 손금불산입누계액[주)]
>   ＋ 업무용승용차 감가상각비 손금불산입특례규정에 따른 손금불산입누계액[주)]
>
>   주) 업무용승용차를 매각하면 일반세무조정에 의해 손금불산입된 감가상각비유보금액과 손금불산입 특례규정에 따라 손금불산입된 감가상각비유보금액을 모두 손금산입하여 유보금액을 추인하고 처분손실에 따른 세무조정을 하여야 한다.

(2) 업무용승용차 처분손실 손금불산입액의 손금추인

업무용승용차 처분손실 손금불입액은 해당 사업연도의 다음 사업연도부터 800만 원을 균등하게 손금에 산입하되, 남은 금액이 800만 원 미만인 사업연도에는 남은 금액을 모두 손금에 산입하고(법령 §50의2 ⑪) 기타로 소득처분한다.

사례 2

수진(주)의 2019사업연도(2019.1.1.~12.31.) 및 이후 사업연도의 업무용승용차 관련 세무 조정을 하라.

1. 2019.3.10. 대표이사 이수진전용승용차 1억 원 취득

2. 회사의 회계상 내용연수는 4년 · 정률법 적용
   ① 2019년 감가상각비계상액 44,000,000
   ② 2020년 감가상각비계상액 29,568,000
   ③ 2021년 감가상각비계상액 13,956,096
   ④ 2022년 감가상각비계상액   3,293,638

3. 회사는 2022.6.30. 승용차를 20,000,000원에 매각하고 처분이익 10,817,734원을 계상

4. 연도별 업무용승용차 관련비용 중 감가상각비 제외 기타비용 및 업무사용비율
   ① 2019년 10,000,000원 · 90%
   ② 2020년 12,000,000원 · 90%
   ③ 2021년 12,000,000원 · 90%
   ④ 2022년 6,000,000원 · 90%

5. 연도별 세무조정

(1) 2019년

① 기본 감가상각비 한도초과 세무조정

손금불산입 · 감가상각비 한도초과 · 27,333,334[주] · 유보

주) 회사계상액 44,000,000 − 상각범위 1억 원×1/5×10/12*(16,666,666)
　　＝한도초과액 27,333,334
　　* 2016.1.1. 이후 취득 업무용승용차는 내용연수 5년 · 정액법으로 한도액을 계산

② 관련비용 손금불산입액

손금불산입 · 업무외사용 · 2,666,666[주] · 이수진 상여처분

주) (감가상각비 16,666,666 + 기타비용 10,000,000)×(1 − 90%)＝2,666,666

③ 업무용승용차 감가상각비 손금불산입액

손금불산입 · 감가상각비 · 8,333,334[주] · 유보

주) 16,666,666×90% − 8,000,000×10/12＝8,333,334

(2) 2020년

① 기본 감가상각비 한도초과 세무조정

손금불산입 · 감가상각비 한도초과 · 9,568,000[주] · 유보(유보잔액 36,901,334)

주) 회사계상액 29,568,000 − 상각범위액 1억 원×1/5(20,000,000)＝한도초과액 9,568,000

② 관련비용 손금불산입액

손금불산입 · 업무외사용 · 3,200,000[주] · 상여

주) (감가상각비 20,000,000 + 기타비용 12,000,000)×(1 − 90%)＝3,200,000

③ 업무용승용차 감가상각비 손금불산입액

손금불산입 · 감가상각비 · 10,000,000[주] · 유보(유보잔액 18,333,334)

주) 20,000,000×90% − 8,000,000＝10,000,000

(3) 2021년

① 기본 감가상각비 한도초과 세무조정

손금산입 · 감가상각비손금추인 · 6,043,904[주] · 유보(유보잔액 30,857,430)

주) 회사계상액 13,956,096 − 상각범위액 20,000,000＝시인부족액 6,043,904

② 관련비용 손금불산입액

손금불산입 · 업무외사용 · 3,200,000[주] · 상여

주) (감가상각비 20,000,000 + 기타비용 12,000,000)×(1 − 90%)＝3,200,000

③ 업무용승용차 감가상각비 손금불산입

손금불산입 · 감가상각비 · 10,000,000^{주)} · 유보(유보잔액 28,333,334)

주) 20,000,000×90%−8,000,000=10,000,000

(4) 2022년

① 기본 감가상각비 한도초과액 전액 손금추인

감가상각비 한도초과액은 해당 자산의 양도 시 전액 손금으로 추인함.

손금산입 · 감가상각비 · 30,857,430^{주)} · 유보

주) 상기 손금산입금액 중 다음 '⑤'에서 세무상 처분손실금액을 계산하기 위해 장부가액에 합산하여 세무상 장부가액 계산하는 금액은 24,151,068임에 유의하여야 한다. 이는 '②' 계산 시 감가상각비대상금액에 6,706,362(10,000,000−장부상 비용계상액 3,293,638)원 이 반영되었기 때문이다.

② 관련비용 손금불산입액

기존의 법인세법상 유형자산을 매매한 경우에는 해당연도의 감가상각비시부인 을 하지 않는다. 이는, 시부인을 하는 경우에도 양도 시 손금불산입액이 전액 손금으로 추인되어 당기 소득금액이 변동되지 않기 때문이다. 그러므로 승용차 의 매각연도에 관련비용 손금불산입규정 적용 시 해당 감가상각비 금액을 상기 사례에서 얼마로 하여야 하는지에 대한 문제가 발생한다. 저자의 판단으로는 양도 시까지 월할계산한 상각범위액을 관련비용의 감가상각비로 보기로 한다.

손금불산입 · 업무외사용 · 1,600,000^{주)} · 상여

주) (감가상각비 10,000,000+기타비용 6,000,000)×(1−90%)=1,600,000

③ 업무용승용차 감가상각비 손금불산입액

손금불산입 · 감가상각비 · 1,000,000^{주)} · 유보(유보잔액 29,333,334)

주) 10,000,000×90%−8,000,000=1,000,000

상기의 '③' 세무조정은 실무상으로는 의미가 없게 된다. 2022년에 승용차를 양 도하였으므로 상기 '①'과 마찬가지로 업무용승용차 감가상각비 한도초과액도 전액 손금산입하여 처분손실을 인식하고 이에 대한 세무조정을 수행하여야 하 기 때문이다.

④ 업무용승용차 감가상각비 손금부인누계액 손금추인

손금산입 · 감가상각비 · 29,333,334 · 유보

⑤ 법인세법상 처분손실금액 계산

가. 취득가액　　　100,000,000

(-) 감가상각누계액 90,817,734   9,182,266 + ① 손금추인액 24,151,068
                                        ④ 손금추인액 29,333,334
                                    = 세무상 장부가액 62,666,668

  나. 세무상 장부가액 검증
- 2019년: 상여처분된 감가상각비 1,666,666 + 한도액 6,666,666
  = 8,333,332
- 2020년: 상여처분된 감가상각비 2,000,000 + 한도액 8,000,000
  = 10,000,000
- 2021년: 상여처분된 감가상각비 2,000,000 + 한도액 8,000,000
  = 10,000,000
- 2022년: 상여처분된 감가상각비 1,000,000 + 한도액 8,000,000
  = 9,000,000
  세무상 손금처리된 감가상각비 37,333,332
- 세무상 장부가액 = 취득가액 100,000,000 - 손금처리액 37,333,332
  = 62,666,668

  다. 법인세법상 처분손실해당액
양도가액 20,000,000 - 장부가액 62,666,668 = 처분손실 42,666,668

  라. 처분손실 손금부인 세무조정
손금불산입 · 승용차처분손실 · 34,666,668[주] · 기타사외유출
주) 42,666,668 - 8,000,000 = 34,666,668

(5) 2023년

손금산입 · 승용차처분손실 · 8,000,000[주] · 기타

주) 승용차처분손실 손금불산입액은 해당연도의 다음 연도부터 800만 원을 한도로 손금산입하며, 남은 금액이 800만 원 미만인 사업연도에 남은 금액을 모두 손금에 산입하고 기타로 소득처분한다.

(6) 2024~2026년

손금산입 · 승용차처분손실 · 8,000,000 · 기타

(7) 2027년

손금산입 · 승용차처분손실 · 2,666,668 · 기타

5. 업무용승용차 관련 비용 명세서 미제출가산세 등(법인법 §74의2)

(1) 대상

업무용승용차 관련비용을 손금산입하여 신고한 사업자가 해당 명세서를 미제출·불성실 제출한 경우

(2) 가산세액

미제출·불성실 제출로 구분 규정

① 미제출: 업무용승용차 관련비용 손금산입액(신고액) 전체 × 1%

② 불성실 제출: 업무용승용차 관련비용 손금산입액(신고액) 중 명세서상 사실과 다르게 제출한 금액 × 1%

제9장

투자부동산

1 정 의

한국채택국제회계기준(이하 "기준서"라고 함) 제1040호 「투자부동산」은 다음과 같이 정의하고 있다.

투자부동산은 임대수익이나 시세차익을 얻기 위하여 소유자나 금융리스의 이용자가 보유하고 있는 부동산을 말한다.

이때 부동산은 토지, 건물(또는 건물의 일부분) 또는 두 가지 모두를 말한다. 다만, 다음의 목적으로 보유하는 부동산은 제외한다.

① 재화의 생산이나 용역의 제공 또는 관리목적에 사용
② 정상적인 영업과정에서의 판매

2 투자부동산의 해당 여부 구분

(1) 투자부동산에 해당

다음은 투자부동산의 예이다(문단 8).

① 장기 시세차익을 얻기 위하여 보유하고 있는 토지로, 정상적인 영업과정에서 단기간에 판매하기 위하여 보유하는 토지는 제외한다.
② 장래 사용목적을 결정하지 못한 채로 보유하고 있는 토지(만약 토지를 자가사용할지 또는 정상적인 영업과정에서 단기간에 판매할지를 결정하지 못한 경우 당해 토지는 시세차익을 얻기 위하여 보유하고 있는 것으로 봄)
③ 직접 소유(또는 금융리스를 통해 보유)하고 운용리스로 제공하고 있는 건물
④ 운용리스로 제공하기 위하여 보유하고 있는 미사용건물
⑤ 미래에 투자부동산으로 사용하기 위하여 건설 또는 개발 중인 부동산

(2) 투자부동산이 아닌 항목

다음은 투자부동산이 아닌 항목의 예이다. 따라서 기준서 제1040호를 적용하지 아니한다 (문단 9).

① 통상적인 영업과정에서 판매하기 위한 부동산이나 이를 위하여 건설 또는 개발 중인 부동산(기준서 제1002호 「재고자산」 참조)으로, 예를 들면 가까운 장래에 판매하거나 개발하여 판매하기 위한 목적으로만 취득한 부동산이 있다.

② 자가사용부동산(기준서 제1016호 「유형자산」 참조)으로, 미래에 자가사용하기 위한 부동산, 미래에 개발 후 자가사용할 부동산, 종업원이 사용하고 있는 부동산(종업원이 시장가격으로 임차료를 지급하고 있는지 여부는 관계없음), 처분예정인 자가사용부동산을 포함한다.

③ 금융리스로 제공한 부동산

(3) 부동산의 일부분을 임대수익 목적으로 보유하는 경우의 투자부동산 해당 여부

부동산 중 일부분은 임대수익이나 시세차익을 얻기 위하여 보유하고, 일부분은 재화의 생산이나 용역의 제공 또는 관리목적에 사용하기 위하여 보유하는 경우에는 다음과 같이 분류한다(문단 10).

① 부분별로 분리하여 매각(또는 금융리스로 제공)할 수 있는 경우

- 자가사용부분 → 유형자산
- 임대제공부분 → 투자부동산

② 부분별로 분리하여 매각할 수 없는 경우

자가사용부분이 경미한 경우에만 당해 부동산을 투자부동산으로 분류한다.

(4) 연결재무제표상 부동산리스의 표시

지배기업 또는 다른 종속기업에게 부동산을 리스하는 경우에는 리스제공자의 개별재무제표상에서는 투자부동산으로 분류하여 회계처리하고 연결재무제표상에서는 유형자산으로 분류하여 회계처리하여야 한다(문단 15).

┤ 신속처리 질의 · 답변 ├

골프장을 소유하고 있는 회사에 다른 회사 골프장의 사용권을 이전한 후 그 대가로 연간 고정 임대료를 수령하는 경우 투자부동산에 해당함.

사례 1

1. 자료

(1) A법인은 B법인의 주식 80%를 보유하고 있다.

(2) A법인은 2025.1.1. 건물을 2억 원에 취득하여 B법인에게 운용리스계약을 체결하고 보증금 2천만 원과 연간리스료 3천만 원을 수령하였다.

(3) A법인은 투자부동산에 대해 공정가치모형을 적용하며 2025.12.31. 현재 건물의 공정가치는 2억 3천만 원이다.

(4) A법인의 유형자산 감가상각방법은 정액법이며, 건물의 내용연수는 20년이다. A법인은 원가모형을 적용한다.

2. A법인 별도재무제표상 회계처리

(1) 건물취득 시

| (차) 투자부동산(건물) | 200,000,000 | (대) 현금 | 200,000,000 |

(2) 운용리스 체결 시

| (차) 현금 | 50,000,000 | (대) 임대보증금 | 20,000,000 |
| | | 수입임대료 | 30,000,000 |

(3) 2025.12.31. 공정가치평가 시

| (차) 투자부동산(건물) | 30,000,000 | (대) 투자부동산평가이익 | 30,000,000 |

3. A법인 연결재무제표상 연결조정분개

| (차) 건물 | 200,000,000 | (대) 투자부동산(건물) | 230,000,000 |
| 투자부동산평가이익 | 30,000,000 | | |

| (차) 임대보증금 | 20,000,000 | (대) 임차보증금 | 20,000,000 |
| 수입임대료 | 30,000,000 | 지급임차료 | 30,000,000 |

| (차) 감가상각비 | 10,000,000[주] | (대) 감가상각누계액 | 10,000,000 |

주) 200,000,000원÷20년=10,000,000원

3 투자부동산의 인식

투자부동산은 다음의 조건을 모두 충족할 때 자산으로 인식한다(문단 16).
① 투자부동산에서 발생하는 미래경제적효익의 유입가능성이 높다.
② 투자부동산의 원가를 신뢰성 있게 측정할 수 있다.

투자부동산의 원가는 이 인식기준에 따라 발생시점에 평가한다. 투자부동산의 원가에는 취득하기 위하여 최초로 발생한 원가와 후속적으로 발생한 추가원가, 대체원가 또는 유지원가를 포함한다(문단 17).

부동산과 관련하여 일상적으로 발생하는 유지원가는 문단 16의 인식기준에 따라 투자부동산의 장부금액에 인식하지 아니한다. 이러한 원가는 발생하였을 때 당기손익으로 인식한다. 일상적인 유지원가는 주로 노무원가와 소모품원가이며, 중요하지 않은 부품의 원가를 포함할 수도 있다. 이러한 지출의 목적은 자산을 '수선유지'하는데 있다(문단 18).

4 취득원가

(1) 원가의 개념

원가는 자산을 취득하기 위하여 자산의 취득시점이나 건설시점에서 지급한 현금 또는 현금성자산이나 제공한 기타 대가의 공정가치를 말한다(문단 5).

투자부동산은 최초인식시점에 원가로 측정한다. 거래원가는 최초 측정에 포함한다(문단 20). 취득원가를 투자부동산의 취득형태로 구분하면 다음과 같다.

(2) 외부구입하는 경우

구입한 투자부동산의 경우는 구입금액과 구입에 직접 관련있는 지출(법률용역수수료＋세금＋그 밖의 거래원가)을 합한 금액을 취득원가로 한다.

(3) 후불조건으로 취득하는 경우

투자부동산을 후불조건으로 취득하는 경우에는 취득시점의 현금가격상당액으로 취득가액을 인식한다.

이때 현금가격상당액과 실제 총지급액의 차액은 신용기간 동안의 이자비용으로 인식한다(문단 24).

5 인식 후의 측정

(1) 회계정책의 적용

① 일반적인 경우

모든 투자부동산은 공정가치모형과 원가모형 중 하나를 선택하여 적용하여야 한다.

② 공정가치모형만을 적용해야 하는 경우

운용리스에서 리스이용자가 보유하는 부동산에 대한 권리를 투자부동산으로 분류하는 경우에는 공정가치모형만을 적용해야 한다(문단 34).

(2) 공정가치모형

① 사용원칙

투자부동산에 대하여 공정가치모형을 선택한 경우에는 최초인식 후 모든 투자부동산을 공정가치로 측정한다(문단 33). 공정가치는 매각이나 다른 형태의 처분으로 발생할 수 있는 거래원가를 차감하지 않고 산정하며, 보고기간 말 현재의 시장상황을 반영한다.

② 공정가치 변동손익계상 및 감가상각 여부

투자부동산의 공정가치 변동으로 발생하는 손익은 발생한 기간의 당기손익에 반영하며 감가상각을 하지 않는다(문단 35).

　가. 공정가치 〉장부금액

　　(차) 투자부동산　　　　　　×××　　(대) 투자부동산평가이익　　　×××
　　　　　　　　　　　　　　　　　　　　　　　(기타수익)

　나. 공정가치 〈 장부금액

　　(차) 투자부동산평가손실　　×××　　(대) 투자부동산　　　　　　　×××
　　　　(기타비용)

　다. 감가상각비계상

　　없음.

중점사항 **법인세법과의 연관**

1. 세무조정
   ① 평가이익: 익금불산입 · 투자부동산 · △유보
   ② 평가손실: 손금불산입 · 투자부동산 · 유보
   단, 투자부동산 중 감가상각대상인 건물에 대하여는 평가손실금액을 감가상각비로 보아 손금한도 내에서는 손금인정되며 한도초과분은 손금불산입된다.

2. 신고조정에 의한 감가상각비 손금인정
   K-IFRS 적용대상기업에 대하여 법인세법상 감가상각비의 신고조정에 의한 손금산입이 허용된다. 이에 따라 투자부동산 중 건물해당액에 대하여는 상각범위액 해당금액까지 손금산입의 세무조정을 하여 법인세 절감효과를 가져오게 된다.

(3) 원가모형

최초인식 이후 투자부동산의 평가방법을 원가모형으로 선택한 경우에는 모든 투자부동산에 대하여 기준서 제1016호에 따라 원가모형으로 측정한다(문단 56). 한편, 회사가 원가모형을 적용하는 경우에는 기준서 제1036호 「자산손상」에 따라 손상차손 · 환입규정이 적용된다.

원가모형을 적용 시는 투자부동산의 공정가치를 주석으로 공시하여야 한다.

─┤ 신속처리 질의 · 답변 ├─

취득 시 원가모형을 적용한 투자부동산을 공정가치모형으로 변경할 수 있으며, 이는 회계정책변경에 해당하여 소급법을 적용함.

(4) 계정대체

부동산의 사용목적변경이 다음과 같은 사실로 입증되는 경우에만 투자부동산을 다른 항목으로 대체하거나 다른 항목을 투자부동산으로 대체한다(문단 57).

상 황	대체의 회계처리
자가사용의 개시나 자가사용목적의 개발시작	투자부동산을 자가사용부동산(유형자산)으로 대체한다.
통상적인 영업과정에서 판매하기 위한 개발의 시작	투자부동산을 재고자산으로 대체한다.
자가사용의 종료	자가사용부동산을 투자부동산으로 대체한다.
제3자에게 운용리스 제공의 약정	재고자산을 투자부동산으로 대체한다.

투자부동산을 개발하지 않고 처분하기로 결정하는 경우에는 그 부동산이 제거(재무상태표에서 삭제)될 때까지 재무상태표에 투자부동산으로 계속 분류하며 재고자산으로 재분류하지 않는다. 이와 비슷하게 투자부동산을 재개발하여 미래에도 계속 투자부동산으로 사용하려는 경우에도 재개발기간에 계속 투자부동산으로 분류하며 자가사용부동산으로 재분류하지 않는다.

사용목적이 변경되어 공정가치모형을 적용하는 투자부동산을 자가사용부동산이나 재고자산으로 대체하는 경우에는 변경시점의 공정가치로 대체한다. 또한 자가사용부동산이나 재고자산을 공정가치모형을 적용하는 투자부동산으로 대체하는 경우에도 변경시점의 공정가치로 대체한다. 이 경우 회계처리는 다음과 같다.

| 공정가치로 평가한 투자부동산과 다른 자산 간 계정대체의 회계처리 |

공정가치모형의 계정대체	차액(장부금액 - 공정가치)의 처리
투자부동산 → 자가사용부동산 또는 재고자산	변경시점의 공정가치를 간주원가로 하므로 차액이 없다.
자가사용부동산 → 투자부동산	유형자산의 재평가회계와 동일하게 처리
재고자산 → 투자부동산	당기손익(매각거래로 봄)으로 인식한다.
건설중인자산 → 투자부동산	당기손익으로 인식한다.

이때 자가사용부동산의 장부금액과 공정가치 차이를 유형자산의 재평가회계처리와 동일하게 처리하는 것은, 다음과 같이 회계처리하는 것을 말한다(문단 62).

구 분	회계처리
부동산 장부금액 〉 공정가치	장부금액 감소분을 당기손익으로 인식한다. 다만, 장부금액에 재평가잉여금이 포함되어 있으면 재평가잉여금을 우선 감소시키고, 초과액을 당기손익에 반영한다.
부동산 장부금액 〈 공정가치	이전에 인식한 손상차손을 한도로 당기손익으로 인식하고, 초과액은 재평가잉여금으로 인식한다.

| 사례 2 | 계정대체(유형자산 → 투자부동산) |

Ⅰ. 자료

1. 수진(주)는 자가사용건물에 부속되어 있던 주차장을 임대목적으로 사용하기로 함에 따라 2025.1.1.부터 투자부동산으로 대체하기로 하였다.

2. 2025.1.1. 현재 주차장토지의 장부가액은 3억 원, 공정가치는 5억 원이다.

3. 2025.12.31. 주차장토지를 6억 원에 처분하였다.

4. 투자부동산에 대하여는 공정가치모형을 적용한다.

Ⅱ. 회계처리

1. 대체 시(2025.1.1.)

| (차) 투자부동산 | 5억 원 | (대) 토지 | 3억 원 |
| | | 재평가잉여금[주] | 2억 원 |

주) 대체시점인 2025.1.1. 현재 장부가액과 공정가치의 차액은 '재평가잉여금'의 계정과목으로 처리하고 기타포괄손익으로 인식한다.

2. 처분 시(2025.12.31.)

| (차) 현금 | 6억 원 | (대) 투자부동산 | 5억 원 |
| | | 투자부동산처분이익 | 1억 원 |

| (차) 재평가잉여금 | 2억 원 | (대) 미처분이익잉여금 | 2억 원[주] |

주) 투자부동산을 처분할 때에 자본에 포함된 재평가잉여금은 이익잉여금으로 대체될 수 있는데, 이 경우에는 당기손익의 인식과정을 거치지 않고 직접 이익잉여금으로 대체한다.

┤ 신속처리 질의 · 답변 ├

투자부동산

1. 투자부동산을 유형자산으로 계정대체

(1) 질의

회사는 소유 건물 일부는 임대하고, 일부는 직접 사용함. 임대하는 부분은 투자부동산으로 분류하고 원가모형을 적용하며, 직접 사용하는 부분은 유형자산으로 분류하고 재평가모형을 적용함. 만일 투자부동산의 일부를 유형자산으로 계정대체해야 한다면, 투자부동산을 재평가한 후의 금액으로 대체하여야 하는지?

(2) 회신

대체되는 부분이 투자부동산의 정의를 충족하지 못하고 용도 변경의 증거가 있는 경우(예: 자가사용의 개시 등)에 계정대체를 함(제1040호 문단 57).

원가모형을 적용한 투자부동산을 대체하는 경우라면, 대체 전 자산의 장부금액을 승계하여 최초 측정함(제1040호 문단 59).

2. 투자부동산의 용도변경과 재분류

(1) 질의

회사는 건물을 임대하고 이를 투자부동산으로 분류함. 회사의 경영진이 가까운 미래에 건물에 대한 임대차계약을 종료하고 자가사용을 목적으로 개발할 의도를 가지고 있다면, 이 경우 유형자산으로 재분류하는 것이 가능한지?

(2) 회신

부동산의 용도에 대한 경영진 의도만으로는 유형자산으로 재분류하지 않음(제1040호 문단 57). 실제 부동산의 용도 변경의 증거가 있는 경우에만 계정대체를 할 수 있는데, 자가사용을 목적으로 개발을 시작한 경우에는 용도 변경의 증거가 있으므로 유형자산으로 재분류함(제1040호 문단 57(1)).

3. 부동산임대업을 하는 회사가 운용리스로 제공한 부동산의 분류

(1) 질의

회사는 부동산임대업을 주된 영업으로 함. 회사가 운용리스로 제공하고 있는 부동산은 어떤 자산으로 분류해야 하는지?

(2) 회신

투자부동산은 임대수익이나 시세차익 또는 둘 다를 얻기 위하여 소유자가 보유하거나 리스이용자가 사용권자산으로 보유하고 있는 부동산으로 정의되므로(제1040호 문단 5), 질의의 부동산을 임대목적으로 보유한다면 투자부동산으로 분류함(제1040호 문단 8).

4. 사용목적으로 취득한 건물을 임대할 경우의 분류

(1) 질의

회사는 제품을 생산할 목적으로 공장을 취득하였으나. 취득 당시 임대차계약을 포괄 승계함에 따라 직접 사용하지 못하고 다른 회사에 일시적으로 임대하고 있을 경우 계정 분류는?

(2) 회신

미래에 자가사용할 예정이더라도 현재 임대수익을 얻기 위한 의도로 보유하면서 실제 임대수익이 발생하고 있다면, 투자부동산으로 분류한 뒤 자가사용을 개시할 때 유형자산으로 대체하는 것이 적절함(제1040호 문단 7, 57).

5. 투자부동산의 내부 인테리어 공사 회계처리

(1) 질의

임대업자인 회사는 투자부동산에 인테리어 공사를 하였음. 회사가 투자부동산에 공정가치모형을 적용하고 있는 경우, 인테리어 공사 지출을 자본화할 수 있는지?

(2) 회신

자산에서 발생하는 미래경제적효익이 유입될 가능성이 높다면, 인테리어 공사 지출을 자본화할 수 있음(제1040호 문단 16).

K-IFRS 제1016호 자산 인식요건을 충족하는 후속지출의 경우, 공정가치모형을 적용하는 투자부동산에서도 자본화해야 함(제1040호 문단 B40).
후속지출이 자본화된다면, K-IFRS 제1040호 문단 76(1)에 따라 이러한 사실을 공시해야 함.

6. 공용면적에 대한 유형자산/투자부동산 안분 계산

(1) 질의

회사 소유 빌딩의 일부 층을 자가사용하고 일부 층은 임대하여 해당 빌딩을 유형자산과 투자부동산으로 나누어야 하는 경우에 사용하는 전용 면적으로 전체 빌딩 가액을 안분하는지, 지하주차장 등 공용면적은 유형자산으로 분류하고, 매각 가능한 부분만 유형자산과 투자자산으로 안분하는지?

(2) 회신

무분별로 분리하여 매각할 수 있으면 각 부분을 분리하여 회계처리함(제1040호 문단 10).
특정 층이나 호수를 매각할 경우, 공용 사용면적도 매각대상에 포함된다면 공용 사용면적도 투자부동산과 유형자산으로 안분해야 함.

7. 공장 일부를 하청업체에 임대 시 투자부동산 여부

(1) 질의

회사는 공장 건물 중 일부를 제조 편의상 하청업체에 임대하고 별도의 임대수익을 인식, 하청업체는 회사의 원재료를 외주가공하고 있으며, 하청업체가 사용하는 공간은 무분별로 분리하여 매각(또는 금융리스로 제공)할 수 없음. 하청업체에 임대 부동산에 대하여 해당 면적을 투자부동산으로 분류해야 하는가?

(2) 회신

임대한 부분이 독립적으로 현금흐름을 창출하고, 직접 재화나 용역을 생산하거나 제공하는데 사용하고 있지 않다면 부분 임대한 부분은 투자부동산으로 분류하는 것이 적절함.
다만, 해당 부동산을 부분별로 분리하여 매각(또는 금융리스로 제공)할 수 있는 상황이 아니므로, 재화나 용역의 생산 또는 제공이나 관리목적에 사용하기 위하여 보유하는 부분이 경미한 경우가 아니라면 유형자산으로 분류함.

8. 원가모형을 적용하는 투자부동산의 손상검사 단위

(1) 질의

투자부동산에 대해 손상검사를 할 때, 투자부동산 내 개별 자산 별로 수행해야 하는지, 투자부동산 전체를 단위로 수행해야 하는지?

(2) 회신

자산손상 징후가 있다면 '개별 자산'별로 회수가능액을 추정함.
투자부동산은 기업이 보유하고 있는 다른 자산과는 거의 독립적으로 현금흐름을 창출함(제1040호 문단 7).
다만, 개별 자산의 회수가능액을 추정할 수 없다면 그 자산이 속하는 현금창출단위(독립적으로 현금유입을 창출하는 최소집단)의 회수가능액을 산정함(제1036호 문단 66, 67).

제 10 장

무형자산

무형자산은 물리적 실체는 없지만 식별가능한 비화폐성 자산으로서, 기업의 주된 영업활동에 사용되며 장기간에 걸쳐 경제적 효익을 제공하게 된다. 기준서 제1038호 「무형자산」에서는 매수기업결합에서 발생하는 영업권을 제외한 무형자산의 인식기준과 취득원가 및 상각에 관한 내용에 대해 자세히 언급하고 있다. 따라서 매수기업결합에서 발생하는 영업권의 회계처리는 기준서 제1103호 「사업결합」에 따라 회계처리한다.

1 의 미

무형자산은 재화의 생산이나 용역의 제공, 타인에 대한 임대 또는 관리에 사용할 목적으로 기업이 보유하고 있으며, 물리적 형체가 없지만 식별가능하고(식별가능성), 기업이 통제하고 있으며(자원에 대한 통제), 미래경제적효익이 있는(미래경제적효익의 존재) 비화폐성 자산을 말한다. 이렇듯 무형자산은 유형자산과 달리 물리적 실체가 없다는 것이 큰 차이점이라 할 수 있다.

2 인 식

(1) 일반적인 인식 조건

기업은 경제적 자원을 사용하거나 부채를 부담하여 과학적·기술적 지식, 새로운 공정이나 시스템의 설계와 실행, 라이선스, 지적재산권, 시장에 대한 지식과 상표 등의 무형자원을 취득, 개발, 유지하거나 개선하는 활동을 한다. 여기에 포함되는 예로는 컴퓨터소프트웨어(특정 소프트웨어가 있어야만 가동할 수 있는 기계장치의 경우 당해 소프트웨어는 유형자산으로 처리), 특허권, 저작권, 영화필름(특허권 등을 라이선스계약에 따라 리스이용자가 보유하는 권리는 무형자산으로 처리), 고객목록(외부로부터 매입한 고객목록은 무형자산), 모기지관리용역권(mortgage service rights), 어업권, 수입할당량, 프랜차이즈, 고객이나 공급자와의 관계, 고객충성도(customer loyalty), 시장점유율과 판매권(marketing rights) 등이 있다.

이러한 항목들이 무형자산으로 인식하기 위해서는 다음의 '1)'과 '2)' 조건을 모두 충족하여야 하며, 이같은 사실을 기업이 제시하여야 한다.

1) 무형자산의 정의 조건을 충족

① 식별가능성

자산은 다음 중 하나에 해당하는 경우에 식별가능하다.

> 가. 자산이 분리가능하다. 즉, 기업의 의도와는 무관하게 기업에서 분리하거나 분할할 수 있고, 개별적으로 또는 관련된 계약, 식별가능한 자산이나 부채와 함께 매각, 이전, 라이선스, 임대, 교환할 수 있다.
>
> 나. 자산이 계약상 권리 또는 기타 법적 권리로부터 발생한다. 이 경우 그러한 권리가 이전가능한지 여부 또는 기업이나 기타 권리와 의무에서 분리가능한지 여부는 고려하지 아니한다.

② 통제

무형자산의 미래경제적효익을 확보할 수 있고 그 효익에 대한 제삼자의 접근을 제한할 수 있다면 자산을 통제하고 있는 것이다. 무형자산의 미래경제적효익에 대한 통제는 일반적으로 법적 권리로부터 나오며, 법적 권리가 없는 경우에는 통제를 입증하기 어렵다. 그러나 다른 방법으로도 미래경제적효익을 통제할 수 있기 때문에 권리의 법적 집행가능성이 통제의 필요조건은 아니다.

기업은 고객구성이나 시장점유율에 근거하여 고객관계와 고객충성도를 잘 유지함으로써 고객이 계속하여 거래할 것이라고 기대할 수 있다. 그러나 그러한 고객관계나 고객충성도를 지속할 수 있는 법적 권리나 그것을 통제할 기타 방법이 없다면 일반적으로 고객관계나 고객충성도에서 창출될 미래경제적효익에 대해서는 그러한 항목(예: 고객구성, 시장점유율, 고객관계와 고객충성도)이 무형자산의 정의를 충족하기에 기업이 충분한 통제를 가지고 있지 않다. 그러나 고객관계를 보호할 법적 권리가 없는 경우에도 동일하거나 유사한 비계약적 고객관계를 교환하는 거래(사업결합 과정에서 발생한 것이 아닌)는 고객관계로부터 기대되는 미래경제적효익을 통제할 수 있다는 증거를 제공한다. 그러한 교환거래는 고객관계가 분리가능하다는 증거를 제공하므로 그러한 고객관계는 무형자산의 정의를 충족한다.

③ 미래경제적효익

무형자산의 미래경제적효익은 재화의 매출이나 용역수익, 원가절감 또는 자산의 사용에 따른 기타 효익의 형태로 발생한다.

2) 무형자산의 인식기준 조건을 충족

다음의 조건을 모두 충족하는 경우에만 무형자산을 인식한다.
① 자산에서 발생하는 미래경제적효익이 기업에 유입될 가능성이 높다.
② 자산의 취득원가를 신뢰성 있게 측정할 수 있다.

위의 '1)'과 '2)' 조건은 무형자산을 취득하거나 내부적으로 창출하기 위하여 최초로 발생한 원가와 취득이나 완성 후에 증가·대체·수선을 위하여 발생한 원가에 적용한다.

3) 법인세법상 감가상각대상

법인세법상 감가상각대상 무형자산은 다음에 해당하는 것을 말한다(법령 §24 ①).
① 영업권. 단, 합병 또는 분할로 인하여 합병법인 등이 계상한 영업권은 제외한다.
  영업권에는 다음의 금액이 포함된다(법칙 §12 ①).
  가. 사업의 양도·양수과정에서 양도·양수자산과는 별도로 양도사업에 관한 허가·인가 등 법률상의 지위, 사업상 편리한 지리적 여건, 영업상의 비법, 신용·명성·거래처 등 영업상의 이점 등을 감안하여 적절한 평가방법에 따라 유상으로 취득한 금액
  나. 설립인가, 특정사업면허, 사업의 개시 등과 관련하여 부담한 기금·입회금 등으로서 반환청구를 할 수 없는 금액과 기부금 등
② 디자인권, 실용신안권, 상표권
③ 특허권, 어업권, 해저광물자원개발법상 채취권, 유료도로관리권, 철도시설관리권, 수리권, 전기가스공급시설이용권, 공업용수도시설이용권, 수도시설이용권, 열공급시설이용권
④ 광업권, 전신전화전용시설이용권, 전용측선이용권, 하수종말처리장시설관리권, 수도시설관리권
⑤ 댐사용권
⑥ 개발비: 상업적인 생산 또는 사용 전에 재료·장치·제품·공정·시스템 또는 용역을 창출하거나 현저히 개선하기 위한 계획 또는 설계를 위하여 연구결과 또는 관련

지식을 적용하는데 발생하는 비용으로서 기업회계기준상 개발비 요건을 충족한 것 (산업기술연구조합육성법에 의한 산업기술연구조합의 조합원이 동 조합에 연구개발 및 연구시설 취득 등을 위하여 지출하는 금액 포함)

⑦ 사용수익기부자산가액: 금전 외의 자산을 국가 또는 지방자치단체, 법인세법 제24조 제2항 제4호부터 제7호까지의 규정에 따른 법인 또는 이 영 제36조 제1항 제1호에 따른 법인에게 기부한 후 그 자산을 사용하거나 그 자산으로부터 수익을 얻는 경우 당해 자산의 장부가액

⑧ 전파법 제14조의 규정에 의한 주파수이용권 및 항공법 제105조의2의 규정에 의한 공항시설관리권

⑨ 항만법 제16조에 따른 항만시설관리권

⑩ 그 밖에 ①부터 ⑨까지의 자산과 유사한 무형자산[연 단위로 신고한 내용연수(기업회계기준에 따른 내용연수)에 따라 매 사업연도별 경과월수에 비례하여 상각하는 방법을 납세지 관할 세무서장에게 신고하여야 하며 무신고시는 5년동안 매년 균등액을 상각하는 방법을 적용]

⑪ 법인이 직업운동선수와 전속계약을 체결하고 전속계약금을 지급하는 경우「법인세법」제40조에 따라 해당 계약금을 지급하는 날이 속하는 사업연도의 손금에 산입(서면법인-2590, 2021.6.30.)

(2) 개별취득 시 인식

1) 취득원가의 구성

무형자산을 최초로 인식할 때에는 원가로 측정한다.

개별 취득하는 무형자산의 취득원가는 다음 항목으로 구성된다(문단 27).

① 구입가격(매입할인과 리베이트를 차감하고 수입관세와 환급받을 수 없는 제세금을 포함)

② 자산을 의도한 목적에 사용할 수 있도록 준비하는데 직접 관련되는 원가[주]

   주) 직접 관련있는 원가의 예
   (1) 그 자산을 사용 가능한 상태로 만드는데 직접적으로 발생하는 종업원급여(기준서 제1019호의 정의 참조)
   (2) 그 자산을 사용 가능한 상태로 만드는데 직접적으로 발생하는 전문가 수수료
   (3) 그 자산이 적절하게 기능을 발휘하는지 검사하는데 발생하는 원가

2) 취득원가에 포함되지 않는 지출

무형자산 원가에 포함하지 않는 지출의 예는 다음과 같다(문단 29).

① 새로운 제품이나 용역의 홍보원가(광고와 판매촉진활동 원가를 포함)

② 새로운 지역에서 또는 새로운 계층의 고객을 대상으로 사업을 수행하는 데서 발생하는 원가(교육훈련비를 포함)

③ 관리원가와 기타 일반경비원가

(3) 사업결합으로 취득 시 인식

1) 일반기준

사업결합으로 취득하는 무형자산의 취득원가는 기준서 제1103호 「사업결합」에 따라 취득일의 공정가치로 한다.

2) 피취득자의 무형자산 인식

이 기준서와 기준서 제1103호에 따라 사업결합 전에 그 자산을 피취득자가 인식하였는지 여부에 관계없이 취득자는 취득일에 피취득자의 무형자산을 영업권과 분리하여 인식한다.

이것은 피취득자가 진행하고 있는 연구·개발 프로젝트가 무형자산의 정의를 충족한다면 취득자가 영업권과 분리하여 별도의 자산으로 인식하는 것을 의미한다.

피취득자가 진행하고 있는 연구·개발 프로젝트는 다음의 조건을 모두 충족할 경우 무형자산의 정의를 충족한다.

① 자산의 정의를 충족한다.

② 식별가능하다. 즉, 분리가능하거나 계약상 또는 기타 법적 권리에서 발생한다.

(4) 자산의 교환 시 인식

1) 원칙: 공정가치로 측정

다음 중 하나에 해당하는 경우를 제외하고는 공정가치로 측정한다(문단 45).

이때 공정가액은 교환으로 제공한 무형자산의 공정가치와 취득한 무형자산의 공정가치 중 더 명백한 금액을 적용하여 취득한 무형자산의 취득가액으로 처리한다.

① 교환거래에 상업적 실질[주]이 결여된 경우

　　주) 상업적 실질
　　　　교환거래의 결과 미래현금흐름이 얼마나 변동될 것인지를 고려하여 해당 교환거래에 상업적 실질이 있는지를 결정한다. 다음 '(1)' 또는 '(2)'에 해당하면서 '(3)'을 충족하는 경우에는 교환거래는 상업적 실질이 있다(문단 46).

(1) 취득한 자산과 관련된 현금흐름의 구성(위험, 유출입시기, 금액)이 제공한 자산과 관련된 현금 흐름의 구성과 다르다.

(2) 교환거래의 영향을 받는 영업부분의 기업특유가치가 교환거래로 인하여 변동한다.

(3) 위 '(1)'이나 '(2)'의 차이가 교환된 자산의 공정가치에 비하여 유의적이다.

교환거래에 상업적 실질이 있는지를 결정할 때 교환거래의 영향을 받는 영업부분의 기업특유 가치는 세후현금흐름을 반영하여야 한다.

② 취득한 자산과 제공한 자산의 공정가치를 둘 다 신뢰성 있게 측정할 수 없는 경우

교환거래에서 제공한 자산을 즉시 재무상태표에서 제거할 수 없더라도 취득한 자산은 위의 방법으로 측정한다.

2) 취득한 자산을 공정가치로 측정하지 않는 경우

제공한 자산의 장부금액으로 측정한다.

(5) 내부적으로 창출한 무형자산의 인식

1) 연구단계와 개발단계의 구분

내부적으로 창출한 무형자산이 인식기준을 충족하는지를 평가하기 위하여 무형자산의 창출과정을 연구단계와 개발단계로 구분한다. '연구'와 '개발'은 정의되어 있지만, '연구단계'와 '개발단계'라는 용어는 이 기준서의 목적상 더 넓은 의미를 갖는다(문단 52).

2) 연구단계와 개발단계로 구분할 수 없는 경우

무형자산을 창출하기 위한 내부 프로젝트를 연구단계와 개발단계로 구분할 수 없는 경우에는, 그 프로젝트에서 발생한 지출은 모두 연구단계에서 발생한 것으로 본다(문단 53).

3) 연구단계의 경우

연구(또는 내부 프로젝트의 연구단계)에서 발생하는 무형자산을 인식하지 않는다. 연구(또는 내부 프로젝트의 연구단계)에 대한 지출은 발생시점에 비용(연구비: 판매비와 관리비)으로 인식한다(문단 54).

연구활동의 예는 다음과 같다.

① 새로운 지식을 얻고자 하는 활동

② 연구결과나 기타 지식을 탐색, 평가, 최종 선택, 응용하는 활동

③ 재료, 장치, 제품, 공정, 시스템이나 용역에 대한 여러 가지 대체안을 탐색하는 활동

④ 새롭거나 개선된 재료, 장치, 제품, 공정, 시스템이나 용역에 대한 여러 가지 대체안을 제안, 설계, 평가, 최종 선택하는 활동

4) 개발단계의 경우

① 인식기준

다음 6가지 사항을 모두 제시할 수 있는 경우에만 개발활동(또는 내부 프로젝트의 개발 단계)에서 발생한 무형자산(개발비로 계상하며 개발활동 중 인식기준을 충족하지 못하는 비용은 경상개발비로 비용계상)을 인식한다(문단 57).

가. 무형자산을 사용하거나 판매하기 위해 그 자산을 완성할 수 있는 기술적 실현가 능성

나. 무형자산을 완성하여 사용하거나 판매하려는 기업의 의도(상업화 의도)

다. 무형자산을 사용하거나 판매할 수 있는 기업의 능력(상업화 능력)

라. 무형자산이 미래경제적효익을 창출하는 방법. 그중에서도 특히 무형자산의 산출 물이나 무형자산 자체를 거래하는 시장이 존재함을 제시할 수 있거나 또는 무형자 산을 내부적으로 사용할 것이라면 그 유용성을 제시할 수 있다.

마. 무형자산의 개발을 완료하고 그것을 판매하거나 사용하는데 필요한 기술적·재정 적 자원 등의 입수가능성

바. 개발과정에서 발생한 무형자산 관련 지출을 신뢰성 있게 측정할 수 있는 능력(원 가 측정의 신뢰성)

② 개발활동의 예

개발활동의 예는 다음과 같다.

가. 생산이나 사용 전의 시제품과 모형을 설계, 제작, 시험하는 활동

나. 새로운 기술과 관련된 공구, 지그, 주형, 금형 등을 설계하는 활동

다. 상업적 생산 목적으로 실현가능한 경제적 규모가 아닌 시험공장을 설계, 건설, 가 동하는 활동

라. 신규 또는 개선된 재료, 장치, 제품, 공정, 시스템이나 용역에 대하여 최종적으로 선정된 안을 설계, 제작, 시험하는 활동

③ 원가

내부적으로 창출한 무형자산의 원가는 상기 '①'의 인식기준을 최초로 충족시킨 이후에 발생한 지출금액의 합으로 한다. 이미 비용으로 인식한 지출은 무형자산의 원가로 인식할 수 없다(문단 65).

5) 내부적으로 창출된 무형자산의 원가에의 포함 여부 구분

① 포함되는 항목

내부적으로 창출한 무형자산의 원가는 그 자산의 창출, 제조 및 경영자가 의도하는 방식으로 운영될 수 있게 준비하는데 필요한 직접 관련된 모든 원가를 포함한다. 직접 관련된 원가의 예는 다음과 같다(문단 66).

    가. 무형자산의 창출에 사용되었거나 소비된 재료원가, 용역원가 등

    나. 무형자산의 창출을 위하여 발생한 종업원급여(기준서 제1019호의 정의 참조)

    다. 법적 권리를 등록하기 위한 수수료

    라. 무형자산의 창출에 사용된 특허권과 라이선스의 상각비

      기준서 제1023호는 내부적으로 창출한 무형자산의 취득원가를 구성하는 요소로서 이자를 인식하는 기준을 제시하고 있다.

② 포함되지 않는 항목

다음 항목은 내부적으로 창출한 무형자산의 원가에 포함하지 아니한다(문단 67).

    가. 판매비, 관리비 및 기타 일반 간접 지출. 다만, 자산을 의도한 용도로 사용할 수 있도록 준비하는데 직접 관련된 경우는 제외

    나. 자산이 계획된 성과를 달성하기 전에 발생한 명백한 비효율로 인한 손실과 초기 영업손실

    다. 자산을 운용하는 직원의 교육훈련과 관련된 지출

6) 웹 사이트 원가(web site costs)

① 기업회계

내부 또는 외부 접근을 위한 기업 자체의 웹 사이트의 개발과 운영에 대한 내부 지출에 대해서는 기업회계기준해석서 제2032호에서 규정하고 있다. 동 해석서에서는 이러한 웹 사이트를 내부적으로 창출된 무형자산으로 보며, 자체적으로 개발한 웹 사이트는 기준서 제

1038호에서 규정하는 일반적인 무형자산 인식기준을 충족하고 개발단계에서 발생한 지출이 무형자산으로 인식되기 위해서 갖추어야 할 상기 '4) ①'의 6가지 사항을 모두 제시할 수 있는 경우에만 무형자산으로 인식한다.

한편, 기업이 주로 자체의 재화와 용역의 판매촉진과 광고를 위해 웹 사이트를 개발한 경우에는 그 웹 사이트가 어떻게 미래경제적효익을 창출할지 제시할 수 없다. 따라서 이러한 웹 사이트 개발에 대한 모든 지출은 발생시점의 비용으로 인식한다.

기업회계상 소프트웨어는 다음과 같이 처리한다.

구 분	자산요건 충족		자산요건 미충족
	관련 유형자산의 일부^{주)}	그 외	
자가제조	유형자산	개발비	당기비용
외부구입	유형자산	컴퓨터소프트웨어	당기비용

주) 소프트웨어가 없으면 유형자산의 가동이 불가능한 경우

② 법인세법

소프트웨어 감가상각비가 판매비와관리비를 구성하는 경우에는 기구 및 비품으로 보아 [별표 5]의 내용연수를 적용하며, 새로운 소프트웨어·설비·기기 등을 구입하거나 사용 중인 소프트웨어를 version-up하는데 소요되는 금액은 자산(기구 및 비품)으로 계상하여야 한다.

또한 하드웨어 작동을 위한 시스템 소프트웨어는 하드웨어의 일부로 본다.

이때 개발비로 처리된 소프트웨어에 대하여는 법인세법에서도 이를 인정한다(서이-2068, 2005.12.14.).

홈페이지는 기구 및 비품으로 보아 [별표 5]의 내용연수를 적용하여 동 홈페이지가 정상적으로 가동되기 시작한 날부터 감가상각한다.

(6) 내부적으로 창출하였으나 자산으로 인식하지 않는 경우

① 내부적으로 창출한 영업권
   내부적으로 창출한 영업권은 원가를 신뢰성 있게 측정할 수 없고 기업이 통제하고 있는 식별가능한 자원이 아니기 때문에(즉, 분리가능하지 않고 계약상 또는 기타 법적 권리로부터 발생하지 않기 때문에) 자산으로 인식하지 아니한다.
② 내부적으로 창출한 브랜드, 제호, 출판표제, 고객목록과 이와 실질이 유사한 항목은 사업을 전체적으로 개발하는데 발생한 원가와 구별할 수 없으므로 무형자산으로 인식하지 아니한다(문단 64).

(7) 법인세법상 (연구)개발비

① (연구)개발비의 범위

상업적인 생산 또는 사용 전에 재료·장치·제품·공정·시스템 또는 용역을 창출하거나 현저히 개선하기 위한 계획 또는 설계를 위하여 연구결과 또는 관련지식을 적용하는데 발생한 비용으로서 기업회계기준에 따른 개발비 요건을 갖춘 것(산업기술연구조합육성법에 의한 산업기술연구조합의 조합원이 동 조합에 연구개발 및 연구시설 취득 등을 위하여 지출하는 금액을 포함)을 말한다(법령 §24 ① 2호 바목).

즉, 기업회계상 개발비와 일치하며, 개발비로 계상하지 않은 연구비(실제 개발비에 해당하는 금액을 연구비로 계상한 경우 포함)와 경상개발비는 무형자산이 아니므로 당기비용으로 손금처리된다.

② (연구)개발비의 처리

가. 연구비와 경상개발비(개발비 해당 금액을 연구비·경상개발비로 계상한 경우 포함) 당기손금

나. 개발비의 상각범위액 계산

무형자산에 해당되며, 관련 제품의 판매 또는 사용이 가능한 시점부터 20년의 범위에서 연단위로 신고한 내용연수에 따라 매 사업연도별 경과월수에 비례하여 상각한다. 만일 신고하지 아니한 경우에는 관련제품의 판매 또는 사용이 가능한 시점부터 5년동안 매년 균등액을 상각한다(법령 §26 ④).

법인세법 시행령 제24조 제1항 제2호 바목에 규정된 개발비의 감가상각방법에 대한 과세관청의 처리기준(법통 23-26…9)을 보면 대부분 기업회계와 일치하므로, 개발비와 관련하여 세무조정사항은 거의 발생하지 않을 것이다. 다만, 손상차손이 발생한 경우에는 차이가 발생하는데, 이를 요약하면 다음과 같다.

| 개발비 손상차손에 대한 처리 |

구 분	기업회계기준	법인세법	세무조정
자산성 완전상실[주]	손상차손 인식	당기손금 처리	비망금액(1,000원)을 손금불산입
자산성 부분상실	손상차손 인식	감가상각비로 보아 상각시부인	한도초과액을 손금불산입

주) 개발을 취소하고 자산성을 상실한 개발비를 결산상 전액 손실로 계상한 경우 손금으로 인정된다(법령 §71).

중점사항   **사례별 개발비 회계처리 및 과세문제**

1. 기업회계상 개발비 요건을 갖추지 못한 금액을 개발비로 계상한 경우

(1) 비용발생 사업연도

(차) 개발비	1,000	(대) 현금	1,000

주) 개발비 요건을 갖추지 못한 금액은 발생사업연도의 손금으로 처리해야 함.

• 손금산입 · 개발비 · 1,000 · △유보

(2) 이후 특정 사업연도에 내용연수 2년으로 감가상각

(차) 개발비상각	500	(대) 개발비	500

• 손금불산입 · 개발비 · 500 · 유보

(3) '(1)'의 경우 손금산입의 세무조정을 하지 않은 경우

① 2023년 개발비 요건을 구비하지 못한 금액을 개발비 계상

(차) 개발비	1,000	(대) 현금	1,000

• 손금산입의 세무조정을 하지 않음.

② 2024년 · 2025년에 개발비상각 계상

(차) 개발비상각	500	(대) 개발비	500

• 세무조정 없음.

③ 2026년에 세무조사 결과 '① · ②'가 적발됨.

가. 2023년 경정청구 실시하여 환급청구

손금산입 · 개발비 · 1,000 · △유보

나. 2024 · 2025년 수정신고대상으로 법인세 본세 및 가산세 추징

손금불산입 · 개발비 · 500 · 유보(양연도 동일)

주) 해당 사례의 경우 지출 당시의 손금으로 보아 지출연도의 법인세를 경정청구해야 하나, 경정청구 기간이 경과한 경우에는 개발비로 계상한 금액 전액이 손금인정되지 않는 문제가 발생하므로 기업회계상 개발비 요건 갖춘 금액만을 개발비로 처리하여야 하는 점을 주의하여여 함(조심 2020중8215, 2021.6.15.).

2. 기업회계상 개발비 요건을 갖춘 금액 1,000원을 당기 비용으로 계상한 경우

(1) 비용발생 사업연도

(차) 경상개발비	1,000	(대) 현금	1,000

> • 손금불산입 · 개발비 · 1,000 · 유보
>
> 주) 개발비 요건을 갖춘 경우에는 당기 비용으로 처리해서는 안되고 개발비로 자산처리하여야 하며, 이를 비용으로 계상 시는 즉시상각의제에 해당하여 당기 한도초과금액을 손금불산입 · 유보처분하고 추후 한도 내에서 손금산입 · 유보 추인함.
>
> (2) 관련 제품의 판매(사용가능) 사업연도
>
> 　신고 내용연수(무신고 시 5년)에 의한 상각범위액에 대해
>
> • 손금산입 · 개발비 · 유보
>
> (3) '(1)'의 경우 손금불산입의 세무조정을 하지 않은 경우
>
> 　① 2023년 개발비 요건을 구비한 금액을 비용으로 계상
>
> 　　(차) 경상개발비 　　　1,000　　(대) 현금 　　　　　1,000
>
> • 손금불산입의 세무조정을 하지 않음.
>
> 　② 판매 사업연도 2024년(신고는 2년)
>
> 　　• 세무조정 없음.
>
> 　③ 2026년에 세무조사 결과 '① · ②'가 적발됨.
>
> 　　가. 2023년 손금불산입에 의한 법인세 본세 및 가산세 추징
>
> 　　나. 2024 · 2025년 직권에 의한 경정청구로 손금산입
>
> 주) 기업회계상 개발비 요건을 갖추었음에도 불구하고 비용처리한 경우에는 자산취득에 소요된 금액을 비용계상한 것에 해당하는 것으로 감가상각시부인 대상이 되므로 기업회계상 개발비 요건을 갖춘 경우에는 반드시 개발비로 계상하여야 함(조심 2014서1288, 2016.10.31. ; 서울고법 2016누39766, 2017.5.31. ; 대법원 2017두52382, 2017.10.12.).

핵심예규

1. 기업회계기준상 개발비 요건 구비금액을 당기비용 회계처리 시

　상기 통칙에서는 기업회계기준상 개발비 요건을 구비하였다 하더라도 장부상 비용으로 계상한 경우에는 이를 당해 연도의 손금으로 인정된다 하였으나, 최근 고등법원의 판결에 의하면 기업회계기준상 개발비의 요건을 갖추었음이 분명한데도 이를 개발비로 계상하지 아니하고 비용처리한 경우에는 감가상각자산을 취득하기 위하여 지출한 금액을 손금으로 계상한 경우에 해당하므로 상각범위액 초과금액을 손금불산입하고 추후 사용가능 시점부터 손금으로 인정된다 판결하였다(서울고법 2016누39766, 2017.5.31. 및 대법원 2017두52382, 2017.10.12.).

2. 사용수익기간을 특정할 수 없는 경우

사용수익기부자산가액은 해당 자산의 사용수익기간(그 기간에 관한 특약이 없는 경우 신고내용연수)에 따라 균등하게 안분한 금액을 상각하는 것이나, 해당 자산의 사용수익기간에 관한 특약은 있으나 사용료에 연동되어 그 기간을 특정할 수 없는 경우에는 해당 사용료에 따라 확정되는 사용수익기간에 걸쳐 매년 지불한 사용료금액으로 상각하는 것임(기획재정부 법인-329, 2009.4.3.).

이는 국가에 기부채납한 재산을 사용·수익 허가받으면서 매년도의 공시지가로 산정한 연간 사용료의 합계가 해당 기부채납한 재산의 가액에 달하는 기간까지 사용·수익 허가받은 경우의 내용이다.

3 인식 후의 측정

무형자산의 회계정책으로 원가모형이나 재평가모형을 선택할 수 있다. 재평가모형을 적용하여 무형자산을 회계처리하는 경우에는 같은 분류의 기타 모든 자산도 그에 대한 활성시장이 없는 경우를 제외하고는 동일한 방법을 적용하여 회계처리한다(문단 72).

(1) 원가모형

최초인식 후에 무형자산은 원가에서 상각누계액과 손상차손누계액을 차감한 금액을 장부금액으로 한다.

> 장부금액=취득원가−상각누계액−손상차손누계액

(2) 재평가모형

1) 일반기준(활성시장이 존재하는 경우에만 재평가모형 적용 가능)

최초인식 후에 무형자산은 재평가일의 공정가치에서 이후의 상각누계액과 손상차손누계액을 차감한 재평가금액을 장부금액으로 한다. 이 기준서의 재평가목적상 공정가치는 활성시장을 기초로 하여 결정한다. 보고기간 말에 자산의 장부금액이 공정가치와 중요하게 차이가 나지 않도록 주기적으로 재평가를 실시한다(문단 75).

> 장부금액＝재평가일의 공정가치－상각누계액^{주)}－손상차손누계액

주) 상각누계액

무형자산을 재평가하는 경우에 재평가일의 상각누계액은 다음 중 하나로 처리한다(문단 80).

(1) 재평가 후의 자산의 장부금액이 재평가금액과 일치하도록 자산의 총장부금액의 변동에 비례하여 상각누계액을 수정한다.

(2) 상각누계액을 자산의 총장부금액에서 제거한 순액을 자산의 재평가금액으로 수정한다.

2) 활성시장이 없어서 재평가할 수 없는 경우

재평가한 무형자산과 같은 분류 내의 무형자산을 그 자산에 대한 활성시장이 없어서 재평가할 수 없는 경우에는 취득원가에서 상각누계액과 손상차손누계액을 차감한 금액으로 표시한다(문단 81).

> 장부금액＝취득원가－상각누계액－손상차손누계액

3) 장부금액이 재평가로 인하여 증가 시 회계처리

무형자산의 장부금액이 재평가로 인하여 증가된 경우에 그 증가액은 기타포괄손익으로 인식하고 재평가잉여금의 과목으로 자본에 가산한다. 그러나 그 증가액 중 그 자산에 대하여 이전에 당기손익으로 인식한 재평가감소에 해당하는 금액이 있다면 그 금액을 한도로 당기손익으로 인식한다(문단 85).

(차) 무형자산 ××× (대) 재평가잉여금 ×××
(기타포괄손익)

4) 장부금액이 재평가로 감소 시 회계처리

무형자산의 장부금액이 재평가로 인하여 감소된 경우에 그 감소액은 당기손익으로 인식한다. 그러나 감소액 중 그 자산에 대한 재평가잉여금 잔액이 있다면 그 금액을 한도로 재평가잉여금의 과목으로 기타포괄손익에 인식된다. 기타포괄손익으로 인식된 감소액은 재평가잉여금의 과목으로 자본에 누적되어 있는 금액을 줄인다(문단 86).

(차) 재평가손실 ××× (대) 무형자산 ×××
(기타비용)

4 상 각

(1) 의미

무형자산의 상각이란 유형자산과 마찬가지로 무형자산의 취득원가를 체계적이고 합리적인 방법으로 경제적 효익이 지속되는 동안에 배분하는 것을 말한다. 유형자산의 경우와 다른 점은 감가상각, '감가상각비'라는 용어 대신 상각, '무형자산상각비'라는 용어를 사용하며, 재무상태표에는 그 상각액을 당해 자산에서 직접 차감한 잔액으로 기재하는 직접법도 인정된다는 점이다.

(2) 내용연수

내용연수가 유한한 무형자산은 상각하고, 비한정인 무형자산은 상각하지 아니한다.

1) 내용연수 결정 요인

무형자산의 내용연수를 결정하기 위해서 다음과 같은 요인을 포함하여 종합적으로 고려한다.

① 기업이 예상하는 자산의 사용방식과 자산이 다른 경영진에 의하여 효율적으로 관리될 수 있는지 여부
② 자산의 일반적인 제품수명주기와 유사한 방식으로 사용되는 유사한 자산들의 내용연수 추정치에 관한 공개된 정보
③ 기술적, 공학적, 상업적 또는 기타 유형의 진부화
④ 자산이 운용되는 산업의 안정성과 자산으로부터 산출되는 제품이나 용역의 시장수요 변화
⑤ 기존 또는 잠재적인 경쟁자의 예상 전략
⑥ 예상되는 미래경제적효익의 획득에 필요한 자산 유지비용의 수준과 그 수준의 비용을 부담할 수 있는 능력과 의도
⑦ 자산의 통제가능 기간과 자산사용에 대한 법적 또는 이와 유사한 제한(예: 관련된 리스의 만기일)
⑧ 자산의 내용연수가 다른 자산의 내용연수에 의해 결정되는지의 여부

┤ 신속처리 질의·답변 ├

무형자산의 내용연수는 경제적 요인(경제적효익의 유입이 예상되는 기간)과 법적 요인(법적 계약기간)에 의해 결정된 기간 중 짧은 기간으로 정함.

2) 내용연수가 유한한 무형자산

① 상각기간

가. 상각시작

상각은 자산이 사용가능한 때부터 시작한다. 즉, 자산이 경영자가 의도하는 방식으로 운영할 수 있는 위치와 상태에 이르렀을 때(개발비의 경우 개발이 완료되어 그 신기술을 사용할 수 있게 된 시점부터 상각)부터 시작한다.

나. 상각중지

상각은 기준서 제1105호에 따라 자산이 매각예정으로 분류되는(또는 매각예정으로 분류되는 처분자산집단에 포함되는) 날과 자산이 재무상태표에서 제거되는 날 중 이른 날에 중지한다.

② 상각방법

무형자산의 상각방법은 자산의 경제적효익이 소비되는 형태를 반영한 방법이어야 한다.

　가. 소비되는 형태를 신뢰성 있게 결정할 수 있는 경우, 무형자산의 상각대상금액을 내용연수 동안 체계적으로 배분하기 위해 다양한 방법을 사용할 수 있다. 이러한 상각방법에는 정액법, 체감잔액법과 생산량비례법이 있다.

　나. 소비되는 형태를 신뢰성 있게 결정할 수 없는 경우 정액법을 사용한다.

상각방법은 미래경제적효익의 예상되는 소비형태가 변동하지 않는다면 매 회계기간에 일관성 있게 적용한다.

③ 상각액의 처리

가. 원칙

일반적으로 당기손익으로 인식한다.

나. 예외

자산에 내재된 미래경제적효익이 다른 자산의 생산에 소모되는 경우, 그 자산의 상각액은 다른 자산의 원가를 구성하여 장부금액에 포함한다. 예를 들면, 제조과정에서 사용된 무형자산의 상각은 재고자산의 장부금액에 포함한다.

④ 잔존가치

내용연수가 유한한 무형자산의 잔존가치는 다음의 '가.'와 '나.' 중 하나에 해당하는 경우를 제외하고는 영(0)으로 본다.

　가. 내용연수 종료 시점에 제3자가 자산을 구입하기로 한 약정이 있다.

　나. 무형자산의 활성시장이 있고, 다음을 모두 충족한다.

　　㉠ 잔존가치를 그 활성시장에 기초하여 결정할 수 있다.

　　㉡ 그러한 활성시장이 내용연수 종료시점에 존재할 가능성이 높다.

⑤ 법인세법상 무형자산의 내용연수[별표 3]

다음의 단일내용연수를 적용한다.

구 분	내용연수	무형자산
1	5년	영업권, 디자인권, 실용신안권, 상표권
2	7년	특허권
3	10년	어업권, 해저광물자원개발법에 의한 채취권(생산량비례법 선택 적용), 유료도로관리권, 수리권, 전기가스공급시설이용권, 공업용수도시설이용권, 수도시설이용권, 열공급시설이용권
4	20년	광업권(생산량비례법 선택 적용), 전신전화전용시설이용권, 전용측선이용권, 하수종말처리장시설관리권, 수도시설관리권
5	50년	댐사용권

⑥ 법인세법상 영업권의 평가금액

　가. 특수관계인이 아닌 제삼자 간에 일반적으로 거래된 영업권의 가격 및 감정평가법인이 영업권을 감정한 가액이 없는 점 등에 따라 특수관계인(대표이사 배우자가 운영하던 개인골프연습장)의 사업을 양수하면서 지급한 영업권금액에 대하여는 법인세법 시행령 제89조 제2항 제2호에 따른 보충적평가금액(상증법 제64조 제2호 및 동법 시행령 제59조 제2항에 따른 보충적평가금액을 말함)을 영업권의 시가로 보는 것이 타당하다고 보이는 점, 법인세 법령 및 상증법령 등에 청구법인이 합리적이라고 생각하는 방법으로 평가한 영업권가액도 시가로 볼 수 있다고 한 규정이 없는 점 등

에 비추어 처분청의 청구법인이 특수관계인으로부터 영업권을 시가보다 높은 가액으로 매입한 것으로 보아 부당행위계산부인 규정을 적용하여 익금산입하고 기타소득으로 처분한 것은 타당함. 또한 기타소득으로 처분되어 소득세법상 기타소득에 해당되는 금액에 대하여는 80%(현재는 60%)의 필요경비개산공제를 적용할 수 없는 것이다(조심 2019소3076, 2019.12.12.).

나. 청구법인인 A법인이 갑사업부를 B법인(A법인의 지분을 100% 보유하고 있는 *** 의 아들인 ***가 100% 지분을 보유하고 있음)에게 양도하면서 A법인은 갑사업부에 해당하는 영업권을 수령하지 않고 B법인에게 갑사업부를 양도한 건에 대해 과세관청은 영업권해당금액을 A법인에게 부당행위부인으로 익금산입하여 법인세를 과세하였고 B법인의 지배주주 ***에 대하여는 상증법 제45조의5 제1항에 따른 이익을 증여받은 것으로 보아 증여세를 과세하였음. 이 경우 영업권의 산출(상증법 제64조 및 동법 시행령 제59조 제2항 적용)에 있어 사업부문별 영업권을 평가하기 위해서는 각 사업부문별 자산·부채·손익의 명확한 구분경리가 전제되어야 할 것인데, 청구법인은 구분경리를 하였다고 보기 어려우므로 청구법인의 전체 영업권을 산정한 후 이를 양도부문과 기타부문의 최근 3년간 가중평균 매출액비율로 안분하는 것이 합리적이다(조심 2023부581, 2023.5.15. ; 조심 2008중3007, 2009.5.29.).

중점사항 **영업권계상 시 반영된 평가금액을 세법상 적절한 평가방법으로 인정한 판결**

다른 법인의 사업을 양수하면서 그 사업부의 기업가치평가를 외부의 전문가에게 의뢰하여 현금흐름할인법을 적용하여 산정된 기업가치평가보고서를 토대로 양도법인과의 협의 후에 결정된 양수도대금에서 양수사업부의 순자산가액을 초과한 금액을 영업권으로 계상한 경우 동 영업권이 법인세법상 인정되는 영업권에 해당하는지 여부(울산지법 2020 구합6024, 2021.9.9.)

1. 내용

　① A법인이 2012년 B법인으로부터 원자력발전 관련 사업부를 포괄적으로 양수하였음.

　② A법인은 증권회사에 양수사업부의 기업가치평가를 의뢰하였고 평가기관은 미래에 기대되는 현금흐름을 일정한 이자율로 할인하여 기업가치를 산정하는 현금흐름할인법을 적용하여 기업가치평가보고서를 작성하였고, A법인은 이를 기초로 하여 B법인과 양수도대가를 협의하여 양수도대가를 결정함.

　③ A법인은 양수도대가에서 양수사업부의 순자산가액(자산-부채)을 차감한 금액

을 영업권으로 계상하였으며, K-IFRS 적용 법인이어서 영업권의 상각은 하지 않고 2017년에 일부금액을 손상차손으로 계상함.

④ A법인의 세무조정

 • 2012년

   손금산입 · 영업권 · (-)유보

   익금산입 · 영업권 · 기타

 • 2017년

   손금불산입 영업권(손상차손해당액) 유보

⑤ A법인의 경정청구

   법인은 2017년에 2012년의 세무조정을 취소해달라는 경정청구를 제기하였으나 과세관청에서 이를 거부하였고 조세심판원에서도 기각결정됨.

2. 법원의 판결

법인세법 시행령 제24조 제1항 가목에 따른 영업권은 사업의 양수 · 양도 자산과는 별도로 양도사업에 관한 허가 · 인가 등 법률상의 지위, 사업상 편리한 지리적 여건, 영업상의 비법, 신용 · 명성 · 거래처 등 영업성의 이점 등을 고려하여 적절한 평가방법에 따라 유상으로 취득한 금액을 말한다고 동법 시행규칙 제12조 제1항 제1호에서 규정하고 있다. 이때 적절한 평가방법에 따라 유상으로 취득하는 금액이란 사업을 포괄적으로 양수하면서 영업상의 이점 등 시행규칙상 소정의 초과수익력의 원인이 되는 여러 요소를 감안하여 양도 · 양수하는 다른 자산에 대한 평가와는 별도의 적절한 평가방법에 따른 평가를 거친 후 유상으로 취득한 금액을 의미한다고 할 것이며, 이에 해당하는지 여부는 건전한 사회통념과 상관행에 비추어 정상적인 거래라고 인정될 수 있는 범위 내의 금액으로 양도 · 양수하는 사업의 실질적 내용에 따라 구체적으로 판단하여야 한다(대법원 2006두12722, 2008.11.13.). 이때 반드시 별도의 적극적인 초과수익력의 계산과정이 수반되어야 하는 것은 아니다(대법원 2017두54791, 2018.5.11.).

과세관청은 상기의 영업권가액은 단순히 원자력 사업부문의 기업가치를 평가한 후 양도기업과의 협의하에 취득대가를 산정하고 회계기준에 따라 취득대가에서 사업부문의 순자산가치 상당액을 차감한 것에 불과하고, 양도 대상 사업부문에 대한 가치평가와는 별도로 초과수익력이라는 무형의 재산적 가치를 평가하여 유상으로 지급하였다고 볼 수 없으므로 이를 세법상 영업권으로 볼 수 없다 주장하고 있다.

동 영업권을 세법상 영업권으로 볼 수 있는지 여부의 판단에 있어 쟁점은 원자력 사업부문에 관해 이루어진 기업가치평가를 실제 무형자산에 대한 사업상 가치를 평가한 것으로 볼 수 있는지 여부라 할 것이고 그와 같이 볼 수 있는 이상 세법상 감가상각자산인 영업권으로 인정할 수 있는 것이며, 무형적 자산에 대한 가치평가액의 계산은 양도 대상 사업의 사업적 가치, 즉 양수도대금으로 순자산가액을 공제한 금액으로 적절히 정하는 것이 가능하고 세법상 영업권으로 인정받기 위해서 반드시 별도의 적극적인 초과수익력 계산과정이 수반되어야 하는 것은 아니다.

세법상 영업권의 대가는 양도회사의 영업망, 신용도, 고용승계 등의 구체적인 항목에 따라 평가한 후 이를 산정함이 바람직할 것이나(실지로 양수법인은 양도법인의 사업에 관한 지적재산권, 고객정보, 영업비밀, 노하우, 기술정보 등을 장차 초과수익을 올릴 수 있는 무형의 재산적 가치로 인정하고 이를 양도대상 자산에 포함하였음), 이러한 무형적 가치에 대한 평가방법이 확인되어 있는 것이 아니어서 자산의 각 항목에 따라 사업상 가치를 평가하여 그 결과를 영업권가액으로 산정하는 것은 사실상 쉽지 아니하므로 양도회사가 가지는 여러 장점들을 전체로서 영업권으로 파악·평가를 하여도 기업거래 관행이나 회계원칙상 부당한 것으로 보이지 않는 점, 양 당사법인 간의 가액결정은 조세회피 등의 불법적인 목적이 있다는 점이 드러나지 않는 이상 보호되어야 할 것인 점, 양 당사법인이 특수관계를 해당하지 않으므로 특별한 사정이 없는 한 대등한 당사자로서 각 이익을 극대화하기 위하여 합리적인 의사결정을 할 것이므로 양수회사가 양도회사의 순자산가액을 초과하여 대가를 지급하였다면 그만큼의 기업가치가 있다고 판단하였을 것이라는 합리적인 추론이 가능한 점 등으로 상기의 영업권은 법인세법상 인정되는 영업권에 해당된다고 판결함.

3. 향후 상급법원의 판결에 따른 영향

상기 울산지법의 판결에서 사업부 양수 시 전문평가기관의 DCF법(현금흐름할인법)을 이용하여 산정한 기업가치를 기초로 양 법인이 합의한 양수도대가에서 순자산가액을 차감한 금액을 세법상 인정되는 영업권으로 인정(물론 다양한 전제 조건이 있음)하였다. 다만, 앞으로도 과세관청은 이를 영업권으로 인정하지 않을 것이므로 향후 동 사건에 대한 대법원의 판결이 어떻게 나오느냐에 따라 영업권인정 여부에 대한 많은 파장이 예상되므로 반드시 상급법원의 판결 내용을 주시하기 바람.

3) 내용연수가 비한정인 무형자산

내용연수가 비한정인 무형자산은 상각하지 아니한다.

단, 다음의 각 경우에 회수가능액과 장부금액을 비교하여 내용연수가 비한정인 무형자산의 손상검사를 수행하여야 한다.

① 매년. 이 경우에는 자산손상의 징후 여부에 관계없이 회수가능액을 추정해야 한다. 손상검사는 회계연도 중 매년 같은 시기에 하며, 서로 다른 무형자산에 대하여는 각기 다른 시점에서 손상검사를 할 수 있다.

② 무형자산의 손상을 시사하는 징후가 있을 때

내용연수가 비한정인 무형자산에 해당되는 것에는 상표권, 골프회원권 등이 있다.

중점사항 **골프회원권에 대한 회계처리**

골프회원권의 사용가치부분은 무형자산으로, 현금 등을 수취할 권리 또는 주주권 부분은 금융자산으로 인식한다.
1. 일정기간 경과 후 반환이 예정되어 있는 주주회원권은 예탁금의 현재가치를 금융상품으로, 잔여가액은 무형자산으로 분류한다.
2. 골프장 소유권과 이용권이 모두 포함된 주주회원권의 경우 주주권에 대한 대가는 금융자산으로, 잔여가액은 무형자산으로 분류한다.
3. 일정기간 경과 후 예탁금 반환을 요구할 수 있으나, 그 시가와 가능성이 매우 불확실한 예탁금 회원권의 경우 전체를 무형자산으로 구분한다.

---

4) 법인세법상 신고조정가능 무형자산

내용연수가 비한정인 무형자산에 해당하여 K-IFRS상 상각하지 않는 상표권, 방송권 등 및 K-IFRS 최초 적용 이전에 발생한 영업권에 대하여는 감가상각비를 신고조정에 의해 손금산입할 수 있다(법령 §24).

내용연수가 비한정인 무형자산은 무형자산(법령 §24 ① 2호 각 목) 중에서 다음의 하나에 해당하는 것을 말한다(법령 §24 ②, 법칙 §12 ②).

① "결산내용연수"(=감가상각비를 손비로 계상할 때 적용하는 내용연수)를 확정할 수 없는 것으로서 추가비용없이 갱신가능한 상표권 등 다음의 요건을 모두 갖춘 것을 말한다.

    가. 법령 또는 계약에 따른 권리로부터 발생하는 무형자산으로서 법령 또는 계약에 따른 사용기간이 무한하거나, 무한하지 아니하더라도 취득가액의 10% 미만의 비용으로 그 사용기간을 갱신할 수 있을 것

    나. 한국채택국제회계기준에 따라 내용연수가 비한정인 무형자산으로 분류될 것

    다. 결산을 확정할 때 해당 무형자산에 대한 감가상각비를 계상하지 아니할 것

② 한국채택국제회계기준을 최초로 적용하는 사업연도 전에 취득한 영업권

국제회계기준 적용법인이 국제회계기준 적용 이후 사업양수도로 취득한 영업권(본 건은 개인 사업체를 사업포괄양수도 방식으로 발생된 영업권을 말함)은 신고조정으로 손금산입

이 가능한 법인세법 제23조 제2항에 따른 내용연수 비한정 무형고정자산(개별적으로 식별 가능해야 함)에 해당하지 않으므로 장부상 계상되어 있는 영업권에 대하여 신고조정으로 손금산입을 할 수 없다(조심 2020서30, 2020.6.17.).

5 손상차손

(1) 손상차손의 인식

무형자산도 기준서 제1036호「자산손상」회계처리를 준용하여 손상차손을 인식한다.

(2) 손상차손의 인식시점

1) 매년

① 내용연수가 비한정인 무형자산
② 아직 사용할 수 없는 무형자산(개발이 완료되지 않은 프로젝트 관련 개발비)
③ 사업결합으로 취득한 영업권

2) 자산손상의 징후가 발생하는 시점

'1)' 이외의 무형자산

(3) 손상차손 및 손상차손환입의 처리

손상차손＝자산의 장부금액－회수가능액
손상차손환입＝회수가능액－자산의 장부금액
회수가능액＝Max(순공정가치, 사용가치)
환입한도액＝Min(회수가능액, 손상차손을 인식하지 않았다면 계상되었을 기말장부금액)

(4) 손상차손 인식 후 상각방법

원가모형을 적용하든 재평가모형을 적용하든 관계없이 무형자산에 대해서 손상차손 또는 손상차손환입을 인식한 후에는 수정된 장부금액에서 잔존가치를 차감한 금액에 기초하여 잔여내용연수에 걸쳐 감가상각을 한다. 이러한 회계처리는 회계추정의 변경에 해당되며 전진법으로 처리한다.

6 제약·바이오 기업의 연구개발비 회계처리 관련 감독지침
(금융감독원, 2018.9.19.)

(1) 감독지침의 성격

① 국제회계기준의 합리적인 해석범위 내에서 감독업무의 구체적 지침을 마련하였다. 이를 관련 업계와 공유하여 시장의 불확실성을 해소하기 위한 것으로서, 새로운 회계기준이나 기준 해석이 아니다.

② 회사는 개별 상황에 따라 합리적인 이유를 근거로 동 지침과 달리 판단하여 회계처리할 수 있다.

(2) 제약·바이오 연구개발비의 자산화 관련

1) 기술적 실현가능성 판단

① 약품유형별로 각 개발단계^{주)}의 특성과 해당 단계로부터 정부 최종 판매 승인까지 이어질 수 있는 객관적 확률통계 등을 감안하여 개발비의 자산화가 가능해지는(즉, 기술적 실현가능성이 있다고 볼 수 있는) 단계를 설정

주) 후보물질 발굴 → 전임상시험 → 임상 1상 → 2상 → 3상 → 정부 승인 신청

| 약품유형별 연구개발비의 자산화가 가능한 단계 |

유형	자산화 가능 단계	설정근거
신약	임상 3상 개시 승인	• 장기간 다수의 환자를 대상으로 시험약의 안전성·약효에 대한 검증을 거치지 않은 상태(임상 3상 개시 승인 이전)에는 일반적으로 자산가치의 객관적 입증이 어려울 것으로 판단됨. • 美 제약·바이오업계 통계에 따르면 최근 10년간 임상 3상 개시 승인 이후 정부 최종 승인율이 약 50%
바이오시밀러	임상 1상 개시 승인	• 정부가 오리지널약과의 유사성 검증자료를 확인하지 않은 상태(임상 1상 개시 승인 이전)에서는 일반적으로 자산가치의 객관적 입증이 어려울 것으로 판단됨. • 美 연구결과, 임상 1상 개시 승인 이후 최종 승인율 약 60%
제네릭	생동성시험* 계획 승인 * 오리지널 약품과 생체이용률이 통계적으로 동등한지 검증	정부가 오리지널약과의 화학적 동등성 검증자료를 확인하지 않은 상태에서는 일반적으로 자산가치의 객관적 입증이 어려울 것으로 판단됨.

유형	자산화 가능 단계	설정근거
진단시약	제품 검증 (허가신청, 외부임상신청 등)	외부의 객관적인 제품검증이 없는 상태에서는 일반적으로 자산가치의 객관적 입증이 어려울 것으로 판단됨.

② 회사는 상기 기준에 따라 자산으로 인식하는 경우, 기술적 실현 가능성 판단에 필요한 객관적 증빙 자료를 제시

③ 상기 기준 전 단계에서 연구개발비를 자산으로 인식한 경우에는 감리 과정에서 회사의 주장과 논거를 더욱 면밀히 검토

　예: 기술이전(license-out) 계약을 체결한 경우 진성거래 여부, 이행가능성 등을 점검

2) 원가측정의 신뢰성 확보

① 회사는 프로젝트별 투입 원가를 신뢰성 있게 측정하고, 그중 개발활동과 직접 관련있는 원가만 자산으로 계상해야 함.

　- 프로젝트별 투입된 재료비, 노무비, 외주비 등을 개발단계별로 구별하여 집계

② 개발비와 연구비가 혼재되어 구분이 어려운 경우에는 전액 비용으로 인식

3) 상업화 가능성 확인 및 손상 평가

① 회사는 무형자산의 상업화 의도와 능력 및 이에 필요한 기술·재정적 자원입수 가능성을 합리적으로 제시해야 함.

　- 심사·감리 과정에서는 사업계획 등을 통해 확인 가능

② 개발비를 자산으로 인식한 후에는 손상 관련 회계기준에 따라 그 자산에서 얻게 될 미래 경제적 효익을 평가 → 그 초과분은 손상으로 인식하고 이후 추가 지출액은 비용 처리

(3) 주석 공시

회사는 연구개발비를 자산화한 금액을 개발단계별로 재무제표에 아래 양식에 맞게 주석으로 공시 → 심사·감리 과정에서 중점 확인

연구개발비 자산화 금액 주석 공시 양식

| 분류 | 단계 | 구분 | 개별 자산명 | 자산화한 연구개발비 금액(누계액) | | | | | | 연구개발비 | | 잔여 상각 기간 |
				前 임상	임상 1상	임상 2상	임상 3상	판매 승인	계	장부 금액	손상차손 누계액	
개발비	개발 완료	개량 신약	○○○				×××		×××	×××		×년
			△△△				×××		×××	×××		
		소계					×××		×××	×××		
	개발 중	신약	◇◇◇				×××		×××	×××		–
		바이오 시밀러	☆☆☆		×××							–
		소계			×××							
…	…	합계		×××	×××		×××		×××	×××	×××	

가. ○○○은 … 질환 통합 치료가 가능한 제품으로 201×년 판매승인 후 현재 발매 중입니다.

나. △△△은 … 치료제로서 201×년 계약을 통해 기술이전을 완료하였습니다.

다. ◇◇◇은 … 신약 개발 프로젝트이며, 현재 임상 3단계로 201×년 허가를 목표로 하고 있습니다.

라. ☆☆☆은 …을 치료하는 바이오시밀러를 개발하는 프로젝트이며, 기술이전을 목표로 하고 있습니다.

중점사항   **2022.9.23. 추가 회계처리 감독지침**

1. 개발비 자산화 회계처리
   (1) 임상 승인 신청 前 지출
   ① (쟁점) 임상 1상 개시 승인 前의 개발 관련 先지출에 대한 자산화 가능 여부*
   * 기존 감독지침('18.9월)을 통해, 원칙적으로 임상 1상 개시 승인 이후 개발 관련 지출은 자산화를 허용하였으나, 1상 개시 승인 前의 지출을 자산화할 수 있는지에 대해서는 여전히 혼란이 있었음.

| 약품유형별 연구개발비의 자산화 가능 단계〔제약 · 바이오 감독지침(2018.9.19.)〕|

유형	자산화 가능	설정근거
신약	임상 3상 개시 승인	• 장기간 다수 환자를 대상으로 시험약의 안전성 · 약효에 대한 검증을 거치지 않은 상태(임상 3상 개시 승인 이전)에는 일반적으로 자산가치의 객관적 입증이 어려울 것으로 판단 • 최근 10년간 임상 3상 개시 승인 이후 정부 최종 승인율이 약 50%(美 제약 · 바이오 업계 통계)
바이오 시밀러	임상 1상 개시 승인	• 정부가 오리지널약과의 유사성 검증자료를 확인하지 않은 상태(임상 1상 개시 승인 이전)에서는 일반적으로 자산가치의 객관적 입증이 어려울 것으로 판단됨. • 美 연구결과, 임상 1상 개시 승인 이후 최종 승인율 약 60%

② (안내사항) 회사가 기술적 실현가능성을 임상 1상 개시 승인 前에 객관적으로 제시하는 경우에는 임상 1상 개시 승인 前의 지출(예: 임상물질의 구매 · 생산 원가 등)도 자산화 가능

참고 기술적 실현가능성을 제시하는 객관적 근거로 볼 수 있는 경우의 예시

❶ 회사가 기술적으로 매우 유사한 임상 개발 사례를 가지고 있으며, 매우 높은 확률의 임상 개시 승인 경험을 제시하는 경우

❷ 이미 다른 국가에서 임상 1상 개시 승인이 되었고, 동 국가에서의 심사기준과 유의적인 차이가 없다는 근거를 제시할 수 있는 경우

❸ 임상 1상 개시 승인 전이지만, 그 기술적 실현가능성을 제3의 외부 전문가 의견이나 공신력 있는 분석을 통해 제시할 수 있는 경우

기존 감독지침에서 임상 1상 개시 승인을 개발비 자산화 가능단계로 본 것은, 적어도 신약 당국의 임상 1상 개시 승인은 있어야 개발활동의 '기술적 실현가능성'을 제시할 수 있다고 보았기 때문임.

※ 기존 감독지침(금융위원회, '18.9.19.)에 따라 임상 3상 개시 등*을 기준으로 자산화하는 경우에도, 동 지침을 임상 3상 개시 등 승인 신청 前 지출에 대한 자산화 여부 판단에 적용 가능
  * (1) 신약: 임상 3상 개시 승인
    (2) 제네릭: 생동성시험 계획 승인
    (3) 진단시약: 제품 검증

(2) 개발 완료된 의약품의 다른 시장 판매허가를 위한 지출
  ① (쟁점) 개발이 완료되어 이미 특정 국가에서 판매되고 있는 의약품에 대해, 다른 국가에서의 추가 판매 승인을 위한 필수절차 진행 과정에서 발생한 지출의 자산화 가능 여부

② (안내사항) 특정 국가에서 판매 중이더라도, 해당 지출이 또 다른 국가의 판매 승인을 위한 개발활동에 투입된 것이라면 개발비로 자산화 가능*

  * 1038.BC86: ❶ 최초에 평가된 성과기준을 초과하여 자산으로부터 미래경제적효익을 창출하게 할 가능성이 높고, ❷ 신뢰성 있게 측정가능할 경우 후속지출을 무형자산의 장부금액에 가산

이때, 판매 운송과 관련된 원가(물류비 등)도 자산을 의도한 용도로 사용하는데 직접 관련된 경우 개발비에 포함될 수 있음.

다만, 판매 승인을 목적으로 수행하는 운송밸리데이션이 기존 제품에 연속되는 추가 개발*인지, 아니면 새로운 개발*이나 연구**인지는 별도의 판단이 필요함.

  * 개발활동: 상업적인 생산이나 사용 전에 연구결과나 관련 지식을 새롭거나 현저히 개량된 재료, 장치, 제품, 공정, 시스템이나 용역의 생산을 위한 계획이나 설계에 적용하는 활동을 의미(→ 개발비(자산) 인식 가능)

  ** 연구활동: 새로운 과학적·기술적 지식이나 이해를 얻기 위해 수행하는 독창적이고 계획적인 탐구활동(→ 비용 처리)

한편, 다른 국가에서의 판매 승인을 위한 개발활동이 아님이 명백한 경우 등 무형자산의 인식기준*을 충족하지 않는다면 발생 시 비용 처리

  * 기술적 실현가능성, 사용·판매하려는 기업의 의도와 능력, 미래경제적효익을 창출하는 방법, 기술적·재정적 자원의 입수 가능성을 모두 제시하는 경우에만 무형자산을 인식

(3) 연구활동과 개발활동의 구분 및 개발활동에 재고자산을 사용한 경우

① (쟁점) 기업이 의약품 등의 필수 개발 과정에 자사 보유 재고자산을 투입·사용한 경우, 동 재고자산의 개발비 자산화 가능 여부

② (안내사항) 개발과제로 선정된 최종안을 시험하는 활동에서 재고자산을 사용한 경우에는 다음을 고려하여 회계처리

무형자산 창출에 사용된 재료원가(재고자산 등)도 경영진이 의도한 방식으로 운영되도록 준비하는데 필요한 직접 관련 원가로서 개발비에 포함될 수 있음.

다만, 이 경우 재고자산의 순실현가능가치*와 장부금액 중 적은 금액으로 평가한 금액을 개발비(무형자산)로 대체

  * 순실현가능가치 = 예상판매가격 − 추가 예상 완성원가 − 판매비용

재고자산이 판매불가능하여 감액하였고 여전히 판매 불가능 상태라면, 재고자산을 감액했던 원인이 해소된 것이 아니므로 재고자산평가손실을 환입한 금액을 개발비로 처리할 수 없음.

한편, 선정된 최종안을 시험하는 운송밸리데이션*과 같은 활동이 의약품 판매 승인을 위한 필수절차인 운송 검증과정이라면 개발활동에 포함될 수 있음.

> * 운송밸리데이션: 의약품 개발에 중요한 밸리데이션 과정의 일환으로, 운송과정에서 의약품의 품질이 계획한 대로 일관되게 유지되는지 검증하기 위한 필수 절차

다만, 개발활동이 완료된 후, 단순 물류비 절감 목적 등으로 이용하던 운송수단을 변경·대체하는 과정에서 수행된 운송밸리데이션은 일반적으로 무형자산의 정의를 충족하지 않음(자산 인식 불가).

> ※ 기업은 의약품 판매승인을 위한 필수 절차로 다양한 유형의 밸리데이션(validation)을 수행하며, 그중 하나가 운송밸리데이션임. → 동 지침을 기타 유사한 밸리데이션에도 적용 가능

2. 기술이전(라이선스 아웃) 시 수익인식 방법

① (쟁점) 라이선스 매각과 그 밖의 부대조건*이 결합되어 있는 기술이전(라이선스 아웃)의 경우, 라이선스 매각에 대한 수익을 그 밖의 부대조건과 구분하여 먼저 수익으로 인식할 수 있는지 여부

> * 함께 제공하는 임상시험 용역 등

② (안내사항) 다음의 ❶과 ❷를 모두 충족한다면 그 밖의 부대조건과 별개로 라이선스 매각시점에 매각대가를 먼저 수익으로 인식 가능*

> * 회사(licensor)가 라이선스를 부여한 시점에 기술이전을 받은 기업(licensee)에게 라이선스를 사용할 수 있는 권리(사용권)를 이전한 경우

[참고] 라이선스 매각과 그 밖의 부대조건을 구분할 수 있는 요건
(❶과 ❷ 모두 충족)

❶ 임상용역을 회사(licensor)뿐 아니라, 제3자도 기술적으로 문제없이 수행할 수 있어서, 기술이전을 받은 기업(licensee)이 임상시험 용역과 별도로 라이선스의 효익을 누릴 수 있는 경우*

> * 예: B사(licensee)는 반드시 A사(licensor)가 아니더라도 제3의 임상시험 대행기관을 쉽게 활용할 수 있는 경우

❷ 임상용역이 목표 시장 內 판매 허가 획득을 위한 의약품의 효과·안전성 등의 확신을 제공하는 절차일 뿐 성분 자체에 대한 유의적인 변형을 가져오지 않는 경우*

> * 예: 다른 국가에서 시판 중인 의약품에 대한 임상시험인 경우

이때, 그 밖의 부대조건(라이선스 매각분 外)은 라이선스의 수익인식과 별개로 판단하여, 향후 고객에게 재화·용역을 이전하여 수행의무를 이행할 때(또는 기간에 걸쳐 이행하는 대로) 수익으로 인식

한편, 위의 ❶ 또는 ❷를 미충족하는 경우에는 라이선스 매각분만 별개로 수익을 인식할 수 없음.

– 이 경우는 라이선스 매각과 그 밖의 부대조건(임상시험 용역 등)을 하나로 보아 고객에게 단일의 수행의무가 언제 이행되는지를 판단하여 그 의무를 이행할 때 (또는 기간에 걸쳐 이행하는 대로) 수익인식

> **참고** 라이선스 매각과 그 밖의 부대조건을 구분할 수 없는 경우의 예시
>
> ❶ 회사(licensee)가 임상용역을 수행하는 과정에서 대상 의약품이 유의적으로 변형될 것으로 기술이전을 받은 기업(고객, licensee)이 기대하는 경우
>
> ❷ 통상 前임상단계와 같은 연구·개발 초기 단계*에 수행되는 용역으로서 최종 임상용 의약품을 변형시키는 경우
>
> * 의약품의 구조·제형 등이 확정되기 전으로서, 비임상시험 단계(예: 독성시험)를 의미
>
> – 단, 임상의 진행단계 또는 의약품의 성격 등 상황에 따라서 용역 등이 최종 임상용 의약품을 변형시키는 정도는 다를 수 있음.
>
> ❸ 임상시험이 실패하면, 회사(licensee)가 라이선스 제공 대상(후보물질)을 유의적으로 변형해야 하고 양자 간 그러한 기대가 있는 경우
>
> ※ 대가의 환불 가능성은 계약대가의 추정(변동대가) 시 고려할 뿐, 수행의무 판단과는 무관

3. 판매권 등 무형자산 매각손익의 손익계산서 표시

① (쟁점) 무형자산(예: 특허권, 라이선스)을 타기업에 양도하면서 발생된 손익(순매각대가와 장부금액의 차이)의 회계처리 방법

② (안내사항) 주된 영업활동이 무엇인지에 대한 판단이 선행되어야 하며, 주된 영업활동과 관련하여 발생한 손익이라면 영업손익임.

특정 거래가 1회성 사건이라는 사실만으로 '주된 영업활동이 아니다'라고 단정할 수는 없으며, 다음을 종합적으로 고려하여 판단

> **참고** 무형자산 매각 관련 주된 영업활동 판단 시 고려 가능한 지표의 예시
>
> ❶ 정관에 기업의 주된 사업목적으로 구체적 적시가 되어 있는 경우
>
> ❷ 무형자산 매각이 외부에 알려진(예: 영업보고서, IR자료 등) 기업의 주된 사업목적과 일관되는 경우
>
> ❸ 무형자산 매각과 관련된 조직·인력, 향후 사업 계획 등이 주된 영업으로 파악할 수 있을 정도로 충분한 경우

③ 무형자산 매각이 주된 영업활동에 해당한다면 매각손익을 영업손익으로 분류하며, 주된 영업활동에 해당하지 않는다면 매각손익을 영업외손익으로 분류

예를 들어, 종속기업(관계기업) 투자주식의 처분을 통한 투자손익도 지주회사의 주된 영업활동에 해당한다고 명백히 판단된다면 해당 손익을 영업손익에 포함 가능

> **참고** 　영업손익 분류의 예시
>
> ❶ 유가증권처분손익은 제조회사의 경우 일반적으로 영업외손익으로 분류되나, 금융회사의 경우 영업손익으로 분류
> ❷ 지분법손익도 제조회사의 경우 일반적으로 영업외손익으로 분류되나, 지분법적용투자주식에 투자를 주된 영업으로 하는 창업투자회사 등의 경우 영업손익으로 분류

신속처리 질의·답변

무형자산

1. 라이선스 재계약 시 회계처리

(1) 질의

회사는 X1년 초 A사와 IP 라이선스 계약체결을 함. 계약에 따라 회사는 계약체결 후 3년간 라이선스를 사용할 수 있는 권리를 갖게 되어, 해당 라이선스를 3년에 걸쳐 상각하기로 함. 그 후 X3년 초에 기존 계약을 포괄하여 라이선스 사용권리 범위가 넓어진 새로운 계약으로 변경하였으며, 회사는 변경된 계약을 기존 계약과 구별되는 별도의 계약으로 보지 않았음. 회사가 새로운 계약으로 변경 후 4년간 라이선스를 사용할 수 있는 권리를 갖게 되었다면, 이때 상각비 회계처리는?

(2) 회신

무형자산은 예상사용기간과 계약상 권리 및 법적 권리의 기간 중 짧은 기간에 걸쳐 상각함(제1038호 문단 94).

새로운 계약에 따라 무형자산에서 유입될 것으로 기대되는 미래경제적효익이 획득되는 기간이 변경되었고, 예상사용기간이 계약상 권리와 동일하다면 X3년에 무형자산의 상각기간을 4년으로 변경하여 회계처리 함.

예를 들어, 기존 계약의 무형자산 취득원가가 300원이고 새로운 계약 체결 시 추가로 360원을 지급하였다면, X3년의 상각비는 115원*으로 회계처리 함.

* 장부금액: 기존 계약 잔존가치 100원 + 추가 지급액 360원 = 460원
　×3년 상각비: 460원 ÷ 4년 = 115원

2. 홈페이지 제작비용 무형자산 여부

(1) 질의

회사의 홈페이지를 통해 주문접수 등은 하지 않고 대내외적으로 이미지 제고 등을 위한 목적으로 홈페이지 제작을 하였음. 홈페이지 제작을 외주업체에 의뢰하여 지급하게 될 대금에 대한 회계처리는? (무형자산 또는 비용 처리)

(2) 회신

K-IFRS 제1038호 문단 29(1)에서는 새로운 제품이나 용역의 홍보원가*는 무형자산의 원가에 포함하지 않는 지출의 예로 명시함.

* 광고와 판매촉진활동 원가를 포함

또 K-IFRS 제2032호 문단 8에 따르면 기업이 주로 자체의 재화와 용역의 판매촉진과 광고를 위해 웹 사이트를 개발한 경우에는 그 웹 사이트가 어떻게 미래경제적효익을 창출할지를 제시할 수 없어 이러한 웹 사이트 개발에 대한 모든 지출은 발생시점에 비용으로 인식하도록 함.

따라서 홈페이지 제작이 회사의 이미지 제고 목적이라면, 제작 외주비도 비용으로 회계처리함.

3. 외부 위탁개발 브랜드의 무형자산 인식

(1) 질의

회사는 브랜드 개발계획을 수립하고, 외부 용역업체와 계약하여 BI(brand identity) 등을 개발한 후 회사가 상표권을 등록했음. 이 과정에서 외부 용역업체에 지급한 용역비를 개별취득 무형자산이나 자본화가 가능한 무형자산으로 인식할 수 있는지?

(2) 회신

질의의 브랜드는 개별취득 무형자산이 아닌 내부창출 브랜드이므로 무형자산으로 인식할 수 없음.

내부적으로 창출한 브랜드는 사업을 전체적으로 개발하는데 발생한 원가와 구분할 수 없으므로 무형자산으로 인식할 수 없음(제1038호 문단 63, 64).

다만, 상표권 출원 및 등록 원가는 무형자산의 정의와 인식기준을 모두 충족한다면 무형자산으로 인식 가능함.

4. 상표권 관련 지출의 회계처리

(1) 질의

회사가 상표권 출원 및 등록과 관련하여 법률수수료를 지출한 경우, 이를 무형자산으로 인식할 수 있는가?

(2) 회신

해당 상표권이 무형자산의 정의와 인식조건을 모두 충족하는 경우, 법률수수료가 무형자산과 직접 관련된다면 무형자산의 원가를 구성함.

무형자산의 정의를 충족하려면 식별가능성, 통제, 미래경제적효익이 존재해야 하는데(제1038호 문단 10), 상표권은 법적 권리에 해당하므로 식별가능하고(제1038호 문단 12(2)), 법률에 따라 상표권 등록자의 독립적 권리가 보장되어 통제할 수 있으나(제1038호 문단 13) 미래경제적효익의 존재에 대해서는 사실판단 사항에 해당함.

지출된 법률수수료가 무형자산을 의도한 목적에 사용할 수 있도록 준비하는데 직접 관련된다면 무형자산의 원가에 해당함.

5. 무형자산의 내용연수는 경제적 요인(경제적효익의 유입이 예상되는 기간)과 법적 요인(법적계약기간)에 의해 결정된 기간 중 짧은 기간으로 정함.

6. 이미 인식한 비용의 무형자산 대체 여부

(1) 질의

회사는 국책연구에 연구개발 목적으로 투자금을 지급하여 '통상실시권'을 확보하였으나 이를 비용으로 인식함. 이후 국책기관과 양도계약체결 후 해당 기술에 대한 '독점실시권'을 갖게 됨. 해당 기술개발과 관련하여 이미 인식한 비용을 무형자산으로 대체할 수 있는가?

(2) 회신

기술개발 과정에서 이미 비용으로 인식한 무형항목에 대한 지출은 그 이후에 무형자산의 원가로 인식할 수 없음(제1038호 문단 71).

7. 영업용 번호판 취득 회계처리

(1) 질의

회사는 영업용 화물차의 운행을 위해 영업용 번호판을 취득함. 해당 번호판은 화물 운송 영업을 할 수 있는 권리를 포함함. 영업용 번호판 취득 시 회계처리는?

(2) 회신

화물 운송영업을 할 수 있는 권리가 K – IFRS 제1038호 무형자산의 정의와 인식기준을 충족한다면 무형자산으로 회계처리 함(제1038호 문단 8, 18).

8. 지식재산권 소송비용 회계처리

(1) 질의

게임회사가 지식재산권을 취득하고 무형자산으로 인식함. 해당 지식재산권의 소유권 분쟁 소송이 발생하여 법률수수료를 지출한 경우, 법률수수료를 무형자산으로 인식할 수 있는지?

(2) 회신

소유권 분쟁 소송으로 법률수수료를 지출했다면 이는 미래경제적효익의 증가와는 무관하게 단순히 기존 무형자산이 갖는 기대 미래경제적효익을 유지하는 것과 관련된 지출에 해당하므로 발생시점에 당기손익으로 인식함(제1038호 문단 20).

제11장

사업결합

1 의 의

사업결합이란 '취득자가 하나 이상의 사업에 대한 지배력을 획득하는 거래나 그 밖의 사건'을 말한다. 실무적으로는 흔히 인수·합병(M&A: Merger and Acquisition)이라고 부르는 것으로서 기업회계기준서(이하 "기준서"라고 함) 제1103호 「사업결합」에서는 인수·합병이라는 용어 대신에 사업결합이라는 용어를 사용하고 있다. 합병은 신설합병(A+B→C), 흡수합병(A+B→A 또는 B), 분할합병 등 다양한 형태가 있다.

2 사업결합의 방법

사업결합은 법률상·세무상 또는 그 밖의 이유로 다음과 같은 다양한 방법으로 이루어질 수 있으나, 여기에 한정되는 것은 아니다(문단 B6).
① 하나 이상의 사업이 취득자의 종속기업이 되거나, 하나 이상의 사업의 순자산이 취득자에게 법적으로 합병된다.
② 하나의 결합참여기업이 자신의 순자산을 또는 결합참여기업의 소유주가 자신의 지분을 다른 결합참여기업 또는 다른 결합참여기업의 소유주에게 이전한다.
③ 결합참여기업 모두가 자신의 순자산을 또는 모든 결합참여기업의 소유주가 자신의 지분을 신설된 기업에게 이전한다(신설합병).
④ 결합참여기업 중 한 기업의 이전 소유주 집단이 결합기업에 대한 지배력을 획득한다.

3 사업결합의 회계처리

기준서는 사업결합에 대하여 회계처리를 하는 경우에는 취득법을 적용하도록 규정하고 있다(문단 4). 취득법은 취득자가 피취득자의 자산과 부채를 공정가치로 계산하는 방법이다. 취득법에 따라 취득자가 해야 할 회계처리를 표시하면 다음과 같다.

(차) 자산	$\times\times\times^{주1)}$	(대) 부채	$\times\times\times^{주1)}$
무형자산	$\times\times\times^{주1)}$	현금	$\times\times\times^{주2)}$
영업권	$\times\times\times^{주3)}$	자본	$\times\times\times^{주2)}$
		염가매수차익	$\times\times\times^{주3)}$

주1) 취득일의 공정가치로 측정한다(문단 18). 이때 자산과 부채는 '개념체계'의 자산과 부채의 정의를 충족하여야 한다(문단 11).

그러나 취득자가 인식의 원칙과 조건을 적용할 경우에 피취득자의 이전 재무제표에 자산과 부채로 인식되지 않았던 자산과 부채가 일부 인식될 수 있다. 예를 들어 취득자는 피취득자가 내부에서 개발하고 관련 원가를 비용으로 처리하였기 때문에 피취득자 자신의 재무제표에 자산으로 인식하지 않았던 브랜드명, 특허권 또는 고객관계와 같은 취득한 식별가능한 무형자산을 인식한다(문단 13).

주2) 기준서 제1103호에서는 사업결합 시 피취득자에게 지급하는 현금 등을 '이전대가'로 표현하고 있다. 사업결합에서 이전대가는 공정가치로 측정하며, 그 공정가치는 취득자가 이전하는 자산, 취득자가 피취득자의 이전 소유주에 대하여 부담하는 부채 및 취득자가 발행한 지분의 취득일의 공정가치합계로 산정한다(문단 37).

한편, 취득일에 공정가치와 장부금액이 다른 취득자의 자산과 부채(예: 취득자의 비화폐성자산 또는 사업)가 이전대가에 포함될 수 있다. 이 경우 취득자는 이전된 자산이나 부채를 취득일 현재 공정가치로 재측정하고, 그 결과 차손익이 있다면 당기손익으로 인식한다(문단 38).

주3) 피취득자로부터 취득한 순공정가치를 초과하여 이전대가를 지급한 경우에는 그 차익을 영업권으로 계상하며, 순공정가치보다 미달하여 지급한 경우에는 그 차액을 염가매수차익으로 계상한다.

(1) 취득법의 절차

기준서 제1103호는 취득법을 적용할 때 다음의 절차를 따르도록 규정하고 있다(문단 5).

① 취득자의 식별
② 취득일의 결정
③ 식별가능한 취득자산, 인수 부채 및 피취득자에 대한 비지배지분의 인식과 측정
④ 영업권 또는 염가매수로부터 차익의 인식과 측정

이하에서는 상기의 규정에 대하여 살펴본다.

1) 취득자의 식별

각 사업결합에서 결합참여기업 중 한 기업을 취득자로 식별한다(문단 6). 취득자는 피취득에 대한 지배력을 획득하는 기업을 말하며, 피취득자는 취득자가 사업결합으로 지배력을 획득하는 대상 사업(또는 사업들)을 말한다.

사업결합이 발생한 경우에는 먼저 기준서 제1027호(연결재무제표와 별도재무제표)의 지침을 적용하여 취득자를 식별한다.

2) 취득일의 결정

취득자는 취득일을 식별하며, 취득일은 피취득자에 대한 지배력을 획득한 날이다(문단 8).

취득자가 피취득자에 대한 지배력을 획득한 날은 일반적으로 취득자가 법적으로 대가를 이전하여, 피취득자의 자산을 취득하고 부채를 인수한 날인 종료일이다. 그러나 취득자는 종료일보다 이른 날 또는 늦은 날에 지배력을 획득하는 경우도 있다. 예를 들어 서면합의를 통하여 취득자가 종료일 전에 피취득자에 대한 지배력을 획득한다면 취득일은 종료일보다 이르다. 취득자는 모든 관련된 사실과 상황을 고려하여 취득일을 식별한다(문단 9).

3) 식별가능한 취득 자산, 인수 부채 및 피취득자에 대한 비지배지분의 인식과 측정

① 인식원칙

취득일 현재, 취득자는 영업권과 분리하여 식별가능한 취득자산, 인수부채 및 피취득자에 대한 비지배지분을 인식한다(문단 10).

② 인식조건

취득법 적용의 일환으로 인식요건을 충족하려면, 식별가능한 취득자산과 인수부채는 취득일에 개정된 「재무보고를 위한 개념체계」의 자산과 부채의 정의를 충족하여야 한다. 예를 들어 피취득자의 영업활동을 종료하거나 피취득자의 고용관계를 종료하거나 재배치하는 것과 같은 계획의 실행에 의해 미래에 발생할 것으로 예상되지만 의무가 아닌 원가는 취득일의 부채가 아니다(문단 11).

또한 취득법 적용의 일환으로 인식요건을 충족하려면 식별가능한 취득자산과 인수부채는 별도 거래의 결과가 아니라 사업결합 거래에서 취득자와 피취득자(또는 피취득자의 이전 소유주) 사이에 교환된 것의 일부이어야 한다(문단 12).

취득자가 인식의 원칙과 조건을 적용할 경우에 피취득자의 이전 재무제표에 자산과 부채로 인식되지 않았던 자산과 부채가 일부 인식될 수 있다. 예를 들어 취득자는 피취득자가 내부에서 개발하고 관련 원가를 비용으로 처리하였기 때문에 피취득자 자신의 재무제표에 자산으로 인식하지 않았던 브랜드명, 특허권 또는 고객관계와 같은 취득한 식별가능한 무형자산을 인식한다(문단 13).

③ 측정원칙

취득자는 식별가능한 취득자산과 인수부채를 취득일의 공정가치로 측정한다(문단 18).

모든 사업결합에서 취득자는 피취득자에 대한 비지배지분을 공정가치 또는 피취득자의 식별가능한 순자산 중 비지배지분의 비례적 지분으로 측정한다(문단 19).

> ## 중점사항 인식원칙과 측정원칙에 대한 예외
>
> 기준서 제1103호에서는 본문의 인식원칙 및 측정원칙에 대한 예외를 규정하고 있는데,
> 이를 살펴보면 다음과 같다.
>
> ### 1. 인식원칙의 예외: 우발부채
> 과거사건에서 생긴 현재의무이고 그 공정가치를 신뢰성 있게 측정할 수 있다면 취득자
> 는 취득일 현재 사업결합에서 인수한 우발부채를 인식한다. 그러므로 기준서 제1037호
> 와는 달리 당해 의무를 이행하기 위하여 경제적효익을 갖는 자원이 유출될 가능성이
> 높지 않더라도 취득자는 취득일에 사업결합으로 인수한 우발부채를 인식한다(문단 23).
>
> ### 2. 측정원칙의 예외
> #### (1) 재취득한 권리
> 시장참여자가 공정가치를 결정할 때 계약에 대한 잠재적 갱신을 고려하는지와
> 무관하게, 취득자는 무형자산으로 인식한 재취득한 권리의 가치를 관련 계약의
> 잔여계약기간에 기초하여 측정한다(문단 29).
>
> #### (2) 주식기준보상
> 취득자가 피취득자의 주식기준보상을 자신의 주식기준보상으로 대체하는 경우
> 취득자는 관련된 부채 또는 지분상품을 기준서 제1102호「주식기준보상」의 방법
> 에 따라 측정한다(문단 30).
>
> #### (3) 매각예정자산
> 취득자는 기준서 제1105호「매각예정비유동자산과 중단영업」에 따라 취득일에
> 매각예정자산으로 분류된 취득 비유동자산(또는 처분자산집단)을 동 기준서 문
> 단 15~18에 따라 순공정가치로 측정한다(문단 31).
>
> ### 3. 인식원칙과 측정원칙 모두의 예외
> #### (1) 법인세
> ① 취득자는 사업결합으로 인한 취득 자산과 인수 부채에서 발생하는 이연법인세
> 자산이나 부채를 기준서 제1012호「법인세」에 따라 인식하고 측정한다(문단 24).
> ② 취득자는 취득일에 존재하거나 취득의 결과로 발생하는 일시적차이와 피취득자
> 의 이월액의 잠재적 세효과를 기준서 제1012호에 따라 회계처리한다(문단 25).
> #### (2) 종업원급여
> 취득자는 피취득자의 종업원급여약정과 관련된 부채(자산인 경우에는 그 자산)
> 를 기준서 제1019호「종업원급여」에 따라 인식하고 측정한다(문단 26).

(3) 보상자산

보상이 취득일에 인식되고 공정가치로 측정된 자산이나 부채와 관련된 경우 취득자는 취득일의 공정가치로 측정하여 취득일에 보상자산을 인식한다. 공정가치로 측정한 보상자산의 경우 회수가능성으로 인한 미래현금흐름의 불확실성의 효과를 공정가치 측정에 포함하였으므로 별도의 평가충당금은 필요하지 않다(문단 27).

4) 영업권 또는 염가매수차익의 인식과 측정

① 이전대가의 측정

사업결합에서 이전대가는 공정가치로 측정하며, 그 공정가치는 취득자가 이전하는 자산, 취득자가 피취득자의 이전 소유주에 대하여 부담하는 부채 및 취득자가 발행한 지분의 취득일의 공정가치 합계로 산정한다(문단 37).

취득일에 공정가치와 장부금액이 다른 취득자의 자산과 부채(예: 취득자의 비화폐성자산 또는 사업)가 이전대가에 포함될 수 있다. 이 경우 취득자는 이전된 자산이나 부채를 취득일 현재 공정가치로 재측정하고, 그 결과 차손익이 있다면 당기손익으로 인식한다(문단 38).

② 영업권

대부분의 사업결합에서는 이전대가와 피취득자의 공정가치에서 처분부대원가를 뺀 금액이 일치하지 않는다. 이 경우 발생하는 차액을 영업권(이전대가 〉 피취득자의 공정가치에서 처분부대원가를 뺀 금액) 또는 염가매수차익(이전대가 〈 피취득자의 공정가치에서 처분부대원가를 뺀 금액)으로 처리한다.

기준서에서는 영업권의 인식에 대하여 다음과 같이 인식하도록 규정하고 있다.

취득자는 취득일 현재 다음 '(1)'이 '(2)'보다 클 경우 그 초과금액을 측정하여 영업권으로 인식한다(문단 32).
(1) 다음의 합계금액
　　㉠ 이 기준서에 따라 측정된 이전대가로 일반적으로 취득일의 공정가치
　　㉡ 이 기준서에 따라 측정된 피취득자에 대한 비지배지분의 금액
　　㉢ 단계적으로 이루어지는 사업결합의 경우 취득자가 이전에 보유하고 있던 피취득자에 대한 지분의 취득일의 공정가치
(2) 이 기준서에 따라 측정된 취득일의 식별가능한 취득자산과 인수부채의 순액

사업결합 과정에서 발생하는 영업권은 내부적으로 창출된 영업권이 아니기 때문에 자산으로 인식한다. 다만, 영업권은 상각하지 않고 기준서 제1036호(자산손상)에 따라 매 회계연도마다 손상검사를 하고 손상차손을 인식한다. 일반적인 유형자산이나 무형자산에 대해서는 손상차손을 인식한 후에 손상차손환입을 인식할 수 있으나, 영업권에 대해서는 손상차손환입을 인식할 수 없다(기준서 제1036호 문단 124). 영업권에 대해서 손상차손환입을 허용하지 않는 이유는 영업권에 대해 손상차손을 인식하고 난 후 후속기간에 증가된 회수가능액은 영업권의 손상차손환입액이 아니라 내부적으로 창출된 영업권의 증가액일 것이며, 이는 기준서 제1038호(무형자산)에 따르면 자산으로 인식할 수 없기 때문이다(기준서 제1036호 문단 125).

사례 1　**합병 시 영업권의 계상 – 비적격합병 시**

1. 자료

(1) 주권상장법인인 A법인은 2025.7.1. 비상장법인인 B법인을 흡수합병하였다.

(2) A법인과 B법인이 합의한 합병비율은 1:2이다.

(3) 2025.7.1. 현재 B법인의 재무상태표는 다음과 같다.

자산	50,000,000	부채	30,000,000
		자본금	5,000,000
		이익잉여금	15,000,000
	50,000,000		50,000,000

(4) 상기 자산 중 장부가액과 공정가치가 다른 것은 다음과 같다.

내역	장부가액	공정가치
토지	2,000,000	3,600,000
건물	5,000,000	6,400,000

(5) 2025.7.1. 현재 A법인 주식의 공정가치는 액면가액의 10배에 해당한다.

(6) 상기 건물에 대해 A법인은 내용연수를 30년 적용하기로 하며, 감가상각방법은 정액법이다.

(7) 합병과 관련하여 지출한 전문가 등 수수료는 1,000,000이다.

(8) 법인세법에서 규정하는 적격합병요건을 충족하지 못한 것으로 가정한다.

(9) 합병회계 시 피합병법인에게 지급한 양도대가가 피합병법인의 순자산 시가보다 적기 때문에 계상되는 영업권은 법인세법상 요건(피합병법인의 상호·거래관계, 그 밖의 영업상의 비밀 등에 대하여 사업상 가치가 있다고 보아 대가를 지급한 경우, 법령 §80의3 ②)을 충족하지 못하는 것으로 가정한다.

2. 합병 시 회계처리(이연법인세 계상 전)

(차) 자산	$53,000,000^{주1)}$	(대) 부채	$30,000,000$
영업권	$2,000,000^{주4)}$	자본금	$2,500,000^{주2)}$
		주식발행초과금	$22,500,000^{주3)}$

(차) 지급수수료	$1,000,000^{주5)}$	(대) 현금	$1,000,000$

주1) 기준서 제1103호 「사업결합」 문단 18에 의해 취득자는 식별가능한 취득자산과 인수부채를 취득일의 공정가치로 측정한다.

주2) 합병 전 B법인의 자본금×합병비율＝5,000,000×50％＝2,500,000

주3) 취득일의 A법인발행지분의 공정가치 중 주식발행초과금 해당액
2,500,000×10배－2,500,000＝25,000,000－2,500,000＝22,500,000

주4) 영업권 해당액
취득일의 이전대가(공정가치)－취득일의 순자산
＝25,000,000－(53,000,000－30,000,000)＝2,000,000

주5) 전문가 등에 지출한 수수료는 비용으로 회계처리한다(문단 53).

3. B법인의 양도손익

$$양도손익＝양도가액－순자산 \ 장부가액$$
$$＝25,000,000－20,000,000$$
$$＝₩5,000,000$$

B법인의 2024년도(2025.1.1.~2025.7.1.) 각 사업연도소득금액 계산 시 ₩5,000,000을 익금산입하여 과세소득을 계산한다.

4. A법인의 세무조정

(1) 합병매수차손 계산

피합병법인의 순자산 시가－지급한 양도대가
＝₩23,000,000(53,000,000－20,000,000)－25,000,000＝(－)2,000,000

이 의미는 합병법인이 피합병법인의 순자산을 시가보다 비싸게 매입했다는 것으로 합병매수차익과 달리 세무상 영업권의 요건을 충족하면 손금에 해당된다.

법인세법 시행령 제80조의3 제2항에 따르면 합병매수차손은 합병법인이 피합병법인의 상호·거래관계·그 밖의 영업상의 비밀 등에 대하여 사업상 가치가 있다고 보아 대가를 지급한 경우에 한하여 5년간 균등하게 나누어 손금에 산입된다.

(2) '(1)'의 합병매수차손이 법인세법상 요건에 해당하는 경우

① 해당 사업연도(2025년) 손금해당액

$$₩2,000,000 \times \frac{6}{60} = ₩200,000$$

② 세무조정

　가. 회사가 영업권을 상각하지 않은 경우

　　K-IFRS에서는 영업권을 상각하지 않고 손상만을 검토하므로, 장부상 영업권을 상각하지 않았을 것이다.

　　손금산입 · 영업권 · 200,000 · △유보

　나. 추후 회사가 영업권에 대해 손상차손을 계상하는 경우

　　기 손금산입 · △유보처분된 금액에 대하여는 손금불산입의 세무조정을 하여야 한다.

(3) '(1)'의 합병매수차손이 법인세법상 요건에 해당하지 않는 경우

① 해당 사업연도 세무조정

익금산입 · 주식발행초과금 · 2,000,000 · 기타

손금산입 · 영업권 · 2,000,000 · △유보

② 추후 영업권에 대해 손상차손 계상 시

손금불산입 · 영업권 · 유보

사례 2　영업권 발생 – 적격합병 시

1. 자료

(1) 상기 [사례 1]과 동일하다. 단, 법인세법상 적격합병요건을 충족하였다.

(2) 이연법인에 계상 시 적용 평균비율은 20%로 전제한다.

2. 합병 시 회계처리

(차) 자산	53,000,000	(대) 부채	30,000,000
영업권	2,600,000[주]	이연법인세부채	600,000
		자본금	2,500,000
		주식발행초과금	22,500,000
(차) 지급수수료	1,000,000	(대) 현금	1,000,000

주) 영업권 해당액

　(취득일의 이전대가 – 취득일의 순자산) + 이연법인세부채 계상액

　= ₩25,000,000 – (53,000,000 – 30,000,000) + 600,000

　= ₩2,600,000

3. B법인의 양도손익

양도손익 = 0

이것은 B법인은 실제로 2024년도 법인세과세소득 계산 시 ₩5,000,000(양도가액 25,000,000 - 순자산 장부가액 20,000,000)을 익금산입하여야 하나, 적격합병에 해당하여 합병법인인 A법인으로 과세소득계산이 이연되었음을 의미한다.

4. A법인의 세무조정
    (1) (+)자산조정계정 계산
        양도받은 순자산 시가 - 피합병법인 장부가액
        = ₩23,000,000 - 20,000,000
        = ₩3,000,000

    (2) 세무상 A법인의 회계처리

        (차) 자산   50,000,000   (대) 부채   30,000,000
                                              자본금   2,500,000
                                              주식발행초과금   17,500,000

        세무상으로는 자산을 장부가액으로 승계한 것이므로 기업회계상으로 자산이 ₩3,000,000, 주식발행초과금 ₩5,000,000, 영업권이 ₩2,600,000, 이연법인세부채 600,000 과대계상되어 있다.

    (3) 영업권계상액에 대한 세무처리
        적격합병인 경우에는 피합병법인이 양도차익 ₩5,000,000에 대해 법인세를 부담하지 않고 합병법인으로 과세이연된 것을 말한다.
        그런데 합병법인은 피합병법인이 법인세를 부담하지 않은 양도차익해당액 ₩5,000,000을 토지 ₩1,600,000, 건물 ₩1,400,000, 영업권 ₩2,000,000으로 계상하고 있고 추후 이를 상각이나 처분을 통해 장부상 비용으로 계상할 것이다. 그러므로 법인세법에서는 ₩5,000,000 전액을 손금으로 인정하지 않으므로 과세이연된 금액을 과세처리하는 것이다. 즉, 합병법인은 비적격합병처럼 영업권의 세무상 인정 여부를 검토할 필요없이 전부 손금산입·△유보하고 익금산입·기타처리한 후 장부상 비용계상 시 이를 손금불산입·유보처분하면 되는 것이다.
        • 손금산입·토지·1,600,000·△유보
          손금산입·건물·1,400,000·△유보
          손금산입·영업권·2,600,000·△유보
        • 익금산입·주식발행초과금·5,000,000·기타
          익금산입·이연법인세부채·600,000·△유보
        이는 장부계상 영업권이 세무상으로는 인정되지 않으므로 영업권 해당액을 손금

> 산입(동시에 익금산입)하고, 추후 영업권상각 시 손금불산입하는 세무조정을 하여야 한다.

③ 염가매수차익

염가매수차익을 인식하기 전에 취득자는 모든 취득자산과 인수부채를 정확하게 식별하였는지에 대해 재검토하고, 이러한 재검토에서 식별된 추가자산이나 부채가 있다면 이를 인식한다. 이때 취득자는 취득일에 이 기준서에서 인식하도록 요구한 다음의 모든 사항에 대해 그 금액을 측정하는데 사용한 절차를 재검토한다(문단 36).

　　가. 식별가능한 취득자산과 인수부채

　　나. 만약 있다면 피취득자에 대한 비지배지분

　　다. 단계적으로 취득한 사업결합의 경우 취득자가 이전에 보유하고 있던 피취득자에 대한 지분

　　라. 이전대가

재검토하는 목적은 취득일 현재 이용가능한 모든 정보를 고려하여 관련 측정치에 적절히 반영하였는지 확인하기 위해서이다.

이 경우 상기의 요구사항을 적용한 후에도 초과금액이 남는다면 취득자는 취득일에 그 차익을 당기손익으로 인식한다. 그 차익은 취득자에게 귀속된다(문단 34).

(2) 취득관련원가

취득관련원가는 취득자가 사업결합을 하기 위해 발생시킨 원가이다. 기준서에서는 취득원가의 구분에 따라 다음과 같이 회계처리하도록 규정하고 있다(문단 53).

① 중개수수료(자문, 법률, 회계, 가치평가 및 그 밖의 전문가 또는 컨설팅 수수료 등) 경우

원가가 발생하고 용역을 제공받은 기간에 비용으로 회계처리한다.

② 내부 취득 부서의 유지원가를 포함한 일반관리원가

원가가 발생하고 용역을 제공받은 기간에 비용으로 회계처리한다.

③ 채무증권과 지분증권의 등록 · 발행원가의 경우

당해 증권의 발행가액에서 차감한다.

(3) 법인세법상 영업권

1) 일반적 영업권

법인세법상 영업권의 범위는 다음과 같다(법칙 §12 ①). 동 영업권은 무형고정자산에 해당되며, 내용연수 5년, 감가상각방법은 정액으로 상각한다(법령 §26 ① · §28 ①).

① 사업의 양도 · 양수과정에서 양도 · 양수자산과는 별도로 양도사업에 관한 허가 · 인가 등 법률상 지위, 사업상 편리한 지리적 여건, 영업상 비법, 신용 · 명성 · 거래선 등 영업상 이점 등을 감안하여 적절한 평가방법에 따라 유상으로 취득한 금액

② 설립인가, 특정사업의 면허, 사업의 개시 등과 관련하여 부담한 기금 · 입회금 등으로 반환청구를 할 수 없는 금액과 기부금 등

2) 합병법인 또는 분할신설법인 등의 영업권

합병법인(또는 분할신설법인 등)이 피합병법인(또는 분할법인)의 자산을 시가로 승계하는 경우로서 피합병법인(또는 분할법인)에 지급한 양도가액이 합병등기일 현재의 순자산 시가(＝자산총액－부채총액)를 초과하는 경우에는 피합병법인(또는 분할법인)의 상호 · 거래관계, 그 밖의 영업상의 비밀 등에 대하여 사업상 가치가 있다고 보아 대가를 지급한 경우에만 그 차액을 영업권(합병매수차손)으로 인정하여 합병등기일부터 5년간 균등하게 나누어 손금에 산입하도록 규정하고 있다(법법 §44의2 ③, 법령 §80의3 ②). 종전에는 균등분할 규정이 없었으나 개정 시 변경된 것이며, 개정된 규정은 2010.7.1. 후 최초로 합병 · 분할하는 분부터 적용한다.

따라서 장부가액으로 자산을 승계하는 경우에는 인정되지 않으며, 사업상 가치가 없이 이월결손금을 영업권으로 계상한 경우 등에는 인정되지 아니한다.

4 단계적으로 이루어지는 사업결합

취득자는 때때로 취득일 직전에 지분을 보유하고 있던 피취득자에 대한 지배력을 획득한다. 예를 들어 20×1년 12월 31일에 기업 A는 기업 B에 대한 비지배지분 35%를 보유하고 있다. 동일자에 기업 B의 지분 40%를 추가로 매수하여 기업 B에 대한 지배력을 갖게 된다. 이 기준서에서는 그러한 거래를 단계적으로 이루어지는 사업결합이라 하며, 때로는 단계적 취득이라고도 한다(문단 41).

단계적취득이 이루어진 경우 기준서에서는 지배권을 획득한 시점에 일괄하여 영업권 또는 염가매수차익을 결정하는 일괄법을 적용하도록 규정하고 있다(문단 32(다)).

즉, 단계적으로 이루어지는 사업결합에서 취득자는 이전에 보유하고 있던 피취득자에 대한 지분을 취득일의 공정가치로 재측정하고 그 결과 차손익이 있다면 당기손익으로 인식한다. 이전의 보고기간에 취득자가 피취득자에 대한 지분의 가치변동을 기타포괄손익(예: 투자자산이 기타포괄손익 – 공정가치금융자산으로 분류된 경우)으로 인식하였을 수 있다. 이 경우 기타포괄손익으로 인식한 금액에 대해 취득자가 이전에 보유하던 지분을 직접 처분한다면 적용하였을 동일한 근거로 인식한다(문단 42).

5 잠정금액의 추후 조정

사업결합에 대한 최초 회계처리가 사업결합이 발생한 보고기간 말까지 완료되지 못한다면 취득자는 회계처리가 완료되지 못한 항목의 잠정 금액을 재무제표에 보고한다(문단 45). 즉, 사업결합 시 인식한 잠정 금액은 추후에 입수한 정보에 의하여 조정하는데, 측정기간 동안에 발생한 것인지 또는 측정기간이 종료된 후에 발생된 것인지에 따라 회계처리가 달라진다.

(1) 측정기간 동안의 상황인 경우

측정기간 동안에 취득일 현재 존재하던 사실과 상황에 대하여 새롭게 입수한 정보가 있는 경우 취득자는 취득일에 이미 알았더라면 취득일에 인식한 금액의 측정에 영향을 주었을 그 정보를 반영하기 위하여 취득일에 인식한 잠정금액을 소급하여 조정한다. 측정기간 동안에 취득일 현재 존재하던 사실과 상황에 대해 새로 입수한 정보가 있는 경우 취득자는 취득일에 이미 알았더라면 인식하였을 추가적인 자산과 부채를 인식한다(문단 45).

(2) 측정기간이 종료된 후 상황인 경우

측정기간이 종료된 후 기준서 제1108호 「회계정책, 회계추정의 변경 및 오류」에 따른 오류수정의 경우에만 사업결합의 회계처리를 수정한다(문단 50). 이 경우 소급재작성할 수 없는 경우를 제외하고는 소급법을 적용하여 회계처리하여야 하며, 비교표시되는 과거기간의 재무제표를 소급하여 재작성한다(기준서 제1008호 문단 42).

취득자는 식별가능한 자산(부채)으로 인식한 잠정 금액의 증가(감소)를 영업권의 감소(증가)로 인식한다(문단 48).

즉, 측정기간에 취득자는 마치 사업결합의 회계처리가 취득일에 완료되었던 것처럼 감정 금액의 조정을 인식한다. 그러므로 취득자는 재무제표에 표시된 과거기간의 비교정보를 필요한 경우 수정하며, 이러한 수정에는 최초 회계처리를 완료하면서 기인식된 감가상각, 상각 또는 그 밖의 수익 효과의 변경을 포함한다(문단 49).

사례 3 영업권의 추후 수정

1. 자료
   (1) 기본자료는 [사례 1]과 동일하다.
   (2) B법인의 토지와 건물에 대한 공정가치의 측정이 A법인의 결산 종료 시까지 확정되지 않아 A법인은 2025.1.1.~2025.12.31. 회계기간에 대한 합병분개 및 건물에 대한 감가상각을 다음과 같이 처리하였다.

   ① 합병분개

(차) 자산	50,000,000[주]	(대) 부채	30,000,000
영업권	5,000,000	자본금	2,500,000
		주식발행초과금	22,500,000

(차) 지급수수료	1,000,000	(대) 현금	1,000,000

   주) 공정가치가 확정되지 않아 장부가액으로 계상하였음.

   ② 감가상각

(차) 감가상각비	83,333[주]	(대) 감가상각누계액	83,333

   주) 5,000,000×1/30×6/12=83,333

   (3) 2026.6.30. 토지와 건물에 대한 공정가치가 2,600,000과 6,400,000으로 확정되었다.

2. 합병분개의 수정(2026.6.30. 회계처리)

(차) 자산	2,000,000	(대) 이연법인세부채	400,000[주1]
		영업권	1,600,000[주2]

   주1) 2025년 세무조정 시 △유보금액 2,000,000×20%=400,000
   주2) 수정된 영업권: 5,000,000−1,600,000=3,400,000

3. 감가상각비의 수정
   (1) 수정금액
   6,400,000×1/30×6/12−83,333=106,666−83,333=23,333

(2) 회계처리

(차) 이익잉여금　　　　23,333　　(대) 감가상각누계액　　　　23,333
　　(미처분이익잉여금)

4. 2025년 재무제표 재작성

합병에 대한 최초 회계처리가 합병이 발생한 보고기간 말까지 완료되지 못하여 잠정금액으로 재무제표에 보고한 후 취득일로부터 1년(측정기간) 내에는 회계처리를 수정할 수 있다(문단 45). 이때 기준서 제1103호 문단 49에 의해 재무제표에 표시된 과거기간의 비교정보를 수정하도록 하고 있으므로, 전년도인 2025년의 재무제표를 수정하여 재작성하여야 한다.

6 합병법인 보유 피합병법인주식의 세무상 처리

① 내국법인이 자회사를 흡수합병함에 있어 내국법인이 보유하고 있는 자회사의 주식(포합주식)에 대하여 합병신주를 교부하지 않고 소각하는 경우 내국법인이 합병등기일 전에 포합주식과 관련하여 익금불산입(유보)한 금액은 합병법인의 각 사업연도 소득금액계산 시 해당 금액을 익금산입(유보) 및 익금불산입(기타)하는 것이다(사전법령법인-636, 2019.12.3).

② 내국법인의 완전자회사(A, B) 간에 합병을 하는 경우, 합병법인(A)이 합병신주를 교부하지 않는 방식으로 피합병법인(B)을 흡수합병하는 경우, 합병 전 완전모회사인 내국법인이 피합병법인 주식평가와 관련하여 손금불산입(유보)한 금액은 손금산입한다(사전법령법인-170, 2020.3.30.).

③ 결손누적으로 자본이 전액 잠식된 자회사(피합병법인)가 다른 자회사에 무증자합병(합병비율 1 : 0)됨에 따라 모회사가 보유한 피합병법인 주식이 전부 소멸된 경우 피합병법인 주식 취득가액은 합병등기일이 속하는 사업연도에 손금에 산입된다(법인세제과-344, 2022.8.29.).

④ 자본잠식상태에 있지 아니한 내국법인의 완전자회사(피합병법인)가 해당 내국법인의 다른 완전자회사(합병법인)에 무증자합병(합병비율 1 : 0)됨에 따라(피합병법인의 주식을 시가보다 낮게 평가한 경우에 해당), 해당 내국법인이 보유한 피합병법인 주식이

전부 소멸된 경우에는 피합병법인 주식의 세무상 장부가액은 합병법인 주식의 장부가액에 가산하는 세무조정을 하여야 한다(사전법규법인-1013, 2023.1.27.).

⑤ 무증자합병 시 관련 합병법인 주식가액 조정(법인령 §72 ⑤ 1의3).

2024년 2월 법인세법 시행령의 개정으로 무증자합병* 시 합병법인 주식의 가액 조정 규칙이 명확해졌다.

> * 법인세법 제44조 제3항 제2호에 해당하는 경우(동일한 내국법인이 발행주식총수를 소유하고 있는 서로 다른 법인 간에 합병하는 경우)로서 합병법인의 주식을 지급하지 않은 경우: 합병법인 종전 주식의 가액+소각된 피합병법인 주식의 가액-현금 등 지급액

7 동일지배하에 있는 기업 간의 거래(합병 및 분할)

(1) 회계기준상 규정

① K-IFRS

현재 K-IFRS에서는 동일지배기업에 대한 명확한 규정이 없다. 인적분할의 경우 분할신설법인의 주식을 분할법인의 주주에게 감자절차없이 지급한 경우는 배당금의 지급으로 보아 이전하는 자산·부채의 공정가치로 회계처리하는 해석서 제2117호 "소유주에 대한 비현금자산의 분배" 규정만이 있을 뿐이므로, 이외의 동일지배하에 있는 기업 간의 거래는 회사와 감사인 간에 회계처리의 적정성에 대한 판단이 있어야 할 것이다.

② 일반기업회계기준

일반기업회계기준에서는 동일지배란 둘 이상의 기업에 대한 지배가 동일기업에 귀속되는 경우를 말하며, 동일지배하에 있는 기업이란 동일기업이 해당 기업을 궁극적으로 지배하고 이러한 지배가 일시적이지 않은 경우를 말한다라고 규정하고 있다(제32장 문단 3, 4).

일반기업회계기준에서는 동일지배거래에 대한 회계처리로 장부금액법을 채택하고 있다. 장부금액법은 연결재무제표상의 장부금액을 승계하는 방법을 말한다. 분할의 경우에도 기업이 자신의 사업전부나 일부 사업을 분할하여 새로운 기업에게 이전할 때 동일지배에 해당하는 경우에는 자신의 장부금액으로 이전하도록 하였으며 새로운 기업에게는 이전받은 사업을 분할한 기업의 장부금액으로 인식하고, 이전대가로 발행한 주식의 액면금액과의 차이는 적절한 자본항목으로 반영한다. 기업이 분할대가로 새로운 기업이 발행한 주식의 총수를 수행하여 자신의 주주에게 배분하는 경우 감자의 회계처리를 준용한다(제32장 문단 15, 16).

(2) 동일지배하의 사업결합(합병)

연결실체 간 합병은 연결실체 간에는 이미 사업결합이 이루어진 사건으로 이미 경제적으로는 하나의 실체가 되었고 합병으로 인하여 새로이 지배력을 획득하는 거래가 아니라 법률적으로만 하나의 기업이 된 것뿐이다. 그러므로 이는 사업결합기준서의 적용범위에 해당하지 않는다.

따라서 지배회사와 종속회사는 지배·종속관계가 성립되는 시점에서 이미 하나의 경제적 실체가 되었고 사업결합이 이루어져 지배권을 획득하였다. 취득일에 이미 영업권 등을 인식한 것이다. 지배·종속관계 성립일 이후의 지배·종속회사 간 또는 종속회사 간 합병은 법률적 실체의 변경을 가져올 뿐 경제적 실체의 변경은 없으므로 사업결합이 아니며, 연결실체 간의 합병은 지배권 획득 후 연결실체 주식의 추가취득에 해당하므로 연결재무제표 장부가액을 승계하여 회계처리한다.

지배기업과 종속기업의 합병은 종속기업 지분의 100% 취득한 거래와 경제적 실질이 동일하므로 합병 후의 재무제표는 지분율 100%인 연결재무제표의 재무제표상의 장부금액이된다. 연결재무제표상 장부금액이란 합병 시 인수하는 자산·부채의 재무상태표 금액은 합병시점에서 연결재무제표를 작성할 경우 연결재무제표에 계상될 피합병회사의 자산·부채의 금액을 의미한다.

그리고 종속기업 지분의 추가취득으로 발생한 소유지분변동은 자본거래로 회계처리한다. 이 경우 취득대가의 공정가치가 합병으로 인수한 순자산금액(비지배지분금액)보다 큰 경우 동 차액은 자본잉여금의 감소로 처리하여야 하며(영업권으로 계상할 수 없음) 작은 경우에는 자본잉여금으로 처리하는 것이다. 그리고 지배권을 획득한 시점에 인식한 영업권은 그대로 승계한다.

1) 기본자료

① 2025.1.1. A법인은 B법인 주식 80%를 800억 원에 취득

② 2025.1.1. B법인의 재무상태표상 금액

자산 1,000억 원(공정가치증가액 토지 200억 원, 건물 100억 원,
   건물 내용연수 20년, 정액법)

부채 700억 원

자본금 100억 원

이익잉여금 200억 원

③ 2025.1.1.~12.31. B법인의 당기순이익 50억 원

2) 2025.1.1. A법인의 회계처리

(차) 종속기업투자주식 　800억 원 　(대) 현금 　　　　　　　　800억 원

　　(장부상 가치 240, 공정가치증가액 240, 영업권 320)

3) 2025.12.31. A법인 연결재무제표 분개

① 지배력 취득 시 연결 분개

(차) 자본금	100	(대) 종속기업투자주식	800
이익잉여금	200	비지배지분	120
토지	200		
건물	100		
영업권	320		

② 공정가치 변동액

(차) 건물감가상각비 　5 　(대) 감가상각누계액 　5

③ B법인 이익 중 비지배지분 해당액 대체

(차) 이익잉여금 　9 　(대) 비지배지분 　9

$(50-5) \times 20\% = 9$

4) 2025.12.31. A법인이 B법인 주식 20%를 240억 원에 취득하고 합병한 경우

① A법인의 추가주식취득 회계처리

(차) 종속기업투자주식 　240 　(대) 현금 　　　　　　　　240

② B법인 합병 전 재무상태표상 금액

가. 자산 1,050

나. 부채 700

다. 자본금 100

라. 이익잉여금 250

③ A법인 합병회계처리

(차) 자산	1,050	(대) 부채	700
토지	200	종속기업투자주식	1,040
건물	95		
영업권	320		
자본잉여금	75*		

* 인수금액 240 − 12.31. 비지배지분 해당액(120+9) 129 = 111
12.31. 현재 지배력 취득 후 A법인 이익잉여금 해당액
(50 − 5)×80% = 36
111 − 36 = 75(자본잉여금의 차감)

5) 2025.12.31. A법인이 B법인을 합병 시 A법인의 주식을 교부하는 경우

교부된 A법인 주식의 공정가치금액과 순자산금액과의 차액을 자본잉여금의 증가 또는 감소로 처리한다.

6) 일반기업회계기준상 동일지배거래 시 합병의 회계처리

① 지배 · 종속기업 간 합병

종속기업의 자산 · 부채에 대하여 연결장부금액으로 인식한다(제32장 문단 9). 이때 연결장부금액은 거래 발생시점에 최상위지배기업이 연결재무제표를 작성한다면 연결재무제표에 인식될 해당 자산 · 부채금액으로 하며, 해당 사업과 관련된 영업권을 포함한다(문단 13).

② 종속기업 간 합병

피합병법인의 연결장부금액과 그 대가로 지급하는 금액의 차이는 자본잉여금으로 반영한다(문단 10).

(3) 분할

분할이란 분할회사가 일부 자산 · 부채를 1개 또는 수 개의 분할신설법인에게 포괄이전하는 것을 말한다. 이에 대하여는 상법에서 규정하고 있다. 그리고 분할합병이란 분할회사가 일부 자산 · 부채를 포괄이전하여 1개 또는 수 개의 존속 중인 다른 회사와 합병하는 것을 말한다.

분할은 인적분할과 물적분할로 구분된다. 인적분할이란 분할 등으로 인하여 발행되는 주식의 총수를 분할회사의 주주들에게 배분하는 것을 말하며, 분할회사가 직접 소유하는 것

을 물적분할이라 한다.

인적분할에는 분할회사의 주주에게 감자의 절차없이 분할신설회사의 주식을 배당금의 형태로 지급하는 경우와 감자의 대가로 분할신설법인의 주식을 교부하여 주는 경우로 구분된다.

1) K-IFRS상 분할의 회계처리

현재 K-IFRS에서는 분할에 대하여 구체적인 회계처리를 규정하고 있지 않으며 해석서 제2117호 "소유주에 대한 비현금자산의 분배"에서 인적분할 시 분할법인의 주주에게 무상으로 분할법인의 자산·부채를 분배 시 이는 배당의 지급으로 보아 배당금은 분배될 자산의 공정가치로 측정하여 자산의 처분손익을 인식하도록 규정하고 있다. 이에 해당하지 않는 경우의 분할거래에 대하여 K-IFRS에서는 별도의 규정을 두고 있지 않으므로 회사와 감사인이 분할회계처리의 적정성을 판단하여야 한다.

2) 일반기업회계기준상 분할의 회계처리

① 분할의 정의(제32장 문단 8)

분할은 기업이 새로운 기업을 설립하여 자산의 사업의 전부 또는 일부를 새로운 기업에 이전하고, 그 대가로 새로운 기업이 발행한 주식의 총수를 직접 소유하거나(물적분할) 자신의 주주에게 배분하는 거래(인적분할)를 말한다.

② 분할의 회계처리

분할법인 등은 사업부문을 분할신설법인 등에게 이전할 때 장부금액으로 이전한 것으로 회계처리한다. 분할신설법인 등은 이전받은 자산과 부채를 분할법인 등의 장부금액으로 인식하고, 이전대가로 발행한 주식의 액면금액과의 차이는 주식발행초과금 또는 주식할인발행차금으로 반영한다(32.15). 분할법인 등이 분할대가로 분할신설법인 등이 발행한 주식의 총수를 수령하여 주주에게 배분하는 경우 감자의 회계처리를 준용한다(32.16). 분할법인 등은 감소된 순자산금액이 감소되는 주식의 액면금액보다 적은 경우에는 그 차액을 감자차익으로 하여 자본잉여금으로 회계처리하고 그 반대의 경우에는 그 차액을 감자차익의 범위 내에서 상계처리하고, 미상계 잔액은 감자차손(자본조정)으로 회계처리한다(15.13).

3) 물적분할 시 회계처리(일반기업회계기준 적용)

① A법인은 을사업부를 분할하여 B법인을 신설하고 B법인 주식액면가액 100억 원을 교

부받음.

② 분할 시 을사업부의 자산 1,000억 원(공정가치 1,200억 원), 부채 700억 원

③ A법인의 회계처리

(차) 종속기업투자주식	300	(대) 자산	1,000
(지분법적용투자주식)			
부채	700		

④ B법인의 회계처리

(차) 자산	1,000	(대) 부채	700
		자본금	100
		주식발행초과금	200

⑤ A법인 세무조정(적격물적분할 전제)

　가. 양도차익(자산시가 1,200억 원 − 장부가액 1,000억 원)

　　익금산입 · 종속기업투자주식 · 200억 원 · 유보

　나. 적격물적분할 시 압축기장충당금

　　손금산입 · 압축기장충당금 · 200억 원 · △유보

　　손금산입된 금액을 분할법인이 주식을 처분하거나 분할신설법인이 승계된 자산을 처분 시 익금산입됨.

　　비적격물적분할 시는 손금산입의 조정을 할 수 없음.

⑥ B법인 세무조정(분할신설법인은 적격 · 비적격 모두 시가취득으로 봄)

　익급산입 · 자산 · 200억 원 · 유보

　손금산입 · 주식발행초과금 · 200억 원 · 기타

4) 인적분할 시 회계처리(일반기업회계기준 적용)

① 상기 '3)' 자료와 동일

② B법인 주식을 A법인 주주에게 균등하게 지분율에 따라 감자(자본금 200억 원) 처리하며 배분

③ A법인의 회계처리

(차) 부채	700	(대) 자산	1,000
자본금	200		
감자차손	100		

④ B법인의 회계처리

(차) 자산	1,000	(대) 부채	700
		자본금	100
		주식발행초과금	200

⑤ A법인 세무조정(적격인적분할 전제)

세무조정 없음. 비적격인적분할 시는 양도차익에 대해 익금산입·양도차익·200억 원·기타사외유출

⑥ B법인 세무조정(적절분할 시는 장부가액으로, 비적격분할 시는 시가로 처리)

손금산입·자산·200억 원·△유보

익금산입·자본잉여금·200억 원·기타

상기 세무조정 중 자산에 대한 익금산입의 세무조정은 자산의 상각 시나 매각 시에도 하지 않고 사후관리 위배 시에만 익금산입의 조정을 함.

만일 비적격인적분할 시는 익금산입·자산·200억 원·유보와 손금산입·자본잉여금·200억 원·기타의 조정을 한 뒤 자산의 상각이나 매각 시 손금산입의 조정을 함.

5) 금융위원회 회계감독지침(2019.12.16.)

물적분할은 상업적 실질이 없다고 보아 매각예정자산 및 중단영업을 구분 표시하지 않는 회계처리를 인정한다(현재는 중단영업에 해당함).

┤ 신속처리 질의 · 답변 ├

사업결합

1. 기업인수 후 후속적 비용의 회계처리

(1) 질의

A사는 B사가 100% 보유한 C사 주식을 모두 취득함. C사를 인수할 당시 C사는 제3자와 소송을 진행하고 있었는데, A사는 이에 따른 추정 배상액을 인수가격에서 차감하여 B사에 지급함. A사와 B사는 소송 결과에 따라 배상액이 변경되면 차액을 상대방에게 지급하기로 약정함. 이후 소송 결과로 추가 배상액이 확정되었다면, 이에 대한 회계처리는?

(2) 회신

사업결합 취득일에 측정기간(취득한 날부터 1년 이내) 중 해당 소송이 확정되는 등 취득일에 인식한 금액(배상액)의 측정에 영향을 주었을 정보가 있다면, 이를 반영하기 위해 취득일에 인식한 잠정 금액을 소급하여 조정함(제1103호 문단 45).

측정기간이 종료된 후 해당 정보가 입수되었다면, K-IFRS 제1008호 '회계정책, 회계추

정치 변경과 오류'에 따른 오류수정의 경우에만 사업결합의 회계처리를 수정함(제1103호 문단 50). 오류수정이 아닌 경우 사업결합의 회계처리를 수정하지 않고 각 개별 기준서에 따른 측정 등 규정을 후속적으로 적용함.

2. 염가매수차익의 회계처리

(1) 질의

갑사는 을사가 보유한 A사 지분 100%를 100원에 취득함. A사의 자산, 부채의 순공정가치는 130원이나 3년간 종업원의 고용을 유지하는 조건으로, 발생 가능한 영업손실 30원을 고려하여 인수대가를 100원으로 산정함. 갑사가 사업결합 과정에서 인식하여야 할 부(-)의 영업권에 대한 회계처리는?

(2) 회신

K-IFRS 제1103호 '사업결합' 문단 10~31과 문단 36에 따른 회계처리가 적절히 이루어졌다면, 부(-)의 영업권 30원은 염가매수차익으로 보아 당기손익으로 인식함(제1103호 문단 34~36). 미래 영업손실은 K-IFRS 제1037호 '충당부채, 우발부채, 우발자산' 문단 63~64에 따라 부채의 정의를 충족하지 못함.

3. 단계적 취득에 의한 사업결합

(1) 질의

회사는 피인수대상인 A사 지분 40%를 보유 중인데, A사의 지속적인 손실로 관계기업 투자지분을 초과하는 손실에 대하여 인식을 중지함. 현재 A사 투자주식 장부금액은 '0'임. 회사는 당기에 A사의 나머지 지분 60%를 매입하여 지배력을 획득하고 연결대상이 됨. 이러한 경우, 취득일 직전까지 보유한 A사의 기존 지분 40%의 공정가치를 '0'으로 볼 수 있는지?

(2) 회신

단계적으로 이루어지는 사업결합에서 기존에 보유하고 있던 지분은 취득일의 공정가치로 재측정해야 함(제1103호 문단 42).

즉, 회사가 지배력을 획득한 날(추가 지분 60% 매입한 날)에 기존 보유지분 40%를 공정가치로 재측정해야 함.

4. 사업결합 시 피취득자의 사용권자산과 리스부채의 측정 방법

(1) 질의

지분 100% 인수를 통한 사업결합 시 피취득자의 식별가능한 취득자산과 인수부채를 측정할 때, 피취득자의 사용권자산과 리스부채를 어떻게 측정해야 하는지?

* 취득자가 해당 리스제공자는 아님.

(2) 회신

취득자는 취득한 리스가 취득일에 새로운 리스인 것처럼 나머지 리스료(K-IFRS 제1116호에서 정의함)의 현재가치로 리스부채를 측정함.

취득자는 리스부채와 같은 금액으로 사용권자산을 측정하되, 시장조건과 비교하여 유리하거나 불리한 리스 조건이 있다면 이를 반영하기 위하여 조정함(제1103호 문단 28B).

5. 사업결합 과정에서 부담한 전문가 컨설팅 수수료

(1) 질의

회사는 A사 지분을 취득하여 A사에 대한 지배력을 획득함. 회사는 별도재무제표에서 종속기업투자주식(A사)에 원가법을 적용함. 회사의 연결재무제표, 별도재무제표에서 A사의 지분을 취득하는 과정에서 부담한 전문가 컨설팅 수수료의 회계처리는?

(2) 회신

사업결합 과정에서 부담한 전문가 컨설팅 수수료는 연결재무제표에서 관련 용역을 제공받은 기간에 당기비용으로 인식함(제1103호 문단 53).

별도재무제표에서 원가법을 적용하는 경우, 관련 기준서에서 원가의 의미가 구체적으로 무엇인지 정의되어 있지 않음.

다만, 전문가 수수료 및 관련 세금 중 자산 취득에 직접 관련되는 원가로 판단되는 경우, 종속기업지분의 취득원가에 포함함(2009년 7월 IFRS 해석위원회의 지분법적용투자주식의 원가에 대한 논의 참고).

6. 사업결합의 이전대가

(1) 질의

회사는 S사의 주주 A사로부터 S사의 지분 100%를 100억 원에 인수함. S사의 재무제표에는 A사에 대한 차입금 50억 원이 부채로 인식되어 있음. 회사는 지분 인수 후, S사에 대한 유상증자를 통해 S사의 A사에 대한 차입금 50억 원을 상환할 예정임. 이 경우, 사업결합에 대한 이전대가에 부채금액 50억 원이 포함되는지?

(2) 회신

A사에 대한 차입금 상환이 회사와 A사가 사업결합의 조건에 대한 협상을 진행하는 과정에서 결정된 약정사항이라면 사업결합 거래의 일부로 보아 이전대가에 포함함(제1103호 문단 51~52).

다만, 사업결합의 일부로서 이전대가에 포함된 차입금 상환 약정의 경우, 차입금 상환 주체가 누구인지, 지분취득의 대가인지 등의 성격은 약정사항에 기초하여 판단할 사항임.

7. 사업결합 과정에서 식별된 무형자산

(1) 질의

회사는 전기 발전회사와 사업결합을 함. 발전회사는 과거 인허가 지출을 자산화하지 않고 비용으로 처리하였음. 사업결합 과정에서 전기사업 인허가와 같은 라이선스를 별도 무형자산으로 인식할 수 있는지?

(2) 회신

무형자산의 인식 원칙과 조건을 적용하면 피취득자의 이전 재무제표에서 자산과 부채로 인식하지 않았던 자산과 부채를 일부 인식할 수 있음(제1103호 문단 13).

이 경우, 분리가 가능하거나 계약적·법적 기준을 충족하는 경우에 무형자산을 식별할 수 있으며, 식별된 무형자산은 영업권과 분리하여 인식함(제1103호 문단 B31).

8. 피취득자가 리스제공자인 경우의 사업결합 회계처리

(1) 질의

A사는 리스제공자인 B사를 당기 중에 취득함. B사의 리스대상자산에 대한 분류(금융리스, 운용리스)를 취득일에 존재하는 계약조건에 기초하여 수정하고, 시장조건과 비교하여 유리한 조건을 별도 자산으로 인식함. A사의 사업결합 회계처리는 적절한가?

(2) 회신

피취득자가 리스제공자인 경우, 취득자는 리스계약을 계약 개시시점(또는 계약 조건의 수정에 따라 분류가 변경되는 경우에는 그 수정일. 이는 취득일이 될 수도 있음)의 계약조건에 기초하여 분류함(제1103호 문단 17).

취득자는 피취득자가 보유한 운용리스대상 자산을 취득일의 공정가치로 측정할 때 리스조건이 시장조건과 비교하여 유리한지, 불리한지를 고려하나, 이를 별도의 자산이나 부채로 인식하지 않음(제1103호 문단 B42).

참고로, 피취득자가 리스이용자인 경우에는 취득일에 새로운 리스인 것처럼 사용권자산과 금융리스부채를 측정함(제1103호 문단 28B).

9. 이전대가 반환 시 소급 조정 여부

(1) 질의

A사는 B사의 사업부문을 취득하면서 해당 사업부문의 영업상황에 따라 이전대가 일부를 반환받는 약정을 체결함. 약정일 1년 후 해당 사업부문의 수주잔고가 예상한 규모의 85%에 미달하는 경우, B사는 A사에 200억 원을 반환해야 함. 이 경우, 이전대가의 변경을 잠정 금액의 확정으로 보고 소급 조정할 수 있는지?

(2) 회신

측정기간의 조정 사항이 아닌 조건부 대가의 공정가치 변동은 K-IFRS 제1103호 문단 58에 따라 회계처리함. 해당 문단에 따르면, 취득일 이후에 발생한 사건에서 발생한 변동은 측정기간의 조정 사항이 아닌 조건부 대가의 공정가치 변동이므로 소급하여 조정하지 아니함.

제 12 장

매각예정비유동자산과 중단영업

1 목 적

기준서 제1105호의 목적은 매각예정자산의 회계처리와 중단영업의 표시 및 공시에 필요한 사항을 정하고 있다. 이 기준서의 주요 내용은 다음과 같다.

① 매각예정분류기준을 충족하는 자산은 공정가치에서 처분부대원가를 뺀 금액과 장부금액 중 적은 금액으로 측정하고, 감가상각을 중단한다.

② 매각예정분류기준을 충족하는 자산은 재무상태표에 별도로 표시하고 중단영업의 성과는 포괄손익계산서에 별도로 표시한다.

2 적용범위

(1) 분류와 표시에 관한 규정의 경우

이 기준서의 분류와 표시에 관한 규정은 인식된 모든 비유동자산과 모든 처분자산집단에 적용한다. 비유동자산은 재무상태표를 유동성에 따른 표시방법에 따라 분류하는 경우 보고기간 후부터 12개월 후에 회수가 예상되는 금액을 포함하는 자산을 말하며, 본 장에서의 비유동자산은 모두 같은 의미로 사용된다.

(2) 측정에 관한 규정의 경우

이 기준서의 측정에 관한 규정은 다음의 자산에 적용한다.

① 모든 비유동자산

② 처분자산집단

중점사항 **처분자산집단**

자산집단을 단일거래로 처분하는 경우가 있다. 이 경우 자산과 직접 관계된 부채도 함께 이전될 수 있다. 이러한 처분자산집단은 현금창출단위의 일부이거나, 단일 현금창출단위 또는 현금창출단위집단인 경우가 있다. 이 집단에 포함될 수 있는 자산과 부채에는 제한이 없으며 유동자산, 유동부채 및 이 기준서의 측정 규정이 적용되지 않는 자산이 포함될 수 있다. 만약 처분자산집단에 이 기준서의 측정 규정이 적용되는 비유동자산이 포함되어 있다면 이 기준서의 측정 규정을 당해 자산집단 전체에 적용하여 순공정가치와 장부금액 중 적은 금액으로 측정한다(문단 4).

처분자산집단에는 다음의 것들도 포함된다.

1. 연결재무제표 작성 시 종속기업의 주식이 매각결정되면 종속기업의 자산·부채가 이에 해당된다. 매각되면 중단영업에 해당되어 재무제표를 작성하여야 한다.
2. 연결재무제표 작성 시 청산이 예정된 종속기업의 비지배지분은 향후 배당을 통한 현금유출액의 현재가치인 공정가치로 평가하여 금융부채로 분류하여야 한다.

3 용어의 정의

이 기준서에서 사용하는 용어의 정의는 다음과 같다(부록 A).

① 가능성이 매우 높은

발생하지 않을 가능성보다 발생할 가능성이 유의적으로 더 높은

② 매각부대원가

자산(또는 처분자산집단)의 처분에 직접 귀속되는 증분원가(금융원가와 법인세비용 제외)를 말한다.

③ 사용가치

자산의 계속사용 및 내용연수가 종료되었을 때 처분함으로써 발생할 것으로 기대되는 추정미래현금흐름의 현재가치를 말한다.

④ 유동자산

자산은 다음의 경우에 유동자산으로 분류한다.

　　가. 기업의 정상영업주기 내에 실현될 것으로 예상하거나, 정상영업주기 내에 판매하거나 소비할 의도가 있다.

　　나. 주로 단기매매 목적으로 보유하고 있다.

　　다. 보고기간 후 12개월 이내에 실현될 것으로 예상한다.

　　라. 현금이나 현금성자산(기준서 제1007호의 정의 참조)으로서, 교환이나 부채 상환 목적으로의 사용에 대한 제한 기간이 보고기간 후 12개월 이상이 아니다.

⑤ 중단영업

이미 처분되었거나 매각예정으로 분류되고 다음 중 하나에 해당하는 기업의 구분단위를 말한다.

　　가. 별도의 주요 사업계열이나 영업지역이다.

　　나. 별도의 주요 사업계열이나 영업지역을 처분하는 단일 계획의 일부이다.

　　다. 매각만을 목적으로 취득한 종속기업이다.

⑥ 처분자산집단

단일거래를 통해 매각이나 다른 방법으로 함께 처분될 예정인 자산의 집합과 당해 자산에 직접 관련되어 이전될 부채를 말한다. 만약 처분자산집단이 기준서 제1036호「자산손상」의 문단 80~87에 따라 영업권이 배분된 현금창출단위이거나 당해 현금창출단위 내의 영업인 경우 당해 처분자산집단은 사업결합에서 취득한 영업권을 포함한다.

⑦ 현금창출단위

다른 자산이나 자산집단에서 생기는 현금유입과는 거의 독립적인 현금유입을 창출하는 식별할 수 있는 최소 자산집단을 말한다.

⑧ 회수가능액

자산의 공정가치에서 처분부대원가를 뺀 금액과 사용가치 중 큰 금액을 말한다.

4 　비유동자산(또는 처분자산집단)의 매각예정 분류

비유동자산(또는 처분자산집단)의 장부금액이 계속사용이 아닌 매각거래를 통하여 주로 회수될 것이라면 이를 매각예정으로 분류한다(문단 6).

상기와 같이 분류하기 위해서는 당해 자산(또는 처분자산집단)은 현재의 상태에서 통상적이고 관습적인 거래조건만으로 즉시 매각가능하여야 하며 매각될 가능성이 매우 높아야 한다(문단 7).

중점사항 **매각될 가능성이 매우 높기 위한 조건**

매각될 가능성이 매우 높기 위해서는 다음의 5가지 조건을 모두 충족해야 한다(문단 8).

1. 적절한 지위의 경영진이 자산(또는 처분자산집단)의 매각계획을 확약하고, 매수자를 물색하고 매각계획을 이행하기 위한 적극적인 업무진행을 이미 시작하였어야 한다.
2. 당해 자산(또는 처분자산집단)의 현행 공정가치에 비추어 볼 때 합리적인 가격수준으로 적극적으로 매각을 추진하여야 한다.
3. 분류시점에서 1년 이내[주)]에 매각완료요건이 충족될 것으로 예상된다.
4. 계획을 이행하기 위하여 필요한 조치로 보아 그 계획이 유의적으로 변경되거나 철회될 가능성이 낮아야 한다.
5. 매각될 가능성이 매우 높은지에 대한 평가의 일환으로 주주의 승인(그러한 승인이 요구되는 국가의 경우) 가능성이 고려되어야 한다(2009.7. 신설).

주) 1년 이내: 사건이나 상황에 따라서는 매각을 완료하는데 소요되는 기간이 연장되어 1년을 초과할 수도 있다. 만약 기업이 통제할 수 없는 사건 또는 상황 때문에 매각기간이 연장되었지만 기업이 여전히 해당 자산(또는 처분자산집단)의 매각계획을 확약한다는 충분한 증거가 있다면 매각이 완료되기까지의 기간이 연장된다고 하더라도 해당 자산(또는 처분자산집단)을 매각예정으로 분류할 수 없는 것은 아니다(문단 9).

폐기될 비유동자산(또는 처분자산집단)은 매각예정으로 분류할 수 없다. 왜냐하면 해당 장부금액은 원칙적으로 계속사용함으로써 회수되기 때문이다. 폐기될 비유동자산(또는 처분자산집단)에는 경제적 내용연수가 끝날 때까지 사용될 비유동자산(또는 처분자산집단)과 매각되지 아니하고 폐쇄될 비유동자산(또는 처분자산집단)을 포함한다(문단 13).

5 매각예정으로 분류된 비유동자산(또는 처분자산집단)의 측정

(1) 비유동자산(또는 처분자산집단)의 측정

매각예정으로 분류된 비유동자산(또는 처분자산집단)은 공정가치에서 처분부대원가를 뺀 금액과 장부금액 중 적은 금액으로 측정한다(문단 15). 사업결합의 일부로 취득한 자산(또는 처분자산집단)은 공정가치에서 처분부대원가를 뺀 금액으로 측정한다(문단 16). 1년 이후에 매각될 것으로 예상된다면 매각부대원가는 현재가치로 측정한다. 기간 경과에 따라 발생하는 매각부대원가 현재가치의 증가분은 금융원가로서 당기손익으로 회계처리한다(문단 17).

(2) 손상차손과 손상차손환입액의 인식

1) 자산의 경우

① 손상차손 인식

자산의 최초 또는 향후 공정가치에서 처분부대원가를 뺀 금액의 하락을 손상차손으로 인식한다(문단 20).

② 손상차손환입액의 인식

자산의 공정가치에서 처분부대원가를 뺀 금액이 증가하면 이익을 인식한다. 그러나 그 금액은 이 기준서 또는 기준서 제1036호「자산손상」에 따라 과거에 인식하였던 손상차손누계액을 초과할 수 없다(문단 21).

2) 처분자산집단의 경우

① 손상차손 인식

처분자산집단의 최초 또는 향후 공정가치에서 처분부대원가를 뺀 금액의 하락을 손상차손으로 인식한다(문단 20).

② 손상차손환입액의 인식

처분자산집단의 공정가치에서 처분부대원가를 뺀 금액이 증가하면 이익으로 인식한다. 이 경우 이익으로 인식하는 금액은 다음 'ⓐ'의 금액으로 하되, 'ⓑ'의 금액을 초과할 수 없다(문단 22).

    ⓐ 공정가치에서 처분부대원가를 뺀 금액의 증가 금액
    ⓑ 이 기준서의 측정 규정을 적용받는 비유동자산에 대하여 이 기준서 또는 기준서 제1036호「자산손상」에 따라 과거에 인식한 손상차손누계액

┤ 신속처리 질의 · 답변 ├

단일거래로 토지와 건물을 매각할 경우 처분자산집단을 기준으로(토지 · 건물 전체 장부가액 합계 – 순공정가치 합계) 손상차손을 측정함.

---

(3) 처분자산집단에 인식한 손상차손(환입)의 배분순서

처분자산집단에 대하여 인식한 손상차손(또는 손상차손환입)은 다음의 배분순서에 따라 집단에 속한 자산 중 이 기준서의 측정 규정이 적용되는 비유동자산의 장부금액을 감소(또는 증가)시킨다(문단 23).

① 손상차손의 경우

손상차손은 다음과 같은 순서로 배분하여 처분자산집단에 속하는 자산의 장부금액을 감소시킨다.

첫째: 우선, 처분자산집단에 배분된 영업권의 장부금액을 감소시킨다.

둘째: 그 다음 처분자산집단에 속하는 다른 자산에 각각 장부금액에 비례하여 배분한다.

이러한 장부금액의 감소는 개별 자산의 손상차손으로 회계처리하고, 즉시 당기손익으로 인식한다.

② 손상차손환입의 경우

처분자산집단의 손상차손환입은 처분자산집단을 구성하는 자산들(영업권 제외)의 장부금액에 비례하여 배분한다. 이러한 장부금액의 증가는 개별자산의 손상차손환입으로 회계처리하고, 즉시 당기손익으로 인식한다.

(4) 매각계획의 변경

매각예정으로 분류되던 자산(또는 처분자산집단)이 매각예정으로 분류되기 위한 요건을 더 이상 충족할 수 없는 경우 그 자산(또는 처분자산집단)은 매각예정으로 분류할 수 없다(문단 26).

더 이상 매각예정으로 분류할 수 없거나 매각예정으로 분류된 처분자산집단에 포함될 수 없는 비유동자산에 대하여는 다음 중 적은 금액으로 측정한다(문단 27).

① 당해 자산(또는 처분자산집단)을 매각예정으로 분류하기 전 장부금액에 감가상각, 상각 또는 재평가 등 매각예정으로 분류하지 않았더라면 인식하였을 조정사항을 반영한 금액

② 매각하지 않기로 결정한 날의 회수가능액

6 법인세법

법인세법상 사업에 사용하지 않는 자산은 감가상각대상에서 제외되나, 다음에 해당하지 않는 유휴설비에 대해서는 감가상각이 가능하다(법령 §24 ② 1호, 법칙 §12 ③).
① 사용 중 철거하여 사업에 사용하지 아니하는 기계 및 장치 등
② 취득 후 사용하지 아니하고 보관 중인 기계 및 장치 등

반면 시설의 개체 또는 기술이 낙후하여 생산설비의 일부를 폐기한 경우에는 장부가액에서 1,000원을 공제한 금액을 폐기일이 속하는 사업연도의 손금에 산입할 수 있다(법령 §31 ⑦).
K-IFRS와 법인세법 간의 차이에 따른 조정은 다음과 같다.

(1) 자산은 계속 사용 중이나 매각예정비유동자산(법인세법상으로는 계속 유형자산에 해당)으로 분류된 경우

① 기업회계

감가상각을 중단하고 손상차손인식 여부 검토

② 법인세법

감가상각을 중단하지 않음.

③ 세무조정

시인부족액 발생. 단, 손상차손금액은 감가상각비계상액으로 보아 시부인계산하고 법인세법 제23조에 의해 시인부족액은 신고조정에 의해 손금산입한다.

(2) 자산은 사용중단하였으나 매각예정분류기준 미충족된 경우

① 기업회계

폐기·처분시점까지 계속하여 감가상각비계상

② 법인세법

감가상각 중단

③ 세무조정

손금불산입·상각부인액

사례	매각예정처분자산 집단

1. 자료

(1) A법인은 전국에 동일제품을 생산하는 세 군데의 공장을 보유하고 있다.

(2) 전반적인 매출감소 등의 영향에 의해 A법인의 이사회는 2025년 상반기에 제2공장의 매각을 결정하고 매수자를 물색하기 시작하였다.

(3) 2025.9.30. A법인은 B법인과 제2공장의 매각 관련 MOU를 체결하고 2026.3.31.까지 실사를 완료하고 매각대금을 결정하기로 합의하였다.

(4) A법인은 2025.9.30. 자로 제2공장의 가동을 중단하였다.

(5) 2025.9.30. 현재 제2공장 매각 관련 자산·부채내역은 다음과 같다.

① 자산

㉠ 토 지	20억 원
㉡ 건 물	10억 원
㉢ 기계장치	30억 원
㉣ 비 품	5억 원
	65억 원

상기 자산은 2025.9.30.까지 감가상각비가 계상된 금액이다.

② 부채

㉠ 미지급금 5억 원

㉡ 장기차입금 20억 원(연 이자율 10%로 연말에 이자지급됨)

(6) 2025.9.30. 현재 매각 관련 자산의 공정가치는 50억 원(처분부대원가는 없음)으로 평가된다.

2. 매각예정처분자산집단 및 중단영업의 판단

(1) 매각예정처분자산집단 여부

2025.9.30. 현재의 상태로 즉시 매각할 수 있고 매각될 가능성이 매우 높다고 판단하여 A법인은 제2공장 매각 관련 자산·부채를 매각예정처분자산집단으로 분류하기로 판단하였다.

(2) 중단영업 해당 여부

2025년에 처분되었거나 매각예정으로 분류된 주요 사업계열이나 영업지역 등에 해당되지 않으므로 중단영업에는 해당되지 않는 것으로 판단하였다.

3. 매각예정처분자산집단의 측정

(1) 측정기준

매각예정처분자산집단은 공정가치와 장부금액 중 적은 금액으로 측정한다.

(2) 측정금액

Min(공정가치, 장부금액)＝Min(50억 원, 65억 원)＝50억 원

(3) 손상차손익식금액

65억 원－50억 원＝15억 원

(4) 손상차손금액의 배분

과목	배분 전 장부가액	손상차손배분액	배분 후 장부가액
토지	20억 원	461,538,461	1,538,461,539
건물	10억 원	230,769,230	769,230,770
기계장치	30억 원	692,307,692	2,307,692,308
비품	5억 원	115,384,617	384,615,383
	65억 원	15억 원	50억 원

(5) 회계처리

(차) 유형자산손상차손 1,500,000,000 　(대) 토지 461,538,461
(기타비용) 　　　　　　　　건물 230,769,230
　　　　　　　　　　　　　　기계장치 692,307,692
　　　　　　　　　　　　　　비품 115,384,617

4. 2025.12.31. 결산 시 회계처리

(1) 감가상각비 계상 여부

매각예정으로 분류된 처분자산집단에 소속된 자산은 감가상각하지 않는다.

(2) 이자비용계상

(차) 이자비용 200,000,000[주) 　(대) 현금및현금성자산 200,000,000

주) 20억 원×10%＝200,000,000원

매각예정으로 분류된 처분자산집단의 부채와 관련된 이자비용은 계속 비용으로 인식한다.

5. 2025.12.31. 현재 재무상태표상 표시

	2025.12.31.	2024.12.31.
(1) 자산		
유동자산		
현금및현금성자산	×××	×××
재고자산	×××	×××
매각예정처분자산	50억 원	－
비유동자산		
유형자산	×××	×××

　(2) **부채**

　　유동부채

매입채무	×××	×××
단기금융부채	×××	×××
매각예정부채	25억 원	–

　　비유동부채

6. 주석

　(1) 매각예정처분자산집단에 포함된 자산의 분류

토지	1,538,461,539
건물	769,230,770
기계장치	2,307,692,308
비품	384,615,383
	5,000,000,000

　(2) 매각예정처분자산집단에 포함된 부채의 분류

미지급금	500,000,000
장기차입금	2,000,000,000
	2,500,000,000

7. 세무조정(2025년)

감가상각대상자산인 건물, 기계장치, 비품에 대하여 2025.9.30.까지 계상된 감가상각비와 손상차손금액을 합한 세무상 감가상각비와 상각한도액과의 차이에 대해 한도초과액은 손금불산입하며 한도미달액은 법인세법 제23조에 의해 신고조정으로 손금산입한다.

　(1) 9.30. 자로 공장가동이 중단되고 감가상각이 세법과 동일한 경우

　　손상차손금액 전액을 손금불산입한다.

　　손금불산입 · 손상차손 · 15억 원 · 유보

　(2) 9.30. 자로 공장가동이 중단되지 않고 12.31.까지 계속되는 경우

　　10.1.부터 12.31.까지 기간에 대하여도 법인세법상 상각범위액을 계산하여 동 금액을 15억 원에서 차감한 금액을 손금불산입한다.

| 신속처리 질의 · 답변 |

영업부문, 매각예정비유동자산과 중단영업

1. 보고부문별 자산과 부채 총액

(1) 질의

K-IFRS 제1108호 문단 23을 보고부문별 자산과 부채의 총액이 최고영업의사결정자에게 정기적으로 제공된다면 그러한 금액들도 보고하도록 요구함. 보고부문별 자산·부채의 총액이 최고영역의사결정자에게 정기적으로 제공되지 않는다면 주석으로 공시할 필요가 없는가?

(2) 회신

보고부문별 자산과 부채의 경우, 최고영업의사결정자에게 정기적으로 제공되지 않는다면 주석으로 공시할 필요 없음(제1108호 문단 23).

2. 신규사업부문의 영업부문 공시

(1) 질의

회사는 신규 사업을 개시하였고, 이 사업부문은 K-IFRS 제1108호에 따라 영업부문으로 식별되고, 문단 13의 양적기준도 충족함. 해당 영업부문에서 수익이 창출되기 전이더라도 영업부문으로 별도 공시를 해야 하는지?

(2) 회신

수익을 창출하지 않는 신규 영업부문이더라도 K-IFRS 제1108호 문단 11의 조건을 모두 충족한다면, 해당 영업부문에 대한 정보를 별도로 보고함(제1108호 문단 5).

3. 비교 중간기간의 중단영업 표시

(1) 질의

회사의 A사업부는 전기 3분기 중 K-IFRS 제1105호에 따른 중단영업 기준을 충족하였고, 전기에 매각이 완료되었음. 이 경우, 당기 1분기 중간재무제표에 비교표시되는 전기 1분기 중간재무제표에 A사업부 관련 손익을 중단영업으로 표시해야 하는지?

(2) 회신

비교표시되는 전기 1분기 중간재무제표에 A사업부 관련 손익을 중단영업으로 표시함. K-IFRS 제1105호 '매각예정비유동자산과 중단영업' 문단 34에 따르면 표시된 최종기간의 보고기간 말까지 모든 중단영업과 관련된 공시사항이 표시될 수 있도록 과거 재무제표에 문단 33의 공시사항을 다시 표시함.

4. 매각예정처분자산집단에 영업권 포함 여부

(1) 질의

회사는 과거 종속기업 지분 55%를 취득하면서 연결재무제표에 영업권을 인식함. 당기 중 종속기업의 지분 전체를 매각하기로 결정하였고, 연결재무제표에서 종속기업의 관련 자산·부채를 매각예정처분자산집단으로 분류하려고 함. 이때 영업권도 매각예정처분자산집단에 포함하여야 하는지?

(2) 회신

처분자산집단이 K – IFRS 제1036호 '자산손상'에 따라 영업권이 배분된 현금창출단위이거나 해당 현금창출단위 내에 속하는 경우, 처분자산집단에 해당 영업권이 포함됨(제1105호 부록 A. 용어의 정의).

5. 매각예정자산 계정분류

(1) 질의

회사는 전기 중 해외 종속기업을 설립하였고, 그 종속기업에 처분할 목적으로 시설장치와 기계장치를 구입함. 이 경우, 회사의 별도재무제표에서 해당 자산을 매각예정비유동자산으로 분류해야 하는지?

(2) 회신

처분만을 목적으로 취득한 비유동자산이 K – IFRS 제1105호 문단 11에 따른 요건(1년 이내에 매각완료요건 등)을 충족한다면, 취득일에 매각예정비유동자산으로 분류함.

6. 매각예정비유동자산에서 유형자산으로 재분류 시 측정

(1) 질의

회사는 기계장치를 매각예정비유동자산으로 분류하면서 관련 비용을 인식함. 이후 해당 기계장치를 유형자산으로 재분류하는 경우, 재분류 시점의 측정방법은?

(2) 회신

더 이상 매각예정비유동자산으로 분류할 수 없는 자산은 ① 매각예정비유동자산으로 분류하기 전 장부금액에 매각예정으로 분류하지 않았더라면 인식하였을 조정사항(감가상각, 재평가 등)을 반영한 금액과 ② 회수가능액 중 적은 금액으로 측정함(제1105호 문단 27).

7. 물적분할과 중단영업

(1) 질의

A사는 B사업부문을 물적분할하여 완전자회사인 B′ 신설법인을 설립하고, 동시에 B′ 신설법인에 대해 제3자 배정 유상증자를 확정하였음[유상증자 후 A법인의 지분율은 20%(지배력 상실)], A사의 입장에서 비교표시되는 전년도 재무제표에서 B사업부문을 중단영업으로 표시할 수 있는지?

(2) 회신

해당 거래가 물적분할이라는 형식을 통한 사업부 처분거래로서 관련 부문이 K – IFRS 제1105호의 문단 32의 중단영업 요건을 충족한다면(제1105호 문단 8A, 32), 표시된 최종 기간의 보고기간 말까지 모든 중단영업과 관련된 동 기준서 문단 33의 공시사항이 표시될 수 있도록 과거 재무제표의 공시사항을 다시 표시함(제1105호 문단 34).

8. 물적 분할 시 매각예정비유동자산 분류

(1) 질의

회사의 A사업부문을 물적분할하여 완전자회사인 B사를 설립하였음. 회사는 물적분할 시점에 B사 주식을 처분할 계획이 있는 경우, 분할 전 회사의 별도재무제표에서 분할되는

A사업부문 관련 자산·부채를 매각예정으로 분류하는지?

(2) 회신

비유동자산(또는 처분자산집단)의 장부금액이 계속사용이 아닌 매각거래를 통하여 주로 회수될 것이라면 이를 매각예정으로 분류함(제1105호 문단 6).

물적분할 시점에 모회사가 자회사 주식을 처분할 계획이 있다면 일반적으로 미래현금흐름 및 기업특유가치에 유의적인 변동이 있는 것으로 해석되므로, 물적분할 거래를 매각거래로 보아 분할대상 사업부문의 자산·부채를 매각예정으로 분류함(제1105호 문단 10, 제1016호).

9. 중단영업에 포함된 자산의 처분손익 표시

(1) 질의

회사의 A사업부는 K-IFRS 제1105호에 따른 중단영업 기준을 충족하였고, 회사는 A사업부에서 사용하던 일부 자산을 판매하고 처분손익을 인식하였음. 해당 처분손익을 계속영업 관련 손익과 중단영업 관련 손익 중 어느 항목으로 표시하는지?

(2) 회신

중단영업에 포함된 자산이나 처분자산집단을 처분하여 생긴 세후 손익금액은 세후 중단영업손익과 함께 단일금액으로 포괄손익계산서에 표시함(제1105호 문단 33(1)).

포괄손익계산서에 표시한 단일금액은 세부항목별로 분석하여 공시함(제1105호 문단 33(2)).

10. 매각예정비유동자산으로 분류된 관계기업투자주식의 측정 방법

(1) 질의

회사는 보유 중인 관계기업투자주식을 전량 매각하는 이사회 결의를 하고 계약을 체결하여, 해당 자산을 매각예정비유동자산으로 분류함. 회사는 별도재무제표를 작성할 때 관계기업투자주식에 원가법을 적용하였는데 해당 매각예정비유동자산은 결산일 후에 매각대금을 장부금액(취득원가)만큼 받고 처분하는 조건인 경우, 해당 자산의 측정 방법은?

(2) 회신

매각예정으로 분류된 비유동자산은 공정가치에서 처분부대원가를 뺀 금액과 장부금액 중 적은 금액으로 측정함(제1105호 문단 15).

공정가치는 측정일에 시장참여자 사이의 정상거래에서 자산을 매도할 때 받거나 부채를 이전할 때 지급하게 될 가격임(제1105호 부록A 용어의 정의). 다만, 매각대금이 공정가치에 해당하는지는 사실관계를 고려하여 판단할 사항임.

11. 주요 고객의 범위

(1) 질의

회사의 ×1년 전체 매출 중 A사에 대한 매출이 9%, A'사 지분을 100% 소유함. 회사가 K-IFRS 제1108호 '영업부문'의 적용범위에 해당하는 기업인 경우, 회사는 A사 및 A'사를 주요 고객으로 보아 해당 고객에 대한 수익금액을 공시하여야 하는가?

(2) 회신

　단일 외부고객으로부터의 수익이 기업 전체 수익의 10% 이상인 경우에는, 그 사실, 해당 고객별 수익금액 및 그러한 수익금액이 보고되는 부문의 명칭 등 주요 고객에 대한 의존도에 관한 정보를 공시하여야 함(제1108호 문단 34).

　동일 지배하에 있는 것으로 보고기업이 인지하는 기업들은 단일고객으로 간주하므로, 지배·종속 관계인 A사와 A'사를 단일고객으로 간주하여, 매출 합계금액이 기업 전체 수익의 10% 이상이면 주요 고객에 해당함(제1108호 문단 34).

제13장

금융부채

1 기준서 적용

　금융부채의 인식과 측정에 대한 사항은 기준서 제1109호에서 정하고, 금융부채 및 지분상품의 표시에 관한 사항은 기준서 제1032호에서 정하고, 금융상품의 공시에 관한 사항은 기준서 제1107호에서 정한다.

2 금융부채와 지분상품(자본)

(1) 금융부채

금융부채는 다음의 부채를 말한다(기준서 제1032호 문단 11).

---

1. 다음 중 하나에 해당하는 계약상 의무
   ① 거래상대방에게 현금 등 금융자산을 인도하기로 한 계약상 의무
   ② 잠재적으로 불리한 조건으로 거래상대방과 금융자산이나 금융부채를 교환하기로 한 계약상 의무
2. 자기지분상품으로 결제되거나 결제될 수 있는 다음 중 하나의 계약
   ① 인도할 자기지분상품의 수량이 변동가능한 비파생상품
   ② 확정수량의 자기지분상품에 대하여 확정금액의 현금 등 금융자산을 교환하여 결제하는 방법이 아닌 방법으로 결제되거나 결제될 수 있는 파생상품. 이때 자기지분상품에는 다음의 금융상품은 포함되지 않는다.
   　가. 문단 16A와 16B에 따라 지분상품으로 분류되는 풋가능 금융상품
   　나. 발행자가 청산되는 경우에만 거래상대방에게 지분비율에 따라 발행자 순자산을 인도해야 하는 의무를 발행자에게 부과하는 금융상품으로서 문단 16C와 16D에 따라 지분상품으로 분류되는 금융상품
   　다. 자기지분상품을 미래에 수취하거나 인도하기 위한 계약인 금융상품

---

(2) 지분상품

지분상품은 기업의 자산에서 부채를 차감한 후의 잔여지분을 나타내는 모든 계약을 말한다.

금융상품의 발행자가 당해 금융상품이 금융부채가 아니라 지분상품에 해당되는지를 결정하는 경우, 다음 조건을 모두 충족하는 경우에만 지분상품으로 분류한다(기준서 제1032호 문단 16).

1. 다음의 계약상 의무를 포함하지 않는 경우
   ① 거래상대방에게 현금 등 금융자산을 인도하기로 하는 계약상 의무
   ② 발행자에게 잠재적으로 불리한 조건으로 거래상대방과 금융자산이나 금융부채를 교환하는 계약상 의무
2. 자기지분상품으로 결제되거나 결제될 수 있는 다음 중 하나의 계약
   ① 변동가능한 수량의 자기지분상품을 인도할 계약상 의무가 없는 비파생상품
   ② 확정수량의 자기지분상품에 대하여 확정금액의 현금 등 금융자산의 교환을 통해서만 결제될 파생상품. 이때 자기지분상품에는 다음의 금융상품은 포함되지 않는다.
   가. 다음 '나.'에서 기술하고 있는 모든 특성과 조건을 충족하는 금융상품
   나. 자기지분상품을 미래에 수취하거나 인도하기 위한 계약인 금융상품

계약상 의무(파생금융상품에서 발생하는 계약상 의무를 포함)에 따라 자기지분상품을 미래에 수취하거나 인도하는 결과가 발생하더라도 상기 조건을 충족하지 않는 계약상 의무는 지분상품이 아니다.

(3) 금융부채와 자본의 구분 사례

기업에 계약상 의무를 결제하기 위하여 현금 등 금융자산의 인도를 회피할 수 있는 무조건적인 권리를 가지고 있지 않다면 금융부채로 분류하고, 회피할 수 있는 권리를 가지고 있다면 지분상품으로 분류한다.

1) 금융부채인 경우

① 우선주의 발행자가 보유자에게 확정되었거나 결정가능한 미래의 시점에 확정되었거나 결정가능한 금액을 의무적으로 상환해야 하거나, 우선주의 보유자가 발행자에게

특정일이나 그 이후에 확정되었거나 결정가능한 금액의 상환을 청구할 수 있는 권리를 보유하고 있는 경우 해당 우선주(기준서 제1032호 문단 18)

② 금융상품의 보유자가 발행자에게 당해 금융상품의 환매를 요구하여 현금 등 금융자산을 수취할 권리가 부여된 금융상품(풋가능 금융상품)

③ 계약상 의무를 결제하기 위한 현금 등 금융자산의 인도를 회피할 수 있는 무조건적인 권리를 기업이 가지고 있지 않은 경우 해당 의무 등

중점사항　**상환우선주의 회계처리 및 세무조정**

1. 상환우선주의 측정

상환우선주의 측정은 최초인식시점의 공정가치(=발행가액)로 측정하며, 이는 상환우선주로부터 발생하는 미래현금흐름의 현재가치금액을 뜻한다.

2. 상환우선주의 금융부채와 자본의 구분

상환우선주의 발행자가 보유자에게 확정되었거나 확정가능한 미래의 시점에 확정되었거나 확정가능한 금액을 의무적으로 상환해야 하거나, 우선주의 보유자가 발행자에게 특정일이나 그 이후에 확정되었거나 확정가능한 금액의 상환을 청구할 수 있는 권리를 보유하고 있는 경우 그 상환우선주는 금융부채로 분류한다. 반면, 발행자가 상환권리를 갖는 경우에는 상환우선주를 지분상품(자본)으로 분류한다.

3. 금융부채 해당 상환우선주

(1) 누적적 상환우선주: 금융부채 해당

① 배당금을 포함하여 공정가치를 계산하며 우선주 액면가액과의 차이는 유효이자율법을 적용하여 이자비용으로 처리

② 배당금지급 시 이자비용으로 처리

(2) 비누적적 상환우선주: 금융부채 해당

① 배당금을 제외하여 공정가치를 계산하며 우선주 액면가액과의 차이는 유효이자율법을 적용하여 이자비용으로 처리

② 배당금지급 시에는 이익잉여금의 감소로 처리

4. 세무조정

법인세법상 상환우선주는 자본에 해당되어 이자비용으로 계상된 금액을 손금불산입하는 세무조정을 하여야 한다.

손금불산입·이자비용·기타사외유출

5. 자본으로 계상된 상환우선주의 상환

자본으로 계상된 상환우선주의 상환은 발행할 때부터 결정된 상환조건에 따라 상환(정관에 이익소각으로 규정)하는 것이지 상법 제344조에 따른 주식소각절차에 의한 것이 아니므로 상환우선주의 상환 시 이익잉여금(실지 계정은 미처분이익잉여금)의 감소로 회계처리한다. 이 경우 재무상태표에는 우선주자본금과 해당 주식발행초과금이 계속 표시되는 문제가 발생한다.

6. 전환우선주

전환우선주는 우선주주의 청구에 따라 보통주로 전환할 수 있는 권리가 부여된 주식을 말하며, 전환우선주가 확정수량의 보통주로 전환되는 조건이라면 자본으로 분류하고 변동수량의 보통주로 전환되는 조건이라면 금융부채로 분류한다.

7. 전환상환우선주

전환상환우선주는 전환조건과 상환조건을 모두 가지고 있는 우선주를 말한다. 발행자가 상환권을 보유하고 있는 경우 확정수량의 보통주로 전환되는 조건이면 전체를 자본으로 분류하고 변동수량의 보통주로 전환되는 조건이면 전체를 금융부채로 분류한다. 투자자가 상환권을 보유하고 있는 경우 확정수량의 보통주로 전환되는 조건이면 발행자는 전환상환우선주의 발행가액을 금융부채와 지분상품(전환권대가)으로 구분하여 회계처리하고 이는 복합금융상품에 해당하여 이의 회계처리를 따르면 된다. 만일 변동수량의 보통주로 전환되는 조건이면 전환상환우선주의 발행가액을 금융부채와 파생상품부채(전환권부채)로 구분하여 처리하고 이는 복합상품에 해당하여 이의 회계처리를 따르면 된다.

┤ 신속처리 질의 · 답변 ├

전환상환우선주의 발행시점에 전환권을 주계약에서 분리하여 금융부채로 인식한 경우, 이후 신용위험의 변동에 따른 전환권의 공정가치 변동액은 당기손익으로 인식함.

Expert Opinion Summary

상환전환우선주 회계처리

1. 일반기업회계기준의 상환전환우선주 회계처리

   일반기업회계기준에서 상환전환우선주는 자본의 발행으로 처리된다.

   1) 기본자료

   ① 2025.1.1 상환전환우선주 발행(정관에 이익으로 소각할 수 있는 상환전환우선주 발행규정 있음)

② 액면가액 100

③ 발행가액 700

④ 상환기일 2027.12.31.(투자자가 상환청구권을 가짐)

⑤ 최저배당금: 발행가액의 1%(누적적 · 참가적 배당우선주, 보통주전환 및 상환 시 당해 연도 배당금은 없음)

⑥ 상환가액: 원금과 상환일까지 연 5% 금액을 합한 금액

⑦ 전환조건: 상환기일까지 보통주로 전환가능

　　전환 시 우선주 1주당 보통주 2주로 함.

2) 2027.12.31. 상환하는 경우

① 2025.1.1. 회계처리

(차) 현　금	700	(대) 우선주자본금	100
		우선주주식발행초과금	600

* 일반기업회계기준에서는 상환전환우선주(RCPS)를 자본으로 처리함.

② 2026.3.31.(주주총회 전제)

(차) 미처분이익잉여금	7	(대) 미지급금	7

③ 2026.2.31.(주주총회 전제)

(차) 미처분이익잉여금	7	(대) 미지급금	7

④ 2027.12.31. 상환 시(소각가능 이익존재 전제)

　가. 상환가액

　　$700 + 700 \times (5\% + 5\% + 5\%) = 805$

　나. 회계처리

(차) 미처분이익잉여금	805	(대) 현　금	805

* 상환전환우선주는 정관에 이익으로 소각하는 규정이 있어야 하며 이에 대해 주주총회 특별결의사항인 감자의 회계처리를 할 수 없어 이익잉여금의 감소로 처리하며 상환 후에도 우선주자본이 재무상태표에 남게 됨.

3) 2027.12.31. 보통주로 전환하는 경우

① 상기 '2)'의 '①'과 동일

② 상기 '2)'의 '②'와 동일

③ 상기 '2)'의 '③'과 동일

④ 2027.12.31. 보통주 전환 시

(차) 우선주자본금	100	(대) 보통주자본금	200
우선주주식발행초과금	600	보통주주식발행초과금	500

4) 세무조정

법인세법에서는 상환전환우선주에 대해 일반기업회계기준상 회계처리와 동일한 처리를 하며 별도의 세무조정이 발생하지 않음.

5) 상환전환우선주의 무상취득 추가

상환전환우선주를 발행한 내국법인이 동 주식을 소각시키기 위하여 특수관계에 있는 법인(상환전환우선주를 보유하고 있는 모법인)으로부터 해당 상환전환우선주 중 일부를 무상으로 취득한 경우[잔여 상환전환우선주는 보통주와 1:1로 전환함. 이는 상환전환우선주 전부를 보통주와 전환하면 전환비율이 1:1 미만에 해당되어 자본감소효과가 발행하여 등기가 이루어지지 않기 때문임(공탁법인과-520, 2005.10.6.)] 동 거래는 자본의 증감에 관련된 자본거래에 해당하므로 익금산입 대상인 자산수증이익으로 보지 않음(서면법인-1864, 2024.10.11.).

2. K-IFRS의 상환전환우선주 회계처리

K-IFRS에서는 상환전환우선주의 발행을 금융부채의 차입으로 보며 상환권과 전환권을 파생상품부채(발행 시 보통주 전환조건 확정 시는 전환권은 자본으로 인식)로 보아 별도의 회계처리를 함.

1) 기본자료

'1. 1) ①~⑦'과 동일 전제

단, '⑦ 전환조건'에 있어서는 발행 시 전환 조건이 결정되지 않고 전환 시 결정됨.

⑧ 발행 시 전환권부채의 공정가치 83(2022.12.31. 공정가치 90, 2023.12.31. 공정가치 94)

⑨ 발행 시 회사의 시장이자율은 8%

2) 2027.12.31. 상환하는 경우

① 2025.1.1. 발행 시 회계처리

(차) 현 금	700	(대) 상환전환우선주(일반금융부채)	617
		전환권부채(파생상품부채)	83

*1) 상환전환우선주 장부금액 결정
발행가액 700 - 전환권부채 83
=617
2) 상환전환우선주에 대한 상각후원가적용 시 유효이자율의 계산

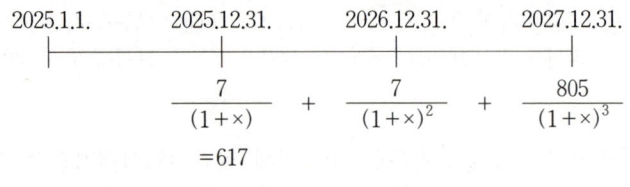

$$\frac{7}{(1+×)} + \frac{7}{(1+×)^2} + \frac{805}{(1+×)^3}$$
$$=617$$

$$× = 10\%$$

② 2025.12.31.

(차) 이자비용	61.7	(대) 미지급금	7
		상환전환우선주	54.7

* 617 × 10% = 61.7

(차) 전환권부채평가손실	7	(대) 전환권부채	7

③ 2026.12.31.

(차) 이자비용	67.1	(대) 미지급금	7
		상환전환우선주	60.1

*(617 + 54.7) × 10% = 67.1

(차) 전환권부채평가손실	4	(대) 전환권부채	4

④ 2027.12.31. 상환 시 회계처리

(차) 이자비용	73.2	(대) 상환전환우선주	73.2

*1) (617 + 54.7 + 60.1) × 10% = 73.2
 2) 상환 및 전환연도에는 배당금을 지급하지 않는 조건
 3) 상환전환우선주 장부가액
   (617 + 54.7 + 60.1 + 73.2) = 805

(차) 상환전환우선주	805	(대) 현 금	805
전환권부채	94	상환전환우선주상환이익	94

⑤ 종합분석
  가. 상환전환우선주 발행가액 - 이자 및 상환가액
     = 700 - (14 + 805)
     = (-)119
  나. 3년간 비용계상금액 - 수익계상금액
     = (61.7 + 2 + 5 + 67.1 + 1 + 3 + 73.2) - 94
     = 119

⑥ 세무조정

    가. 2025사업연도

      • 2025.1.1.

익금산입	상환전환우선주	617	유보
익금산입	전환권부채	83	유보
손금산입	우선주자본	700	기타

      • 2025.12.31.

손금불산입	이자비용	61.7	기타사외유출
익금산입	상환전환우선주	54.7	유보
손금산입	상환전환우선주	54.7	기타
익금산입	전환권부채	7	유보

    나. 2026사업연도

손금불산입	이자비용	61.7	기타사외유출
익금산입	상환전환우선주	60.1	유보
손금산입	상환전환우선주	60.1	기타
익금산입	전환권부채	4	유보

    다. 2027사업연도

손금불산입	이자비용	73.2	기타사외유출
익금산입	상환전환우선주	73.2	유보
손금산입	상환전환우선주	73.2	기타
손금산입	전환권부채	94	유보
손금산입	상환전환우선주	805	유보
익금산입	상환전환우선주	805	기타

3) 발행 당시 확정수량의 보통주로 전환되는 조건인 경우의 상환전환우선주를 2027.12.31. 에 상환하는 경우

① 기본자료

    '1. 1) ①~⑦' 동일 전제

    ⑧ 발행 시 회사의 시장이자율은 9%

② 2025.1.1. 발행 시 회계처리

    (차) 현 금　　　　　700　　(대) 상환전환우선주(일반금융부채)　　634
    　　　　　　　　　　　　　　　　전환권대가(자본)　　　　　　　　66

    *1) 상환전환우선주의 공정가치

$$7/(1+0.09)+7/(1+0.09)^2+805/(1+0.09)^3=634$$

2) 전환권대가(자본)의 계산

$$700-634=66$$

③ 2025.12.31.

| (차) 이자비용 | 57.1 | (대) 미지급금 | 7 |
| | | 상환전환우선주 | 50.1 |

* $634 \times 9\% = 57.1$

④ 2026.12.31.

| (차) 이자비용 | 61.5 | (대) 미지급금 | 7 |
| | | 상환전환우선주 | 54.5 |

* $(634+50.1) \times 9\% = 61.5$

⑤ 2027.12.31. 상환 시 회계처리

| (차) 이자비용 | 66.4 | (대) 상환전환우선주 | 66.4 |

*1) $(634+50.1+54.5) \times 9\% = 66.4$

2) 상환전환우선주 장부가액

$$(634+50.1+54.5+66.4)=805$$

| (차) 상환전환우선주 | 805 | (대) 현 금 | 805 |

⑥ 세무조정

가. 2025사업연도

• 2025.1.1.

익금산입	상환전환우선주	634	유보
익금산입	전환권부채	66	기타
손금산입	우선주자본	700	기타

• 2025.12.31.

손금불산입	이자비용	57.1	기타
익금산입	상환전환우선주	50.1	유보
손금산입	상환전환우선주	50.1	기타

나. 2026사업연도

손금불산입	이자비용	61.5	기타
익금산입	상환전환우선주	54.5	유보
손금산입	상환전환우선주	54.5	기타

다. 2027사업연도

손금불산입	이자비용	66.4	기타	
익금산입	상환전환우선주	66.4	유보	
손금산입	상환전환우선주	66.4	기타	
손금산입	상환전환우선주	805	유보	
익금산입	상환전환우선주	805	기타	

4) 상기 '2)'의 사례에서 2027.12.31. 보통주로 전환하는 경우

① 우선주 1주당 보통주 1주로 전환됨.

② 2025.1.1. 발행 시 회계처리

　'2) ①'과 동일

③ 2025.12.31.

　'2) ②'와 동일

④ 2026.12.31.

　'2) ③'과 동일

⑤ 2027.12.31. 보통주로 전환 시 회계처리

(차) 이자비용	73.2	(대) 상환전환우선주	73.2

(차) 상환전환우선주	805	(대) 보통주자본금	100
전환권부채	94	보통주주식발행초과금	799

⑥ 세무조정

　가. 2025사업연도

　　'2) ⑥ 가.'와 동일

　나. 2026사업연도

　　'2) ⑥ 나.'와 동일

　다. 2027사업연도

　　'2) ⑥ 다.'와 동일하되 다음 조정 추가

익금산입	전환권부채	94	기타

5) 상기 '3)'의 사례에서 2027.12.31. 보통주로 전환하는 경우

① 2025.1.1. 발행 시 회계처리

　'3) ②'와 동일

② 2025.12.31.

　'3) ③'과 동일

③ 2026.12.31.

'3) ④'와 동일

④ 2027.12.31. 보통주로 전환 시 회계처리

(차) 이자비용	66.4	(대) 상환전환우선주	66.4

(차) 상환전환우선주	805	(대) 보통주자본금	200
전환권부채	69	보통주주식발행초과금	674

⑤ 세무조정

　가. 2025사업연도

　　'3) ⑥ 가.'와 동일

　나. 2026사업연도

　　'3) ⑥ 나.'와 동일

　다. 2027사업연도

　　'3) ⑥ 다.'와 동일

2) 지분상품인 경우

① 기업이 확정 금액의 현금 등 금융자산을 대가로 확정수량의 자기지분상품을 수취하거나 인도하여 결제되는 계약(기준서 제1032호 문단 22)

　예를 들면 상대방에게 확정된 가격이나 확정된 사채의 액면금액으로 확정된 수량의 발행자 주식을 매입할 수 있는 권리가 부여된 주식옵션을 발행한 경우 당해 옵션은 지분상품이 된다. 이때 수취한 대가(예: 기업 자신의 주식에 대한 옵션이나 주식매입권의 발행에 대하여 수취하는 프리미엄)는 자본에 직접 가산하고 지급한 대가(예: 옵션의 매입에 대하여 지급한 프리미엄)는 자본에서 직접 차감한다. 또한 지분상품의 공정가치 변동은 재무제표에 인식하지 않는다.

② 어떤 결제방법이 적용되더라도 지분상품이 되는 파생금융상품

③ 금융회사 선택에 따라 만기연장이 가능하고 무배당 시 이자를 지급하지 않을 수 있는 신종자본증권(하이브리드채권 등)

중점사항	신종자본증권

1. 신종자본증권의 주요 내용

① 상법상 사채의 형태로 발행

② 실질적 영구채의 성격

　계약상 발행자의 재량에 따라 만기상환을 회피할 수 있음.

③ 투자자 입장에서는 은행 정기예금보다 고금리이나 은행파산 시 원리금수령순서
　가 후순위이며 타법인에게 풋옵션을 행사할 수 있음.

2. K-IFRS상 회계처리

K-IFRS에서는 신종자본증권을 실질에 따라 부채 또는 자본으로 분류하도록 하였
는데 대부분의 경우에는 자본으로 분류하고 발생되는 사채발행비는 신종자본증권할
인발행차금으로 계상하고 이는 (-)자본조정으로 처리하며 투자자에게 지급하는 권
면이자는 이익잉여금의 감소로 처리한다.

① 발행일의 회계처리

　(차) 현금　　　　　　　　940,000　　(대) 신종자본증권　　　　1,000,000

　　　신종자본증권할인발행차금　60,000　　　　(자본)

　　　(⊖자본조정)

② 이자지급 시 회계처리(배당금의 형태이므로 내년 초의 처리임)

　(차) 미처분이익잉여금　50,000　　(대) 현금　　　　　　　　50,000

자본으로 분류되는 신종자본증권의 현금흐름위험을 회피하고자 이자율스왑거래를
체결한 경우에도 위험회피회계를 적용할 수 없다(금감원 2015-8, 2015.12.12.).

3. 세무조정(법인세법에서는 부채에 해당)

• 익금산입 - 신종자본증권 · 1,000,000 · 기타

　　　　 - 사채할인발행차금 · 60,000 · 유보

• 손금산입 - 사채 · 1,000,000 · △유보

　　　　 - 신종자본증권할인발행차금 · 60,000 · 기타

→ 신종자본증권할인발행차금은 해당 사채의 만기상환 시 신고조정으로 손금산입
　한다(법인세과-757, 2012.12.6.).

• 손금산입 · 미처분이익잉여금(지급이자) · 50,000 · △유보

→ 무역업, 도·소매업 및 건설업을 영위하는 내국법인이 상법상 사채에 해당하는
　원화표시 신종자본증권을 발행하고 투자자에게 권면이자를 지급하면서 한국채
　택국제회계기준(K-IFRS)에 따라 이익잉여금의 감소로 회계처리한 경우 동 이

> 익잉여금 감소액으로 처리한 금액은 법인세법 시행령 제70조 제1항 제2호에 규
> 정된 날이 속하는 사업연도의 소득금액 계산 시 신고조정으로 손금에 산입한다
> (법인세과-1012, 2011.12.19.).
> → 내국법인이 국외에서 신종자본증권을 발행하면서 투자자가 풋옵션을 행사할
>   수 있는 외국법인(국내사업장이 없음)에게 지급한 보증수수료에 대하여 국내
>   원천소득에 해당하지 않아 원천징수의 문제가 발생하지 않는다(서면법규과-881,
>   2013.8.1.).

3 금융부채의 회계처리

(1) 분류

금융부채는 다음과 같이 2가지로 분류한다(기준서 제1109호 문단 4.2.1).

---

1. 당기손익 - 공정가치측정금융부채
2. 기타 금융부채

---

1) 당기손익 - 공정가치측정금융부채

당기손익 - 공정가치측정금융부채는 다음 중 하나의 조건을 충족하는 금융부채를 말한다.

① 다음 중 어느 하나에 해당되어 단기매매항목으로 분류된 금융부채

---

1. 주로 단기간 내에 매각하거나 재매입할 목적으로 취득하거나 부담한다.
2. 최초인식시점에 최근의 실제 운용형태가 단기적 이익획득 목적이라는 증거가 있으며, 공동으로 관리되는 특정 금융상품 포트폴리오의 일부이다.
3. 파생상품. 다만, 금융보증계약인 파생상품이나 위험회피수단으로 지정되고 위험회피에 효과적인 파생상품 제외

---

② 다음에 해당되어 최초인식시점에 당기손익 - 공정가치측정 항목으로 지정된 금융부채
  (ELS: 주가연계증권 발행 등)

금융부채도 다음의 두 가지 조건 중 하나 이상을 충족하여 정보를 더 목적적합하게 하는

경우에 당기손익–공정가치측정 항목으로 지정할 수 있으며, 한 번 지정하면 이를 취소할 수 없다.

---

1. 당기손익–공정가치측정 항목으로 지정하면 서로 다른 기준에 따라 자산이나 부채를 측정하거나 그에 따른 손익을 인식함으로써 발생할 수 있는 인식이나 측정상의 불일치(이하 회계불일치)가 제거되거나 유의적으로 감소되는 경우
2. 문서화된 위험관리전략이나 투자전략에 따라 금융상품집합(금융자산, 금융부채 또는 금융자산과 금융부채의 조합으로 구성된 집합)을 공정가치기준으로 관리하고 그 성과를 평가하며 그 정보를 이사회, 대표이사 등 주요경영진에게 공정가치기준에 근거하여 내부적으로 제공하는 경우

---

2) 기타금융부채

기타금융부채에 해당하는 계정과목은 다음과 같다.

① 당좌차월
② 단(장)기 차입금
③ 외상매입금
④ 지급어음
⑤ 임대보증금
⑥ 예수보증금
⑦ 미지급금
⑧ 미지급비용
⑨ 예수금
⑩ 사채
⑪ 전환(신주인수권부) 사채

(2) 최초인식 및 측정

금융부채는 금융상품의 계약당사자가 되는 때에만 재무상태표에 인식하며, 최초인식 시 공정가치로 측정한다. 다만, 당기손익 – 공정가치측정금융부채가 아닌 경우 당해 금융부채의 발행과 직접 관련되는 거래원가는 최초인식하는 공정가치에 차감하여 측정한다.

최초 금융부채의 공정가치가 거래가격과 다른 경우에는 다음과 같이 회계처리하며, 이는 금융자산의 경우와 동일하다.

① 공정가치가 같은 부채에 대한 활성시장의 공시가격(수준 1의 투입변수)에 따라 입증되거나 관측 가능한 시장의 자료만을 사용하는 평가기법에 기초한다면 금융부채는 최초인식시점에 공정가치로 인식하고, 공정가치와 거래가격 간의 차이를 당기손익으로 인식한다.

② 그 밖의 모든 경우에는 최초인식시점의 공정가치와 거래가격의 차이를 이연하기 위하여 공정가치에서 그러한 차이를 조정하여 회계처리한다. 최초인식 후에는 시장참여자가 자산이나 부채의 가격을 결정하는데 고려하는 요소(시간 포함)의 변동에서 생기는 정도까지만 이연된 차이를 손익으로 인식한다.

중점사항

금융부채의 거래원가는 다음과 같이 처리한다.
1. 금융부채를 발행하는데 직접 관련되는 원가는 최초로 인식하는 금융부채금액에서 차감한다. 당기손익인식금융부채의 거래원가는 최초인식시점의 공정가치 측정치에 차감하지 아니한다.
2. 당기손익 – 공정가치측정금융부채를 제외한 금융부채 등 상각후원가를 장부금액으로 하는 금융부채에 대한 거래원가는 유효이자율법에 따른 상각후원가를 계산할 때 포함하여 실질적으로 금융상품의 기간에 걸쳐 상각하여 당기손익에 반영한다.
3. 금융상품을 양도하거나 처분할 때 발생할 것으로 예상되는 거래원가는 금융상품의 측정에 포함하지 아니한다.

---

1) 부동산임대차계약에 의한 임대보증금을 수령한 경우

부동산임대차계약에 의한 임대보증금을 수령한 경우 금융부채인 임대보증금의 공정가치는 미래현금흐름의 현재가치이다. 단기임대보증금의 경우 명목가액과 공정가치의 차이가 중요하지 않아 명목가액으로 측정해도 문제되지 않으나, 장기임대보증금의 경우에는 차이

금액에 대하여 다음의 회계처리를 하여야 한다.

사례 1

1. 2025.1.1. 임대차계약에 의한 임대보증금 ₩1,000,000을 수령하였다. 계약만료일은 2026.12.31.이며, 시장이자율은 10%이다.

2. 최초인식 시 공정가치(미래현금흐름의 현재가치)

$$\frac{₩1,000,000}{1.1^2} = ₩826,446$$

3. 2025.1.1. 회계처리

(차) 현금	1,000,000	(대) 임대보증금	826,446
		선수수익	173,554

4. 유효이자율법에 의한 상각후원가

일 자	기초가액	유효이자	기말가액
2025.12.31.	826,446	82,645	909,091
2026.12.31.	909,091	90,909	1,000,000
		173,554	

5. 2025.12.31. 회계처리

(차) 선수수익	86,777	(대) 임대료수익	86,777
(차) 이자비용	82,645	(대) 임대보증금	82,645

6. 세무조정
   손금산입 · 임대보증금 · 173,554 · △유보
   손금불산입 · 임대보증금 · 82,645 · 유보
   익금산입 · 선수수익 · 173,554 · 유보
   익금불산입 · 선수수익 · 86,777 · △유보

2) 금융기관으로부터 장기차입금을 차입하는 경우

금융기관으로부터 장기차입금을 차입하는 경우 시장이자율과 차입이자율이 일치하면 장기차입금의 공정가치는 명목차입금액과 일치할 것이다. 이 경우 차입 시 발생된 거래원가가 있는 경우 동액은 공정가치에서 차감하여 장기차입금을 측정하여야 하므로, 다음과 같은 회계처리를 하여야 한다.

사례 2

1. 2025.1.1. 금융기관으로부터 ₩1,000,000을 차입하였다. 만기는 2027.12.31.이며, 이자율은 8%(이자는 12.31. 지급)이다. 2025.1.1. 차입 시 ₩49,738의 거래원가가 발생하였다.

2. 2025.1.1. 회계처리

| (차) 현금 | 950,262 | (대) 장기차입금 | 950,262[주)] |

주) ₩1,000,000 − 49,738 = ₩950,262

3. 유효이자율의 산정

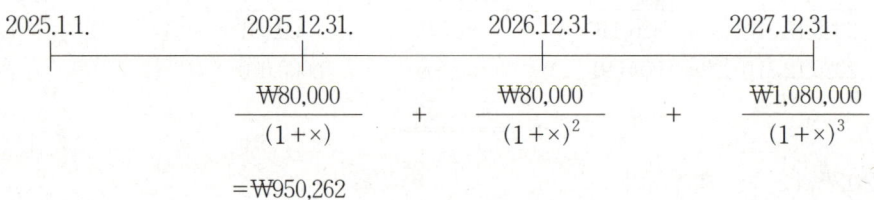

$$\frac{₩80,000}{(1+\times)} + \frac{₩80,000}{(1+\times)^2} + \frac{₩1,080,000}{(1+\times)^3} = ₩950,262$$

유효이자율 ×=10%

4. 유효이자율법에 의한 상각후원가

일 자	기초가액	유효이자	액면이자	상각액	기말가액
2025.12.31.	950,262	95,026	80,000	15,026	965,288
2026.12.31.	965,288	96,529	80,000	16,529	981,817
2027.12.31.	981,817	98,183	80,000	18,183	1,000,000
				49,738	

5. 2025.12.31. 회계처리

| (차) 이자비용 | 95,026 | (대) 현금 | 80,000 |
| | | 장기차입금 | 15,026 |

6. 세무조정

법인세법상 차입금과 관련한 거래원가는 발생 당시의 손금으로 판단되며, 다음의 세무조정을 실시한다.

손금산입 · 장기차입금 · 49,738 · △유보

손금불산입 · 장기차입금 · 15,026 · 유보

3) 회원으로부터 회원권 입회보증금을 수령하는 경우

일정기간 후 상환하여야 하는 입회보증금은 K‒IFRS 제1032호에 따른 금융부채의 정의를 충족하므로 최초인식시점에 공정가치로 측정하여 금융부채로 인식한다. 거래가격과 보증금의 공정가치와의 차이는 비금융요소에 대한 대가로서 회사가 회원에게 재화나 용역(회사의 제반 시설 이용료 감면 등 의무 제공)을 이전하기 전에 회원으로부터 그 대가를 지급받은 것이라면 이를 계약부채로 인식한다.

계약부채는 회사가 회원권 입회계약의 세부 조건(자동 연장 조건 유무, 예상만기, 계약기간 종료 후 지급의무 등)을 종합적으로 고려하여 수행의무를 식별하고, 식별한 각 수행의무를 고객에게 이행하는 시점에 수익으로 인식한다.

사례 3

1. 리조트사업을 영위하는 법인이 다음과 같은 조건으로 회원으로부터 회원권 입회보증금을 수령하였다.

   ① 입회기간 동안 회원에게 다양한 우대 권리를 제공한다.

   ② 계약종료 시 보증금을 회원에게 반환한다.

2. 2025.1.1. 입회보증금 1,000 수령, 계약기간 10년, 이자율은 5%이다.

3. 2025.1.1. 회계처리

(차) 현금	1,000	(대) 회원권보증금	614[주)
		(금융부채)	
		계약부채	386

   주) 1,000×0.614(연 5%, 10년 현가계수) = 614

4. 2025.12.31. 회계처리

(차) 이자비용	30.7	(대) 회원권보증금	30.7

> 5. 계약부채의 수익인식
>   식별한 수행의무를 고객에게 이행하는 시점에 리조트사업수익으로 인식

4) 금융보증계약

금융보증계약은 제3자에 대한 지급보증계약을 말한다. 만일 보증인이 금융보증계약에 대한 보증료를 수령하지 않는 경우에는 한국채택국제회계기준에서는 금융보증계약의 발행자(보증인)에 대해 금융보증계약 인식 시의 공정가치(일반적인 금융기관 등에서 지급보증용역을 제공받는 경우 지급하여야 할 보증수수료해당액)를 금융부채로 인식하고 보증기간 동안 균등하게 수익을 인식하도록 하고 있다.

이때 보증인과 피보증인이 지배·종속관계에 있는 경우에는 공정가치 해당금액을 비용이 아닌 종속기업투자주식(또는 당기비용)으로 처리하여야 한다.

반대로 피보증인은 공정가치해당액을 금융자산(또는 금융부채의 차감)으로 인식하고, 보증기간 동안 유효이자율법에 의해 비용으로 인식하여야 한다.

현재 기준서 제1109호에서는 금융보증계약을 금융부채로 보아 공정가치로 인식하고 보증기간 동안 수익으로 인식하도록 되어 있고, 다음의 내용에 대하여는 구체적인 규정이 없는 상황이다.

① 금융보증계약에 대한 공정가치 측정

실무적으로는 지급보증을 제공받은 기업이 금융기관 등으로부터 지급보증을 제공받았다면 지급했을 보증수수료율을 적용하여 산정하는 방법, 지급보증을 제공받음으로써 감소하는 이자비용의 현재가치로 산정하는 방법 등이 사용되고 있다.

② 지급보증수수료를 수취하지 않은 경우의 회계처리

관계기업·종속기업에 대한 금융보증계약의 경우 보증수수료를 수취하지 않는 경우가 일반적인데, 이때 공정가치로 인식한 금융보증부채의 상대계정과목을 투자주식으로 처리해야 할지 보증수수료를 비용화해야 할지에 대한 문제가 발생된다.

(차) 관계·종속기업투자주식　　×××　　(대) 금융보증부채　　　　　×××
　　　또는
　　　지급보증수수료　　　　　×××

③ 금융보증을 제공받은 회사의 회계처리

일반적으로는 공정가치해당액을 보증료수익으로 수익처리하여 금융부채를 차감하고, 차입기간 동안 유효이자율법으로 비용화하는 방법을 사용하고 있다.

금융보증계약의 발행자(보증인)는 후속적으로, 다음 중 큰 금액으로 금융보증계약을 측정한다.

> 1. 기준서 제1109호의 손상규정에 따라 산정한 손실충당금
> 2. 최초인식금액에서 기준서 제1115호에 따라 인식한 이익누계액을 차감한 금액

만일 보증인에게 금융보증계약의 이행이 발생할 확률이 높은 경우에는 기준서 제1037호 「충당부채, 우발부채 및 우발자산」을 준용하여 결정된 금액을 금융부채로 인식하여야 한다.

사례 4

1. 2025.1.1. 자유(주)는 도담(주)의 은행차입금에 대하여 은행과 지급보증계약을 체결하였다.

2. 도담(주)의 차입금은 원금 ₩10,000,000, 만기 3년, 연이자율은 5% 후급지급이다.

3. 도담(주)가 상기 차입금에 대하여 금융기관으로부터 지급보증용역을 제공받을 경우 공정가치해당액은 ₩267,295이며, 자유(주)는 도담(주)로부터 보증료를 수령하지 않기로 하였다.

4. 자유(주)의 회계처리
   ① 2025.1.1.

(차) 지급보증수수료	267,295	(대) 금융보증부채	267,295
(판매비와 관리비)		(비유동부채)	

   ② 2025.12.31.

(차) 금융보증부채	89,098	(대) 보증료수익	89,098
		(기타영업수익)	

   ③ 2026.12.31. 및 2027.12.31.
   '②'와 동일하다.

④ 세무조정

　손금불산입 · 금융보증부채 · 267,295 · 유보

　익금불산입 · 금융보증부채 · 89,098 · △유보

5. 도담(주)의 회계처리

① 유효이자율의 산출

　차입금원금 = 차입금 관련 현금지급액의 현재가치

$$10,000,000 = 267,295 + \frac{500,000}{(1+\times)} + \frac{500,000}{(1+\times)^2} + \frac{10,500,000}{(1+\times)^3}$$

　유효이자율 × = 6%

즉, 금융보증계약의 공정가치금액을 차입금(금융부채) 관련 부대비용으로 보아 차입기간 동안 이를 유효이자율법에 의해 이자비용으로 처리하는 것이다. 물론 공정가치해당액을 도담(주)가 아닌 자유(주)가 부담하였으므로 이는 차입시점의 수익으로 인식한다.

② 2025.1.1.

(차) 현금	10,000,000	(대) 장기차입금	9,732,705
		보증료수증이익	267,295
		(기타영업수익)	

③ 2025.12.31.

(차) 이자비용	583,962[주]	(대) 현금	500,000
		장기차입금	83,962

　주) 9,732,705×6% = 583,962

④ 2026.12.31.

(차) 이자비용	589,000[주]	(대) 현금	500,000
		장기차입금	89,000

　주) 9,816,667×6% = 589,000

⑤ 2027.12.31.

(차) 이자비용	594,333	(대) 현금	500,000
		장기차입금	94,333
(차) 장기차입금	10,000,000	(대) 현금	10,000,000

⑥ 세무조정

　가. 2025년

　　손금산입 · 장기차입금 · 267,295 · △유보

　　손금불산입 · 장기차입금 · 83,962 · 유보

　나. 2026년

　　손금불산입 · 장기차입금 · 89,000 · 유보

　다. 2027년

　　손금불산입 · 장기차입금 · 94,333 · 유보

(3) 후속측정

다음을 제외한 모든 금융부채는 최초인식 후 유효이자율법을 사용하여 상각후원가로 측정한다.

구 분	후속측정
당기손익 – 공정가치측정금융부채(파생상품금융부채 포함)	공정가치
금융자산의 양도가 제거조건을 충족하지 못하거나 지속적 관여접근법이 적용되는 경우에 발생하는 금융부채	기준서 제1119호 문단 3.2, 17에 따라 측정 (금융자산 중 '8. 제거' 참조)
금융보증계약	Max[1, 2]
시장이자율보다 낮은 이자율로 대출하기로 한 약정	1. 기준서 제1119호에 따라 결정된 금액 2. 최초인식금액 – 기준서 제1115호에 따라 인식한 상각누계액

(4) 손익

위험회피회계의 대상이 아닌 금융부채의 손익은 다음과 같이 회계처리한다.

① 당기손익 – 공정가치측정금융부채

당기손익 – 공정가치측정금융부채의 공정가치 변동에 따른 손익은 당기손익으로 인식한다.

② 상각후원가법을 적용하는 금융자산

상각후원가를 장부금액으로 하는 금융부채의 손익은 해당 금융부채가 제거되었을 때 당기손익으로 인식하거나, 상각과정을 거쳐 당기손익으로 인식한다.

③ 금융부채의 외환손익

기준서 제1021호에 따른 화폐성항목이며, 외화로 표시되는 금융부채의 외환손익은 당기손익으로 인식한다.

(5) 제거

금융부채(또는 금융부채의 일부)는 소멸한 경우에만 재무상태표에서 제거한다. 이때 소멸이란 계약상 의무가 이행, 취소 또는 만료된 경우를 말한다. 또한 기존 차입자와 대여자가 실질적으로 다른 조건으로 채무상품을 교환하거나 기존 금융부채(또는 금융부채의 일부)의 조건이 실질적으로 변경된 경우(채무자의 재무적 어려움으로 인한 경우와 그렇지 아니한 경우 포함)에도 최초의 금융부채를 제거하고 새로운 금융부채를 인식한다.

이때 기존 금융부채와 변경된 금융부채의 현금흐름 현재가치의 차이가 10% 이상인 경우(중요한 경우)에만 차이금액을 다음과 같이 당기손익으로 인식하고 중요하지 않은 경우에는 기존의 금융부채를 계속 인식하고 변경된 조건으로 발생되는 비용을 이자비용으로 인식한다.

금융부채의 조건이 변경되거나 교환되더라도 현금흐름이 크게 달라지지 않아서 제거조건을 충족하지 못하는 경우, 조건변경 또는 교환으로 인한 상각후원가 장부금액 변동을 당기손익으로 인식한다.

(차) 금융부채	×××	(대) 금융부채조정이익	×××
		(금융수익)	
(차) 이자비용	×××	(대) 금융부채	×××

금융부채가 소멸하거나 제3자에게 양도한 경우, 다음 금액을 당기손익으로 인식한다.

금융부채(또는 금융부채의 일부)의 장부금액 − 지급한 대가(양도한 비현금자산이나 부담한 부채 포함)

만약 금융부채의 일부를 재매입하는 경우 금융부채의 장부금액은 계속 인식되는 부분과 제거되는 부분에 대해 재매입일 현재 각 부분의 상대적 공정가치를 기준으로 배분하고, 다음 금액을 당기손익으로 인식한다.

> 제거되는 부분에 배분된   _   제거되는 부분에 대해 지급한 대가
> 금융부채의 장부금액   (양도한 비현금자산이나 부담한 부채 포함)

사례 5 **금융부채의 제거**

1. 자료

 (1) 자유(주)는 도담은행으로부터 다음의 조건으로 차입하였다.

  ① 차입일 2024.1.1.

  ② 차입금액 ₩1,200,000

  ③ 이자율 10%(유효이자율 동일), 연도 말 후급조건

  ④ 만기일 2026.12.31.

 (2) 2025.12.31. 채무자인 자유(주)는 도담은행에게 차입조건의 완화를 요청하였으며, 도담은행은 다음과 같은 조건에 합의하였다.

  ① 원금 ₩200,000 감면

  ② 만기 2029.12.31.로 연장

  ③ 이자율 5%로 인하

  ④ 조건변경일의 유효이자율은 12%이다.

2. 채권자(도담은행)의 회계처리

 (1) 손상차손해당액

① 장부금액		₩1,200,000
② 회수가능액		810,460
원금의 현재가치 ₩1,000,000×0.62092(5년, 10% 현가) =		620,920
이자의 현재가치 ₩50,000×3.79079(5년, 10% 연금현가) =		189,540
③ 손상차손		₩389,540

 (2) 회계처리

  ① 2025.12.31.

  (차) 대손상각비　　389,540　　(대) 대손충당금　　389,540

  ② 2026.12.31.

  (차) 현금　　　　　50,000　　(대) 이자수익　　　81,046
  　　대손충당금　　31,046[주]

  주) 810,460×10% − 50,000 = 31,046

---

(3) 세무조정

　법인세법도 상기 회계처리를 인정하여 세무조정은 없음.

3. 채무자(자유(주))의 회계처리

(1) 제거요건 충족 여부 판단

① 조정 전 채무의 현재가치

원금의 현재가치	₩1,200,000×0.90909(1년, 10% 현가) =	₩1,090,909
이자의 현재가치	₩120,000×0.90909(1년, 10% 현가) =	109,091
		₩1,200,000

② 조정 후 채무의 현재가치(최초 유효이자율 적용)

원금의 현재가치	₩1,000,000×0.62092(5년, 10% 현가) =	₩620,920
이자의 현재가치	₩50,000×3.79079(5년, 10% 연금현가) =	189,540
		₩810,460

③ '①－②'＝₩389,540이 조정 전 채무의 현재가치의 10% 이상(32.46%)이므로 금융부채의 제거요건을 충족하였다.

(2) 새로운 금융부채 측정(변경시점의 유효이자율 적용)

① 원금의 현재가치	₩1,000,000×0.56743(5년, 12% 현가) =	₩567,430
② 이자의 현재가치	₩50,000×3.60478(5년, 12% 연금현가) =	180,239
		₩747,669

(3) 회계처리

① 2025.12.31.

(차) 차입금	452,331[주)]	(대) 채무조정이익	452,331

　　주) 1,200,000－747,669＝452,331

② 2026.12.31.

(차) 이자비용	89,720	(대) 현금	50,000
		차입금	39,720

(4) 세무조정

① 2025년

　익금불산입 · 차입금 · 452,331 · △유보

② 2026년

　손금불산입 · 차입금 · 39,720 · 유보

4 사 채

(1) 의미

사채란 기업이 일반 대중으로부터 자금을 조달할 목적으로 회사의 채무임을 표시하는 사채증서(사채권)를 발행하여 지정된 만기일에 정해진 금액(액면가액, 원금)을 지급하고 액면가액에 일정한 이자율(액면이자율)을 곱한 이자(액면이자)를 정기적으로 지급할 것을 약속한 채무를 말한다. 이러한 사채는 주식회사만이 발행할 수 있으며, 액면가액은 10,000원 이상으로 균일하도록 되어 있다(상법 §472).

(2) 사채의 구성요소

① 만기

만기란 사채발행자가 원금을 상환하기로 약속한 날을 의미한다.

② 액면가액(원금)

액면가액이란 사채발행자가 만기에 상환하기로 약속한 금액을 의미한다.

③ 액면이자

액면이자란 사채발행자가 일정기간마다 지급하기로 한 금액으로 액면가액에 일정한 이자율을 곱한 금액이다. 이때의 일정한 이자율을 액면이자율(또는 표면이자율)이라고 한다.

④ 발행가액

발행가액이란 사채를 발행하여 조달한 순현금유입액을 말한다. 따라서 사채를 발행할 때 발생한 사채발행수수료, 사채권 인쇄비, 사채모집에 따른 광고비 등의 사채발행비를 제외한 금액을 의미한다.

⑤ 유효이자율

유효이자율이란 사채의 발행가액(순현금유입액)과 사채를 발행함으로써 지급해야 하는 미래현금흐름(순현금유출액)의 현재가치를 일치시켜 주는 이자율을 의미한다. 유효이자율을 만기수익률 또는 내부수익률(IRR, Internal Rate of Return)이라고도 한다.

일반적으로 사채를 발행할 때 유효이자율에 의해 사채발행가액이 결정되므로 유효이자율을 알 수 있다. 그러나 대부분 사채발행비용을 고려하지 않고 계산된 유효이자율이므로 사채발행비용을 고려한 유효이자율을 다시 계산해야 한다. 유효이자율은 다음과 같이 계산되어진다.

$$Io = \frac{CF_1}{(1+R)} + \frac{CF_2}{(1+R)^2} + \cdots + \frac{CF_N}{(1+R)^N}$$

Io＝현재시점에서의 투자금액
CFt＝t시점의 현금유입액
R＝유효이자율

(3) 사채의 발행형태

사채는 발행 시 액면가액과 발행가액과의 크기에 따라 액면발행, 할인발행, 할증발행으로 나누어진다. 액면발행은 발행가액과 액면가액이 동일한 것을 의미하며, 할인발행은 발행가액이 액면가액보다 적은 경우를, 할증발행은 발행가액이 액면가액보다 큰 경우를 말한다. 할인발행의 경우에는 사채할인발행차금(액면가액 – 발행가액), 할증발행의 경우에는 사채할증발행차금(발행가액 – 액면가액)이 발생하게 되는데, 기업회계기준에서는 이를 유효이자율법에 따라 상각 또는 환입하여 사채이자에 가감하도록 하고 있다.

| 사채의 발행형태 |

```
액면가액  =  발행가액  ───────→  액면발행
액면가액  〉 발행가액  ───────→  할인발행(사채할인발행차금)
액면가액  〈 발행가액  ───────→  할증발행(사채할증발행차금)
```

(4) 할인발행 시 회계처리

① 총이자비용

할인발행은 사채의 발행가액이 액면가액보다 적으며, 액면가액과 발행가액의 차이가 사채할인발행차금이 되는 경우이다. 따라서 이 경우 사채발행자가 부담하는 총이자비용은 액면이자 합계와 사채할인발행차금의 합계가 된다.

> 할인발행 시 총이자비용
> =순현금유출액−순현금유입액
> =(∑액면이자＋액면가액)−발행가액
> =(∑액면이자＋액면가액)−(액면가액−사채할인발행차금)
> =∑액면이자＋사채할인발행차금

② 발행자의 회계처리

기준서에서는 할인발행의 경우 사채할인발행차금을 유효이자율법에 의해 상각하며, 상각액은 이자비용에 가산하도록 하고 있다. 다음의 사례를 통해 살펴보기로 하자.

사례 6 사채의 할인발행

1. 자료

(주)수진은 2025년 초 부족한 자금을 조달하기 위해 다음과 같은 조건의 사채를 발행하였다.

① 액면가액: ₩1,000,000

② 만기: 2027년 12월 31일

③ 액면이자율: 연 10%

④ 이자지급조건: 매년 말 지급

⑤ 발행가액: ₩951,963

2. 유효이자율과 유효이자율법에 의한 상각표

우선 사채의 유효이자율을 구해보자. 유효이자율의 정의에 의해서 다음 식을 만족하는 이자율이므로 $951,963 = 100,000 \div (1+r) + 100,000 \div (1+r)^2 + 1,100,000 \div (1+r)^3$

∴ r＝12%가 된다.

유효이자율법에 의한 상각액은 다음과 같다.

일 자	유효이자	액면이자	상각액	장부가액
2025년 초				951,963
2025년 말	114,236	100,000	14,236	966,199
2026년 말	115,944	100,000	15,944	982,143
2027년 말	117,857	100,000	17,857	1,000,000
합 계	348,037	300,000	48,037	

3. 2025년

　① 발행 시 회계처리

　　(차) 현금　　　　　　　　951,963　　(대) 사채　　　　　　　　951,963

　② 이자지급 시 회계처리

　　(차) 이자비용　　　　　　114,236　　(대) 현금　　　　　　　　100,000
　　　　　　　　　　　　　　　　　　　　　　사채　　　　　　　　　14,236

　③ 세무조정

　　법인세법에서도 기업회계상 사채할인발행차금상각액은 손금인정되므로 별도의 세
　　무조정은 없다.

4. 2026년 말

　　(차) 이자비용　　　　　　115,944　　(대) 현금　　　　　　　　100,000
　　　　　　　　　　　　　　　　　　　　　　사채　　　　　　　　　15,944
　　(차) 사채　　　　　　　　982,143　　(대) 유동성장기부채　　　982,143

5. 2027년 말

　　(차) 이자비용　　　　　　117,857　　(대) 현금　　　　　　　　100,000
　　　　　　　　　　　　　　　　　　　　　　유동성장기부채　　　　17,857
　　(차) 유동성장기부채　　1,000,000　　(대) 현금　　　　　　　1,000,000

③ 투자자의 회계처리

동 사채를 사채발행일부터 만기까지 보유한 투자자의 각 시점별 회계처리를 나타내면 다음과 같다. 단, 상각후원가측정금융자산으로 분류한 것을 가정하며 유동성대체는 생략한다.

구 분	회계처리			
2025년	(차) 상각후원가측정금융자산	951,963	(대) 현금	951,963
	(차) 현금	100,000	(대) 이자수익	114,236
	상각후원가측정금융자산	14,236		
2026년	(차) 현금	100,000	(대) 이자수익	115,944
	상각후원가측정금융자산	15,944		
2027년	(차) 현금	100,000	(대) 이자수익	117,857
	상각후원가측정금융자산	17,857		
	(차) 현금	1,000,000	(대) 상각후원가측정금융자산	1,000,000

법인세법에서는 유가증권취득에 해당되어 원가법으로 처리되므로 이자수익 중 유효이자율법에 의한 금액을 익금불산입 · △유보처분하고 추후 만기 시 익금산입 · 유보추인한다.

(5) 1년에 2회 이상 이자지급 시

실무적으로 1년에 2회 이상 이자를 지급할 경우도 있는데, 이 경우의 회계처리를 다음 사례를 통해 살펴보자.

사례 7 ▌ 1년에 이자를 2회 지급할 경우

1. 자료

수진(주)는 2025년 초 부족한 자금을 조달하기 위해 다음과 같은 조건의 사채를 발행하였다.

① 액면가액: ₩1,000,000

② 만기: 2027년 12월 31일

③ 액면이자율: 연 10%

④ 이자지급조건: 매년 6월 말과 12월 말에 지급

⑤ 발행가액: ₩950,827

2. 유효이자율 및 상각표

1년에 2회 이상 지급할 경우에는 이자지급기간을 1기간(1년)으로 간주하여 회계처리를 하면 된다. 즉, 1년에 이자를 6개월마다 2회 지급하므로 6월을 1기간(1년)으로 간주하여 액면이자율은 10%가 아닌 5%(=10%÷2)로 하고, 유효이자율도 다음과 같이 구한다.

$$950,827 = 50,000 \div (1+r) + 50,000 \div (1+r)^2 + 50,000 \div (1+r)^3 + 50,000 \div (1+r)^4$$
$$+ 50,000 \div (1+r)^5 + 1,050,000 \div (1+r)^6$$

$$\therefore r = 6\%$$

즉, 6월을 1기간으로 간주할 경우 유효이자율은 6%가 된다. 따라서 1년간의 유효이자율은 12%가 된다. 유효이자율법에 의한 상각표도 6월을 1기간으로 간주하여 작성하면 되는데, 작성해 보면 다음과 같다.

시 점	유효이자[주1]	액면이자[주2]	상각액[주3]	사채장부가액[주4]
2025. 1. 1.				950,827
2025. 6.30.	57,050	50,000	7,050	957,877
2025.12.31.	57,473	50,000	7,473	965,350
2026. 6.30.	57,921	50,000	7,921	973,271
2026.12.31.	58,396	50,000	8,396	981,667
2027. 6.30.	58,900	50,000	8,900	990,567
2027.12.31.	59,433	50,000	9,433	1,000,000
합 계	349,173	300,000	49,173	

주1) 유효이자＝사채의 기초 장부가액×유효이자율(6%)
주2) 액면이자＝액면가액×액면이자율(5%)
주3) 상각액＝유효이자－액면이자
주4) 사채 장부가액＝사채의 기초장부가액＋상각액

3. 발행자의 회계처리

사채발행자의 각 시점별 회계처리는 다음과 같다.

구 분	회계처리			
2025. 1. 1.	(차) 현금	950,827	(대) 사채	950,827
2025. 6.30.	(차) 이자비용	57,050	(대) 현금 사채	50,000 7,050
2025.12.31.	(차) 이자비용	57,473	(대) 현금 사채	50,000 7,473
2026. 6.30.	(차) 이자비용	57,921	(대) 현금 사채	50,000 7,921
2026.12.31.	(차) 이자비용	58,396	(대) 현금 사채	50,000 8,396
	(차) 사채	981,667	(대) 유동성장기부채	981,667
2027. 6.30.	(차) 이자비용	58,900	(대) 현금 사채	50,000 8,900
2027.12.31.	(차) 이자비용	59,433	(대) 현금 사채	50,000 9,433
	(차) 유동성장기부채	1,000,000	(대) 현금	1,000,000

5 복합금융상품 등의 회계처리

(1) 복합금융상품(전환사채, 신주인수권부사채)의 최초인식 및 측정

1) 지분전환상품이 자본요소를 충족하는 경우

비파생금융상품의 발행자는 금융상품의 조건을 평가하여 당해 금융상품이 자본요소와 부채요소를 모두 가지고 있는지를 결정하여야 하며 각 요소별로 계약의 실질과 금융부채, 금융자산 및 지분상품의 정의에 따라 최초인식시점에 금융부채, 금융자산 또는 지분상품으로 분류하여야 한다(기준서 제1032호 문단 15, 28).

따라서 보유자가 확정 수량의 발행자의 보통주로 전환할 수 있는 사채 또는 이와 유사한 금융상품의 발행자는 금융부채(현금 등 금융자산을 인도하는 계약)를 발생시키는 요소와 발행자의 지분상품으로 전환할 수 있는 옵션(확정 수량의 발행자의 보통주로 전환할 수 있는 권리를 정해진 기간 동안 보유자에게 부여하는 콜옵션)을 보유자에게 부여하는 요소를 별도로 분리하여 인식한다. 즉, 이러한 금융상품을 발행하는 거래는 조기상환규정이 있는 채무상품과 주식을 매입할 수 있는 주식매입권을 동시에 발행하는 거래 또는 분리형 주식매입권이 있는 채무상품을 발행하는 거래와 실질적으로 동일한 경제적 효과가 있으므로 이러한 모든 거래들의 경우 발행자는 재무상태표에 부채요소와 자본요소를 분리하여 표시한다.

복합금융상품의 발행과 관련된 거래원가는 배분된 발행금액에 비례하여 부채요소와 자본요소로 배분하여야 한다.

복합금융상품의 최초 장부금액을 부채요소와 자본요소에 배분하는 경우 다음과 같이 한다.

① 부채요소(전환사채)의 장부금액 결정

자본요소가 결합되지 않은 유사한 사채(내재되어 있는 비자본요소인 파생상품의 특성 포함)의 공정가치를 부채요소의 장부금액으로 한다. 이때 사채의 공정가치는 계약상 정해진 미래현금흐름을 당해 금융상품과 동일한 조건 및 유사한 신용상태를 가지며 실질적으로 동일한 현금흐름을 제공하지만 전환권이 없는 채무상품에 적용되는 그 시점의 시장이자율로 할인한 현재가치를 말한다.

② 자본요소(전환권대가)의 장부금액 결정

복합금융상품 전체의 공정가치에서 상기 '①'에 의해 결정된 부채요소의 장부금액을 차감한 잔액을 자본요소의 장부금액으로 한다. 따라서 최초인식시점에 전환권이 외가격 상태에 있더라도 전환권의 가치는 존재한다.

이때 법인세효과를 차감한 금액으로 자본요소의 장부금액을 결정하며 이후에는 다시 재측정하지 않는다. 일반적으로 전환권대가의 계정과목을 쓰며 자본잉여금으로 분류한 후 전환권이 행사되어 추가로 주식을 발행하는 시점에서 주식발행초과금으로 대체한다.

사례 8 전환사채

1. A법인은 2025.1.1. 다음과 같이 전환사채를 발행하였다.

   ① 액면가액: ₩1,000,000
   ② 발행가액: ₩1,000,000
   ③ 액면이자율: 연 3%(12.31.에 지급)
   ④ 일반사채 시장이자율: 연 10%
   ⑤ 발행비용: ₩10,000
   ⑥ 전환조건: 사채액면 ₩20,000당 주식 1주(액면가액 ₩5,000) 발행
   ⑦ 만기일: 2027.12.31.

2. 일반사채의 공정가치 계산

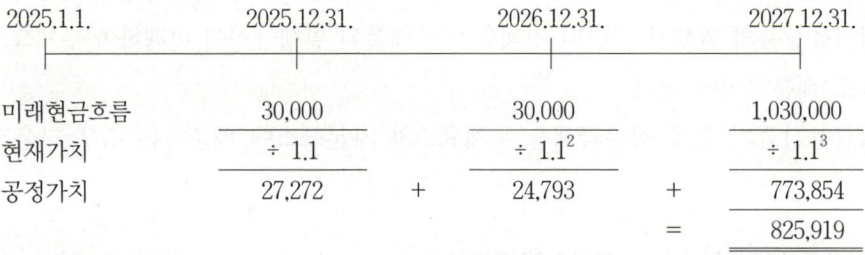

	2025.1.1.	2025.12.31.	2026.12.31.	2027.12.31.
미래현금흐름		30,000	30,000	1,030,000
현재가치		÷ 1.1	÷ 1.1^2	÷ 1.1^3
공정가치		27,272 +	24,793 +	773,854
				= 825,919

3. 전환권대가의 계산

   전환권대가(자본) = 발행가액 − 일반사채공정가치(부채)
   = ₩1,000,000 − 825,919
   = ₩174,081

4. 거래원가 배분 전 회계처리

(차) 현금	1,000,000	(대) 전환사채(부채)	1,000,000
전환권조정	174,081	전환권대가(자본)	174,081
전환권대가	38,297	이연법인세부채	38,297
		(평균세율 22% 전제)	

5. 2025.12.31. 이자비용인식(거래비용 배분 전)

(차) 이자비용	82,592	(대) 현금			30,000
		전환권조정			52,592
(차) 이연법인세부채	11,570	(대) 법인세비용			11,570

6. 거래원가의 배분

거래원가는 부채요소와 자본요소의 비율에 의해 배분한다.

(차) 전환권조정	8,259	(대) 현금		10,000
전환권대가	1,741			

거래원가를 반영한 후에는 전환사채 부채요소의 유효이자율을 재계산하여 이자비용을 인식하여야 한다.

2) 지분전환상품이 자본요소를 충족하지 못하는 경우

복합금융상품의 보유자가 금융상품 발행자의 지분상품으로 전환할 수 있는 옵션(지분전환상품)이 금융상품의 발행조건에 따라 확정수량의 발행자의 보통주식으로 확정되지 않는 경우에는 국제회계기준상 자본요소를 충족하지 못한 것으로 보아 지분전환상품의 공정가치를 측정하여 자본요소가 아닌 파생금융부채로 처리하여야 한다.

이는 전환 시 주가 움직임에 따라 전환조건이 변경되거나 해외전환사채 발행 시 외화로 전환조건이 결정되는 경우에 환율변동에 따라 국내주식의 발행수가 변경되는 경우 등이 이에 해당한다.

> **중점사항** **전환사채 발행자가 전환권을 금융부채(파생금융부채)로 분류하는 경우**
>
> (1) 전환권 및 신주인수권 행사가격보다 주가가 하락한 경우 행사가격조정조건
> (2) 전환우선주 발행가격보다 낮은 가액에 유상증자 시 전환가격조정조건
> (3) 우선주에 부가된 조기상환권 등의 경우에 내재파생상품요건을 충족하는 경우 파생부채에 해당되는 전환권 및 신주인수권과 함께 단일파생상품으로 공정가치로 측정

① 지분전환상품의 공정가치 측정

지분전환상품은 외부평가기관 등에 의뢰하여 공정가치를 산정하여 당기손익인식금융부채(또는 파생상품부채)로 회계처리하며, 보고기간 종료일에 공정가치차액을 당기의 손익으로 인식하여야 한다. 이 경우에는 세무상 일시적차이가 발생하지 않아 이연법인세부채가 계상되지 않는다.

② 부채요소의 장부금액 결정

복합금융상품의 발행가액에서 상기 '①'의 공정가치금액을 차감하여 부채요소의 장부금액을 결정한다. 이에 따른 후속측정은 유효이자율법에 의하여 상각후원가법으로 처리하여야 한다.

K-IFRS 질의회신 · **거래가격(발행가액)과 공정가치가 다른 전환사채 발행 시 회계처리**

Ⅰ. 배경 및 질의

1. 회사는 20×1년 4월 1일에 투자자의 조기상환청구권이 포함된 전환사채를 총 100억 원에 발행하기로 이사회에서 결의하였고, 20×1년 4월 16일에 전환사채를 발행하였다. 발행일 현재, 전환사채 전체의 공정가치는 183억 원으로 주계약인 사채권의 공정가치는 61억 원이며, 내재파생상품인 조기상환청구권과 전환권의 공정가치는 각각 21억 원, 101억 원으로 평가되었다.

2. 회사는 주계약과 내재파생상품의 분리 여부를 개별적으로 판단하였다. 조기상환청구권은 주계약과의 분리요건을 충족하지 않아 주계약인 사채의 장부금액에 포함(이하 '일반사채')하였고, 분리요건을 충족한 전환권은 별도의 파생상품부채(이하 '전환파생부채')로 분류하였다.

3. 전환조건에는 주가변동에 따른 전환가격 조정조건이 있기 때문에, 회사는 전환권이 기업회계기준서 제1032호 '금융상품: 표시'의 자본 요건을 충족하지 못한다고 판단하여 부채로 분류하였다.

4. (질의 1) 이와 같이 전환사채 발행 결의일과 실제 발행일이 다른 경우, 전환사채의 최초인식일은 언제인지?

5. (질의 2) 전환사채의 최초인식일이 전환사채 발행일인 경우, 일반사채와 전환파생부채의 최초인식 방법은?

Ⅱ. 회신

(질의 1)의 경우, 회사는 전환사채 발행일에 전환사채를 최초인식한다.

(질의 2)의 경우, 금융부채는 최초인식시점의 공정가치로 측정한다. 다만, 최초인식시

점에 공정가치가 거래가격(발행가액)과 다른 경우에는 기업회계기준서 제1109호 '금융상품' 문단 B5.1.1에 따라, 그 차이가 금융상품이 아닌 다른 것(비금융요소)에 대한 대가에 해당하는지를 먼저 판단해야 한다. 그 차이가 비금융요소에 대한 대가이고, 금융부채 최초인식시점의 공정가치가 발행가액을 초과하는 금액이 자산의 인식기준을 충족하지 못하면, 해당 금액은 비용으로 인식하거나 수익에서 차감한다.

그러나 공정가치와 거래가격의 차이에 금융상품이 아닌 다른 것(비금융요소)에 대한 대가가 없다면, 그 차이는 기업회계기준서 제1109호 문단 B5.1.2A에서 규정하는 바와 같이, 공정가치가 같은 자산이나 부채에 대한 활성시장의 공시가격에 따라 입증되거나 관측가능한 시장의 자료만을 사용하는 평가기법에 기초하였는지를 고려하여 최초인식시점에 손익으로 인식하거나 이연한다.

3) 제3자 지정 전환사채 콜옵션 회계처리에 대한 감독지침(금융위원회)

전환사채 발행자에게 제3자 지정 콜옵션이 부여된 경우 해당 콜옵션은 별도의 파생상품자산으로 분리해서 회계처리한다.

(2) 최초인식 후 회계처리(전환권대가가 자본에 해당하는 경우)

1) 만기시점에서 전환사채가 전환되는 경우

발행자는 부채를 제거하고 자본으로 인식한다. 최초인식시점의 자본요소(전환권대가)는 자본의 다른 항목(주식발행초과금)으로 대체될 수 있지만(선택규정) 계속하여 자본으로 유지된다. 만기시점에서 전환사채의 전환에 따라 인식할 손익은 없다(전환사채 장부금액법 적용).

(차) 전환사채	×××	(대) 자본금	×××
상환할증금	×××	주식발행초과금	×××
전환권대가	×××	(자본잉여금)	
(또는 전환파생상품부채)			

만기 이전에 액면발행된 전환사채(상환할증금 지급조건)가 전환 시 회계처리는 다음과 같다.

(차) 전환사채	×××	(대) 전환권조정	×××
상환할증금	×××	자본금	×××
전환권대가	×××	주식발행초과금	×××
(또는 전환파생상품부채)			

법인세법상 전환사채의 주식전환시 주식의 발행가액과 시가와의 차액은 채무면제이익에 해당된다(법인세제과-49, 2024.1.25.).

2) 최초의 전환권이 변동되지 않은 상태에서 조기상환이나 재매입을 통하여 만기 전에 전환상품이 소멸되는 경우

조기상환이나 재매입을 위하여 지급한 대가와 거래원가를 거래 발생시점의 부채요소와 자본요소에 배분한다. 이때 지급한 대가와 거래원가를 각 요소별로 배분하는 방법은 전환사채가 발행되는 시점에 발행금액을 각 요소별로 배분한 방법(조기상환일 현재 시장이자율로 조기상환일 이후의 일반사채가치계산액이 부채요소에 해당하는 금액이며 조기상환금액에서 이를 차감한 금액이 자본요소에 해당하는 금액임)과 일관되게 하며, 대가를 배분한 결과로 발생되는 손익은 관련 요소에 적용되는 회계원칙에 따라 다음과 같이 회계처리한다.

구 분	회계처리
부채요소와 관련된 손익	당기손익 인식
자본요소와 관련된 대가	자본으로 인식

│ 신속처리 질의 · 답변 │

조기상환청구권이 포함된 전환사채발행 시 조기상환청구권은 분리하여 인식하지 않고 전환권은 분리하여 자본으로 인식하고 주계약인 사채는 상각후원가로 분류한 경우 사채상각기간은 조기상환청구권의 행사가능성을 고려하여 기대존속기간을 추정해야 함.

① 부채요소의 상환

(차) 전환사채	×××	(대) 현금	×××
상환할증금	×××	전환권조정	×××
사채상환손실(비용)	×××	사채상환이익(수익)	×××

② 자본요소의 상환

(차) 전환권대가	×××	(대) 현금	×××
사채상환손실(⊖자본)	×××	사채상환이익(⊕자본)	×××

3) 조기전환을 유도하기 위해 전환권조건을 변동하는 경우

조기전환을 유도하기 위해 좀 더 전환조건을 제시하는 경우에는 조건의 변경으로 인한 공정가치의 차이를 당기손익으로 인식한다.

4) 예시(한국회계기준원 「금융상품」 연수교재, 2013.9.26.)

〈상황 1〉 최초인식시점에서 복합금융상품의 분리

① 10년 만기 전환사채(표시이자율: 10%, 액면금액: 1,000백만 원)를 액면발행

② 주당 25,000원의 전환가격으로 A사 보통주로 전환가능

③ 이자는 매 6개월마다 현금지급

④ 발행일 현재 일반사채의 시장이자율: 11%

⑤ 분리결과

(단위: 백만 원)

10년 만기시점에 지급할 원금 1,000백만 원의 현재가치	343
6개월마다 50백만 원씩 10년간 지급하는 이자의 현재가치	597
부채요소의 합계(A)	940
자본요소(B-A)	60
사채의 발행금액(B)	1,000

⑥ 회계처리

(차) 현금	1,000	(대) 전환사채	940
		전환권대가	60

⑦ 세무조정

익금산입 · 전환권대가 · 60 · 기타

손금산입 · 전환사채 · 60 · △유보

〈상황 2〉 전환사채의 재매입

① 발행과 관련된 정보는 〈상황 1〉과 동일

② 5년 후 발행자는 전환사채를 그 당시의 공정가치인 1,700백만 원에 재매입

③ 재매입시점에 5년 만기 일반사채의 시장이자율: 8%

④ 재매입시점까지의 상각후원가법 적용 및 세무조정

일 자	기초가액	유효이자	액면이자	상각액	기말가액
1년 말	940	103.4	100	3.4	943.4
2년 말	943.4	103.8	100	3.8	947.2
3년 말	947.2	104.2	100	4.2	951.4
4년 말	951.4	104.8	100	4.8	956.2
5년 말	956.2	105.8	100	5.8	962

- 1년차: 손금불산입 · 전환사채 · 3.4 · 유보
- 2년차: 손금불산입 · 전환사채 · 3.8 · 유보
- 3년차: 손금불산입 · 전환사채 · 4.2 · 유보
- 4년차: 손금불산입 · 전환사채 · 4.8 · 유보
- 5년차: 손금불산입 · 전환사채 · 5.8 · 유보

⑤ 재매입가격의 배분 결과

(단위: 백만 원)

재매입가격의 배분 결과	장부금액	공정가치	차 이
5년 후인 만기에 지급하는 원금 1,000백만 원의 현재가치	585	676	
6개월마다 50백만 원씩 5년간 지급하는 이자의 현재가치	377	405	
부채요소의 합계(A)	962[주1]	1,081[주2]	△119
자본요소(B−A)	60	619[주3]	△559
합계(B)	1,022	1,700	△678

주1) 발행 시 시장이자율 11%로 상각후원가법 적용 후 잔액
주2) 재매입시점의 시장이자율로 할인한 현재가치
주3) 1,700−1,081=619

⑥ 부채요소의 재매입 회계처리

(차) 전환사채	962	(대) 현금	1,081
전환사채상환손실 (비용)	119		

⑦ 자본요소의 재매입 회계처리

(차) 전환권대가　　　　　　　60　　(대) 현금　　　　　　　　　　　619
　　전환권재매입손실　　559
　　(⊖자본조정)

⑧ 세무조정

익금산입 · 전환사채 · 38[주] · 유보

주) 최초 손금산입 60에서 5년간의 손금불산입 22를 차감한 잔액임.

손금산입 · 전환권대가 · 60 · 기타
　　　　　전환권재매입손실 · 559 · 기타

〈상황 3〉 전환권 조건의 변경(조기전환유도)

① 발행과 관련된 정보는 〈상황 1〉과 동일

② 1년 후 전환사채의 조기전환을 위해 향후 2개월간 전환되는 경우 전환가격을 20,000
원으로 인하

③ 전환조건의 변경시점에 A의 보통주의 시가는 주당 40,000원이라고 가정

④ 전환조건변경에 따른 추가지급대가의 계산

전환조건변경에 따른 추가지급대가의 계산	변경 후	변경 전	차 이
액면가액	1,000백만 원	1,000백만 원	
주당 전환가격	20,000원	25,000원	
전환 시 발행할 보통주 수	50,000주	40,000주	10,000주
전환조건 변경시점의 A사 보통주의 시가			40,000원
전환조건 변경에 따라 추가 발행할 보통주의 가치			400백만 원

→ (회계처리) 추가적인 대가 400백만 원은 당기손익으로 인식

(차) 전환사채유도전환손실　　400　　(대) 전환권대가　　　　　　　400
　　(비용)

⑤ 세무조정

손금불산입 · 전환사채유도전환손실 · 400 · 기타

(3) 투자자입장에서의 회계처리

투자자입장에서는 전환사채의 매입은 복합상품(hybrid instrunent)의 취득으로 복합상품의 주계약이 내재파생상품(주식전환옵션)을 하나의 금융상품으로 인식할 것인지 아니면 두 개의 금융상품으로 인식할 것인지에 대해 기준서 제1109호에서는 복합상품의 주계약이 기준서 제1109호의 적용범위에 포함되는 금융자산이면 내재파생상품을 별개의 금융자산으로 분리하지 않고 해당 복합상품 전체를 하나의 금융상품으로 본다. 따라서 전환사채 취득금액 전체를 FVPL 금융자산으로 분류한다.

사례 9 원화표시 전환사채

1. 자료
   (1) 수진(주)는 2025.1.1. 다음과 같은 조건으로 전환사채를 발행하였다.
   ① 액면가액: 10,000만 원(1좌당 20,000원, 총 5,000좌)
   ② 이자: 연 7%, 매 연도 말 후급
   ③ 일반사채 시장수익률(사채발행비용 고려): 연 15%
   ④ 발행가액: 10,000만 원
   ⑤ 발행비용: 507만 원
   ⑥ 전환조건: 전환되는 사채 1좌당 주식 1주(액면금액 5,000원)를 발행하기로 한다(기말전환 가정).
   ⑦ 전환청구기간: 사채발행일 이후 1개월 경과일부터 상환기일 30일 전까지
   ⑧ 상환기일(만기): 2027.12.31.
   ⑨ 원금상환방법: 상환기일에 액면가액의 116.87%(보장수익률 12%)를 일시상환

   (2) 2025.12.31. 2,500좌가 전환되었으며, 관련 금융상품의 각 연도 말 공정가치는 다음과 같다.

구 분	2025.12.31.	2026.12.31.
전환사채 1좌	21,200	21,000
대박(주)의 1주	20,800	22,000

2. 발행자 회계처리(투자자는 총액 10,000을 FVPL 금융자산으로 계상)
   (1) 일반사채가치와 전환권대가(단위: 만 원)
   ① 일반사채가치

	2025.1.1.	2025.12.31.	2026.12.31.	2027.12.31.
표면이자		700	700	700
상환할증금				1,687
원금		–	–	10,000
미래현금흐름		700	700	12,387
		÷1.15	÷1.15^2	÷1.15^3
현재가치(2025.1.1.의 가치)		609 +	529 +	8,145
일반사채가치				=9,283

∴ 일반사채가치 = 9,283

② 전환권대가 = 전환사채 발행가액 – 일반사채가치 = 10,000 – 9,283 = 717

③ 회계처리

(차) 현금	10,000	(대) 전환사채	10,000
전환권조정	2,404	상환할증금	1,687
		전환권대가	717

(2) 거래원가 배분

(차) 전환권조정	470주)	(대) 현금	507
전환권대가	37		

주) 507×9,283/10,000 = 470

(3) 유효이자율 계산

$$8,813^{주)} = \frac{700}{(1+\times)} + \frac{700}{(1+\times)^2} + \frac{12,387}{(1+\times)^3}$$

유효이자율 × = 17%

주) 8,813 = 9,283 – 470

(4) 유효이자율법에 의한 상각표(단위: 만 원)

일 자	기초가액	유효이자	액면이자	상각액	기말가액
2025.12.31.	8,813	1,498	700	798	9,611
2026.12.31.	9,611	1,634	700	934	10,545
2027.12.31.	10,545	1,842	700	1,142	11,687
		4,974	2,100	2,874	

(5) 연도별 회계처리

① 2025.12.31.

| (차) 이자비용 | 1,498 | (대) 현금 | 700 |
| | | 전환권조정 | 798 |

② 2026.12.31.

| (차) 이자비용 | 1,634 | (대) 현금 | 700 |
| | | 전환권조정 | 934 |

(차) 전환사채	5,000[주2]	(대) 자본금	1,250[주1]
상환할증금	844[주2]	주식발행초과금	4,363
전환권대가	340[주3]	전환권조정	571[주2]

주1) 발행주식수＝5,000만 원 / 20,000원＝2,500주
　　 자본금＝2,500주×5,000원＝1,250만 원
주2) 10,545×50%(전환비율)＝5,273
주3) (717−37)×50%＝340

③ 2027.12.31.

| (차) 이자비용 | 921 | (대) 현금 | 350 |
| | | 전환권조정 | 571 |

| (차) 전환사채 | 5,000[주1] | (대) 현금 | 5,843[주2] |
| 상환할증금 | 843[주1] | | |

주1) 9,283−470+798+934−5,273+571＝5,843
주2) 5,000만 원×116.87%＝5,843만 원

(6) 세무조정

세무상 상기 사채발행거래에 대한 회계처리는 다음과 같다.

| (차) 현금 | 9,493 | (대) 전환사채 | 10,000 |
| 사채할인발행차금 | 507 | | |

손금으로 인정되는 금액도 사채할인발행차금해당액 507을 기업회계상 유효이자율법으로 상각하는 연도별 금액인 146(백만 원), 168(백만 원) 및 193(백만 원)을 각각 손금으로 인정한다.

반면, K−IFRS상 회계처리는 다음과 같다.

| (차) 현금 | 9,493 | (대) 전환사채 | 8,813 |
| | | 전환권대가 | 680 |

세무상과 비교하여 전환사채부채금액이 681만큼 과소계상되어 있으므로, 다음의 세무조정이 이루어진다.

익금산입 · 전환권대가 · 680 · 기타

손금산입 · 전환사채 · 680 · △유보

또는 다음과 같이 세무조정을 하면 사후관리에 편리하다.

익금산입 · 전환권대가 · 680 · 기타

익금산입 · 전환사채 · 1,687 · 유보

      (상환할증금해당액)

손금산입 · 전환사채 · 2,367 · △유보

이때 손금산입된 2,367은 다음의 계산에 의해 손금불산입 조정된다.

일 자	장부상 상각액	세무상 손금인정액	손금불산입액
2025	798	146	652
2026	934	168	766
2027	1,142	193	949
	2,874	507	2,367

3. 2026.1.1.에 전환사채를 10,500만 원에 조기상환 시(시장이자율 20% 전제)

(1) 조기상환일 현재 전환사채의 장부금액 및 공정가치 구분

	장부금액	공정가치	차손익
부채요소	9,611[주1]	9,185[주2]	426
자본요소	717	1,315[주3]	(598)
	10,328	10,500	(172)

주1) 2024.12.31. 현재 전환사채 장부가액
주2) 2025.1.1. 현재 시장이자율로 할인한 2025.12.31. 및 2026.12.31.의 현금흐름 현재가치금액
주3) 조기상환금액 10,500 − 주2) 금액 9,185 = 1,315

(2) 부채요소의 상환

(차) 전환사채	10,000	(대) 현금	9,185
상환할증금	1,687	전환권조정	2,076
		사채상환이익	426
		(수익)	

(3) 자본요소의 상환

(차) 전환권조정	717	(대) 현금	1,315
사채상환손실	598		
(⊖자본)			

4. 전환사채가 만기 시까지 전환되지 않고 상환 시 이연법인세 회계

    (1) 2025.1.1.

(차) 현금	10,000	(대) 전환사채	10,000
전환권조정	2,404	상환할증금	1,687
		전환권대가	717

(차) 전환권대가	143	(대) 이연법인세부채	143[주)

      주) 법인세법상 전환사채의 장부가액은 10,000이며 익금산입·1,687·유보와 손금산입·
      2,404·△유보의 세무조정이 발생하여 총 717의 가산할 일시적차이가 발생되어 평균세
      율 20% 전제 시 143(717×20%)의 이연법인세부채가 발생하고 이는 전환권대가에서 차
      감하여 계상

    (2) 2025.12.31.

(차) 이자비용	1,392[주1)	(대) 현금	700
		전환권조정	692
		(손금불산입·692·유보)	

      주1) 9,283×15%=1,392

(차) 이연법인세부채	138[주2)	(대) 법인세비용	138

      주2) 692×20%=138

    (3) 2026.12.31.

(차) 이자비용	1,496[주1)	(대) 현금	700
		전환권조정	796
		(손금불산입·796·유보)	

      주1) (9,283+692)×15%=1,496

(차) 이연법인세부채	5[주2)	(대) 법인세비용	159[주3)
이연법인세자산	154[주4)		

      주2) 143−138=5
      주3) 796×20%=159
      주4) 159−5=154

    (4) 2027.12.31.

(차) 이자비용	1,616[주1)	(대) 현금	700
		전환권조정	916
		(손금불산입·916·유보)	

주1) $(9,975+796)\times15\%=1,616$

(차) 이연법인세자산	183[주2]	(대) 법인세비용	183

주2) $916\times20\%=183$

(차) 전환사채	10,000	(대) 현금	11,687
상환할증금	1,687		
(손금불산입 · 1,687 · 유보)			

(차) 법인세비용	337[주3]	(대) 이연법인세자산	337[주4]

주3) $1,687\times20\%=337$
주4) $154+183=337$

* 전환권대가 574(717−143)은 계속 자본잉여금으로 계상되며, 배당금 등의 재원으로 사용 가능함.

(4) 전환사채 발행자 세무조정사항

구 분	세무조정사항
사채할인발행차금 (과거 회계기준에 따른 전환권조정 해당분)	1. 발생 시: 손금산입 · △유보 2. 이자비용으로 대체 시: 손금불산입 · 유보 3. 전환권행사 시: 동일 금액을 익금산입 · 유보 / 손금산입 · 기타
상환할증금	1. 발생 시: 익금산입 · 유보 2. 전환권행사로 자본대체 시: 동일한 금액을 손금산입 · △유보 / 익금산입 · 기타 3. 지급 시: 손금산입 · △유보
전환권대가	발생시점: 익금산입 · 기타

(5) 외화표시 복합금융상품의 발행

외화표시 복합금융상품의 발행에 있어 발행자의 기능통화는 원화이고 복합금융상품은 외화이므로 지분전환상품(옵션)은 지분상품(자본)이 아니라 주계약인 채무상품과 밀접하게 관련되지 않는 내재파생상품에 해당되어 부채로 회계처리하여야 한다. 또한 외화로 발행된 복합금융상품은 화폐성항목에 해당되어 보고기간 종료일에 외화환산을 하여 당기손익으로 계상하여야 한다.

Expert Opinion Summary

전환사채 보장수익률에 의한 보유기간 이자상당액에 대한 원천징수 및 익금(취득가액 계산) 해당 여부

1. 원천징수 해당 이자소득 여부

「법인세법」제73조의2(내국법인의 채권 등의 보유기간 이자상당액에 대한 원천징수) 규정 및 시행령 제113조(내국법인의 채권 등의 보유기간 이자상당액에 대한 원천징수) 제2항 제2호 나목에 의해 만기상환일에 각 이자계산기간에 대한 보장이율을 추가로 지급하는 조건이 있는 전환(신주인수권부)사채의 경우에는 표면이자율에 당해 추가지급이율을 가산한 이자율을 적용하여 보유기간이자상당액을 원천징수대상소득으로 한다. 이때 원천징수의 시기는 「집행기준 73-111-1」③에서 해당 전환청구일을 원천징수 시기로 규정하고 있다.

2. 유권해석

(1) 기재부 법인세제과-704, 2004.12.22.

만기상환일에 표면이자에 추가하여 상환할증금을 지급하는 약정이 있는 전환사채를 보유하던 법인이 만기일 전에 전환사채를 주식으로 전환청구하는 경우 「법인세법」제73조 및 동법 시행령 제111조 제4항의 규정에 의하여 원천징수된 만기보장 수익률에 대한 이자상당액은 전환권 행사법인의 익금에 해당되는 것임.

(2) 기재부 법인세제과-323, 2005.10.27.

전환사채보유자의 주식으로 전환에 따른 주식의 취득가액은 전환사채 실제 매입가액에 상환할증률에 의한 보유기간이자상당액(익금산입분)이다. 이때 전환사채 발행법인의 경우 전환사채보유자의 익금해당액인 상환할증률에 의한 보유기간이자상당액에 해당되는 전환권조정의 상각(이자비용 계상액)은 「기본통칙 40-71…2」에 따라 손금으로 인정되지 않는 것임.

(3) 기재부 법인세제과-305, 2015.4.20.

내국법인이 「법인세법」제73조 및 같은 법 시행령 제111조에 따라 신주발행대금을 해당 신주인수권부사채로 납입하는 경우는 당해 신주인수권부사채의 이자를 지급하는 것으로 보는 것이며, 같은 법 제113조 제2항 제2호 나목에 따라 보장이율을 추가로 지급하는 조건이 있는 경우 이를 가산한 이자율을 기준으로 원천징수를 하는 것임.

(4) 서면2팀-23, 2006.1.5.

법인이 보유하는 전환사채를 상법 제515조의 규정에 따라 전환의 청구를 행사하는 경우 당해 전환권 행사로 인한 만기보장수익이자(표면이자+상환할증금)는 이자소득으로 발행법인은 원천징수 납부하여야 하며, 전환권을 행사하는 법인은 만기보장수익이자(표면이자＋상환할증금)에 대하여 이자소득으로 익금에 산입하는 것임.

3. 사례

(1) 자료

① A법인 2023.1.1. 전환사채 100억 원 액면가액으로 발행

② 만기 2025.12.31. 이자지급일은 매년 12.31.

③ 표면이자율 연 3%(보장수익률 연 7%, 만기 시 연 4% 복리계산 추가 지급)

④ 2024.12.31. 보유법인 B가 주식으로 전환청구

⑤ A법인은 비상장법인이고 B법인은 보유 전환사채에 대해 공정가치 평가하지 않음.

(2) 2024.12.31. 원천징수 해당 이자상당액

① 표면이자

100억 원×3%＝3억 원

② 보장수익률에 의한 보유기간이자상당액

100억 원×4%×2＝8억 원

③ 원천징수 등 금액

11억 원×15.4%＝1,694억 원(법인세 1.54, 법인지방소득제 0.154)

(3) 2024.12.31. B법인 회계처리 및 세무조정

(차) 현금	1.306	(대) 이자수익	3
선납법인세	1.694		
(차) 매도가능증권(주식)	100	(대) 매도가능증권(채권)	100

• 익금산입 · 매도가능증권(주식) · 8 · 유보

보유기간이자상당액을 익금산입하고 유가증권 취득가액에 합산

(4) B법인은 일반기업회계기준 적용법인이고 2023.12.31.에 공정가치평가를 한 경우 2023.12.31.에 공정가치금액과 취득금액과의 차이는 기타포괄손익으로 계상하고, 2024.12.31. 주식전환 시 주식의 공정가치를 측정하여 매도가능증권(주식)으로 계상하고, 기계상된 기타포괄손익과 취득가액과의 차액을 전환손익(당기손익)으로 계상함.

(차) 매도가능증권(주식)	120	(대) 매도가능증권(채권)	110
매도가능증권평가이익	10	매도가능증권전환이익	20
(⊕OCI)		(영업외수익)	

• 익금불산입 · 매도가능증권(주식) · 12* · (－)유보

* 전환이익 20 － 보유기간이자상당액 8＝12

(5) B법인이 K-IFRS 적용법인인 경우(수치는 '(4)'와 동일 전제)

(차) FVOCI 금융자산	120	(대) FVPL 금융자산	110
		FVPL 전환이익	10
		(기타수익)	

- 익금산입 · FVPL금융자산 · 10 · 유보(전기 평가이익계상 유보정리)
- 손금산입 · FVOCI금융자산 · 20 · (-)유보
- 익금산입 · FVOCI금융자산 · 8 · 유보

  * 전체로 손금산입(-)2는 전환이익 10과 이자상당액 8과의 차액임.

(6) 행사가격 조정 조건에 있는 금융부채의 평가손익 공시

발행자의 주가 변동에 따라 행사가격이 조정되는 조건(리픽싱 조건)이 있는 금융상품의 전부나 일부가 기업회계기준서 제1032호 '금융상품: 표시'에 따라 금융부채로 분류되는 경우에는 그 전환권이나 신주인수권(파생상품부채) 또는 이를 포함하는 금융부채(전환우선주 부채 등)에 대하여 다음 금액을 주석으로 공시한다(기준서 제1001호 한138.5).

① 최초인식시점 장부금액과 보고기간 말 장부금액(복수의 금융부채가 있는 경우에는 금융부채별로 구분하여 공시한다)
② 보고기간에 발생한 평가손익(당기손익에 포함된 경우로 한정하며 파생상품자산의 평가손익과 상계하지 않음)
③ 법인세비용차감전계속사업손익에서 '②'를 제외한 금액
④ 이 개정 내용은 2023년 1월 1일 이후 최초로 시작되는 회계연도부터 적용하되 조기 적용할 수도 있다.

■ **전환사채 발행 시 지급명세서 제출의무 주의사항**

전환사채를 인수·취득하여 주식전환등을 통해 발생하는 증여이익에 대해서는 상속세 및 증여세법 제40조(전환사채등의 주식전환등에 따른 이익의 증여)에 의해 과세하고 있다. 통상 전환사채등이 주식으로 전환된 후에야 주식변동상황명세서에 의한 과세자료가 수집되므로 전환사채등의 주식전환등에 따른 이익의 증여과세의 적시성을 위해 상속세 및 증여세법은 전환사채등을 발행하는 법인(주권상장법인으로서 유가증권 모집방법으로 발행하는 법인은 제외)의 경우 전환사채의 발행 및 인수자의 구체적인 사항이 기재된 지급명세서를 발행한 날이 속하는 분기 종료일의 다음 달 말일까지 제출하도록 규정하고 있으므로 전환사채를 발행하는 법인은 반드시 지급명세서를 제출하여야 하는 점을 주의하여야 한다(상증법 §82 ⑥). 미제출 시에는 0.12%의 가산세가 부과된다(상증법 §78 ⑫).

│ 신속처리 질의·답변 │

금융부채

1. 교환사채 교환권의 행사가격 변동

(1) 질의

　　회사는 사채 인수자에게 회사의 자기주식으로 교환할 수 있는 권리(교환권)가 부여된 교환사채를 발행하였음. 계약에는 발행회사 주식의 시가가 행사(교환)가격보다 낮아진 경우, 행사가격을 조정(리픽싱)하는 조항이 있음. 이러한 경우 회사는 교환권을 파생상품부채로 인식하여야 하는지?

(2) 회신

　　금융상품의 발행자는 계약의 실질과 금융상품의 정의에 따라 최초인식시점에 금융상품이나 금융상품의 구성요소를 금융부채, 금융자산, 지분상품으로 분류함(제1032호 문단 15). 시가하락에 따라 교환가격이 조정되는 사채에 포함된 자기주식 교환권은 '확정 수량의 자기지분상품에 대하여 확정 금액의 현금 등 금융자산과 교환하여 결제할 파생상품'이 아니므로 지분상품이 아닌 금융부채(파생상품부채)로 분류함(제1032호 문단 16(2)(나)). 따라서 공정가치로 평가하여 그 변동을 당기손익에 반영함.

2. 분리형 신주인수권부사채 발행 후 신주인수권의 재매입

(1) 질의

　　회사는 분리형 신주인수권부사채를 발행하였으며, 신주인수권은 자본으로 인식하였음. 이후 회사가 신주인수권을 보유자로부터 매입하였다면, 신주인수권의 장부금액과 매입가액의 차액에 대한 회계처리는?

(2) 회신

자본으로 인식되었던 신주인수권인 경우, 매입가액과 장부금액의 차이는 자본으로 인식함(제1032호 문단 33).

3. 상환청구권이 포함된 분리형 신주인수권부사채

(1) 질의

회사는 분리형 신주인수권부사채 발행자이며, 해당 금융상품에는 투자자가 조기상환을 요청할 수 있는 권리(상환청구권)가 포함되어 있음. 해당 금융상품 최초 발행시점에 분리해야 하는 내재파생상품은 무엇인가?

(2) 회신

분리형 신주인수권은 독립적으로 양도할 수 있으므로 내재파생상품이 아니며, 별도의 금융상품으로 인식함(제1109호 문단 4.3.1).

상환청구권은 파생상품이 아닌 사채(주계약)를 포함하는 복합상품의 구성요소이므로 내재파생상품에 해당하나, 상환청구권(내재파생상품)의 경제적 특성과 위험이 사채(주계약)와 밀접하게 관련되어 있지 않다면* 상환청구권을 사채와 분리하여 회계처리 함(제1109호 문단 4.3.3).

내재파생상품과 주계약의 경제적 특성과 위험이 밀접하게 관련되어 있는지 여부를 판단** 할 때는 K-IFRS 제1109호 문단 B4.3.5를 참고할 수 있음.

　* 상환청구권과 조건이 같은 별도의 금융상품이 파생상품의 정의를 충족하고, 복합계약의 공정가치 변동을 당기손익으로 인식하지 않음을 가정함.

** 상환청구권의 행사가격이 행사일 현재 사채의 상각후원가와 거의 같거나, 사채의 나머지 기간에 해당하는 상실이자의 현재가치에 근사한 금액까지 대여자에게 보상하는 금액이라면 주계약과 밀접하게 관련된 것으로 판단함(제1109호 문단 B4.3.5(5)).

4. 전환권의 전환가격 조정 조항

(1) 질의

회사는 전환사채를 발행하였음. 계약에는 시가 하락에 따라 전환가격이 조정(리픽싱)되는 조항이 있음. 이러한 경우, 전환권이 발행자의 자본인지 아니면 부채인지?

(2) 회신

시가 하락에 따라 전환가격이 조정되는 전환권은 '확정 수량의 자기지분상품을 확정 금액의 현금 등 금융자산과 교환하여 결제할 파생상품'이 아니므로 금융부채(파생상품부채)로 분류함(제1032호 문단 16(2)(나)).

5. 전환사채 중도 전환 시 회계처리

(1) 질의

회사는 전환사채를 발행하였고, 전환권은 별도의 파생상품부채로 인식함. 전환사채의 전환권이 만기 이전에 행사되는 경우 회계처리는?

(2) 회신

전환사채 최초 발행시점에 전환권이 파생상품부채로 분류된 경우, 전환권 행사 시 주식의 발행가액을 무엇으로 측정해야 할지 기준서에 명시적으로 규정하고 있지 않음.
내용상 유사하고 관련되는 회계논제를 다루는 다음의 기준서를 참고하여 회계정책을 개발하여 적용할 수 있음(제1008호 문단 10~12).

① K-IFRS 제1032호 문단 AG32를 참고하여, 전환된 파생상품부채(공정가치로 후속측정)와 소멸되는 사채의 장부금액을 더하여 주식의 발행가액으로 하는 방법

② K-IFRS 제2119호 문단 6, 9를 참고하여, 신규로 발행되는 주식의 공정가치를 주식의 발행가액으로 하는 방법, 이때 금융부채(파생상품부채와 사채)의 장부금액과 주식 발행가액의 차액은 당기손익으로 인식함.

6. 전환권의 행사 가능성이 낮아진 경우

(1) 질의

전환조건이 만기 전 충족되지 않아(예: 상장폐지 실질심사) 전환되지 않을 것이 매우 높은 경우라면, 전환사채(파생상품으로 분류된 전환권 포함) 전체를 상각후원가 측정 금융부채로 재분류하는지 아니면 사채의 상환시점까지 전환권을 계속 파생상품부채로 분류하는지?

(2) 회신

금융부채 내 재분류는 허용되지 않으므로, 전환권은 계속 파생상품부채로 분류함(제1109호 문단 4.4.2).

다만, 전환되지 않을 것이 확실하다면 전환권의 가치는 없거나 거의 없을 수 있음.

계약조건이 변경되어 계약상 필요한 현금흐름이 유의적으로 수정되어 재검토해야 하는 경우가 아니라면 내재파생상품의 분류 여부에 대한 후속적인 재검토가 금지되므로, 전환금은 계속 파생상품부채로 분류함(제1109호 문단 B4.3.11).

7. 전환사채의 매각예정비유동자산 분류

(1) 질의

회사는 보유 중인 전환사채(당기손익-공정가치측정금융자산)를 제3자에게 매각하는 매각계약을 체결하였으나, 실제 매각은 결산일 후로 예정되어 있음. 결산일에 해당 전환사채를 매각예정비유동자산으로 분류해야 하는지? 매각예정비유동자산으로 분류하는 경우, K-IFRS 제1105호에 따라 측정해야 하는지?

(2) 회신

전환사채가 비유동자산에 해당하고, 질의 매각계약이 K-IFRS 제1105호 문단 6~8의 요건을 충족하는 경우, 해당 금융자산을 매각예정비유동자산으로 분류함.

다만, 금융자산이 매각예정으로 분류되었더라도 K-IFRS 제1109호에 따라 측정함(제1105호 문단 5).

8. 전환사채의 제3자 지정 콜옵션 분리 여부

(1) 질의

회사는 전환사채를 발행하였고, 해당 계약에는 발행회사나 발행회사가 지정하는 제3자가

전환사채의 전부나 일부를 매입할 수 있는 권리(콜옵션)가 포함되어 있음. 이 경우, 해당 콜옵션은 전환사채의 내재파생상품인지 아니면 별도 파생금융상품인지?

(2) 회신

특정 금융상품에 부가되어 있는 파생상품이더라도, 해당 금융상품과 독립적으로 양도할 수 있거나 해당 금융상품과는 다른 거래상대방이 있는 파생상품은 별도의 금융상품임(제1109호 문단 4.3.1). 회사가 콜옵션의 권리행사자를 제3자로 지정하여 다른 금융상품(전환사채)과 독립적으로 해당 콜옵션을 양도할 수 있다면, 그 콜옵션은 별도의 금융상품으로 회계처리 함.

9. 복합금융상품 발행 관련 거래원가의 회계처리

(1) 질의

회사는 전환사채(복합금융상품)를 발행하였고, 전환권은 자본으로 분류함. 전환사채 발행 시 발생한 관련 수수료(거래원가)는 어떻게 회계처리하는가?

(2) 회신

전환사채의 전환권이 자본으로 분류된 복합금융상품 발행과 관련된 거래원가는 배분된 발행금액에 비례하여 부채요소와 자본요소로 배분함(제1032호 문단 38).

10. 복합상품 발행 관련 거래원가의 회계처리

(1) 질의

회사는 전환상환우선주를 발행하였는데, 투자자 모집을 위한 중개수수료 성격의 거래원가를 부담하였음. 회사는 전환상환우선주에 부여된 전환권 등의 내재파생상품을 주계약과 별도로 분리하였는데, 모두 부채로 분류함. 이때 복합계약 발행 시 부담한 거래원가를 내재파생상품에도 배부해야 하는지?

(2) 회신

주계약과 내재파생상품을 모두 부채로 인식하는 복합상품 발행 시 거래원가를 어떻게 회계처리해야 하는지에 대해서는 회계기준에서 구체적으로 규정하지 않으므로, 회계정책 개발을 통해 '복합상품 발행 시 부담한 거래원가' 회계처리 방법을 정할 수 있음.

11. 지배기업이 비지배주주에게 부여한 풋옵션의 회계처리

(1) 질의

지배기업의 종속기업은 자금조달 목적으로 기존주주에게 전환상환우선주를 발행하였음. 이때 지배기업은 특약사항으로 비지배주주에게 해당 전환상환우선주를 지배기업에게 매도할 수 있는 풋옵션을 부여함. 지배기업의 별도재무제표에서 해당 풋옵션의 회계처리는?

(2) 회신

지배기업의 별도재무제표에서 해당 풋옵션 부여는 종속기업의 전환상환우선주를 기초자산으로 하는 파생상품을 발행한 것이므로, K-IFRS 제1109호에 따라 파생상품 회계처리를 해야 함(제1109호 문단 2.1).

12. 금융부채의 발행가격과 공정가치가 다른 경우의 회계처리

(1) 질의

회사는 전환권 등의 내재파생상품이 포함되어 있는 전환사채를 발행하였음. 전환사채 주계약의 공정가치와 내재파생상품의 공정가치 합계금액이 발행금액(거래가격)과 다른 경우, 차이 금액에 대한 회계처리는?

(2) 회신

금융부채는 최초인식시점에 공정가치로 측정하며, 금융상품 공정가치의 최선의 증거는 일반적으로 거래가격임(제1109호 문단 5.1.1, 문단 B5.1.2A).

만약 전환사채의 공정가치와 거래가격이 다른 경우에, 그 차이가 금융상품이 아닌 다른 것(비금융요소)에 대한 대가라면 금융부채 최초인식시점의 공정가치가 발행금액을 초과하는 금액이 자산의 인식기준을 충족한다면, 별도의 자산으로 인식하고 자산의 인식기준을 충족하지 못한다면, 해당 금액을 비용으로 인식하거나 수익에서 차감함.

공정가치와 거래가격의 차이가 비금융요소에 대한 대가가 아니라면, 제1109호 문단 B5.1.2A에 따라 ① 공정가치가 수준1의 투입변수에 따라 입증되거나 관측 가능한 시장의 자료만을 사용하여 평가된 경우에 차액은 손익으로 인식하고, ② 그 밖의 경우에는 문단 차액을 이연하여 회계처리 함.

13. 전환사채에 부여된 제3자 지정 콜옵션의 양도

(1) 질의

회사는 전환사채를 발행하면서, 회사가 지정하는 제3자가 특정 행사가격으로 해당 전환사채를 매수할 수 있는 콜옵션계약을 전환사채 투자자와 동시에 체결함. 해당 콜옵션은 전환사채와 독립적으로 양도할 수 있으므로, 회사는 K-IFRS 제1109호 문단 4.3.1에 따라 별도의 금융상품(파생상품자산)으로 인식함.

회사가 대표이사인 B를 제3자로 지정하여 무상으로 콜옵션을 양도한 경우의 회계처리는?

(2) 회신

콜옵션 양도로 콜옵션의 현금흐름에 대한 계약상 권리가 소멸되었다면, 콜옵션(파생상품자산)을 재무제표에서 제거함(제1109호 문단 3.2.3).

회사가 임직원에게 콜옵션을 무상으로 양도한 것은 임직원을 대신하여 콜옵션의 대가를 지급해준 것이므로, 제거된 금융자산의 장부금액(제거일에 측정)과 수취한 대가의 차액을 당기손익으로 인식함.

14. 전환상환우선주의 중도전환

(1) 질의

회사는 전환상환우선주(RCPS)를 발행하였으며, 투자자는 전환권의 계약조건에 따라 만기 전에 언제든지 전환할 수 있음. 회사는 해당 RCPS의 전환권이 K-IFRS 제1032호의 지분상품 정의를 충족한다고 판단하여 자본으로 분류함.

투자자가 만기 전에 자발적으로 전환권을 행사한 경우(발행자의 유도전환 아님), 회사의 회계처리는?

(2) 회신

전환상환우선주, 전환사채와 같은 자본요소가 포함된 복합금융상품이 전환되는 경우, 만기 시점에 전환에 따라 인식할 손익은 없음(제1032호 문단 AG32).

만기가 도래하기 전에 금융상품의 계약조건에 따라 투자자가 전환권을 행사한 경우, 제1032호 문단 AG32를 준용할 수 있으므로, 만기전 전환에 따라 인식할 손익은 없음.

15. 지배기업이 발행한 풋옵션(종속기업 지분재매입)의 회계처리

(1) 질의

종속기업의 유상증자 과정에서, 지배기업은 외부 투자자에게 종속기업 지분에 대한 풋옵션을 발행함. 해당 풋옵션은 종속기업이 향후 3년간 특정 매출액을 달성하지 못할 경우에 외부 투자자가 행사할 수 있는데 행사되면 지배기업이 특정 금액으로 종속기업 지분을 매입해야 함.

지배기업의 별도재무제표에서 해당 풋옵션 발행에 대해 금융부채를 인식하는지?

(2) 회신

외부 투자자가 보유한 종속기업 지분은 지배기업의 별도재무제표에서 자기지분상품에 해당하지 않으므로 K-IFRS 제1032호에 따른 자기지분상품을 매입할 의무에 해당하는 금융부채가 아님.

16. '발생 가능성이 희박한 조건부 결제조항'의 유효 여부

(1) 질의

회사는 전환우선주를 발행하였는데 발행 계약서에는 특수한 상황(예: 상장폐지)에 상환의무가 발생한다는 조항이 있음. 발생 가능성이 희박한 계약 조항을 실질적으로 유효하지 않은 조건부 결제조항으로 볼 수 있는지?

(2) 회신

조건부 결제조항이 실질적으로 유효한지는 발생 가능성뿐만 아니라 조항의 성격(예: 지극히 드물고 예외적인지) 등을 종합적으로 고려해야 함(제1032호 문단 25, AG28).

상장폐지되는 경우가 드물고 예외적이더라도, 해당 조항이 전환우선주 발행가격 또는 계약상 현금흐름 특성 등에 영향을 미쳤다면 유효한 조건부 결제조항으로 보아 금융부채를 인식함.

17. 전환가격 조정 조건이 있는 전환사채의 전환가격 확정

(1) 질의

회사는 전환사채를 발행하였고, 전환사채 발행 계약서에는 회사가 발행한 보통주의 시가 하락에 따라 전환가격이 조정(리픽싱)되는 조항이 있음. 최초 발행 당시 회사는 전환권을 금융부채로 분류함.

이후 전환가액에 확정되었을 때, 해당 전환권을 자본으로 재분류할 수 있는지?

(2) 회신

K – IFRS 제1032호에서는 계약의 최초인식시점에 금융상품이나 금융상품의 구성요소를 금융부채, 금융자산, 지분상품 중 무엇으로 분류해야 하는지를 규정하고 있음(제1032호 문단 15).

금융상품의 계약조건이 변경되지 않은 경우에 최초인식 후 금융부채와 지분상품을 재분류하도록 하는 요구사항이 IAS 32에 포함되어 있지 않으므로(IFRS해석위원회, 2021년 10월), K – IFRS 제1008호 문단 10~12에 따라 회계정책을 개발하여 적용함.

18. 자기주식 취득 관련 부대비용

(1) 질의

회사가 자기주식을 취득할 때 발생하는 부대비용(예: 등록수수료, 자문수수료)은 어떻게 회계처리하는지?

(2) 회신

자기지분상품을 취득하면서 발생한 원가(자본거래원가)는 해당 자본거래가 없었다면 회피할 수 있고 해당 자본거래에 직접 관련하여 생긴 증분원가인 경우, 자본에서 차감함(제1032호 문단 37).

다만, 자기지분상품을 취득하려 했으나 중도에 포기한 자본거래의 원가는 비용으로 인식 발생된 부대비용이 자본거래와 직접 관련되는지는 사실과 상황을 고려하여 판단할 필요가 있음.

19. 금융보증부채의 인식

(1) 질의

지배회사(P)는 종속회사(S)의 차입금 1억 원에 대해 지급보증을 제공함. 지배기업(P)는 별도재무제표에서 종속회사(S)가 실제 차입한 금액으로 금융보증부채를 인식하면 되는지?

(2) 회신

금융보증계약을 최초인식할 때, 지급보증의 공정가치를 합리적으로 추정하여 인식함(제1109호 문단 5.1.1).

이때, 지급보증을 받거나 제공하는 회사의 지급보증요율을 고려할 수 있음.

채무자의 채무불이행이 발생하지 않았다면 금융보증계약의 최초인식금액(공정가치)은 지급보증 대상금액(종속회사(S)의 실제 차입금액)보다 적을 것이나, 후속적으로 채무자의 채무불이행이 발생한다면 손실충당금을 반영한 금액으로 측정해야 함(제1109호 문단 4.2.1(3)(가)).

20. 금융상품 최초 인식시점에 공정가치와 거래가격의 차이 이연 시, 재무제표 표시 및 공시

(1) 질의

회사는 전환사채를 100원에 발행하였는데, 전환사채 전체의 공정가치는 120원, 주계약인 사채권의 공정가치는 80원, 주계약과 분리된 내재파생상품(금융부채로 분류)의 공정가치는 40원으로 평가되었음.

전환사채의 공정가치 측정 시 수준3의 관측 가능하지 않은 투입변수가 사용되었고, 비금융요소는 없다고 가정함.

전환사채의 공정가치와 거래가격의 차이를 K-IFRS 제1109호 문단 B5.1.2A(2)에 따라 이연할 때 어떻게 표시해야 하는지?

(2) 회신

K-IFRS 제1109호 문단 B5.1.2A(2)에서는 공정가치와 거래가격의 차이를 이연할 때 그 차이를 조정하여 회계처리하도록 하나, 그 표시방법을 구체적인 방법을 제시하지 않음. 따라서 전환사채의 장부금액에 가감하여 순액으로 표시할 수 있음.

21. 전환사채 거래일 평가손익의 이연 회계처리

(1) 질의

회사는 전환사채 최초 발행 당시 전환권을 금융부채로 분류함. 전환사채 전체의 공정가치와 거래가격(발행금액)이 다른 경우, 발행일의 차이 금액을 이연하여 상각하는 후속 회계처리 방법은?

다만, 전환사채의 공정가치 측정 시 수준3의 관측 가능하지 않은 투입변수가 사용되었고, 비금융요소는 없으며, 전환사채 전체의 공정가치와 거래가격(발행금액)의 차이는 주계약에서 발생한다고 가정함.

(2) 회신

전환사채 전체의 공정가치와 거래가격(발행금액)이 다른 경우, 후속 회계처리를 할 때, 시장참여자가 전환사채의 가격을 결정하는 데에 고려하는 요소(시간 포함)의 변동을 반영하여 손익으로 인식함(제1109호 문단 B5.1.2A).

전환사채의 성격을 반영하는 합리적 배분기준을 적용하여(예: 정액법, 유효이자율법) 상각해야 함.

이때, 최초 인식시점의 공정가치와 거래가격의 차이를 당기손익으로 인식하는 회계정책과 기초와 기말 현재 당기손익으로 아직 인식하지 아니한 총 차이금액과 그 차이조정을 공시함(제1107호 문단 28).

22. 전환권이 자본으로 분류되는 전환사채의 거래일 평가손익

(1) 질의

회사는 전환사채를 발행(발행금액: 100억 원)하고 전환권은 K-IFRS 제1032호 지분상품의 정의를 충족한다고 판단하여 자본으로 분류함. 투자자의 조기상환청구권은 주계약(사채)과의 분리요건을 충족하지 않아 주계약인 사채의 장부금액(이하 '일반사채')에 포함함.

거래일 전환사채의 공정가치는 125억 원인데, 사채(주계약)의 공정가치는 105억 원, 조기상환청구권의 공정가치는 2억 원, 전환권의 공정가치는 18억 원임. 전환사채의 공정가치 측정 시 수준3의 관측 가능하지 않은 투입변수가 사용되었고, 비금융요소는 없다고 가정함.

전환사채 최초 인식일에 부채요소와 전환권(자본)의 인식 방법은?

(2) 회신

금융부채는 최초 인식시점의 공정가치인 107억 원이고, 자본요소에 배분되는 금액은 복합금융상품 전체의 공정가치(125억 원)에서 금융부채의 공정가치(107억 원)를 차감한 후의 잔여금액인 18억 원임(제1032호 문단 31, 32).

다만, 부채요소와 자본요소가 있는 복합금융상품 발행 시, 복합금융상품 전체의 공정가치와 거래가격(발행가액)이 다른 경우에 그 차이를 요소별로 배분하는 방법에 대한 구체적인 회계기준은 없음(제1109호 문단 B5.1.2A).

23. 복수의 내재파생상품 분리 여부

(1) 질의

회사는 인수인의 조기상환권과 회사의 매도청구권이 존재하는 전환사채를 발행하였는데 매도청구권은 제삼자(거래상대방)에게 독립적으로 양도할 수 없음. 전환권은 K-IFRS 제1032호의 지분상품 정의를 충족한다고 판단하여 자본으로 분류하였고, 매도청구권은 내재파생상품으로 판단하였음.

사채권의 상각후원가는 조기상환권의 행사가격과 거의 같지만, 매도청구권의 행사가격과는 유의적인 차이가 있음.

이 경우, 매도청구권과 조기상환권을 별개의 옵션으로 보아 주계약과 분리 여부를 각각 판단하는지?

(2) 회신

전환권이 자본인 경우, 전환채무상품의 자본요소를 분리하기 전에 내재된 콜옵션이나 풋옵션이 주채무계약과 밀접하게 관련되어 있는지를 판단함(제1109호 문단 B4.3.5(5)).

이때 하나의 복합계약에 복수의 내재파생상품이 있는 경우, 일반적으로 하나의 복합내재파생상품으로 회계처리하지만, 복수의 내재파생상품이 서로 다른 위험 익스포저와 관계되고, 각각 쉽게 분리할 수 있고 서로 독립적이면 복수의 내재파생상품은 주계약과 분리 여부를 각각 판단함(제1109호 문단 4.3.3, B4.3.4).

24. 차입 시 제삼자에게 지급하는 중개수수료

(1) 질의

회사가 금융기관에서 자금을 차입하면서 금융기관에는 대출취급수수료(대출심사 및 서류작성 등에 소요되는 비용)를, 금융기관 외 제삼자에게는 중개수수료를 지급하였음.

대출을 주선해 주는 대가로 제삼자에게 지급한 중개수수료의 회계처리는?

(2) 회신

중개수수료가 차입과 관련하여 직접 발생된 증분원가로서 차입거래가 없었다면 생기지 않았을 거래원가라면, 최초 인식시점의 금융부채 공정가치에 차감함(제1109호 문단 5.1.1, B5.4.8, 용어의 정의).

이러한 중개수수료는 후속적으로 유효이자율법에 따라 관련 기간의 이자비용으로 인식함.

25. 전환권이 자본인 전환사채에 내재된 조기상환권의 분리 여부 평가

(1) 질의

회사는 전환사채를 발행하고, 전환권은 K-IFRS 제1032호의 지분상품 정의를 충족한다고 판단하여 자본으로 분리하여 인식함.

투자자가 보유하는 조기상환청구권(내재파생상품)의 분리 여부를 판단할 때 전환권을 분리한 후의 사채(주계약)와 밀접하게 관련되어 있는지를 판단하는지?

(2) 회신

전환사채의 자본요소를 분리하기 전에 내재된 콜옵션이나 풋옵션이 주채무계약과 밀접하게 관련되어 있는지를 판단함(제1109호 문단 B4.3.5(5)).

26. 발행한 전환사채 매입 후 재발행 회계처리

(1) 질의

회사가 전환사채 투자자에 대한 매도청구권(콜옵션)을 행사하여 기존에 발행한 전환사채를 매입하였음.

일정 기간 보유한 후, 제삼자에게 해당 전환사채를 발행(매도)한 경우의 회계처리는?

(2) 회신

발행한 전환사채를 매입하는 경우, 단기간에 재매도할 의도가 있다고 하더라도 금융부채의 소멸로 회계처리함(제1109호 문단 B3.3.2).

해당 전환사채를 외부의 제삼자에게 발행하는 경우, 금융상품의 최초 발행 회계처리를 수행(제1032호 문단 15)

27. 전환우선주의 전환가격 조정 조건 삭제

(1) 질의

회사가 발행한 전환우선주 발행 계약서에는 회사의 보통주 시가가 하락하면 전환가격이 조정(리픽싱)되는 조항이 있음. 발행 당시 회사는 그 전환우선주를 금융부채로 분류함. 이후 투자자와의 합의로 전환가격 조정 조건을 삭제한 경우, 해당 금융부채를 제거하고 자본으로 인식해야 하는지? (다만, 리픽싱 조항이 없다면 전환우선주는 자본의 정의를 충족한다고 가정)

(2) 회신

과거 IFRS 해석위원회가 지분상품의 계약조건이 변경되어 금융부채로 분류될 경우, 최초의 지분상품을 제거하고 새로운 금융부채를 인식해야 한다고 결론 내린 바 있음(IFRIC update, 2006.11).

투자자와의 합의에 따른 리픽싱 조항의 삭제도 계약 변경에 해당하고, 계약 변경시점에 금융부채의 정의를 더는 충족하지 않으므로, 금융부채를 제거하고 새로운 지분상품을 인식해야 함(제1109호 문단 3.3.1).

28. 전환상환우선주에 포함된 조기상환청구권의 분리 여부

(1) 질의

회사가 발행한 전환상환우선주에는 투자자의 조기상환청구권과 전환권이 부여되어 있는데 전환권은 K-IFRS 제1032호의 지분상품 정의를 충족한다고 판단하여 자본으로 분류함. 이 경우, 조기상환청구권을 주계약과 분리하여 공정가치 측정 금융부채로 측정할 수 있는

지? (다만, 조기상환청구권의 행사가격이 자본요소(전환권)를 분리하기 전 장부금액과 같다고 가정)

(2) 회신

전환상환우선주의 부채요소에 내재파생상품이 포함되어 있는 경우, 내재파생상품 특성이 주계약(채무상품)과 밀접한 관련이 있는지는 자본요소를 분리하기 전 기준으로 평가함(제1109호 문단 4.3.3, B4.3.5(가)).

조기상환청구권의 행사가격이 자본요소(전환권)를 분리하기 전 채무상품의 상각후원가와 거의 같다면, 조기상환청구권은 주계약과 밀접하게 관련되어 있으므로 주계약과 분리하지 않음.

제14장

충당부채, 우발부채 및 우발자산

1 의 의

　기업회계기준서 제1037호는 충당부채, 우발부채 및 우발자산의 회계처리를 위하여 적절한 인식기준과 측정기준을 마련하고, 이용자들이 충당부채 등의 성격, 발생시기 및 금액을 파악하기에 충분한 정보가 재무제표주석에 공시되도록 하는데 목적이 있다.

2 용어의 정의

　이 기준서에서 사용하는 용어의 정의는 다음과 같다(문단 10).

(1) 충당부채

　지출의 시기 또는 금액이 불확실한 부채(재무상태표에 부채로 인식)를 말한다.

(2) 부채

　과거사건에 의하여 발생하였으며 경제적효익을 갖는 자원이 기업으로부터 유출됨으로써 이행될 것으로 기대되는 현재의무를 말한다.

(3) 의무발생사건

　당해 의무를 이행하는 것 외에는 실질적인 대안이 없는 법적의무 또는 의제의무를 발생시키는 사건을 말한다.

(4) 법적의무

　다음 중 하나에 의하여 발생하는 의무를 말한다.
① 명시적 또는 묵시적 조항에 따른 계약
② 법률

③ 기타 법적 효력

(5) 의제의무

다음을 모두 충족하는 기업의 행위에 따라 발생하는 의무를 말한다.

① 과거의 실무관행, 발표된 경영방침 또는 구체적이고 유효한 약속 등을 통하여 기업이 특정책임을 부담하겠다는 것을 상대방에게 표명한다.

② 위 '①'의 결과 기업이 당해 책임을 이행할 것이라는 정당한 기대를 상대방이 가지게 한다.

(6) 우발부채

다음의 '①' 또는 '②'에 해당하는 의무를 말한다.

① 과거사건에 의하여 발생하였으나, 기업이 전적으로 통제할 수 없는 하나 이상의 불확실한 미래사건의 발생 여부에 의하여서만 그 존재가 확인되는 잠재적 의무

② 과거사건에 의하여 발생하였으나, 다음 '㉠' 또는 '㉡'의 경우에 해당하여 인식하지 아니하는 현재의무

　㉠ 당해 의무를 이행하기 위하여 경제적효익을 갖는 자원이 유출될 가능성이 높지 아니한 경우

　㉡ 당해 의무를 이행하여야 할 금액을 신뢰성 있게 측정할 수 없는 경우

(7) 우발자산

과거사건에 의하여 발생하였으나, 기업이 전적으로 통제할 수 없는 하나 이상의 불확실한 미래사건의 발생 여부에 의하여서만 그 존재가 확인되는 잠재적 자산을 말한다.

3 충당부채의 인식과 측정

(1) 충당부채의 정의

충당부채는 '지출의 시기 또는 금액이 불확실한 부채'를 말한다. 충당부채는 현재의무이고 이를 이행하기 위하여 경제적효익을 갖는 자원이 유출될 가능성이 높고 당해 금액을 신뢰성 있게 추정할 수 있으므로 부채로 인식한다(문단 13).

① 장기제품보증충당부채

자동차판매회사가 고객에게 자동차를 판매한 후 일정기간 또는 일정사용거리 내에 결함이 발생하여 무상으로 수리서비스용역을 제공하거나 소모품의 일부를 무상으로 교환해주는 판매약정을 체결한 경우 회사는 언제, 얼마의 수리비를 누구에게 지출하는지가 불확실하더라도 회사가 미래에 부담하여야 하는 금액을 추정하여 충당부채를 계상하여야 한다.

(차) 장기제품보증비	×××	(대) 장기제품보증충당부채	×××
(기타비용)		(비유동부채)	

② 고객충성제도

재화와 용역을 구매하는 고객에게 인센티브를 제공하기 위하여 기업이 고객에게 부여하는 고객보상점수제도(항공사의 마일리지적립 또는 카드사의 포인트적립)에 따라 기업이 미래에 고객에게 무상으로 재화나 용역을 제공해야 하는 의무는 과거 기업회계기준서에서는 충당부채의 인식대상이었으나, 한국채택국제회계기준에서는 기준서 제1018호「수익」및 해석서 제2113호「고객충성제도」의 규정에 의해 부여된 고객보상점수 해당금액은 발생수익에서 차감하여 부채로 인식하고 추후 보상의무를 제공할 때 수익으로 인식하는 회계처리를 하여야 한다.

(2) 충당부채의 인식 요건

충당부채는 다음의 요건을 모두 충족하는 경우에 인식한다(문단 14).
① 과거사건의 결과로 현재의무(법적의무 또는 의제의무)가 존재한다.
② 당해 의무를 이행하기 위하여 경제적효익을 갖는 자원이 유출될 가능성이 높다.
③ 당해 의무의 이행에 소요되는 금액을 신뢰성 있게 추정할 수 있다.

위의 요건을 충족하지 못할 경우에는 어떠한 충당부채도 인식할 수 없다.

1) 현재의무

현재의무에는 법적의무와 의제의무가 모두 포함된다. 법적의무는 명시적 또는 묵시적 조항에 따른 계약, 법률, 기타 법적 효력에 의하여 발생하는 의무를 말한다. 한편 의제의무는 과거의 실무관행, 발표된 경영방침 또는 구체적이고 유효한 약속 등을 통하여 기업이 특정 책임을 부담하겠다는 것을 상대방에게 표명하고, 그 결과 기업이 당해 책임을 이행할 것이라는 정당한 기대를 상대방이 가지게 되었을 때 발생하는 의무를 말한다.

2) 경제적효익을 갖는 자원의 유출가능성

① 일반요건: 유출가능성이 높아야 함.

부채로 인식하기 위해서는 현재의무가 존재하여야 할 뿐만 아니라 당해 의무의 이행을 위하여 경제적효익을 갖는 자원의 유출가능성이 높아야 한다. 이때 유출가능성이 높다는 의미는 발생할 가능성이 발생하지 않을 가능성보다 더 높음을 의미한다(50% 초과 발생가능성을 뜻함).

② 현재의무의 존재가능성이 높지 아니한 경우

자원의 유출가능성이 높아도 우발부채를 공시한다.

③ 유출가능성이 아주 낮은 경우

공시하지 아니한다.

3) 의무에 대한 신뢰성 있는 추정

추정치를 사용하는 것은 재무제표 작성의 필수적인 과정이며, 재무제표의 신뢰성을 손상시키지 아니한다. 충당부채의 성격상 다른 재무상태표 항목에 비하여 불확실성이 더 크므로 그에 대한 추정치의 사용은 특히 필수적이다. 극히 드문 경우를 제외하고는 가능한 결과의 범위를 결정할 수 있으므로 충당부채를 인식할 때 충분히 신뢰성 있는 금액을 추정할 수 있다.

극히 드문 경우로 신뢰성 있는 금액의 추정이 불가능한 경우에는 부채로 인식하지 아니하고 우발부채로서 공시한다.

(3) 충당부채의 측정

① 측정기준 - 최선의 추정치

충당부채로 인식하는 금액은 현재의무를 보고기간 말에 이행하기 위하여 소요되는 지출에 대한 최선의 추정치이어야 한다(문단 36).

② 추정치 계산 시 고려 요소

충당부채에 대한 최선의 추정치를 구할 때에는 관련된 사건과 상황에 대한 불가피한 위험과 불확실성을 고려한다(문단 42).

③ 현재가치

화폐의 시간가치 효과가 중요한 경우 충당부채는 의무를 이행하기 위하여 예상되는 지출 액의 현재가치로 평가한다(문단 45).

할인율은 부채의 특유위험과 화폐의 시간가치에 대한 현행 시장의 평가를 반영한 세전 이율이다. 이 할인율에 반영되는 위험에는 미래현금흐름을 추정할 때 고려된 위험은 반영 하지 아니한다(문단 47).

사례

1. 자료
   (1) A법인은 울진군 소유의 토지에 폐기물보관시설을 설치하고 10년간 이를 사용하 는 계약을 체결하였다.
   (2) 울진군에 지급하는 임차료는 매년 1천만 원이다.
   (3) 2025.1.1. A법인이 설치한 구축물의 취득가액은 3억 원이며 사용하기 시작하였다. 감가상각방법은 정액법이며 잔존가치는 없다.
   (4) A법인은 구축물의 사용기간 종료 후 토지를 원상회복해야 할 의무를 부담하며 원상회복추정금액은 5천만 원이다.
   (5) 2025.1.1. 현재의 시장이자율은 10%이며, 2026.12.31.에 11%로 변경되었다.

2. 회계처리
   (1) 2025.1.1. 구축물 취득 시

(차) 구축물	319,277,000	(대) 현금	300,000,000
		복구충당부채	19,277,000[주]

   주) 충당부채계상액: 50,000,000×0.38554(10%, 10년 현가계수)=19,277,000

   (2) 2025.12.31.
   ① 이자비용 계상

(차) 이자비용	1,927,700[주]	(대) 복구충당부채	1,927,700

   주) 19,277,000×10%=1,927,700

   ② 감가상각비 계상

(차) 감가상각비	31,927,700[주]	(대) 감가상각누계액	31,927,700

   주) 319,277,000×1/10=31,927,700

③ 복구충당부채의 변경

(차) 복구충당부채   1,658,700^{주)}   (대) 구축물   1,658,700

주) $(19,277,000 + 1,927,700) - 50,000,000 \times 0.39092(11\%,\ 9년\ 현가계수) = 1,658,700$

(3) 2026.12.31.

① 이자비용 계상

(차) 이자비용   2,150,060^{주)}   (대) 복구충당부채   2,150,060

주) $19,546,000 \times 11\% = 2,150,060$

② 감가상각비 계상

(차) 감가상각비   31,743,400^{주)}   (대) 감가상각누계액   31,743,400

주) $(319,277,000 - 31,927,700 - 1,658,700) \times 1/9 = 31,743,400$

④ 미래사건

현재의무를 이행하기 위하여 소요되는 지출금액에 영향을 미치는 미래사건이 발생할 것이라는 충분하고 객관적인 증거가 있는 경우에는 그러한 미래사건을 감안하여 충당부채금액을 추정한다(문단 48).

(4) 제3자에 의한 충당부채의 변제

충당부채를 결제하기 위하여 필요한 지출액의 일부 또는 전부를 제3자가 변제할 것이 예상되는 경우 기업이 의무를 이행한다면 변제를 받을 것이 거의 확실시되는 때에 한하여 변제금액을 인식하고 별도의 자산으로 회계처리한다. 다만, 자산으로 인식하는 금액은 관련 충당부채금액을 초과할 수 없다.

충당부채와 관련하여 포괄손익계산서에 인식된 비용은 제3자의 변제와 관련하여 인식한 금액과 상계하여 표시할 수 있다.

(5) 충당부채의 변동

매 보고기간 말마다 충당부채의 잔액을 검토하고, 보고기간 말 현재 최선의 추정치를 반영하여 조정한다. 의무이행을 위하여 경제적효익을 갖는 자원이 유출될 가능성이 더 이상 높지 아니한 경우에는 관련 충당부채를 환입한다.

충당부채를 현재가치로 평가하여 표시하는 경우에는 장부금액을 기간 경과에 따라 증가시키고 해당 증가금액은 차입원가로 인식한다.

(6) 법인세법

법인세법에서는 지급의무가 확정된 사업연도에 손금으로 인정되므로 기업회계에서 충당부채전입액으로 비용처리한 금액에 대하여 손금불산입·유보처분하고 추후 실지 지급의무 확정 시 손금으로 추인한다.

│ 신속처리 질의·답변 │

충당부채

1. 소송충당부채의 조정 여부

(1) 질의

회사는 2017년 1심 재판에서 패소하여 1천만 원을 충당부채로 인식하였음. 이후 회사는 1심 판결에 불복·항소하였으며, 2018년 2심에서 판결금액이 1천만 원에서 3백만 원으로 감액되었음. 회사는 2심의 결과를 토대로 지급 판결금액 변동분만큼 충당부채 조정이 가능한지?

(2) 회신

충당부채로 인식하는 금액은 현재의무를 보고기간 말에 이행하기 위해 필요한 지출에 대한 최선의 추정치임(제1037호 문단 36).

보고기간 말마다 충당부채의 잔액을 검토하여 보고기간 말 현재 최선의 추정치를 반영하며, 의무를 이행하기 위하여 경제적 효익이 있는 지원을 유출할 가능성이 높지 않게 된 경우에는 관련 충당부채를 환입함(제1037호 문단 59).

따라서 2018년 2심의 지급금액 판결결과가 2018년 말 관련 의무를 이행하기 위한 최선의 추정치를 반영한 것이라면, 소송충당부채를 3백만 원으로 조정하고 7백만 원은 환입함.

2. 복구충당부채의 현재가치 측정

(1) 질의

회사는 항공기를 운용리스로 임차하여 사용하고 있는데, 리스기간이 종료되면 리스회사와 사전에 약정한 기준으로 항공기를 복구할 의무를 부담함에 따라 복구충당부채를 인식하고 있음. 복구충당부채의 현재가치 계산에 회사의 가중평균차입이자율이나 회사의 유사한 신용등급의 회사채 수익률을 할인율로 사용하고자 함. 이러한 할인율 사용이 적절한지?

(2) 회신

충당부채의 현재가치 측정에 사용하는 할인율은 부채의 특유한 위험과 화폐의 시간가치에 대한 현행시장의 평가를 반영한 세전 이율임(제1037호 문단 47).

회사의 가중평균차입이자율과 회사채 수익률은 회사의 신용위험이 반영된 할인율로서, 충당부채의 현재가치 산출을 위한 할인율로 적절하지 않음.

회사의 자기 신용위험은 부채의 특유한 위험이 아니라 회사 고유의 위험이므로 할인율에 반영하지 않는 것이 적절함.

3. 복구충당부채 변경 회계처리

(1) 질의

회사가 임차하는 건물의 리스기간이 단축됨에 따라 복구충당부채의 측정치가 변동되는 경우 회계처리는?

(2) 회신

리스 변경시점에 리스기간 단축에 따른 효과를 반영하여 리스부채를 재측정하고, 이에 따른 사용권자산의 장부금액을 조정하며(제1116호 문단 46(1)), 복구충당부채의 변동은 사용권자산에서 조정함(제1116호 문단 BC192).

4. 계약금 몰취 금액

(1) 질의

회사(매도자)는 A사(매수자)와 부동산 매매계약을 체결하였고, 계약금 20억 원을 수령한 후 부채 20억 원을 인식함. 계약서에는 매수자 측의 거래 불이행으로 계약 파기 시, 해당 계약금은 매도자가 몰취한다는 조항이 있음. 이후 A사가 기한 내에 잔금을 지급하지 않아 계약이 파기되었고, 계약금 20억 원은 회사가 몰취함. A사가 해당 몰취 계약금에 대해 소송을 제기한 경우, 회사가 부채로 인식한 계약금 20억 원에 대한 회계처리는?

(2) 회신

회사가 계약금을 돌려줄 의무가 없다면, 부채를 제거하고 손익을 인식함.

다만, 회사가 소송에서 승소 가능성이 높지 않다고 판단하였다면 부채를 제거하지 않음(제1037호 문단 10, 개념체계 문단 4.26~4.27).

5. 재고자산 재취득의무를 충당부채로 인식해야 하는지

(1) 질의

회사는 특정 광물을 판매하면 정부 정책에 따라 판매된 재고자산과 동일한 수량의 동종 자산을 3년 내에 시장에서 재취득해야 함. 이 경우, 회사가 재고자산을 판매하는 시점에 동종 자산을 재취득해야 하는 의무를 충당부채로 인식해야 하는지?

(2) 회신

충당부채는 과거사건의 결과로 현재의무가 존재하고, 현재의무를 이행하기 위하여 경제적효익이 있는 자원을 유출할 가능성이 높으며, 해당 의무를 이행하기 위하여 필요한 금액을 신뢰성 있게 추정할 수 있는 경우에 인식함(제1037호 문단 14).

회사가 판매한 재고자산과 동종 재고자산을 취득하는 것은 하나의 자원(예: 현금)을 다른 자원(재고자산)으로 교환하는 것이므로 재고자산 판매시점에 충당부채를 인식하지 아니함.

4 우발부채

(1) 정의

① 과거사건에 의하여 발생하였으나, 기업이 전적으로 통제할 수 없는 하나 이상의 불확실한 미래사건의 발생 여부에 의하여서만 그 존재가 확인되는 잠재적 의무를 말한다.
② 과거사건에 의하여 발생하였으나 다음 'ⓘ' 또는 'ⓛ'의 경우에 해당하여 인식하지 아니하는 현재의무를 말한다.
  ⓘ 당해 의무를 이행하기 위하여 경제적효익이 내재된 자원이 유출될 가능성이 높지 아니한 경우
  ⓛ 당해 의무를 이행하여야 할 금액을 신뢰성 있게 측정할 수 없는 경우

(2) 회계처리

우발부채는 부채로 인식하지 않는다. 의무를 이행하기 위하여 경제적효익이 내재된 자원의 유출가능성이 아주 낮지 않다면 우발부채를 공시하여야 한다.

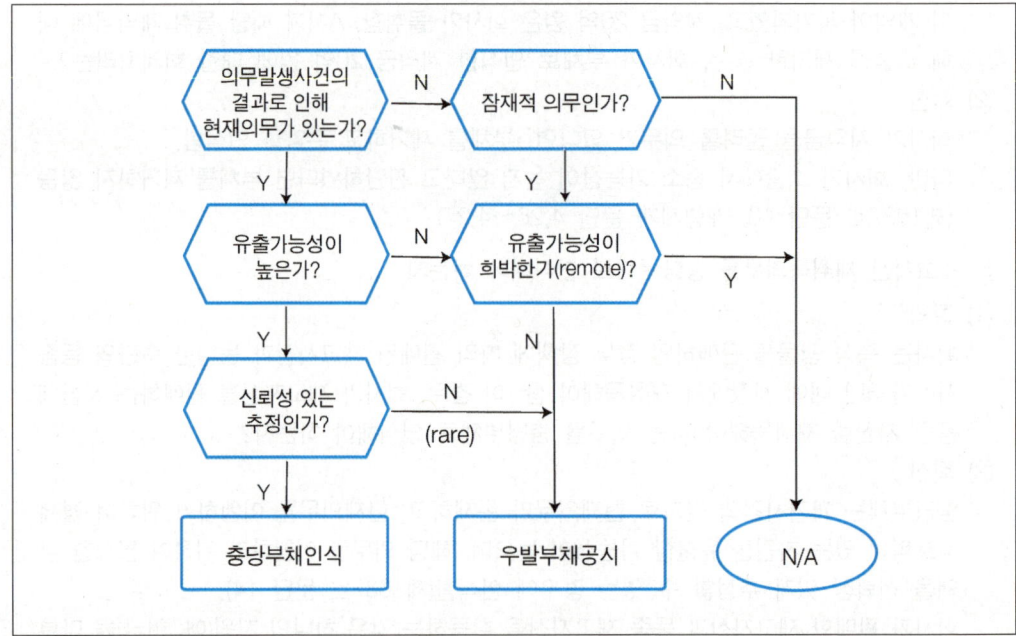

5 우발자산

(1) 우발자산을 인식하지 않는 이유

일반적으로 우발자산은 경제적효익의 유입가능성을 발생시키는 사전에 계획되지 아니하였거나 기타 예기하지 못한 사건으로부터 발생한다. 그러한 예로는 기업이 제기하였으나 그 결과가 불확실한 소송을 들 수 있다.

미래에 전혀 실현되지 아니할 수도 있는 수익을 인식하는 결과를 초래할 수 있기 때문에 우발자산은 재무제표에 인식하지 아니한다. 그러나 수익의 실현이 거의 확실시된다면 관련 자산은 더 이상 우발자산이 아니며, 따라서 당해 자산을 인식하는 것이 타당하다.

(2) 우발자산을 공시하는 경우

경제적효익의 유입가능성이 높은 우발자산은 보고기간 말에 당해 성격에 대한 간결한 설명을 공시하고 실무적으로 적용할 수 있는 경우에는 본문의 '3 (3) 충당부채의 측정' 내용에 따라 측정된 재무적 영향의 추정금액을 공시한다(문단 89).

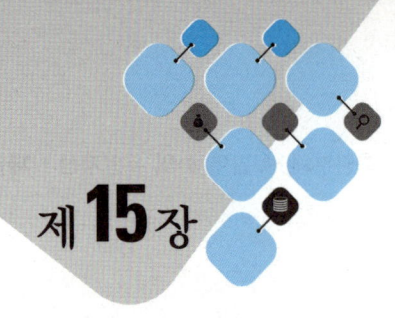

제**15**장

확정급여부채

기준서 제1019호 「종업원급여」에서는 임직원의 퇴직급여에 대하여 다음과 같이 규정하고 있다.

1 퇴직급여제도

퇴직급여제도는 기업이 한 명 이상의 종업원에게 퇴직급여를 지급하는 근거가 되는 공식 또는 비공식 협약, 즉 종업원이 퇴직한 때 또는 퇴직한 후에 일시불이나 연금의 형식으로 급여를 지급하기로 하는 약정을 말하며, 확정기여제도와 확정급여제도로 구분될 수 있다.

2 퇴직급여제도 관련 용어정의

(1) 확정기여제도

기업이 별개의 실체(기금)에 고정 기여금을 납부하여야 하고, 그 기금이 당기와 과거기간에 제공된 종업원 근무용역과 관련된 모든 종업원급여를 지급할 수 있을 정도로 충분한 자산을 보유하지 못하더라도 기업에게는 추가로 기여금을 납부해야 하는 법적의무나 의제의무가 없는 퇴직급여제도를 말한다. 즉, 종업원에게 지급할 퇴직급여금액이 기금에 출연하는 기여금과 그 투자수익에 의해 결정되는 퇴직급여제도를 의미한다. 확정기여제도는 다음과 같은 특성을 갖는다.

> 1. 기업의 법적의무나 의제의무는 기업이 기금에 출연하기로 약정한 금액으로 한정된다. 종업원이 받을 퇴직급여액은 기업과 종업원이 퇴직급여제도나 보험회사에 출연하는 기여금과 그 기여금에서 발생하는 투자수익에 따라 결정된다.
> 2. 보험수리적 위험(실제급여액이 기대급여액에 미치지 못할 위험)과 투자위험(기여금을 재원으로 투자한 자산이 기대급여액을 지급하는데 충분하지 못하게 될 위험)은 종업원이 부담한다.

(2) 확정급여제도

확정기여제도 이외의 모든 퇴직급여제도로, 종업원에게 지급할 퇴직급여금액이 일반적으로 종업원의 임금과 근무연수에 기초하는 산정식에 의해 결정되는 퇴직급여제도를 말한다. 확정급여제도는 다음과 같은 특성을 갖는다.

> 1. 기업의 의무는 약정한 급여를 전·현직종업원에게 지급하는 것이다.
> 2. 기업이 보험수리적 위험과 투자위험을 실질적으로 부담한다. 보험수리적 실적이나 투자실적이 예상보다 저조하다면 기업의 의무는 증가할 수 있다.

(3) 사외적립자산

사외적립자산은 다음으로 구성된다.

① 장기종업원급여기금이 보유하고 있는 자산

다음의 요건을 모두 충족하는 자산(보고기업이 발행한 양도불가능한 금융상품은 제외)을 말한다.

> 1. 보고기업과 법적으로 별개이고, 오로지 종업원급여를 지급하기 위하여 또는 종업원급여 기금적립을 위하여만 존재하는 실체(기금)가 보유하고 있다.
> 2. 종업원급여를 지급하기 위하여 또는 종업원급여 기금적립에만 사용될 수 있다고 보고기업 자신의 채권자(파산의 경우 포함)에게는 이용가능하지 않으며, 다음 중 하나의 경우를 제외하고는 보고기업에게 반환될 수 없다.
>   (1) 반환 후에도 기금의 잔여자산이 급여제도 또는 보고기업의 관련 종업원급여채무를 이행하기에 충분한 경우
>   (2) 보고기업이 이미 지급한 종업원급여를 보상하기 위한 경우

② 적격보험계약

보고기업과 기준서 제1024호에 따른 특수관계자가 아닌 보험자와의 보험계약으로서, 다음의 요건을 모두 충족하는 것을 말한다.

> 1. 보험금은 오직 확정급여제도상 종업원급여를 지급하기 위하여 또는 종업원급여 기금적
>   립에만 사용될 수 있다.
> 2. 보험금은 보고기업 자신의 채권자(파산의 경우 포함)에게 이용가능하지 않으며, 다음 중
>   하나의 경우를 제외하고는 보고기업에게 지급될 수 없다.
>   (1) 보험금이 관련 종업원급여채무를 모두 이행하고도 남는 경우
>   (2) 보고기업이 이미 지급한 종업원급여를 보상하기 위한 경우

(4) 확정급여채무의 현재가치(약정퇴직급여의 보험수리적 현재가치)

종업원이 당기와 과거기간에 근무용역을 제공하여 발생한 채무를 결제하는데 필요한 예
상미래지급액의 현재가치(사외적립자산 차감 전)를 말한다.

(5) 이자원가

확정급여의 결제일에 한 기간만큼 더 가까워짐에 따라 발생하는 한 기간 동안의 확정급
여채무 현재가치의 증가액을 말한다.

(6) 당기근무원가

당기에 종업원이 근무용역을 제공함에 따라 발생하는 확정급여채무의 현재가치 증가액
을 말한다.

(7) 과거근무원가

퇴직급여나 기타장기종업원급여를 당기에 새로 도입하거나 변경함에 따라 종업원의 과
거기간 근무용역에 대한 확정급여채무의 현재가치가 변동하는 경우 그 변동액을 말한다.

(8) 보험수리적손익

다음으로 인해 발생하는 확정급여채무 현재가치의 변동을 말한다.

> 1. 보험수리적 가정과 실제로 발생한 결과의 차이에서 생기는 손익
> 2. 보험수리적 가정의 변경으로 인해 발생하는 손익

3 확정기여제도

(1) 인식

일정기간 종업원이 근무용역을 제공하였을 때 기업은 그 근무용역과 교환하여 확정기여제도에 납부해야 할 기여금을 다음과 같이 인식한다.

1. 이미 납부한 기여금을 차감한 후 부채(미지급비용)로 인식하되 이미 납부한 기여금이 보고기간 말 이전에 제공된 근무용역에 대해 납부하여야 하는 기여금을 초과하는 경우에는 초과 기여금 때문에 미래 지급액이 감소하거나 현금이 환급되는 만큼을 자산(선급비용)으로 인식한다.
2. 다른 기준서에 따라 해당 기여금을 자산의 원가에 포함하는 경우를 제외하고는 비용으로 인식한다.

(2) 측정

확정기여제도에 대한 기여금 전부나 일부의 납부기일이 종업원의 근무용역을 제공하는 연차보고기간 말 이후 12개월 이전에 전부 결제될 것으로 예상되지 않는 경우에만 적절한 할인율을 사용하여 할인한다. 이때 할인율은 다음과 같이 결정한다.

1. 보고기간 말 현재 우량회사채의 시장수익률을 참조하여 결정
2. '1.'이 없는 경우 보고기간 말 현재 국공채의 시장수익률을 사용

다만, 회사채나 국공채의 통화 및 만기는 퇴직급여채무의 통화 및 예상지급시기와 일관성이 있어야 한다.

(3) 회계처리

(차) 퇴직급여　　　×××　(대) 현금　　　×××
　　 지급수수료　　×××

(4) 임원에 대한 퇴직연금가입 여부 및 법인세법상 손금인정 여부

노동부 질의회신(퇴직급여보장팀-846, 2006.3.16.)에 의하면 근로자가 아닌 임원이 퇴직연금에 가입할 수 있는지에 대하여 사용자는 근로자퇴직급여보장법 제2조 제1호에 의한 근로자에 대해서는 의무적으로 퇴직급여제도(퇴직금 또는 퇴직연금제)를 설정하여야 하나, 그 이외의 자에 대해서는 설정할 의무는 없다. 그러므로 근로자가 아닌 임원에 대하여 퇴직연금 적용대상으로 할지 여부는 사업장별로 자유로이 정할 수 있는 것으로 하였다. 또한 연금운용사업자의 표준규약 작성가이드에 따르면 가입대상자에는 대표이사, 이사, 감사 등이 사업장 내의 직책에 불구하고 근로를 제공하고 임금을 받는 자를 포함한다고 규정하여 대표이사를 퇴직연금가입 대상으로 삼고 있음을 규정하고 있다.

조세심판원에서는 상기 내용 및 법인세법 시행령 제44조의2 제2항에서 내국법인이 임원 또는 직원의 퇴직을 퇴직급여의 지급사유로 하고 임원 또는 직원을 수급자로 하는 연금으로 지출하는 금액은 손금에 산입한다고 규정하고 있어 대표이사에 대해 확정기여형 퇴직연금제도 가입에 따른 연금금액 납입액은 손금산입대상에 해당된다고 결정하였다(조심 2018서 3877, 2019.4.18.).

4 확정급여제도

(1) 회계처리 절차

확정급여제도의 회계처리에는 다음과 같은 절차가 필요하다.

---

1. 다음과 같이 과소적립액과 초과적립액을 결정한다.
   (1) 종업원이 당기와 과거기간에 제공한 근무용역의 대가로 획득한 급여에 대한 기업의 궁극적인 원가를 보험수리적 기법(예측단위적립방식)을 사용하여 신뢰성 있게 추정한다. 이 경우 당기와 과거기간에 귀속되는 급여를 결정하고, 급여원가에 영향을 미치는 인구통계적 변수(예: 종업원의 이직률과 사망률)와 재무적 변수(예: 미래의 임금상승률 및 의료원가상승률)에 대해 추정(보험수리적 가정)을 한다.
   (2) 확정급여채무의 현재가치와 당기근무원가를 결정하기 위해 급여를 할인한다.
   (3) 확정급여채무의 현재가치에서 사외적립자산의 공정가치를 차감한다.

2. 순확정급여부채(자산)의 금액을 위 '1.'에서 결정된 과소적립액이나 자산인식상한을 한도로 하는 초과적립액으로 결정한다.

---

3. 당기손익으로 인식되는 다음의 금액을 결정한다.
   (1) 당기근무원가
   (2) 과거근무원가와 정산으로 인한 손익
   (3) 순확정급여부채(자산)의 순이자

4. 기타포괄손익으로 인식되는 순확정급여부채(자산)의 재측정요소를 결정한다. 재측정요소는 다음과 같은 항목으로 구성된다.
   (1) 보험수리적손익
   (2) 순확정급여부채(자산)의 순이자에 포함된 금액을 제외한 사외적립자산의 수익
   (3) 순확정급여부채(자산)의 순이자에 포함된 금액을 제외한 자산인식상한 효과의 변동

만약 확정급여제도가 둘 이상인 경우에는 이러한 절차를 중요한 제도별로 각각 적용한다.

중점사항　　**회계처리 요약 및 재무제표 표시**

1. 확정급여채무의 현재가치
   ① 당기근무원가 인식

(차) 퇴직급여	×××[주]	(대) 확정급여채무	×××

   주) 당해 연도에 귀속되는 급여의 현재가치

   ② 이자원가 인식

(차) 퇴직급여	×××[주]	(대) 확정급여채무	×××

   주) 확정급여채무 기초장부금액×할인율

   ③ 과거근무원가 인식

(차) 퇴직급여	×××[주]	(대) 확정급여채무	×××

   또는

(차) 확정급여채무	×××	(대) 퇴직급여	×××

   주) 제도의 개정이나 축소로 인해 발생하는 확정급여채무 현재가치의 변동

2. 사외적립자산
   ① 출연 시

(차) 사외적립자산	×××	(대) 현금	×××

② 이자수익 인식

(차) 사외적립자산	$\times\times\times^{주1)}$	(대) 퇴직급여	$\times\times\times^{주2)}$
재측정요소	$\times\times\times^{주3)}$	재측정요소	$\times\times\times^{주3)}$
(⊖기타포괄손익)		(⊕기타포괄손익)	
이연법인세자산	$\times\times\times$	이연법인세부채	$\times\times\times$

주1) 당해 연도 말 사외적립자산의 공정가치(실제수익반영) − 장부상 사외적립자산금액
주2) 기초 사외적립자산 장부금액×할인율＝이자수익
     이는 실제수익과 차이가 나며 퇴직급여에서 차감처리
주3) 재측정요소＝실제수익 − 이자수익
     이는 기타포괄손익에 해당하며, 다음으로도 설명됨.
     기말공정가치 − (기초공정가치 + 당기출연금 − 퇴직금지급 + 이자수익)

3. 퇴직금의 지급

(차) 확정급여채무	$\times\times\times$	(대) 사외적립자산	$\times\times\times$
		현금	$\times\times\times$

4. 확정급여채무의 재측정요소(보험수리적손익)

재측정요소＝기말확정급여채무 − (기초확정급여채무 + 당기근무원가 + 이자원가 + 과거근무원가 − 퇴직금지급)

이는 당기 중에 변동된 보험수리적 가정이나 경험조정의 반영에 따른 차이임.

(차) 재측정요소	$\times\times\times$	(대) 확정급여채무	$\times\times\times$
(⊖기타포괄손익)			
이연법인세자산	$\times\times\times$		

또는

(차) 확정급여채무	$\times\times\times$	(대) 재측정요소	$\times\times\times$
		(⊕기타포괄손익)	
		이연법인세부채	$\times\times\times$

5. 손익계산서상 퇴직급여(비용) 계산

퇴직급여＝당기근무원가 + 이자원가 + 과거근무원가 − 사외적립자산의 이자수익

6. 재무상태표상 표시

확정급여채무의 현재가치 − 사외적립자산의 공정가치
＝(+)인 경우 순확정급여부채(과소적립액)
(−)인 경우 순확정급여자산(초과적립액)

7. 순확정급여자산인식 시 자산인식상한

  (1) 재무상태표상 순확정급여자산＝Min(①, ②)

    ① '6.'의 초과적립액

    ② 자산인식상한

      자산인식상한은 제도로부터의 환급이나 제도에 대한 미래기여금절감의 형태로 이용

      가능한 경제적효익의 현재가치(할인율 사용)

  (2) 자산인식상한효과 인식

(차) 재측정요소	×××	(대) 사외적립자산조정	×××
(⊖기타포괄손익)		(⊖사외적립자산)	

    • 확정급여채무의 현재가치   1,000

    • 사외적립자산의 공정가치   1,300

    • 자산인식상한   200

(차) 재측정요소	100	(대) 사외적립자산조정	100

재무상태표

순확정급여자산	200	재측정요소	100
		(⊖기타포괄손익누계액)	

8. 기타포괄손익으로 인식되는 순확정급여부채(자산)의 재측정요소

    ① 확정급여채무의 보험수리적손익

    ② 사외적립자산의 실제수익 － 이자수익

    ③ 자산인식상한효과의 변동액

    기타포괄손익에 포함되는 재측정요소는 후속기간에 당기손익으로 재분류하지 않으며, 자본 내의 다른 항목으로 대체할 수 있음.

(2) 재무상태표상 표시

재무상태표상에 순확정급여부채(자산)를 인식한다.

이때 순확정급여부채(자산)는 과소적립액 또는 자산인식상한을 한도로 하는 초과적립액을 말하며, 과소적립액 혹은 초과적립액은 다음 '①'에서 '②'를 차감한 금액을 말한다.

  ① 확정급여채무의 현재가치

  ② 사외적립자산의 공정가치(존재하는 경우)

또한 자산인식상한은 제도로부터의 환급이나, 제도에 대한 미래기여금절감의 형태로 이용가능한 경제적효익의 현재가치를 말한다.

순확정급여부채(자산)는 재무제표에 인식된 금액이 보고기간 말에 결정될 금액과 중요한 차이가 나지 않을 정도의 주기를 두고 결정한다.

이때 중요한 퇴직급여채무를 측정하기 위해서는 자격이 있는 보험계리인의 참여를 권장한다. 실무적인 이유에서 보고기간 말 전에 퇴직급여채무의 평가를 보험계리인에게 의뢰하는 경우에는 평가일과 보고기간 말 사이에 발생한 중요한 거래와 그 밖의 중요한 상황변화(시장가격과 이자율의 변동 포함)를 반영하여 보험계리인의 평가결과를 조정한다.

확정급여제도에 초과적립액이 있는 경우 순확정급여자산은 다음의 '①'과 '②' 중 적은 금액으로 측정한다.

① 확정급여제도에서의 초과적립액
② 할인율을 사용하여 결정한 자산인식상한

(3) 확정급여채무의 현재가치 및 당기근무원가

확정급여제도의 궁극적인 원가는 여러 가지 변수의 영향을 받을 수 있다. 이러한 변수에는 퇴직 전 최종임금, 종업원 이직률과 사망률, 종업원기여금과 의료원가추세 등이 있다. 확정급여제도의 궁극적인 원가가 얼마가 될지는 불확실하며, 그러한 불확실성은 장기간에 걸쳐 지속될 가능성이 높다. 퇴직급여채무의 현재가치와 관련 당기근무원가를 측정하기 위해서는 다음과 같은 절차가 필요하다.

① 보험수리적 평가방법을 적용한다.
② 퇴직급여액을 종업원의 근무기간에 걸쳐 배분한다.
③ 보험수리적 가정을 세운다.

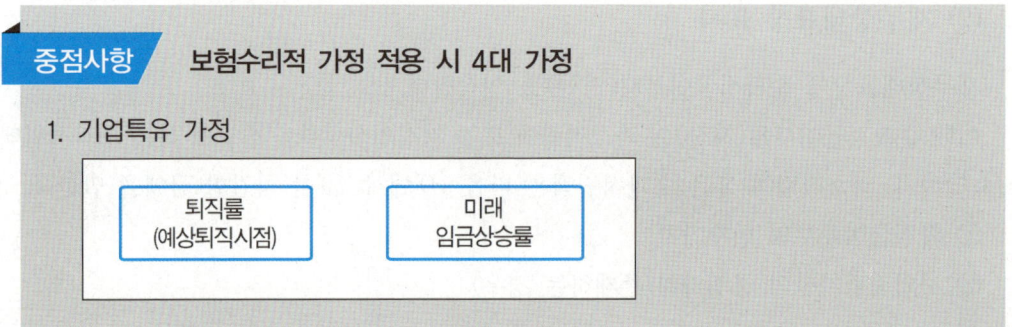

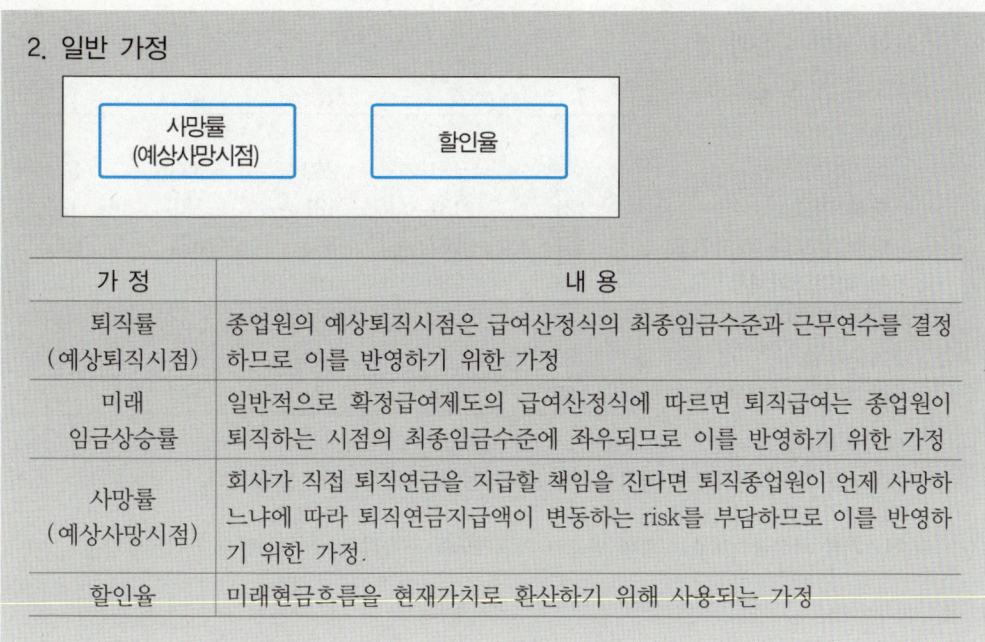

2. 일반 가정

가 정	내 용
퇴직률 (예상퇴직시점)	종업원의 예상퇴직시점은 급여산정식의 최종임금수준과 근무연수를 결정하므로 이를 반영하기 위한 가정
미래 임금상승률	일반적으로 확정급여제도의 급여산정식에 따르면 퇴직급여는 종업원이 퇴직하는 시점의 최종임금수준에 좌우되므로 이를 반영하기 위한 가정
사망률 (예상사망시점)	회사가 직접 퇴직연금을 지급할 책임을 진다면 퇴직종업원이 언제 사망하느냐에 따라 퇴직연금지급액이 변동하는 risk를 부담하므로 이를 반영하기 위한 가정.
할인율	미래현금흐름을 현재가치로 환산하기 위해 사용되는 가정

(4) 보험수리적 평가방법

① 확정급여채무의 현재가치와 당기근무원가를 결정하기 위해서는 예측단위적립방식을 사용하며, 적용가능하다면 과거근무원가를 결정할 때에도 이와 동일한 방식을 사용한다.

② 예측단위적립방식("근무기간에 비례하는 발생급여방식" 또는 "급여/근무연수방식"이라고도 함)에서는 매 근무기간에 추가적인 급여수급권단위가 발생한다고 보며, 궁극적인 확정급여채무액을 결정하기 위하여 각 급여수급권단위를 별도로 측정한다.

사례 1 **확정급여채무의 현재가치 및 당기근무원가**

Ⅰ. 자료

기업은 종업원이 퇴직한 시점에 일시불급여를 지급하며, 일시불급여는 종업원의 퇴직 전 최종임금의 1%에 근무연수를 곱하여 산정된다. 종업원의 연간임금은 1차연도에 10,000원이며, 향후 매년 7%(복리)씩 상승하는 것으로 가정한다. 또 연간 할인율은 10%라고 가정한다.

Ⅱ. 확정급여채무의 현재가치 및 당기근무원가

5차연도 말에 퇴직하는 종업원의 확정급여채무의 현재가치 및 당기근무원가를 측정하여 보면 다음과 같다.

연 도	1	2	3	4	5
귀속 급여					
과거연도	–	131	262	393	524
당해 연도	131	131	131	131	131
당해 연도와 과거연도	131	262	393	524	655[주1)]
기초 확정급여채무[주2)]	–	89	196	324	476
이자원가(할인율=10%)	–	9	20	33	48
당기근무원가[주3)]	89	98	108	119	131
기말 확정급여채무[주4)]	89	196	324	476	655

주1) $10,000원 \times (1+0.07)^4 \times 1\% \times 5년$
주2) 기초 확정급여채무는 과거연도에 귀속되는 급여의 현재가치를 말한다.
주3) 당기근무원가는 당해 연도에 귀속되는 급여의 현재가치를 말한다.
주4) 기말 확정급여채무는 당해 연도와 과거연도에 귀속되는 급여의 현재가치를 말한다.

Ⅲ. 회계처리

1. 1차연도 말

(차) 퇴직급여   89   (대) 확정급여채무   89
    (당기근무원가)

2. 2차연도 말

(차) 퇴직급여   9   (대) 확정급여채무   9
    (이자원가)

(차) 퇴직급여   98   (대) 확정급여채무   98
    (당기근무원가)

(5) 급여의 기간배분

확정급여채무의 현재가치와 관련 당기근무원가를 결정할 때에는, 다음과 같이 급여를 배분한다.

① 원칙

제도에서 정하고 있는 급여산정식에 따라 종업원의 근무기간에 걸쳐 급여를 배분하며, 적용가능하다면 과거근무원가를 결정할 때에도 이와 동일한 방식을 사용한다.

② 예외

종업원의 근무기간 후반에 귀속되는 급여 수준이 근무기간 초반에 귀속되는 급여수준보다 중요하게 높은 경우에는, 다음 기간 동안 정액법에 따라 급여를 배분한다.

> 종업원이 근무용역을 제공함에 따라 확정급여제도에서 정하고 있는 급여가 처음으로 발생하는 날(그 급여가 미래의 근무용역제공을 조건으로 하는지 여부와 무관함)~종업원이 추가로 근무용역을 제공하더라도 확정급여제도에 따라 추가임금상승 이외에는 더 이상 중요한 금액의 급여가 발생하지 않는 날

(6) 보험수리적 가정

① 의의

보험수리적 가정은 퇴직급여의 궁극적인 원가를 결정하는 여러 가지 변수들에 대한 최선의 추정을 반영하는 것으로, 편의가 없어야 하며 서로 양립가능해야 한다. 이러한 보험수리적 가정은 다음으로 구성된다.

> 1. 급여를 수령할 권리를 갖는 전·현직종업원(그 피부양자 포함)의 미래 특성에 관한 다음과 같은 인구통계적 가정
>   (1) 퇴직 전이나 퇴직 후의 사망률
>   (2) 이직률, 신체장애율 및 조기퇴직률
>   (3) 급여수령권을 갖는 피부양자가 있는 종업원의 비율
>   (4) 의료급여제도의 경우 의료원가청구율
>
> 2. 재무적 가정
>   (1) 할인율
>   (2) 미래의 임금과 급여수준
>   (3) 의료급여의 경우 보험금청구원가를 포함하는 미래 의료원가
>   (4) 보고일 이전의 근무용역과 관련된 기여금 또는 보고일 이전의 근무용역으로 인하여 발생하는 급여에 대하여 제도 자체에 부과되는 세금

재무적 가정은 채무가 결제될 회계기간에 대하여 보고기간 말 현재 시장에서 형성되는 기대치에 기초한다.

② 할인율

퇴직급여채무(기금이 적립되는 경우와 적립되지 않는 경우 모두 포함)를 할인하기 위해 사용하는 할인율은 보고기간 말 현재 우량회사채의 시장수익률을 참조하여 결정한다. 만약 그러한 회사채에 대해 거래층이 두터운 시장이 없는 경우에는 보고기간 말 현재 국공채의 시장수익률을 사용한다. 그러한 회사채나 국공채의 통화 및 만기는 퇴직급여채무의 통화 및 예상지급시기와 일관성이 있어야 한다.

③ 임금, 급여 및 의료원가

퇴직급여채무를 측정할 때에는 다음과 같은 사항을 고려한다.

1. 미래의 임금상승에 대한 추정
   물가상승률, 연공, 승진 및 그 밖의 관련성 있는 요소(예: 고용시장의 수요와 공급 등)를 고려하여 추정한다.

2. 보고기간 말 현재 제도규약에 명시되거나 명시적 제도규약을 넘어서는 의제의무에 따라 정해지는 급여
   퇴직급여제도의 공식적 규약(또는 공식적 규약을 넘어서는 의제의무)에 따라 기업이 향후 회계기간에 퇴직급여를 변경하여야 한다면 퇴직급여채무를 측정할 때 그러한 변경내용을 반영하나, 보고기간 말 현재 제도의 공식적 규약(또는 의제의무)에서 정하고 있지 않는 미래의 급여변경은 보험수리적 가정에 반영하지 않는다.

3. 다음 중 하나에 해당하는 경우 확정급여제도에 따라 지급될 급여에 영향을 미치는 공공급여수준의 예상 미래변동
   (1) 공공급여수준의 변동이 보고기간 말 이전에 법제화되었다.
   (2) 과거의 경험이나 그 밖의 신뢰할 만한 증거로 비추어볼 때 공공급여수준이 예측가능한 방식으로 변동될 것이다.

(7) 과거근무원가

과거근무원가는 제도개정이나 축소로 인해 발생하는 확정급여채무 현재가치의 변동이다. 과거근무원가는 다음 중 이른 날에 비용으로 인식한다.

① 제도의 개정이나 축소가 발생할 때

② 관련되는 구조조정원가(기업회계기준서 제1037호 참조)나 해고급여를 인식할 때

┤ 신속처리 질의·답변 ├

확정급여형 퇴직급여제도를 운용하던 회사가 사업부문 일부를 물적분할한 경우 확정급여채무를 재측정하며, 확정급여채무 현재가치의 변동은 과거근무원가에 해당하며 비용으로 인식함.

(8) 사외적립자산

① 사외적립자산의 구성

사외적립자산은 다음으로 구성된다.

가. 장기종업원급여기금이 보유하고 있는 자산

다음의 요건을 모두 충족하는 자산(보고기업이 발행한 양도불가능한 금융상품은 제외)

㉮ 보고기업과 법적으로 별개이고, 오로지 종업원급여를 지급하기 위하여 또는 종업원급여 기금적립을 위하여만 존재하는 실체(기금)가 보유하고 있다.

㉯ 종업원급여를 지급하기 위하여 또는 종업원급여 기금적립에만 사용될 수 있고 보고기업 자신의 채권자(파산의 경우 포함)에게는 이용가능하지 않으며, 다음 중 하나의 경우를 제외하고는 보고기업에게 반환될 수 없다.

　㉠ 반환 후에도 기금의 잔여자산이 급여제도 또는 보고기업의 관련 종업원급여채무를 이행하기에 충분한 경우

　㉡ 보고기업이 이미 지급한 종업원급여를 보상하기 위한 경우

나. 적격보험계약

보고기업과 특수관계자(기업회계기준서 제1024호 "특수관계자 공시"에서 정의)가 아닌 보험자와의 보험계약으로서, 다음의 요건을 모두 충족하는 것

㉮ 보험금은 오직 확정급여제도상 종업원급여를 지급하기 위하여 또는 종업원급여 기금적립에만 사용될 수 있다.

㉯ 보험금은 보고기업 자신의 채권자(파산의 경우 포함)에게 이용가능하지 않으며, 다음 중 하나의 경우를 제외하고는 보고기업에게 지급될 수 없다.

　㉠ 보험금이 관련 종업원급여채무를 모두 이행하고도 남는 경우

　㉡ 보고기업이 이미 지급한 종업원급여를 보상하기 위한 경우

② 공정가치의 측정

사외적립자산의 공정가치는 시장가격을 이용하여 측정하되, 시장가격을 이용할 수 없는

경우에는 사외적립자산의 공정가치를 추정하여 결정한다. 예를 들어 사외적립자산의 만기(사외적립자산의 만기가 없다면 관련 채무가 결제되기까지의 예상기간)나 예상처분일과 사외적립자산에 관련된 위험을 모두 반영하는 할인율로 기대미래현금흐름을 할인함으로써 공정가치를 추정할 수 있다.

사외적립자산의 공정가치는 과소적립액이나 초과적립액을 결정할 때 확정급여채무의 현재가치에서 차감한다.

③ 사외적립자산의 이자수익

사외적립자산에 대한 이자수익은 사외적립자산에 대한 수익의 구성요소로서 사외적립자산의 공정가치에 보험수리적 가정 시 명시된 할인율을 곱하여 결정되며(사외적립자산과 할인율은 연차보고기간 초에 결정됨), 보고기간 동안의 기여금납부와 급여지급으로 인한 보유하고 있는 사외적립자산의 변동을 고려한다. 사외적립자산에 대한 이자수익과 사외적립자산의 수익의 차이는 사외적립부채(자산)의 재측정요소에 포함된다.

┤ 신속처리 질의·답변 ├

퇴직연금(DB) 운용수수료의 회계처리

(1) 질의
  퇴직연금 가입 후 운용사에서 청구하는 연금운용수수료는 일반적인 수수료에 해당하므로 판매관리비로 회계처리하는지?

(2) 회신
  퇴직연금 운용수수료가 사외적립자산의 운영원가에 해당하면, 사외적립자산의 수익에서 차감함.
  사외적립자산의 수익은 사외적립자산에서 생기는 이자나 배당금과 그 밖의 수익에서 제도운영원가와 세금을 차감하여 인식해야 함(제1019호 문단 8 용어의 정의).
  다만, 퇴직연금 운용수수료에 사외적립자산의 운영원가와 그 밖의 관리원가(예: 급여지급 관리원가)가 모두 포함된 경우, 그 밖의 관리원가는 사외적립자산의 수익에서 차감하지 않음(제1019호 문단 130).

---

(9) 확정급여원가의 구성요소

다른 기준서에 따라 자산의 원가에 포함하는 경우를 제외하고는 확정급여원가의 구성요소를 다음과 같이 인식한다.

① 근무원가를 당기손익에 인식

② 순확정급여부채(자산)의 순이자를 당기손익에 인식

③ 순확정급여부채(자산)의 재측정요소를 기타포괄손익에 인식

기타포괄손익에 인식되는 순확정급여부채(자산)의 재측정요소는 후속기간에 당기손익으로 재분류되지 아니한다. 그러나 기타포괄손익에 인식된 금액을 자본 내에서 대체할 수 있다.

(10) 순확정급여부채(자산)의 순이자

① 순확정급여부채(자산)의 순이자는 순확정급여부채(자산)에 할인율을 곱하여 결정되며(순확정급여부채(자산)와 할인율은 연차보고기간 초에 결정됨), 보고기간 동안의 기여금납부와 급여지급으로 인한 순확정급여부채(자산)의 변동을 고려한다.

② 순확정급여부채(자산)의 순이자는 사외적립자산에 대한 이자수익, 확정급여채무에 대한 이자원가와 자산인식상한효과에 대한 이자로 구성되는 것으로 볼 수 있다.

③ 자산인식상한효과에 대한 이자는 자산인식상한효과의 총변동의 일부로서 자산인식상한효과에 명시된 할인율을 곱하여 결정되며, 자산인식상한효과와 할인율은 연차보고기간 초에 결정된다. 자산인식상한효과에 대한 이자와 자산인식상한효과 총변동의 차이는 확정급여부채(자산)의 재측정요소에 포함된다.

(11) 확정급여부채(자산)의 재측정요소

기타포괄손익으로 인식되는 순확정급여부채(자산)의 재측정요소는 다음과 같은 요소로 구성된다.

① 보험수리적손익

② 순확정급여부채(자산)의 순이자에 포함된 금액을 제외한 사외적립자산의 수익

③ 순확정급여부채(자산)의 순이자에 포함된 금액을 제외한 자산인식상한효과의 변동

보험수리적손익은 보험수리적 가정의 변동과 경험조정으로 인하여 확정급여채무 현재가치의 증감이 있을 때 발생한다. 보험수리적손익이 발생하는 원인의 예는 다음과 같다.

① 종업원의 이직률, 조기퇴직률, 사망률, 임금상승률, 급여(제도의 공식적 규약이나 의제의무에 따라 물가상승률에 연동하여 급여가 증액되는 경우) 또는 의료원가가 실제로는 당초 예상보다 높거나 낮은 경우

② 급여지급선택권과 관련된 가정의 변동효과

③ 종업원의 이직률, 조기퇴직률, 사망률, 임금상승률, 급여(제도의 공식적 규약이나 의제의무에 따라 물가상승률에 연동하여 급여가 증액되는 경우) 또는 의료원가에 대한 추정치가 변경됨에 따른 효과

④ 할인율의 변경에 따른 효과

보험수리적손익에 의해 발생된 재측정요소(기타포괄손익)는 당기손익으로 재분류되지 않으며 기업의 선택에 의하여 미처분이익잉여금과 상계 또는 대체되며, 이때 계상됐던 이연법인세자산·부채는 재측정요소와 함께 미처분이익잉여금과 상계 또는 대체한다.

(12) 확정급여제도의 개정, 축소, 정산

① 순확정급여부채(자산)의 재측정

제도의 개정 등이 발생한 경우 그 시점의 사외적립자산 공정가치와 갱신된 보험수리적 가정을 사용하여, 다음을 반영한 순확정급여부채(자산)를 각각 재측정한다.

가. 개정, 축소, 정산 전 제도에서 제공된 급여와 사외적립자산

나. 개정, 축소, 정산 후 제도에서 제공된 급여와 사외적립자산

② 당기근무원가와 순이자의 측정

제도의 개정 등이 발생한 후 잔여 연차보고기간 동안의 당기근무원가와 순이자는 다음을 사용하여 측정한다.

• 위 '① 나.'를 반영하여 재측정한 순확정급여부채(자산) 금액과 이를 측정하는데 사용된 사외적립자산 금액 및 보험수리적 가정

③ 자산인식상한효과

제도의 개정 등으로 과거근무원가와 정산손익을 인식할 때에는 자산인식상한효과를 고려하지 않으며, 과거근무원가와 정산손익을 인식한 후, 자산인식상한효과를 결정하여 그 변동을 기타포괄손익으로 인식한다.

④ 확정급여제도에서 확정기여제도로의 변경

확정급여제도에서 확정기여제도로의 변경은 확정급여제도에서 확정기여제도로의 변경의 정산에 해당하며, 정산일에 결정되는 정산대상 확정급여채무의 현재가치와 정산가격의 차이인 정산손익을 인식한다.

(13) 기준서 제1019호상 퇴직급여 및 확정급여부채의 인식

① 퇴직급여

기준서 제1019호상 퇴직급여로 인식할 비용은 다음과 같다.

> 퇴직급여인식액 = 당기근무원가
> + 확정급여채무 현재가치에 대한 이자비용(이자원가)
> − 사외적립자산의 이자수익
> ± 과거근무원가

가. 당기근무원가(Current Service Cost)

보험수리적 가정에 기초하여 계산한 미래의 퇴직급여액 중 당해 연도에 귀속되는 금액의 현재가치를 말한다.

나. 확정급여채무(Defined Benefit Obligation) 현재가치에 대한 이자비용

> 기초 확정급여채무 현재가치 × 할인율

다. 사외적립자산(Plan Assets)의 이자수익

사외적립자산에 대한 회사의 할인율(우량회사채 수익률)에 의한 금액을 말한다. 실지수익과의 차액은 보험수리적손익(기타포괄손익)에 반영된다.

라. 과거근무원가(Past Service Cost)

당기에 퇴직급여제도를 새로 도입하거나 변경함에 따라 확정급여채무의 현재가치가 변동하는 경우 그 변동액을 말한다.

② 확정급여부채(Defined Benefit Liability)

기준서 제1019호상 재무상태표에 표시되는 확정급여부채는 다음과 같다.

> 확정급여부채 = 확정급여채무의 현재가치 − 사외적립자산의 공정가치
> = (−)인 경우 확정급여자산으로 표시(이때 자산인식상한액을 한도로 함)

사례 2　확정급여부채

Ⅰ. 자료

1. 2024.1.1. 입사한 근로자에 대한 예측단위적립방식에 의한 향후 5년간의 확정급여 채무 해당 금액 및 현재가치 관련 자료는 다음과 같다. 이때 2024년의 평균임금은 ₩1,000,000이고, 5년간의 임금상승률은 10%, 할인율은 8%로 한다.

	2024	2025	2026	2027	2028
귀속급여					
과거 연도	–	1,464,100	2,928,200	4,392,300	5,856,400
당해 연도	1,464,100 [주2]	1,464,100	1,464,100	1,464,100	1,464,100
계	1,464,100	2,928,200	4,392,300	5,856,400	7,320,500 [주1]
기초 확정급여채무	–	1,076,157	2,324,499	3,765,689	5,422,592
당기근무원가 [주3]	1,076,157	1,162,249	1,255,229	1,355,648	1,464,100
이자원가 [주4]	–	86,093	185,960	301,255	433,808
계 [주5]	1,076,157	1,248,342	1,441,190	1,656,903	1,897,908
기말 확정급여채무	1,076,157	2,324,499	3,765,689	5,422,592	7,320,500

주1) $₩1,000,000×(1+0.1)^4×5=₩7,320,500$
주2) $₩7,320,500÷5=₩1,464,100$
주3) $₩1,464,100÷(1+0.1)^t$
주4) 기초 확정급여채무×할인율(0.08)
주5) 퇴직급여계상액＝당기근무원가＋이자원가

2. 2024.12.31. 회사는 근로자에 대해 확정급여(DB)퇴직연금제도에 ₩970,000을 가입 하였으며, 할인율은 8%이다. 2025년의 실제수익은 ₩40,000이며, 확정급여퇴직연 금제도에 ₩1,490,000을 불입하였다.

Ⅱ. 물음

1. 상기 자료에 의해 2024년 및 2025년의 회계처리 및 재무상태표 표시를 하라.
2. 2025.12.31. 새로이 수정된 자료에 의해 산출된 2025.12.31. 확정급여채무 해당액은 ₩2,500,000이다.

Ⅲ. 해답

1. 2024년

(1) 회계처리

(차) 퇴직급여	1,076,157	(대) 확정급여채무	1,076,157
(차) 사외적립자산	970,000	(대) 현금	970,000

(2) 재무상태표 표시

확정급여부채 106,157[주)]

주) ₩1,076,157 - 970,000 = ₩106,157

2. 2025년

(차) 퇴직급여 1,248,342 (대) 확정급여채무 1,248,342

(차) 사외적립자산 40,000 (대) 퇴직급여 77,600[주1)]
보험수리적손실 37,600[주2)] (비용⊖)
(재측정요소)
(⊖기타포괄손익누계액)

주1) 사외적립자산에 대한 이자수익금액을 퇴직급여에서 차감한다.
사외적립자산잔액(실제로는 해당연도의 평균잔액을 뜻함)×기초할인율＝이자수익
970,000×8％＝77,600
주2) 사외적립자산의 기대수익과 실지수익금액 차이는 기타포괄손익으로 인식하며, 재측정요
소의 계정과목을 사용하여도 된다.
(차) 사외적립자산 1,490,000 (대) 현 금 1,490,000

3. 2025.12.31. 회계처리

(차) 재측정요소 175,501 (대) 확정급여채무 175,501[주)]
(⊖기타포괄손익)

주) 새로이 추정된 확정급여채무와 장부상 가액과의 차액은 재측정요소(기타포괄손익)에 해당
하며, 보험수리적손익으로 분류하기도 한다.
₩2,500,000 - 2,324,499 = ₩175,501

4. 2025년 재무상태표 표시
순확정급여부채 -[주)]

주) 확정급여채무 ₩2,500,000 - 사외적립자산 2,500,000 = ₩-

5 법인세법상 처리

(1) 퇴직급여충당금

1) 퇴직급여충당금 설정대상자

회사의 퇴직급여규정상 퇴직급여의 지급대상이 되는 임원이나 직원(확정기여형 퇴직연
금 등이 설정된 자 제외)으로(법법 §33 ①, 법령 §60 ①), 입사 후 사업연도 말까지 근속기간이

1년 미만인 경우에도 회사의 퇴직급여대상에 포함되는 경우에는 설정대상자에 해당된다.

> **중점사항** **퇴직급여충당금 설정대상자의 의미**
>
> ① 설정대상자(임·직원)에 대한 급여 및 퇴직급여추계액을 본문의 '2) 퇴직급여충당금
> 의 손금산입한도'에서 설명하고 있는 한도액을 계산함에 있어서 총급여액의 범위 및
> 퇴직급여추계액에 합산한다.
> ② 회사규정상 1년 미만 근속자의 퇴직 시에도 퇴직급여를 지급하는 경우에는 한도액
> 계산 시 퇴직급여추계액에 가산하여야 한다.

① 임원 및 직원의 범위

가. 임원의 범위(법령 §40 ①)

출자 여부에 관계없이 다음 중 하나에 해당하는 직무에 종사하는 자를 말한다.

- 법인의 회장, 사장, 부사장, 이사장, 대표이사, 전무이사 및 상무이사 등 이사회의 구
  성원 전원과 청산인
- 합명회사, 합자회사 및 유한회사의 업무집행사원 또는 이사
- 감사
- 기타 상기에 준하는 직무에 종사하는 자

임원에는 법인등기부등본상의 등기 여부에 관계없이 사실상 임원의 역할을 수행하는 자
도 포함되며, 부장에서 이사대우로 승진 시 퇴직급여가 지급되고, 연월차수당이 지급되지
않는다면 임원에 해당된다고 판단된다.

나. 직원의 범위

현행 법인세법에서는 명확한 규정이 없으나 근로기준법 제14조에서 규정하고 있는 근로
자의 개념(직업의 종류를 불문하고 사업 또는 사업장에 임금을 목적으로 근로를 제공하는
자)을 준용한다.

② 결산조정사항

퇴직급여충당금전입액은 감가상각비와 함께 대표적인 결산조정사항에 해당되는 사항으
로서 회사가 퇴직급여액을 장부상 비용으로 계상한 경우 세무상 한도액까지 손금으로 인정
되는 것이며, 장부에 비용으로 계상하지 않은 경우에는 세무조정에 의해 손금산입을 할 수

없다. 따라서 퇴직급여충당금을 과소설정한 경우 당기에는 이를 손금에 산입할 수 없지만, 차기 이후에 비용처리(또는 이월이익잉여금에서 차감)하는 경우 손금에 산입할 수 있다.

사례 3

1. 자료

   (1) 수진(주) 사업연도: 2025.1.1.~2025.12.31.

   (2) 수진(주)는 전기에 퇴직급여채무 500원을 과소설정하였다.

   (3) 전기과소설정분 외에 300원을 추가로 설정하였다.

   (4) 당기퇴직급여충당금 세무상 한도액은 0원이다.

2. 전기 과소 설정분을 기타비용으로 처리한 경우

   (1) 회계처리

(차) 전기오류수정손실	500	(대) 확정급여채무		500
(기타비용)				

   (2) 세무조정

     ① 회사비용계상액: 500(전기 과소 설정분) + 300(당기 설정분) = ₩800

     ② 세무상 한도액: ₩0

     ③ 한도초과액: 800 − 0 = ₩800

     ④ 세무조정

       손금불산입 · 확정급여채무 · 800 · 유보

3. 전기 과소 설정분을 전기이월이익잉여금에 반영한 경우

   (1) 회계처리

(차) 미처분이익잉여금	500	(대) 확정급여채무		500

   (2) 세무조정

     ① 회사비용계상액: 500[주] + 300 = ₩800

        주) 전기 과소 설정분을 당기에 이월이익잉여금에 반영한 때에는 일단 손금산입 · 기타의 세무조정을 수행하고, 동액을 당기설정액으로 보아 한도초과액을 계산한다.

     ② 세무상 한도액: ₩0

     ③ 한도초과액: 800 − 0 = ₩800

     ④ 세무조정

       손금산입 · 전기오류수정손실 · 500 · 기타

       손금불산입 · 확정급여채무 · 800 · 유보

2) 퇴직급여충당금의 손금산입한도

퇴직급여충당금의 손금산입한도액은 다음 '①, ②' 중 적은 금액으로 한다(법법 §33 ①, 법령 §60).

> ① 총급여액기준 = 퇴직급여의 지급대상이 되는 임원 또는 직원(확정기여형 퇴직연금 등이 설정된 자 제외)에게 지급한 총급여액[주1] × 5%
> ② 추계액기준 = 당기말 퇴직급여추계액[주2] × 설정률[주3] + 퇴직급여전환금 기말잔액 − 퇴직급여충당부채 누적액[주4]

주1) 급여지급기준을 초과하여 손금불산입된 임원상여금 및 비과세근로소득은 제외한다.
주2) 퇴직급여추계액＝Max(일시퇴직기준의 추계액, 근로자퇴직급여보장법상 보험수리적 기준의 추계액) 단, 퇴직연금미가입자가 있는 경우(퇴직연금가입자라도 퇴직연금미가입기간이 있는 경우에는 해당 미가입 기간분 포함) 미가입분에 대해서는 일시퇴직기준을 적용해야 한다.
주3) 2015년은 5%를 적용하며, 2016년에는 0%가 된다.
주4) 장부상 퇴직급여충당금기초잔액 − 기중충당금환입액 − 전기충당금부인누계액 − 기중퇴직급여지급액

저자주

2012.2.2. 법인세법 시행령의 개정으로 퇴직급여충당금 손금한도액 계산 시 추계액을 과거 회계기준상의 일시퇴직기준의 추계액과 근로자퇴직급여보장법상 보험수리적 기준의 추계액 중 큰 금액으로 하였다. 이때 보험수리적 기준의 추계액은 한국채택국제회계기준상 예측단위적립방식법에 의한 확정급여채무의 장부가액이 아님에 유의하여야 하며, 동 금액은 퇴직연금운영사업자에게 책임준비금의 당기말 잔액을 산출해 달라 요구하면 구할 수 있는 금액이다. 실무상으로는 장부상 확정급여채무금액을 보험수리적기준의 추계액으로 하고 있다.

① 총급여액의 범위

산식에서 규정하고 있는 총급여액은 소득세법 제20조 제1항 제1호 및 제2호에 해당하는 다음의 소득을 말한다.

- 근로를 제공함으로써 받는 봉급·급료·보수·세비·임금·상여·수당과 이와 유사한 성질의 급여
- 법인의 주주총회, 사원총회 또는 이에 준하는 의결기관의 결의에 따라 상여로 받는 소득

한편, 총급여액에는 국민연금의 사용자부담분 등 소득세법 제12조에서 규정하는 비과세

소득은 제외된다(법령 §44 ④ 2호).

1. 근로자에게 지급하는 법인세법 시행령 제20조 제1항 제4호의 규정에 의한 성과배분상여금은 동법 제60조 제1항의 '총급여액' 계산 시 이를 포함하는 것이며, 당해 성과배분상여금을 정관 또는 퇴직급여지급규정에 의하여 퇴직급여 계산 시 포함하기로 한 경우에는 동법 동조 제2항의 '퇴직급여로 지급되어야 할 금액의 추계액'에 포함함(법인 46012-901, 2000.4.7.).

2. 근로소득으로 원천징수한 직원의 학자보조금은 퇴직급여충당금의 한도액을 계상 시 총급여액에 포함시키는 것이 타당함(심사법인 98-348, 1999.3.26.).

3. 내국법인의 퇴직급여충당금 손금산입 한도액 계산 시 기초가 되는 '총급여액'이라 함은 소득세법 제20조 제1항 제1호 가목 및 나목에 따른 금액(같은 법 제12조에 따른 비과세소득 및 법인세법 시행령 제43조에 따라 손금에 산입하지 아니하는 금액은 제외함)을 말하는 것이며, 법인세법 시행령 제44조 제5항에 따라 정관에서 위임된 임원퇴직급여지급규정에 의하여 퇴직급여를 지급하는 법인의 임원이 급여를 반납한 경우 적법한 절차에 의하여 반납 전의 급여를 기준으로 퇴직급여를 지급하는 것으로 임원퇴직급여지급규정을 변경하지 아니한 경우에는 실제로 지급한 급여를 기준으로 계산한 퇴직급여를 한도로 손금에 산입하는 것임(법인세과-699, 2009.6.11.).

가. 퇴직급여지급규정과의 관계

소득세법상 근로소득에는 해당되나 회사의 퇴직급여지급규정상 퇴직급여대상소득에서는 제외되는 소득이 있을 수 있다. 대표적인 항목으로 특별상여금이 있다. 이때 회사의 퇴직급여지급규정에 의해 특별상여금을 퇴직금대상소득액에서 제외하는 경우에도 소득세법상 근로소득에 해당되므로 한도액 계산 시 총급여액의 범위에 포함됨에 주의하여야 한다.

나. 임원상여금 한도초과액

총급여액의 범위에는 직원에 대한 상여금은 당연히 포함되나 임원에 대한 상여금 중 정관·주주총회·이사회의 결의에 의하여 결정된 급여지급기준에서 정한 금액을 초과하여 지급함으로써 손금불산입된 상여금은 총급여액에서 제외된다(법령 §60 ①).

다. 미지급된 급여의 경우

법인이 근로자에게 지급하는 연차수당·성과급의 경우에는 그 지급기준일이 속하는 연도의 손금 및 근로소득에 해당된다. 이러한 연차수당과 성과급을 차기 사업연도에 지급하는 경우에는 당기 법인결산 시 미지급비용으로 계상하여야 하며, 이는 법인세법상으로도 손금으로 인정된다. 이때 결산 시 미지급비용으로 계상한 급여액도 퇴직급여충당금한도액 계산 시 총급여액에 당연히 포함된다.

그러므로 매년 12월 31일을 연차수당의 기준일로 하여 계산하고 지급은 익년 1월에 하는 경우 지급일을 기준으로 비용처리한 경우에는 퇴직급여충당금한도액 계산 총급여액에는 전년도분 연차수당을 포함할 수 없다.

라. 1년 미만 근로한 직원 등에 대한 급여액

1년 미만 근속자의 퇴사에 대하여도 회사 퇴직금규정상 퇴직급여를 지급하면 총급여액에 포함된다.

마. 사업연도가 1년 미만인 경우

사업연도가 1년 미만인 경우에는 연간지급 총급여액이 아닌 해당 사업연도에 지급한 총급여액에 대하여 한도액을 계산하여야 한다.

바. 퇴직급여 중간정산자에 대한 퇴직급여충당금 설정

사업연도 중에 퇴직급여중간정산(근로자퇴직급여보장법 §8 ②)으로 사업연도 말 현재 1년 미만인 경우에도 입사일로부터 사업연도 종료일까지 계속 근로기간이 1년 이상인 근로자에 대하여는 퇴직급여충당금 설정대상에 포함되며, 퇴직급여충당금 손금한도액 계산 시 총급여액과 퇴직급여추계액은 중간정산기준일 익일부터 사업연도 종료일까지 계산한다.

② 퇴직급여추계액

당기말 현재 임원 또는 직원의 퇴직급여추계액이란 사업연도 종료일을 기준으로 입사 후 또는 중간정산일 이후 1년 미만 근로 여부와 관계없이 회사의 정관이나 퇴직급여지급규정 등에 의하여 해당 사업연도 종료일 현재의 임원 또는 직원 전원이 일시에 퇴직한다고 가정했을 때의 퇴직급여총액을 말한다. 다만, 퇴직급여지급규정 등이 없는 법인은 근로자퇴직급여보장법이 정하는 바에 의하여 계산한 금액으로 한다(법칙 §31 ①).

가. 임원에 대한 퇴직급여추계액

임원에 대한 퇴직급여추계액 계산은 먼저 회사의 정관이나 정관에서 위임된 주주총회의 결의로 작성된 퇴직급여지급규정이 있느냐를 검토해야 한다. 즉, 정관에서 임원에 대한 퇴직급여계산방법을 규정하거나 주주총회에서 결정된 임원퇴직급여지급규정이 있는 경우에는 동 규정에 의하여 계산된 금액을 퇴직급여추계액으로 한다. 그러나 상기 규정 등이 없는 경우에는 근로자퇴직급여보장법이 정하는 바에 의하여 계산한 금액으로 퇴직급여추계액을 계산해야 한다. 다만, 비출자임원에 대한 퇴직급여규정만 정관에 정하고 있는 경우에는 출자임원에 대한 퇴직급여지급규정은 없는 것으로 본다.

나. 사업의 양수 · 합병 · 관계회사 전출입 시 퇴직급여를 인계받은 경우

사업의 양수 · 합병 · 관계회사 전출입 시 개인에 대한 퇴직급여를 법인이 인계받은 경우에는 인계받은 법인에서 당해 개인에 대한 퇴직급여와 퇴직급여추계액은 전 사업자에게서 근무한 기간을 통산하여 계산할 수 있다(법통 33-60…2).

③ 퇴직급여전환금 기말잔액

퇴직급여충당금한도액 계산 시 누계액기준에 의거 퇴직급여추계액에 가산하는 퇴직급여전환금 기말잔액은 퇴직금전환금의 사업연도 말 현재 재무상태표상 기말잔액을 말한다. 즉, 세무회계상으로는 자산에 해당하고, 기업회계상으로는 확정급여채무에서 차감하는 국민연금전환금의 기말잔액을 말한다.

④ 퇴직급여충당금누적액

해당 사업연도에 추가로 퇴직급여충당금을 설정하기 전의 세무상 퇴직급여충당금 잔액을 말하는바(법통 33-60…3), 퇴직급여충당금조정명세서 [법칙 별지 제32호 서식]에서는 이를 다음과 같이 나타내고 있다.

> 퇴직급여충당금누적액(⑨)=장부상 퇴직급여충당금 기초잔액(④)−DC설정자의 퇴직급여충당금(⑤)−기중 퇴직급여충당금환입액(⑥)−퇴직급여충당금부인누계액(⑦)−기중 퇴직급여지급액(⑧)

이하에서는 상기의 산식 구조에 대하여 살펴본다.

가. 장부상 퇴직급여충당금 기초잔액

기업회계상 법인의 전기말 퇴직급여충당금 잔액을 말하며, 세무상 부인액이 포함되어 있는 경우에도 이를 차감하지 않은 장부상 가액을 말한다.

따라서 법인이 사업을 포괄적으로 양수하면서 퇴직급여충당부채를 승계한 경우 양도자의 소득금액 계산상 퇴직급여충당부채의 부인액이 있다 하더라도 이를 차감하지 아니하고 인수한 퇴직급여충당금 전액을 법인의 퇴직급여충당금으로 본다.

또한 해당연도 중에 합병 · 분할 · 관계회사 전입 등으로 승계받은 임직원의 퇴직급여충당금 해당액은 한도계산 및 서식 작성 시 기초잔액에 합산하면 된다.

나. 퇴직급여충당금부인누계액

퇴직급여충당금부인누계액은 전기말 현재 장부상 계상되어 있는 퇴직급여충당금잔액 중 세무상 손금부인액을 말하며, 당기에 환입되어 감소된 부인액은 차감하여 계산한다(법칙 [별지 제32호 서식] 작성방법 1. 참조).

이때 합병(분할) 및 포괄적인 사업양수 시 퇴직금을 승계한 경우에 퇴직급여충당금부인액은 합병법인 등에 승계된다.

> 퇴직급여충당금부인누계액 = 전기말 자본금과 적립금조정명세서(을)표상 퇴직급여충당금부인누계액잔액－당기 퇴직급여충당금환입에 따른 익금불산입 해당액＋합병·분할 시 승계받은 퇴직급여충당금의 손금부인액 승계액

다. 기중 퇴직급여지급액

현실적 퇴직사유로 인해 회사의 내부자금으로 지급하였거나 지급할 퇴직급여를 말한다. 따라서 퇴직보험을 재원으로 하여 보험회사 등이 퇴직한 직원에게 지급하였거나 지급할 퇴직급여는 제외한다(법인 46012－1445, 1995.5.25.).

㉠ 현실적 퇴직사유가 아닌 퇴직급여지급액

해당 사업연도 중 퇴사자에 대한 확정급여채무의 감소액이 1,000(이 중 400은 비현실적 퇴직으로 인한 감소분이라고 가정)인 경우 퇴직급여충당금조정명세서 [법칙 별지 제32호 서식]의 '⑧ 기중 퇴직금지급액'에는 1,000을 기입하는 것이 아니라 600(＝1,000－400)을 기입한다.

이때 현실적인 퇴직에 해당하지 않는 400은 법인세법상 가지급금에 해당하여 인정이자의 계산 및 지급이자 손금불산입의 세무조정이 발생하게 된다.

㉡ 퇴직연금수령액

해당 사업연도 중 퇴사자에 대한 총퇴직금이 300(이 중 100은 퇴직연금수령액)인 경우 퇴직급여충당금조정명세서 [법칙 별지 제32호 서식]의 '⑧ 기중 퇴직금지급액'에는 300을 기입하는 것이 아니라 200을 기입한다.

• 당기말 퇴직금추계액 700
• 전기말 장부상 확정급여채무잔액 400(세무상 손금부인액 240)

상기 내용이 실무상 오류가 많이 발생하며, 이의 회계처리는 다음과 같다.

(차) 확정급여채무	300	(대) 현금	200
		사외적립자산	100

즉, 장부상 퇴직급여충당금은 300이 감소하지만 회사자금은 200이 감소한 것이므로 한도액계산 및 서식 작성 시 퇴직금지급액은 200이 되는 것이다.

상기 '㉡'과 관련된 사항을 서식에 나타내면 다음과 같다.

사 업 연 도	2025. 1. 1. ~ 2025.12.31.	**퇴직급여충당금 조정명세서**		법인명	
				사업자등록번호	

「법인세법 시행령」 제60조 제2항 및 제3항에 따른 한도액	④ 장부상 충당금 기초잔액	⑤ 확정기여형 퇴직연금 의 퇴직급 여 충당금	⑥ 기중 충당 금 환입액	⑦ 기초충당 금 부인누 계액	⑧ 기중 퇴직 금 지급액	⑨ 차감액 (④-⑤-⑥ -⑦-⑧)
	400			240	200	(△ 40) 0
	⑩ 추계액 대비 설정액 (⑳×설정률)	⑪ 퇴직금 전환금	⑫ 설정률 감소에 따른 환 입을 제외하는 금액 MAX(⑨-⑩-⑪, 0)		⑬ 누적한도액 (⑩-⑨+⑪+⑫)	
					280(가정치)	

라. 퇴직급여충당금누적액이 (-)가 발생하는 경우

상기 '다.'의 '㉡'의 사례처럼 퇴직급여충당금누적액(서식의 ④-⑤-⑥-⑦-⑧)이 음수(-)가 발생하는 경우에는 (-)금액을 '⑦'의 부인누계액 한도 내에서 손금으로 추인하며(서식에는 '⑨'의 괄호에 △40으로 기재하고 괄호 밑에 0으로 기재), 퇴직급여충당금의 한도액 계산 시 퇴직급여충당금누적액은 0으로 하여 한도액을 계산한다.

3) 퇴직급여충당금 세무조정

퇴직급여충당금은 결산조정사항이므로 장부에 비용으로 계상한 경우에 한하여 세무상 한도액까지 손금인정된다. 따라서 퇴직급여충당금 세무조정은 다음과 같다.

퇴직급여충당금 회사비용계상액	-세무상 한도액=	(+)손금불산입 · 퇴직급여충당금한도초과 · 유보 (-)세무조정 없음

① 회사비용계상액

회사비용계상액은 회사가 손익계산서와 제조원가명세서상 퇴직급여로 처리한 금액과 전기 과소 설정분을 추가로 계상한 전기오류수정손실(기타비용 또는 미처분이익잉여금의 감소)의 합계액 등을 말한다.

중점사항

1. **퇴직급여충당부채 시부인계산 시 비용계상액**
   퇴직급여충당부채는 차기 이후에 퇴사하는 임직원에 대하여 설정하는 것이며, 장부상 다음의 금액을 말한다.
   ① 판매비와관리비 중 퇴직급여
   ② 매출원가 중 퇴직급여
   ③ 연구비·개발비 중 퇴직급여
   ④ 건설중인자산 중 퇴직급여
   ⑤ 전기오류손실(기타비용) 중 퇴직급여
   ⑥ 미처분이익잉여금의 감소 중 퇴직급여
   　 일단, 손금산입(기타)으로 세무조정 후 한도초과액을 계산한다.

2. **당기 퇴직자에 대한 퇴직급여 해당액을 퇴직급여 처리 시**
   당기에 퇴직금 중간정산 및 대규모의 퇴직 등의 사유발생 시 전기말에 설정되어 있던 확정급여채무의 잔액이 당기 퇴직금의 처리에 부족한 경우가 발생할 수 있다.
   ① 2023.12.31. 확정급여채무잔액: ₩1,000,000
   ② 2024사업연도 중 퇴직급여 발생액: ₩1,200,000
   ③ 회사 회계처리

(차) 확정급여채무	1,000,000	(대) 현금	1,200,000
퇴직급여	200,000		

   또는

(차) 퇴직급여	200,000	(대) 확정급여채무	200,000
퇴직급여채무	1,200,000	현금	1,200,000

   상기 처리에서 퇴직급여 200,000원은 당기의 퇴직자에 대한 해당액이므로, 절대로 당기말 퇴직급여충당금 시부인계산 시 회사비용계상액에 합산하면 안되는 것임을 유의하여야 한다.

② 한도초과액의 사후처리

상기의 시부인절차를 수행한 결과 발생한 한도초과액은 다음 경우에 손금으로 추인된다.

가. 세무상 퇴직급여충당금잔액을 초과하여 퇴직금 지급 시

전기손금부인액을 한도로 하여 동 초과지급액을 손금산입하여 전기손금부인액을 손금으로 추인한다(법통 33-60…5).

나. 세무상 퇴직급여충당금부인액을 장부상 환입처리한 경우

전기부인액에 상당하는 퇴직급여충당금이 먼저 환입된 것으로 보아(법인 46012-1993, 1999. 5.28.) 환입계상액을 익금불산입·퇴직급여충당금(△유보)하여 전기부인액을 손금으로 추인한다.

⌒ Expert Opinion Summary

직원 관계회사 전출입 시 회계 및 세무처리

1. A법인 소속 갑이 2025.6.30. 계열회사인 B법인으로 이동하고 퇴직금해당액과 DB퇴직 연금을 B법인으로 승계함.
   (1) 2025.6.30. 회계처리

(차) 퇴직급여충당부채	60,000,000	(대) DB	50,000,000
		현금	10,000,000

   (2) 2025년 세무조정
   ① 손금산입·퇴직급여충당부채·50,000,000·유보
      익금산입·DB·50,000,000·유보
   ② 손금산입·퇴직급여충당부채·10,000,000·유보

2. B법인 관련 회계 및 세무처리
   (1) 2024.12.31. 현재

   퇴직급여충당부채 140,000,000(을 40,000,000, 병 100,000,000: 손금불산입· 140,000,000)
   (-) DB 126,000,000(을 36,000,000, 병 90,000,000: 손금산입·126,000,000)

   (2) 2025.6.30.(세무조정 승계없음)

(차) DB	50,000,000	(대) 퇴직급여충당부채	60,000,000
현금	10,000,000		

(3) 2025.12.31. 갑 관련 회계처리

| (차) 퇴직급여 | 10,000,000 | (대) 퇴직급여충당부채 | 10,000,000 |
| DB | 20,000,000 | 현금 | 20,000,000 |

(4) 2025.12.31. 을·병 관련 회계처리

| (차) 퇴직급여
(을 10,000,000, 병 20,000,000) | 30,000,000 | (대) 퇴직급여충당부채 | 30,000,000 |

| (차) DB
(을 14,000,000, 병 30,000,000) | 44,000,000 | (대) 현금 | 44,000,000 |

(5) 2025년 세무조정

손금불산입 · 퇴직급여충당부채 · 40,000,000 · 유보
손금산입 · DB · 54,000,000 · 유보

(6) 2025.12.31. 유보잔액

퇴직급여충당부채 180,000,000(140,000,000 + 40,000,000)
DB 180,000,000(126,000,000 + 54,000,000)

(7) 2025.12.31. 재무상태표

퇴직급여충당부채 240,000,000
(-) DB 240,000,000 -

(8) 추후 갑 퇴사 시 세무조정

2025.12.31. 유보잔액 중 갑 해당분은 퇴직급여충당부채가 10,000,000이고 DB가 10,000,000이므로 추후 갑 퇴사 시 손금 10,000,000과 익금 10,000,000의 사후관리 조정이 이루어져야 한다.

3. 잘못된 세무처리

많은 회사들이 관계회사전출입 시 상기 '(5)'와 '(8)'의 처리를 하지 않고 A법인으로의 퇴직급여충당부채 60,000,000을 손금불산입하고 DB 50,000,000을 손금산입하여 장부상 금액인 240,000,000으로 조정하고 추후 퇴직 시 퇴직금 및 DB인출금액 전액을 세무조정하고 있는바 이에 대한 유의가 필요하다.

(2) 퇴직연금

1) 의의

퇴직연금은 퇴직급여추계액의 일정금액을 외부의 금융기관에 적립하는 경우에 한하여 법인세법상 손금혜택을 부여함으로써 종업원의 퇴직급여에 대한 수급권을 보장해 주기 위한 제도이다.

2) 퇴직연금보험료 등의 손금산입한도

확정기여형 퇴직연금 등(근로자퇴직급여보장법상 확정기여형 퇴직연금, 중소기업 퇴직연금기금제도, 개인형 퇴직연금제도 및 과학기술인 공제회법에 따른 퇴직연금 중 확정기여형 퇴직연금에 해당하는 것)의 부담금 등은 전액 손금에 산입한다. 한편, DC부담금 등을 제외한 부담금 등으로서 손금에 산입하는 금액은 해당 사업연도 종료일 현재 재직하는 임원 또는 직원(확정기여형 퇴직연금이 설정된 자를 제외)의 전원이 퇴직할 경우에 퇴직급여로서 지급되어야 할 금액의 추계액 및 근로자퇴직급여보장법상 보험수리적 기준에 의한 추계액 중 큰 금액에서 해당 사업연도 종료일 현재의 퇴직급여충당부채를 공제한 금액에 상당하는 연금에 대한 부담금에서 직전 사업연도 종료일까지 지급한 부담금을 공제한 금액을 한도로 하며, 둘 이상의 부담금이 있는 경우에는 먼저 계약이 체결된 퇴직연금 등의 부담금부터 손금에 산입한다(법령 §44의2 ③·④).

저자주

근로자퇴직급여보장법상 중소기업퇴직연금기금제도

1. 제23조의6 【중소기업퇴직연금기금제도의 설정】
   ① 중소기업(상시 30명 이하의 근로자를 사용하는 사업에 한정)의 사용자는 제23조의5에 따른 중소기업퇴직연금기금표준계약서에서 정하고 있는 사항에 관하여 제4조 제3항 또는 제5조에 따라 근로자대표의 동의를 얻거나 의견을 들어 공단과 계약을 체결함으로써 중소기업퇴직연금기금제도를 설정할 수 있다.

2. 제23조의7 【부담금의 부담수준 및 납입 등】
   ① 중소기업퇴직연금기금제도를 설정한 사용자는 매년 1회 이상 정기적으로 가입자의 연간 임금총액의 12분의 1 이상에 해당하는 부담금(이하 "사용자부담금"이라 한다)을 현금으로 가입자의 중소기업퇴직연금기금제도 계정(이하 "기금제도사용자 부담금계정"이라 한다)에 납입하여야 한다. 이 경우 사용자가 정하여진 기일(중소

> 기업퇴직연금기금표준계약서에서 납입 기일을 연장할 수 있도록 한 경우에는 그 연장된 기일을 말한다)까지 부담금을 납입하지 아니한 경우에는 그 다음 날부터 부담금을 납입한 날까지 지연 일수에 대하여 제20조 제3항 후단에 따라 대통령령으로 정하는 이율에 따른 지연이자를 납입하여야 한다.
>
> 3. 2022.4.14.부터 시행

이때 법인이 퇴직급여지급규정에 의하여 1년 미만 근무한 임원 또는 직원에게 퇴직급여를 지급하기 위해 불입하는 퇴직연금 등도 손금한도 내에서 손금산입된다(법인 46012-510, 2001.3.8.).

퇴직연금 등의 손금산입규정을 적용함에 있어서 법인이 임원 또는 직원에 대하여 확정기여형 퇴직연금 등을 설정하면서 설정 전의 근무기간분에 대한 부담금을 지출한 경우 그 금액은 다음의 규정에 따라 퇴직급여충당금의 누적액에서 차감된 퇴직급여충당금에서 먼저 지출한 것으로 본다(법칙 §24 ①).

상기 내용에서 퇴직급여충당금의 누적액은 확정기여형 퇴직연금 등이 설정된 임원 또는 직원에 대하여 그 설정 전에 계상된 퇴직급여충당금으로서 제1호의 금액에 제2호의 비율을 곱하여 계산한 금액을 차감한 금액으로 한다(법칙 §31 ②).

- 직전 사업연도 종료일 현재 퇴직급여충당금의 누적액
- 직전 사업연도 종료일 현재 재직한 임원 또는 직원의 전원이 퇴직한 경우에 퇴직급여로 지급되었어야 할 금액의 추계액 중 해당 사업연도에 확정기여형 퇴직연금 등이 설정된 자가 직전 사업연도 종료일 현재 퇴직한 경우에 퇴직급여로 지급되었어야 할 금액의 추계액이 차지하는 비율

① 퇴직급여추계액기준 손금한도

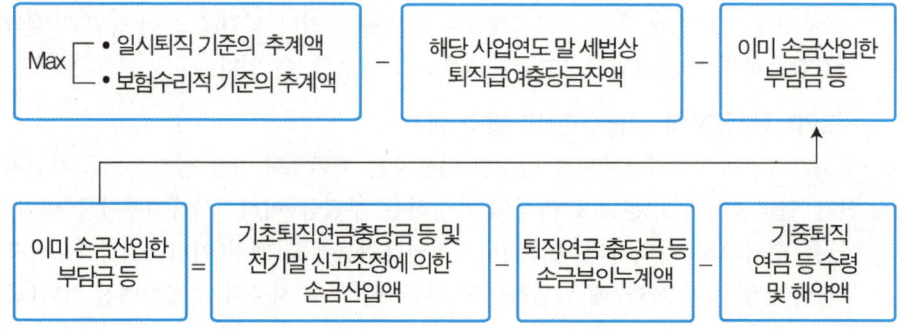

가. 해당 사업연도 말 퇴직급여추계액

이는 해당 사업연도 종료일 현재 근무하는 임원 및 직원(확정기여형 퇴직연금 및 개인퇴직계좌가 설정된 자를 제외)이 일시에 퇴직한다고 가정하는 경우 법인의 정관, 퇴직급여지급규정 또는 근로자퇴직급여보장법에 따라 지급하여야 하는 퇴직급여해당액과 근로자퇴직급여보장법상 보험수리적 기준에 의한 추계액(퇴직급여 손금불산입액은 제외) 중 큰 금액(단, 퇴직연금미가입자가 있는 경우 상기 '(1) 2)'와 동일)을 말한다.

나. 해당 사업연도 말 세법상 퇴직급여충당금 잔액

이는 법인의 장부상 계상되어 있는 퇴직급여충당부채 기말잔액에서 세무상 손금부인누계액을 차감한 잔액을 말한다. 장부상 기말잔액과 손금부인누계액은 당해 사업연도분 퇴직급여충당부채 설정액 및 부인액을 포함한 금액을 의미한다. 따라서 퇴직연금과 관련된 세무조정을 하기 이전에 퇴직급여충당부채(내부적립)와 관련된 세무조정이 선행되어야 한다.

> **저자주**
>
> 상기 산식에서 알 수 있듯이 퇴직연금의 경우 사업연도 종료일 현재의 퇴직급여추계액 중 회사의 내부에 적립된 확정급여채무의 세법상 손금용인액을 차감한 잔액의 범위 내에서 손금산입을 인정해 주는 제도이다.
> 따라서 퇴직부담금과 관련된 세무조정을 하기 이전에 퇴직급여충당금(내부적립)과 관련된 세무조정이 선행되어야 한다.

다. 이미 손금산입한 부담금 등

이는 기초퇴직연금충당부채 잔액 및 전기까지 세무조정 시 신고조정에 의해 손금산입된 퇴직부담금 등의 합계액에서 퇴직부담금 등의 세무상 손금부인누계액과 당기 중에 퇴직부담금 등의 수령 및 해약액을 차감한 금액을 말한다(법칙 §24 ②). 이는 전기까지 결산조정 또는 신고조정에 의하여 손금으로 산입된 부담금 중 당기말까지 퇴직급여지급 등에 사용하고 남은 부담금을 말하는 것이다.

라. 혼합형 퇴직연금 부담금에 대해 손금산입 허용(법령 §44의2 ④)

기존에는 확정급여형(DB) 퇴직연금 한도액 계산 시 일시퇴직기준 퇴직금추계액 및 퇴직연금 미가입기간의 추계액 계산 시 확정기여형(DC) 퇴직연금 등이 설정된 자를 제외하고 계산하였으나 2015년부터 이를 삭제하여 일부를 DC에 가입한 자의 추가 퇴직금 해당액을

DB가입 시 한도 내에서 손금산입을 허용하였다(DC부담금 손금인정액은 차감하여 계산). 이에 따른 확정급여형 퇴직연금(DB) 부담금 손금한도액은 다음과 같다.

> Max(ⓐ, ⓑ+ⓒ)−직전연도까지 지급한 부담금−확정기여형 퇴직연금(DC) 부담금으로 손금에 산입된 금액
>
> ⓐ 일시퇴직기준 퇴직금추계액−퇴직급여충당금손금산입액
> ⓑ 보험수리적기준 퇴직금추계액(DB가입자)−퇴직급여충당금손금산입액
> ⓒ 퇴직연금 미가입자의 추계액+퇴직연금 미가입기간의 추계액

② 퇴직연금예치금기준 손금한도

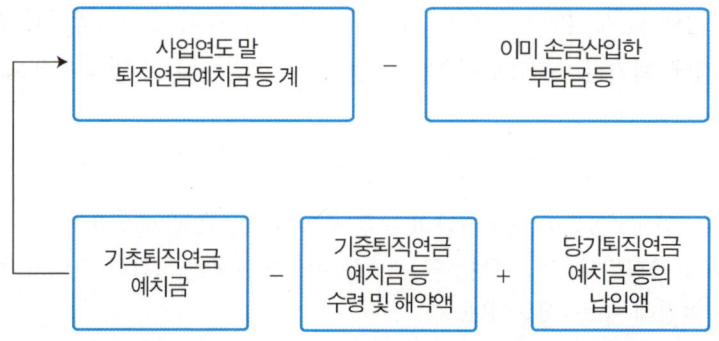

가. 사업연도 말 퇴직연금예치금 등 계

이는 기초퇴직연금예치금 등 잔액에서 기중에 퇴직연금예치금 등의 수령 및 해약액을 차감하고 당기에 불입한 퇴직부담금 등을 합산한 금액을 말한다. 즉, 당기말 현재 금융기관에 불입한 부담금 등의 총잔액을 말한다.

나. 이미 손금산입한 부담금 등

'① 다.'와 동일하다.

3) 퇴직연금 등의 세무조정

① 퇴직연금 등의 세무조정

퇴직연금 등의 세무조정은 다음과 같다.

> 회사 퇴직연금 등 계상액−세무상 한도액=(+)한도초과액: 손금불산입(유보)
>   (−)한도미달액: 손금산입(△유보)

한도미달액을 손금산입한다면 퇴직연금의 납입도 없이 손금산입하는 것으로 이해하기 쉬우나, 이미 세무상 한도액 계산 시 퇴직연금의 납입금액이 감안되어 한도액이 산출되었음에 유의해야 한다. 즉, 연금의 납입이 없으면 한도액도 계산되지 않게 되므로 한도미달액이 발생했다는 것은 세무상 한도액만큼 퇴직연금의 납입이 있었으나 장부상 이를 비용으로 계상하지 않았음을 의미하고, 이 경우에 신고조정으로 손금산입한다는 것이다.

② 한도미달액의 사후처리

한도미달액이 발생하여 손금산입한 금액은 사후에 다음과 같이 처리한다.

㉠ 퇴직금 지급 시 퇴직연금 수령액을 퇴직금으로 비용계상하는 경우(법통 26-44의2…2)

　　손금불산입 · 퇴직연금 · 유보

㉡ 퇴직금 지급 시 퇴직연금 수령액을 퇴직급여충당금에서 차감표시하는 경우(제도 46012-10347, 2001.3.26.)

　　익금산입 · 퇴직연금 · 유보

　　손금산입 · 퇴직급여충당금 · △유보

사례 4　퇴직연금 세무조정

1. 자료

　(1) 기초시점의 자본금과적립금조정명세서(을)상의 퇴직연금 잔액 1,500원(△유보)

　(2) 퇴직급여 지급 시 퇴직연금 수령액의 회사 회계처리

　　① 퇴직연금 수령액을 비용처리 시

　　　(차) 퇴직급여(비용)　　1,000　　　(대) 사외적립자산　　　　1,000

　　② 퇴직연금 수령액을 확정급여채무에서 차감처리 시

　　　(차) 확정급여채무　　　1,000　　　(대) 사외적립자산　　　　1,000

2. 퇴직연금 수령액을 비용처리 시 세무조정

　손금불산입[주] · 퇴직연금 · 1,000 · 유보

　주) 신고조정에 의하여 퇴직연금 등을 손금에 산입한 경우에는 당해 퇴직연금상당액을 퇴직급여로 계상한 후 동 금액을 익금에 산입하며(법통 26-44의2…2), 동 익금산입액은 퇴직연금부담금등 조정명세서의 '⑮ · ⑲'에 기입한다.

3. 퇴직연금 수령액을 퇴직급여충당금에서 차감처리 시 세무조정

　익금산입 · 퇴직연금 · 1,000 · 유보

손금산입 · 확정급여채무 · 1,000[주) · △유보

주) 퇴직급여충당금조정명세서의 '⑧'에서 차감한다.

상기 세무조정에서 보듯이 퇴직연금 수령액을 퇴직급여충당금에서 차감처리하는 경우에는 익금산입과 손금산입이 동시에 이루어진다.

(3) 일반기업회계적용법인 사례

사례 5

1. 자료

(1) 해당 사업연도 말 현재 전임직원이 일시퇴직 시 지급할 퇴직급여추계액:
1,978,000,000

(2) 퇴직급여충당부채 장부상 기말잔액 1,978,000,000
- 전기말부인누계액: 1,798,700,000
- 당기말부인누계액: 1,978,000,000

(3) 직전 사업연도 종료일까지 불입한 퇴직연금부담금 1,438,960,000(이 중 해당 사업연도에 퇴직자에게 지급한 금액은 83,200,000임)

(4) 직전 사업연도 말 현재 손금산입한 퇴직연금부담금은 1,438,960,000임.

(5) 당기 회사납입액: 622,240,000(퇴직연금운용수익 60,000,000 포함된 금액)

2. 회사 회계처리

(차) 퇴직급여충당부채	104,000,000	(대)	퇴직연금운용자산		83,200,000
			현금		20,800,000
(차) 퇴직급여	283,300,000	(대)	퇴직급여충당부채		283,300,000
(차) 퇴직연금운용자산	622,240,000	(대)	퇴직연금운용수익		60,000,000
			현금		562,240,000

3. 세무처리

(1) 퇴직금지급액 중 퇴직연금 인출액에 대한 세무조정

손금산입 · 퇴직급여충당부채 · 83,200,000 · 유보

익금산입 · 퇴직연금(DB) · 83,200,000 · 유보

→ 당기 퇴직금지급액 중 퇴직연금에서 지급한 금액에 대해 전기말 손금부인된 퇴직급여충당부채를 손금산입하고 퇴직연금금액을 익금산입함.

(2) 퇴직금지급액 중 회사현금부담분에 대한 세무조정

　　손금산입 · 퇴직급여충당부채 · 20,800,000 · 유보

　→ 전기말 손금부인된 퇴직급여충당부채 중 당기 회사부담 퇴직금지급액을 손금
　　산입함.

(3) 당기 퇴직급여계상에 대한 세무조정

　　손금불산입 · 퇴직급여충당부채 · 283,300,000 · 유보

(4) 당기 퇴직연금납입액에 대한 세무조정

　　손금산입 · 퇴직연금 · 622,240,000 · 유보

4. 장부상 잔액 및 세무조정 누계액

(1) 퇴직급여충당부채

　　기초잔액 1,798,700,000 − 감소액 104,000,000 + 증가액 283,300,000

　　＝기말잔액 1,978,000,000(손금불산입누계액 1,978,000,000)

(2) 퇴직연금

　　기초잔액 1,438,960,000 − 감소액 83,200,000 + 증가액 622,240,000

　　＝기말잔액 1,978,000,000(손금산입누계액 1,978,000,000)

(4) K – IFRS 적용법인 사례

1) 자료 1

① 지유(주)는 2024.1.1. 신설되었다(회계연도는 1.1.부터 12.31.까지임).

② 2024.1.1. A, B, C가 지유(주)에 입사하였다.

③ 2024.12.20. 지유(주)는 확정급여형 퇴직연금제도에 가입하기로 하였다.

④ 지유(주)는 K – IFRS 적용 법인이다.

2) 자료 2

① 2024.12.31. 퇴직급여추계액(일시퇴직기준과 보험수리적기준 추계액 중 큰 금액)은
10,000,000원이다.

② 예측단위적립방식법에 의한 2024.12.31. 확정급여채무의 현재가치금액은 10,000,000원
이다.

③ 2024.12.20. 퇴직연금납입액은 9,000,000원이다.

④ 2024년 A, B, C에 대한 총급여액은 100,000,000원이다.

⑤ 2024.12.31. 회계처리

| (차) 퇴직급여 | 10,000,000 | (대) 확정급여채무 | 10,000,000 |
| (차) 사외적립자산 | 9,000,000 | (대) 현금 | 9,000,000 |

⑥ F/P상 표시

| 확정급여채무 | 10,000,000 | |
| (−)사외적립자산 | 9,000,000 | 1,000,000 |

⑦ 세무조정

  ㉠ 퇴직급여충당금

    ⅰ) 한도액: Min(총급여액기준, 추계액기준) = ₩0

      • 총급여액기준

      총급여액×5% = 100,000,000×5% = ₩5,000,000

      • 추계액기준

      추계액×0% − 퇴직급여충당금 잔액 = 10,000,000×0% − 0 = ₩0

    ⅱ) 손금불산입액

      회사계상액 − 한도액 = 10,000,000 − 0 = ₩10,000,000

      ∴ 손금불산입 · 확정급여채무 · 10,000,000 · 유보

  ㉡ 퇴직연금부담금

    ⅰ) 한도액: Min(추계액기준, 연금예치금기준) = ₩9,000,000

      • 추계액기준

      퇴직급여추계액(일시퇴직기준과 보험수리적기준 추계액 중 큰 금액) − (퇴직급여충당금 장부상 기말잔액 − 세무상 부인누계액) − 이미 손금산입한 부담금 등 = 10,000,000 − (10,000,000 − 10,000,000) − 0 = ₩10,000,000

      • 연금예치금기준

      퇴직연금예치금 기말잔액 − 이미 손금산입한 부담금 등 = 9,000,000 − 0 = ₩9,000,000

    ⅱ) 세무조정

      회사계상액 − 한도액 = 0 − 9,000,000 = ₩△9,000,000

      ∴ 손금산입 · 퇴직연금(사외적립자산) · 9,000,000 · △유보

3) 자료 3

① 2025.6.30. A가 퇴사하였고 일시금 해당 퇴직급여액은 3,000,000원이다. 이 중 퇴직연금에서 수령하여 지급한 금액은 2,700,000원이며 300,000원은 회사자금에서 지출되었다.

② 2025.12.31. 퇴직급여추계액(일시퇴직기준과 보험수리적기준 추계액 중 큰 금액)은 15,200,000원이다.

③ 예측단위적립방식법에 의한 당기근무원가 및 이자원가해당액은 7,400,000원이다.

④ '③'을 반영한 2025.12.31. 확정급여채무의 기말잔액은 15,200,000원이며, 이에는 할인율 적용 차이에 따른 보험수리적손실 800,000원이 포함되어 있다. 회사는 보험수리적손실에 대하여 기타포괄손익으로 처리하고 있다.

⑤ 2025년 퇴직연금에 대한 이자수익은 800,000원이며, 공정가치증가액과의 차액 100,000원은 재측정요소로 처리하여 기타포괄손익으로 인식한다.

⑥ 2025년에 납입한 퇴직연금액은 8,200,000원이다.

⑦ 2025년 총급여액은 120,000,000원이다.

⑧ 2025년 회계처리

(차) 확정급여채무	3,000,000	(대) 사외적립자산	2,700,000
		현금	300,000
(차) 퇴직급여	7,400,000	(대) 확정급여채무	7,400,000
(차) 재측정요소 (⊖OCI)	800,000	(대) 확정급여채무	800,000
(차) 사외적립자산	700,000	(대) 퇴직급여	800,000
재측정요소 (⊖OCI)	100,000	(비용⊖)	
(차) 사외적립자산	8,200,000	(대) 현금	8,200,000

⑨ 세무조정

㉠ 퇴직급여충당금

1. 한도액: Min(총급여액기준, 추계액기준) = ₩0

• 총급여액기준

120,000,000 × 5% = ₩6,000,000

• 추계액기준

$$추계액 \times 0\% - 퇴직급여충당금\ 잔액 = 15{,}200{,}000 \times 0\% - (10{,}000{,}000 - 10{,}000{,}000$$
$$- 1{,}600{,}000) = 0 - 0 = ₩0$$

2. 당기 퇴직연금수령액에 대한 세무조정

∴ 손금산입 · 확정급여채무 · 2,700,000 · 유보

익금산입 · 퇴직연금(사외적립자산) · 2,700,000 · 유보

3. 당기 퇴직금 지급액에 따른 조정

손금산입 · 확정급여채무 · 300,000[주] · 유보

주) 기초잔액 10,000,000 - 전기부인액 10,000,000 - 당기지급액 300,000 = △300,000

4. 확정급여채무 관련 보험수리적손실에 대한 세무조정

손금산입 · 재측정요소 · 800,000[주] · 기타

주) 동 금액은 퇴직급여충당금한도초과액 계산 시 회사계상액에 가산하여 한도초과액을 계산한다.

5. 사외적립자산에 대한 보험수리적손실관련 세무조정

• 회사의 회계처리

(차) 사외적립자산	700,000	(대) 퇴직급여	800,000
재측정요소	100,000		

• 세무상 회계처리

(차) 사외적립자산	700,000	(대) 사외적립자산운용수익	700,000

• 세무조정

세무상 회계처리에 비해 퇴직급여비용이 800,000원, 운용수익이 700,000원이 과소계상되었고 보험수리적손실 100,000원이 추가계상되었으므로, 다음의 세무조정을 한다.

손금산입 · 퇴직급여 · 800,000[주] · 기타

익금산입 · 운용수익 · 700,000 · 기타

주) 동 금액은 퇴직급여충당금한도초과액 계산 시 회사계상액에 가산하여 한도초과액을 계산한다.

상기의 세무조정은 다음과 같이 자본의 감소로 처리된 재측정요소를 손금산입하는 세무조정으로 대신할 수 있다.

손금산입 · 재측정요소 · 100,000 · 기타

단, 이때에도 장부상 퇴직급여를 차감한 800,000원은 퇴직급여충당금한도초과액 계산 시 회사계상액에 가산하여야 함에 유의하여야 한다.

6. 퇴직급여충당금 손금한도초과액

   회사계상액 − 한도액 = $(6,600,000^{주1)} + 800,000^{주2)} + 800,000^{주3)}) - 0 = ₩8,200,000$

     주1) 손익계산서상 퇴직급여 비용계상액

        $7,400,000 - 800,000 = 6,600,000$

     주2) 할인율차이에 의한 확정급여채무의 증가액

     주3) 사외적립자산의 기대수익 퇴직급여차감액

   ∴ 손금불산입 · 확정급여채무 · 8,200,000 · 유보

ⓒ 퇴직연금부담금

  1. 한도액: Min(추계액기준, 연금예치금기준) = ₩8,080,000

    • 추계액기준

     퇴직급여추계액(일시퇴직기준과 보험수리적기준 추계액 중 큰 금액) − (퇴직급여충당금 장부상 기말잔액 − 세무상 부인누계액) − 이미 손금산입한 부담금 등 (신고조정에 의한 손금산입액 − 기중 퇴직연금수령액)

     $= 15,200,000 - (15,200,000 - 15,200,000) - (9,000,000 - 2,700,000) = ₩8,900,000$

    • 연금예치금기준

     퇴직연금예치금 기말잔액 − 이미 손금산입한 부담금 등

     $= 15,200,000 - 6,300,000 = ₩8,900,000$

  2. 세무조정

    손금산입 · 퇴직연금 · 8,900,000 · △유보

사례 6

1. K-IFRS 적용법인인 수진(주)의 2025사업연도의 확정급여채무 및 사외적립자산의 내역은 다음과 같다.

2. 확정급여채무계정 및 세무조정

　(1) 회계처리

퇴직금지급액	1,239,362,240[주4)]	기초잔액	10,578,994,744
관계사전출액	179,300,464[주5)]	(손금불산입 유보잔액	10,578,994,744)
		비용계상증가액	1,754,442,888[주1)]
		재측정요소증가액	302,158,459[주2)]
기말잔액	11,379,007,345[주6)]	관계사전입액	162,073,958[주3)]

주1) (차) 퇴직급여　　　　1,754,442,888　　　(대) 확정급여채무　　1,754,442,888
주2) (차) 재측정요소　　　　239,007,342　　　(대) 확정급여채무　　302,158,459
　　　　(⊖OCI)
　　　이연법인세자산　　63,151,117
　　　(302,158,459×평균세율 20.9%＝63,151,117)
주3) (차) 사외적립자산　　　162,073,958　　　(대) 확정급여채무　　162,073,958
주4) (차) 확정급여채무　　1,239,362,240　　　(대) 사외적립자산　　1,047,113,240
　　　　　　　　　　　　　　　　　　　　　　　현금　　　　　　192,249,000
주5) (차) 확정급여채무　　　179,300,464　　　(대) 사외적립자산　　179,300,464

　(2) 세무조정
　　주1) 당기 비용계상분
　　　　• 손금불산입 · DBO · 1,754,442,888 · 유보
　　주2) 재측정요소계상분
　　　　• 손금산입 · 재측정요소 · 239,007,342 · 기타
　　　　• 손금산입 · 이연법인세자산 · 63,151,117 · 유보
　　　　(이연법인세자산 손금산입 · △유보금액은 추후 302,158,459에 해당되는 퇴직금지급시
　　　　손금산입 · DBO · 유보금액에 대한 법인세비용 감소분을 다음과 같이 회계처리하고 조
　　　　정함)
　　　　(차) 법인세비용　　63,151,117　　　　(대) 이연법인세자산　　　63,151,117
　　　　　　• 손금불산입 · 이연법인세자산 · 63,151,117 · 유보
　　　　　　• 법인세비용은 당연히 합산하여 손금불산입됨
　　　　• 손금불산입 · DBO · 302,158,459 · 유보
　　주3) 관계사전입분
　　　　관계사전입분을 DBO 기초잔액에 합산하지 않고 당기 비용계상분으로 하여 손금불산입함
　　　　(PA 승계분을 손금산입함으로 세무상 영향 없음)
　　　　• 손금불산입 · DBO · 162,073,958 · 유보

주4) · 주5) 당기 퇴직금지급분
  • 손금산입 · DBO · 1,418,662,704 · 유보
주6) 기말 DBO 계상분 중 손금불산입 · 유보잔액
  11,379,007,345

3. 사외적립자산계정 및 세무조정

(1) 회계처리

기초잔액	11,012,320,873[주1)		
(손금산입 유보잔액	10,578,994,744)	퇴직금지급액	1,047,113,240[주5)
납입액	2,510,000,000[주2)	관계사전출액	179,300,464[주6)
이자증식분	583,636,011[주3)		
관계사전입액	162,073,958[주4)	기말잔액	13,041,617,138[주7)

주1) DBO 기초잔액 10,578,994,744를 초과하는 433,326,129는 순확정급여자산(장기금융상품)
  에 계상
주2) (차) 사외적립자산 2,510,000,000 (대) 현금 2,510,000,000
주3) (차) 사외적립자산 583,636,011 (대) 퇴직급여 591,087,516
  재측정요소 5,894,141 (비용⊖)
  (⊖OCI)
  법인세비용 1,557,364
  (기대수익과의 차이 7,451,505×평균세율 20.9%=1,557,364
  이는 세무조정시 유보의 처분이 아니라 기업회계상 과다이익계상액 7,451,505를 손금
  산입하는 처분이므로 이연법인세자산이 아닌 법인세비용을 증가시키는 처분을 함)
주4) 상기 2. (1) 주3)
주5) 상기 2. (1) 주4)
주6) 상기 2. (1) 주5)
주7) DBO 기말잔액 11,379,007,345를 초과하는 1,662,609,793은 순확정급여자산(장기금융상
  품)에 계상

(2) 세무조정

주2) 당기 납입액
  • 손금 · PA · 2,510,000,000 · △유보
주3) 이자증식분
  • 손금 · PA · 583,636,011 · △유보
  • 손금 · 재측정요소 · 7,451,505 · 기타
주4) 관계사전입액
  • 손금 · PA · 162,073,958 · △유보
주2) · 주3) · 주4) 손금산입액의 한도
  회사는 당기말 PA의 잔액이 13,041,617,138이나 DBO의 손금부인액이 11,379,007,345이므
  로 차액 1,662,609,793은 손금산입이 제한됨. 이 중 433,326,129는 전기 이전까지의 초과납
  입액이므로 당기 납입액 3,255,709,969(2,510,000,000+583,636,011+162,073,958) 중 1,229,
  283,664(1,662,609,793−433,326,129)를 차감한 2,026,426,305가 손금산입됨

- 손금 · PA · 2,026,426,305 · △유보
주5) · 주6) (1,047,113,240+179,300,464=1,226,413,704)
- 익금 · PA · 1,226,413,704 · 유보
주7) PA 기말잔액 13,041,617,138 중 손금산입 · △유보잔액
11,379,007,345

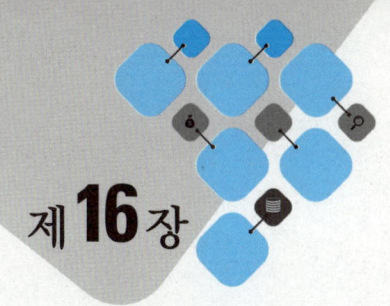

제16장

자 본

1 자본의 분류

자본		
자본금		×××
보통주자본금	×××	
우선주자본금	×××	
자본잉여금		×××
주식발행초과금	×××	
기타자본금잉여금[주1]	×××	
자본조정		×××
자기주식	×××	
기타자본조정[주2]	×××	
기타포괄손익누계액		×××
기타포괄손익 – 공정가치금융자산평가손익	×××	
해외사업환산손익	×××	
현금흐름위험회피		
파생상품평가손익	×××	
재평가잉여금	×××	
지분법자본변동	×××	
재측정요소	×××	
이익잉여금(또는 결손금)		×××
법정적립금	×××	
임의적립금	×××	
미처분이익잉여금	×××	
(또는 미처리결손금)		
자본 총계		×××

주1) 자기주식처분이익, 감자차익, 전환권대가 등을 포함한다.
주2) 주식할인발행차금, 출자전환채무, 자기주식처분손실, 감자차손 등을 포함한다.

2 구 성

K-IFRS에서는 자본의 분류에 대한 명시적인 언급이 없다. 다만, 일반기업회계기준에서는 자본을 자본금, 자본잉여금, 자본조정, 기타포괄손익누계액, 이익잉여금으로 분류하고 있기 때문에 본서는 일반기업회계기준의 분류에 따라 설명한다. 그러나 재무상태표를 외부에 공표하는 경우에는 회사의 선택에 따라 자본금, 이익잉여금은 별도로 표시하고 자본잉여금, 자본조정 및 기타포괄손익누계액은 기타자본구성요소라는 명칭으로 합산하여 표시할 수도 있다.

(1) 자본금

법률에 의해 정해진 납입자본금으로 액면가액에 발행주식수를 곱한 금액을 말하며, 반드시 보통주자본금과 우선주자본금으로 구분하여 표시한다.

저자주

자본금과 관련한 상법 개정 사항

1. 최저자본금제도 폐지

   2009년 5월 28일 상법의 개정에 따라 종전 5,000만 원이었던 최저자본금제도가 폐지되었다.

2. 무액면주식 도입

   무액면주식이란 1주당 금액이 없고 주권에는 주식수만 기재되는 주식(즉, 액면가가 없고 발행가만이 존재)을 말하는데, 종전 상법에는 무액면주식을 인정하지 않았으나 2011년 4월 상법 개정에 따라 도입되었으며, 2012년 4월 15일부터 시행한다. 개정 상법에 따라 신규로 도입된 무액면주식에 대하여 간단하게 살펴본다.

   (1) 자본금의 구성

   　회사는 정관에서 정하는 경우에는 주식의 전부를 무액면주식으로 발행할 수 있다. 다만, 무액면주식을 발행하는 경우에는 액면주식을 발행할 수 없다(상법 §329 ①).

   (2) 액면주식과의 전환

   　회사는 정관에서 정하는 바에 따라 발행된 액면주식을 무액면주식으로 전환하거나 무액면주식을 액면주식으로 전환할 수 있다(상법 §329 ④).

   (3) 무액면주식을 발행하는 경우의 자본금

   　회사가 무액면주식을 발행하는 경우 회사의 자본금은 주식발행가액의 2분의 1 이상의 금액으로서 이사회(정관에서 주주총회에서 결정하기로 한 경우에는 주주총회)에서 자본금으로 계상하기로 한 금액의 총액으로 한다. 이 경우 주식의 발행가액 중 자본금으로 계상하지 아니하는 금액은 자본준비금으로 계상하여야 한다(상법 §451 ②).

(2) 자본잉여금

증자나 감자 등 주주와의 거래에서 발생하여 자본을 증가시키는 잉여금을 말한다.

(3) 자본조정

당해 항목의 성격으로 보아 자본거래에 해당하나 최종 납입된 자본으로 볼 수 없거나 자본의 가감성격으로 자본금이나 자본잉여금으로 분류할 수 없는 항목을 말한다.

(4) 기타포괄손익누계액

포괄손익 중 손익계산서상 당기순손익에 포함되지 않은 포괄손익을 말한다.

(5) 이익잉여금(또는 결손금)

손익계산서에 보고된 손익과 다른 자본항목에서 이입된 금액의 합계액에서 배당, 자본전입 및 자본조정항목의 상각 등으로 처분된 금액을 차감한 잔액을 말한다.

3 주식의 발행

(1) 주식의 종류

주식의 종류에는 여러 종류가 있으나, 대개 보통주와 우선주로 구분한다.

보통주는 여러 종류의 주식에 대해 기준이 되는 주식을 말한다. 보통주를 소유한 주주들은 주주총회에서의 의결권이 있어 회사 경영에 참가할 수 있고, 기업의 손실에 대해 자신이 납입한 자본금의 범위 내에서만 책임을 지는 간접·유한책임이 있으며, 기업의 이익에 대해 배당청구권 및 청산 시 잔여재산에 대해 분배를 청구할 수 있는 잔여재산청구권이 있다. 또한 기업이 신주를 발행할 경우 자신의 지분율에 해당하는 신주를 우선적으로 인수할 수 있는 신주인수권 등이 있다.

우선주는 이익이나 이자의 배당 또는 잔여재산 분배에 대해 보통주보다 우선적 권리를 부여받은 주식을 말한다. 대개 이러한 특정사항에 대해 우선적 권리가 부여되는 대신 의결권이 배제되는 것이 보통이다. 우선주에는 다음과 같은 것이 있다.

① 이익배당우선주

배당에 대해 보통주에 앞서 우선적으로 일정률의 배당을 받을 수 있는 권리가 부여된 주식으로, 우선배당 후 보통주식에 대한 배당참가 여부에 따라 참가적 우선주와 비참가적 우선주로, 부족한 배당금에 대한 차기이월 여부에 따라 누적적 우선주와 비누적적 우선주로 구분될 수 있다.

② 상환우선주

기업이 정관에 정하는 바에 따라 이익으로 소각할 수 있는 권리를 가진 주식으로, 이익배당우선주에 한한다.

회사가 상환청구권을 갖는 경우 자본으로 분류하며, 이사회결의로 이익소각에 의한 상환 시는 미처분이익잉여금을 차감하여 상환 후에도 우선주자본금과 주식발행초과금은 존속한다. 주주가 상환청구권을 갖는 경우에는 금융부채로 분류한다.

③ 전환우선주

우선주주의 청구에 따라 보통주로 전환할 수 있는 권리가 부여된 주식을 말한다.

전환우선주가 확정수량의 전환우선주가 되는 조건이라면 지분상품(자본)으로 분류하고, 변동수량의 전환우선주가 되는 조건이라면 금융부채로 분류한다. 이때 자본으로 분류된 우선주자본금발행 시 계상된 주식발행초과금은 발행된 보통주자본금 금액과의 차액만큼 보통주 주식발행초과금으로 대체된다.

(2) 주식발행

주식의 발행은 주식회사를 설립할 때와 설립 후 필요한 자본을 조달하기 위해 계속적으로 행해진다. 주식발행과 관련하여 상법에서는 회사가 발행할 주식의 총수(수권주식수), 1주당 액면가액, 회사 설립 시 발행한 주식의 총수를 정관에 반드시 기재하도록 하고 있다. 또한 주식의 1주당 금액은 100원 이상이어야 하며, 설립 시에는 발행주식이 수권주식의 1/4 이상으로 하도록 하고 있다.

(3) 회계처리

주식발행 시의 회계처리는 우선 주식의 액면가액을 자본금으로 계상하고, 주식의 발행가액과 액면가액의 차액을 주식발행초과금 또는 주식할인발행차금으로 계상한다.

자본금은 보통주자본금과 우선주자본금을 구분하며, 주식발행초과금 또는 주식할인발행차금은 주식 및 발생순서에 관계없이 회계처리한다. 즉, 주식발행초과금(또는 주식할인발행차금)이 발생할 당시 장부상 주식할인발행차금(또는 주식발행초과금)이 존재할 경우에는 주식의 종류 및 발생순서에 상관없이 서로 상계한다. 주식발행 형태에 따른 회계처리는 다음과 같다. 단, 보통주를 발행하여 현금을 수령하는 경우를 가정한다.

| 주식발행 형태에 따른 회계처리 |

구 분	회계처리			
액면발행	(차) 현금	×××	(대) 보통주자본금	×××
할증발행	(차) 현금	×××	(대) 보통주자본금	×××
			주식발행초과금(자본잉여금)	×××
할인발행	(차) 현금	×××	(대) 보통주자본금	×××
	주식할인발행차금(자본조정)	×××		

이때 주식할인발행차금 잔액이 남는 경우에는 주주총회의 결의로 이익잉여금의 처분으로 상각할 수 있으며, 상각되지 않은 주식할인발행차금은 향후 발생하는 주식발행초과금과 우선 상계한다.

> **주식할인발행차금 상각 시 회계처리**
>
> (차) 미처분이익잉여금　　　　×××　　　(대) 주식할인발행차금　　　　×××

(4) 세무조정

법인세법에서도 주식의 발행 시 발생하는 주식발행초과금과 주식할인발행차금에 대하여 익금불산입·손금불산입 항목으로 열거하고 있으므로 K-IFRS에 따른 회계처리 시 세무조정은 발생하지 않는다. 이때 무액면주식발행의 경우에는 주식의 발행가액 중 자본금을 초과하여 계상하는 금액을 주식발행초과금으로 한다.

중점사항　잉여금의 처분

기준서 제1010호 「보고기간 후 사건」에서는 잉여금의 처분에 대한 회계처리는 정기주주 총회에서 승인할 때 하도록 하였다.

또한 이사회에서 승인한 현금배당액은 기말 현재 재무상태표에 미지급배당금(유동부 채)으로 계상되지 않는다.

구 분	기준서
잉여금 처분 회계처리시점	주주총회 승인 시
재무상태표상 잉여금 표시방법(계정과목)	미처분잉여금(미처분이익잉여금)
현금배당금	부채로 계상되지 않음.

이러한 근거는 이익잉여금의 처분권한은 주주총회에 있으며 재무상태표는 기말시점에 서의 재무상태를 표시하는 것이므로, 아직 확정되지 않은 잉여금의 처분을 인식할 수 없기 때문이다.

---

4 주식의 재취득

기업은 이미 발행한 주식을 소각할 목적으로 또는 일시적으로 보유한 후 재발행할 목적 으로 재취득하는 경우가 있다. 이러한 거래는 모두 자본거래에 해당되므로, 손익이 발생하 더라도 손익계산서에 보고하지 않고 모두 자본잉여금 또는 자본조정으로 처리한다.

(1) 유상감자(실질적 감자)

유상감자란 기업이 발행주식을 소각하기 위해 유상으로 재취득하는 경우를 말한다. 기업 회계에서는 주식의 액면가액과 주주에게 지급하는 환급액을 비교하여 액면가액이 더 큰 경 우에는 감자차익(자본잉여금)으로, 환급액이 더 큰 경우에는 감자차손(자본조정)으로 계 상하도록 하고 있다.

- 환급액 〈 액면가액 ─────→ 감자차익(자본잉여금)
- 환급액 〉 액면가액 ─────→ 감자차손(자본조정)

이때 감자차익(또는 감자차손)이 발생할 당시 감자차손(또는 감자차익)의 장부잔액이 존재하는 경우에는 서로 상계하여야 하며, 상계 후 잔액이 감자차익인 경우에는 자본잉여금으로 보고하면 되고 감자차손인 경우에는 자본조정으로 계상한 후 결손금 처리순서에 준하여 회계처리한다.

| 유상감자에 대한 회계처리 |

구 분	회계처리				
감자차익 발생	(차) 자본금	×××	(대) 현금		×××
			감자차익 (자본잉여금)		×××
감자차손 발생	(차) 자본금 감자차손 (자본조정)	××× ×××	(대) 현금		×××

(2) 무상감자(형식적 감자)

무상감자란 기업이 누적된 이월결손금을 보전하여 장래에 이익배당을 가능하게 하기 위해 자본금을 감소시키는 것을 말한다. 기업의 당기순이익이 누적되어 발생하는 이월이익잉여금은 대변잔액이지만, 이와 반대로 결손이 누적되어 발생되는 이월결손금은 차변잔액이된다. 따라서 결손금이 누적되어 있는 경우에는 자본금과 이월결손금을 서로 상계하여 자본금을 감소시키면서 결손금을 보전하는 회계처리를 할 수 있다.

무상감자에는 ① 발행주식수를 감소시키는 방법(주식병합), ② 주당액면가액을 감소시키는 방법(주금액감소), ③ 발행주식수와 주당액면가액을 감소시키는 방법이 있으며, 이러한 무상감자의 경우 주주에게 실질적으로 투자받은 금액을 환급하여 자본을 감소시키는 유상감자와 달리 기업의 순자산이 변화하지 않게 된다.

무상감자에 대한 회계처리

(차) 자본금	×××	(대) 미처리결손금	×××
		감자차익 (자본잉여금)	×××

(3) 세무조정

법인세법에서도 감자차익·감자차손은 익금불산입·손금불산입 항목으로 규정되어 있어 K-IFRS에 따른 회계처리 시 별도의 세무조정은 발생하지 않는다.

5 주식의 포괄적 교환·이전차익

(1) 주식의 포괄적 교환차익

① 회사 간에 주식의 포괄적 교환(상법 §360의2)을 한 경우로서 완전모회사의 자본금 증가의 한도액(상법 §360의7)이 완전모회사의 증가한 자본금을 초과한 경우의 그 초과액(= 주식의 포괄적 교환차익)은 익금불산입한다(법 §17 ① 2호).

주식의 포괄적 교환차익은 기업회계상 자본잉여금으로 계상되므로 별도의 세무조정은 발생하지 않는다.

② 주권상장법인이 「자본시장과 금융투자업에 관한 법률」에 의하여 산정된 교환가액으로 주식의 포괄적 교환을 하면서 상법 제360조의6에 따라 신주발행에 갈음하여 자기주식을 완전자회사가 되는 회사의 주주에게 이전하는 거래는 자본거래에 해당하는 것으로서 교환당시 해당 자기주식의 시가와 장부가액의 차액은 각 사업연도의 소득금액을 계산할 때 익금 또는 손금에 산입하지 않은 것이다(사전법령법인-0158, 2015.9.9.).

③ 지주사업을 영위하고 있는 비상장법인인 청구법인이 100% 지분을 보유하고 있는 A법인 주식 전부를 상장법인인 B법인에게 양도하고 그 대가로 B법인이 발행한 신주를 교부받는 거래를 하였고 그 양도차익(회계처리는 기타자본잉여금으로 처리)에 대하여 조세특례제한법 제38조에 따른 주식의 포괄적 교환에 따른 과세특례신청을 하였다. 청구법인은 해당자본잉여금을 재원으로 자본에 전입하는 무상주를 실시하였고 이는 의제배당으로 보지 아니하는 자본잉여금으로 보아 주주들에 대한 원천징수를 하지 아니하였다.

이에 대해 과세관청에서는 법인세법 제17조(자본거래로 인한 수익의 익금불산입) 제1항 제2호의 주식의 포괄적 교환차익규정은 완전모회사에게만 적용되는 규정이므로 주식의 포괄적 교환으로 완전모회사가 된 B법인에게 적용되는 규정이므로 이를 양도한 청구법인은 양도차익은 주식의 포괄적 교환차익에 해당되지 않아 법인세법상 과세소득에 해당되므로 이를 주주에게 무상주로 준 금액은 의제배당소득에 해당된다 주장하였고 조세심판원에서도 과세대상소득으로 결정한 사례이다(조심 2020서8134, 2023.6.26.).

Expert Opinion Summary

주식의 포괄적 교환·이전차익(상법 §360의2·360의15)

1. A법인은 B법인 주식 80% 보유
2. C법인은 B법인 주식 20% 보유(취득가 200)
3. A법인과 C법인은 주식의 포괄적 교환을 통해 A법인은 B법인의 완전모회사가 되고 C법인은 A법인의 신주를 배정받음(교부받은 A법인 주식의 공정가치 300, 교환된 B법인 주식의 공정가치 400).
4. 완전모회사 A법인의 회계처리 및 세무조정

(차) B법인주식	400	(대) 자본	300
		포괄적교환차익	100
		(자본잉여금)	

   법인세법 제7조 제1항 제2호에 의해 주식의 포괄적 교환차익은 익금불산입항목이어서 세무조정은 필요없음.

5. C법인의 회계처리 및 세무조정

   (1) 회계처리

(차) A법인주식	300	(대) B법인주식	200
		주식처분이익	100
		(수익*)	

   * 이도 포괄적 교환차익으로 보아 기업회계상 자본으로 계상하여야 한다는 주장도 있음.

   (2) 세무조정

   이 경우 조특법 제38조(주식의 포괄적 교환·이전에 대한 과세특례)상 적격교환요건(대가의 80% 이상이 완전모회사 주식일 것 등)에 해당 시 양도차익 해당금액을 압축기장충당금으로 손금산입이 가능함.

   • 손금산입 · 압축기장충당금 · 100 · △유보

6. 주식의 포괄적 이전은 상기 사례에서 A법인 및 C법인이 보유하던 B법인주식을 신설법인인 D법인에 출자(D법인은 완전모회사가 됨)하고 D법인주식을 교부받는 것을 말함.

7. 개인주주들이 A법인의 주식을 모두 보유하고 있던 중 B법인이 A법인의 개인주주들로부터 A법인의 주식을 모두 시가로 인수하고 B법인의 주식을 교부하여(포괄적 이전) B법인은 A법인의 100% 지배주주가 되었고 개인주주들은 조특법 제38조에 따른 주식의 포괄적 이전에 따른 과세특례규정에 근거하여 양도소득세의 과세이연을 신청하였고 B법인은 취득한 주식의 포괄적 이전차익을 자본잉여금으로 계상하였음. 이후 A법인은 100% 주주인 B법인에게 배당금을 지급했고 B법인은 그 자금을 재원으로 회계처리는 자본잉여금의 감소로 처리하여 개인주주들에게 지급된 배당금액을 소득세법상

배당소득으로 보지 않은 처리에 대하여 과세관청에서는 이를 실질과세의 원칙에 따라 과세대상 배당소득으로 보아 과세한 건에 대하여 조세심판원에서는 많은 이익잉여금을 보유하고 있는 자회사가 주주들에게 직접 현금배당을 지급하는 대신 자회사 주식의 현물출자를 통해 모회사(지주회사)를 설립한 후 모회사에게 현금배당을 실시하고 모회사는 설립과정에서 발생한 자본잉여금으로 모회사 주주들에게 배당금을 지급하게 하면 지주회사 설립이라는 과정을 통해 결과적으로 자회사의 이익잉여금이 모회사의 자본잉여금으로 변환되게 되는 바, 쟁점 배당의 실질재원은 자본잉여금이라기 보다 사실상의 이익잉여금으로 봄이 타당하다고 과세관청의 과세를 적법한 것으로 결정함(조심 2023중10020, 2024.9.4).

(2) 주식의 포괄적 이전차익(移轉差益)

회사 간에 주식의 포괄적 이전(상법 §360의15)을 한 경우로서 완전모회사의 자본금 한도액(상법 §360의18)이 설립된 완전모회사의 자본금을 초과한 경우의 그 초과액(=주식의 포괄적 이전차익)은 익금불산입한다(법 §17 ① 3호).

6 자본조정

(1) 자기주식

① 회계처리

자기주식이란 기업이 이미 발행한 주식을 소각하기 위해서 혹은 일시적으로 보유하기 위해 취득한 주식을 말한다. 기준서에서는 자기주식을 취득한 경우에는 취득가액을 장부가액으로 하여 자기주식(자본조정)으로 계상하도록 하고 있다. 또한 자기주식을 소각하는 경우에는 이익잉여금과 상계처리하며, 재발행하는 경우에는 이를 자기주식의 처분으로 보아 처분가액과 장부가액과의 차액을 자기주식처분이익(기타자본잉여금) 또는 자기주식처분손실(자본조정)로 계상하도록 하고 있다. 다만, 자기주식처분이익(또는 자기주식처분손실)이 발생할 당시 자기주식처분손실(또는 자기주식처분이익)의 장부잔액이 존재하는 경우에는 서로 상계하여야 하며, 상계 후 잔액이 자기주식처분이익인 경우에는 기타자본잉여금으로 보고하면 되고, 자기주식처분손실인 경우에는 자본조정으로 계상하고 주주총회결의에 따라 이익잉여금의 처분으로 상각할 수 있다.

| 자기주식에 대한 회계처리 |

구 분	회계처리
취득	(차) 자기주식(자본조정) ××× (대) 현금 ×××
소각	(차) 미처분이익잉여금 ××× (대) 자기주식 ×××
재발행	(차) 현금 ××× (대) 자기주식 ××× 자기주식처분손실 ××× 자기주식처분이익 ××× (자본조정) (자본잉여금) 당기법인세부채 ××× 당기법인세부채 ×××

② 세무조정

　법인세법상 자기주식처분이익・처분손실해당액은 익금・손금항목에 해당되어 자본잉여금에 계상되는 자기주식처분이익은 익금산입・기타로, 자본조정(－)에 계상되는 자기주식처분손실은 손금산입・기타로 세무조정한다. 이때 유의할 점은 재무상태표에 표시되는 자기주식처분이익・손실금액은 당기법인세부채(자기주식처분이익・손실금액×평균세율)가 차감된 금액이므로, 이를 합한 금액으로 익금・손금산입의 세무조정이 이루어져야 한다.

이항수와 함께하는 K-IFRS 회계처리 및 세무실무지침

2012.4.15.부터 개정 상법에 의해 배당가능이익 범위 내에서 자기주식의 취득이 전면 허용되어 많은 세무상 문제가 발생하고 있다.

이는 상법에서는 자기주식의 취득에 대하여만 규정하고 있고, 처분시기 및 방법에 대하여는 규정하고 있지 않음에 기인한다.

현재 자기주식은 다음과 같이 사용할 수 있다.

(1) 자기주식의 매각

　기업외부의 제3자 등에 매각하는 것으로서 회계상으로는 처분손익이 발생하며, 이는 자본잉여금 및 (－)자본조정으로 처리하고 있다.

(2) 이익처분에 의한 자기주식의 소각

　미처분이익잉여금의 감소로 처리한다.

(3) 상여금의 지급

　기업의 임직원에게 성과급 등의 상여금을 지급 시 자기주식으로 지급(증권거래세 과세대상)하고, 이를 급여와 자기주식처분손익으로 처리하고 있다.

(4) 합병・분할 시 대가의 지급

합병 및 분할 시 그 대가를 자기주식으로 지급하고(시가와 장부가액과의 차이는 익·손금에 해당하지 않음) 피합병법인 등의 순자산가액과 자기주식의 공정가치해당액과의 차이를 영업권 또는 염가매수차익으로 처리하고 있다.

이러한 자기주식의 취득에 대해 현재 세무상 문제가 되고 있는 것은 다음과 같다.

1. 취득목적에 따른 소득세법상 소득의 구분

자기주식거래가 매매목적에 해당되면 양도자에 대해서는 소득세법상 양도소득으로 분류되어 양도차익의 20%, 25%(과세표준 3억 원 초과 시, 중소기업은 2020년부터 적용, 중소기업의 소액주주는 10%)의 소득세가 부과되며 소각목적에 해당되면 의제배당에 해당하여 기본세율(6~45%, 실지로는 Gross-up에 해당되어 최대 43% 정도의 소득세 부과)에 의해 과세된다.

이에 대한 과세관청 및 법원의 입장은 다음과 같이 그 거래의 실질내용에 따라 판단하도록 하고 있다.

① 법인이 자기주식을 취득하는 경우 해당 법인에게 주식을 양도하는 주주의 소득이 양도소득에 해당하는지 배당소득에 해당하는지 여부는 그 거래의 실질내용에 따라 판단하는 것으로서, 그 매매가 단순한 주식매매인 경우에는 양도소득에 해당하는 것이나, 주식소각이나 자본감소 절차의 일환인 경우에는 배당소득(의제배당)에 해당하는 것임(상속증여세과-479, 2013.8.14. 등).

② 주식양도 이후 8개월 뒤에 주식소각이 이루어졌을 경우 당초 주식거래에 대해 의제배당으로 과세할 수 없음(조심 2016부0334, 2016.10.19.).

③ 청구법인이 자기주식을 취득한 후 3년 여가 경과한 현재까지도 쟁점주식을 소각한 사실이 확인되지 아니하는 반면, 쟁점주식의 취득이 실질적으로 소각을 통한 자본의 환급을 목적으로 하였다는 사실을 인정할만한 객관적인 과세근거가 제시된 사실이 없는 점 등에 비추어 이 건 배당소득으로의 처분은 잘못이 있음(조심 2017중4926, 2018.2.5.).

④ 개정상법 시행 이후 주주 간 경영권분쟁 해소과정에서 회사가 특정주주의 주식을 자기주식으로 취득한 경우 의제배당(배당소득)으로 과세함이 타당함(대법원 2018두48144, 2018.10.4.).

⑤ 자기주식의 취득에 대한 해당 주주의 양도차익 소득구분에 있어 회사의 자기주식 취득목적(이사회의사록 기재사항)이 중요하다 판단된다. 다음의 자기주식 취득목적 기재내용을 업무에 참조하길 바라며 가급적이면 모든 주주의 양도가 있는 것이 양도소득으로 구분될 가능성이 클 것으로 판단된다.

"매출과 이익이 급증하고 있는 회사상황에 따라 추후 기업공개에 대비한 다양한 주주구성이 필요하다 판단된다. 현재 회사는 소수의 개인주주로만 구성되어 있고 많은 개인과 법인들로부터 주주로의 참여를 요청받고 있는 현재 제3자배정에 의한 증자보다 기존주주의 주식양도로 회사가 필요로 한 주주들을 영입하는 것이 현실적인 방안으로 판단되어 회사는 기존주주로부터 주식을 매입하여 회사의 주식을 양도하여 회사의 성장에 도움을 줄 수 있는 주주들을 영입하기로 결정하여 다음과 같이 회사의 주주들로부터 상법상의 자기주식을 취득하기로 결정한다."

2. 자기주식 취득금액에 대한 가지급금 해당 여부

상법의 규정을 위반하지 아니하여 적법·유효하게 취득한 자기주식의 취득은 법인세법상 무수익자산의 매입에 해당되지 아니하고(자기주식의 취득으로 주식가치가 제고될 수 있고 회사의 영업활동과 미처분이익잉여금의 규모에 비추어 자기주식의 취득으로 인한 시세차익의 가능성이 없다고 볼 수 없음) 업무무관가지급금에 해당하지 않음(대법원 2023두31263, 2023.4.27. ; 서울고등법원 2021누73098, 2022.12.16.).

3. 자기주식의 취득가액(시가) 산정

비상장내국법인이 「상법」 제341조 제1항 제2호에 따라 모든 주주에게 객관적 교환가치를 적정하게 반영한 가액(K-IFRS에 따른 비상장주식 평가방법 등을 적용하여 외부평가기관에서 가치 산정 후 이사회 결의로 결정한 금액)으로 자기주식 취득의 통지를 하고 해당 법인과 특수관계에 있는 주주와 그 외 주주로부터 통지한 가액으로 주식을 취득하는 경우에는 그 가액을 「법인세법」 제52조의 규정에 따른 시가로 볼 수 있는 것임. 다만, 이에 해당하는지 여부는 실질내용에 따라 사실판단할 사항임(서면법인-850, 2023.5.24.).

4. 자기주식취득으로 과점주주가 된 경우 간주취득세대상 해당 여부

지방세법에서는 주식의 취득으로 과점주주가 된 경우에는 기업보유재산에 대한 간주취득세가 부과된다. 법인이 자기주식취득을 통해 특정주주가 과점주주가 된 경우 해당주주에 대한 간주취득세부과 여부에 대하여 법원에서는 주식의 취득으로 과점주주가 된 것이 아니어서 간주취득세 대상에 해당하지 않는다 판결하고 있다(대법원 2010두8669, 2010.9.30.).

5. 자기주식취득이 무효로 판결난 경우

법원에서 청구법인이 청구인으로부터 자기주식을 취득한 쟁점거래가 상법에서 규정한 자기주식취득금지 규정을 위반하여 무효인 거래라고 판결하여 판결이 확정됨으로써 청구법인이 쟁점자기주식을 환원하고 청구인이 쟁점자기주식 매매대금을 반환하여야 할 의무가 각각 발생한 것으로 보이므로 무효가 된 쟁점거래와 관련하여 청구법인에게 업무무관가지급금이 존재하는 지 여부는 별론으로 하더라도 쟁점거래가 유효하다는 전제하에서 청구인 등에게 이 건 법인세와 양도소득세를 부과한 처분은 질못이 있음(조심 2023서8978, 2024.7.10.).

6. 합병으로 취득한 협의의 자기주식 양도대금의 익금 해당 여부

합병법인이 피합병법인이 보유하던 합병법인 발행주식을 승계(협의의 자기주식)하여 양도할 때 양도차익은 법인세 과세대상에 해당된다(대법원 2018두54323, 2022.6.30.).

7. 배우자에게 주식증여 후 배우자가 회사에 자기주식으로 양도한 경우

다른 법률 규정을 위반하는 등의 특별한 사정이 없는 한, 배우자에게 현금 대신 주식을 증여하고 주식을 증여받은 배우자가 이를 양도하면서 배우자 증여재산 공제한도를 이용하여 세금을 줄이는 효과를 얻었다는 점만으로 이러한 행위를 위법하거나 부당하다고 할 수 없으며, 주식양도대금이 원고의 배우자가 아닌 원고에게 실질적으로 귀속된 것이라고 볼 수 없으므로, 이 사건 증여 및 양도 행위를 원고(배우자에게 주식을 증여한 자)의 의제배당으로 보아 종합소득세를 과세한 처분은 취소되어야 함(서울행정법원 2023구합74345, 2024.5.30. ; 수원고등법원 2023누14332, 2024.4.5.). 단, 수증 후 1년 이내 양도시 증여자가 양도한 것으로 간주됨(소법 §97의2 ①).

8. 법인주주로부터 자기주식을 매입하여 소각한 경우 법인주주의 처리

법인이 상법 제341조에 따라 법인주주로부터 자기주식을 매입하여 이사회의 결의에 의해 매입한 자기주식을 소각하는 경우로서 해당 주식의 매매가 법인의 주식소각 절차의 일환으로 이루어진 경우 그에 따라 발생하는 법인주주의 소득은 법인세법 제16조 제1항 제1호에 따른 의제배당에 해당하는 것이나, 이에 해당하는 지는 실질적으로 판단하여야 함(사전법규법인-80, 2024.6.11.).

9. 자기주식 저가(무상)취득 등의 해석

(1) 상법상의 자본감소 절차(감자절차)에 따라 소각목적으로 자기주식을 무상취득한 경우(서면법령법인-3696, 2020.12.29.)
   ① 회계처리: 없음.
   ② 세무처리
   내국법인이 상법상의 적법한 자본감소절차(상법 제434~446조)에 따라 주식소각 목적으로 특수관계자인 개인으로부터 자기주식을 무상으로 취득한 경우에는 법인령 제11조 제5호(무상으로 받은 자산의 가액)가 적용되지 않아 익금산입의 세무조정을 하지 않음.

(2) 감자목적으로(상법상의 자본감소절차에 따른 것으로 판단) 특수관계인인 개인으로부터 자기주식을 저가로 매입하는 경우(법인세법 집행기준 15-0-3)

시가와 매입가액과의 차액을 익금(법법 15②1호)에 산입하지 않는다.

(3) 내국법인이 상법 제438조 내지 제446조의 규정에 의하여 자본을 감소할 목적으로 당해 법인의 특정주주로부터만 자기주식을 취득하여 소각하는 경우 당해 법인과 특정주주가 특수관계에 있는 경우에도 법인세법상 부당행위계산의 유형에 해당하지 않는다(재법인 46012-115, 2002.6.20. ; 서면법인-2805, 2017.12.11.).

(4) 내국법인이 특수관계인인 개인으로부터 자기주식을 무상으로 증여받아 소각하는 경우(상법 제341조에 의한 자기주식취득인 경우)의 세무조정(서면법인-4774, 2016. 11.22.)

① 회계처리: 없음.

② 세무처리

내국법인이 특수관계인인 개인으로부터 자기주식을 무상으로 증여받아 세무조정으로 시가상당액을 익금산입(유보)한 금액은 당해 자기주식을 소각 또는 처분하는 시점에 손금산입(-유보)이라는 세무조정을 하는 것임.

법인의 감자에 있어서 주주 등의 소유주식 등의 비율에 의하지 아니하고 일부 주주 등의 주식을 소각하는 자본거래로 인하여 주주 등인 법인이 특수관계인인 다른 주주 등에게 이익을 분여한 경우에는 법인세법 제52조 및 동법 시행령 제88조 제1항 제8호 다목의 규정에 의한 부당행위계산의 부인 규정을 적용하는 것임.

(5) 자기주식을 보유 중인 내국법인이 소각목적으로 자기주식을 추가로 매입하여 소각하는 경우 자기주식의 취득가액은 취득목적에 따라 매각목적 자기주식과 소각목적 자기주식으로 구분하여 법인세법 시행령 제75조(유가증권 등의 평가)를 적용하는 것이다(서면법인-977, 2020.4.28.).

(6) 내국법인이 자본감소목적으로 특수관계인인 개인으로부터 자기주식을 저가로 매입하는 경우 법인세법 제15조 제2항 제1호 규정을 적용하지 않는 것이며 법인소유 자기주식을 소각하는 경우 소각함으로써 생긴 손익은 각 사업연도소득금액계산상 익금 또는 손금에 산입하지 아니한다(서면2팀-795, 2006.5.9.).

(7) 상증법 제39조의2(불균등감자에 의한 증여의제)에 의한 적용 여부

① 내용

불균등 저가감자 시 감자주주의 특수관계인인 대주주(해당 주주 등의 지분 및 그의 특수관계인의 지분을 포함하여 해당 법인의 발행주식총수의 1% 이상을 소유하고 있거나 소유하고 있는 주식 등의 액면가액이 3억 원 이상인 주주 등을 말함. 상증령 §28 ②)의 증여이익에 대하여 증여세 과세

이때 감자한 주식 1주당 평가액에서 주식소각 시 지급한 1주당 금액을 차감한 가액이 감자한 주식 1주당 평가액의 30% 이상이거나 증여의제해당금액이 3억 원 이상(수증자별 증여이익을 기준으로 판단. 재산세제과-476, 2017.8.1.)인 경우

증여세 과세

상증법 제39조의2 제1항에서 자본금을 감소시키기 위하여 주식 등을 소각하는 경우로 분명히 규정하고 있어 이 규정은 상법 제438~446조에 의한 자본금의 감소규정(주주총회의 특별결의사항)에 의한 경우에만 증여세 과세대상임을 분명히 하고 있다 판단됨(단, 상법 제341조에 의한 자기주식의 취득의 경우 취득목적 등을 사실판단에 따라 실질적인 자본금의 감소로 판단 시 상증법 제39조의2 규정 적용 여부에 대한 문제가 발생됨).

② 상법상 감자절차로 회사가 자기주식을 무상(저가)취득한 경우

무상(저가) 감자주주와 상증법상 특수관계인 개인 대주주등은 상증법 제39조의2 규정에 의해 증여세가 과세되고, 법인세법상 특수관계인에 해당하는 법인주주는 법인세법 시행령 제11조 제8호(법령 제88조 제1항 제8호 각 목의 어느 하나 및 제8호의2에 따른 자본거래로 인하여 특수관계인으로부터 분여받은 이익)에 따라 익금산입(유보)의 세무조정을 실시함. 이때 무상(저가) 감자주주가 법인인 경우 다른 주주가 법인세법상 특수관계인에 해당하는 경우에는 부당행위계산부인 규정에 해당되어 익금산입(기타사외유출)의 세무조정을 실시함.

③ 상법상 자기주식취득절차로 회사가 자기주식을 무상(저가)취득한 경우

가. 무상(저가)양도한 주주가 개인인 경우

- 주주와 회사 간에 소득세법상 특수관계인에 해당하는 경우

  무상양도한 경우에는 세금문제가 발생하지 않으며, 저가양도한 경우에는 소득세법상 부당행위계산부인 규정(시가와 양도가액의 차액이 시가의 5% 이상 또는 3억 원 이상인 경우 적용)에 해당되어 시가로 양도소득세를 납부함.

- 특수관계인에 해당하지 않는 경우

  세금문제 발생하지 않음(저가양도 시 양도가액으로 양도소득세 납부).

나. 무상(저가)양도한 주주가 법인인 경우

주주법인과 주식발행법인이 법인세법상 특수관계인에 해당하는 경우 부당행위계산부인 규정에 의거하여 시가와의 차이금액을 익금(기타사외유출)산입함.

다. 자기주식을 취득한 법인의 경우

상기 '가.(특수관계인에 해당하는 개인인 경우)'의 경우에는 시가와의 차이금액을 익금산입(유보)하고 추후 자기주식을 소각 또는 매각 시 동 금액을 손금산입함.

④ '③'의 경우 다른 주주들에 대한 증여세 및 법인세 과세문제

가. 저자의 판단

상법 제341조(자기주식의 취득)에 의해 특정주주의 주식만 회사가 자기주식을 무상(저가)취득하는 경우 다른 주주들에게 상증법 제39조의2에 의한 증여세 과세 및 법인세법 시행령 제11조에 의한 법인세가 과세되는지에 대해 저자의 판단으로는 증여세 및 법인세가 과세될 것으로 판단됨. 이는 상법 제341조에 의한 자기주식의 취득의 경우에 그 취득목적이 이사회의사록에 자본의 감소라고 규정되어 있는 경우 및 실질적인 판단으로 자기주식의 취득목적이 자본금의 감소에 해당된다 판단 시 이를 실질적인 자본금의 감소로 보아 증여세 및 법인세를 과세할 수 있다는 주장이 가능하기 때문이다.

나. 과세관청의 유권해석(서면자본거래-3854, 2022.11.1.)

- 질의내용

  법인은 정관에 규정된 주주의 주식매수청구권에 따라 자기주식(26.98% 보유)을 보유하고 있으며, 법인은 자기주식을 소각할 예정임. 이때 자기주식 소각에 따라 개인주주에게 증여세가 과세되는지 여부

- 회신

  법인의 주식을 소각함에 있어서 일부 주주의 주식만을 소각함에 따라 다른 주주가 이익을 얻은 경우에는 상증법 제39조의2 규정에 의하여 증여재산가액을 계산하는 것이며, 귀 질의의 경우가 이에 해당하는지 여부는 자기주식의 매입목적, 매입가액, 소각 등 매입·소각에 관한 구체적인 사실에 따라 판단할 사항임.

- 해석상 유의내용

  상기 유권해석을 질의내용처럼 상법상 자본금의 감소절차에 의한 자기주식의 취득이 아닌 경우에도 상증법 제39조의2 규정을 적용하는 것인지 또는 상기 유권해석은 질의내용과 달리 일반적인 감자절차에 의한 내용을 해석한 것인지에 대한 판단이 필요함.

(2) 감자차손 및 자기주식처분손실

주식을 소각하거나 자기주식을 재발행하였을 경우 감자차손이나 자기주식처분손실의 잔액이 남는 경우가 있다. 이러한 감자차손과 자기주식처분손실 잔액은 결손금 처리순서에 준하여 처리하면 될 것이고, 결손금 처리순서는 다음과 같다.

　　　가. 임의적립금이입액
　　　나. 기타법정적립금이입액
　　　다. 이익준비금이입액
　　　라. 자본잉여금이입액

즉, 이익잉여금을 먼저 사용하고 난 후 자본잉여금을 사용하며, 이익잉여금에서도 임의적립금을 법정적립금보다 먼저 사용하도록 하고 있다. 따라서 감자차손이나 자기주식처분손실 잔액이 있는 경우에는 우선 이월이익잉여금과 상계하고, 미상각잔액이 있는 경우에는 임의적립금, 법정적립금(이익준비금), 자본잉여금과 상계하면 된다.

그러나 2012.4.15.부터 상법의 개정으로 자본준비금(자본잉여금을 뜻함)을 먼저 결손보전에 사용할 수 있도록 하였으므로 회사의 선택에 따르면 된다(상법 §460).

(3) 주식할인발행차금

주식할인발행차금은 주식발행가액이 액면가액에 미달할 경우 그 차액을 말한다.

(4) 주식선택권(Stock Options)

종업원 등에게 사전에 약정된 가격(행사가격)으로 회사의 주식을 매수할 수 있는 권리를 부여하는 계약을 말하며, 기준서 제1102호 「주식기준보상」에서는 주식기준보상거래를 재무제표에 인식하도록 규정하고 있다.

여기서 '주식기준보상거래'란 회사가 재화 또는 용역을 공급받는 대가로 회사의 주식이나 주식선택권을 부여하거나 현금 등으로 결제하는 거래를 말한다.

1) 주식기준보상거래의 유형

① 주식결제형 주식기준보상거래

회사가 재화 또는 용역을 공급받는 대가로 회사의 주식이나 주식선택권을 부여하는 거래를 말한다.

② 현금결제형 주식기준보상거래

회사가 재화 또는 용역을 공급받는 대가로 현금 등으로 결제하는 거래를 말한다.

③ 선택형 주식기준보상거래

회사 또는 거래상대방이 주식결제방식이나 현금결제방식을 선택할 수 있는 주식기준
보상거래이다.

2) 임직원으로부터 용역을 제공받고 주식선택권을 부여한 경우

① 주식선택권부여일의 부여한 지분상품의 공정가치를 계산하여 용역제공기간 동안 안
분하여 비용과 자본으로 계상

(차) 주식보상비용   ×××   (대) 주식선택권   ×××
     (비용)   (자본조정)

② 이때 공정가치는 이용가능한 시장가격을 기초로 하되 부여조건을 고려하여 측정기준
일 현재 공정가치를 측정한다(시장조건만 고려하고 용역제공조건 및 비시장조건은
고려하지 않음). 만일 이용가능한 시장가격이 없다면 적절한 가치평가기법을 사용하
여 공정가치를 측정한다.

③ 부여일에 측정한 공정가치는 가득기간 내 다시 측정하지 않으며 기대권리소멸률만 반
영하여 처리한다.

④ 가득일(주식선택권행사일) 이후에는 주식선택권은 다른 자본계정(주식발행초과금)
으로 이체가능하다.

⑤ 지분상품의 공정가치를 측정할 수 없는 경우에는 재화·용역을 제공받는 날 기준의
내재가치(부여일 주식의 시장가치 - 행사가격)로 최초 측정하여 회계처리하고 이후
매 보고기간 말·결제일에 내재가치를 재측정하여 변동액은 당기손익으로 인식한다.

⑥ 주식결제형이 아닌 현금결제형 주식기준보상거래에서는 부여일 현재 부채의 공정가
치를 측정(옵션가격결정모형)하여 비용과 부채(장기미지급비용)로 계상한다. 이후
매 보고기간 말·결제일에 부채의 공정가치를 재측정하여 공정가치 변동액을 당기손
익으로 인식한다.

3) 임직원이 아닌 거래상대방에게 재화·용역을 공급받고 주식선택권을 부여한 경우

① 제공받은 재화나 용역의 공정가치를 신뢰성 있게 측정할 수 있는 경우

제공받은 재화나 용역의 공정가치(제공받는 날의 공정가치)로 회계처리

② 제공받은 재화나 용역의 공정가치를 신뢰성 있게 측정할 수 없는 경우

부여한 지분상품의 공정가치로 회계처리

4) 주식결제형 주식기준보상거래

기업회계상 주식선택권 부여일 현재의 공정가치를 추정하여 용역제공기간 동안 비용과 자본으로 인식한다.

① 2025.1.1. 주권상장법인인 A법인은 임원 갑(지분은 없음)에게 주식선택권 10,000주를 부여하고 3년의 용역제공조건을 부과하였다. 부여일 현재 주식선택권의 단위당 공정 가치는 30,000원으로 추정되었으며 주식선택권의 행사가격은 10,000원, 주당 액면가 액은 5,000원이다. 2027.12.31. 주식선택권의 행사 시 시가는 50,000원이다.

② 연도별 회계처리 및 세무조정

가. 2025.12.31.

(차) 주식보상비용   100,000,000 [주) (대) 주식선택권   100,000,000
(비용)   (자본조정)

주) 10,000주×30,000원×12/36=100,000,000

• 세무조정

손금불산입 · 주식보상비용 · 100,000,000 · 기타

나. 2026.12.31. 및 2027.12.31.

2025.12.31. 회계처리 및 세무조정은 동일

부여일 현재로 추정한 주식선택권의 공정가치는 이후 재측정하지 않는다.

③ 행사 시 회계처리 및 세무조정

(차) 현금   100,000,000 [주1) (대) 자본금   50,000,000[주2)
주식선택권   300,000,000   주식발행초과금   350,000,000[주3)

주1) 10,000주×10,000원=100,000,000
주2) 10,000주×5,000원=50,000,000
주3) 주식선택권(자본조정)은 행사 시 주식발행초과금에 대체된다.

• 손금산입 · 주식선택권 · 4억 원* · 기타

* 10,000주×(시가 50,000원 − 행사가액 10,000원)=4억 원

④ 이연법인세회계를 적용하는 경우

가. 2025.1.1. 행사시 손금산입추정액 300,000,000원

나. 평균세율 20.9%

다. 2025.12.31. 회계처리 및 세무조정

(차) 이연법인세자산　　20,900,000　　　　(대) 법인세비용　　　　20,900,000

* 100,000,000×20.9%=20,900,000

이는 당기에 계상된 주식보상비용을 손금불산입하여 증가된 법인세비용은 추후 주식매수선택권행사시 시가와 행사가액과의 차액을 손금산입하여 법인세비용이 감소되므로 이를 상쇄하고자 당기에 이연법인세자산을 계상하는 회계처리를 하는 것임.

• 손금산입　이연법인세자산　20,900,000　(－)유보
• 손금불산입　법인세비용　　20,900,000　기타사외유출

라. 2026년 · 2027년

2025년과 동일

마. 2027.12.31.

(차) 법인세비용　　　　83,600,000[주1]　(대) 이연법인세자산　　62,700,000[주2]
　　　　　　　　　　　　　　　　　　　　　　　주식선택권　　　　20,900,000[주3]

한국채택국제회계기준서 제1012호 문단 68C에서 세무상 공제액(또는 미래 세무상 공제의 추정액)이 관련 누적보상비용을 초과한다면 이는 세무상 공제가 보상원가 뿐만 아니라 자본항목에도 관련이 있음을 나타내는 것이다. 이러한 경우에 관련 법인세 또는 이연법인세의 초과분은 자본에 직접 인식한다고 규정하고 있다.

주1) 400,000,000×20.9%=83,600,000
주2) 20,900,000×3=62,700,000
주3) 83,600,000－62,700,000=20,900,000

• 익금산입　이연법인세자산　62,700,000　유보
• 손금산입　법인세비용　　　62,700,000　기타

⑤ 법인세법상 규정

「상법」제340조의2·제542조의3,「벤처기업육성에 관한 특별법」제16조의3 또는 「소재·부품·장비산업 경쟁력 강화를 위한 특별조치법」제56조에 따른 주식매수선택권(상법 제542조의3에 따른 주식매수선택권은 임직원에게 부여하는 것으로 한정), 근로복지기본법 제39조에 따른 우리사주매수선택권이나 금전을 부여받거나 지급받은 자에 대한 다음의 금액은 법인세법상 손금에 해당한다(법령 §19 19호의2). 다만, 해당 법인의 발행주식총수의 100분의 10 범위에서 부여하거나 지급한 경우로 한정한다(법령 §19 19호의2). 이때 벤처기업의 주식매수선택권 행사에 있어 조특법 제16조의4에 의해 양도소득세 납부특례규정을 적용하는 경우에는 법인세법상 손금산입 대상에 해당하지 않으며 시가 이하 발행 주식매수선택권의 경우, 시가 이하 발행이익은 납부특례규정이 적용되지 않고 근로소득으로 과세되므로 해당이익금액은 손금으로 인정된다(2022.1.1. 이후 부여분부터 적용).

가. 주식매수선택권을 부여받은 경우로서 다음의 어느 하나에 해당하는 경우 해당 금액

  • 약정된 주식매수시기에 약정된 주식의 매수가액과 시가의 차액을 금전 또는 해당 법인의 주식으로 지급하는 경우의 해당 금액

  • 약정된 주식매수시기에 주식매수선택권 또는 우리사주매수선택권 행사에 따라 주식을 시가보다 낮게 발행하는 경우 그 주식의 실제 매수가액과 시가의 차액

나. 주식기준보상으로 금전을 지급하는 경우 해당 금액

다. 자기주식교부형 주식매수선택권 행사 시 법인세법상 손금산입 대상금액은 시가와 행사가액의 차액(행사차액)이며, 2023년 법령 제11조 제2의2호 개정으로 자기주식교부형 주식매수 선택권 행사로 양도하는 경우 자기주식의 양도금액은 행사 당시 시가로 개정되었음.

라. 상장내국법인으로부터 주식매수선택권을 부여받은 임직원이 부여일로부터 2년 이내 비자발적인 사유로 퇴직하고 주식매수선택권을 행사하는 경우 동 행사로 인한 차액은 손금산입할 수 없음(법인세제과-484, 2023.9.12.).

마. 주식매수선택권의 행사차액에 대한 손금산입규정(법령 §19 19호의2)을 적용함에 있어서 내국법인이 임직원에게 신주발행형 주식매수선택권을 2회 이상에 걸쳐 부여하고, 그 부여한 시점마다 발행주식총수의 변동이 있는 경우 부여시점 별로 유상증자 등에 따른 발행주식총수의 변동을 반영하여 재계산한 발행주식총수의

10% 범위에서 부여한 주식매수선택권의 행사차액에 한하여 손금에 산입하는 것임. 즉 주식매수선택권을 부여한 이후에 유상증자 등으로 발행주식총수가 증가하였다 할지라도 발행주식총수의 10%에 해당하는 지 여부를 행사시점에 다시 판단하는 것은 아님(서면법인-3551, 2024.7.8.).

예제 주식매수선택권의 행사(자기주식의 지급)

1. 자료
   (1) 자기주식교부형 주식매수선택권 부여
   (2) 행사일의 주식시가 700, 행사가액 300
   (3) 자기주식의 취득가액 400

2. 회계처리

(차) 현금	300	(대) 자기주식	400
자기주식처분손실 (자본조정)	100		

3. 세무조정
   - 손금산입 · 자기주식행사차액(인건비) · 400(700-300) · 기타
   - 익금산입 · 자기주식처분이익 · 300(700-400) · 기타

│ 신속처리 질의·답변 │

임직원에게 부여한 증여받은 자기주식의 회계처리

(1) 질의

회사는 임직원 A에게 2년 이상 근속하는 조건으로 회사의 주식을 부여하고, 가득기간에 걸쳐 주식보상비용과 자본을 인식함. 2년 경과 후, A는 회사에 가득조건이 완료된 주식을 증여하고 퇴사하였음(증여에 부수되는 다른 약정은 없음).

회사가 증여받은 자기주식을 별도 가득조건 없이 종업원 B에게 부여하는 경우의 회계처리는?

(2) 회신

A가 부여받은 주식을 회사에 증여하고 퇴사하였더라도 가득일이 이미 지났다면, 인식한 주식보상비용이나 자본(주식선택권)을 환입하지 아니함(제1102호 문단 23).

회사가 다른 종업원 B에게 가득조건 없이 해당 자기주식을 부여했다면, 부여일에 제공받은 재화나 용역의 공정가치(또는 지분상품의 공정가치)에 상응하는 금액을 주식보상비용과 자본으로 인식함(제1102호 문단 10, 11, 14).

5) 현금결제형 주식기준보상거래

회계연도 종료일 현재 부여된 주식선택권의 공정가치를 측정하여 비용과 부채(장기미지급비용)로 인식한다.

현금결제형 주식기준보상거래를 관련 부채의 공정가치로 측정할 때 가득조건과 비가득조건을 고려하는 방법은 주식결제형 주식기준보상거래를 측정할 때의 고려방법과 동일하다.

즉, 가득조건 중 용역제공조건과 비시장성과조건은 가득될 것으로 예상되는 수량을 조정하는 방식으로 고려하고, 가득조건 중 시장조건과 비가득조건은 최초 공정가치를 추정할 때와 이후 매 보고기간 말 및 결제일에 공정가치를 재측정할 때 고려하여 결정한다.

현금결제형에서 주식결제형으로 조건을 변경하는 경우에는 조건변경일에 부여된 지분상품의 공정가치에 기초하여 주식결제형 주식기준보상거래 중 재화나 용역을 제공받은 만큼은 자본으로 인식하고, 현금결제형 주식기준보상거래 관련 부채를 조건변경일에 제거하며, 조건변경일에 제거된 부채의 장부금액과 인식된 자본금액의 차이는 즉시 당기손익으로 인식한다.

6) 법인세법 유권해석

내국법인이 제3자 배정 유상증자의 방식으로 우리사주조합에 신주를 시가보다 낮은 가액으로 발행하는 경우로서 우리사주조합원이 우리사주를 시가보다 낮은 가액으로 취득하여 그 주식의 취득가액과 시가와의 차액에 대하여 조세특례제한법 제88조의4 제8항 제2호에 따라 내국법인이 근로소득세를 원천징수하여 신고·납부한 경우, 근로소득 해당 금액은 법인세법 시행령 제10조 제3호에 따른 인건비에 해당하지 아니하여 손금에 산입할 수 없는 것이다(사전-2018-법령해석법인-0500, 2018.4.26.).

┤ 신속처리 질의·답변 ├

주식기준보상

1. 주식기준보상약정의 중도청산·취소

(1) 질의

　　회사가 종업원에게 부여한 주식선택권을 취소하거나 중도청산하는 경우 회계처리는? (다만, 종업원이 가득조건을 충족하지 못해 주식선택권이 상실되는 경우에 해당하지 않음)

(2) 회신

　　회사가 주식보상거래를 취소나 중도청산했다 하더라도, 취소나 중도청산이 없을 경우에 잔여가득기간에 인식해야 하는 보상원가를 즉시 인식함(제1102호 문단 28).

중도청산으로 종업원에게 지급하는 금액은 자기지분상품의 재매입으로 보아 자본에서 차감함(제1102호 문단 28(1)).
- 지급액이 부여한 지분상품의 재매입일의 공정가치를 초과하는 때는 그 초과액을 비용으로 인식함(제1102호 문단 28(2)).

2. 가득된 주식선택권의 미행사

(1) 질의
회사는 종업원과 3년 용역제공 조건으로 주식결제형 주식기준보상약정을 체결함. 가득조건을 충족하였으나, 종업원이 주식선택권을 행사기간 내에 행사하지 않음. 이러한 경우에 회사가 이미 인식한 주식보상비용에 대한 회계처리는?

(2) 회신
가득조건을 충족하였다면 추후 주식선택권이 행사되지 않더라도, 제공받은 근무용역에 대해 인식한 금액을 환입하지 않음(제1102호 문단 23).
다만, 한 자본계정에서 다른 자본계정으로 대체하는 것은 가능함.

3. 자사주를 부여하는 주식기준보상약정

(1) 질의
회사는 종업원과 근로계약을 체결하면서, 2년간 용역을 제공하는 조건으로 회사가 보유 중인 자기주식을 부여함. 다만, 종업원은 중도 퇴사 시에 제공받은 주식 전체를 반환해야 한다면, 회사의 최계처리는?

(2) 회신
회사가 부여한 지분상품(자기주식)이 즉시 가득되지 않는다면, 근무용역을 가득기간에 걸쳐 제공받은 것이므로 가득기간 동안 주식보상비용(비용)과 주식선택권(자본)을 인식하고, 가득조건이 충족되기 전까지 부여한 주식은 자기주식으로 계속 인식함(제1102호 문단 15).
가득조건을 충족하여 종업원이 부여받은 자기주식에 대한 무조건적인 권리를 획득하는 시점에 회사는 자기주식의 처분 회계처리를 함.

4. 주식기준보상약정의 조건변경일

(1) 질의
회사는 종업원과 체결한 현금결제형 주식기준보상약정을 주식결제형 주식기준보상약정으로 변경하고자 함. 이를 위해 주주총회에서 승인을 받아야 한다면, 회사가 주식결제형으로 회계처리해야 하는 시점은?

(2) 회신
현금결제형을 주식결제형으로 조건변경하는 날에 주식결제형으로 회계처리하는데(제1102호 문단 B44A) 부여일의 정의를 참조하면, 조건변경일은 기업과 거래상대방이 변경된 주식기준보상약정에 실질적으로 합의한 날*로서 이는 사실판단사항에 해당함(제1102호 용어의 정의).

* 주식기준보상거래가 유효하기 위해 일정한 승인절차(예: 주주총회)가 필요한 경우 승인을 받은 날

5. 매출 목표와 연계한 주식매수선택권의 회계처리

(1) 질의

회사는 특정 임원과 20X1년에 회사의 매출 목표와 연계한 주식보상계약을 체결함. 해당 임원은 연도별 매출 목표가 달성되는 경우에 20X1년부터 20X3까지 매년 회사의 주식을 특정가격으로 취득할 수 있음. 이 경우, 적절한 회계처리는?

(2) 회신

주식보상계약에 매출 목표 외에 별도 가득조건(예: 일정기간 근무조건)이 없다면, 20X3년까지 가득 예상수량을 최초 부여시점에 주식보상비용으로 인식함.

질의의 가득조건(매출이 비시장조건에 해당하므로 가득이 예상되는 수량으로 주식보상비용을 인식함(제1102호 문단 19).

주식보상계약에 일정기간 근무하는 조건이 포함되어 있는 경우(예: 20X1년부터 20X3년), 가득기간에 걸쳐 주식보상비용을 인식함(제1102호 문단 15).

6. 주가연동 성과급 제도와 주식기준보상거래

(1) 질의

회사는 임원의 연봉에 더하여, 20X1년 1월 1일 주가와 20X2년 12월 31일 주가의 차액(상승분)의 일정 비율을 임원에게 지급하는 약정(지급일까지 근무 조건)을 체결함. 해당 약정이 주식기준보상에 해당하는지?

(2) 회신

기업이 임원에게 용역을 제공받는 대가로 기업의 지분상품 가격에 기초한 금액을 부담하므로 일종의 현금결제형 주식기준보상거래에 해당함.

7. 가득된 주식선택권의 행사

(1) 질의

회사는 20X1년 초 종업원과 4년 용역제공, 행사가격 ₩1,000 조건으로 주식결제형 주식기준보상약정을 체결함. 부여일의 지분상품의 공정가치는 ₩400으로 추정됨. 종업원은 20X4년 말까지 근무하여 가득조건을 충족함. 주식선택권 행사시점에 회사의 주가가 ₩1,500(액면금액 ₩500)일 때, 행사금액과 주가와의 차이에 대한 회계처리는?

(2) 회신

주식결제형 주식기준보상에서 제공받는 용역의 공정가치는 부여일의 지분상품의 공정가치로 측정하므로, 행사시점의 지분상품 공정가치와의 차이는 별도로 회계처리하지 않음(제1102호 문단 10~11).

회사는 20X년 말 주식선택권이 행사되었을 때 다음과 같이 회계처리 함.

| (차) 현금 | 1,000 | (대) 자본금 | 500 |
| 주식매수선택권(자본) | 400 | 주식발행초과금 | 900 |

8. 기업이 선택권을 갖는 주식기준보상약정의 조건변경

(1) 질의

회사는 결제방식을 선택할 수 있는 주식기준보상약정을 체결하고 현금지급형 주식기준 보상으로 회계처리 함. 이후 주식기준보상거래를 현금결제 의무가 없는 주식결제형 주식 기준보상약정으로 조건을 변경함. 조건 변경시점의 회계처리는?

(2) 회신

현금결제형 주식기준보상약정의 조건이 변경되어 주식결제형으로 변경되는 경우, K-IFRS 제1102호 '주식기준보상' 문단 B44A~B44C에 따라 회계처리 함.

주식결제형 주식기준보상약정은 조건변경일에 부여된 지분상품의 공정가치에 기초하여 측정하고, 재화나 용역을 기존에 제공받은 정도까지는 조건변경일에 자본으로 인식함(제1102호 문단 B44A(1)).

조건변경일에 현금결제형 주식기준보상거래 관련 부채를 제거하고, 제거된 부채와 인식된 자본금액의 차이는 즉시 당기손익으로 인식됨(제1102호 문단 B44A(2), (3)).

조건변경의 결과 가득기간이 변경되면 변경된 가득기간을 반영함(제1102호 문단 B44B).

9. 가득되지 않은 주식기준보상약정

(1) 질의

회사는 20X1년 초 종업원에게 3년 용역제공조건으로 주식선택권을 부여함. 20X2년 중 종업원이 퇴사하여 주식선택권이 가득되지 않은 경우, 20X1년에 인식한 주식보상비용을 환입해야 하는지?

(2) 회신

시장조건이 아닌 가득조건이 충족되지 못해 부여한 지분상품이 가득되지 못한다면, 누적 기준으로 볼 때 제공받은 재화나 용역에 대해 어떠한 금액도 인식하지 않음(제1102호 문단 19).

질의의 경우 용역제공조건을 충족하지 못해 부여한 지분상품이 가득되지 못하였기 때문에, 이미 인식한 주식보상비용이 있다면 가득조건이 충족되지 않은 시점(퇴사 시점)에 누적보상비용이 영(0)이 되도록 환입함.

10. 주식교환 방식의 주식기준보상약정

(1) 질의

회사는 해외종속기업 직원이 보유한 해외종속기업 주식을 회사 주식으로 교환할 수 있는 선택권을 그 직원에게 부여하는 약정을 체결함. 해외종속기업 주식의 가격은 산정 가능함. 교환 대상 해외종속기업 주식 수는 근속연수에 비례하여 결정되며(1년 30%, 2년 60%, 3년 100%), 교환비율은 해외종속기업의 매출실적에 따라 변동됨. 이러한 약정은 주식기준보상약정에 해당하는지?

(2) 회신

해당 약정을 해외종속기업 직원이 보유한 주식으로 회사의 주식을 매수할 수 있는 권리를 부여하는 계약으로서, 주식기준보상약정의 정의를 충족하므로 이에 해당함(제1102호 용어의 정의).

11. 우리사주조합에 시가보다 낮은 금액으로 유상증가

(1) 질의

비상장기업이 종업원들에게 우리사주조합을 통해 시가(공정가치에 기초하여 측정한 금액)보다 낮은 액면금액으로 유상증가에 참여하도록 할 경우, 그 차액에 K-IFRS 제1102호 '주식기준보상'을 적용해야 하는지?

(2) 회신

종업원으로서 혜택이 주어지는 것(예: 근무용역의 대가로 다른 보통주 주주에게 적용되는 조건보다 더 유리한 권리를 부여)이라면 K-IFRS 제1102호를 적용함.

회사의 지분상품 보유자로서 권리를 부여받는 경우(예: 모든 주주와 동일에게 비례적으로 유상증자에 참여할 경우)에는 K-IFRS 제1102호를 적용하지 않음(제1102호 문단 4).

12. 스톡옵션 행사가격 보전

(1) 질의

회사는 임직원에게 신주발행형 스톡옵션을 부여함. 가득일 이후 회사는 행사가격의 일부를 보전해주기로 결정함. 예를 들어, 스톡옵션의 행사가격이 5만 원일 경우, 임직원이 스톡옵션을 행사할 때 회사는 2만 5천만 원을 보전해주기로 약속함. 이 경우 보전 금액에 대한 회계처리는?

(2) 회신

종업원에게 유리한 조건변경(보전 정책)은 조건변경의 효과(증분공정가치)를 근무용역에 대해 인식할 금액에 즉시 가산함(제1102호 문단 B43).

13. 최대주주와 임직원들 간의 주식 양도 거래

(1) 질의

회사의 최대주주가 임직원들의 애사심 고취를 위해 본인 소유주식을 공정가치보다 낮은 금액으로 임직원들에게 양도함. 해당 거래에 K-IFRS 제1102호 '주식기준보상'을 적용하는지?

(2) 회신

최대주주가 공정가치보다 낮은 금액으로 임직원들에게 회사의 주식을 양도하는 목적이 회사가 임직원으로부터 제공받은 재화나 용역에 대한 대가 지급 목적이라면 K-IFRS 제1102호를 적용하나(제1102호 문단 3A), 그 밖의 경우임이 명백하다면(예: 최대주주와 임직원 간 특수관계에 근거한 개인적 증여) K-IFRS 제1102호를 적용하지 않음(제1102호 문단 BC22).

14. 권고사직(해고) 관련 주식보상비용의 회계처리

(1) 질의

회사는 임직원에게 2년 용역제공을 조건으로 스톡옵션을 부여하였고, 부여한 스톡옵션의 공정가치를 측정하여 보상원가를 비용으로 회계처리함.

스톡옵션 부여일부터 6개월이 경과하면서 신규 사업이 어려워지자 회사는 임직원 대상 권고사직을 단행하여 일부 임직원과의 고용관계가 종료됨. 다만, 스톡옵션 계약서에 따르면 권고사직으로 퇴사한 직원은 근무 중인 다른 직원과 동일하게 2년 후(계약상 가득기간 종료 후)에 스톡옵션을 행사할 수 있음.

이 경우, 가득기간 중에 권고사직으로 퇴사한 직원의 주식보상비용 회계처리는?

(2) 회신

해고로 인하여 추가 용역제공 없이 일정 기간 경과만으로 스톡옵션을 행사할 수 있다면 부여한 지분상품이 일찍 가득된 것으로 볼 수 있으므로, 해고시점에 잔여가득기간(1년 6개월)에 제공받을 용역에 대한 비용과 자본을 즉시 인식함(제1102호 문단 BC369).

15. 기업인수목적회사(SPAC)와의 합병 회계처리 시 주식기준보상 부여일

(1) 질의

회사는 기업인수목적회사(SPAC)와 합병하여 상장하였음. 합병거래에서 회계상 취득자는 회사인데 SPAC이 K-IFRS 제1103호 '사업결합'에 따른 사업의 정의를 충족하지 않아 합병 회계처리 시 K-IFRS 제1102호 '주식기준보상'을 적용하려고 함. 이 경우, 주식기준보상의 부여일은 합병계약일, 주주총회일, 합병기일 중 언제인가?

(2) 회신

부여일은 회사와 거래상대방이 주식기준보상약정에 합의한 날이나, 주식기준보상거래가 유효하기 위해 일정한 승인절차(예: 주주총회)가 필요한 경우에는 승인을 받은 날을 부여일로 봄(제1102호 용어의 정리).

합병 회계처리에 주식기준보상을 적용할 경우, 합병 절차상 주주총회의 승인이 필요하다면 부여일은 원칙적으로 주주총회일임.

7 기타포괄손익누계액

기타포괄손익은 다른 한국채택국제회계기준서에서 요구하거나 허용하여 당기손익으로 인식하지 않은 수익과 비용항목(재분류 조정 포함)을 포함한다.

기타포괄손익은 다음의 항목을 포함한다.

(1) 재평가잉여금의 변동(기업회계기준서 제1016호 '유형자산'과 기업회계기준서 제1038호 '무형자산' 참조)

(2) 확정급여제도의 재측정요소(기업회계기준서 제1019호 '종업원급여' 참조)

(3) 해외사업장의 재무제표 환산으로 인한 손익(기업회계기준서 제1021호 '환율변동효과' 참조)

(4) 기업회계기준서 제1109호 문단 5.7.5에 따라 기타포괄손익 – 공정가치측정 항목으로 지정한 지분상품에 대한 투자에서 발생한 손익

(4-1) 기업회계기준서 제1109호 문단 4.1.2A에 따라 기타포괄손익 – 공정가치로 측정하는 금융자산에서 발생한 손익

(5) 기업회계기준서 제1109호 문단 5.7.5에 따라 기타포괄손익 – 공정가치로 측정하는 지분상품투자에 대한 위험회피에서 위험회피수단의 평가손익 중 효과적인 부분과 현금흐름위험회피에서 위험회피수단의 평가손익 중 효과적인 부분(기업회계기준서 제1109호의 제6장 참조)

(6) 당기손익 – 공정가치측정 항목으로 지정한 특정 부채의 신용위험 변동으로 인한 공정가치 변동 금액(기업회계기준서 제1109호 문단 5.7.7 참조)

(7) 옵션계약의 내재가치와 시간가치를 분리할 때와 내재가치의 변동만을 위험회피수단으로 지정할 때 옵션 시간가치의 가치변동(기업회계기준서 제1109호 제6장 참조)

(8) ① 선도계약의 선도요소와 현물요소를 분리하고 현물요소의 변동만 위험회피수단으로 지정할 때 선도계약의 선도요소의 가치변동과 ② 금융상품의 외화 베이시스 스프레드 가치 변동을 위험회피수단 지정에서 제외할 때 외화 베이시스 스프레드의 가치 변동(기업회계기준서 제1109호 제6장 참조)

8 이익잉여금

(1) 의의

이익잉여금이란 기업의 영업활동을 통해 발생한 이익 중에서 주주들에게 배당하지 않고 유보시킨 금액을 말한다. 이익잉여금은 이후에 배당으로 주주에게 분배되거나 결손보전 또는 사업확장 등을 위해 사용된다.

(2) 분류

이익잉여금은 법정적립금, 임의적립금, 미처분이익잉여금(또는 미처리결손금) 등 세 가지로 분류하고 있으며, 재무상태표에 보고하는 이익잉여금은 이익잉여금의 처분 전 재무상태로 표시하면 된다.

1) 법정적립금

법정적립금이란 법으로 적립이 의무화되어 있는 적립금을 말한다. 법정적립금으로는 상법의 규정에 의해 적립하게 되어 있는 이익준비금이 있다.

이익준비금이란 상법에 의해 적립된 법정적립금으로 자본금의 1/2에 달할 때까지 매 결산기에 금전에 의한 이익배당액의 1/10 이상의 금액을 적립해야 한다(상법 §458).

적립된 자본준비금 및 이익준비금의 총액이 자본금의 1.5배를 초과하는 경우에 주주총회 결의에 따라 그 초과한 금액 범위에서 자본준비금과 이익준비금을 감액할 수 있도록 2012. 4.15. 상법이 개정되어 앞으로는 법정준비금(자본준비금 및 이익준비금)으로도 현금배당이 가능하게 되었다(상법 §461의2).

2) 임의적립금

임의적립금은 법정적립금처럼 법률에 의하여 의무적으로 적립하는 것이 아니라 주주총회의 결의 또는 정관의 규정에 의해 회사가 임의로 적립한 것을 말하며, 사업확장적립금·감채적립금·배당평균적립금·결손보전적립금 등이 있다. 임의적립금은 법정적립금과 같이 결손보전 및 자본금으로의 전입에도 사용될 수 있으며, 다시 이입하여 배당할 수도 있다.

3) 미처분이익잉여금(또는 미처리결손금)

당기 이익잉여금처분계산서의 미처분이익잉여금 또는 결손금처리계산서의 미처리결손금을 말하며, 당기순이익 또는 당기순손실을 주기한다.

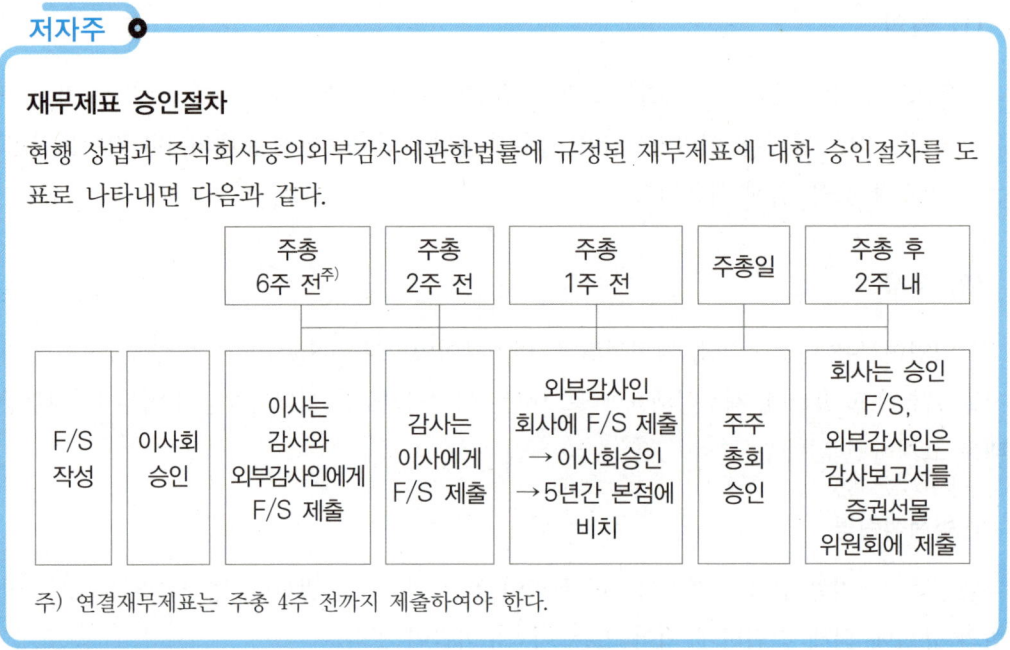

저자주

재무제표 승인절차

현행 상법과 주식회사등의외부감사에관한법률에 규정된 재무제표에 대한 승인절차를 도표로 나타내면 다음과 같다.

주총 6주 전^{주)}			주총 2주 전	주총 1주 전	주총일	주총 후 2주 내
F/S 작성	이사회 승인	이사는 감사와 외부감사인에게 F/S 제출	감사는 이사에게 F/S 제출	외부감사인 회사에 F/S 제출 → 이사회승인 → 5년간 본점에 비치	주주 총회 승인	회사는 승인 F/S, 외부감사인은 감사보고서를 증권선물 위원회에 제출

주) 연결재무제표는 주총 4주 전까지 제출하여야 한다.

9 이익잉여금처분계산서 및 결손금처리계산서

한국채택국제회계기준(K-IFRS)은 이익잉여금처분계산서를 재무제표의 범위에 포함하지 않고 있다. 그러나 이익잉여금처분계산서는 당기순이익을 주주에게 배당하는 금액과 기업내부에 유보하는 금액을 구분하여 알 수 있는 양식이기 때문에 주석으로 공시하도록 하고 있다. 즉, "상법 등 관련 법규에서 이익잉여금처분계산서(또는 결손금처리계산서)의 작성을 요구하는 경우에는 재무상태의 이익잉여금(결손금)에 대한 보충정보로서 이익잉여금처분계산서(또는 결손금처리계산서)를 주석으로 공시한다(기준서 제1001호 문단 한138.1)."

이와 관련하여 상법에서도 이익잉여금처분계산서(결손금처리계산서)를 재무제표 범위에 포함시키고 있고, 법인세법에서는 필수제출서류로 되어 있기 때문에 작성하여 주석에 기재하여야 한다.

이익잉여금처분계산서

제×기	20××년 ×월 ×일부터	제×기	20××년 ×월 ×일부터
	20××년 ×월 ×일까지		20××년 ×월 ×일까지
처분예정일	20××년 ×월 ×일	처분확정일	20××년 ×월 ×일

회사명   (단위: 원)

구 분	당 기		전 기	
Ⅰ. 미처분이익잉여금		×××		×××
전기이월미처분이익잉여금	×××		×××	
(또는 전기이월미처리결손금)				
회계정책변경누적효과	×××		×××	
전기오류수정	×××		×××	
자기주식소각	(×××)		(×××)	
중간배당액	(×××)		(×××)	
당기순이익(또는 당기순손실)	×××			×××
Ⅱ. 임의적립금 등의 이입액		×××		
××× 적립금	×××		×××	
××× 적립금	×××		×××	
Ⅲ. 합 계(Ⅰ + Ⅱ)		×××		×××
Ⅳ. 이익잉여금처분액		×××		×××
이익준비금	×××		×××	
기타법정적립금	×××		×××	
주식할인발행차금 등 상각액	×××		×××	
배당금	×××		×××	
현금배당				
주당배당금(률) 보통주: 당기××원(%)				
전기××원(%)				
우선주: 당기××원(%)				
전기××원(%)				
주식배당				
주당배당금(률) 보통주: 당기××원(%)				
전기××원(%)				
우선주: 당기××원(%)				
전기××원(%)				
사업확장적립금	×××		×××	
연구개발적립금	×××		×××	
……				
Ⅴ. 차기이월미처분이익잉여금(Ⅲ − Ⅳ)		×××		×××

결손금처리계산서

제×기	20××년 ×월 ×일부터 20××년 ×월 ×일까지	제×기	20××년 ×월 ×일부터 20××년 ×월 ×일까지
처분예정일	20××년 ×월 ×일	처분확정일	20××년 ×월 ×일

회사명 (단위: 원)

구 분	당 기		전 기	
Ⅰ. 미처리결손금		×××		×××
전기이월미처분이익잉여금	×××		×××	
(또는 전기이월미처리결손금)				
회계정책변경누적효과	×××		×××	
전기오류수정	(×××)		(×××)	
중간배당액	(×××)		(×××)	
당기순이익(또는 당기순손실)	×××		×××	
Ⅱ. 결손금처리액		×××		×××
임의적립금이입액	×××		×××	
법정적립금이입액	×××		×××	
자본잉여금이입액	×××		×××	
Ⅲ. 차기이월미처리결손금(Ⅰ-Ⅱ)		×××		×××

(1) 이익잉여금처분계산서

1) 미처분이익잉여금

　미처분이익잉여금이란 전기이월미처분이익잉여금(전기이월미처리결손금)에 중간배당액과 당기순이익(또는 당기순손실)을 가감한 금액을 말한다. 앞서 언급하였듯이 이익잉여금처분계산서상의 미처분이익잉여금이 재무상태표에 보고된다.

　회사는 일반적으로 결산주주총회에서 손익을 확정한 후에 이익배당을 하는 것이 원칙이지만, 정관에 정함이 있는 경우 이사회의 결의로 영업연도 중 1회에 한하여 일정한 날을 정하여 그날의 주주에게 금전으로 이익을 배당할 수 있는데 이를 중간배당이라고 한다(상법 §462의3). 중간배당을 할 경우의 회계처리는 다음과 같다.

　(차) 미처분이익잉여금　　×××　(대) 현금　　　　　　　×××

회계변경으로 인한 누적효과, 전기오류수정손익은 회계변경이나 오류수정이 있을 경우 발생되는 계정과목이다.

2) 임의적립금 등의 이입액

임의적립금 잔액이 남아 있는 경우 다시 이월이익잉여금으로 대체할 수 있는데, 이를 임의적립금 등의 이입액이라고 하며, 이에 대한 회계처리는 다음과 같다.

(차) 임의적립금 　　　　　××× 　　(대) 미처분이익잉여금 　　　　　×××

3) 이익잉여금 처분액

① 적립금적립

기말에 이익잉여금을 처분하여 법정적립금 또는 임의적립금을 적립할 수 있다.

② 자본조정 등의 상각

앞서 살펴본 바와 같이 이익잉여금을 처분하여 주식할인발행차금, 감자차손, 자기주식처분손실 등을 상각할 수 있다.

③ 배당

배당에는 현금배당과 주식배당이 있다. 현금배당을 할 경우에는 현금배당액을 미지급배당금(유동부채)으로, 주식배당을 할 경우에는 주식으로 인한 배당액을 미교부주식배당금(자본조정)으로 계상한다. 차후에 배당이 이루어질 경우 현금배당의 경우에는 미지급배당금을 감소시키는 회계처리를 하고, 주식배당의 경우에는 주식이 교부되므로 미교부주식배당금을 감소시키고 자본금을 증가시키는 회계처리를 하면 된다.

이익잉여금 처분에 대한 회계처리

(차) 미처분이익잉여금 　　　×××　(대) 이익준비금 　　　　×××
　　　　　　　　　　　　　　　　　미지급배당금 　　　×××
　　　　　　　　　　　　　　　　　미교부주식배당금 　×××
　　　　　　　　　　　　　　　　　주식할인발행차금 　×××
　　　　　　　　　　　　　　　　　감자차손 　　　　　×××
　　　　　　　　　　　　　　　　　자기주식처분손실 　×××

---

4) 차기이월미처분이익잉여금

차기이월미처분이익잉여금은 미처분이익잉여금에 임의적립금 등의 이입액을 가산하고 이익잉여금처분액을 차감한 금액으로 하며, 동액은 차기 이익잉여금처분계산서(또는 결손 금처리계산서)의 전기이월미처분이익잉여금으로 이월된다.

(2) 결손금처리계산서

1) 미처리결손금

미처리결손금이란 전기이월미처리결손금(전기이월미처분이익잉여금)에 중간배당액과 당기순손실(또는 당기순이익)을 가감한 금액을 말한다. 앞서 언급하였듯이 결손금처리계 산서상의 미처리결손금이 재무상태표에 보고된다.

2) 결손금처리액

이월결손금이 발생하면 회사는 배당을 할 수 없게 되고 추가적인 자금을 조달하는데 여 러 가지 어려움이 발생하게 된다. 따라서 회사 입장에서는 이월결손금을 제거하는 것이 유 리하며, 이월결손금을 제거하는 것이 바로 결손보전이다. 결손금을 보전하는 순서는 다음 과 같다.

> 임의적립금 → 기타법정적립금 → 법정적립금 → 자본잉여금

또한 결손금 처리 시 회계처리는 다음과 같다.

(차) 임의적립금 등 ××× (대) 미처리결손금 ×××

3) 차기이월미처리결손금

차기이월미처리결손금은 미처리결손금에 결손금처리액을 차감한 금액으로 하며, 동액 은 차기이익잉여금처분계산서(또는 결손금처리계산서)의 전기이월미처리결손금으로 이 월된다.

상증법 제45조의5 증여세 검토

1. 2015.12.15. 상증법 제45조의5가 증여의제규정으로 신설(모법에 주주등이 얻은 증여 재산가액 명시)되어 2016.1.1. 이후부터는 지배주주등(지배주주와 그 친족이 30% 이 상 직·간접보유)이 있는 경우로서 지배주주의 특수관계인으로부터 재산이나 용역 (금전대여 포함) 등을 내국법인(외국법인이 무상증여등을 받는 경우에는 적용 안됨. 서면자본거래－1348, 2022.5.24.)이 무상(특정법인에 대한 초과배당도 해당. 재산세제과－ 434, 2019.6.18.)으로 증여(고가양도, 저가양수 및 채무면제를 받는 것 포함)받은 경우 특정법인이 얻은 거래이익에서 법인이 부담하는 법인세[특정법인의 법인세 결정세 액×(특정법인 거래이익/각 사업연도 소득금액)]를 차감한 금액(특정법인의 이익)에 지배주주등의 지분율을 곱한 금액을 증여재산가액(무상증여, 고가양도, 저가양수, 채 무면제이익건별로 증여의제이익이 1년 이내 합산하여 1억 원 이상인 경우에 한해 증 여세 과세)으로 하여 증여세(한도: 지배주주등이 직접 증여받은 경우 증여세상당액 －법인세 상당액)를 과세할 수 있게 되었다.

2. **지배주주등의 증여의제금액 계산**

   상증법 제45조의5·상증령 제34조의5(특정법인과의 거래를 통한 이익의 증여의제) 규정의 해당 거래는 ㉠ 재화·용역 무상제공, ㉡ 재화·용역 현저히 낮은대가(시가와 대가와의 차액이 시가의 30% 이상이거나 그 차액이 3억 원 이상인 경우)로 양도·제 공받는 것, ㉢ 재화·용역 현저히 높은대가로 양도·제공하는 것, ㉣ 불균등 감자 등 자본거래를 통하여 이익을 분여받는 것, ㉤ 해당 법인의 채무를 면제·인수 또는 변 제하는 것, 시가보다 낮은가액으로 현물출자하는 것을 말함. 지배주주등은 증여의제 이익[(특정법인 거래이익－법인세 부담액)×지분율]이 1억 원 이상인 경우에만 증여 세 대상이 되는데(상증령 §34의5 ⑤) 이는 상증법 제43조(증여세 과세특례) 제2항에 의 해 그 증여일부터 소급하여 1년 이내에 동일한 거래 등이 있는 경우에는 각각의 거래 등(상기 ㉠~㉣ 별도 따로 계산)에 따른 이익을 해당 이익별로 합산하여 계산하도록 되어있어 ㉠~㉣별로 이익을 구분하여 그 거래일부터 소급하여 1년 이내에 동일한 거래 등이 있는 경우에는 각각의 이익별로 합산하여 1억 원 이상인지 여부를 판단함 (서면자본거래－4934, 2022.12.29.). 그리고 금전의 대부는 용역의 범위에 포함되는 개념 (21.73억 대여시 증여의제이익은 99,958,000원임)이며, 이때 시가의 산정은 상증법 제 41조의4, 상증령 제31조의4, 상증칙 제10조의5 및 법칙 제43조 제2항에 따라 당좌대출 이자율(연4.6%)을 시가로 봄(조심 2022전7753, 2023.9.18.).

3. **사례**

   ① A법인의 지배주주: 갑(60% → A법인은 특정법인 해당)

② 을(갑의 부)이 A법인에게 상증법상 시가 100억 원의 토지 증여

③ A법인의 각 사업연도소득금액: 500억 원(이월결손금 없음)

④ A법인의 산출세액: 100.8억 원

⑤ A법인의 이익:

100억 원－100.8억 원×100억 원/500억 원(20.16억 원)$^{(주)}$＝79.84억 원

(주) 법인세 상당액이 확정되어야 특정법인의 이익을 계산할 수 있으므로 특정법인과의 거래를 통한 이익의 증여세 신고·납부기한은 법인세 과세표준 신고기한이 속하는 달의 말일부터 3개월이 되는 날임.

⑥ 지배주주인 갑의 증여의제이익(특정법인의 이익 × 지배주주 지분율)

79.84억 원×60%＝47.904억 원

(지배주주별 증여의제이익이 1억 원 이상인 경우에 한하여 과세됨)

⑦ 갑의 증여의제이익에 대한 증여세

[(47.904억 원×증여세율 50%)－4.6억 원(증여세율 50%에 대한 누진공제액)]

＝19.352억 원

⑧ 갑의 증여의제이익에 대한 증여세 한도액(㉠－㉡)

가. 2020.1.1부터 2022.2.14.까지: 6.356억 원

㉠ 갑의 증여의제이익에 대한 증여세 상당액(위의 '⑦' 금액)

19.052억 원

㉡ A법인의 거래이익에 대한 법인세 상당액 중 갑 지분 해당분

105.8억 원×100억 원/500억 원×60%＝12.696억 원

나. 2022.2.15. 이후: 13.304억 원

㉠ 특정법인의 거래이익 × 지분율 × 증여세율

[(100억 원×60%)×50%－4.6억 원(증여세율 50%에 대한 누진공제액)]

＝25.4억 원

* 청구인은 A법인의 대표이사(지분율 51% 지배주주임)로 청구인의 모친으로부터 2020.9.10. A법인의 지분 21%를 증여받아 증여세를 신고납부하였음.

이후 모친은 20020.9.18. 본인소유의 토지 및 건물을 A법인에게 증여하였고, A법인은 자산수증이익으로 법인세를 신고납부하였음.

이때 청구인은 상증법 제45조의5(특정법인과의 거래를 통한 이익의 증여예제)에 따른 증여세를 신고납부하지 않았으며 과세관청은 이에 대해 증여세를 과세하였음. 동법에 따른 증여세는 [지배주주등이 직접 증여받은 경우 증여세 상당액－법인세 상당액]을 한도로 하는데 과세관청은 이때 지배주주등이 직접 증여받은 경우 증여세 상당액의 계산 시 해당 증여일 전 10년 이내에 동일인으로부터 받은 사전증여재산가액을 합친 금액에 증여세율을 적용하고 이에 기납부한 증여세액을 차감한 금액으로 산출하여 적용하였으며 청구인은 사전증여재산가액을 합산할 수 없다 주장하였음. 이에 조세심판원은 상증법 제47조 제2항에서 사전증여재산의 합산배제규정을 열거하고 있는데 이에 상증법 제45조의5 규정이 해당되지 않아 상기 사례의 경우 모친의

사전 증여재산을 합산하여 증여세 해당액을 산정하는 것이 타당하다 결정함(조심 2023광599, 2023.4.26.).

ⓛ A법인의 거래이익에 대한 법인세 상당액 중 갑 지분 해당분

100.8억 원 × 100억 원/500억 원 × 60% = 12.096억 원

⑨ 갑에 대한 특정법인과의 거래를 통한 이익의 증여세 최종 과세액

Min('⑦', '⑧')

가. 2020.1.1.부터 2022.2.14.까지: 6.356억 원

2019.12.31. 지배주주등에게 과세되는 증여세 계산 시 지배주주등이 직접 증여받는 경우 증여세 상당액(지배주주의 증여의제이익에 대한 증여세를 의미하며, 이는 이미 법인세 상당액 차감되어 계산)에서 특정법인이 부담한 법인세 상당액 중 지배주주 지분율 해당분을 차감한 금액을 한도액으로 하는 것으로 개정되어 해당 사례(증여세율 50% > 적용된 법인세 최고세율 22%)와 달리 증여세율과 법인세율이 유사한 경우에는 과세가액 한도액이 음수(-)가 되어 지배주주등에게 증여세 과세되는 금액은 없다(증여의제이익 계산 시 법인세 상당액이 이미 차감되어 계산되었으므로 법인세 상당액을 두 번 차감하는 문제 있음).

나. 2022.2.15. 이후: 13.304억 원

2022.2.15. 직접 증여받은 경우의 증여세 상당액의 의미가 특정법인의 거래이익에 지배주주 지분율을 곱한 금액에 대한 증여세(법인세 상당액 미차감)로 개정되어 법인세 상당액이 두 번 차감되는 방식으로 한도액이 계산되는 문제점이 시정되어 과세되는 증여세가 증가하게 된다.

4. 저가에 의한 불균등 유상증가 및 감자 시 상증법 제45조의5 적용 여부

① 상증법 제45조의5 규정은 특정법인이 지배주주의 특수관계인과 동법 제1항 제1호부터 제4호까지의 거래를 한 경우에 적용되는 것이므로 불균등 유상증자로 특정법인이 이익을 얻은 경우 상증법 제45조의5 규정이 적용되지 않는다(서면자본거래-16, 2022.1.25.).

② 상증법 제45조의5 제1항 제3호에 규정된 특정법인이 주주인 법인A가 유상감자를 실시하는 경우로서 법인A의 주주 중 을(특정법인의 주주인 갑과 특수관계에 있는 자)만 저가 유상감자에 참여하여 특정법인이 이익을 분여받은 경우 특정법인의 주주인 갑에 대해서는 상증법 제45조의5 증여의제규정을 적용하지 않는다(사전법령재산-150, 2017.5.17.).

③ 상증법 제45조의5 규정은 특정법인이 지배주주의 특수관계인과 동법 제1항 제1호부터 제4호까지의 거래를 한 경우에 적용되는 것이므로 불균등 유상감자로 특정법

인이 이익을 얻은 경우 상증법 제45조의5 규정이 적용되지 않는다(서면자본거래-666, 2021.3.23.).

* 2025년 추가세법개정에 의하여 추가세법개정시행일 이후 거래분부터 상증법 제45조의5 제1항 규정에 과세대상 거래에 불균등 감자 등 자본거래를 통한 이익분여가 포함되었으므로 상기 ①~③에 대하여 앞으로는 증여세가 과세된다.

10 전기오류수정손익

(1) 의미

회사의 회계처리 과정상 다음과 같은 잘못으로 회계상 오류가 발생한다. 이러한 회계상 오류 중에서 전기 이전에 발생한 사유로서 전기 이전재무제표에 대한 오류를 수정하는 것을 오류수정이라고 한다. 그리고 오류수정사항에 속하는 손익항목이 전기오류수정손익이다.

① 회계기준 적용의 오류: 회계기준에 위배되는 회계처리방법을 적용하거나 주어진 경제환경에 부적합한 회계처리방법을 사용한 경우에 발생하는 오류이다.

② 추정의 오류: 추정이 합리적이지 못함으로써 발생하는 오류이다. 그러나 새로운 사건이 발생함에 따라 또는 추가적인 정보나 경험에 기초하여 과거의 추정을 변경하는 경우에 발생하는 수정사항은 추정의 오류가 아니므로 전기오류수정사항에 포함하지 아니한다.

③ 계정분류의 오류: 고의나 과실로 포괄손익계산서나 재무상태표의 계정과목을 잘못 분류하는 오류이다.

④ 계산상의 오류: 덧셈이나 뺄셈 등 계산의 잘못으로 인하여 발생하는 오류이다.

⑤ 사실의 누락 및 오용: 이용가능한 사실을 고려하지 않거나 잘못 이용하는 경우에 발생하는 오류이다.

(2) 회계처리

중요하지 아니한 오류는 경상적으로 발생할 수 있는바, 오류수정의 회계처리에 회계정책의 변경과 마찬가지로 소급법을 적용한다면 재무제표를 빈번하게 재작성하게 됨에 따라 재무제표의 신뢰성을 훼손시킬 수 있다. 반면, 중요한 오류는 재무제표를 재작성하는 것이 타당할 것이다. 이에 기준서 제1008호에서는 이러한 점을 고려하여 중요한 오류에 한하여 소급법을 적용하도록 하고 있다.

중요한 오류는 재무제표 이용자의 경제적 의사결정에 영향을 미치는 오류를 말하며 소급법을 적용하여야 하는데 중요하지 않은 오류의 처리에 대하여는 기준서에 규정되어 있지 않은데 이는 소급법을 적용하지 않고 당기의 포괄손익계산서상 당기손익에 반영하면 될 것이다.

소급법의 적용은 중요한 전기오류가 발견된 이후 최초로 발행을 승인하는 재무제표에 다음의 방법으로 전기오류를 소급하여 수정한다.

① 오류가 발생한 과거기간의 재무제표가 비교표시되는 경우에는 그 재무정보를 재작성한다.
② 오류가 비교표시되는 가장 이른 과거기간 이전에 발생한 경우에는 비교표시되는 가장 이른 과거기간의 자산, 부채 및 자본의 기초금액을 재작성한다.

신속처리 질의 · 답변

1. 불법행위미수금 회계처리

(1) 질의

20X1년 회사는 전 대표이사의 법인카드 사용액을 비용 처리함. 그러나 20X2년 횡령 · 배임 건(법인카드 사적사용)으로 전 대표이사는 검찰에 기소되었고 같은 해 회사는 해당 공소금액을 전 대표이사에게서 전액 회수하였음.

이 불법행위미수금과 관련하여 20X2년에 재무제표를 작성할 때 20X1년 회계처리를 어떻게 해야 하는지?

(2) 회신

과거 비용으로 인식한 회계처리가 중요한 전기오류에 해당한다면 20X2년 재무제표에 비교표시되는 그 재무정보를 재작성함(제1008호 문단 42).

불법행위미수금이 금융상품의 정의를 충족(예: 구상권의 존재 등으로 계약상 회수할 수 있는 집행가능한 권리 보유)하는지(제1032호 문단 11, 13), 그 밖의 자산으로 인식될 수 있는지 검토가 필요(재무보고를 위한 개념체계 문단 4.14, 4.15, 5.16, 5.17)

다만, 금융자산인 경우에는 기대신용손실에 대한 손실충당금 설정을 검토하고(제1109호 문단 5.5.1), 그 밖의 자산인 경우에는 x1년도에 손상징후가 있다면 회수가능액을 측정하고 자산의 장부금액이 회수가능액을 초과하면 손상차손을 인식함(제1036호 문단 59, 60).

2. 재고자산 평가 주기 변경

(1) 질의

IPO 상장을 앞둔 회사는 20X2년 1월 1일(전환일)을 최초채택일로 하여 과거 3개년 재무상태표를 IFRS로 전환함. 회사는 총평균법으로 재고자산의 단가를 계산하는데, 20X0년과 20X1년은 연 단위 총평균법을 사용하고, 20X2년부터는 분기 단위의 총평균법을 적용할 수 있는지?

(2) 회신

재고자산의 단위원가 결정방법은 재고자산을 측정하는 데 적용된 회계정책임(제1002호 문단 36).

평균법의 적용 주기를 변경하는 것이 신뢰성 있고 더 목적적합한 정보를 제공하는 경우라면 회계정책의 변경에 해당함(제1008호 문단 14).

최초 한국채택국제회계기준 재무제표에 표시된 모든 회계기간에는 동일한 회계정책을 적용하여야 하므로 과거 3개년 재무상태표에도 일관된 단위 총평균법을 적용할 필요가 있음(제1101호 문단 7).

다만, 과거 기간에 미치는 회계정책 변경의 영향을 실무적으로 결정할 수 없는 경우, 실무적으로 소급적용할 수 있는 가장 이른 회계기간의 자산 및 부채의 기초장부금액(이에 따른 변동분은 자본의 기초장부금액)에 새로운 회계정책을 적용함(제1008호 문단 24).

사례 오류수정

Ⅰ. 자료

(1) 2025회계연도(2025.1.1.~2025.12.31.)에 발견한 회계적 오류의 내역은 다음과 같다.

① 기계장치 감가상각비 과소계상분

가. 2024년분: 200,000,000원

나. 2023년분: 100,000,000원

② 확정급여채무 과소계상분

2024년분: 50,000,000원

(2) 상기 '(1)'의 오류를 2025년도에 전액 수정 회계처리하고자 하며, 동 오류는 중요한 오류로 판정하였다.

(3) 2025년분 감가상각비는 300,000,000이며, 퇴직급여계상액은 50,000,000원이다.

(4) 주주총회에서 승인된 2024년 부분재무제표는 다음과 같으며, 2025년 당기순이익은 C로 가정한다.

구 분	계정과목	2024년도(주총승인)
재무상태표	기계장치	4,000,000,000
	(감가상각누계액)	(1,100,000,000)
	확정급여채무	500,000,000
	미처분이익잉여금	A+B
포괄손익계산서	기계장치감가상각비	–
	퇴직급여	–
	당기순이익	A

Ⅱ. 오류수정에 대한 회계처리

중요한 오류에 해당하는 금액은 전기이월이익잉여금에 반영한다.

(차) 미처분이익잉여금 350,000,000 (대) 감가상각누계액 300,000,000

확정급여채무 50,000,000

Ⅲ. 세무조정

전기이월이익잉여금의 감소로 처리된 금액에 대하여 손금산입·기타의 세무조정을 하고 당기 감가상각비 및 퇴직급여충당금의 한도초과액 계산 시 손금산입금액을 회사비용계상액에 합산하여 한도초과액을 계산한다.

손금산입·미처분이익잉여금·350,000,000·기타

Ⅳ. 2024년 비교표시 재무제표

중요한 오류금액에 대하여는 소급법을 적용하여 전기 재무제표를 재작성하여야 하므로, 2023년 비교표시 전기 재무제표는 다음과 같이 된다.

구 분	계정과목	2025년도(주총승인)	2024년도(비교표시)
재무상태표	기계장치 (감가상각누계액)	4,000,000,000 (1,700,000,000)	4,000,000,000 (1,400,000,000)
	확정급여채무	600,000,000	550,000,000
	미처분이익잉여금	A＋B＋C－350,000,000	A＋B－350,000,000
포괄손익계산서	기계장치감가상각비	300,000,000	200,000,000
	퇴직급여	50,000,000	50,000,000
	당기순이익	C	A－250,000,000

11 법인세법상 준비금

(1) 종류

법인세법상 손금산입할 수 있는 준비금의 종류는 다음과 같다.

구 분	설정법인	손금한도액	사용 및 환입
고유목적 사업 준비금 (법 §29)	비영리법인 중 일정법인	다음 '1.'과 '2.'의 합계액 1. 이자소득 · 배당소득(비영업대 금의 이익 제외)×100% 2. 기타 수익사업소득×50%(80%)	1. 고유목적사업 · 일반기부 금 지출에 사용 2. 손금산입한 사업연도 종 료일 이후 5년간 미사용 금액은 전액 환입한다.
책임 준비금 (법 §30)	1. 수협공제사업 2. 무역보험공사의 무역보험사업 3. 새마을금고 공제사업 4. 중소기업협동조합 공제사업 5. 건설공제조합 공제사업	다음 '1.'부터 '3.'까지 합계액 1. 당기말 현재 모든 보험계약이 해약된 경우에 계약자 또는 수 익자에게 지급하여야 할 환급 액(해약공제액 포함. 단 환급액 과 최소적립고시액 중 큰 금액) 2. 당기말 현재 보험사고가 발생하 였으나 지급하여야 할 보험금이 확정되지 아니한 경우 추정보험 금상당액(손해사정, 보험대위 및 구상권 행사 등에 소요될 것으 로 예상되는 금액 포함) 3. 배당준비금으로서 손금산입 기 준에 따라 적립한 금액	다음사업연도 또는 3년이 되 는 사업연도에 환입
비상위험 준비금 (법 §31)	보험회사	다음 '1.'과 '2.' 중 적은 금액 1. 당기말 단기손해보험에 의한 보유보험료의 합계액×예정이 익률 2. 당기말 단기손해보험에 의한 경 과보험료의 합계액×50%(40%)	보험업법 시행령 제63조 및 동 시행규칙 제29조에 따라 금융위원회가 정하는 바에 의한다.
해약환급 준비금 (법 §32)	보험회사	다음 '1.'에서 '2'를 차감한 금액 1. 해약환급금과 미경과보험료 합계액 2. 책임준비금과 특별계정부채 합계액	보험업법 시행령 제65조 제2 항 제3호 및 보험업감독규정 6-11의6에 따라 금융위원 회가 정하여 고시하는 금액

(2) 세무상 처리

① 세무조정 시 신고조정 여부

법인세법상 준비금은 신고조정으로 손금산입할 수 없으며, 반드시 장부에 계상하여야 인정되는 결산조정항목이다. 단, 주식회사등의외부감사에관한법률의 규정에 의한 감사인의 회계감사를 받는 비영리법인의 경우에는 신고조정에 의해 고유목적사업준비금을 손금에 산입할 수 있다(법법 §61 ①).

이 경우 비영리법인이 주식회사등의외부감사에관한법률 시행령 제2조의 외부감사대상 법인에 해당되지 아니하나 같은 법률 제3조에 규정된 감사인의 회계감사를 받는 경우 당해 비영리법인은 법인세법 제61조 제1항의 '준비금의 손금계상특례'규정을 적용받을 수 있다.

② 최저한세 적용 여부

법인세법상 준비금은 최저한세의 대상에 해당되지 않는다.

(3) 고유목적사업준비금

1) 설정대상법인

비영리내국법인과 법인으로 간주되는 다음의 단체들은 고유목적사업준비금을 설정할 수 있다(법법 §29, 법령 §56).
① 법인세법 시행령 제39조 제1항 제1호에 해당하는 단체
② 법령에 의하여 설치된 기금
③ 공동주택의 입주자대표회의 및 임차인대표회의 또는 자치관리기구

2) 손금산입한도

상기 '1)'의 비영리내국법인이 그 법인의 고유목적사업이나 법인세법 제24조 제3항 제1호에 따른 기부금(고유목적사업 등)에 지출하기 위하여 고유목적사업준비금을 손금으로 계상한 경우에는 다음 금액을 한도로 손금에 산입한다(법법 §29 ①). 이때 고유목적사업이란 당해 비영리내국법인의 법령 또는 정관에 규정된 설립목적을 직접 수행하는 사업으로서 수익사업 외의 사업을 말한다(법령 §56 ⑤).

구 분	손금한도액
학교법인 등(조특법 §74 ①)	수익사업소득×100%
농협중앙회 등(조특법 §74 ②)	(수익사업소득－이월결손금)×60%
기타 비영리법인(법법 §29 ①)	①+② ① 이자소득・배당소득의 금액×100%(비영업대금이익은 50%) ② 기타수익사업소득금액×50%(또는 80%)

3) 사용

① 일반적인 경우

고유목적사업준비금은 당해 준비금을 손금에 산입한 사업연도 종료일 이후 5년이 되는 날까지 고유목적사업 등에 사용하도록 하고, 사용하고 남은 잔액은 5년이 되는 날이 속하는 사업연도에 익금에 산입하도록 하고 있다(법법 §29 ⑤).

고유목적사업 등에 지출 또는 사용한 금액은 고유목적사업의 수행에 직접 소요되는 인건비 등으로 사용하는 금액을 말한다(법령 §56 ⑥). 인건비 중 장학법인・사회복지법인의 경우 연간 8천만 원 초과금액(인건비지급기준을 주무관청 승인받은 경우는 제외)은 고유목적지출로 인정하지 않는다.

중점사항   고유목적사업준비금의 회계처리

1. **수익사업부문에서 직접 지출하는 경우**
   지정기부금, 고유목적사업인 장학금 또는 비영리사업부문의 인건비를 수익사업부문에서 직접 지출하는 경우와 같이 자산을 비영리사업부문으로 전출하지 아니하고 수익사업부문에서 직접 지출하는 경우에는 다음과 같이 고유목적사업준비금에서 먼저 상계처리한다.

   (차) 고유목적사업준비금　×××　　　(대) 현금및현금성자산　　　×××

2. **비영리사업부문에 전출한 후 지출하는 경우**
   고유목적사업인 장학금 또는 고유목적사업의 수행에 직접 소요되는 인건비 등 필요경비를 수익사업부문에서 직접 지출하지 아니하고 비영리사업부문으로 전출한 후 비영리사업부문에서 지출하는 경우의 회계처리는 다음과 같이 회계처리한다.
   (1) 수익사업부문의 회계처리

   (차) 고유목적사업준비금　×××　　　(대) 현금및현금성자산　　　×××

> (2) 비영리사업부문의 회계처리
> ① 전입 시
> (차) 현금및현금성자산　　×××　　(대) 고유목적사업준비금　　×××
> ② 지출 시
> (차) 고유목적사업준비금　　×××　　(대) 현금및현금성자산　　×××

② 임의환입

고유목적사업준비금을 손금계상 후 5년 내에 준비금을 환입계상한 경우에는 이를 익금에 산입한다(법법 §29 ⑤). 즉, 임의환입이 인정된다.

(4) 보험회사의 회계기준 전환이익 과세특례 및 해약환급금준비금 손금산입
(법인법 §42의3 · 32, 법인령 §78의3 · 59)

IFRS17 적용 보험회사는 다음 2가지 방안 중 택일

1) 회계기준 전환이익 과세특례

① 대상: IFRS17을 최초로 적용한 보험회사
② 전환이익: 직전 사업연도 기말 보험부채 − IFRS17 최초적용 사업연도의 기초 보험부채
③ 특례: 전환이익 4년 거치 3년 균등 익금산입
④ 전환이익의 계산
　가. (전환시점) 보험계약국제회계기준(한국채택국제회계기준 제1117호)의 최초적용 사업연도
　나. (계산) ㉠−㉡
　　㉠: (직전 사업연도 손금에 산입한 책임준비금) − (Ⓐ) + (Ⓑ)

> Ⓐ: 직전 사업연도 익금산입 대상 자산 항목이었으나, 회계기준 전환 이후 책임준비금 산출에 반영되는 항목(미상각신계약비, 보험약관대출 등) 및 재보험자산
> Ⓑ: 직전 사업연도 손금산입 대상 기타부채였으나, 회계기준 전환 이후 책임준비금 산출에 반영되는 항목(보험미지급금 등)

ⓛ: (최초적용 사업연도 개시일 현재 보험감독 회계기준상 책임준비금) − (ⓒ)

> ⓒ: 할인율 변동으로 인해 발생하는 책임준비금 평가액 및 보험계약자산 · 재
> 보험계약자산

2) 해약환급금준비금 손금산입

① 대상: IFRS17을 최초로 적용한 보험회사

② 해약환급금준비금*: 「보험업법 시행령」에 따라 금융위원회가 정하여 고시하는 해약
환급금 준비

→ 보험업법 시행령 §65 ② 3호 및 보험업감독규정 §16−11의6상 해약환급금준비금: (A−B)
  A: 해약환급금과 미경과보험료 합계액
  B: 책임준비금과 특별계정부채의 합계액
  *K−IFRS 17(보험계약)에 따라 보험회사가 보험부채를 현재시점의 가정과 위험을 반영한 할인율
  을 활용하여 보험부채를 현재가치로 측정하는 바 금리상승 등으로 보험회사가 적립하는 보험부채
  가 감소하여 해약환급금(보험회사가 보험계약 해약시 보험계약자에게 반환하는 금액)보다 작은
  경우, 그 차액을 이익잉여금 내 해약환급금준비금으로 적립(법정적립금: 보험업감독규정 제16−
  11조의6 ②)해야 함.

  (차) 이익잉여금   ×××   (대) 해약환급준비금   ×××

③ 손금산입: 해당 사업연도의 이익처분을 할 때 해약환급금준비금(보험회사가 보험계
약의 해약 등에 대비하여 적립하는 금액)을 적립하고, 그 적립한 금액의 범위에서 세
무조정계산서에 계상을 한 경우에는 그 계상한 금액을 결산을 확정할 때 손비로 계상
한 것으로 보아 해당 사업연도의 소득금액을 계산할 때 손금에 산입한다(해약환급금
준비금명세서 제출).

3) IFRS17 "보험계약" 회계처리 개정내용

내 용	IFRS4	IFRS17
① 수익인식	• 현금주의 (보험료수취 시 수취한 보험료를 그대로 수익인식) • 보험료수취 시 수익인식 (수취현금 전체)	발생주의 (매 회계연도별 보험회사가 제공한 서비스를 반영하여 수익인식 사고발생일 및 비용발생일에 수익인식(계약 시 예측된 보험금 및 사업비)) → 보험사건과 관계없이 보험계약자에게 지급하는 투자적요소(해약·만기환급금 등)는 보험수익 제외하여 투자손익으로 구분표시
② 비용인식	사고발생일 및 비용집행일 (실제 지급한 보험금 및 사업비)	사고발생일 및 비용집행일 (실제 발생한 보험금 및 사업비)
③ 보험부채측정	역사적 취득원가 (최초 보험계약자의 할인율을 적용하여 원가기준으로 평가)	현재가치 공정가치평가 (결산시점의 가정과 위험을 반영한 할인률로 보험부채 측정)

제**3**부

포괄손익계산서

제17장

포괄손익계산서의 의의

1 의의

'포괄손익계산서(a statement of profit or loss and other comprehensive income)'는 해당 기간에 인식한 모든 수익과 비용항목을 나타내는 재무제표이다.

수익은 자산의 유입이나 증가 또는 부채의 감소에 따라 자본의 증가를 초래하는 특정 회계기간 동안에 발생한 경제적효익의 증가(지분참여자에 의한 출연과 관련된 것은 제외)이며, 비용은 자산의 유출이나 소멸 또는 부채의 증가에 따라 자본의 감소를 초래하는 특정 회계기간 동안에 발생한 경제적효익의 감소(지분참여자에 대한 분배와 관련된 것은 제외)를 의미한다.

대부분의 수익과 비용은 당기순손익(net income)을 구성하지만 일부의 항목은 당기순손익을 구성하지 않고 직접 재무상태표의 자본으로 인식되는데, 이를 기타포괄손익(other comprehensive income)이라 하고 이는 미실현된 손익이 당기순손익에 포함되어 배당으로 사외유출되는 것을 방지하기 위함이다.

즉, 주주들에게 배당금을 지급할 수 있는 재원은 당기순이익이며 기타포괄손익의 증가액은 배당할 수 없다.

당기순손익과 기타포괄손익을 합산한 금액을 총포괄손익(comprehensive income)이라 하며, 총포괄손익은 소유주와의 거래로 인한 자본변동을 제외한 모든 자본의 변동을 말한다.

> 총포괄손익(CI)＝당기순손익(NI)＋기타포괄손익(OCI)

기타포괄손익에 해당하는 항목은 다음과 같다(제1001호 문단 7).

① 재평가잉여금의 변동(기준서 제1016호「유형자산」과 기준서 제1038호「무형자산」)

② 확정급여제도의 재측정요소(기준서 제1019호「종업원급여」)

③ 해외사업장의 재무제표 환산으로 인한 손익(기준서 제1021호「환율변동효과」)

④ 기타포괄손익－공정가치금융자산의 재측정 손익(기준서 제1109호「금융상품: 인식과 측정」)

⑤ 현금흐름위험회피의 위험회피수단의 평가손익 중 효과적인 부분(기준서 제1039호)
⑥ 관계기업투자주식에 대한 지분법자본변동(기준서 제1028호)

2 포괄손익계산서의 표시방법

(1) 선택적용

기준서 제1001호에서는 포괄손익계산서를 다음 중 한 가지 방법으로 표시하도록 규정하고 있다(문단 81).

1) 단일 포괄손익계산서

2) 두 개의 보고서

① 별개의 손익계산서: 당기손익의 구성요소를 표시하는 보고서
   손익계산서를 표시하는 경우 그 손익계산서는 전체 재무제표의 일부이며, 포괄손익계산서의 바로 앞에 표시한다.
② 포괄손익계산서: 당기순손익에서 시작하여 기타포괄손익의 구성요소를 표시하는 보고서

(2) 약식표시

1) 단일 포괄손익계산서

포괄손익계산서[주]

과 목	당 기	전 기
수익	×××	×××
비용	(×××)	(×××)
계속사업 당기순손익	×××	×××
중단영업 당기순손익	×××	×××
당기순손익	×××	×××
기타포괄손익	×××	×××
총포괄손익	×××	×××

주) 만일 기타포괄손익이 없는 경우에는 손익계산서의 명칭을 사용하여도 무방하다.

2) 두 개의 보고서

손익계산서

과 목	당 기	전 기
수익	×××	×××
비용	(×××)	(×××)
계속사업 당기순손익	×××	×××
중단영업 당기순손익	×××	×××
당기순손익	×××	×××

포괄손익계산서

과 목	당 기	전 기
당기순손익	×××	×××
기타포괄손익	×××	×××
총포괄손익	×××	×××

3 포괄손익계산서의 구조

포괄손익계산서에는 적어도 당해 기간의 다음 금액을 표시하는 항목을 포함한다.

(1) 수익

(2) 금융원가

(3) 지분법 적용대상인 관계기업과 조인트벤처의 당기순손익에 대한 지분

(4) 법인세비용

(5) 다음의 '㉮'와 ㉯를 합한 금액

㉮ 세후 중단영업손익

㉯ 중단영업에 포함된 자산이나 처분자산집단을 순공정가치로 측정하거나 처분함에
따른 세후손익

(6) 당기순손익

(7) 성격별로 분류되는 기타포괄손익의 각 구성요소('(8)'의 금액은 제외)

(8) 지분법 적용대상인 관계기업과 조인트벤처의 기타포괄손익에 대한 지분

(9) 총포괄손익

4 포괄손익계산서의 사례

다음은 삼성전자(주)의 2023년 1월 1일부터 2023년 12월 31일까지의 연결포괄손익계산서이다.

포괄손익계산서(연결)

제55기 2023년 1월 1일부터 2023년 12월 31일까지

삼성전자(주) (단위: 백만 원)

과 목	금 액
Ⅰ. 영업수익	258,935,494
Ⅱ. 매출원가	180,388,580
Ⅲ. 매출총이익	78,546,914
판매비와관리비	71,979,938
Ⅳ. 영업이익	6,566,976
기타이익	1,180,448
기타손실	1,083,327
지분법이익	887,550
금융수익	16,100,148
금융비용	12,645,530
Ⅴ. 법인세비용차감전순이익	11,006,265
법인세(수익)	(4,480,835)
Ⅵ. 당기순이익	15,487,100
당기순이익의 귀속	
지배기업의 소유주에게 귀속되는 당기순이익	14,473,401
비지배지분에 귀속되는 당기순이익	1,013,699
Ⅶ. 주당이익	
기본주당이익(단위: 원)	2,131.0
희석주당이익(단위: 원)	2,131.0
Ⅷ. 기타포괄손익	3,350,311
후속적으로 당기손익으로 재분류되지 않는 포괄손익	665,943
1. 기타포괄손익 – 공정가치금융자산평가손익	1,481,091
2. 관계기업 및 공동기업의 기타포괄손익에 대한 지분	13,150
3. 순확정급여부채(자산) 재측정요소	(828,298)
당기손익으로 재분류되는 세후기타포괄손익	2,684,368

1. 관계기업 및 공동기업의 기타포괄손익에 대한 지분	61,962
2. 해외사업장환산외환차이	2,621,479
3. 현금흐름위험회피파생상품평가손익	927
IX. 총포괄손익	18,837,411
포괄손익의 귀속	
지배기업소유주지분	17,845,661
비지배지분	991,750

재무상태표와 마찬가지로 포괄손익계산서를 이용하여 여러 재무비율을 살펴봄으로써 경영성과를 파악할 수 있는데, 수익성을 나타내는 대표적인 비율은 다음과 같다.

〈참조〉 Apple Inc 손익계산서

CONSOLIDATED STATEMENTS OF OPERATIONS - USD ($) shares in Thousands, $ in Millions	12 Months Ended Sep. 30. 2023
Income Statement [Abstract]	
Net sales	$ 383,285
Cost of sales	214,137
Gross margin	169,148
Operating expenses:	
Research and development	29,915
Selling, general and administrative	24,932
Total operating expenses	54,847
Operating income	114,301
Other income/(expense), net	(565)
Income before provision for income taxes	113,736
Provision for income taxes	16,741
Net income	$ 96,995
Earnings per share:	
Basic (in dollars per share)	$ 6.16
Diluted (in dollars per share)	$ 6.13
Shares used in computing earnings per share:	
Basic (in shares)	15,744,231
Diluted (in shares)	15,812,547

- 1 $: ₩1,300 전제
- 매출액: 498조
- 영업이익: 149조
- 당기순이익: 126조

Apple Inc. 현금흐름표

CONSOLIDATED STATEMENTS OF CASH FLOWS - USD ($) $ in Millions	12 Months Ended Sep. 30, 2023
Statement of Cash Flows [Abstract]	
Cash and cash equivalents, beginning of the year	$24,977
Operating activities:	
Net income	96,995
Adjustments to reconcile net income to cash generated by operating activities:	
Depreciation and amortization	11,519
Share-based compensation expense	10,833
Other	(2,227)
Changes in operating assets and liabilities:	
Accounts receivable, net	(1,688)
Vendor non-trade receivables	1,271
Inventories	(1,618)
Other current and non-current assets	(5,684)
Accounts payable	(1,889)
Other current and non-current liabilities	3,031
Cash generated by operating activities	110,543
Investing activities:	
Purchases of marketable securities	(29,513)
Proceeds from maturities of marketable securities	39,686
Proceeds from sales of marketable securities	5,828
Payments for acquisition of property, plant and equipment	(10,959)
Other	(1,337)
Cash generated by/(used in) investing activities	3,705
Financing activities:	
Payments for taxes related to net share settlement of equity awards	(5,431)
Payments for dividends and dividend equivalents	(15,025)
Repurchases of common stock	(77,550)
Proceeds from issuance of term debt, net	5,228
Repayments of term debt	(11,151)
Repayments of commercial paper, net	(3,978)
Other	(581)
Cash used in financing activities	(108,488)
Increase/(Decrease) in cash and cash equivalents	5,760
Cash, cash equivalents and restricted cash, ending balances	$30,737
Supplemental cash flow disclosure:	
Cash paid for income taxes, net	$18,679
Cash paid for interest	$3,803

- 1 $: ₩1,300 전제
- 배당금지급: 19.5조
- 자사주매입: 101조

(1) 매출액이익률

① 매출총이익률

$$매출총이익률 = \frac{매출액 - 매출원가}{매출액} = \frac{매출총이익}{매출액}$$

② 매출액순이익률

$$매출액순이익률 = \frac{당기순이익}{매출액}$$

(2) 자본이익률

① 자기자본순이익률(ROE)

$$자기자본순이익률 = \frac{당기순이익}{자본총계}$$

② 총자본순이익률(ROI)

$$총자본순이익률 = \frac{당기순이익}{자산총계}$$

(3) 주당순이익(EPS; Earnings Per Share)

$$EPS = \frac{보통주당기순이익}{유통보통주식수}$$

(4) 주가수익률(PER; Price Earnings Ratio)

$$PER = \frac{주식가격(시가)}{EPS}$$

(5) 주당순자산가치(BPS; Book-value Per Share)

$$BPS = \frac{순자산}{발행주식수}$$

(6) 시가 대 장부가비율(PBR; Price to Book Ratio)

$$PBR = \frac{주가}{주당순자산}$$

기능별 분류법에 의한 단일 포괄손익계산서의 예시는 다음과 같다.

포괄손익계산서

당기 2025년 1월 1부터 2025년 12월 31일까지
전기 2024년 1월 1부터 2024년 12월 31일까지

××(주)   (단위: 원)

과 목	금 액		금 액	
	당 기		전 기	
수익(또는 매출액)^{주1)}		×××		×××
매출원가^{주2)}		(×××)		(×××)
매출총이익		×××		×××
판매비와관리비^{주3)}		(×××)		(×××)
영업이익		×××		×××
기타수익^{주4)}		×××		×××
기타비용^{주5)}		(×××)		(×××)
금융수익^{주6)}		×××		×××
금융비용^{주7)}		(×××)		(×××)
관계기업투자손익^{주8)}		×××		×××
법인세비용차감전순손익		×××		×××
법인세비용		(×××)		(×××)
계속사업순손익		×××		×××
중단영업순손익		×××		×××
당기순손익		×××		×××
기타포괄손익		×××		×××
당기손익으로 재분류되지 않는 항목				
자산재평가차익	×××		×××	
확정급여제도의 재측정요소	×××		×××	
관계기업의 기타포괄손익에 대한 지분	×××		×××	
당기손익으로 재분류되지 않는 항목과 관련된 법인세	×××		×××	
후속적으로 당기손익으로 재분류될 수 있는 항목				
해외사업장환산외환차이	×××		×××	
FVOCI금융자산평가손익	×××		×××	
현금흐름위험회피평가손익	×××		×××	
당기손익으로 재분류될 수 있는 항목과	×××		×××	

관련된 법인세		
법인세비용차감후 기타포괄손익	×××	×××
총포괄손익^{주9)}	×××	×××
당기순이익		
지배기업주주 귀속분	×××	×××
비지배지분 귀속분	×××	×××
총포괄손익		
지배기업주주 귀속분	×××	×××
비지배지분 귀속분		
주당이익(단위: 원)		
기본주당이익	×××	×××
비지배지분 귀속분		
주당이익(단위: 원)		
기본주당이익	×××	×××
희석주당이익	×××	×××

주1) 상품매출액, 제품매출액 및 용역매출액

주2) 상품매출원가, 제품매출원가 및 용역매출원가

주3) 판매비와관리비는 제품, 상품, 용역 등의 판매활동과 기업의 관리활동에서 발생하는 비용으로서 매출원가에 속하지 아니하는 비용을 말하며, 급여(임원급여, 급료, 임금 및 제수당 등을 포함한다), 퇴직급여, 해고급여, 복리후생비, 임차료, 접대비, 감가상각비, 무형자산상각비, 세금과공과, 광고선전비, 연구비, 경상개발비, 손상차손 등을 포함한다. 한편, 빈번하게 발생하는 것은 아니지만 영업활동과 관련하여 비용이 감소함에 따라 발생하는 확정급여채무환입, 판매보증충당부채환입 및 손실충당금환입 등은 판매비와관리비의 부(−)의 금액으로 한다.

주4) 유형자산처분이익, 투자부동산처분이익 및 평가이익, 무형자산처분이익, 외환차익, 염가매수차익, 임대료수익, 수수료수익 및 잡수익

주5) 유형자산처분손실, 투자부동산처분손실 및 평가손실, 무형자산처분손실, 유형자산손상차손, 재평가손실, 무형자산손상차손, 영업권손상차손, 외환차손, 기부금 및 잡손실

주6) 이자수익, 배당금수익, FVPL금융자산평가이익 및 처분이익, FVOCI금융자산 및 상각후원가금융자산처분이익, 파생상품평가이익 및 거래이익 등

주7) 이자비용, FVPL금융자산평가손실 및 처분손실, FVOCI금융자산 및 상각후원가금융자산처분손실, FVOCI금융자산손상차손, 파생상품평가손실 및 거래손실 등

주8) 지분법이익, 지분법손실, 관계기업투자주식손상차손, 관계기업투자주식처분이익·손실 등

주9) 당기순손익 + 기타포괄손익

중점사항 포괄손익계산서의 분류기준 및 영업이익의 구분기재 등

1. 분류기준

국제회계기준에서는 포괄손익계산서의 분류기준에 대해 명확한 규정이 없다. 이는 회사의 선택에 따라 분류기준이 다를 수 있고 이 또한 국제회계기준에 따른 포괄손익계산서이다. 즉, 상기의 저자가 작성한 기능별 분류법에 의한 포괄손익계산서 양식은 가장 많은 기업이 적용하는 내용으로 작성한 것이며, 모든 기업이 전부 다를 수도 있음에 유의하여야 한다.

2. 영업이익 구분기재

기준서 제1001호 「재무제표 표시」에서는 포괄손익계산서에 영업이익을 구분하여 표시하도록 요구하고 있다(문단 한138.2~한138.4). 이때 영업이익은 수익(매출)에서 매출원가 및 판매비와관리비(물류원가 등을 포함)에 해당하는 비용을 차감하여 산출한 금액이다(회계기준적용의견서 12-1).

3. 특수업종의 영업이익

기업회계기준서 제1001호에서는 영업의 특수성을 고려할 필요가 있는 경우(예: 매출원가를 구분하기 어려운 경우)나 비용을 성격별로 분류하는 경우 포괄손익계산서 본문에 영업수익에서 영업비용을 차감한 영업이익을 표시할 수 있도록 하고 있다.

이때 영업수익과 영업비용은 기업의 주된 영업활동으로부터 발생한 수익과 비용으로 한다. 예를 들어, 금융회사의 경우 영업수익에는 이자수익, 유가증권평가 및 처분이익, 대출채권평가 및 처분이익, 외환거래이익, 수수료수익, 배당금수익이 포함되며, 영업비용에는 이자비용, 유가증권평가 및 처분손실, 대출채권평가 및 처분손실, 외환거래손실, 수수료비용, 판매비와관리비가 포함된다.

또한 지분법적용투자주식에의 투자를 주된 영업으로 하지 않는 기업은 지분법이익(또는 지분법손실)을 영업이익에 포함하지 않는다. 그러나 지분법적용투자주식에의 투자를 주된 영업으로 하는 기업은 지분법이익(또는 지분법손실)을 영업이익에 포함한다.

4. 조정영업이익 등의 주석공시

기업회계기준서 제1001호에 따라 영업이익 산정에 포함된 항목 이외에 기업의 고유 영업환경을 반영하는 그 밖의 수익 또는 비용 항목이 있다면, 이러한 항목을 영업이익에 추가하여 별도의 영업성과 측정치를 산정하고, 이를 포괄손익계산서 본문에 표시되는 영업이익과 명확히 구별되도록 '조정영업이익' 명칭으로 주석에 공시할 수 있다. 다만, 더 명확히 이해가능하고 이용자들에게 혼란을 주지 않는 명칭이 있다면 그러한 명칭을 사용할 수 있다.

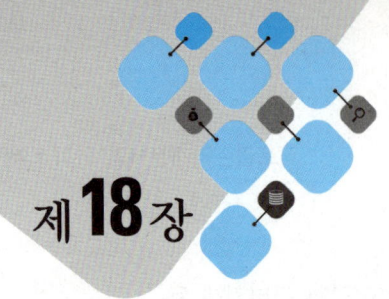

수 익

1 기업의 분류

기업은 크게 상기업·제조기업·서비스기업의 세 가지로 구분된다.

(1) 상기업

상기업은 타인이 보유하고 있는 물품을 구입하여 또 다른 타인에게 판매함으로써 이윤을 얻고자 하는 활동을 영위하는 기업을 말한다. 보통 도·소매업이라고도 부르는데 도매업이란 제조기업으로부터 직접 물품을 구입하여 소매업자에게 판매하는 업을 말하며, 소매업이란 제조기업 또는 도매업자로부터 물품을 구입하여 최종소비자에게 판매하는 업을 말한다. 이때 상기업이 판매를 목적으로 구입하는 물품은 상품이라는 계정과목을 사용한다.

(2) 제조기업

제조기업은 원재료를 구입하고 이에 노동력과 제반경비를 투자하여 타인에게 판매할 수 있는 물품을 만들어 이를 타인에게 판매하여 이윤을 얻고자 하는 활동을 영위하는 기업을 말한다. 이때 생산된 물품은 제품이라는 계정과목을 사용한다.

(3) 서비스기업

서비스기업은 상품이나 제품과 달리 눈에 보이지 않는 서비스(용역)를 제공하고 이에 대한 대가를 수령하여 이윤을 창출하는 활동을 영위하는 기업을 말한다. 최근에 IT산업의 발전 또는 벤처기업의 등장으로 서비스기업이 많이 증가하였고, 이에 대한 관심이 증가하고 있다. 또한 상당수의 서비스기업에서는 서비스의 제공과 상품의 판매가 동시에 이루어지는 경우가 있으며, 이의 구분이 분명하지 않아 처리에 어려움이 발생하기도 한다.

2 수익 일반

(1) 의의

기업이 경영활동을 함에 있어 가장 중요한 것이 바로 수익창출이다. 회계적으로도 '수익을 언제, 얼마만큼 인식할 것인가?'는 매우 중요한 문제가 되는데, 기업회계기준서(이하 '기준서'라 한다) 제1115호 「고객과의 계약에서 생기는 수익」은 고객과의 계약에서 생기는 수익 및 현금흐름의 특성, 금액, 시기, 불확실성에 대한 유용한 정보를 재무제표 이용자들에게 보고하기 위하여 적용할 원칙을 정하는 것을 목적으로 한다(문단 1).

(2) 용어의 정의

1) 수익 관련

① 계약: 둘 이상의 당사자들 사이에 집행 가능한(enforceable) 권리와 의무가 생기게 하는 합의

② 계약자산: 기업이 고객에게 이전한 재화나 용역에 대하여 그 대가를 받을 기업의 권리로 그 권리에 시간의 경과 외의 조건(예: 기업의 미래 수행)이 있는 자산

③ 계약부채: 기업이 고객에게서 이미 받은 대가(또는 지급기일이 된 대가)에 상응하여 고객에게 재화나 용역을 이전하여야 하는 기업의 의무

④ 고객: 기업의 통상적인 활동의 산출물인 재화나 용역을 대가와 교환하여 획득하기로 기업과 계약한 당사자

⑤ (광의의) 수익(Income): 자산의 유입 또는 가치 증가나 부채의 감소 형태로 자본의 증가를 가져오는 특정 회계기간에 생긴 경제적효익의 증가로서, 지분참여자의 출연과 관련된 것은 제외

⑥ 수행의무: 고객과의 계약에서 다음의 어느 하나를 고객에게 이전하기로 한 각 약속
   가. 구별되는 재화나 용역(또는 재화나 용역의 묶음)
   나. 실질적으로 서로 같고 고객에게 이전하는 방식도 같은 일련의 구별되는 재화나 용역

⑦ 수익(Revenue): 광의의 수익(income) 중 기업의 통상적인 활동에서 생기는 것

⑧ (재화나 용역의) 개별 판매가격: 기업이 약속한 재화나 용역을 고객에게 별도로 판매할 경우의 가격

⑨ (고객과의 계약에 대한) 거래가격: 고객에게 약속한 재화나 용역을 이전하고 그 대가

로 기업이 받을 권리를 갖게 될 것으로 예상하는 금액이며, 제삼자를 대신하여 회수한 금액은 제외

2) 공정가치

측정일에 시장참여자 사이의 정상거래에서 자산을 매도하면서 수취하거나 부채를 이전하면서 지급하게 될 가격을 말한다.

중점사항 **공정가치 측정**(기준서 제1113호)

한국채택국제회계기준서 제1113호 「공정가치측정」은 각각의 기준서에 언급되어 있는 공정가치의 측정과 공시의 내용에 대해 통일된 기준을 제시하기 위해 제정된 것으로 2013.1.1. 이후 개시회계연도부터 적용되며, 이에 대한 주요내용은 다음과 같다.

1. 기준서 제1113호의 목적

기준서 제1113호 「공정가치측정」은 다음을 목적으로 한다(문단 1).
① 공정가치를 정의한다.
② 공정가치의 측정을 위한 체계를 단일의 기준서에서 정한다.
③ 공정가치측정에 대한 공시를 요구한다.

2. 공정가치의 정의

기준서 제1113호는 공정가치를 '측정일에 시장참여자 사이의 정상거래에서 자산을 매도하면서 수취하거나 부채를 이전하면서 지급하게 될 가격(즉, 유출가격)'으로 정의한다(문단 9). 이때 그 가격은 직접 관측가능할 수도 있으며, 다른 가치평가 기법을 이용하여 측정될 수도 있다(문단 24).

공정가치의 정의는 공정가치가 시장에 근거한 측정치이며 기업 특유의 측정치가 아니라는 것을 강조한다. 공정가치를 측정하는 경우에는 위험에 대한 가정을 포함하여, 현행 시장 상황에서 자산이나 부채의 가격을 결정할 때 시장참여자가 사용하게 될 가정을 사용한다. 따라서 자산을 보유하고자 하는 기업의 의도나 부채를 결제 혹은 이행하고자 하는 기업의 의도는 공정가치측정에 관련이 없다.

(1) 자산 또는 부채의 특성

공정가치측정은 특정 자산이나 부채에 대한 것이다. 따라서 공정가치를 측정할 때에는 시장참여자가 측정일에 그 자산이나 부채의 가격을 결정할 때 고려하는 그 자산이나 부채의 특성을 고려한다. 예를 들어, 그러한 특성에는 다음이 포함된다(문단 11).

---

① 자산의 상태와 위치

② 자산에 매도나 사용에 제약이 있는 경우 그러한 사항

(2) 공정가치측정과 관련한 가정

① 시장참여자 사이의 거래

공정가치측정은 자산이나 부채가 측정일에 현행 시장 상황에서 자산을 매도하거나 부채를 이전하는 시장참여자 사이의 정상거래에서 교환되는 것을 가정한다(문단 15).

② 시장에 대한 가정

공정가치측정은 자산을 매도하거나 부채를 이전하는 거래가 다음 중 어느 하나의 시장에서 이루어지는 것으로 가정한다(문단 16).

가. 자산이나 부채의 주된 시장

나. 자산이나 부채의 주된 시장이 없는 경우에는 가장 유리한 시장

3. 시장참여자

기업은 시장참여자가 경제적으로 최선의 행동을 한다는 가정하에 시장참여자가 자산이나 부채의 가격을 결정할 때 사용하는 가정에 근거하여 자산이나 부채의 공정가치를 측정하여야 한다(문단 22).

4. 가격

공정가치는 측정일의 현행 시장 상황에서 주된 (또는 가장 유리한) 시장에서의 정상거래에서 자산을 매도하면서 수취하거나 부채를 이전하면서 지급하게 될 가격(즉, 유출가격)이다. 이때, 그 가격은 직접 관측가능할 수도 있으며 다른 가치평가기법을 이용하여 추정될 수도 있다(문단 24).

5. 비금융자산에 대한 적용

비금융자산의 공정가치를 측정하는 경우에는 시장참여자가 경제적효익을 창출하기 위하여 그 자산을 최고 최선으로 사용하거나 혹은 최고 최선으로 사용할 다른 시장참여자에게 그 자산을 매도하는 시장참여자의 능력을 고려한다(문단 27).

6. 부채 및 자기지분상품에 대한 적용

(1) 일반원칙

공정가치측정은 측정일에 금융부채나 비금융부채 또는 자기지분상품(예: 사업결합의 대가로 발행된 지분)이 시장참여자에게 이전되는 것을 가정한다. 부채나 자기지분상품의 이전은 다음을 가정한다(문단 34).

(2) 부채와 지분상품을 다른 상대방이 자산으로 보유하는 경우

동일한 또는 유사한 부채 또는 자기지분상품의 이전을 위한 공시가격을 유용할 수는 없으나 다른 상대방이 동일한 항목을 자산으로 보유하고 있는 경우, 부채나 지분상품의 공정가치는 측정일에 동일 항목을 자산으로 보유하고 있는 시장참 여자의 관점에서 측정한다(문단 37).

① 다른 상대방이 자산으로 보유하고 있는 동일한 항목에 대한 활성시장의 공시 가격이 이용가능하다면, 그 공시가격을 사용한다.

② 활성시장의 공시가격이 이용가능하지 않다면, 다른 상대방이 자산으로 보유 하고 있는 동일한 항목에 대해 비활성시장에서 공시되는 가격 등 기타 관측 가능한 투입변수를 사용한다.

③ 위 '①'과 '②'의 관측가능한 가격을 이용할 수 없다면, 다음과 같은 가치평가 기법을 사용한다.

가. 이익접근법(예: 시장참여자가 부채 또는 지분상품을 자산으로 보유하면 서 수취할 것으로 기대하는 미래현금흐름을 고려하는 현재가치기법)

나. 시장접근법(예: 다른 상대방이 자산으로 보유하고 있는 유사한 부채 또 는 지분상품의 공시가격 사용)

사례: 채무(현재가치기법)

㉮ 20×1년 1월 1일 기업 C는 액면금액 2백만 원, BBB 등급, 매년 10%의 이자를 지급하는 5년 만기 고정금리채무를 사모로 액면 발행한다. 기업 C는 이 금융부 채를 당기손익인식항목으로 지정하였다.

㉯ 20×1년 12월 31일에 기업 C는 여전히 BBB의 신용등급을 유지하고 있다. BBB 수준의 신용등급 및 유동성에 대한 신용스프레드와 이용할 수 있는 이자율과 같은 시장의 조건은 채무상품이 발행된 이후 변동되지 않았다. 그러나 기업 C 의 신용스프레드는 불이행위험의 변동으로 인하여 50 베이시스 포인트만큼 악 화되었다. 모든 시장 조건을 고려한 후, 기업 C는 측정일에 이 금융상품을 발행 한다면 이 상품의 이자율은 10.5%가 되거나, 발행 대가로 액면금액에 미달하 는 금액을 수취할 것이라고 결론 내린다.

㉰ 이 사례에서 기업 C의 부채의 공정가치는 현재가치기법을 사용하여 계산한다. 기 C의 채무를 부담하기 위해 시장참여자가 수취할 것으로 기대하는 금액을 추정하는 경우, 기업 C는 시장참여자가 다음의 모든 투입변수를 사용할 것이 라고 판단한다.

㉠ 다음의 모든 조건을 포함하는 채무상품의 조건

• 이자 10%

• 원금 2백만 원

• 4년의 만기

ⓒ 시장이자율 10.5%(발행일 이후 50 베이시스 포인트 변동한 불이행위험을 포함)

ⓔ 현재가치기법에 기초하여, 기업 C는 20×1년 12월 31일 부채의 공정가치는 1,968,641원이라고 결론 내린다.

(3) 부채와 지분상품을 다른 상대방이 자산으로 보유하지 않는 경우

동일한 또는 유사한 부채나 자기지분상품의 이전을 위한 공시가격이 이용가능하지 않으며 다른 상대방이 동일한 항목을 자산으로 보유하지 않는 경우, 부채를 부담하거나 지분상품에 대한 청구권을 발행하였던 시장참여자의 관점에서 가치평가기법을 사용하여 부채나 지분상품의 공정가치를 측정한다(문단 40). 상황에 적합하며 관련된 관측가능한 투입변수의 사용을 최대화하고 관측가능하지 않은 투입변수의 사용을 최소화하면서 공정가치를 측정하는데 충분한 자료가 이용가능한 가치평가기법을 사용한다.

가치평가기법을 사용하는 목적은 측정일에 현행 시장 상황에서 시장참여자 사이에 이루어지는 자산을 매도하거나 부채를 이전하는 정상거래에서의 가격을 추정하는 것이다. 광범위하게 사용되는 세 가지 가치평가기법은 시장접근법, 원가접근법 및 이익접근법이다. 공정가치를 측정하기 위하여 이러한 접근법 중 하나 이상의 접근법과 일관된 가치평가기법을 사용한다.

① 시장접근법

가. 시장접근법에서는 동일하거나 비교가능한(즉, 유사한) 자산, 부채 또는 사업과 같은 자산과 부채의 집합에 대한 시장거래에서 생성된 가격이나 기타 관련 정보를 사용한다.

나. 예를 들면, 시장접근법과 일관된 가치평가기법에서는 종종 비교가능대상들로부터 도출된 시장 배수를 사용한다. 배수는 각 비교대상의 서로 다른 배수를 가지는 그 범위 내에 있을 수 있다. 범위 내에서 적절한 배수를 선택하는 것은 측정치에 특유한 질적 요소와 양적 요소를 고려한 판단을 필요로 한다.

다. 메트릭스 가격결정방법은 시장접근법과 일관된 가치평가기법 중 하나이다. 메트릭스 가격결정방법은 채무증권과 같은 일부 금융상품의 가치를 평가하는데 주로 사용되는 수학적 기법으로서 특정 증권의 공시가격에 전적으로 의존하기보다는 기준이 되는 공시된 다른 증권과의 관계에 의존한다.

② 원가접근법

가. 원가접근법은 자산의 사용 능력을 대체하는데 현재 필요한 금액을 반영한다(통상 현행대체원가라고 불림).

　　나. 시장참여자인 매도자의 관점에서 자산에 대해 수취하게 될 가격은 시장참여자인 매입자가 이와 유사한 유용성이 있는 대체 자산을 취득하거나 건설하기 위한 원가(진부화에 대해 조정한 후의 금액)를 기준으로 한다. 이는 시장참여자인 매입자는 그 자산의 사용능력을 대체할 수 있는 자산에 대한 금액보다 더 지급하지는 않을 것이기 때문이다. 진부화는 물리적 악화, 기능적(기술적) 진부화 및 경제적(외적) 진부화를 포괄하며 재무보고목적(역사적원가의 배분) 또는 세무목적(특정 내용연수를 이용)의 감가상각보다 그 범위가 더 넓다. 많은 경우에 현행대체원가법은 다른 자산과 함께 사용되거나 다른 자산 및 부채와 함께 사용되는 유형의 자산에 대한 공정가치를 측정하는데 사용된다.

③ 이익접근법

　　가. 이익접근법은 미래 금액(예: 현금흐름 또는 수익과 비용)을 단일의 현행(즉, 할인된) 금액으로 전환한다. 이익접근법을 이용하면, 공정가치측정치는 그러한 미래 금액에 대한 현행의 시장 기대를 반영한다.

　　나. 예를 들면, 다음의 가치평가기법이 해당된다.

　　　㉮ 현재가치기법

　　　㉯ 옵션가격결정모형, 예를 들어 현재가치기법을 이용하고 옵션의 시간가치와 내재가치 모두를 반영하는 블랙-숄즈-머튼 공식이나 이항모형(즉, 격자모형) 등

　　　㉰ 일부 무형자산의 공정가치를 측정하는데 사용되는 다기간 초과이익법

　　다. 현재가치측정의 요소

　　　현재가치(즉, 이익접근법의 적용)는 할인율을 사용하여 미래금액(예: 현금흐름이나 가치)을 현재금액으로 연계시키는데 사용되는 방법이다. 현재가치기법을 사용한 자산이나 부채의 공정가치측정은 측정일에 시장참여자의 관점에서 다음의 모든 요소를 고려한다.

　　　㉮ 측정되는 자산이나 부채의 미래현금흐름의 추정

　　　㉯ 현금흐름에 내재된 불확실성을 나타내는, 현금흐름의 금액 및 시기의 가능한 변동에 대한 기대

　　　㉰ 현금흐름이 발생하는 기간과 일치하는 만기일 또는 듀레이션을 가지며 보유자에게 시기의 불확실성이나 채무불이행위험이 없는 무위험 화폐성자산에 대한 수익률(즉, 무위험이자율)로 나타나는 화폐의 시간가치

　　　㉱ 현금흐름에 내재된 불확실성을 부담하는데 대한 가격(즉, 위험프리미엄)

　　　㉲ 주어진 상황에서 시장참여자가 고려할 그 밖의 요소

⑭ 부채의 경우 기업(즉, 채무자)의 자기신용위험을 포함하는, 해당 부채에 관련된 불이행위험

7. 최초인식시점의 공정가치

① 자산이나 부채의 교환 거래에서 자산을 취득하거나 부채를 인수하는 경우, 거래가격은 자산을 취득하면서 지급하거나 부채를 인수하면서 수취하는 가격(유입가격)이다. 이와 반대로 자산이나 부채의 공정가치는 자산을 매도하면서 수취하거나 부채를 이전하면서 지급하게 될 가격(유출가격)이다. 자산을 취득하기 위해 지급할 가격으로 반드시 자산을 매도하는 것은 아니다. 이와 유사하게 부채를 인수하면서 수취하는 가격으로 반드시 부채를 이전하는 것은 아니다.

② 많은 경우에 거래가격은 공정가치와 동일할 것이다(예: 거래일에 자산을 구입하는 거래가 그 자산을 매도하게 될 시장에서 이루어지는 경우가 그러할 것이다).

③ 최초인식시점의 공정가치가 거래가격과 동일한지를 결정하는 경우에 거래 및 자산 또는 부채에 특정된 요소를 고려한다. 문단 B4는 최초인식시점의 거래가격이 자산이나 부채의 공정가치를 나타내지 못할 수 있는 상황을 기술하고 있다.

④ 다른 기준서에서 최초에 자산이나 부채를 공정가치로 측정할 것을 요구하거나 허용하면서 거래가격이 공정가치와 다른 경우에는, 해당 기준서에서 다르게 정하고 있지 않는 한 이로 인한 손익을 당기손익으로 인식한다.

8. 공정가치 서열체계

공정가치측정 및 관련 공시에서 일관성과 비교가능성을 증진시키기 위하여, 공정가치를 측정하기 위하여 사용하는 가치평가기법에의 투입변수를 3가지 수준으로 분류하는 공정가치서열체계를 정한다. 공정가치서열체계는 동일한 자산이나 부채에 대한 활성시장의(조정되지 않은) 공시가격(수준 1 투입변수)에 가장 높은 순위를 부여하며, 관측가능하지 않은 투입변수(수준 3 투입변수)에 가장 낮은 순위를 부여한다.

(수준 1) 동일한 자산·부채에 대한 접근가능한 활성시장의 공시가격(예: 거래소시장의 종가, 딜러시장의 매입 매도 호가)

(수준 2) '수준 1'의 공시가격 이외에 자산·부채에 대해 직·간접적으로 관측가능한 투입변수(예: 수익률곡선, 신용스프레드, 라이선스 약정의 로열티율)

(수준 3) 자산·부채에 대한 관측가능하지 않은 투입변수(예: 기업내부자료에 의한 사후처리부채, 기업내부자료예측에 따른 현금창출단위)

3 수익의 인식과정

이 기준서의 핵심 원칙은 기업이 고객에게 약속한 재화나 용역의 이전을 나타내도록 해당 재화나 용역의 대가로 받을 권리를 갖게 될 것으로 예상하는 대가를 반영한 금액으로 수익을 인식해야 한다는 것이다.

수익의 인식과정은 다음과 같다.

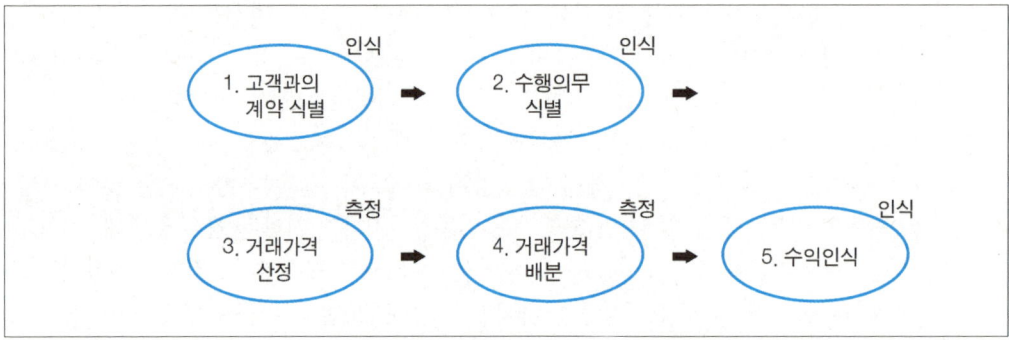

기준서 제1115호를 적용하려면 우선 고객과의 계약이 식별되는지 판단하여야 한다. 고객과의 계약이 식별되어야 고객에게 재화나 용역을 제공해야 할 수행의무가 식별되며, 수행의무를 이행할 때 수익을 인식할 수 있기 때문이다.

수행의무(performance obligation)란 고객에게 재화나 용역을 이전하기로 한 약속을 의미하는데, 수행의무는 단일 수행의무이거나 여러 개의 수행의무가 묶여 있을 수 있으며, 그 수행의무가 재화의 이전으로만 구성되어 있을 수도 있고, 재화와 용역의 이전으로 구성되어 있을 수도 있다. 어느 것이든 기업은 수행의무 전체를 하나로 볼 것인지, 아니면 복수의 수행의무로 볼 것인지를 판단해야 한다.

기존 기준서의 수익인식 회계단위는 계약 또는 거래였는데 제1115호에서는 계약 내의 각 수행의무를 수익인식 회계단위로 하고 있다. 즉, 고객과의 계약에 포함된 다수의 수행의무들을 각각 구분하여 회계처리하여야 한다.

거래가격은 기업이 궁극적으로 수익으로 인식할 금액인데, 거래가격을 추정해야 하는 경우도 있다. 단일의 수행의무라면 전체 거래가격을 하나의 수행의무에 배분하지만, 복수의 수행의무라면 산정된 거래가격을 각 수행의무에 배분하여야 한다. 그리고 기업이 고객에 대한 수행의무를 기간에 걸쳐 이행하면 배분된 거래가격을 기간에 걸쳐 수익으로 인식하고, 수행의무를 한 시점에 이행하면 배분된 거래가격을 한 시점에 수익으로 인식한다.

(1) 고객과의 계약식별

이 기준서는 계약 상대방이 고객인 경우에만 그 계약(리스계약, 보험계약, 금융상품계약 등은 제외)에 적용한다. 고객이란 기업의 통상적인 활동의 산출물인 재화나 용역을 대가와 교환하여 획득하기로 그 기업과 계약한 당사자를 말한다.

이때 계약당사자가 협업의 상대방인 경우 기준서 제1115호의 적용대상에 해당하지 않음에 유의하여야 한다. 만일 A와 B가 신약개발·상업화 약정을 체결하고 A는 신약개발을, B는 상업화를 담당하기로 하고 5 : 5의 참여비율을 정한 경우 A가 B로부터 약정에 따른 대금을 수수한 경우 이는 협업약정에 해당되어 개발비의 차감 또는 기타수익으로 처리하여야 할 것이다.

다음 기준을 모두 충족하는 때에만, 기준서 제1115호의 적용범위에 포함되는 고객과의 계약으로 회계처리한다(문단 9).

---

1. 계약당사자들이 계약을 (서면으로, 구두로, 그 밖의 사업 관행에 따라) 승인하고 각자의 의무를 수행하기로 확약한다.
2. 이전할 재화나 용역과 관련된 각 당사자의 권리를 식별할 수 있다.
3. 이전할 재화나 용역의 지급조건을 식별할 수 있다.
4. 계약에 상업적 실질이 있다(계약의 결과로 기업의 미래현금흐름의 위험, 시기, 금액이 변동될 것으로 예상된다).
5. 고객에게 이전할 재화나 용역에 대하여 받을 권리를 갖게 될 대가의 회수 가능성이 높다. 대가의 회수 가능성이 높은지를 평가할 때에는 지급기일에 고객이 대가(금액)를 지급할 수 있는 능력과 지급할 의도만을 고려한다. 기업이 고객에게 가격할인(price concessions)을 제공할 수 있기 때문에 대가가 변동될 수 있다면, 기업이 받을 권리를 갖게 될 대가는 계약에 표시된 가격보다 적을 수 있다.

계약은 둘 이상의 당사자 사이에 집행 가능한 권리와 의무가 생기게 하는 합의이다. 계약 개시시점에 계약의 존재 여부를 검토하고 개시시점에 기준을 충족하지 못한다면 지속적으로 검토해야 한다.

고객과의 계약이 상기의 기준은 충족하지 못하지만 고객에게서 대가를 받은 경우에는 다음 사건 중 어느 하나가 일어난 경우에만 받은 대가를 수익으로 인식하고 그렇지 않으면 부채로 인식한다.

① 고객에게 재화나 용역을 이전해야 하는 의무가 남아있지 않고, 고객이 약속한 대가를 모두(또는 대부분) 받았으며 그 대가는 환불되지 않는다.

② 계약이 종료되었고 고객에게서 받은 대가는 환불되지 않는다.

계약변경이란 계약 당사자들이 승인한 계약의 범위나 계약가격(또는 둘 다)의 변경을 말한다. 계약당사자가 집행 가능한 권리와 의무를 새로 설정하거나 기존의 집행 가능한 권리와 의무를 변경하기로 승인할 때 계약변경이 존재한다.

계약당사자들이 계약 범위의 변경을 승인하였으나 아직 이에 상응하는 가격 변경을 결정하지 않은 경우에 계약변경으로 생기는 거래가격의 변경은 변동대가 추정에 관한 규정을 적용한다.

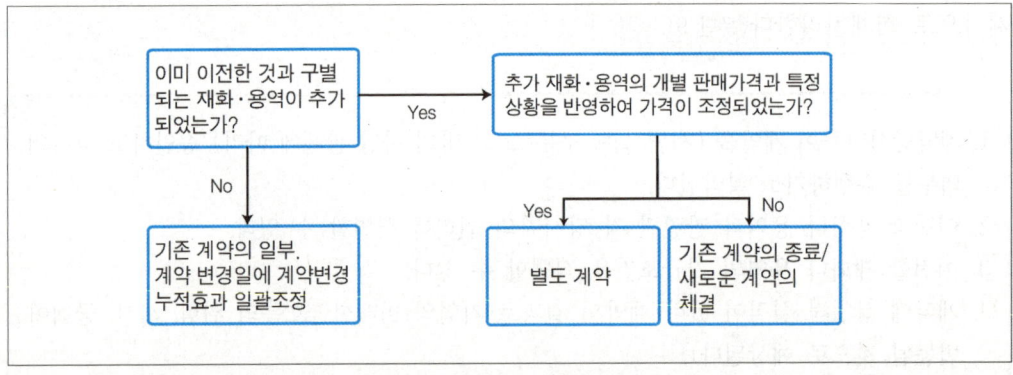

A사가 B사와 공장건설계약을 20,000원에 체결하고 진행기준에 의해 수익을 인식하고 있던 중 B사의 요구에 의해 동일부지에 저장시설을 추가건설하는 계약을 5,000원에 체결한 경우 별도계약 여부를 판단하면 다음과 같다.

첫째, 기존 공장건설계약과 구별되는 용역제공이 추가된 것이다. 이때 구별은 다음 '(2) 수행의무의 식별'에서 설명되는 구별의 내용을 말한다.

둘째, 기존의 공장건설부지에 추가적인 저장시설의 건설이므로 기존 투입장비 등을 활용하여 공사를 진행할 수 있으므로 이는 별도계약 판단기준인 특정상황을 반영하여 가격이 조정된 것이므로 저장시설 추가건설계약은 별도계약에 해당된다. 그러므로 기존계약과 별도로 진행기준을 적용하여 수익을 인식한다(기존 기준서에서는 기존계약을 수정하여 진행률·계약금액·누적수익금액 등을 조정하여야 한다).

사례 1

1. 자료

   기업은 제품 120개를 고객에게 12,000원(@100)에 판매하기로 약속, 제품은 6개월간 이전(각 제품의 통제는 한 시점에 이전), 제품 60개의 통제를 이전한 다음에 추가 제품 30개를 납품하기로 계약 변경

2. 계약 변경(1)

   ① 추가 제품 30개 가격: 2,850원(@95)으로 결정
   ② 계약변경시점의 개별 판매가격 반영한 것으로 원래 제품과 구별됨.
   ③ 별도 계약 체결에 해당
   - 120×@100＝12,000
   - 30×@95＝2,850

3. 계약 변경(2)

   ① 추가 제품 30개 가격: 2,400(30×@80)
   ② 이미 판매된 제품 60개 결함보상금액: 900(60×@15)
   ③ 변경시점의 개별 판매가격을 반영하지 않고 이미 이전한 60개 제품 결함 보상한 것으로 이미 이전한 제품과는 구별됨.
   ④ 기존 계약 종료, 새로운 계약 체결에 해당
   - 60×@100－900＝5,100(수익 차감)
   - 60×@100＋30×@80＝8,400(@93.33)

4. 계약 변경(3)

   ① 제품은 고객맞춤형으로 다른 고객에게 판매가 어려운 상황인데, 고객의 추가납품 요청으로 개당 @120으로 결정
   ② 변경시점의 개별 판매가격을 반영한 것이 아니므로, 이미 이전한 제품과는 구별됨.
   ③ 새로운 계약체결에 해당됨.
   - 60×@100＋30×@120＝9,600(@106.67)

(2) 수행의무의 식별

수행의무(performance obligation)란 고객과의 계약에서 재화나 용역을 이전하기로 한 약속을 말한다. 기업이 고객에게 이전하기로 하는 재화나 용역이 여러 가지일 경우 이것이 하나의 수행의무인지, 아니면 여러 개의 수행의무로 구성되어 있는지를 판단해야 하는데

여러 개의 수행의무로 이루어져 있다면 전체 거래가격을 각 수행의무에 배분해야 하기 때문이다.

| 수행의무 식별 사례 |

1. 기술산업 Network 통신시스템 제작 등 통합계약
   ① 고객특화 H/W 제품판매
   ② 설치용역
   ③ 유지보수
   ④ 교육훈련 등 기타서비스

2. S/W 원천기술 등 지적재산권 라이선스 약정계약
   ① 고객사양에 맞는 S/W 개발제공 또는 S/W 라이선스 제공
   ② 별도구분 재화판매 및 설치용역
   ③ 기술지원 등 추가전문서비스(운영지원서비스)

3. 차량판매계약
   ① 차량판매
   ② 부가서비스
   ③ 추가적인 보증제공
   ④ 기타 용역

4. 수출(CIF)재화계약
   ① 선적 시 통제이전되는 재화판매
   ② 도착지까지의 운송용역(손실위험부담용역)

5. Synthetic FOB destination shipping terms
   (FOB선적지 조건＋판매자가 운송 중인 재화손실·파손위험부담)
   ① 재화판매
   ② 운송 중의 손실보호용역

6. 디스플레이 생산장비 판매계약
   ① 생산장비 판매
      국내공급분 및 국외공급분에 대하여 거래처공장반입시점에 수익인식
   ② 설치용역

│ 신속처리 질의 · 답변 │

고객이 재화를 통제하기 전에 회사가 수행한 운송활동은 별도의 수행의무로 식별하지 않음. 단, 고객이 재화를 통제한 후 수행하는 회사의 운송활동은 별도의 수행의무로 식별할 수 있음. 고객과의 계약상 상품의 운송의무가 있는 경우 고객이 직접 상품을 가져가고 회사에 청구하는 금액은 수익에서 차감함.

수행의무를 식별하면 그 수행의무를 기간에 걸쳐 이행하는지 아니면 한 시점에 이행하는지 판단해야 하는데, 수행의무를 기간에 걸쳐 이행하면 수익도 기간에 걸쳐 인식하며, 수행의무를 한 시점에 이행하면 수익도 한 시점에 인식하기 때문이다.

기업은 계약 개시시점에 고객과의 계약에서 약속한 재화나 용역을 검토하여 고객에게 다음 중 어느 하나를 이전하기로 한 각 약속을 하나의 수행의무로 식별한다.

---

1. 구별되는 재화나 용역(또는 재화나 용역의 묶음)
2. 실질적으로 서로 같고 고객에게 이전하는 방식도 같은 '일련의 구별되는 재화나 용역'

---

1) 구별되는 재화나 용역

일반적으로 고객과의 계약에는 기업이 고객에게 이전하기로 약속한 재화나 용역을 분명히 기재하나 여기에 한정되는 것은 아니다. 약속한 재화나 용역은 계약에 따라 다음 항목을 포함할 수 있으나 여기에 한정되지는 않는다.

① 기업이 생산한 재화의 판매(예: 제조업자의 재고자산)

② 기업이 구매한 재화의 재판매(예: 소매업자의 상품)

③ 기업이 구매한 재화 또는 용역에 대한 권리의 재판매(예: 본인으로 활동하는 기업이 재판매하는 항공권)

④ 고객을 위해 계약상 합의한 업무의 수행

⑤ 재화나 용역을 언제라도 제공할 수 있는 상태에 있어야 하는 용역의 제공(사용할 수 있을 때 고객이 사용하면 제공되는, 소프트웨어의 특정되지 않은 갱신)이나 고객이 결정하는 시점에 그 결정에 따라 재화나 용역을 사용할 수 있는 용역의 제공

⑥ 다른 당사자가 재화나 용역을 고객에게 이전하도록 주선하는 용역의 제공(예: 다른 당사자의 대리인 역할 수행)

⑦ 고객이 자신의 고객에게 재판매하거나 공급할 수 있도록 기업이 미래에 제공할 재화나

용역에 대한 권리를 고객에게 부여(예: 소매업자에게 제품을 판매한 기업이 그 소매업

자에게서 그 제품을 구매하는 개인에게 추가 재화나 용역을 이전하기로 약속한다)

⑧ 고객을 대신하여 자산을 건설, 제조, 개발

⑨ 라이선스 부여

⑩ 추가 재화나 용역을 구매할 수 있는 선택권 부여

다음의 기준을 모두 충족한다면 고객에게 약속한 재화나 용역은 구별되는 것이다.

---

1. 고객이 재화나 용역 그 자체에서 효익을 얻거나 고객이 쉽게 구할 수 있는 다른 자원과
   함께하여 그 재화나 용역에서 효익을 얻을 수 있다(그 재화나 용역이 구별될 수 있다).
   ① 사용・소비, 폐물가치보다 큰 금액으로 매각
   ② 그 밖에 경제적효익이 생기게 하는 방법으로 보유
2. 고객에게 재화나 용역을 이전하기로 하는 약속을 계약 내의 다른 약속과 별도로 식별해
   낼 수 있다(그 재화나 용역을 이전하기로 하는 약속은 계약상 구별된다).
   둘 이상의 약속을 별도로 식별할 수 없는 예는 다음과 같다.
   ① 다른 재화・용역과 통합하는 유의적 용역 제공(결합산출물, 투입물)
   ② 다른 재화・용역을(에 의해) 유의적으로 변형하(되)거나 고객 맞춤화
   ③ 상호의존도나 상호관련성이 매우 높음(다른 재화・용역에서 유의적 영향받음).
      (예: 별개 이전 불가)

---

2) 실질적으로 같고 이전하는 방식도 같은 일련의 구별되는 재화나 용역

일련의 구별되는 재화나 용역이 기간에 걸쳐 이행하는 수행의무의 기준을 충족하고, 같은 방법을 사용하여 진행률을 측정한다면 여러 개의 수행의무로 보지 않고 단일 수행의무로 본다. 따라서 이러한 경우에는 단일 수행의무를 기간에 걸쳐 이행하는 것이므로 기간에 걸쳐 수익을 인식한다.

사례 2

1. A사는 고객인 B사와 다음의 계약 체결
   ① 자체개발한 S/W 라이선스를 3년간 제공
   ② 설치용역: S/W 유의적 변경에 따른 고객맞춤화된 설치용역은 아니며, 타 회사도 설
      치가능하나 약정상 금지
   ③ 기술지원제공용역

---

④ S/W 갱신서비스용역

2. 재화·용역의 구별 여부: 있음.

   '1. ①~④' 모두 그 자체에서 효익을 얻을 수 있음. 타사 설치금지라는 계약상의 제한은 효익판단에 영향을 주지 않음.

3. 약속을 별도로 식별할 수 있는지 여부: 있음.

   '1. ①~④'는 서로 유의적인 영향이 없음.

4. 이는 4개의 수행의무에 해당함.

5. 만일 '1. ② 설치용역'이 고객에게 맞춤화된 S/W 라이선스가 제공된다면 '①·②'는 서로 구별되지 않아 하나의 수행의무에 해당되어 3개의 수행의무에 해당함.

사례 3

1. A사는 고객인 B사와 다음의 계약 체결

   ① B사에 맞춰진 새설비 설계용역

   ② '①'에 따른 시제품 제작

2. 재화·용역의 구별 여부: 있음.

   ① 설계용역과

   ② 제품제조는 효익을 제공하고 있음.

3. 약속을 별도로 식별할 수 있는지 여부: 없음.

   '1. ①과 ②'는 서로 상호의존도 및 관련성이 높아 충족 못함.

4. 이는 하나의 수행의무에 해당함.

사례 4

1. A사는 고객인 B사와 다음의 계약 체결

   ① 20년간 의약품제조 라이선스를 제공함. B사 상표부착 판매가능

   ② B사 명의의 의약품 제조공급

2. 재화·용역의 구별 여부: 있음.

   타 회사도 의약품제조가 가능하므로 '1. ①, ②'는 각각 효익을 제공하고 있음.

3. 약속을 별도로 식별할 수 있는지 여부: 있음.
   ① 라이선스와
   ② 제조용역은 서로 식별 가능함.

4. 이는 2개의 수행의무에 해당함.

사례 5

1. 고객을 위하여 병원을 건설하는 계약에서 식별되는 수행의무는?

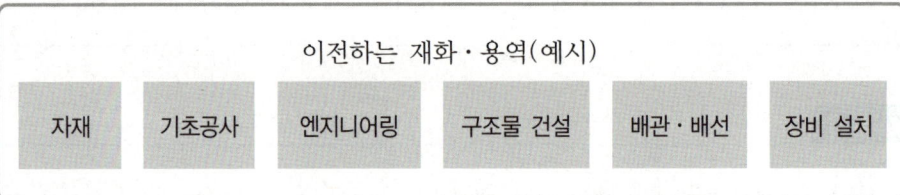

이전하는 재화 · 용역(예시)

| 자재 | 기초공사 | 엔지니어링 | 구조물 건설 | 배관 · 배선 | 장비 설치 |

2. 재화 · 용역의 구별 여부: 있음.
   그 자체로나 쉽게 구할 수 있는 다른 자원과 함께 하여 효익을 얻을 수 있음.

3. 약속을 별도로 식별할 수 있는지 여부: 없음.
   재화 · 용역(투입물)을 통합하는 유의적인 용역을 제공함(결합산출물: 병원).

4. 이는 단일 수행의무에 해당함.

사례 6

1. 자료
   A사는 장비를 판매하면서 설치용역을 제공하는 계약을 체결, 그 장비는 고객맞춤화나 변형 없이 가동 가능, 설치는 복잡하지 않고 대체 용역제공자도 수행할 수 있음.

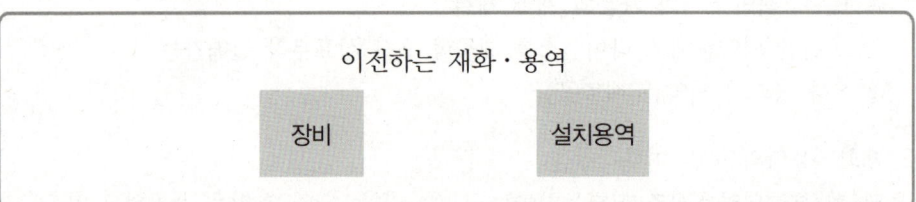

이전하는 재화 · 용역

| 장비 | 설치용역 |

2. 재화 · 용역의 구별 여부: 있음.

  ① 장비 자체에서(사용, 재판매) 쉽게 구할 수 있는 다른 자원(대체 용역제공자의 설치용역)과 함께하여 효익을 얻을 수 있음.

  ② 이미 확보한 자원(장비)과 함께하여 설치용역에서 효익을 얻을 수 있음.

3. 약속을 별도로 식별할 수 있는지 여부: 있음.

  결합산출물로 통합하는 유의적인 용역 제공이 아니며, 유의적으로 고객 맞춤화나 변형하지 않으며, 상호의존도나 상호관련성이 매우 높지 않음(별개 이전 약속 이행 가능).

4. 이는 2가지 수행의무에 해당함.

Expert Opinion Summary

수행의무별 수익인식 시 세무조정

재화와 용역이 혼재된 공급에 있어 용역의 공급을 재화의 공급에 부수되는 것으로 보아 재화의 인도시기에 손익에 산입하던 한국채택국제회계기준적용법인이 새로운 기준서 제1115호 적용에 따라 혼재된 공급에 대한 수행의무를 구분하여 재화의 공급과 용역의 공급으로 각각 수익을 인식하는 경우 법인세법에서도 이를 인정하여 손익귀속시기를 적용함. 단, 종전의 기준서에 따라 새로운 기준서적용일이 속하는 사업연도 이전의 사업연도의 손익으로 산입한 금액은 종전의 방식에 따르는 것임(기획재정부 법인세제과-102, 2020. 1.23.).

(1) 내용

  디스플레이 생산장비 판매거래영위법인이 2017년까지 인도기준을 적용하여 수익을 인식[예약매출의 경우 매수자가 통제하지 않은 경우(설계옵션을 선택하거나 변형만을 지정할 수 있는 경우 등)로 보아 인도기준적용]

  2018년 기준서 제1115호의 적용으로 재화와 용역이 구분되는 거래로 보아 재화의 공급은 인도기준으로 용역의 공급은 진행기준으로 수익을 인식하는 것으로 변경함. 재화의 인도시점은 국내공급분 및 국외공급분에 대하여 거래처 공장반입시점(종전에는 국내분은 거래처 공장반입시점, 국외분은 선적기준적용)을 적용함.

  개정 기준서 적용 시 종전 기준서보다 수익을 이연하여 인식하게 되어 2018.1.1.에 기초 이익잉여금의 감소로 처리함.

(2) 답변

  2018년 이후 최초거래 시는 기준서의 내용에 대하여 법인세법이 이를 인정하나 2017년 이전거래에 대하여는 종전 방식을 따라 2018.1.1. 회계처리 시 이익잉여금을 감소한 금액을 손금산입하여 2018년 이후 사업연도의 과세소득을 증가시키지 말라는 유권해석임.

(3) 거래가격의 산정

거래가격은 고객에게 약속한 재화나 용역을 이전하고 그 대가로 기업이 받을 권리를 갖게 될 것으로 예상하는 금액이며, 제3자를 대신해서 회수한 금액(예: 부가가치세)은 제외한다. 거래가격은 궁극적으로 기업이 수익으로 인식할 금액인데, 다음의 사항이 미치는 영향을 모두 고려하여 거래가격을 산정한다.

---

1. 변동대가
2. 변동대가 추정치의 제약
3. 계약에 있는 유의적인 금융요소
4. 비현금 대가
5. 고객에게 지급할 대가

---

1) 변동대가

계약에서 약속한 대가에 변동금액이 포함된 경우 거래가격은 고정된 금액이 아니기 때문에 거래가격을 추정해야 한다. 대가는 할인(discount), 리베이트, 환불, 공제(credits), 가격할인(price concessions), 장려금(incentives), 성과보너스, 위약금이나 그 밖의 비슷한 항목 때문에 변동될 수 있다.

기업이 대가를 받을 권리가 미래 사건의 발생 여부에 달려 있는 경우에도 약속한 대가는 변동될 수 있는데, 반품권을 부여하여 제품을 판매하거나 특정 단계에 도달하여야 고정금액의 성과보너스를 주기로 약속한 경우 대가는 변동될 것이다.

변동대가는 다음 중 기업이 받을 권리를 갖게 될 대가를 더 잘 예측할 것으로 예상하는 방법을 사용하여 추정한다.

방 법	내 용
기댓값	기댓값은 가능한 대가의 범위에 있는 모든 금액에 각 확률을 곱한 금액의 합이다. 특성이 비슷한 계약이 많은 경우 기댓값은 변동대가의 적절한 추정치일 수 있다.
가능성이 가장 높은 금액	가능성이 가장 높은 금액은 가능한 대가의 범위에서 가능성이 가장 높은 단일 금액이다. 계약에서 가능한 결과치가 두 가지뿐일 경우에는 가능성이 가장 높은 금액이 변동대가의 적절한 추정치가 될 수 있다.

중점사항

1. 종전기준서에는 수익에 대하여 고객에게 받았거나 받을 대가의 공정가치로 측정하였으나, 개정기준서에서는 계약에서 정한 거래가격이 있더라도 사업관행 등에 따라 향후에 할인제공 등 가격이 변동될 수 있으면 이를 고려하여 거래가격을 산정하고 계약에 유의적인 금융요소가 있다면 이를 반영하도록 하고 있다.

2. 가격비교 차액보상제도
   ① A사는 고객 B사에 재화를 1,000에 판매
   ② 2개월 안에 동종제품의 경쟁사 가격이 1,000 이하인 경우 차액환불정책 실시
   ③ A사는 재화판매 시 3%의 환불금액을 추정
   ④ 회계처리

(차) 현금	1,000	(대) 매출	970
		환불부채	30

   ⑤ 기존기준서는 환불확정 시 에누리 처리

3. 성능보장 거래가격조정제도
   ① 고객에게 판매 시 일정한 성능을 보장하고 성능에 미달 시 일정금액을 환불하는 정책 실시
   ② 재화판매 시 환불예상액을 추정하여 수익에서 차감하고 환불부채계상
   ③ 기존기준서는 환불확정 시 에누리 처리

① 매출에누리 · 환입(환출)

판매 시 가격의 인하 또는 상품을 판매한 후 상품의 품질 · 규격 등에 하자가 있어 거래조건과 일치하지 않게 되는 경우 판매대금의 일부를 깎는 것을 매출에누리라고 하며, 판매한 상품을 돌려받는 것을 매출환입이라고 한다. 매출에누리 · 환입이 발생하면 이 금액을 제외한 순액만큼만 수취하여야 하므로, 판매회사는 매출에누리 및 매출환입 금액만큼 매출채권과 매출을 차감한다. 반면, 구입회사는 매입에누리 및 매입환출금액만큼 매입채무와 상품을 차감하면 된다.

한편, 일정기간의 거래수량이나 거래금액에 따라 매출액을 감액하여 줄 수 있는데, 이 또한 매출에누리에 포함되므로 매출을 차감하여야 한다.

저자주 ●

판매장려금

일정기간의 거래수량 등에 의해 매출액을 감액해 주는 것을 실무적으로는 판매장려금이라 한다. 물품을 많이 구매해주는 고객에게 가격을 인하해 주는 것은 상거래상 당연한 것인데 판매시점에서 앞으로 얼마나 구매할지는 알 수 없으므로 일정한 약정을 하여 일정기간의 거래수량이나 거래금액을 기준으로 요건을 충족한 거래처에게 판매시점의 판매가격을 인하하여 그 차액을 현금으로 지급(또는 외상매출금의 감소)하는 것을 말하며, 회계기준에서는 매출에서 차감하도록 하고 있는 것이다. 판매장려금의 회계처리는 매출차감이 아닌 판매비로 비용계상하여야 한다는 주장이 있을 수 있으나 이를 비용으로 처리하면 의도적으로 매출금액을 과대계상하고 동액만큼 판매비도 과대계상하여 분식회계가 될 수 있으므로 이를 매출에서 차감하도록 규정하고 있는 것이다.

사례 7   에누리와 환입 및 할인

Ⅰ. 자료

나미(주)의 2024년 3월 한 달 동안의 거래내역이다. 단, 수진(주)의 외상거래 조건은 '2/10, n/30'이다.

3월 2일: 나미(주)는 수진(주)로부터 상품(10개)을 ₩2,000,000에 외상구입하였다.
3월 5일: 나미(주)는 2일 구입한 상품에 하자가 있어 수진(주)로부터 구입대금 중 ₩100,000을 에누리받았다.
3월 10일: 나미(주)는 수진(주)로부터 상품(20개)을 ₩4,000,000에 외상구입하였다.
3월 13일: 나미(주)는 10일 구입한 상품에 하자가 있어 상품 3개를 반품하였다.
3월 20일: 나미(주)는 상품 매입대금 전부를 수진(주)에 지급하였다.

Ⅱ. 문제

위의 자료 3월 2일부터 3월 13일까지 수진(주)와 나미(주)의 회계처리를 하여라.

Ⅲ. 해답

날짜	수진(주)		나미(주)	
3/2	(차) 외상매출금	2,000,000	(차) 상품	2,000,000
	(대) 매출	2,000,000	(대) 외상매입금	2,000,000
3/5	(차) 매출	100,000	(차) 외상매입금	100,000
	(대) 외상매출금	100,000	(대) 상품	100,000

날짜	수진(주)		나미(주)	
3/10	(차) 외상매출금	4,000,000	(차) 상품	4,000,000
	(대) 매출	4,000,000	(대) 외상매입금	4,000,000
3/13	(차) 매출	600,000[주)]	(차) 외상매입금	600,000[주)]
	(대) 외상매출금	600,000	(대) 상품	600,000

주) ₩4,000,000×3/20＝₩600,000

② 매출(매입)할인

[사례 7]에서 수진(주)의 외상(신용)거래 조건이 '2/10, n/30'이라고 하였다. 이는 판매일로부터 10일 이내에 대금을 지급하면 대금의 2%를 할인하여 주며, 아무리 늦어도 30일까지는 지급해야 한다는 의미이다. 이처럼 상품을 판매한 회사는 외상대금의 조기 회수를 위해 구입한 회사가 구입대금을 조기에 갚을 경우 매출대금의 일부를 할인해 주는 경우가 있는데 이를 판매회사 입장에서는 매출할인이라고 하며, 구입회사 입장에서는 매입할인이라고 한다. 매출(매입)할인 역시 매출(매입)의 차감항목이므로 매출(매입)에누리와 환입(환출)과 동일하게 회계처리한다.

[사례 7]의 3월 20일 수진(주)와 나미(주)의 회계처리는 다음과 같다.

날짜	수진(주)		나미(주)	
3/20	(차) 현금	5,232,000	(차) 외상매입금 5,300,000[주2)]	
	매출	68,000[주1)]	(대) 현금	5,232,000
	(대) 외상매출금	5,300,000[주2)]	상품	68,000[주1)]

주1) (₩4,000,000－600,000)×2%＝₩68,000
주2) (₩2,000,000＋4,000,000)－(₩100,000＋600,000)＝₩5,300,000

| 에누리 · 환입(환출) 및 할인 |

구 분	판매회사	구입회사
하자가 있어 물품대금을 할인	매출에누리	매입에누리
일정거래수량(금액)에 따라 대금할인		
하자가 있어 물품을 반환	매출환입	매입환출
할인기간 내 물품대금 수취(지급)	매출할인	매입할인
	↓	↓
	매출의 차감계정 (차변항목)	상품의 차감계정 (대변항목)

2) 변동대가 추정치의 제약

일부 변동대가의 추정치가 너무 불확실하거나 기업이 고객에게 재화나 용역을 이전하고 그 대가로 받을 권리를 갖게 될 금액을 충실하게 나타내지 못하는 경우에는 이를 거래가격에 포함시키지 않는데, 이를 변동대가 추정치의 제약이라고 한다.

변동대가와 관련된 불확실성이 나중에 해소될 때, 이미 인식한 누적수익금액 중 유의적인 부분을 되돌리지(환원하지) 않을 가능성이 매우 높은(highly probable) 정도까지만 변동대가를 추정하여 거래가격에 포함시킨다.

일부 계약에서는 기업이 고객에게 제품에 대한 통제를 이전하고, 여러 가지 사유로 제품을 반품할 권리를 고객에게 부여하기도 한다. 반품권이 있는 판매에서 수익금액을 산정할 때 변동대가의 인식 및 측정원칙을 사용한다. 즉, 반품권과 관련된 불확실성이 나중에 해소될 때 이미 인식한 누적수익금액 중 유의적인 부분을 되돌리지 않을 가능성이 매우 높은 정도까지만 수익을 인식한다. 따라서 반품될 가능성이 매우 높을 것으로 예상되는 금액에 대해서는 수익을 인식하지 않고, 환불부채를 인식한다. 또한 고객이 반품권을 행사할 때 기업이 재화를 회수할 수 있는 권리를 별개의 자산(반환제품회수권)으로 인식한다.

반품권이 있는 제품의 이전을 회계처리하기 위하여 다음 사항을 모두 인식한다.

---

1. 기업이 받을 권리를 갖게 될 것으로 예상하는 대가(금액)를 수익으로 인식(반품이 예상되는 제품에 대해서는 수익을 인식하지 않음)
2. 환불부채 인식
3. 환불부채를 결제할 때 고객에게서 제품을 회수할 기업의 권리에 대하여 자산(과 이에 상응하는 매출원가 조정) 인식

항 목	측 정
수익	• 받을 권리를 갖게 될 것으로 예상되는 대가(금액) (반품 예상 금액은 제외됨) • 변동대가 추정치 제약 규정 적용
환불부채	• 반품 예상 금액＝받은 금액－수익인식 금액
자산 (반환제품 회수권)	• 제품을 회수할 기업의 권리 • 반품 예상 제품의 장부금액－예상 회수원가

환불부채와 자산 금액은 보고기간 말마다 재측정하며, 환불부채의 조정금액은 수익에 반

영하고 자산의 조정금액은 비용으로 반영한다.

│ 신속처리 질의 · 답변 │

계약상 납기를 준수하지 못하고 고객에게 다시 지급해야 하는 금액은 위약금으로 인한 변동대가의 일부로 보아 수익에서 차감함.

보론 | **거래가격의 불확실성에 따른 수익인식**
(한국회계기준원 홍현선 책임연구원 기고문)

K-IFRS 제1115호에 따르면, 재화나 용역의 통제를 고객에게 이전하였을 때 회사가 받을 대가금액에 대한 측정 불확실성은 수익인식 자체에 영향을 미치지는 않는다. 다시 말해서, 재화나 용역의 통제를 고객에게 이전하였다면 수익을 인식하되 그 금액의 불확실성을 측정에 반영한다. 이때 회사는 변동대가를 ① '기댓값'과 ② '가능성이 가장 높은 금액' 중에서 보다 적합한 금액으로 추정하고 그 계약 전체에 하나의 방법을 일관되게 적용한다. 다만, 이 경우 측정 불확실성이 해소될 때 유의적으로 되돌리지 않을 가능성이 매우 높은 정도까지만 수익으로 인식한다.

이에 반해 일반기업회계기준에서는 '신뢰성 있는 측정' 요건이 수익인식 기준 자체에 포함되어 있다(제16장 문단 16.10 및 16.11). 따라서 특정 거래의 상황에서 수익금액을 신뢰성 있게 측정할 수 없다면 수익을 인식할 수 없다.

회사 B는 와인 제조 및 판매를 영업으로 하고 있다. 회사는 20×8년 12월 초에 고객 K에게 와인 100병을 인도하는 계약을 하였는데, 계약대가는 '고정대가 200원'과 20×9년 4월에 열리는 와인콘테스트 결과에 따라 '달라지는 대가(변동대가)'로 구성된다. 콘테스트 결과는 A, B, C, D 네 등급으로 분류되며, 등급에 따라 결정되는 변동대가는 아래와 같다.

(단위: 원)

	A	B	C	D
변동대가	800	300	200	0

회사는 회사의 와인이 D등급으로 평가될 가능성은 거의 없지만 A, B, C 등급 중 어느 등급에 해당할 것인지는 전혀 알 수 없다. K-IFRS 제1115호에 따르면, 회사는 와인 100병을 고객에게 이전하는 시점에 고정대가(200원)와 가능성이 거의 없는 D 등급 대가를 제외한 변동대가 중 최소금액인 200원을 더한 금액(400원)까지는 수익으로 인식할 수 있을 것이다. 이에 반하여 일반기업회계기준에서는 대가를 신뢰성 있게 측정할 수 없다면 수익을 전혀 인식하지 못하게 된다.

사례 8

1. 자료

   제품의 판매가격은 100원(원가는 80원)이며, 고객은 계약에 따라 90일 이내에 제품을 반품할 수 있다.

   반품권과 관련된 과거 증거가 부족하여 제품에 대한 통제를 고객에게 이전할 때 기업은 이미 인식한 누적수익 금액 중 유의적인 부분을 되돌리지 않을 가능성이 매우 높다고 결론짓지 못한다.

2. 수익의 인식시점

   반품권 소멸시점에서 수익을 인식한다.

3. 회계처리

   ① 고객에게 제품 이전시점(2024년)

(차) 반환제품회수권	80	(대) 재고자산	80

   ② 반품권 소멸시점(2025년)

(차) 수취채권	100	(대) 매출	100
(차) 매출원가	80	(대) 반환제품회수권	80

4. 세무조정

   (1) 2024년

   익금산입 · 매출 · 100 · 유보
   손금산입 · 매출원가 · 80 · △유보

   (2) 2025년

   익금불산입 · 매출 · 100 · 유보
   손금불산입 · 매출원가 · 80 · 유보

사례 9

1. 자료

기업은 제품을 개당 150원(원가는 100원)에 이전하기로 2025.1.1. 고객과 계약을 체결하였다.

고객이 1년 이내에 제품을 10,000개 이상 구매할 경우에는 계약에 따라 개당 가격을 소급하여 125원으로 낮추어야 하며, 계약 개시시점에 고객이 제품을 임계치인 10,000개 이상 구입할 것이라고 추정된다.

2. 제품 100개를 처음 운송할 때의 회계처리

(차) 수취채권	15,000[주1]	(대) 매출	12,500
		환불부채(계약부채)	2,500[주2]
(차) 매출원가	10,000	(대) 재고자산	10,000

주1) 가격 감액을 소급 적용하기 전까지 기업은 개당 150원 대가를 받을 무조건적 권리가 있음.
주2) 환불부채는 기업이 받았거나 받을 대가 중 권리를 갖게 될 것으로 예상하지 않는 금액으로 측정. 제품 개당 25원의 환불금(수량기준 리베이트)

3. 세무조정

익금산입 · 환불부채 · 2,500 · 유보

사례 10

1. 자료

수진(주)는 고객들과 100건의 계약을 체결하였는데, 각 계약은 제품 1개당 ₩100에 판매하는 것을 포함한다. 수진(주)는 제품에 대한 통제가 이전될 때 현금을 받는다. 수진(주)의 사업관행은 고객이 사용하지 않은 제품을 30일 이내에 반품하면 전액 환불받을 수 있도록 허용한다. 각 제품의 원가는 ₩60이다. 계약에서 고객에게 제품의 반품을 허용하고 있기 때문에 고객에게서 받을 대가는 변동될 수 있다. 수진(주)는 변동대가를 기댓값 방법을 사용하여 97개의 제품이 반환되지 않을 것으로 추정하였다. 수진(주)는 반품 추정에 상당한 경험이 있으며, 불확실성은 단기간(30일 이내)에 해소될 것으로 판단하였다. 따라서 수진(주)는 불확실성이 해소될 때(반품기한이 종료될 때) 이미 인식한 누적 수익 금액(97개×₩100=₩9,700) 중 유의적인 부분을 되돌리지 않을 가능성이 매우 높다고 결론지었다. 단, 수진(주)는 제품의 회수원가가 중요하지 않다고 추정하였으며, 반품된 제품은 다시 판매하여 이익을 남길 수 있다고 예상하였다.

2. 회계처리

(1) 제품의 통제 이전 시점

① 1115호에 따른 회계처리(총액처리)

(차) 현금	10,000	(대) 매출	9,700[주1]
		환불부채	300[주2]

(차) 매출원가	5,820[주3]	(대) 재고자산	6,000
반환제품회수권	180[주4]		

주1) 97개×₩100 = ₩9,700
주2) 3개×₩100 = ₩300
주3) 97개×₩60 = ₩5,820
주4) 3개×₩60 = ₩180

② 종전기준서에 따른 회계처리(순액처리)

(차) 매출	300	(대) 매출원가	180
		반품충당부채	120

(2) 30일 이내에 제품 3개가 반품된 경우

(차) 환불부채	300	(대) 현금	300
(차) 재고자산	180	(대) 반환제품회수권	180

(3) 30일 이내에 반품이 전혀 없는 경우

(차) 환불부채	300	(대) 매출	300
(차) 매출원가	180	(대) 반환제품회수권	180

(4) 30일 이내에 제품 1개만이 반품된 경우

(차) 환불부채	300	(대) 매출	200
		현금	100

(차) 매출원가	120	(대) 반환제품회수권	180
재고자산	60		

3) 계약에 있는 유의적인 금융요소

거래가격을 산정할 때 계약당사자들 간에 합의한 지급시기 때문에 고객에게 재화나 용역을 이전하면서 유의적인 금융 효익이 고객이나 기업에 제공되는 경우 화폐의 시간가치가 미치는 영향을 반영하여 약속된 대가를 조정한다. 이와 같은 조정의 목적은 고객이 그 재화나 용역 대금을 현금으로 결제했다면 지급하였을 가격을 반영하는 금액(현금판매가격)으로 수익을 인식하기 위해서이다.

계약을 개시할 때 기업이 고객에게 약속한 재화나 용역을 이전하는 시점과 고객이 그에 대한 대가를 지급하는 시점 간의 기간이 1년 이내일 것이라고 예상한다면 유의적인 금융요소의 영향을 조정하지 않는 실무적 간편법을 쓸 수 있다.

기업이 현금판매가격으로 수익을 인식하기 위해서 유의적인 금융요소를 반영하여 약속한 대가(금액)를 조정할 때 계약 개시시점에 기업과 고객이 별도 금융거래를 한다면 반영하게 될 할인율을 사용한다. 이 할인율에는 금융을 제공받는 당사자의 신용특성도 반영될 것이다. 그러나 계약 개시 후에는 이자율이나 그 밖의 상황이 달라져도(예: 고객의 신용위험 평가의 변동) 그 할인율을 새로 수정하지 않는다.

중점사항

1. 재화 · 용역의 이전시점 ≠ 대가지급시점

   선불거래 및 후불거래에 있어 유의적인 금융효과 발생 시 거래가격은 화폐의 시간 가치를 반영하여 결정한다. 종전기준서에는 선불거래에 대해 규정이 없었다.

   ① 2년 뒤에 고객에게 자산에 대한 통제가 이전되는 계약에서 고객은 ㉠ 2년 후 5,000원을 지급하거나, ㉡ 계약 시 4,000원을 지급하는 방법 중 ㉡을 선택, 계약에 유의적인 금융요소가 포함되어 있고, 이자율은 6%라고 판단하는 경우

   ② 회계처리

계약 시:	(차) 현 금	4,000	(대) 계약부채	4,000
1년 후:	(차) 이자비용	240[주1]	(대) 계약부채	240
2년 후:	(차) 이자비용	254[주2]	(대) 계약부채	254
자산이전 시:	(차) 계약부채	4,494	(대) 수 익	4,494

   주1) 4,000×0.06=240
   주2) 4,240×0.06=254

2. 조선업의 경우

   ① 고객과 건설기간 3년의 선박건조계약체결
   ② 거래가격은 계약 시 10%, 완성시점에 90% 수령
   ③ 회사는 진행기준으로 수익인식
   ④ 진행기준에 의한 수익인식시점과 대금회수시점 간의 기간을 분석하여 유의적인 금융요소가 있는지를 파악하여 할인율을 적용함.

3. 법인세법상 장기할부조건 판매·양도

(1) 장기할부조건 판매·양도의 조건(법령 §68 ④)

자산의 판매·양도(국외거래에 있어서는 소유권이전조건부약정에 의한 자산의 임대를 포함)로서,

① 판매금액 또는 수입금액을 월부·연부 기타 방법으로 2회 이상 분할하여 대금을 회수할 것

② 당해 목적물을 인도일(부동산의 경우는 등기·등록일, 인도일 또는 사용수익일 중 빠른 날)의 다음 날부터 최종할부금의 지급일까지의 기간이 1년 이상인 것

(2) 원칙: [인도기준]

(3) 예외(법령 §68 ②): [회수약정기준]

① 결산에 반영하는 경우: 법인이 장기할부조건으로 자산을 판매·양도한 경우 판매·양도자산의 인도일(부동산 등은 등기·등록일, 인도일 또는 사용수익일 중 빠른 날)이 속하는 사업연도의 결산을 확정함에 있어서 해당 사업연도에 회수하였거나 회수한 금액과 이에 대응하는 비용을 각각 수익과 비용으로 계상한 경우에는 그 장기할부조건에 따라 각 사업연도에 회수하였거나 회수할 금액과 이에 대응하는 비용을 각각 해당 사업연도의 익금과 손금에 산입한다.

(주) "…회수하였거나 회수할…": 회수약정기준을 의미하며, 회수약정금액보다 초과회수액은 선수금임(법인 46012-1414, 1999.4.15., 재경법인 46012-64, 1999.5.4.).

② 중소기업: 중소기업인 법인이 장기할부조건으로 자산을 판매하거나 양도한 경우에는 그 장기할부조건에 따라 각 사업연도에 회수하였거나 회수할 금액과 이에 대응하는 비용을 결산반영 여부와 관계없이 각각 해당 사업연도의 익금과 손금에 산입할 수 있다(법령 68 ②). 따라서 중소기업은 결산상 인도기준으로 계상한 경우에도 회수약정기준에 따른 신고조정이 허용된다.

③ 위 '①과 ②'의 규정을 적용할 때 인도일 이전에 회수하였거나 회수할 금액은 인도일에 회수한 것으로 본다.

(4) 현재가치할인차금

장기할부조건 등에 의한 판매·양도 시 발생한 채권을 기업회계기준이 정하는 바에 따라 유효이자율법에 의해 현재가치로 평가하여 현재가치할인차금을 계상한 경우 해당 현재가치할인차금상당액은 해당 할부기간 동안 기업회계기준이 정하는 바에 따라 이자수익으로 환입하였거나 환입할 금액을 각 사업연도의 익금에 산입한다(법령 §68 ⑥).

사례 11

1. 자료

수진(주)는 2025.1.1. 총수취액 ₩8,000,000의 할부매출(원가는 6,000,000원)을 하면서 계약금으로 ₩2,000,000을 수령하고, 잔금 ₩6,000,000은 2025년부터 2027년까지 매년 12월 31일에 ₩2,000,000씩 3년에 걸쳐서 수령하기로 하였다. 이 거래에는 유의적인 금융요소가 포함되어 있으며, 계약 할인율은 연 10%로서 계약 개시시점에 수진(주)와 고객이 별도 금융거래를 한다면 반영하게 될 할인율로 판단된다.

2. 매출액과 이자수익의 구분

(1) 매출액＝₩2,000,000(인도금)＋2,000,000×2.48685(기간 3, 10%, 연금현가계수)

＝₩6,973,700

(2) 이자수익＝총수취액－매출액

＝₩8,000,000－6,973,700

＝₩1,026,300

(3) 연도별 이자수익계상액

일 자	현금수령액	이자수익 (10%)	원금회수액	매출채권 장부금액
2025. 1. 1.	₩2,000,000		₩2,000,000	₩4,973,700
2025.12.31.	2,000,000	₩497,370	1,502,630	3,471,070
2026.12.31.	2,000,000	347,107	1,652,893	1,818,177
2027.12.31.	2,000,000	181,823 [주]	1,818,177	0
합 계	₩8,000,000	₩1,026,300	₩6,973,700	

주) 단수차이 조정

3. 연도별 회계처리

일 자	회계처리			
2025. 1. 1.	(차) 현금	2,000,000	(대) 매출	6,973,700
	장기매출채권	4,973,700 [주]		
	(차) 매출원가	6,000,000	(대) 제품	6,000,000
2025.12.31.	(차) 장기매출채권	497,370	(대) 이자수익	497,370
	(차) 현금	2,000,000	(대) 장기매출채권	2,000,000
2026.12.31.	(차) 장기매출채권	347,107	(대) 이자수익	347,107
	(차) 현금	2,000,000	(대) 장기매출채권	2,000,000
2027.12.31.	(차) 장기매출채권	181,823	(대) 이자수익	181,823
	(차) 현금	2,000,000	(대) 장기매출채권	2,000,000

주) 다음과 같은 회계처리도 가능함.

	(차)			(대)	
	현금	2,000,000		매출	6,973,700
	장기매출채권	6,000,000		현재가치할인차금	1,026,300
				(장기매출채권차감표시)	

4. 세무조정

(1) 일반적인 경우

법인이 상기 '3.'에 의한 회계처리를 한 경우에는 법인세법도 인정하여 별도의 세무조정이 발생하지 않는다.

(2) 법인세법상 중소기업인 경우

법인세법상 중소기업에 해당하는 경우에는 회사의 회계처리와 상관없이 회수약정기준을 적용하여 세무조정을 할 수 있다.

① 회수약정기준에 따른 익·손금 해당액

사업연도	익 금	손 금
2025	2,666,667	2,000,000
2026	2,666,667	2,000,000
2027	2,666,666	2,000,000

② 세무조정

2025년: 익금불산입 4,804,403(6,973,700 + 497,370 − 2,666,667)

손금불산입 4,000,000(6,000,000 − 2,000,000)

2026년: 익금산입 2,319,560(2,666,667 − 347,107)

손금산입 2,000,000

2027년: 익금산입 2,484,843(2,666,666 − 181,823)

손금산입 2,000,000

4) 비현금 대가

고객이 현금 외의 형태로 대가를 약속한 계약의 경우에 거래가격을 산정하기 위하여 비현금 대가를 공정가치로 측정한다. 비현금 대가의 공정가치를 합리적으로 추정할 수 없는 경우에는 그 대가와 교환하여 고객에게 약속한 재화나 용역의 개별 판매가격을 참조하여 간접적으로 그 대가를 측정한다. 기업이 계약을 쉽게 이행할 수 있도록 고객이 재화나 용역을 제공하는 경우에 기업이 그 제공받은 재화나 용역을 통제한다면 이를 고객에게서 받은 비현금 대가로 회계처리한다.

5) 고객에게 지급할 대가

기업이 고객이나 고객의 고객에게 대가를 지급하는 경우가 있다. 그 대가는 고객에게서 받은 재화나 용역의 대가를 지급하는 형태이거나 고객에게 제공한 재화나 용역의 할인 또는 환불의 형태일 수 있다.

고객에게 지급할 대가가 고객에게서 받은 구별되는 재화나 용역에 대한 지급이 아니라면 그 대가는 거래가격, 즉 수익에서 차감하여 회계처리한다. 그러나 고객에게 지급할 대가가 고객에게서 받은 구별되는 재화나 용역에 대한 지급이라면 다른 공급자에게서 구매한 경우와 같은 방법으로 회계처리한다. 고객에게 지급할 대가가 고객에게서 받은 구별되는 재화나 용역의 공정가치를 초과한다면, 그 초과액을 거래가격에서 차감하여 회계처리한다.

① 진열대가 수수료

- A사는 고객 B사(소매업자)에 음료를 판매하고 눈에 잘 띄는 판매대 진열 시 수수료를 지급
- B사가 A사에게 제공하는 구별되는 재화·용역이 없음.
- A사는 수익에서 (-), B사는 매입가액에서 (-) 처리

② 고객의 고객에게 지급할 대가

- A사는 B사에 판매하고 B사는 일반고객에게 판매함.
- B사로부터 A사의 재화를 구매한 일반고객에게 A사가 일정액의 리베이트 지급 약정
- 일반고객을 고객으로 판단 시 A사 수익인식 시 리베이트 예상액을 수익차감·계약부채계상
- 고객으로 판단이 안되는 경우 판관비로 비용처리

(4) 거래가격의 수행의무 배분

거래가격을 배분하는 목적은 기업이 고객에게 약속한 재화나 용역을 이전하고 그 대가로 받을 권리를 갖게 될 금액을 나타내는 금액으로 각 수행의무에 거래가격을 배분하는 것이다. 단일의 수행의무만 있는 계약의 경우에는 거래가격의 배분이 필요하지 않으나, 수행의무가 여러 개일 경우 거래가격을 각 수행의무에 배분해야 한다. 이때 상대적 개별 판매가격을 기준으로 거래가격을 계약에서 식별된 각 수행의무에 배분한다.

1) 개별 판매가격에 기초한 배분

계약 개시시점에 계약상 각 수행의무의 대상인 구별되는 재화나 용역의 개별 판매가격을 산정하고, 이 개별 판매가격에 비례하여 거래가격을 배분한다. 이때 개별 판매가격이란 기업이 고객에게 약속한 재화나 용역을 별도로 판매할 경우의 가격을 말한다. 재화나 용역의 개별 판매가격을 직접 관측할 수 없다면 다음의 방법으로 적절하게 추정한다. 다만, 추정방법이 이에 한정되지는 않는다.

방 법	내 용
시장평가 조정 접근법	기업이 재화나 용역을 판매하는 시장을 평가하여 그 시장에서 고객이 그 재화나 용역에 대해 지급하려는 가격을 추정
예상원가 이윤 가산 접근법	수행의무를 이행하기 위한 예상원가를 예측하고 여기에 그 재화나 용역에 대한 적절한 이윤을 더하는 방법
잔여 접근법	총 거래가격에서 계약에서 약속한 그 밖의 재화나 용역의 관측 가능한 개별 판매가격의 합계를 차감하여 추정

사례 12

1. 자료

   회사는 제품 A, B, C를 함께 판매하였다. 총 거래가격은 100원이다.

   ① 제품 A의 개별 판매가격은 50원으로 관측 가능하나, 제품 B와 C는 개별 판매하지 않는다.

   ② 경쟁사는 제품 B와 매우 비슷한 제품을 25원에 판매하고 있다(시장평가 조정 접근법).

   ③ 제품 C는 동일·유사 제품의 시장가격을 확인할 수 없으나, C의 생산원가에 적절한 이윤을 더한 금액은 75원으로 추정하고 있다(예상원가·이윤 가산접근법).

2. 거래가격 100원의 제품별 배분

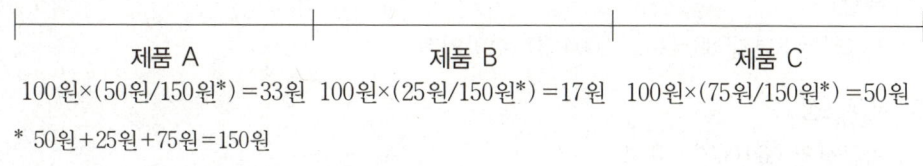

	제품 A	제품 B	제품 C

100원×(50원/150원*)＝33원 100원×(25원/150원*)＝17원 100원×(75원/150원*)＝50원

* 50원＋25원＋75원＝150원

사례 13

1. 자료

① A사는 B사에게 2025.1.1. S/W 라이선스를 제공하고 500,000을 일시금으로 수령

② A사는 B사에게 3년간(2025.1.1~2027.12.31.) 운영지원서비스계약을 체결하고 총액을 240,000으로 결정

③ A사는 마지막 해에 운영지원서비스계약을 연장하기 위해 30~60% 내에서 할인 제공

2. 별도 수행의무 판단

'1. ①, ②'는 서로 효익을 얻을 수 있고 유의적인 용역제공이 아니어서 별도 수행의무에 해당됨.

3. '1. ①, ②'의 개별 판매가격

① 500,000   ② 300,000

4. 변동대가 추정

A사는 마지막 해의 할인제공확률을 기댓값 방법을 사용하여 45%로 추정

5. 거래가격 추정

$500,000 + 240,000 - 80,000 \times 45\% = 704,000$

6. 거래가격의 수행의무별 배분: 개별판매가격 기준

① $704,000 \times \dfrac{500,000}{800,000} = 440,000$

② $704,000 \times \dfrac{300,000}{800,000} = 264,000$

7. 수익인식

'6. ①'은 라이선스제공시점에서 440,000을 일시에 수익인식('12 라이선싱'의 사용권에 해당)

'6. ②'는 3년간 88,000(264,000÷3) 수익인식

8. 세무조정

익금산입 · 60,000* · 유보

* $500,000 - 440,000 = 60,000$

익금불산입 · 8,000* · △유보

* $80,000 - 88,000 = (-)8,000$

2) 할인액의 배분

계약에서 약속한 재화나 용역의 개별 판매가격 합계가 계약에서 약속한 대가를 초과하면 고객은 재화나 용역의 묶음을 구매하면서 할인을 받은 것이다. 예를 들어 제품 A와 B의 개별 판매가격이 각각 ₩100과 ₩80인데, 이를 묶어서 판매하는 계약을 체결하면서 대가를 ₩150으로 정했다면 고객은 ₩30만큼 할인을 받은 것이다.

할인액 배분의 초점은 할인액을 모든 수행의무에 비례하여 배분하는가, 아니면 일부 수행의무에만 배분하는가에 있다. 할인액 전체가 계약상 하나 이상의 일부 수행의무에만 관련된다는 관측 가능한 증거가 있는 때 외에는 할인액을 계약상 모든 수행의무에 비례하여 배분한다. 이와 같이 할인액을 배분하면 구별되는 재화나 용역의 상대적 개별 판매가격에 기초하여 거래가격을 각 수행의무에 배분한 결과가 된다.

그러나 다음 기준을 모두 충족하면 할인액 전체를 계약상 하나 이상이나 전부는 아닌 일부 수행의무들에만 배분한다.

> 1. 기업이 계약상 각각 구별되는 재화나 용역을 보통 따로 판매한다.
> 2. 또 기업은 '1.'의 재화나 용역 중 일부를 묶고, 그 묶음 내의 재화나 용역의 개별 판매가격 보다 할인하여 그 묶음을 보통 따로 판매한다.
> 3. '2.'에서 기술한 재화나 용역의 각 묶음의 할인액이 계약의 할인액과 실질적으로 같고, 각 묶음의 재화나 용역을 분석하면 계약의 전체 할인액이 귀속되는 수행의무(들)에 대한 관측 가능한 증거를 제공한다.

상기에 따라 할인액을 배분하는 경우 잔여접근법을 사용하여 재화나 용역의 개별 판매가격을 추정하기 전에 그 할인액을 배분한다.

사례 14

1. A통신사가 결합상품을 할인하여 판매하기로 결정
   ① 통상적인 경우 A통신사가 고객에게 휴대폰을 1,000원에 판매하고, 통신서비스를 월 60원씩 24개월 약정으로 1,440원(＝월 60원×24개월)에 판매하여 2,440원을 총수익으로 회계처리해 왔음.
   ② A통신사가 고객유치를 위하여 휴대폰과 통신서비스를 묶어서 240원을 할인한 2,200원의 가격으로 고객에게 『휴대폰과 24개월 약정 통신서비스』 상품을 판매하

기로 함.

③ A통신사는 '가. 휴대폰 가격의 할인을 원하는 고객'과 '나. 통신요금의 할인을 원하는 고객'을 위해 두 가지 상품을 제공하기로 함.

가. 휴대폰 보조금 240원을 지급하는 방법으로 할인하는 상품:

휴대폰 760원(판매가격 1,000원－보조금 240원)＋통신요금 1,440원＝2,200원

나. 통신요금을 240원 할인해주는 상품:

휴대폰 1,000원＋통신요금 1,200원(＝월 50원*×24개월)＝2,200원

* 월 핸드폰 요금 60원－할인금액 240원/24개월＝월 50원

2. A통신사의 회계처리

① A통신사는 고객이 어떤 할인 상품을 선택하든지 결국 휴대폰 판매와 통신서비스 제공이라는 각각의 약속(수행의무)을 이행하여야 하므로 '휴대폰 판매'와 '통신서비스 제공'으로 구분하여 회계처리를 하여야 함.

② 종전 회계처리

2년 계약기간 전체의 수익금액은 같지만 각 할인상품(휴대폰 보조금 상품 또는 통신요금 할인 상품)에 대해 청구한 금액을 기준으로 수익을 인식하므로, 고객의 상품 선택에 따라 기간별 수익은 달라짐.

구 분	개별 판매가격 (비중)	① 휴대폰 보조금 상품			② 통신요금 할인 상품		
		청구액 합계 (24개월)	판매 당월	다음 각 23개월 (매월)	청구액 합계 (24개월)	판매 당월	다음 각 23개월 (매월)
휴대폰 판매	1,000(41%)	760	760	－	1,000	1,000	－
통신서비스 제공	1,440(59%)	1,440	60	60	1,200	50	50
수익 합계	2,440(100%)	2,200	820	60	2,200	1,050	50

③ 개정 회계처리

어느 할인상품을 선택하더라도 회사에 유입되는 금액은 2,200원으로 동일하므로, 총 거래가격(2,200원)을 재화(휴대폰)와 용역(통신서비스)의 개별판매가격을 기준으로 배분하여 수익인식

고객이 어느 상품을 선택하든지 기간별 수익은 같음(한편, 기간별 수익은 고객에게 청구한 대금과 다름).

구 분	개별판매가격 (비중)	① 휴대폰 보조금 or ② 통신요금 할인			
		거래가격의 배분 (개별판매가격 기준)		판매 당월	다음 각 23개월 (매월)
휴대폰 판매	1,000(41%)	902	(41%)	902	–
통신서비스 제공	1,440(59%)	1,298	(59%)	54*	54
수익 합계	2,440(100%)	2,200	(100%)	956	54

* 24개월간 통신서비스 제공에 배분된 거래금액 1,298÷24＝월 54

> ④ 회계처리 비교
> 기존에는 청구금액에 따라 기간별 수익인식이 달라졌으나, 새로운 회계처리는 청구금액과 관계없이 기간별 수익은 동일함.

3. 세무조정

고객과 휴대폰 판매 및 통신서비스 제공에 대한 약정금액을 해당 사업연도별 익금으로 하여 회계처리상 수익금액과의 차이에 대한 세무조정을 실시함.

(5) 수익의 인식

종전 기준서 제1018호에서는 재화의 판매에 대해서는 재화의 소유에 따른 위험과 보상의 이전 등 주요 인식요건 구비 시 인도기준을 적용하고, 용역의 제공에 대해서는 진행기준을 적용하여 수익을 인식하였다. 개정된 기준서 제1115호에서는 재화의 판매 또는 용역의 제공 여부를 구분하지 않고, 기간에 걸쳐 수행의무를 이행하면 기간에 걸쳐 수익을 인식하고, 한 시점에 수행의무를 이행하면 한 시점에 수익을 인식하도록 하고 있다.

고객에게 약속한 재화나 용역, 즉 자산을 이전하여 수행의무를 이행할 때 수행의무에 배분된 거래가격(제약 고려)을 수익으로 인식하는 것이다. 이때 자산은 고객이 자산을 통제할 때(또는 기간에 걸쳐 통제하게 되는 대로) 이전된다.

자산에 대한 통제란 자산을 사용하도록 지시하고 자산의 나머지 효익의 대부분을 획득할 수 있는 능력을 말한다. 자산의 효익은 다음의 방법으로 직접 또는 간접으로 획득할 수 있는 잠재적인 현금흐름(유입이 있거나 유출이 감소)이다.

① 재화를 생산하거나 용역을 제공하기 위한 자산의 사용

② 다른 자산의 가치를 높이기 위한 자산의 사용

③ 부채를 결제하거나 비용을 줄이기 위한 자산의 사용

④ 자산의 매각 또는 교환

⑤ 차입금을 보증하기 위한 자산의 담보 제공

⑥ 자산의 보유

고객이 자산을 통제하는지를 판단할 때 그 자산을 재매입하는 약정을 고려한다.

기준서 제1115호에서는 재화나 용역에 대한 통제를 기간에 걸쳐 이전하면 기간에 걸쳐 수익을 인식하고, 재화나 용역에 대한 통제를 한 시점에 이전하면 그 시점에서 수익을 인식한다.

보 론 | **재화와 용역에 대한 수익인식**
(한국회계기준원 홍현선 책임연구원 기고문)

수익기준서인 K-IFRS 제1115호 '고객과의 계약에서 생기는 수익'은 재화와 용역의 수익인식 기준을 구별하여 제공하고 있지 않다. 수익의 인식은 재화 또는 용역의 제공 관련 수행의무가 '통제의 이전'이라는 단일의 기준을 충족하는지 여부에 따라 달라지게 된다(문단 31). 즉, IFRS는 재화나 용역이라는 이전의 대상에 따라 수익인식 기준이 달라지는 것이 아니라, 관련 자산의 '통제이전 특성'에 따라 수익을 한 시점에 인식할지(예: 인도기준) 아니면 기간에 걸쳐 인식할지(예: 진행기준)가 결정된다.

반면, 일반기업회계기준 제16장 '수익'은 형식적으로 크게 '재화의 판매'와 '용역의 제공'으로 분류할 수 있다. 이는 기업이 수익의 인식기준을 적용하기 위해 이전할 대상이 재화인지 용역인지를 먼저 식별해야 한다는 것을 의미한다. 일반기업회계기준은 K-IFRS와 달리 재화와 용역 관련 정의*가 제시되어 있다. 일반적으로 재화는 한 시점에 수익을 인식하며, 용역은 기간에 걸쳐 수익을 인식하게 된다.

  * 재화는 판매를 위해 취득한 상품과 판매목적으로 생산한 제품을 말하며, 용역의 제공은 일반적으로 계약에 의하여 합의된 과업을 수행하는 것을 의미한다.

두 회계기준의 이러한 차이에 따라 일반적인 용역 거래의 경우에도 K-IFRS에서는 한 시점에 수익으로 인식되는 반면, 일반기업회계기준에서는 기간에 걸쳐 수익이 인식되기도 한다. 예를 들어, 회사 A가 고객의 해외기업 설립을 위해 재무조달과 관련된 컨설팅 용역을 제공한다고 가정하자. 회사는 최종 보고서가 고객에게 제공되는 경우에만 대가를 받을 수 있다. 즉, 회사는 약정에 따라 컨설팅 용역을 제공하는 중에는 고객으로부터 대가를 받을 권리가 없다. 이 경우 K-IFRS에 따르면 수행을 완료한 부분에 대한 지급청구권 요건을 충족하지 못하기 때문에* 한 시점에 수익을 인식해야 하는 반면, 일반기업회계기준에 따르면 해당 컨설팅 제공계약은 용역 제공으로 분류되므로 진행기준에 따라 기간에 걸쳐 수익을 인식할 것이다.

  * 컨설팅 보고서가 고객에게 이전되어야 회사는 대가를 받을 권리가 생기므로, 용역 제공 도중에 고객이 취소하더라도 그때까지 수행한 용역에 대한 적절한 대가를 받을 수 없다는 전제

1) 한 시점에 통제 이전

수행의무가 기간에 걸쳐 이행되지 않는다면 그 수행의무는 한 시점에 이행되는 것이며, 고객이 약속된 자산을 통제하고 기업이 수행의무를 이행하는 시점을 판단하기 위하여 다음과 같은 통제 이전의 지표(이에 한정되지는 않음)를 참고하여야 한다.

① 기업은 자산에 대해 현재 지급청구권이 있다.

② 고객에게 자산의 법적 소유권이 있다(지급불이행 안전장치로만 기업이 보유하는 경우 제외).

③ 기업이 자산의 물리적 점유를 이전하였다(일부 미인도청구약정, 재매입약정, 위탁약정 제외).

④ 자산의 소유에 따른 유의적인 위험과 보상이 고객에게 있다.

⑤ 고객이 자산을 인수하였다.

2) 기간에 걸쳐 통제 이전

다음 기준 중 어느 하나를 충족하면 기업은 재화나 용역에 대한 통제를 기간에 걸쳐 이전한 것으로 본다(문단 35).

① 고객은 기업이 수행하는 대로 기업의 수행에서 제공하는 효익을 동시에 얻고 소비한다.

② 기업이 수행하여 만들어지거나 가치가 높아지는 대로 고객이 통제하는 자산(예: 고객의 소유지에서 제작하는 자산)을 기업이 만들거나 그 자산가치를 높인다.

③ 기업이 수행하여 만든 자산이 기업 자체에는 대체 용도가 없고, 지금까지 수행을 완료한 부분에 대해 집행 가능한 지급청구권이 기업에 있다.

'①'에 따르면 기업이 제공하는 효익을 고객이 동시에 얻고 소비하는 것은 기업이 수행하는 대로 기업의 산출물을 고객이 통제하는 것이므로 기업의 수행의무가 기간에 걸쳐 이행됨을 의미한다. 일부의 수행의무(예: 청소용역)는 기업이 수행하는 대로 고객이 효익을 얻고 동시에 소비한다는 것을 쉽게 식별할 수 있다.

'②'는 예를 들어 고객의 토지에 건물을 건설하는 계약의 경우 기업의 수행에서 생기는 모든 재공품을 고객이 통제한다면 기업의 수행의무가 기간에 걸쳐 이행됨을 의미한다.

그러나 일부 수행의무의 경우 만들어지거나 가치가 높아지는 자산을 고객이 통제하는지 불분명할 수 있으므로 '③'의 판단기준이 필요하다. 기업 자체에 대체 용도가 있는 자산을 만드는 경우 기업은 다른 고객에게 자산을 쉽게 넘길 수 있으므로 고객은 자산이 만들어질 때 그 자산을 통제하지 못할 것이다. 대체 용도는 자산을 쉽게 다른 용도로 전환할 수 있는 능력에 미치는 계약상 제약과 실무상 제한의 영향을 고려(계약 변경으로 수행의무가 실질적으로 달라지지 않으면 계약시점에만 판단)하여 판단한다.

계약상 제약	• 자산을 다른 용도(예: 다른 고객에게 판매)로 전환하려고 해도 고객이 약속된 자산에 대한 권리를 집행할 수 있는 경우 – 제약이 실질적 • 추가원가가 유의적으로 들지 않고도, 계약 위반이 아니면서 다른 고객에게 이전할 수 있는 다른 자산과 대체로 교체 가능 – 제약 실질적이지 않음. • 평가할 때 고객과의 계약이 종료될 가능성은 고려하지 않음.
실무상 제한	• 다른 용도로 자산 전환 시 경제적 손실 유의적으로 발생 – 실무상 제한 • 재작업 원가, 판매 시 유의적인 손실(예: 고객 특유의 규격, 위치)

자산이 만들어지는 대로 대체 용도가 없는 자산을 고객이 통제한다는 것을 제시하기 위하여 기업이 지금까지 수행을 완료한 부분에 대하여 집행 가능한 지급청구권도 반드시 있어야 한다.

집행가능한 지급청구권이란 고객이(기업의 수행 원인이 아님) 계약을 중도 종료 시 기업이 수행 완료된 부분에 대해 보상받을 권리가 있는 것을 말하며, 지금까지 이전된 재화·용역의 판매가격에 가까운 금액(예: 이행원가 + 적정 이윤)을 말한다.

적정 이윤	• 계약상 예상 이윤 중 계약 종료 전에 수행한 정도를 합리적으로 반영 • 계약의 이윤이 비슷한 계약의 이익보다 높은 경우, 비슷한 계약에서 일반적인 영업 이윤
집행 가능한 권리	• 확정된 금액이거나, 현재의 무조건적 지급청구권일 필요 없음. • 완료 전 계약 종료 가정 시 현재까지 수행 완료분에 대해 지급을 청구하거나 이미 받은 금액을 보유할 집행 가능한 권리 유무 고려 • 지급청구권과 집행 가능성은 계약과 관련 법률(판례 포함)까지 참고하여 판단 • 법률, 행정관행, 판례에서 기업에 지금까지의 수행분에 대한 지급청구권을 부여하는지 여부 • 판례에서 비슷한 계약에서 지금까지 수행완료부분에 대한 비슷한 지급청구권이 법적으로 구속력이 없음을 나타내는지 여부 • 기업이 지급청구권을 집행하지 않기로 선택한 사업 관행이 그 법적 환경에서 권리를 집행할 수 없게 되는 결과를 가져왔는지 여부(기업이 비슷한 계약에서 지급청구권 포기를 선택할 수 있을지라도 고객과의 계약에서 지금까지 수행분에 대한 지급청구권을 여전히 집행할 수 있다면 지급청구권을 계속 갖는 것임)

고객이 기업의 수행분에 대하여 지급할 의무가 있다면(그 수행에 대하여 지급을 회피할 수 없다면) 고객이 기업의 수행에서 효익을 얻었음을 의미한다. 따라서 대체 용도가 없고 지급청구권이 있어야 기간에 걸쳐 수익을 인식할 수 있다.

K-IFRS 질의회신　　**지급청구권의 집행가능성**

Ⅰ. 배경 및 질의
　1. 회사는 고객의 주문제작 요구에 따라 기계장치를 제작하여 판매하고 있다. 회사는 해당 계약의 기계장치는 특정 주문자의 수요를 충족시키기 위하여 제작되므로 회사에 대체 용도가 없다고 판단하였다.
　2. 회사와 고객의 계약에 따르면, 각 당사자는 자신의 귀책사유로 인하여 계약이 해지되는 경우에 발생한 손해를 배상해야 한다.
　3. 회사는 법률전문가의 의견 등을 고려하여 회사의 귀책사유 없이 계약이 중간에 종료되는 경우에 그때까지 수행을 완료한 부분에 대해 지급청구권이 있다고 판단하였다.
　4. 하지만 회사는 회사가 약속한 대로 수행하지 못하는 것 이외의 사유로 고객이 계약을 종료하는 경우에 법적으로 집행가능한 지급청구권이 있다 할지라도 안정적인 고객관계 확보, 향후 발생할 기회비용 등을 위해 지금까지 지급청구권을 행사한 적이 없고, 향후에도 행사할 의도는 없다.
　5. 회사는 이 계약의 지급청구권을 기업회계기준서 제1115호 '고객과의 계약에서 생기는 수익' 문단 35(3)에 따른 '집행 가능한 지급청구권'으로 볼 수 있는가?

Ⅱ. 회신
　회사에게 법률적으로 지급청구권이 있음을 전제한 경우, 지급청구권을 행사하지 않는 관행이 있다 하더라도, 계약 조건·법률·판례 등을 고려할 때 행사할 수 있는 지급청구권이 회사에 있다면, 그 권리는 여전히 집행 가능한 지급청구권에 해당한다.

사례 15

1. 자료
　회사는 고객이 요구하는 설계에 따라 특수장비를 건설하는 계약을 체결(주문제작계약) 계약시점에 계약금 10%, 건설기간 중에 정기적으로 50%, 건설 완료 후 검사 통과 40% 지급
　지급된 금액은 환불되지 않으며, 고객이 계약을 종료할 경우에는 받은 금액은 환불하지 않으나 기업이 추가로 보상받는 조건은 없음.

2. 대체 용도 여부

특수자산으로서 용도전환이 실무상 제한이 있음.

3. 지급청구권 여부

누적 지급액(최대 60%)이 수행완료부분을 보상할 수 없을 것임.

4. 수익인식

한 시점에 이행되는 수행의무에 해당되어 진행기준 적용이 불가함.

사례 16

1. 자료

건설회사인 Z사는 공동주택단지를 개발하고 있다.

각 단위는 평면도와 크기가 비슷하지만, 단지 내에서의 위치, 층 등의 속성은 다르다. 개발 중에 기업은 건설 중인 특정 단위를 판매하는 계약을 체결한다.

고객은 계약 체결시점에 환불되지 않는 계약금을, 건설기간 중에 중도금을 지급한다. 계약에는 기업이 그 단위를 다른 고객에게 이전하지 못하게 하는 조건이 있다.

고객은 계약을 종료할 권한이 없고, 고객이 지급기한에 중도금을 지급하지 못하면 기업은 계약에서 요구하는 대로 고객의 지급을 요구하거나, 건설 중인 자산과 계약가격의 일부인 위약금을 받을 권리와 교환하여 계약을 취소할 수도 있다.

2. 공동주택단지의 개별 단위를 취득하는 고객과의 계약에서 생기는 수익을 인식하는 방법 검토

① 대체 용도 여부

다른 고객에게 이전하지 못하게 하는 계약상 제약이 있음.

② 지급청구권 여부

계약에 따라 전체 지급청구권 집행을 선택할 수 있음.

3. 수익인식

① 기간에 걸쳐 이행되는 수행의무에 해당되어 진행기준을 적용하고 이때 개별 단위별로 개별 고객과 계약을 체결하므로 각 계약을 별도로 처리하여야 함.

② 건설의 특징에 따라 공동구역 건설과 초기 건설 작업(건물의 기초와 기본구조) 수행분은 각 계약의 진행률 측정 시 반영해야 함.

| K-IFRS 질의회신 | 자체 분양공사에 대한 기업의 지급청구권 보유 여부 |

I. 배경 및 질의

1. 회사는 주택법 등의 관계 법령과 아파트 표준공급계약서에 따라 고객과 분양계약을 체결하고 자체 분양공사를 통해 아파트를 건설하고 있다.

2. 아파트 표준공급계약서에 따르면, 고객은 1차 중도금 납부기일(또는 실제로 납부한 날) 전까지는 회사의 동의 없이 분양계약을 해제할 수 있으나, 1차 중도금 납부기일(또는 실제로 납부한 날) 이후에는 회사의 동의 없이 분양계약을 해제할 수 없다.

3. 고객이 1차 중도금 납부기일(또는 실제로 납부한 날) 전에 분양계약을 해제하면 고객이 납부한 계약금 중 분양대금 총액의 10% 상당액은 위약금으로 회사에 귀속된다.

4. 이 질의에서는 다음 사항을 전제로 한다.

> ① 기업회계기준서 제1115호 문단 35(진행기준 인식조건)의 3가지 조건 중 문단 35(1)과 35(2)를 충족하지 않음.
> ② 문단 35(3)의 두 가지 세부조건(❶ 기업 자체에는 대체 용도 없음, ❷ 지금까지 수행을 완료한 부분에 대한 집행 가능한 지급청구권 존재) 중 '❶ 기업 자체에는 대체 용도 없음' 조건을 충족함.

5. (질의 1) 회사는 고객에 대하여 수행을 완료한 부분에 대해 집행 가능한 지급청구권을 보유하고 있다고 볼 수 있는가?

6. (질의 2) 만약 (질의 1)의 검토 결과 일부 기간[계약개시일~1차 중도금 납부기일(또는 실제로 납부한 날)]에는 수행을 완료한 부분에 대해 집행 가능한 지급청구권이 없다고 할 경우 그 기간도 기업회계기준서 제1115호 문단 9를 충족한 계약으로 볼 수 있는가?

II. 회신

(질의 1)의 경우, 고객이 계약을 종료할 수 있는 기간 중에는 고객이 계약을 종료하는 경우에 기업이 받을 권리가 있는 위약금으로 적어도 기업이 그 시점까지 수행을 완료한 부분에 대하여 보상할 수 있고, 고객이 계약을 종료할 수 없는 기간 중에는 고객이 계약의 해제를 요청하더라도 계약상 약속한 재화나 용역을 고객에게 계속 이전할 수 있는 권리가 기업에 있고 고객에게 그 대가의 지급을 요구할 수 있다면, 기업회계기준서 제1115호 문단 35(3)에 따라 지금까지 수행을 완료한 부분에 대한 지급청구권이 기업에 있다.
또한 같은 기준서 제1115호 문단 B12에 따라 해당 지급청구권의 존재와 그 권리의 집행 가능성을 판단하기 위해서는 계약 조건을 보충하거나 무효화할 수 있는 법률이나 판례도 참고하여야 한다.

(질의 2)의 경우, 집행 가능한 지급청구권의 존재 여부와는 별도로 기업회계기준서 제1115호 문단 9의 충족 여부를 판단하여 해당 기준서의 적용 시점을 결정하여야 한다.

보 론 │ 선분양 APT에 대한 수익인식
(한국회계기준원 홍현선 책임연구원 기고문)

K-IFRS 제1115호에서는 선분양 아파트에 대해 기간에 걸쳐서 이행되는 수행의무의 요건을 충족하는지 여부를 고려하여 기간에 걸쳐(진행기준) 또는 일시(예: 완성 또는 인도기준)에 수익을 인식한다. 예를 들어, 고객의 토지 위에 아파트를 건설하지 않는다면, 회사가 대체용도 없는 자산을 만드는지 그리고 지급청구권 요건을 충족하는지를 검토하게 된다. 특히 지급청구권 요건과 관련하여 고객의 사유 등으로 계약이 취소되었을 때 회사가 그때까지 수행한 의무에 대한 충분한 대가(원가+적정 마진)를 받을 집행가능한 청구권이 있는지를 고려하게 된다. 이에 따라 기간에 걸쳐 이행되는 수행의무 요건을 충족하면 진행기준으로 수익을 인식하지만, 그렇지 못할 경우에는 아파트에 대한 통제를 이전하는 시점에 일시에 수익을 인식한다.

이에 반하여, 일반기업회계기준에서는 건설형 공사계약에 대해 별도의 장이 마련되어, 원칙적으로 공사결과가 신뢰성 있게 추정된다면 진행기준을 적용하여 기간에 걸쳐 공사수익을 인식하게 된다.

3) 진행률의 측정

수행의무가 기간에 걸쳐 이행되는 것으로 판단되면 수행의무 각각에 대해 그 수행의무 완료까지의 진행률을 측정하여 기간에 걸쳐 수익을 인식한다. 진행률을 측정하는 목적은 고객에게 약속한 재화나 용역에 대한 통제를 이전하는 과정에서 기업의 수행 정도를 나타내기 위한 것이다.

약속한 재화나 용역의 특성을 고려하여 진행률 측정방법을 결정하며 진행률을 합리적으로 측정할 수 있는 경우에만 기간에 걸쳐 이행되는 수행의무에 대해 수익으로 인식한다.

시간이 흐르면서 상황이 바뀜에 따라 수행의무의 산출물 변동을 반영하기 위해 진행률을 새로 수정한다. 이러한 진행률의 변동은 기준서 제1008호에 따라 회계추정의 변경으로 회계처리(전진적 회계처리)한다.

진행률 측정방법에는 산출법과 투입법이 있다.

구 분	산출법	투입법
의의	계약에서 약속한 재화나 용역의 나머지 부분의 가치와 비교하여 지금까지 이전한 재화나 용역이 고객에 주는 가치의 직접 측정에 기초하여 수익 인식	해당 수행의무의 이행에 예상되는 총 투입물 대비 수행의무를 이행하기 위한 기업의 노력이나 투입물에 기초하여 수익 인식
측정방법	지금까지 수행을 완료한 정도를 조사, 달성한 결과에 대한 평가, 도달한 단계, 경과한 시간, 생산한 단위, 인도한 단위 등	소비한 자원, 사용한 노동시간, 발생원가, 경과한 시간, 사용한 기계시간 등

진행률 측정방법을 적용할 때 고객에게 통제를 이전하지 않은 재화나 용역은 진행률 측정에서 제외한다. 반대로 수행의무를 이행할 때 고객에게 통제를 이전하는 재화나 용역은 모두 진행률 측정에 포함한다. 투입법을 적용할 때 기업의 수행 정도를 나타내지 못하는 투입물의 영향은 제외한다. 예를 들어 원가기준 투입법을 사용할 때 다음의 상황에서는 진행률 측정에 조정이 필요할 수 있다.

① 발생원가가 기업이 수행의무를 이행할 때 그 진척도에 이바지하지 않는 경우. 예를 들어 계약가격에 반영되지 않았고 기업의 수행상 유의적인 비효율 때문에 든 원가 제외

② 발생원가가 기업이 수행의무를 이행할 때 그 진척도에 비례하지 않는 경우. 이 상황에서 기업의 수행 정도를 나타내는 최선의 방법은 발생원가의 범위까지만 수익을 인식하도록 투입법 조정

가. 재화가 구별되지 않음.

나. 고객이 재화와 관련된 용역을 제공받기 전에 그 재화를 유의적으로 통제하게 될 것으로 예상

다. 이전되는 재화의 원가가 수행의무를 완전히 이행하기 위해 예상되는 총원가와 비교하여 유의적임.

라. 기업이 제삼자에게서 재화를 조달하고 그 재화의 설계와 생산에 유의적으로 관여하지 않음.

적절한 진행률 측정방법을 적용하는데 필요한 신뢰할 수 있는 정보가 부족하다면 수행의무의 진행률을 합리적으로 추정할 수 없다. 어떤 상황(예: 계약 초기단계)에서는 수행의무의 산출물을 합리적으로 측정할 수 없으나 수행의무를 이행할 때 든 원가가 회수될 것으로 예상된다면 수행의무의 산출물을 합리적으로 측정할 수 있을 때까지 발생원가의 범위에서만 수익을 인식한다.

기준서 제1115호에서는 진행률의 계산 시 수행의무의 이행에 예상되는 총 투입물 대비 수행의무를 이행하기 위한 기업의 노력이나 투입물에 기초하여 수익을 인식하여야 하는 것이므로 기업의 수행의무를 나타내지 못하는 투입물은 제외하여 진행률을 계산하여야 하고, 기업의 수행 정도를 나타내지 못하는 투입물(과대재료비)에 대해서는 발생원가의 범위까지만 수익을 인식하도록 되어 있다.

Expert Opinion Summary

진행률 적용 시 제외된 과대재료비에 대한 세무조정

법인세법 시행령 제69조 제1항에 따른 작업진행률에 따라 익금과 손금을 산입하면 한국채택국제회계기준 적용법인이 2018년 기준서 제1115호의 적용으로 총공사예정비에서 진행의 수행 정도를 나타내지 못하는 투입물(과대재료비)을 제외하여 작업진행률을 계산하는 경우, 개정 기준서를 적용하는 사업연도에 익금에 산입하는 금액은 법인세법 시행규칙 제34조 제2항 및 제34조 제3항을 따라 계산하되 작업진행률 적용 시에만 과대재료비를 제외하고 계산하는 것이며, 계약금액은 과대재료비 부분을 분리하여 계산하지 않는 것임(기획재정부 법인세제과-102, 2020.1.23.).

(1) 내용

종전 기준서에 따르면 용역제공 시 진행기준은 수행하는 의무에 투입되는 모든 원가를 합한 금액을 총공사예정비로 하여 진행률을 계산하도록 되어 있음.

> 기준서 제1115호에서는 진행률의 계산 시 수행의무의 이행에 예상되는 총 투입물 대비 수행의무를 이행하기 위한 기업의 노력이나 투입물에 기초하여 수익을 인식하여야 하는 것이므로 기업의 수행의무를 나타내지 못하는 투입물은 제외하여 진행률을 계산하여야 하고, 기업의 수행 정도를 나타내지 못하는 투입물(과대재료비)에 대해서는 발생원가의 범위까지만 수익을 인식하도록 되어 있음.
>
> (2) 답변
>
> 진행률의 계산은 기준서 제1115호의 방법을 법인세법이 인정하여 과대재료비를 제외하고 계산하나, 수익금액 인식 시 적용하는 계약금액은 과대재료비 부분을 분리하여 계산하지 않고 전체 계약금액에 대하여 진행기준을 적용하여 수익금액을 계산함.

4) 진행기준 적용 시 적자공사가 예상되는 경우

① 결과를 합리적으로 측정할 수 없는 경우(투입 총원가가 불확실)

진행률을 합리적으로 측정할 수 있게 되기 전까지는 수익을 인식할 수 없을 것으로 판단된다(문단 45에 의한 판단). 종전기준서에서는 받은 금액까지 수익을 인식한다.

② 결과를 합리적으로 측정할 수 있는 경우

적자공사가 예상(원가추정금액 〉 계약금액)되어도 진행기준을 적용하여 수익을 인식한다. 이때 손실해당금액에 대해 종전기준서에서는 공사손실 충당부채를 인식하도록 규정되어 있으나 제1115호에는 손실부담계약에 대한 규정이 없다. 이는 기준서 제1037호 '충당부채, 우발부채 및 우발자산'의 손실부담계약규정을 적용하면 되기 때문이다.

5) 법인세법상 분양원가의 계산

① 상가 등 신축분양 시 층별·용도별 분양금액을 달리 분양 시 상가 등의 취득가액은 원칙적으로는 분양면적비율에 의한 안분계산을 해야 하나, 분양금액이 다른 경우에는 분양가액비율로 안분하여 계산할 수 있다(서이 46012-11875, 2003.10.27.).

② 상가분양 시 분양계약률은 실제분양계약금액을 총분양예정가액으로 나눈 율을 말한다(서이-767, 2006.5.4.).

③ 시행사가 시공사에 공사도급을 준 경우 진행률 계산 시 총공사비누적액은 시행사자체 부담 공사원가와 시공사의 작업진행률을 적용하여 계산한 금액의 합계액을 말한다(법인세과-760, 2009.7.2.).

④ 한국채택국제회계기준(K-IFRS)을 도입함에 따라 작업진행률 산정방식이 변경되어 전기까지 계산한 작업진행률을 재계산하고, 전기까지 인식한 전기공사수익과의 차액을 이익잉여금의 변동으로 조정한 경우 당해 이익잉여금은 한국채택국제회계기준(K-IFRS)을 도입한 사업연도에 익금산입하는 것이다(법인세제과-18, 2013.1.17.).

Expert Opinion Summary

K-IFRS 제1115호(수익) 개정에 따른 법인세법상 인정 여부

2018년부터 K-IFRS 제1115호(수익) 기준서의 개정으로 상당한 내용이 변경되었고 이를 소급적용하도록 하였다. 이에 대한 법인세법의 인정 여부가 논란이 되었으나 2020. 1.23. 기획재정부의 유권해석(법인세제과-102, 2020.1.23.)에 의해 대부분의 회계처리 개정 내용에 대해 법인세법에서도 이를 인정함을 밝히고 있다. 다만, 기준서 개정 이전인 2017 사업연도까지의 처리에 대하여는 회계가 2018년에 소급처리한 경우에도 법인세법에서는 인정하지 않음도 분명히 밝히고 있음에 유의하여야 한다.

1. 집행가능한 지급청구권이 없는 용역의 제공

　　진행기준을 적용하지 못하며 그 목적물의 인도일이 속하는 연도의 손익처리

　　〈기획재정부의 해석〉

　　한국채택국제회계기준 의무적용대상 주권상장 내국법인이 법인세법 시행령 제69조 제1항에 따른 건설등의 제공에 대하여 건설등을 완료한 정도(이하 '작업진행률')를 기준으로 계산한 수익과 비용을 각각 해당 사업연도의 익금과 손금에 산입하던 중, 새로운 개정기준서(K-IFRS 제1115호)의 적용에 따라 건설등의 제공으로 인한 수익과 비용을 그 목적물의 인도일이 속하는 사업연도의 수익과 비용으로 회계처리를 변경한 경우 인도일이 속하는 사업연도의 익금과 손금에 산입할 수 있는 것이나, 새로운 개정기준서의 적용일이 속하는 사업연도 이전까지 작업진행률에 따라 기간손익을 인식한 금액은 종전의 방식대로 작업진행률에 따라 인식하는 것이며, 작업진행률에 따라 인식하지 않고 남아있는 손익에 대하여만 인도기준을 적용할 수 있는 것임.

　　따라서 작업진행률에 따라 진행기준으로 과거 사업연도에 인식한 수익과 비용을 새로운 개정기준서를 적용한 사업연도에 이익잉여금의 감소로 회계처리한 경우 동 이익잉여금 조정금액은 손금산입(기타) 및 손금불산입(유보)으로 세무조정하는 것임.

2. 기업이 수행의무를 나타내지 못하는 투입물(과대재료비)이 있는 경우

　　용역제공 초기에 발행하는 과대재료비를 제외하고 진행률을 계산하며, 과대재료비에 대하여는 발생원가의 범위까지만 수익을 인식함.

〈기획재정부의 해석〉

법인세법 시행령 제69조 제1항에 따른 작업진행률에 따라 익금과 손금을 산입하던 한국채택국제회계기준 의무적용대상 주권상장 내국법인이 새로운 개정기준서(K-IRFS 제1115호) 적용에 따라 총공사예정비에서 진행의 수행 정도를 나타내지 못하는 투입물(이하 '과대재료비')을 제외하여 작업진행률을 계산하는 경우, 개정기준서를 적용하는 사업연도에 익금에 산입하는 금액은 법인세법 시행규칙 제34조 제2항 및 제34조 제3항을 따라 계산하되 작업진행률 계산 시에만 과대재료비를 제외하고 계산하는 것이며, 계약금액은 과대재료비 부분을 분리하여 계산하지 않는 것임.

3. 계약내용에 재화와 용역이 포함된 경우 수행의무별 수익인식

재화와 용역에 대한 수행의무를 식별하여 각각 수익을 인식함.

〈기획재정부의 해석〉

① 재화와 용역이 혼재된 공급에 있어 용역의 공급을 재화의 공급에 부수되는 것으로 보아 재화의 인도시기에 손익에 산입하던 한국채택국제회계기준 의무적용대상 내국법인이 새로운 개정기준서(K-IFRS 제1115호) 적용에 따라 혼재된 공급에 대한 수행의무를 구분하여 재화의 공급과 용역의 공급으로 각각 수익을 인식하는 경우 재화와 용역의 손익의 귀속은 각 수행 의무별로 판단할 수 있는 것이나, 종전의 기준에 따라 새로운 개정기준서의 적용일이 속하는 사업연도 이전의 사업연도의 손익으로 산입한 금액은 종전의 방식에 따르는 것임.

② 부동산개발사업을 영위하는 내국법인이 주택건설사업의 승인을 조건으로 기부하는 자산의 가액을 새로운 개정기준서(K-IFRS 제1115호)의 적용에 따라 주택건설사업과 기부채납을 위한 건설사업 수행의무를 분리하여 각각의 진행률에 따라 수익을 인식한 경우와 관련하여, 주택건설사업의 승인을 조건으로 기부채납하는 자산의 건설은 주택건설사업과 분리하여 그 자체만으로 수익을 발생시키는 것으로 볼 수는 없으므로 해당 기부채납을 위한 자산의 건설은 세법상 구분하여 손익을 인식할 수 있는 대상에 해당되지 않는 것임.

6) 법인세법상 진행기준 적용 시 인도기준 적용 예외규정

다음의 어느 하나에 해당하는 경우에는 그 목적물의 인도일(용역제공의 경우 그 제공완료일)이 속하는 사업연도의 익금과 손금과 산입할 수 있다(법령 §69 ① 각 호 외 부분 단서 및 각 호).: 선택 적용

① 중소기업 법인이 수행하는 계약기간 1년 미만인 건설 등의 제공

② 기업회계기준에 따라 그 목적물의 인도일이 속하는 사업연도의 수익과 비용으로 계상

한 경우(예: 예약매출)

(주) 예약매출에 대해 진행기준으로 손익을 인식하던 법인이 K-IFRS를 도입함에 따라 인도기준으로 회계처리를 변경한 경우 해당 손익은 그 인도일이 속하는 사업연도에 인식할 수 있음(서면-법령 법인-3561, 2017.2.28.).

4 종전 기준서에 의한 수익인식

새로운 수익인식기준서 제1115호와 종전 기준서인 제1018호 및 제1011호는 실무상 커다란 차이점은 없으며, 특히 진행기준적용에 대하여는 제1115호에서 별도의 회계처리를 규정하고 있지 않아 참조로 종전 기준서상 재화에 대한 인도기준, 용역에 대한 진행기준적용에 대해 첨부하기로 한다.

(1) 재화판매 시 수익인식기준: 인도기준

판매란 재화가 이전되는 거래로서 판매자가 수익을 인식하기 위해서는 재화의 소유에 따른 위험과 효익의 대부분이 구매자에게 이전되어야 한다. 따라서 일반적으로 재화의 판매로 인한 수익은 재화의 소유에 따른 위험과 효익이 구매자에게 충분히 이전되어 수익을 인식할 수 있는 사건이 발생된 재화의 '인도시점'에서 인식한다.

기준서에서는 재화의 판매로 인한 수익은 다음 조건이 모두 충족될 때 인식한다.

① 재화의 소유에 따른 유의적인 위험과 보상이 구매자에게 이전된다.

② 판매자는 판매된 재화의 소유권과 결부된 통상적 수준의 지속적인 관리상 관여를 하지 않을 뿐만 아니라 효과적인 통제를 하지도 아니한다.

③ 수익금액을 신뢰성 있게 측정할 수 있다.

④ 거래와 관련된 경제적효익의 유입가능성이 높다.

⑤ 거래와 관련하여 발생했거나 발생할 원가를 신뢰성 있게 측정할 수 있다.

1) 재화의 소유에 따른 위험과 효익

재화 판매거래의 수익인식에 있어 가장 중요한 인식요건은 재화의 소유에 따른 위험과 효익의 이전 여부라 할 수 있다. 즉, 재화의 소유에 따른 위험과 효익이 재화판매로 인해 구매자에게 이전된 경우에는 판매시점에서 수익을 인식할 수 있으나, 그렇지 못한 경우에는 수익을 인식할 수 없다. 예를 들어 다음의 경우에는 거래 이후에도 판매자가 관련 재화의 소유에 따른 유의적인 위험을 부담하는 경우에는 당해 거래를 아직 판매로 보지 아니하며 수익을 인식할 수 없다.

① 인도된 재화의 결함에 대하여 정상적인 품질보증범위를 초과하여 책임을 지는 경우
② 판매대금의 회수가 구매자의 재판매에 의해 결정되는 경우
③ 설치조건부 판매에서 계약의 중요한 부분을 차지하는 설치가 아직 완료되지 않은 경우
④ 구매자가 판매계약에 명시된 사유에 따라 구매를 취소할 권리가 있고, 해당 재화의 반품가능성을 예측하기 어려운 경우

상기 예에 해당하는 경우에는 소유에 따른 위험과 효익이 구매자에게 충분히 이전되어 수익을 인식할 수 있는 사건이 발생할 때까지 받은 현금을 선수금으로 기록하고, 관련 자산을 취득원가 또는 장부가액으로 평가한다.

2) 수익금액의 신뢰성 있는 측정

수익은 수익금액을 신뢰성 있게 측정할 수 있는 시점에 인식한다. 이는 수익금액이 반드시 확정되어야 함을 의미하는 것은 아니며, 합리적인 근거에 의해 추정가능한 경우에는 정보로서의 신뢰성을 가질 수 있기 때문에 수익을 인식한다. 그러나 추정을 위한 합리적인 근거가 부족하여 신뢰성을 현저히 저해하는 경우에는 수익을 인식하지 않는다.

3) 미래경제적효익의 유입가능성

수익은 거래와 관련된 경제적효익의 유입가능성이 높은 경우에만 인식한다. 따라서 판매대가를 받을 것이 불확실한 경우에는 불확실성이 해소되는 시점까지 수익을 인식하지 못한다. 예를 들어 구매자의 대금지불가능성을 예측하기 어렵거나 현금회수를 위하여 상당한 양의 노력을 투입하여야 하는 경우, 그리고 미래에 발생할 환불이나 반품을 합리적으로 예측할 수 없는 경우에도 수익의 인식을 이연하는 것이 적절하다. 그러나 이미 수익으로 인식한 금액에 대해서는 추후에 회수가능성이 불확실해지는 경우에도 이미 인식한 수익금액을 조정하는 것이 아니라 회수불가능한 금액이나 더 이상 회수가능성이 높다고 볼 수 없는 금액을 비용(대손상각비)으로 인식함에 유의한다.

4) 수익과 관련된 비용(현재도 동일한 회계처리수행)

동일한 거래나 사건에 관련된 수익과 비용은 동일한 회계기간에 인식함으로써 수익·비용대응의 원칙에 부합하도록 회계처리하여야 한다(문단 19). 일반적으로 재화의 인도 이후 예상되는 품질보증비와 기타 비용은 수익인식을 위한 다른 조건들이 측정되는 시점에 신뢰

성 있게 측정할 수 있다. 그러나 관련된 비용을 신뢰성 있게 측정할 수 없다면 수익을 인식할 수 없으며, 이 경우에 재화의 판매로 이미 받은 대가는 부채로 인식함에 유의한다.

(2) 용역제공 시 수익인식기준: 진행기준

용역의 제공으로 인한 수익은 용역제공거래의 결과를 신뢰성 있게 추정할 수 있을 때 보고기간 말에 그 거래의 진행률에 따라 인식한다. 다음 조건이 모두 충족되는 경우 용역제공거래의 결과를 신뢰성 있게 추정할 수 있다.

① 수익금액을 신뢰성 있게 측정할 수 있다.

② 거래와 관련된 경제적효익의 유입가능성이 높다.

③ 보고기간 말에 그 거래의 진행률을 신뢰성 있게 측정할 수 있다.

④ 이미 발생한 원가 및 거래의 완료를 위한 원가를 신뢰성 있게 측정할 수 있다.

이 경우 기준서 제1011호 「건설계약」의 규정은 용역제공과 관련된 거래의 수익과 관련 비용의 인식에 일반적으로 적용할 수 있다.

1) 계산

① 진행기준에 의한 이익

> 1. 당기 수익=(도급금액 × 진행률)-전기까지 인식한 수익
> 2. 당기 원가[주)]=당기에 실제 발생한 비용
> 3. 당기 이익=당기 수익-당기 원가

주) K-IFRS에서는 원가에 대하여도 진행기준을 적용하도록 규정하고 있다. 그러므로 원가기준에 따른 진행기준을 적용하는 경우에는 당해 연도의 발생원가와 진행률에 따라 계산한 원가금액이 일치하지만, 이외의 다른 기준(투입노력법 등)을 적용하는 경우에는 일치하지 않을 수도 있다.

② 진행률

진행률은 용역제공거래의 특성에 따라 용역수행 정도를 가장 신뢰성 있게 측정할 수 있는 방법을 선택하여 계속해서 사용하여야 한다. 예를 들어 진행률은 거래의 성격에 따라 다음 '가.' 내지 '다.'를 이용하여 계산할 수 있다.

가. 작업수행 정도의 조사

나. 총예상용역량 대비 현재까지 수행한 누적용역량의 비율

다. 총추정원가 대비 현재까지 발생한 누적원가의 비율

다만, 고객으로부터 받은 중도금 또는 선수금에 기초하여 계산한 진행률은 작업진행 정도를 반영하지 않을 수 있으므로 적절한 진행률로 보지 아니한다.

2) 원가회수기준

용역제공 등과 관련한 수익, 원가 또는 진행률을 신뢰성 있게 추정할 수 없는 경우에는 다음과 같이 수익을 인식한다. 다만, 진행률을 합리적으로 추정할 수 있게 된 경우에는 진행기준에 따라 수익을 인식한다.

① 발생원가의 회수가능성이 높은 경우

발생원가의 범위 내에서 회수가능금액을 수익으로 계상하고, 발생원가 전액을 비용으로 계상한다.

② 발생원가의 회수가능성이 높지 않은 경우

수익을 인식하지 않고 발생한 원가를 비용으로 인식한다.

3) 진행기준 적용 시 회계처리(현재도 동일한 회계처리 수행)

용역제공에 대해 진행기준 적용 시 회계처리에 대하여는 기준서 제1018호 문단 21에서 기준서 제1011호 「건설계약」의 규정을 적용할 수 있도록 하고 있으므로, 다음과 같이 회계처리한다.

① 용역원가 발생 시

　　(차) 미성공사　　　　　　×××　　(대) 현금　　　　　　　　×××

② 대금청구 시

　　(차) 용역미수금　　　　　×××　　(대) 진행청구액[주]　　　×××
　　　　(또는 매출채권)

　　주) 재무제표 본문에는 나타나지 않는 계정으로 결산 시 미성공사와 상계처리되어 미청구공사(자산) 또는 초과청구공사(부채)로 재무상태표에 표시됨.

③ 대금회수 시

　　(차) 현금　　　　　　　　×××　　(대) 용역미수금　　　　×××

④ 결산 시

(차) 미성공사^{주)}　　　　　×××　　(대) 용역수익　　　　　　×××

주) 용역수익 인식 시 상대계정인 미성공사를 증액시킨다.

(차) 용역원가　　　　　　×××　　(대) 미성공사　　　　　　×××

(차) 진행청구액　　　　　×××　　(대) 미성공사　　　　　　×××
　　 미청구공사(유동자산)^{주1)}　×××　　　　초과청구공사(유동부채)^{주2)}　×××

주1) 미성공사 〉진행청구액인 경우
주2) 미성공사 〈 진행청구액인 경우

사례 17

I. 자료

1. 2025.6.30.에 다음과 같은 S/W 개발용역을 체결하였다.
2. 계약기간: 2025.6.30.~2026.3.31.
3. 계약대금: 100억 원
4. 당기청구액: 40억 원(이 중 수령액 35억 원)
5. 추정원가: 80억 원
6. 당기투입원가: 40억 원

II. 회계처리

(차) 미성공사　　　　　　40　　(대) 현금　　　　　　　　40

(차) 외상매출금　　　　　40　　(대) 진행청구액　　　　　40

(차) 현금　　　　　　　　35　　(대) 외상매출금　　　　　35

(차) 미성공사　　　　　　50　　(대) 용역매출　　　　　50^{주)}

주) 계약대금 100억 원 $\times \dfrac{\text{당기투입원가 40억 원}}{\text{추정원가 80억 원}}$ = 용역매출액 50억 원

(차) 용역원가　　　　　　40　　(대) 미성공사　　　　　　40

(차) 진행청구액　　　　　40　　(대) 미성공사　　　　　　50
　　 미청구공사　　　　　10
　　 (유동자산)

보 론 | 현대건설(주)의 미청구(초과청구)공사계상 주석

누적발생원가에 인식한 이익을 가산한 금액이 진행청구액을 초과하는 금액은 미청구공사로 표시하고 있으며, 진행청구액이 누적발생원가에 인식한 이익을 가산한 금액을 초과하는 금액은 초과청구공사로 표시하고 있다. 관련 공사가 수행되기 전에 수취한 금액은 재무상태표상 선수금으로 인식하고 있다. 수행한 공사에 대하여 발주자에게 청구하였지만 아직 수취하지 못한 금액은 재무상태표상 매출채권에 포함되어 있다.

5 계약원가

(1) 계약체결 증분원가

① 회계처리

계약체결 증분원가란 고객과 계약을 체결하기 위해 들인 원가로서 계약을 체결하지 않았다면 들지 않았을 원가(예: 판매수수료)이다. 계약체결 증분원가가 회수될 것으로 예상된다면 이를 자산으로 인식한다(상각기간이 1년 이내이면 비용으로 인식).

IT통합공급계약을 수행하는 기업에서 계약체결실적에 따라 임직원에게 영업수수료를 지급하는 경우, 이는 증분원가에 해당되어 자산으로 인식하고 계약기간에 걸쳐 상각하여야 하는 것이다.

계약체결 여부와 무관하게 드는 계약체결원가는 계약체결 여부와 관계없이 고객에게 그 원가를 명백히 청구할 수 있는 경우가 아니라면 발생시점에 비용으로 인식한다. 이때 다른 기준서 적용범위에 해당하며, 자산화요건을 충족하면 자산으로 인식한다.

K-IFRS 질의회신   계약 이행을 위한 교육훈련원가

Ⅰ. 질의
계약을 이행하기 위해 지출하는 교육훈련원가를 자산으로 인식할지, 발생시점에 비용으로 인식할지 여부

1. 회사는 고객과 IFRS15(고객과의 계약에서 생기는 수익) 적용범위에 해당하는 아웃소싱 용역 공급 계약을 체결

2. 회사는 아웃소싱 용역 공급을 위해 종업원을 대상으로 교육훈련원가* 지출

    * 회사는 교육훈련으로부터 발생하는 미래경제적효익에 대해 충분한 통제를 가지지 않으며(IAS 38 문단 15), 교육훈련활동을 IFRS15상 수행의무로 식별하지 않음.

3. 회사는 계약시점의 회사의 종업원 및 고객의 영업확장에 따라 회사가 추가 고용한 종업원에 대한 교육훈련원가를 고객에게 청구할 수 있음.

Ⅱ. 회신

회사는 고객과의 계약을 이행하기 위해 지출한 교육훈련원가를 발생시점에 비용으로 인식하여야 함.

② 세무처리

건설업을 영위하는 내국법인이 종전 한국채택국제회계기준에 따라 선급공사원가로 계상하고 공사착수 시점에 공사원가로 처리하던 수주비를 2018사업연도부터 새로운 한국채택국제회계기준을 도입함에 따라 발생시점에 전액 비용으로 처리하면서 수주비 회계처리 변경 및 작업진행률 산정방식 변경에 따른 회계처리 소급적용 누적효과를 이익잉여금의 감소로 조정한 경우, 해당 이익잉여금 감소금액은 변경된 한국채택국제회계기준을 도입·적용한 사업연도에 손금산입하는 것이다.

이는 법인세법 시행령 제69조 제1항에 따라 진행기준에 의하여 수익인식 시 진행률의 산정방법은 동법 시행규칙 제34조 제2항에서 규정하고 있는바 이 규정에서 총공사예정비는 기업회계기준을 적용하여 계약당시에 추정한 공사원가에 해당 사업연도 말까지의 변동상황을 반영하여 합리적으로 추정한 공사원가로 한다고 규정하고 있으므로 공사원가에 관하여 법인세법은 기업회계기준을 따르도록 강제하고 있다. 그러므로 공사원가의 계산과 관련하여 수주비는 일반기업회계기준에 따라 공사원가로 처리하던, 한국채택국제회계기준에 따라 판매비와 관리비로 보아 발생시점에 전액 비용으로 하든 모두 세법상 적법한 것에 해당한다.

2018년부터 변경된 기준(K-IFRS 제1115호)에 따라 수주비 발생액을 발생시점에 전액 비용 처리하면서 소급적용 누적효과를 기초미처분이익잉여금에 반영(감액처리)한 것은 법인세법상 적법한 것에 해당하여 그 누적효과금액을 당기에 손금에 산입하는 것(권리의무확정주의에 따라 K-IFRS를 도입·적용한 사업연도에 손금에 반영)이 타당하다(사전-2018-법령해석법인-0771, 2018.12.20.).

(2) 계약이행원가

고객과의 계약을 이행할 때 드는 원가가 다른 기준서의 적용범위(예: 재고자산, 유형자산, 무형자산 기준서 적용범위에 포함되면 해당 기준서 적용)에 포함되지 않는다면, 그 원가는 다음의 기준을 모두 충족해야만 자산으로 인식한다.

① 원가가 계약이나 구체적으로 식별할 수 있는 예상 계약에 직접 관련된다.

② 원가가 미래의 수행의무를 이행할 때 사용할 기업의 자원을 창출하거나 가치를 높인다.

③ 원가는 회수될 것으로 예상된다.

그러나 다음의 원가는 발생시점에 비용으로 인식한다.

① 일반관리원가

② 계약을 이행하는 과정에서 낭비된 재료원가, 노무원가, 그 밖의 자원의 원가로서 계약가격에 반영되지 않은 원가

③ 이미 이행한 계약상 수행의무와 관련된 원가

④ 이행하지 않은 수행의무와 관련된 원가인지, 이미 이행한 수행의무와 관련된 원가인지 구별할 수 없는 원가

(3) 자산의 상각 및 손상

자산으로 인식한 계약체결 증분원가와 계약이행원가는 그 자산과 관련된 재화나 용역을 고객에게 이전하는 방식과 일치하는 체계적 기준으로 상각한다. 또한 자산으로 인식한 계약체결 증분원가와 계약이행원가의 장부금액이 다음의 '①'에서 '②'를 뺀 금액을 초과하는 정도까지 손상차손을 인식한다.

① 그 자산과 관련된 재화나 용역의 대가로 기업이 받을 것으로 예상하는 나머지 금액

② 그 재화나 용역의 제공에 직접 관련되는 원가로서 아직 비용으로 인식하지 않은 원가

사례 18

1. 자료

F사는 공개입찰을 통하여 새로운 고객에게 5년간 데이터 관리용역을 제공하는 계약을 체결한다.

F사는 용역을 제공하기 위하여 고객의 시스템에 접근하는 플랫폼을 제작한다. 이 플랫폼은 고객에게 이전되지는 않으나, 고객에게 용역을 제공하기 위하여 사용될 것이다.

계약 체결과정에서 생긴 원가와 플랫폼의 제작 원가는 다음과 같이 구성된다.
F사는 이 고객이 5년 계약 종료 후에도 1년 단위로 2번 계약을 갱신할 것으로 예상하고 있다.

2. 계약체결 원가

실사를 위한 외부 법률 수수료	15,000원
제안서 제출 비용	25,000원
영업사원 수수료	10,000원

① 실사 외부 법률수수료, 제안서 제출비용은 계약을 체결하지 않았더라도 발생되므로 비용인식
② 계약체결 증분원가에 해당하는 영업사원 수수료(10,000원)는 자산화 처리

3. 플랫폼 제작 원가

하드웨어	120,000원
소프트웨어	90,000원
데이터센터 설계, 이전, 시험원가	100,000원

① 하드웨어는 유형자산(1016), 소프트웨어는 무형자산(1038) 기준서 적용대상에 해당
② 데이터센터 설계, 이전, 시험원가는 다른 기준서의 적용범위에 해당하지 않는다면 계약이행원가로 자산화 처리

4. 자산인식금액의 상각
용역제공 예상기간 7년(5+1+1년)에 걸쳐 체계적 기준으로 상각

6 계약자산, 수취채권 및 계약부채

계약 당사자 중 어느 한 편이 계약을 수행했을 때, 기업의 수행 정도와 고객의 지급과의 관계에 따라 그 계약을 계약자산(contract asset)이나 계약부채(contract liability)로 재무상태표에 표시한다. 대가를 받을 무조건적인 권리는 수취채권(receivable)으로 구분하여 표시한다.

계약자산은 고객에게 재화나 용역을 이전하고 고객에게서 대가를 받을 권리를 말하며, 수취채권은 대가를 받을 무조건적인 권리를 말한다.

계약부채는 기업이 고객에게 재화나 용역을 이전하기 전에 고객에게서 받은 대가(또는

지급받을 권리가 있는 대가)로서 고객에게 재화나 용역을 이전해야 하는 기업의 의무를 말한다. 예를 들어 기업이 고객에게서 선수금을 받은 경우 미래에 재화나 용역을 이전할 수행의무에 대한 선수금을 계약부채로 인식하고, 향후 수행의무를 이전할 때 계약부채를 제거하면서 수익을 인식한다.

┤ 신속처리 질의·답변 ├

외화 관련 계약자산 및 계약부채의 경우 계약자산은 화폐성항목으로 볼 수 있고, 계약부채는 화폐성항목에 해당하지 않음.

사례 19

1. 자료

   기업은 2025.1.1.에 제품을 이전하는 계약을 체결하였다. 계약에 따라 고객은 1월 31일에 대가 1,000원을 미리 지급해야 하며, 기업은 제품을 3월 31일에 이전한다. 고객은 실제로 3월 1일에 대가를 지급하였다.

2. 취소 가능 계약인 경우

   ① 3월 1일(지급일) 현금 회수

(차) 현금	1,000원	(대) 계약부채	1,000원

   ② 3월 31일(제품 인도일) 수행의무를 이행

(차) 계약부채	1,000원	(대) 매출	1,000원

3. 취소 불능 계약인 경우

   ① 1월 31일(지급기일) 무조건적인 권리

(차) 수취채권	1,000원	(대) 계약부채	1,000원

   ② 3월 1일(지급일) 현금 회수

(차) 현금	1,000원	(대) 수취채권	1,000원

   ③ 3월 31일(제품 인도일) 수행의무를 이행

(차) 계약부채	1,000원	(대) 매출	1,000원

7 보 증

기업은 재화 및 용역의 판매와 관련하여(계약, 법률, 기업의 사업관행에 따라) 보증을 제공하는 것이 일반적인데, 관련 제품이 합의된 규격에 부합하므로 당사자들이 의도한 대로 작동할 것이라는 확신을 고객에게 주는 보증을 확신 유형의 보증이라 하며, 고객이 보증의 구매 여부를 선택할 수 있거나 제품이 합의된 규격에 부합한다는 확신에 더하여 고객에게 추가용역을 제공하는 보증을 용역 유형의 보증이라 한다. 보증의 유형에 따른 회계처리는 다음과 같다.

보증의 유형	회계처리
확신 유형의 보증	수행의무가 아니므로 기준서 제1037호에 따라 충당부채로 회계처리
용역 유형의 보증	별도의 수행의무로 식별하여 거래가격의 일부를 보증에 배분

용역 유형의 보증(보증기간이 길수록 별도 수행의무일 가능성이 높음)은 제품이 합의된 규격에 부합한다는 확신에 더하여 고객에게 추가용역을 제공하거나 고객이 보증을 별도로 구매할 수 있는 선택권이 있는 경우를 말하며, 그 보증은 구별되는 용역으로 거래가격을 배분하는 수행의무로 회계처리한다.

우리나라의 자동차 제조·판매회사의 경우 무상보증기간이 다른 자동차 판매사의 무상보증기간보다 긴 경우 판매대가에 용역유형의 보증대가가 포함된 것으로 보아 판매대가의 일정금액을 이연하여 수익을 인식하여야 하는 문제가 발생할 수 있다.

사례 20

1. 자료
   B사는 기계장치를 판매하면서 품질보증을 제공한다.
   법률에 따르면 제품이 구매일부터 1년간 정상 작동할 것이라고 보장해야 한다.
   B사는 구매일부터 3년간 무상수리를 제공해오고 있다.

2. 이전하는 재화·용역
   (1) 기계장치
      ① 고객이 기계장치 자체에서 효익을 얻을 수 있음.
      ② 기계장치를 보통 별도로 판매

  (2) 품질보증
    ① 법률에서 요구하는 것보다 긴 기간 보증을 제공
    ② 제품이 합의된 규격에 따른다는 보장에 추가되므로 별도 용역을 제공하는 보증임.

3. 별도 수행의무 여부

  품질보증도 별도 수행의무로 구분하여 판매대가에서 용역 유형 대가의 가치를 산정하여, 이는 용역제공기간에 수익으로 인식하여야 한다.

사례 21

1. 자료

  수진(주)는 제품을 판매하는 경우 1년의 무상보증기간을 제공하고 있다.
  수진(주)는 고객이 판매가액의 1%를 부담하면 보증기간을 1년 연장하여 주고 있다.
  수진(주)는 2025.7.1. 판매가액 200,000원의 제품을 202,000원을 수취하고 판매하였으며, 판매가액 200,000원에 포함된 확신유형의 보증에 대한 충당부채 추정치는 3,000원이다.

2. 2025.7.1. 회계처리

(차) 현금	202,000	(대) 매출	200,000
		계약부채	2,000
(차) 제품보증충당부채전입액	3,000	(대) 제품보증충당부채	3,000

3. 2025.7.1. 이후 1년간 무상보증의무 이행 시 회계처리

(차) 제품보증충당부채	×××	(대) 현금	×××

4. 2026.7.1. 이후 1년간 보증의무 이행 시 회계처리

(차) 계약부채	2,000	(대) (용역)매출	2,000
(차) (용역)매출원가	×××	(대) 현금	×××

5. 세무조정

  손금불산입 · 제품보증부채 · 3,000 · 유보

8 본인 대 대리인

(1) 대리인

1) 기업회계

기업이 고객에게 재화나 용역을 제공하는 데에 다른 당사자가 관여할 때 약속의 성격이 정해진 재화나 용역 자체를 제공하는 수행의무인지(기업이 본인), 아니면 다른 당사자가 재화나 용역을 제공하도록 주선하는 수행의무인지(기업이 대리인)를 판단한다. 고객에게 재화나 용역이 이전되기 전에 기업이 그 정해진 재화나 용역을 통제한다면 기업은 본인에 해당하며 수행의무를 이행할 때(또는 이행하는 대로) 이전되는 정해진 재화나 용역과 교환하여 받을 권리를 갖게 될 것으로 예상하는 대가의 총액을 수익으로 인식한다.

기업의 수행의무가 다른 당사자가 정해진 재화나 용역을 제공하도록 주선하는 것이라면 이 기업은 대리인이며, 다른 당사자가 공급하는 정해진 재화나 용역이 고객에게 이전되기 전에 기업이 그 정해진 재화나 용역을 통제하지 않는다. 기업이 대리인인 경우에는 수행의무를 이행할 때(또는 이행하는 대로) 다른 당사자가 그 정해진 재화나 용역을 제공하도록 주선하고 그 대가로 받을 권리를 갖게 될 것으로 예상하는 보수나 수수료 금액을 수익으로 인식한다.

고객에게 정해진 재화나 용역이 이전되기 전에 기업이 그 정해진 재화나 용역을 통제하고, 본인임을 나타내는 지표는 다음과 같다(계약에 따라 다른 지표가 더 설득력 있는 증거를 제공할 수 있음).

① 정해진 재화나 용역을 제공하기로 하는 약속을 이행할 주된 책임이 기업에 있다.
② 정해진 재화나 용역이 고객에게 이전되기 전이나 고객에게 통제가 이전된 후에 이 기업에 재고위험이 있다(예: 반품권이 있는 경우).
③ 정해진 재화나 용역의 가격을 결정할 재량이 기업에 있다.

기존 기준서에서는 고객의 신용위험을 부담하면 본인임을 나타내는 지표에 해당되었으나, 개정 기준서에서는 삭제되었다.

기업이 대리인에 해당되는 예는 다음과 같은 것이 있다.
① 임대업을 영위하는 회사의 임대매장에서 발생하는 매출
② 수출업무를 대행하는 종합상사의 수출
③ 제품공급자로부터 받은 제품을 인터넷상에서 중개판매하거나 경매하고 수수료만을

    수취하는 전자쇼핑몰 운영회사의 매출

④ 백화점의 수수료매장 매출

⑤ 광고대행회사의 매출

⑥ 도메인등록 대행회사의 매출

⑦ 아파트 위탁관리회사의 매출

⑧ 영화배급 대행회사의 매출

⑨ 인터넷복권 발행업무 대행회사의 매출

⑩ 서비스 대행계약에 의한 호텔업 매출

⑪ 복합운송주선업체의 매출 등

┤ 신속처리 질의 · 답변 ├

A사가 유상사급의 형태로 원자재를 B사로부터 공급받아 가공 후 B사에 공급하는 임가공업체인 경우 가공과정에서 A사가 해당 원자재를 통제하면 총액으로, 통제하지 못하면 순액으로 수익을 인식함.

2) 법인세법

법인세법상 인도기준 및 진행기준과의 차이발생 시 세무조정을 실시한다. 단, 다음의 집행기준과 같이 법인세법상의 인도를 기업회계와 동일하게 규정한 경우 기업회계상 처리를 수용하여 세무조정이 발생하지 않는다.

---

1. **집행기준 40 - 68 - 3【백화점사업자 등에 납품하는 경우의 손익 귀속시기】** ① 백화점사업자와 상품 등의 위탁판매계약을 체결하고 백화점사업자에게 판매를 위탁한 경우에는 수탁자인 백화점사업자가 해당 상품 등을 판매한 날이 속하는 사업연도를 손익의 귀속 사업연도로 한다.
   ② 의류 제조법인이 제품에 대한 소유권을 가지고 당해 법인의 브랜드만 취급하는 대리점사업자에게 제품을 반출하고 대리점사업자가 당해 제조법인의 판매시점인식시스템을 통하여 소비자에게 실제 판매한 제품에 대하여만 대금청구권을 가지며 제조법인이 전적으로 반출한 제품과 반입할 제품의 품목과 수량을 결정하고 대리점사업자는 주문에 대한 책임과 권한이 없는 거래에 있어서 대리점사업자가 제품을 최종소비자에게 판매하는 시점이 법인세법 시행령 제68조 제1항 제1호의 "그 상품 등을 인도한 날"에 해당하여 판매손익 등의 귀속사업연도가 되는 것임.

2. 부가가치세법

2019.2.12. 부가가치세법 시행령 제75조 제9호·제10호의 신설로 납품업체가 백화점 등에 재화 인도 시를 공급시기로 할 것인지 또는 백화점 등이 소비자에게 재화 인도 시를 공급시기로 할 것인지를 결정하여 세금계산서를 발급하여도 부가가치세법상 공급시기 및 매입세액공제 등에 대한 문제를 제기하지 않도록 개정되었다.

제9호·제10호 거래의 실질이 위탁매매 또는 대리인에 의한 매매에 해당함에도(해당하지 않음에도) 불구하고 거래 당사자 간 계약에 따라 위탁매매 또는 대리인에 의한 매매가 아닌 거래로 하여(매매로 하여) 세금계산서를 발급받은 경우로서 그 거래사실이 확인되고 거래 당사자가 법 제48조 및 제49조에 따라 납세지 관할 세무서장에게 해당 납부세액을 신고하고 납부한 경우 매입세액공제 가능함.

사례 22 대리관계 - 수수료 매장 매출

1. 자료

(1) 영봉(주)는 보란백화점(주)와 골프의류 판매에 대한 수수료매장계약을 체결하였으며 수수료율은 30%로 결정하였다. 이때 반품 등의 모든 의사결정은 영봉(주)의 판단하에 이루어져 법인세법상 인도일은 소비자에게 판매된 날로 결정되었다.

(2) 2025.12.1.에 다음과 같은 상품이 백화점에 입고되었다.

품 명	백화점판매가	백화점입고가	제조원가
A	1,000,000	700,000	400,000
B	2,000,000	1,400,000	800,000
C	3,000,000	2,100,000	1,200,000
계	6,000,000	4,200,000	2,400,000

(3) 2025.12.31.에 A 및 C상품이 정상적으로 판매(현금판매 전제)되었다.

(4) 판매대금은 2026.1.30.에 지급되었다.

2. 회계처리

(1) 영봉(주)

① 2025.12.1.

매출에 대한 회계처리는 없다. 단, 부가가치세법상으로 재화의 인도에 해당하는 계약으로 세금계산서는 발급되며, 이에 따른 회계처리는 발생한다.

(차) 미수금　　　　　420,000　　(대) 부가세예수금　　　420,000

② 2025.12.31.

(차) 매출채권	4,000,000	(대) 매출	4,000,000[주]
판매수수료	1,200,000	미지급금	1,200,000
(기타비용)			

> 주) 최종소비자에게 판매된 시점에서 판매된 상품에 대한 매출금액을 인식하고, 수수료는 판매관리비로 인식한다.
> 1,000,000(A상품)+3,000,000(C상품)=4,000,000원
> 이때 백화점에 인도됐지만 판매되지 않은 B상품의 재고금액 800,000원은 기말재고자산금액에 포함된다.

(2) 보란백화점(주)

① 2025.12.1.

매입에 대한 회계처리는 없다. 단, 부가가치세법상 재화의 공급에 해당되어 세금계산서가 발급되므로 입고금액에 대하여는 회계처리가 없어도 부가가치세 금액에 대하여는 회계처리를 하여야 한다.

| (차) 선납부가세 | 420,000 | (대) 미지급금 | 420,000 |

② 2025.12.31.

(차) 현금	4,400,000	(대) 수수료매출	1,200,000[주]
		미지급금	2,800,000
		예수부가세	400,000

> 주) 판매가 4,000,000×수수료율 30%=1,200,000원

3. 영봉(주)의 2025년 세무조정

(1) 세무조정

법인세법상 인도일이 기업회계와 동일하여 세무조정 없음.

(2) 세무조정(만일 '(1)'에 해당되지 않아 인도일이 백화점에 입고된 날을 기준으로 하는 경우)

① 법인세법상 익금 및 손금 해당액

익금 해당액: 당기 인도액(백화점 입고가) 4,200,000원

손금 해당액: 당기 제조원가 2,400,000원

② 기업회계상 수익 및 비용 해당액

수익 해당액: 매출계상액 4,000,000원

비용 해당액: 매출원가계상액 1,600,000원

지급수수료계상액   1,200,000원

③ 세무조정

익금산입 · 매출 · 1,400,000 · 유보

손금산입 · 매출원가 · 800,000 · △유보

익금불산입 · 매출(지급수수료분) · 1,200,000 · 기타

손금불산입 · 지급수수료 · 1,200,000 · 기타

→ 법인세법에서는 당기에 전부 인도되었으므로 총 1,800,000(4,200,000 - 2,400,000)원의 소득금액을 계산하여야 하나 기업회계에서는 백화점에서 판매된 A · C에 대한 이익 1,200,000(4,000,000 - 1,600,000 - 1,200,000)만 인식하였으므로 이의 차이인 600,000원이 익금산입된 것이며, 지급수수료 해당매출액과 지급수수료는 각각 익금불산입 · 손금불산입처리함.

④ 내년도 세무조정

가. 법인세법상 익금 및 손금해당액

없음(당기에 모두 인식).

나. 기업회계상 수익 및 비용해당액

수익: 매출액   2,000,000원

비용: 매출원가   800,000원

지급수수료   600,000원

이익: 600,000원

다. 세무조정

익금불산입 · 매출 · 1,400,000 · 유보

손금불산입 · 매출원가 · 800,000 · △유보

익금불산입 · 매출(지급수수료분) · 600,000 · 기타

손금불산입 · 지급수수료 · 600,000 · 기타

⑤ 2025년 수입금액조정명세서 등 작성

가. 수입금액조정명세서(별지 제16호 서식)

③ 결산서상 수입금액   4,000,000

④ 가산   1,400,000

⑤ 차감   1,200,000

⑥ 조정 후 수입금액   4,200,000

나. 조정 후 수입금액명세서(별지 제17호 서식)

④ 계(⑤+⑥+⑦)   4,200,000

다. 법인세과세표준 및 세액신고서(별지 제1호 서식)
　　⑬ 수입금액　　　　　　　　　　　　　　　4,200,000
라. 기업업무추진비조정명세서(을)
　　③ 합계(①+②)　　　　　　　　　　　　　4,000,000

사례 23

1. 자료

T사(여행사)는 항공사가 고객에게 직접 판매하는 가격보다 낮은 요금으로 항공권 대량 구매 합의, 항공권을 고객에게 재판매한다. 재판매 여부에 관계없이 항공권 구매대금은 지급해야 하며, 재판매가격은 T사가 결정하고 항공사는 관여하지 않는다.

T사는 항공사가 제공한 용역에 대한 불만을 해결하도록 고객을 돕지만, 용역에 대한 불만 해소를 포함하여 항공권에 관련된 의무 이행의 책임은 항공사에 있다.

2. 판단기준

① 그 권리(항공권 형태)를 지시할 능력이 있음(계약 이행에 해당 항공권 사용 여부 결정), 권리에서 생기는 나머지 효익을 얻을 능력(재판매, 스스로 사용)
② 재고위험(고객과 계약 체결 전 항공권 획득 확약)
③ 재판매 가격 결정 재량

3. 판단결과

T사는 본인에 해당된다.

이는 특정 비행기 탑승권리가 고객에게 이전되기 전에 T사가 통제하기 때문이다.

(2) 외주가공을 위해 공급하는 원재료 및 외주가공비

통상적으로 무상으로 원재료를 공급하여 제품(반제품)을 생산하게 하고 지급하는 원재료 및 외주가공비는 각각 발주회사의 재고자산 및 제조원가에 포함되며 부품제조회사는 임가공수수료만을 순액으로 매출로 인식하는 것이 일반적이다. 다만, 발주회사가 부품(반제품)을 주문하면서 부품생산에 필요한 원재료의 구입단가 인하 또는 품질유지 등을 위하여 원재료를 일괄구입하여 부품제조회사에 유상으로 공급하는 경우에 원재료 및 외주가공비는 다음과 같이 구분하여 회계처리한다.

1) '① 거래요건'을 모두 충족시킴으로써 원재료의 소유에 따른 위험과 효익이 대부분 부품
제조회사로 이전되었다고 인정되는 경우에는 이를 '반제품 제조를 위한 원재료의 구매
대행'으로 간주하여 '② 회계처리'에 따라 회계처리한다.

① 거래요건

　가. 원재료의 법률적인 소유권이 부품제조회사로 완전히 이전되고 부품제조회사는
　　　매입한 원재료의 처분(제3자에 매각 또는 담보제공 등)에 제약이 없어야 한다. 이
　　　때 계약 등을 통하여 부품제조회사에 매입한 원재료의 처분에 제약이 있다면 소
　　　유권이 완전히 이전된 것으로 볼 수 없다.

　나. 원재료는 공정한 가격으로 매매되어야 하고, 매매된 원재료에 대한 반환청구권
　　　또는 확정된 가격으로 재매출(또는 제3자에 대한 매각을 보증)하는 약정이 없어
　　　야 한다. 즉, 발주회사의 부품주문이 취소 또는 변경되어도 원재료에 대한 반환청
　　　구권 또는 확정된 가격으로 재매출(또는 제3자에 대한 매각을 보증)하는 약정이
　　　없어야 한다.

　다. 부품제조회사에서 원재료에 대한 실질적인 추가가공이 이루어지고, 원재료의 물
　　　리적 손상에 따른 위험을 부품제조회사가 전액 부담하여야 한다.

② 회계처리

　가. 발주회사: 원재료 반출 시 발주회사의 재고자산에서 제거하되, 동 거래는 주요 경
　　　영활동(제품생산매출)이 아닌 부수적인 거래에 해당하므로 반출된 원재료의 매매
　　　차익을 구매대행수수료로 간주하여 영업외수익으로 계상한다.

　나. 부품제조회사: 제3자로부터 매입한 원재료와 동일한 방식으로 반입된 원재료를 재
　　　고자산으로 계상하고 이후 동 원재료 금액이 포함된 부품가액을 매출액으로 계상
　　　한다.

2) 유상사급 거래가 형식에도 불구하고 실질적으로 원재료의 소유에 따른 위험과 효익이 대부분 부품제조회사로 이전되지 않는다면 무상사급(임가공) 거래와 동일한 방식으로 회계처리한다(회제일 8360 - 00102, 2004.2.18. ; 회제일 8360 - 00160, 2003.4.21. ; KQA 02 - 143, 2002.8.21.). 즉, 다음과 같이 회계처리한다.

① 발주회사

반출된 원재료를 발주회사의 재고자산으로 계상하고 부품제조회사로부터 받은 금액은 원재료에 대한 일종의 보증금으로 회계처리하며(회계제 8360-00784, 2001.12.7.), 이후 임가공된 부품을 반입할 때 보증금의 반환과 외주가공비 지급으로 구분하여 회계처리한다. 다만, 원재료 제공 시 가산한 일정률의 마진이 있을 경우 동 금액은 영업외수익으로 계상한다(회제일 8360-00254, 2003.7.2.).

② 부품제조회사

반입된 원재료를 재고자산으로 계상하지 아니하고, 임가공수수료만 매출로 계상한다.

9 고객충성제도(고객의 선택권)

무료나 할인된 가격으로 추가 재화나 용역을 취득할 수 있는 고객의 선택권(고객충성제도 등)은 그 형태[예: 판매 인센티브, 고객보상점수(points), 계약갱신 선택권, 미래의 재화나 용역에 대한 그 밖의 할인]가 다양한데, 계약에서 추가 재화나 용역을 취득할 수 있는 선택권을 고객에게 부여하고, 그 선택권이 계약을 체결하지 않으면 받을 수 없는 중요한 권리를 고객에게 제공하는 경우에만 그 선택권은 계약에서 수행의무를 생기게 한다. 선택권이 고객에게 중요한 권리를 제공한다면, 고객은 사실상 미래 재화나 용역의 대가를 기업에 미리 지급한 것이므로 그 미래 재화나 용역이 이전되거나 선택권이 만료될 때 수익을 인식한다.

기업은 고객에게 이전하는 재화나 용역과 고객 선택권의 상대적 개별 판매가격에 기초하여 거래가격을 배분한다. 고객 선택권의 개별 판매가격을 직접 관측할 수 없다면 이를 추정한다.

보론 | 고객충성제도 일반기업회계기준과의 비교설명
(한국회계기준원 홍현선 책임연구원 기고문)

K-IFRS 제1115호에서는 회사가 재화 등을 판매하면서 고객보상점수와 같은 고객충성제도 마일리지를 고객에게 제공할 때 이에 대응되는 미래 기업 의무에 대가(원가가 아니라 공정가치에 근거)를 배분하여 수익을 이연하여 부채로 인식한다. 후속적으로 고객이 해당 마일리지를 사용할 때 회사가 관련 의무를 이행하므로 과거 이연한 수익을 당기 수익으로 인식하게 된다(문단 B40).

이에 반해 일반기업회계기준은 해당 마일리지에 관련된 대가를 수익의 이연으로 처리하지 않고, 예상 마일리지 사용에 따른 추가 원가를 고려하여 충당부채로 반영한다. 후속적으로 고객이 해당 마일리지를 사용할 경우 관련 원가를 충당부채와 상계하게 된다(제14장 문단 14.2).

예를 들어, 회사 C는 100원에 재화를 판매하고, 고객에게 이에 대한 고객충성 포인트 12.5를 제공한다. 사용가능성을 고려한 이 포인트의 공정가치는 10원이고, 이에 대응하여 미래에 추가로 제공될 재화의 원가는 8원이다. 이 경우 K-IFRS와 일반기업회계기준에 따른 마일리지 관련 회계처리는 아래와 같다.

K-IFRS	일반기업회계기준
〈제품판매 시〉	〈제품판매 시〉
(차) 매출채권　　　　100	(차) 매출채권　　　　100
(대) 매 출　　90	비 용　　　　8
부 채　　10	(대) 매 출　　100
• 익금산입 · 부채(매출) · 10 · 유보	부 채　　8
	• 손금불산입 · 비용 · 8 · 유보
〈고객충성제도 관련 원가 발생 시〉	〈고객충성제도 관련 원가 발생 시〉
(차) 부 채　　　　10	(차) 부 채　　　　8
비 용　　　　8	(대) 현금등　　8
(대) 매 출　　10	• 손금불산입 · 비용 · 8 · 유보
현금등　　8	
• 익금불산입 · 부채(매출) · 10 · 유보	

사례 24

1. 자료

A사는 제품을 100원에 판매하면서, 구매일부터 30일 이내에 제품을 구매하면 판매가격의 40%를 할인해주는 쿠폰을 제공하였다.

A사는 판촉활동의 일환으로 30일간 모든 제품을 10% 할인하여 판매할 계획이다. 10% 할인은 40% 할인권에 추가하여 사용할 수 없다.

제품을 구매하고 쿠폰을 받은 고객은 다른 고객들의 할인율(10%)보다 30% 높은 할인을 받을 수 있고, 이 할인권은 중요한 권리를 제공한다고 판단한다.

고객의 80%가 이 할인권을 사용하고, 추가로 평균 50원의 제품을 구매할 것으로 추정한다.

A사는 제품의 판매 계약에서 이 할인권을 수행의무로 회계처리한다.

2. 할인권의 개별 판매가격 추정

30%×80%×50원＝12원

3. 거래가격의 배분

구 분	배 분
제 품	89 (100×100/112)
할인권	11 (12×12/112)
	100

4. 회계처리

(차) 현금	100	(대) 매출	89
		계약부채	11[주]

주) 고객이 할인권을 사용하거나, 할인권이 소멸할 때 수익을 인식

5. 세무조정

익금산입 · 계약부채 · 11 · 유보

사례 25

1. 자료

수진(주)는 구매금액 ₩10당 고객충성포인트 1점을 고객에게 보상하는 고객충성제도를 운영한다. 각 포인트는 수진(주)의 제품을 미래에 구매할 때 ₩1의 할인과 교환할 수 있다. 보고기간에 고객은 제품을 ₩100,000에 구매하고 미래에 구매에 교환할 수 있는 10,000포인트를 얻었다. 수진(주)는 9,500포인트가 교환될 것으로 예상하고, 교환될 가능성에 기초하여 포인트당 개별 판매가격을 ₩0.95(총액 10,000포인트×₩0.95 = ₩9,500)으로 추정하였다.

포인트는 고객이 계약을 체결하지 않고는 받을 수 없는 중요한 권리를 고객에게 제공하므로 수진(주)는 고객에게 포인트를 제공하는 약속을 수행의무라 판단하고 상대적 개별 판매가격에 따라 거래가격을 제품과 포인트에 배분한다.

구 분	거래가격의 배분
제 품	₩91,324 (100,000×100,000/109,500)
포인트	8,676 (100,000×9,500/109,500)
합 계	₩100,000

2. 제품판매 시 회계처리

(차) 현금	100,000	(대) 매출	91,324
		계약부채	8,676

3. 제품판매 연도 말 회계처리

4,500포인트가 교환되었고, 수진(주)는 전체적으로 9,500포인트가 교환될 것으로 계속 예상할 경우의 회계처리

(차) 계약부채	4,110[주)	(대) 매출	4,110

주) ₩8,676×4,500/9,500 = ₩4,110

4. 제품판매 다음 연도 말 회계처리

4,000포인트(누적 8,500포인트)가 교환되었고, 수진(주)는 전체적으로 9,700포인트가 교환될 것으로 예상을 수정한 경우의 회계처리

(차) 계약부채	3,493[주)	(대) 매출	3,493

주) ₩8,676×8,500/9,700 − 4,110 = ₩3,493

5. 세무조정

  (1) 제품판매 연도

     익금산입 · 계약부채 · 8,676 · 유보

     익금불산입 · 계약부채 · 4,110 · 유보

  (2) 다음 연도

     익금불산입 · 계약부채 · 3,493 · 유보

신속처리 질의 · 답변

1. 수익인식 시점 및 계약자산 손상

(1) 질의

  회사는 제품 인도 시 대금의 90%, 고객의 자체 검수 완료 후 잔금 10%를 받기로 계약하고 고객에게 제품을 인도함. 고객의 검수과정은 제품 통제의 이전에 영향을 미치지 않는 형식적인 절차로 판단함. 제품 인도 후 고객의 사정(예: 신용위험 악화 등)으로 검수가 완료되지 않아 잔금 회수가 지연되고 있다면, 잔금은 회수 시점에 수익으로 인식하는지?

(2) 회신

  고객과의 계약이 K–IFRS 제1115호 문단 9의 요건을 충족하고 제품 인도 시점에 통제가 이전된다면, 제품 인도 시점에 수익*을 인식하고 이후에 신용위험 악화는 수익인식에 영향을 미치지 아니함.

  다만, 수익을 인식한 이후에 고객이 잔금을 지급하지 못할 위험에 대해서는 K–IFRS 제1109호에 따라 손상 평가를 함.

  * 유의적인 금융요소가 있다면 이를 반영

2. 백화점 입점업체의 수익인식

(1) 질의

  회사는 백화점(본인)에 입점한 업체이며, 백화점은 재고부족을 방지하기 위하여 안전재고를 포함하여 회사로부터 상품을 매입함. 회사는 안전재고를 포함한 수량에 대해 매출세금계산서를 발행함. 회사가 수익을 인식해야 하는 시점 및 수량은?

(2) 회신

  재고자산에 대한 통제가 백화점에 이전되는지 여부에 따라 수익인식 시점이 상이함.

  K–IFRS 제1115호 문단 38의 지표(지급청구권, 법적 소유권, 물리적 이전, 위험과 보상의 이전, 고객의 자산 인수 등) 및 재매입 약정 등을 고려하여 통제 이전 여부를 판단하며, 세금계산서의 발행은 통제의 이전과 관련 없음.

  백화점이 최종소비자에게 판매하고 남은 재고를 반품할 수 있다고 한다면, 재화에 대한 통제를 이전한 시점에 예상반품을 고려하여 수익을 인식함.

3. 임가공 거래와 재고자산 분류

(1) 질의

회사는 원재료를 구매하여 무상으로 A사에 이전하고, A사는 해당 원재료를 가공하여 회사에 완제품을 전달함. A사로 물리적으로 이전된 원재료는 회사가 통제하며, 회사는 A사에 가공에 대한 용역비용을 지급함. 회사는 입고된 완제품을 제품으로 인식하는지 아니면 상품으로 인식하는지?

(2) 회신

임가공 거래에서 외주업체에 지급한 대가는 제조원가(외주가공비)로 회계처리함. 따라서 원재료에 외주가공비를 더한 금액으로 제품을 인식함.

4. 성과보상 인센티브와 변동대비

(1) 질의

회사는 항공운송업 등을 주업으로 하며, 고객이 아닌 중간판매자(여행사, 오픈마켓 등)를 통해 항공권을 판매함. 회사는 판매성과를 달성한 중간판매자에게 차등적으로 성과보상 인센티브를 지급함. 이 인센티브는 고객에게 이전되지 않고 판매대행 용역에 대한 보상에 해당함. 회사는 해당 성과보상 인센티브를 변동대가에 고려해야 하는지?

(2) 회신

해당 성과보상 인센티브는 고객이 아닌 중간판매자(여행사, 오픈마켓 등)에게 지급되는 것이므로 수익에 반영할 변동대가가 아님(제1115호 문단 51).

5. 출시 전 재화가 포함된 수행의무에 대한 거래가격 배분

(1) 질의

온라인 강의 및 교재를 판매하는 기업이 고객에게 3종의 교재를 구입할 수 있는 구매권을 판매함. 기업은 계약상 수행의무를 각 교재의 이전으로 판단하였음. 이전하기로 한 3종의 교재 중 1종은 기 출시하여 판매되고 있으나, 2종은 아직 출시하지 않아 개별 판매가격을 알 수 없음. 이때 구매권 거래가격을 각 교재에 어떻게 배분해야 하는지?

(2) 회신

각 종류의 교재의 개별 판매가격을 추정하여 산정하고, 이 개별 판매가격에 비례하여 구매권 거래가격을 배분함(제1115호 문단 76).

개별 판매가격을 직접 관측할 수 없다면 개별 판매가격을 추정해야 함(제1115호 문단 78). 이때 시장평가 조정 접근법, 예상원가 이윤 가산 접근법 등의 기법을 사용하여 추정할 수 있음(제1115호 문단 79).

6. 계약 변경 시 제공한 가격할인

(1) 질의

회사는 고객에게 각각 구별되는 제품 100개를 이전하기로 한 계약을 체결하였고, 고객에게 제품 60개의 통제를 이전하였음. 회사는 이 고객과 추가로 제품 30개(총 130개)를 납품하기로 계약을 변경하였음. 계약을 변경하면서 회사는 제품 가격을 할인해 주기로 하였는데, 이 가격할인은 어느 제품의 대가에서 차감해 주어야 하는지?

(1안) 추가 제품 30개의 대가에서 차감

(2안) 기존 계약 미이행분 40개와 추가 제품 30개(총 70개)의 대가에서 차감

(2) 회신

구별되는 재화(제품 30개)가 추가되어 계약의 범위가 확장(계약 변경)되었으며, 계약가격을 특정 계약 상황(새로운 고객에게 제품을 판매할 때 들 원가가 들지 않음)을 반영하여 조정하였으므로 기존 계약과 구별되는 별도 계약으로 회계처리 함(제1115호 문단 20). 이때 회사는 원래 계약의 제품 100개에는 할인되지 않은 단가를 적용하여 수익을 인식하고, 새로운 계약의 제품 30개에 할인된 단가를 적용하여 수익을 인식함(1안).

7. 고객에 대한 환불부채의 분류

(1) 질의

환불부채는 고객이 환불 요청 시 현금 등 금융자산을 인도하기로 한 계약상 의무이므로 K-IFRS 제1109호 적용대상 금융부채인가, 아니면 지출하는 시기 또는 금액이 불확실하므로 K-IFRS 제1037호 적용대상 충당부채인가?

(2) 회신

재화나 용역 제공과 관련된 환불부채는 K-IFRS 제1115호 적용대상 부채로서 동 기준서 문단 55와 문단 B20~B27의 지침을 적용하여 회계처리 함.

8. 모바일 상품권을 할인 발행한 경우 회계처리

(1) 질의

제과회사는 판매하는 케이크와 교환할 수 있는 모바일 상품권을 할인 발행하고 현금을 수취함(예: 30,000원을 받고 판매가격 40,000원의 케이크로 교환할 수 있는 모바일 상품권을 발행). 모바일 상품권 발행 시점과 고객이 모바일 상품권으로 케이크를 교환 시점의 회사의 회계처리는?

(2) 회신

고객에 대한 회사의 수행의무가 '케이크(재화)의 이전'이므로, 수행의무가 이행되지 않은 모바일 상품권 발행시점에는 고객으로부터 받은 현금(30,000원)은 계약부채로 인식하고(제1115호 용어의 정의), 고객이 모바일 상품권 30,000원을 사용하여 케이크를 구매할 경우, 판매가격 40,000원이 아닌 30,000원의 수익을 인식함(제1115호 문단 70).

9. 대행사에 지급한 수수료의 비용 인식시점

(1) 질의

회사는 대행사를 통해 고객과 용역 제공 계약을 체결하였음. 체결된 계약상 거래가격의 1%를 대행사에 수수료로 지급함. 회사는 대행사에 지급한 수수료를 고객에게 제공할 용역대가로 회수할 것으로 예상하고 있음. 대행사에 지급한 수수료를 비용으로 인식하는 시점은?

(2) 회신

대행사에 지급한 수수료(고객과의 계약체결 증분원가)는 고객과 계약을 체결하기 위해 들인 원가로서 계약을 체결하지 않았다면 들지 않았을 원가임(제1115호 문단 92).

따라서 대행사에 지급한 수수료는 자산으로 인식하고, 인식한 자산은 관련된 용역을 고객에게 이전하는 방식과 일관된 체계적 기준으로 상각하여 비용으로 인식함(제1115호 문단 91, 99).

다만, 상각기간이 1년 이하라면 대행사에 지급한 수수료는 발생시점에 비용으로 인식(실무적 간편법)할 수도 있음(제1115호 문단 94).

10. 변경에 합의하였으나 변경계약서를 작성하지 않은 경우, 수익인식

(1) 질의

회사가 고객에게 건물 건설 용역을 제공하고 있던 중 고객의 요청으로 설계가 변경되었음. 회사와 고객은 설계변경에 합의하였으나, 확장되는 계약의 범위에 상응하는 가격이 결정되지 않아 설계변경 계약서는 작성하지 않음. 설계변경으로 확장되는 계약의 범위는 기존 수행의무와 구별되지 않음. 이때 회사는 해당 설계변경의 효과를 어떻게 반영해야 하는지?

(2) 회신

계약 당사자가 기존의 집행 가능한 권리와 의무를 변경하기로 승인할 때 계약의 변경이 존재할 수 있으며, 이때 계약변경으로 생기는 거래가격의 변경을 변동대가 추정에 관한 K-IFRS 제1115호 문단 50~54와 변동대가 추정치의 제약에 관한 문단 56~58에 따라 추정함(제1115호 문단 19).

설계변경으로 인해 확장되는 계약의 범위가 이전에 제공하고 있는 수행의무와 구별되지 않으므로, 계약변경을 기존 계약의 일부인 것처럼 계약변경이 거래가격과 수행의무의 진행률에 미치는 영향을 계약변경일에 수익을 조정하여 인식함(제1115호 문단 20~21).

11. 재화에 대한 고객의 인수 절차가 있는 경우 수익인식 시점 판단

(1) 질의

회사는 약속한 재화를 고객에게 이전(한 시점에 이행되는 수행의무)하였으나, 현재 고객이 품질 검사를 하는 중으로 회사에 인수증을 발급하지 않음. 회사는 수익인식 시점을 판단할 때 고객의 인수 절차를 어떻게 고려해야 하는지?

(2) 회신

고객의 약속된 재화를 통제하고 기업이 수행의무를 이행하는 시점을 판단할 때, K-IFRS 제1115호 문단 38의 통제 이전의 지표를 종합적으로 고려하여 판단해야 함.

인수 절차의 실질을 고려한 결과, 그 절차가 형식적인 것이라면 인수 절차의 종료 여부가 통제 이전 시점 판단에 영향을 미치지 않음.

계약에서 합의한 규격에 따라 재화에 대한 통제가 고객에게 이전되었음을 객관적으로 판단할 수 있다면, 고객의 인수는 고객이 재화를 언제 통제하게 되는지 판단하는 데에 영향을 미치지 않는 형식적인 것임(제1115호 문단 B84).

그러나 고객에게 제공된 재화나 용역이 계약에서 합의한 규격에 따른 것인지를 객관적으로 판단할 수 없다면, 고객이 인수할 때까지 고객에게 통제가 이전되었다고 볼 수 없음(제1115호 문단 B85).

또한 시험, 평가 목적으로 제품을 고객에게 인도하고 고객이 시험기간이 경과할 때까지 어떠한 대가도 지급하지 않기로 확약한 경우에 고객이 제품을 인수하는 때나 시험기간이 경과할 때까지 제품에 대한 통제는 고객에게 이전되지 않은 것임(제1115호 문단 B86).

12. 매출 연동 지급수수료 회계처리

(1) 질의

A사는 B사의 브랜드를 사용한 대가로 A사 총매출액의 10%를 B사에 지급하는 로열티 계약을 체결함. 그리고 A사는 B사가 소개(유치)하는 VIP 고객에게 매출하는 경우, VIP에 대한 매출액의 1%를 추가로 B사에 지급하는 계약을 체결함. 이때 VIP 매출액의 1% 추가 지출액에 대한 A사의 회계처리(수익차감 또는 비용처리)는?

(2) 회신

A사는 B사에 지급하는 대가를 비용을 처리함.

B사는 A사에 라이선스와 VIP 고객 유치용역을 제공하는 공급자임.

고객에 지급할 대가로 보아 수익에서 차감하는 회계처리는 계약 상대방이 고객인 경우에 적용함(제1115호 문단 6).

13. 판매장려 목적의 할인

(1) 질의

회사는 A사에 제품을 판매하고, 별도 약정을 맺어 A사가 연매출 목표액을 달성하면 A사 매출액의 5%를 다음해 2월의 제품 가격에서 차감해주기로 함. 이 경우 적절한 회계처리는?

(2) 회신

판매장려 목적의 할인이 고객에게서 받은 별도의 재화나 용역에 대한 대가가 아니라면 원 계약에 변동대가가 포함된 것으로 보아야 하므로, 변동대가의 금액을 추정하여 당기 수익에서 차감함.

14. 거래처별 다른 워런티

(1) 질의

회사는 판매하는 제품에 대하여 국내외 거래처에 동일하게 3년간 무상 부품제공 및 1년간 무상 수리용역을 제공(이하 "워런티"라고 함)하고 있으나, 종속회사에 대한 매출에 대해서는 워런티를 제공하지 않음. 종속회사가 아닌 거래처에 제공하는 워런티를 K-IFRS 제1115호에 따른 별도 수행의무로 식별해야 하는지?

(2) 회신

워런티의 성격에 따라 별도 수행의무로 식별해야 하는지가 결정됨.

제품이 합의된 규격에 부합하는지에 대한 확신을 주는 워런티라면 확신유형의 보증으로서 별도의 수행의무로 보지 않으며 관련 예상 원가를 비용과 충당부채로 인식함.

합의된 규격에 제품이 부합한다는 확신보다 더 나아가 추가적인 용역을 제공하는 워런티라면 별도 수행의무로 식별하여, 제품판매 시 제품 거래가격의 일부를 수익에서 차감하고 부채로 인식하며 해당 워런티 관련 수행의무 이행 시 수익을 인식하고 부채를 제거함.

15. 제품 판매 후 재매입

(1) 질의

회사는 20X4년 고객 '갑'과 체결한 매매계약에 따라 제품 A를 이전하여 수익을 인식하고, 대가를 모두 수령함. 20X6년 동일한 고객 '갑'에게 신제품 B를 판매하고, 매매계약 조건에 기존에 판매한 제품 A를 재매입하는 약정을 추가함(20X4년에 계획된 약정이 아님). 회수된 제품 A는 제3의 고객 '을'에게 판매할 예정임. 회사는 제품 A를 재매입하였으므로 20X4년 수익을 후속적으로 소급 수정해야 하는지?

(2) 회신

재화에 대한 통제를 이전한 뒤에 후속적으로 회사와 고객이 협의하여 회사가 재화를 다시 매입하기로 하는 결정을 하였다고 하여 20X4년 계약에 재매입 약정이 포함되어 있다고 보기 어려움. 고객에게 제품 A를 이전하는 시점(20X4년)에 수익을 소급하여 수정하지 않음.

16. 장기할부판매

(1) 질의

회사가 고객에게 전자제품을 장기간 할부판매(한 시점에 이행되는 수행의무)하는 경우, 수익은 할부기간에 걸쳐 인식하는지 또는 인도시점에 인식하는지?

(2) 회신

회사의 수행의무를 고객에게 전자제품을 이전하는 것이므로, 할부기간에 관계없이 제품의 통제를 고객에게 이전하는 시점에 수익을 인식함.

원칙적으로 판매대가의 수령방법은 수익인식 시기 자체에 영향을 미치지 않음.

17. 위탁판매 수익인식 시점

(1) 질의

회사(위탁자)가 재화를 대리인을 통해 위탁판매(한 시점에 이행되는 수행의무)할 경우, 수익인식 시점은 언제인지?

(2) 회신

회사는 고객에 대한 수행의무 이행이 완료되는 서점에 수익을 인식함(제1115호 문단 31~38). 일반적으로 재화의 경우 대리인이 고객에게 재화를 이전한 시점에 통제가 이전되어 수행의무 이행이 완료되나, 거래형태에 따라 고객에게 통제를 이전하는 시점이 다를 수 있으므로, 수행의무 이행이 완료되는 시점은 K‒IFRS 제1115호 문단 31~38에 따라 판단함.

18. 공사사고 보상비와 진행률 산정

(1) 질의

공사 중 발생한 사고에 대해 회사가 거액의 사고보상비를 지급함. 본 사고보상비는 계약에 명시된 사항이 아님. 본 사고보상비를 진행률 산정에 반영해야 하는지?

(2) 회신

사고보상비는 기업의 수행의무 진척도와 무관하므로 진행률 산정에 반영하지 않음(제 1115호 문단 B19).

19. 반품금액 추정이 불가능한 반품조건부 판매

(1) 질의

반품조건부 판매 시 반품금액을 합리적으로 추정하는 것이 불가능한 경우, 언제 해당 재고자산을 제거하는지?

(2) 회신

해당 재고자산의 통제를 이전하는 시점에 해당 재고자산을 제거하고, 고객으로부터 제품을 회수할 기업의 권리에 대해 반품 관련 권리(예: 반환제품 회수권)를 인식함.

반품금액을 합리적으로 추정하는 것이 불가능하다면 제품의 통제를 이전하는 시점에는 수익을 인식하지 않고(제1115호 문단 56), 반품과 관련된 불확실성이 해소되는 시점(예: 반품권 소멸시점)에 수익을 인식함.

20. 반품의 회계처리

(1) 질의

회사(A사의 대리인이 아님)는 전기에 A사에서 부품을 구입하여 일부 가공한 후 고객에게 판매함. 회사는 고객과의 거래에서 반품이 없을 것으로 추정하여 수익인식 시 환불부채를 인식하지 않았음. 이후 고객은 해당 부품에서 불량을 발견하였고, 회사에 반품 및 환불을 요청함. 회사는 고객에게 불량품을 A사로 직접 발송할 것을 요청함. 회사는 해당 반품요청 시점에 어떻게 회계처리를 하는지?

(2) 회신

회사는 고객과의 계약에서 제공한 재화에 대해 본인으로서 책임을 부담하므로 불량품의 착송지와 무관하게 반품대상 금액을 수익에서 차감함.

21. 계약변경과 수익인식

(1) 질의

회사는 100만 원에 기계자산을 제작하기로 고객과 계약을 체결함. 이는 기간에 걸쳐 이행되는 수행의무인데, 20% 진행한 시점에 고객이 일부의 설계를 변경할 것을 요청함. 변경된 설계도에 따르면 회사가 제공하는 의무의 범위가 늘어나므로 계약금액은 110만 원으로 변경됨. 회사는 계약변경 전에 이미 이전한 재화나 용역이 아직 이전하지 않은 재화나 용역과 구별되지 않는다고 판단함. 이러한 경우, 계약변경의 회계처리는?

(2) 회신

누적 수익금액은 처음부터 변경된 설계도에 따라 기계자산을 제작하기로 고객과 계약을 체결한 것처럼 산정하나, 전기 인식한 수익을 소급하여 수정하지는 않음.

계약변경일 기준으로 수행의무의 진행률을 재계산하고, 새로운 거래가격(110만 원)을 적용하여 계약변경일까지의 누적 수익을 산출함.

- 만일 이미 인식한 수익이 계약변경일까지의 누적 수익보다 많다면, 차액만큼 계약변
  경일에 수익을 차감함.

22. 반품 관련 비용

(1) 질의

회사는 고개에게 30일 내에 반품이 가능한 제품 100개를 @100원에 판매하였는데, 이
제품의 매출원가는 @60원임. 판매한 100개 중 3개의 제품이 반품될 것으로 예측되며,
반품과정에서 반품 단위당 10원의 회수원가가 발생할 것으로 예측됨. 반품가능기간 동안
실제 2개의 제품이 반품*됨. 매출시점, 반품이 실제 발생한 시점, 반품기간이 완료된 시
점의 회계처리는?

* 반품된 제품은 가치가 감소하지 않으며 반품된 기업에 주는 잠재적인 가치의 감소는 없다고 가정

(2) 회신

환불부채를 결제할 때 고객에게서 제품을 회수할 기업의 권리에 대해 인식하는 자산은
처음 측정할 때 제품의 이전 장부금액에서 그 제품 회수에 예상되는 원가를 차감함(제
1115호 문단 B25).

반품에 대한 시점별 회계처리는 다음과 같음.

① 판매시점

(차) 현금	10,000	(대) 수익	9,700
반품자산	150	환불부채	300
비용	5,850	재고자산	6,000

② 반품이 발생한 시점

(차) 환불부채	200	(대) 현금	200
재고자산	120	반품자산	100
		현금(회수원가)	20

③ 반품가능기간이 만료된 시점

(차) 환불부채	100	(대) 환불부채환입(수익)	100
비용	50	반품자산	50

23. 매출 시 지급한 지체상금의 회계처리

(1) 질의

회사가 계약보다 늦게 재화를 이전하여 고객에게 지체상금을 지급해야 함에 따라, 고객
이 지체상금을 차감하고 대가를 지급한 경우 회계처리는?

(2) 회신

고객과의 계약에서 약속한 대가에 할인 등의 변동금액이 포함된 경우, 고객에게 재화 및
용역을 이전하고 받을 권리를 갖게 될 금액을 추정하여 인식함(제1115호 문단 50).

해당 지체상금은 할인, 리베이트 등과 유사하게 고객에게 받을 금엑에서 차감하여 인식함(제1115호 문단 51).

참고로 IFRS 해석위원회는 운송용역을 늦게 수행하거나 취소에 대한 보상도 변동대로 본 사례가 있음(2019년 9월, 연착이나 취소에 대한 보상).

24. 판매기준 로열티 수익인식

(1) 질의

회사가 고객에게 라이선스(지적재산 사용권)를 이전하고, 그 대가로 일시금(1,000원)과 판매기준 로열티(사용권 관련 제품 판매가격의 3%)를 받게 됨. 회사는 고객에게 해당 라이선스를 이전하는 시점에 일시금 1,000원을 수익으로 인식함. 회사는 이 시점에 받을 것으로 예상하는 판매기준 로열티 3%를 추정하여 수익을 인식해야 하는지?

(2) 회신

라이선스(지적재산 사용에 대한 권리)를 제공하는 대가로 판매기준 로열티를 받기로 하는 경우, 해당 로열티 수익은 ① 후속 판매가 일어나거나(고객이 라이선스를 사용하여 판매가 발생) ② 판매기준 로열티에 배분된 수행의무를 이행할 때(고객에게 라이선스를 이전할 때) 중 나중의 사건이 일어날 때 인식함(제1115호 문단 B63).

질의 현황에서 라이선스를 이전하는 시점보다 고객이 라이선스를 사용하여 판매가 발생하는 시점이 더 나중이므로, 라이선스 관련 판매가 일어나는 시점에 로열티 수익을 인식함.

25. 포인트 제공

(1) 질의

온라인쇼핑몰을 운영하는 A사는 온라인쇼핑몰 가입시점에 회원에게 1,000포인트를 부여함. 회원은 이 포인트로 A사 온라인쇼핑몰에서 판매하는 A사 제품을 10,000원 이상 구입할 때 사용할 수 있고, 미사용 포인트는 일정 기간이 지나면 소멸하여 현금으로 지급되지 아니함. 회사는 신규가입 포인트 부여시점에 계약부채를 인식해야 하는지?

(1포인트는 1원으로 교환되며, 회사의 마진율은 20% 이상으로 손실부담계약에 해당하지 아니함)

(2) 회신

계약부채는 기업이 고객에게서 이미 받은 대가에 상응하여 고객에게 재화나 용역을 이전하여야 하는 기업의 의무임(제1115호 부록 A. 용어의 정의).

포인트를 부여하는 시점에 A사는 대가를 받지 않았으므로, 인식할 계약부채가 없으며, 고객이 포인트를 사용하여 A사 제품을 구입하는 시점에 할인받는 금액(1,000원)을 수익에서 차감함(제1115호 문단 70).

26. 고객이 원재료 매입금액의 일부를 보전하는 경우

(1) 질의

회사는 전자제품을 제조하여 고객에게 판매하는데 일부 원재료의 수급에 어려움이 있어 원재료 가격이 크게 상승함. 고객은 원활한 제품매입을 위해 상승한 원재료 가격의 일부를 보전해 주기로 함(보조금은 실제 원재료 매입가격에 따라 변동됨). 회사가 고객에게서 받은 보조금을 수익으로 인식해야 하는지, 원재료 매입원가에서 차감해야 하는지?
(해당 거래에서 회사는 고객에게 임가공용역을 제공하는 것이 아니라 제품을 제공하는 것임)

(2) 회신

회사가 고객에게서 받은 보조금은 고객에게 약속한 재화를 이전하고 그 대가로 회사가 받을 권리를 갖는 금액이므로 수익으로 인식함(제1115호 문단 47, 51).

27. 모바일 게임 플랫폼 수수료

(1) 질의

모바일 게임을 운영하는 회사가 B사(플랫폼사)의 플랫폼을 이용하여 고객(게임유저)에게 게임을 제공하는 경우, 고객이 결제한 금액 중 플랫폼 수수료를 차감한 금액을 B사(고객과의 관계에서 대리인)에서 받음(예: 고객이 1,000을 결제하는 경우, 플랫폼 수수료 300원을 제외한 700원 수령). 플랫폼 수수료를 수익에서 차감해야 하는지 아니면 별도 비용으로 인식해야 하는지?

(2) 회신

거래가격(수익)은 고객에게 약속한 재화나 용역을 이전하고 그 대가로 기업이 받을 권리를 갖는 금액이므로, 고객(게임유저)이 지급하는 금액(1,000원)을 수익으로 인식하고, 플랫폼 수수료(300원)는 별도 비용으로 인식함(제1115호 문단 47, 문단 B35B).

28. 면세점 판매수수료

(1) 질의

회사는 면세점을 통해 소비자에게 제품을 판매하고 있는데, 면세점에서 판매수수료를 제외한 금액으로 대금을 회수함. 그러나 회사의 고객은 면세점이 아닌 소비자임(해당 거래에서 면세점은 대리인에 해당함). 회사가 인식할 수익금액은 판매수수료 차감 전 금액인지 아니면 판매수수료 차감 후 금액인지?

(2) 회신

거래가격(수익)은 고객에게 약속한 재화나 용역을 이전하고 그 대가로 기업이 받을 권리를 갖는 금액이므로, 회사는 고객에게서 받는 금액(판매수수료 차감 전 금액)을 수익으로 인식함(제1115호 문단 47, 문단 B35B).

29. 매출 환급 회계처리

(1) 질의

회사는 인터넷 강의를 제공하고, 출석률이 100%인 고객에게 강의료 일부를 환급하는 프로모션을 진행함. 인터넷 강의를 제공하는 기간에 걸쳐 수익을 인식함. 고객에게 환급하는 금액의 수익 차감 시점이 강의를 제공하는 기간인지 아니면 실제 환급하는 시점인지?

(2) 회신

계약에서 약속한 대가에 변동금액이 포함된 경우, 고객에게 약속한 용역을 이전하고 그 대가로 받을 권리를 갖게 될 금액을 추정해야 하므로, 강의를 제공하는 기간에 미래 예상되는 환급액을 추정하여 이를 수익에서 차감함(제1115호 문단 50).

다만, 변동대가와 관련된 불확실성이 나중에 해소될 때, 이미 인식한 누적 수익 금액 중 유의적인 부분을 되돌리지(환원하지) 않을 가능성이 매우 높은 정도까지만 수익을 인식해야 함(제1115호 문단 56).

30. 녹화가 완료된 강의의 평생수강권 판매 수익 인식시기

(1) 질의

회사는 이미 녹화가 완료된 강의의 평생수강권을 판매함. 이 계약에 따라 회사는 자체 홈페이지에서 고객이 그 강의를 열람할 수 있도록 홈페이지를 유지·관리해야 함. 이러한 판매에서 수익을 언제 인식하는지?

(2) 회신

우선 강의를 열람할 수 있도록 홈페이지를 유지·관리하는 것과 특정 강의 콘텐츠의 열람 권한을 제공하는 것이 별도 수행 의무인지 판단해야 함(제1115호 문단 27).

라이선스를 부여하는 약속이 그 밖에 약속한 재화나 용역과 계약에서 구별되지 않는 경우, 이 둘을 함께 단일 수행의무로 회계처리함(제1115호 문단 B54).

라이선스를 부여하여 고객이 콘텐츠에 접근할 수 있도록 제공하는 온라인 서비스와 같이 관련 용역과 결합되는 경우에만 고객이 효익을 얻을 수 있는 라이선스는 계약에서 약속한 그 밖의 용역과 구별되지 않는 라이선스의 예에 포함됨(제1115호 문단 B54(2)).

단일 수행의무인 경우, 고객이 기업이 수행하는 대로 기업의 수행에서 제공하는 효익을 동시에 얻고 소비한다면 해당 기간에 걸쳐 수익을 인식함(제1115호 문단 35(1)).

31. 각종 부담금의 진행률 산입 여부

(1) 질의

대규모 PF사업에서 계약 개시시점에 정부(해당 계약의 고객이 아님)에 납부하는 각종 부담금이 원가기준 투입법에 따른 진행률 산정에 포함되는지, 그 진행률 산정에 포함되지 않으면 산정된 진행률에 따라 원가로 인식되는지?

(2) 회신

발생원가가 기업이 수행의무를 이행할 때 그 진척도에 이바지하지 않는 경우라면 진행률 산정에는 제외해야 함(제1115호 문단 B19(1)).

따라서 '부담금'이 수행의무의 진척도에 이바지하지 않으면 원가기준 투입법의 진행률 측정에서 제외해야 함.

계약 개시시점에 납부한 부담금이 계약이행원가의 자산 인식 기준을 충족한다면(제1115호 문단 95, 97, 98), 자산과 관련된 재화나 용역을 고객에게 이전하는 방식과 일치하는 체계적 기준으로 상각하여(제1115호 문단 99) 매출원가에 반영하고 다른 기준서의 적용 범위에 포함되는 경우에는 해당 기준서에 따라 회계처리함(제1115호 문단 96).

32. 투입법에 따른 진행률로 매출을 인식하는 계약의 변경

(1) 질의

원가 상승 요인에 의한 수주금액 변경이 20X2년도 초에 이루어지는 경우(계약 범위의 변경은 없음), 투입법에 따른 진행률로 매출을 인식하는 계약의 20X1년도 매출 인식 시 이를 어떻게 고려해야 하는지?

(2) 회신

진행률은 보고기간 말마다 다시 측정하며, 시간이 흐르면서 상황이 바뀜에 따라 수행의무의 결과 변동을 반영하기 위해 진행률을 새로 수정함(제1115호 문단 40, 43).

20X1년 말 현재 원가 상승 요인이 관측되었다면 20X1년의 총 예상원가 및 누적투입원가를 검토하여 측정된 진행률이 적절한지 검토

계약에서 약속한 대가에 변동금액이 포함되지 않았고 계약 당사자들이 계약변경을 승인하지 않았다면, 계약변경의 승인을 받을 때까지는 기존 계약에 따라 수익 인식(제1115호 문단 18)

계약변경은 서면으로, 구두 합의로, 기업의 사업 관행에서 암묵적으로 승인될 수도 있음. 다만, 계약에서 약속한 대가에 변동금액이 포함된 경우에는 보고기간 말마다 추정 거래가격을 새로 수정함(제1115호 문단 59).

33. 고객에게 추가로 제공하는 제품

(1) 질의

고객과의 계약에 따라 제품을 판매하고 3개월에 한 번씩 이미 판매된 수량의 일정 비율에 해당하는 제품을 추가 대가 없이 그 고객에게 제공하는 경우, 추가로 제공하는 제품의 원가를 언제 비용으로 인식하는지?

(2) 회신

재고자산에 대한 통제를 고객에게 이전한 시점에 수익을 인식하고, 관련된 수익을 인식하는 기간에 재고자산의 장부금액을 비용으로 인식함(제1002호 문단 34, 제1115호 문단 31, 33, 38).

공급을 완료한 수량의 수익 금액을 산정할 때, 향후 추가 제공될 일정 비율의 제품을 고려하여야 함.

34. 제품 독점판매권의 회계처리

(1) 질의

회사는 제품 X를 제조하는 회사임. 회사는 A국에 소재하는 B사에 제품 X에 대한 독점판매권을 부여하는 계약을 체결하고, 대가로 현금을 받았음. 이 계약은 제품 X를 A국에서는 B사에만 공급하기로 한 약정이고 지적재산에 대한 라이선스 제공 약정은 포함되지 않음. 이 경우, 회사는 독점판매권 부여시점에 받은 금액 전부를 수익으로 인식할 수 있는지?

(2) 회신

독점판매권의 대가에 지적재산에 대한 라이선스 대가는 포함되지 않고 미래의 제품 공급에만 연계되는 경우, 독점판매권 부여시점에 받은 금액은 제품 대가를 미리 받은 것에 해당함(제1115호 용어의 정의).

따라서 관련되는 제품을 공급하기 전에는 수익을 인식할 수 없고 제품을 공급하는 기간에

수익으로 인식함(제1115호 문단 31).

35. 유상사급 회계처리

(1) 질의

A사는 유상사급의 형태로 원재료를 B사에 공급하고, 이후 B사는 해당 원재료를 가공하여 A사에 공급함. 이 경우, A사는 원재료 공급에 대한 대가를 수익으로 인식할 수 있는지?

(2) 회신

자산에 대한 통제는 자산을 사용하도록 지시하고 자산의 나머지 효익의 대부분을 획득할 수 있는 능력이므로(제1115호 문단 33) 원재료에 대한 통제가 A사에서 B사로 이전되어 그 대가를 수익으로 인식할 수 있는지는(제1115호 문단 31) 사실과 상황을 종합적으로 고려하여 판단해야 함.

이러한 판단을 할 때에는 예를 들면, 재매입약정에 관한 요구사항도 고려함. 이 요구사항에 따르면 재매입약정의 대상이 되는 재매입 자산에는 원래 판매했던 자산이 구성요소가 된 다른 자산이 포함될 수 있음(제1115호 문단 B64).

A사가 자산(공급한 원재료가 구성요소가 됨)을 다시 사야하는 의무나 다시 살 수 있는 권리(선도나 콜옵션)가 있다면 B사의 가공기간에도 원재료에 대한 통제가 A사에서 B사로 이전되지 않음(제1115호 문단 B66~B69).

이러한 경우에 A사는 원재료 공급에 대한 대가를 수익으로 인식할 수 없음.

36. 고객에게 풋옵션이 부여된 판매

(1) 질의

회사는 재고자산인 부동산을 B사에 100억 원에 판매하고 B사가 요청하면 회사가 해당 자산을 110억 원에 다시 사야하는 풋옵션을 B사에 부여함. 재매입가격 110억 원이 예상 시장가치보다 높은 경우의 회계처리는?

(2) 회신

재매입가격이 원래 판매가격 이상이고 자산의 예상 시장가치보다 높다면 그 계약은 사실상 금융약정이므로 회사는 자산 처분으로 회계처리할 수 없음(제1115호 문단 B73).

회사는 해당 자산을 계속 인식하고 고객에게서 받은 대가 100억 원은 금융부채로 인식함. 고객에게서 받은 대가와 고객에게 지급해야 하는 대가의 차이는 이자로 인식함(제1115호 문단 B68).

10 고객이 행사하지 아니한 권리

고객이 환불받을 수 없는 선급금을 기업에 지급하면(계약부채에 해당) 고객은 미래에 재화나 용역을 받을 권리를 얻게 되는데, 고객은 자신의 계약상 권리를 모두 행사하지 않을 수 있다. 이와 같이 행사되지 않은 권리를 미행사부분이라고 한다.

기업이 계약부채 중 미행사금액을 받을 권리를 갖게 될 것으로 예상한다면, 고객이 권리를 행사하는 방식에 따라 그 예상되는 미행사금액을 수익으로 인식한다. 기업이 미행사금액을 받을 권리를 갖게 될 것으로 예상하지 않는다면, 고객이 그 남은 권리를 행사할 가능성이 희박해질 때 예상되는 미행사금액을 수익으로 인식한다.

11 환불되지 않는 선수수수료

어떤 계약에서 기업은 환불되지 않는 선수수수료를 계약 개시시점이나 그와 가까운 시기에 고객에게 부과하기도 하는데 헬스클럽 회원계약 가입수수료, 통신계약 가입수수료, 일부 용역계약 준비수수료, 일부 공급계약 개시수수료 등이 이에 해당한다.

대부분의 환불되지 않는 선수수수료는 계약을 이행하기 위하여 착수해야 하는 활동에 관련되더라도, 그 활동으로 고객에게 약속한 재화나 용역이 이전되지는 않으므로 그 미래 재화나 용역을 제공할 때 수익으로 인식한다.

12 라이선싱(licensing)

(1) 지적재산 접근권 또는 사용권

라이선스는 기업의 지적재산에 대한 고객의 권리를 정한다. 지적재산에 대한 라이선스에는 소프트웨어, 기술, 영화, 음악, 그 밖의 형태의 미디어와 오락물, 프랜차이즈, 특허권, 상표권, 저작권 등에 대한 라이선스가 포함될 수 있으나 이것에 한정되지는 않는다.

라이선스를 부여하는 약속이 계약에서 그 밖에 약속한 재화나 용역과 구별되고 별도의 수행의무라면, 그 라이선스가 고객에게 한 시점에 이전되는지 아니면 기간에 걸쳐 이전되는지를 판단하여 수익을 인식한다. 이를 판단할 때 고객에게 라이선스를 부여하는 약속의 성격이 고객에게 다음 중 무엇을 제공하는 것인지를 고려한다.

① 라이선스 기간 전체에 걸쳐 존재하는 기업의 지적재산에 접근할 권리(접근권)

② 라이선스를 부여하는 시점에 존재하는 지적재산을 사용할 권리(사용권)

다음의 기준을 모두 충족한다면 라이선스를 부여하는 기업의 약속의 성격은 기업의 지적재산권에 접근권을 제공하는 것이다.

① 고객이 권리를 갖는 지적재산에 다음과 같이 유의적으로 영향을 미치는 활동을 기업이 할 것을 계약에서 요구하거나 고객이 합리적으로 예상한다.

　가. 활동이 지적재산의 형식(예: 디자인, 콘텐츠)이나 기능성(예: 기능, 업무수행능력)을 유의적으로 바꿀 것으로 예상

　나. 지적재산에서 생기는 효익을 얻을 고객의 능력이 실질적으로 그 활동에서 생기거나 그 활동에 달려있음(예: 상표에서 생기는 효익).

② 라이선스로 부여한 권리 때문에 고객은 문단 B58(1)에서 식별되는 기업 활동이 미치는 긍정적 또는 부정적 영향에 직접 노출된다.

③ 그 활동(들)이 행해짐에 따라 재화나 용역을 고객에게 이전하는 결과를 가져오지 않는다.

상기의 기준을 충족하여 라이선스를 부여하는 약속이 지적재산권에 대한 접근권에 해당되면 라이선스를 부여하는 약속을 기간에 걸쳐 이행하는 수행의무로 보아 수행의무 완료까지 진행률을 측정하여 기간에 걸쳐 수익을 인식한다.

그러나 기준을 충족하지 못하면 기업이 한 약속의 성격은 라이선스를 고객에게 부여하는 시점에 그 라이선스가 존재하는 대로 지적재산의 사용권을 제공하는 것이므로, 한 시점에 이행하는 수행의무로 보아 고객에게 라이선스를 이전하는 시점에 수익을 인식한다.

중점사항

1. 종전기준서에서는 라이선스 수익인식시점에 대한 상세지침이 없이 계약의 실질에 따라 인식하였다.
   ① 특정기간 동안 특정기술을 사용할 권리를 갖는 경우
      약정기간 동안 정액으로 수익을 인식
   ② 라이선스 제공자가 라이선스 제공 이후에 수행할 추가적인 의무가 없으며 사용자가 라이선스를 자유롭게 사용하도록 허용하는 해지불능계약으로 수취하는 일정한 사용료 및 환급불능 보증금은 판매에 해당되어 일시에 수익을 인식

2. 영화제작사 A사가 유통사인 B사에게 영화판권유통계약을 5년간 제공
   사용권에 해당되어 일시에 수익인식

3. 연재만화 속 캐릭터의 이미지 · 이름을 4년간 사용할 수 있는 라이선스 제공 캐릭터의 이미지는 시간의 흐름에 따라 계속 발전하여 영향을 끼치므로 접근권에 해당되어 4년간 수익을 인식

4. A사는 B사에게 다음과 같은 계약 체결
   (1) 자료
      ① S/W 라이선스 2년간 사용허락
      ② S/W 갱신(비특정) 제공계약
      ③ S/W 라이선스는 별도판매가 가능하며 S/W 갱신 없이 가동이 가능
   (2) 수행의무의 구별
      '(1) ①, ②'는 별도의 수행의무에 해당
   (3) 라이선스의 구분
      사용권에 해당

5. 사용권은 고객이 라이선스를 사용하여 효익을 얻을 수 있는 기간이 시작되기 전에는 수익을 인식할 수 없음.

(2) 판매기준 · 사용기준 로열티(sales-based or usage-based royalties)

판매기준 또는 사용기준 로열티는 대가가 고객의 후속 판매나 사용에 기초하는 지적재산의 라이선스에 해당되어 고객이 나중에 판매하거나 사용할 때까지 기업은 변동금액에 대한 수익을 인식하지 않고 다음 중 나중의 사건이 일어날 때(또는 일어나는 대로) 수익으로 인식한다.

① 후속 판매나 사용

② 판매기준 또는 사용기준 로열티의 일부나 전부가 배분된 수행을 이행함(또는 일부 이행함).

상기의 요구사항은 그 로열티가 다음 중 어느 하나에 해당하는 경우에 적용한다.

① 지적재산의 라이선스에만 관련된다.

② 지적재산의 라이선스가 로열티가 관련되는 지배적인 항목이다.

사례 26

1. 자료

유럽 유명 축구팀인 (주)MU는 (주)나이스가 한국에서 판매하는 티셔츠, 모자, 머그컵, 타월 등의 품목에 스포츠팀의 이름과 로고를 3년간 제한없이 사용할 수 있는 권리를 (주)나이스에 제공하고 300원의 대가를 받기로 하였다.

(주)MU는 상표 독점사용권 부여 이후 재화나 용역을 제공할 추가 의무는 전혀 없다.

2. 수익인식기준

고객이 권리를 갖는 지적재산이 전체 라이선스 기간에 걸쳐 변동되므로, 고객에게 부여한 권한이 접근권에 해당되어 3년간 수익으로 인식한다.

사례 27

1. 자료

A사가 개발 완료한 약품제조 원천기술을 B사가 30년 동안 사용하도록 하고, 반환하지 않는 일시금(Upfront Fee) 400원과 향후 발생하는 B사 제품 매출의 7.5%에 해당하는 변동 대가를 수취하는 '독점 생산 및 판매권 계약'을 체결하였다.

후속적으로 A사가 제공할 추가적인 제품이나 용역이 없으며, B사 매출액에 대한 신뢰성 있는 추정은 불가능하다.

2. 수익인식기준

고객이 권리를 갖는 지적재산이 전체 라이선스 기간에 걸쳐 변동되는 것이 아니므로, 고객에게 부여한 권한이 사용권에 해당되어 고정대가(400원)를 일시에 수익으로 인식한다.

13 재매입약정

재매입약정은 자산을 판매하고 그 자산을 다시 사기로 약속하거나 다시 살 수 있는 선택권을 갖는 계약으로, 자산을 다시 사야 하는 기업의 의무(선도, forward), 자산을 다시 살 수 있는 기업의 권리(콜옵션, call option), 그리고 고객이 요청하면 자산을 다시 사야 하는 기업의 의무(풋옵션, put option)로 구분된다.

(1) 선도나 콜옵션

기업이 자산을 다시 사야 하는 의무나 다시 살 수 있는 권리가 있다면, 고객은 당해 자산을 통제하지 못한다. 고객이 자산을 통제하지 못하므로, 기업은 자산을 판매할 때 수익을 인식하지 못한다. 선도나 콜옵션의 재매입약정은 다음과 같이 회계처리한다.

판매가격과 재매입가격^{주)}	회계처리
판매가격 〉재매입가격	리스로 회계처리
판매가격≤재매입가격	금융약정으로 회계처리

주) 화폐의 시간가치 고려

재매입약정이 금융약정이라면, 기업은 자산을 계속 인식하고 고객에게서 받은 대가는 금융부채로 인식한다. 그리고 고객에게서 받은 대가(금액)와 고객에게 지급해야 하는 대가(금액)의 차이를 이자비용으로 인식하고 옵션이 행사되지 않은 채 소멸된다면 부채를 제거하고 수익을 인식한다.

(2) 풋옵션

재매입약정의 결과로 고객의 요청에 따라 기업이 자산을 다시 사야 할 의무(풋옵션)가 있다면 고객은 자산을 통제하는 것이다. 고객이 요청하면 기업이 원래 판매가격보다 낮은 가격으로 다시 자산을 사야 하는지 아니면 높은 가격으로 사야 하는지, 그리고 고객이 풋옵션을 행사할 경제적 유인이 유의적인지의 여부에 따라 고객이 자산을 통제하는지를 판단하여 다음과 같이 회계처리한다.

판매가격과 재매입가격[주)]	옵션 행사의 경제적 유인	회계처리
판매가격 〉 재매입가격	유의적임.	리스로 회계처리
	유의적이지 않음.	반품권이 있는 판매로 회계처리
판매가격≤재매입가격	재매입가격 〉 예상 시장가치	금융약정으로 회계처리
	재매입가격≤예상 시장가치 유의적이지 않음.	반품권이 있는 판매로 회계처리

주) 화폐의 시간가치 고려

이때 고객이 권리를 행사할 경제적 유인이 유의적이라는 사실은 고객이 그 권리를 행사하지 않으면 손실이 발생할 수 있음을 의미한다.

14 위탁약정

최종 고객에게 판매하기 위해 기업이 제품을 다른 당사자(예: 중개인이나 유통업자)에게 인도하는 경우, 그 다른 당사자가 그 시점에 제품을 통제한다면 이는 일반적인 판매에 해당되지만, 제품을 통제하지 못하는 경우에는 다른 당사자에게 인도한 제품을 위탁약정에 따라 보유하는 것이다. 따라서 인도된 제품이 위탁물로 보유된다면 제품을 다른 당사자에게 인도할 때 수익을 인식하지 않는다.

15 미인도청구약정

미인도청구약정이란 기업이 고객에게 제품의 대가를 청구하지만 미래 한 시점에 고객에게 이전할 때까지 기업이 제품을 물리적으로 점유하는 계약을 말하며, 고객이 언제 제품을 통제하게 되는지 파악하여 수익을 인식한다.

제품의 미인도청구 판매를 수익으로 인식하는 경우 나머지 수행의무(예: 보관용역)가 있어 거래가격의 일부를 보관용역에 배분해야 하는지를 고려한다.

16 유형자산 등 처분손익

유형자산, 무형자산, 투자부동산 등의 매각 시 기준서 제1115호의 제거 요건과 측정기준을 적용하여 처분손익을 인식하는데, 그 인식시점은 위험과 효익의 이전 시점이 아닌 통제의 이전 시점으로 판단한다. 이때 재매입약정이 있다면 그 영향을 고려하여야 하며 매각대가를 '거래가격'으로 측정하는데, 이때 변동대가가 포함되어 있다면 이를 반영하여 처분손 익을 인식한다.

17 이자수익[주)]

주) [17] 이자수익'과 [18] 배당금수익'은 기준서 제1109호 「금융상품」에서 정의되나 편의상 기준서 제1115호 「수익」편에서 설명함.

(1) 원칙

이자수익은 다음 조건을 모두 충족하는 경우, 원칙적으로 유효이자율을 적용하여 발생기 준에 따라 인식한다.

① 거래와 관련된 경제적효익의 유입 가능성이 높다.

② 수익금액을 신뢰성 있게 측정할 수 있다.

(2) 발생원천별 이자수익 인식 사례

① 정기예금 또는 정기적금

정기예금 또는 정기적금이 있는 경우에는 결산시점에서 발생주의에 따라 기간 경과분 이 자수익을 인식하여야 한다. 이때 원칙적으로는 유효이자율법을 적용하여 발생기준에 따라 인식하여야 하나, 실무적으로는 중요성의 관점에서 다음과 같이 간편법을 사용하여 이자수 익을 인식하고 있다.

가. 정기예금 미수수익 계산 산식

$$\text{원금} \times \text{약정이자율} \times \frac{\text{대상일수}^{주)}}{365}$$

주) 대상일수: 예치일~당해 회계연도 결산일

나. 정기적금 미수수익 계산 산식

$$(만기 수령액-실불입액) \times \frac{m \times (m+1)/2}{n \times (n+1)/2}$$

n: 총불입횟수, m: 누적실불입횟수

② 대여금

가. 금융업 영위법인

일반적으로 금융업 영위법인의 대여금에서 발생하는 이자는 중요한 금액인바, 원칙적으로 유효이자율을 적용하여 발생기준에 따라 인식하여야 한다(문단 30(1)). 따라서 대출이자수익은 명목이자율 또는 시장실세이자율 등이 아닌 유효이자율에 따라 수익인식한다.

나. '가.' 외의 법인

금융업 영위법인이 아니더라도 대여금에 대한 이자는 원칙적으로 유효이자율법을 적용하여 발생기준에 따라 인식하여야 한다. 다만, 실무적으로는 중요성의 관점에서 다음과 같이 간편법을 사용하여 이자수익을 인식하고 있는 것이 대부분이다.

$$원금 \times 약정이자율 \times \frac{대상일수^{주)}}{365}$$

주) 대상일수: 예치일~당해 회계연도 결산일

이에 해당하는 법인이 결산확정시 기간경과분에 대한 이자 및 할인액(법인세법 제73조에 따른 원천징수대상인 미수이자는 제외)을 수익으로 계상한 경우에는 그 계상한 사업연도의 익금으로 한다(법령 §70 ① 1호).

단, 해외현지법인 등에 대한 자금대여로 인한 계약상 결산시 기간 경과분 미수수익을 수익으로 계상시는 법인세법상 원천징수대상 이자소득이 아니므로 당기 익금에 해당되어 세무조정이 발생되지 않는다.

③ 채권(채무증권)

채무증권의 이자도 원칙적으로 유효이자율을 적용하여 발생기준에 따라 인식하여야 한다. 이때 채무증권 중 취득원가와 만기가액(액면가액)이 다른 경우 그 차액은 상환기간에 걸쳐 유효이자율법을 적용하여 상각하고 동 금액을 취득원가와 이자수익에 가감하여야 한다.

18 배당금수익

(1) 기업회계

배당금은 배당금을 받을 권리와 금액이 확정되는 시점에 인식하며 기타수익으로 처리한다. 다만, 지분법적용투자주식의 배당금은 수익으로 인식하지 아니하고 동 금액을 지분법적용투자주식에서 직접 차감하며, 주식배당은 피투자회사의 순자산가액에 변동이 없으므로 배당금수익으로 인식하지 않는다. 또한 무상증자도 주식배당과 마찬가지로 자산의 증가로 보지 아니하므로 회계처리가 없다.

1) 일반배당금 수령 시 회계처리

① 배당금 지급회사의 주주총회결의일

(차) 미수금	×××	(대) 배당금수익(기타수익)	×××

② 배당금 수령 시

(차) 현금	×××주)	(대) 미수금	×××

주) 법인에 대한 배당금 지급 시에는 원천징수가 적용되지 않는다.

2) 지분법적용대상법인으로부터 배당금 수령 시 회계처리

① 지분법적용대상법인의 주주총회결의일

(차) 미수금	×××	(대) 관계기업투자주식	×××

② 배당금 수령 시

(차) 현금	×××	(대) 미수금	×××

3) 주식배당 및 무상주 수령 시 회계처리

① 회계처리: 없다.
② 1주당 단가 수정
   유가증권가액은 변동이 없음에도 주식수가 늘었기 때문에 1주당 단가가 감소하므로 이를 명세서상에 반영한다.

(2) 법인세법

1) 현금배당

법인이 수입하는 현금배당은 당연 익금이며, 그 귀속시기는 당해 법인의 잉여금처분결의 일이 속하는 사업연도이다(법령 §70 ②, 소령 §46). 따라서 기업회계에 의해 회계처리할 경우 세무조정사항이 발생하지 않으나, 관계기업투자주식의 경우에는 배당금수익을 투자주식장부가액에서 차감하므로 익금산입하여야 한다. 이때 지분율에 따른 수입배당금 익금불산입의 세무조정을 하여야 한다.

또한 2012.4.15. 이후의 배당 중 상법에 따라 자본준비금을 재원으로 배당금을 지급하는 경우에는 익금불산입된다(법법 §18).

2) 배당금 또는 분배금 의제(의제배당)

상법상의 이익배당(금전배당과 주식배당)은 아니지만 법인이 감자, 잉여금의 자본전입, 합병, 해산 또는 분할 등(이하 "감자 등"이라 함)의 사유로 인하여 당해 법인의 주주가 보유하는 주식이 소멸될 때 당초의 취득가액을 초과하여 수령하는 금액 중 과거에 배당받지 아니한 미실현보유이익이 감자 등으로 인하여 당해 법인의 주주에게 귀속될 수 있는데, 법인세법에서는 동 금액을 배당으로 보아 소득금액에 포함하도록 하고 있는바(법법 §16), 이를 의제배당 또는 배당금 · 분배금의 의제라고 한다.

> **저자주**
>
> 세법상 의제배당은 익금항목에 해당한다. 그러므로 기업회계에서 이를 수익으로 계상하지 않은 경우에만 세무조정 시 익금산입하여야 하는 것이다. 예를 들어 해산 등의 사유로 발생한 의제배당은 기업회계에서도 당연히 수익으로 계상되므로 익금산입의 세무조정이 필요없다.

① 감자로 인한 의제배당

주식의 소각, 자본의 감소, 사원의 퇴사 · 탈퇴 또는 출자의 감소로 인하여 주주 · 사원 또는 출자자(주주 등)가 취득하는 금전과 그 밖의 재산가액의 합계액이 주주 등이 해당 주식 또는 출자지분(주식 등)을 취득하기 위하여 사용한 금액을 초과하는 금액은 의제배당에 해당된다(법법 §16 ① 1호).

> **의제배당액=감자로 취득한 금전 및 재산가액의 합계액－해당 주식 등의 취득가액**

② 잉여금의 자본전입으로 인한 의제배당

　가. 익금 해당 여부

잉여금의 자본전입으로 인한 의제배당은 원칙적으로 법인세법에서는 의제배당에 해당되어 기업회계상 수익으로 처리되지 않은 경우 익금산입의 세무조정을 한다.

단, 다음의 자본잉여금을 재원으로 한 무상주는 익금(의제배당)에 해당하지 않는다.

㉮ 주식발행초과금(실지 주금납입발생분)

　단, 상법 제345조 제1항에 따른 상환주식의 주식발행초과금 중 이익잉여금으로 상환된 금액과 채무의 출자전환 시 채무면제이익(지급한 지분증권의 공정가치와 액면가액의 차액은 주식발행초과금으로, 금융부채와 공정가치의 차액은 채무면제이익(수익)으로 인식함)에 해당하는 금액은 제외

㉯ 주식의 포괄적 교환차익

㉰ 주식의 포괄적 이전차익

㉱ 감자차익(자기주식의 소각 당시 시가가 취득가액 이하인 경우로서 2년 경과 후 자본전입분)

㉲ 합병·분할차익(다음 나.의 금액은 제외됨)

㉳ 3% 재평가적립금(1% 재평가적립금의 자본전입은 의제배당에 해당됨)

　㉠ 감가상각자산분

　㉡ 1983.12.31. 이전 취득토지의 1984.1.1. 이후 최초 재평가분

　나. 합병(분할) 시 승계된 잉여금

적격합병으로 피합병법인으로부터 승계한 잉여금 중 과세된 소득을 원천으로 하는 잉여금(다음 금액의 합계액)은 의제배당으로 과세된다(법법 §16, 법령 §12).

• 자산조정계정(승계가액－장부가액)
• 피합병법인 자본잉여금 중 의제배당 대상인 것(자기주식처분이익, 1% 재평가적립금 등)
• 피합병법인 이익잉여금

적격분할은 다음 금액의 합계액을 의제배당으로 과세한다.

• 자산조정계정(승계가액－장부가액)

• 분할법인의 감자차손

다. 자본잉여금의 자본전입순서

㉮ 재평가적립금을 자본전입하는 경우

1% 및 3% 재평가적립금의 구성비율에 따라 자본전입금액을 간주(법령 §12 ④)

㉯ ㉮ 외 자본잉여금을 자본전입하는 경우

이사회결의에 의하여 자본에 전입된 잉여금이 전입된 것으로 보며, 같은 잉여금 과목 내에서는 먼저 적립된 잉여금부터 순차로 전입된 것으로 간주(서이 46012-10241, 2001.9.26.)

중점사항 **합병차익에 대한 세무상 규정 검토**

1. 합병차익에 대한 익금불산입(법법 §17 ① 5호)

다음의 합병차익은 익금에 산입하지 아니한다.

합병차익＝소멸된 회사(피합병법인)로부터 승계한 재산의 가액이 그 회사로부터 승계한 채무액, 그 회사의 주주에게 지급한 금액과 합병 후 존속하는 회사의 자본금증가액 또는 합병에 따라 설립된 회사의 자본금을 초과한 경우의 그 초과금액

＝피합병법인의 승계한 순자산가액－합병교부주식 액면가액

2. 합병차익 자본전입 시 의제배당 해당액(법법 §16 ① 2호, 법령 §12 ① 3호)

다음의 합병차익을 재원으로 자본전입하는 경우에는 의제배당에 해당된다.

(1) 자산조정계정금액

합병법인 승계 재산가액－피합병법인 장부가액

(2) 피합병법인의 자본잉여금 중 의제배당 대상금액(자기주식처분이익, 1% 재평가적립금 등)

(3) 피합병법인의 이익잉여금

상기 규정은 적격합병을 전제로 하며 상기 '1.'의 합병차익을 한도로 하며, 합병차익의 일부를 자본전입하는 경우에는 상기 금액 외의 금액(의제배당 대상 외의 금액)을 먼저 전입하는 것으로 한다.

3. 적격합병(법법 §44 ②) 시 자산조정계정(법법 §44의3 ①)의 계상

적격합병 해당 시 피합병법인의 양도가액을 합병등기일 현재의 피합병법인의 순자산

장부가액으로 보아 양도손익 없는 것으로 할 수 있다. 적격합병의 요건은 다음과 같다.

(1) 사업목적의 합병

(2) 주주지분의 연속성

(3) 사업의 계속성

(4) 고용승계요건

상기의 적격합병요건을 갖춘 경우 합병법인은 피합병법인의 자산을 장부가액으로 양도받은 것으로 하여 자산별로 자산조정계정을 계상하여야 한다.

4. 사례

(1) 기본자료

　　1) 2025.7.1. A법인은 B법인을 흡수합병하였고 적격합병요건을 구비함.

　　2) 2025.7.1. B법인의 재무상태표

　　　　자산　　　　　　　1,000억 원

　　　　부채　　　　　　　700억 원

　　　　자본금　　　　　　100억 원(액면가액 5,000원, 발행주식수 2,000,000주)

　　　　이익잉여금　　　　200억 원

　　3) 합병비율산정 4 : 1

　　　　A법인 평가액 주당 120,000원

　　　　B법인 평가액 주당　30,000원

　　4) 합병 시 A법인 발행주식수 500,000주, 25억 원

　　5) 2025.7.1. 합병 후 A법인 주가 130,000원

　　6) 2025.7.1. B법인 자산 중 토지가액의 장부가액 대비 공정가치(시가)

　　　　상승액 100억 원

(2) A법인의 합병일(취득일) 기업회계상 회계처리

(차) 자산	1,100억 원[주3]	(대) 부채	700억 원
영업권	250억 원[주4]	자본금	25억 원[주1]
		주식발행초과금	625억 원[주2]

주1) 자본금＝500,000주×5,000원＝25억 원

주2) 주식발행초과금＝500,000주×(130,000−5,000)＝625억 원

주3) 장부상 가산가액 1,000억 원＋공정가치상승액 100억＝1,100억 원

주4) 영업권＝(700＋25＋625)−1,100＝250억 원

(3) 법인세법상 회계처리

> (차) 자산   1,100억 원   (대) 부채   700억 원
> 　　　　　　　　　　　　　　　　　　자본금   25억 원
> 　　　　　　　　　　　　　　　　　　자산조정계정   100억 원^{주1)}
> 　　　　　　　　　　　　　　　　　　합병차익   275억 원
>
> 주1) 자산조정계정＝1,100억 원－1,000억 원＝100억 원
> 주2) 합병차익＝피합병법인 승계 순자산가액(1,100－700)－합병교부주식 액면가액 25
> 　　　＝375억 원(자산조정계정과 합병차익으로 분류)

(4) 세무조정

① 법인세법상 합병차익은 375억 원(자산조정계정 100억 원 포함)으로 이는 익금불산입대상금액이며, 기업회계상 이를 주식발행초과금으로 계상하였으므로 합병차익에 대한 익금산입의 세무조정은 없다. 그러나 합병차익 해당액 중 자산조정금액 해당액 100억 원은 익금산입하고 해당 자산금액을 손금산입하는 세무조정을 해야 한다. 이는 피합병법인은 자산의 양도가액을 장부가액으로 하여 과세이연을 하였으므로 합병법인이 시가로 계상한 금액 중 장부가액 초과액 해당액을 추후 비용계상 시 손금불산입하는 조정을 통해 합병법인이 과세이연된 법인세를 부담하여야 하기 때문이다. 기업회계상 자산조정계정 해당액이 주식발행초과금에 계상되어 있으므로 다음의 세무조정을 행한다.

• 손금산입　토지　　　　　　　　　100억 원 (－)유보
• 익금산입　주식발행초과금　　　　100억 원 기타

② 2010.7.1. 이후 합병법인이 계상한 영업권은 감가상각자산에서 제외하도록 규정되어 있다(법령 §24 ① 2호 가목). 그러므로 기업회계에서 계상한 영업권 250억 원은 법인세법상 합병법인의 자산에 해당하지 않아 이를 감액하는 세무조정을 해야 한다. 즉, 피합병법인은 장부상 순자산가액이 300억 원인데 합병대가로 650억 원(500,000주×130,000원)을 수령하여 350억 원에 대한 양도차익의 법인세를 부담하여야 하나 과세이연되어 법인세를 부담하지 않았으므로 이는 합병법인이 영업권상각액을 비용계상한 시점에서 이를 손금부인하여 합병법인이 법인세를 부담하여야 하기 때문이다.

• 손금산입　영업권　　　　　　　　250억 원 (－)유보
• 익금산입　주식발행초과금　　　　250억 원 기타

③ 기업회계상 계상된 주식발행초과금의 구성
기업회계상 주식발행초과금은 625억 원이 계상되어 있으나 이는 세무상 합병차익 275억 원, 자산조정계정 100억 원, 영업권 해당액 250억 원으로 구분

된다. 이 중 자산조정계상액 100억 원 및 영업권 해당액 250억 원은 이미 익금산입되어 주식발행초과금에 해당되지 않음이 분명하고 나머지 275억 원도 주식발행초과금이 아닌 합병차익에 해당되므로 실지 법인세법상 주식발행초과금 해당액은 없는 것이다. 그러므로 주식발행초과금 재원의 배당금 지급 시 익금불산입규정 등 적용 시 법인세법상 주식발행초과금에 해당하는지에 대한 검토가 있어야 한다.

(5) 합병차익 자본전입 시 의제배당 해당액 계산

1) 의제배당대상 금액: 300억 원

① 자산조정계정 100억 원

② 피합병법인 이익잉여금 200억 원

2) 합병차익 375억 원을 한도로 의제배당대상액 계산

이는 피합병법인의 의제배당대상금액이었던 이익잉여금 해당액 200억 원이 합병을 통해 합병법인의 주식발행초과금으로 계상되어 이를 재원으로 무상주(자본전입)를 교부하는 경우 법인세법상으로는 의제배당에서 제외되는 주식발행초과금이 아니라 의제배당에 해당되는 합병차익에 해당되어 의제배당 시 법인세 등이 과세됨을 말한다. 이때 발생되는 문제점은 자산조정계정 해당액 100억 원이 의제배당대상 합병차익에 해당되는지이다. 자산조정계정금액 해당액은 합병법인이 합병 시 피합병법인의 자산을 시가로 평가하여 자산으로 계상한 금액으로 적격합병 시 추후 법인세를 부담하게 되므로 실질적인 합병차익에 해당되지 않는다 판단되며, 현행 규정상 의제배당대상금액에 포함되어 있는바 이에 대한 논란이 있을 수 있으며 피합병법인의 이익잉여금 해당액 200억 원은 당연 자본전입 시 의제배당에 해당됨에 유의하여야 한다.

3) 상법상 기업회계상의 자본잉여금(자본준비금)은 배당금의 재원으로 사용할 수 있어 기업회계상 주식발행초과금 625억 원은 자본금 1.5배 초과 시 배당금으로 지급할 수 있다. 이때 법인세법상 익금불산입되는 자본잉여금은 실지 주금납입이 이루어진 주식발행초과금(상기 사례에서는 없음) 및 합병차익(375억 원)에서 자산조정계정금액(100억 원)과 피합병법인의 이익잉여금(200억 원)을 차감한 75억 원만 배당급지급 시 익금불산입되는 자본잉여금에 해당된다. 이때 피합병법인의 자본잉여금 중 재평가적립금(1%, 3%)이 있는 경우 의제배당 해당액에는 1% 재평가적립금만 해당(3% 재평가적립금은 자본전입시 의제배당익금에 해당하지 않음)되나 배당금지급시 익금불산

입액계산에 있어서는 2024.1.1. 이후 배당분부터 3% 재평가적립금도 익금불산입 대상에서 제외(법법 §18 8호, 법령 §17 ①)되었음에 유의하여야 한다.

(6) 합병대가 지급 시 법인세 해당액의 처리

합병법인은 피합병법인의 장부상 순자산가액 300억 원을 650억 원을 지급하고 취득하였으나 적격합병에 해당하여 피합병법인이 차액 350억 원에 대한 법인세를 부담하지 아니하고 합병법인이 추후 이에 해당하는 금액의 비용계상액을 손금불산입하여 합병법인이 피합병법인의 양도차익에 대한 법인세를 부담한다(이를 과세이연이라 함). 이때 기업회계에서는 자산조정계정금액에 해당하는 100억 원에 대하여 이연법인세부채(세율 23.1% 적용 전제)를 계상하고 이를 영업권으로 계상(영업권에 대하여는 이연법인세부채를 계상하지 않음)한다. 이는 이연법인세부채금액은 추후 합병법인이 법인세부담 시 차감하여 법인세비용에 반영되지 않도록 처리한다.

(차) 자산	1,100억 원	(대) 부채	700억 원
영업권	273.1억 원	이연법인세부채	23.1억 원
		자본금	25억 원
		주식발행초과금	625억 원

③ 자기주식이 있는 법인이 잉여금을 자본전입한 경우의 의제배당

법인이 자기주식 또는 자기출자지분을 보유한 상태에서 제2호 각 목에 따른 자본전입을 함에 따라 그 법인 외의 주주등인 내국법인의 지분 비율이 증가한 경우 증가한 지분 비율에 상당하는 주식등의 가액

④ 해산으로 인한 의제배당

해산한 법인의 주주 등(법인으로 보는 단체의 구성원을 포함)이 그 법인의 해산으로 인한 잔여재산의 분배로서 취득하는 금전과 그 밖의 재산의 가액이 그 주식 등을 취득하기 위하여 사용한 금액을 초과하는 금액은 의제배당에 해당된다(법법 §16 ① 4호).

> 의제배당액=해산 시 잔여재산의 분배액－해당 주식 등의 취득가액

⑤ 합병으로 인한 의제배당

합병에 따라 소멸하는 법인(피합병법인)의 주주가 합병에 따라 설립되거나 합병 후 존속하는 법인(합병법인)으로부터 그 합병으로 인하여 취득하는 주식의 가액과 금전이나 그 밖

의 재산가액의 합계액(합병대가)이 그 피합병법인의 주식 등을 취득하기 위하여 사용한 금액을 초과하는 금액은 의제배당에 해당된다(법법 §16 ① 5호).

> 의제배당액=합병 시 합병교부주식의 가액과 합병교부금의 합계액
> -해당 주식의 취득가액

⑥ 기업분할로 인한 의제배당

법인이 분할하는 경우 분할되는 법인(분할법인) 또는 소멸한 분할합병의 상대방법인의 주주가 분할에 따라 취득하는 주식의 가액과 금전이나 그 밖의 재산가액의 합계액(분할대가)이 그 분할법인 또는 소멸한 분할합병의 상대방법인의 주식(분할법인이 존속하는 경우에는 소각 등에 의하여 감소된 주식만 해당)을 취득하기 위하여 사용한 금액을 초과하는 금액은 의제배당에 해당된다(법법 §16 ① 6호).

> 의제배당액=분할 시 분할신설법인주식의 가액과 분할교부금의 합계액
> -해당 주식 등의 취득가액

3) 일반법인의 수입배당금 익금불산입

내국법인이 당해 법인에 출자한 다른 내국법인으로부터 2001.1.1. 이후 최초로 배당받는 분부터 받은 수입배당금액에 대하여 일정요건 구비 시 이를 익금불산입한다(법법 §18의2, 법령 §17의2).

① 익금불산입 금액

내국법인(비영리내국법인은 제외함)이 자회사로부터 받은 배당소득 중 다음 비율에 의하여 계산한 금액은 이를 익금에 산입하지 아니한다(법법 §18의2 ①).

자회사의 종류	지분비율[주)]	익금불산입비율
모든 자회사	50% 이상	100%
	20% 이상~50% 미만	80%
	20% 미만	30%

주) 1. 출자받은 내국법인의 배당기준일 현재 3월 이상 계속하여 보유하고 있는 주식을 기준으로 계산하며(법령 §17의2 ①), 불균등감자로 인해 출자비율이 달라지는 경우에도 배당기준일인 '감자기준일' 현재 3월 이상 보유한 주식을 기준으로 계산한다(서이 46012-10072, 2002.1.11.).

2. 출자비율을 산정함에 있어 피출자법인이 보유하고 있는 자기주식은 발행주식총수에서 제외하고 출자비율을 계산하는 것임(사전법규법인-747, 2023.11.23.).

이때 배당소득(수입배당금액)에는 법인세법 제16조에 의한 의제배당액을 포함한다.

② 지급이자 관련 익금불산입 차감액

내국법인이 차입금에 의한 계열확장을 억제하고자 차입금에 대한 이자 등이 있는 경우 익금불산입 금액(상기 '①'의 금액)에서 다음 산식에 의해 배당금 지급법인별로 계산한 금액을 공제한다(법법 §18의2 ① 2호, 법령 §17의2 ③).

$$\text{익금불산입 차감액} = \text{지급이자}^{주1)\cdot주2)} \times \frac{\text{대상주식장부가액 적수}^{주1)} \times \text{익금불산입률}}{\text{사업연도 종료일 현재의 재무상태표상 자산총액 적수}^{주1)}}$$

익금불산입률 30%·80%·100%

주1) 지급이자, F/P상 자산총액 적수, 다른 내국법인의 주식(정부로부터 현물출자받은 주식 제외, 법령 §17의2) 등 장부가액 적수는 다른 내국법인으로부터 받는 수입배당금이 당해 법인의 익금으로 확정되는 날이 속하는 사업연도의 것으로 한다.

주2) 법인세법 시행령 제55조 규정에 의해 이미 손금불산입된 금액(법령 §17의2 ②)과 법인세법 시행령 제72조 제3항 제1호, 제2호에 의한 현재가치할인차금상각액과 연지급수입이자는 제외된다(재경부 법인 46012-80, 2003.5.9.). 다만, 지급이자손금불산입 규정상 지급이자에서 차감하는 구매자금대출이자 및 국민주택기금차입금이자는 포함된다(서이 46012-12111, 2002.11.26. ; 재경부 법인 46012-80, 2003.5.9.).

③ 익금불산입대상제외 수입배당금액

가. 배당기준일 전 3개월 이내에 취득한 주식등을 보유함으로써 발생하는 수입배당금액

나. 법인세법 제51조의2 또는 「조세특례제한법」 제104조의31에 따라 지급한 배당에 대하여 소득공제를 적용받는 법인으로부터 받은 수입배당금액

다. 법인세법과 「조세특례제한법」에 따라 법인세를 비과세·면제·감면받는 법인(대통령령으로 정하는 법인으로 한정한다)으로부터 받은 수입배당금액

라. 제75조의14에 따라 지급한 배당에 대하여 소득공제를 적용받는 법인과세 신탁재산으로부터 받은 수입배당금액

마. 「자산재평가법」 제28조 제2항을 위반하여 이 법 제16조 제1항 제2호 나목에 따른 재평가적립금을 감액하여 지급받은 수입배당금액

바. 제18조 제8호 나목 및 다목에 해당하는 자본준비금(3% 재평가적립금)을 감액하여 지급받은 수입배당금액

사. 자본의 감소로 주주등인 내국법인이 취득한 재산가액이 당초 주식등의 취득가액을 초과하는 금액 등 피출자법인의 소득에 법인세가 과세되지 아니한 수입배당금액으로서 다음의 수입배당금액

ㄱ. 유상감자에 따른 의제배당금액

ㄴ. 법인이 자기주식을 보유한 상태에서 잉여금의 자본전입에 따라 그 법인 외의 주주 등인 내국법인의 지분비율이 증가한 경우 증가한 지분비율에 상당하는 주식 등의 가액

④ 재평가적립금을 재원으로 배당하는 경우

가. 재평가적립금은 본질적으로 자본거래에서 발생된 잉여금이 아니고 발생됐던 모법인 자산재평가법에서 재평가적립금은 배당을 허용하지 않으며 자본전입(무상주)만 허용하고 있음.

나. 회사가 가.를 위반하여 배당하는 경우 법인세법에서는 이를 수령한 법인은 익금으로 과세하고 있음(법인세제과-151, 2023.3.6., 2023.12.31. 법인세법개정시 익금산입을 명시함).

다. 1% 재평가적립금을 재원으로 배당을 수령한 경우

법인은 익금에 산입하며 수입배당금액 익금불산입규정 적용대상임. 개인은 배당소득에 해당하며 Gross-up 배제대상임(소법 §17 ③ 3호).

라. 3% 재평가적립금을 재원으로 배당을 수령한 경우

법인은 익금에 산입하며 수입배당금액 익금불산입규정 적용배제대상임. 개인은 배당소득에 해당하며 Gross-up 배제대상임(소법 §17 ③ 6호).

중점사항 · 일반법인 수입배당금 익금불산입 내용정리

1. 수입배당금 익금불산입 해당액

수입배당금×익금불산입비율-지급이자 관련 익금불산입 차감액

2. 지급이자 관련 익금불산입 차감액

$$지급이자 \times \frac{익금불산입대상 \ 주식 \ 세무상 \ 장부가액 \ 적수 \times 익금불산입비율}{재무상태표상 \ 자산총액 \ 적수}$$

(1) 지급이자

지급이자=손익계산서상 이자비용[주1] - 지급이자 손금불산입액[주2] · [주3]

　　　　　　　　　　　　　　　　　　－현재가치할인차금상각액

　　　　　　　　　　　　　　　　　　－연지급수입이자

주1) 타법인주식 취득시점 이후의 지급이자가 아닌 사업연도 개시일부터 종료일까지의 지급
　　 이자이다.

주2) 지급이자 손금불산입액을 차감하여야 하므로 수입배당금 익금불산입의 세무조정은 지
　　 급이자 손금불산입의 세무조정을 순차적으로 실시한 후에 하여야 한다.

주3) 상기의 지급이자 손금불산입 규정 적용 시 지급이자에는 기업구매자금대출이자 및 국
　　 민주택기금 차입금이자가 제외되지만, 수입배당금 익금불산입 규정 시 지급이자에는 포
　　 함됨에 유의하여야 한다.

(2) 주식 장부가액

기업회계상 장부가액에 ±유보금액을 가감한 세무상 금액이다.

(3) 재무상태표상 자산총액

기업회계상 자산총액을 말한다.

저자주

법인주주가 주식발행법인의 상법상 자기주식취득절차에 의해 보유주식 양도시 양도법인의 소득구분

1. 회계처리: 다음 (1) 또는 (2)의 처리를 선택

(1) 유가증권양도손익으로 계상

일반적인 유가증권의 양도로 보아 처분손익을 수익과 비용으로 계상

(2) 보유주식 중 일부만을 양도한 경우

이를 투자금의 환입으로 보아 보유하고 있는 투자주식의 감액으로 처리.

특히 지분법을 적용하는 기업에서는 투자주식을 차감하는 회계처리가 타당하다 판단됨.

2. 법인세법상 소득의 구분

(1) 배당소득(의제배당): 법인세법 제16조 제1항 제1호

상기 규정에서 주식의 소각, 자본의 감소, 사원의 퇴사·탈퇴 또는 출자의 감소로 인하여 주주등인 내국법인이 취득하는 금전과 그 밖의 재산가액의 합계액이 해당 주식 또는 출자지분을 취득하기 위하여 사용한 금액을 초과하는 금액은 법인세법상 의제배당으로 익금항목에 해당됨.

주식의 소각은 상환우선주의 이익소각과 상법상 모든주주에게 균등하게 적용되는 자기주식의 이익소각을 뜻하는 것으로 파악되며, 자본의 감소는 상법상 주주총회 특별결의에 의한 자본금의 감자를 뜻한다 할 것임.

그러므로 상법상 자기주식의 취득 및 소각이 이루어진 경우에는 주식의 소각으로 보아 의제배당에 해당됨.

① 국세청의 유권해석

법인이 상법 제341조에 따라 법인주주로부터 자기주식을 매입하여 상법 제343조에 따라 이사회의 결의에 의해 매입한 자기주식을 소각하는 경우로서 해당 주식의 매매가 법인의 주식소각 절차의 일환으로 이루어진 경우 그에 따라 발생하는 법인주주의 소득은 법인세법 제16조 제1항 제1호에 따른 의제배당에 해당하는 것이나, 이에 해당하는 지 여부는 당사자의 의사, 계약체결의 경위, 대금의 결정방법, 거래의 경과 등 거래의 전체과정을 실질적으로 파악하여 판단하는 것임(사전법규법인 – 80, 2024.6.11.).

② 법인세법 제18조의2(수입배당금 익금불산입) 적용여부

피출자법인에 대한 출자비율에 따라 수입배당금액의 일정비율의 금액을 익금불산입하는 규정에는 당연히 의제배당금액이 포함됨.

가. 주식발행법인의 유상감자로 인하여 받은 대가가 취득가액을 초과하는 경우 발생한 의제배당금액은 수입배당금 익금불산입규정이 적용됨(사전법령법인 –204, 2020.3.12.).

나. 상환우선주 보유중 상환권의 행사로 발생된 의제배당금액에 대하여 수입배당금 익금불산입규정이 적용됨(서면법규법인 – 4045, 2023.7.11.).

→ 2024.2.29. 법인세법 시행령 제17조의2 제5항 제1호의 신설로 유상감자로 인한 의제배당금액에 대하여는 수입배당금 익금불산입규정이 적용되지 않도록 개정되었음. 단 개정시 주식의 소각에 대하여는 계속 수입배당금 익금불산입규정이 적용되도록 하였음.

(2) 유가증권양도소득: 대법원 2001두6227, 2002.12.26. ; 조심 2021부4617, 2022.5.18.

① 대법원 판결의 내용

자기주식취득과 주식소각의 일련의 거래가 자산거래에 해당하는지 자본환급에 해당하는지에 대한 확고한 것은 실질과세의 원칙상 단순히 당해 계약서의 내용이나 형식에만 의존할 것이 아니라, 당사자의 의사와 계약체결의 경위, 대금의 결정방법, 거래의 경과 등 거래의 전체과정을 실질적으로 파악하여 판단하여야 함.

② 조세심판원 결정의 내용(주식매각을 자산양도로 본 결정사례)

자기주식의 취득관련 주주총회의사록 및 소집통지서상 주식취득목적에 자본의 감소목적이라고 명시되어 있지 않음, 이사회의사록의 자기주식 취득목적이 소각목적인지 보유목적인지가 명시되어 있지 않음, 감사보고서에 소각내용여부가 명시되어 있지 않음, 자기주식의 취득시점부터 소각시점까지의 기간이 2년 5개월인점 등에 의거 보유주식을 자기주식의 취득으로 양도한 행위는 자산의

양도에 해당되어 의제배당에 해당하지 않는다고 결정한 사례
→ 유가증권양도에 해당하는 경우에는 수입배당금 익금불산입규정이 적용되지 않음.

4) 외국자회사 수입배당금 익금불산입
(법인법 §18의4 신설 · 21 · 41 · 57 · 57의2, 법인령 §18 · 72)

※ 외국자회사 수입배당금에 대해 익금불산입이 적용되지 않는 경우는 종전과 동일하게 외국납부세액공제 적용

① 익금불산입 대상: 내국법인(법인법 §57의2 ①에 따른 간접투자회사 등은 제외)이 외국자회사로부터 받은 수입배당소득

② 외국자회사 요건: 의결권 있는 지분율 10%* 이상, 배당기준일 현재 6개월 이상 보유 (적격합병, 적격분할, 적격물적분할, 적격현물출자에 따른 다른 내국법인이 보유하고 있던 외국자회사의 주식 등을 승계받은 때에는 그 승계 전 다른 내국법인이 외국자회사의 주식 등을 취득한 때부터 보유한 것으로 봄)
* 조특법 제22조에 따른 해외자원개발사업을 하는 외국자회사는 5%

③ 익금불산입 배당소득 범위: 이익의 배당금, 잉여금의 분배금, 의제배당
단, 아래 '④'는 제외된다.

④ 익금불산입 적용에서 제외되는 배당
가. 수동적 업종(임대업 등) 또는 수동소득(이자 · 배당 등) 위주로 영위하는 해외자회사*가 실제 세부담율이 15% 이하인 경우의 수입배당금액. 다만 특정외국법인인 외국자회사를 통해 해외자원개발사업법상 해외자원개발사업에 투자 · 출자(조특법 §104의15 ① 2호 · 3호)한 내국법인(해외자원개발사업자)이 해당 외국자회사로부터 받은 이익잉여금 처분 등에 따른 수입배당금액은 익금불산입대상
* 특정외국법인의 유보소득 합산과세가 적용되는 해외자회사

나. 아래 요건을 모두 충족하는 혼성금융상품* 거래에 따라 지급받는 수입배당금액
* 부채 · 자본 성격을 동시에 갖는 금융상품
– (국내) 자본으로 보아 배당소득으로 취급
– (상대국) 부채로 보아 이자비용으로 취급

⑤ 익금불산입률: 95%(해외유보소득 국내유입효과기대)

⑥ 수입배당금액에 대하여 외국에 납부한 세액은 손금불산입

⑦ 상증법상 평가(상증령 §56)

　비상장주식평가 시 1주당 순손익계산 시 익금불산입된 해외자회사 배당액 포함

⑧ 외국자회사에 해당하지 않는 외국법인으로부터의 자본준비금을 감액하여 받는 배당금으로 법인법 제18조 제8호에 따른 수입배당금액을 받는 경우에도 95%

⑨ 익금불산입 외국자회사(기존법인을 인수한 경우) 주식의 취득가액 조정

　가. (조정대상) 내국법인이 인수한 해외자회사의 주식으로 배당금 익금불산입 적용되는 주식

　나. (조정금액) 취득가액에서 '㉠', '㉡' 모두 충족하는 수입배당금액 차감

　　㉠ 내국법인이 최초로 주식을 보유하게 된 날의 직전일 기준 이익잉여금을 재원으로 한 배당

　　㉡ 해외자회사 배당금 익금불산입 적용을 받은 배당

　다. 나.에 해당되는 금액을 배당받고 익금불산입의 세무조정을 하는 경우 소득처분은 투자주식 · (−)유보로 처분하고 추후 주식매각시 익금산입

⑩ 별지 제16호의3「외국자회사 수입배당금 명세서」제출

5) 자본준비금을 감액하여 받는 배당

「상법」제461조의2에 따라 주주총회 결의에 의하여(중간배당시도 이사회결의가 아닌 주주총회결의) 자본준비금을 감액하여 받는 배당금액[내국법인이 보유한 주식의 장부가액(종전 장부가액 − 감액배당받은 금액 중 과세되지 않는 금액)을 한도로 한다]은 익금불산입(거주자에 대하여는 배당소득으로 보지 않아 소득세가 과세되지 않음)한다(법법 §18 8호, 법령 §72 ⑤ 1호). 다만, 다음 '②'에 해당하는 자본준비금을 감액하여 받는 배당금액은 제외한다.

주) 상법 제461조의2(준비금의 감소) 회사는 적립된 자본준비금 및 이익준비금의 총액이 자본금의 1.5배를 초과하는 경우에 주주총회의 결의에 따라 그 초과한 금액 범위에서 자본준비금과 이익준비금을 감액(=배당)할 수 있다.

① 익금불산입대상 자본준비금

　상법 제459조 제1항에 따른 자본준비금(기업회계상 자본잉여금)

　• 주식발행초과금(법법 §17 ① 1호 해당 금액, 이는 실지 주금납입으로 발생된 금액을 말하며 다음 ②의 가.와 마.는 제외됨)

　• 주식의 포괄적 교환 · 이전차익

- 감자차익
- 합병·분할차익 중 일정금액(합병·분할차익 – 다음 ② 다·라)

② 익금산입대상 자본준비금*(의제배당대상 자본준비금)

> * 1%·3% 재평가적립금은 상법상 자본준비금에 해당하지 않아 본 규정이 적용되지 않으며 유권해석 및 법인세법의 개정으로 자산재평가법을 위반하여 배당하는 경우 수령법인은 전부 익금해당항목이고 수령개인도 2025년부터 전부 배당소득에 해당된다. 다음 다. 및 라.는 기업회계상 주식발행초과금에 포함되어 있는 1%·3% 재평가적립금도 주식발행초과금의 감액배당이더라도 익금불산입에 해당하지 않는다는 규정이다.

가. 채무의 출자전환 시 채무면제이익(신주발행가액 – 시가 = 시가를 초과하여 발행함으로서 발생한 주식발행초과금으로 법인세법상 익금항목임)

나. 자기주식 등 소각이익

　(소각당시 시가가 취득가를 초과하지 아니하는 경우로서 소각일로부터 2년 지난 후 전입하는 금액 제외)

다. 적격합병 시 합병차익 중 피합병법인의 다음 금액(합병차익 한도)

　– 자산평가이익

　– 피합병법인 이익잉여금

　– 의제배당대상 자본잉여금(1% 재평가적립금 및 자기주식처분이익, 전환권대가 등)

　– 합병차익에 포함된 3% 재평가적립금: 다음 금액을 한도(2024.1.1. 이후 감액배당분부터 적용)

　　• 합병차익 – ('㉮' – '㉯')

　　　㉮ 피합병법인의 자본금과 의제배당비과세 자본준비금(3% 재평가적립금 제외)의 합계액

　　　㉯ 합병법인의 자본금 증가액

라. 적격분할 시 분할차익 중 분할법인의 다음 금액(분할차익 한도)

　– 자산평가이익

　– 분할감자차익(1% 재평가적립금 및 자기주식처분이익, 전환권대가 등)

　– 분할차익에 포함된 3% 재평가적립금: 다음 금액을 한도(2024.1.1. 이후 감액배당분부터 적용)

　　• 분할차익 – ('㉮' – '㉯')

　　　㉮ 분할법인의 자본금 감소액과 의제배당비과세 자본준비금(3% 재평가적립

금 제외)의 감소액

    ㉯ 분할신설법인의 자본금

  마. 이익잉여금으로 상환된 상환주식의 주식발행액면초과액

③ 상기 '② 다.' 및 '라.'에 따른 감액배당 시 배당순서

  가. 3% 재평가적립금

    * 3% 재평가적립금 중 합병법인의 증가한 자본금에서 피합병법인의 자본금과 의제배당대상 외 자본잉여금의 합계액을 차감한 금액을 자본에 전입된 금액

  나. 이익잉여금, 과세대상 자본잉여금

  다. 비과세대상 자본잉여금

④ 상법 제459조 제2항에 따라 승계한 준비금이 있는 경우에도 그 승계가 없는 것으로 보아 계산하고, 합병·분할차익의 일부를 자본에 전입하는 경우 피합병법인 등의 3% 재평가적립금이 먼저 자본에 전입된 것으로 보아 그 전입 후 남은 금액만 합병·분할차익에 포함하여 계산한다.

⑤ 자본준비금과 이익잉여금이 있는 법인이 자본준비금을 감액하여 배당을 지급하는 경우 자본준비금을 감액한 금액이 배당된 것으로 본다(법인세제과-676, 2016.7.12.).

⑥ 상법에 따른 자본준비금 감액배당을 수령한 경우 해당 배당금상당액은 보유주식의 장부가액에서 차감하는 것이며, 자본준비금을 감액한 배당금이 주식 장부가액을 초과하는 경우 초과금액은 익금에 산입하지 않는 것이다(법인세제과-740, 2018.6.22.).

⑦ 자본준비금 중 자본전입 시 의제배당으로 과세되지 않는 자본준비금을 특정하여 상법 제461조의2에 따라 주주총회 결의에 의하여 감액한 금액을 배당하는 경우[(자본금+자본준비금)>결손금인 법인이 자본준비금으로 배당하는 경우], 당해 내국법인의 주주는 주주총회결의에 따라 그 특정하여 감액한 자본준비금을 배당받은 것으로 보는 것이다(서면법규소득-4240, 2024.5.29.).

⑧ 외국법인이 외국법령에 따라 자본준비금을 감액하여 주주인 국내 거주자에게 지급하는 배당금은 소득세법상 배당소득에 해당한다(서면법규소득-424, 2024.6.25.). 내국법인이 지급받은 배당금은 95% 익금불산입된다.

⑨ 유동화전문회사가 상법 제461조의2에 따라 자본준비금을 감액하여 이를 재원으로 동법 제460조에 따라 자본금의 결손보전에 충당하는 경우, 결손보전에 충당한 금액은 법인세법 제51조의2 제1항의 배당가능이익 및 배당금에 해당하지 않은 것이며, 또한 이를 재원으로 상환전환우선주를 상환하는 경우로서, 상환가액이 해당 상환전환우선

주의 취득가액을 초과하는 금액도 배당가능이익 및 배당금에 해당하지 않는 것이다 (법규과-1934, 2024.7.31.).

저자주

2023.1.1. 이후 지급받는 내국법인의 자본준비금을 제원으로 한 수입배당금액에 대하여는 내국법인이 보유한 주식의 장부가액(종전 장부가액-감액배당받은 금액 중 과세되지 않는 금액으로 2024.2.29. 이후 감액배당하는 분부터 적용)을 한도로 익금불산입한다고 개정되었다. 그러므로 보유주식의 장부가액을 초과하여 받은 배당금은 익금산입이 되는 것이다. 이때 익금불산입의 소득처분에 대해 논란이 발생할 수 있다. 상기 '⑥'의 기재분의 유권해석 및 국세청의 유권해석(서면법인-2463, 2017.12.11.)에 의하면 익금불산입의 소득처분은 자본의 환급으로 보아 △유보로 처분하고 추후 보유주식을 매각 시 익금산입의 조정을 하라는 해석이다. 이때 거주자가 내국법인의 자본준비금을 감액하여 받은 배당을 지급받는 경우에는 감액배당금이 주식의 장부가액을 초과하는 경우에도 그 초과금액은 배당소득 과세대상에서 제외된다(기재부 금융세제과-549, 2024.10.23.).

Expert Opinion Summary

1. 배당금의 재원연도를 특정한 경우 인정 여부

자본준비금, 이익준비금과 이익잉여금이 있는 내국법인이 상법 제461조의2(준비금의 감소)에 따라 자본준비금(주식발행초과금)을 감액한 금액을 주주총회 결의에 따라 배당하는 경우, 당해 내국법인의 주주는 주주총회 결의에 따라 자본준비금을 감액한 금액을 배당받은 것으로 보는 것이며, 동 배당금을 지급받은 내국법인의 주주는 법인세법 제18조 제8호(평가이익 등의 익금불산입)에 따라 그 배당금을 지급받은 사업연도의 익금에 산입하지 아니함(기획재정부 법인세제과-676, 2016.7.12. ; 사전법령법인-194, 2020.4.7.).

(1) 내용

법인세법상 배당금으로의 사용 시 배당금을 수령한 주주가 익금불산입이 되는 자본준비금(자본잉여금)과 익금불산입이 되지 않는 자본준비금이 있는 경우 배당금을 지급하는 법인이 해당연도를 특정하여 익금불산입대상이 되는 연도의 주식발행초과금을 배당금의 재원으로 사용 시 이를 수령한 법인이 익금불산입 규정을 적용받을 수 있는지에 대한 질의임.

(2) 답변

과세관청의 답변은 기획재정부의 답변을 인용하고 있고 기획재정부의 유권해석은 일반적인 내용으로 법인세법이 익금불산입대상으로 인정하는 자본준비금을 배당금의 재원으로 사용 시 동 배당금을 수령하는 법인은 익금불산입된다는 것이므로, 질의 내용에 대한 구체적인 답변은 아니나 과세관청의 답변취지로 보면 주식발행초과금이 발생한 연도를 특정하여 배당금의 재원으로 사용 시 이를 인정하여 익금불산입 규정을 적용하는 것으로 판단됨.

2. 내국법인이 합병 등에 의하여 적립된 자본준비금 중 자본전입 시 의제배당으로 과세되지 않는 자본준비금을 특정하여 상법 제461조의2에 따라 주주총회 결의에 의하여 감액한 금액을 배당받는 경우, 당해 내국법인의 주주는 주주총회결의에 따라 그 특정하여 감액한 자본준비금을 배당받은 것으로 보아 법인세법 제18조 제8호(익금불산입 규정)를 적용하는 것임(서면법령법인-3705, 2021.4.14.).

3. 내국법인이 적격합병을 한 경우로서 합병 당시 피합병법인 주주에게 신주 교부하면서 발생한 주식발행초과금으로 상법 제464조의2에 따라 감액하고 이를 재원으로 배당하는 경우 법인세법 시행령 제12조 제1항 제3호에 따른 금액(자산조정계정 등)은 익금불산입대상에서 제외되는 것이며, 쟁점 자본준비금의 일부를 감액하여 배당하는 경우에는 법인세법 시행령 제12조 제1항 제3호 외의 금액을 먼저 감액한 것으로 보는 것임(사전법령법인-1575, 2021.12.28.).

19 감염병 예방 조치에 따른 소상공인 손실보상금 익금불산입 특례
(조특법 §99의13, 조특령 §99의12)

(1) (대상) 내국인이 「소상공인 보호 및 지원에 관한 법률」에 따라 감염병 예방을 위한 집합 제한 및 금지 조치*로 인해 지급받은 손실보상금

   * 운영시간의 전부 또는 일부를 제한하는 조치, 이용자의 밀집도를 낮추기 위한 조치로서 손실보상 심의위원회가 심의·의결한 조치

(2) (특례) 손실보상금 익금불산입

(3) (신청) 과세표준신고 시 손실보상금익금불산입명세서(별지 제63호의31 서식)를 함께 제출

20 어음

거래처로부터 판매대금으로 어음을 수취하는 경우가 있다. 우리나라의 경우 어음법에 의해 어음상의 권리·의무가 보장되며, 대부분 무이자부 약속어음을 많이 사용한다.

수취인의 경우 일반적으로 자기 거래은행에 받을어음에 대해 추심을 의뢰하여 만기일에 자신의 당좌예금에 입금되도록 한다. 기업의 경우 받을어음을 만기일까지 보관하고 있지 않고 중도에 배서양도하거나 금융기관으로부터 할인받는 경우가 있는데, 이를 살펴보도록 하자.

(1) 어음의 배서양도

받을어음의 배서양도란 거래의 수단으로 현금지급에 갈음하여 자사가 보유하고 있는 받을어음을 지급하는 것을 말한다. 즉, 상품대금이나 외상매입대금을 지급하기 위해 자사의 어음(지급어음)을 발행하여 주는 것이 아니라 타처로부터 받은 어음(받을어음)을 지급하는 것이다.

(2) 어음의 할인

받을어음의 할인이란 어음의 만기일 이전에 은행 등의 금융기관에 배서양도하고 소정의 이자 및 수수료를 할인료로 차감한 잔액을 현금으로 받아 어음을 현금화하는 것을 말한다.

(3) 제거 여부

① 제거의 의미

금융자산의 제거란 이미 인식된 금융자산의 권리가 소멸되거나 금융자산을 양도함으로써 금융자산을 재무상태표에서 제거하는 것을 말한다.

② 제거요건

상기 '제5장 금융자산'의 **8** 금융자산의 제거' 참조

③ 배서양도 시 회계처리

　　가. 제거요건 충족 시

　　　　(차) 외상매입금　　　　　×××　　(대) 받을어음　　　　　×××

나. 미충족 시

회계처리 없다. 추후 받을어음이 정상적으로 결제되는 경우 '가.'의 회계처리를 한다.

④ 어음할인 시 회계처리

가. 제거요건 충족 시

(차) 현금	×××	(대) 받을어음	×××
매출채권처분손실^{주)}	×××		

주) 포괄손익계산서의 기타비용분류에 포함한다.

나. 미충족 시

(차) 현금	×××	(대) 차입금	×××
이자비용	×××		

추후 받을어음이 정상적으로 결제되는 경우 다음의 회계처리를 한다.

(차) 차입금	×××	(대) 받을어음	×××

저자주 ○

어음의 배서·할인 시 제거요건 충족 여부

현재 우리나라에서 이루어지는 대부분의 받을어음에 대한 배서 및 할인은 국제회계기준에서 규정하고 있는 금융자산의 제거요건을 충족하지 못하는 양도에 해당된다. 그러므로 보고기간 종료일(재무상태표 작성일) 현재 받을어음이 외상매입금과 상계처리되지 못하고(배서의 경우) 차입금으로 처리해야 하므로 (할인의 경우) 회사의 부채비율이 높아지는 문제점이 나타나게 된다.

---

21 대손(손상)

기업이 신용거래를 하는 이유는 현금판매만 하는 경우보다 매출의 증대를 통해 이익증대를 달성할 수 있기 때문이다. 그러나 신용거래를 하게 되면 채권 전액을 회수하지 못해 손실이 발생할 수도 있게 된다. 이처럼 기업이 보유하고 있는 채권이 채무자의 파산 등의 사유로 회수가 불가능하게 되는 경우가 있는데, 이를 대손(또는 손상)이라고 한다.

(1) 기본적인 회계처리

대손이 발생하면 기업은 매출채권을 회수할 수 없게 되므로 매출채권(자산)이 감소하게 되는데, 회수하지 못하게 되는 금액은 주요 경영활동과 관련되어 발생되는 순자산의 감소이므로 손상차손(대손상각비)이라는 계정과목을 사용하여 비용으로 처리하여야 한다. 따라서 대손이 발생할 경우의 기본적인 회계처리는 다음과 같다.

(차) 매출채권손상차손[주)]   ×××   (대) 매출채권   ×××

주) 포괄손익계산서상 판매비와관리비 등의 비용분류에 포함한다.

중점사항   **대손발생 시 회계처리 유의사항**

회수불가능한 채권발생 시 이를 대손상각비라는 비용으로 처리하면 기업회계상 손익계산서의 기본원리 중 수익·비용대응의 원칙에 위배된다. 예를 들어 살펴보자.
1. 2025년도에 신설된 법인이다.
2. 2025.12.31. 현재 매출채권 잔액은 10,000이다.
3. 2026년도에 상기 '2.'의 채권 중 회수불능채권이 50 발생하였다.
4. 2026년의 회계처리

   (차) 매출채권손상차손   50   (대) 매출채권   50

상기와 같은 회계처리 시 대손처리한 금액에 대해 수익은 2025년에 계상되었고, 비용은 2026년에 계상되었다. 이처럼 수익을 창출하기 위해 투입된 비용을 동일한 회계연도에 인식해야 된다는 수익·비용대응의 원칙에 위배된 회계처리가 되기 때문에 손실(대손)충당금의 회계처리가 나오게 된 것이다.

---

(2) 손상차손의 인식 및 회계처리

상기 '제5장 금융자산'의 '**6** 손상' 참조

제 19 장

기타비용

판매비와관리비는 제품, 상품, 용역 등의 판매활동과 기업의 관리활동에서 발생하는 비용으로서 매출원가에 속하지 아니하는 비용을 말하며, 급여(임원급여, 급료, 임금 및 제수당 등을 포함한다), 퇴직급여, 해고급여, 복리후생비, 임차료, 접대비, 감가상각비, 무형자산상각비, 세금과공과, 광고선전비, 연구비, 경상개발비, 대손상각비(매출채권 손상차손) 등을 포함한다. 한편, 빈번하게 발생하는 것은 아니지만 영업활동과 관련하여 비용이 감소함에 따라 발생하는 확정급여채무환입, 판매보증충당부채환입 및 손실(대손)충당금환입 등은 판매비와관리비의 부(−)의 금액으로 한다.

> **저자주**
>
> 1. 법인세법상 손금의 범위는 다음과 같다(법법 §19).
>   ① 손금은 자본 또는 출자의 환급, 잉여금의 처분 및 이 법에서 규정하는 것은 제외하고 해당 법인의 순자산을 감소시키는 거래로 인하여 발생하는 손실 또는 비용[이하 "손비"(損費)라 한다]의 금액으로 한다.
>   ② 손비는 이 법 및 다른 법률에서 달리 정하고 있는 것을 제외하고는 그 법인의 사업과 관련하여 발생하거나 지출된 손실 또는 비용으로서 일반적으로 인정되는 통상적인 것이거나 수익과 직접 관련된 것으로 한다.
>
> 2. 판례에 의한 손금요건 검토
>   법인세법 제19조 제2항에서 규정하고 있는 손금의 요건은 먼저 "사업과 관련하여 발생하거나 지출될 것"을 의미하는 사업관련성 요건, "일반적으로 용인되는 통상적인 것"을 의미하는 통상성, "수익과 직접 관련된 것"인 수익관련성을 요건으로 한다.
>   위 요건들과의 관계에 있어서는 "사업과 관련하여 발생하거나 지출된 손실 또는 비용으로서"라는 부분은 "일반적으로 용인되는 통상적인 것"이라는 부분만을 수식하는 것으로 봄이 상당하고, 따라서 법인세법상의 손금은 "사업관련성과 통상성을 동시에 갖춘 것" 또는 "수익관련성의 요건을 갖춘 것"이라고 봄이 타당하다(서울고법 2011누1421, 2011.7.14.).
>   이때, "일반적으로 용인되는 통상적인 비용"이라 함은 납세의무자와 같은 종류의 사업을 영위하는 다른 법인도 동일한 상황 아래에서는 지출하였을 것으로 인정되는 비용을 의미하고, 그러한 비용에 해당하는지는 지출의 경위와 목적, 형태, 액수, 효과 등을 고려하여

객관적으로 판단하여야 할 것이며(대법원 2009.11.12. 선고 2007두12422 판결 등 참조), 사업관련성 및 통상성의 요건을 모두 결여하거나 일부를 결여한 경우에도 법인의 수익과 직접 관련이 있는 것은 손금에 해당한다고 할 것이다.

법인세법은 손금의 범위를 완결적으로 규정한 것이 아니라 그 범위를 예시하면서 포괄적으로 규정하고, 그 특례규정으로서 손금불산입과 손금산입의 각 사항을 열거하여 규정하고 있으므로, 원칙적으로 자산총액을 감소시킨 것은 손금불산입 등으로 열거되어 있지 않은 한 손금이 된다고 보아야 한다. 또한 위 각 규정에 따르면 일반적으로 위법소득을 얻기 위하여 지출한 비용이나 지출 자체에 위법성이 있는 비용의 손금산입을 부인하는 내용의 규정이 없을 뿐만 아니라, 법인세는 원칙적으로 다른 법률에 의한 금지의 유무에 관계없이 담세력에 따라 과세되어야 하고 순소득이 과세대상으로 되어야 하는 점 등을 종합하여 보면, 위법소득을 얻기 위하여 지출한 비용이나 지출 자체에 위법성이 있는 비용에 대하여도 그 손금산입을 인정하는 것이 사회질서에 심히 반하는 등의 특별한 사정이 없는 한 손금으로 산입함이 타당하다(대법원 2008두7779, 2009.6.23.).

외국인불법체류자 고용에 대한 인건비는 입증서류 구비시 손금에 해당된다(법인 46012 - 1896, 1995.7.11.).

1 종업원급여

(1) 의의

종업원급여는 종업원이 제공한 근무용역과 교환하여 기업이 제공하는 모든 종류의 대가를 말하며, 다음을 포함한다(기준서 제1019호 문단 4, 7).

1. 단기종업원급여
2. 퇴직급여
3. 기타장기종업원급여
4. 해고급여

상기 종업원급여는 다음과 같이 회계처리한다.

1. 미래에 지급할 종업원급여와 교환하여 종업원이 근무용역을 제공하는 때에 부채를 인식한다.

2. 종업원급여와 교환하여 종업원이 제공한 근무용역에서 발생하는 경제적효익을 기업이 소비할 때 비용을 인식한다.

(2) 비용처리

종업원급여는 모두 판매비와관리비로 계상하는 것이 아니라, 그 성격에 따라 다음과 같이 처리한다.

구 분	회계처리
판매·관리활동에 지출된 급여	판매비와관리비로 처리
제품제조 등에 지출된 급여	제품제조원가로 처리
용역제공에 지출된 급여	용역원가로 처리
연구개발활동에 지출된 급여	연구비·경상개발비·개발비로 처리
유형자산 건설에 지출된 급여	건설중인자산으로 처리

┤ 신속처리 질의·답변 ├

공장운영이 중단된 기간 중 고정적으로 발생하는 인건비는 해당연도 근무용역에 대한 대가로 직접노무원가에 해당함.

(3) 원천징수세액

종업원급여 등을 지급할 경우에는 소득세법에 따라 간이세액표에 의해 소득세 및 주민세를 원천징수하게 되는데, 이러한 경우 원천징수세액은 예수금(유동부채)으로 처리하고 잔액을 급여로 처리하면 된다.

사례 1 급여지급 시

Ⅰ. 문제

수진(주)는 종업원에게 급여 ₩3,000,000을 지급하였다. 급여지급 시 소득세와 지방소득세로 ₩55,000을 원천징수한 경우 회계처리를 나타내시오.

Ⅱ. 회계처리

(차) 급여	3,000,000	(대) 현금	2,945,000
		예수금	55,000

(4) 단기종업원급여

종업원이 관련 근무용역을 제공한 회계기간의 말 이후 12개월 이전에 전부 결제될 것으로 예상되는 종업원급여로 해고급여는 제외한다. 단기종업원급여는 다음 급여를 포함한다 (기준서 제1019호 문단 4·7·8).

1. 임금, 사회보장분담금(예: 국민연금)
2. 유급연차휴가 또는 유급병가 등
3. 이익분배금과 상여금
4. 현직종업원을 위한 비화폐성급여(예: 의료, 주택, 자동차, 무상 또는 일부 보조로 제공되는 재화나 용역)

모든 단기종업원급여는 종업원이 회계기간에 근무용역을 제공한 때 근무용역과 교환하여 지급이 예상되는 단기종업원급여의 할인되지 않은 금액을 다음과 같이 인식한다.

① 이미 지급한 금액을 차감한 후 부채(미지급비용)로 인식하되 이미 지급한 금액이 해당 급여의 할인되지 않은 금액보다 많은 경우에는 그 초과액 때문에 미래 지급액이 감소하거나 현금이 환급되는 만큼을 자산(선급비용)으로 인식한다.

② 다른 기준서에 따라 해당 급여를 자산의 원가에 포함하는 경우를 제외하고는 비용으로 인식한다.

(5) 단기유급휴가

1) 유급휴가의 구분

기업은 연차휴가, 병가, 단기장애휴가, 출산·육아휴가, 배심원참여 및 병역 등과 같은 여러 가지 이유로 생기는 종업원의 휴가에 대하여 보상할 수 있다. 이러한 유급휴가는 당기에 사용되지 않으면 이월되어 차기 이후에 사용되는 누적유급휴가와 당기에 사용되지 않으면 이월되지 않는 비누적유급휴가로 구분한다.

누적유급휴가는 당기에 사용되지 않으면 이월되어 차기 이후에 사용되는 유급휴가를 말한다. 이러한 누적유급휴가는 가득되거나(즉, 종업원이 퇴사하는 경우 미사용유급휴가로 상응하는 현금을 수령할 수 있는 자격이 있거나) 가득되지 않을(즉, 종업원이 퇴사하는 경우 미사용유급휴가에 상응하는 현금을 수령할 자격이 없을) 수 있다. 기업의 채무는 종업원이 미래 유급휴가에 대한 권리를 증가시키는 근무용역을 제공함에 따라 발생한다. 유급휴가가 아직 가득되지 않은 경우에도 관련 채무는 존재하므로 그 채무를 인식하여야 한다. 다만, 채무를 측정할 때에는 가득되지 않은 누적유급휴가를 사용하기 전에 종업원이 퇴사할 가능성을 고려한다.

2) 유급휴가의 회계처리

유급휴가 형식을 취하는 단기종업원급여의 예상원가는 다음과 같이 회계처리한다.

> 1. 누적유급휴가의 경우에는 종업원이 미래 유급휴가 권리를 증가시키는 근무용역을 제공하는 때에 인식한다.
> 2. 비누적유급휴가의 경우에는 휴가가 실제로 사용되는 때에 인식한다.

즉, 누적유급휴가의 예상원가는 보고기간 말 현재 미사용유급휴가가 누적된 결과 기업이 지급할 것으로 예상되는 추가금액으로 측정하고, 비누적유급휴가는 종업원이 실제로 유급휴가를 사용하기 전에는 부채나 비용을 인식하지 아니한다.

누적유급휴가에 해당하는 것이 우리나라에서는 연차수당이다.

다만, 한국의 연차유급휴가와 K-IFRS 제1019호에서 언급하고 있는 누적유급휴가는 다음과 같은 차이가 존재하며, 이러한 차이는 국제회계기준을 제정한 유럽과 한국의 노동법규 또는 관행의 차이에서 발생하는 것이다.

① 연차유급휴가는 발생한 연도에 종업원이 사용할 수 없는데 반해(발생한 연도의 다음 연도에 사용가능), K-IFRS 제1019호의 누적유급휴가는 발생한 연도에 종업원이 사용할 수 있다.

② 연차유급휴가에 대하여 기업(사용자)이 사용촉진을 하지 않는 경우 종업원이 연차유급휴가미사용수당을 기업에 청구할 수 있다. 따라서 이 경우 기업이 종업원에게 연차유급휴가미사용분에 대하여 종업원에게 수당을 지급할 의무가 발생한다. K-IFRS 제1019호에서는 미사용연차유급휴가수당에 대하여 언급하고 있지 아니한다.

사례 2 연차수당지급

1. A법인의 2024.12.31. 현재 임직원 100명에게 부여된 2025년에 사용가능한 연차일수는 임직원 1인당 평균 20일이다.

2. '1.'에 의한 연차일수 중 2025년의 연차사용에 대한 회사의 정책 및 2024년까지의 임직원 연차사용실적에 따라 추정된 2025년의 임직원 연차사용일수는 5일이다. 그러므로 2024.12.31. 현재 차기 이후에 연차수당으로 지급할 것으로 추정되는 충당부채해당액은 연차미사용추정일수 15일 × 1인당 평균 연차수당지급추정액(일당) 100,000 × 100명 = ₩150,000,000이다.

   2024.12.31. 회계처리는 다음과 같다.

   (차) 급여   150,000,000   (대) 미지급금   150,000,000

3. 2024년 근로제공에 따라 부여된 연차에 대해 2024년 미사용한 연차수당지급이 2025년에 지급된다면 2025.12.31. 현재 연차수당 미지급금으로 계상되어야 할 부채금액은 다음과 같다.

   ① 2024년 근로제공 및 연차사용기간이 완료되어 연차수당으로 지급할 의무가 있는 확정부채 해당액: 160,000,000원

   ② 2025년 근로제공으로 인하여 발생한 충당부채해당액의 합계액: 170,000,000원

   2025.12.31. 회계처리는 다음과 같다.

   (차) 급여   180,000,000[주]   (대) 미지급금   180,000,000

   주) 2024년분 과소계상액 10,000,000 + 2025년분 170,000,000 = ₩180,000,000

3) 법인세법상 처리

법인세법에서는 종업원에게 지급되는 연차수당에 대하여는 지급기준일이 속하는 사업연도(2021년)의 손금으로 인정한다.

4) 소득세법상 처리

소득세법에서도 법인세법과 마찬가지로 연차수당은 지급기준일이 속하는 과세연도(2021년)의 근로소득에 해당한다.

(6) 이익분배제도 및 상여금제도

1) 기업회계상 처리

다음의 요건이 모두 충족되는 경우 이익분배금 및 상여금의 예상원가를 인식하여 당기비용으로 인식한다.

> 1. 과거 사건의 결과로 현재의 지급의무(법적의무 또는 의제의무로서 급여를 지급하는 것 외에 다른 현실적인 대안이 없을 때 존재)가 발생한다.
> 2. 채무금액을 신뢰성 있게 추정할 수 있다.

2) 법인세법상 처리

① 성과급 상여를 지급함에 있어서 직원들에 대한 직전연도의 계량적 · 비계량적 요소를 평가하여 그 결과에 따라 차등 지급하는 경우 당해 성과급상여의 귀속시기는 당해 직원들의 개인별 지급액이 확정되는 연도가 되는 것임(소득세과-400, 2014.7.12.).

② 내국법인이 매년 정기적으로 노사합의에 따라 지급하는 상여금은 지급의무가 확정되는 날이 속하는 사업연도에 손금산입하는 것으로 해당 상여금의 지급의무 확정 여부는 상여금지급관행, 임금교섭 경과, 지급기준일, 지급대상자, 지급액 산정가능 여부, 회계처리내역 등 제반 사항을 종합적으로 고려하여 사실판단할 사항임(사전법령법인-54, 2016.3.30.).

③ 분식회계 결과에 근거하여 지급된 성과급은 실제 지출되었다 하더라도 손금으로 인정될 수 없음. 법인세법상 손금은 사업과 관련하여 발생하거나 지출된 손실 · 비용으로 일반적으로 용인되는 통상적인 것이거나 수익과 직접 관련된 것인데, 일반적으로 용인되는 통상적 비용이란 같은 종류의 사업을 영위하는 다른 법인도 동일한 상황 아래에서 지출하였을 것으로 인정되는 비용을 의미하고, 이에 해당하는지 여부는 지출의 경위와 목적, 형태, 액수, 효과 등을 종합적으로 고려하여 객관적으로 판단하여야 하고, 특별한 사정이 없는 한 사회질서에 반하여 지출된 비용은 제외된다 할 것임.
법인세법상 손금요건(사업관련성+통상성)의 충족 여부를 살펴볼 때, 분식회계에 따른 성과급의 지급은 일반적으로 용인되는 통상적인 성과급 지급방법이 아니어서, 동종업계의 다른 사업자들은 동일한 방식으로 성과급을 지출할 것이라고 기대하기 어려운바 손금의 통상성 요건을 충족하였다 보기 어려움.

이를 손금으로 인정할 경우 회계조작이라는 불법 행위를 용인한 것은 물론, 허위로 조작된 수익(분식회계로 인한 매출)으로 존재하지 않는 수익에 대응하는 비용을 손금으로 인정하게 되어 불합리하게 세제 지원하는 결과가 되는 점 등에 기인해 쟁점 성과급은 손금불산입이 타당하다 결정함(조심 2018부1948, 2019.6.25.).

④ 청구법인이 보유하고 있던 회사의 주식을 매각하는 과정에서 청구법인, 매수인과 매각대상법인의 임직원 등 간에 합의한 내용에 따라 청구법인이 매각대상법인의 임직원에게 특별상여금이 지급되었으며 이는 청구법인의 회계처리상 유가증권처분이익에서 차감처리되었음. 이 특별상여금의 손금인정 여부에 대해 조세심판원은 보유주식의 매각 시 관련비용이 발생하는 경우 이는 주식거래의 당사자인 주주 간의 합의에 따라 결정할 수 있는 것으로 관련 상여금은 사업관련성, 통상성 및 수익관련성이 있는 것으로 판단하여 손금에 해당된다 결정함(조심 2022중2885, 2023.12.12. ; 조심 2022중5989, 2024.1.31.).

(7) 해고급여

① 해고급여의 정의(제1019호 용어정의)

다음 중 어느 하나의 결과로서, 종업원을 해고하는 대가로 제공하는 종업원급여
　가. 기업이 통상적인 퇴직시점 전에 종업원을 해고하는 결정
　나. 종업원이 해고의 대가로 기업에서 제안하는 급여를 받아들이는 결정

② 퇴직급여와의 차이

기업의 제안이 아닌 종업원의 요청에 따른 해고나 의무 퇴직규정에 따라 생기는 종업원급여는 퇴직급여이기 때문에 해고급여에 포함하지 아니한다. 한편, 기업의 요청으로 해고하는 경우에는 종업원의 요청으로 해고할 때 지급하는 급여(실질적으로 퇴직급여)보다 더 많은 급여를 제공할 수 있다. 종업원의 요청에 따라 해고할 때 지급하는 급여와 기업의 요청으로 해고할 때 더 많이 지급하는 급여와의 차이가 해고급여이다(제1019호 문단 160).

③ 해고급여의 인식

다음 중 이른 날에 해고급여에 대한 부채와 비용을 인식한다.
　가. 기업이 해고급여의 제안을 더는 철회할 수 없을 때
　나. 기업이 기업회계기준서 제1037호의 적용범위에 포함되고 해고급여의 지급을 포함하는 구조조정 원가를 인식할 때

④ 해고급여의 측정

해고급여는 그 종업원급여의 성격에 따라 최초인식시점에 측정하고, 후속적 변동을 측정하고 인식한다. 해고급여가 퇴직급여를 증액하는 것이라면, 퇴직급여 규정을 적용한다.

⑤ 명예퇴직금 지급시

명예퇴직금 지급시 기업회계에서는 해고급여에 해당되어 당기 비용(판관비)으로 처리하고 법인세법에서도 지급연도의 손금(퇴직급여충당금과 상계하지 않음)으로 인정된다(법인세과-247, 2015.4.13.).

(8) 기타장기종업원급여

기타장기종업원급여와 관련하여 부채로 인식할 금액은 다음의 순합계액이다.

> 1. 보고기간 말 현재 확정급여채무의 현재가치(문단 64 참조)
> 2. 관련 확정급여채무를 직접 결제하는데 사용할 수 있는 사외적립자산의 보고기간 말 현재 공정가치 차감(문단 102~104 참조)

기타장기종업원급여 회계 및 처리 시 유의사항은 다음과 같다.
① 기타장기종업원급여에 대한 회계처리방법과 퇴직급여에 대한 회계처리방법의 차이는 다음과 같다.
  • 보험수리적손익을 즉시 인식하고 '범위'를 적용하지 아니한다.
  • 모든 과거근무원가를 즉시 인식한다.
② 부채를 측정할 때에는 문단 49~91을 적용하되 문단 54와 61은 제외한다. 보상권을 인식하고 측정할 때에는 문단 104A를 적용한다.
③ 법인세법상으로는 장기종업원급여를 지급 시 손금으로 인정되므로 지급 전 비용계상분은 손금불산입(유보처분) 처리한다.

> **중점사항** **사내근로복지기금에 대한 회계처리**
>
> 1. 사내근로복지기금이 기타장기종업원급여 요건에 해당하면 사회적립자산으로 처리하고, 해당되지 않으면 당기비용으로 처리한다.
> 2. 근로자복지기본법 제50조에 따른 사내근로복지기금에 출연하는 금품은 전액 손금에 산입된다(법인세제과-3, 2024.1.2.).

(9) 해외법인 주재원 인건비 손금산입(법령 §19 3호)

① 내국법인이 해외법인(100%를 직접 또는 간접 출자한 법인)에 파견한 주재원(임원 또는 직원)에게 지급한 인건비로서 소득세법 제127조 제1항에 따라 근로소득세가 원천징수된 인건비는 손금산입된다. 이때 인건비는 내국법인 및 해외법인이 해당 주재원에 지급한 인건비 합계의 50% 미만으로 지급한 경우에 한한다.

② 내국법인이 중국 및 베트남에 100% 현지법인을 설립하고 해당 현지법인에 임직원을 파견하고 인건비를 지급한 경우 과세관청이 인건비를 손금불산입처분한 건에 대하여 조세심판원은 내국법인이 제출한 인사 관련 자료등을 종합하면, 파견된 임직원들이 현지 업무 진행상황 및 현황을 내국법인에 주기적으로 보고하고 관련하여 지시를 받는 등 내국법인의 관리·감독하에 업무를 수행하였고, 내국법인이 이들에 대한 인사평가를 한 것으로 나타나는 점 등에 비추어 이 건 해외현지법인에 파견된 내국법인 임직원들이 내국법인의 업무에 종사한 것으로 인정되어 관련 인건비는 손금으로 인정된다(조심 2023중3452, 2024.5.13.).

(10) 핵심인력성과보상기금 납입액

핵심인력성과보상기금(내일채움공제) 납입액은 중소기업기본법상 중소기업·조세특례제한법 시행령 제6조의4 제1항에 따른 중견기업에 한해 납입시점에 손금으로 인정된다(법령 §19 20호).

보론 | 통상임금소송판결에 의하여 추가로 지급되는 금액

노동조합이 제기한 통상임금 소송의 핵심은 추가임금 청구가 신의성실의 원칙에 반하는지(즉, 회사의 경영상황이 어려워질 줄 알면서 임금을 올려달라고 하는지) 여부이므로 소송의 결과는 개별 회사가 처한 상황별로 다를 것이다. 2013년 12월 대법원 판결 및 통상임금 소송의 결과(정기적·일률적·고정적으로 지급되는 정기상여금 등은 통상임금에 포함하는 것이 원칙임. 단, 이로 인해 연장근로수당이 증가하는 경우, 노동조합의 추가임금 청구는 신의성실의 원칙에 의해 제한될 수 있음)로 통상임금 산정범위가 변동하고 연장근로수당이 증가하게 된다면 회계추정의 변경으로 보아 전진적으로 회계처리하며, 관련 비용은 영업비용으로 표시한다.

다만, 2013년 12월 대법원 판결의 영향이 충당부채 인식요건을 충족함에도 그 당시 회사가 이를 재무제표에 회계추정의 변경으로 인식하지 않았다면 이 부분은 전기오류에 해당하므로, 재무제표를 소급재작성해야 할 것이다(제1008호 문단 43).

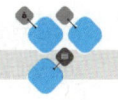

(11) 그룹 회장단 급여 배분금액

지주회사(그룹) 회장·부회장실 관련비용을 계열회사에 배분한 경우 동 비용이 손금에 산입되냐는 것에 대하여 지주회사의 회장·부회장실 관련비용에 대하여 지주회사와 모든 계열회사의 업무를 최종적으로 조정·관리하는 회장·부회장의 그룹 내 지위와 역할에 비추어 볼 때 개별적인 용역의 대가라기보다는 지주회사가 지급하여야 할 급여의 성격이 있어 회장·부회장실 관련비용은 계열회사의 손금으로 인정될 수 없다(감심 2019-111, 2020.6.2).

(12) 모회사가 자회사 임원에게 RSU(양도제한 조건부 주식)을 부여한 경우

모회사가 자회사 임원에게 모회사주식(자기주식) 또는 자회사주식(모회사보유분)에 대한 RSU(양도제한 조건부 주식, Restrictde Stock Units)를 부여하고, 해당 자회사가 모회사에게 RSU 시가상당액(부여 당시 주식시가)을 보전하는 경우, 자회사의 보전금액은 인건비 또는 그 밖의 손비로 보아 손금에 산입하며 자회사가 보전한 금액의 손금귀속시기는 자회사 임원에게 주식을 부여하는 시점이며, 자회사의 손금산입금액은 모회사가 자회사의 임원에게 주식을 부여하는 시점의 주식시가 상당액이다(법인세제과-394, 2023.7.25. : 서면법규법인-1843, 2023.7.31.).

(13) 임원을 피보험자로 하는 보장성보험 보험료

1) 만기환급금에 상당하는 보험료 상당액이 있는 경우

내국법인이 퇴직기한이 정해지지 않아 퇴직시점을 예상할 수 없는 임원(대표이사 포함)을 피보험자로, 법인을 계약자와 수익자로 하는 보장성보험에 가입하여 사전에 해지환급금을 산정할 수 없는 경우, 법인이 납입한 보험료 중 만기환급금에 상당하는 보험료 상당액은 자산으로 계상하고, 기타의 부분은 이를 보험기간의 경과에 따라 손금에 산입한다(기획재정부 법인세제과-306, 2015.4.20.).

2) 만기환급금에 상당하는 보험료 상당액이 없는 경우

① 피보험자인 대표이사의 퇴직기한이 정해지지 않아 사전에 해지환급금을 산정할 수 없어 만기환급금에 상당하는 보험료 상당액이 없는 경우에는 내국법인이 납입한 해당 보험료를 보험기간의 경과에 따라 손금에 산입하는 것이며 상기 보장성보험의 해약으로 지급받는 해약환급금은 해약일이 속하는 사업연도의 소득금액 계산시 익금에 산입한다(서면법인-1779, 2018.7.18.).

② '만기환급금에 상당하는 보험료 상당액'이 없는 보험상품은 실무적으로 이른바 '정기보험'이 있다. 보험회사에 따라 상품명은 '경영인 정기보험, 무배당 프리미엄 경영인정기보험, CEO를 위한 정기보험' 등이 있다.

③ 경영인 정기보험 등은 대표이사의 퇴직금 재원을 마련하기 위한 보험으로 만기는 존재(보통 90세 만기)하나 만기에 해약환급금이 영인 보험상품이며 만기 전 해약시는 해약환급금이 지급된다.

▶ **이항수와 함께하는 K-IFRS 회계처리 및 세무실무지침**

1. 임원에 대한 급여지급규정

법인세법에서는 직원에 대한 급여 및 상여금은 내용 및 명칭여하에 불구하고 손금으로 인정됨을 원칙으로 한다. 반면, 임원에 대하여는 급여지급규정을 초과하여 지급하는 금액에 대하여는 손금불산입을 적용하고 있다.

(1) 상법상 주주총회결의에 의한 임원보수한도 승인

상법상 등기임원에 대하여는 주주총회결의로 연간 임원보수를 총액으로 승인받도록 하고 있으므로, 비상장법인의 경우에도 반드시 주주총회결의로 임원보수한도를 정하여 승인받도록 해야 한다.

(2) 이사회결의에 의한 임원급여지급규정

1) 주주총회결의 후에 이사회를 개최하여 임원보수한도 내에서 다음과 같은 임원별 급여지급기준을 정하여야 한다. 이때 지급기준이 없거나 지급기준을 초과하는 경우에는 상여금, 복리후생적 급여 및 성과급 등이 전부 손금불산입처리됨에 유의하여야 하며 이는 법인세법상 규정이므로 미등기임원에 대하여도 급여지급규정을 만들어야 할 것이다. 물론 미등기임원에 대하여는 상기 '(1)'의 한도액과는 상관없다.

2) 법인이 임원에게 지급하는 상여금 중 정관·주주총회·사원총회 또는 이사회의 결의에 의하여 결정된 급여지급기준에 의하여 지급하는 금액을 초과하여 지급한 경우 그 초과금액은 이를 손금에 산입하지 아니한다(법령 §43 ②).

〈핵심예규〉

1. 처분청은 임원에 대한 보수지급 및 한도에 관한 지급규정을 만들거나 쟁점상여금을 지급과 관련하여 주주총회의 결의를 한 사실이 없어 쟁점상여금을 손금산입할 수 없다는 의견이나, 이른바 1인회사의 경우에는 그 주주가 유일한 주주로서 주주총회에 출석하면 전원 총회로서 성립하고 그 주주의 의사대로 결의가 될 것임이 명백하므로 따로 총회소집절차가 필요 없고 실제로 총회를 개최한 사실이 없었다 하더라도 그 1인 주주에 의하여 의결이 있었던 것으로 주주총회의사록이 작성되었다면 특별한 사정이 없는 한 그 내용의 결의가 있었던 것으로 볼 수 있다고 판단(대법원 2004다25123, 2004.12.10.)하고 있는바, 청구법인은 두 명의 공동대표이사가 전체 지분을 소유하고 있고 관행적으로 별도의 주주총회 또는 이사회를 개최하지 아니하고 공동으로 결재하는 방법으로 이를 갈음하였으므로 정관·주주총회·사원총회 또는 이사회의 결의에 의하여 결정된 임원보수한도지급규정 및 성과급지급규정에 의하여 쟁점상여금을 지급한 것으로 보이는 점, 성과급지급규정에서 경영성과급과 특별성과급에 대한 지급방식, 산정기간 및 직급별 가중치 등이 구체적으로 명시되어 있는 점, 쟁점상여금의 액수가 임원보수한도지급규정에서 정한 한도 내이고 매출액과 대비하여 과다하다고 보기 어려운 점 등에 비추어 쟁점상여금을 손금불산입하여 과세한 처분은 잘못이 있음(조심 2017서4951, 2018.3.13.).

2. 청구법인의 정관에는 이사 및 감사의 보수는 주주총회의 의결로 정하는 것으로 되어 있고, 청구법인은 주주총회에서 2013년 이사의 보수한도를 6억 원으로 정한바 회사가 2013년에 이를 초과하여 지급한 상여금은 법인세법상 손금불산입대상이 맞음(조심 2018서3590, 2019.1.3.).

3. 정관에서 임원의 보수는 주주총회 결의로 정한다 하여 주주총회 결의로 임원보수 한도를 정하였고 대표이사에 대한 상여금은 보수총액범위 내에서 이사회결의에 의해 지급하였는바 이사회 결의에는 지급대상자, 지급금액, 지급시기, 지급사유만 기재되어 있고 구체적인 지급기준이 없는 것으로 판단됨. 구체적인 지급기준은 임원별 업무성과, 목표달성률, 성과평가 등에 따라 차등적인 비율이나 금액을 정하여 상여금을 지급한다는 내용이 정관, 주주총회, 이사회결의로 결정된 것을 뜻하므로 이에 의하지 않은 청구법인의 대표이사에 대한 상여금은 손금불산입처리가 타당함(조심 2018서944, 2018.2.18.).

4. 임시주주총회를 통해 임원의 특별상여금의 보수한도를 승인받고 이사회의 결의로 지급한 임원에 대한 특별상여금(이의 구체적인 지급기준이 없음)은 손금으로 인정되는 법인세법 시행령 제43조 제2항의 급여지급기준에 해당한다 볼 수 없어 손금불산입처리가 타당함. 상여금의 구체적인 지급기준은 해당기간 회사의 경영실적, 경력, 개인별 업무능력 및 업적평가 등이 규정되어야 함을 뜻함(대법원 2018두63686, 2019.3.14. ; 부산고등법원 2018누10074, 2018.10.17.).

5. 법인이 임원에게 직무수행의 대가로서 지급하는 보수는 법인의 사업수행을 위하여 지출하는 비용으로서 원칙적으로 손금산입의 대상이 되는 것이나, 「법인세법」 제26조 및 시행령 제43조의 입법취지 등에 비추어 보면 법인이 지배주주인 임원에게 보수를 지급하였더라도, 그 보수가 법인의 영업이익에서 차지하는 비중과 규모, 해당 법인 내 다른 임원들 또는 동종업계 임원들의 보수와의 현저한 격차유무, 정기적·계속적으로 지급될 가능성, 보수의 증감추이 및 법인의 소득을 부당하게 감소시키려는 주관적 의도 등 제반사정을 종합적으로 고려할 때 해당 보수가 임원의 직무집행에 대한 정상적인 대가라기보다는 주로 법인에 유보된 이익을 분여하기 위하여 대외적으로 보수의 형식을 취한 것에 불과하다면, 이는 이익처분으로서 손금불산입대상이 되는 상여금과 실질이 동일하여 「법인세법 시행령」 제43조에 따라 손금에 산입할 수 없다고 보아야 할 것임(대법원 2015두60884, 2017.9.21.).
또한 증명의 어려움이나 공평의 관념 등에 비추어, 위와 같은 사정이 상당한 정도로 증명된 경우에는 보수금 전체를 손금불산입의 대상으로 보아야 하고, 위 보수금에 직무집행의 대가가 일부 포함되어 있어 그 부분이 손금산입의 대상이 된다는 점은 보수금 산정 경위나 그 구성내역 등에 관한 구체적인 자료를 제출하기 용이

한 납세의무자가 이를 증명할 필요가 있음(조심 2020부1523, 2021.12.31.).

6. 지분 100%를 보유한 대표이사에게 지급한 쟁점상여금이 사전에 정한 지급기준에 따라 지급된 것이라고 보기 어렵고, 성과평가 및 지급금액 산정에 관한 개별적·구체적 기준도 확인되지 아니하므로 직무성과를 객관적으로 평가하여 지급한 경우로 보기 어려운 점, 대표이사를 제외한 다른 임직원에게는 별도로 상여금을 지급하지 않은 것으로 보이는 점, 쟁점상여금은 직무집행에 대한 정상적인 대가라기보다는 실질적으로 이익처분에 의한 상여금으로 보이는 점 등에 비추어, 처분청이 쟁점상여금을 손금불산입하여 청구법인에게 법인세를 부과한 처분을 달리 잘못이 없다고 판단됨(조심 2021중5244, 2022.8.3.).

7. 임원의 보수는 법인의 재량에 속하는 것으로 경영실적, 재무현황, 지위 및 담당업무 등을 종합적으로 고려하여 자유롭게 정할 수 있는 것이므로 특별한 사정이 없는 한 법인이 주주총회, 사원총회 또는 이사회의 결의에 의하여 결정된 급여지급기준에 의하여 지급하는 상여금은 이를 손금에 산입할 수 있다. 청구법인의 전 대표이사는 청구법인과 주주관계가 없어 법인의 주요 결정을 전적으로 할 수 있다고 보기 어렵고 100% 지분을 보유한 주주가 전 대표이사에 대한 쟁점상여금에 대한 구체적인 승인을 한 것으로 확인되는 바, 쟁점상여금은 유효하게 개최된 주주총회의 결의로 결정된 지급기준에 의하여 지급되었다고 봄이 타당하다. 또한 쟁점상여금의 규모가 전 대표이사가 지급받은 연간 기본금의 1.7배 수준일 뿐만 아니라, 청구법인 매출액 대비 약 0.1% 내외 수준이라 그 금액이 통상적으로 인정되는 범위 내에 있다고 보는 것이 합리적이라 판단되어 손금으로 산입됨(조심 20121서5005, 2022.10.31.).

| 임원별 급여지급규정 |

임원명	연봉액	복리후생적 급여	성과급 총액	비고
①	②	③	④	⑤

① 직급별 임원성함을 기입한다.
② 임원별 당해 사업연도의 연봉액을 기입한다.
③ 임원별 교육비지원액, 의료비지원액 등의 복리후생적급여를 해당 내용별로 기입한다.
④ 임원에게 지급하는 성과급의 지급기준을 상세히 기입한다.
⑤ 임원별 전기대비 급여상승률 등 내용을 기입한다.

상기 규정 중 특히 유의할 점은 기업의 지배주주이자 대표이사인 임원과 특수관계인들이 다른 임원에 비교하여 월등히 많은 급여 및 상여금을 수령하는 경우 그 금액에 대한 타당한 이유가 없다면 손금불산입(대법원 2015두60884, 2017.9.21.)의 처분을 받을 수 있다는 점이다.

현재 법인세법에서는 대표이사의 연봉에 대하여 얼마까지 손금인정한다는 한도금액이 명시되어 있지 않고 사실판단에 따르고 있는바 상기 규정들이 있는 경우에도 그 근거가 명확하지 않다면 얼마든지 과세관청에서 이를 부인할 수 있음에 유의하여 분명한 근거 등을 기재하여 규정을 만들어야 한다.

2. 임원에 대한 퇴직급여지급규정

기업의 정관에서는 임원에 대한 퇴직급여는 주주총회결의서에 의한다라고 규정되어 있으며 대다수의 회사에서는 주주총회결의로 임원에 대한 퇴직급여규정을 만들어 놓고 있다.

| 임원퇴직급여지급규정 |

임원직위(①)	퇴직급여 계산방법(②)	적용시기(③)
대표이사	평균급여액×근속연수×5	입사일부터 소급적용
전무이사	평균급여액×근속연수×3	
상무이사	평균급여액×근속연수×2	
이사	평균급여액×근속연수×1.5	

① 임원의 직위별로 퇴직급여계산방법이 차이가 나므로 임원의 직위별로 구체적으로 규정을 만들어야 하며 절대로 임원 이름을 기재하면 안되는 점에 유의하여야 한다. 즉, 상기 규정은 모든 임원에 대하여 적용하는 것이므로 특정한 임원에 대하여만 누진제를 적용하는 경우에는 부당행위에 해당되어 손금불산입처리된다.

② 임원퇴직급여규정상 평균급여액과 근속연수의 계산은 다음과 같은 두 가지 경우로 구분된다.

　가. 임원퇴사 시 마지막 직위에 해당하는 배수를 해당 직위의 근속연수가 아닌 임원으로 최초로 선임된 날부터 퇴직일까지의 전체 근속연수에 대해 적용하는 경우이다. 이 경우에는 당연 평균급여액계산을 퇴직일 3개월간의 월평균급여액 또는 1년간의 월평균급여액으로 계산하며 해당 기간의 성과급을 포함하는지 여부에 대한 언급이 있어야 한다.

　나. 임원퇴사 시 그동안 역임했던 임원직위별 평균급여액과 해당 직위기간의 근속연수와 해당 직위별 배수를 적용하여 퇴직급여를 계산하는 경우이다. 이 경우에 평균급여는 해당 직위의 마지막 3개월간 월평균급여액 또는 1년간의 월평균

급여액으로 계산하며 해당 기간의 성과급을 포함하는지 여부에 대한 당연한 언급이 있어야 한다.

다. 특히 '가.'의 적용에 있어 임원에 대해 확정기여형(DC)퇴직연금을 가입하고 있는 경우 매년 DC에 납입한 금액의 합계액과 '가.'에 의하여 임원재직 전체 근속연수에 대하여 퇴직일 현재의 평균급여액을 적용하여 산출한 금액과는 상당한 차이가 발생하여 임원퇴직연도에 많은 추가퇴직급여지급액이 발생할 수 있음에 유의하여야 한다.

③ 일반적으로 임원의 퇴직급여는 누진세를 적용하는데 법인세법에서는 현재 몇 배까지 누진제를 인정한다는 규정은 없어 이 역시 사실판단할 내용이다. 현행 소득세법에 임원에 대한 퇴직급여 중 2배(2012.1.1.~2019.12.31. 기간은 3배)까지만 퇴직소득으로 인정되고 초과분은 근로소득으로 과세한다는 내용은 소득세법상 소득의 분류에 해당하는 것이며 법인세법과는 아무런 연관이 없음을 이해하여야 한다. 또한 상기 '1.'에서 임원의 급여가 손금불산입되면 연결되어 퇴직급여의 손금한도액도 줄어들게 됨에 유의하여야 한다.

④ 기존의 유권해석에서 임원퇴직금누진제에 대한 구체적인 사례를 언급한 해석이 나와 이를 설명하면 다음과 같다.

정관의 위임에 따라 정기주주총회에서 대표이사에 대한 퇴직금을 다른 임원보다 차등적(대표이사 기준금액의 20배, 기타 임원 5배)으로 지급하는 임원퇴직금지급규정을 의결하여 지급한 경우로서 대표이사가 최대주주로서 임의적으로 퇴직금지급규정을 의결하여 건전한 사회통념과 상관행에 비추어 일반적으로 적용될 것으로 인정되지 아니하고 차등 지급한 것으로 인정되는 경우에는 법인세법 제26조에 따라 각 사업연도의 소득금액을 계산할 때 손금에 산입하지 않는다(법규법인 2012-389, 2012.11.30.).

⑤ 기존에 퇴직급여규정이 없던 법인이 주주총회결의에 의한 퇴직급여규정을 신설하는 경우에는 적용시기를 임원의 입사일부터 적용한다는 규정을 같이 결의하면 소급적으로 누진제를 적용할 수 있고 법인세법에서도 이를 인정하고 있다.

3. 임원에 대한 퇴직급여 중간정산

① 임원은 근로자에 해당하지 않아 중간정산을 금지하고 있는 근로자퇴직급여보장법을 적용받지 않는다. 그러므로 임원에 대하여는 퇴직급여중간정산을 기업의 선택으로 할 수 있는데 법인세법에서는 연봉제로 전환하고 향후 퇴직급여를 지급하지 않는 조건인 경우에만 현실적인 퇴직으로 인정되어 손금산입이 허용된다(단, 2016. 1.1. 이후부터는 상기 규정이 폐지되어 임원에 대한 중간정산이 허용되지 않음에 유의하여야 한다). 만일 중간정산 이후의 근무기간에 대한 퇴직급여를 지급하고자 하는 경우에

는 중간정산 이후 일정기간 경과 후에 주주총회를 개최하여 동일부터 퇴직급여를 지급하도록 결의가 있는 경우에는 다시 퇴직급여를 지급해도 손금인정이 가능하며, 이것이 실질적인 임원에 대한 가지급금(자금대여)에 해당된다 판단되면 중간정산 시 지급금액을 가지급금으로 보아 인정이자 계산 등의 여러 가지 세무상 불이익을 받게 되므로 이의 처리에 신중을 기하여야 할 것이다(조심 2017부573, 2017.9.26.).

② 법인이 과거 사업연도에 현실적인 퇴직이 아닌 임의의 퇴직금 중간정산을 통해 임원에게 금전을 지급한 것은 업무무관가지급금으로 보아 세법상 경정(지급연도의 손금불산입, 인정이자의 계상 및 지급이자의 손금불산입 등)을 하여야 하는 것이지 그 유출자금을 퇴직금으로 보아 퇴직금 한도초과액을 재계산을 하는 것은 세법해석상 무리가 있으므로 과세관청이 기존의 중간정산금액을 퇴직금으로 보아 임의 중간정산기간을 제외하고 그 다음 날부터 실지 퇴직일까지의 퇴직금을 계산하여 총퇴직금지급금액에서 이를 차감한 금액을 손금불산입하여 법인세를 과세한 처분은 잘못이 있다. 이는 과거에「법인세법 시행령」제44조 제1항에 의한 현실적인 퇴직에 해당하지 않는 금액을 청구법인이 임원에게 퇴직금명목으로 지급하고 이를 비용계상하고 원천세를 납부하였다 하더라도 이는 법인세법상 가지급금에 해당하므로 추후 실지 퇴직 시 전체 근속기간에 대한 퇴직금지급액이 손금으로 인정된다는 결정사례이다(조심 2020중8018, 2021.4.14.).

③ 청구법인은 1971.6.1. 입사한 임원에 대하여 2001.2.3. 자로 퇴직금 중간정산을 실시하여 퇴직금을 지급하였는바 이 당시 정관상 요구되는 주주총회의 결의가 없었으며 퇴직금 지급 후 연봉제로 전환되었다고 볼 수도 없는 상황이었음. 회사는 2015.12.31. 상기 임원에 대해 입사일을 1971.6.1.부터 기산하여 구「법인세법 시행령」제44조 제2항 제4호에 의한 퇴직금 중간정산 퇴직금을 지급하고 손금에 산입하였는바 과세관청은 2015.12.31. 지급한 퇴직금의 산정기산일을 1971.6.1.이 아닌 종전 퇴직금 지급일인 2001.2.3.로 보아 기간 초과분에 해당되는 금액을 손금불산입하여 과세하였다. 청구법인은 2001.2.3.에 지급한 퇴직금은 손금으로 인정될 수 있는 중간정산금액에 해당하지 않고 가지급금에 해당되는 금액으로 이에 해당되는 지급이자 손금불산입금액과 인정이자에 대한 조정은 별도로 하더라도 회사가 2015.12.31. 지급한 퇴직금금액은 전액 손금으로 인정되어야 한다는 주장이며 과세관청은 청구법인의 주장을 인정하면 신의측에 반하는 것으로 인정될 수 없다는 주장이다. 이에 대하여 조세심판원은 회사가 2001.2.3.에 지급한 퇴직금은 세법상 인정되는 퇴직금에 해당하지 않아 이는 업무무관가지급금으로 보아 이에 대한 세법상 경정을 하여야 하는 것이지 그 퇴직금을 손금으로 보아 2015.12.31. 퇴직금의 기산일을 2001.2.3.로 보아서는 안된다 결정하고 이는 신의측에 반하지 않는다고 결정한 사례이다(조심 2020인7826, 2021.12.20.).

Expert Opinion Summary

1. 임원은 근로자퇴직급여보장법의 적용대상이 아니어서 1999년부터 법인세법 시행령 제44조 제2항 제4호 임원퇴직금 중간정산금액의 손금인정요건(현실적인 퇴직)을 다음과 같이 규정하여 많은 기업들이 임원에 대한 퇴직금을 중간정산하여 손금으로 인정받고 퇴직소득으로 과세되었다.
   첫째, 중간정산 이후 임원급여를 연봉제로 전환할 것(이는 중간정산 전에는 연봉제가 아니였음을 전제로 한 것임)
   둘째, 중간정산 이후의 근무기간에 대하여는 퇴직급여를 지급하지 아니할 것

2. 상기 '1.'의 규정은 2015.12.31.까지 적용되었고 2016.1.1. 이후부터는 규정이 삭제되어 특수한 경우 이외에는 중간정산을 할 수 없게 되었다. 그러므로 2015.12.31.까지 중간정산을 실시하여 임원퇴직금을 손금산입한 법인이 2016.1.1. 이후 근무기간에 대한 퇴직금을 추가지급하여 손금계상한 경우에는 손금불산입 · 상여의 소득처분으로 과세대상에 해당된다.

3. 상기의 조세심판원 결정사례는 2015.12.31. 이전에 임원퇴직금을 중간정산하여 지급하고 손금인정을 받은 법인이 동 임원에 대해 중간정산 이후의 기간에 대한 퇴직금을 지급하고 비용계상하여 과세관청의 손금불산입 · 상여추분에 대한 조세불복 과정에서 회사가 상기 '1.'의 첫째 손금계상하여 과세관청의 손금불산입 · 상여처분에 대한 조세불복 과정에서 회사가 상기 '1.'의 첫째 손금인정요건을 구비하지 못한 중간정산('1.'의 사례는 중간정산 이전에 이미 연봉제를 적용하고 있던 사례였고 '2.'의 사례는 중간정산 이후에 연봉제로 전환하지 않은 사례임)이어서 해당연도에 지급된 퇴직급여액을 손금불산입 · 가지급금 · 유보로 처리하고 가지급금에 따른 인정이자 및 지급이자손금불산입규정을 적용해야 하나 회사는 이의 처리를 하지 않았고 과세관청도 이의 과세를 하지 않은 상태에서 부과제척기간 5년이 경과하여 이를 과세하지 못하며 2016.1.1. 이후 추가지급된 금액 전액이 퇴직금에 해당되어 손금으로 인정된다는 너무나 중요한 조세심판원 결정사례이다.

4. **임원에 대한 퇴직금추가지급액 및 해산 시 퇴직금지급**
   ① 내국법인이 일정요건을 갖춘 임원의 퇴직 시에 정관에 따른 퇴직금 외에 별도로 추가보수금액을 지급하는 경우 해당 추가보수금액은 손금에 산입하지 아니하고 해당 임원의 근로소득으로 보는 것이다(법규소득 2014 – 271, 2014.12.10.).

② 법인이 해산함에 따라 대표이사가 퇴직 후 청산인이 된 경우 퇴직 시 지급하는 퇴직금은 해산등기일이 속하는 사업연도의 손금으로 하는 것이다(사전-2017-법령해석법인-0638, 2018.8.27.).

5. 정관에서 위임된 임원퇴직급여지급규정의 세법상 인정 여부

① 이는 정관의 위임에 따라 주주총회에서 정한 규정을 말하며(법인 22601-2805, 1985. 9.17.), 해당 위임에 의한 임원퇴직급여지급규정의 의결내용 등이 정당하여야 하고 해당 지급규정의 내용에 따라 임원퇴직 시마다 계속·반복적으로 적용되는 것이어야 하는 것이다(서일-666, 2005.6.15.).

② 다음은 정관에서 위임된 퇴직급여지급규정에 해당되지 아니한다.

가. 정관의 위임없이 주주총회결의에 의하여 지급하는 경우(법인 46012-1043, 1997.4.14.)

나. 정관의 위임에 따라 이사회결의로 정한 규정에 의하여 지급하는 경우(법인 22601-2805, 1985.9.17.)

다. 정관의 위임없이 이사회결의로 정한 규정에 의하여 지급하는 경우(법인 46012-2475, 1997.9.25.)

③ 최근 임원의 퇴직금지급규정을 개정하여 과도한 퇴직금이 지급되는 경우가 빈번하게 발생하고 있고 이에 대해 실무자 및 조세전문가들은 법인세법 시행령 제44조 제4항에서 법인이 임원에게 지급한 퇴직급여 중 주주총회의 결의로 제정된 임원퇴직금지급규정상의 퇴직급여를 지급하면 법인세법상 손금으로 인정된다는 규정으로 이해하고 있는 실정이다.

이에 대해 과세관청에서는 과도한 퇴직금은 법인세법 제26조 제1호에 의해 손금불산입을 하여야 한다는 주장인 바 이에 대해 대법원의 주요판례(대법원 2015두53398, 2016.2.18.)에 대해 검토하기로 한다.

동 판례는 다음의 특별한 사정이 있는 경우에는 주주총회의 결의로 정한 임원퇴직금지급규정에 의한 퇴직금이 지급되었다 하더라도 손금으로 인정될 수 없음을 판결한 주요내용이다.

첫째, 임원퇴직금지급규정이 종전보다 퇴직급여를 급격하게 인상하여 지급하는 내용으로 제정 또는 개정되고, 그 제정 또는 개정에 영향을 미칠 수 있는 지위에 있는 사람이 인상된 퇴직급여를 지급받게 되는 경우

둘째, 지급되는 퇴직급여액이 재직기간 중의 근로나 공헌에 대한 대가라고 보기 어려운 과다한 금액인 경우

셋째, 해당법인의 재무상황 또는 사업전망 등에 비추어 그 이후에는 더 이상 그러한 퇴직급여가 지급될 수 없을 것으로 인정되는 경우 등을 들고 있다.

현행 법인세법상 과도한 인건비 중 임원퇴직급여의 지급 시 손금불산입되는 경우

시가의 범위가 규정되어 있지 않는 문제가 있어 과세관청의 과세실무상 혼란이 있는 것이 사실이다. 이 판결은 임원퇴직급지급규정에 절차적 하자가 없더라도 퇴직급여의 형식을 빌려 특정 임원에게 법인의 자금을 분여한 경우 그 퇴직급여 지급의 근거가 된 임원퇴직급지급규정의 세법상 효력을 부인할 수 있다는 판결이므로 실무상 많은 유의가 필요할 것이다.

6. 유권해석 및 결정사례

① 직원에게 통상적 범위 초과하는 퇴직금 지급 시

직원의 근로계약서 내용이 직원에게 일방적으로 유리하게 작성되어 있고, 청구법인에서 약 2년 10개월간 근무한 직원에게 지급한 쟁점퇴직위로금이 14년간 근무한 전임 대표이사의 퇴직금보다 2배 이상 많아 통상적인 범위를 넘는 것으로 보이는 바, 쟁점퇴직위로금에서 「근로자퇴직급여보장법」 제8조에 따라 산정된 퇴직금을 초과한 금액을 손금불산입하여 법인세를 과세한 처분은 잘못이 없음(조심 2016전 1559, 2016.6.29.).

② 청구법인은 회사의 비밀유지 대가로 통상적인 임직원의 퇴직금을 훨씬 상회하여 쟁점퇴직금을 지급한바, 이를 통상적인 퇴직금이나 근로소득으로 보기 어려운 점 등에 비추어 손금불산입한 처분은 잘못이 없음(조심 2016중1939, 2017.2.13.).

③ 법인의 등기임원으로 재직하던 자가 사임하여 해당 법인으로부터 임원 퇴직급여를 실제 지급받고 다시 직원으로 근무하는 경우에는 「법인세법 시행령」 제44조 제1항에 따른 현실적인 퇴직으로 보는 것임(사전법령법인-562, 2019.11.5.).

④ 내국법인이 임원의 퇴직을 퇴직급여의 지급사유로 하고 확정기여형 퇴직연금의 부담금을 당해 사업연도 종료일 현재 정관상 산정되는 퇴직급여를 초과하여 선불입하는 경우 미리 불입한 부담금은 납입한 사업연도의 손금에 산입한 후 퇴직 시점에 퇴직급여 한도초과액을 손금불산입함(서면법령법인-5074, 2020.12.18.).

⑤ 내국법인이 부부공동명의로 주택을 취득하는 임원에게 퇴직급여를 중간정산하여 지급하는 경우 해당 퇴직급여에 대한 법인령 제44조 제2항 제5호 및 법인규칙 제22조 제3항 제1호를 적용하여 손금산입할 수 있음(서면법령법인-1320, 2021.5.20.).

⑥ 「법인세법 시행규칙」 제22조 제3항 제1호에 의하여 퇴직급여 중간정산일 현재 내국법인의 임원이 속한 세대가 1년 이상 주택을 소유하지 아니하고, 해당 임원이 세대주로서의 기간이 1년 미만인 경우(현재는 세대주) 해당 내국법인이 해당 임원에게 주택취득자금으로 지급하는 퇴직급여는 손금에 산입됨(서면법령법인-5117, 2021.9.17.).

⑦ 내국법인이 임원에 대해 급여를 연봉제로 전환함에 따라 퇴직급여를 중간정산하고 추후 연봉제 전환일 이후에 근무기간에 대해 확정기여형 퇴직연금을 가입하여 지급하는 경우에는 현실적인 퇴직으로 보지 않는 것이며, 내국법인이 임원의 퇴직을

연금의 지급사유로 하고 임원을 수급자로 하는 확정기여형 퇴직연금의 사업자부담금으로 지출하는 금액은 「법인세법 시행령」 제44조의2 제3항에 의하여 손금산입하는 것이나, 임원의 퇴직 시까지 부담한 부담금의 합계액을 임원의 퇴직급여로 보아 같은 법 시행령 제44조 제4항[임원퇴직일 직전 1년간 임원에게 지급한 총급여액(총급여액은 소득세법 제20조 제1항 제1호·제2호(비과세소득 및 법령 제43조에 의한 손금불산입 상여금액은 제외)상의 금액을 말함) × 1/10 × 근속연수]을 적용하여 손금산입한도 초과금액이 있는 경우 퇴직일이 속하는 사업연도에 손금산입한도 초과금액 상당액을 손금에 산입하지 아니하는 것임(서면법인-2807, 2020.1.15.).

⑧ 퇴직급여 중간정산기준일을 기준으로 1년 이상 무주택 세대주인 기업의 임원이 주택취득 목적으로 퇴직급여를 중간 정산한 후 중간정산금 중 일부금액으로 주택을 취득한 경우에는 법인세법 시행령 제44조 제1항·제2항 및 동법 시행규칙 제22조 제3항 제1호에 따라 퇴직금 중간정산액 전액을 손금에 산입하는 것임(법인세제과-80, 2024.2.14.).

7. 임원 · 직원에게 지급하는 출산 · 양육지원금 손금인정(법령 §19 · 3의2호)

2024년부터 법인세법 시행령의 개정으로 임원 또는 직원의 출산 또는 양육지원을 위해 해당 임원 또는 직원에게 공통적으로 적용되는 지급기준에 따라 지급하는 금액은 손금으로 인정된다.

이때 동 금액을 지급받는 자의 소득구분은 근로소득에 해당하며 출생일 이후 2년 이내(2024년 지급시는 2021.1.1. 이후 출생자에 대한 지급분 포함) 공통 지급규정에 따라 사용자로부터 지급(2회 이내)받는 급여는 전액 비과세소득에 해당된다(소법 §12 3호).

2 복리후생비

(1) 기업회계

복리후생비는 사용인에게 직접 지급되지 아니하고 근로환경의 개선 또는 근로의욕의 증진을 위하여 지출하는 성격의 비용을 말한다. 복리후생비 지출 시 회계처리는 다음과 같다.

(차) 복리후생비　　　　　　×××　　(대) 현금　　　　　　　　×××

국민건강보험법 및 고용보험법에 의해 회사가 부담하는 보험료는 급여로 계상한다.

(2) 법인세법

법인세법상 복리후생비는 다음과 같다(법령 §45).

① 직장체육비

② 직장문화비

③ 직장회식비

④ 우리사주조합운영비

⑤ 국민건강보험법 및 노인장기요양보험법에 따라 사용자로서 부담하는 보험료 및 부담금

⑥ 직장어린이집 운영비

⑦ 고용보험법에 의하여 사용자로서 부담하는 보험료

⑧ 기타 경조사비 등

3 임차료와 임대료

임차료(또는 임대료)는 토지, 건물 등 부동산이나 기계장치 등의 동산을 타인으로부터 임차(또는 임대)함으로써 그 공급자(또는 수요자)에게 지급하는 비용(또는 지급받는 수익)을 말한다. 이에 대한 회계처리는 다음과 같다.

구 분	회계처리			
임차료	(차) 임차료 (관리비용)	×××	(대) 현금	×××
임대료	(차) 현 금	×××	(대) 임대료수익^{주)} (기타수익)	×××

주) 부동산임대업이 주요 영업활동인 경우에는 매출액으로 분류된다.

한편, 임차료(또는 임대료)를 일시에 선불 또는 후불로 하는 경우 결산수정 분개 시 당해 회계기간에 해당되는 임차료(또는 임대료)를 선급비용(또는 선수수익) 또는 미지급비용(또는 미수수익)으로 하여 계상하여야 한다.

4 기업업무추진비

(1) 기업회계

기업업무추진비는 회사의 업무와 관련하여 거래처에 접대 등을 위하여 지출한 비용을 말한다. 기업업무추진비 지출 시 회계처리는 다음과 같다.

(차) 기업업무추진비 ××× (대) 현금 ×××

중점사항 **기업업무추진비와 기부금의 구분**

1. 신용카드 사용액

대부분의 회사들이 기업업무추진비를 지출할 경우 현금뿐 아니라 신용카드를 사용하게 되는데 신용카드 대금은 지출일로부터 다음 달 이후에 청구가 되는 것이 일반적이다. 실무적으로 신용카드 사용액에 대해 대금을 청구받은 날에 비용으로 처리하는 경우가 간혹 있는데 이는 잘못된 회계처리임에 주의하기 바란다. 왜냐하면, 신용카드를 사용하는 대신 현금으로 지출하였다면 당연히 비용처리가 되었을 것이므로 신용카드를 사용하였더라도 지출된 시점(발생된 시점)에서 비용처리가 되어야 하는 것이다. 예를 들어 12월 말 결산법인인 경우 신용카드 대금이 1월 또는 2월에 청구되더라도 12월 31일 이전에 발생한 신용카드 사용액은 당기비용으로 처리하여야 한다. 이때의 회계처리는 다음과 같다.

(차) 기업업무추진비 ××× (대) 미지급금 ×××
　　(또는 복리후생비 등)

2. 기부금

기업업무추진비와 비슷한 개념으로 기부금이 있는데 이는 특수관계가 없는 타인에게 법인의 사업과 관계없이 무상으로 기증한 금전 등의 자산가액을 말한다. 회계기준에서는 이를 기부금의 계정과목으로 하여 기타비용으로 처리하도록 하고 있다. 기부금 지출 시 회계처리는 다음과 같다.

(차) 기부금 ××× (대) 현금 ×××

(2) 법인세법

1) 의의

기업업무추진비란 접대, 교제, 사례 또는 그 밖에 어떠한 명목이든 상관없이 이와 유사한 목적으로 지출한 비용으로서 내국법인이 직접 또는 간접적으로 업무와 관련이 있는 자와 업무를 원활하게 진행하기 위하여 지출한 금액을 말한다(법법 §25 ①).

구 분	업무 관련 여부	지출대상	손금인정 여부
기업업무추진비	관련 있음.	특정인	한도액까지 손금인정
기부금	관련 없음.	특정인	한도액까지 손금인정
광고선전비	관련 있음.	불특정다수인	전액 손금인정

2) 기업업무추진비의 범위

① 약정에 의한 채권의 임의포기금액에 대한 처리

채권포기의 정당성		세무상 처리
정당성 있음.		대손금(전액 손금인정)
정당성 없음.[주]	업무 관련	기업업무추진비(한도범위 내에서 손금인정)
	업무 무관	기부금(한도범위 내에서 손금인정)

주) 별도의 채권회수조치를 취하지 않은 상태에서 채권회수를 포기한 경우가 이에 해당된다.

② 사은품·경품

　　가. 기업업무추진비로 보는 경우

가입조건이 제한된 특정고객을 구성원으로 하는 모임의 회원에 한하여 상품·제품 구입 시 할인혜택을 부여함에 따라 지출되는 금액 및 동 모임의 기금으로 지출되는 금액은 회사의 회계처리에 불구하고 법인세법상 기업업무추진비에 해당된다(법인 46012-772, 2000.3.23.).

단, 특정인에게 기증한 물품(개당 30,000원 이하 물품은 제외)으로써 연간 5만 원 이내의 금액은 기업업무추진비로 보지 않고 손금으로 인정된다(법령 §19 18호).

　　나. 판매부대비용(전액 손금인정)으로 보는 경우

불특정고객에게 지급하는 사은품 등은 손금으로 인정된다(대법원 2000두2990, 2002.4.12.).

③ 직원이 조직한 조합 또는 단체(노동조합사무 포함)에 지출한 복리시설비

(법령 §40 ②, 법통 19-19…41)

조합의 법인 여부	세무상 처리
법인인 경우	기업업무추진비(한도범위 내에서 손금인정)
법인이 아닌 경우(예: 사우회, 공제회 등)	법인 경리의 일부로 본다(전액 손금인정)[주]

주1) 해당 법인의 자산(비품 등)으로 계상하고 감가상각을 통하여 비용화하거나 수선비 등 그 내용에 따라 관련비용으로 처리

주2) 고객이 조직한 임의단체에 지급하는 금품은 그 단체가 법인 여부와 상관없이 기업업무추진비에 해당한다 (법통 25-0…5).

예를 들어 골프장을 경영하는 법인이 그 고객이 조직한 임의단체(골프클럽)에 지급하는 금품은 기업업무추진비로 보는 것이다.

④ 회의비(법통 25-0…4)

구 분	세무상 처리
통상 회의비[주] 범위 내의 금액	회의비(전액 손금인정)
통상 회의비를 초과하는 금액과 유흥을 위해 지출하는 금액	기업업무추진비(한도범위 내에서 손금인정)

주) 정상적인 업무를 수행하기 위하여 지출한 회의비로서 사내 또는 통상 회의가 개최되는 장소에서 제공하는 다과 및 음식물의 가액 중 사회통념상 인정될 수 있는 범위 내의 금액을 말한다.

⑤ 업무 관련 저가양도·고가매입

특수관계 없는 자와의 거래에 있어 자산을 정상가액보다 낮은 가액으로 양도하거나 높은 가액으로 매입한 것이 당해 법인의 특정업무와 관련이 있는 경우에는 법인세법 시행령 제35조 제2호의 규정을 준용하여 계산한 금액[매입가액(양도가액)과 시가의 130%(70%)와의 차액]을 기업업무추진비로 한다(서이 46012-11479, 2003.8.13.).

⑥ 파견근로자에게 지급되는 금액

파견근로자에게 용역회사와 약정없이 직접 지급하는 복리후생비 및 성과급은 기업업무추진비에 해당된다.

⑦ 거래처에 일정기준에 따라 지급한 포상금

거래관계에 있는 법인 또는 개인을 대상으로 일정한 포상기준에 따라 제품의 품질향상, 기술개발, 시장개척 등에 공로가 크게 인정되어 사회통념상 적정하다고 인정되는 범위 내

에서 지급하는 포상금은 접대비로 보지 아니한다(법인세과-567, 2013.10.16.).

3) 신용카드등 증명불비기업업무추진비

내국법인이 한 차례의 접대에 지출한 기업업무추진비가 3만 원(경조금은 20만 원) 초과인 경우에는 다음의 증명을 사용하거나 수령하여야 한다. 만일 이에 해당하지 아니한 경우에는 전액 손금으로 인정되지 않는다(법법 §25 ②, 법령 §41 ①).

가. 내용

① 여신전문금융업법에 의한 신용카드등(직불카드와 외국에서 발행된 신용카드, 기명식 선불카드, 직불전자지급수단, 기명식선불전자지급수단 또는 기명식 전자화폐) 및 현금영수증을 사용하여 지출하는 기업업무추진비. 이때 신용카드 등은 해당 법인의 명의로 발급받은 신용카드등으로 한다.

② 세금계산서(매입자발행세금계산서 포함), 계산서 또는 원천징수영수증을 교부받고 지출하는 기업업무추진비

즉, 한 차례 기업업무추진비가 3만 원(경조금은 20만 원) 초과 시에 신용카드등·세금계산서·계산서 또는 원천징수영수증을 사용하거나 교부받지 않고 영수증(금전등록기영수증 포함)을 교부받은 경우에는 손금에 산입되지 아니하며, 한 차례 기업업무추진비가 3만 원(경조금은 20만 원) 이하 시에는 신용카드등을 사용하지 않아도 한도금액까지는 손금으로 인정된다.

③ 단, 현금 외의 다른 지출수단이 없는 국외지역(기업업무추진비를 지출한 국외의 특정지역 또는 특정장소를 말함)에서 지출하는 기업업무추진비, 농·어민으로부터 접대용 재화구입(금융기관 송금명세서 제출하는 경우만 인정) 및 현물제품기업업무추진비는 적용대상에서 제외한다.

나. 개인명의 신용카드등 인정 여부

개인명의의 신용카드등으로 법인의 기업업무추진비사용분은 전액 손금으로 인정되지 않는다. 단, 3만 원(경조금은 20만 원) 이하의 기업업무추진비금액에 대하여는 손금한도액 내에서 손금으로 인정된다. 상기 규정은 기업업무추진비에만 적용되므로 법인의 일반경비 사용 시에는 적용되지 않아 손금으로 인정된다.

다. 위장가맹점명의로 작성된 매출전표

1회당 기업업무추진비지출액이 3만 원(경조금은 20만 원)을 초과하는 경우로서 위장가

맹점명의로 작성된 매출전표등을 교부받은 경우에는 신용카드등을 사용하지 않은 기업업무추진비로 간주한다(법법 §25 ③). 이때 위장가맹점 명의로 작성된 매출전표등이란 매출전표등에 기재된 상호 및 사업장소재지가 재화 또는 용역을 공급하는 신용카드등의 가맹점의 상호 및 사업장소재지와 다른 경우를 말한다(법령 §41 ⑤).

이때 소득처분은 기타사외유출로 하며 만일 그 지출이 업무와 관련이 없거나 특정개인이 부담할 성격의 비용인 경우에는 상여 등으로 소득처분한다(법인 46012-551, 2001.3.14.).

4) 기업업무추진비한도 계산

① 한도액계산 없이 바로 손금불산입되는 기업업무추진비

가. 신용카드 등 증빙불비기업업무추진비

1회 접대금액이 3만 원(경조금은 20만 원) 초과 시 신용카드등·세금계산서·계산서·현금영수증이 사용 또는 수령되지 않은 기업업무추진비는 바로 손금불산입된다.

나. 업무무관기업업무추진비

주주 또는 출자자나 다음의 어느 하나에 해당하는 직무에 종사하는 자(임원) 또는 직원이 부담하여야 할 성질의 기업업무추진비를 법인이 지출한 것은 이를 기업업무추진비로 보지 아니한다(법령 §40 ①).

㉠ 법인의 회장, 사장, 부사장, 이사장, 대표이사, 전무이사 및 상무이사 등 이사회의 구성원 전원과 청산인

㉡ 합명회사, 합자회사 및 유한회사의 업무집행사원 또는 이사

㉢ 유한책임회사의 업무집행자

㉣ 감사

㉤ 그 밖에 '㉠'부터 '㉣'까지의 규정에 준하는 직무에 종사하는 자

중점사항 임원의 범위

법인세법상 임원은 법인세법 시행령 제40조 제1항의 어느 하나의 직무에 종사하는 자를 말하며, 임원에 해당하는지 여부는 종사하는 직무의 실질에 따라 사실판단할 사항임(사전-2017-법령해석법인-0228, 2017.9.7.).

① 이사회구성원: 대표권 및 업무집행권(상법 §389)
② 업무집행사원 또는 이사: 대표권 및 업무집행권(상법 §201, §207)
③ 업무집행자: 대표권 및 업무집행권(상법 §287의12, §287의19)
④ 감사: 회계 및 업무 감사(상법 §412)
　　가. 대표권: 대표기관으로서의 업무란 회사의 영업에 관한 재판상 · 재판 외 모든 행위를 의미
　　나. 업무집행권: 의사결정권(주요 · 일상업무 포함) 및 그 결정사항을 집행할 수 있는 권한
　　다. 감사업무권: 회계 및 업무에 대한 감독권이 있는 자

② **기업업무추진비한도액**(법법 §25 ④)

$$한도액 = 12,000,000원(중소기업은\ 36,000,000원) \times \frac{사업연도월수}{12} + 수입금액 \times 일정비율$$

단, 다음 요건을 모두 충족하는 법인은 상기 한도액의 50%만 인정된다(법법 §25 ⑤).

㉠ 지배주주 및 특수관계인 지분합계가 전체 지분의 50%를 초과
㉡ 부동산임대업이 주된 사업 또는 부동산임대수입, 이자 · 배당의 합이 매출액의 50% 이상
㉢ 해당 사업연도의 상시근로자^{주)} 수가 5인 미만

　주) ① 최대주주 및 그와 친족관계인 근로자 및
　　　 ② 근로계약기간이 1년 미만인 근로자 제외

　가. **기본한도**: 다음 계산식에 따라 계산한 금액

$$기본한도금액 = A \times B \times \frac{1}{12}$$

A: 1천 200만 원(중소기업의 경우에는 3천 600만 원)
B: 해당 사업연도의 개월 수[이 경우 개월 수는 역(曆)에 따라 계산하되, 1개월 미만의 일수는 1개월로 한다]

나. 수입금액

수입금액이란 기업회계기준에 따라 계산한 매출액[사업연도 중에 중단된 사업부문의 매출액을 포함하며, 「자본시장과금융투자업에관한법률」 제4조 제7항에 따른 파생결합증권 및 같은 법 제5조 제1항에 따른 파생상품 거래의 경우 해당 거래의 손익을 통산(通算)한 순이익(0보다 적은 경우 0으로 한다)을 말한다]을 말한다. 다만, 다음의 법인에 대해서는 다음 계산식에 따라 계산한 금액으로 한다(법령 §42 ①).

- 「자본시장과금융투자업에관한법률」에 따른 투자매매업자 또는 투자중개업자: 매출액 + 「자본시장과금융투자업에관한법률」 제6조 제1항 제2호의 영업과 관련한 보수 및 수수료의 9배에 상당하는 금액
- 「자본시장과금융투자업에관한법률」에 따른 집합투자업자: 매출액 + 「자본시장과금융투자업에관한법률」 제9조 제20항에 따른 집합투자재산의 운용과 관련한 보수 및 수수료의 9배에 상당하는 금액
- 「한국투자공사법」에 따른 한국투자공사: 매출액 + 「한국투자공사법」 제34조 제2항에 따른 운용수수료의 6배에 상당하는 금액
- 「한국수출입은행법」에 따른 한국수출입은행: 매출액 + 수입보증료의 6배에 상당하는 금액
- 「금융회사부실자산등의효율적처리및한국자산관리공사의설립에관한법률」에 따른 한국자산관리공사: 매출액 + 같은 법 제31조 제1항의 업무수행에 따른 수수료의 6배에 상당하는 금액
- 법인세법 시행령 제63조 제1항 각 호의 법인: 매출액 + 수입보증료의 6배에 상당하는 금액

다. 수입금액별 한도

해당 사업연도의 수입금액에 다음 표에 규정된 비율을 적용하여 산출한 금액. 다만, 특수관계인과의 거래에서 발생한 수입금액에 대해서는 그 수입금액에 다음 표에 규정된 비율을 적용하여 산출한 금액의 100분의 10에 상당하는 금액으로 한다.

수입금액	한 도
100억 원 이하	0.3%
100억 원 초과 500억 원 이하	3천만 원 + (수입금액 − 100억 원)×0.2%
500억 원 초과	1억 1천만 원 + (수입금액 − 500억 원)×0.03%

　　내국법인이 사업연도 중에 특수관계가 소멸된 법인과의 거래시 기업업무추진비 손금산입한도액 계산시 특수관계가 소멸된 이후 해당 회사와의 거래로 인해 발생한 수입금액에 대해서는 법 제25조 제4항 제2호 단서(한도금액 10%만 인정)가 적용되지 않는다(사전법규법인-0352, 2024.6.13.).

③ 문화기업업무추진비 손금산입특례

가. 내용

　　2025.12.31. 이전에 다음의 문화기업업무추진비로 지출한 금액에 대하여는 기업업무추진비 한도액의 20% 범위에서 손금에 산입한다(조특법 §136).

나. 문화기업업무추진비의 범위

　　문화기업업무추진비는 국내 문화 관련 지출로서, 다음 각 호의 용도로 지출한 비용을 말한다(조특령 §130 ⑤).

　㉠ 문화예술진흥법 제2조에 따른 문화예술의 공연이나 전시회 또는 박물관및미술관진흥법에 따른 박물관의 입장권 구입
　㉡ 국민체육진흥법 제2조에 따른 체육활동의 관람을 위한 입장권의 구입
　㉢ 영화및비디오물의진흥에관한법률 제2조에 따른 비디오물의 구입
　㉣ 음악산업진흥에관한법률 제2조에 따른 음반 및 음악영상물의 구입
　㉤ 출판문화산업진흥법 제2조에 따른 간행물의 구입
　㉥ 관광진흥법 제48조의2 제3항에 따라 문화체육관광부장관이 지정한 문화관광축제의 관람 또는 체험을 위한 입장권·이용권의 구입
　㉦ 관광진흥법 시행령 제2조 제1항 제3호 마목에 따른 관광공연장의 입장권의 구입
　㉧ 문화재보호법 제2조 제2항에 따른 지정문화재 및 등록문화재의 관람을 위한 입장권의 구입
　㉨ 문화예술진흥법 제2조에 따른 문화예술 관련 강연의 입장권 구입 및 초빙강사에 대한 강연료 등
　㉩ 자체시설 또는 외부임대시설을 활용하여 해당 내국인이 직접 개최하는 공연 등 문화예술행사비
　㉪ 문화체육관광부의 후원을 받아 진행하는 문화예술, 체육행사에 지출하는 경비
　㉫ 취득가액이 100만 원 이하인 미술품 구입

다. 추가손금산입액: Min(㉠, ㉡)

㉠ 기업업무추진비한도액[단, 상기 '4) ②' 단서 해당 법인은 기업업무추진비한도액
×50%]×20%

㉡ 문화기업업무추진비지출금액

사례 3 자본

1. 기업업무추진비지출액 1,000(문화기업업무추진비 60 포함)
2. 기업업무추진비손금한도액 400
3. 문화기업업무추진비 추가손금산입액: 60

$$\text{Min} \begin{cases} 400 \times 20\% = 80 \\ 60 \end{cases}$$

4. 기업업무추진비손금불산입액: (1,000 − 400) − 60 = 540

④ 전통시장 기업업무추진비 손금사입특례

2025년 12월 31일 이전에 「전통시장 및 상점가 육성을 위한 특별법」 제2조 제1호에 따른
전통시장에서 지출한 기업업무추진비로서 다음의 요건을 모두 갖춘 기업업무추진비에 대하여
는 기업업무추진비 한도액의 10%에 범위에서 손금에 산입한다(조특법 §136 ⑥, 조특령 §130 ⑦).

가. 신용카드등 사용금액에 해당할 것

나. 소비성서비스업 등 다음의 업종[*]을 경영하는 법인 또는 사업자에게 지출한 것이 아닐 것

[*] 호텔업 및 여관업(관광숙박업 제외), 일반유흥주점업·무도유흥주점업 등 소비성 서비스업종

5) 현물접대

현물로 접대한 경우에는 접대 당시의 장부가액과 시가 중 큰 금액으로 계산한다(법령 §42
⑥, §36 ① 3호).

시가란 당해 거래와 유사한 상황에서 당해 법인이 특수관계자 외의 불특정다수인과 계속적
으로 거래한 가격 또는 특수관계자가 아닌 제3자간에 일반적으로 거래된 가격을 말한다(법령
§89 ①). 만일 시가가 불분명한 경우에는 다음의 순서대로 계산한 금액을 말한다(법령 §89 ②).

① 부동산가격공시및감정평가에관한법률에 의한 감정평가법인 및 감정평가사가 감정한
가액이 있는 경우 그 가액(감정한 가액이 2 이상인 경우에는 평균액). 다만, 주식 등
은 제외한다.

이 경우 '감정한 가액'이란 자산의 거래 당시에 당해 자산의 가액을 감정한 가액을 말하며(법인 46012-3539, 1999.9.20. ; 법인 46012-3089, 1996.11.6. 등), 당해 자산의 거래와 직접 관련하여 감정하였거나 담보제공 등의 목적으로 감정한 가액을 말한다(법인 22631-1125, 1990.11.16.).

② 상속세 및 증여세법 제38조 내지 제39조의2 및 동법 제61조 내지 제64조의 규정을 준용하여 평가한 가액

6) 귀속시기

발생주의 적용, 기업업무추진비가 발생한 사업연도의 손금으로 한다.

▶ 이항수와 함께하는 K-IFRS 회계처리 및 세무실무지침

1. 현물기업업무추진비

자기가 생산한 제품 등을 현물로 접대한 경우에는 제공 당시의 장부가액과 시가 중 큰 금액으로 기업업무추진비 시부인계산을 하여야 하므로 다음에 유의하여야 한다.

① 현물접대 제품원가 10,000,000원(시가 15,000,000원)

② 회계처리

(차) 기업업무추진비　11,500,000　　(대) 제품　　　　　　　10,000,000
　　　　　　　　　　　　　　　　　　　부가세예수금　　　　1,500,000

③ 세무조정 시 기업업무추진비해당액 계산

장부금액 11,500,000 + 시가와 원가와의 차액 5,000,000 = 16,500,000

이때 절대로 시가와 원가와의 차액 5,000,000원을 손금산입하는 것이 아니고, 기업업무추진비 한도초과액 계산 시 기업업무추진비해당액에만 가산함에 유의하여야 한다.

2. 시가의 의미

상기 '1.'을 적용 시 다음의 경우 시가에 대한 논란이 있을 수 있다.

① 제품 생산회사의 제조원가 400

② 제품 생산회사의 대리점판매가 700

③ 대리점의 소비자판매가 1,000

이 경우 제품 생산회사에 대한 세무조정 시 시가는 대리점판매가(장부상 매출액) 700인지, 아니면 소비자판매가인 1,000인지에 대한 문제인데 세무상 시가란 세무조정 대상회사의 정상적인 판매가액을 말하므로 700이 시가에 해당된다.

3. 기업업무추진비와 광고선전비 및 판매부대비용의 구분

실무상 사업을 위하여 지출한 비용이 기업업무추진비인지 광고선전비 또는 판매부대비용인지의 구분은 대단히 중요하다. 현재 과세관청의 내부지침은 다음과 같다.

① 지출의 상대방이 사업에 관련있는 자들이고 지출의 목적이 접대 등의 행위에 의해 사업관계자들과의 사이에 친목을 두텁게 하여 거래관계의 원활한 진행을 도모하는 데 있는 것이라면 기업업무추진비

② 지출의 상대방이 불특정 다수인이고 지출의 목적이 구매의욕을 자극하는데 있는 것이라면 광고선전비

③ 지출의 성질, 액수 등이 건전한 사회통념이나 상관행에 비추어 볼 때 상품 또는 제품의 판매에 직접 관련하여 정상적으로 소요되는 비용으로 인정되는 것이라면 판매부대비용

그러나 실지 이의 구분은 어려운 것이므로 기존의 유권해석상 해당 기업과 유사한 해석이 있는지 등을 감안하여 신중히 판단하여야 한다.

특히 과거에는 판매부대비용에 대해 사전약정없이 지급되는 비용과 특정거래처에만 지급되는 판매부대비용은 기업업무추진비로 보았으나 2009.1.1. 이후부터는 사전약정 유무에 불구하고 손금으로 인정하고 있고(법령 §19 1호의2) 특정거래처에만 지급하는 정당한 사유가 있는 경우에는 이를 판매부대비용으로 인정하는 심판례 등이 나오고 있음에도 유의하여야 한다.

4. 기업업무추진비의 지출 상대방 기록의무

기본적으로 기업업무추진비에 대하여는 접대상대방에 대한 기록이 당연하다 할 것이다. 상당기간 기업업무추진비에 거래상대방을 기록하지 않고 지출증명서류만을 첨부하고 한도 내 손금인정받았으나 현재 과세관청에서는 거래상대방에 대한 구체적인 기록이 없는 경우 기업업무추진비 사용임직원에 대해 상여로 소득처분하고 바로 손금불산입하고 있으므로 상세기록을 남겨야 할 것이다.

이 경우 회사가 신용카드로 상품권을 대량 구매하고 이의 사용내역이 전혀 없는 경우에 이를 인정해야 하느냐에 대한 문제가 발생하게 된다. 실무상 이는 기업업무추진비로 처리되는데 현재 과세관청에서는 상품권수령자가 확인되면 기업업무추진비로는 인정되나 수령자에 대해 기타소득으로 소득세를 과세하여야 한다는 문제제기가 이루어지고 있음에 유의하여야 한다. 최근의 세무조사 시 회사의 기업업무추진비, 복리후생비, 회의비 등의 사용에 대한 신용카드 등 사용과 영수증의 수령분에 대하여 대표이사 개인용도 사용에 대한 심층있는 조사가 이루어지고 있다.

그러므로 회사에서는 앞으로 기업업무추진비, 복리후생비 등의 사용내역에 대한 구체적인 내용을 해당 지출증명서류 등에 기재하여 업무에의 사용을 입증하여야 할 것이다.

이의 입증이 부족한 경우에는 사용금액이 대표이사의 개인적인 사용으로 보아 손금불산입되고 상여로 소득처분되어 소득세부담이 발생함에 유의하여야 한다.

5. 업무관련 저가양도 시 기업업무추진비의제

   (1) 업무관련없는 저가양도 기부금의제

   ① 특수관계없는 법인에게 시가 10,000,000원인 토지를 5,000,000원에 양도

   ② 정상가액(시가×70%) : 7,000,000원

   ③ 기부금해당액

   7,000,000 − 5,000,000 = 2,000,000원

   ④ 세무조정

   익금산입 · 비지정기부금 · 2,000,000 · 기타사외유출

   (2) 업무관련 저가양도 기업업무추진비의제

   거래처와의 거래에서 당해 법인의 자산을 시가보다 낮은 가액으로 양도하는 경우 기업업무추진비 해당 여부는 사실 판단하는 것이며, 법인이 특수관계없는 자에게 법인의 업무와 관련하여 자산을 시가보다 낮은 가액으로 양도함으로 인하여 이익을 제공하였다고 인정되는 금액은 기업업무추진비로 보는 것이다(서이 46012-11479, 2003.8.13.).

5 세금과공과 및 회비

(1) 기업회계

세금과공과란 국가 또는 지방자치단체가 부과하는 국세 · 지방세의 세금, 공공단체나 조합 등의 공과금과 벌금, 과료 등을 말한다. 세금과공과 지출 시 회계처리는 다음과 같다.

(차) 세금과공과   ×××   (대) 현금   ×××

신속처리 질의 · 답변

매년 6월 1일 소유자에게 부과되는 재산세(건물은 7/31, 토지는 9/30 납부) 비용은 과세기준일 시점에 부채를 인식함.

(2) 법인세법

1) 공과금

공과금이란 국가 또는 공공단체에 의하여 그 구성원에게 강제적으로 부과되는 부담금으로 조세 이외의 것을 말한다.

① 손금불산입되는 공과금

현행 법인세법에서는 다음 중 어느 하나에 해당하는 공과금만 손금불산입으로 규정하고 이에 해당하지 않는 것에 대하여는 전액 손금으로 인정하는 방식(Negative system)을 채택하고 있다(법법 §21 5호·6호).

　　가. 법령에 의하여 의무적으로 납부하는 것이 아닌 것

　　나. 법령에 의한 의무불이행 또 금지·제한 등의 위반을 이유로 부과되는 것

이에 따라 손금불산입되는 공과금의 예를 들면 다음과 같다.

- 수질및수생태계보전에관한법률에 의한 배출부과금(법인 22601-1102, 1992.5.20.)
- 택지초과소유부담금(법인 46012-1640, 1993.6.7.)
- 대기환경보전법에 의한 초과배출부담금(법인 46012-2369, 1999.6.23.)
  (기본배출부담금은 손금산입 가능)
- 내국법인이 홍보목적으로 국내에 있는 외국상공회 가입비(법인 46012-661, 1994.3.8.)
- 독점규제및공정거래에관한법률에 의한 과징금과 가산금(서이 46012-10145, 2001.9.11.)
- 장애인고용부담금(2018.2.21. 이후분부터, 기재부 법인세제과-145, 2018.2.21)

> **저자주**
>
> 2025년 3월 현재 장애인고용부담금의 손금인정여부에 대하여 기재부·과세관청·조세심판원은 손금불산입을 주장하고 있으나 최근 고등법원에서 장애인고용부담금은 법인세법상 손금에 해당된다 판결(서울고법 2023누45325, 2023.12.5.)하였다(행정법원에서도 손금으로 판결). 곧 대법원의 판결이 나올 것이므로, 만일 손금으로 판결나오면 경정청구로 환급받아야 한다.

② 손금에 산입하는 공과금

다음의 공과금은 손금에 산입한다(법통 21-0…4).

　　가. 법인세법 시행령 제19조 제11호에 규정하는 조합 또는 협회에 월정액 이외에 사업

실적에 따라 정기적으로 납부하는 조합비 또는 협회비

나. 항만하역업체가 정부의 지시에 따라 통상적인 하역요금 외에 부두근로자(일용노무자)의 퇴직금의 재원을 목적으로 하역협회에 납부하는 금액

다. 성실보고회원 조합원이 동 조합에 납부하는 조합비

라. 수출입업을 하고 있는 법인이 수출대전 네고(Nego) 시 한국무역협회에 납부하는 수출부담금

마. 하도급거래공정화에관한법률의 규정에 의해 지급하는 이자상당액(서이-1085, 2007.6.4.)

바. 오염으로 인한 피해보상금(서이-1123, 2006.6.15.)

사. 내국법인이 폐기물관리법을 위반하여 폐기물관리법 제48조에 따른 조치명령을 받은 경우, 이를 이행하기 위하여 소요되는 비용은 손금불산입되는 공과금에 해당하지 않음(법인세제과-41, 2024.1.25.).

2) 법인세법상 조세

① 손금산입되는 조세

가. 부가가치세의 매입세액

  ㉠ 비영업용 소형승용차의 구입[주1] 및 유지에 관한 매입세액

  ㉡ 기업업무추진비 관련 매입세액[주2]

  ㉢ 부동산의 임차인이 부담한 전세금 및 임차보증금에 대한 매입세액

  ㉣ 면세사업 관련[주1] 매입세액

  ㉤ 영수증 관련 매입세액으로서 매입세액공제대상이 아닌 금액

  ㉥ 토지조성 관련[주1] 매입세액

  ㉦ 간주공급(폐업 시 잔존재화)에 따른 부가가치세

    주1) 자본적지출에 해당 시는 취득원가에 산입되어 추후 손금인정된다.
    주2) 기업업무추진비에 포함하여 시부인계산하며 한도초과 시 손금불산입된다.

나. 취득세[주]

    주) 취득원가에 포함되어 추후 손금인정된다.

다. 인지세

라. 증권거래세

마. 면허분 등록면허세

바. 균등분주민세

　　사. 지방세 중 목적세(지역자원시설세·지방교육세)

　　아. 종합부동산세

　　자. 소유분 자동차세

　　차. 재산세

② 손금불산입되는 조세

　　가. 법인세 등

　　　다음에 해당하는 법인세 등은 손금불산입한다(법법 §21 1호).

　　　㉠ 법인세(외국 자회사 수입배당금액에 익금불산입하는 수입배당금액에 대하여
　　　　외국에 납부한 세액 및 세액공제를 적용하는 경우의 외국법인세액 포함)

　　　㉡ 법인지방소득세

　　　㉢ 농어촌특별세

　　　㉣ 의무불이행으로 납부한 세액(가산세 포함)

　　나. 부가가치세의 매입세액

　　　㉠ 미제출·부실기재된 매입처별세금계산서합계표의 매입세액

　　　㉡ 미수취 또는 부실기재된 세금계산서의 매입세액

　　　㉢ 사업과 직접 관련이 없는 지출에 대한 매입세액

　　　㉣ 사업자등록 신청 전의 매입세액

　　다. 반출하였으나 판매하지 아니한 제품에 대한 반출필의 개별소비세 또는 주세의 미
　　　납액. 다만, 제품가격이 그 세액에 상당하는 금액을 가산한 경우에는 예외로 한다.

3) 징벌적 손해배상금 등 손금불산입(법법 §21의2, 법령 §23)

　징벌적 성격의 손해배상금 및 화해결정에 따른 지급금액 중 실손해를 초과하여 지급한
금액은 손금불산입(국외에서 지급한 징벌적 손해배상금 포함)된다.

① 대상

　다음의 법인세법 시행령 [별표 1] 및 외국의 법령에 따라 손해액을 초과하여 지급하는
손해배상금

　　1. 「가맹사업거래의 공정화에 관한 법률」 제37조의2 제2항

　　2. 「개인정보 보호법」 제39조 제3항

　　3. 「공익신고자 보호법」 제29조의2 제1항

4. 「기간제 및 단시간근로자 보호 등에 관한 법률」 제13조 제2항

5. 「남녀고용평등과 일·가정 양립 지원에 관한 법률」 제35조의2 제2항

6. 「농수산물 품질관리법」 제3조 제2항

7. 「대규모유통업에서의 거래 공정화에 관한 법률」 제35조의2 제2항

8. 「대리점거래의 공정화에 관한 법률」 제34조 제2항

9. 「대·중소기업 상생협력 촉진에 관한 법률」 제40조의2 제2항

10. 「독점규제 및 공정거래에 관한 법률」 제109조 제2항

11. 「디자인보호법」 제115조 제7항

12. 「부정경쟁방지 및 영업비밀보호에 관한 법률」 제14조의2 제6항

13. 「산업기술의 유출방지 및 보호에 관한 법률」 제22조의2 제2항

14. 「상표법」 제110조 제7항

15. 「식물신품종 보호법」 제85조 제2항

16. 「신용정보의 이용 및 보호에 관한 법률」 제43조 제2항

17. 「실용신안법」 제30조

18. 「자동차관리법」 제74조의2 제2항

19. 「제조물 책임법」 제3조 제2항

20. 「중대재해 처벌 등에 관한 법률」 제15조 제1항

21. 「축산계열화사업에 관한 법률」 제34조의2 제2항

22. 「특허법」 제128조 제8항

23. 「파견근로자 보호 등에 관한 법률」 제21조 제3항

24. 「하도급거래 공정화에 관한 법률」 제35조 제2항

25. 「환경보건법」 제19조 제2항

그러므로 상기 법인세법시행령 「별표 1」에 해당하는 법률에 따라 지급한 손해배상액 중 실제 발생한 손해액을 초과하지 않는 손해배상금은 손금에 해당하며, 이에 해당하지 않는 손해배상금이 법인의 업무와 관련되어 지출한 금액도 당연 손금에 해당된다(이와 관련하여 2024.3.15. 통칙 19-19…14 삭제).

② 손금불산입액

실제 발생한 손해액을 초과하는 배상금. 다만, 실손해액이 불분명한 경우는 다음 계산식에 따라 계산한 금액

$$손금불산입액 = A \times \frac{B-1}{B}$$

A: 지급한 손해배상금
B: 실제 발생한 손해액 대비 손해배상액의 배수 상한

③ 동일한 사업을 영위하는 내국법인과 다른 내국법인 간에 미국에서 영업비밀 침해 등의 사유로 분쟁이 발생하여 민사소송 등이 진행되던 중 상호합의에 따라 모든 법적 분쟁을 취하하고 한쪽 법인이 합의금을 지급하는 경우 쟁점합의금이 법인세법 시행령 제23조 제1항 제2호에 따른 외국의 법령에 따라 지급한 손해배상액에 해당하는 경우로서 법원 또는 이에 준하는 기관의 결정에 의하여 지급하는 손해배상금과 달리 실제 발생한 손해액이 법원판결문 등에 의하여 확정되지 않아 분명하지 않은 경우라 하더라도 합의에 이르는 과정 및 합의내용 등의 제반사항을 고려할 때 쟁점합의금이 실제 발생한 손해액을 초과하지 않는 것으로 인정되는 경우에는 법인세법 제21조의2 및 동법 시행령 제23조 제2항이 적용되지 않는 것이나, 이에 해당하는지는 사실판단할 사항임(서면법령법인-6997, 2021.12.30.).

④ 소제기 후 법원 판결 전 분쟁당사자 간 합의에 따라 지급하는 쟁점합의금은 손금불산입되는 법인세법 시행령 제23조 제1항 제2호에 따른 외국의 법령에 따라 지급한 손해배상금에 해당하지 않음(법인세제과-443, 2022.10.20.).

⑤ 내국법인이 용역을 입찰받는 과정에서의 공정거래 문제로 해당 용역의 발주자로부터 민사소송을 제기당하여 합의금 지급으로 민사소송을 종결한 경우, 당해 지급한 금액은 손금에 해당함(사전법규법인-242, 2024.4.30.).

⑥ 금융업을 영위하는 내국법인이 금융투자상품을 판매한 후 불완전판매에 따른 환매 연기 등의 사유발생으로 자본시장법 등에 따라 일반투자자에 대한 손해배상책임이 발생하여 금융감독원 산하 금융분쟁조정위원회의 조정안 등에 따른 자율권고안에 따라 지급하는 손해배상금은 금융분쟁조정세칙 제29조에 따라 조정이 성립된 날이 속하는 사업연도의 손금에 산입됨. 또한 금융분쟁조정위원회의 분쟁조정 배상비율 산정기준을 준용하여 민법상 화해계약을 체결하여 지급하는 손해배상금은 그 화해계약에 따른 지급의무가 확정된 날이 속하는 사업연도의 손금에 산입됨(서면법인-788, 2024.4.8.).

(3) 회비

① 2017년 사업연도까지 지정기부금으로 한도 내 손금인정받는 특별회비 등(등록된 영업자단체에 대한 특별회비 및 임의로 조직된 조합 또는 협회에 지급한 회비)이 2018년부터 지정기부금 범위에서 삭제됨에 따라 손금으로 인정되는 회비의 범위를 시행규칙 제10조에서 규정하였다.

② 손금으로 인정되는 회비는 조합 또는 협회가 법령 또는 정관이 정하는 바에 따른 정상적인 회비징수방식에 의하여 경상회비 충당 등을 목적으로 조합원 또는 회원에게 부과하는 회비 또는 특별회비를 말한다(서면법인-0624, 2023.4.21.).

6 광고선전비

상품 또는 제품의 판매촉진 또는 기업이미지 제고를 위하여 불특정다수인을 상대로 상품 등에 대한 선전효과를 얻기 위하여 지출한 비용을 말한다. 광고선전비 지출 시 회계처리는 다음과 같다.

(차) 광고선전비 ××× (대) 현금 ×××

중점사항 **견본비와 해고급여**

1. 견본비

   광고선전비와 유사한 비용으로 견본비가 있을 수 있는데, 이는 판매계약을 체결하기 전에 제품 등의 품질을 보증하기 위해 거래상대방에게 sample을 제공할 때 발생되는 제품 등의 원가를 말한다. 이러한 경우 회계처리는 다음과 같다.

   (차) 견본비 ××× (대) 제품 등 ×××

   이때 제공된 제품 등의 원가는 제조원가명세서 또는 포괄손익계산서에 타계정대체로 표시된다.

2. 해고급여

   해고급여는 판매비와관리비(또는 제조원가)에 해당된다.

7 이자비용

(1) 의의

회사가 외부로부터 조달한 타인자본 중 당좌차월, 장·단기차입금, 사채 등에 대하여 지급하는 이자와 할인료 또는 사채이자를 말한다.

(2) 기업회계

금융비용으로 처리한다.

(3) 법인세법

법인세법에서 지급이자는 당연히 손금에 해당되나 과도한 지급이자로 인해 재무구조의 악화 및 경영부실에 이르는 것을 방지하기 위해 다음과 같은 손금불산입규정을 두고 있다.

내 용	조 문	소득처분	적용순서
채권자불분명사채이자	법법 §28 ① 1호	상여(원천징수세액은 기타사외유출)	1
비실명채권·증권이자	법법 §28 ① 2호	상여(원천징수세액은 기타사외유출)	2
건설자금이자	법법 §28 ① 3호	유보	3
업무무관부동산 등 관련 이자	법법 §28 ① 4호	기타사외유출	4

1) 채권자불분명사채이자

① 채권자가 불분명한 경우

가. 채권자가 주소 또는 성명을 확인할 수 없는 차입금

나. 채권자의 능력 및 자산상태로 보아 금전을 대여한 것으로 인정할 수 없는 차입금

다. 채권자와의 금전거래사실 및 거래내용이 불분명한 차입금

② 소득처분

대표자상여로 처분하는데 원천징수분은 기타사외유출로 처분한다.

2) 지급받은 자가 불분명한 채권 등의 이자

① 대상채권 · 증권

소득세법 제16조 제1항에 규정된 다음의 채권 · 증권으로 한다(법법 §28 ① 2호).

가. 국가나 지방자치단체가 발행한 채권 또는 증권의 이자와 할인액

나. 내국법인이 발행한 채권 또는 증권의 이자와 할인액

다. 외국법인의 국내지점 또는 국내영업소에서 발행한 채권 또는 증권의 이자와 할인액

라. 금융기관 등의 채권 · 증권의 환매조건부매매차익

② 소득처분

대표자상여로 처분하는데 원천징수분은 기타사외유출로 처분한다.

3) 업무무관자산 및 특수관계인에 대한 업무무관가지급금에 대한 지급이자

① 대상

가. 업무무관부동산 · 동산을 보유하고 있는 법인

나. 특수관계인에게 업무와 무관한 가지급금을 지출한 법인

② 업무무관자산

가. 업무무관부동산(법령 §49 ① 1호)

나. 업무무관동산(법령 §49 ① 2호)

　㉠ 서화 · 골동품. 단, 장식 등의 목적으로 사무실 등 여러 사람이 볼 수 있는 공간에 비치하는 것은 제외

　㉡ 업무에 직접 사용하지 않는 자동차 · 선박 · 항공기 등

　㉢ '㉠' 및 '㉡'의 자산과 유사한 자산으로서 당해 법인의 업무에 직접 사용하지 않는 자산

중점사항　　**업무무관자산의 취득 · 관리비용**

1. 취득부대비용

　취득원가에 가산되며 매각 시 손금으로 인정된다.

2. 유지·관리비 등(손금불산입·기타사외유출)

① 종합부동산세
② 관리전담 인건비
③ 감가상각비
④ 수선비
⑤ 수도료·전기료·보험료 등

3. 업무무관가지급금 제외 결정사례

① 쟁점대여금의 업무관련성 여부는 대여자금의 사용 용도 등을 기준으로 구체적이고 객관적인 증빙을 토대로 판단하여야 하는데, 청구법인은 이를 입증할 수 있는 원자재 및 시설장치 구매 내역, 현지 금융기관의 결제 현황 등을 제시하지 못하고 있으므로 청구법인이 제시한 추상적인 자료만으로는 쟁점대여금이 업무관련성이 있다고 단정하기 어려움(조심 2016중3137, 2017.1.20.).

② 청구법인이 리비아 현지 자회사의 채무를 대위변제하고 취득한 구상채권과, 동 법인에 인원을 파견하여 발생한 인건비 및 경영관리 및 현장지원용역에 대한 용역비 명목으로 2009년부터 2016년까지 발생한 미수금채권을 업무무관가지급금에서 제외하여 관련 지급이자를 손금산입하는 경정청구를 과세관청은 받아들여야 함(조심 2020서8112, 2024.3.21.).

③ 게임개발 및 유통업을 영위하는 내국법인이 게임개발업을 영위하는 자회사에 운영자금을 대여한 경우로서 해당 대여금이 내국법인의 법인등기부등본 및 정관상의 목적사업 달성 및 영업활동과 직접 관련된 경우 해당 대여금은 법인세법시행령 제53조 제1항에 따른 당해법인의 업무와 관련이 없는 자금의 대여액에 해당하지 않는 것이며, 자회사가 파산함에 따라 해당 대여금을 회수할 수 없게 된 경우 내국법인은 해당 대여금을 대손금으로 손금에 산입할 수 있는 것임(사전법규법인-0547, 2024.11.18.).

④ 내국법인이 주주에게 자금을 우회적으로 지원할 목적이 없이, 상법 제341조에 따라 주주로부터 자기주식을 취득하면서 지급한 금액은 법인세법 시행령 제53조의 업무와 관련이 없는 자금의 대여액에 해당하지 않는 것임. 이때 자기주식 취득이 주주에게 우회적으로 자금을 지원할 목적인지 여부는 상법규정 준수여부, 자기주식의 취득목적, 취득 후 주주에게 재매각하는 지, 취득한 자기주식이 무수익자산에 해당하는 지 등 거래내용의 제반사항을 종합적으로 고려하여 사실판단할 사항임(서면법인-349, 2024.5.27.).

③ 손금불산입액 계산(법령 §53 ②)

$$손금불산입액=지급이자^{주1)}\times\dfrac{Min\left[\begin{array}{l}① 업무무관자산적수+가지급금적수^{주2)}\\② 총차입금적수^{주3)}\end{array}\right.}{총차입금적수^{주3)}}$$

주1) 앞선 순위로 손금부인된 지급이자를 차감한 금액
주2) 동일인에 대한 가지급금과 가수금이 함께 있는 경우에는 상계한 금액으로 하되, 상환기간 및 이자율에 관한 약정이 있어 이를 상계할 수 없는 경우에는 상계를 하지 아니한다.
주3) 지급이자÷이자율×365(윤년은 366)

④ 지급이자

지급이자는 차입금에 대한 이자를 말하며, 차입금이란 지급이자 및 할인료를 부담하는 모든 부채를 말한다(법통 28-53…1). 이때 지급이자는 해당 사업연도에 발생한 지급이자 총액을 의미하므로 선급이자는 제외하며 미지급이자는 포함된다.

가. 손금불산입대상 지급이자

　㉠ 금융어음에 대한 할인료(법통 28-53…1)

　㉡ 사채할인발행차금상각액(조기상환 시의 일시상각액도 포함)

　㉢ 전환사채의 지급이자

　㉣ 1995.1.1. 이후 발행된 전환사채의 전환권조정계정의 상각액(법인 46012-4722, 1995. 12.28.)[주]

　　주) "전환증권"의 회계처리에 따라 계상된 전환권조정계정의 상각액은 법인세법상 손금불산입되므로 손금불산입 지급이자대상에서 제외된다.

　㉤ 전환사채 발행 시 만기일에 지급한 상환할증금

　㉥ 금융리스조건에 의하여 지급하는 리스료

　㉦ 회사정리계획인가결정에 의하여 면제받은 미지급이자상당액(서이 46012-11087, 2002. 5.24.)

나. 손금불산입대상 지급이자에서 제외되는 항목

　㉠ 상업어음할인료(매출채권처분손실)(법통 28-53…1)

　㉡ 장기할부조건 등으로 자산을 취득하는 경우에 발생한 채무를 현재가치로 평가하여 계상한 현재가치할인차금의 상각액(법령 §72 ⑤)

ⓒ 연지급수입 시 지급이자로 계상한 금액(법령 §72 ⑤)

ⓛ 법인세법 시행령 제61조 제2항에 규정된 금융기관 등이 차입한 이자 등(법령 §53 ④ 1호)

ⓜ 내국법인이 한국은행총재가 정한 규정에 따라 기업구매자금대출에 의하여 차입한 금액의 이자(법령 §53 ④ 2호)

ⓗ 운용리스료

ⓢ 보증사채 발행 시 금융기관에 지급한 지급보증수수료(법인 22601-194, 1987.1.24.)

ⓞ 환가료

ⓩ 자산을 연불조건으로 구입하는 경우 연불이자

ⓩ 금융기관 차입금을 조기에 상환함으로써 약정이자 외에 별도로 지급하는 "조기상환수수료"(서이 46012-10655, 2001.12.1.)

⑤ 소득처분

기타사외유출

4) 기간 경과분 이자비용 미지급비용계상 시 손금인정

법인이 결산확정 시 기간경과분에 대한 이자·할인액(차입일부터 이자지급일이 1년을 초과하는 특수관계인과의 거래에 따른 이자 및 할인액은 제외)을 해당 사업연도의 손비로 계상한 경우에는 그 계상한 사업연도의 손금으로 한다(법령 §70 ① 2호).

차입일부터 이자지급일이 1년을 초과하는 특수관계인 간 거래에 따른 미지급이자는 손금불산입되지만 매년 이자를 지급하는 경우(질의사례는 차입일 2021.6.1., 원금상환일 2023.5.31., 이자지급일 2022.5.31., 2023.5.31.)에는 결산 시 계상한 기간경과 이자(미지급이자)는 손금산입된다(법인세제과-330, 2022.8.24.).

▶ 이항수와 함께하는 K-IFRS 회계처리 및 세무실무지침

1. 지급이자 손금불산입 적용순서
   법인세법상 지급이자의 손금불산입 적용순서는 다음과 같다.
   ① 채권자불분명사채이자
   ② 수령자불분명채권·증권이자

③ 건설자금이자

④ 업무무관동산·부동산, 가지급금관련 지급이자

⑤ 수입배당금 익금불산입금액 계산 시 지급이자

'⑤'와 관련하여 상기 '제18장 수익 **18** 배당금수익 (2) 3) 일반법인의 수입배당금 익금불산입'에서 설명하고 있는 수입배당금액 중 익금불산입액은 다음과 같이 계산한다.

- 익금불산입액 = 다른 내국법인으로부터의 수입배당금액 - 지급이자해당액

- 지급이자해당액 = 지급이자 $\times \dfrac{\text{타법인주식 등의 세무상 가액} \times \text{익금불산입률}}{\text{자산총액}}$

- 지급이자 = 당기발생 지급이자 - 상기 '①' 내지 '④'의 손금불산입된 지급이자

이때 당기발생 지급이자에는 상기 '①' 내지 '④'의 지급이자손금불산입금액 계산 시 지급이자에서 제외시켰던 국가 및 지방자치단체로부터 차입한 지급이자와 기업구매자금 대출이자가 포함된 금액임에 유의하여야 한다.

2. 시행사의 용지매입 관련 건설자금이자

기업회계에서는 APT나 상가 등을 분양하는 회사가 업무 관련 토지를 매입 시 용지라는 계정을 사용하여 재고자산으로 회계처리하고 용지매입 관련 차입금이자를 용지취득 원가에 포함하는 처리를 하고 있다. 이에 반해 법인세법에서는 재고자산에 대하여는 건설자금이자규정을 적용하지 않으므로 세무조정 시 반드시 손금산입·용지·△유보의 세무조정을 수행하여야 한다.

3. 일반차입금에 대한 건설자금이자

K-IFRS에서는 차입원가를 반드시 자본화하도록 하고 있고 일반기업회계기준에서는 자본화와 비용계상을 선택하도록 하고 있는데 대다수의 기업은 이를 자본화하고 있다. 차입원가를 자본화하는 경우에는 일반차입금에 대한 차입원가도 자본화하여야 하는데 법인세법에서는 이를 회사선택에 따라 세무조정을 안해도 되고(자본화를 인정한다는 의미) 또는 손금산입·△유보의 세무조정을 해도 된다(추후 감가상각 및 처분 시 손금불산입)는 점에 유의하여야 한다.

4. 상업어음할인료의 지급이자 해당 여부

K-IFRS가 도입되기 이전에는 상업어음할인료는 대부분 지급이자가 아닌 매출채권 처분손실의 계정으로 비용화되었으며 법인세법에서도 지급이자손금불산입대상 지급이자에서 제외하였다(통칙 28-53…1).

그러나 K-IFRS에서는 이를 단기차입금에 대한 이자비용으로 계상하도록 하고 있고 법인세법에서도 이를 인정한다 규정하고 있어 이의 지급이자손금불산입대상 지급이자

의 포함 여부에 대한 문제가 발생하게 되었다.

저자의 판단으로는 회사가 이를 차입금에 대한 대가지급이라 처리한다면 상기 통칙에 불구하고 지급이자손금불산입대상 지급이자에 포함되어야 할 것으로 판단된다. 이에 대해 과세관청에서도 유권해석을 통해 이를 상기 '1. ⑤' 수입배당금 익금불산입액 계산 시 상업어음할인료 등을 지급이자에 포함하도록 해석(법규과 –1426, 2012.11.30.)하고 있어 저자의 의견과 동일하다 판단된다.

5. 풋옵션행사에 따른 지급한 옵션프리미엄

청구법인은 특정사업의 건설출자자로 선정되어 다른 재무적출자자들과 함께 쟁점법인을 설립하였다. 청구법인은 재무적출자자와 풋옵션약정을 체결하여 재무적출자자들이 청구법인에게 쟁점법인 발행주식을 일정한 수익을 더한 금액으로 매도할 수 있는 권리(풋옵션)를 갖도록 하였고 재무적출자자들이 풋옵션을 행사하자 이들에게 발행주식의 액면가액 및 보장수익(쟁점옵션프리미엄)을 지급하고 쟁점법인의 주식을 취득한 후 쟁점옵션프리미엄을 이자비용으로 계상하여 손금산입하여 법인세를 신고한 것에 대하여 과세관청이 이는 취득주식의 취득원가로 보아 해당주식의 처분 시 손금산입하여야 하는 것으로 이자비용계상액을 손금불산입하여 과세한 것에 대하여 조세심판원은 상기 거래는 건설출자자가 재무적출자자들로부터 자금을 차입하고 그 금전사용에 따른 이자를 옵션프리미엄 명목으로 지급한 것으로 금전소비대차거래로 봄이 타당하므로 이자비용계상액은 손금에 해당된다 결정하였다(조심 2019중2280, 2020.12.15.).

8 기부금

(1) 의의

기부금이란 내국법인이 특수관계 없는 타인에게 사업과 직접 관계없이 무상으로 지출하는 금액(다음 '③' 해당 금액 포함)을 말하며, 기부금의 범위는 다음과 같다(법법 §24 ①).

① **특례기부금**(법법 §24 ② 1호: 법정기부금)

② **일반기부금**(법법 §24 ③ 1호: 지정기부금)

　　가. 사회복지·문화·예술·교육·종교·참선·학술 등 공익성을 감안하여 법인세법 시행령 제39조에서 규정하는 기부금을 말한다.

　　나. 사내근로복지기금에의 기부는 2020.12.31.까지는 일반기부금으로 인정되며, 2021. 1.1. 이후에는 손비에 해당한다(협력중소기업이 설립한 공동근로복지기금에 대한

출연금도 해당. 법령 §19 22호). 우리사주조합에 대한 기부는 기부금에 해당하지 않고 법인세법 시행령 제19조 제16호에 의해 손금항목에 해당된다.

③ **기부금의제(법령 §35)**

가. 저가양도

특수관계인 외의 자에게 정당한 사유없이 자산을 정상가격(시가×70%)보다 낮은 가액으로 양도하는 경우 정상가격과 양도가격의 차액을 기부금으로 간주한다.

㉠ 특례·일반기부금 해당 시: 한도초과액 손금불산입

㉡ 손금불산입기부금 해당 시: 손금불산입

나. 고가매입

특수관계인 외의 자에게 정당한 사유없이 자산을 정상가격(시가×130%)보다 높은 가액으로 매입하는 경우 정상가액과 매입가격의 차액을 기부금으로 간주한다.

손금산입 · 자산 · △유보

손금불산입(한도초과 시 또는 손금불산입기부금 해당 시) · 기부금 · 기타사외유출

다. 시가

㉠ 원칙: 시장에서 실제로 거래되는 가액

㉡ 시가불분명 시: 다음 순서대로 계산한 가액

· 감정평가법인이 감정한 가액(주식은 제외)

· 상속세 및 증여세법의 규정을 준용하여 평가한 가액

(2) 특례기부금

1) 특례기부금의 범위(법법 §24 ②)

① 국가나 지방자치단체에 무상기증한 금품

② 국방헌금과 국군장병위문금품가액

③ 천재지변으로 인한 이재민구호금품

· 해외의 천재지변 시 구호금품을 해외단체에 기부 시 기부금의 사용내역이 객관적으로 확인되는 경우 법정기부금에 해당(서면법령법인-1617, 2016.2.23.)

· 내국법인이 베트남정부에 코로나19 관련 기부금을 지급하고 베트남정부로부터 기부자의 성명, 기부금액, 기부목적, 기부금 지급일 등이 기재된 기부금영수증을 받는

경우 해당 기부금은 「법인세법」 제24조 제2항 제1호(특례기부금) 다목(천재지변으로 생기는 이재민을 위한 구호금품의 가액)에 따른 기부금에 해당하는 것임(사전법령법인-1153, 2021.8.19.). .

- 재해구호법에 따른 이재민 구호기관인 질의법인이 이재민을 위한 긴급구호용품을 마련하기 위하여 지원받는 기부금은 천재지변이 발생하기 전에 받는 경우에도 특례기부금에 해당됨(서면법인-1679, 2023.9.7.).
- 특례기부금에 해당되는 천재지변으로 생기는 이재민을 위한 구호금품의 가액에 해외의 전쟁(러시아-우크라이나)으로 생기는 이재민을 위한 국제적십자위원회에 지출한 기부금은 포함되지 않음(서면법인-2979, 2023.5.16.).

④ 다음 중 하나에 해당하는 기관(병원을 제외)에 시설비(토지현물기부도 해당)·교육비·장학금 또는 연구비로 지출하는 기부금

가. 사립학교법에 의한 사립학교

나. 국립·공립·사립학교의 비영리 재단법인

다. 근로자직업능력개발법에 따른 기능대학

라. 평생교육법에 따른 전공대학 및 원격대학(일명 사이버대학)형태의 평생교육시설

마. 경제자유구역및제주국제자유도시의외국교육기관설립·운영에관한특별법에 의하여 설립된 외국교육기관 및 제주특별자치도설치및국제자유도시조성을위한특별법에 따라 설립된 국제학교

바. 산업교육진흥및산학연협력촉진에관한법률에 따른 산학협력단

사. 한국과학기술원법에 따른 한국과학기술원, 광주과학기술원법에 따른 광주과학기술원, 대구경북과학기술원법에 따른 대구경북과학기술원 및 울산과학기술원법에 따른 울산과학기술원

아. 국립대학법인서울대학교, 국립대학법인인천대학교

자. 재외국민의교육지원등에관한법률 제2조 제3호에 따른 한국학교(단, 대통령령으로 정하는 요건을 충족하는 학교에 한함)로서 기획재정부장관이 지정·고시하는 학교

차. 한국장학재단설립등에관한법률에 따른 한국장학재단

⑤ 다음 중 하나에 해당하는 병원에 시설비·교육비 또는 연구비로 지출하는 기부금

가. 국립대학병원설치법에 따른 국립대학병원

나. 국립대학치과병원설치법에 따른 국립대학치과병원

　다. 서울대학교병원설치법에 따른 서울대학교병원

　라. 서울대학교치과병원설치법에 따른 서울대학교치과병원

　마. 사립학교법에 따른 사립학교가 운영하는 병원

　바. 국립암센터법에 따른 국립암센터

　사. 지방의료원의설립및운영에관한법률에 따른 지방의료원

　아. 국립중앙의료원의설립및운영에관한법률에 따른 국립중앙의료원

　자. 대한적십자사조직법에 따른 대한적십자사가 운영하는 병원

　차. 한국보훈복지의료공단법에 따른 한국보훈복지의료공단이 운영하는 병원

　카. 방사선및방사성동위원소이용진흥법 제13조의2에 따른 한국원자력의학원

　타. 국민건강보험법에 따른 국민건강보험공단이 운영하는 병원

　파. 산업재해보상보험법 제43조 제1항 제1호에 따른 의료기관

　하. 가.부터 파.까지의 병원이 설립한 보건의료기술 진흥법 제28조의2 제1항에 따른
　　　의료기술협력단

2) 한도액

> 한도액＝〔(차가감소득금액＋특례 · 일반기부금 손금계상액)^주) －이월결손금〕×50%

주) 기준소득금액이라 칭함.

① 차가감소득금액

　결산서상 당기순이익＋익금산입 · 손금불산입액^주) －손금산입 · 익금불산입액^주)

　주) [별지 제15호 서식] 소득금액조정합계표상 특례 · 일반기부금 이외의 모든 세무조정사항이 반영된 금액

② 특례기부금 · 일반기부금 손금계상액

　법인결산상 장부계상 기부금액＋세무조정 시 손금산입액(당기 가지급기부금, 전기 어음
기부금) －세무조정 시 손금불산입액(전기 가지급기부금, 당기 어음기부금) ＋의제기부금
해당액(50% 한도기부금은 장부가액)

③ 이월결손금

　사업연도 개시일 전 15년(2019년 이전분은 10년) 이내에 발생한 세무상 이월결손금을
말하며, 각 사업연도소득의 80%를 한도로 이월결손금공제를 적용받는 법인은 기준소득금

액의 80%를 한도로 한다(다음 '(3)의 2)'도 동일).

3) 한도초과액

특례기부금한도초과액은 [별지 제3호 서식] '법인세과세표준 및 세액조정계산서'상 ⑩ 란에 기재되어 차가감소득금액에 합산하여 각 사업연도소득금액을 구성하게 된다.

$$한도초과액＝특례기부금회사계상액－한도액$$

4) 한도초과액의 이월공제 및 공제순서(10% 한도기부금도 동일함)

① 한도초과액은 10년간(2013.1.1. 이후분부터) 이월하여 공제한다.
② 공제순서(다음 순서대로 당기 한도범위 내에서 공제)
　가. 이월된 기부금
　나. 당해 사업연도에 지출한 기부금

(3) 일반기부금(법법 §24 ③, 법령 §39 ①)

1) 한도액

$$한도액＝\left\{ \begin{matrix} 차가감소득금액＋특례·일반기부금손금계상액 \\ －이월결손금－특례기부금손금산입액 \end{matrix} \right\} ×10\%^{주)}$$

주) 사회적기업육성법 제2조 제1호에 따른 사회적기업의 경우에는 20%

2) 한도초과액

일반기부금한도초과액은 [별지 제3호 서식] '법인세과세표준 및 세액조정계산서'상 차가 감소득금액에 합산하여 각 사업연도소득금액을 구성하게 된다.

$$한도초과액＝일반기부금회사계상액－한도액$$

3) 한도초과액의 이월공제 및 공제순서

① 상기 '(2)의 4)'와 동일

② 내국법인이 주무관청으로부터 인가 또는 허가를 받기 이전의 설립 중인 재단에 지출하는 법인세법 시행령 제36조에 해당하는 기부금은 해당 재단이 인가 또는 허가를 받은 날이 속하는 사업연도의 지정기부금으로 보아 한도 내에서 손금에 산입하는 것이다(사전 – 2016 – 법령해석법인 – 0080, 2016.4.25.).

(4) 손금불산입기부금

기부금 중 전술한 특례기부금과 일반기부금을 제외한 기부금은 전액 손금불산입하며, 소득처분은 다음에 의한다.

① 출자자(임원 제외): 배당

② 직원(출자임원 포함): 상여

③ 이외: 기타사외유출

주주인 법인이 주식발행법인의 임원으로 취임하는 특수관계 없는 자에게 보유하고 있는 주식발행법인의 주식을 무상으로 제공하는 경우에는 손금불산입기부금에 해당된다(법인 46012 – 1707, 2000.8.8.).

(5) 현물기부(법령 §36 ①)

① 특례기부금과 일반기부금(특수관계인에게 기부한 일반기부금은 제외) 대상에 현물기부 시: 기부 당시의 장부가액(시가가 하락한 재고자산을 현물기부 시 장부가액으로 손금산입되는 효과있음)으로 계산한다.

② '①' 외의 경우: 기부 당시의 장부가액과 시가 중 큰 금액

(6) 기부금영수증

2005.1.1. 이후부터 기부금을 지출한 법인은 기부금영수증[별지 제63호의3 서식]을 교부받아 보관하여야 한다.

(7) 귀속시기

현금주의가 적용되어 미지급된 기부금은 손금불산입 · 유보처분되어 현금지급된 사업연도의 기부금에 해당된다.

제20장

환율변동효과

1 의 의

기업은 외화거래나 해외사업장의 운영과 같은 방법으로 외화관련 활동을 수행할 수 있다. 또 기업은 재무제표를 외화로 표시하기도 한다. 즉, 기업은 외화거래의 결과로 발생하는 자산 또는 부채의 환율변동의 차이를 회계처리하고, 외화로 표시된 재무제표를 원화로 환산하여야 하는바, 기업회계기준서(이하 "기준서"라 함) 제1021호는 외화거래와 해외사업장의 운영을 재무제표에 반영하는 방법과 재무제표를 표시통화로 환산하는 방법을 정하는데 그 목적이 있다(문단 1).

2 기능통화의 정의

영업활동이 이루어지는 주된 경제 환경의 통화를 말한다.

기능통화는 그와 관련된 실제 거래, 사건과 상황을 반영한다. 따라서 일단 기능통화를 결정하면 변경하지 아니한다. 다만, 실제 거래, 사건과 상황에 변화가 있다면 그러하지 아니한다(문단 13).

기능통화를 결정할 때는 다음의 사항을 고려한다(문단 9).

(1) 다음의 통화

① 재화와 용역의 공급가격에 주로 영향을 미치는 통화(흔히 재화와 용역의 공급가격을 표시하고 결제하는 통화)
② 재화와 용역의 공급가격을 주로 결정하는 경쟁요인과 법규가 있는 국가의 통화

(2) 재화를 공급하거나 용역을 제공하는데 드는 노무원가, 재료원가와 그 밖의 원가에 주로 영향을 미치는 통화(흔히 이러한 원가를 표시하고 결제하는 통화)

한편, 다음 사항도 기능통화의 증거가 될 수 있다(문단 10).

① 재무활동(즉, 채무상품이나 지분상품의 발행)으로 조달되는 통화
② 영업활동에서 유입되어 통상적으로 보유하는 통화

저자주

해외사업장의 기능통화를 결정할 때 고려사항

해외사업장의 기능통화를 결정할 때 그리고 이러한 해외사업장의 기능통화가 보고기업
(여기서 보고기업은 종속기업, 지점, 관계기업, 조인트벤처 형태로 해외사업장을 갖고 있
는 기업)의 기능통화와 같은지 판단할 때 다음 사항을 추가적으로 고려한다(문단 11).

1. 해외사업장의 활동이 보고기업 활동의 일부로서 수행되는지 아니면 상당히 독자적으로
   수행되는지
   (1) 해외사업장이 보고기업에서 수입한 재화를 판매하고 그 판매대금을 보고기업으로 송
       금하는 역할만 한다면 해외사업장이 보고기업의 일부로서 활동하는 예에 해당한다.
   (2) 해외사업장이 대부분 현지통화로 현금 등의 화폐성항목을 축적하고 비용과 수익을
       발생시키며 차입을 일으킨다면 해외사업장의 활동이 상당히 독자적으로 수행되는
       예에 해당한다.

2. 보고기업과의 거래가 해외사업장의 활동에서 차지하는 비중이 높은지 낮은지

3. 해외사업장 활동에서의 현금흐름이 보고기업의 현금흐름에 직접 영향을 주고 보고기업
   으로 쉽게 송금될 수 있는지

4. 보고기업의 자금 지원 없이 해외사업장 활동에서의 현금흐름만으로 현재의 채무나 통
   상적으로 예상되는 채무를 감당하기에 충분한지

---

3 외화자산 · 부채의 환산방법(K-IFRS는 시제법을 채택)

항 목	화폐성 · 비화폐성법	현행 환율법	시제법
자산			
화폐성 외화항목	12/31 마감환율	12/31 마감환율	12/31 마감환율
비화폐성 외화항목 (원가측정)	거래환율 (역사적환율)	〃	거래환율
비화폐성 외화항목 (공정가치측정)	〃	〃	12/31 마감환율[주]

항 목	화폐성·비화폐성법	현행 환율법	시제법
부채 　화폐성 외화항목	12/31 마감환율	12/31 마감환율	12/31 마감환율
비화폐성 외화항목 　(원가측정)	거래환율 (역사적환율)	〃	거래환율
비화폐성 외화항목 　(공정가치측정)	〃	〃	12/31 마감환율[주]

주) 공정가치결정일이 12/31이 아닌 경우에는 공정가치결정일의 환율로 환산한다.
　　즉, 시제법은 비화폐성 외화자산·부채인 경우에도 공정가치로 측정하는 경우에는 회계연도 말에 마감
　　환율을 적용하여 외화환산을 하는 것을 말한다.

저자주

화폐성 항목과 비화폐성 항목의 특성

1. 화폐성 항목의 경우

　화폐성 항목의 본질적 특징은 확정되었거나 결정가능할 수 있는 화폐단위의 수량으로 받을 권리나 지급할 의무라는 것이다. 예를 들어, 현금으로 지급하는 연금과 그 밖의 종업원급여, 현금으로 상환하는 충당부채, 부채로 인식하는 현금배당 등이 화폐성 항목에 속한다. 또 수량이 확정되지 않은 기업자신의 지분상품이나 금액이 확정되지 않은 자산을 받거나 주기로 한 계약의 공정가치가 화폐단위로 확정되었거나 결정가능할 수 있다면 이러한 계약도 화폐성 항목에 속한다.

2. 비화폐성 항목의 경우

　비화폐성 항목의 본질적 특징은 확정되었거나 결정가능할 수 있는 화폐단위의 수량으로 받을 권리나 지급할 의무가 없다는 것이다. 예를 들어, 재화와 용역에 대한 선급금(예: 선급임차료), 영업권, 무형자산, 재고자산, 유형자산, 비화폐성 자산의 인도에 의해 상환되는 충당부채 등이 비화폐성 항목에 속한다.

4　외화거래의 선지급·선수취 대가(해석서 제2122호)

　외화로 대가를 선지급하거나 선수취하여 발생한 비화폐성자산이나 비화폐성부채를 제거하면서 관련 자산, 비용, 수익(또는 그 일부)을 인식할 때에는 외화로 대가를 선지급이나 선수취로 인해 비화폐성자산(예: 선급금)이나 비화폐성부채(예: 선수금)를 인식한 날의

환율을 적용하여 인식한다.

선지급이나 선수취가 여러 차례에 걸쳐 이루어지는 경우에는 각각의 환율을 적용한다.

5 외환차이의 처리

(1) 화폐성 · 비화폐성법

당기손익에 반영한다.

(2) 현행 환율법

기타포괄손익에 반영한다.

(3) 시제법

1) 화폐성 외화항목에 대한 외환차이(평가손익 + 환산손익)

① 환산손익은 당기손익에 반영한다.

② 평가손익은 해당 항목의 기준서에서 당기손익으로 인식하면 당기손익에 반영하고, 기타포괄손익으로 인식하면 기타포괄손익에 반영한다.

사례 1 **외화거래 환산(1): 화폐성 유가증권 취득**

1. 당기손익－공정가치측정금융자산을 취득한 경우
    (1) $10 취득 · 거래환율 ₩1,000
    (2) 12/31 시가 $12 · 마감환율 ₩1,100
    (3) 외환차이
        $12×1,100 － $10×1,000 ＝ 3,200
        ① 환산차이: $10×(1,100 － 1,000) ＝ 1,000
        ② 평가차이: ($12 － $10)×1,100 ＝ 2,200
    (4) 외환차이의 인식
        당기손익－공정가치측정금융자산의 평가손익은 당기손익에 반영되므로 외환차이 3,200 전액이 당기손익에 반영됨.

2. 화폐성 기타포괄손익 – 공정가치측정금융자산을 취득한 경우

  (1) $10 취득 · 거래환율 ₩1,000

  (2) 12/31 시가 $12 · 마감환율 ₩1,100

  (3) 외환차이

    상기 '1.'과 동일하다.

  (4) 외환차이의 인식

    ① 환산차이: 당기손익

    ② 평가차이: 기타포괄손익 – 공정가치측정금융자산의 평가손익은 기타포괄손익에 반영되므로 평가차이 2,200은 기타포괄손익에 반영됨.

(차) 기타포괄손익–공정가치측정금융자산	3,200	(대) 외환차이(수익)	1,000
		기타포괄손익–공정가치 측정금융자산평가이익(OCI)	2,200

2) 공정가치로 측정한 비화폐성 외화항목에 대한 외환차이

해당 기준서의 평가손익인식이 당기손익에 해당하는 경우에는 외환차익도 전액 당기손익으로 인식하고, 기타포괄손익에 해당하는 경우에는 외환차익도 기타포괄손익으로 인식한다(문단 30).

사례 2   외환거래 환산(2): 기타포괄손익 – 공정가치측정금융자산에 해당하는 해외주식취득

1. 취득내역

  ① 2025.4.1. $100,000, 환율 ₩1,100

  ② 회계처리

(차) 기타포괄손익–공정가치측정금융자산	110,000,000	(대) 현금및현금성자산	110,000,000

2. 2025.12.31. 공정가치 $120,000, 환율 ₩1,200

  ① 공정가치: $120,000×1,200 = 144,000,000

  ② 회계처리

(차) 기타포괄손익–공정가치측정금융자산	34,000,000	(대) 기타포괄손익–공정가치 측정금융자산평가이익 (기타포괄손익)	34,000,000[주]

  주) 비화폐성에 해당하는 기타포괄손익 – 공정가치측정금융자산의 외환차이는 기타포괄손익 – 공정가치측정금융자산의 기본회계처리인 기타포괄손익에 해당된다.

6 해외사업장의 환산방법

(1) 표시통화로의 환산

재무제표는 어떠한 통화로도 보고할 수 있다. 표시통화와 기능통화가 다른 경우에는 경영성과와 재무상태를 표시통화로 환산한다. 예를 들어 서로 다른 기능통화를 사용하는 개별기업으로 구성되는 연결실체는 연결재무제표를 작성하기 위하여 각 기업의 경영성과와 재무상태를 같은 통화로 표시한다(문단 38).

(2) 해외사업장의 범위

해외에 소재하는 종속기업, 관계기업 및 지점을 말한다.

(3) 환산방법(K-IFRS는 현행환율법을 적용)

기능통화가 초인플레이션 경제의 통화가 아닌 경우 경영성과와 재무상태를 기능통화와 다른 표시통화로 환산하는 방법은 다음과 같다(문단 39).

① 재무상태표상 자산·부채

해당 보고기간 말의 마감환율로 환산한다.

② 포괄손익계산서상 수익·비용

해당 거래일환율(실무상은 평균환율을 적용)로 환산한다.

③ '①'과 '②'의 환산에서 생기는 외환차이

기타포괄손익(해외사업환산손익)으로 인식한다.

(4) 영업권 등(문단 47)

해외사업장의 취득으로 생기는 영업권과 자산·부채의 장부금액에 대한 공정가치 조정액은 해외사업장의 자산·부채로 본다. 따라서 이러한 영업권과 자산·부채의 장부금액에 대한 공정가치 조정액은 해외사업장의 기능통화로 표시하고 마감환율로 환산하여야 한다(문단 47).

상기 내용은 해외종속법인에 대하여 연결재무제표 작성 시 연결분개에서 발생되는 영업권은 해외종속법인의 기능통화로 환산하여 해외종속법인의 자산으로 보아 매년 연결재무제표 작성을 위한 해외사업장의 환산 시 영업권 해당액도 마감환율을 적용하여 한국 내 지배법인의 영업권 금액으로 환산하라는 것이다. 매년 영업권금액이 마감환율로 환산되므로 이에 해당하는 금액만큼 해외사업환산손익의 변동을 가져오고 이에 따라 비지배지분 배부 해당액도 변동하게 된다.

(5) 해외지점인 경우

① 2025.4.1. 한국법인 A사는 미국에 $1,000,000을 투자하여 지점을 설치하였다. 환율은 ₩1,100이다.

　　㉠ 한국본사

　　　　(차) 지점　　　　　　1,100,000,000　　(대) 현금　　　　　1,100,000,000 [주)]

　　　　주) $1,000,000×1,100＝1,100,000,000

　　㉡ 미국지점

　　　　(차) 현금　　　　　　$1,000,000　　(대) 본사　　　　　$1,000,000

② 2025.12.31. 현재 미국지점의 재무제표는 다음과 같다(단위: $).

재무상태표

현금및현금성자산	300,000	미지급금	600,000
재고자산	800,000	차입금	400,000
유형자산	600,000	본점	1,000,000
매출채권	500,000	이익잉여금	200,000
	2,200,000		2,200,000

포괄손익계산서

매출	3,000,000
매출원가	2,200,000
매출총이익	800,000
판매비와관리비	550,000
이자비용	10,000
법인세비용	40,000
당기순이익	200,000

③ 미국지점 재무제표의 원화환산

ㄱ 2025.12.31. 마감환율: ₩1,200

ㄴ 2025.4.1.~2025.12.31. 평균환율: ₩1,160

평균환율은 상기 기간에 대한 실지 거래환율과 근접하다고 판단되었다.

ㄷ 재무상태표

현금및현금성자산	360,000,000	미지급금	720,000,000
재고자산	960,000,000	차입금	480,000,000
유형자산	720,000,000		
매출채권	600,000,000	본점	1,100,000,000 [주1]
		이익잉여금	232,000,000 [주2]
		해외사업환산이익(OCI)	108,000,000 [주3]
	2,640,000,000		2,640,000,000

주1) 지점설치 당시의 환율로 본사의 지점금액과 일치한다.
주2) 포괄손익계산서의 당기순이익이 대체된 금액이다.
    2025년의 재무상태표상 이익잉여금의 구성은 다음과 같게 된다.
    1. 전기이월이익잉여금: 2024.12.31. 재무상태표상 이익잉여금이 대체
    2. 당기순이익: 2025년 포괄손익계산서상 당기순이익이 대체
주3) 재무상태표상 대차차이이다.

ㄹ 포괄손익계산서

매출	3,480,000,000
매출원가	2,552,000,000
매출총이익	928,000,000
판매비와관리비	638,000,000
이자비용	11,600,000
법인세비용	46,400,000
당기순이익	232,000,000

(6) 해외종속법인인 경우

① 2025.1.1. 한국법인 A사는 미국법인 B사의 주식 80%를 $250,000에 취득하였다.
2025.1.1.의 현물환율은 ₩1,100이다.

② 2025.1.1. 현재 B사의 재무상태표는 다음과 같다.

재무상태표

(단위: $)

자산	1,000,000	부채	740,000
		자본금	200,000
		자본잉여금	20,000
		이익잉여금	40,000
	1,000,000		1,000,000

③ 2025.7.1. A사는 B사에게 $50,000을 무이자로 대여하였으며 동액은 상당기간 회수계획이 없는 순투자개념의 대여금이다. 이 날의 현물환율은 ₩1,170이다.

④ 2025.12.31. B사의 재무상태표는 다음과 같다.

재무상태표

(단위: $)

자산	1,050,000	부채	782,000
		자본금	200,000
		자본잉여금	20,000
		이익잉여금	48,000
	1,050,000		1,050,000

⑤ 2025.1.1.~2025.12.31. B사의 포괄손익계산서는 다음과 같다.

포괄손익계산서

(단위: $)

매출	800,000
매출원가	700,000
매출총이익	100,000
판매비와관리비	92,000
당기순이익	8,000

⑥ 2025년의 마감환율은 ₩1,200이고, 평균환율은 ₩1,160이다.

⑦ A사의 B사 관련 회계처리(별도재무제표상)

㉮ 지배권획득 시

(차) 종속기업투자주식　275,000,000[주]　(대) 현금　　　　　　　　　　275,000,000

주) $250,000×1,100=275,000,000

㉯ 장기대여 시

(차) 장기대여금   58,500,000^{주)} (대) 현금   58,500,000

주) $\$50,000 \times 1,170 = 58,500,000$

㉰ 2025.12.31.

　㉠ 종속기업투자주식은 원가법 적용

　㉡ 외환차이

(차) 장기대여금   1,500,000^{주)} (대) 외환차이   1,500,000
　　　　　　　　　　　　　　　　　　　　　　　(기타수익)

주) $\$50,000 \times (₩1,200 - ₩1,170) = 1,500,000$

⑧ B사 재무제표의 원화환산

㉮ 재무상태표

자산	1,260,000,000^{주1)}	부채	938,400,000^{주2)}
		자본금	220,000,000^{주3)}
		자본잉여금	22,000,000^{주4)}
		이익잉여금	53,280,000^{주5)}
		해외사업환산이익	26,320,000^{주6)}
	1,260,000,000		1,260,000,000

주1) $\$1,050,000 \times 1,200 = 1,260,000,000$
주2) $\$782,000 \times 1,200 = 938,400,000$
주3) $\$200,000 \times 1,100 = 220,000,000$
주4) $\$20,000 \times 1,100 = 22,000,000$
주5) 2025.1.1. 이익잉여금 $\$40,000 \times 1,100 = 44,000,000$
　　　2025년 당기순이익 $\$8,000 \times 1,160 = $ 9,280,000
　　　　　　　　　　　　　　　　　　　　53,280,000
주6) 재무상태표상 대차차이임.

㉯ 포괄손익계산서

매출	928,000,000
매출원가	812,000,000
매출총이익	116,000,000
판매비와관리비	106,720,000
당기순이익	9,280,000

⑨ A사 연결재무제표상 연결분개

㉮ 자본과 투자계정의 상계

(차) 자본금	220,000,000	(대) 종속기업투자주식	275,000,000
자본잉여금	22,000,000	비지배지분	57,200,000[주1]
이익잉여금	44,000,000	해외사업환산이익	4,200,000
영업권	50,400,000[주2]		

주1) (220,000,000+22,000,000+44,000,000)×20%=57,200,000
주2) 1. 영업권 $환산액 46,200,000÷1,100 = $42,000
　　 2. 영업권 ₩환산액(마감환율로 환산)：₩4,200×1,200=50,400,000

㉯ 차입·대여 상계 및 외환차이의 대체

| (차) 장기차입금 | 58,500,000 | (대) 장기대여금 | 58,500,000 |

| (차) 외환차이 | 1,500,000 | (대) 기타포괄이익 | 1,500,000[주] |

주) 해외종속기업에 대한 순투자에서 발생한 외환차이는 A사의 별도재무제표에는 당기손익으로 인식하나 A사의 연결재무제표에는 기타포괄손익으로 인식하고 관련순투자의 처분시점에서 당기손익으로 재분류한다.

㉰ B사 당기순이익의 비지배지분 해당액 대체

| (차) 이익잉여금 | 1,856,000[주] | (대) 비지배지분 | 1,856,000 |

주) B사 당기순이익 9,280,000×비지배지분율 20%=1,856,000

㉱ 해외사업환산이익의 비지배지분 대체

| (차) 해외사업환산이익 | 6,104,000 | (대) 비지배지분 | 6,104,000[주] |

주) (26,300,000+4,200,000)×20%=6,104,000

│ 신속처리 질의·답변 │

외화환산

1. 매출원가의 외화환산

(1) 질의

회사(기능통화는 달러, 표시통화는 원화)의 재무제표를 표시통화로 환산 시 적용 환율은? 이때, 기초 제품 $50, 당기 제품 매입액 $100, 기말 제품 $50인 경우 매출원가 환산 방법은? ($1당 기초환율: 20원, 매출원가 인식일(매출시점) 환율: 17원, 당기 제품 매입일 환율: 19원, 평균환율: 18원, 기말환율: 21원)

(1안) 외화 매출원가에 매출원가 인식일(매출시점) 적용($100 × 17원/$ = 1,700원)

(2안) 외화 매출원가에 당기 평균환율 적용($100 × 18원/$ = 1,800원)
(3안) 기초, 매입, 기말 재고자산 환산 후 차액으로 매출원가 인식

기초 제품 환산액	$50 × 20원/$ = 1,000원
(+) 당기 제품 매입 환산액	(+) $100 × 19원/$ = 1,900원
(-) 기말 제품 환산액	(-) $50 × 21원/$ = 1,050원
매출원가 환산액	1,000원 + 1,900원 - 1,050원 = 1,850원

(2) 회신

재고자산은 해당 보고기간 말의 마감환율로 환산하고, 매출원가는 해당 거래일(매출시점)의 환율로 환산함(제1021호 문단 39).

거래일은 거래의 인식요건을 충족한 날이므로 매출원가 인식일(매출시점)의 환율로 환산하는 방법(1안)이 적절하나, 환율이 유의적으로 변동하지 않은 경우라면 실무적으로 평균환율(2안)을 사용할 수 있음(제1021호 문단 40).

2. 외화 매출채권에 대한 대손충당금 환산

(1) 질의

회사는 외화 매출채권에 대해 대손충당금을 설정함. 당기말 해당 채권에 대한 신용위험은 전기말과 동일하나, 환율 변동으로 대손충당금(원화)이 변동된 경우 그 차이를 어떻게 인식하는지?

(2) 회신

채권에 대한 대손충당금 환율변동효과는 화폐성항목(매출채권)에 대한 환산손익이므로, '손상차손(환입)'이 아닌 '외환차이'로 인식함(제1109호 IE98~99).

3. 금융보증부채의 화폐성항목 해당 여부

(1) 질의

회사는 해외기업의 외화차입금에 지급보증을 제공하고 있으며, 이에 대해 금융보증부채를 인식함. 해당 금융보증부채는 외화 환산 대상인지?

(2) 회신

금융보증계약은 지급기일에 채무자가 지급하지 못한 특정 금액을 지급하여야 하는 계약이므로 화폐성항목(확정되었거나 결정 가능한 화폐단위의 수량으로 지급하는 부채)에 해당하여 보고기간 말의 마감환율로 환산해야 함.

4. 외화 선수금 수령한 후 매출 인식 시 적용 환율

(1) 질의

다음과 같이 해외 거래처로부터 비화폐성항목인 외화 선수금을 수령한 후 매출을 인식할 때, 매출 인식 시 적용하여야 하는 환율은 무엇인지?

1/1 외화선수금 $10 수령(1/1 환율: 1,000원/$1)
2/1 매출 $5 인식(2/1 환율: 1,200원/$1)

(2) 회신

　선수금(비화폐성부채)을 최초로 인식한 날의 환율을 적용하여 매출 5,000원($5 × 1,000원)을 인식함.

5. 선적지인도조건(FOB)으로 재화 수입 시 회계처리

(1) 질의

　회사는 선적지인도조건으로 상품을 수입하여 선적일(×3.1.31.)에 대금을 지급하고 미착품을 상품으로 대체함. 미착품을 상품으로 대체하는 시점에 환율변동효과를 인식해야 하는지?

(2) 회신

　회사는 미착품을 자산으로 인식하는 날, 즉 선적일의 환율을 적용하여 미착품을 측정하며, 미착품은 비화폐성자산이므로 이후 환율변동효과를 인식하지 않음(제1021호 문단 21～23).

　다만, 미착품을 인식하는 시점에 인식한 매입채무는 화폐성 부채이므로 보고기간 말(×2.12.31.)과 대금을 결제하는 시점에 환율변동효과를 인식함(제1021호 문단 29).

6. 비화폐성 외화 선급금 지급 후 비용 인식 시 적용 환율

(1) 질의

　해외 거래처에 비화폐성 항목에 해당하는 외화 선급금을 1/31에 지급하고, 라이선스 사용기간(2/1～2/28)에 걸쳐 비용을 인식함. 비용 인식 시 적용해야 하는 환율은 무엇인지?

　1/31 외화선급금 $10 지급(1/31 환율: 1,000원/$)

　2/1～2/28 비용 $10 인식(2월 평균 환율: 1,200원/$)

(2) 회신

　비화폐성자산에 해당하는 선급금을 최초로 인식한 날의 환율을 적용하여 라이선스 사용과 관련된 비용 10,000원($10×1,000원)을 인식

　비용의 최초 인식에 적용할 환율을 결정하기 위한 거래일은 대가를 선지급하여 비화폐성자산을 최초로 인식하는 날임(제2122호 문단 8).

7　법인세법상 외화자산·부채의 평가

(1) 외화자산·부채 등의 평가손익

① 법인세법 시행령 제61조 제2항 제1호부터 제7호까지의 금융회사 등이 보유하는 화폐성외화자산·부채와 통화선도등은 다음의 방법에 따라 평가하여야 한다(법령 §76 ①).

　가. 화폐성외화자산·부채: 사업연도 종료일 현재의 매매기준율 또는 재정(裁定)된 매매기준율로 평가하는 방법

나. 통화선도등: 다음의 어느 하나에 해당하는 방법 중 관할 세무서장에게 신고한 방법에 따라 평가하는 방법. 다만, 최초로 'ⓛ'의 방법을 신고하여 적용하기 이전 사업연도에는 'ⓖ'의 방법을 적용하여야 한다.

　ⓖ 계약의 내용 중 외화자산 및 부채를 계약체결일의 매매기준율등으로 평가하는 방법

　ⓛ 계약의 내용 중 외화자산 및 부채를 사업연도 종료일 현재의 매매기준율등으로 평가하는 방법

② 상기 '①' 이외의 법인은 화폐성 외화자산·부채(보험회사의 책임준비금은 제외), 화폐성 외화자산·부채의 환위험을 회피하기 위한 통화선도·통화스왑 및 환변동보험에 대하여 평가손익을 인식 허용한다(법령 §76 ②).

가. 통화선도

　원화와 외국통화 또는 서로 다른 외국통화의 매매계약을 체결함에 있어 장래의 약정기일에 약정환율에 따라 인수·도하기로 하는 거래

나. 통화스왑

　약정된 시기에 약정된 환율로 서로 다른 표시통화 간의 채권·채무를 상호교환하기로 하는 거래

다. 환변동보험

　무역보험법 제3조에 따라 한국무역보험공사가 운영하는 환변동위험을 회피하기 위한 선물환방식의 보험계약(당사자 어느 한쪽의 의사표시에 의하여 기초자산이나 기초자산의 가격·이자율·지표·단위 또는 이를 기초로 하는 지수 등에 의하여 산출된 금전, 그 밖의 재산적 가치가 있는 것을 수수하는 거래를 성립시킬 수 있는 권리를 부여하는 것을 약정하는 계약과 결합된 보험계약은 제외)

－은행 등 금융회사: '①', '②' 중 선택

구 분	화폐성 외화자산·부채	통화선도·스왑
①	평가 ○	평가 ×
②	평가 ○	평가 ○

－비은행 일반법인: '①', '②' 중 선택

구 분	화폐성 외화자산 · 부채	헤지목적의 통화선도 · 스왑
①	평가 ×	평가 ×
②	평가 ○	평가 ○

(2) 평가방법의 최초적용 시 평가방법신고서의 제출

은행 및 비은행 중 위 '②'의 평가방법(연말환율에 의하여 평가하는 방법)을 적용하려는 법인은 최초로 해당 평가방법을 적용하려는 사업연도의 법인세법 제60조에 따른 신고와 함께 화폐성외화자산등평가방법신고서 [별지 제63호의4 서식]를 관할 세무서장에게 제출하여야 한다(법령 §76 ⑥).

(3) 평가방법의 변경

비은행의 경우 평가방법의 선택 후 5년 경과 시 평가방법을 다시 선택할 수 있다(법령 §76 ③).

(4) 최초 평가 시 환산손익 인식방법

외화환산손익을 「법인세법」상 인정받고자 하여 평가방법신고서를 제출한 최초 사업연도의 평가손익은 다음의 금액만을 말하며, 직전 사업연도까지 부인되었던 평가손익은 해당 외화자산 · 부채의 처분 및 상환 시 익금 또는 손금으로 추인한다(2010.12.31. 대통령령 제22577호 부칙 §16).

> 평가손익 최초인식 사업연도 종료일 _ 직전 사업연도 종료일
> 현재의 환율 적용금액   현재의 환율 적용금액

(5) 상환차손익

법인이 상환받거나 상환하는 외화채권 · 채무의 원화금액과 원화기장액과의 차익 또는 차손은 해당 사업연도에 익금 또는 손금에 산입한다.

법인세비용

제1절 기업회계

1 의 의

법인세회계는 포괄손익계산서상 법인세비용을 산출하는 것이며, 법인세비용은 「법인세법」 등의 법령에 의하여 각 회계연도에 부담할 당기법인세부담액(환급액)과 전기 이전의 기간과 관련된 법인세부담액(환급액)에 이연법인세 변동액을 가감하여 산출된 금액을 말한다.

해당연도에 세무조사 및 수정신고를 통해 추가로 납부하는 법인세 등에 대하여 별도의 비용처리나 전기이월이익잉여금의 감소가 아닌 법인세비용의 비용과목으로 처리하여야 함에 유의하여야 한다.

법인세비용 = 당기법인세 부담액(환급액) ± 법인세추납액(환급액) ± 이연법인세변동액

이때 당기법인세는 법인세법에 따른 세무조정에 의해 결정되는바, 법인세회계란 이연법 인세변동액을 결정하는 것이라 해도 과언이 아니다. 이러한 이연법인세변동액을 결정하는 방법에는 이연법과 자산부채법이 있으나, 기업회계기준서 제1012호 「법인세」에서는 자산 부채법을 채택하고 있다.

2 용어의 정의

이 기준서에서 사용하는 용어의 정의는 다음과 같다(문단 5).

(1) 회계이익

법인세비용 차감 전 회계기간의 손익을 말한다.

(2) 과세소득(세무상 결손금)

과세당국이 제정한 법규에 따라 납부할(환급받을) 법인세를 산출하는 대상이 되는 회계기간의 이익(손실)을 말한다.

이는 법인세법상 '각 사업연도소득금액'을 의미하며, 다음과 같은 세무조정의 절차에 의해 산출된다.

$$
\begin{array}{l}
\text{기업회계상 법인세비용차감전순이익} \\
\quad (+) \text{ 익금산입 · 손금불산입} \\
\quad (-) \text{ 손금산입 · 익금불산입} \\
\hline
\text{세무회계상 각 사업연도소득금액}
\end{array} \quad \Big]\!-\text{세무조정사항}
$$

상기의 세무조정사항에는 기업업무추진비한도초과액 등과 같이 조세정책적인 목적에 의한 사항 등도 있으나 기업회계와 세무회계 간의 손익귀속시기 차이에 의한 조정 및 자산·부채의 평가방법상의 차이에 의한 조정사항 등도 발생하게 된다. 세무조정사항은 다음과 같이 분류할 수 있다.

① 익금산입 사항

기업회계상 수익에 해당되지 아니하나 법인세법상 익금에 해당되는 사항으로 당기순손익에 가산되어지는 가산조정사항이다. 대표적으로 가지급금에 대한 인정이자 등이 있다.

② 익금불산입 사항

기업회계상 수익에 해당되나 법인세법상 익금에 해당되지 않는 사항으로 당기순손익에 차감되어지는 차감조정사항이다. 대표적으로 정기예금 등의 기간경과분 미수이자 등이 있다.

③ 손금산입 사항

기업회계상 비용에 해당되지 아니하나 법인세법상 손금에 해당되는 사항으로 당기순손익에 차감되어지는 차감조정사항이다.

④ 손금불산입 사항

기업회계상 비용에 해당되나 법인세법상 손금에 해당되지 않는 사항으로 당기순손익에 가산되어지는 가산조정사항이다. 대부분의 세무조정사항이 이에 해당하는바, 대표적으로 법인세비용, 감가상각비한도초과액, 대손충당금한도초과액, 퇴직급여충당금한도초과액, 기업업무추진비한도초과액 등이 있다.

| 세무조정사항 요약 |

기업회계	법인세법	용어	조정방법
수익 ×	익금 ○	익금산입	당기순손익에 가산
수익 ○	익금 ×	익금불산입	당기순손익에서 차감
비용 ×	손금 ○	손금산입	당기순손익에서 차감
비용 ○	손금 ×	손금불산입	당기순손익에 가산

(3) 법인세비용(수익)

당기법인세 및 이연법인세와 관련하여 당해 회계기간의 손익을 결정하는데 포함되는 총액을 말한다.

(4) 당기법인세

회계기간의 과세소득(세무상결손금)에 대하여 납부할(환급받을) 법인세액을 말한다.

(5) 이연법인세부채

가산할 일시적차이와 관련하여 미래 회계기간에 납부할 법인세 금액을 말한다.

(6) 이연법인세자산

다음과 관련하여 미래 회계기간에 회수될 수 있는 법인세 금액을 말한다.
① 차감할 일시적차이
② 미사용 세무상결손금의 이월액
③ 미사용 세액공제 등의 이월액

(7) 일시적차이

재무상태표상 자산 또는 부채의 장부금액과 세무기준액의 차이를 말한다. 이러한 일시적차이는 다음의 두 가지로 구분된다.

① 가산할 일시적차이

자산이나 부채의 장부금액의 회수나 결제되는 미래 회계기간의 과세소득(세무상결손금) 결정 시 가산할 금액이 되는 일시적차이를 말한다.

가산할 일시적차이는 현재시점에서는 손금산입 또는 익금불산입되어 당기법인세를 경감시키나 미래시점에서는 과세소득을 증가시켜 당기법인세를 증가시키는 효과를 가져온다. 즉, 가산할 일시적차이에 의해 미래에 부담할 법인세는 부채에 해당되므로, 일반적으로 다음과 같이 회계처리한다.

(차) 법인세비용 ××× (대) 이연법인세부채 ×××

② 차감할 일시적차이

자산이나 부채의 장부금액이 회수나 결제되는 미래 회계기간의 과세소득(세무상결손금) 결정 시 차감할 금액이 되는 일시적차이를 말한다.

차감할 일시적차이는 현재시점에서는 익금산입 또는 손금불산입되어 당기법인세를 증가시키나 미래시점에서는 과세소득을 감소시켜 당기법인세를 경감시키는 효과를 가져온다. 즉, 차감할 일시적차이에 의해 미래에 부담할 법인세는 자산에 해당되므로, 일반적으로 다음과 같이 회계처리한다.

(차) 이연법인세자산 ××× (대) 법인세수익 ×××

이때 법인세수익은 법인세비용과 상계한 후 법인세비용 또는 법인세수익으로 포괄손익계산서에 표시한다.

3 이연법인세부채의 인식

(1) 이연법인세부채를 인식하는 경우

모든 가산할 일시적차이에 대하여 이연법인세부채를 인식한다(문단 15).

(2) 이연법인세부채를 인식하지 않는 경우

다음의 경우에 발생하는 가산할 일시적차이에 대해 이연법인세부채를 인식하지 아니한다.
① 영업권을 최초로 인식할 때
② 자산 또는 부채가 최초로 인식되는 거래가
　　가. 사업결합거래가 아니고,
　　나. 거래 당시 회계이익이나 과세소득(세무상결손금)에 영향을 미치지 아니하는 거래

③ 다음의 두 가지 조건을 모두 만족하는 종속기업, 지점 및 관계기업에 대한 투자자산과 조인트벤처 투자지분과 관련된 모든 가산할 일시적차이

가. 지배기업, 투자자 또는 참여자가 일시적차이의 소멸시점을 통제할 수 있다.

나. 예측가능한 미래에 일시적차이가 소멸하지 않을 가능성이 높다.

4 이연법인세자산의 인식

(1) 이연법인세자산을 인식하는 경우

1) 일반적인 사항

차감할 일시적차이가 사용될 수 있는 과세소득의 발생가능성이 높은 경우에 모든 차감할 일시적차이에 대하여 이연법인세자산을 인식한다.

2) 미사용 세무상결손금과 세액공제

미사용 세무상결손금과 세액공제가 사용될 수 있는 미래 과세소득의 발생가능성이 높은 경우 그 범위 안에서 이월된 미사용 세무상결손금과 세액공제에 대하여 이연법인세자산을 인식한다.

그러므로 미사용 세무상결손금이나 세액공제가 사용될 수 있는 과세소득이 발생할 가능성이 높지 않은 범위까지는 이연법인세자산을 인식하지 아니한다.

(2) 이연법인세자산을 인식하지 않는 경우

자산이나 부채를 최초로 인식할 때 발생하는 거래로, 다음의 경우에는 이연법인세자산은 인식하지 아니한다.

① 사업결합거래가 아니고,

② 거래 당시 회계이익이나 과세소득(세무상결손금)에 영향을 미치지 않는 거래

(3) 인식되지 않은 이연법인세자산의 재검토

매 보고기간 말에 인식되지 않은 이연법인세자산에 대하여 재검토한다. 미래 과세소득에 의해 이연법인세자산이 회수될 가능성이 높아진 범위까지 과거 인식되지 않은 이연법인세자산을 인식한다.

5 법인세비용의 계산 및 회계처리

기준서 내용에 따른 이연법인세에 대한 회계처리는 다음과 같다.

(1) 당기법인세

당기법인세는 회계기간의 과세소득에 대하여 납부할 법인세액을 말한다.

> 당기법인세=(법인세비용차감전순손익±영구적차이금액[주1]±일시적차이금액[주2])
>   ×법인세율−세액감면·공제액+법인지방소득세+농어촌특별세

주1) 기준서에서는 '영구적차이'라는 용어를 사용하지 않고 있다.
주2) 기준서에서는 '자산·부채의 장부금액과 세무기준액의 차이'로 정의하고 있으며, 가산할 일시적차이와 차감할 일시적차이로 구분한다.

(2) 이연법인세(법인세효과)

> 이연법인세(법인세효과)=일시적차이금액(공제가능한 이월결손금 등 포함)×평균세율
>   +세액공제이월액(농특세 과세분은 이월액의 80%)

이때 평균비율은 차기 이후에 적용할 법인세부담액 계산 시 가장 많은 과세표준에 적용되는 법인세율×1.1을 말한다.

① 당기말 이연법인세

> =(±)당기말 누적적 일시적차이금액 등×평균세율+세액공제이월액(또는 이월액의 0.8)
> =〔당기말 자본금과 적립금조정명세서(을)상 (±)유보잔액+15년 이내 발생한 이월결손금잔액〕×평균세율+세액공제이월액(농어촌특별세 과세분은 이월액의 80%)
> =(+)인 경우 당기말 이연법인세자산
>   (−)인 경우 당기말 이연법인세부채

주1) 조세특례제한법상 연구인력개발비세액공제는 농특세가 비과세되나 통합투자세액공제 및 통합고용세액공제는 20%의 농특세가 과세되므로 세액공제이월액의 종류에 따라 연구인력개발비세액공제 이월액은 전액을 이연법인세자산으로 인식하고 통합투자 및 통합고용 세액공제이월액은 이월액의 80%를 이연법인세자산으로 인식한다.
주2) 종속기업, 관계기업 및 공동기업 투자와 관련된 가산할 일시적차이 중 예측가능한 미래에 소멸할 가능성이 높지 않을 경우(배당·청산을 통제할 수 있는 별도의 법적·계약적 권리 또는 약정을 보유한 경우 등)에는 이연법인세부채를 인식하지 않는다.

주3) 세무상 이월결손금에 대해 미래에 과세소득에서 공제할 가능성이 높지 않은 경우 이연법인세자산을 인식하지 않는다.

주4) 자본에 직접 가감하는 FVOCI금융자산평가손익 등은 이연법인세는 법인세비용 계산 시 반영되는 이연법인세 계산에 반영하지 않는다.

② 당기 이연법인세변동액＝전기 이연법인세－당기 이연법인세

- 전기 이연법인세자산(부채)－당기 이연법인세자산(부채)
- 전기 이연법인세자산(부채)＋당기 이연법인세부채(자산)

(3) 법인세비용(수익)

- 법인세비용(수익)＝당기법인세－이연법인세자산의 증가(＋감소)
- 법인세비용(수익)＝당기법인세＋이연법인세부채의 증가(－감소)

결국 법인세비용(수익)은 '법인세비용(수익)＝당기법인세±이연법인세자산·부채의 당기 변동액' 계산구조에 의하여 사후적으로 도출되는 개념이 된다.

(4) 법인세비용(수익)의 회계처리

① 이연법인세자산 발생 시(법인세비용〈당기법인세)

(차) 법인세비용	×××	(대) 선납법인세	×××
이연법인세자산	×××	당기법인세부채	×××

② 이연법인세부채 발생 시(법인세비용〉당기법인세)

(차) 법인세비용	×××	(대) 선납법인세	×××
		당기법인세부채	×××
		이연법인세부채	×××

③ 이연법인세자산 증가액〉당기법인세＋이연법인세부채 증가액

(차) 이연법인세자산	×××	(대) 당기법인세부채	×××
		법인세수익	×××

중점사항

1. **이연법인세자산(부채)의 재무상태표상 표시**

   이연법인세자산(부채)은 비유동자산(비유동부채)으로 분류한다(기준서 제1001호 문단 56).

2. **이연법인세자산(부채)의 현재가치평가는 하지 아니한다**(문단 53).

3. **이연법인세자산(부채)의 상계 여부**

   다음의 조건을 모두 충족하는 경우에만 이연법인세자산과 이연법인세부채를 상계한다(문단 74).

   (1) 기업이 당기법인세자산과 당기법인세부채를 상계할 수 있는 법적으로 집행가능한 권리를 가지고 있다.

   (2) 이연법인세자산과 이연법인세부채가 다음의 각 경우에 동일한 과세당국에 의해서 부과되는 법인세와 관련되어 있다.

   ㉮ 과세대상기업이 동일한 경우

   ㉯ 과세대상기업은 다르지만 당기법인세 부채와 자산을 순액으로 결제할 의도가 있거나, 유의적인 금액의 이연법인세부채가 결제되거나 이연법인세자산이 회수될 미래의 각 회계기간마다 자산을 실현하는 동시에 부채를 결제할 의도가 있는 경우

6 회계처리

(1) 신설법인의 경우

사 례 1   신설법인의 최초사업연도

Ⅰ. 자료

   (1) 수진(주)의 최초사업연도: 2024.3.1.~2024.12.31.

   (2) 법인세비용차감전순이익(=회계이익): 200,000,000원

   (3) 세무조정

   ① 익금산입·손금불산입

   • 기업업무추진비한도초과액   50,000,000원

   • 감가상각비한도초과액   100,000,000원

   • 손실충당금한도초과액   18,000,000원

② 손금산입 · 익금불산입

- 정기예금 미수수익   25,000,000원(2025년 만기분)
- 국세환급금이자   10,000,000원

(4) 원천징수납부세액(선납법인세)   5,000,000원

(5) 2025년부터 매년 5억 원 이상의 세전이익이 예상된다.

(6) 법인세율은 과세표준 2억 원 이하 9%, 2억 원 초과 19%이다.

Ⅱ. 법인세비용 계산

(1) 법인세부담액: 51,263,666원

① 법인세 결정세액

$$\left(\begin{array}{l}\text{세전이익 } 200{,}000{,}000 \\ +\text{익금산입 } 168{,}000{,}000 \\ -\text{손금산입 } 35{,}000{,}000\end{array}\right) \times \frac{12}{10} \times \text{세율} \times \frac{10}{12}$$

$$=46{,}603{,}333원$$

② 법인지방소득세: $46{,}603{,}333 \times 10\% = 4{,}660{,}333$원

(2) 이연법인세 계산

계정과목	이연법인세 자산 · 부채
감가상각비	$100{,}000{,}000 \times 20.9\%^{주)} = 20{,}900{,}000$원, 자산
손실충당금	$18{,}000{,}000 \times 20.9\%^{주)} = 3{,}762{,}000$원, 자산
미수수익	$25{,}000{,}000 \times 20.9\%^{주)} = 5{,}225{,}000$원, 부채

주) 2025년 이후에 매년 5억 원 이상의 세전이익을 예상하므로 이연법인세 계산 시 법인세율 19%에 지방소득세 1.9%를 합한 20.9%를 평균세율로 적용한다.

따라서 당기말 재무상태표상 비유동자산항목에 계상되는 이연법인세자산은 19,437,000원(=20,900,000+3,762,000−5,225,000)이다.

(3) 법인세비용 계산: 51,263,666 − 19,437,000 = 31,826,666원

(4) 회계처리

(차) 법인세비용	31,826,666	(대) 선납법인세	5,000,000
이연법인세자산	19,437,000	당기법인세부채	46,236,666
(비유동자산)			

Ⅲ. 세무조정

법인세법에서는 이연법인세회계를 인정하지 않으므로, 다음과 같이 처리한다.

> • 손금불산입 · 법인세비용 · 51,263,666 · 기타사외유출
> • 손금산입 · 이연법인세자산 · 19,437,000 · △유보

사례 2   〈사례 1〉의 신설법인의 다음사업연도 경우

Ⅰ. 자료

(1) 수진(주)의 사업연도: 2025.1.1.~2025.12.31.

(2) 법인세비용차감전순이익(=회계이익): 600,000,000원

(3) 세무조정

① 익금산입 · 손금불산입

• 정기예금 미수수익	25,000,000원
• 손실충당금 한도초과액	10,000,000원
• 지급이자 손금불산입액	30,000,000원

② 손금산입 · 익금불산입

• 손실충당금 손금추인	18,000,000원
• 감가상각비 손금추인	10,000,000원
• 진행률매출계상액	150,000,000원

(4) 중간예납 · 원천징수납부세액(선납법인세) 20,000,000원

(5) 법인세율은 과세표준 2억 원 이하 9%, 2억 원 초과 19%이다.

Ⅱ. 법인세비용 계산

(1) 법인세부담액: 79,783,000원

① 법인세결정세액

(세전이익 600,000,000 + 익금산입 65,000,000 − 손금산입 178,000,000)×세율
= 72,530,000원

② 법인지방소득세: 72,530,000×10% = 7,253,000원

(2) 이연법인세 계산

계정과목	이연법인세자산 · 부채
감가상각비	90,000,000×20.9%[주1] = 18,800,000원, 자산
손실충당금	10,000,000×20.9%[주2] = 2,090,000원, 자산
진행률매출계상액	150,000,000×20.9%[주3] = 31,350,000원, 부채

주1) 전기말 잔액 100,000,000 − 당기감소액 10,000,000 = 당기말 ⊕유보잔액 90,000,000원

주2) 전기말 잔액 18,000,000 − 당기감소액 18,000,000 + 당기증가액 10,000,000
　　＝당기말⊕유보잔액 10,000,000원

주3) 당기증가액 150,000,000 = 당기말⊖유보잔액 150,000,000원

따라서 당기말 재무상태표상 비유동부채항목에 계상되어야 할 이연법인세부채는
10,460,000(＝18,800,000 + 2,090,000 − 31,350,000)이다.

(3) 법인세비용 계산: 79,783,000 + 10,460,000 + 19,437,000 = 109,680,000

(4) 회계처리

(차) 법인세비용	109,680,000	(대) 선납법인세	20,000,000
		당기법인세부채	59,783,000
		이연법인세부채	10,460,000
		(비유동부채)	
		이연법인세자산	19,437,000
		(전기분 비유동자산)	

Ⅲ. 세무조정

- 손금불산입 · 법인세비용 · 79,783,000 · 기타사외유출
- 익금산입 · 이연법인세자산 · 19,437,000 · 유보
- 익금산입 · 이연법인세부채 · 10,460,000 · 유보

(2) 당기손익 이외로 인식되는 항목

동일 회계기간 또는 다른 회계기간에, 당기손익 이외로 인식되는 항목과 관련된 당기법인세와 이연법인세는 당기손익 이외의 항목으로 인식된다. 따라서 동일 회계기간 또는 다른 회계기간에 인식된 당기법인세와 이연법인세는 다음과 같이 회계처리한다.

① 동일 회계기간 또는 다른 회계기간에 기타포괄손익에 인식된 항목과 관련된 금액은 기타포괄손익으로 인식한다.

　기타포괄손익으로 인식하는 예는 다음과 같다.

　가. 유형자산의 재평가로 인하여 발생하는 장부금액의 변동

　나. 해외사업장 재무제표의 환산에서 발생하는 외환차이

　다. 기타포괄손익 − 공정가치측정금융자산의 공정가치 변동액

② 동일 회계기간 또는 다른 회계기간에 자본에 직접 인식된 항목과 관련된 금액은 자본에 직접 인식한다.

자본에 직접 가감하는 예는 다음과 같다.

가. 소급 적용되는 회계정책의 변경이나 오류의 수정으로 인한 기초이익잉여금 잔액의 조정

나. 복합금융상품의 자본요소에 대한 최초인식에서 발생하는 금액

사례 3 유형자산 재평가 관련 이연법인세

Ⅰ. 자료

(1) 수진(주)의 회계연도는 2025.1.1.~12.31.이다.

(2) 수진(주)는 2025년 중에 토지를 10억 원에 취득하였으며, 수진(주)는 토지에 대해 기준서 제1016호(유형자산) 문단 31에서 규정하는 재평가모형을 적용한다.

(3) 2025.12.31. 현재 토지의 공정가치는 15억 원이다.

(4) 이연법인세계상 시 평균세율은 22%로 한다.

Ⅱ. 회계처리

(1) 취득 시

(차) 토지	10억 원	(대) 현금	10억 원

(2) 결산 시

(차) 토지	5억 원	(대) 재평가잉여금 (기타포괄손익)	5억 원[주1]
(차) 재평가잉여금	1.1억 원[주2]	(대) 이연법인세부채	1.1억 원[주3]

주1) 유형자산의 재평가로 인하여 발생하는 장부금액의 변동은 기타포괄손익으로 인식한다(기준서 제1016호 문단 39).

주2) 5억 원×22%=1.1억 원. 이 경우 기타포괄손익에 인식된 금액과 관련한 이연법인세는 기타포괄손익으로 인식한다(기준서 제1012호 문단 61A).

주3) 재평가의 결과를 회사가 장부상 계상한 토지금액은 15억 원이지만 현행 법인세법은 토지의 재평가를 인정하지 않는다. 따라서 세무상 과세소득은 10억 원이 되므로 부(−)의 일시적차이가 존재하게 된다. 이는 추후에 가산하여야 할 일시적차이가 되므로 이연법인세부채로 인식하여야 한다.

Ⅲ. 세무조정

- 익금산입 · 재평가잉여금 · 3.9억 원 · 기타
- 익금산입 · 이연법인세부채 · 1.1억 원 · 유보
- 손금산입 · 토지 · 5억 원 · △유보

7 법인세 처리의 불확실성(K-IFRS 해석서 제2123호)

현행 K-IFRS 제1012호「법인세」에서는 법인세 처리가 불확실한 경우(예: 기업이 과세당국의 과세 결정에 불복하는 경우), 당기·이연법인세자산·부채의 인식 및 측정 회계처리에 적용할 구체적 지침이 없어 실무회계처리가 다양한 문제가 발생하고 있으므로,「해석서 제2123호 처리의 불확실성」을 제정하여 2019.1.1. 이후부터 이에 대한 구체적인 지침을 제공하여 실무회계처리를 일원화한다.

기업이 법인세 신고에 사용하였거나 사용하려는 법인세 처리를 과세당국(법원 포함)이 세법에 따라 수용할지가 불확실할 때 다음과 같이 처리한다.

① 불확실성의 해소를 더 잘 예측하는지에 따라 불확실한 법인세 처리를 개별적으로 고려할지, 다른 불확실한 법인세 처리와 함께 집합적으로 고려할지를 판단한다.

② 과세당국은 조사할 권한이 있는 만큼 모두 조사할 것이고, 조사 시 관련 정보를 모두 알고 있다고 가정한다.

③ 과세당국이 불확실한 법인세 처리를 수용할 '가능성이 높은지(probable)'를 판단하여 과세소득(세무상결손금), 세무기준액, 미사용 세무상결손금, 미사용 세액공제, 세율을 적용하여 다음과 같이 산정하고 법인세 관련 회계처리를 수행한다.

과세당국의 수용 가능성	산정 방법
① 높다.	법인세 신고에 사용하였거나 사용하려는 법인세 처리와 일관되게 산정
② 높지 않다.	불확실성의 영향을 반영하여 산정 ① 가능성이 가장 높은 금액(가능한 결과치가 두 가지이거나 하나의 값에 집중되는 경우에 사용) ② 기댓값 가운데 불확실성의 해소를 더 잘 예측할 것으로 예상하는 방법을 사용

④ 판단이나 추정의 기초가 된 사실 및 상황이 달라지거나 새로운 정보가 입수되면 해석서에서 요구하는 판단이나 추정을 다시 검토한다.

⑤ 불확실한 법인세 처리와 관련되는 이자와 벌과금의 경우

　가. K-IFRS 제10102호의 법인세로 본다면: 불확실성이 있을 때 해당 금액에 해석서를 적용

　나. K-IFRS 제10102호의 법인세로 보지 않는다면: 불확실성이 존재하는지에 관계없이 해당 금액에 해석서를 적용하지 않고 K-IFRS 제1037호를 적용

8 배당의 법인세효과 회계처리

기업은 배당을 지급하기 위해 부채를 인식할 때 기준서 제1109호에서 정의된 배당에 대하여 법인세효과를 인식한다. 배당의 법인세효과는 소유주에 대한 분배보다는 분배가능한 이익을 창출하는 과거의 거래나 사건을 어디에 인식하였는지에 따라 배당의 법인세효과를 당기손익, 기타포괄손익 또는 자본으로 인식한다(문단 57A).

9 글로벌 최저한세(필라2 모범규칙)에 따른 법인세비용

(1) 필라2 모범규칙

경제협력개발기구(OECD)는 2021년 12월, 경제의 디지털화로 생기는 세금 문제 해결을 목표로 하는 필라2 모범규칙을 발표, 그 규칙의 주요 골자는 대규모 다국적 연결실체가 사업을 하는 각 국가에서 생기는 초과이익에 대해 총세액이 적어도 15%(최저한세)가 되도록 하는 것이다.

(2) 우리나라의 경우

우리나라는 2022년 12월 국제조세조정에 관한 법률(제61~87조)에 글로벌 최저한세규정이 신설되어 2024.1.1. 이후 개시하는 사업연도분부터 적용하도록 하여 필라2 모범규칙에 해당하는 법인세규정이 제정되었다.

(3) 적용범위

이 기준서는 경제협력개발기구(OECD)가 발표한 필라2 모범규칙을 시행하기 위하여 제정되었거나 실질적으로 제정된 세법(그 규칙에서 기술하는 적격소재국추가세를 시행하는 세법 포함, 필라2 법률)에서 생기는 법인세(필라2 법인세)에 적용한다. 이 기준서 요구사항에 대한 예외로, 필라2 법인세와 관련되는 이연법인세 자산 및 부채를 인식하지 아니하고 이에 대한 정보도 공시하지 아니한다(기준서 제1012호 문단 4A).

(4) 공시

① 필라2 법인세와 관련되는 이연법인세 자산·부채의 인식 및 공시에 대한 예외 규정을 적용하였다는 사실을 공시한다(문단 4A 참조, 문단 88A).

② 필라2 법인세와 관련되는 당기법인세비용(수익)은 별도로 공시한다(문단 88B).

③ 필라2 법률이 제정되었거나 실질적으로 제정되었지만 아직 시행일이 도래하지는 않은 기간에는, 재무제표이용자가 그 법률에서 생기는 필라2 법인세에 대한 기업의 익스포저를 이해하는데 도움이 되는, 이미 알고 있거나 합리적으로 추정할 수 있는 정보를 공시한다(문단 88C).

④ 문단 88C의 공시 목적을 이루기 위하여 보고기간 말에 기업의 필라2 법인세 익스포저에 대한 질적 정보와 양적 정보를 공시한다. 이 정보는 필라2 법률의 모든 구체적인 요구사항을 반영할 필요는 없고 대략적인 범위의 형태로 제공할 수도 있다. 정보를 알지 못하거나 합리적으로 추정할 수 없는 경우에는 그 대신에 그러한 사실을 기술하고 기업의 익스포저 평가 진행상황에 대한 정보를 공시한다.

문단 88C~88D를 설명하는 예시

문단 88C~88D의 목적과 요구사항을 충족하기 위하여 공시할 수 있는 정보의 예는 다음을 포함한다.

(1) 필라2 법률에 기업이 어떻게 영향을 받는지와 필라2 법인세에 익스포저가 존재할 수 있는 주요 국가와 같은 질적 정보

(2) 다음 '(가)' 또는 '(나)'와 같은 양적 정보
  (가) 필라2 법인세 적용 대상이 될 수 있는 순이익의 비율과 해당 순이익에 적용되는 평균유효세율을 나타내는 정보
  (나) 필라2 법률이 시행되었다면 기업의 평균유효세율이 어떻게 달라졌을지를 나타내는 정보

---

(5) 시행일(문단 98M)

① 문단 4A와 88A는 이 개정 내용이 공표되는 즉시 기업회계기준서 제1008호에 따라 소급 적용한다.

② 문단 88B~88D는 2023년 1월 1일 이후 최초로 시작되는 회계연도부터 적용한다. 2023년 12월 31일 이전에 종료되는 중간기간의 경우, 해당 문단에서 요구하는 정보를 반드시 공시해야 하는 것은 아니다.

| 신속처리 질의·답변 |

이연법인세

1. 기타포괄손익에 인식된 이연법인세 자산의 제거

(1) 질의

기타포괄손익 – 공정가치(FVOCI)금융자산 평가손실에 대한 법인세효과를 이연법인세자산으로 인식하면서 기타포괄손익에서 조정하였음. 이후 회사의 영업손실이 지속되면서 과세소득의 발생가능성이 높지 않아 기존에 인식한 이연법인세자산을 모두 제거하려고 함. 이때 기타포괄손익에서 조정한 이연법인세자산의 회계처리는?

(2) 회신

이연법인세자산의 회수가능성을 재검토하는 경우, 관련된 일시적차이의 금액에 변동이 없더라도 장부금액이 변경될 수 있음.

이로 인한 이연법인세는 당기손익 이외의 항목(기타포괄손익)으로 인식되었던 항목과 관련한 부분은 당기손익 이외의 항목(기타포괄손익)으로 인식함(제1012호 문단 60, 61A).

2. 종속기업 및 관계기업 투자 관련 가산할 일시적차이에 대한 이연법인세부채 인식 여부

(1) 질의

회사는 종속기업 및 관계기업에 대한 투자지분을 보유하고 있음. 회사가 종속기업 및 관계기업에 대한 투자지분에 대해 처분계획이 없음에도 불구하고 관련된 가산할 일시적차이에 대하여 이연법인세부채를 인식해야 하는지?

(2) 회신

종속기업 및 관계기업에 대한 투자지분에 대한 가산할 일시적차이는 처분뿐만 아니라 배당, 청산으로도 소멸 가능함.

일시적차이의 (1) 소멸 시점을 통제할 수 있고, (2) 예측가능한 미래에 소멸되지 않을 가능성이 높다는 조건을 모두 만족하는 정도까지를 제외하고는 이연법인세부채를 인식함(제1012호 문단 39).

따라서 지배기업은 종속기업의 배당정책(청산)을 통제할 수 있으므로 예측가능한 미래에 배당받지 않을 것으로 결정한 경우에는 이연법인세부채를 인식하지 아니함(제1012호 문단 40).

관계기업에 대한 투자자는 배당정책(청산)을 결정할 수 없으므로 관계기업으로부터 이익을 예측가능한 미래에 배당받지 않는다는 약정이 없다면 관련 가산할 일시적차이로 인해 발생하는 이연법인세부채를 인식함(제1012호 문단 42).

3. 금융부채로 분류한 전환권의 이연법인세 인식 여부

(1) 질의

전환사채의 전환권이 금융부채(파생상품부채)인 경우, 파생상품평가손익으로 인한 일시적차이에 대해 전환권의 행사에 따른 전환 가능성과 관계없이 이연법인세자산(부채)을 인식하는지?

(2) 회신

이연법인세부채와 이연법인세자산을 측정할 때는 보고기간 말에 기업이 관련 자산과 부채의 장부금액을 회수하거나 결제할 것으로 예상되는 방식에 따른 세효과를 반영함(제1012호 문단 50).

전환사채의 경우 결제방법에 따라 미래 세효과의 발생 여부가 결정되기 때문에 '전환가능성에 대한 기대'를 고려해야 함.

- 보통주로 전환될 가능성이 높다면, 세무상 자본거래에 해당하여 세효과가 발생하지 않으므로 이연법인세자산(부채)을 미인식함.
- 그러나 현금상환으로 결제할 가능성이 높다면, 최초 발행시점에는 일시적차이가 없으나 파생상품부채의 후속 평가로 생기는 일시적차이에 대하여 이연법인세자산* 또는 부채를 인식함(제1012호 문단 15, 24).

  * 이연법인세자산의 경우, 차감할 일시적차이가 사용될 수 있는 과세소득의 발생가능성이 높은 경우에만 인식

4. 유형자산 재평가와 이연법인세부채 인식 여부

(1) 질의

회사는 유형자산의 토지에 원가모형을 적용하였으나, 당기에 재평가모형으로 회계정책을 변경하고 토지를 재평가함. 토지 재평가로 발생하는 가산할 일시적차이에 K-IFRS 제1012호 문단 15(2)의 자산 최초인식 예외를 적용하여 이연법인세부채를 인식하지 않을 수 있는지?

(2) 회신

토지의 재평가로 발생한 가산할 일시적차이는 토지의 후속 평가로 발생하므로 해당 가산할 일시적차이에 대하여 이연법인세부채를 인식함.

K-IFRS 제1012호 문단 15(2)는 자산 또는 부채가 최초로 인식되는 거래에 적용함.

5. 보험수리적손익 관련 이연법인세부채 인식 여부

(1) 질의

회사는 장기간 실적 부진으로 미래 과세소득의 발생 가능성이 낮다고 보아 과거에는 보험수리적손실과 관련하여 이연법인세자산을 인식하지 않았음. 최근 회사는 확정급여채무에 대한 보험수리적이익(기타포괄손익)을 인식하였고 그로 인하여 가산할 일시적차이가 발생함. 회사는 해당 가산할 일시적차이에 대하여 이연법인세부채를 인식해야 하는지?

(2) 회신

과거에 이연법인세자산을 인식하였는지와 무관하게, 영업권 최초인식 등 예외 사항에 해당하지 않는다면 모든 가산할 일시적차이에 대하여 이연법인세부채를 인식함(제1012호 문단 15, 39).

6. 관계기업에 대한 투자자산의 이연법인세부채 측정 시 적용세율

(1) 질의

회사의 관계기업에 대한 투자자산의 장부금액이 세무기준액과 달라 가산할 일시적차이

가 발생함. 관련 이연법인세부채를 측정할 때, 자산의 소멸형태에 따라 적용세율을 달리할 수 있는지?

(2) 회신

이연법인세부채를 측정할 때는 보고기간 말에 기업이 관련 자산의 장부금액을 회수할 것으로 예상되는 방식에 따른 세효과를 반영함(제1012호 문단 51).

따라서 배당, 처분, 청산 등 일시적차이의 소멸 형태별로 세효과가 다르다면, 회사가 예상하는 소멸 형태에 따라 이연법인세부채 측정 시 각각 다른 세효과를 고려한 세율을 적용함.

7. 상환전환우선주의 내재파생상품 이연법인세 인식 여부

(1) 질의

회사는 상환전환우선주를 발행하고 주계약과 내재파생상품을 분리하여 해당 파생상품부채를 매기 공정가치로 평가함. 이때, 공정가치 평가로 장부금액이 달라지면 이연법인세를 인식해야 하는지? (세무상 상환전환우선주는 자본으로 분류되어 상환되거나 전환될 때 과세되지 아니함)

(2) 회신

'일시적차이'는 재무상태표상 자산 또는 부채의 장부금액과 세무기준액의 차이를 의미하며(제1012호 용어의 정의),

부채의 세무기준액은 장부금액에서 미래 회계기간에 당해 부채와 관련하여 세무상 공제될 금액을 차감한 금액임(제1012호 문단 8).

상환전환우선주는 세무상 자본으로 분류되어 상환되거나 전환될 때 과세대상이 아니므로 미래에 공제될 금액이 없음. 따라서 부채의 세무기준액은 장부금액과 일치하여 일시적차이는 발생하지 않음.

즉, 파생상품부채의 장부금액이 변동되더라도 관련 세무기준액은 장부금액과 동일하므로 이연법인세를 인식하지 않음.

 Expert Opinion Summary

이연법인세 회계 주요내용

법인세비용＝당기법인세부담액(환급액) ＋ (－) 법인세추납액(환급액)
＋ (－)이연법인세 변동액

1. 정부보조금 및 일시상각충당금

차) 기계장치   1,000   대) 정부보조금   1,000

　　손금산입 · 일시상각충당금   1,000 (－)유보

　　익금산입 · 정부보조금   1,000   유보

→ 기업회계상 유형자산의 장부금액과 세법상 장부금액이 일치하여 일시적차이
가 발생하지 않음(이연법인세를 인식하지 않음).

2. 사용권자산과 리스부채 및 유형자산과 복구충당부채(단일거래에서 생기는 자산과 부채에 관련되는 이연법인세 즉시 인식)

차) 사용권자산　　　　　1,000　　대) 리스부채　　　　　　1,000
　　이연법인세자산　　　　209　　　　이연법인세부채　　　　209

* 이연법인세적용 시 평균세율은 20.9%로 정함
　손금산입　사용권자산　　1,000　(-)유보
　　　　　　이연법인세자산　209　(-)유보
　익금산입　리스부채　　　1,000　　유보
　　　　　　이연법인세부채　209　　유보

→ 사용권자산과 리스부채에 대한 유보금액은 일시적차이금액에 대한 이연법인세 계산 시
반영하지 않음. 이는 사용권자산의 상각 및 리스부채의 상환과 이자비용계산 시 이연법
인세자산 · 부채를 법인세비용에서 직접 가감하여 계산함. 이연법인세자산 · 부채에 대한
유보금액에 대하여는 일시적차이금액으로 반영하지 않음(다음 종합사례 3. (1) 참조).

3. 사업결합(영업권반영): 이연법인세부채를 인식하여 영업권을 증가 또는 염가매수차
익을 차감(일시적차이금액에 대한 이연법인세계산 시 반영하지 않음)

차) 자산　　　　　　　　1,300　　대) 부채　　　　　　　　700
　　(장부가 1,000)　　　　　　　　　　자본금　　　　　　　　25
　　영업권　　　　　　　　560　　　　주식발행초과금　　　1,075
　　(500+60)　　　　　　　　　　　　이연법인세부채　　　　60
　　　　　　　　　　　　　　　　　　　　　　(평균세율 20%)

　손금산입　자산　　　　　300　(-)유보
　　　　　　영업권　　　　　560　(-)유보
　익금산입　주식발행초과금　800　　기타
　　　　　　이연법인세부채　60　　유보

→ 자산 (-)300 유보금액에 대하여 일시적차이금액에 대한 이연법인세계산 시
반영하지 않음. 이연법인세부채도 반영하지 않음.

→ 이연법인세부채금액은 추후 자산에 대해 손금불산입이 발생 시 당기 법인세비
용과 상계처리함.

4. 자산 · 부채의 최초인식(이연법인세를 인식하지 않음)
시가 600의 기계장치를 대표이사로부터 1,000에 매입

차) 기계장치　　　　　　1,000　　대) 현 금　　　　　　　1,000
　　손금산입　기계장치　　400 (-)유보

익금산입	부당행위	400		상여	
차) 감가상각비		200	대) 감가상각누계액		200
손금불산입	기계장치	80		유보	

→ 자산 · 부채가 최초로 인식되는 거래가 사업결합거래가 아니고, 회계이익이나 과세소득에 영향을 주지 않으며 거래 당시 동일한 금액으로 가산할 일시적차이와 차감할 일시적차이가 생기지 않는 경우 이연법인세부채를 인식하지 않음.

→ 상기 유보금액에 대하여 일시적차이금액에 대한 이연법인세를 인식하지 않음.

5. 세무상 인정되지 못하는 영업권(이연법인세를 인식하지 않음)

차) 영업권		1,000	대) 현금		1,000
손금산입	영업권	1,000	(−)유보		
익금산입	영업권	1,000	기타		

→ 이연법인세부채를 인식하지 않음.

6. 종속기업투자주식

차) 종속기업투자주식		1,000	대) 지분법이익		600
			지분법자본변동 (+OCI)		400
손금산입	종속기업투자주식	1,000	(−)유보		
익금산입	지분법자본변동	400	기타		

→ 지배기업이 일시적차이의 소멸시점을 통제할 수 있으며, 예측가능한 미래에 일시적차이가 소멸되지 않을 가능성이 높은 경우(배당이나 처분계획이 없는 경우) 이연법인세부채를 인식하지 않음(해당하지 않으면 이연법인세를 인식함).

7. 관계기업투자주식

차) 관계기업투자주식		1,000	대) 지분법이익		600
			지분법자본변동 (+ OCI)		320
			이연법인세부채		80
손금산입	관계기업투자주식	1,000	(−)유보		
익금산입	지분법자본변동	400	기타		

→ 지배기업에 해당하지 않으며 미래에 배당하지 않는다는 약정이 없는 한 이연법인세를 인식함.

8. 공동기업투자주식

　전원동의의 의사결정을 하고 미래에 배당이 없을 것으로 예상되는 경우 이연법인세를 인식하지 않음.

9. 미래예상세율(평균세율)의 결정

(1) 당기말 이연법인세계산 시 일시적차이금액에 대하여 적용하는 미래예상세율(평균세율)은 일시적차이가 소멸될 것으로 예상되는 기간의 과세소득에 적용될 것으로 기대되는 평균세율을 말하며(일반기업회계기준 및 국제회계기준 모두 동일) 다음의 두 가지 방법 중 하나의 방법을 선택하여 결정함.

(2) 일시적차이가 소멸되는 추정시점의 추정 평균세율

　1) 2025년 이후 매년 과세표준(소멸하는 일시적차이 모두 고려) 500억 원 예상

　2) 세액계산

　　2억 원 × 9% + 198억 원 × 19% + 300억 원 × 21% = 100.8억 원

　　100.8억 원 × 1.1 = 110.88억

　3) 평균세율 = 110.88/500 = 22.18%

(3) 일시적차이가 소멸되는 사업연도의 일시적차이금액 반영세율

　1) 2025년 이후 세전이익이 400억 원으로 예상되고 일시적차이금액은 3,000억 원 미만의 금액에 반영될 것으로 추정 시 일시적차이금액이 반영되는 금액에 적용되는 과세세율(지방소득세 반영)을 평균세율로 정함.

　2) 평균세율 = 21% + 2.1% = 23.1%

(4) 대부분의 기업은 상기 '(3)'으로 평균세율을 산정하여 이연법인세를 계산함.

10. 자본에 직접 가감하는 항목 관련 법인세부담액: 자본에 직접가감

(1) 당기법인세부담세율로 자본계정에서 직접 가감처리

　다음 '(2), (3)'의 당기법인세부담세율은 20.9%(19% + 1.9%) 전제

(2) 자기주식처분손익

차) 현금	3,300	대) 자기주식	2,300
		자기주식처분이익	1,000
		(자본 + 항목)	
차) 자기주식처분이익	209	대) 법인세비용	209

　　* 1,000 × 20.9% = 209

(3) 사외적립자산에 대한 재측정요소

차) 사외적립자산 2,000 대) 퇴직급여 300

　재측정요소 100 　(비용 −)

　(자본−항목) 　현 금 1,800

손금산입 재측정요소 100 기타

차) 법인세비용 20.9 대) 재측정요소 20.9

* 100 × 20.9% = 20.9

11. 자본에 직접 가감항목 관련 이연법인세(FVOCI금융자산평가손익): 이연법인세 직접 인식 & 사후관리

(1) 자료

1) 차) FVOCI금융자산 1,000 대) 현금 1,000

(지분상품: 주식)

2) 결산 시 FVOCI금융자산의 공정가치 1,200

차) FVOCI금융자산 200 대) FVOCI금융자산평가이익 200

(+OCI)

손금산입 FVOCI금융자산 200 (−)유보

익금산입 FVOCI금융자산평가이익 200 기타

3) 세전이익은 0원이고 다른 세무조정은 없음 전제

전기말 이연법인세 없음 전제

(2) 이연법인세계산 시 적용 평균세율: 상기 '9. (3)'에 의하여 20.9%로 결정

(3) 결산 시 법인세비용계산 시 이연법인세부채를 계상하는 방법

1) 법인세부담액: 0

소득금액: 0 + 200 − 200 = 0

법인세, 지방세, 농특세 없음.

2) 당기말 (−)유보금액 200 × 20.9% = 이연법인세부채 41.8 증가

3) 차) 법인세비용 41.8 대) 이연법인세부채 41.8

4) 자본에서 직접 가감

차) FVOCI금융자산평가이익 41.8 대) 법인세비용 41.8

(4) FVOCI금융자산평가이익 계산 시 바로 이연법인세부채를 인식하는 방법

차) FVOCI금융자산 200 대) FVOCI금융자산평가이익 158.2

(+OCI)

이연법인세부채 41.8

손금산입 FVOCI금융자산 200 (−)유보

익금산입 FVOCI금융자산평가이익 158.2 기타

이연법인세부채   41.8   유보

→ 상기 유보금액에 대하여 일시적차이금액에 대한 이연법인세를 계산하지 않음.

→ 저자는 상기 '(4)'의 방법을 권유함(삼성전자가 처리하는 방법이며, 현대자동차는 상기 '(3)'의 방법을 적용하여 처리하고 있음).

→ 2022년처럼 연말에 세율이 변동 시 자본에서 직접 차감하는 이연법인세부채금액을 미래예상세율을 적용하지 않고 당기법인세부담세율을 적용하여 자본에서 차감하는 사례가 있었는 바 이는 절대적으로 잘못된 방법이며 반드시 미래예상세율(개정된 세율)을 적용하여 계산하여야 함에 유의

(5) 추후 처분 시

차) FVOCI금융자산평가이익   158.2   대) 미처분이익잉여금   158.2
(+OCI)

이연법인세부채   41.8   법인세비용   41.8

→ 반드시 직접 사후관리를 통해 이연법인세부채를 직접 제거함.

손금산입   이연법인세부채   41.8   유보

손금불산입   법인세비용   41.8   기타사외유출

12. 전기대비 평균세율이 변동 시(2022년의 경우) 이연법인세계산

(1) 2021.12.31. 현재 잔액(이연법인세적용 평균세율 27.5%)

FVOCI금융자산평가이익   725(세무조정 FVOCI금융자산   1,000   (−) 유보
(+OCI)   이연법인세부채   275   유보)

이연법인세부채   275

(2) 2022.12.31. FVOCI금융자산평가이익발생액 500(평균세율 26.4%로 변경)

(3) 2022.12.31. FVOCI금융자산 (−) 유보잔액 1,500

이연법인세부채   유보잔액   396(1,500 × 26.4%)

(4) 2022년 이연법인세부채증가액 121(396 − 275 = 121)

(5) 2022.12.31.

차) FVOCI금융자산   500   대) FVOCI금융자산평가이익   379
                             이연법인세부채   121

→ 이연법인세부채는 일시적차이금액에 대한 이연법인세계산에 반영되지 않음.

13. 세액공제 이월로 인한 이연법인세자산 변동액

(1) 조세특례제한법상 세액공제가 최저한세의 적용 또는 결손금의 발생에 따라 이월되는 경우에는 회수가능성(향후 과세소득의 발생가능성이 높은 경우: 일반기업회계기준은 매우 높은 경우)을 검토하여 이연법인세자산을 인식함.

(2) 연구인력개발비세액공제(농특세 비과세)

　　이월액의 100%를 이연법인세자산으로 인식

(3) 통합투자세액공제 및 통합고용증대세액공제(농특세 20% 과세)

　　이월액의 80%를 이연법인세자산으로 인식

14. 회계정책변경 시 이연법인세인식(자본에 직접 가감)

(1) 2025.1.1. 일반기업회계기준을 국제회계기준으로 전환 시 전환분개

　　차) 토지　　　　　　　1,000　　　대) 미처분이익잉여금　　　736

　　　(토지원가 2,000)　　　　　　　　　이연법인세부채　　　　264

　　　　　　　　　　　　　　　　　　　(1,000 × 평균세율 26.4% 전제 = 264)

　　손금산입　토지　　　　　　　1,000　　(−)유보

　　익금산입　미처분이익잉여금　736　　　기타

　　　　　　　이연법인세부채　　264　　　유보

　　→ 상기 유보금액에 대하여 일시적차이에 의한 이연법인세를 계산하지 않음.

(2) 추후 토지를 5,000에 매각 시

　　차) 현금　　　　　　　　5,000　　　대) 토지　　　　　　　　　3,000

　　　　　　　　　　　　　　　　　　　　　유형자산처분이익　　　2,000

　　차) 이연법인세부채　　　264　　　대) 법인세비용　　　　　　264

　　손금산입　토지　　　　　　　　1,000　유보

　　손금산입　이연법인세부채　　　264　유보

　　손금불산입 법인세비용　　　　　264　기타사외유출

　　* 법인세비용 = 법인세부담액 792(3,000 × 26.4%) − 264 = 528

　　　　　　　　(장부상 처분이익 2,000에 대응하는 비용)

15. 확정급여채무의 재측정요소에 대한 이연법인세인식

(1) 재측정요소를 계속 자본항목에 계상하는 방법(삼성전자 채택방법)

　2025.12.31. 차) 재측정요소(−OCI)　736　대) 확정급여채무　　1,000

　　　　　　　　　이연법인세자산　　264

　　　　　→ 평균세율 26.4%로 바로 이연법인세자산을 인식(재측정요소에서

　　　　　　　바로 차감)하고 유보금액은 일시적차이금액에 대한 이연법인세

　　　　　　　계산에 반영하지 않음.

　　　　　손금산입　재측정요소　　　736　　　기타

　　　　　　　　　　이연법인세자산　264　　(−)유보

　　　　　익금산입　확정급여채무　　1,000　　유보

→ 다른 자본에 직접 가감하는 경우와 달리 이 재측정요소와 이연법
인세자산은 사후관리가 없이 매년 계산하여 재무상태표에 계상
됨(이연법인세자산은 물론 다른 이연법인세와 가감처리됨).

(2) 재측정요소를 이익잉여금과 상계처리하는 방법(현대자동차 채택방법)

2025.12.31. 차) 재측정요소   1,000   대) 확정급여채무   1,000

         손금산입   재측정요소   1,000   기타

         익금산입   확정급여채무   1,000   유보

→ 유보금액을 일시적차이금액에 반영하여 법인세비용을 계산하고
추후 이를 재측정요소에서 차감하는 방법임.

         차) 이연법인세자산   264   대) 법인세비용   264

         차) 법인세비용   264   대) 재측정요소   264

내년 주주총회 시

         차) 미처분이익잉여금   736   대) 재측정요소   736

16. 이연법인세자산과 부채의 상계처리

(1) 일반기업회계기준

일반기업회계기준에서는 일시적차이의 예상소멸시기를 추정하여 차기분은 유동
자산·부채로, 차기 이후4분은 비유동자산·부채로 계상하며 동일분류 내에서는
서로 상계하여 표시한다.

(2) 국제회계기준

국제회계기준에서는 이연법인세자산·부채를 모두 비유동항목으로 분류하고 서
로 상계하여 재무상태표에 계상한다.

법인세비용 계산 종합사례(주석작성실무 포함)

1. 수진(주)는 2025.1.10. 신설법인임(K-IFRS 적용법인이며 비중소기업임)

2. 세전이익은 300억 원(이연법인세계산 시 평균세율은 23.1%로 정함)

3. 항목별 세무조정 자료

(1) 부동산임대차거래

2025.1.10.   (차) 임차보증금   75,131,480   (대) 보통예금   1억원

               사용권자산   24,868,520

         익금산입 임차보증금   24,868,520   유보

         손금산입 사용권자산   24,868,520   (-)유보

    2025.12.31. （차）사용권자산상각비　8,289,507　（대）사용권자산　8,289,507

              임차보증금　7,513,148　이자수익　7,513,148

              손금불산입　사용권자산　8,289,507　유보

              익금불산입　임차보증금　7,513,148　유보

(2) 부동산임차료거래

    2025.1.10.　（차）사용권자산　49,737,039　（대）리스부채　49,737,039

              손금산입　사용권자산　49,737,039　（－）유보

              익금산입　리스부채　49,737,039　유보

    2025.12.31.　（차）사용권자산상각비　16,579,013　（대）사용권자산　16,579,013

              리스부채　15,026,296　보통예금　20,000,000

              이자비용　4,973,704

              손금불산입　사용권자산　16,579,013　유보

              손금산입　리스부채　15,026,296　유보

(3) '(2)'에 대한 이연법인세(직접 인식·관리함: 일시적 차이로 인한 이연법인세를 인식하지 않음)

    1.10.　　　（차）이연법인세자산　11,489,256　（대）이연법인세부채　11,489,256

          * $49,737,039 \times 23.1\% = 11,489,256$

    12.31.　　（차）이연법인세부채　3,829,752　（대）법인세비용　3,829,752

          * $16,579,013 \times 23.1\% = 3,829,752$

          （차）법인세비용　3,471,074　（대）이연법인세자산　3,471,074

          * $15,026,296 \times 23.1\% = 3,471,074$

          손금산입　이연법인세자산　11,489,256　（－）유보

          익금산입　이연법인세부채　11,489,256　유보

          손금산입　이연법인세부채(법인세비용)　3,829,752　유보

          익금산입　이연법인세자산(법인세비용)　3,471,074　유보

          → 이연법인세자산·부채에 대해서는 이연법인세를 인식하지 않음.

(4) 부당행위계산 부인거래발생

    1) 2025.7.1. 대표이사로부터 시가 5억 원 기계장치를 6억 원에 취득

    2) 내용연수 10년, 정액법적용

        （차）기계장치　6억 원　（대）현금　6억 원

          손금산입　기계장치　1억 원　（－）유보

          익금산입　부당행위　1억 원　상여

        （차）감가상각비　0.3억 원　（대）감가상각누계액　0.3억 원

　　　　손금불산입　기계장치　5,000,000　유보

　3) 일시적차이로 인식하지 않아 이연법인세 계상없음.

(5) 법인세법상 인정받지 못하는 영업권취득

　1) 2025.10.1. 사업양수로 영업권 10억 원 발생

　2) 법인세법상 영업권으로 인정받지 못하는 영업권임.

　　　(차) 영업권　　　　　　　10억 원　　(대) 현금　　　　　　　10억 원

　　　손금산입　영업권　10억 원　(-)유보
　　　익금산입　영업권　10억 원　기타

　3) 일시적차이로 인식하지 않아 이연법인세 계상없음.

(6) 종속기업투자주식에 대한 지분법 회계처리

　1) 예측가능한 미래에 배당 및 처분계획이 없음.

　　　(차) 종속기업투자주식　　3억 원　　(대) 지분법이익　　　2억 원
　　　　　　　　　　　　　　　　　　　　　　　지분법자본변동　　1억 원

　　　손금산입　종속기업투자주식　3억 원 (-)유보
　　　익금산입　지분법자본변동　1억 원　기타

　2) 일시적차이로 인식하지 않아 이연법인세 계상없음.

(7) 자기주식취득거래

　1) 처분목적의 자기주식 3억 원 취득(소각하지 않음)

　2) (차) 자기주식　　　　　　3억 원　　(대) 현금　　　　　　　3억 원
　　　(자본-항목)

　　　익금산입　자기주식　　3억 원　유보
　　　손금산입　자기주식　　3억 원　기타

　3) 자산 최초취득거래로 이연법인세를 인식하지 않음.

(8) FVOCI금융자산 취득 및 후속측정

　1) 2025.10.1. A법인주식 3%를 10억 원에 취득

　　　(차) FVOCI금융자산　　10억 원　　(대) 현금　　　　　　　10억 원

　2) 2025.12.31. 공정가치 12억 원으로 평가

　　　(차) FVOCI금융자산 2억 원　(대) FVOCI금융자산평가이익 153,800,000
　　　　　　　　　　　　　　　　　　　　　(자본+항목)
　　　　　　　　　　　　　　　　　　이연법인세부채　　　　46,200,000

　　　* 200,000,000 × 23.1% = 46,200,000

　3) FVOCI금융자산평가이익 계상 시 이연법인세부채를 바로 인식계상
　　　일시적차이로 인한 이연법인세를 계산하지 않음.

4) 손금산입   FVOCI금융자산   2억 원 （-）유보

　　익금산입   FVOCI금융자산평가이익   153,800,000 기타

　　　　　　이연법인세부채   46,200,000 유보

　　→ 이연법인세부채에 대한 유보금액은 이연법인세를 인식하지 않음.

(9) 확정급여채무 및 사외적립자산

　　2025.12.31. (차) 퇴직급여   20억 원   (대) 확정급여채무   20억 원

　　　　　　손금불산입 확정급여채무 20억 원 유보

　　　　　　(차) 사외적립자산 16억 원   (대) 현금   16억 원

　　　　　　손금산입   사외적립자산   16억 원 （-）유보

4. 기타 세무조정내역

(1) 익금·손금불산입

　　1) 기업업무추진비한도초과액   2억 원   기타사외유출

　　2) 대손충당금한도초과액   5억 원   유보

　　3) 판매보증충당부채   3억 원   유보

　　4) 제품평가손실   1억 원   유보

　　5) 지급이자손금불산입   1억 원   기타사외유출

　　6) 장애인고용부담금   1억 원   기타사외유출

(2) 손금·익금불산입

　　1) 미수수익 2억 원 （-）유보

5. 각사업연도소득금액 계산(법인세관련 세무조정 3. (3) 및 8. 반영 전 금액)

(1) 세전이익   300억 원

(2) 익금·손금불산입: 5,104,474,079원

　　1) 기업업무추진비한도초과액   2억 원   기타사외유출

　　2) 대손충당금한도초과액   5억 원   유보

　　3) 판매보증충당부채   3억 원   유보

　　4) 제품평가손실   1억 원   유보

　　5) 지급이자손금불산입   1억 원   기타사외유출

　　6) 장애인고용부담금   1억 원   기타사외유출

　　7) 임차보증금   24,868,520   유보

　　8) 사용권자산   8,289,507   유보

　　9) 리스부채   49,737,039   유보

　　10) 사용권자산   16,579,013   유보

　　11) 부당행위   1억 원   상여

　　12) 기계장치   5,000,000   유보

　　　　13) 영업권　　　　　　　　　　10억 원　　　기타
　　　　14) 지분법자본변동　　　　　　　1억 원　　　기타
　　　　15) 자기주식　　　　　　　　　　3억 원　　　유보
　　　　16) FVOCI금융자산평가이익　　153,800,000　　기타
　　　　17) 이연법인세부채　　　　　　46,200,000　　유보
　　　　18) 확정급여채무　　　　　　　20억 원　　　유보
　　(3) 손금 · 익금불산입: 3,797,145,003원
　　　　1) 미수수익　　　　　　　　　　2억 원　　　유보
　　　　2) 사용권자산　　　　　　　24,868,520　　유보
　　　　3) 임차보증금　　　　　　　　7,513,148　　유보
　　　　4) 사용권자산　　　　　　　49,737,039　　유보
　　　　5) 리스부채　　　　　　　　15,026,296　　유보
　　　　6) 기계장치　　　　　　　　　　1억 원　　　유보
　　　　7) 영업권　　　　　　　　　　10억 원　　　유보
　　　　8) 종속기업투자주식　　　　　　3억 원　　　유보
　　　　9) 자기주식　　　　　　　　　　3억 원　　　기타
　　　　10) FVOCI금융자산　　　　　　2억 원　　　유보
　　　　11) 사외적립자산　　　　　　　16억 원　　　유보
　　(4) 각사업연도소득금액: 31,307,329,076원

6. 과세표준: 31,307,329,076원

7. 산출세액: 6,154,539,105원

8. 조세특례제한법상 세액공제
　　(1) 연구인력개발비세액공제　20억 원
　　(2) 통합고용세액공제　　　　　10억 원
　　(3) 최저한세
　　　　100억 원 × 10% + 21,307,329,076 × 12% = 3,556,879,489
　　(4) 세액공제액: 2,597,659,616원
　　　　6,154,539,105 - 3,556,879,489 = 2,597,659,616
　　(5) 세액공제이월액: 통합고용세액공제 402,340,384원

9. 법인세결정세액: 3,556,879,489원

10. 법인지방소득세: 615,453,910원
　　6,154,539,105 × 10% = 615,453,910

11. 농어촌특별세: 119,531,923원

통합고용세액공제액 597,659,616 × 20% = 119,531,923

12. 법인세부담액: 4,291,865,322원

('9.' + '10.' + '11.')

13. 일시적차이에 의한 이연법인세계산

(1) 2025.12.31. 유보잔액

항 목	유보잔액금액	일시적차이 이연법인세인식 제외
대손충당금	5억 원	
판매보증충당부채	3억 원	
제 품	1억 원	
임차보증금	17,355,372	
사용권자산	(16,579,013)	
〃	(33,158,026)	해 당
리스부채	34,710,743	〃
기계장치	(95,000,000)	〃
영업권	(10억 원)	〃
종속기업투자주식	(3억 원)	〃
자기주식	3억 원	〃
이연법인세부채	46,200,000	〃
확정급여채무	20억 원	
사외적립자산	(16억 원)	
FVOCI금융자산	(2억 원)	해 당
미수수익	(2억 원)	

(2) 일시적차이에 의한 이연법인세

(5억 원 + 3억 원 + 1억 원 + 17,355,372 − 16,579,013 + 20억 원 − 16억 원 − 2억 원)

* 23.1% = 254,279,338원(이연법인세자산의 증가)

14. 세액공제의 이월로 인한 이연법인세

402,340,384 × 80% = 321,872,307원(이연법인세자산의 증가)

15. 법인세비용의 계산

법인세부담액 4,291,865,322 − 이연법인세자산의 증가 576,151,645

(254,279,338 + 321,872,307)

= 법인세비용 3,715,713,677원

(차) 법인세비용　　3,715,713,677　　(대) 미지급법인세　　4,291,865,322

이연법인세자산　　576,151,645　　　（당기법인세부채）

손금불산입　법인세비용　　4,291,865,322　기타사외유출

손금산입　　이연법인세자산　　576,151,645　유보

상기 법인세비용 손금불산입금액에 상기 '3. (3)' 해당 세무조정이 가감되면 당기 법인세비용의 손금불산입액은 3,715,354,999원(3,715,713,677 − 3,829,752 + 3,471,074)이 됨.

16. 손익계산서상 법인세비용 계상액

15. 법인세비용 3,715,713,677 − '3. (4)' 3,829,752 + '3. (4)' 3,471,074

=3,715,354,999원으로 상기 '15.'의 손금불산입금액과 일치함.

17. 재무상태표상 이연법인세 계상액

(1) 이연법인세자산

'3. (3)' 11,489,256 − 3,471,074 + ('13.' + '14.') 576,151,645

=584,169,827원

(2) 이연법인세부채

'3. (3)' 11,489,256 − 3,829,752 + '3. (8)' 46,200,000

=53,859,504원

(3) 동일한 과세당국에 의한 것이므로 상계처리함.

(차) 이연법인세부채　　　53,859,504　　(대) 이연법인세자산　　　53,859,504

(4) 재무상태표상 이연법인세자산(비유동자산) 계상액

584,169,827 − 53,859,504

=530,310,323원

18. 손익계산서상 당기순이익

세전이익　　　　　30,000,000,000

(−)법인세비용　　　3,715,354,999

당기순이익　　　　26,284,645,001

19. 실지 세무조정계산서상 각 사업연도소득금액

(1) 당기순이익　　　　　　　　　　　　　　　　　26,284,645,001

(2) 익금·손금불산입　　　　　　　　　　　　　　　9,411,299,731

상기 '5. (2)' 세무조정금액　　5,104,474,079

법인세비용　　　　　　　4,291,865,322　　기타사외유출

이연법인세부채　　　　　　11,489,256　　유보

이연법인세자산　　　　　　 3,471,074　　유보

(3) 손금·익금불산입　　　　　　　　　　　　　　4,388,615,656

상기 '5. (3)' 세무조정금액　3,797,145,003

이연법인세자산　　　　　　576,151,645　　유보

　　　　　〃　　　　　　　11,489,256　　유보

이연법인세부채   3,829,752   유보

(4) 각 사업연도소득금액   31,307,329,076

(상기 '5. (4)' 동일)

20. 자본금과적립금 조정명세서(을)상 유보잔액

'13. (1)' 추가내용

항 목	금 액	일시적차이 적용제외대상
이연법인세자산	(576,151,645)	
	+ (8,018,182)	
	= (584,169,827)	해 당
이연법인세부채	7,659,504	〃

21. 주석기재

가. 당기 중 법인세비용의 주요 구성 내역은 다음과 같다.

(1) 당기법인세

기간손익에 대한 당기법인세   4,291,865,322

당기에 인식한 조정사항   –

계   4,291,865,322

(2) 이연법인세

일시적차이로 인한 이연법인세변동액   254,638,016

세액공제의 이월로 인한 이연법인세부담액   321,872,307

계   576,510,323

(3) 자본에 직접 부가되는 법인세부담액   –

법인세비용 계   3,715,354,999

* 1. 당기에 인식한 조정사항은 전기 이전연도 관련 당기 법인세납부액을 말함.
* 2. 회사는 자기주식처분손익, 사외적립자산에 대한 재측정요소관련 법인세부담액을 자본에서 바로 가감하여 계상함.

나. 당기 중 회사의 법인세비용차감전순이익에 대한 법인세비용과 적용세율을 사용하여 이론적으로 계산된 금액과의 차이는 다음과 같다.

법인세비용차감전순이익   30,000,000,000

(1) 적용세율에 따른 법인세비용   6,468,000,000

(2억 원 × 9% + 198억 원 × 19% + 100억 원 × 21%) × 1.1

(2) 조정사항

세무상 과세되지 않는 수익   –

세무상 공제되지 않는 비용   92,400,000

(2억 원+1억 원+1억 원)×23.1%

세액공제	(2,597,659,616)
기타	(247,385,385)
법인세비용 계	3,715,354,999

다. 당기 중 누적일시적차이 및 이연법인세자산(부채)의 증감내역은 다음과 같다.

계정과목	누적일시적차이	이연법인세자산(부채)
(1) 일시적차이로 인한		
이연법인세		
대손충당금	5억 원	115,500,000
판매보증충당부채	3억 원	69,300,000
제품	1억 원	23,100,000
임차보증금	17,355,372	4,009,090
사용권자산	(16,579,013)	(3,829,752)
확정급여채무	20억 원	462,000,000
사외적립자산	(16억 원)	(369,600,000)
미수수익	(2억 원)	(46,200,000)
기계장치	(95,000,000)	–
영업권	(10억 원)	–
종속기업투자주식	(3억 원)	–
자기주식	3억 원	–
기타	1,552,717	358,678
계	7,329,076	254,638,016

(2) 세액공제로 인한 이연법인세		
세액공제 이월액	402,340,384	321,872,307
(3) 자본에 직접 가감하는 이연법인세		
FVOCI금융자산평가이익	(200,000,000)	(46,200,000)
이연법인세자산 계		530,310,323

* 1. 종속기업투자와 관련된 가산할 일시적차이의 소멸시점을 통제할 수 있고 예측가능한 미래에 소멸하지 않을 가능성이 높아 이연법인세부채를 인식하지 않음.
* 2. 영업권상각이 손금으로 인정되지 않아 이연법인세부채를 인식하지 않음.
* 3. 기계장치 및 자기주식은 최초인식거래에 해당되어 이연법인세부채를 인식하지 않음.

라. 보고기간일 현재 이연법인세자산의 회수시기는 다음과 같다.

12개월 이내에 회수될 이연법인세자산	492,890,406

	12개월 이후에 회수될 이연법인세자산	37,419,917
	계	530,310,323

* 일시적차이의 소멸시기(이는 주석공시내용은 아님)

계정과목	2026년	2027년 이후
대손충당금	5억 원	–
판매보증충당부채	3억 원	–
제 품	1억 원	–
임차보증금	8,677,686	8,677,686
사용권자산	(8,289,507)	(8,289,507)
확정급여채무	2억 원	18억 원
사외적립자산	(1.6억 원)	(14.4억 원)
미수수익	(2억 원)	–
소계	740,338,092	361,990,983
이연법인세자산	171,018,099	83,619,917
세액공제	321,872,307	–
FVOCI금융자산평가이익	–	(46,200,000)
계	492,890,406	37,419,917

제 2 절 법인세법

1 계산구조

각 사업연도소득에 대한 법인세 납부세액의 계산구조는 다음과 같다.

---

1. 산출세액[주1] – 최저한세 적용대상 공제감면세액[주2]

2. 최저한세 =

    (과세표준＋조세특례제한법상 공장·법인본사 지방이전 양도차익의 익금불산입

        ＋조세특례제한법상 연구개발출연금 익금불산입액

        ＋조세특례제한법상 중소·중견·대기업 감가상각비손금산입액

        ＋조세특례제한법상 비과세소득

        ＋조세특례제한법상 소득공제[기업구조조정투자회사의 배당소득공제 제외]])

        ×17%[주3] (12%, 10%, 중소기업 및 사회적기업은 7%)

3. 차감세액: '1.'과 '2.' 중 큰 금액

4. 결정세액 = 차감세액 – 최저한세 적용제외 공제감면세액[주4] ＋가산세＋감면분 추가납부
        세액[주5]

5. 납부세액＝결정세액 – 기납부세액(중간예납세액, 원천징수세액, 수시부과세액)

주1) 산출세액

    [별지 제3호 서식](법인세과세표준 및 세액조정계산서)상으로는 해당 사업연도소득의 법인세합계액을
    말하나 상기 계산구조에는 각 사업연도소득에 대한 법인세만을 말한다.

주2) 최저한세 적용대상 공제감면세액

    조세특례제한법상 세액면제·감면·공제액을 말한다.

주3) 일반법인 최저한세율

    ① 과세표준 100억 원 이하: 10%

    ② 과세표준 100억 원~1,000억 원 이하: 12%

    ③ 과세표준 1,000억 원 초과: 17%

주4) 최저한세 적용제외 공제감면세액

    법인세법상 세액공제 및 조세특례제한법상 세액면제·감면·공제액을 말한다.

주5) 감면분 추가납부세액

    (1) 조세특례제한법: 공제감면세액에 대한 추가납부세액

        ① 투자세액공제를 받은 자산을 2년 이내에 처분(임대 포함)한 경우 법인세 및 이자추징액

        ② 통합고용세액공제적용 후 상시근로자 등의 감소로 인한 추징세액(이자추징은 없음)

        ③ 이자추징기간: 공제감면세액의 과세표준신고일부터 추징사유발생 사업연도의 과세표준신고일
          까지

    (2) 법인세법

        ① 기 공제원천납부세액 추가납부

② 신고기간 연장에 따른 이자상당가산액
③ 업무무관부동산 업무무관비용의 손금부인에 따른 증가세액
　업무무관부동산이 있는 법인은 양도한 날이 속하는 사업연도 이전에 종료하는 각 사업연도의 업무무관비용의 손금불산입 시 다음 '가.', '나.' 중 임의로 선택하여 양도한 날이 속하는 사업연도에 추가납부한다.
　가. 전 사업연도 과세표준 등을 다시 계산함에 따라 산출되는 결정세액 - 전 사업연도 결정세액
　나. (전 사업연도 과세표준 + 지급이자손금불산입액) × 세율 - 전 사업연도 산출세액
④ 이자추징기간: 사업연도 종료일 기준

2 과세표준

과세표준은 각 세법에 의하여 세액계산의 기준이 되는 과세물건의 수량 또는 가액을 말하며, 여기에 세율을 곱하여 산출세액을 계산하게 된다. 법인세법상 과세표준은 각 사업연도소득금액에서 이월결손금, 비과세소득, 소득공제를 순서대로 차감하여 계산한다.

> 과세표준 = 각 사업연도소득금액 - 이월결손금 - 비과세소득 - 소득공제

이때 과세표준 계산상 공제되는 이월결손금은 각 사업연도 개시일 전 15년(2019년 이전분은 10년) 이내에 개시한 사업연도에서 발생한 세무상 결손금으로서 그 후의 사업연도의 소득금액 계산상 손금에 산입하지 아니하였거나 과세표준 계산상 공제되지 아니한 금액을 말하며, 합병 시 공제되는 이월결손금은 합병법인 또는 피합병법인 각각의 사업에서 발생한 소득금액의 한도 내에서 공제된다. 구체적으로 공제요건은 다음과 같다.

(1) 결손금의 범위

① 세무상 결손금이어야 한다.

과세표준 계산상 공제되는 이월결손금은 세무상 결손금을 의미하며, 재무상태표상(기업회계상) 결손금이 아님에 주의하여야 한다.

② 15년 이내에 발생된 것이어야 한다.

해당 사업연도 개시일 전 15년(2019년 이전 발생분은 10년) 이내에 개시한 사업연도에서 발생한 결손금만 공제대상이 된다. 기간이 경과한 경우에는 공제 여부에 관계없이 공제대상이 되지 못한다.

③ 이월결손금 공제한도

2023.1.1. 이후 개시하는 사업연도부터 이월결손금은 해당 사업연도 각 사업연도 소득금액의 80%(외국법인도 동일)까지만 공제된다. 단, 다음의 법인은 공제한도 적용대상에서 제외되어 전액 공제된다(법법 §13, 법령 §10).

    가. 조세특례제한법상 중소기업

    나. 법원 결정에 의한 회생계획을 이행 중인 기업

    다. 기업구조조정촉진법상 기업개선계획을 이행 중인 기업

    라. 채권금융회사와의 협약에 따른 기업개선계획을 이행 중인 기업

    마. 유동화전문회사 등 자산유동화를 목적으로 설립된 특수목적법인으로서 2015.12.31.
       까지 설립된 법인

    바. 배당소득공제적용 명목회사(유동화전문회사 등)

    사. 사업재편계획을 이행 중인 법인

    아. 금융회사 또는 금융업무·구조조정업무를 행하는 공공기관(한국해양진흥공사)과
       협의를 체결하여 경영정상화 계약을 이행 중인 법인

    자. 조특법 제74조 중 수익사업 소득을 전부 고유목적사업준비금으로 손금산입하는
       비영리내국법인(조특법 제74조 제1항 제1~3호, 제7~9호 및 제4항)

④ 미공제된 것이어야 한다.

법인세 과세표준 계산 시 이미 공제되었거나 자산수증이익과 채무면제이익으로 보전되어 익금불산입된 금액이 아니어야 한다.

⑤ 합병시 승계받은 결손금

합병법인이 유리제조업을 영위하는 피합병법인을 적격합병한 후 해당 사업을 영위하던 중 피합병법인으로부터 승계한 사업부 전체를 매각한 경우 사업부 전체를 매각함에 따라 발생한 처분이익은 피합병법인으로부터 승계받은 사업에서 발생한 소득금액에 해당되어 피합병법인으로부터 승계한 결손금을 공제할 수 있다(사전법규법인-170, 2024.5.8.).

| 중점사항 | 자산수증이익과 채무면제이익 |

기업회계상 자산수증이익과 채무면제이익은 영업외손익으로 분류되어 당기순이익을 증가시키므로 회계상 이월결손금을 감소(이익잉여금을 증가)시키게 된다. 한편, 법인세법상으로는 자산수증이익과 채무면제이익에 대해 별다른 세무조정을 하지 않을 경우 당기 과세소득에 포함되므로 당해 사업연도 개시일 전 10년 이내에 발생한 세무상 결손금을 감소시키게 된다.

그러나 법인세법에서는 세무상 결손금의 발생연도에 제한 없이 자산수증이익(단, 국고보조금 등은 익금불산입대상에서 제외. 이때 2010.1.1. 전 개시사업연도에서 발생한 결손금 보전에 충당 시는 익금불산입 적용)과 채무면제이익이 발생할 경우 이를 세무상 결손금에 보전할 수 있도록 하고 있다. 다만, 이러한 경우 별도의 세무조정이 없다면 당기 과세소득에 포함되어 이중 공제될 수 있으므로 익금불산입하고 소득처분은 기타로 하여 세무조정한다.

이와 같이 세무상 결손금은 발생연도로부터 10년간 이월공제되거나 기간의 경과와 상관없이 자산수증이익과 채무면제이익으로 공제될 수 있다. 이때 공제된 결손금은 더 이상 세무상 결손금이 아니므로 이월공제되거나 결손보전될 수 없다.

자산수증이익 등의 발생연도에 이월결손금 보전에 충당하지 않은 경우 경정청구로 충당이 가능하다(기준법령법인 – 16762, 2015.3.10.).

Expert Opinion Summary

납세자의 경정청구에 의한 결손금발생액의 이월결손금 공제 여부

1. 판결

「법인세법」 제13조 제1호 후단 소정의 제66조에 따라 결정·경정된 결손금에는 과세관청이 실제로 결정·경정한 결손금뿐만 아니라 납세자의 적법한 경정청구에 따라 과세관청이 경정하여야 하는 결손금도 포함된다고 보아야 하고, 이미 경정청구기간이 경과하여 불가쟁력이 발생한 경우에 대해서까지 과세관청이 이를 경정하여야 할 의무까지 적용된다고 볼 수 없음(서울고법 2019누43094, 2020.1.29.).

2. 내용

과세관청의 조사 시 발견된 납세자의 과거사업연도의 손익분식에 따라 실지 결손인 사업연도의 소득금액을 (+)로 변경하고 해당 금액을 가공자산으로 계상한 경우 추후 사업연도에 실지 이익이 발생할 때 가공자산을 비용으로 계상하여 해당연도의 소득금액을 감소시킨 경우 납세자가 경정청구를 하여 가공자산을 손금산입하여 실지 결손발생연도의 세무상 결손금을 이월결손금으로 공제할 수 있는지에 대한 판결임.

3. 판결분석

「법인세법」제13조에서 이월결손금으로 인정할 수 있는 금액은 납세자가 스스로 결손금으로 신고한 경우, 과세관청이 경정한 경우 및 수정신고 시 발생된 결손금으로 한정되어 있고 납세자의 경정청구에 의한 결손금발생액은 언급되어 있지 않으나 과세관청의 조사 시 납세자의 경정청구가 있는 경우에는 그 해당 결손금도 공제되는 이월결손금에 해당된다고 판결한 내용임.

4. 사례

(1) 2019년 실지 손익 △10억 원

재고자산 과다계상 분식 15억 원

과세표준 5억 원

산출세액 1억 원(세율 20% 전제)

(2) 2020년 실지 손익 25억 원

2019년 재고자산 과다계상분 비용처리 15억 원

과세표준 10억 원

산출세액 2억 원

(3) 2022년 세무조사 시 2020년 재고자산 비용과대계상분 15억 원 발견

(4) 과세관청의 주장

① 2020년 경정 과세표준 25억 원

산출세액 5억 원

추징세액 3억 원

가산세 3억 원에 대한 신고불성실 · 납부지연가산세 부과

② 2019년분은 납세자가 경정청구하여 산출세액 1억 원은 환급

③ 과세관청이 2019년분을 경정하여 실지 결손금(5억 원-15억 원=△10억 원) 10억 원을 이월결손금으로 2020년에 반영하지 않음.

이는 납세자가 경정청구하여 발생한 결손금은 「법인세법」제13조에 의한 이월결손금에 해당하지 않기 때문임.

(5) 판결의 내용

① 납세자가 세무조사 시 발견된 2019년 재고자산과대계상분에 대하여 국세기본법상 경정청구 기한 내에 있으므로 2019년 경정청구를 하여 결손금을 10억 원으로 2020년으로 이월하여 산출세액 1억 원은 환급함.

② 2020년 재고자산 비용처리분 15억 원을 손금불산입하여 각 사업연도소득금액은 25억 원으로 경정하며 상기 '①'의 이월결손금 10억 원을 공제하여 과세표준

> 금액은 15억 원으로 함.
> ③ 경정된 산출세액은 3억 원으로 기 산출세액 2억 원과의 차액 1억 원을 추징하여 증액된 과세표준 5억 원에 대한 추가 산출세액 1억 원에 대한 신고불성실·납부지연가산세가 추징됨.

(2) 결손금의 소급공제

1) 적용요건

다음을 모두 충족시키는 경우이어야 한다(법법 §72).

① 중소기업(조특령 §2)에 해당하는 법인일 것

② 결손금이 발생한 사업연도와 그 직전 사업연도의 소득에 대한 법인세의 과세표준 및 세액을 법정신고기한 내에 각각 신고하였을 것

③ 법인세신고기한 내에 납세지 관할 세무서장에게 소급공제에 의한 법인세액의 환급신청을(국세정보통신망에 의한 것을 포함)하였을 것

2) 소급공제대상 사업연도

결손금의 소급공제는 결손금이 발생한 사업연도의 직전 사업연도의 소득에 대하여만 적용한다(법령 §110 ①).

3) 소급공제로 인한 환급세액의 계산(법령 §110 ②)

$$\text{환급세액}^{\text{주})} = \left(\begin{array}{c}\text{직전 사업연도의}\\\text{법인세산출세액}\end{array}\right) - \left[\left(\begin{array}{c}\text{직전 사업연도}\\\text{과세표준}\end{array} - \begin{array}{c}\text{소급공제}\\\text{결손금액}\end{array}\right) \times \begin{array}{c}\text{직전 사업연도에}\\\text{적용되는 법인세율}\end{array}\right]$$

주) 한도: 직전 사업연도 법인세산출세액−공제·감면세액=직전 사업연도 법인세액

주) 1. 직전 사업연도에 부과된 토지 등 양도소득에 대한 법인세는 결손금소급공제로 인한 법인세액의 환급대상에서 제외됨.
   2. 농어촌특별세: 결손금소급공제에 의해 법인세를 환급받는 경우에도 각 사업연도소득에 대한 법인세에 부가되는 농어촌특별세는 환급하지 않음(서이 46012−10328, 2001.10.10.).
   3. 법인지방소득세: 소급공제로 인한 법인세환급신청 시 법인지방소득세에 대하여도 법인지방소득세 환급을 신청한 것으로 봄(지법 §103의28).

4) 환급 및 환급가산금

납세지 관할 세무서장이 환급신청을 받은 때에는 지체 없이 환급세액을 결정하여 해당 결정일로부터 30일 내에 환급하여야 하며, 이 경우 환급신고일로부터 30일이 경과하는 날의 다음 날부터 환급결정일까지의 기간에 대하여 국세환급가산금을 가산하여 지급하여야 한다(법법 §72 ③, 국기법 §51 · §52).

주) 1. 국세환급가산금(국기칙 §19의3) : 2025.3. 이후 기간분에 대하여 연 3.1%(2024년은 3.5%, 2023 · 2022 년은 2.9%, 2021년은 1.2%, 2020년은 1.8%, 2019년은 2.1%, 2018년은 1.8%, 2017년은 1.6%, 2016년은 1.8%, 2015년은 2.5%, 2014년은 2.9%, 2013년은 3.4%, 2012년은 4%)
2. 결손금소급공제를 받은 법인이 경정으로 인하여 직전 사업연도 법인세 과세표준금액이 증가하여 경정 등의 청구절차(국기법 §45의2)에 의하여 추가로 환급을 신고하여 국세환급금을 지급하는 경우 그 국 세환급가산금은 그 환급신고를 한 날로부터 30일이 경과한 때의 다음 날부터 기산하는 것임(징세 46101 - 77, 2001.1.31.).

사 례 1

1. 중소기업인 수진(주)의 2025.1.1.~2025.12.31. 세무상 결손금은 10억 원이 발생하였다.

2. 중소기업인 수진(주)의 2024사업연도의 과세표준 및 법인세액은 다음과 같다.
   ① 과세표준 22억 원
   ② 산출세액 3.98억 원
   ③ 공제감면세액 0.78억 원
   ④ 결정세액 3.2억 원

3. 수진(주)는 2025사업연도에 결손금소급공제를 신청하였다.

4. 환급세액의 계산: Min(①, ②) = 1.9억 원
   ① 3.98억 원 - (22억 원 - 10억 원) × 19% = 1.9억 원
   ② 한도액: 3.98억 원 - 0.78억 원 = 3.2억 원

[별지 제68호 서식] (2021.3.16. 개정)   (앞 쪽)

※ 접수번호	소급공제 법인세액환급신청서		처리기간
−			즉 시

신청인	법인명	수진(주)	사업자등록번호	
	대표자 성명		업태종목	
	소재지			

① 결손 사업연도	2025년1월1일~2025년12월31일	②직전사업연도	2024년1월1일~2024년12월31일
③ 결손 사업연도 결손 금액	⑥ 결손금액		1,000,000,000
	⑦ 소급공제받을 결손금액		1,000,000,000
④ 직전 사업연도 법인세액 계산	⑧ 과세표준		2,200,000,000
	⑨ 세 율		19%
	⑩ 산출세액		398,000,000
	⑪ 공제감면세액		78,000,000
	⑫ 차감세액(⑩−⑪)		320,000,000
⑤ 환급 신청세액 계산	⑬ 직전사업연도법인세액(⑬=⑩)		398,000,000
	⑭ 차감할 세액[(⑧−⑦)×세율][⑭≥(⑩−⑫)]		208,000,000
	⑮ 환급신청세액(⑬−⑭)(⑮≤⑫)		190,000,000

국세환급금 계좌 신고 (환급세액 5천만 원 미만인 경우)	⑯ 예입처	은행 (본)지점
	⑰ 예금종류	
	⑱ 계좌번호	예금

「법인세법」 제72조 제2항 및 같은 법 시행령 제110조 제2항에 따라 소급공제법인세액환급신청서를 제출합니다.

2026년 3월 31일

(인)

신청인(법 인)   (서명)

신청인(대표자)

(3) 비과세소득

1) 법인세법상 비과세소득

① 공익신탁의 신탁재산에서 생기는 소득(법법 §51)
② 1982.12.31. 이전에 발행된 국 · 공채, 토지개발채권, 국민주택채권의 이자 외 할인액

2) 조세특례제한법상 비과세소득

① 중소기업창업투자회사 등이 벤처기업, 코넥스 상장기업 등에 2025.12.31.까지 출자함으로써 취득한 주식의 양도차익 및 배당소득에 대한 비과세(조특법 §13)
② 중소기업창업투자회사 등이 소재 · 부품 · 장비관련 중소기업에 2025.12.31.까지 출자함으로써 취득한 주식의 양도차익 및 배당소득에 대한 비과세(조특법 §13의4)
③ 외국법인이 계약기간 1년 이상의 정기외화예금에 2015.12.31.까지 가입하는 경우의 이자소득(조특법 §21의2)

(4) 소득공제

① 유동화 전문회사 등 특수목적 회사에 대한 배당소득공제(법법 §51의2)
② 프로젝트 금융투자회사에 대한 소득공제(조특법 §104의31)

3 산출세액

(1) 각 사업연도소득에 대한 산출세액

산출세액은 과세표준에 세율을 곱하여 계산한다. 적용세율은 2억 원까지는 9%, 2억 원 초과 200억 원 이하는 19%, 200억 원 초과 3천억 원 이하는 21%, 3천억 원 초과금액은 24%로 한다(법법 §55 ①).

만약, 사업연도가 1년 미만인 경우에는 다음과 같이 과세표준을 연환산하여 법인세산출세액을 계산하여야 한다(법법 §55 ②).

$$산출세액 = \left\{ \left(과세표준 \times \frac{12}{사업연도\ 월수} \right) \times 세율 \right\} \times \frac{사업연도\ 월수}{12}$$

이때 사업연도 월수는 태양력에 의하여 계산하되, 1개월 미만의 일수는 1개월로 한다(법령 §92).

단, 다음의 요건을 모두 갖춘 성실신고확인대상법인(법법 §60의2 ① 1호)에 대하여는 과세표준이 200억 원 이하에는 전부 19%의 세율을 적용한다.

① 지배주주등 지분율이 50% 초과

② 부동산임대업이 주된 사업이거나 부동산 임대수입 · 이자 · 배당소득이 매출액의 50% 이상

③ 상시근로자 수가 5인 미만

사례 2 **산출세액**

〔문제〕수진(주)의 2025사업연도(2025.6.1.~12.31.) 법인세법상 과세표준이 70억 원일 경우 법인세 산출세액을 계산하시오.

〔해답〕2025년 사업연도는 7개월이므로, 다음과 같이 과세표준을 연환산하여 산출세액을 계산한다.

$$산출세액 = \left(70억\ 원 \times \frac{12}{7} \times 세율 \right) \times \frac{7}{12}$$

$$= 120억\ 원 \times 세율 \times \frac{7}{12} = (2억\ 원 \times 9\% + 118억\ 원 \times 19\%) \times \frac{7}{12}$$

$$= 1,325,833,333원$$

---

(2) 토지 등 양도소득에 대한 법인세

① 국내에 소재하는 주택(부수토지 포함) 및 비사업용토지를 양도하는 경우 양도소득금액에 20%(비사업용토지는 10%, 미등기는 40%)의 법인세를 납부하여야 한다(법법 §55의2, 법령 §92의2).

단, 다음의 임대주택을 양도하는 경우에는 토지 등 양도소득에 대한 법인세 적용대상에서 제외한다.

가. 공공지원민간임대주택(10년형)

나. 장기일반민간임대주택(10년형, 건설형)

다. 단기민간임대주택(건설형)

② 비영리내국법인도 해당되며 중소기업은 2016년부터 과세된다.

③ 2009.3.16.부터 2012.12.31.까지 취득하여 발생한 양도소득은 과세대상에서 제외된다.

④ 유권해석

　가. 개발제한구역의지정및관리에관한특별조치법에 따른 개발제한구역 안의 임야는 비사업용토지에서 제외되는 것임(사전-2016-법령해석법인-0630, 2016.12.30.).

　나. 내국법인이 국외 자회사로부터 국외부동산을 현물배당으로 취득한 후 양도하는 경우 해당 국외 부동산은 법인세법 제55조의2 제1항에 따른 토지 등 양도소득에 대한 과세특례 적용대상에 해당하지 않음(사전-2019-법령해석법인-0054, 2019.6.5.).

　다. 부동산매매업을 영위하는 법인이 토지를 취득 후 상가건물을 신축·분양하기 위하여 주무관청으로부터 건축허가 승인을 받고 건설공사계약 등을 체결하였으나 부동산경기의 침체, 업무제휴의 해지, 금융기관 PF대출승인의 지연 등 사유로 인하여 공사진행이 어려워 건설공사를 포기하면서 토지를 재고자산(용지)의 상태로 양도한 것은 법인세법 제55조의2 제2항 제4호 다목 등의 규정에 의하여 비사업용토지에 해당하지 않아 법인세법 제55조의2에 의한 토지 등 양도소득에 대한 과세특례규정을 적용하지 않음(조심 2019중3365, 2020.9.4.).

　라. 부동산매매업을 영위하는 내국법인이 경매로 취득한 주택과 임야를 업무에 사용하지 않고 양도하고 「법인세법」 제55조의2에 따른 토지 등 양도소득에 대한 법인세를 납부하지 않은 것에 대한 과세관청의 과세에 대한 심판청구에서 주택은 토지와 달리 과세대상의 업무관련성을 예외규정으로 두고 있지 않아 시행령 제92조의2에서 과세대상에서 제외되는 주택에 해당하지 않은 경우 과세대상의 주택이 타당하며, 토지의 경우에는 해당 청구법인은 임업을 주업으로 하는 법인이 아니므로 청구법인이 보유한 토지를 업무에 사용하지 않았고 시행령 제92조의11 제1항 및 시행규칙 제46조의2에서 규정하고 있는 부득이한 사유에도 해당되지 않아 과세대상 토지에 해당한다고 결정한 사례임(조심 2021서5542, 2021.12.28.).

　마. 부동산매매업을 영위하는 법인이 매매용 부동산을 취득하여 5년 이내 양도하는 경우에는 업무와 관련이 없는 자산에는 해당하지 않지만 보유기간 동안 법인세법 시행령 제92조의3의 사업용으로 사용한 기간 요건을 충족하지 못하는 경우에는 토지등 양도소득에 대한 법인세 과세특례 대상 자산임(조심 2022서2069, 2022.6.7.).

　바. 해당법인이 공동주택을 매입하여 해당법인의 업무로 사용하고 있던 공동주택을 매각한 경우 과세관청은 이를 주택으로 보아 토지 등 양도소득에 대한 법인세를

부과하였으며 조세심판원에서는 쟁점부동산은 공동주택으로 허가·준공된 것이라서 그 본래의 용도가 주거용인 점, 법인이 업무에 사용하였다 하나 언제든지 본인이나 제3자가 주택으로 사용할 수 있었다고 보이는 점, 양도 당시 쟁점부동산은 주택으로 양도된 점 등에 비추어 쟁점부동산은 그 실제 용도가 사실상 주거에 제공되는 건물이었다고 보여 이를 주택으로 보아 토지 등 양도소득에 대한 법인세를 부과한 처분은 타당하다 결정함(조심 2021소2710, 2022.7.6.).

사. 법인세법 제55조의2에 따른 토지 등 양도소득에 대한 과세특례(추가과세)를 적용함에 있어 교회가 교화업무를 전업으로 하는 담임목사 및 부목사(출연자에 해당하지 않음)에 제공하는 사택 및 그 밖에 무상으로 제공하는 교회 소유의 주택으로서 사택제공기간 또는 무상제공기간이 10년 이상인 주택은 추가과세가 적용되지 않음. 다가구주택을 구획된 부문별로 양도하지 아니하고 하나의 매매단위로 하여 양도하는 경우로서 다가구주택 중 추가과세가 제외되는 양도소득금액은 해당 다가구주택의 전체 양도소득금액에 다가구주택의 총면적에서 추가과세가 제외되는 주택의 주택면적(공유지분 포함)이 차지하는 비율을 곱하여 산정하는 것임(사전법규법인-593, 2024.11.18.).

아. 법인세법 제55조의2(토지등 양도소득에 대한 과세특례) 적용에 있어 오피스텔은 주거용과 업무용시설로 모두 사용이 가능하므로, 해당 건축물이 주택에 해당하는지 여부는 공부상 용도 구분에 관계없이 실제 사용용도가 무엇인지에 따라 사실 판단할 사항임(서면법인-1480, 2024.8.29.).

(3) 투자·상생협력촉진(미환류소득)에 대한 법인세(조특법 §100의32)

※ 2017.12.31.이 속하는 사업연도까지 적용되었던 미환류소득에 대한 법인세(법법 §56)는 2018.1.1. 이후 사업연도분부터 투자·상생협력촉진에 대한 법인세로 변경되었으며 2025. 12.31.까지 적용함.

1) 기본내용

① 대상기업: 상호출자제한기업집단 소속 기업

② 과세방식: 다음 중 선택(신고 후 계속 적용하되 합병 또는 사업양수 등의 경우 변경 허용. 무신고 시는 세부담이 적은 방식 적용)

　가. 투자포함방식: [기업소득×70% - (투자액＋임금증가액＋상생협력기금출연금 등)]

×20%(3년간 계속 적용)

나. 투자제외방식: [기업소득×15%-(임금증가액+상생협력기금출연금 등)]×20%

이때, '가.' '나.' 적용 시 기업소득이 3천억 원 초과 시는 3천억 원으로 계산

③ 과세소득금액 계산 시 차감항목에 대한 가중치

항 목	가중치
투자(토지는 제외)	1
임금증가액(상시근로자 증가 시)	1.5
고용증가에 따른 임금증가분[주]	추가 0.5
청년정규직 임금증가분 정규직 전환 임금증가분	추가 1
배당	0
상생협력출연금	3

주) 기존상시근로자 임금증가액×1.5+신규상시근로자 임금증가액×2

가. 기존상시근로자 임금증가액=해당연도 상시근로자 임금증가액-나.

나. 신규상시근로자 임금증가액 $=$ (해당연도 상시근로자-직전연도 상시근로자)$\times \dfrac{\text{해당연도 신규상시근로자 임금지급액}}{\text{신규상시근로자 수}}$

다. 임금증가액: 소득세법 제20조 제1항 제1호 및 제2호에 따른 근로소득의 합계액(임금지급액)으로서 직전 사업연도 대비 증가금액

④ 기업소득 = 각 사업연도소득금액

+ • 국세환급금 이자 익금불산입액

• 특례 · 일반기부금 이월공제액

• 당기 투자액에 대한 당해 연도 감가상각비(투자포함방식만 해당)

- • 각 사업연도소득에 대한 법인세(외국납부세액 포함 · 한도초과액도 포함, 사전법령해석법인-0152, 2016.10.11.) 등 납부세액(조사 · 경정 시 추가납부 · 환급세액은 가감하지 않음. 기획재정부 법인세제과-235, 2020.2.11.)

• 상법상 이익준비금적립액

• 해당 사업연도에 공제할 수 있는 이월결손금(2022.2.15. 개정 : 80% 한도 적용 안함, 2021년까지는 해당 사업연도에 공제한 결손금). 합병법인 등의 경우에는 「법인세법」 제45조 제1항 · 제2항과 제46조의4 제1항에 따른 공제제한 규정은 적용하지 않는다.

→ 미환류소득 계산시 차감하는 합병법인이 피합병법인으로부터 승계받은 이월결손금은 피합병법인으로부터 승계받은 사업에서 발생한 소득금액의 범위에서 해당 사업연도에 공제한 결손금이 아니라 피합병법인의 해당 사업연도 개시일전 10년 이내에 개시한 사업연도에서 발생한 결손금(2020.1.1. 이후에 개시한 사업연도에서 발생한 결손금은 15년)으로서 그 후의 각 사업연도 과세표준 계산을 할 때 공제되지 아니한 금액을 말하며(법인세제과-374, 2021.8.19.), 승계한 사업연도에만 차감함(법인세제과-333, 2022.8.24. ; 조심 2023서9356, 2024.8.28.).

→ 기업소득(각 사업연도 소득금액+가산액-차감액으로 3,000억 원을 한도)을 계산함에 있어 기업소득이 3천억 원을 초과하는 경우, 해당 사업연도에 이월결손금(해당 사업연도에 공제할 수 있는 결손금)을 공제하여야 하며 이월하지 않는 것임(법인세제과-565, 2023.10.5.).

• 조세특례제한법 시행령 제100조의32에 따라 기업소득을 계산함에 있어 기업소득이 3천억 원을 초과하는 경우, 해당 사업연도에 이월결손금을 공제하여야 하며 이월하지 않는 것임(법인세제과-565, 2023.10.5.).

• 해당연도 잉여금처분에 따른 상여·퇴직급여로서 손금미산입분

• 기부금손금한도초과액

• 비적격합병(분할)의 경우 피합병법인(분할법인)의 양도차익 및 의제배당소득

• 유동화전문회사 등의 배당소득금액

• 지방공사의 감채적립금 의무적립금액

• 보증보험회사의 공적자금상환목적 잉여금처분 배당금액

⑤ 기업소득-투자액, 임금증가액, 상생협력지출 등

= (+)미환류소득(차기 이후 2년간 투자 등으로 사용하기 위해 차기환류적립금[*]으로 적립하여 당기의 미환류소득에서 차감 가능)

(-)초과환류액(당기에 발생한 금액은 2년간 미환류소득에서 차감)

[*] 세무조사에 의해 미환류소득증가 시 경정청구로 차기환류적립금 추가 적립 가능

가. 상기 '②' 과세방식 수정

• 미환류소득 법인세

$$= (미환류소득 - 당해 \; 사업연도 \; 차기환류적립금 - 전기 \; 2년 \; 이월 \; 초과환류액^{주)})$$
$$\times 20\%$$

주) 종전규정(법법 §56)에 따른 초과환류액은 개정규정(조특법 §100의32)에 따른 미환류소득
에서 공제됨.

나. 직전 2개 사업연도에 차기환류적립금을 적립한 경우

- 미환류소득 법인세 추가납부액

  = (직전 2년 적립 차기환류적립금잔액 - 당해 사업연도 초과환류액) × 20%

- 해당 사업연도에 차기환류적립금을 적립하여 미환류소득에서 공제한 내국법인
  이 다음 2개 사업연도에 「독점규제 및 공정거래에 관한 법률」 제31조 제1항에
  따른 상호출자제한기업집단에 속하는 내국법인에 해당하지 아니하게 되는 경우
  에도 미환류소득에 대한 법인세를 납부하여야 한다.

다. 추후 세무조사 시 미환류소득이 증가한 경우

- 법인세법 제56조 제1항 각 호에 따른 내국법인이 법인세법 제56조 제2항에 따
  라 미환류소득에 대한 법인세를 신고 · 납부하였으나 해당 사업연도의 각 사업
  연도소득이 경정됨에 따라 미환류소득이 증가하는 경우에는 국세기본법 제45조
  의2 제1항에 따른 경정청구를 통해 차기환류적립금을 추가로 적립할 수 있는
  것임(사전 - 2018 - 법령해석법인 - 0119, 2018.6.25.).

- 미환류소득계산 시 소득금액에서 차감하는 해당 사업연도의 법인세액은 기업의
  미환류소득에 대한 법인세의 계산대상 사업연도에 발생한 소득에 부과되는 법
  인세액만을 의미하는 것으로 다른 사업연도에 대한 법인세의 환급세액이나 추
  가납부세액은 해당 사업연도의 법인세액에서 가산하거나 차감하지 않는 것임
  (기획재정부 법인세제과 - 235, 2020.2.11.).

- 조사 시 증가된 소득에 의해 추가납부세액만큼 해당연도 미환류소득을 차감하
  여 경정함이 타당함(조심 2020부164, 2020.10.22.).

⑥ 투자액

**가. 사업용 유형자산(중고품 · 금융리스의 리스자산 및 토지는 제외, 자본적지출 포함,
해당연도 실제 지출 금액만 해당)**

- 기계장치, 공구, 기구비품, 차량운반구, 선박, 항공기(자본적 지출 포함, 기존 보
  유자산에 대한 것도 포함)

- 업무용 건축물 신축·증축건축비
- 종합소매법인(백화점 등)의 영업장 임대
- 투자·상생협력 촉진을 위한 과세특례 적용대상법인이 투자가 1개 사업연도 내에 완료되는 경우 잔금을 어음으로 지급하여 이후 사업연도에 결재하더라도 투자일이 속하는 사업연도의 미환류소득계산 시 해당 투자 합계액(어음결제액을 포함)에 해당됨(서면법령법인−4103, 2021.9.30.).

나. 사업용 무형자산(영업권 제외)

다. 벤처기업에 대한 신규출자
- 벤처기업 설립 시 자본금으로 납입하는 방법
- 벤처기업 설립 후 유상증자대금을 납입하는 방법

라. 취득 후 2년 내 양도·임대 시는 법인세 추징(본세+1일 25/100,000 적용 이자추징액)

⑦ 임금증가액 계산 시 근로자의 범위

가. 상시근로자의 범위

조세특례제한법 시행령 제26조의4 제2항에 따른 상시근로자[주]

[주] 근로기준법에 따라 근로계약을 체결한 근로자(다음에 해당하는 자는 제외)
① 임원
② 최대주주·최대출자자
③ 근로계약기간이 1년 미만인 자
④ 단시간근로자
⑤ 소법 §20 ① 1·2호에 따른 근로소득의 금액(비과세금액 제외)이 8천만 원 이상 자 등

나. 청년정규직근로자의 범위

조세특례제한법 시행령 제26조의5 제2항에 따른 청년정규직근로자[주]

[주] 15~34세인 정규직근로자(6년 한도 병역이행기간 차감 연령)
정규직근로자: 근로기준법에 따라 근로계약을 체결한 근로자. 다만, 다음에 해당하는 자는 제외함.
① 기간제·단시간근로자
② 파견근로자
③ 임원, 최대주주·최대출자자 등

다. 정규직 전환 근로자의 범위

조세특례제한법 시행령 제26조의4 제13항에 따른 정규직 전환 근로자[주]

[주] 근로기준법에 따라 근로계약을 체결한 근로자로서 해당 사업연도 중에 비정규직 근로자(기간제, 단시간근로자)에서 비정규직 근로자가 아닌 근로자로 전환한 자(임원, 근로소득 7천만 원 이상 자 등 제외)

라. 임금증가금액

- 직전사업연도 대비 해당 사업연도의 조특령 제100조의32 제9항에 따른 임금지급액 증가액
- 사업연도별 임금지급액은 매월 말 기준 상시근로자에 지급한 임금의 합계액으로 계산

저자주

임금증가액의 계산순서

1. 해당 및 직전 사업연도의 상시근로자 해당인원 구분
   [임원, 최대주주 및 친족, 근로소득(소법 §20 ① 1 · 2호 : 비과세 근로소득 포함, 인정 상여 제외) 8천만 원 이상인 자 제외]

2. 해당 및 직전 사업연도의 매월 말 상시근로자에게 지급한 근로소득(소법 §20 ① 1 · 2호) 합계액 계산

3. 상시근로자의 임금증가액 계산
   (해당 사업연도의 2. 해당금액 - 직전 사업연도의 2. 해당금액)

4. 신규상시근로자 임금증가액 계산
   = (해당 사업연도 상시근로자 수 - 직전 사업연도 상시근로자 수) × 신규상시근로자 임금(근로소득)지급액 평균액
   (1) 상시근로자 수 계산(100분의1 미만 절사)
       = 매월 말 상시근로자 수의 합 / 해당 사업연도 개월 수
   (2) 신규상시근로자 임금지급액 평균액계산 = ① / ②
       ① 신규상시근로자에 대한 임금(근로소득)지급 합계액
       ② 신규상시근로자 수(100분의1 미만 절사)
           = 매월 말 신규상시근로자 수의 합 / 해당 사업연도 개월 수

5. 기존상시근로자 임금증가액 계산
   = 3. - 4.

6. 1. 중 해당 및 직전 사업연도의 청년정규직근로자 해당인원 구분
   [병역이행기간 6년을 한도로 34세 이하인 정규직근로자를 말하며 청년에 해당하지 않는 월부터는 제외함]

7. 청년정규직근로자 수 계산
   = 매월 말 청년근로자 수의 합 / 해당 사업연도 개월 수

8. 2. 중 청년정규직근로자에게 지급한 근로소득 합계액 계산

9. 청년정규직근로자에 대한 임금증가액 계산

> = 해당 사업연도 8. 해당액 - 직전 사업연도 8. 해당액
> 10. 정규직 전환 근로자에 대한 임금증가액 계산

⑧ 상생협력기금 출연금 등
- 협력중소기업에 대한 보증·대출지원을 위한 신용보증기금·기술보증기금 출연금
- 대·중소기업, 농어업협력재단 출연금
- 협력중소기업의 사내근로복지기금, 공동근로복지기금 출연금
- 은행·신탁업자가 중소기업 등 보증·대출지원을 위해 신용보증기금·기술보증기금·지역신용보증재단에 출연하는 출연금
- 저축은행이 중소기업에 대한 보증대출지원 목적으로 신용보증재단 등에 출연하는 출연금

⑨ 법인지방소득세도 과세됨.
⑩ 피합병법인의 차기환류적립금과 초과환류액은 합병법인에 승계됨(사전법령법인-3024, 2016.3.31.).
⑪ 적용기한: 2025.12.31.이 속하는 사업연도까지

2) 상황별 사례검토

① 당기의 미환류소득이 100억 원인 경우(당기에 처음으로 미환류소득 발생)

차기환류적립금을 적립하지 않으면 20억 원(100억 원×20%)의 법인세를 부담하여야 하므로, 당연히 차기환류적립금 100억 원을 적립하여 법인세부담액이 '0'이 되게 할 것이다.

② 당기의 미환류소득이 100억 원이며 전기에 적립한 차기환류적립금이 70억 원인 경우

당기의 미환류소득과 전기의 차기환류적립금의 합계는 170억 원으로 당기에 차기환류적립금을 적립하지 않으면 34억 원(170억 원×20%)의 법인세를 부담하여야 하므로, 당기의 미환류소득 100억 원에 해당하는 차기환류적립금을 적립하여 법인세 부담액이 '0'이 되게 할 것이다.

이때 전기에 적립한 차기환류적립금은 당기에 다시 적립하여 법인세부담액을 없게 한다.

③ 당기의 초과환류액이 50억 원인 경우(당기에 처음으로 초과환류액 발생)

당기에 초과환류액이 발생하였으므로 당기에 미환류소득에 대한 법인세부담액은 없으

며, 2년간 미환류소득에서 공제한다.

④ 당기의 초과환류액이 50억 원이며 2022년분으로 2023년에 다시 적립한 차기환류적립
금이 70억 원인 경우

2022년에 적립한 차기환류적립금 70억 원에서 당기의 초과환류액 50억 원을 차감한 20억
원의 미환류소득이 발생하므로 4억 원(20억 원 × 20%)의 법인세를 납부한다.

⑤ 당기의 초과환류액이 50억 원이며 전기에 적립한 차기환류적립금이 30억 원인 경우

전기에 적립한 차기환류적립금 30억 원을 한도로 당기의 초과환류액 50억 원을 차감하므
로 당기에 법인세부담액은 없으며, 차액 20억 원은 차기로 이월하여 2년간 미환류소득에서
공제한다.

⑥ 당기의 미환류소득이 100억 원이며 전기로부터 이월된 초과환류액이 70억 원인 경우

당기의 미환류소득 100억 원에서 전기이월 초과환류액 70억 원을 차감한 30억 원에 대해
법인세가 부담되므로, 당기에 차기환류적립금 30억 원을 적립하여 법인세부담액이 '0'이 되
게 할 것이다.

⑦ 당기의 미환류소득이 100억 원이며 2022년으로부터 이월된 초과환류액이 120억 원인
경우

2022년으로부터 이월된 초과환류액이 당기의 미환류소득보다 크므로 당기의 법인세부담
액은 없으며, 상계되지 못한 초과환류이월액 20억 원은 2년이 경과하였으므로 소멸된다.

사례 3

당기말 현재 수진(주)는 처음으로 상호출자제한기업집단 소속 기업에 해당되었으며, 다음
자료를 이용하여 미환류소득에 대한 법인세를 계산하라.

Ⅰ. 자료
  1. 수진(주)의 당기(2025.1.1.~2025.12.31.) 각 사업연도소득금액은 12,000,000,000원이다.
    동 금액에는 당기에 취득한 기계장치 등 사업용자산에 대한 감가상각비 700,000,000원
    이 포함되어 있다.
  2. 수진(주)의 당기 세무조정내역은 다음과 같다.

익금산입 및 손금불산입		손금산입 및 익금불산입	
법인세비용	1,412,400,000	국세환급금 이자 익금불산입액	20,000,000
기업업무추진비한도초과	150,000,000	전기 일반기부금이월공제액	30,000,000
대손충당금한도초과	80,000,000	미수수익	50,000,000
퇴직급여충당금한도초과	230,000,000	전기 대손충당금	50,000,000
미수수익	30,000,000		

3. 당기에 취득한 기계장치는 3,800,000,000원(중고자산 200,000,000원 포함), 차량운 반구 100,000,000원, 개발비 500,000,000원이다.

4. 당기의 급여(소득세법상 근로소득으로 조특법 §100의32 ⑨의 임금지급액에 해당) 지급내역은 다음과 같다(상시근로자 및 청년정규직근로자의 수는 다음과 같으며, 근로자 수의 계산은 조특령 §26의4 ③과 §26의5 ⑧에 따른 평균근로자의 수임).

구분	임원 급여	상시근로자 급여			
		총상시근로자 급여 (청년 포함)	총상시근로자 수 (청년 포함)	청년정규직 근로자 급여	청년정규직 근로자 수
2025년	8.5억 원	43억 원[주1](근로소득 8천 만 원 이상 급여 13억 원)	65(12[주2])	5.8억 원	13
2024년	6.3억 원	35억 원(근로소득 8천만 원 이상 급여 10억 원)	60(11)	3.3억 원	7

주1) 신규 근로계약체결 상시근로자 7명(평균 신규상시근로자 수는 5명)에 대한 급여지급액(전부 근로 소득 7천만 원 미만)은 3억 원임.
주2) 근로소득 8천만 원 이상인 상시근로자 수

5. 당기 잉여금처분에 의한 현금배당액은 10억 원이며 이익준비금을 1억 원 적립하였다.
6. 당기의 이월결손금은 없다.
7. 당기의 법인세 총부담세액(미환류소득에 대한 법인세는 제외된 금액)은 1,651,800,000 원, 법인지방소득세는 260,600,000원이다.

Ⅱ. 미환류소득에 대한 법인세계산 시 해당 금액
  1. 기업소득
    (1) 투자포함방식 선택 시
        각 사업연도소득금액 12,000,000,000
        +국세환급금 이자 20,000,000 +기부금이월공제 30,000,000
        +사업용자산 감가상각비 700,000,000 - 법인세 등 1,912,400,000

－이익준비금 100,000,000＝기업소득 10,737,600,000

(2) 투자제외방식 선택 시

　‘(1)’－감가상각비 700,000,000＝기업소득 10,037,600,000

2. 사업용자산 및 무형자산 투자액

기계장치 3,600,000,000(중고자산 제외)＋차량운반구 100,000,000

＋개발비 500,000,000＝4,200,000,000원

3. 임금증가액

(1) 상시근로자 임금증가액 계산

① 2025년 상시근로자 수(임원 및 근로소득 8천만 원 이상 근로자 제외)

　65－12＝53

② 2024년 상시근로자 수

　60－11＝49

③ 2025년 ‘①’ 해당 임금지급액: 30억 원

④ 2024년 ‘②’ 해당 임금지급액: 25억 원

⑤ 상시근로자 임금증가액(③－④): 5억 원(기존 상시근로자 임금증가액＋

　신규상시근로자 임금증가액)

⑥ 신규상시근로자 임금증가액

$$(① - ②) \times \frac{\text{신규 근로계약체결 상시근로자 임금지급액}}{\text{신규상시근로자 평균 수}}$$

$$= (53 - 49) \times \frac{3억\ 원}{5}$$

$$= 240,000,000원$$

⑦ 기존 상시근로자 임금증가액

　‘⑤’－‘⑥’＝260,000,000원

⑧ 임금증가액

　‘⑦’×1.5＋‘⑥’×2＝870,000,000원

(2) 청년정규직 임금증가액 계산

① 2025년 청년정규직근로자 수: 13

② 2024년 청년정규직근로자 수: 7

③ 2025년 ‘①’ 해당 임금지급액: 5.8억 원

④ 2024년 ‘②’ 해당 임금지급액: 3.3억 원

⑤ 임금증가액(‘①’〉‘②’인 경우에만 계산)

'③' - '④' = 250,000,000원

(3) 임금증가액

'(1)' + '(2)' = 870,000,000원 + 250,000,000원

= 1,120,000,000원

Ⅲ. 미환류소득의 계산

1. 투자포함방식 선택 시

10,737,600,000 × 70% - 4,200,000,000 - 1,120,000,000 = 2,196,320,000원

2. 투자제외방식 선택 시

10,037,600,000 × 15% - 1,120,000,000 = 385,640,000원

Ⅳ. 미환류소득의 산정방식 선택

수진(주)는 차기(2026년)에 당기보다 많은 사업용자산의 투자계획이 있어 실지 지출이 이루어지는 경우에는 2026년에 30억 원 이상의 초과환류액이 발생할 것으로 추정되어 당기(2025년)에 미환류소득의 산정방법을 투자포함방식을 선택하기로 하고 2,196,320,000원의 차기환류적립금을 적립하여 당기에 부담하는 미환류소득에 대한 법인세는 없도록 결정하였다.

4 감면세액

조세특례제한법상 세액면제 · 감면에는 다음과 같은 것이 있다.

① 창업중소기업 등에 대한 세액감면(조특법 §6)

② 중소기업에 대한 특별세액감면(조특법 §7)

③ 기술이전과 기술대여 등에 대한 세액감면(조특법 §12)

④ 연구개발특구에 입주하는 첨단기술기업 등에 대한 세액감면(조특법 §12의2)

⑤ 공공차관도입에 대한 세액감면(조특법 §20)

⑥ 국제금융거래에 따른 이자소득 세액감면(조특법 §21)

⑦ 해외자원개발투자배당소득 세액감면(조특법 §22)

⑧ 사업전환중소기업 및 무역조정지원기업에 대한 세액감면(조특법 §33의2, 적용기한 종료)

⑨ 공공기관이 혁신도시로 이전에 대한 세액감면(조특법 §62 ④, 적용기한 종료)

⑩ 수도권 밖으로 공장을 이전하는 기업에 대한 세액감면(조특법 §63)

⑪ 수도권 밖으로 본사를 이전하는 법인에 대한 세액감면(조특법 §63의2)

⑫ 농공단지 입주기업 등에 대한 세액감면(조특법 §64)

⑬ 영농조합법인에 대한 세액면제(조특법 §66 ①)

⑭ 영어조합법인에 대한 세액면제(조특법 §67 ①)

⑮ 농업회사법인에 대한 세액감면(조특법 §68 ①)

⑯ 사회적기업 및 장애인표준사업장에 대한 세액감면(조특법 §85의6)

⑰ 소형주택 임대사업자에 대한 세액감면(조특법 §96)

⑱ 상가건물 장기임대사업자 세액감면(조특법 §96의2, 2021년 종료)

⑲ 위기지역 창업기업에 대한 세액감면(조특법 §99의9)

⑳ 감염병 특별재난지역 중소기업에 대한 세액감면(조특법 §99의11)

㉑ 산림개발소득에 대한 세액감면(조특법 §102)

㉒ 해외진출기업의 국내복귀에 대한 세액감면(조특법 §104의24)

㉓ 외국인투자기업에 대한 세액감면(조특법 §121의2 ②, 감면폐지)

㉔ 제주첨단과학기술단지입주기업에 대한 세액감면(조특법 §121의8)

㉕ 제주투자진흥지구 등 입주기업에 대한 세액감면(조특법 §121의9, 2021년 종료)

㉖ 기업도시개발구역 등의 창업기업 등에 대한 세액감면(조특법 §121의17) 등

㉗ 아시아문화중심도시 투자진흥지구 안 입주기업 등에 대한 세액감면(조특법 §121의20 ②)

㉘ 금융중심지 창업기업 등에 대한 세액감면(조특법 §121의21 ②)

㉙ 첨단의료복합단지 입주기업에 대한 세액감면(조특법 §121의22 ① 1호)

㉚ 국가식품클러스트 입주기업에 대한 세액감면(조특법 §121의22 ① 2호)

㉛ 기회발전특구 창업기업 등에 대한 세액감면(조특법 §121의33)

1. 최저한세 적용 여부
   위 '①'(1, 6항의 100% 감면과 7항의 추가 감면분에 한정), '⑤', '⑦', '⑧', '⑩'(수도권 밖 이전에 한함), '⑪', '⑬~⑮'(작물재배업소득에 한함), '⑯', '⑳', '㉒~㉛'(100% 감면기간 한정)은 최저한세의 적용을 받지 않고 나머지 세액면제·감면은 최저한세의 규정이 적용된다.

2. 농어촌특별세 비과세
   위 '①~⑥', '⑩~⑮', '⑲', '㉒', '㉓'에 대하여는 농어촌특별세가 비과세되며 다른 세액면제·감면은 과세된다.

(1) 감면세액의 계산(법령 §96)

구 분	대 상
공제액 등이 없는 경우	$\text{산출세액} \times \dfrac{\text{감면대상소득}}{\text{과세표준}} \times \text{감면율}$
공제액 등이 감면대상 사업에서 발생한 경우	$\text{산출세액} \times \dfrac{\text{감면대상소득} - \text{공제액 등}^{주)}}{\text{과세표준}} \times \text{감면율}$
공제액 등이 감면대상 사업에서 발생한지 여부가 불분명한 경우	$\text{산출세액} \times \dfrac{(\text{감면대상소득} - \text{공제액 등}^{주)}) \times \frac{\text{감면대상소득}}{\text{소득금액}}}{\text{과세표준}} \times \text{감면율}$

주) 공제액 등이라 함은 과세표준금액 계산에 있어서 사업연도소득금액에서 공제하는 비과세소득·이월결손금 또는 소득공제액으로서 다음에 해당하는 금액을 말한다.
① 공제액 등이 면제사업에서 발생한 경우에는 공제액 전액
② 공제액 등이 면제사업에서 발생한 여부가 불분명한 경우에는 소득금액에 비례하여 안분계산한 금액
한편, 면제·감면소득에서 공제액 등을 공제한 금액이 과세표준에서 차지하는 비율이 100분의 100을 초과하는 경우에는 100분의 100으로 한다.
감면대상사업과 기타의 사업을 겸영하는 법인은 감면사업의 소득금액과 기타사업의 소득금액을 구분경리하여야 하며, 이때 공통손익금은 다음과 같이 안분계산한다(법칙 §75·§76).

구 분		안분계산기준
공통익금		수입금액 또는 매출액 비례
공통손금	업종이 동일한 경우	수입금액 또는 매출액 비례
	업종이 다른 경우	개별손금 비례*

* '개별손금'이란 매출원가, 판매비와관리비 및 영업외비용 등 모든 개별손금의 합계액을 말함(법인 22601-798, 1988.3.11.).

(2) 경정청구 가능 여부

조세특례제한법상 감면·공제요건을 충족하였으나 신청서를 제출하지 않아 감면·공제를 받지 못한 경우에는 경정청구를 통하여 공제·감면을 받을 수 있다(서이-543, 2007.3.29.).

(3) 창업중소기업등에 대한 세액감면

주) 창업중소기업 등에 대한 세액감면은 통합투자세액공제 및 통합고용세액공제와 중복적용이 배제됨(조특법 §127 ④).

창업중소기업과 창업벤처중소기업의 범위는 다음의 업종을 영위하는 중소기업으로

한다.

1. 광업
2. 제조업(자기가 제품을 직접 제조하지 않고 제조업체에 의뢰하여 제품을 제조하는 유사제조업 포함)
3. 수도, 하수 및 폐기물 처리, 원료 재생업
4. 건설업
5. 통신판매업
6. 다음의 물류산업
   가. 육상·수상·항공 운송업
   나. 화물 취급업
   다. 보관 및 창고업
   라. 육상·수상·항공 운송지원 서비스업
   마. 화물운송 중개·대리 및 관련 서비스업
   바. 화물포장·검수 및 계량 서비스업
   사. 「선박의 입항 및 출항 등에 관한 법률」에 따른 예선업
   아. 「도선법」에 따른 도선업
   자. 기타 산업용 기계·장비 임대업 중 팰릿 임대업
7. 음식점업
8. 정보통신업. 다만, 다음의 어느 하나에 해당하는 업종은 제외
   가. 비디오물 감상실 운영업
   나. 뉴스제공업
   다. 가상자산 매매 및 중개업
9. 금융 및 보험업 중 다음의 정보통신을 활용하여 금융서비스를 제공하는 업종
   가. 「전자금융거래법」 제2조 제1호에 따른 전자금융업무
   나. 「자본시장과금융투자업에관한법률」 제9조 제27항에 따른 온라인소액투자중개
   다. 「외국환거래법 시행령」 제15조의2 제1항에 따른 소액해외송금업무
10. 전문, 과학 및 기술 서비스업(엔지니어링사업을 포함). 다만, 다음의 어느 하나에 해당하는 업종은 제외
    가. 변호사업
    나. 변리사업

　　다. 법무사업

　　라. 공인회계사업

　　마. 세무사업

　　바. 수의업

　　사. 「행정사법」 제14조에 따라 설치된 사무소를 운영하는 사업

　　아. 「건축사법」 제23조에 따라 신고된 건축사사무소를 운영하는 사업

11. 사업시설 관리, 사업 지원 및 임대 서비스업 중 다음의 어느 하나에 해당하는 업종

　　가. 사업시설 관리 및 조경 서비스업

　　나. 사업 지원 서비스업(고용 알선업 및 인력 공급업은 농업노동자 공급업을 포함)

12. 사회복지 서비스업

13. 예술, 스포츠 및 여가관련 서비스업. 다만, 다음의 어느 하나에 해당하는 업종은 제외

　　가. 자영예술가

　　나. 오락장 운영업

　　다. 수상오락 서비스업

　　라. 사행시설 관리 및 운영업

　　마. 그 외 기타 오락관련 서비스업

14. 협회 및 단체, 수리 및 기타 개인 서비스업 중 다음의 어느 하나에 해당하는 업종

　　가. 개인 및 소비용품 수리업

　　나. 이용 및 미용업

15. 「학원의 설립·운영 및 과외교습에 관한 법률」에 따른 직업기술 분야를 교습하는 학원을 운영하는 사업 또는 「근로자직업능력개발법」에 따른 직업능력개발훈련시설을 운영하는 사업(직업능력개발훈련을 주된 사업으로 하는 경우로 한정)

16. 「관광진흥법」에 따른 관광숙박업, 국제회의업, 테마파크업 및 관광객 이용시설업

17. 「노인복지법」에 따른 노인복지시설을 운영하는 사업

18. 「전시산업발전법」에 따른 전시산업

1) 감면대상법인

① 2027.12.31. 이전에 수도권과밀억제권역 외의 지역에서 창업한 중소기업(기술집약형의 요건 없음)

② 2027.12.31. 이전에 창업한 청년창업중소기업[주)

주) 1. 청년창업중소기업: 법인으로 창업하는 경우 대표자가 다음의 요건을 모두 갖춘 기업을 말하며 (조특령 §5 ① 2호), 2018.5.29. 이후에 창업한 경우에는 수도권과밀억제권역 내 창업한 경우에도 감면이 허용됨.

  ㉠ 창업 당시 15세 이상 34세 이하인 사람. 다만, 병역을 이행한 경우에는 그 기간(6년을 한도로 함)을 창업 당시 연령에서 빼고 계산한 연령이 34세 이하인 사람을 포함함.

  ㉡ 법인세법 시행령 제43조 제7항에 따른 지배주주 등으로서 해당 법인의 최대주주 또는 최대출자자일 것

 2. 조특법 제6조 창업중소기업 세액감면 규정의 적용기준인 창업은 법인설립등기일을 말함(조세특례제도과-507, 2024.6.19.).

③ 창업보육센터사업자로 지정받은 내국법인

④ 창업 후 3년 이내에 벤처기업육성에관한특별법 제25조의 규정에 의해 2027.12.31.까지 벤처기업으로 확인받은 기업(벤처기업전용단지 · 집적시설입주요건 없음)

2) 창업으로 보지 아니하는 경우

다음의 경우에는 창업으로 보지 아니한다(조특법 §6 ⑥).

① 합병 · 분할 · 현물출자 또는 사업양수 등 사업을 승계하거나 사업에 사용되던 자산을 인수 또는 매입하여 동종의 사업을 영위하는 경우. 다만, 종전 사업에 사용되던 자산을 인수하여 동종의 사업을 영위하는 경우에 당해 자산의 가액이 토지와 감가상각자산에서 차지하는 비율이 30% 이하인 경우 및 임직원이 다음 요건을 구비하여 분사시는 제외한다.

가. 기존 사업자와 사업분리에 관한 계약을 체결

나. 사업을 개시하는 자가 새로 설립되는 기업의 대표자로서 지배주주 등(법령 §43 ⑦) 이면서 최대주주

② 거주자가 영위하던 사업을 법인으로 전환하여 새로운 법인으로 설립하는 경우

③ 폐업 후 사업을 다시 개시하여 폐업 전의 사업과 동종의 사업을 영위하는 경우

④ 사업을 확장하거나 다른 업종을 추가하는 경우 등 새로운 사업을 최초로 개시하는 것으로 보기 곤란한 경우

3) 감면세액의 계산

① 창업중소기업 등의 해당 사업에서 최초로 소득이 발생한 사업연도(사업개시일부터 5년이 되는 날이 속하는 사업연도까지 해당 사업에서 소득이 발생하지 않는 경우에는 5년이 되는 날이 속하는 사업연도)와 그 다음사업연도의 개시일부터 4년 내에 종료하는 사업연도까지 해당 사업에서 발생한 소득에 대한 법인세에 다음에 따른 비율을 곱

한 금액에 상당하는 세액을 감면한다(조특법 §6 ①).

이때 최초로 소득이 발생한 날이 속하는 사업연도라 함은 이월결손금에 관계없이 해당 사업연도에서 각 사업연도의 소득이 최초로 발생한 사업연도를 말한다.

$$감면세액 = 법인세산출세액 \times \frac{감면소득}{과세표준} \times 감면율$$

1. 창업중소기업의 경우: 다음의 구분에 따른 비율
   가. 2025.12.31. 이전에 창업한 경우
       1) 수도권과밀억제권역 외의 지역에서 창업한 청년창업중소기업의 경우: 100분의 100
       2) 수도권과밀억제권역에서 창업한 청년창업중소기업과 수도권과밀억제권역 외의 지역에서 창업한 창업중소기업의 경우: 100분의 50
   나. 2026.1.1. 이후에 창업한 경우
       1) 수도권 외의 지역 또는 수도권의 인구감소지역에서 창업한 청년창업중소기업의 경우: 100분의 100
       2) 수도권(수도권과밀억제권역과 인구감소지역은 제외한다)에서 창업한 청년창업중소기업의 경우: 100분의 75
       3) 수도권과밀억제권역에서 창업한 청년창업중소기업과 수도권 외의 지역 또는 수도권의 인구감소지역에서 창업한 창업중소기업의 경우: 100분의 50
       4) 수도권(수도권과밀억제권역과 인구감소지역은 제외한다)에서 창업한 창업중소기업의 경우: 100분의 25
2. 창업보육센터사업자의 경우: 100분의 50

상기 감면 외에 창업 2년차부터 전년대비 상시근로자가 증가하는 경우에는 다음의 금액을 추가로 감면한다. 이는 업종별 최소고용인원(제조업·광업·건설업 및 운수업은 10인, 그 외 업종은 5인)을 충족한 경우에만 적용하며, 직전연도 상시근로자 수가 최소고용인원에 미달 시는 최소고용인원을 직전연도 상시근로자 수로 한다.

추가 감면세액=1.×2.
1. 해당 사업에서 발생한 소득에 대한 소득세 또는 법인세
2. 다음의 계산식에 따라 계산한 율. 다만, 100분의 50(100분의 75에 상당하는 세액을 감면받는 과세연도의 경우에는 100분의 25)을 한도로 하고, 100분의 1 미만인 부분은 없는 것으로 본다.

$$\frac{(\text{해당 과세연도의 상시근로자 수} - \text{직전 과세연도의 상시근로자 수})}{\text{직전 과세연도의 상시근로자 수}}$$

② 감면세액의 한도

연간 5억 원

4) 감면배제사유 등

다음에 해당(①~③) 시는 감면을 배제한다.

① 감면기간 중 벤처기업의 확인이 취소되거나 에너지신기술중소기업에 해당하지 않게 된 경우 그 날이 속하는 사업연도부터 감면 적용배제

② 감면기간 중에 벤처기업확인서의 유효기간이 만료되어 벤처기업에 해당하지 않는 경우 만료일이 속하는 사업연도부터 감면 적용배제

③ 중소기업 유예기간 적용 배제사유 발생 시 사유발생일이 속하는 사업연도부터 감면배제

④ 창업중소기업감면규정의 적용 시 벤처기업 확인서 유효기간의 만료에 따른 갱신의 누락으로 감면규정을 적용배제한 것은 추후 다시 벤처기업으로 확인받은 사실로 보아 이는 법인실체가 그 사이에 변경된 것으로 보이지 않아 벤처기업 확인서 유효기간이 만료되었다는 이유만으로 창업중소기업감면규정의 적용을 부인한 것은 잘못됨(조심 2018서2607, 2018.12.27).

⑤ 개인사업자가 조세특례제한법 제6조 제3항에 해당하는 업종을 창업한 후 동법 제32조 및 동법 시행령 제29조 제2항 및 제5항에 규정하는 법인전환요건에 따라 중소기업 법인으로 전환하고 개인사업의 창업일로부터 3년 이내에 벤처기업을 확인받는 경우 동법 제6조 제2항의 창업벤처중소기업 세액감면(남은 감면기간)을 적용받을 수 있는 것임(서면법인-899, 2020.7.3.).

⑥ 조특법 제6조(창업중소기업등에 대한 감면)를 적용함에 있어서 벤처기업육성에 관한 특별조치법 제2조 제1항에 따른 벤처기업이 창업 후 3년 이내에 1차 벤처기업 확인을 받았으나, 아직 감면대상 소득이 발생하지 아니한 상태에서 창업 후 3년 이내에 벤처

기업으로 2차 확인을 받은 경우, 2차 확인받은 날을 벤처기업으로 확인받은 날로 보아 조특법 제6조 제2항에 따른 세액감면을 적용할 수 있는 것임(서면법인-2343, 2023.10.31.).

⑦ 조특법 제6조 창업중소기업 세액감면 적용시

가. 수도권과밀억제권역 외에서 다른 과밀억제권역 외로 이전시에도 감면 계속 적용됨.

나. 감면배제 업종을 영위하는 지점을 추가하는 경우 구분경리하면 본점의 소득에 대하여는 감면 적용가능

다. 법인설립 이후 본점과 동일업종의 지점추가시 본점의 소득에 대해서만 감면적용됨(서면법인-147, 2024.7.31.).

5) 농어촌특별세 비과세

창업중소기업에 대한 세액감면에 대하여는 농어촌특별세가 비과세된다.

6) 중복적용

창업중소기업에 대한 세액감면과 고용증대세액공제(조특법 §29의7) 및 통합고용세액공제(조특법 §29의8)는 중복적용하지 않는다(조특법 §127의4).

(4) 중소기업 등에 대한 특별세액감면

1) 감면대상법인

중소기업 중 다음에 해당하는 사업을 영위하는 법인(조특법 §7 ①, 조특령 §6)

① 제조업

중소제조업을 영위하는 사업자가 특정제품을 직접 제조하지 아니하고 사업장이 국내 또는 개성공업지구에 소재하는 제조업체에 위탁하여 제조하더라도 다음의 요건을 모두 충족하는 경우에는 특별세액감면을 받을 수 있다(조특칙 §2 ①).

가. 생산할 제품을 직접 기획(고안·디자인 및 견본제작 등)할 것

나. 당해 제품을 자기명의로 제조할 것

다. 당해 제품을 인수하여 자기 책임하에 직접 판매할 것

단, 상기 조건에 충족한 경우에도 외국기업에 위탁제조하는 경우에는 특별세액감면을 받을 수 없으며(법인 46012-1041, 1999.3.22.), 소득세법 시행령 제31조 제2호에 의해 자기소유의 원재료를 다른 계약사업체에 제공해야 한다는 요건은 충족하지 않아도 된다(법인 46012-173, 2000.1.18.).

이때 내국법인이 국내사업장에서 부품을 제조·조립하여 중간제품·반제품상태로 국외현지공장에 반출하고 현지공장에서 단순조립하여 완제품 판매 시는 제조업에 해당한다(서이-17, 2007.1.4.).

또한 타인의 상표를 일정기간 사용할 수 있는 권리를 부여받아 그 상표를 부착하여 판매 시에는 제조업이 적용되지 않는다(서일 46011-11023, 2002.8.6.).

② 광업

③ 건설업

④ 물류산업: 택배업(소포송달업)은 감면대상이 아님(서이-430, 2005.3.21.).

⑤ 운수업 중 여객운송업

⑥ 어업

⑦ 도매 및 소매업

⑧ 정보서비스업(블록체인기반 암호화자산 매매 및 중개업은 제외)

⑨ 전기통신업

⑩ 연구개발업

⑪ 방송업

⑫ 엔지니어링사업

⑬ 출판업

⑭ 작물재배업

⑮ 축산업

⑯ 의료법에 따른 의료기관을 운영하는 사업(의원, 치과의원 및 한의원 제외)

⑰ 자동차정비업

⑱ 컴퓨터프로그래밍, 시스템통합 및 관리업

⑲ 창작 및 예술관련서비스업(자영예술가는 제외)

⑳ 기타 과학기술서비스업

㉑ 전문디자인업

㉒ 포장 및 충전업

㉓ 해운법에 따른 선박관리업

㉔ 하수·폐기물처리(재활용을 포함), 원료재생 및 환경복원업

㉕ 영화·비디오물 및 방송프로그램제작업, 영화·비디오물 및 방송프로그램 제작관련서비스업, 영화·비디오물 및 방송프로그램 배급업, 오디오물 출판 및 원판녹음업

㉖ 관광진흥법에 따른 관광사업(카지노, 관광유흥음식점 및 외국인전용유흥음식점업은 제외)

㉗ 노인복지법에 따른 노인복지시설을 운영하는 사업

㉘ 주문자상표부착방식에 의한 수탁생산업: 위탁자로부터 주문자상표부착방식에 따른 제품생산을 위탁받아 이를 재위탁(해외현지법인 등에)하여 제품을 생산·공급하는 사업을 말함(조특령 §6 ①).

㉙ 직업기술분야학원 또는 직업능력개발훈련을 주된 사업으로 운영하는 사업

㉚ 전시산업

㉛ 광고업 중 광고물 문안, 도안, 설계 등 작성업

㉜ 인력공급 및 고용알선업(농업노동자 공급업을 포함)

㉝ 콜센터 및 텔레마케팅서비스업

㉞ 에너지이용합리화법 제25조에 따른 에너지절약전문기업이 하는 사업

㉟ 노인장기요양보험법 제32조에 따른 재가장기요양기관을 운영하는 사업

㊱ 건물 및 산업설비 청소업

㊲ 경비 및 경호 서비스업

㊳ 시장조사 및 여론조사업

㊴ 사회복지 서비스업

㊵ 무형재산권 임대업

㊶ 연구개발지원업

㊷ 사회서비스업 중 다음 업종(개인 간병인 및 유사서비스업, 사회교육시설 등 및 직업훈련학원, 도서관·사적지 및 유사 여가관련 서비스업)

㊸ 영화관운영업

㊹ 신·재생에너지 발전사업

㊺ 주택임대관리업

㊻ 보안시스템서비스업

㊼ 임업

㊽ 통관대리 및 관련서비스업

2) 감면세액의 계산

중소기업 등에 대한 감면세액의 계산은 다음과 같다.

$$감면세액 = 법인세산출세액 \times \frac{감면소득}{과세표준} \times 감면비율$$

① 감면소득

상기 산식에서 감면소득이란 중소제조업 등에서 발생한 소득을 말한다.

이때 제조업 등의 감면대상소득과 기타사업의 소득 등이 함께 있는 경우에는 소득구분 계산을 하여 감면소득을 구하여야 한다. 소득구분 계산은 구분경리를 통하여 계산하여야 하며, 이는 법인세법 제113조의 규정을 준용하여 계산한다.

② 감면비율

중소기업에 대한 특별세액 감면비율을 표로 나타내면 다음과 같으며, 제조업이 주업이나 도매업을 겸영하는 법인이 중소기업에 해당하는 경우 각각 감면소득에 대해 중소기업특별 세액감면을 적용한다(서이 46012-10188, 2003.1.27.).

이 경우 내국법인의 본점이 수도권에 있는 경우에는 모든 사업장이 수도권에 있는 것으로 보아 감면비율을 적용한다.

위 치	규 모	업 종	감면비율
수도권[주1]	소기업[주2]	도매업 등[주3]을 제외한 업종을 경영하는 사업장	20%
	소기업	도매업 등을 경영하는 사업장	10%
	중기업	일반서적 출판업 등	10%
수도권 이외	소기업	도매업 등을 제외한 업종을 경영하는 사업장	30%
	중기업	도매업 등을 경영하는 사업장	5%
		도매업 등을 제외한 업종을 경영하는 사업장	15%

주1) 수도권의 정의
　　① 수도권정비계획법 제2조 제1호에 따른 수도권으로 서울특별시, 인천광역시, 경기도를 말한다.
　　② 남동공단, 반월공단, 시화공단 등 각종 공단도 수도권에 포함된다.
주2) 소기업의 범위(조특령 §6 ⑤). 제2장 보론 참조
주3) "도매업 등"의 범위
　　도매 및 소매업, 의료업
주4) 사례
　　① 본점·사업장 모두 수도권 안이며 제조업·도매업을 겸영(주업은 제조업)하고 있는 경우로서 상시 근로종업원수가 80명인 경우
　　　가. 수도권 안의 감면율 적용대상이며, 소기업에 해당한다.
　　　나. 제조업 소득: 20% 감면율 적용
　　　　　도매업 소득: 10% 감면율 적용
　　② 사례 '①'에서 주업이 도매업인 경우
　　　소기업에 해당하지 않아 제조업·도매업 소득에 대해 감면적용 못 받음.
　　③ 사례 '①'에서 본점은 수도권 안인데 제조업의 사업장만 수도권 이외인 경우
　　　가. 본점이 수도권이므로 제조업의 사업장이 수도권 이외인 경우에도 수도권 안의 감면율을 적용한다.

　나. '①'의 '나.'와 동일
④ 사례 '①'에서 본점과 사업장이 모두 수도권 이외인 경우
　가. 수도권 이외의 감면율 적용대상이며, 소기업에 해당한다.
　나. 제조업 소득: 30% 감면율 적용
　다. 도매업 소득: 10% 감면율 적용
⑤ 사례 '①'에서 본점과 사업장이 모두 수도권 이외이며, 도매업이 주업인 경우
　가. 소기업에 해당하지 않고 중기업에 해당한다.
　나. 제조업 소득: 15% 감면율 적용
　다. 도매업 소득: 5% 감면율 적용
⑥ 사례 '①'에서 본점은 수도권 이외이며, 제조업의 사업장만 수도권 안인 경우
　가. 소기업에 해당한다.
　나. 제조업 소득: 20% 감면율 적용
　다. 도매업 소득: 10% 감면율 적용
⑦ 사례 '①'에서 본점은 수도권 이외이며, 도매업의 사업장만 수도권 안인 경우
　가. 소기업에 해당한다.
　나. 제조업 소득: 30% 감면율 적용
　다. 도매업 소득: 10% 감면율 적용

③ 감면한도: 1억 원

상시근로자가(조특령 §23 ⑩~⑬) 전기 대비 감소 시 1인당 500만 원을 한도액에서 차감한다.

3) 중복적용

고용증대세액공제(조특법 §29의7) 및 통합고용세액공제(조특법 §29의8)와 중복적용이 허용된다.

4) 적용기한

2025.12.31.

사례 4　중소기업특별세액감면

1. 자료

　(1) 수진(주)는 제조업과 도매업을 겸업하고 있는 법인이며, 사업연도는 2025.1.1.~ 12.31.이다.
　(2) 수진(주)의 소득발생내역은 다음과 같다.
　　① 제조업 소득금액: 200,000,000원
　　② 도매업 소득금액: 100,000,000원

(3) 회사의 이월결손금은 60,000,000원이며, 어느 사업에서 발생하였는지 구분이 불분명하다.

(4) 당사는 소기업이며, 사업장은 수도권 안에 소재한다.

2. 중소기업에 대한 특별세액감면

(1) 감면소득의 계산

구 분	제조업	도매업	계
각 사업연도소득금액	200,000,000	100,000,000	300,000,000
이월결손금	40,000,000	20,000,000	60,000,000
과세표준	160,000,000	80,000,000	240,000,000

※ 이월결손금이 어느 사업에서 발생되었는지 구분이 불가능하므로 소득금액비율로 안분한다.
∴ 60,000,000×200,000,000/300,000,000=40,000,000원

(2) 산출세액

18,000,000+40,000,000×19%=25,600,000원

(3) 중소기업에 대한 특별세액감면

① 제조업과 관련된 특별세액감면

$$25,600,000 \times \frac{160,000,000}{240,000,000} \times 20\% = 3,413,333원$$

② 도매업과 관련된 특별세액감면

$$25,600,000 \times \frac{80,000,000}{240,000,000} \times 10\% = 853,333원$$

③ 중소기업에 대한 특별세액감면

='①'+'②'=4,266,666원

중점사항 **구분경리**

1. 구분경리

구분경리란 감면사업과 기타의 사업별로 익금과 손금을 법인의 장부상 각각 독립된 계정과목에 의하여 구분기장하는 것을 말한다(법칙 §75 ①).

이때 '구분경리를 한다'는 것은 회사 내부에 별도의 장부를 따로 구비하라는 의미가 아니라 기업회계에 따라 작성된 하나의 장부에 기장을 하되, 동 장부에 근거하여 '소득구분계산서' [별지 제48호 서식]에 의하여 감면사업과 기타사업의 소득 및 과세표

준을 산정할 수 있는 회계시스템을 구비하라는 의미이다.

2. 겸영법인의 익금과 손금 구분계산법

법인세가 감면되는 사업과 기타의 사업을 겸영하는 법인의 익금과 손금의 구분계산은 법에서 특별히 규정한 것을 제외하고는 다음과 같이 계산한다(법통 113-156…6).

(1) 개별익금

① 매출액 또는 수입금액은 소득구분 계산의 원천으로서 이는 개별익금으로 구분한다.

② 감면사업 또는 기타사업에 직접 관련하여 발생하는 부수수익은 개별익금으로 구분하며, 예시하면 다음과 같다.
- 부산물·작업폐물의 매출액
- 매입할인
- 채무면제익
- 원가차익
- 상각채권추심익
- 지출된 손금 중 환입된 금액
- 준비금 및 충당금의 환입액

③ 영업외수익 중 과세사업의 개별익금으로 구분하는 것을 예시하면 다음 차입금에 대한 지급이자는 그 이자의 발생장소에 따라 구분하거나 그 이자 전액을 공통손금으로 구분할 수 없으며, 차입한 자금의 실제 사용용도를 기준으로 사실판단하여 감면사업과 과세사업의 개별 또는 공통손금으로 구분한다.

그러나 지급이자를 손금불산입한 경우에는 감면사업과 과세사업으로 구분경리한 당초의 기준에 따라 구분계산한다(법인 46012-1972, 1996.7.10.).

(2) 외환차손익

① 감면사업 또는 과세사업에 직접 관련되는 외환차손익은 당해 사업의 개별손익으로 구분한다.

② 외상매출채권의 회수와 관련된 외환차손익(공사수입의 본사 송금거래로 인한 외환차손익 포함)은 외국환은행에 당해 외화를 매각할 수 있는 시점까지는 당해 외상매출채권이 발생된 사업의 개별손익으로 하고, 그 이후에 발생되는 외환차손익은 과세사업의 개별손익으로 구분한다.

③ 외상매출채권을 제외한 기타 외화채권과 관련하여 발생하는 외환차손익은 과세사업의 개별손익으로 구분한다.

④ 외상매입채무의 변제와 관련된 외환차손익은 당해 외상매입채무와 관련된 사업의 개별손익으로 구분한다.

⑤ 외상매입채무를 제외한 기타 외화채무와 관련하여 발생하는 외환차손익(환산손익도 포함)은 외화채무의 용도에 따라 감면사업 또는 과세사업의 개별손익으로 구분하고, 용도가 불분명한 경우에는 공통손익으로 구분한다.

⑥ 외환증서, 외화표시예금, 외화표시유가증권 등과 관련하여 발생하는 외환차손익은 과세사업의 개별손익으로 구분한다.

⑦ 감면사업의 손익수정에 따라 외환차손익은 감면사업의 개별손익으로 구분한다.

(3) 이월결손금 · 비과세소득 및 소득공제액의 공제

당해 법인이 손금 · 비과세소득 및 소득공제액이 있는 경우에는 감면소득의 계산 시 이를 다음과 같이 공제하여 계산한다.

1) 이월결손금 · 비과세소득 및 소득공제액이 면제사업에서 발생한 경우에는 그 전액

2) 이월결손금 · 비과세소득 및 소득공제액이 면제사업에서 발생하였는지 여부가 불분명한 경우에는 소득금액에 비례하여 안분계산한 금액

① 공제액 등이 전액 감면사업에서 발생한 경우

$$\text{법인세산출세액} \times \frac{\text{감면소득} - \text{공제액 등}}{\text{과세표준}} \times \text{감면율}$$

② 공제액 등이 감면사업에서 발생하였는지 여부가 불분명한 경우

$$\text{법인세산출세액} \times \frac{\text{감면소득} - \text{공제액 등} \times \dfrac{\text{감면소득}}{\text{소득금액}}}{\text{과세표준}} \times \text{감면율}$$

3. 과세표준

감면세액 계산 시 과세표준은 법인세법 제13조의 규정에 의하여 계산한 과세표준을 말한다.

4. 항목별 소득구분계산서 구분

소득구분계산서				
①과목	②구분	감면분	기타분	비고
(1) 매출액		① 감면사업의 매출액	① 과세사업의 매출액	
		② 부산물 · 작업폐물의 매출액	② 부산물 · 작업폐물의 매출액	

소득구분계산서				
①과목	②구분	감면분	기타분	비고
(2) 매출원가		감면사업의 매출원가	과세사업의 매출원가	
(4) 판매비와 관리비	개별분	① 감면사업 고정자산에 대한 제비용 ② 준비금·충당금전입액 ③ 기타 귀속이 분명한 제비용	① 과세사업 고정자산에 대한 제비용 ② 준비금·충당금전입액 ③ 기타 귀속이 분명한 제비용	
	공통분	기타 개별손금으로 구분하는 것이 불합리한 판매비와관리비		
(6) 영업외수익	개별분	① 원가차익 ② 상각채권추심이익 ③ 지출된 손금 중 환입된 금액 ④ 준비금 및 충당금의 환입액 ⑤ 외환차손익	① 배당금수익, 이자수익, 유가증권처분이익 ② 수입임대료, 가지급금 인정이자 ③ 유형자산처분익, 원가차익, 상각채권추심이익 ④ 지출된 손금 중 환입된 금액 ⑤ 준비금 및 충당금의 환입액 ⑥ 외환차손익	
	공통분	① 귀속이 불분명한 부산물·작업폐물의 매출액 ② 귀속이 불분명한 원가차익과 채무면제익 ③ 공통손금의 환입액 ④ 기타 개별익금으로 구분하는 것이 불합리한 영업외수익		
(7) 영업외비용	개별분	① 이자비용 ② 외환차손익	① 유가증권처분손실 ② 유형자산처분손실 ③ 이자비용 ④ 외환차손익	
	공통분	① 사채발행비상각 ② 사채할인발행차금상각 ③ 이자비용 ④ 기부금 ⑤ 사업손실준비금 ⑥ 기타 개별손금으로 구분하는 것이 불합리한 영업외비용		

(5) 수도권 밖으로 공장을 이전하는 기업에 대한 세액감면

다음의 요건을 모두 갖춘 내국인(공장이전기업)이 공장을 이전하여 2025.12.31.(공장을 신축하는 경우로서 공장의 부지를 2025.12.31.까지 보유하고 2025.12.31.이 속하는 과세연도의 과세표준 신고를 할 때 이전계획서를 제출하는 경우에는 2028.12.31.)까지 사업을 개시하는 경우에는 이전 후의 공장에서 발생하는 소득(공장이전기업이 이전 후 합병·분할·현물출자 또는 사업의 양수를 통하여 사업을 승계하는 경우 승계한 사업장에서 발생한 소득은 제외한다)에 대하여 법인세를 감면한다(조특법 §63).

1) 세액감면 요건

① 수도권과밀억제권역에 3년(중소기업은 2년) 이상 계속하여 공장시설을 갖추고 사업을 한 기업일 것. 단, 공장시설을 이전하기 위하여 조업을 중단한 날이 속하는 사업연도개시일부터 소급하여 동일한 공장에 대해 10년 이내에 감면을 적용받은 기업은 제외한다.

② 공장시설의 전부를 수도권(중소기업은 수도권밖 또는 수도권의 인구감소지역) 밖으로 이전할 것

　가. 수도권 밖으로 공장을 이전하여 사업을 개시한 날부터 2년 이내에 수도권과밀억제권역 안의 공장을 양도하거나 수도권과밀억제권역 안에 남아 있는 공장시설의 전부를 철거 또는 폐쇄하여 해당 공장시설에 의한 조업이 불가능한 상태일 것

　나. 수도권과밀억제권역 안의 공장을 양도 또는 폐쇄한 날(공장의 대지 또는 건물을 임차하여 자기공장시설을 갖추고 있는 경우에는 공장이전을 위하여 조업을 중단한 날을 말한다. 이하 같다)부터 2년 이내에 수도권 밖에서 사업을 개시할 것. 다만, 공장을 신축하여 이전하는 경우에는 수도권과밀억제권역 안의 공장을 양도 또는 폐쇄한 날부터 3년 이내에 사업을 개시해야 한다.

③ 다음의 어느 하나에 해당하는 경우 다음의 구분에 따른 요건을 갖출 것

　가. 중소기업이 공장시설을 수도권의 인구감소지역으로 이전하는 경우로서 본점이나 주사무소(본사)가 수도권과밀억제권역에 있는 경우: 해당 본사도 공장시설과 함께 이전할 것

　나. 중소기업이 아닌 기업이 광역시로 이전하는 경우: 산업입지및개발에관한법률 제2조 제8호에 따른 산업단지로 이전할 것

2) 감면기간 및 감면세액

① 공장 이전일 이후 해당 공장에서 최초로 소득이 발생한 과세연도(공장 이전일부터 5년이 되는 날이 속하는 과세연도까지 소득이 발생하지 아니한 경우에는 이전일부터

5년이 되는 날이 속하는 과세연도)의 개시일부터 다음의 구분에 따른 기간 이내에 끝나는 과세연도: 소득세 또는 법인세의 100% 감면

가. 수도권 등 다음의 지역으로 이전하는 경우: 5년

ㄱ 당진시, 아산시, 원주시, 음성군, 진천군, 천안시, 춘천시, 충주시, 홍천군(내면은 제외한다) 및 횡성군의 관할구역

ㄴ 「수도권정비계획법」 제6조 제1항 제2호 및 제3호에 따른 성장관리권역 및 자연보전권역

나. 수도권 밖에 소재하는 광역시 등 다음의 지역으로 이전하는 경우

ㄱ 수도권 밖에 소재하는 광역시의 관할구역

ㄴ 구미시, 김해시, 전주시, 제주시, 진주시, 창원시, 청주시 및 포항시의 관할구역

가) 위기지역, 「지방자치분권 및 지역균형발전에 관한 특별법」에 따른 성장촉진지역 또는 인구감소지역("성장촉진지역등")으로 이전하는 경우: 7년

나) '가)'에 따른 지역 외의 지역으로 이전하는 경우: 5년

다. '가.' 또는 '나.'에 따른 지역 외의 지역으로 이전하는 경우

ㄱ 성장촉진지역등으로 이전하는 경우: 10년

ㄴ 'ㄱ'에 따른 지역 외의 지역으로 이전하는 경우: 7년

② '①'에 따른 과세연도의 다음 2년['① 나. ㉠)' 또는 '① 다. ㉡)'에 해당하는 경우에는 3년] 이내에 끝나는 과세연도: 소득세 또는 법인세의 50% 감면

3) 감면세액의 추징

다음에 해당하는 때에는 해당 사유가 발생한 사업연도의 과세표준신고 시 '①'은 폐업일 등으로부터 소급하여 3년 이내, '②'와 '③'은 추징사유발생일부터 소급하여 5년 이내의 감면세액과 이자상당가산액(1일 22/100,000)을 법인세로 납부하여야 한다.

① 공장을 이전하여 사업을 개시한 날부터 3년 이내에 그 사업을 폐업하거나 법인이 해산한 때(합병·분할 또는 분할합병으로 인한 경우를 제외)

② 위 '1) 세액감면 요건'에 따라 공장을 수도권 밖(중소기업은 수도권 밖 또는 수도권의 인구감소지역)으로 이전하여 사업을 개시한 경우에 해당하지 아니한 경우

③ 수도권(중소기업은 수도권 중 인구감소지역을 제외한 지역)에 이전한 공장에서 생산하는 제품과 같은 제품을 생산하는 공장(중소기업이 수도권의 인구감소지역으로 이전한 경우에는 공장 또는 본사)을 설치한 경우

4) 업종

공장이전기업은 이전 전의 공장에서 공장시설을 이전하기 위하여 조업을 중단한 날부터 소급하여 2년(중소기업은 1년) 이상 계속 영위하던 업종과 이전 후의 공장에서 영위하는 업종이 같아야 한다.

(6) 수도권 밖으로 본사를 이전하는 법인에 대한 세액감면

다음의 요건을 모두 갖추어 본사를 이전하여 2025.12.31.(본사를 신축하는 경우로서 본사의 부지를 2025.12.31.까지 보유하고 2025.12.31.이 속하는 과세연도의 과세표준 신고를 할 때 이전계획서를 제출하는 경우에는 2028.12.31.)까지 사업을 개시하는 법인(본사이전법인)은 감면소득대상(이전 후 합병·분할·현물출자 또는 사업의 양수를 통하여 사업을 승계하는 경우 승계한 사업장에서 발생한 소득은 제외한다)에 대하여 법인세를 감면한다. 다만, 부동산업, 건설업, 소비성서비스업, 무점포판매업 및 해운중개업을 경영하는 법인인 경우에는 그러하지 아니한다(조특법 §63의2).

1) 세액감면 요건

① 수도권과밀억제권역에 3년 이상 계속하여 본사를 둔 법인일 것. 단, 본사의 이전등기일이 속하는 사업연도 개시일부터 소급하여 10년 이내에 감면받은 법인은 제외한다.
② 본사를 수도권 밖으로 정하는 바에 따라 이전할 것
③ 이전본사 투자금액 및 근무인원요건
　가. 사업용자산에 대한 투자합계액이 10억 원 이상일 것
　나. 이전본사 근무인원이 20명 이상일 것

2) 감면대상소득: '①'의 금액에 '②'의 비율과 '③'의 비율을 곱하여 산출한 금액에 상당하는 금액

① 해당 과세연도의 과세표준에서 토지·건물 및 부동산을 취득할 수 있는 권리의 양도차익 및 대통령령으로 정하는 소득을 뺀 금액
② 해당 과세연도의 수도권 밖으로 이전한 본사(이전본사)의 근무인원이 법인전체 근무인원에서 차지하는 비율
③ 해당 과세연도의 전체 매출액에서 대통령령으로 정하는 위탁가공무역에서 발생하는 매출액을 뺀 금액이 해당 과세연도의 전체 매출액에서 차지하는 비율

3) 감면기간 및 감면세액과 업종

상기 '(5)의 2) 및 4)'와 동일

4) 감면세액의 추징

감면을 적용받는 본사이전법인이 다음의 어느 하나에 해당하는 경우에는 그 사유가 발생한 과세연도의 과세표준신고 시 '①'은 폐업일 등으로부터 소급하여 3년 이내, '②~④'는 추징사유발생일부터 소급하여 5년 이내 감면세액과 이자상당가산액을 법인세로 납부하여야 한다.

① 본사를 이전하여 사업을 개시한 날부터 3년 이내에 그 사업을 폐업하거나 법인이 해산한 경우. 다만, 합병·분할 또는 분할합병으로 인한 경우에는 그러하지 아니한다.

② 대통령령으로 정하는 바에 따라 본사를 수도권 밖으로 이전하여 사업을 개시하지 아니한 경우

③ 수도권에 본사를 설치하거나 대통령령으로 정하는 기준 이상의 사무소를 둔 경우

④ 감면기간에 대통령령으로 정하는 임원 중 이전본사의 근무 임원 수가 수도권 안의 사무소에서 근무하는 임원과 이전본사 근무 임원의 합계 인원에서 차지하는 비율이 100분의 50에 미달하게 된 경우

5 세액공제

1. 세액공제의 종류

현행 세법상 법인에게 적용되는 세액공제는 다음과 같다.

(1) 법인세법상 세액공제

① 외국납부 세액공제(법법 §57)

② 재해손실 세액공제(법법 §58)

③ 분식회계 경정세액공제(법법 §58의3)

(2) 조세특례제한법상 세액공제

조세특례제한법상 세액공제에는 다음과 같은 것이 있다.

세액공제	이월공제
① 중소기업·중견기업 상생결제 지급금액 세액공제(조특법 §7의4)	
② 상생협력을 위한 기금출연 등에 대한 세액공제(조특법 §8의3)	
③ 연구 및 인력개발비 세액공제(조특법 §10)	
④ 기술혁신형 주식취득에 대한 세액공제(조특법 §12의4)	
⑤ 벤처기업 등 출자세액공제(조특법 §13의2)	
⑥ 소재·부품·장비 전문기업에의 출자·인수 시 세액공제(조특법 §13의3)	
⑦ 성과공유 중소기업의 경영성과급에 대한 세액공제(조특법 §19)	
⑧ 통합투자 세액공제(조특법 §24)	
⑨ 영상콘텐츠 제작비용 세액공제(조특법 §25의6)	
⑩ 문화산업전문회사에의 출자에 대한 세액공제(조특법 §25의7)	
⑪ 산업수요맞춤형고등학교 및 특성화고 등 졸업자의 군 전역 후 복직 중소기업에 대한 세액공제(조특법 §29의2)	
⑫ 근로소득증대 세액공제(조특법 §29의4)	10년
⑬ 통합고용 세액공제(조특법 §29의8)	
⑭ 고용유지중소기업 세액공제(조특법 §30의3)	
⑮ 상가임대료 인하 임대사업자에 대한 세액공제(조특법 §96의3)	
⑯ 상용근로소득 간이지급명세서지출 세액공제(조특법 §104의5)	
⑰ 전자신고에 대한 세액공제(조특법 §104의8)	
⑱ 해외자원개발투자 세액공제(조특법 §104의15)	
⑲ 기업의 운동경기부설치·운영에 대한 세액공제(조특법 §104의22)	
⑳ 석유제품전자상거래에 대한 세액공제(조특법 §104의25)	
㉑ 우수 선화주 인증 화주기업에 대한 세액공제(조특법 §104의30)	
㉒ 용역제공자에 관한 관계자료 제출 세액공제(조특법 §104의32)	
㉓ 이스포츠(e-sports)대회 운영비용 세액공제(조특법 §104의35)	
㉔ 성실신고확인비용에 대한 세액공제(조특법 §126의6)	

1. 최저한세 적용 여부

중소기업의 연구 및 인력개발비 세액공제 및 '⑰, ⑱, ⑲, ㉖'을 제외하고는 모두 최저한세의 적용대상에 해당한다.

2. 농어촌특별세 비과세

위 '③, ⑯, ⑰, ⑲, ㉖'은 농어촌특별세가 비과세되며, 다른 세액공제는 과세된다.

3. 고용세액공제

① 통합고용세액공제로 통합·단순화

종전의 고용증대 세액공제(조특법 §29의7), 사회보험료 세액공제(조특법 §30의4), 경력단절여성 세액공제(조특법 §29의3 ①), 정규직 전환 세액공제(조특법 §30의2), 육아휴직 복귀자 세액공제(조특법 §29의3 ②)는 2023.1.1. 이후 개시하는 사업연도분부터 통합고용세액공제(조특법 §29의8)로 통합·단순화

② 2023년 및 2024년 사업연도분에 대해서는 기업이 통합고용세액공제(조특법 §29의8)와 기존 고용증대 세액공제(조특법 §29의7) 및 사회보험료 세액공제(조특법 §30의4) 중 선택하여 적용 가능(중복 적용 불가, 조특법 §127 ⑩)

중점사항　　**법인세법과 조세특례제한법상 세액공제의 차이점**

1. 최저한세 적용 여부

(1) 법인세법상 세액공제

최저한세 적용대상에서 제외되며 [별지 제3호 서식]상 ⑫에 해당된다.

(2) 조세특례제한법상 세액공제

최저한세 적용대상에 포함되며 최저한세에 해당 시 회사의 선택에 따라 이월공제를 받을 수 있다. [별지 제3호 서식]상 ⑫에 해당된다.

2. 농어촌특별세 과세 여부

(1) 법인세법상 세액공제

농어촌특별세 과세대상에서 제외

(2) 조세특례제한법상 세액공제

농어촌특별세 과세대상에 해당(일부 비과세규정은 제외)

2. 연구 및 인력개발비 세액공제

① 용어정의(조특법 §2 ①)

가. "연구개발"이란 과학적 또는 기술적 진전을 이루기 위한 활동과 새로운 서비스 및 서비스 전달체계를 개발하기 위한 활동을 말하며, 다음의 활동(조특령 §1의2)을 제외한다.

1. 일반적인 관리 및 지원활동

2. 시장조사, 판촉활동 및 일상적인 품질시험

3. 반복적인 정보수집 활동

4. 경영이나 사업의 효율성을 조사·분석하는 활동

5. 특허권의 신청·보호 등 법률 및 행정 업무

6. 광물 등 자원 매장량 확인, 위치 확인 등 조사·탐사 활동

7. 위탁받아 수행하는 연구활동

　　주) 연구소의 연구원이 자체연구개발과 수탁연구개발을 함께 수행하는 경우에는 구분경리 또는 안분계산하여 자체연구개발 관련 인건비는 세액공제대상으로 함. 단, 일반관리활동 등을 함께 수행하는 경우에만 안분하지 않고 인건비 전액은 공제대상에서 제외됨. 이와 달리 납품의뢰에 따른 연구개발 관련 비용은 당연 공제대상에 해당함.

8. 이미 기획된 콘텐츠를 단순 제작하는 활동

9. 기존에 상품화 또는 서비스화된 소프트웨어 등을 복제하여 반복적으로 제작하는 활동

　　주) 2020년 이후부터 상기 '8.' 및 '9.'의 공제대상에서 제외되는 활동을 콘텐츠에서는 단순제작활동, 소프트웨어에서는 복제제작활동만을 연구개발활동에서 제외하는 방식으로 개정하여 공제대상이 넓어졌음에 유의하여야 함(해당 산업분야: 영화, 음악, 게임, 방송, 출판, 인쇄, 만화, 애니메이션 등). 이때 창작개발을 하는 직원들도 연구소 또는 전담부서 등 소속직원이어야 하며 전업적으로 창작업무를 수행하여야 할 것이며 학위 등 자격요건이 없어도 되며 연구요원으로 신고되지 않았어도 회사의 조직도상 연구소 소속이면 공제대상인원에 해당됨.

10. 이미 연구개발된 제품·기술·서비스·설계·디자인 등과 동일성을 유지하는 범위에서 이를 단순하게 보완·변형·개선하는 활동

나. "인력개발"이란 내국인이 고용하고 있는 임원 또는 사용인을 교육·훈련시키는 활동을 말한다.

② 공제대상법인

모든 업종을 영위하는 내국법인(조특법 §10 ①, 조특령 §9 ①)

③ 공제세액의 계산

연구 및 인력개발을 위하여 발생한 비용이 있는 경우에는 다음 각 호의 방법 중 하나를 선택하여 세액공제를 받을 수 있다(조특법 §10 ①).

---

1. 신성장 · 원천기술연구개발비

(1) 신성장 · 원천기술분야별 대상기술

신성장 · 원천기술을 통합하여 14개 분야[주] 273개 기술(조특령 별표 7)

주) ① 미래형 자동차, ② 지능정보, ③ 차세대 SW 및 보안, ④ 콘텐츠, ⑤ 차세대 전자정보 디바이스, ⑥ 차세대 방송통신, ⑦ 바이오 · 헬스, ⑧ 에너지신산업 · 환경, ⑨ 융복합소재, ⑩ 로봇, ⑪ 항공 · 우주, ⑫ 첨단 소재 · 부품 · 장비, ⑬ 탄소중립, ⑭ 방위산업

(2) 자체 연구개발의 경우

① 연구소 또는 전담부서에서 [별표 7]에 따른 신성장 · 원천기술연구개발업무에 종사하는 연구원 및 이들의 연구개발업무를 직접적으로 지원하는 사람에 대한 인건비

가. 퇴직소득, 퇴직급여충당금 및 퇴직연금부담금은 인건비에서 제외됨.

나. 2018년 이전 사업연도까지 납입한 확정기여형 퇴직연금(DC)액은 R&D 세액공제대상 인건비에 해당함(감심 2018 - 915, 2019.9.19.).

다. 확정기여형 퇴직연금보험료는 조특령 별표 6(2019.2.12. 개정 전의 것) 제1호 가목 1)에 따른 퇴직소득, 퇴직급여충당금, 성과급 등에 포함되지 않음(조세특례제도과 - 72, 2021.1.22.).

② 신성장 · 원천기술연구개발업무를 위하여 사용하는 견본품, 부품, 원재료와 시약류 구입비

(3) 위탁 및 공동연구개발의 경우

다음의 기관에 신성장 · 원천기술연구개발업무를 위탁(재위탁 포함)함에 따른 비용(전사적 기업자원 관리설비, 판매시점 정보관리 설비 등 기업의 사업운영 · 관리 · 지원활동과 관련 시스템 개발을 위한 위탁비용은 제외) 및 이들 기관과의 공동연구개발을 수행함에 따른 비용

① 기업의 연구소 및 전담부서

② 연구개발서비스업을 영위하는 기업

③ 국내 대학 또는 전문대학

④ 국공립연구기관

⑤ 정부출연연구기관

⑥ 국내 비영리법인(비영리법인에 부설된 연구기관 포함)

　주) 다만, 신약에 대한 임상 1·2·3상 및 희귀질환의약품 임상의 위탁연구개발은 국외 기관 포함

⑦ 내국법인이 직·간접적으로 지배하고 있는 외국법인

(4) 세액공제액: 2029.12.31.까지 발생한 해당연도 발생 신성장·원천기술연구개발비 × 다음 비율

① 중소기업: $Min \left(40\%, \ 30\% + \dfrac{\text{신성장·원천기술연구개발비}}{\text{매출액}} \times 3 \right)$

② 중견·일반기업: $Min \left(30\%, \ 20\%* + \dfrac{\text{신성장·원천기술연구개발비}}{\text{매출액}} \times 3 \right)$

　* 중소기업이 최초로 중소기업에 해당하지 아니하게 된 사업연도의 개시일부터 3년간은 25%

2. 국가전략기술연구개발비

(1) 국가전략기술 분야별 대상 기술

8개 분야 71개 기술(조특령 별표 7의2)

① 반도체: 15nm 이하급 D램 및 170단 낸드플래시 메모리를 설계·제조하는 기술 등 23개 기술

② 이차전지: 고성능 리튬 이차전지의 부품·소재·셀·모듈 제조 및 안전성 향상 기술 등 10개 기술

③ 백신: 치료용·예방용 백신 후보물질 발굴 및 백신 제조·생산기술 등 7개 기술

④ 디스플레이: 7개 기술

⑤ 수소: 7개 기술

⑥ 미래형 운송 및 이동수단: 5개 기술

⑦ 바이오의약품: 8개 기술

⑧ 인공지능

(2)·(3)

상기 '1.의 (2)·(3)'과 동일

(4) 세액공제액: 2029.12.31.까지(반도체분야는 2031.12.31.까지) 발생한 국가전략기술연구개발비×공제율('①'+'②')

① 기업유형별 비율

가. 중소기업: 40%

　　　　나. 그 밖의 기업: 30%*

　　　　* 중소기업이 최초로 중소기업에 해당하지 아니하게 된 사업연도의 개시일부터 3년간은 35%

　　② $\dfrac{\text{국가전략기술연구개발비}}{\text{해당연도의 수입금액}} \times 3(10\% \text{ 한도})$

3. 일반연구 · 인력개발비의 경우

　일반연구 · 인력개발비란 상기 '1.' 및 '2'에 해당하지 아니하거나 선택하지 아니한 내국법인의 연구 · 인력개발비를 일컫는바, 다음과 같이 구분하여 공제한다(조특법 §10 ① 3호).

(1) 중소기업인 경우

　다음의 '가.'와 '나.' 중 선택하여 세액공제를 받을 수 있다.

　이때 ① 해당 사업연도의 개시일부터 소급하여 4년간 일반연구 · 인력개발비가 발생하지 아니하거나 ② 직전 사업연도에 발생한 일반연구 · 인력개발비가 해당 사업연도의 개시일부터 소급하여 4년간 발생한 일반연구 · 인력개발비의 연평균발생액보다 적은 경우에는 당기 발생액기준('나.')만을 적용한다(이하 모두 동일).

　일반연구 · 인력개발비가 직전 사업연도에 최초로 발생한 경우에도 증가분기준('가.')을 적용할 수 있다(서면법령법인-1782, 2021.3.5.).

> 가. $\left\{ \begin{array}{c} \text{해당 사업연도에 발생한} \\ \text{일반연구 · 인력개발비} \end{array} - \begin{array}{c} \text{직전 사업연도에 발생한} \\ \text{일반연구 · 인력개발비} \end{array} \right\} \times 50\%$
>
> 나. 해당 사업연도에 발생한 일반연구 · 인력개발비×25%

(2) 중소기업이 최초로 중소기업에 해당하지 아니하게 된 경우

　다음의 'A'와 'B' 중 선택하여 세액공제를 받을 수 있다.

> A. $\left\{ \begin{array}{c} \text{해당 사업연도에 발생한} \\ \text{일반연구 · 인력개발비} \end{array} - \begin{array}{c} \text{직전 사업연도에 발생한} \\ \text{일반연구 · 인력개발비} \end{array} \right\} \times 40\%$
>
> B. 다음의 구분에 따른 비율
> 　㉠ 최초로 중소기업에 해당하지 아니하게 된 사업연도의 개시일부터 3년 이내에 끝나는 사업연도까지: 해당 사업연도에 발생한 일반연구 · 인력개발비 ×20%
> 　㉡ '㉠' 기간 이후부터 2년 이내에 끝나는 사업연도까지: 해당 사업연도에 발생한 일반연구 · 인력개발비×15%

(3) 중견기업인 경우

　① 중견기업의 범위(모두 충족)

가. 중소기업이 아닐 것

나. 다음의 어느 하나 해당 업종을 주업으로 영위하지 않을 것

   ㉠ 소비성서비스업

   ㉡ 중견기업성장촉진및경쟁력강화에관한특별법 시행령 제2조 제2항 제2호의 업종

     • 금융업

     • 보험 및 연금업

     • 금융 및 보험 관련 서비스업

   ㉢ 부동산 임대업

   ㉣ 둘 이상의 서로 다른 사업영위 시 수입금액이 큰 사업을 주업으로 판단

다. 성실신고확인대상 소규모 법인*이 아닐 것

   * ㉠~㉢ 요건을 모두 갖춘 법인

     ㉠ 지배주주 등 지분율 50% 초과

     ㉡ 부동산임대업이 주된 사업이거나 부동산임대 · 이자 · 배당소득이 매출액의 50% 이상

     ㉢ 상시근로자 수가 5인 미만

라. 상호출자제한기업진단 또는 채무보증제한기업집단에 속하지 아니하며 자산총액 10조 원 이상 법인이 해당 기업 지분의 30% 이상을 직접 · 간접 소유하면서 최다출자자인 기업이 아닐 것(중견기업성장촉진및경쟁력강화에관한특별법 시행령 §2 ② 1호)

마. 직전 3년 평균 매출액이 5,000억 원 미만일 것

바. 공공기관 · 지방공기업이 아닐 것

② 세액공제 범위: Min(A, B)

  A: 상기 '(2) A.'와 동일

  B: 해당 사업연도에 발생한 연구 · 인력개발비×8%

(4) 중소기업 · 중견기업이 아닌 경우(일반기업)

다음의 '가.'와 '나.' 중 선택하여 세액공제를 받을 수 있다.

가. $\left(\begin{array}{l} \text{해당 사업연도에 발생한} \\ \text{일반연구 · 인력개발비} \end{array} - \begin{array}{l} \text{직전 사업연도에 발생한} \\ \text{일반연구 · 인력개발비} \end{array} \right) \times 25\%$

나. $\begin{array}{l} \text{해당 사업연도에} \\ \text{발생한 일반연구 ·} \\ \text{인력개발비} \end{array} \times \text{Min} \left[\begin{array}{l} ㉠\ 0\% + (\text{일반연구 · 인력개발비/해당 사업연도} \\ \quad\ \text{매출액}) \times 50\% \\ ㉡\ 2\%(\text{한도}) \end{array} \right.$

4. R&D 비용 세액공제 사후관리(2020.1.1. 이후 개시사업연도부터 적용)
　① 연구개발계획서
　② 연구개발보고서
　③ 연구노트(신성장 R&D만) 작성하여 5년간 보관

　가. 연구 및 인력개발비의 범위

　　　연구 및 인력개발비란 각 사업연도에 연구 및 인력개발을 위하여 발생한 비용(기
　　술개발활동에 거래처의 납품의뢰에 따른 경우에도 해당됨. 재조예-641, 2006.9.20.)
　　중 조세특례제한법 시행령 [별표 6]의 비용을 말하며, 연구개발비 등 자산계정으
　　로 처리한 경우에도 적용한다(조특통 10-0…1 ②).

　　　이때 인력개발비는 2016년부터 연구소 또는 전담부서에서 근무하는 직원 중 연구
　　전담요원 및 연구보조원의 인건비(퇴직금, 퇴직급여충당금, 퇴직연금보험료는 제
　　외)만 해당된다. 즉, 연구관리직원의 인건비는 세액공제대상에서 제외된다.

　나. 연구 및 인력개발비의 연평균발생액

　　　전년도에 세액공제신청을 하지 않아 세액공제를 적용받지 못한 금액이 있는 경우
　　에도 연평균액을 계산 시에는 포함한다(법인 46012-1592, 2000.7.18.).

　다. 확정기여형 퇴직연금보험료는 근로계약이 종료되는 때에 지급하는 퇴직급여 성
　　격이 있으므로 해당 사업연도의 연구·인력개발에 직접적으로 대응하는 비용으
　　로 보기 어려우므로 연구 및 인력개발비에 대한 세액공제대상 인건비에 해당되지
　　않는다(조심 2020서126, 2020.2.12.).

　라. 4대 사회보험 보험료의 사용자 부담분은 세액공제 대상 인건비에 해당된다(2024
　　년 2월 시행령 별표6 개정): 국민연금, 건강보험, 고용보험, 산재보험

④ 전년도의 세액공제 여부

전년도의 세액공제 여부에 관계없이 소급하여 발생한 연구·인력개발비를 포함한다(법
인 22601-1277, 1992.6.10.).

⑤ 연구·인력개발출연금 등을 지급받은 경우

조세특례제한법 제10조의2 제1항에 따른 연구개발출연금 등(조특법 §10의2에 근거하지
않은 출연금도 포함)을 지급받아 연구개발비로 지출하는 금액 및 국가, 지방자치단체, 공공

기관 및 지방공기업으로부터 출연금 등의 자산을 지급받아 연구개발비 또는 인력개발비로 지출하는 금액은 법 제10조 제1항에 따른 신성장동력연구개발비, 원천기술연구개발비 및 일반연구·인력개발비를 산정할 때 제외한다(조특령 §9 ⑧).

사례 5   **소급하여 4년간 발생한 일반연구·인력개발비의 연평균 발생액(조특령 §9 ⑤)**

> (① / ②) × 해당연도의 개월수^{주)} / 12
>
> 주) 1개월 미만인 경우의 사업연도 개시월은 산입, 종료월은 불산입(조특령 §9 ⑦)

① 해당연도 개시일부터 소급하여 4년간 발생한 일반연구·인력개발비의 합계액
② 해당연도 개시일부터 소급하여 4년간 일반연구·인력개발비가 발생한 연도의 수
  (그 수가 4 이상인 경우 4로 함)

사 례	I	II	III
1차 연도	100	100	0
2차 연도	0	0	0
3차 연도	0	0	0
4차 연도	0	100	0
해당연도	200	300	400
직전 4년간 연평균	100 ÷ 1년=100	200 ÷ 2년=100	-

1. 사례 I

   직전 4년간 연평균발생액은 100이고 증가발생액(해당연도 발생액 200−직전연도 발생액 0)은 200이나 2013사업연도부터 개정된 내용인 직전 사업연도 발생액(0)이 직전 4년간 연평균발생액(100)보다 적어 세액공제는 증가금액기준을 적용할 수 없고 당기 발생액기준을 적용하여야 함.

   세액공제＝200×25%(중소기업 전제)＝50

2. 사례 II

   직전 사업연도 발생액(100)이 직전 4년간 연평균발생액(100)보다 적지 않으므로, 세액공제는 증가금액기준과 당기발생액기준을 선택하여 적용함.

   세액공제＝Max(①, ②)＝100

   ① 증가금액기준: (300−100)×50%(중소기업 전제)＝100

   ② 당기발생액기준

      300×25%＝75

3. 사례 Ⅲ

직전 4년간 연평균발생액이 없으므로 당기발생액기준을 적용함.

세액공제액＝400×25%(중소기업 전제)＝100

사례 6

1. 수진(주)의 2025사업연도의 연구·인력개발비 발생내역은 다음과 같다.
   ① 인건비(20명 7억 원)
   ② 재료비 등 1억 원

2. 상기 '1.'의 연구·인력개발비는 세액공제대상비용에 해당된다.

3. 직전 4년간의 연구·인력개발비는 다음과 같다.
   ① 2024년 7억 원
   ② 2023년 6억 원
   ③ 2022년 5억 원
   ④ 2021년 4억 원

4. 수진(주)의 2025사업연도 매출액은 80억 원이다.

5. 수진(주)가 중소기업인 경우 연구·인력개발비 세액공제액
   Max(①, ②)＝2억 원
   ① 8억 원×25%＝2억 원
   ② (8억 원－7억 원)×50%＝0.5억 원

6. 수진(주)가 중견기업인 경우 연구·인력개발비 세액공제액
   Max(①, ②)＝64,000,000원
   ① 8억 원 × 8%＝64,000,000원
   ② (8억 원－7억 원)×40%＝40,000,000원

7. 수진(주)가 일반기업인 경우 연구·인력개발비 세액공제액
   Max(①, ②)＝25,000,000원
   ① 8억 원×2%[주]＝16,000,000원

   주) $Min \left(0\% + \dfrac{8}{80} \times 50\% = 5\%,\ 2\% \right) = 2\%$

   ② (8억 원 － 7억 원) × 25% ＝ 25,000,000원

3. 통합투자세액공제

1) 공제대상

소비성 서비스업^{주)}과 부동산임대 및 공급업 외의 사업을 영위하는 내국법인이 ① 기계장치 등 사업용 유형자산, ② '①'에 해당하지 않는 유형자산과 무형자산으로서 조특령 제21조 제3항에 해당하는 자산(임대사업용자산 및 타인에게 임대할 목적으로 취득한 자산은 제외)에 투자하는 경우이다(조특법 §24 ①, 조특령 §21 ①).

주) 소비성 서비스업(조특령 §29 ③, 조특규칙 §17)
1. 호텔업 및 여관업(「관광진흥법」에 따른 관광숙박업 제외)
2. 주점업(일반유흥주점업, 무도유흥주점업 및 「식품위생법 시행령」 제21조에 따른 단란주점 영업만 해당하되, 「관광진흥법」에 따른 외국인 전용 유흥음식점업 및 관광유흥음식점업은 제외)
3. 오락·유흥 등을 목적으로 하는 사업
   ① 무도장 운영업
   ② 기타 사행시설 관리 및 운영업(「관광진흥법」 제5조 또는 「폐광지역 개발 지원에 관한 특별법」 제11조에 따라 허가를 받은 카지노업은 제외한다)
   ③ 유사 의료업 중 안마를 시술하는 업
   ④ 마사지업

2) 공제대상자산

가. 기계장치 등 사업용 유형자산(조특법 §24 ①, 조특령 §21 ②, 조특규칙 §12)

기계장치 등 사업용 유형자산이 공제대상 자산에 해당한다. 다만, 건축물 등 조특법 시행규칙 [별표 1]에 해당하는 사업용 유형자산은 제외한다.

자산의 멸실 등으로 인하여 지급받은 보험금으로 대체취득한 사업용 유정자산에 대하여는 투자세액공제를 적용할 수 없는 것이다(법인-4273, 2008.12.31.).

| 통합투자세액공제가 배제되는 건축물 등 사업용 유형자산(조특규칙 [별표 1]) |

구 분	구조 또는 자산명
1	차량 및 운반구, 공구, 기구 및 비품
2	선박 및 항공기
3	연와조, 블록조, 콘크리트조, 토조, 토벽조, 목조, 목골모르타르조, 철골·철근콘트리트조, 철근콘크리트조, 석조, 연와석조, 철골조, 기타 조의 모든 건물(부속설비를 포함한다)과 구축물

나. '가.'에 해당하지 아니하는 유형자산과 무형자산으로서, 다음에 해당하는 자산(조특법 §24 ①, 조특령 §21 ③, 조특규칙 §12)

① 연구·시험, 직업훈련, 에너지 절약, 환경보전 또는 근로자복지 증진 등의 목적으로 사용되는 사업용 자산으로서 다음에 해당하는 자산

    ㉠ 연구·시험 및 직업훈련시설

    공구 또는 사무기기 및 통신기기, 시계·시험기기 및 계측기기, 광학기기 및 사진제작기기 및 「법인세법 시행규칙」 [별표 6]의 업종별 자산의 기준내용연수 및 내용연수범위표의 적용을 받는 자산

    ㉡ 다음에 해당하는 에너지 절약 시설

    「에너지이용합리화법」 제14조 제1항에 따른 에너지절약형 시설투자(에너지절약전문기업이 대가를 분할상환 받은 후 소유권을 이전하는 조건으로 같은 법 제25조에 따라 설치한 경우 포함)·에너지절약형 기자재 및 「물의 재이용 촉진 및 지원에 관한 법률」 제2조 제4호에 따른 중수도

    ㉢ 환경보전시설(조특규칙 [별표 2])

    ㉣ 다음 어느 하나에 해당하는 근로자복지 증진 시설

    무주택 종업원(출자자인 임원은 제외한다)에게 임대하기 위한 「주택법」에 따른 국민주택규모의 주택, 종업원용 기숙사, 장애인·노인·임산부 등의 편의 증진을 위한 시설 또는 장애인을 고용하기 위한 시설로서 [별표 3]에 따른 시설, 종업원용 휴게실, 체력단련실, 샤워시설 또는 목욕시설(건물 등의 구조를 변경하여 해당시설을 취득하는 경우를 포함), 종업원의 건강관리를 위해 「의료법」 제35조에 따라 개설한 부속 의료기관, 「영유아보육법」 제10조 제4호에 따른 직장어린이집

    ㉤ 안전시설(조특규칙 [별표 4])

      주) 공구, 기구, 비품, 건축물과 구축물은 통합투자세액공제대상이 되는 사업용 유형자산에 해당하지 않지만 연구·시험, 직업훈련, 에너지 절약, 환경보전 또는 근로자복지 증진 등을 위해 사용하는 경우에는 통합투자세액공제 적용 가능

② 운수업을 경영하는 자가 사업에 직접 사용하는 차량 및 운반구 등으로, 다음에 해당하는 자산

    ㉠ 운수업을 주된 사업으로 하는 중소기업

    차량 및 운반구(「개별소비세법」 제1조 제2항 제3호에 따른 자동차로서 자가용 제외)와 선박

ⓛ 어업을 주된 사업으로 하는 중소기업: 선박

ⓒ 건설업: 「지방세법 시행규칙」 제3조에 따른 기계장비

ⓔ 도매업·소매업·물류산업: 유통산업합리화시설(조특규칙 [별표 5])

ⓜ 「관광진흥법」에 따라 등록한 관광숙박업 및 국제회의기획업

건축물과 해당 건축물에 딸린 시설물 중 「지방세법 시행령」 제6조에 따른 시설물

ⓗ 「관광진흥법」에 따라 등록한 전문휴양업 또는 종합휴양업

「관광진흥법 시행령」 제2조 제1항 제3호 가목 및 제5호 가목에 따른 숙박시설, 전 휴양시설(골프장 시설 제외) 및 종합유원시설업의 시설

ⓢ 중소기업이 해당 업종의 사업에 직접 사용하는 소프트웨어

> 주) 1. 차량운반구, 선박, 건물과 구축물, 소프트웨어는 통합투자세액공제대상이 되는 사업용 유형자산에 해당하지 않지만 운수업, 어업, 관광숙박업, 전문휴양업 등이 목적사업을 위해 사용되는 경우에는 통합투자세액공제 적용 가능
> 2. LNG의 보관·저장 및 반입·반출 등을 위한 저장탱크(중고품 제외)를 취득하여 창고업을 영위하는 경우, 해당 LNG저장탱크는 조특법 제24호에 따른 통합투자세액공제대상에 해당함(사전법령법인-0446, 2021.4.7.).

③ 중소기업 및 중견기업이 취득한 다음의 자산(특수관계인으로부터 취득한 자산은 제외한다)

㉠ 내국인이 국내에서 연구·개발하여 「특허법」에 따라 최초로 설정등록받은 특허권

㉡ 내국인이 국내에서 연구·개발하여 「실용신안법」에 따라 최초로 설정등록받은 실용신안권

㉢ 내국인이 국내에서 연구·개발하여 「디자인보호법」에 따라 최초로 설정등록받은 디자인권

다. 중고품 및 임대사업용자산, 그 밖에 타인에게 임대할 목적으로 취득한 자산은 제외한다.

3) 공제세액(조특법 §24 ①, 조특령 §21 ④, 조특규칙 §12의2)

가. 기본공제 금액

① 신성장·원천기술 및 국가전략기술을 사업화하는 시설 외 공제대상 자산에 투자하는 경우

투자금액×공제율

      ⊙ 중소기업: 10%*

         * 중소기업이 최초로 중소기업에 해당하지 아니하게 된 사업연도의 개시일부터 3년간은 7.5%

      ⓛ 중견기업: 5%

      ⓒ 대기업: 1%

   ② 신성장·원천기술을 사업화하는 시설에 투자하는 경우

     투자금액×공제율

      ⊙ 중소기업: 12%*

         * 중소기업이 최초로 중소기업에 해당하지 아니하게 된 사업연도의 개시일부터 3년간은 9%

      ⓛ 중견기업: 6%

      ⓒ 대기업: 3%

   ③ 국가전략기술을 사업화하는 시설에 2029.12.31.까지 투자하는 경우

     투자금액×공제율

      ⊙ 중소기업: 25%*(반도체시설은 30%)

         * 중소기업이 최초로 중소기업에 해당하지 아니하게 된 사업연도의 개시일부터 3년간은 20%

      ⓛ 중견기업: 15%(반도체시설은 20%)

      ⓒ 대기업: 15%(반도체시설은 20%)

나. 추가공제금액

   ① 추가공제세액

     해당 사업연도에 투자한 금액이 해당 사업연도의 직전 3년간 연평균 투자 또는 취득금액을 초과하는 경우에는 그 초과하는 금액의 100분의 10에 상당하는 금액을 추가로 공제한다. 다만, 추가공제 금액이 기본공제 금액을 초과하는 경우에는 기본공제 금액의 2배를 그 한도로 한다.

      ⊙ 공제금액:

        (해당연도의 투자금액 - 직전 3년간 연평균 투자 또는 취득금액)×10%

      ⓛ 한도액: 기본공제금액의 2배

   ② 직전 3년간 연평균 투자금액

     3년간 연평균 투자금액의 계산은 다음 계산식에 따라 계산하며, 내국인의 투자금액이 최초로 발생한 사업연도의 개시일부터 세액공제를 받으려는 해당 사업

연도 개시일까지의 기간을 36개월 미만인 경우에는 그 기간에 투자한 금액의 합계액을 36개월로 환산한 금액을 해당 사업연도의 개시일부터 소급하여 3년간 투자한 금액의 합계액으로 본다(조특령 §21 ⑧). 3년간 연평균 투자금액이 없는 경우에는 추가공제금액이 없는 것으로 한다(조특령 §21 ⑨).

직전 3년간 연평균 투자금액

$$= \frac{\text{해당 사업연도의 개시일부터 소급하여}}{3} \times \frac{\text{해당 사업연도의 개월 수}}{12}$$

다. 임시투자세액공제

상기 가.나.에 불구하고 2024·2025년 중소·중견기업에 대하여는 다음의 공제율을 적용한다(조특법 §24 ① 3호).

(%)

구분	기본			추가**
	대	중견	중소	
일반	1	7	12	10
신성장·원천기술 사업화시설	3	8	14	10
국가전략기술 사업화시설	15(20)***		25(30)***	10

* 2024년 임시투자세액공제 적용시 신성장연구개발시설 및 국가전략기술연구개발시설은 구분 일반에 해당하는 공제율을 적용하고, 2025년 임시투자세액공제 적용시는 구분 신성장 및 국가전략기술의 공제율을 적용하며 국가전략기술 중 반도체분야에 투자하는 중소기업은 30%(중소기업 졸업 후 3년간은 25%), 중견·대기업은 20%의 공제율이 적용됨.
** (당해연도 투자액 - 직전 3년 평균 투자액), 2025년부터는 임시투자세액공제와 관계없이 10%
*** 2025년부터 반도체시설은 20%·30% 적용

4) 공제시기

통합세액공제대상 자산에 대한 투자가 2개 이상의 사업연도에 걸쳐서 이루어지는 경우에는 그 투자가 이루어지는 사업연도마다 해당 사업연도에 투자한 금액에 대하여 세액공제를 적용한다(조특법 §24 ②).

> 주) ① 2020.12.31.이 속하는 사업연도 전에 투자를 개시하고, ② 종전세액공제(조특법 §5조, §25조, §25의4, §25의7)를 받지 않은, ③ 조특령 제21조에 해당하는 내국법인이 2개 이상의 사업연도에 걸쳐서 투자하는 경우에는 투자를 완료한 날이 속하는 사업연도에 모든 투자가 이루어진 것으로 본다.

5) 추징

통합투자세액공제를 받은 법인이 5년 이내의 기간 중 다음의 기간 내에 그 자산을 다른 목적으로 전용하는 경우에는 공제받은 세액공제액 상당액에 공제받은 사업연도의 과세표준신고일의 다음 날부터 다른 목적으로 전용한 날이 속하는 사업연도의 과세표준신고일까지의 기간에 대해 10만분의 22의 율을 적용한 이자상당가산액을 가산하여 법인세로 납부하여야 한다(조특법 §24 ③). 이 경우 해당세액은 「법인세법」에 따라 납부하여야 할 세액으로 본다.

4. 통합고용세액공제(조특법 §29의8, 조특령 §26의8)

2018.1.1. 이후 개시하는 사업연도부터 조특법 제26조(고용창출투자세액공제)와 조특법 제29조의5(청년고용을 증대시킨 기업에 대한 세액공제) 규정이 일몰 종료하였으나, 신규 일자리 창출에 대한 지원을 강화하기 위하여 이 두 규정을 통합 및 재설계하여 조특법 제29조의7(고용을 증대시킨 기업에 대한 세액공제)을 신설하여 2024.12.31.이 속하는 사업연도까지 적용하고 있다.

2023.1.1. 이후 개시하는 사업연도부터 통합고용세액공제(조특법 §29의8, 조특령 §26의8)를 신설하여 기존의 고용증대 세액공제(조특법 §29의7) · 사회보험료 세액공제(조특법 §30의4) · 경력단절 여성 세액공제(조특법 §29의3 ①)를 통합고용세액공제(조특법 §29의8) 제1항으로 통합하여 적용하고 정규직 전환 세액공제(조특법 §30의2) · 육아휴직 복귀자 세액공제(조특법 §29의3 ②)를 통합고용세액공제(조특법 §29의8) 제3항 · 제4항으로 통합하여 적용하게 된다.

이때 2023년 및 2024년 사업연도 분에 대해서는 기업이 통합고용세액공제와 기존의 고용증대 및 사회보험료 세액공제 중 선택하여 적용 가능하도록 하였다(조특법 §127 ⑪). 선택적용에 대한 국세청의 유권해석(서면법인-1263, 2023.6.8.)에 의하면 2023년에 2021년분의 고용증대세액공제 3차연도 추가공제(중소 · 중견기업)와 2022년분의 2차연도 추가공제를 적용받고 2023년분의 당기분 공제에 대하여는 통합고용세액공제 1차연도 당기분 공제 또는 고용증대세액공제 1차연도 당기분 공제를 적용받을 수 있다는 해석을 하였으며 이의 내용은 조특법 제121조 제11항의 선택 적용규정은 2023년·2024년 당기분 공제에 대하여는 조특법 제29조의7 또는 조특법 제29조의8 규정을 선택할 수 있다는 의미이고 2022년까지 적용받은 고용증대세액공제는 2023년·2024년까지 추가공제(2024년은 중소·중견기업에 한함)를 계속 적용받을 수 있고 2022년에 적용받은 중소기업 사회보험료공제도 2023년에 공제받을 수 있다는 해석이다. 그러므로 2025.12.31.이 속하는 사업연도의 고용증가인원에 대하여는 통합고용세액공제를 적용(2023년과 2024년에 통합고용세액공제를 적용받은 경우 3차연도 추가공제와 2차연도 추가공제를 적용)하여야 하며 2023년과 2024년에 1차연도 당기분공제를 고용증대세액공제를 적용받은 기업은 3차연도 추가공제(중소 및 중견기업)와 2차연도 추가공제를 적용하여야 한다.

통합고용세액공제와 고용증대세액공제는 다음의 차이를 제외하고는 기본내용이 동일한 세액공제제도이다.

구 분		고용증대세액공제		통합고용세액공제	
청년의 연령		15세 이상 29세 이하		15세 이상 34세 이하	
경력단절여성(근로자)		포함안됨		포함됨	
중소기업공제액 (단위 : 만 원)	구 분	청년등	청년등 외	청년등	청년등 외
	수도권	1,100	700	1,450	850
	수도권밖	1,200	770	1,550	950

경력단절 여성에 대한 세액공제는 통합고용세액공제 ①항에 규정되어 있는데 기업이 기존의 고용증대세액공제를 선택하면 경력단절 여성에 대하여는 통합고용세액공제 ①항을 적용하지 못하여 세액공제를 받을 수 없으며, 정규직 전환 및 육아휴직 복귀자에 대한 세액공제는 통합고용세액공제 ③·④항을 2023년부터 적용하여야 한다.

2025년부터는 경력단절여성을 경력단절근로자로 변경하여 적용한다.

주) 최저한세 적용대상이며, 농어촌특별세 과세

(1) 고용증가인원에 대한 세액공제대상 및 공제세액

내국법인(조특령 제29조 제3항에 따른 소비성서비스업은 제외)이 2025.12.31.이 속하는 사업연도까지의 기간 중 해당 사업연도의 상시근로자의 수가 직전 사업연도의 상시근로자의 수보다 증가한 경우에는 다음에 따른 금액을 더한 금액을 해당 사업연도와 해당 사업연도의 종료일로부터 1년(중소·중견기업은 2년)이 되는 날이 속하는 사업연도의 법인세에서 공제한다(조특법 §29의8 ①).

① 청년등 상시근로자(청년 정규직 근로자, 장애인 근로자, 60세 이상인 근로자 또는 경력
단절여성 등)의 증가 인원 수(전체 상시근로자의 증가 인원 수를 한도로 함)×대기업
400만 원, 중견기업 800만 원, 중소기업은 다음의 금액

　㉠ 수도권 내의 지역에서 증가한 중소기업의 경우 : 1,450만 원

　㉡ 수도권 밖의 지역에서 증가한 중소기업의 경우 : 1,550만 원

② 청년등 상시근로자 외의 상시근로자의 증가 인원수(전체 상시근로자의 증가 인원수
를 한도로 함)×0원(중견기업 450만 원, 중소기업은 다음의 금액)

　㉠ 수도권 내의 지역에서 증가한 중소기업의 경우 : 850만 원

　㉡ 수도권 밖의 지역에서 증가한 중소기업의 경우 : 950만 원

③ 사업연도 중 법인이 수도권 내에서 밖으로 이전시는 사업연도 종료일 당시 소재지를
기준으로 세액공제금액을 산정한다.

중소(중견)기업에 해당하는 내국법인이 조세특례제한법 제29조의7(고용증대세액공제)
제1항 각 호에 따른 세액공제를 적용받은 후 다음 사업연도 이후에 규모의 확대(매출액의
증가) 등으로 중소(중견)기업에 해당하지 않더라도 제2항에 따른 공제세액 추징사유에 해
당하지 않는 경우(상시 근로자가 감소하지 않음) 해당 사업연도의 법인세에서 공제받은 금
액을 해당 사업연도의 종료일부터 2년이 되는 날이 속하는 사업연도까지의 법인세에서 공
제한다(서면법령법인-487, 2020.9.28.). 단, 당기분 공제(1차연도분 공제)는 변경된 기업의 유형
에 따라 판단한다.

조세특례제한법 제29조의7 제1항 제1호에 따른 고용증대세액공제를 적용받던 거주자가
영위하던 사업을 동법 제32조(법인전환에 대한 양도소득세의 이월과세) 제1항에 따라 법
인으로 전환하면서 전환법인과 사업의 포괄양수도 계약을 체결하고 그 사업에 관한 일체의
권리와 의무를 포괄적으로 양도 및 양수한 경우로서 거주자가 고용증대세액공제를 받은 사
업연도의 종료일부터 2년이 되는 날이 속하는 사업연도의 종료일까지의 기간 중 청년 등
상시근로자의 수가 공제를 받은 직전 사업연도에 비하여 감소하지 아니한 경우 전환법인은
거주자로부터 승계받은 고용증대 세액공제를 적용받을 수 있다(사전법령법인-432, 2021.5.11.).
법인전환 요건을 충족하지 않은 경우에는 전환 후 법인은 해당 개인사업자의 미공제세액을
승계하여 공제받을 수 없다(서면법규법인-0020, 2022.1.25.).

* 상기 유권해석은 통합고용세액공제(조특법 제29조의8) 규정에도 동일하게 적용된다 판단

Expert Opinion Summary

통합고용세액공제액 계산[*]

* 2023.10. 국세청 「알기쉬운 고용증대세액공제」 9.~10.page

Ⅰ. 연도별 상시근로자 수 파악

해당 사업연도의 상시근로자 수가 직전 사업연도의 상시근로자 수보다 증가한 경우 1차연도 세액공제를 받기 시작할 수 있고, 상시근로자 수가 최초 공제연도에 비해 증가하거나 유지된 경우 2, 3차연도 세액공제를 받을 수 있음.

  1. 1차연도 공제: 전년대비 상시근로자(청년등, 청년등 외) 증감인원 파악

    ① '상시근로자' 증가: 공제가능(청년등, 청년등 외 증가인원에 따라 공제금액 확정됨)

    ② '상시근로자' 유지 또는 감소: 공제불가

  2. 2차, 3차연도 공제: 최초 공제연도(1차연도) 대비 증가 또는 유지 여부 파악

    ① ('상시근로자' 증가 또는 유지) & ('청년등' 증가 또는 유지) : '청년등', '청년등 외' 둘 다 공제가능

    ② ('상시근로자' 증가 또는 유지) & ('청년등' 감소) : '청년등', '청년등 외' 모두 '청년등 외'로 공제

    ③ '상시근로자' 감소: 청년등, '청년등 외' 둘 다 공제불가

    ※ 1차연도 공제는 상시근로자가 증가한 경우에만 가능하고 감소·유지된 경우에는 공제받지 못하지만, 2차, 3차연도에는 유지만 해도 공제 가능(추가세액공제)

Ⅱ. 공제받고자 하는 연도의 전년대비 상시근로자 증감 파악

공제받고자 하는 연도의 상시근로자 수가 직전연도보다 증가한 경우 1차연도 세액공제 시작 가능(고용증가시 매년 1차 세액공제를 새로 적용받을 수 있음)

Ⅲ. 공제연도 대비 이후연도 상시근로자 증감 파악

1차 공제연도 대비 다음연도(2차연도)와 그 다음연도(3차연도)의 상시근로자 수가 유지되거나 증가하는 경우 2, 3차연도 추가세액공제 가능

  1. 1차 공제연도 대비 상시근로자 수가 감소한 경우 세액공제는 중지되며 추가세액공제 불가, 기존에 받았던 공제금액 추징

  2. 전체 상시근로자 수는 유지되거나 증가하였으나 청년등 상시근로자 수가 최초 공제연도 보다 감소한 경우, 잔여 공제연도는 청년등 외 상시근로자 기준 금액을 적용하여 추가공제 가능(조세특례제도과-215, 2023.3.6.)

Ⅳ. 1차연도 공제세액 계산

전년대비 상시근로자 수가 증가한 경우 아래 금액을 공제

$$공제세액 = (청년등\ 증가\ 인원수^* \times 청년등\ 공제금액) + \\ (청년등\ 외\ 증가\ 인원수^* \times 청년등\ 외\ 공제금액)$$
* 증가한 상시근로자 인원수를 한도로 함

Ⅴ. 2, 3차연도 공제적용 여부 및 추징여부 판정

1. 전체 상시근로자 수가 증가(유지)한 경우 1년(중소 · 중견기업은 2년)간 추가공제 가능

2. 전체 상시근로자 수가 증가(유지)하더라도 청년등 상시근로자 수가 감소한 경우 청년등으로는 공제불가 하지만 최초 공제 당시 청년등 및 청년등 외 증가 인원수에 청년등 외 공제금액을 적용하여 추가공제

3. 전체 상시근로자 수가 감소한 경우
   ① 해당 연도부터 공제 배제하고, 이전 연도 공제받은 세액 합계 한도로 세액 추징
   ② 1차연도 최초 세액공제받은 후 2차연도에 전체 상시근로자 수가 감소한 경우 2차연도부터 공제 배제 및 추징(1차연도 공제금액 한도)
   ③ 중소 · 중견기업의 경우, 2차연도 추가세액공제받은 후 3차연도에 전체 상시근로자 수가 감소한 경우 3차연도 공제 배제 및 추징(1, 2차연도 공제금액 합계 한도)

Ⅵ. 연도별 공제 · 추징세액 합산하여 대상액 확정

1. 연도별 · 차수별 세액공제액과 추징세액을 각각 합산하여 확정

2. 상시근로자 수 증감에 따라 1차~3차연도까지 공제금액 확정하고, 상시근로자 수 감소 시 추가공제 배제 및 추징세액 확정

Ⅶ. 세액공제 신청

세액공제 요건 충족시 세액공제 적용 여부는 회사가 선택할 수 있으나 공제 적용시 상시근로자 수를 임의로 계산하여 신청할 수는 없는 것임.

(2) 고용감소의 경우 세액공제 배제

위 (1)에 따라 세액공제를 받은 내국법인이 최초로 공제를 받은 사업연도의 종료일부터 2년이 되는 날이 속하는 사업연도의 종료일까지의 기간 중 다음의 사유가 발생하는 경우 감소한 사업연도부터 세액공제를 적용하지 아니한다(조특법 §29의8 ②).

① 전체 상시근로자의 수가 최초로 공제를 받은 사업연도에 비하여 감소한 경우 감소한 사업연도부터 위 (1)의 ①, ②의 세액공제

② 청년등 상시근로자의 수가 최초로 공제를 받은 사업연도에 비하여 감소한 경우 감소한 사업연도부터 위 (1)의 ①의 세액공제

(3) 고용감소 공제세액 추징

상기 (2)에 따라 세액공제가 배제되는 경우 다음의 구분에 따라 계산한 금액을 해당 사업연도의 과세표준을 신고할 때 법인세로 납부(가산세는 없음)하여야 한다(조특법 §29의8 ② 후단, 조특령 §26의7 ④).

1) (1)에 따라 최초로 공제받은 사업연도의 종료일부터 1년이 되는 날이 속하는 사업연도의 종료일까지의 기간 중 최초로 공제받은 사업연도보다 전체상시근로자 수 또는 청년등 상시근로자 수가 감소하는 경우: 다음의 구분에 따라 계산한 금액(해당 사업연도의 직전 1년 이내의 사업연도에 (1)에 따라 공제받은 세액을 한도로 한다)

① 전체 상시근로자 수가 감소하는 경우: 다음의 구분에 따라 계산한 금액

㉠ 청년등 상시근로자의 감소한 인원 수가 상시근로자의 감소한 인원 수 이상인 경우 : 다음의 계산식에 따라 계산한 금액

$$(최초로 공제받은 사업연도 대비 청년등 상시근로자의 감소한 인원 수^{주)} -$$
$$전체 상시근로자의 감소한 인원 수) \times \{(1)의 ①의 금액 - (1)의 ②의 금액\} +$$
$$(전체 상시근로자의 감소한 인원 수 \times (1)의 ①의 금액)$$

주) 최초로 공제받은 사업연도에 청년등 상시근로자의 증가한 인원 수를 한도로 한다.

㉡ 그 밖의 경우: 다음의 계산식에 따라 계산한 금액

$$(최초로 공제받은 사업연도 대비 청년등 상시근로자의 감소한 인원 수^{주)} \times$$
$$(1)의 ①의 금액) + (최초로 공제받은 사업연도 대비 청년등 상시근로자 외$$
$$상시근로자의 감소한 인원 수^{주)} \times (1)의 ②의 금액)$$

주) 전체 상시근로자의 감소한 인원 수를 한도로 한다.

② 전체 상시근로자 수는 감소하지 않으면서 청년등 상시근로자 수가 감소한 경우: 다음의 계산식에 따라 계산한 금액

$$최초로 공제받은 사업연도 대비 청년등 상시근로자의 감소한 인원 수^{주)}$$
$$\times \{(1)의 ①의 금액 - (1)의 ②의 금액\}$$

주) 최초로 공제받은 사업연도에 청년등 상시근로자의 증가한 인원 수를 한도로 한다.

2) 1)에 따른 기간의 다음 날부터 (1)에 따라 최초로 공제받은 사업연도의 종료일로부터 2년이 되는 날이 속하는 사업연도의 종료일까지의 기간 중 최초로 공제받은 사업연도보다 전체 상시근로자 수 또는 청년등 상시근로자 수가 감소하는 경우: 다음의 구분에 따라 계산한 금액(위 1)에 따라 계산한 금액이 있는 경우 그 금액을 제외하며, 해당 사업연도의 직전 2년 이내의 사업연도에 (1)에 따라 공제받은 세액의 합계액을 한도로 한다)

① 전체 상시근로자 수가 감소하는 경우: 다음의 구분에 따라 계산한 금액

㉠ 청년등 상시근로자의 감소한 인원 수가 상시근로자의 감소한 인원 수 이상인 경우: 다음의 계산식에 따라 계산한 금액

$$\{\text{최초로 공제받은 사업연도 대비 청년등 상시근로자의 감소한 인원 수}^{주)} -$$
전체 상시근로자의 감소한 인원 수)×{(1)의 ①의 금액－(1)의 ②의 금액}×
직전 2년 이내의 사업연도에 공제받은 횟수＋{전체 상시근로자의 감소한 인원 수
×(1)의 ①의 금액×직전 2년 이내의 사업연도에 공제받은 횟수}

주) 최초로 공제받은 사업연도에 청년등 상시근로자의 증가한 인원 수를 한도로 한다.

㉡ 그 밖의 경우: 최초로 공제받은 사업연도 대비 청년등 상시근로자 및 청년등 상시근로자 외 상시근로자의 감소한 인원 수(전체 상시근로자의 감소한 인원 수를 한도로 한다)에 대해 직전 2년 이내의 사업연도에 공제받은 세액의 합계액

② 전체 상시근로자 수는 감소하지 않으면서 청년등 상시근로자 수가 감소한 경우: 다음의 계산식에 따라 계산한 금액

$$\text{최초로 공제받은 사업연도 대비 청년등 상시근로자의 감소한 인원 수}^{주)} \times$$
{(1)의 ①의 금액－(1)의 ②의 금액}×직전 2년 이내의 사업연도에 공제받은 횟수

주) 1. 최초로 공제받은 사업연도에 청년등 상시근로자의 증가한 인원 수를 한도로 한다.
    2. 최초로 공제받은 사업연도의 종료일 현재 29세 이하인 사람은 이후 사업연도에도 29세 이하인 것으로 보아 청년등 상시근로자 수를 계산한다(조특령 §26의7 ⑥).

3) 상기 1) 및 2)를 적용할 때 최초로 공제받은 사업연도에 청년 정규직근로자에 해당한 자는 최초로 공제받은 사업연도 이후의 사업연도에도 청년 정규직 근로자로 보아 청년등 상시근로자 수를 계산한다(조특령 §26의8 ⑤).

4) 최저한세에 미달하여 이월세액공제액이 있는 상태에서 근로자 수가 감소한 경우
   고용을 증대시킨 기업에 대한 세액공제를 받은 사업연도에 최저한세에 미달하여 일부

금액만 공제받고 나머지 금액을 이월시킨 후 당기에 최초 공제받은 사업연도 대비 상시근로자 수가 감소한 경우, 위 1), 2)에 따라 계산된 금액 중 기세액공제받은 금액은 추가납부세액으로 납부하고 추가납부세액을 초과하는 금액은 이월세액공제에서 차감(세액공제 이월공제명세서만 수정)하는 것이다(서면법인-5929, 2021.7.29.).

2021년 신규법인 수도권내 중소기업	고용인원증감	고용증대세액공제액 또는 추징세액	과세표준 · 산출세액 및 추징액 납부 · 이월세액공제액 차감
2021년	• 청년등 5명 • 청년등 외 5명	〈공제세액〉 • 청년등 : 55,000,000원 • 청년등 외 : 35,000,000원	• 과세표준 : 200,000,000원 • 산출세액 : 20,000,000원 • 최저한세 : 14,000,000원 • 공제세액 : 6,000,000원 • 이월세액공제액 : 84,000,000원
2022년	• 청년등 4명 • 청년등 외 4명 (청년 1명, 청년외 1명, 상시근로자 2명 감소)	〈추징세액〉 18,000,000원 =(1명×7,000,000원 +1명×11,000,000원)	• 6,000,000원 추가납부세액으로 납부 (1,200,000원 농어촌특별세 차감) • 세액공제조정명세서(별지 제5호) : (2021년 이월세액공제액 84,000,000원-12,000,000원[주]) • 이월세액공제액 : 72,000,000원

주) 그 밖의 사유로 공제배제

(4) 상시근로자 등의 개념 및 계산

1) 상시근로자

상시근로자는 「근로기준법」에 따라 근로계약을 체결한 내국인 근로자(내국인은 소득세법상 거주자를 뜻하므로 외국인근로자가 거주자에 해당하면 상시근로자에 포함한다)로 한다. 다만, 다음의 어느 하나에 해당하는 사람은 제외한다(조특령 §26의8 ② · §23 ⑩).

① 근로계약기간이 1년 미만인 근로자(근로계약의 연속된 갱신으로 인하여 그 근로계약의 총 기간이 1년 이상인 근로자는 상시근로자로 제외한다)

• 상시근로자에서 제외되는 근로계약기간 1년 미만의 기준은 「근로기준법」 제23조의 규정에 의한 근로계약에 명시된 계약기간의 1년 미만 여부에 따르는 것이고, 비상근 촉탁직의 제외는 당초의 근로계약이 상시근로를 전제로 하지 않은 경우에 해당하므로 세액공제액 계산을 위한 상시근로자 계산시 제외되는 것이며, 근로소득이 면세점 이하인 근로자의 경우 국민연금과 건강보험료를 납부한 사실이 있는 상시근로자 요

건을 충족한 때에는 실제 근로소득세를 원천징수하지 않은 경우에도 근로소득원천 징수부에 의하여 과세미달 사실이 확인되는 경우 세액공제대상 상시근로자에 해당되는 것임(서면인터넷방문상담2팀-359, 2005.3.2.).

- 고용증대세액공제 적용에 있어 분할신설법인의 직전연도와 당해연도의 상시근로자 수 계산은 직전 과세연도의 상시근로자 수는 분할 시에 승계한 상시근로자 인원수만큼 상시근로자 수를 가산하여 분할 이전부터 근로하는 것으로 보아 계산하는 것이고, 해당 과세연도의 상시근로자 수는 승계한 상시근로자를 해당 과세연도 개시일부터 근로한 것으로 보는 것임(서면법인-3242, 2020.10.29.).

- 조세특례제한법 제29조의7(고용증대기업 세액공제)에 따른 세액공제를 적용함에 있어, 지방자치단체의 입찰조건으로 인하여 동법 시행령 제11조 제1항에 따른 특수관계인으로부터 상시근로자를 승계한 기업의 상시근로자 수 계산방법은, 동령 제26조의7 제9항 및 제23조 제13항 제3호에 따라 직전 과세연도의 상시근로자 수는 직전 과세기간 상시근로자 수에 승계한 상시근로자 수를 더한 수로 하고, 해당 과세연도의 상시근로자 수는 해당 과세연도 개시일에 상시근로자를 승계한 것으로 보아 계산한 상시근로자 수로 하는 것임(서면법규법인-3932, 2023.5.11.).

  * 상기 유권해석은 통합고용세액공제규정에도 동일하게 적용된다 판단

② 「근로기준법」 제2조 제1항 제9호에 따른 단시간근로자. 다만, 1개월간의 소정근로시간이 60시간 이상인 근로자는 상시근로자로 본다.

③ 「법인세법 시행령」 제40조 제1항의 어느 하나에 해당하는 임원

④ 해당 기업의 최대주주 또는 최대출자자(개인사업자의 경우에는 대표자)와 그 배우자

⑤ ④에 해당하는 자의 직계존비속(그 배우자를 포함) 및 「국세기본법 시행령」 제1조의2 제1항에 따른 친족관계인 사람

⑥ 「소득세법 시행령」 제196조에 따른 근로소득원천징수부에 의하여 근로소득세를 원천징수한 사실이 확인되지 아니하고, 다음의 어느 하나에 해당하는 금액의 납부사실도 확인되지 아니하는 자

  ㉠ 「국민연금법」 제3조 제1항 제11호 및 제12호에 따른 부담금 및 기여금

  ㉡ 「국민건강보험법」 제69조에 따른 직장가입자의 보험료

⑦ 사례검토

  ㉠ 계약 당시 근로계약기간이 1년 이상인 근로자가 1년 미만 퇴사시도 상시근로자에 포함.

ⓛ 계약 당시 기간의 정함이 없는 근로자는 실제 근무기간에 관계없이 포함.

ⓒ 근로계약기간이 1년 미만 근로자가 계약 갱신 후 기간이 1년 넘는 경우에는 갱신계약일(재계약)이 속한 달의 말일부터 포함(서면법인-2176, 2022.10.31.).

ⓔ 월중 퇴사자는 해당 월 상시근로자에 포함 안됨. 단 월말 퇴사자는 포함.

ⓜ 근로소득세 원천징수 사실 또는 국민연금·건강보험 납부사실 중 하나의 납부사실만 확인되면 포함.

ⓗ 계약기간이 있는 청년고용시는 청년등 외 상시근로자에 포함(서면법인-2363, 2020.9.8.).

ⓢ 파견근로자에 해당하는 청년은 청년등 외 상시근로자에 포함(서면법령법인-5958, 2021.12.7.).

ⓞ 산업체병력특례제에 따른 청년이 계약직의 근로계약 체결시 청년등 외 상시근로자에 포함.

ⓩ 육아휴직직원이 육아휴직기간 중 국민연금법에 따른 부담금 및 기여금, 국민건강보험법에 따른 직장 가입자의 보험료 등이 납부되지 않은 경우에는 상시근로자에 포함되지 않음.

ⓒ 산재로 휴직 중인 직원에 대해 4대보험이 납부 중인 경우 포함됨.

ⓚ 개인사업자가 창업일이 속하는 과세연도에 법인으로 전환시 법인사업자의 증가한 상시근로자 수는 해당 과세연도의 개인사업자와 법인사업자의 상시근로자 수를 합한 값에서 법인전환 전 기간의 개인사업자 상시근로자 수를 차감하여 계산(서면법령법인-1922, 2021.6.16.).

ⓣ 2 이상의 사업장을 운영하는 개인사업자의 상시근로자 수의 증감 여부는 해당 사업자의 전체 사업장을 기준으로 판단(사전법령소득-0119, 2019.5.22.)

ⓟ 수익사업과 비영리사업을 겸영하는 법인의 상시근로자 수 계산은 종사하는 직원의 근로범위, 업무량 등을 고려하여 근로의 제공이 주로 수익사업에 관련된 것일 때에는 수익사업의 상시근로자로 보아 증가인원을 계산

ⓗ 병역이행여부를 확인할 수 없는 경우에는 청년등 외 상시근로자로 봄(서면법규법인-3508, 2024.4.22.).

ⓣ 2022년까지 출산전후휴가 사용 중인 근로자(대체인력고용 근로자 있는 경우)는 상시근로자에 포함됨(조세특례제도과-366, 2024.5.2.). 2023년부터는 조특령 제26조의8 제7항에 의해 통합고용세액공제 중 정규직전환 및 육아휴직복귀자세액공제(조

특법 §29의8 ③·④) 적용시는 상시근로자에 포함되지 않음.

ⓣ 합병등기일이 속하는 사업연도의 합병법인은 직전·당해 사업연도에 피합병법인에 근무한 근로자를 합병법인에 근무한 것으로 간주하여 상시근로자 수를 계산하고 합병등기일이 속하는 의제사업연도에 피합병법인의 당기분 및 2차·3차연도분 추가공제는 적용안됨(조세특례제도과-30, 2024.1.15.).

합병법인의 고용증대세액공제적용시 합병법인의 상시근로자 수는 합병으로 승계된 상시근로자가 합병직전사업연도부터 합병사업연도까지 합병법인에 근무한 것으로 간주하여 계산하는 것임(서면법인-3297, 2024.5.83.).

ⓤ 조특법 제29조의8(통합고용세액공제)에 따른 세액공제 적용시 상시근로자 여부는 제23조 제10항 제1호에 따라 판단하고 있으므로, 근로계약기간이 1년 미만인 근로자는 상시근로자에서 제외되는 것이나 계약의 연속된 갱신으로 인하여 그 근로계약의 총 기간이 1년 이상인 근로자는 상시근로자에 포함됨. 상시근로자 수는 조특령 제26조의7 제7항에 따라 매월 말 현재를 계산하고, 연속된 갱신으로 인하여 그 근로계약의 총 기간이 1년 이상이 된 근로자는 근로계약기간의 합계가 1년 이상이 되게 하는 계약갱신이 발생한 월에 상시근로자에 포함되는 것임(조세특례제도과-511, 2024.6.19.).

2) 청년등 상시근로자

청년등 상시근로자란 상시근로자 중 다음의 어느 하나에 해당하는 청년 정규직 근로자, 장애인 근로자, 60세 이상인 근로자, 경력단절근로자 및 북한이탈주민을 말한다(조특령 §26의8 ③).

① 15세 이상 34세 이하인 사람 중 다음의 어느 하나에 해당하는 사람을 제외한 사람. 다만, 해당 근로자가 병역을 이행하는 경우에는 그 기간(6년 한도)을 현재 연령에서 빼고 계산한 연령이 34세 이하인 사람을 포함한다.

ㄱ 「기간제 및 단시간근로자 보호 등에 관한 법률」에 따른 기간제근로자 및 단시간근로자

ㄴ 「파견근로자보호 등에 관한 법률」에 따른 파견근로자

ㄷ 「청소년보호법」에 따른 청소년유해업소에 근무하는 같은 법에 따른 청소년

② 「장애인복지법」의 적용을 받는 장애인, 「국가유공자 등 예우 및 지원에 관한 법률」에 따른 상이자, 「5·18민주유공자예우에 관한 법률」 제4조 제2호에 따른 5·18민주화운동부상자와 「고엽제후유의증 등 환자지원 및 단체설립에 관한 법률」에 따른 고엽제후

유의증환자로서 장애등급 판정을 받은 사람(중증환자는 포함되지 않음)

③ 근로계약체결일 현재 60세 이상인 사람

- 정년퇴직으로 인하여 근로관계가 실질적으로 단절된 후 근로기준법에 따라 새로운 근로계약을 체결한 경우로서, 새로운 근로계약 체결일 현재 연령이 60세 이상인 상시근로자는 조세특례제한법 제29조의8에 따른 세액공제를 적용시 청년등 상시근로자에 해당하는 것임(서면법규법인-3940 2023.6.15.).

④ 경력단절근로자

가. 기존의 기업에서 1년 이상 근무하였을 것(해당 중소기업이 경력단절근로자의 근로소득세를 원천징수하였던 사실이 확인[주1]되는 경우로 한정)

- 조특법 제29조의8(통합고용세액공제) 제4항 제1호(육아휴직 복귀자는 해당 기업에서 1년 이상 근무하였을 경우 세액공제 대상이 됨)에 따른 해당 기업에서 1년 이상 근무기간에는 육아휴직에 따라 근로소득세 원천징수 사실이 확인되지 않는 기간은 포함되지 않음(법규소득-0223, 2024.6.20.).

나. 결혼·임신·출산·육아·자녀교육 및 가족돌봄의 사유[주2]로 해당기업에서 퇴직하였을 것

다. 해당기업에서 퇴직한 날부터 2년 이상 15년 미만의 기간이 지났을 것(2017.1.1. 전에 고용한 경우에는 3년 이상 5년 미만, 2020.1.1. 전에 고용한 경우에는 3년 이상 10년 미만, 2022.1.1. 전에 고용한 경우에는 3년 이상 15년 미만)

라. 해당기업의 최대주주 또는 최대출자자나 그와 특수관계인[주3]이 아닐 것

주1) 근로소득원천징수부를 통하여 근로소득세를 원천징수한 사실이 확인되는 경우를 말함(조특령 §26의3 ③).

주2) 임신·출산·육아·자녀교육: 다음의 하나에 해당하는 경우를 말함(조특령 §26의3 ④, 조특규칙 §14의3).
 ① 퇴직한 날부터 1년 이내에 혼인한 경우(가족관계기록사항에 관한 증명서를 통하여 확인되는 경우로 한정)
 ② 퇴직한 날부터 2년 이내에 임신하거나 난임시술[「모자보건법」에 따른 보조생식술을 말함]을 받은 경우(의료기관의 진단서 또는 확인서를 통하여 확인되는 경우에 한정)
 ③ 퇴직일 당시 임신한 상태인 경우(의료기관의 진단서를 통하여 확인되는 경우로 한정)
 ④ 퇴직일 당시 8세 이하의 자녀가 있는 경우
 ⑤ 퇴직일 당시 「초·중등교육법」 제2조에 따른 학교에 재학 중인 자녀가 있는 경우

주3) 특수관계인: 친족관계(국기령 §1의2 ①)에 있는 사람을 말함(조특령 §26의3 ⑤).

⑤ 「북한이탈주민의 보호 및 정착지원에 관한 법률」에 따른 북한이탈주민

⑥ 직전 사업연도에 34세인 청년 정규직 근로자가 해당 사업연도에 35세가 되는 경우에

는 만 35세가 되는 날이 속하는 월의 말일부터 청년등 외 상시근로자로 계산하며, 추징세액 계산시는 최초로 공제받은 사업연도에 청년등 상시근로자에 해당한 자는 이후 사업연도에도 청년등 상시근로자로 보아 청년등 상시근로자 수를 계산하는 것이다(서면법인 – 6004, 2021.3.15.).

㉠ 수도권 소재 중소기업에 2024.10월 입사한 근로자가 2025.1월말까지는 34세, 2월말에는 만 35세가 되며 다른 근로자 없음.

㉡ 2024년 청년등 상시근로자 수 및 세액공제액
- 3/12 = 0.25명
- 0.25명 × 14,500,000 = 3,625,000

㉢ 2025년 상시근로자 수
- 상시근로자 수: 1명(2024년 대비 0.75명 증가)
- 청년등 상시근로자 수: 1/12 = 0.08명(2024년 대비 △0.17)
- 청년등 외 상시근로자 수: 1 – 0.08 = 0.92명(2024년 대비 0.92)

㉣ 2025년의 2024년분 추가공제액

청년등은 감소하였으나 전체 상시근로자는 증가하였으므로 2024년 공제받은 청년등 상시근로자 증가인원에 청년등 외 공제금액을 곱하여 추가공제 적용

0.25 × 8,500,000 = 2,125,000

㉤ 2025년 2024년분 추징세액

2025년에 2024년 대비 청년등 상시근로자가 0.17명 감소하였으나 상기 유권해석에 의해 최초공제연도에 청년등은 이후 사업연도에도 청년등으로 보므로 청년등이 감소하지 않은 것으로 계산되어 추징세액은 없음.

㉥ 2025년분 당기공제액

0.75 × 8,500,000 = 6,375,000

⑦ 사업연도 중 35세가 되는 청년근로자를 고용한 후 다음 사업연도에 전체 상시근로자 등의 감소로 추가납부세액 계산시 청년근로자 수는 최초로 공제받은 사업연도 매월 말 현재 청년근로자에 해당한 자는 이후 사업연도에도 동일한 매월말 현재 청년근로자로 보아 청년근로자를 계산한다(기준법령법인 – 135, 2021.8.20.).[주]

주) 1. 2024.1.1. 고용된 34세 청년근로자가 2024.4.1.에 35세가 된 경우
　　① 2024년 1월~3월까지 청년근로자: 3/12 = 0.25명
　　② 2024년 4월~12월까지 청년외근로자: 9/12 = 0.75명
　2. 2025년도

① 2025년 1월~3월까지 청년근로자: 3/12=0.25명
② 2025년 4월~12월까지 청년외근로자: 9/12=0.75명

3) 상시근로자 수, 청년등 상시근로자 수의 계산

위 (1)~(3)의 규정을 적용할 때 상시근로자 수, 청년등 상시근로자 수는 다음의 구분에 따른 계산식에 따라 계산한 수(1/100 미만의 부분은 없는 것으로 한다: 셋째자리 버림)로 한다(조특령 §26의8 ⑥).

① 상시근로자 수: $\dfrac{\text{해당 사업연도의 매월 말 현재 상시근로자 수의 합}}{\text{해당 사업연도의 개월 수}^{주)}}$

주) 해당 사업연도의 개월 수(설립등기일부터 사업연도 종료월까지)에서 영업정지기간은 차감하지 않는 것임(사전법령소득-0603, 2020.8.7.). 개인사업자의 경우에는 1.1.부터 12.31.까지 12개월임(서면법령소득-3817, 2020.12.31.).

② 상시근로자 수 계산의 유의사항(조특령 §26의8 ⑦ · §23 ⑪)

㉠ 1개월간의 소정근로시간이 60시간 이상인 근로자로서 상시근로자에 해당하는 경우: 근로자 1명을 0.5명으로 계산

㉡ 다음의 지원요건을 모두 충족하는 경우에는 0.75명으로 계산

　가. 해당 사업연도의 상시근로자 수(위 ㉠의 근로자는 제외)가 직전 사업연도의 상시 근로자 수(위 ㉠의 근로자는 제외)보다 감소하지 아니하였을 것

　나. 상시근로자와 시간당 임금(「근로기준법」 제2조 제1항 제5호에 따른 임금, 정기상여금, 명절상여금 등 정기적으로 지급되는 상여금과 경영성과에 따른 성과금을 포함), 그 밖에 근로조건과 복리후생 등에 관한 사항에서 「기간제 및 단시간근로자 보호 등에 관한 법률」 제2조 제3호에 따른 차별적 처우가 없을 것

　다. 시간당 임금이 「최저임금법」 제5조에 따른 최저임금액의 130%(중소기업 120%) 이상일 것

㉢ 근로기준법에 따라 근로계약을 체결한 내국인 신규근로자가 입사한 월의 근무일수가 적어 당해 근로소득에 대한 원천징수한 사실이 확인되지 아니하는 경우, 입사한 월에 대한 국민연금법 제3조 제1항 제11호 및 제12호에 따른 부담금 및 기여금 또는 국민건강보험법 제69조에 따른 직장가입자의 보험료 중 하나의 납부사실이 확인되는 경우에는 조세특례제한법 시행령 제26조의7(고용을 증가시킨 기업에 대한 세액공제) 제7항을 적용함에 있어서 입사한 월말 현재 상시근로자 수에 포함하는 것임(사전법령소득-341, 2021.6.30.).

③ 청년등 상시근로자 수: $\dfrac{\text{해당 사업연도의 매월 말 현재 청년등 상시근로자 수의 합}}{\text{해당 사업연도의 개월 수}}$

④ 청년등 외 상시근로자 수:

전체 상시근로자 수 − 청년등 상시근로자 수

⑤ 해당 사업연도에 창업 등을 한 경우

상시근로자 수 등을 계산할 때 해당 사업연도에 창업 등을 한 내국법인의 경우에는 다음의 구분에 따른 수를 직전 또는 해당 사업연도의 상시근로자 수 등으로 본다(조특령 §26의8 ⑧ · §23 ⑬).

㉠ 창업(조특법 제6조 제10항 제1호부터 제3호까지의 규정에 해당하는 경우는 제외)한 경우의 직전 사업연도의 상시근로자 수: 0

㉡ 조특법 제6조 제10항 제1호(합병 · 분할 · 현물출자 또는 사업의 양수 등을 통하여 종전의 사업을 승계하는 경우는 제외)부터 제3호까지의 어느 하나에 해당하는 경우의 직전 사업연도의 상시근로자 수: 종전 사업, 법인전환 전의 사업 또는 폐업 전의 사업의 직전 사업연도 상시근로자 수

㉢ 다음의 어느 하나에 해당하는 경우의 직전 또는 해당 사업연도의 상시근로자 수 : 직전 사업연도의 상시근로자 수는 승계시킨 기업의 경우에는 직전 사업연도 상시근로자 수에 승계시킨 상시근로자 수를 뺀 수로 하고, 승계한 기업의 경우에는 직전 사업연도 상시근로자 수에 승계한 상시근로자 수를 더한 수로 하며, 해당 사업연도의 상시근로자 수는 해당 사업연도 개시일에 상시근로자를 승계시키거나 승계한 것으로 보아 계산한 상시근로자 수로 한다.

가. 해당 사업연도에 합병 · 분할 · 현물출자 또는 사업의 양수 등에 의하여 종전의 사업부문에서 종사하던 상시근로자를 승계하는 경우

• 인적분할로 신설된 법인이 고용증대세액공제를 적용함에 있어 분할신설법인의 직전 사업연도와 당해 연도의 상시근로자 수 계산은 조세특례제한법시행령 제23조 제13항 제3호에서 구체적으로 규정하고 있는 바, 직전 사업연도의 상시근로자 수는 분할 시에 승계한 상시근로자 인원수만큼 상시근로자 수를 가산하여 분할 이전부터 근로하는 것으로 보아 계산하는 것이고, 해당 사업연도의 상시근로자 수는 승계한 상시근로자를 해당 사업연도 개시일부터 근로한 것으로 보는 것임(서면법인 − 3242, 2020.10.29.).

• 개인사업자가 사업의 포괄양수도방법으로 법인전환함으로써 종전 사업에서

종사하던 상시근로자를 승계한 경우도 이에 해당(조세정책과-1837, 2023.9.5.)
- 법인전환법인이 개인사업자일때 공제받은 금액의 추가공제(1차연도분)를 적용받고 2차연도에 최초 공제연도의 상시근로자 수보다 감소시 법인은 직전 2년간 공제받은 세액의 합계액을 추가 납부함(사전법규법인-1190, 2023.9.25.).

나. 조특령 제11조 제1항에 따른 특수관계인으로부터 상시근로자를 승계하는 경우
- 내국법인의 대표이사가 동일업종의 다른 내국법인을 설립 후 대표이사로 취임하고 기존 내국법인의 퇴사자를 신설법인에서 채용한 경우 이것이 고용승계에 해당(근로자의 자의에 의한 것이 아니라 기존 내국법인의 경영방침에 의한 일방적인 결정에 따라 퇴직 및 재입사의 형식을 거친 것에 불과한 경우)한다면 「조세특례제한법」 제29조의7에 따른 고용을 증대시킨 기업에 대한 세액공제를 적용함에 있어 신설법인의 직전 사업연도의 상시근로자 수는 동법 시행령 제23조 제13항 나목에 따라 승계한 상시근로자 수를 더하여 산정하여야 함(사전법령법인-103, 2019.6.13.).
- 조특법 제29조의7 고용증대기업세액공제를 적용시 새로 설립된 법인이 종전 사업으로부터 자산과 종업원을 인수하여 종전 사업과 동일 업종의 사업을 영위하는 경우 직전 사업연도의 상시근로자 수는 조특령 제23조 제13항 제2호에 따라 종전 사업의 직전 사업연도 상시근로자 수로 하는 것임(서면법인-4153, 2024.7.25.). 이때 종전 사업을 영위하는 법인의 상시근로자 수는 해당 사업연도의 매월말 상시근로자 수의 합을 해당 사업연도의 개월 수로 나누어 계산하는 것이며, 상시근로자 수가 최초 공제받은 사업연도보다 감소한 경우 조특령 제26조의7 제5항에 따라 추가납부하는 것임(서면법인-4012, 2024.7.25.).

(5) 수도권 내 · 외에 사업장이 있는 경우

1) 기본내용

공제금액은 수도권 내외로 구분하여 각각 적용하나, 법인 전체 상시근로자 증가인원 수를 한도로 세액공제액을 계산한다.
- ① 수도권 본점 청년 2명 증가, 수도권 밖 지점 청년 1명 감소시
  1명(증가인원 한도)×14,500,000=14,500,000원
- ② 수도권 본점 청년 2명 증가, 수도권 밖 지점 청년 3명 증가시
  2명×14,500,000+3명×15,500,000=75,500,000원

2) 수도권 내·외에 위치한 다수의 사업장을 가지고 있는 내국법인의 전체 상시근로자 수가 직전 사업연도 대비 증가(수도권 내·외 모두 증가)한 경우로서 수도권 내·외를 포함한 전체 청년등 상시근로자 수는 감소하였으나 수도권 외의 지역에서 청년등 상시근로자 수가 증가한 경우, 해당 내국법인은 수도권 내·외를 구분하여 증가한 상시근로자 수의 인원 수 한도를 적용하되, 수도권 외 청년등 상시근로자 수 증가분에 대하여는 청년등 상시근로자 외 상시근로자 수가 증가한 것으로 보아 고용증대세액공제액을 계산하는 것이다(서면법령법인-4043, 2020.12.14.).

  * 상기 유권해석은 통합고용세액공제규정에도 동일하게 적용된다 판단

① 사례

    가. 2025년 상시근로자 수: 수도권 내 100, 수도권 외 12   총 112명

    나. 2024년 상시근로자 수: 수도권 내 90, 수도권 외 10   총 100명

           전체   10명 증가   2명 증가   12명 증가

    다. 청년등 근로자 수 증감: 수도권 내 −5 수도권 외 1   총 −4

    라. 청년등 외 근로자 수 증감: 수도권 내 15 수도권 외 1   총 16

② 통합고용세액공제액 계산

    가. 수도권 내 공제액

        청년등 외 근로자 수가 15명 증가하였으나 청년등 근로자 수가 5명 감소하였으므로 총 증가 수 10명을 한도로 수도권 내 청년등 외 공제액인 1인당 850만 원을 곱하여 85,000,000원이 세액공제액이 됨.

    나. 수도권 외 공제액

        청년등 근로자 수도 1명 증가하였고 청년등 외 근로자 수도 1명 증가하여서 총 2명이 증가하였으나 전체 청년등 근로자 수는 감소하였으므로 수도권 외의 청년등 근로자 수 증가는 청년등 외 근로자 수에 합산하여 총 2명의 증가인원 수에 수도권 외의 청년등 외 공제액인 950만 원을 곱하여 19,000,000원이 세액공제액이 됨.

    다. 총 공제세액: 104,000,000원

(6) 통합고용세액공제 적용 시 유의내용

① 중복지원배제

    가. 내국인에 대하여 동일한 과세연도에 통합고용세액공제(조특법 §29의8 ①)를 적용

할 때 외국인투자에 대한 법인세 등의 감면(조특법 §121의2) 또는 증자의 조세감면(조특법 §121의4)에 따라 소득세 또는 법인세를 감면하는 경우에는 조특법 제29조의8 제1항에 따라 공제할 세액에 해당 기업의 총주식 또는 총지분에 대한 내국인 투자자의 소유주식 또는 지분의 비율을 곱하여 계산한 금액을 공제한다(조특법 §127 ③).

나. 창업중소기업 감면(조특법 §6 ⑦)을 제외하고 다른 감면과 중복적용 가능하며, 다른 세액공제와도 중복적용 가능하다(조특법 §127 ④).

* (예시) 통합고용세액공제와 창업중소기업감면 중복(×), 통합고용세액공제와 중소기업특별세액감면 중복(○)

② 최저한세 적용대상에 해당

③ 이월공제

결손, 최저한세 등으로 공제받지 못한 세액은 10년간 이월공제 가능(조특법 §144 ①). 이후 인원감소로 인하여 추가납부세액 발생시 실제 공제받은 세액의 범위 내에서 먼저 공제하고 나머지 금액은 이월된 세액에서 차감한다.

* 2021년 이후 과세표준 신고분부터 미공제된 세액공제는 10년간 이월공제

(사례) 2020사업연도에 대한 과세표준신고 시 2015사업연도에 발생한 이월공제가 있는 경우 2025사업연도까지 이월공제 가능(기존 5년＋추가 5년)

④ 농어촌특별세

통합고용세액공제를 받은 경우 농어촌특별세법에 의하여 세액공제액의 20%를 신고·납부하며, 인원감소로 인한 통합고용세액공제 추가납부세액 발생시에는 기납부한 농어촌특별세는 환급액이 발생한다.

보론 │ 통합고용세액공제제도

Ⅰ. 법규정

1. 조특법 제29조의8(통합고용세액공제)
2. 조특령 제26조의8
3. 조특칙 별지 제10호의9 서식

Ⅱ. 법해설

1. 2023사업연도부터 적용(최저한세 적용대상, 농특세과세)
2. 해당 사업연도 상시근로자 수(30명) 〉 직전 사업연도 상시근로자 수(20명) : 당기분 공제(=최초 공제받은 사업연도)
   (1) 청년등 상시근로자 수 증가(4명)+청년등 외 상시근로자 수 증가(6명)
      ① 청년등 상시근로자 수 증가(4명)분 세액공제(2021 · 2022 적용분)
         대기업: 400만 원(수도권 밖 400만 원)
         중견기업: 800만 원(수도권 밖 800만 원)
         중소기업: 1,450만 원(수도권 밖 1,550만 원)
      ② 청년등 외 상시근로자 수 증가(6명)분 세액공제
         대기업: −
         중견기업: 450만 원
         중소기업: 850만 원(수도권 밖 950만 원)
      ③ 전제: 수도권 안 중소기업
      ④ 세액공제액
         4×14,500,000＋6×8,500,000＝109,000,000
   (2) 청년등 상시근로자 수 증가(12명)−청년등 외 상시근로자 수 감소(2명)
      상시근로자 수 증가분(10명)을 한도로 (1) ① 적용
      ① 전제: 수도권 안 중소기업(앞으로 모든 사례는 동일전제)
      ② 세액공제액
         10×14,500,000＝145,000,000
   (3) 청년등 외 상시근로자 수 증가(12명)−청년등 상시근로자 수 감소(2명)

상시근로자 수 증가분(10명)을 한도로 (1) ② 적용

10×8,500,000＝85,000,000

(4) 세액공제요건

① 당해연도의 상시근로자 수가 전년도 상시근로자 수보다 증가한 경우에 세액공제가 적용되며 이에는 다음 3가지 유형이 있음.

② 청년등 증가＋청년등 외 증가

③ 청년등 증가－청년등 외 감소

(상시근로자 수 증가분을 한도로 적용)

④ 청년등 외 증가－청년등 감소

(상시근로자 수 증가분을 한도로 적용)

(5) 상시근로자 수 계산

① (청년등)상시근로자 수 계산은 매월 말 현재 (청년등)상시근로자 수 합계를 12로 나누어 계산하며 소수점 2자리 미만은 절사함.

② 상시근로자 수－청년등 상시근로자 수＝청년등 외 상시근로자 수

③ 창업 등의 경우는 조특령 제23조 제13항 준용

(창업의 경우 직전 사업연도의 상시근로자 수는 "0"임)

④ 월말 입사자 · 퇴사자는 상시근로자 수에 합산하여 계산

⑤ 최초 공제받은 사업연도에 청년등 상시근로자 해당자는 추징세액계산시 이후 사업연도에도 동일하게 청년등으로 계산함(기준법령법인－135, 2021.8.20.).

⑥ 상시근로자

근로기준법에 따라 근로계약을 체결한 내국인 근로자를 말하며 다음의 자는 제외함.

가. 근로계약이 1년 미만인 근로자

나. 근로기준법 제2조 제1항 제9호에 따른 단시간근로자

다. 법인세법시행령 제40조 제1항의 임원

라. 해당기업의 최대주주자(개인사업자는 대표자)와 그 배우자

마. '라.'에 해당하는 자의 직계존비속 및 국세기본법 시행령상 친족

⑦ 청년등 상시근로자

상시근로자 중 다음에 해당하는 청년, 장애인, 60세 이상자 및 경력단절여성

가. 15세 이상 34세 이하인 자(병역기간 제외, 최대 6년)

나. 장애인, 상이자, 5·18민주화운동부상자, 고엽제후유의증자

다. 근로계약체결일 현재 60세 이상 자

라. 경력단절여성

3. '2.'의 세액공제액 적용기한 : 추가분공제

중소·중견기업은 3년간, 대기업은 2년간 적용. 단, 동 기간내에 상시근로자 수가 최초 적용 사업연도의 상시근로자 수보다 감소시는 적용중단·추징세액납부. 상시근로자 수는 증가하였지만 청년등 상시근로자 수가 감소시는 최초 적용 사업연도의 청년등 상시근로자를 청년등 외 상시근로자로 보아 청년등 외 상시근로자 증가분에 대한 추가 공제를 계속 적용하며(조세특례제도과-909, 2023.8.28.) 청년등 상시근로자 수 감소분에 대하여는 추징세액납부

(1) 2. 다음사업연도 상시근로자 수(35명) 〉 최초적용 사업연도 상시근로자 수(30명)

1) 다음사업연도 청년등 상시근로자 수 〉 최초적용 청년등 상시근로자 수

	2023	2024(최초)	2025
상시근로자	20	30	35
청년등	6	10	12
청년등 외	14	20	23

① 2025년에 2024년분에 대한 추가세액공제 동일적용(청년등 4명+청년등 외 6명)

$4 \times 14,500,000 + 6 \times 8,500,000 = 109,000,000$

② 2025년분 당기세액공제적용(청년등 2명+청년등 외 3명)

$2 \times 14,500,000 + 3 \times 8,500,000 = 54,500,000$

2) 1)과 동일+청년등 외는 감소

	2023	2024(최초)	2025
상시근로자	20	30	35
청년등	6	10	16
청년등 외	14	20	19

① 2025년에 2024년분에 대한 추가세액공제 동일적용(청년등 4명+청년등 외 6명)

$4 \times 14,500,000 + 6 \times 8,500,000 = 109,000,000$

(청년등 외의 감소분에 대한 추징세액 없음)

② 2025년분 당기세액공제적용(청년등 5명: 실지 증가는 6명이나 상시근로자 수 증가분 5명을 한도로 적용)

$$5 \times 14{,}500{,}000 = 72{,}500{,}000$$

3) 다음사업연도 청년등 상시근로자 수 〈 최초적용 청년등 상시근로자 수

	2023	2024(최초)	2025
상시근로자	20	30	35
청년등	6	10	8
청년등 외	14	20	27

① 2025년의 2024년분에 대한 추가세액공제

　가. 전체 상시근로자는 증가하고 청년등은 감소하였으므로 2024년 청년등을 청년등 외로 보아 2025년 추가공제시 청년등 외의 세액공제를 적용받음. 10(상시근로자 전체를 청년등 외로 본 건임)×8,500,000 = 85,000,000

　나. 2025년 청년등 상시근로자 수 감소분은 추징세액적용(조특령 §26의8 ④ 1호 나. 적용)

　　$2 \times (14{,}500{,}000 - 8{,}500{,}000) = 12{,}000{,}000$

② 2025년분 당기세액공제적용(청년등 외 5명 : 실지 증가는 7명이나 상시근로자 수 증가분 5명을 한도로 적용)

　$5 \times 8{,}500{,}000 = 42{,}500{,}000$

저자주 ●

추징세액의 검토

1. 세액공제의 추징에 대한 상세설명은 다음 4.에서 설명
2. 추징세액의 기본방침

　최초공제받은 사업연도 이후 2년안에 상시근로자 및 청년등 상시근로자가 감소한 경우의 추징세액계산의 기본원리는 상시근로자 등이 감소한 연도의 인원수를 최초공제받은 연도의 인원수로 하여 최초연도의 공제세액을 계산하고 기 공제받았던 세액공제금액과의 차이를 추가공제 및 세액추징액(가산세는 없으며 기납부한 농특세는 환급됨)으로 하는 것임. 단, 모든 경우에 이의 기본원리가 적용되는 것은 아님에도 유의하여야 함.

　(1) 기본자료

	2023	2024(최초)	2025
상시근로자	20	30	28
청년등	6	10	9
청년등 외	14	20	19

(2) 2025사업연도의 세액공제액 적용

① 2025년의 상시근로자 수가 2024년보다 감소하였으므로 2025년분에 대한 당기분 세액공제는 없음.

② 2024년 세액공제분 추징액(조특령 §26의8 ④ 1호 가. 2) 적용)

$$1 \times 14,500,000 + 1 \times 8,500,000 = 23,000,000$$

(3) 기본원리검토

① 2024년 최초공제액

$$4 \times 14,500,000 + 6 \times 8,500,000 = 109,000,000$$

② 2025년 인원을 2024년 인원으로 전제시 공제해당액

$$3 \times 14,500,000 + 5 \times 8,500,000 = 86,000,000$$

③ ①과 ②의 차액 = 23,000,000(추징세액과 동일)

3. 상기 3) ① 추가공제액에 대한 논란

상기 3)의 사례는 최초공제받은 사업연도 이후의 사업연도에 상시근로자 수는 증가하였지만 청년등 상시근로자 수는 감소(청년등 외 상시근로자 증가 수가 더 많음)하여 2025년에 청년등의 추가공제는 적용받지 못하고 감소인원수에 대한 추징세액 12,000,000을 납부하고, 청년등 외 상시근로자 수는 증가하였으므로 최초공제받은 사업연도(2024년 적용)의 청년등 외 추가공제분을 공제받는 사례이다. 이에 대한 국세청의 유권해석(사전법규법인 - 343, 2022.10.13., 현재는 다음 4.의 기재부 유권해석에 따라 폐기됨)에서는 최초사업연도(2024년)에 청년등 외로 공제받았던 51,000,000(6×8,500,000)을 공제받으라는 주장이었고 실지 많은 기업들이 이대로 추가공제를 적용하였다. 이에 대하여 다음 4. 및 5.에 의한 기재부 유권해석이 2023년에 나와 국세청의 해석과 다른 세액공제금액(2024년의 청년등 증가분에 대해 청년등 외의 공제금액을 곱하여 계산하고, 청년등 외의 증가분에 대해서는 당초 공제받은 금액을 추가공제하여 10×8,500,000 = 85,000,000 공제)이 계산된다. 즉 전체 상시근로자 수는 증가하였지만 청년등의 수가 감소하여 최초공제받은 연도의 청년등 공제분은 공제받지 못하고 청년외 분만 공제가 능하므로 청년등의 감소인원을 청년등 외로 보아 추가공제시 청년등 외의 공제액을 (기존 6명 + 청년등 공제못받는 최초연도 인원 수 4명)×8,500,000 = 85,000,000으로 하여야 한다는 기재부의 유권해석이다.

4. 기획재정부의 유권해석(조세특례제도과 - 215, 2023.3.6.)

(1) 내국인이 해당 과세연도의 청년등 상시근로자 증가인원에 대해 조세특례제한법 제29조의7 제1항 제1호에 따른 세액공제를 적용받은 후 다음 과세연도에 청년등 상시근로자의 수는 감소(최초 사업연도에는 34세 이하였으나 이후 사업연도에 35세 이상이 되어 청년 수가 감소하는 경우 포함)하였으나, 전체 상시근로자의 수는 유지되는 경우, 잔여 공제연도에 대해서는 제29조의7 제1항 제2호의 공제액을 적용

하여 공제가능함.

(2) 수도권 내 중소기업으로 2024년에 34세 청년을 채용하였고 2025년에 35세가 되어서 청년이 감소한 경우

	2023	2024(최초)	2025
상시근로자	3	8	9
청년등	2	5	4
청년등 외	1	3	5

① 2025년의 2024년분에 대한 추가공제

$5 \times 8,500,000 = 42,500,000$

(2024년 당기분 공제는 $3 \times 14,500,000 + 2 \times 8,500,000 = 60,500,000$)

② 2025년의 당기분 공제

$1 \times 8,500,000 = 8,500,000$

5. 기획재정부 유권해석(조세특례제도과-906, 2023.8.28.)

질의 1. 최초 고용증대세액공제 적용시, 청년을 청년 외로 보아 세액공제를 적용할 수 있는 지 여부

답변: 청년 외로 선택 적용가능

질의 2. 최초공제 적용 이후 과세연도에 상시근로자 수는 증가하였으나, 청년은 감소한 경우 추가공제 계산방법

답변: 청년을 청년 외로 보아 추가공제 적용

질의 3. 2018년 최초 공제를 받은 경우로서 2020년보다 2021년 상시근로자 수가 더 많이 감소한 경우 2021년 추가납부세액 계산 방법

답변: 2020년 추가납부세액을 한도로 추가납부

(2) 2. 다음다음사업연도 상시근로자 수(38명) 〉 최초적용 사업연도 상시근로자 수(30명)

1) 다음다음사업연도 청년등 상시근로자 수 〉 최초적용 사업연도 청년등 상시근로자 수

	2022	2023(최초)	2024(최초)	2025
상시근로자	20	30	35	38
청년등	6	10	12	13
청년등 외	14	20	23	25

① 2025년의 2023년분에 대한 2차 추가세액공제 동일적용(청년등 4명 + 청년등 외 6명)

$4 \times 14,500,000 + 6 \times 8,500,000 = 109,000,000$

② 2024년분 1차 추가세액공제적용(청년등 2명＋청년등 외 3명)

2×14,500,000＋3×8,500,000＝54,500,000

③ 2025년분 당기세액공제적용(청년등 1명＋청년등 외 2명)

1×14,500,000＋2×8,500,000＝31,500,000

2) 다음다음사업연도 청년등 상시근로자 수 〉 최초적용 사업연도 청년등 상시근로
   자 수

(2025년분)   (2023년분)

다음다음사업연도 청년등 상시근로자 수 〈 최초적용 사업연도 청년등 상시근로
   자 수

(2025년분)   (2024년분)

	2022	2023(최초)	2024(최초)	2025
상시근로자	20	30	35	38
청년등	6	10	16	15
청년등 외	14	20	19	23

① 2025년의 2023년분에 대한 2차 추가세액공제 동일적용(청년등 4명＋청년등
   외 6명)

4×14,500,000＋6×8,500,000＝109,000,000

② 2025년의 2024년분에 대한 1차 추가세액공제

가. 청년등이 감소하였으므로 2024년분 청년등 세액공제분(청년등만 6명 증
   가하였으나 상시근로자 수 증가분 5명을 한도로 적용) 적용안되고 청년등
   을 청년등 외로 보아 추가공제 적용

5(35－30)×8,500,000＝42,500,000

나. 2025년 청년등 상시근로자 수 감소분은 추징세액적용(조특령 §26의8 ④ 1호
   나. 적용)

1×(14,500,000－8,500,000)＝6,000,000

③ 2025년분 당기세액공제적용(청년등 외 3명: 실지 증가는 4명이나 상시근로자
   수 증가분 3명을 한도로 적용)

3×8,500,000＝25,500,000

3) 다음다음사업연도 청년등 상시근로자 수 〈 최초적용 사업연도 청년등 상시근로
   자 수

(2025년분)   (2023년분)

다음다음사업연도 청년등 상시근로자 수 〈 최초적용 사업연도 청년등 상시근로 자 수

(2025년분)   (2024년분)

	2022	2023(최초)	2024(최초)	2025
상시근로자	20	30	35	38
청년등	6	10	8	7
청년등 외	14	20	27	31

① 2024년의 2023년 및 2024년분에 대한 세액공제

  가. 2023년분에 대한 1차 추가세액공제

    ㄱ. 청년등은 감소하였으므로 2023년분 세액공제분 중 청년등을 청년등외 로 보아 청년등 외 세액공제분을 적용받음.

    $10 \times 8,500,000 = 85,000,000$

    ㄴ. 2024년 청년등 상시근로자 수 감소분은 추징세액적용(조특령 §26의8 ④ 1호 나. 적용)

    $2 \times (14,500,000 - 8,500,000) = 12,000,000$

  나. 2024년분 당기세액공제적용(청년등 외 5명: 실지 증가는 7명이나 상시근 로자 수 증가분 5명을 한도로 적용)

  $5 \times 8,500,000 = 42,500,000$

② 2025년의 2023년분 2차 추가세액공제

  가. 2024년에 이미 청년등 상시근로자 수가 최초공제사업연도인 2023년 청년 등 상시근로자 수보다 감소하였으므로 2025년에는 2023년분 청년등을 청 년등 외로 보아 청년등 외분에 대한 세액공제를 적용받음.

  $10 \times 8,500,000 = 85,000,000$

  나. 2025년의 청년등 상시근로자 수 감소분에 대한 추징세액(조특령 §26의8 ④ 2호 나. 적용)

  2023년대비 감소

  $3 \times (14,500,000 - 8,500,000) \times$ 공제횟수 $1 - 2024$년 추징세액 $12,000,000 = 6,000,000$

③ 2025년의 2024년분 1차 추가세액공제(청년등 외 5명)

$5 \times 8,500,000 = 42,500,000$

④ 2025년분 당기세액공제(청년등 외 3명: 실지 증가는 4명이나 상시근로자 수 증가분 3명을 한도로 공제)

$3 \times 8,500,000 = 25,500,000$

(3) 다음다음사업연도 상시근로자 수(80명) = 최초적용사업연도 상시근로자 수(80명)

(2025년분)　　　　　　　　　　　　(2023년분)

다음다음사업연도 상시근로자 수(80명) 〈　최초적용사업연도 상시근로자 수(90명)

(2025년분)　　　　　　　　　　　　(2024년분)

	2022	2023(최초)	2024(최초)	2025
상시근로자	30	80	90	80
청년등	20	50	20	10
청년등 외	10	30	70	70

① 2023년 당기분 세액공제

$30 \times 14,500,000 + 20 \times 8,500,000 = 605,000,000$

② 2024년의 2023년 및 2024년분에 대한 세액공제 및 추징세액

가. 2023년분에 대한 1차 추가세액공제

청년등은 감소하였으나 전체 상시근로자는 감소하지 않아 2023년에 청년등 증가분에 대하여 청년등 외 공제금액을 곱하여 계산하고, 청년등 외에 대하여는 당초 공제받은 금액 추가공제함.

$30 \times 8,500,000 + 20 \times 8,500,000 = 425,000,000$

나. 2023년분에 대한 추징세액

청년등 감소인원 30(2023년 청년등 증가인원 30 한도)$\times(14,500,000 - 8,500,000) = 180,000,000$

다. 2024년 당기분 세액공제

$(40 - 30) \times 8,500,000 = 85,000,000$

③ 2025년의 2023년, 2024년 및 2025년분에 대한 세액공제 및 추징세액

가. 2023년분에 대한 2차 추가세액공제

②의 가.와 동일

$30 \times 8,500,000 + 20 \times 8,500,000 = 425,000,000$

나. 2024년분에 대한 1차 추가세액공제

상시근로자 수(80)가 2024년 상시근로자 수(90)보다 감소하여 추가세액 공제 없음.

다. 2024년분에 대한 추징세액(조특령 §26의8 ④ 1호 가. 1) 적용)

[2024년 대비 청년등 감소인원(2023년 청년등 증가인원 수 한도) − 상시 근로자 감소인원]×(14,500,000−8,500,000)+(상시근로자 감소인원 수 ×14,500,000)

=[Min(10,0)−10]×(14,500,000−8,500,000)+(10×14,500,000)

=85,000,000(2024년 공제액 85,000,000 한도로 추징)

라. 2025년 당기분 세액공제

2024년 대비 상시근로자 감소하였으므로 세액공제액 없음.

4. 세액공제의 추징(조특법 §29의8 ②)

(1) 추징대상(모든 기업 동일적용)

1) 최초공제받은 사업연도 이후 2년의 사업연도에 상시근로자 수가 감소한 경우 다음의 3가지 유형이 있음.

① 청년등 상시근로자 수 감소+청년등 외 상시근로자 수 감소=상시근로자 수 감소

가. 최초공제 다음사업연도인 경우(최초연도 공제받은 세액을 한도로 추징) 조특령 §26의8 ④ 1호 가. 2) 적용

"[최초공제 사업연도 대비 청년등 상시근로자 감소인원(상시근로자의 감 소 인원수 한도)×14,500,000]+[최초공제 사업연도 대비 청년등 외 상시 근로자 감소인원(상시근로자의 감소인원수 한도)×8,500,000]"

나. 최초공제 다음다음사업연도인 경우(직전 2년간 공제받은 세액을 한도) 조특령 §26의8 ④ 2호 가. 2) 적용

"최초공제 사업연도 대비 청년등 상시근로자 및 청년등 외 상시근로자의 감소인원수(상시근로자의 감소인원수 한도)에 대해 직전 2년간 공제받은 세액의 합계액−가. 추징액"

② 청년등 상시근로자 수 증가+청년등 외 상시근로자 수 감소=상시근로자 수 감소

상기 '① 가.' 및 '나.'와 동일규정

③ 청년등 상시근로자 수 감소+청년등 외 상시근로자 수 증가=상시근로자 수

감소

가. 최초공제 다음사업연도인 경우(최초연도 공제받은 세액을 한도로 추징)

　조특령 §26의8 ④ 1호 가. 1) 적용

　"[최초공제 사업연도 대비 청년등 상시근로자 감소인원(최초공제 사업연도 청년등 상시근로자의 증가인원수 한도)−상시근로자의 감소인원수]×(14,500,000−8,500,000)+(상시근로자 감소인원수×14,500,000)"

나. 최초공제 다음다음사업연도인 경우(직전 2년간 공제받은 세액을 한도)

　조특령 §26의8 ④ 2호 가. 1) 적용

　"[최초공제 사업연도 대비 청년등 상시근로자 감소인원(최초공제 사업연도 청년등 상시근로자의 증가인원수 한도)−상시근로자의 감소인원수]×(14,500,000−8,500,000)×직전 2년간 공제받은 횟수+(상시근로자 감소인원수×14,500,000×직전 2년간 공제받은 횟수)"

2) 최초공제받은 사업연도 이후 2년의 사업연도에 상시근로자 수는 감소하지 않고 청년등 상시근로자의 수가 감소한 경우

① 청년등 상시근로자 수 감소+청년등 외 상시근로자 수 증가=상시근로자 수 증가

② 최초공제 다음사업연도인 경우(최초연도 공제받은 세액을 한도로 추징)

　조특령 §26의8 ④ 1호 나. 적용

　"최초공제 사업연도 대비 청년등 상시근로자 감소인원(최초공제 사업연도 청년등 상시근로자의 증가인원수 한도)×(14,500,000−8,500,000)"

③ 최초공제 다음다음사업연도인 경우(직전 2년간 공제받은 세액을 한도)

　조특령 §26의8 ④ 2호 나. 적용

　"최초공제 사업연도 대비 청년등 상시근로자 감소인원(최초공제 사업연도 청년등 상시근로자의 증가인원수 한도)×(14,500,000−8,500,000)×직전 2년간 공제받은 횟수"

(2) 다음사업연도 상시근로자 수(28명) 〈 최초공제사업연도 상시근로자 수(30명)

　　　(2025년)　　　　　　　　　　　　　(2024년)

1) 기본자료

	2023	2024(최초)	2025(최초)
상시근로자	20	30	28
청년등	6	10	?
청년등 외	14	20	?

2) 2025년 청년등 상시근로자 수 감소(3명) 〉 상시근로자 수 감소(2명)[(1) 1) ③ 가. 사례]

　① 청년등 상시근로자 수 7명(감소 3명)

　② 청년등 외 상시근로자 수 21명(증가 1명)

　③ 조특령 §26의8 ④ 1호 가. 1) 적용

　④ 추징세액

　　(3－2)×(14,500,000－8,500,000)＋2×14,500,000＝35,000,000

3) 2025년 청년등 상시근로자 수 감소(1명)＋청년등 외 상시근로자 수 감소(1명)[(1) 1) ① 가. 사례]

　① 청년등 상시근로자 수 9명(감소 1명)

　② 청년등 외 상시근로자 수 19명(감소 1명)

　③ 조특령 §26의8 ④ 1호 가. 2)적용

　④ 추징세액

　　1×14,500,000＋1×8,500,000＝23,000,000

4) 2025년 청년등 상시근로자 수 증가(1명)＋청년등 외 상시근로자 수 감소(3명)[(1) 1) ② 사례]

　① 청년등 상시근로자 수 11명(증가 1명)

　② 청년등 외 상시근로자 수 17명(감소 3명)

　③ 조특령 §26의8 ④ 1호 가. 2)적용

　④ 추징세액

　　2×8,500,000＝17,000,000

(3) 다음다음사업연도 상시근로자 수 〈 최초공제사업연도 상시근로자 수

　　　(2025년)　　　　　　　　　　(2023년, 2024년)

1) 기본자료

	2022	2023(최초)	2024(최초)	2025
상시근로자	20	30	35	27
청년등	6	10	12	9
청년등 외	14	20	23	18

2) 2025년의 2023년분 2차 추가세액공제분 적용

① 2025년의 상시근로자 수가 2023년보다 감소하였으므로 2023년분 세액공제는 2025년에 적용되지 못함.

② 2023년분 추징세액(조특령 §26의8 ④ 2호 가. 2) 적용)[(1) 1) ① 나. 사례]

　가. 감소한 청년등 인원수에 대해 직전 2년간 공제받은 세액

　　14,500,000 + 14,500,000 = 29,000,000

　나. 감소한 청년등 외 인원수에 대해 직전 2년간 공제받은 세액

　　17,000,000 + 17,000,000 = 34,000,000

③ 2024년분 추징세액(조특령 §26의8 ④ 1호 괄호 및 가. 2) 적용)[(1) 1) ① 가. 사례]

　가. 감소한 청년등 인원수에 대한 추징세액

　　2024년대비 감소인원수는 3명이나 2024년에 실지 공제받은 인원수는 2명이므로 추징세액은 2명분에 대해 적용함(최초연도 공제받은 세액을 한도로 추징).

　　2×14,500,000 = 29,000,000

　나. 감소한 청년등 외 인원수에 대한 추징세액

　　2024년대비 감소인원수는 5명이나 2024년에 실지 공제받은 인원수는 3명이므로 추징세액은 3명분에 대해 적용함.

　　3×8,500,000 = 25,500,000

(4) 다음다음사업연도 상시근로자 수 < 최초공제사업연도 상시근로자 수
　　 (2025년) 　　　　　　　　　　　 (2023년, 2024년)

1) 기본자료

	2022	2023(최초)	2024(최초)	2025
상시근로자	20	30	28	25
청년등	6	10	9	8
청년등 외	14	20	19	17

2) 2024사업연도의 세액공제액 적용

  ① 2024년의 상시근로자 수가 2023년보다 감소하였으므로 2024년분에 대한 세액공제는 없음.

  ② 2023년 세액공제분 추징액(조특령 §26의8 ④ 1호 가. 2) 적용)[(1) 1) ① 가. 사례]

    $1×14,500,000 + 1×8,500,000 = 23,000,000$

3) 2025사업연도의 세액공제액 적용

  ① 2025년의 상시근로자 수가 2024년보다 감소하였으므로 2025년분에 대한 세액공제는 없음.

  ② 2023년 세액공제분 추징액(조특령 §26의8 ④ 2호 괄호 및 가. 2) 적용)[(1) 1) ① 나. 사례]

    $(2×14,500,000 + 3×8,500,000) - 2)$ ② 추징액 $= 31,500,000$

4) 추가사례(추징세액적용은 3)과 동일)

	2022	2023(최초)	2024	2025
상시근로자	8	12	10	9
청년등	3	5	5	3
청년등 외	5	7	5	6

  ① 2024사업연도 추징액

    $2×8,500,000 = 17,000,000$

  ② 2025사업연도 추징액

    $2×14,500,000 = 29,000,000$

  이미 2024년에 청년등 외 2명 감소분에 대하여 공제받은 세액 한도로 전액 추가납부하였으므로 2025년에 감소한 청년등 외 1명 감소분은 추가납부대상에 해당하지 않으며, 청년등 2명 감소분에 대한 추징액 납부

5. 4.에 의한 세액추징의 경우 농어촌특별세의 환급 및 경정청구시 추가납부

  ① 상기 4.에 의해 공제받았던 세액을 추가납부하는 경우에는 농어촌특별세의 환급대상에 해당한다. 그러므로 법인세의 추가납부(추징사유 발생 사업연도의 법인세신고ㆍ납부시 별지 제3호 서식 제133번란(감면분추가납부세액)에 추징세액을 기재하여 납부)시 농어촌특별세의 환급신청(실지로는 농어촌특별세의 납부시 이를 차감하여 납부함)을 통해 농어촌특별세를 환급받아야 한다.

  ② 농어촌특별세법 제12조(환급)

농어촌특별세의 과오납금 등(감면을 받은 세액을 추징함에 따라 발생하는 환급금을 포함한다)에 대한 환급은 본세의 환급의 예에 따른다.

③ 법인세 경정청구(고용증대 세액공제 적용누락) 인용 결정에 따라 감면된 법인세에 대한 농어촌특별세를 납부하는 경우, 과다 납부된 법인세를 농어촌특별세의 기납부세액으로 공제(농어촌특별세의 납부지연가산세는 부과되지 않음)되는 것임(서면법규기본-2550, 2023.5.24. ; 조세정책과-1197, 2023.5.23. ; 조제정책과-699, 2014.9.26.).

6. 고용증대 세액공제관련 주요 유권해석 등

 * 이는 2024년까지 적용가능한 고용증대세액공제(조특법 §29의7) 관련 유권해석임.

(1) 고용증대세액공제 해당금액 중 최저한세에 미달하여 공제받지 못한 금액을 이월한 후 상시 근로자수가 최초로 공제를 받은 사업연도에 비하여 감소한 경우 추징해당 금액은 공제받은 금액을 한도로 법인세를 납부하고 나머지 금액은 이월된 세액공제액에서 차감하는 것임(서면법인-5929, 2021.7.29.).

〈분 석〉

1. 2018년 고용증대세액공제 해당액 4.9억 원

   최저한세 적용으로 1.1억 원 공제, 3.8억 원 이월

2. 2019년 고용감소로 추가 납부세액 2.1억 원 발생

3. 2019년 1.1억 원 납부하고 나머지 1억 원을 이월공제세액에서 차감

(2) 고용증대세액공제적용에 있어 2020년 상시근로자의 수가 2019년보다 감소하였으나 유예규정에 의해 추가납부세액을 납부하지 않은 경우 2021년의 상시근로자 수가 2020년 상시근로자의 수보다 증가한 경우(2019년 상시근로자의 수보다는 적음) 2021년에 고용증대세액공제가 적용되는 것임(서면법인-4611, 2021.8.13.).

(3) 사업연도 중 30세가 되는 청년근로자를 고용한 후 다음 사업연도에 전체 상시근로자 등의 감소로 추가납부세액 계산시 청년근로자 수는 최초로 공제받은 사업연도 매월 말 현재 청년근로자에 해당한 자는 이후 사업연도에도 동일한 매월말 현재 청년근로자로 보아 청년근로자를 계산함(기준법령법인-135, 2021.8.20.).

〈분 석〉

1. 2018.1.1. 고용된 29세 청년근로자가 2018.4.1.에 30세가 된 경우

   ① 2018년 1월~3월까지 청년근로자: 3/12=0.25명

   ② 2018년 4월~12월까지 청년외근로자: 9/12=0.75명

2. 2019년도

   ① 2019년 1월~3월까지 청년근로자: 3/12=0.25명

② 2019년 4월~12월까지 청년외근로자: 9/12＝0.75명

(4) 2018년, 2019년도 사업연도분 세액공제 적용시 증가한 상시근로자 인원 한도 적용 여부

① 연혁

고용증대세액공제(조특법 §29의7)는 2018년부터 시행된 것으로 2018년, 2019년 당시 법률에는 공제세액 계산시 증가한 인원수 한도규정이 없다가 2019.12.31. 법률 제16835호로 상시근로자 증가한 인원수 한도규정이 신설되었다.

② 2018년, 2019년 사업연도에도 증가한 인원수 한도 적용(2022.5.4. 기획재정부 유권해석)

2018년, 2019년 사업연도에도 증가인원수 한도가 적용되는지 여부에 대해 2022.5.4. 기획재정부는 2018년, 2019년 사업연도에도 증가인원수 한도가 적용 되는 것으로 해석하였다(기획재정부 조세특례제도과－322, 2022.5.4. ; 서면법규법인－ 0488, 2022.5.10.).

다만, 법률 제16835호 부칙 제1조에서는 개정 법률을 2020.1.1.부터 시행하는 것으로 규정하고 있고, 부칙 제17조에서 고용증대세액공제의 경우 사후관리만 이 법 시행 이후 과세표준을 신고하는 분부터 적용하는 것으로 규정하고 있고 최근 '③' 조세심판원의 결정에서 2018년 · 2019년에는 한도규정이 적용되지 않 는다 결정하였다.

③ 청구법인은 2019년 고용증대세액공제를 적용시 청년등 상시근로자 외 상시근 로자 증가인원 16.92명에 대한 세액공제를 적용받지 않고 전체 상시근로자 증가 인원 10.5명에 대한 세액공제를 적용받았음. 청구법인은 이를 16.92명에 대한 세액공제를 적용하여 달라는 경정청구를 제기하였으나 처분청은 기획재정부 유권해석(조세특례제도과－322, 2022.5.4.)에 따라 고용증대세액공제는 증가한 전체 상시근로자의 인원수를 한도로 계산하여야 하므로 경정청구를 거부하였고 조 세심판원은 2019년 당시에는 쟁점규정에 증가한 상시근로자의 인원 수를 한도 로 한다는 규정이 없었고 이를 규정한 법률 제16835호의 개정 부칙에서 동 개정 규정은 2020년 1월 1일부터 시행한다라고 규정되어 있으므로 처분청은 청구법 인의 경정청구를 수용하여야 한다 결정함(조심 2023부6839, 2023.7.21.).

④ '③'의 심판원 결정사례가 있은 후에도 기재부는 추가 유권해석을 통해 2018년 · 2019년분에 대하여도 증가한 전체 상시근로자의 인원 수를 한도로 계산하여

야 한다는 일관된 해석을 하고 있어 현재 과세관청은 이에 대한 경정청구를 거부하고 있는 상황임(조세특례제도과-199, 2024.3.8.).

(5) 조세특례제한법 제29조의7 제1항 제1호에 따른 고용증대세액공제를 적용받던 거주자가 영위하던 사업을 동법 제32조(법인전환에 따른 양도소득세의 이월과세) 제1항에 따라 법인으로 전환하면서 전환법인과 사업의 포괄양수도 계약을 체결하고 그 사업에 관한 일체의 권리와 의무를 포괄적으로 양도 및 양수한 경우로서 거주자가 고용증대세액공제를 받은 사업연도의 종료일부터 2년이 되는 날이 속하는 사업연도의 종료일까지의 기간 중 청년등 상시근로자의 수가 공제를 받은 직전 사업연도에 비하여 감소하지 아니한 경우 전환법인은 거주자로부터 승계받은 고용증대세액공제를 적용받을 수 있음(사전법령법인-432, 2021.5.11.).

(6) 고용증대세액공제를 적용함에 있어 분할신설법인의 직전사업연도와 당해연도의 상시근로자 수 계산은 직전 사업연도의 상시근로자 수는 분할 시에 승계한 상시근로자 인원 수 만큼 상시근로자 수를 가산하여 분할 이전부터 근로하는 것으로 보아 계산하는 것이고, 해당사업연도의 상시근로자 수는 승계한 상시근로자를 해당 사업연도 개시일부터 근로한 것으로 보는 것임(서면법인-3242, 2020.10.29.).

(7) 2019년에 고용이 증가(청년은 3명 감소, 청년 외는 38명 증가)함에 따라 고용증대세액공제를 적용(청년 외 공제 35명만 적용)받은 중견기업이 2020년에 2019년보다 상시근로자 수가 감소하였으나 사후관리 1년 유예되어 2019년에 공제받은 세액을 추가 납부하지 않았으며, 2021년에는 2019년보다 상시근로자 수가 감소(청년도 13명 감소, 청년외도 13명 감소 총 26명 감소)하였음.

상기 경우 2021년에 추가납부세액의 계산은 청년을 청년 외로 보아 전체감소인원에 대해 추가납부함(서면법규법인-108, 2023.9.4.).

(8) 합병등기일이 속하는 사업연도에 합병법인 및 피합병법인의 고용증대세액공제관련, 증가한 상시근로자 수 계산방법 및 피합병법인의 세액공제 적용여부(조세특례제도과-30, 2024.1.15.).

① 질의 1. 합병등기일이 속하는 사업연도에 합병법인 및 피합병법인의 고용증대세액공제 관련, 증가한 상시근로자 수 계산방법

(회신) 직전 사업연도 및 당해 사업연도에 상시근로자 수는 피합병법인에 근무한 근로자를 합병법인에 근무한 것으로 간주하여 상시근로자 수를 계산함.

② 질의 2. 합병등기일이 속하는 사업연도(의제사업연도)에 피합병법인의 고용증

대세액공제(1차연도분) 적용 여부

(회신) 적용불가

③ 질의 3. 의제사업연도에 피합병법인의 2차, 3차연도분 고용증대세액공제 적용 여부

(회신) 적용불가

(9) 내국법인이 해당 과세연도(2018년도)의 상시근로자 수가 직전 과세연도(2017년도) 상시근로자 수보다 증가하여 조특법 제29조의7 고용증대세액공제 적용요건을 충족하였으나 경정청구기간 경과(2019.4.1.부터 5년내 경정청구 안함)로 해당 과세연도에 세액공제를 적용받지 못하였더라도 이후 경정청구 기간 내의 과세연도에 고용이 감소하지 않아(2019년, 2020년 계속 고용이 증가함) 추가공제(2019년 2차연도 공제, 2020년 3차연도 공제) 요건을 충족한 경우에는 추가공제가 가능한 것임(서면법규법인-2296, 2025.1.24.).

(7) 정규직 근로자로의 전환에 따른 세액공제(조특법 §29의8 ③)

중소기업 또는 중견기업이 2023.6.30. 당시 고용하고 있는 기간제근로자 및 단시간근로자와 파견근로자보호 등에 관한 법률에 따른 파견근로자, 하도급거래공정화에 관한 법률에 따른 수급사업자에게 고용된 기간제근로자 및 단시간근로자를 2024.12.31.까지 기간의 정함이 없는 근로계약을 체결한 근로자로 전환하거나 파견근로자보호등에 관한 법률에 따라 사용사업주가 직접 고용하거나 하도급거래 공정화에 관한 법률 제2조 제2항 제2호에 따른 원사업자가 기간의 정함이 없는 근로계약을 체결하여 직접 고용하는 경우(정규직 근로자로의 전환) 다음의 금액을 법인세에서 공제한다. 다만, 해당 사업연도에 해당 중소기업 또는 중견기업의 상시근로자(조특령 §27의2 ①)의 수가 직전 사업연도의 상시근로자의 수보다 감소한 경우에는 공제하지 아니한다(조특법 §29의8 ③). 단, 해당 기업의 최대주주 또는 최대 출자자나 그와 국세기본법 시행령 제1조의2 제1항에 따른 친족관계에 있는 사람은 정규직 근로자로의 전환에 해당하는 인원에서 제외한다(조특령 §26의8 ⑨).

> 정규직 근로자 전환인원×1,300만 원(중견기업의 경우에는 900만 원)

(8) 육아휴직 복귀자 세액공제(조특법 §29의8 ④)

통합고용세액공제를 적용하고자 하는 중소기업 또는 중견기업이 다음의 요건을 모두 충족하는 사람("육아휴직 복귀자")을 2025.12.31.까지 복직시키는 경우에는 육아휴직 복귀자 인원에 1,300만 원(중견기업의 경우에는 900만 원)을 곱한 금액을 복직한 날이 속하는 사업연도의 법인세에서 공제한다. 다만, 해당 사업연도에 해당 중소기업 또는 중견기업의 상시근로자 수가 직전 과세연도의 상시근로자 수보다 감소한 경우에는 공제하지 아니한다(조특법 §29의8 ④).

① 해당 기업에서 1년 이상 근무하였을 것(근로소득원천징수부를 통하여 해당 기업이 육아휴직 복귀자의 근로소득세를 원천징수하였던 사실이 확인되는 경우로 한정한다)

② 「남녀고용평등과 일·가정 양립 지원에 관한 법률」 제19조 제1항에 따라 육아휴직한 경우로서 육아휴직 기간이 연속하여 6개월 이상일 것

③ 해당 기업의 최대주주 또는 최대출자자나 그와 국세기본법시행령 제1조의2 제1항에 따른 친족관계가 아닐 것(조특령 §26의8 ⑨)

육아휴직 복귀자의 자녀 1명당 한 차례에 한정하여 적용한다(조특법 §29의8 ⑤).

법인세를 공제받은 자가 육아휴직 복직일부터 2년이 지나기 전에 해당 근로자와의 근로관계를 종료하는 경우에는 근로관계가 종료한 날이 속하는 사업연도의 과세표준신고를 할 때 공제받은 세액에 상당하는 금액(공제금액 중 제144조에 따라 공제받지 못하고 이월된 금액이 있는 경우에는 그 금액을 차감한 후의 금액을 말함)을 법인세로 납부하여야 한다(조특법 §29의8 ⑥).

상기 (7) 및 (8) 적용시 근로기준법 제74조에 따른 출산전후휴가를 사용 중인 상시근로자를 대체하는 상시근로자가 있는 경우 해당 출산전후휴가를 사용 중인 상시근로자는 상시근로자 수와 청년등 상시근로자 수에서 제외한다(조특령 §29의8 ⑦).

(9) 제출서류

통합고용세액공제 신청시 제출서류는 다음과 같다.
① 세액공제신청서(별지 제1호 서식)
② 통합고용세액공제 공제세액계산서(별지 제10호의9 서식)
③ 상시근로자 명세서

(10) 공제세액의 추가납부

법인세를 공제받은 자가 정규직 근로자로의 전환 또는 육아휴직 복직일부터 2년이 지나기 전에 해당 근로자와의 근로관계를 종료하는 경우에는 근로관계가 종료한 날이 속하는 사업연도의 법인세신고를 할 때 공제받은 세액상당액(조특법 제144조에 따라 이월된 금액은 차감 후 금액)을 법인세로 납부하여야한다(조특법 §29의8 ⑥).

이때 근로를 끝내는 경우라 함은 근로관계에 있어 퇴직, 해고, 자동소멸(정년 등) 모든 사유로 근로자와 사용자 간의 근로계약관계가 종료되는 것을 의미하는 것을 말한다(서면법인-3041, 2019.12.27.).

정규직 근로자로의 전환에 따른 세액공제를 적용받은 후 영업양도로 해당 정규직 근로자와의 근로관계가 양수하는 기업에 포괄적으로 승계된 경우에는 제3항의 해당 정규직 근로자와의 근로관계를 종료하는 경우에 해당하지 않는다(사전법규소득-303, 2023.12.19.).

6 조세특례제한법상 투자세액공제 등의 중복적용 배제

내국법인이 투자한 자산에 대하여 수탁기업에 설치하는 시설에 대한 투자세액공제(조특법 §8의3 ③), 통합투자세액공제(조특법 §24) 및 고용창출투자세액공제(조특법 §26)가 동시에 적용되는 경우와 동일한 사업연도에 성과공유 중소기업의 경영성과급세액공제(조특법 §19 ①)와 근로소득 증대기업 세액공제(조특법 §29의4), 고용창출투자세액공제(조특법 §26)와 청년고용증대기업 세액공제(조특법 §29의5), 고용창출투자세액공제(조특법 §26)와 중소기업 사회보험료 세액공제(조특법 §30의4)가 동시에 적용되는 경우에는 각각 그중 하나만을 선택하여 적용받을 수 있다(조특법 §127 ②).

7 조세특례제한법상 기한부 면제 · 감면 등과 세액공제의 중복적용 배제

내국법인이 동일한 사업연도에 조세특례제한법상 다음 '①~⑤'의 법인세감면과 '⑥~⑰'의 세액공제를 동시에 적용받을 수 있는 경우에는 그중 하나만을 선택하여 적용받을 수 있다. 다만, 제6조 창업중소기업에 대한 세액감면에 따라 법인세를 감면받는 경우에는 고용을 증대시킨 기업에 대한 세액공제(조특법 §29의7) 또는 통합고용세액공제(조특법 §29의8)를 동시에 적용하지 아니한다(조특법 §127 ④).

① 감면 등의 기한이 정하여진 기한부 면제 · 감면: 창업중소기업 등에 대한 세액감면(조

특법 §6), 연구개발특구 입주 첨단기술기업 등에 대한 세액감면(조특법 §12의2), 공공기관의 혁신도시 등 이전에 대한 세액감면(조특법 §62 ④), 수도권 밖으로 공장을 이전하는 기업에 대한 세액감면(조특법 §63), 수도권 밖으로 본사를 이전하는 법인에 대한 세액감면(조특법 §63의2 ②), 농공단지입주기업 등 세액감면(조특법 §64), 사회적기업 및 장애인 표준사업장에 대한 세액감면(조특법 §85의6 ① · ②), 위기지역 창업기업에 대한 세액감면(조특법 §99의9 ②), 감염병 피해에 따른 특별재난지역의 중소기업에 대한 세액감면(조특법 §99의11), 해외진출기업의 국내복귀에 대한 세액감면(조특법 §104의24 ①), 제주첨단과학기술단지 입주기업 세액감면(조특법 §121의8), 제주투자진흥지구 · 제주자유무역지역 입주기업에 대한 세액감면(조특법 §121의9), 기업도시개발구역 등의 창업기업 등에 대한 세액감면(조특법 §121의17), 아시아문화중심도시 투자진흥지구 안 입주기업 등 세액감면(조특법 §121의20 ②), 금융중심지 창업기업 등 세액감면(조특법 §121의21 ②), 첨단의료복합단지 입주기업에 대한 세액감면(조특법 §121의22 ②), 중소기업 간 통합(조특법 §31 ④ · ⑤) 및 현물출자 · 사업양수도방법에 의한 법인전환(조특법 §32 ④) 시 감면의 승계

② 중소기업특별세액감면(조특법 §7)

③ 영농조합법인에 대한 면제(조특법 §66 ①)

④ 영어조합법인에 대한 면제(조특법 §67 ①)

⑤ 농업회사법인에 대한 면제 · 감면(조특법 §68 ①)

⑥ 상생협력을 위한 기금 출연 등에 대한 세액공제(조특법 §85)

⑦ 벤처기업 등에의 출자에 대한 과세특례(조특법 §13의2)

⑧ 통합투자세액공제(조특법 §24)

⑨ 영상콘텐츠 제작비용에 대한 세액공제(조특법 §25의6)

⑩ 고용창출투자세액공제(조특법 §26)

⑪ 중소기업 사회보험료 세액공제(조특법 §30의4)(상기 '②' 제7조와 동시에 적용되는 경우 제외)

⑫ 제3자물류비용에 대한 세액공제(조특법 §104의14)

⑬ 해외자원개발 투자 및 출자 세액공제(조특법 §104의15)

⑭ 운동경기부 설치 · 운영 세액공제(조특법 §104의22)

⑮ 석유제품 전자상거래에 대한 세액공제(조특법 §104의25)

⑯ 금사업자 및 스크랩 등 사업자의 수입금액증가 등에 대한 세액공제(조특법 §122의4 ①)

⑰ 금 현물시장 이용금액 세액공제(조특법 §126의7 ⑧)

8 감면규정 간의 중복적용 배제

내국법인의 동일한 사업장에 대하여 동일한 사업연도에 다음의 감면 중 2 이상이 적용될 수 있는 경우에는 그중 하나만을 선택하여 적용받을 수 있다(조특법 §127 ⑤).

① 창업중소기업 등에 대한 세액감면(조특법 §6)

② 중소기업특별세액감면(조특법 §7)

③ 연구개발특구 입주 첨단기술기업 등에 대한 세액감면(조특법 §12의2)

④ 중소기업 간의 통합 시 통합법인에 승계되는 기한부 감면(조특법 §31 ④·⑤)

⑤ 현물출자·사업양수도방법에 의한 법인전환 시 승계되는 기한부 감면(조특법 §32 ④)

⑥ 사업전환중소기업 및 무역조정지원기업 세액감면(조특법 §33의2)

⑦ 공공기관의 혁신도시 등 이전에 대한 세액감면(조특법 §62 ④)

⑧ 수도권 밖으로 공장을 이전하는 기업에 대한 세액감면(조특법 §63)

⑨ 수도권 밖으로 본사를 이전하는 법인에 대한 세액감면(조특법 §63의2 ②)

⑩ 농공단지입주기업 등 세액감면(조특법 §64)

⑪ 사회적기업 및 장애인 표준사업장에 대한 세액감면(조특법 §85의6 ①·②)

⑫ 위기지역 창업기업 대한 세액감면(조특법 §99의9 ②)

⑬ 감염병 피해에 따른 특별재난지역의 중소기업에 대한 세액감면(조특법 §99의11)

⑭ 해외진출기업의 국내복귀에 대한 세액감면(조특법 §104의24 ①)

⑮ 외국인투자기업 세액감면(조특법 §121의2·§121의4)

⑯ 제주첨단과학기술단지 입주기업 세액감면(조특법 §121의8)

⑰ 제주투자진흥지구·제주자유무역지역입주기업에 대한 세액감면(조특법 §121의9 ②)

⑱ 기업도시개발구역 등의 창업기업 등에 대한 세액감면(조특법 §121의17 ②)

⑲ 아시아문화중심도시 투자진흥지구 안 입주기업 등 세액감면(조특법 §121의20 ②)

⑳ 금융중심지 창업기업 등 세액감면(조특법 §121의21 ②)

㉑ 첨단의료복합단지 입주기업에 대한 세액감면(조특법 §121의22 ②)

9 사업장별 구분경리의 경우 중복적용 허용

위 7 을 적용할 때 세액감면을 적용받는 사업과 그 밖의 사업을 구분경리(조특법 §143)하는 경우로서 그 밖의 사업에 세액공제 규정이 적용되는 경우에는 해당 세액감면과 공제는 중복지원에 해당하지 아니하므로(조특법 §127 ⑩) 사업장별로 세액감면과 세액공제를 각각 적용할 수 있다.

10 통합고용세액공제(조특법 §29의8 ①)는 고용증대세액공제(조특법 §29의7) 또는 중소기업 사회보험료 세액공제(조특법 §30의4)를 받지 아니한 경우에만 적용한다(조특법 §127 ⑪).

11 최저한세 적용대상과 적용 배제되는 공제 · 감면이 동시에 해당되는 경우

최저한세의 적용대상이 되는 공제 · 감면을 우선 적용한 후의 세액에서 최저한세 적용대상이 아닌 공제 · 감면을 적용한다(조특법 §132 ③). 중소기업이 통합고용세액공제와 연구 및 인력개발비세액공제가 동시 적용시 통합고용세액공제를 먼저 적용하여 최저한세 적용 세액공제를 계산하여야 한다(농어촌특별세금액의 차이 발생).

12 수도권과밀억제권역 투자에 대한 세액공제 배제

법인이 수도권과밀억제권역에서 투자하는 경우, 다음과 같이 투자세액공제를 적용하지 아니한다.

(1) 1989.12.31. 현재 사업영위 내국법인 및 1990.1.1. 이후 사업개시(이전) 중소기업의 증설투자에 대한 적용 배제

1) 1989.12.31. 이전부터 수도권과밀억제권역에서 계속하여 사업을 경영하고 있는 법인과 1990.1.1. 이후 수도권과밀억제권역에서 새로 사업장을 설치하여 사업을 개시하거나 종전 사업장(1989.12.31. 이전에 설치된 사업장을 포함)을 이전하여 설치하는 중소기업("1990년 이후 중소기업 등"이라 함)이 수도권과밀억제권역에 있는 해당 사업장에서 사용하기 위해 취득하는 사업용 고정자산으로서 다음의 증설투자에 대하여는 통합투자세액공제(조특법 §24)를 적용하지 아니한다(조특법 §130 ①).
다만, 조특령 제124조 제2항에 의한 산업단지 또는 공업지역에서 증설투자를 하는 경우 및 조특령 제124조 제3항에 의한 사업용 고정자산을 취득하는 경우에는 그러하지 아니한다.

2) 증설투자는 다음을 말하므로(조특령 §124 ①) 일반기업 · 중소기업 모두 1989년 이전 설치 사업장의 수도권과밀억제권역에서의 기존 사업용 고정자산을 대체하기 위한 투자는 투자세액공제의 적용이 가능하며, 1990년 이후 설치된 중소기업의 대체투자는 지역제한 없이 투자세액공제가 허용된다.

① 공장^{주1)}인 사업장의 경우: 사업용 고정자산을 새로이 설치함으로써 해당 공장의 연면적^{주2)}이 증가되는 투자

> 주1) 공장: 산업집적활성화및공장설립에관한법률 제2조 제1호에 의한 공장(건축물 또는 공작물, 물품제조공정을 형성하는 기계 · 장치 등 제조시설과 그 부대시설을 갖추고 제조업을 영위하기 위한 사업장을 말함)
>
> 주2) 해당 공장의 연면적: 공장부지면적 또는 공장부지 안에 있는 건축물 각 층의 바닥면적을 말하며, 식당 · 휴게실 · 목욕실 · 세탁장 · 의료실 · 옥외체육시설 및 기숙사 등 종업원의 후생복지 증진에 공여되는 시설의 면적과 대피소 · 무기고 · 탄약고 및 교육시설의 면적은 해당 공장의 연면적에 포함하지 아니함.

② '①'의 공장 외의 사업장인 경우: 사업용 고정자산을 새로이 설치함으로써 사업용 고정자산의 수량 또는 사업장의 연면적이 증가되는 투자

3) 산업단지 · 공업지역(조특령 §124 ②)

① 산업입지및개발에관한법률상의 산업단지

② 국토의계획및이용에관한법률 제36조 제1항 제1호의 규정에 의한 공업지역 및 같은 법 제51조 제3항의 지구단위계획구역 중 산업시설의 입지로 이용되는 구역

4) 사업용 고정자산(조특령 §124 ③)

① 디지털 방송을 위한 프로그램의 제작 · 편집 · 송신 등에 사용하기 위하여 취득하는 방송장비

② 전기통신사업회계정리및보고에관한규정 제8조에 따른 전기통신설비 중 같은 조 제1호부터 제3호까지 및 제5호에 따른 교환설비, 전송설비, 선로설비 및 정보처리설비

③ 조특령 제21조 제3항 제1호에 해당하는 다음의 자산

  • 연구 · 시험, 직업훈련, 에너지 절약, 환경보전 또는 근로자복지 증진 등의 목적으로 사용되는 사업용자산으로서 기획재정부령으로 정하는 자산

④ 그 밖에 기획재정부령으로 정하는 사업용 고정자산

(2) 일반법인의 1990.1.1. 이후 설치 사업장의 증설 및 대체투자에 대한 적용 배제

중소기업이 아닌 일반법인이 1990.1.1. 이후 수도권과밀억제권역에서 새로 사업장을 설치하여 사업을 개시하거나 종전 사업장을 이전하여 설치하는 경우 수도권과밀억제권역에 소재하는 해당 사업장에서 사용하기 위해 취득하는 사업용 고정자산에 대해서는 통합투자세액공제를 적용하지 아니한다. 다만, 상기 '(1)의 4)'에 해당하는 사업용 고정자산을 취득하는 경우에는 그러하지 아니한다(조특법 §130 ②).

저자주

■ 세액공제 배제대상에 대한 보충자료[1999.12.31. 현재 사업영위 내국법인(일반기업 · 중소기업) 및 1990.1.1. 이후 사업개시 중소기업의 수도권과밀억제권역 투자]

1. 대체투자의 경우 통합투자세액공제 적용가능(증설투자는 적용배제)
2. 산업단지 또는 공업지역에서의 증설투자는 통합투자세액공제 적용
3. 수도권과밀억제권역 내 증설투자인 경우에도 통합투자세액공제 적용가능 자산
   ㉠ 디지털방송을 위한 프로그램의 제작 · 편집 · 송신 등에 사용하기 위하여 취득하는 방송장비
   ㉡ 「전기통신사업 회계정리 및 보고에 관한 규정」 제8조에 따른 전기통신설비 중 같은 조 제1호부터 제3호까지 및 제5호에 따른 교환설비, 전송설비, 선로설비 및 정보처리설비
   ㉢ 연구 · 시험, 직업훈련, 에너지 절약, 환경보전 또는 근로자복지 증진 등의 목적으로 사용되는 사업용자산으로서 조특법 시행규칙 제12조에서 규정하는 자산(공구, 사무기기도 가능)
   ㉣ 에너지절약시설, 신에너지 및 재생에너지를 생산하기 위한 시설을 제조하는 시설
   ㉤ 의약품 품질관리 개선시설

13 법인지방소득세의 신고 · 납부

1. 법인지방소득세의 납세의무자

법인세법에 따른 법인세납세의무자는 지방소득세의 납부의무가 있다(지법 §86 ①).

2. 사업연도

법인지방소득세의 사업연도는 법인세의 사업연도와 일치한다(지법 §88 ②).

3. 법인종류별 납세의무

구 분		각 사업연도소득	토지 등 양도소득	청산소득	미환류소득
내국 법인	영리법인	국내외 모든 소득	과세	과세	과세
	비영리법인	국내외 수익사업소득		과세 제외	과세 제외
외국 법인	영리법인	국내 원천소득			
	비영리법인	국내 수익사업소득			
국가, 지방자치단체 등		과세 제외(단, 외국정부 및 외국지방자치단체는 비영리법인으로 보아 과세)			

4. 법인지방소득세(내국법인)의 계산절차

```
    각 사업연도의 소득금액        (법인세법상 각 사업연도의 소득금액임)
  - 이월결손금                   (법인세법상 금액임)
  - 비과세소득                   (       〃       )
  - 소득공제                     (       〃       )
  ─────────────────
  = 법인세법상 과세표준
  - 외국법인세액
  ─────────────────
  = 각 사업연도의 소득에 대한
    법인지방소득세 과세표준
  ─────────────────
  × 세율                         (0.9~2.4%)
  = 각 사업연도의 소득에 대한
    법인지방소득세 산출세액
  + 토지 등 양도소득에 대한       [토지 등 양도소득이 있으면 토지 등 양도소득의
    법인지방소득세 산출세액        1%(미등기자산은 4%)를 산출세액에 합산]
```

+	기업의 미환류소득에 대한 법인지방소득세 산출세액	
−	세액감면 및 세액공제	(지방세특례제한법에 따른 세액감면 및 세액공제[주1])
+	가산세	(지방세법 제103조의30 및 지방세기본법에 따른 가산세)
=	법인지방소득세 총부담세액	
−	기납부세액	(지방세법 제103조의26에 따른 수시부과세액, 지방세법 제103조의29에 따른 특별징수세액[주2])
=	법인지방소득세 자진납부세액	(지방세법 제103조의23에 따라 분납가능)

주1) 현행 지방세특례제한법에는 세액감면 및 세액공제의 규정이 없어 법인세산출세액의 10%를 법인지방소득세로 납부하게 됨.
주2) 법인세법에 따른 원천징수의무자가 법인세를 원천징수(이자소득 등)하는 경우, 원천징수하는 법인세의 10% 해당 금액을 법인지방소득세로 특별징수하는 것을 말함. 단, 이는 2015.1.1. 이후 원천징수대상소득을 지급하는 분부터 시행함.

(1) 법인지방소득세의 과세표준

① 내국법인의 각 사업연도의 소득에 대한 법인지방소득세의 과세표준은 「법인세법」 제13조에 따라 계산한 법인세의 과세표준(「조세특례제한법」 및 다른 법률에 따라 과세표준 산정과 관련된 조세감면 또는 중과세 등의 조세특례가 적용되는 경우에는 이에 따라 계산한 법인세의 과세표준)과 동일한 금액으로 한다(지법 §103의19 ①).

② '①'에도 불구하고 내국법인의 각 사업연도의 소득에 따라 법인세 과세표준에 국외원천소득이 포함되어 있는 경우로서 「법인세법」 제57조에 따라 외국납부세액공제를 하는 경우에는 같은 조 제1항에 따른 외국법인세액(이하 "외국법인세액"이라 한다)을 이 조 제1항에 따른 금액에서 차감한 금액을 법인지방소득세 과세표준으로 한다. 이 경우 해당 사업연도의 과세표준에 「법인세법」 제57조 제2항 단서에 따라 손금에 산입한 외국법인세액이 있는 경우에는 그 금액을 이 조 제1항에 따른 금액에 가산한 이후에 전단의 규정을 적용한다(지법 §103의19 ②).

③ '②'에 따라 차감하는 외국법인세액이 해당 사업연도의 '①'에 따른 금액을 초과하는 경우 그 초과하는 금액은 해당 사업연도의 다음사업연도 개시일부터 15년 이내에 끝나는 각 사업연도로 이월하여 그 이월된 사업연도의 법인지방소득세 과세표준을 계산할 때 차감할 수 있다(지법 §103의19 ③).

④ 법 제103조의19 제2항에 따라 「법인세법」 제57조 제1항에 따른 외국법인세액(이하 "외국법인세액"이라 한다)을 차감한 금액을 법인지방소득세 과세표준으로 하려는 내

국법인은 법 제103조의23에 따라 법인지방소득세의 과세표준과 세액을 납세지 관할 지방자치단체의 장에게 신고할 때 행정안전부령으로 정하는 바에 따라 외국법인세액 과세표준 차감 명세서를 함께 제출해야 한다(지령 §100의10 ①).

⑤ 외국법인세액의 범위

　가. 직접외국법인세액

　　내국법인의 국외 발생소득에 대해 직접 외국정부(지방정부 포함)에 납부한 법인세액

　나. 간접외국법인세액(법법 §18의4에 의해 수입배당금액이 익금불산입되는 경우는 제외)

　　국내모회사가 외국자회사로부터 받는 수입배당금이 있는 경우 해당금액에 부과된 외국법인세액

　다. 간주외국법인세액

　　내국법인이 외국에서 국외원천소득에 대한 법인세를 감면받은 경우 조세조약에 따라 인정되는 감면세액 상당액

⑥ 법인지방소득세 과세표준의 계산방법

법인세 과세표준－외국법인세액＝법인지방소득세 과세표준

　가. 외국법인세액을 법인세 각 사업연도소득금액에서 차감하는 것이 아니라 과세표준금액에서 차감하는 것임.

　나. 법인세 세무조정 시 손금불산입 또는 익금산입된 외국법인세액을 법인세 과세표준금액에서 차감하는 것임.

　다. 법인세 외국납부세액공제액을 계산 시 한도액 규정에 해당되어 한도액 해당액을 외국납부세액공제를 적용한 경우에도 법인지방소득세 과세표준 계산 시에는 당해 사업연도에 발생한 외국법인세액 전액을 공제하는 것에 유의하여야 함.

(2) 세율

① 표준세율(지법 §103의20 ①)

과세표준	세 율
2억 원 이하	과세표준의 1,000분의 9
2억 원 초과 200억 원 이하	2백만 원 + (2억 원을 초과하는 금액의 1,000분의 19)
200억 원 초과 3천억 원 이하	3억 9천 8백만 원 + (200억 원을 초과하는 금액의 1,000분의 21)
3천억 원 초과	65억 5천 8백만 원 + (3천억 원을 초과하는 금액의 1,000분의 24)

이는 법인세 세율의 10%에 해당하는 세율이다.

② 탄력세율

2017.1.1. 이후부터는 지방자치단체장은 조례로 세율을 표준세율의 50% 범위에서 가감할 수 있다(지법 §103의20 ②).

(3) 산출세액

내국법인의 각 사업연도의 소득에 대한 법인지방소득세는 법인지방소득세 과세표준에 법인지방소득세 세율을 적용하여 계산한 금액(토지 등 양도소득에 대한 법인지방소득세 세액이 있으면 이를 합한 금액으로 함)을 그 세액으로 한다(지법 §103의21 ①).

사업연도가 1년 미만인 경우에는 다음과 같이 계산한다(지법 §103의21 ②).

$$\text{사업연도가 1년 미만인 경우 법인지방소득세 산출세액} = \left\{ \left(\text{법인세 과세표준} \times \frac{12}{\text{사업연도 월수}} \right) \times \text{세율} \right\} \times \frac{\text{사업연도 월수}}{12}$$

(4) 세액감면 · 공제

법인지방소득세에 대한 세액감면 및 공제에 대한 내용은 지방세특례제한법에서 규정하는 것을 따라야 하며, 법인지방소득세 산출세액을 초과할 수 없다(지법 §103의22 ① · ②).

현재 지방세특례제한법에는 개인지방소득세에 대한 세액감면 · 공제규정은 있으나 법인지방소득세에 대한 세액감면 · 공제규정은 없음에 유의하여야 한다.

5. 납세지

법인지방소득세의 납세지는 다음과 같다(지법 §89 ①).

(1) 원칙

법인세법 제9조에 따른 납세지(본점 또는 주사무소 관할)

(2) 연결납세의 경우

연결집단의 각 연결법인이 둘 이상의 지방자치단체에 있는 경우에는 각 연결법인의 납세지는 법인세법 제9조 제1항의 납세지

(3) 사업장이 둘 이상의 지방자치단체에 있는 경우

그 사업장의 소재지(안분계산하여 납부)

(4) 사업장을 이전한 경우

해당 법인의 사업연도 종료일 현재 그 사업장 소재지(지령 §87 ①)

사례 8 **법인세와 법인지방소득세의 납세지**

Ⅰ. 자료
  1. 사업연도: 2025.1.1.~2025.12.31.
  2. 2026.2.10.에 본점을 부산 해운대구에서 서울 중구로 이전하였다.

Ⅱ. 해답
  1. 법인세의 납세지: 2026.3.31.까지 이전 후 서울 본점 관할 세무서(중부세무서)에 신고 · 납부
  2. 법인지방소득세의 납세지: 2026.4.30.까지 부산(이전 전 사업장)의 관할 지방자치단체인 해운대구에 신고 · 납부

---

6. 법인지방소득세의 안분

(1) 안분계산방법

둘 이상의 지방자치단체에 연결집단의 각 연결법인이 있는 경우 또는 둘 이상의 지방자치단체에 법인의 사업장이 있는 경우에는 다음의 기준(안분율)에 따라 법인지방소득세를

안분하여 그 소재지를 관할하는 지방자치단체의 장이 각각 부과한다(지법 §89 ②, 지령 §88).

$$\text{사업장별 법인지방소득세} = \text{법인지방소득세 산출세액}^{주1)} \times \left(\frac{\text{관할 지자체 안 종업원수}^{주2)}}{\text{법인의 총 종업원수}} + \frac{\text{관할 지자체 안 건축물 연면적}^{주3)}}{\text{법인의 총 건축물 연면적}} \right) \div 2$$

주1) 지방자치단체장이 지방세법 제103조의20 제2항에 따라 법인지방소득세의 세율을 표준세율에서 가감한 경우 납세의무자는 다음의 계산식에 따라 산출한 금액을 법인지방소득세에서 가감하여 납부하여야 한다.

$$\text{지방세법 제103조의19에 따른 과세표준} \times \text{지방세법 제103조의20 제1항의 세율} \times \text{안분율} \times \left(\frac{\text{해당 지방자치단체의 법인지방소득세 세율}}{\text{법인지방소득세 표준세율}} -1 \right)$$

주2) 종업원 수는 해당 법인의 사업연도 종료일 현재의 종업원 수를 말한다(지령 §88 ③).
주3) 건축물 연면적은 해당 법인의 사업연도 종료일 현재 사업장으로 직접 사용하는 건축법 제2조 제1항 제2호에 따른 건축물(이하 유사한 형태의 건축물 포함한다)의 연면적으로 하되, 구조적 특성상 연면적을 정하기 곤란한 기계장치 또는 시설(수조·저유조·저장창고·저장조·송유관·송수관 및 송전철탑만 해당한다)의 경우에는 그 수평투영면적으로 한다(지령 §88 ④).

2015년부터 특별징수세액이 있는 경우 및 세액공제·감면이 신설되는 경우에는 이를 상기의 안분금액에서 차감하여 납부하여야 한다.

(2) 특별시 · 광역시 안에서 둘 이상의 구에 사업장이 있는 경우의 납부방법

특별시·광역시 안에서 둘 이상의 구에 사업장이 있는 경우에는 본점 또는 주사무소(본점 또는 주사무소가 없는 경우에는 해당 법인의 사업연도 종료일 현재의 종업원 수가 가장 많은 사업장) 소재지를 관할하는 구청장에게 일괄 납부하여야 한다(지령 §88 ①, 지칙 §39).

7. 법인지방소득세의 확정신고와 납부

(1) 과세표준 및 세액의 신고

법인세법 제60조에 따른 신고의무가 있는 내국법인은 각 사업연도의 종료일이 속하는 달의 말일부터 4개월 이내에 그 사업연도의 소득에 대한 법인지방소득세의 과세표준과 세액을 납세지 관할 지방자치단체의 장에게 신고하여야 한다(지법 §103의23 ①).

둘 이상의 지방자치단체에 법인의 사업장이 있는 경우에는 본점 소재지를 관할하는 지방자치단체장에게 다음 '2)'의 첨부서류를 제출할 수 있다. 이 경우 법인의 각 사업장 소재지 관할 지방자치단체장에게도 제출할 것으로 본다(지법 §103의23 ⑤).

(2) 제출서류

과세표준 및 세액의 신고를 할 때에는 행정안전부령이 정하는 법인지방소득세 과세표준 및 세액신고서 [지칙 별지 제43호 서식]과 법인지방소득세 안분신고서 [지칙 별지 제43호의 7 서식(갑)]에 다음 서류를 첨부하여야 한다(지법 §103의23 ②, 지령 §100의12, 지칙 §48의4).

---

1. 행정안전부령이 정하는 법인지방소득세 과세표준 및 세액조정계산서 [지칙 별지 제43호 의2 서식]
2. 기업회계기준을 준용하여 작성한 개별 내국법인의 재무상태표 · 포괄손익계산서 및 이익 잉여금처분계산서(또는 결손금처리계산서)
3. 지방자치단체별 안분내역 등이 포함된 법인지방소득세 안분명세서
4. 법인세법 시행령 제97조 제5항에 따른 다음의 서류
   (1) 행정안전부령으로 정하는바에 따라 작성한 다음의 세무조정계산서 부속서류 중 해당 법인과 관련된 서류
      ① 소급공제 지방소득세 환급신청서 [지칙 별지 제43호의9 서식]
      ② 공제감면세액 및 추가납부세액 합계표 [지칙 별지 제43호의3 서식]
      ③ 법인세 지방소득세 가산세액명세서 [지칙 별지 제43호의4 서식]
      ④ 법인지방소득세 특별지수세액명세서(갑)(을) [지칙 별지 제43호의5 서식]
      ⑤ 이자소득만 있는 비영리법인의 법인지방소득세 과세표준 [지칙 별지 제43호의6 서식]
   (2) 기업회계기준에 따라 작성한 현금흐름표(주식회사의 외부감사에 관한 법률 제2조 에 따라 외부감사의 대상이 되는 법인만 해당한다)
   (3) 기업회계기준에 따라 원화 외의 통화를 기능통화로 채택한 경우 원화를 표시통화로 하여 기업회계기준에 따라 기능통화재무제표를 환산한 재무제표(이하 "표시통화재 무제표"라 한다)
   (4) 기업회계기준에 따라 원화 외의 통화를 기능통화로 채택한 법인이 원화 외의 기능 통화를 채택하지 아니하고 계속하여 기업회계기준을 준용하여 원화로 재무제표를 작성할 경우에 작성하여야 할 재무제표(이하 "원화재무제표"라 한다)
   (5) 합병 또는 분할한 경우 다음의 서류[합병법인 · 분할신설법인 또는 분할합병의 상대 방법인(이하 "합병법인 등"이라 한다)만 해당한다]
      ① 합병등기일 또는 분할등기일, 현재의 피합병법인 등의 재무상태표와 합병법인 등이 그 합병 또는 분할로 승계한 자산 및 부채의 명세서

> ② 합병법인 등의 본점 등의 소재지, 대표자의 성명, 피합병법인 등의 명칭, 합병등 기일 또는 분할등기일, 그 밖에 필요한 사항이 기재된 서류

상기 신고서에는 법인세법 제112조의 규정에 의한 기장에 따라 같은 법 제14조부터 제54조까지의 규정에 의하여 계산한 각 사업연도의 소득에 대한 법인지방소득세의 과세표준과 세액(지방세법 제103조의 31에 따른 토지 등 양도소득 및 기업의 미환류소득에 대한 법인지방소득세를 포함)과 그 밖에 필요한 사항을 적어야 한다(지령 §100의12 ①).

(3) 납부세액

내국법인은 상기 '(4)'에서 계산한 각 사업연도에 대한 법인지방소득세를 과세표준 및 세액의 신고기한까지 납세지 관할 지방자치단체에 납부하여야 한다(지법 §103의23 ③).

(4) 분납

납부할 세액이 100만 원을 초과하는 내국법인은 다음에 따라 그 납부할 세액의 일부를 납부기한이 지난 후 1개월(「조세특례제한법」 제6조 제1항에 따른 중소기업의 경우에는 2개월) 이내에 분할납부할 수 있다(지법 §103의23 ④, 지령 §100의13 ④).

① 납부할 세액이 100만 원 초과 200만 원 이하인 경우: 100만 원을 초과하는 금액
② 납부할 세액이 200만 원을 초과하는 경우: 해당 세액의 50% 이하의 금액

(5) 법인지방소득세의 안분신고 및 납부

① 안분신고서의 제출

법인지방소득세를 신고하려는 내국법인은 법인지방소득세 안분신고서(일반법인) [지칙 별지 제43호의7 서식]에 법인지방소득세의 총액과 상기 '(6) 1)'에 따른 본점 또는 주사무소와 사업장별 법인지방소득세의 안분계산내역 등을 적은 명세서를 첨부하여 해당 지방자치단체의 장에게 서면으로 제출하여야 한다. 다만, 지방세기본법 제142조에 따른 지방세정보통신망에 전자신고를 한 경우에는 이를 제출한 것으로 본다(지령 §100의13 ①, 지칙 §48의5 ①).

② 납부

내국법인은 상기 '3)'에 따라 법인지방소득세를 납부할 때에는 법인지방소득세납부서 및 영수증 [지칙 별지 제43호의8 서식]에 따라 해당 지방자치단체에 납부하여야 한다(지령 §100의13 ②, 지칙 §48의5 ②).

8. 법인지방소득세 수정신고 등

(1) 법인세법에 따른 신고내용을 수정신고하는 경우

법인지방소득세 과세표준 및 세액의 신고를 한 내국법인이 국세기본법에 따라 법인세법에 따른 신고내용을 수정신고하는 경우에는 납세지를 관할하는 지방자치단체의 장에게도 수정신고와 함께 법인세의 수정신고 내용을 입증하는 서류를 제출하여야 한다(지법 §103의24 ①, 지령 §100의14).

이때, 추가납부세액이 발생하는 경우에는 다음 '(10)'에 의한 가산세를 납부하여야 한다.

(2) 법인지방소득세의 납세지 또는 사업장별 안분세액에 오류가 있는 경우

법인지방소득세 과세표준 및 세액의 신고를 한 내국법인이 신고·납부한 법인지방소득세의 납세지 또는 지방자치단체별 안분세액에 오류가 있음을 발견한 경우에는 지방세법 제103조의25에 따라 지방자치단체의 장이 보통징수의 방법으로 부과고지를 하기 전까지 관할 지방자치단체의 장에게 수정신고(지기법 §50) 및 경정 등의 청구(지기법 §51)를 할 수 있다(지법 §103의24 ②).

이 경우에는 과소신고·납부불성실가산세가 부과되지 않는다(지법 §103의24 ③).

(3) 환급세액이 발생하는 경우

상기에 따른 수정신고 및 경정 등의 청구를 함에 있어서 환급세액이 발생하는 경우 다음 연도의 법인지방소득세에서 환급세액을 공제하고 신고·납부할 수 있다. 이 경우 환급받는 세액에 대하여는 지방세환급가산금(지기법 §77)을 지급하지 않는다(지법 §103의24 ④).

9. 특별징수의무

법인세법 제73조에 따른 원천징수의무자가 내국법인으로부터 법인세를 원천징수하는 경우에는 원천징수하는 법인세(조세특례제한법 및 다른 법률에 따라 조세감면 또는 중과세 등의 조세특례가 적용되는 경우에는 이를 적용한 법인세)의 100분의 10에 해당하는 금액을 법인지방소득세로 특별징수하여야 한다(지법 §103의29 ①).

특별징수의무자는 특별징수한 지방소득세를 그 징수일이 속하는 달의 다음 달 10일까지 관할 지방자치단체에 납부하여야 하고, 특별징수의무자가 징수하였거나 징수하여야 할 세액을 납부기한까지 납부하지 아니하거나 과소납부한 경우에는 특별징수불성실신고가산세, 과소신고가산세를 부과한다(지법 §103의29 ②·③·④). 이 경우 법인지방소득세의 특별징수에 관하여 이 법에 특별한 규정이 있는 경우를 제외하고는 법인세법에 따른 원천징수에 관한 규정을 준용한다(지법 §103의29 ⑤). 특별징수의무자가 징수한 특별징수세액을 납부하는 경우에는 납부서 [지칙 별지 제42호 서식]에 계산서와 명세서 [지칙 별지 제42호의2 서식]를 첨부하여야 한다(지령 §100의19, 지칙 §48의9 · §47).

특별징수의무자는 법인지방소득세를 특별징수한 경우에는 납세의무자에게 법인지방소득세 특별징수영수증 [지칙 별지 제42호의4 서식]을 발급(원천징수영수증에 특별징수내역이 포함된 경우에는 예외)하여야 한다. 그리고 다음 해 2월 말일까지 법인지방소득세 특별징수명세서 [지칙 별지 제42호의4 서식]을 특별징수의무자 관할 지방자치단체장에게 인편 · 우편 또는 지방세정보통신망을 통해 제출하여야 한다. 단, 휴업, 폐업 및 해산한 경우 해당일이 속하는 달 말일의 다음 날부터 2개월이 되는 날까지 제출하여야 한다.

10. 가산세

(1) 무신고가산세(지기법 §53)

① 일반적인 경우: 무신고납부세액×20%
② 사기나 부정한 행위로 무신고의 경우: 무신고납부세액×40%

(2) 과소신고 · 초과환급신고가산세(지기법 §54)

① 일시적인 경우: 과소신고분 · 초과환급신고분 세액×10%
② 사기나 부정한 행위로 과소신고 · 초과환급신고의 경우: 부정과소신고분 · 초과환급신고분 세액×40%

(3) 납부지연가산세(지기법 §55)

① 납부하지 아니한 세액, 과소납부분 세액 및 초과환급세액×납부기한(환급받은 날)의 다음 날부터 자진납부일 또는 납세고지일까지의 기간×100,000분의 22*(한도: 미납부세액, 과소납부분 세액 및 초과환급세액의 75%)

* 2022.6.7. 이후부터 $\frac{22}{100,000}$ 적용, 이전 기간은 $\frac{25}{100,000}$ 적용(이하 '4)'도 동일)

② 납세고지서에 따른 납부기한까지 납부하지 아니한 세액 또는 과소납부분 세액(지방세관계법에 따라 가산하여 납부하여야 할 이자상당액이 있는 경우 그 금액을 더하고, 가산세는 제외한다)×100분의 3
③ 다음 계산식에 따라 납세고지서에 따른 납부기한이 지난 날부터 1개월이 지날 때마다 계산한 금액(부과기간은 60개월을 초과할 수 없음)

$$\text{납부하지 아니한 세액 또는 과소납부분 세액(지방세관계법에 따라 가산하여 납부하여야 할 이자상당액이 있는 경우 그 금액을 더하고, 가산세는 제외한다)} \times \frac{22}{100,000}$$

④ '①'에 불구하고 법인세법 제66조에 따라 법인세 과세표준 및 세액의 결정 · 경정으로 상속세 및 증여세법 제45조의3부터 제45조의5까지의 규정에 따른 증여의제이익이 변경되는 경우(부정행위로 인하여 법인세의 과세표준 및 세액을 결정 · 경정하는 경우는 제외한다)에 해당하여 소득세법 제88조 제2호에 따른 주식등의 취득가액이 감소됨에 따라 양도소득에 대한 지방소득세를 과소납부하거나 초과환급받은 경우에는 '①'의 가산세를 적용하지 아니한다.

(4) 특별징수납부지연가산세(지기법 §56)

특별징수의무자가 징수하여야 할 세액을 법정납부기한까지 납부하지 아니하거나 과소납부한 경우에는 납부하지 아니한 세액 또는 과소납부분 세액의 100분의 50('①' 및 '②'에 따른 금액을 합한 금액은 100분의 10)을 한도로 하여 다음의 계산식에 따라 산출한 금액을 합한 금액을 가산세로 부과한다. 이 경우 '③'의 가산세를 부과하는 기간은 60개월(1개월 미만은 없는 것으로 본다)을 초과할 수 없다.

① 납부하지 아니한 세액 또는 과소납부분 세액×100분의 3

② 납부하지 아니한 세액 또는 과소납부분 세액×법정납부기한의 다음 날부터 자진납부일 또는 납세고지일까지의 일수×100,000분의 22

③ 다음 계산식에 따라 납세고지서에 따른 납부기한이 지난 날부터 1개월이 지날 때마다 계산한 금액

$$\text{납부하지 아니한 세액 또는 과소납부분 세액(가산세는 제외한다)} \times \frac{22}{100,000}$$

납세고지서별 · 세목별 세액이 30만 원 미만인 경우에는 '③'의 가산세를 적용하지 아니한다.

(5) 지방세법상 가산세

지방세법에 따른 가산세는 법인세법 제76조에 따른 가산세의 내용과 실질적으로 동일하다. 즉, 법인세법상 가산세의 10%를 지방세법상 가산세로 부과된다(지법 §103의30).

지방세법 시행규칙 [별지 제43호 서식] (2019.5.31. 개정)

법인지방소득세 과세표준 및 세액신고서

※ 뒤쪽의 작성방법을 참고하시기 바라며, 색상이 어두운 란은 신청인이 적지 않습니다. (앞쪽)

접수번호					접수일자				관리번호			
① 사업자등록번호								② 법인등록번호				
③ 법인명								④ 전화번호				
⑤ 대표자성명								⑥ 전자우편				
⑦ 소재지												
⑧ 업태					⑨ 종목				⑩ 주업종코드			
⑪ 사업연도		. . . ~ . . .				⑫수시부과기간			. . . ~ . . .			
⑬ 법인 구분		1. 내국 2.외국 3.외투(비율 %)				⑭조정구분		1. 외부 2. 자기				

⑮ 종류별 구분		중소기업	일반			당기순이익 과세	⑯외부감사대상		1. 여 2. 부		
			중견기업	상호출자 제한기업	그외 기업						
영리 법인	상 장 법 인	11	71	81	91		⑰ 신고 구분		1. 정기신고		
	코스닥상장법인	21	72	82	92				2. 수정신고(가. 서면분석, 나. 기타)		
	기 타 법 인	30	73	83	93				3. 기한후 신고		
비 영 리 법 인		60	74	84	94	50			4. 중도폐업신고		
									5. 경정청구		

⑱ 법 인 유 형 별 구 분			코드		⑲ 결산확정일	
⑳ 신고일					㉑ 납부일	
㉒ 신고기한 연장승인	1. 신청일				2. 연장기한	

구 분	여	부	구 분	여	부
㉓ 주식변동	1	2	㉔ 장부전산화	1	2
㉕ 사업연도의제	1	2	㉖ 결손금소급공제 환급신청	1	2
㉗ 동업기업의 출자자(동업자)	1	2	㉘ 미환류소득에 대한 법인지방소득세 신고	1	2

☐ 법인별 세액의 계산

구 분	법인지방소득세			계
	각 사업연도 소득에 대한 법인지방소득세	토지 등 양도소득에 대한 법인지방소득세	미환류소득에 대한 법인지방소득세	
㉙수 입 금 액	( )			
㉚과 세 표 준				
㉛표 준 산 출 세 액				
㉜총 부 담 세 액				
㉝기 납 부 세 액				
㉞차 감 납 부 할 세 액				

☐ 안분율의 계산

㉟본점/지점여부	1.단일사업장 2. 지점 있는 법인의 본점 3. 지점				㊱특·광역시 주사업장 여부	1. 여 2. 부
㊲해당사업장	명칭		소재지			연락처

㊳안분율의 계산

구분	종업원 수 (명)	건축물 연면적(㎡)				안분율(%) (소수점6자리)
		계	건물	기계장치	시설물	
법인전체						
시군구내						
비율(%)						

☐ 납세지별 세액의 계산

㊴납세지별 산출세액			㊵납세지별 세액공제·감면액	
㊶납세지별 가산세액			㊷납세지별 추가납부세액	

합계	무(과소) 신고	납부(환급) 불성실	지방세법 제103조의30에 따른 가산세	동업기업 가산세 배분액	기타	㊸납세지별 기납부세액	특별징수납부세액	
							수시부과세액 및 예정신고납부세액	
						㊹경정·수정신고 등 가감액		

㊺탄력세율적용 조정세액		㊻당해 납세지에 납부할 세액	

환급금 계좌 (환급세액을 계좌로 받는 경우)	㊼금융기관명		㊽예금주	
	㊾계좌번호			

신고인은 「지방세법」 제103조의23, 제103조의24 및 「지방세기본법」 제49조부터 제51조까지에 따라 위의 내용을 신고하며, 위 내용을 충분히 검토하였고 신고인이 사실 그대로를 정확하게 적었음을 확인합니다.

년 월 일

신고인(법 인) (인)

신고인(대표자) (서명 또는 인)

특별자치시장·특별자치도지사·시장·군수·구청장 귀하

신고안내

법인지방소득세는 사업연도 종료일이 속하는 달의 말일부터 4개월 이내에 납세지 관할 지방자치단체에 신고납부해야 합니다.

210mm×297mm(백상지 80g/㎡)

제**22**장

주당이익

1 의 의

주당이익(Earnings Per Share: EPS)이란 주식 1주당 이익(또는 손실)이 얼마인가를 나타내는 수치로서 주식 1주에 귀속되는 이익(또는 손실)을 말한다.

우선주발행이 없는 보통주만을 발행한 기업의 경우 주당이익은 다음과 같이 계산한다.

$$주당이익 = \frac{보통주\ 귀속\ 당기순이익}{가중평균유통보통주식수}$$

주당이익정보의 유용성은 다음과 같다.

① 특정기업의 경영성과를 기간별로 비교하는데 유용하다. 두 회계기간의 주당이익을 비교하여 두 기간의 경영성과의 비교를 할 수 있다.

② 특정기업의 주당이익을 주당배당금 지급액과 비교하여 당기순이익 중 사외에 유출되는 부분에 대한 정보를 얻을 수 있다.

③ 1주당 주가가 1주당 주당이익의 몇 배에 해당하는지를 나타내주는 주가수익률(Price Earnings Ration: PER)을 구하는데 사용된다.

$$주당수익률 = \frac{주가}{주당이익}$$

기준서 제1033호 「주당이익」에서는 이익분배의 서로 다른 권리를 가지는 보통주 종류별로 기본주당이익과 희석주당이익을 계속영업이익과 당기순이익에 대하여 계산하고 포괄손익계산서에 표시하도록 하고 있다.

$$\vdots$$

법인세비용차감전순이익
(－) 법인세비용
　　당기순이익
　　주당계속영업이익
　　　기본주당이익
　　　희석주당이익
　　주당이익
　　　기본주당이익
　　　희석주당이익

2 기본주당이익

　기본주당이익은 보통주 1주당 이익을 말하는 것으로, 기본주당순이익과 기본주당계속영업이익으로 구분된다.

$$기본주당순이익 = \frac{당기순이익 - 우선주배당금}{가중평균유통보통주식수}$$

$$기본주당계속영업이익 = \frac{계속영업이익 - 해당\ 법인세비용 - 우선주배당금}{가중평균유통보통주식수}$$

(1) 우선주배당금의 계산

① 누적적 우선주

　누적적 우선주는 배당금을 지급하지 못한 경우 그 부족액을 후년도 이익에서 충당할 수 있는 우선주를 말하며, 이때 우선주배당금액은 당기분에 해당하는 배당금만을 당기순이익에서 차감한다. 즉, 손실이 발생한 사업연도에도 당해 기간에 관련된 배당금을 차감하여 계산하여야 한다.

② 참가적 우선주

　참가적 우선주에 귀속되는 손익은 보통주에 귀속되는 손익과 구분되므로, 참가적 우선주에 배분된 순이익을 차감한 후 보통주에 대한 주당이익을 산출한다.

(2) 가중평균유통보통주식수

주당순이익과 주당계속영업이익을 계산 시 분모에는 기초시점의 유통주식수와 기말시점의 유통주식수를 합계하여 2로 나눈 단순평균주식수를 사용하는 것이 아니라, 주식의 유통기간을 가중치로 한 가중평균유통보통주식수를 사용하여야 한다.

가중평균유통보통주식수를 계산하기 위한 기산일은 다음과 같다.

① 유상증자: 주금납입일을 기준으로 가중평균

유상증자로 보통주가 발행된 경우에는 주금납입일을 기준으로 계산한다.

즉, 기초에 보통주식수가 100,000주이고 3.10.에 유상증자 50%가 실시되었다면 가중평균유통보통주식수는 다음과 같다.

$$\frac{(100,000 \times 68 + 150,000 \times 297)}{365} = 140,685주$$

이때 유상증자 시 유상증자 전의 주당 공정가치에 미달하게 유상증자가 이루어진 경우에는 단순 유상증자가 아니고, 유상증자와 무상증자가 동시에 발생한 것으로 하여 유통보통주식수를 계산하여야 한다. 이 경우에는 유상증자가 먼저 실시되고 무상증자가 나중에 실시된 것으로 간주하여 계산하는데 뒤 '②'에서 설명하듯이 무상증자는 기초에 실시된 것으로 간주하여 계산하며, 기중에 유상증자에 따른 신주에 무상증자가 실시되면 유상신주 납입일에 실시된 것으로 간주하여 유통보통주식수를 계산하여야 한다. 해당연도에 공정가치에 미달하게 유상증자가 이루어지면 공정가치비율에 따라 유상신주해당주식수를 공정가치유상신주주식수와 무상증자주식수로 구분하면 된다.

상기 사례에서 유상증자 행사 전의 주당 공정가치는 20,000원이고, 주당 발행가액은 10,000원인 경우 유통보통주식수는 다음과 같다.

　　가. 유상신주해당주식수 50,000주

공정가치 유상신주주식수 50,000주×10,000/20,000＝25,000주

무상증자주식수 50,000－25,000＝25,000주

나. 무상증자비율 25,000/(100,000+25,000)=20%

다. 가중평균유통보통주식수

(100,000×1.2×68+125,000×1.2×297)/365=144,410주

② **무상증자 및 주식배당**: 기초에 실시된 것으로 간주(유상증자분은 주금납입일에 실시 간주)

무상증자 및 주식배당이 실시된 경우에는 기초에 실시된 것으로 간주하여 기초주식수를 증가시켜 유통주식수를 계산하며, 기중 유상증자가 이루어진 경우에는 그 주금납입일에 실시된 것으로 간주하여 주식수를 증가시켜 계산한다.

기초에 보통주식수 100,000주, 3.10.에 유상증자 50% 실시(공정가치금액대로 실시), 6.10.에 무상증자 10%가 실시된 경우 유통보통주식수 계산은 다음과 같다.

$$(100,000×1.1×68+150,000×1.1×297)/365=154,753주$$

③ **주식분할**: 기초에 실시된 것으로 간주

주식분할이 실시된 경우에는 주식분할이 기초에 실시된 것으로 간주하여 계산한다.

④ **자기주식의 취득**: 취득일부터 차감처리

자기주식을 취득한 경우에는 취득일부터 매각일까지의 기간 동안 가중평균유통보통주식수에 포함하지 않는다.

⑤ **전환우선주의 보통주전환**: 실제 전환된 날을 기준으로 가중평균

전환우선주는 전환권을 행사하는 경우 보통주로 전환되는 금융상품이며, 상법에서는 기중에 전환되었다 하더라도 이자 및 배당에 관한 전환간주일 규정을 두어 기초 또는 기말에 전환된 것으로 간주한다. 그러나 주당이익 계산 시는 이와 상관없이 실제로 전환된 날부터 보통주식수에 포함하여 계산한다.

사례 주당이익 계산

Ⅰ. 자료

1. 수진(주)의 2025회계연도(2025.1.1.~2025.12.31.) 당기순이익과 자본금변동상황은 다음과 같다.

   ① 당기순이익: 10,000,000원

   ② 계속영업이익(법인세비용 차감 후): 80,000,000원

   ③ 자본금 주당 5,000원

	보통주자본금		우선주자본금	
	주식수	금액	주식수	금액
2025.1.1. 기초주식수	100,000	500,000,000	20,000	100,000,000
2025.7.1. 유상증자	20,000	100,000,000	4,000	20,000,000
9.1. 무상증자 10%	12,000	60,000,000	2,400	12,000,000
10.1. 자기주식취득	(7,000)	(35,000,000)	–	–
2025.12.31. 기말주식수	132,000	660,000,000	26,400	132,000,000
자기주식	(7,000)	(35,000,000)	–	–

2. 유상증자는 공정가치금액으로 발행되었다.

3. 우선주에 대한 현금배당은 10%이다.

4. 기본주당순이익과 기본주당계속영업이익을 계산하라.

Ⅱ. 우선주배당금 계산

$$100,000,000 \times 1.1 \times 10\% = \qquad 11,000,000$$
$$20,000,000 \times 1.1 \times 10\% \times 184/365 = \qquad 1,109,041$$
$$\underline{\qquad\qquad 12,109,041}$$

Ⅲ. 가중평균유통보통주식수 계산

$$1.1.~6.30. \quad 100,000 \times 1.1 \times 181 = \quad 19,910,000$$
$$7.1.~8.31. \quad 120,000 \times 1.1 \times 62 = \quad 8,184,000$$
$$9.1.~9.30. \quad 132,000 \times 30 = \quad 3,960,000$$
$$10.1.~12.31. \quad 125,000 \times 92 = \quad \underline{11,500,000}$$
$$43,554,000$$

$$43,554,000 \div 365 = 119,326주$$

Ⅳ. 주당이익 계산

1. 기본주당순이익

> $(100,000,000 - 12,109,041)/119,326 = 736원$
> 2. 기본주당계속영업이익
> $(80,000,000 - 12,109,041)/119,326 = 569원$

3 희석주당이익

희석주당이익은 보유자에게 보통주를 받을 수 있는 권리가 부여된 금융상품이나 계약 등에 따른 잠재적 보통주가 보통주로 바뀌었다는 가정하에 계산한 주당이익을 말한다.

$$희석주당순이익 = \frac{당기순이익 - 우선주배당금 \pm 희석당기순이익조정액}{가중평균유통보통주식수 + 희석유통조정주식수}$$

$$희석주당계속영업이익 = \frac{계속영업이익 - 해당\ 법인세비용 - 우선주배당금 \pm 희석계속영업이익조정액}{가중평균유통보통주식수 \pm 희석유통조정주식수}$$

(1) 잠재적 보통주

잠재적 보통주는 보통주를 받을 수 있는 권리가 부여된 금융상품이나 계약 등을 말하며, 희석효과가 있는 경우에만 희석주당이익 계산 시 고려한다.
① 전환사채, 전환우선주
② 옵션과 주식매입권 등

(2) 희석당기순이익(계속영업이익)조정액

이는 잠재적 보통주가 보통주로 바뀌었다면 (당기순이익 또는 계속영업이익 - 우선주배당금)에 영향을 주는 금액을 반영한다는 것이다.
① 전환우선주에 대한 우선주배당금
   이는 당기순이익 등에 가산하여 희석주당이익을 계산한다.
② 전환사채에 대한 이자비용(세후금액)
   이는 당기순이익 등에 가산하여 희석주당이익을 계산한다.

③ 그 밖의 잠재적 보통주 관련 수익 · 비용을 세후금액으로 당기순이익 등에 가감하여 희석주당이익을 계산한다.

(3) 희석유통조정주식수

① 전환사채 등의 희석성 잠재적 보통주는 기초에 전환 또는 행사된 것으로 보아 주식수를 계산한다. 이때 당기발행분은 발행일에 전환된 것으로 간주한다.

② 옵션과 주식매입권 등은 당기 중 보통주의 평균시장가격에 행사가격 이상인 경우에 한하여 다음의 계산과 같이 유통주식수에 가산한다.

$$\text{권리행사 시 증가주식수} - \text{증가주식수} \times \frac{\text{행사가격}}{\text{평균시장가격}}$$

│ 신속처리 질의 · 답변 │

주당순이익

1. 주당이익 산출 시 부채로 분류된 상환우선주 배당금 고려

(1) 질의

기본주당이익을 계산할 때 지배기업의 보통주에 귀속되는 금액을 지배기업에 귀속되는 당기순손익에서 "자본으로 분류된 우선주"에 대한 세후 우선주 배당금을 조정하는데, 부채로 분류되는 상환우선주에 대한 세후 우선주 배당금을 조정하는지?

(2) 회신

주당이익을 계산할 때에는 보통주에 귀속되는 당기순이익을 유통보통주식수로 나누어 계산하므로, 이때 보통주에게 귀속되는 부분이 아닌 우선주 배당금 등은 당기순이익에서 차감함(제1033호 문단 12).

보통주에 귀속되는 당기순이익에 이미 상환우선주 관련 이자비용이 반영되어 있다면, 부채로 분류되는 상환우선주에 대한 우선주 배당금을 당기순이익에서 조정하지 않음.

부채로 분류되는 상환우선주에 대한 우선주 배당금은 일반적으로 이자비용으로 회계처리되어 당기순이익에 이미 반영되어 있으므로, 자본으로 분류된 우선주에 대한 세후 우선주 배당금 조정과 같이 당기순이익에서 차감할 필요 없음.

2. 제3자 배정 신주발행

(1) 질의

K-IFRS 제1033호 '주당이익' 문단 A2는 주주우선배정 신주발행 시 조정비율을 곱하여 보통주식수를 계산하도록 하고 있음. 해당 문단에는 기존 주주 우선배정 신주발행만 언

급되어 있는데, '제3자 배정' 유상증자의 경우에도 문단 A2를 적용하는지?

(2) 회신

기존 주주에 대한 주주우선배정 신주발행은 일반적으로 신주발행 행사가격이 주식의 공정가치보다 적은 것이 보통이므로 무상증자 요소를 수반하기 때문에 보통주식수에 무상증자 효과가 반영된 조정비율을 고려함(제1033호 문단 A2).

제3자 배정 유상증자이더라도 공정가치 미만의 행사가격으로 신주발행을 하여 무상증자 요소를 수반하는 경우에는 문단 A2를 적용함.

3. 전환사채 전환 시 가중평균 유통주식수 산정의 기산일

(1) 질의

회사는 ×1년 5월 1일 전환사채*를 발행하고, 발행조건에 따라 ×1년 5월 1일에 1년치 이자를 선급함. 전환사채 보유자가 ×1년 8월 31일에 전환 청구하여 주식으로 전환됨. K-IFRS 제1033호 문단 21(3)에서 채무상품의 전환으로 보통주를 발행하는 경우, 최종 이자발생일의 다음 날을 기산일로 예시하고 있음. 가중평균유통주식수 산정의 기산일을 5월 2일로 해야 하는가?

* 전환사채 조건
  ① 만기: 3년
  ② 이자지급: 매 1년마다 선급, 전환사채 전환 시 기 지급한 이자는 반환하지 않음.
  ③ 배당에 관련 효력: 직전회계연도 말에 전환된 것으로 가정

(2) 회신

보통주유통일수 계산의 기산일을 통상 주식발행의 대가를 받을 권리가 발생하는 시점으로 일반적으로 주식발행일이라 규정하므로(제1033호 문단 21), 사채 전환의 경우, 전환 시점에 회사가 이미 주식대가를 받았다고 볼 수 있고 일반적으로 그 시점에 주식이 발행될 것이므로 전환으로 주주의 권리가 발생하는 전환일(×1년 8월 31일)을 보통주유통일수 계산의 기산일로 보는 것이 적절함(제1033호 문단 38).

4. 희석주당이익 계산 시 잠재적보통주식수 계산

(1) 질의

회사는 교환사채와 주식매입선택권을 발행함. 전기인 ×1년 말 교환사채는 희석효과가 있고, 주식매입선택권은 희석효과가 없다고 판단하여 희석주당이익 계산 시 교환사채만 계산하였음. 당기인 ×2년 말 교환사채는 희석효과가 없고, 주식매입선택권은 희석효과가 있다고 판단하였음. 전기와 상관없이 당기에는 주식매입선택권만 고려해서 희석주당이익을 계산해야 하는가?

(2) 회신

희석성 잠재적보통주식수는 표시되는 각 회계기간마다 독립적으로 결정해야 함(제1033호 문단 37).

따라서 당기에는 ×2년 말 기준으로 희석효과가 있는 잠재적보통주만을 포함하여 희석주당이익을 계산함.

5. 별도재무제표에 기초한 주당이익 정보의 연결재무제표 공시 여부

(1) 질의

K-IFRS 제1033호 문단 4에 따라, 연결재무제표와 별도재무제표 각각 주당이익을 산정하는 경우, 연결재무제표 주석에 별도재무제표에 기초한 주당이익을 공시해야 하는가?

(2) 회신

연결재무제표 및 별도재무제표를 모두 작성하는 기업의 경우, K-IFRS 제1033호 문단 4에 따라 해당 기준서의 주석공시 요구사항은 연결정보에만 적용함.

별도재무제표에 기초한 주당이익을 공시하기로 한 기업은, 별도재무제표에만 표시함. 이를 연결재무제표에 표시하는 것은 금지됨.

제**4**부

기타 재무제표

제23장

자본변동표

재무제표의 일부인 자본변동표의 내용은 다음과 같다.

1 개념과 목적

(1) 개념

자본의 크기와 그 변동에 관한 정보를 제공하는 재무보고서를 말한다.

(2) 목적

자본을 구성하고 있는 자본금, 자본잉여금, 자본조정, 기타포괄손익누계액, 이익잉여금(또는 결손금)의 변동에 대한 포괄적인 정보를 제공한다.

2 자본변동표의 기본구조

(1) 기본구조

자본금, 자본잉여금, 자본조정, 기타포괄손익누계액, 이익잉여금(또는 결손금)의 각 항목별로 기초잔액, 변동사항, 기말잔액을 표시한다.

(2) 자본금의 변동

① 변동사유

유상증자(감자), 무상증자(감자)와 주식배당 등에 의하여 발생한다.

② 구분표시

보통주자본금과 우선주자본금으로 구분하여 표시한다.

(3) 자본잉여금의 변동

① 변동사유

유상증자(감자), 무상증자(감자), 결손금처리 등에 의하여 발생한다.

② 구분표시

주식발행초과금과 기타자본잉여금으로 구분하여 표시한다.

(4) 자본조정의 변동

다음과 같은 항목으로 구분하여 표시한다.
① 자기주식
② 주식할인발행차금
③ 주식선택권
④ 출자전환채무
⑤ 청약기일이 경과된 신주청약증거금 중 신주납입금으로 충당될 금액
⑥ 감자차손
⑦ 자기주식처분손실
⑧ 기타: '① 내지 ⑦' 외의 원인으로 당기에 발생한 자본조정의 변동으로 하되, 그 금액
　 이 중요한 경우에는 적절히 구분하여 표시한다.

(5) 기타포괄손익누계액의 변동

다음과 같은 항목으로 구분하여 표시한다.
① 기타포괄손익－공정가치측정금융자산평가손익
② 해외사업환산손익
③ 현금흐름위험회피 파생상품평가손익
④ 재평가잉여금
⑤ 기타: '① 내지 ④' 외의 원인으로 당기에 발생한 기타포괄손익누계액의 변동으로 하
　 되, 그 금액이 중요한 경우에는 적절히 구분하여 표시한다.

(6) 이익잉여금의 변동

다음과 같은 항목으로 구분하여 표시한다.

① 회계정책의 변경으로 인한 누적효과

② 중요한 전기오류수정손익

③ 연차배당(당기 중에 주주총회에서 승인된 배당금액으로 하되 현금배당과 주식배당으로 구분하여 기재)과 기타 전기말 미처분이익잉여금의 처분

④ 중간배당(당기 중에 이사회에서 승인된 배당금액)

⑤ 당기순손익

⑥ 기타: '① 내지 ⑤' 외의 원인으로 당기에 발생한 이익잉여금의 변동으로 하되, 그 금액이 중요한 경우에는 적절히 구분하여 표시한다.

(7) 전기이월이익잉여금의 변동

전기 보고된 전기이월이익잉여금(또는 결손금)의 금액이 당기에 발생한 회계정책의 변경이나 중요한 전기오류수정으로 인하여 변동된 경우에는 전기에 이미 보고된 금액을 별도로 표시하고 회계정책변경이나 오류수정이 매 회계연도에 미치는 영향을 가감한 수정후기초이익잉여금을 표시한다.

(8) 변동원인표시순서

다음 순서대로 변동원인별로 모아서 표시하는 것이 이해가능성이 높다.

① 이익잉여금 변동사건(가장 빈번히 변동)

　－전기이월이익잉여금 · 연차배당 · 기타이익잉여금처분액 · 처분후이익잉여금 · 회계변경누적효과 · 전기오류수정손익 · 수정후이월이익잉여금 · 중간배당 · 당기순손익

② 자본금 및 자본잉여금의 변동사건

③ 자본조정항목의 변동사건

④ 기타포괄이익누계액의 변동사건

　－또는 구성요소별 순서대로 모아서 표시: ②-③-④-⑤-①

| 자본변동표의 기본구조 |

구성요소별 변동원인별	자본금	자본잉여금	자본조정	기타포괄손익 누계액	이익잉여금
① 이익잉여금 변동사건					
② 자본금 변동사건					
③ 자본잉여금 변동사건					
④ 자본조정 변동사건					
⑤ 기타포괄손익 변동사건					

3 자본변동표 양식

자본변동표 양식 중 일부를 나타내면 다음과 같다.

구 분	자본금	자본 잉여금	자본조정	기타포괄손익 누계액	이익 잉여금	총계
20××.×.×.(보고금액)	×××	×××	×××	×××	×××	×××
회계정책변경누적효과					(×××)	(×××)
전기오류수정					(×××)	(×××)
수정후 이익잉여금					×××	×××
연차배당					(×××)	(×××)
기타이익잉여금처분액			×××		(×××)	(×××)
처분후 이익잉여금					×××	×××
중간배당					(×××)	(×××)
유상증자(감자)	×××	×××				×××
당기순이익(손실)					×××	×××
자기주식 취득			(×××)			(×××)
기타포괄손익-공정가치 측정금융자산평가손익				(×××)		(×××)
20××.×.×.	×××	×××	×××	×××	×××	×××

자본변동표의 항목별 기입요령은 다음과 같다.

① 20××.×.×.(보고금액)

직전연도 재무상태표상 자본항목의 잔액을 기입한다.

② 회계정책변경누적효과 및 전기오류수정

당기에 회계정책변경에 따라 누적효과 및 중요한 오류수정에 따른 전기오류수정금액이 있어 전년도의 재무제표를 수정하는 경우 전기말 이익잉여금에 가감하는 금액을 기입한다.

③ 연차배당

연차배당은 전기이익에 대한 당기 배당결의 및 지급내역을 기입한다. 현금배당의 경우 이익잉여금과 자본총계를 차감한다. 주식배당의 경우에는 이익잉여금의 감소와 자본금의 증가를 동시에 기입하여 자본총계에 미치는 영향이 상계되므로 자본총계의 변동은 없다.

④ 기타이익잉여금처분액

기타이익잉여금처분액은 이익처분에 의한 상각을 기입한다. 주식할인발행차금, 감자차손, 자기주식처분차손 등의 상각을 예로 들 수 있다. 이익잉여금의 감소와 자본조정의 증가를 동시에 기입하므로 자본총계의 변동은 없다. 다만, 이익처분내용 중 임의적립금 등의 이입과 법정적립금·임의적립금 적립은 이익잉여금 내에서의 변동이므로 나타낼 필요가 없다.

⑤ 유상증자

당기 중 유상증자를 실시한 경우 자본금은 교부주식의 액면가액만큼 가산하고 주식발행초과금은 자본잉여금에 가산하며 자본총계는 교부주식의 발행가액만큼 가산한다. 무상증자의 경우에는 자본금에 가산하고 자본잉여금 또는 이익잉여금에서 차감하므로 자본총계의 변동은 없다.

⑥ 자기주식 취득

당기 중 자기주식을 취득한 경우 자기주식 취득원가를 자본조정에서 차감하고 자본총계를 차감한다. 이후 자기주식을 소각하면 미처분이익잉여금과 상계처리하고 재발행하면 자본조정과 자본총계에 가산한다. 앞에서 언급한 바와 같이 자본총계에 미치는 영향과 각 구성요소에 미치는 영향을 구분하여 기재한다.

⑦ 기타포괄손익 – 공정가치측정금융자산평가차익

기타포괄손익 – 공정가치측정금융자산평가차익이 발생한 경우 증가금액을 기타포괄손익누계액과 자본총계에 동시에 가산한다. 기타포괄손익 – 공정가치측정금융자산평가차손이 발생한 경우에는 반대로 차감하여야 하며, 기타포괄손익 – 공정가치측정금융자산평가차익이 감소한 경우에도 기타포괄손익누계액과 자본총계를 차감한다.

4 자본변동이 자본변동표에 미치는 영향

유상증자 등 자본변동이 자본변동표에 어떻게 표시되는가를 정리하면 다음과 같다.

구 분	자본금	자본잉여금	자본조정	기타포괄손익누계액	이익잉여금(또는 결손금)	총 계
유상증자(액면발행)	(+)		(–)			(+)
유상증자(할증발행)	(+)	(+)				(+)
유상증자(할인발행)	(+)		(–)			(+)
유상감자(감자차익 발생)	(–)	(+)				(–)
유상감자(감자차손 발생)	(–)		(–)			(–)
무상증자(이익잉여금 전입)	(+)				(–)	
무상증자(자본잉여금 전입)	(+)	(–)				
무상감자	(–)	(+)				
자기주식 취득			(–)			(–)
자기주식 처분(이익 발생)		(+)	(+)			(+)
자기주식 처분(손실 발생)			(+)			(+)
현금배당(중간배당 포함)					(–)	(–)
주식배당	(+)				(–)	
주식할인발행차금 상각			(+)		(–)	
자기주식 소각			(+)		(–)	
감자차손 이익처분 상각			(+)		(–)	
이익준비금 적립[주)]						
임의적립금 적립[주)]						
임의적립금 이입						
기타포괄손익 – 공정가치측정금융자산평가손익 발생				(±)		(±)

구 분	자본금	자본잉여금	자본조정	기타포괄손익누계액	이익잉여금(또는 결손금)	총 계
해외사업환산손익 발생				(±)		(±)
현금흐름위험회피 파생상품평가손익 발생				(±)		(±)
회계정책변경 누적효과					(±)	(±)
중요한 전기오류수정손익					(±)	(±)

주) 이익준비금 등의 적립은 이익잉여금 내의 변동으로서 이익잉여금 및 자본총계에 미치는 영향이 없다. 따라서 나타낼 필요가 없다.

5 이익잉여금처분계산서 및 자본변동표 작성 사례

다음 자료에 의하여 이익잉여금처분계산서와 자본변동표를 작성하라.

① 2023년 12월 31일 현재의 자본내역은 다음과 같다.

   (1) 자본금   ₩1,000,000

   (2) 자본잉여금

   (3) 자본조정

   (4) 기타포괄손익누계액   50,000

      ① 기타포괄손익 – 공정가치측정금융자산   30,000

        평가이익

      ② 해외사업환산이익   20,000

   (5) 이익잉여금   250,000

      ① 법정적립금   100,000

      ② 임의적립금   20,000

      ③ 미처분이익잉여금   130,000

   (6) 자본총계   ₩1,300,000

② 잉여금 처분내용은 다음과 같다.

	2023년 (처분일 2024.3.24.)	2024년 (처분일 2025.3.25.)
미처분이익잉여금	₩130,000	₩415,000
이익준비금 적립	2,500	7,000
연차배당	15,000	50,000
임의적립금 적립	60,000	20,000

③ 2025년 기중거래는 다음과 같다.

(1) 1월 중에 주식 1,000주(액면: @500, 발행가액: @750)를 발행하였다.

(2) 4월 중에 자기주식 20주(취득가액: @600)를 취득하였다.

(3) 7월 중에 중간배당 20,000원을 지급하였다.

(4) 기말 결산 시 기타포괄손익－공정가치측정금융자산평가손실 15,000원이 발생하였다.

(5) 기말 결산 시 해외사업환산손실 30,000원이 발생하였다.

④ 연도별 당기순이익은 다음과 같다.

(1) 2024.1.1.~12.31.: 100,000원

(2) 2025.1.1.~12.31.: 400,000원

⑤ 기타 자료

(1) 2023.12.31. 현재 차기이월 미처분이익잉여금은 40,000원이다.

(2) 2023회계연도분에 대해 2024년 중에 중간배당액으로 10,000원을 지급하였다. 동 배당액은 배당가능요건을 충족한다.

이익잉여금처분계산서

제×기	2025년 1월 1일부터	제×기	2024년 1월 1일부터
	2025년 12월 31일까지		2024년 12월 31일까지
처분예정일	2026년 3월 25일	처분확정일	2025년 3월 24일

회사명: 수진(주)   (단위: 원)

구 분	당기(2025년)		전기(2024년)	
Ⅰ. 미처분이익잉여금		432,000		130,000
전기이월미처분이익잉여금	52,500		40,000	
회계정책변경누적효과	–		–	
전기오류수정	–		–	
중간배당액	(20,000)주2)		(10,000)주1)	
당기순이익	400,000		100,000	
Ⅱ. 임의적립금등의이입액		–		–
Ⅲ. 합계(Ⅰ+Ⅱ)		432,500		130,000
Ⅳ. 이익잉여금처분액		77,000		77,500
이익준비금	7,000		2,500	
배당금	50,000		15,000	
현금배당				
주당배당금(률) 보통주: 당기 ××원(%)				
전기 ××원(%)				
임의적립금	20,000		60,000	
Ⅴ. 차기이월미처분이익잉여금(Ⅲ-Ⅳ)		355,500		52,500

주1) 2023사업연도분에 대해 2024년 중에 지급한 중간배당액
주2) 2025년 7월에 지급한 중간배당액

자본변동표

당기 2025년 1월 1일부터 2025년 12월 31일까지
전기 2024년 1월 1일부터 2024년 12월 31일까지

회사명: 수진(주)　　　　　　　　　　　　　　　　　　　　　　　　　　　　(단위: 원)

구 분	자본금	자본잉여금	자본조정	기타포괄 손익누계액	이익잉여금	총 계
2024.1.1. : 		생		략		
2024.12.31.	₩1,000,000	0	0	₩50,000	₩250,000	₩1,300,000
2025.1.1.	₩1,000,000			₩50,000	₩250,000	₩1,300,000
회계정책변경누적효과						–
전기오류수정						–
수정후 이익잉여금					250,000	1,300,000
연차배당[주1]					(15,000)	(15,000)
처분후 이익잉여금					235,000	1,285,000
중간배당[주2]					(20,000)	(20,000)
유상증자	500,000	250,000				750,000
당기순이익					400,000	400,000
자기주식 취득			(12,000)			(12,000)
기타포괄손익−공정가치측정 금융자산평가손익				(15,000)		(15,000)
해외사업환산손익				(30,000)		(30,000)
2025.12.31.	₩1,500,000	₩250,000	(₩12,000)	₩5,000	₩615,000	₩2,358,000

주1) 2025년 3월 24일에 2024사업연도분 이익잉여금처분에 따라 지급한 현금배당금
주2) 2025년 7월에 지급한 중간배당액

제24장

현금흐름표

1 의 의

전통적으로 투자자나 채권자 등 회계정보이용자에게 중요한 재무제표는 재무상태표와 손익계산서였다. 손익계산서상 당기순이익이 클수록 이익창출능력이 크고 따라서 미래현금흐름이 양호할 것으로 판단되었다. 그러나 최근에는 당기순이익이 큰 회사라 할지라도 일시적인 자금경색으로 배당을 하지 못하거나 차입금의 상환이 어려워져 도산하는 경우가 발생하여 기업의 현금흐름에 대한 관심이 증대되었다.

한국채택국제회계기준에서도 재무상태표, 포괄손익계산서, 자본변동표와 함께 현금흐름표를 기본 재무제표로 규정하고 있다. 이러한 현금흐름표는 기업의 현금흐름을 나타내는 표로서 특정 회계기간 동안 발생한 현금의 유입과 유출내용을 적정하게 표시한 것으로 재무상태표, 포괄손익계산서를 보완하는 역할을 한다.

2 양 식

기준서에 의한 현금흐름표 양식(간접법)은 다음과 같다.

현금흐름표

Ⅰ. 영업활동으로 인한 현금흐름	×××
1. 법인세비용차감전순이익[주1]	×××
2. 조정항목	
현금의 유출이 없는 비용 등의 가산	×××
현금의 유입이 없는 수익 등의 차감	(×××)
영업활동관련 자산의 감소 및 부채의 증가	×××
영업활동관련 자산의 증가 및 부채의 감소	(×××)
3. 영업활동 조정후 현금흐름	×××
4. 이자수익 현금유입액[주2]	×××
5. 배당금수익 현금유입액[주2]	×××
6. 이자비용 현금유출액[주2]	(×××)
7. 법인세비용 현금유출액	(×××)
Ⅱ. 투자활동으로 인한 현금흐름	×××
Ⅲ. 재무활동으로 인한 현금흐름	×××
Ⅳ. 현금의 증가(감소)	×××
Ⅴ. 기초의 현금	×××
Ⅵ. 외화표시현금 환율변동효과	×××
Ⅶ. 기말의 현금[주3]	×××

주1) 기준서 제1007호 부록에서는 간접법에 의한 현금흐름표를 작성하는 경우 법인세비용차감전순이익에서 시작하도록 예시하고 있다.

주2) 이자수익, 배당금수익, 이자비용을 투자활동 또는 재무활동으로 분류하는 경우에는 해당 활동에서 가감한다.

주3) 현금흐름표상 현금은 재무상태표상 현금및현금성자산에서 유동부채에 계상되는 당좌차월금액을 차감한 금액을 말한다.

이때 현금흐름표에서 현금이란 재무상태표상의 현금및현금성자산을 의미한다.

양식에서 알 수 있듯이 기준서에서는 현금흐름의 증감내역을 기업의 경영활동별(영업활동, 투자활동, 재무활동)로 나누어 표시하여 현금의 변동내용을 명확하게 보고하도록 하고 있다. 영업활동은 일반적으로 제품의 생산과 상품 및 용역의 구매·판매활동으로 투자활동과 재무활동에 속하지 아니하는 거래를 모두 포함하는 활동을 말하며, 투자활동은 현금의 대여와 회수, 유가증권·투자자산·유형자산 및 무형자산의 취득과 처분활동 등을, 재무활동은 현금의 차입 및 상환, 신주발행이나 배당금의 지급 등과 같이 부채 및 자본계정에 영향을 미치는 거래를 말한다.

영업활동으로 인한 현금흐름을 표시하는 방법에는 직접법과 간접법이 있다. 직접법은 개별 항목별로 현금유입액 또는 현금유출액을 계산하여 영업활동으로 인한 현금흐름을 구하는 방법이며, 간접법은 개별 항목별로 계산하는 것이 아니라 당기순이익에 현금흐름과 무관한 손익계정을 가감하고 이에 영업활동과 관련된 자산·부채계정의 증감을 가감하여 영업활동으로 인한 현금흐름을 구하는 방법이다.

3 **현금흐름의 구분**

기준서 제1007호는 회계기간 동안 발생한 현금흐름을 영업활동, 투자활동 및 재무활동으로 분류하도록 요구하고 있다.

(1) 영업활동 현금흐름

영업활동 현금흐름은 주로 기업의 주요 수익창출활동에서 발생한다. 따라서 영업활동 현금흐름은 일반적으로 당기순손익의 결정에 영향을 미치는 거래나 그 밖의 사건의 결과로 발생한다. 영업활동 현금흐름의 예는 다음과 같다.

① 재화의 판매와 용역 제공에 따른 현금유입
② 로열티, 수수료, 중개료 및 기타수익에 따른 현금유입
③ 재화와 용역의 구입에 따른 현금유출
④ 종업원과 관련하여 직·간접으로 발생하는 현금유출
⑤ 보험회사의 경우 수입보험료, 보험금, 연금 및 기타 급부금과 관련된 현금유입과 현금유출
⑥ 법인세의 납부 또는 환급. 다만, 재무활동과 투자활동에 명백히 관련되는 것은 제외한다.
⑦ 단기매매목적으로 보유하는 계약에서 발생하는 현금유입과 현금유출

기업은 단기매매목적으로 유가증권이나 대출채권을 보유할 수 있으며, 이때 유가증권이나 대출채권은 판매를 목적으로 취득한 재고자산과 유사하다. 따라서 단기매매목적으로 보유하는 유가증권의 취득과 판매에 따른 현금흐름은 영업활동으로 분류한다.

(2) 투자활동 현금흐름

투자활동 현금흐름은 미래수익과 미래현금흐름을 창출할 자원의 확보를 위하여 지출된 정도를 나타내기 때문에 현금흐름을 별도로 구분 공시하는 것이 중요하다. 재무상태표에 자산으로 인식되는 지출만이 투자활동으로 분류하기에 적합하다. 투자활동 현금흐름의 예는 다음과 같다.

① 유형자산, 무형자산 및 기타 장기성 자산의 취득에 따른 현금유출. 이 경우 현금유출에는 자본화된 개발원가와 자가건설 유형자산에 관련된 지출이 포함된다.

② 유형자산, 무형자산 및 기타 장기성 자산의 처분에 따른 현금유입

③ 다른 기업의 지분상품이나 채무상품 및 조인트벤처 투자지분의 취득에 따른 현금유출(현금성자산으로 간주되는 상품이나 단기매매목적으로 보유하는 상품의 취득에 따른 유출액은 제외)

④ 다른 기업의 지분상품이나 채무상품 및 조인트벤처 투자지분의 처분에 따른 현금유입(현금성자산으로 간주되는 상품이나 단기매매목적으로 보유하는 상품의 처분에 따른 유입액은 제외)

⑤ 제3자에 대한 선급금 및 대여금(금융회사의 현금 선지급과 대출채권은 제외)

⑥ 제3자에 대한 선급금 및 대여금의 회수에 따른 현금유입(금융회사의 현금 선지급과 대출채권은 제외)

⑦ 선물계약, 선도계약, 옵션계약 및 스왑계약에 따른 현금유출. 단기매매목적으로 계약을 보유하거나 현금유출이 재무활동으로 분류되는 경우는 제외한다.

⑧ 선물계약, 선도계약, 옵션계약 및 스왑계약에 따른 현금유입. 단기매매목적으로 계약을 보유하거나 현금유입이 재무활동으로 분류되는 경우는 제외한다.

(3) 재무활동 현금흐름

재무활동 현금흐름은 미래현금흐름에 대한 자본제공자의 청구권을 예측하는데 유용하기 때문에 현금흐름을 별도로 구분공시하는 것이 중요하다. 재무활동 현금흐름의 예는 다음과 같다.

① 주식이나 기타 지분상품의 발행에 따른 현금유입

② 주식의 취득이나 상환에 따른 소유주에 대한 현금유출

③ 담보·무담보부사채 및 어음의 발행과 기타 장·단기차입에 따른 현금유입

④ 차입금의 상환에 따른 현금유출

⑤ 리스이용자의 금융리스부채 상환에 따른 현금유출

4 현금흐름 구분 시 유의할 사항

(1) 이자와 배당금의 경우

1) 이자와 배당금에 대한 활동별 구분

이자와 배당금의 수취 및 지급에 대하여 기준서 제1007호는 다음과 같이 규정하고 있다.

구 분	기준서 제1007호
이자수익 · 이자비용	영업활동 또는 재무활동
배당금 수익	영업활동 또는 투자활동
배당금 지급	재무활동 또는 영업활동

2) 현금흐름표 작성 예시

① 이자비용 전액이 현금지출액인 경우

배당금수익=30,000, 이자비용=13,000, 당기순이익=100,000인 경우로서 배당금수익은 투자활동으로, 이자비용은 재무활동으로 분류할 때 기준서 제1007호에 따른 현금흐름표 작성은 다음과 같다.

Ⅰ. 영업활동		₩83,000
1. 당기순이익	₩100,000	
2. 배당금수익 차감	(−)30,000	
3. 이자비용 가산	(+)13,000	
Ⅱ. 투자활동		30,000[주]
배당금수익	(+)30,000	
Ⅲ. 재무활동		(−)13,000[주]
이자비용	(−)13,000	
Ⅳ. 현금의 증감		₩100,000

주) 배당금수익과 이자비용을 모두 영업활동으로 분류하는 경우에는 현행 기준에 따른 현금흐름과 같다.

② 이자비용 중 일부가 사채할인발행차금상각액인 경우

기본내용은 상기 '①'과 동일하다. 다만, 이자비용 13,000에는 사채할인발행차금상각 3,000이 포함되어 있다고 가정한다.

Ⅰ. 영업활동		₩83,000
1. 당기순이익	₩100,000	
2. 배당금수익 차감	(−)30,000	
3. 이자비용 가산	(+)13,000	
Ⅱ. 투자활동		30,000
배당금수익	(+)30,000	
Ⅲ. 재무활동		(−)10,000
이자비용	(−)10,000[주]	
Ⅳ. 현금의 증감		₩103,000

주) 포괄손익계산서상 이자비용 13,000에서 사채할인발행차금상각액 3,000을 차감한 금액이다.

(2) 외화현금흐름의 경우

환율변동으로 인한 미실현손익은 현금흐름이 아니다. 그러나 외화로 표시된 현금및현금성자산의 환율변동효과는 기초와 기말의 현금및현금성자산을 조정하기 위해 현금흐름표에 보고한다. 이 금액은 영업활동, 투자활동 및 재무활동 현금흐름과 구분하여 별도로 표시하며, 그러한 현금흐름을 기말 환율로 보고하였다면 발생하게 될 차이를 포함한다.

1) 현금흐름표 표시 사례(Ⅰ)

① 자료

외화 $1에 대한 환율은 기초에 ₩1,000/$이고 기말은 ₩1,200/$이며, 다른 사항은 없는 것으로 가정한다. 따라서 기초와 기말의 재무상태표는 다음과 같다.

기초 재무상태표				기말 재무상태표			
현금	1,000	부채	0	현금	1,200	부채	0
		자본	1,000			자본	1,000
						잉여금	200

② 현금흐름표 작성

상기 '①'의 자료를 통해 기준서 제1007호에 따른 현금흐름표 작성을 살펴본다.

Ⅰ. 영업활동		0
1. 당기순이익	200	
2. 비용가산	–	
3. 수익차감	(200)	
4. 자산·부채변동		
Ⅱ. 현금의 증감		0
Ⅲ. 외화현금 환율변동효과		200
Ⅳ. 기초현금		1,000
Ⅴ. 기말현금		1,200

2) 현금흐름표 표시 사례(Ⅱ)

① 자료

A회사는 기초에 보유 중인 외화매출채권 $1를 기중에 수령하고, 동 $1를 기말 현재 보유하고 있다. 기초와 기말의 환율은 각각 ₩1,000/$과 ₩1,300/$이며, 외화수령 시 환율은 ₩1,200/$이다. 관련 재무상태표는 다음과 같다.

기초 재무상태표				기말 재무상태표			
채권	1,000	부채	0	현금	1,300	부채	0
		자본	1,000			자본	1,000
						잉여금	300

② 회계처리

가. 기중 외화수령 시

(차) 현금	1,200	(대) 채권	1,000
		외환차익	200

나. 기말

(차) 현금	100	(대) 환산이익	100

③ 현금흐름표 작성

상기 '①'의 자료를 토대로 기준서 제1007호에 따른 현금흐름표 작성을 살펴본다.

Ⅰ. 영업활동		₩1,200
1. 당기순이익	300	
2. 비용가산	–	
3. 수익차감	(100)	
4. 자산·부채변동	1,000	
Ⅱ. 현금의 증감		1,200
Ⅲ. 외화현금 환율변동효과		100
Ⅳ. 기초현금		–
Ⅴ. 기말현금		₩1,300

사례 **현금흐름표 작성 종합 사례**

Ⅰ. 자료

1. 수진(주)의 2025.1.1.~2025.12.31. 회계기간의 포괄손익계산서는 다음과 같다.

매출액	₩500,000,000
매출원가	(300,000,000)
매출총이익	200,000,000
기타수익	20,000,000[주1]
관계기업투자수익	30,000,000
물류원가	(15,000,000)
관리비	(120,000,000)[주2]
금융원가	(30,000,000)[주3]
기타비용	(25,000,000)
법인세비용차감전순이익	60,000,000
법인세비용	(20,000,000)
당기순이익	40,000,000
기타포괄이익	5,000,000[주4]
총포괄이익	₩45,000,000

주1) 기타수익의 구성은 다음과 같다.

- 배당금수익   2,000,000
- 외화환산이익   2,600,000(현금 1,000,000, 매출채권 1,600,000)
- 외환차익   500,000(외화현금 기계장치 취득 시 발생분)
- 이자수익   10,000,000
- 유형자산처분이익   4,900,000

주2) 관리비에는 다음의 현금흐름없는 비용이 포함되어 있다.
- 감가상각비   40,000,000
- 손상차손   3,500,000
- 퇴직급여   30,000,000(퇴직급여지급액 10,000,000 포함)

주3) 사채할인발행차금상각액 3,000,000을 포함한다.
주4) 기타포괄손익 – 공정가치측정금융자산평가이익 5,000,000이다.

2. 수진(주)의 2025.12.31. 현재 재무상태표는 다음과 같다.

	2025.12.31.	2024.12.31.
〈자 산〉		
Ⅰ. 유동자산	₩467,000,000	₩276,700,000
현금및현금성자산	130,000,000	10,000,000
매출채권	130,000,000	120,000,000
(손실충당금)	(4,000,000)	(2,500,000)
재고자산	80,000,000	60,000,000
미수수익	9,000,000	8,000,000
선급비용	2,000,000	1,200,000
단기금융상품	120,000,000	80,000,000
Ⅱ. 비유동자산	₩827,000,000	₩642,000,000
기타포괄손익 – 공정가치측정금융자산	35,000,000	–
관계기업투자주식	180,000,000	160,000,000
토지	300,000,000	200,000,000
건물	120,000,000	120,000,000
(감가상각누계액)	(23,000,000)	(20,000,000)
기계장치	330,000,000	300,000,000
(감가상각누계액)	(167,000,000)	(160,000,000)
보증금	20,000,000	16,000,000
이연법인세자산	32,000,000	26,000,000
자산총계	₩1,294,000,000	₩918,700,000
〈부 채〉		
Ⅰ. 유동부채	₩384,000,000	₩261,000,000
매입채무	55,000,000	40,000,000
단기차입금	300,000,000	200,000,000
당기법인세부채	24,000,000	18,000,000
미지급비용	5,000,000	3,000,000
Ⅱ. 비유동부채	₩293,000,000	₩220,000,000
장기차입금	100,000,000	50,000,000
사채	100,000,000	100,000,000

(사채할인발행차금)	(7,000,000)	(10,000,000)
확정급여부채	100,000,000	80,000,000
부채총계	₩677,000,000	₩481,000,000

〈자 본〉

Ⅰ. 자본금	₩300,000,000	₩200,000,000
Ⅱ. 기타적립금	160,000,000	100,000,000
Ⅲ. 이익잉여금	157,000,000	137,700,000
자본총계	₩617,000,000	₩437,700,000
부채 및 자본총계	₩1,294,000,000	₩918,700,000

3. 주요계정 증감분석

① 현금및현금성자산

기초	10,000,000		
외환차익	500,000[주1]		
외화환산이익	1,000,000[주2]		
증가	118,500,000[주3]	기말	130,000,000
	130,000,000		130,000,000

주1) 외화현금으로 기계장치 취득 시 발생한 외환차익이다.
    (차) 기계장치 80,000,000   (대) 현금및현금성자산   79,500,000
                                     외환차익   500,000
주2) 2025.12.31. 외화현금의 외화환산이익 발생액이다.
주3) 상기 '주1)' 및 '주2)'에서 발생한 외환차익(외화환산이익을 포함) 1,500,000은 영업·투자·재무활동에서 발생한 현금의 증가에 해당하지 않으므로 현금흐름표에 외화현금의 환율변동효과로 별도 표시하여야 한다.

② 매출채권 및 손실충당금

매출채권				손실충당금			
기초	120,000,000	손실충당금	2,000,000	매출채권	2,000,000	기초	2,500,000
외화환산이익	1,600,000			기말	4,000,000	증가	3,500,000
증가	10,400,0000	기말	130,000,000				
	132,000,000		132,000,000		6,000,000		6,000,000

③ 기타포괄손익 – 공정가치측정금융자산

기초	–		
취득	30,000,000		
평가이익	5,000,000	기말	35,000,000
	35,000,000		35,000,000

④ 관계기업투자주식

기초	160,000,000	배당금	10,000,000
이익	30,000,000	기말	180,000,000
	190,000,000		190,000,000

⑤ 토지

기초	200,000,000		
취득	100,000,000	기말	300,000,000
	300,000,000		300,000,000

⑥ 건물 감가상각누계액

		기초	20,000,000
기말	23,000,000	상각	3,000,000
	23,000,000		23,000,000

⑦ 기계장치

기초	300,000,000	처분	50,000,000
취득	80,000,000	기말	330,000,000
	380,000,000		380,000,000

⑧ 기계장치 감가상각누계액

처분	30,000,000	기초	160,000,000
기말	167,000,000	상각	37,000,000
	197,000,000		197,000,000

⑨ 단기차입금

		기초	200,000,000
기말	300,000,000	차입	100,000,000
	300,000,000		300,000,000

⑩ 장기차입금

		기초	50,000,000
기말	100,000,000	차입	50,000,000
	100,000,000		100,000,000

⑪ 사채할인발행차금

기초	10,000,000	상각	3,000,000
		기말	7,000,000
	10,000,000		10,000,000

⑫ 확정급여부채

지급	10,000,000	기초	80,000,000
기말	100,000,000	전입	30,000,000
	110,000,000		110,000,000

⑬ 자본금

		기초	200,000,000
기말	300,000,000	증자	100,000,000
	300,000,000		300,000,000

⑭ 주식발행초과금

		기초	100,000,000
기말	155,000,000	증자	55,000,000
	155,000,000		155,000,000

⑮ 기타포괄손익 – 공정가치측정금융자산평가이익

		기초	–
기말	5,000,000	발생	5,000,000
	5,000,000		5,000,000

⑯ 이익잉여금

배당	20,700,000	기초	137,700,000
기말	157,000,000	당기순이익	40,000,000
	177,700,000		177,700,000

Ⅱ. 직접법에 의한 영업활동으로 인한 현금흐름

1. T계정이용 현금흐름계산

현금흐름표상 영업활동으로 인한 현금흐름을 직접법으로 작성하는 경우에는 매출, 매입 등 관련 계정의 T계정분석을 통하여 계산하면 된다. 이 사례에서는 이자수익, 이자비용 및 배당금수익은 전부 영업활동으로 인한 현금흐름으로 보기로 한다.

2. 매출로부터의 현금유입액 계산

(1) 관련계정의 T계정분석

매출채권, 손실충당금, 선수금

기초매출채권	×××	기초손실충당금	×××
매출	×××	기초선수금	×××
기말손실충당금	×××	손상차손	×××
기말선수금	×××	현금	×××
		기말매출채권	×××
	×××		×××

(2) 계산: 489,600,000

기초매출채권	120,000,000	기초손실충당금	2,500,000
매출	500,000,000	손상차손	3,500,000
외화환산이익	1,600,000	현금	489,600,000
기말손실충당금	4,000,000	기말매출채권	130,000,000
	625,600,000		625,600,000

3. 매입으로 인한 현금유출액

(1) 관련계정의 T계정분석

재고자산, 매입채무, 선급금

기초재고자산	×××	기초매입채무	×××
기초선급금	×××	매출원가	×××
현금	×××	기말재고자산	×××
기말매입채무	×××	기말선급금	×××
	×××		×××

(2) 계산: 305,000,000

기초재고자산	60,000,000	기초매입채무	40,000,000
현금	305,000,000	매출원가	300,000,000
기말매입채무	55,000,000	기말재고자산	80,000,000
	420,000,000		420,000,000

4. 판매관리비의 현금유출액

(1) 관련계정의 T계정분석

선급판매관리비, 미지급판매관리비[주1)]

기초선급판매관리비	×××	기초미지급판매관리비	×××
현금	×××	판매비와관리비	×××[주2)]
기말미지급판매관리비	×××	기말선급판매관리비	×××
	×××		×××

주1) 선급비용, 미지급비용 중 판매관리비 해당 금액만으로 분석하여야 한다. 상기 사례에서 선급비용은 관리비 해당 금액이고, 미지급비용은 금융원가 해당 금액이다.

주2) 판매비와관리비는 포괄손익계산서상 판매관리비에서 현금의 유출과 무관한 비용(감가상각비, 손상차손, 충당부채전입액 등)을 차감한 금액으로 한다. 이때 충당부채금액의 당기 지출액은 판매관리비에 가산하여야 한다.

(2) 계산: 97,300,000

기초선급비용	1,200,000	판매관리비	96,500,000[주)]
현금	97,300,000	기말선급비용	2,000,000
	98,500,000		98,500,000

주) 포괄손익계산서상 해당 금액
- 관리비 56,500,000{120,000,000 − 감가상각비 40,000,000 − 손상차손 3,500,000 − 퇴직급여 20,000,000(30,000,000 − 10,000,000)}
- 물류비용 15,000,000
- 기타비용 25,000,000

5. 이자수익의 현금유입액

(1) 관련계정의 T계정분석

미수수익, 선수수익

기초미수수익	×××	기초선수수익	×××
이자수익	×××	현금	×××
기말선수수익	×××	기말미수수익	×××
	×××		×××

(2) 계산: 9,000,000

기초미수수익	8,000,000	현금	9,000,000
이자수익	10,000,000	기말미수수익	9,000,000
	18,000,000		18,000,000

6. 배당금수익의 현금유입액

(1) 관련계정의 T계정분석

미수배당금

기초미수배당금	×××	현금	×××
배당금수익	××× 주)	기말미수배당금	×××
	×××		×××

주) 포괄손익계산서에 수익으로 계상되지 않는 관계기업투자에 대한 당기 배당금수령액을 합산하여야 한다.

(2) 계산: 12,000,000

배당금수익	12,000,000 주)	현금	12,000,000
	12,000,000		12,000,000

주) 포괄손익계산서상 배당금수익   2,000,000
     관계기업투자 배당금수령액   10,000,000
                    12,000,000

7. 이자비용의 현금유출액

(1) 관련계정의 T계정분석

선급비용, 미지급내용 주1)

기초선급이자	×××	기초미지급이자	×××
현금	×××	이자비용	××× 주2)
기말미지급이자	×××	기말선급이자	×××
	×××		×××

주1) 선급비용, 미지급비용 중 이자비용과 관련된 금액만으로 분석하여야 한다.
주2) 이자비용은 포괄손익계산서상 이자비용에서 현금의 유출과 무관한 이자비용(사채할인발행차금상각, 현재가치할인차금상각으로 인한 이자비용 등)을 차감(사채할증발행차금상각은 가산)한 금액으로 한다.

(2) 계산: 25,000,000

현금	25,000,000	기초미지급비용	3,000,000
기말미지급비용	5,000,000	이자비용	27,000,000 주)
	30,000,000		30,000,000

주) 사채할인발행차금상각액 3,000,000을 차감한 금액이다.

8. 법인세비용의 현금유출액

(1) 관련계정의 T계정분석

당기법인세자산(부채), 이연법인세자산(부채)

기초당기법인세자산	×××	기초당기법인세부채	×××
기초이연법인세자산	×××	기초이연법인세부채	×××
현금	×××	법인세비용	×××
기말당기법인세부채	×××	기말당기법인세자산	×××
기말이연법인세부채	×××	기말이연법인세자산	×××
	×××		×××

(2) 계산: 20,000,000

기초이연법인세자산	26,000,000	기초당기법인세부채	18,000,000
현금	20,000,000	법인세비용	20,000,000
기말당기법인세부채	24,000,000	기말이연법인세자산	32,000,000
	70,000,000		70,000,000

9. 현금흐름계산요약

관련자산 · 부채계정

기초자산	×××	기초부채	×××
CIS수익	××× 주)	CIS비용	×××
현금유출	×××	현금유입	×××
기말부채	×××	기말자산	×××
	×××		×××

주) 현금흐름을 수반하지 않는 손익은 제외한다.

10. 직접법에 의한 영업활동현금흐름

Ⅰ. 영업활동으로 인한 현금흐름

1. 매출로부터의 현금유입액	489,600,000
2. 매입으로 인한 현금유출액	(305,000,000)
3. 판매관리비 현금유출액	(97,300,000)
4. 이자수익 현금유입액	9,000,000
5. 배당금수익 현금유입액	12,000,000
6. 이자비용 현금유출액	(25,000,000)
7. 법인세비용 현금유출액	(20,000,000)
계	63,300,000

Ⅲ. 간접법에 의한 영업활동으로 인한 현금흐름

   1. 이자수익 · 배당금수익 · 이자비용을 영업활동으로 분류한 경우

Ⅰ. 영업활동으로 인한 현금흐름

1. 법인세비용차감전순이익	60,000,000
2. 조정항목	
감가상각비	40,000,000
손상차손	3,500,000
퇴직급여	20,000,000
금융원가	30,000,000
유형자산처분이익	(4,900,000)
외환차이	(3,100,000)
관계기업이익지분	(30,000,000)
배당금수익	(2,000,000)
이자수익	(10,000,000)
매출채권의 증가	(10,400,000)
재고자산의 증가	(20,000,000)
선급비용의 증가	(800,000)
매입채무의 증가	15,000,000
3. 영업활동조정 후 현금흐름	87,300,000
4. 이자수익 현금유입액	9,000,000
배당금수익 현금유입액	12,000,000
이자비용 현금유출액	(25,000,000)
법인세비용 현금유출액	(20,000,000)
계	63,300,000

   2. 이자수익 · 배당금수익은 영업활동으로, 이자비용은 재무활동으로 분류한 경우

Ⅰ. 영업활동으로 인한 현금흐름

1. 법인세비용차감전순이익	60,000,000
2. 조정항목	27,300,000
3. 영업활동조정 후 현금흐름	87,300,000
4. 이자수익 현금유입액	9,000,000
배당금수익 현금유입액	12,000,000
법인세비용 현금유출액	(20,000,000)
계	88,300,000

Ⅱ. 투자활동으로 인한 현금흐름		(229,100,000)
1. 투자활동으로 인한 현금유입액		24,900,000
기계장치의 처분	24,900,000	
2. 투자활동으로 인한 현금유출액		(254,000,000)
단기금융자산의 증가	(40,000,000)	
기타포괄손익 – 공정가치측정금융 　　　　자산의 취득	(30,000,000)	
토지의 취득	(100,000,000)	
기계장치의 취득	(80,000,000)	
보증금의 증가	(4,000,000)	
Ⅲ. 재무활동으로 인한 현금흐름		284,300,000
1. 재무활동으로 인한 현금유입액		305,000,000
단기차입금의 차입	100,000,000	
장기차입금의 차입	50,000,000	
유상증자	155,000,000	
2. 재무활동으로 인한 현금유출액		(20,700,000)
배당금의 지급	(20,700,000)	
Ⅳ. 현금의 증가		118,500,000
Ⅴ. 기초의 현금		10,000,000
Ⅵ. 외화현금의 환율변동효과		1,500,000
Ⅶ. 기말의 현금		130,000,000

5　현금흐름표의 의미

앞에서는 현금흐름표의 작성과 관련한 내용을 살펴보았다. 이제는 현금흐름표의 의미를 살펴보기로 한다.

다음은 갑, 을, 병 회사의 요약된 현금흐름표이다.

〈예 1〉 주식회사(갑)

현금흐름표

(단위: 백만 원)

I. 영업활동으로 인한 현금흐름	11,193,197
II. 투자활동으로 인한 현금흐름	(−)8,462,077
III. 재무활동으로 인한 현금흐름	(−)2,312,111
IV. 현금의 증가	419,009
V. 기초의 현금	990,371
VI. 기말의 현금	1,409,380

〈예 2〉 주식회사(을)

현금흐름표

(단위: 백만 원)

I. 영업활동으로 인한 현금흐름	411,035
II. 투자활동으로 인한 현금흐름	(−)325,355
III. 재무활동으로 인한 현금흐름	123,194
IV. 현금의 증가	208,874
V. 기초의 현금	127,330
VI. 기말의 현금	336,204

〈예 3〉 주식회사(병)

현금흐름표

(단위: 백만 원)

I. 영업활동으로 인한 현금흐름	(−)21,021
II. 투자활동으로 인한 현금흐름	276,523
III. 재무활동으로 인한 현금흐름	(−)301,224
IV. 현금의 감소	(−)45,722
V. 기초의 현금	45,843
VI. 기말의 현금	121

우선 주식회사(갑)의 현금흐름표를 보면 영업활동으로 인한 현금흐름은 (+)인 반면, 투자 및 재무활동으로 인한 현금흐름은 (−)임을 알 수 있다. 이는 회사가 영업활동으로 창출한 자금으로 부채 등을 상환하거나 유형자산 등을 취득하는 투자활동을 하였음을 알 수 있다.

또한 주식회사(을)의 현금흐름표를 보면 영업활동 및 재무활동으로 인한 현금흐름이 (+)이고, 투자활동으로 인한 현금흐름이 (−)임을 알 수 있다. 이는 회사가 영업활동으로 창출한 현금과 차입이나 증자를 통해 외부로부터 조달한 자금으로 투자자산 및 유형자산 등을 취득하는 투자활동을 하였음을 알 수 있다.

반면, 주식회사(병)의 현금흐름을 보면 영업활동과 재무활동의 현금흐름은 (−)이고, 투자활동으로 인한 현금흐름이 (+)임을 알 수 있다. 이는 회사가 영업부진 등의 이유로 부족해진 자금과 차입금 등의 부채를 상환하는데 필요한 자금을 투자자산 및 유형자산 등의 처분을 통해 조달하였음을 알 수 있다.

이처럼 현금흐름표는 현금의 조달방법 및 조달원천, 조달된 현금이 어디에 사용되었는가에 대한 정보뿐 아니라 현금의 증감에 대해서도 정보를 제공하여 준다. 이러한 정보들을 제공하는 현금흐름표는 기업의 미래 현금창출능력과 부채상환능력, 배당금지급능력 및 자금조달의 필요성에 대한 정보를 회계정보이용자에게 제공하여 준다.

6 공급자금융약정

(1) 공급자금융약정에 대한 이해

공급자금융약정은 금융기간은 구매기업이 공급자에게 갚아야 할 금액을 지급하기로 하고, 구매기업은 공급자가 지급받은 날과 같거나 더 늦은 날 금융기관에 지급하기로 합의하는 약정(기준서 제1007호 문단 44G)

* 공급자금융약정과는 달리 팩토링에서는 공급자와 금융기관 간 약정 설정에 구매기업이 관여하지 않음(FASB 공개초안 BC15).

① 금융기관(先정산 기업)은 구매기업(고객)과 연계하여 미리 마련된 플랫폼하에서 공급자의 채권을 매입

② 공급자는 우량 고객의 신용을 활용하여 좋은 조건으로 현금을 일찍 받을 수 있고, 고객은 신용 제공뿐만 아니라 채무 상환 업무를 플랫폼 기반하에서 금융기관에 일임함으로써 관련 운영비용도 줄일 수 있음.

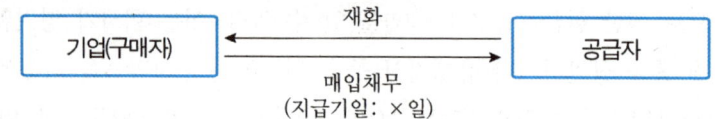

[역팩토링 체결 前]

기업(구매자) ←——— 재화 ——— 공급자

매입채무
(지급기일: ×일)

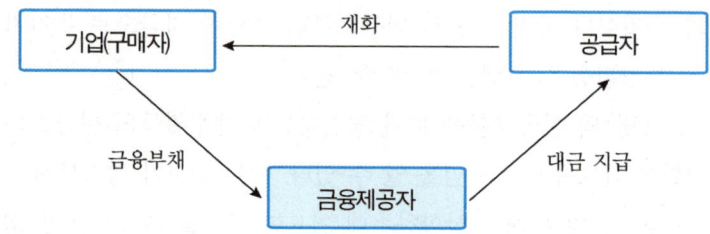

[역팩토링 체결 後]

기업(구매자) ←——— 재화 ——— 공급자

금융부채 ↘ 금융제공자 ↗ 대금 지급

Case.1 (구매자의 신용기한연장)

재화 제공일부터 ×일 후 금융제공자가 공급자에게 지급

재화 제공일부터 ×+@ 일 후 기업이 금융제공자에게 지급

Case.2 (공급자에 조기대금결제)

재화 제공일부터 ×-@ 일 후 금융제공자가 공급자에게 지급

재화 제공일부터 ×일 후 기업이 금융제공자에게 지급

(2) 공급자금융약정에 해당하는 약정의 범위

다음 약정들이 공급자금융약정에 해당할 가능성이 있다고 판단됨.

- Banker's Usance
- 구매전용카드
- 구매자금대출
- e-외상매출채권담보대출
- 구매론
- 상생결제시스템
- B2B대출(은행이 판매자에게 상환청구권 행사 가능)
- B2B플러스대출(은행이 판매자에게 상환청구권 행사 불가능)

(3) 공급자금융약정에 대한 정보 공시

공급자금융약정과 관련하여 기업(구매자)은 다음 내용을 통합하여 공시하도록 함(기준서 제1007호 문단 44H).

① 약정의 조건. 단, 약정 간 조건이 상이한 경우 해당 조건은 별도 공시
② 각 보고기간의 시작일과 종료일에 다음의 정보
  • 공급자금융약정의 일부인 금융부채의 장부금액과 이와 관련하여 재무상태표에 표시되는 항목
  • 공급자가 금융제공자로부터 이미 받은 부분에 해당하는 장부금액과 이와 관련하여 재무상태표에 표시되는 항목
  • 공급자금융약정의 일부인 금융부채의 지급기일의 범위와 공급자금융약정의 일부가 아닌 비교가능한 매입채무의 지급기일의 범위

(4) 공급자금융약정에 대한 유동성위험 공시(기준서 제1107호 문단 B11F IG18A)

문단 B11F의 유동성위험 공시 요구사항에 대한 사례로 공급자금융약정을 추가하였고, 문단 IG18A를 신설하여 유동성위험에 대한 집중을 식별할 수 있는 사례 중 하나로 공급자금융약정을 별도로 언급

(5) 시행일과 경과 규정

① 시행일

2024년 1월 1일 이후 최초로 시작하는 회계연도부터 적용(기준서 제1007호 문단 62)
  • 조기 적용을 허용하되, 조기 적용하는 경우 그 사실을 공시하도록 함.

② 경과 규정

각 국가와 기업의 부담경감을 위해 아래와 같은 경과 규정 도입(기준서 제1007호 문단 63)
가. 개정내용을 최초로 적용하는 회계연도 시작일 전에 표시되는 보고기간에 대한 비교정보 공시 면제
나. 개정내용을 최초로 적용하는 회계연도 시작일 현재 K-IFRS 제1007호 개정 공개초안 문단 44H(2)(나)~(다)에서 요구하는 정보 공시 면제
다. 개정내용을 최초로 적용하는 회계연도 내 표시하는 중간보고기간에 대해 K-IFRS 제1007호 개정 공개초안 문단 44F~44H에서 요구하는 정보 공시 면제

다만, 공시에만 관련된 개정내용의 특성을 고려하여 최초채택기업에 대한 특정 경과 규정을 제공하지는 않기로 함.

| 저 | 자 | 소 | 개 |

■ 이 항 수(공인회계사)

〈약력〉

- 한국외국어대학교 경영학과 졸업
- 삼일·신한·삼덕회계법인 근무
- 대한상공회의소 세무회계상담역
- 서울지방국세청 과세품질혁신위원회 위원
- 국세청 국세심사위원회 위원
- 국세청 국세법령해석위원회 위원
- 한국외국어대학교 글로벌경영대학 겸임교수
- (현) AIFA경영아카데미 대표강사
- (현) 이나우스사이버교육원 대표강사
- (현) 한국공인회계사회 연수원 강사
- (현) 이항수세무회계사무소 개업 중

〈주요저서〉

- 알면 돈이 되는 연말정산실무
- 계정과목별 회계와 세무실무
- 원천징수실무
- 사례중심 한국채택국제회계기준실무
- 일반기업회계기준 재무회계실무
- 연결재무제표의 이해와 실무
- 법인결산과 세무조정실무
- 회계와 세무에 대한 알기 쉬운 경리실무
- 핵심쏙쏙 인건비&4대보험실무 비법전수
- K-IFRS 주요 계정과목별 회계처리 및 세무실무
- IFRS 재무회계실무
- HOT 사례중심 IFRS실무

2025년 K-IFRS 주요 계정과목별 회계처리와 세무실무

2025년 3월 25일 개정13판 인쇄
2025년 4월 8일 개정13판 발행

저 자 이 항 수
발 행 인 이 희 태
발 행 처 **삼일피더블유씨솔루션**
서울특별시 용산구 한강대로 273 용산빌딩 4층
등록번호 : 1995. 6. 26 제3-633호
전 화 : (02) 3489-3100
F A X : (02) 3489-3141
I S B N : 979-11-6784-371-5 93320

저자협의
인지생략

♣ 파본은 교환하여 드립니다. 정가 80,000원

※ '삼일인포마인'은 '삼일피더블유씨솔루션'의 단행본 브랜드입니다.
※ 파본은 교환하여 드립니다.